Construction Dispute

제9판(개정증보판)

건설분쟁
관 계 법

건설소송의 쟁점과 실무

윤재윤

박영사

제9판(개정증보판) 머리말

　　당초 개정판을 올해 초 발간하려고 계획하였는데, 법률신문에 '윤재윤이 젊은 변호사에게 전하는 좋은 변론' 칼럼을 20회에 걸쳐 집필하고 책까지 내느라고 시간이 나지 않았다. 빈번하던 건설법령 개정이 모처럼 안정을 찾았고, 대법원 판결도 중요한 것이 별로 나오지 않아서 다행이었다. 이번 개정판에는 최근 법령과 판례들을 추가하고, 일부 내용을 이해하기 쉽게 고쳐 썼으며, 책임준공, 돌관공사, 입찰 담합 등 작은 주제를 보충하였다.

　　초판이 나온 지 어느새 20년이 넘었다. 이렇게 계속 개정판을 내리라고는 생각조차 못했는데 과분한 영광이다. 내용이 부족하기 짝이 없지만, 건설분쟁 현장에 작은 지침이 되었다는 점에서 건설분쟁의 실무가로서 보람을 느낀다. 제8판에 이어 이번 편집 작업까지 맡아준 박영사의 윤혜경 대리와 초판부터 함께해 준 조성호 이사께 깊이 감사드린다.

2025년 정월에
광화문에서 저자 씀

제8판(개정증보판) 머리말

　　제8판 개정증보판을 준비하면서 새삼스럽게 두 가지를 절감하였다. 첫째, 우리나라의 건설법령 개정이 너무 잦고 무원칙하다는 점이다. 2021년 3월을 기준으로 하여 법령을 수정하였는데 불과 2년여 사이에도 수정할 사항이 너무 많아져서 꽤 힘이 들었다. 국회나 관련 행정청에서 건설 법령에 관하여 보다 면밀하고 신중하게 입법한다면 개정 빈도를 훨씬 줄일 수 있을 것 같다. 둘째, 건설 법령은 워낙 다양하고 복잡하여 아무리 잘 만들어도 법 흠결이나 해석상 모호한 부분이 있기 마련이어서 대법원의 최종 해석이 절대적이다. 그렇지만 현재 선고되는 건설 관련 대법원판결의 질량적 수준은 건설현장의 문제를 해결하기에는 역부족이다. 이들 판결을 검토하다 보면 취지가 부정확한 것이 많아져서 염려가 된다. 합리적 해석이 어려운 법령이 적지 않은데 적확한 판결이 많이 나오면 억울한 피해를 그만큼 줄일 수 있지 않을까.

　　이번 개정증보판에는 최근까지의 법령과 중요 판례를 추가하는 한편, 기본적 개념의 이해에 도움이 될 만한 몇 가지 도해를 보충하였다. 이 작업을 하면서 법무법인 세종 건설부동산팀에 새로 합류한 고인형, 김정환 변호사가 법령 자료를 정리해 주었고, 박영사 편집부 윤혜경 씨가 꼼꼼히 교정을 보아 주었다. 20년 가까이 계속 개정판을 내게 되어 보람과 책임감을 깊이 느낀다. 이 책이 건설현장의 분쟁 해결에 조금이라도 도움이 되면 좋겠다는 것이 한결같은 나의 바람이다.

2021년 4월
광화문에서 저자 씀

제7판(전면개정판) 머리말

2003년 10월에 초판을 낸 지 15년이 되었다. 뒤돌아보니 거의 2년 간격으로 개정판을 낸 셈이다. 내용이 부족한데도 이렇게 책을 계속 낼 수 있는 것은 그만큼 건설분쟁이 많이 발생하고 법적인 수요가 많은 데 있을 것이다. 이번에는 2011년의 전면개정판(제4판)에 이어 두 번째 전면개정판을 낸다. 최근 수년 사이에 건설관계 법령과 세부 지침, 관련 기관 등이 워낙 많이 바뀌어서 이를 체계적으로 해설할 필요성이 커졌기 때문이다.

이번 전면개정판에서는 법령과 예규, 판례까지 모두 2018년 6월 말 기준으로 정리하였다. 특히 제7장 집합건물의 하자담보책임 부분을 새로 집필하였고, '제8장 집합건물의 분양관계'를 새 장으로 추가하였다. 간접비, 신탁, 공동수급체 등 주요 부분도 대폭 수정하였다. 그 밖의 세부적 사항에 관하여도 그동안 재판 실무에서 논의가 있던 부분을 최대한 보충하였다. 이러다 보니 분량이 늘어나서 구판에 수록하였던 자료 가운데 이용도가 낮은 일부를 제외하고도 1,000페이지가 넘게 되었다.

한 가지 지적할 것은 2017. 10. 19.자 시행된 개정 공동주택관리법 중 하자담보책임 문제이다. 개정내용이 워낙 문제가 많아서 이를 어떻게 해석할지 오랜 시간 고심하였다. 다만 실제 적용사례는 몇 년 후에 발생할 것인데, 이 책에서 나름대로 해석론을 제시해 보았다.

이런 사정으로 인하여 개정작업이 예상보다 오래 걸렸다. 작년에 법관 임관을 한 배다헌 군이 임관 전에 시간을 내어 초기 작업을 도와주었고, 박영사의 조보나 대리도 세심하게 살펴주었다. 언제나 그렇듯이 출간을 앞두고 보니 아쉽고 부족한 점이 한두 개가 아니다. 부족한 책이지만 건설분쟁의 해결에 조금이나마 힘을 보탤 수 있다면 좋겠다.

2018년 8월
저자 씀

제6판(개정증보판) 머리말

전면보정판을 낸 지 1년 8개월 만에 개정증보판을 내게 되었다. 그사이 중요한 대법원판결과 연구논문이 나와서 이를 반영하여 공동수급체, 유치권, 하자보수보증금, 하도급 부분을 보충하다 보니 30면 가까이 분량이 늘어났다.

이제 건설전문재판부의 법관뿐 아니라, 건설분야를 전문적으로 다루는 변호사와 학자가 늘어나서 건설관계법이 빠르게 발전할 시점에 온 것 같다. 지난 4월에는 법관, 변호사, 학자 및 건설사 실무가들의 참여로 한국건설법학회가 발족되어 전문가의 교류와 토론의 장이 마련되었다. 법원에서도 건설감정 개선연구팀을 만드는 등 괄목할 만한 노력을 하고 있다.

건설분쟁은 다른 분야와 달리 현장의 구체적 상황에 대한 정확한 이해가 없이는 올바른 해결책이 불가능하다는 것이 나의 오랜 믿음이다. 이를 위하여 내 나름대로 노력을 해 왔는데 이 책의 개정작업이 조금이라도 보탬이 된다면 더할 나위 없이 큰 기쁨이 되겠다.

2015년 9월
저자 씀

제5판(전면보정판) 머리말

전면개정판을 낸 지 2년 반 만에 다시 개정판을 내게 되었다. 지난 해 6월 하자담보책임에 관한 집합건물법과 주택법 조항이 전면적으로 개편되어 시행되었고, 대법원 판결도 여럿 나와서 이를 반영하다 보니 새로 쓴 부분이 상당히 늘어났다. 강산도 변한다는 10년 사이에 초판부터 5판까지 개정판을 내었으니 꽤 부지런히 달려온 셈이다.

그 사이에 저자도 30여 년을 봉직하였던 법관직을 떠나 변호사로서 새로운 생활을 시작하였다. 건설전담부 재판장으로 법대에서 보던 건설분쟁사건과 변호사로서 법정 밖에서 만난 건설분쟁현장은 정말 거리가 먼 것 같다. 건설소송은 다른 분야에 비하여 심리방법이나 실체법 측면에서 여전히 낙후되어 있고, 시급히 해결해야 할 과제가 한두 개가 아니다. 건설분쟁사건에 관하여 보다 효율적이고 합리적인 해결방안을 찾아야 한다는 사명감을 더 크게 느끼고 있다.

이 책을 내면서 법무법인 세종의 건설부동산팀에서 저자와 함께 일하는 패기 넘치는 변호사들의 도움을 많이 받았다. 박영사의 김선민 부장도 법령을 일일이 검색해 바로잡아 주었다. 여러 사람들의 노고가 어우러져 발전하는 경험을 하는 것은 항상 근사한 일이다. 이 자리를 빌려 깊은 감사의 뜻을 전한다. 이와 같이 건설소송도 여러 사람들의 노력 가운데 계속 발전하리라고 확신한다.

2014년 새해를 맞으며
저자 씀

제4판(전면개정판) 머리말

초판을 낸 지 어느새 8년이 지났다. 부족한 내용에도 불구하고 많은 분들의 사랑을 받아 개정판과 보정판을 내는 행운을 누렸다. 하지만 재판에 쫓기다 보니 부분적인 수정에 그칠 수밖에 없어서 늘 아쉬움이 컸다. 이제 전면개정판을 내게 되어 어느 정도 마음의 부담을 덜게 되었다.

그 사이에 건설분쟁법 분야는 적지 않은 변화가 있었다. 법령이 많이 바뀌었고, 중요한 대법원판결도 상당수 나왔으며, 관련 논문도 많이 축적되었다. 나아가 건설분쟁에 관한 전문성을 내세우는 변호사와 감정인 등 전문 인력이 여러 명 배출되었고, 건설법무대학원도 설립되었다. 이제부터 건설분쟁법 분야가 빠른 속도로 발전하리라고 생각된다. 건설분쟁법의 발전에 나름대로 노력을 해 온 사람으로서 뿌듯한 자긍심을 느낀다.

전면개정판에서는 이러한 추세에 맞추어 모든 항목에서 최신 자료와 판례를 정리하려고 노력하였다. 하도급, 건설보증, 도산, 보전처분 부분은 전면적으로 새로 썼다. 건설중재, 유치권, 하자담보책임 부분도 새롭게 보충하였고, 법령도 정리하였다. 이러다 보니 분량이 이전에 비하여 상당히 늘어났다.

이 책을 내면서 여러분의 도움을 받았다. 도산법의 권위자인 이진만 부장판사가 바쁜 시간을 쪼개어 도산부분을 상세히 정리해 주었고, 건설 분야에 관심을 가진 신예 변호사인 고희철, 강형석, 김지훈 군이 각종 자료를 준비해 주었다. 이 자리를 빌려 깊은 감사를 전한다.

막상 출간을 앞두고 보니 아쉬움이 다시 커지고, 미진한 곳이 한두 군데가 아니다. 다만 앞서의 책보다는 조금이나마 충실해졌다는 점에서 스스로 위안을 찾을 뿐이다. 이 책이 건설현장에서 발생하는 분쟁의 해결에 작은 도움이라도 되면 좋겠다.

2011년 7월
춘천에서 저자 씀

보정판 머리말

개정판에도 아쉬운 부분이 많아서 마음에 적지 않은 부담을 느껴 왔다. 이에 새 판을 내면서 하자책임기간의 성질 등 여러 부분을 고쳐 쓰다 보니 수정한 부분이 제법 많아져서 보정판이라고 이름을 붙이게 되었다. 이 책이 우리의 건설실무에 도움이 되었으면 하는 바람뿐이다.

2008년 새해를 맞으며
저자 씀

개정판 머리말

초판을 낸 지 3년 가까이 지났다. 그동안 주택법 등 주요 법령이 개정되었고, 대법원판례와 논문도 상당수 축적되었다. 이 책은 이런 변화된 사항을 정리하였고, 아울러 초판을 낼 때 다소 부실하게 서술하였던 부분을 새로 보강하였다. 입찰, 부가가치세, 건설보증 부분 등을 새롭게 썼고, 하자담보책임 부분은 개정법령에 맞추어 해석론을 다시 정리하였다. 각종 표준계약서와 보증약관 등 자료도 최근의 것으로 교체하였다.

다만 통합도산법이 금년 4월부터 시행되었으나 이 부분은 수정하지 못하였다. 통합도산법에 대한 저자의 이해가 부족할 뿐 아니라, 그 이전에 발생한 건설분쟁에 관하여는 구 도산법령도 적용될 수 있기 때문이다. 이 부분의 수정은 다음으로 미룬다.

2006년 9월
저자 씀

머 리 말

"건설공사에는 클레임(Claim)이 내장(Built-in)되어 있다"는 말이 있다. 건설공사는 시공기간이 길고, 다수의 시공자에 의한 복합적 공정으로 이루어지기 때문에 건설공사에서 분쟁의 발생은 당연하다는 말이다. 또한 건설업은 그 규모가 우리나라 국민총생산의 15% 내지 17%를 차지하고, 취업인구의 10% 이상을 포용해 내는 거대산업이다. 이러한 건설공사의 본질적 특성과 산업규모를 모아 볼 때, 우리 사회에서 일어나는 건설분쟁의 빈도와 심각성을 쉽게 짐작할 수 있다.

그럼에도 불구하고 건설분쟁에 관한 법적 연구는 다른 전문소송분야에 비하여 턱없이 낙후되어 있다. 지금까지 건설분쟁에 관한 체계적인 법률서적이 거의 없었다는 점이 이를 증명한다. 이는 건설분쟁이 복잡하여 재판상 부담만 크고, 법리를 연구하기가 어렵다는 선입관에서 기인하는 것이라고 생각된다.

저자는 서울지방법원 건설전문재판부에서 햇수로 4년째 건설소송재판을 담당해 오고 있다. 아마도 사상 최장수(?) 건설전문부 재판장으로서의 기록을 세울 것 같다. 처음에는 건설소송 특유의 난삽한 주장과 복잡하기 짝이 없는 증거로 인한 좌절감을 피할 수 없었지만, 차츰 건설소송의 묘미에 빠져들게 되었다. 건설소송의 핵심은 '건설공정의 복합성이라는 모호함을 꿰뚫어 각 당사자의 몫(권리이든, 의무이든 간에)'을 정확히 구분해 내는 작업이라고 정의하고 싶다. 따라서 건설소송은 어느 소송분야보다도 이러한 모호함을 극복할 수 있는 법관, 소송대리인, 감정인 등 소송관계자들의 경험과 역량이 요구되는 것이다.

재판을 계속할수록 건설소송의 심리 시스템에 대하여 두 가지 방향에서 개선이 시급함을 깨닫게 되었다.

첫째는 건설분쟁에 관한 실증적 현상분석이 필요하다는 점이다. 건설소송에서는 감정결과가 절대적인 비중을 차지하는데, 감정의 기준이나 방법에 대하여 확실한 지침이 존재하지 않아서 그 부작용은 매우 심각한 수준이다. 이러한 인식에서 2002년 10월에 서울지방법원에서 사법사상 최초로 건설감정인 세미나를 개최하였고, 건설감정인 지정절차도 대폭적으로 개선하였다. 또한 설계나 감리, 계약체결 관행 등에도 기술적이며 실증적인 분석을 통하여 분쟁관계에 대한 현실적 이해가 전제되어야 올바른 판결이 가능함을 절감하게 되었다.

둘째는 건설분쟁에 대한 체계적인 법리의 개발이 필요하다는 점이다. 도급계약법이 건설계약에서는 변용되어 적용되는 것처럼 일반 민사법원리를 건설관계에 적용하는 데 보다 깊은 연구가 필요하다. 그러나 현실은 건설소송을 처리하는데 필요한 법적 자료가 턱없이 부족한 실정이다.

이러한 고심 끝에 저자는 건설분쟁의 기초적 법리와 판례를 정리한 해설서를 직접 집필하기로 결심하였다. 대한변호사협회의 변호사 연수강좌에서 매년 건설소송 특강을 하면서 강의안의 분량을 늘려 가다 보니, 자연스럽게 책의 기본 골격을 잡게 되었다. 재판과정에서 수집한 국내외의 문헌, 판례 등이 기본 자료가 되었고, 저자가 틈틈이 잡지에 기고하였던 건설관계 논문들도 큰 도움이 되었다.

이 책은 건설분쟁에 관여하는 법률가, 건설관계자 등에게 건설분쟁의 해결에 필요한 실제적인 지식을 제공함에 목적이 있다. 법률가에게는 건축시공의 실제적 지식과 주요 법적 쟁점을, 건설관계자에게는 건설분쟁의 해결에 필요한 최소한의 법률지식을 제공하고자 하였다.

이 책은 모두 4개 편으로 구성되어 있다. 제1편에서는 건설분쟁의 실제적인 이해를 위하여 건설공사의 구체적 공정 등 실증적 사항을 정리하였다. 제2편은 건설분쟁이 주로 일어나는 실체법상의 법적 쟁점을 계약 이행 순서에 따라 13개 항목으로 분류하였다. 중요 법리와 판례를 최대한 정리하였고, 이 책의 중심부분이라고 할 수 있다. 제3편에서는 건설소송의 재판심리상 필요한 기본원칙을 정리하였다. 특히 건설감정에 대하여 상세한 해설을 하였다. 제4편에서는 각종 건설관계계약에 사용되는 표준계약서 5가지를 전문 수록하였다. 건설시공의 현실과 규범이 합체되어 있는 것이 표준계약서라고 할 것이다.

건설소송의 발전을 위하여 한 가지 제안을 하고자 한다. 건설분쟁의 해결은 법률가와 건설전문가의 상호 협조와 정보교환 위에서 이루어져야 한다는 것이 저자의 경험적 결론이다. 법률가와 기술전문가 사이에서 건설기술, 특히 감정에 관한 공동 연구가 필요하고, 동시에 법률가와 건설회사, 정부(발주청), 하수급인 등 건설사업 주체 사이에 건설계약에 관한 공동 연구도 시급하다. 법률가·기술전문가·건설업체 사이의 유기적인 공동연구가 한시바삐 이루어지기를 희망한다.

이 책의 발간을 앞두고 부실한 책 내용으로 인하여 두려운 마음이 크다. 집필과정 내내 저자의 능력 부족, 시간 부족, 자료 부족을 한탄하지 않을 수 없었다. 다만 불모지에서 첫 작업을 한 것으로 변명을 삼고자 한다.

이 책의 집필과정에서 수변에 있는 여러 분의 도움을 입었다. 특히 저자와 한 재판부를 이루어 건설소송을 담당하였던 여러 판사님들의 도움이 컸다. 상당수의 자료가 이러한 재판과정에서 축적된 것이며, 원고 내용에 관하여도 많은 지적을 받았다. 건설소송실무연구회의 여러 판사님들도 기꺼이 감수와 교정을 맡아 주셨다. 뛰어난 영재들과 함께 한 가지 일로 씨름하며 지내는 특권이 얼마나 멋진 것인지 마음으로부터 감사를 전한다.

장모님(蘭圃 沈漢順)께서 건강을 회복하시고 이 책의 제자(題字)를 써 주셔서 더욱 기쁘다. 박영사 관계자 여러분의 헌신적인 도움에도 감사드린다.

이 작은 책을 나를 낳아 길러 주시고, 날로 새로워지시는 어머니 尹炳玉 권사의 칠순에 드린다.

2003년 10월
저자 씀

차례

제1편   건설분쟁관계 총설

제1장   건설산업의 종류와 현황

제3장   건설관계 법령

제8장 건설분쟁의 예방을 위한 조치

제9장 건축법상 기본 용어

제2편　건설분쟁의 법률적 쟁점

제1장　건설공사도급계약의 체결

제 2 장 건설공사도급계약의 해제

제 3 장 공사대금채권

제 4 장　건축물의 소유권 귀속과 위험부담

제 5 장 지체상금

제6장   하자담보책임 일반론

제7장 집합건물의 하자담보책임

제12장   건설공사의 설계와 감리

제13장 당사자 도산 시의 법률관계

제14장　건설공사와 제 3 자의 손해

제3편 건설분쟁의 소송실무

제1장 건설소송의 심리방법

제 2 장   건설감정

제3장 조정과 화해

제4장　보전처분

제4편   각종 표준계약서

제9판(개정증보판)

건설분쟁관계법

—건설소송의 쟁점과 실무—

건 · 설 · 분 · 쟁 · 관 · 계 · 법

제 1 편

건설분쟁관계 총설

제01장　건설산업의 종류와 현황

제1절　건설산업의 종류

　　건설산업은 건설공사를 수행하는 건설업과 건설공사에 관한 조사·설계·감리·사업관리·유지관리 등 건설공사와 관련된 용역을 수행하는 건설용역업으로 나눌 수 있다. 건설업은 다시 토목공사업, 건축공사업, 토목건축공사업, 산업·환경설비공사업, 조경공사업 등 5종의 일반건설업과 실내건축공사업, 토공사업, 습식·방수공사업, 석공사업, 난방시공업 등 29종의 전문건설업으로 나뉘고, 그 밖에 전기공사업(전기공사업법), 정보통신공사업(정보통신공사업법) 등 특별법에 의한 건설업이 있다.[1]

　　건설용역업은 엔지니어링활동(엔지니어링산업 진흥법),[2] 건축설계·감리업(건축사법), 감리전문업(건설기술관리법) 등으로 나뉜다.

---

1) 건설산업은 여러 가지 기준으로 나눌 수 있겠으나 이상은 건설산업기본법에 의한 분류이다.
2) 엔지니어링활동이란 과학기술의 지식을 응용하여 수행하는 사업이나 시설물에 관한 연구, 기획, 타당성조사, 설계, 분석, 계약, 구매, 조달, 시험, 감리, 시험운전, 평가, 검사, 안전성 검토, 관리, 매뉴얼 작성, 자문, 지도, 유지 또는 보수 및 이에 대한 사업관리와 이에 준하는 것으로서 대통령령으로 정하는 활동을 말한다(엔지니어링산업 진흥법 제2조 제1호).

[건설산업의 분류]

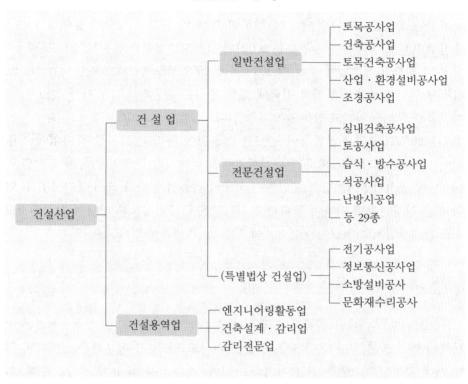

제2절 건설산업의 현황[3]

I. 건설산업의 규모

최근 수년간, 우리나라 건설산업 총 수주액은 평균적으로 200조원을 넘고, 종합건설업체의 수도 약간의 변동이 있으나 13,000개사를 넘으며, 건설업체당 평균수주액은 130억원 이상에 이른다. GDP 대비 건설업의 생산비중은 5% 내외, 건설투자비중은 15% 내외이며, 건설산업에 종사하는 인원은 전체 산업인력의 7% 내지 7.5% 정도를 점한다. 어느 모로 보나 건설산업은 경제규모와 고용인력 차원에서 우리나라 산업 중 중요한 지위를 차지하고 있다.

---

3) 이하의 각 통계는 대한건설협회 인터넷 홈페이지에 게시된 자료에서 발췌하였다.

해외건설의 경우 2019년도의 수주액은 약 223.3억 달러로, 사상 최대치를 기록하였던 2010년도(715.8억 달러)에 비하면 그 총액 규모가 상당히 줄어들있으나, 대신 2019년도 통계상 수주건수는 669건에 달하고(2010년의 경우 593건) 진출한 국가 수와 진출한 건설업체 수는 각 105개국과 266업체(2010년의 경우 각 91개국과 257업체)로 국내건설업체의 해외 진출에 대한 관심은 지속적으로 증가하고 있고, 그 대상국 또한 다양화되고 있는 것으로 보인다.

한편 WTO정부조달협정이 1997년 발효됨에 따라 건설시장이 대외에 개방되어 대자본·고기술의 외국 전문건설업체의 국내시장 진출이 가능하게 되었고, 1989년에 건설업면허개방으로 인하여 국내의 건설업체 수가 크게 증가하였다. 이와 같은 상황변화로 인하여 국내의 건설시장은 국내외적으로 경쟁이 치열해지고 새로운 시장질서의 정립이 불가피하게 되는 등 격변기에 있다고 하겠다.

Ⅱ. 공사별 현황

2022년도 우리나라 건설산업 국내 총 수주액 약 215조 원 중 토목[4] 부분은 전년대비 약 6.2%가 증가한 약 34조 원을 차지하고 있고, 건축 부분은 전년대비 약 14.4%가 증가한 약 163조 원을 차지하고 있다. 건축 부분 약 163조 원 중 주택·아파트 등의 주거용 건물에 대한 수주액이 약 69.4조원이고, 교육시설·상업용 건물·사무용 빌딩 등의 비주거용 건물에 대한 수주액이 약 93.6조원이다. 2022년도 기준 상세한 공사별 수주액은 [표 1−1]과 같다.

---

4) 이에는 SOC 부문을 차지하는 도로 및 교량, 공항·철도·지하철 등 운송관련 공사, 댐·항만 공사, 상·하수도 시설, 택지조성 및 관계수로·농지정리, 치산·치수사업 등이 포함된다.

[표 1-1] 세분공종별 기성실적[5]

(단위 : 건, 억 원, %)

구 분	'21년도				'22년도			
	건 수	금 액	구성비	증감률	건 수	금 액	구성비	증감률
토 목	32,000	321,447	16.8	0.2	35,121	341,441	15.8	6.2
도로교량	7,869	93,378	4.9	−1.6	8,816	96,129	4.5	2.9
터 널	327	9,080	0.5	−6.5	367	7,104	0.3	−21.8
공항·철도·지하철	665	25,036	1.3	−1.6	702	24,864	1.2	−0.7
댐·항만	1,225	21,562	1.1	9.9	1,185	21,715	1.0	0.7
치수·하천 및 운하	1,927	14,243	0.7	11.6	2,037	15,186	0.7	6.6
상·하수도	2,545	22,353	1.2	−0.3	2,788	22,566	1.0	1.0
정수장·관개수로	1,125	8,787	0.5	14.7	1,296	8,780	0.4	−0.1
간척, 택지, 공업용지 조성	2,112	40,980	2.1	2.5	2,123	45,187	2.1	10.3
기타(치산, 사방 등)	14,205	86,025	4.5	−2.5	15,807	99,909	4.6	16.1
건 축	73,568	1,425,791	74.7	9.6	88,509	1,630,530	75.6	14.4
단독·연립주택	10,637	64,178	3.4	25.8	9,932	67,221	3.1	4.7
아 파 트	4,032	567,045	29.7	9.9	5,599	627,649	29.1	10.7
호텔·숙박시설	1,029	34,556	1.8	−11.2	1,238	36,639	1.7	6.0
상업용건물	13,810	177,290	9.3	3.2	14,490	182,998	8.5	3.2
사무용빌딩	4,447	133,967	7.0	8.3	5,686	147,322	6.8	10.0
학 교	3,527	33,673	1.8	−6.7	6,161	38,901	1.8	15.5
관공서건물	3,626	37,641	2.0	10.7	5,708	43,068	2.0	14.4
병 원	1,111	17,915	0.9	−1.4	1,380	17,620	0.8	−1.6
공장·작업장건물	14,303	191,940	10.0	15.9	17,827	261,680	12.1	36.3
창고·차고·터미널용 건물	3,301	57,754	3.0	31.5	3,591	84,477	3.9	46.3
종교용건물	811	7,787	0.4	−15.1	878	7,857	0.4	0.9
기계 기구 설치	91	252	0.0	−86.1	114	804	0.0	219.0
기 타	12,843	101,793	5.3	12.0	15,905	114,292	5.3	12.3
산업환경설비	1,765	136,318	7.1	4.4	1,871	155,776	7.2	14.3
조 경	3,828	26,385	1.4	-4.2	3,865	27,713	1.3	5.0
합 계	111,161	1,909,941	100.0	7.3	129,366	2,155,459	100.0	12.9

---

5) 대한건설협회, 『종합건설업조사』(2023), 8면.

Ⅲ. 발주자별 현황

2022년도 기성실적을 기준으로 발주자를 보면, 정부기관은 전체의 2.8%를, 지방자치단체는 전체의 7.6%를, 공기업은 전체의 8.7%를, 공공단체는 전체의 1.4%를 각 차지하고 있는바, 관급공사가 전체의 20.5%를 차지하는 셈이다.

관급공사를 제외한 민간공사는 전체의 79.5%를 차지하고 있는바, 지속적으로 공공부문의 공사발주는 줄어들고 민간부문의 공사발주는 늘어나는 추세를 보이고 있다. 상세한 사항은 [표 1-2]와 같다.

[표 1-2] 발주기관별 기성실적[6]

(단위: 억 원, %)

구 분	'21년도				'22년도			
	건 수	금 액	구성비	증감률	건 수	금 액	구성비	증감률
정부기관	6,034	59,488	3.1	-5.3	7,937	60,393	2.8	1.5
토 목	3,072	31,697	1.7	−5.9	3,695	29,331	1.4	−7.5
건 축	2,813	26,956	1.4	−3.7	4,056	30,026	1.4	11.4
산설·조경	149	835	0.0	−26.1	186	1036	0.0	24.1
지방자치단체	25,381	160,089	8.4	2.3	26,370	164,200	7.6	2.6
토 목	15,509	87,239	4.6	1.6	15,132	88,090	4.1	1.0
건 축	7,808	60,971	3.2	1.9	9,434	64,628	3.0	6.0
산설·조경	2,064	11,879	0.6	10.1	1,804	11,483	0.5	−3.3
공 기 업	6,484	176,451	9.2	4.3	11,952	188,507	8.7	6.8
토 목	3,673	80,300	4.2	9.9	5,708	84,868	3.9	5.7
건 축	1,990	77,826	4.1	3.2	5,251	83,362	3.9	7.1
산 설·조 경	821	18,326	1.0	−11.3	993	20,276	0.9	10.6
공공단체	3,344	30,964	1.6	-17.3	2,830	29,999	1.4	-3.1
토 목	1,237	12,429	0.7	−38.8	1,049	12,128	0.6	−2.4
건 축	1,878	15,970	0.8	12.1	1,540	15,109	0.7	−5.4
산업·조경	229	2,565	0.1	−11.9	241	2,762	0.1	7.7
민 간*	69,918	1,482,949	77.6	9.5	80,277	1,712,361	79.4	15.5
토 목	8,509	109,781	5.7	1.9	9,537	127,024	5.9	15.7

6) 대한건설협회, 『종합건설업조사』(2023), 11면.

건 축	59,079	1,244,069	65.1	10.7	68,228	1,437,405	66.7	15.5
산설·조경	2,330	129,098	6.8	5.3	2,512	147,932	6.9	14.6
합 계	111,161	1,909,941	100.0	7.3	129,366	2,155,459	100.0	12.9

* 민간에 주한외국기관 포함

Ⅳ. 시공규모

2022년도 시공능력 순위별 동향을 보면, 시공능력 순위(토건 기준) 50위 이내 업체의 기성실적은 2021년 대비 10.5% 증가한 99조 3,728억 원을 기록하였고, 전체 기성액 중 점유비중은 전년보다 1% 감소한 46.1%로 나타났다.

51위~500위 이내 업체 기성 점유비중은 1.2% 증가한 20.1%를 차지하고 있는 것으로 나타났다.

500위 이후순위 업체의 기성실적은 23조 5,658억 원으로 전체 기성의 약 10.9%를 차지하고 있는 것으로 나타났다. 상세한 사항은 [표 1-3]과 같다.

현재 대기업 위주로 되어 있는 건설업 구조는 앞으로는 대기업, 중소기업, 전문건설업, 인력하도급업체 등 다층 구조로 바뀔 것으로 예상된다. 기획·조사·설계·PM·CM·자금 등의 종합화와 소프트화는 대기업이, 주택·교·도로 등 전문화와 하드화는 중소기업이, 전문기능은 전문건설업이 맡는 등 기능을 적정분담함으로써 건설업체 상호 간에 유기적인 관계가 형성될 것이다.[7]

[표 1-3] 시공능력 순위별 기성실적[8]

(단위: 억원, %)

시공능력순위	'21년도			'22년도		
	금 액	구성비	증감률	금 액	구성비	증감률
토건 1위 ~ 50위	899,377	47.1	5.6	993,728	46.1	10.5
토건 51위 ~ 100위	120,329	6.3	3.1	135,638	6.3	12.7
토건 101위 ~ 200위	116,628	6.1	8.9	141,642	6.6	21.4
토건 201위 ~ 300위	56,635	3.0	-2.0	72,809	3.4	28.6
토건 301위 ~ 500위	67,266	3.5	1.0	81,019	3.8	20.4
토건 501위 ~ 700위	41,288	2.2	-2.0	43,647	2.0	5.7

---

7) 남진권,『건설산업기본법해설』(연문사, 2001), 24면.
8) 대한건설협회,『종합건설업조사』(2023), 14면.

토건 701위 ~ 900위	26,098	1.4	-5.2	35,770	1.7	37.1
토건 901위 ~1,200위	34,757	1.8	8.2	34,986	1.6	0.7
토건 1,201 ~	117,260	6.1	13.3	121,255	5.6	3.4
토목업체	93,382	4.9	9.1	110,565	5.1	18.4
건축업체	324,545	17.0	16.1	370,720	17.2	14.2
산업환경설비·조경업체	12,376	0.6	27.9	13,680	0.6	10.5
합 계	1,909,941	100.0	7.3	2,155,459	100.0	12.9

제3절 건설산업의 특성

건설산업은 다른 산업에서 볼 수 없는 독특한 특성을 여러 가지 갖고 있다. 이러한 특성이 결합하여 건설분쟁의 원인을 이루는 것이라고 하겠다. 건설산업 중 특히 건설업의 특성은 다음과 같이 정리할 수 있다.[9]

I. 주문생산성

건설업은 특정 주문자의 주문에 따라 행하여지는 것으로 기업 자체의 의사로서 생산하여 수요자에게 판매하는 제조업과는 성격상 차이가 많다. 따라서 건설업은 생산계획수립이 곤란할 뿐 아니라 구조물, 시공생산물의 내용에 따라 공사비가 변하기 때문에 표준원가설정이 어렵다. 공사의 수익성은 입찰이라는 가격결정과정에서의 경쟁절차를 거쳐 결정되므로 입찰경쟁력과 수주능력이 주요한 역할을 담당한다.

II. 이동성과 옥외성

건설업은 일반 제조업과 같이 생산장소가 일정하지 않고 주문에 따라 생산장소를 이전한다. 따라서 기계와 노동력의 지속적 이용이 어렵게 되어 경영의 집중관리가 곤란하다. 또한 건설작업의 대부분이 옥외에서 이루어지므로 자연현상의 영향을 많이 받게 되고 타산업에 비하여 재해사고가 많아서 재해보상비, 안전관

---

9) 남진권, 앞의 책, 25면 이하.

리비 등의 부담이 가중된다.

Ⅲ. 생산의 하도급 의존성

　　건설업은 기업 내의 모든 생산수단을 항시 보유하고 있지 않아서 경영외부에서 필요에 따라 하도급업자에게 의존하는 구조를 갖고 있다. 대개 직능별 하도급업자에게 하도급을 주고 원도급인은 하도급 부분의 조립과 관리능력을 기반으로 하여 기업활동만 담당하게 된다. 그러나 하도급업자의 영세성, 과당경쟁으로 인한 품질저하 등이 건설업 자체의 발전에 장해요소로 작용할 때가 많다.

Ⅳ. 생산의 장기성

　　대개 공사기간이 장기여서 그 동안에 자재, 노임의 변동으로 공사원가에 큰 영향을 받게 된다. 또한 공기가 긴 만큼 공사이행의 관리가 어려워지고, 설계변경이나 사정변경이 생길 경우가 많아서 공기단축에 의한 원가절감이 매우 중요해진다.

Ⅴ. 종합적 산업

　　건설업은 생산활동에 있어서 철강, 시멘트, 목재, 석재 등 다른 공업생산물의 공급을 받아 그것을 가공·조립하는 산업으로서 토목, 건축, 전기 등의 다수 공정의 종합으로 구성된다. 따라서 원재료비가 전 공사비에 차지하는 비율이 커서 건축공사의 경우 60 내지 70%가 원재료비에 해당한다.

제02장 건설공사의 실제

제1절 건설공사의 종류

건설공사는 시설물을 설치·유지·보수하는 공사, 시설물을 설치하기 위한 부지조성공사, 기계설비 기타 구조물의 설치 및 해체공사 등을 말한다.[1] 건설관계 제반법령을 종합하면, 건설공사의 종류는 건설산업의 분류와 동일하게 다음과 같이 세 유형으로 정리할 수 있다.

① 일반건설공사(5종): 토목공사, 건축공사, 토목건축공사, 산업·환경설비공사, 조경공사

② 전문건설공사(29종): 실내건축공사, 토공사, 습식·방수·조적 공사, 석공사 등

③ 특별법상의 건설공사: 전기공사(전기공사사업법), 정보통신공사(정보통신공사업법), 소방시설공사(소방시설공사업법), 문화재수리공사(문화재수리 등에 관한 법률) 등

---

[1] 건설산업기본법 제2조 제4호.

제2절 건축물의 생애주기

건축물의 생애주기는 다음 표와 같다. 건축물도 산업에서와 같이 생산과정이란 표현을 사용하기도 한다.

[기획→설계→시공→유지관리→철거]

	기 획	설 계	시 공	유지관리	철 거
주요 세부내용	·타당성조사 ·마스터플랜 　수립	(계획설계) ·기본설계 ·실시설계	·공사도급계약 ·공정관리 ·원가관리 ·품질관리 ·기술관리	유지, 보수	·철거공사 ·폐기물관리
주요 분쟁종류	·저작권 ·영업비밀	·설계책임 ·저작권	·계약책임분쟁 ·하도급, 공동 　수급 분쟁 ·환경분쟁 ·감리책임	하자담보책임	환경분쟁
건설법령	·건축법 ·도시개발법 ·도시및주거 　환경정비법	·건축법 ·건축사법 ·전기공사업법 ·정보통신공 　사업법 ·환경정책기 　본법	·건설산업 　기본법 ·건설기술 　관리법	좌동	·도시및주거 　환경정비법 ·환경정책기 　본법 ·도시개발법
주요 관련 전문자격	·CM전문가 ·건축사	·CM전문가 ·건축사 ·기술사 ·변리사	·CM전문가 ·기술사 ·건축사	기술사	기술사

* 생애주기비용(Life Cycle Cost: LCC): 전체 생애주기 즉 설계, 시공, 유지보수, 철거비를 포함한 전체 비용을 말한다. 신축공사비를 적게 들이는 것이 반드시 전체 생애주기를 감안할 때 유리하지 않은 경우가 많은데, 생애주기비용은 이를 판단하는 기준이 된다.

제3절 건설시공의 단계별 공정

Ⅰ. 서 론

건축공사는 각종 건축자재를 사용하여 설계도상 지정된 구조방식에 따라 건축물을 축조하는 행위를 말한다.[2] 건축물은 건축주의 건축목적·건축자금·취향에 따라 규모나 구조가 달라지는데, 건축의 구조·기능·미·경제·위생 등을 건축의 5대 기본요소라고 한다. 건축시공은 건축주, 시공자, 설계감리자 등 사이에서 이와 같은 기본요소를 가장 합리적으로 충족시키는 방향으로 협의가 충분히 이루어져야 한다.

이하에서는 대표적인 건설시공으로서 건물의 공사절차를 시간에 따라 살펴본다. 그 밖에 건물이 아닌 터널공사, 도로 및 교량공사, 항만, 댐, 하천공사 등은 세부적인 사항에서는 건물시공과 상당한 차이가 나지만, 기본적인 사항에서는 원칙적으로 동일하다고 하겠다.[3]

Ⅱ. 공사계획의 작성

시공자는 공사의 착공 전에 시공순서, 자재 반입 및 노무의 동원, 공사현장 조건 등을 검토하여 공사가 합리적으로 이루어지도록 공사계획을 수립하여야 한다. 주요 항목은 각 단위공사별 공정계획, 실행예산, 자금계획, 자재계획, 수송계획, 장비 및 기계계획, 가설준비물 결정 등으로 이루어진다.

특히 중요한 것은 공사계획을 단위공사별로 분할하여 공정의 순위와 일정계획을 결정하여 공정표를 작성하는 것인데, 공정표에는 공사계획의 진척상황과 시간을 도표화한 것으로 공사착수와 완성기일, 단위공사의 공사량 등을 표기하도록 한다.

---

2) 대법원 2017. 7. 11. 선고 2017도1539 판결은 건축물의 시공을 '직접 또는 도급에 의하여 설계에 따라 건설공사를 완성하기 위하여 시행되는 일체의 행위'라고 하였다.

3) 이하에서는 김정현 외 6인 공저, 『건축시공학』(기문당, 2001); 윤혁경, 『알기 쉬운 건축여행』(기문당, 1999) 및 김명준, 고영회 기술사의 서울지방법원 건설소송실무연구회 강의록 등을 종합하여 정리하였다. 이외에도 국토교통부에서 운영하는 건설기술정보시스템(http://www.codil.or.kr)에는 건축, 토목공사 등의 표준시방서를 제공하고 있는바, 이를 통해 각 공사에 관한 구체적인 내용이나 기준을 살펴볼 수 있다.

Ⅲ. 가설공사

가설공사는 건축공사 시행 기간 중 임시로 설비하여 공사를 완성할 목적으로 쓰이는 여러 가지 가설재를 설치하는 것을 말하며, 공사가 완료되면 해체·철거해서 시공회사의 보관소로 운반하여 정리·보관하도록 한다. 주된 가설재는 가설 울타리 및 출입구, 가설건물(현장사무소나 창고 등), 가설 운반로(토사반출, 중기 반입 등의 용도), 공사용 전기 및 급배수설비, 위험방지설비, 비계 등이 있다.

시공할 건축물의 예상 모서리 부분에 막대를 꽂고 막대 간 줄을 연결함으로써 대지 경계선과의 떨어진 거리 등을 확인하여 설계도상 건축의 가능 여부를 실제로 확인하는 작업을 '줄쳐보기'라고 한다.

건물 각부의 위치, 높이, 길이 등을 정확히 결정하기 위하여 수평규준틀과 조적공사의 고저, 수직면의 기준을 정하기 위한 세로규준틀을 설계도와 착오가 없도록 설치하여야 한다. 비계는 높은 곳의 작업을 하기 위하여 건물 주위에 설치하는 가설시설물로서 강관(파이프)비계가 많이 쓰이며 정기적인 점검을 하여야 한다.

공사장이 부족하면 도로의 일부를 사용하기 위하여 관할청에서 도로점용허가를 받아야 한다.

Ⅳ. 토 공 사

1. 토공사의 공정

건축공사에서 토공사란 대지조성을 위한 대지정리·절토(깎아내기)·굴토(터파기) 및 흙막이공사·배수·매토(되메우기)·성토(흙돋우기)·잔토정리 등을 말하며, 때로는 대지조성에 관련되는 흙막이벽·석축·배수로 등의 축조공사를 포함할 때가 있다. 대형건물이 증가하면서 지하층이 깊어지므로 토공사 기술이 발달하게 되었고, 안전과 경제성을 충족시키는 시공방법의 선택이 관건이 된다.

토공사는 일반적으로 터파기가 주가 되는 지중 작업으로 공사계획 당시 예측하지 못한 지하용수·암반 등의 장애물과 강우 등의 기후에 영향을 받아 공사진행의 지연과 공사비의 증대를 초래할 우려가 가장 많은 공정의 하나이다. 특히 주위에 축조물이 있는 지대에서 공사하는 때가 많으므로 인접 지반의 이완이나 인접 건물의 침하에 대한 피해를 미연에 방지할 수 있는 설비를 하여야 한다. 토공사는 다시 여러 가지 공정으로 나뉜다.

토공사의 1단계는 지반조사로서 흙의 층상, 지내력, 암반 깊이 등을 조사하여 기초의 종류와 규모를 결정할 자료를 수집한다. 지반특성을 정확히 파악하여야 구조물시공이 안전하고 경제적으로 이루어질 수 있다. 지반조사를 충분히 하지 않은 관계로 흙막이 시공시에 발생하는 인접건물의 부동침하 및 균열발생 기타 공사상의 실패를 가져온 사례가 많다. 조사의 방법은 통상 보링[4]을 하여 시료를 채취하는 방식으로 이루어지는데, 공사장 넓이에 따라 보링장소를 늘려야 한다.

두 번째는 터파기공사로서 건축물의 기초공사(지하구조체, 즉 지중보, 지하실 등)를 하기 위하여 땅을 파는 일을 말한다. 기초파기는 평면의 형상에 따라 구덩이파기, 줄기초파기, 온통파기가 있다. 구덩이파기는 독립기초에, 줄기초파기는 내력벽의 줄기초에, 온통파기는 지하실 부분 및 지반이 연약하여 건물의 기초를 위해 연약지반 전체를 파내는 경우에 채택된다.

다음은 흙막이공사로서 기초파기 등 굴착공사를 할 때 토압 및 수압에 의해 주위의 토사가 붕괴 또는 유출되는 것을 방지하고, 주위 지반의 침하와 기존 구조물(건축물)의 침하를 방지하기 위하여 목재나 철재 파일 및 콘크리트 연속벽으로 흙막이 벽을 가설하는 것을 말한다. 구체적 공법은 다음 항에서 살핀다.

2. 흙막이 공법

흙막이 공법의 선정은 파기의 규모, 토질, 지하수, 경제성, 인접 건물관계 등을 고려하여 결정하여야 한다. 시가지 굴착에서 가장 큰 문제는 지반의 진동과 소음이며, 이에 대한 대비책으로 저소음·저진동 공법이 사용되고 있다. 도심지공사에는 영구 흙막이 또는 건축물 자체를 흙막이 공법에 활용하는 공법도 개발되어 있다. 흙막이공사가 제대로 되지 않으면 주변 대지를 침하시키기 때문에 공사를 둘러싼 분쟁에서 자주 쟁점이 된다.

설계상 지반조사결과를 참작하여 공법을 정하였다고 하더라도 지반조사는 표본조사에 불과하므로 실제 굴토과정에서 지반조사와 다른 상황에 부딪친다면

---

4) 보링(boring)이란 기초지반공사방법의 하나로서 지하에 깊게 작은 구멍을 뚫어, 깊이에 따른 토질의 시료를 채취하여 그에 따라 지층의 상황을 판단하는 방법을 말한다. 드릴링이라고도 한다.

설계변경을 신속히 하여야 한다. 건축주, 시공자, 감리자, 설계자 등 4자가 협의하여 결정하는 것이 좋다. 공법변경은 공기와 공사비에 상당한 영향을 미치므로 계약내용의 변경이 수반됨이 보통이다. 이에 따라 공사 후에 공사비 정산을 둘러싸고 의견대립이 가장 많이 발생하는 공종이다. 비록 총액계약이라 하더라도 토공사비용은 상황에 따라 별도 정산하기로 약정하는 경우가 많은 것도 이 때문이다.

주요 흙막이 공법을 정리하면 다음과 같다.

(1) H형강[5] 및 토류판 공법(엄지말뚝 공법)

소규모 공사장이나 지하수가 없는 단단한 지반에서 택한다. H파일을 미리 일정한 간격(약 1.8m)으로 박고 땅을 파내려 가면서 H파일 사이에 널판자(토류판)을 차례로 끼우는 방법으로 행한다. 굴토 깊이가 깊어지면 H파일이 넘어지지 않도록 적당한 높이마다 띠장(가로파일)을 두르고 띠장과 띠장을 서로 연결한 버팀대를 설치하여 균형을 잡게 하거나 H파일 뒤로 어스앵커를 설치하여 땅속에서 보강하도록 한다. 공사진행이 빠르고 공사비가 적게 드는 장점(H파일을 재사용 할 수 있다)이 있으나, 지하수의 차수효과가 없으며(따라서 지하수가 많은 곳에서 이 공법을 사용하기 위해서는 별도의 집수정 설치 등이 필요하다) 배면부 토사의 이완으로 인접 구조물의 피해가능성이 큰 약점이 있다.

흔히 공사비가 적게 든다는 점 때문에 건축주가 선호하는 경향이 있다. 인접건물의 피해로 인한 손해배상소송에서 공사장의 지하수나 토질의 상태상 이 공법의 선택이 부적당하였다고 판단될 경우에는 이 공법 채택 자체가 과실이 될 개연성이 높으므로 손해배상소송에서 이 점이 충분히 심리되어야 한다.

(2) Sheet pile 공법(널말뚝 공법)

굴토 깊이가 깊고 토압과 수압이 큰 공사장에서는 강재말뚝(Sheet pile)을 땅속에 연속적으로 항타하여 차수벽을 만드는 방법이다. 공사진행이 빠르고 차수성이 좋은 장점이 있으나 항타과정에서 소음과 진동이 심한 단점이 있다.

---

5) 형강(形鋼, shape steel, section steel)은 압연해서 만든 단면이 L, H, I형 등의 일정한 모양을 이루고 있는 구조용 강철재(압연강재)를 뜻하는데, 건축·토목·차량·선박 등 대형 구조물에 쓰인다. I형강은 보에 사용되는 수가 많으므로 「I-beam」이라고도 한다. H형강은 지하차수벽 설치 등에 많이 쓰인다.

⑶ CIP 공법

지하수가 많거나 불안정한 지반에서 많이 사용하는 공법으로 드릴로 기둥형태로 파내려간 후 그 자리에 원형철근망을 투입하고 그 속에 시멘트 모르타르를 채워서 콘크리트 말뚝을 만들고 연속적으로 형성된 말뚝이 흙을 차단하는 벽체를 구성하게 되는 것이다. Cast In Place pile이 원래의 뜻이다. 중요한 곳에는 철근이나 H파일을 기둥 중앙에 심기도 한다. 소음과 진동이 없고, 지반이 침하되지 않으며 차수성능이 좋은 점 등 장점이 많지만, 공사기간이 길어지고 공사비가 비싸며(H파일 공법에 비하여 약 3배 이상의 공사비가 든다) 암반 등에서는 사용할 수 없는 흠이 있다.

⑷ Slurry Wall 공법

드릴로 일정한 폭의 도랑을 좁고, 깊게 굴착한 다음 안정액(slurry)을 투입하여 공벽을 보호하고, 철근망 건입 후 콘크리트를 타설하여 지중에 연속 벽체를 형성한 후에 굴착하는 공법이다. 저진동, 저소음 시공방법으로 주변의 피해를 최소화할 수 있고 어떤 지반에도 가능한 방법으로서 특히 건물의 밀도가 높은 도심에서의 고층건물공사에 적합한 공법이지만, 공사비가 매우 비싸고 고도의 시공기술이 요구되어 시공사가 많지 않다는 약점이 있다.

인접 건물의 피해로 인한 손해배상소송에서 일단 차수 공법을 이 공법으로 채택하였다면 건축주로서는 고비용을 무릅쓰고 인접 건물의 피해방지를 위하여 상당한 노력을 하였다는 평가를 할 수 있으므로 공법 선택과정의 문제는 없었다고 볼 수 있고, 구체적인 시공과정에 잘못이 있는지를 심리하여야 한다.

⑸ 각 공법에 대한 평가

각 공법별로 공사기간, 공사비, 공사의 여건이 차이가 나므로 건축주가 장기간의 시간과 고액의 공사비가 필요한 공법을 선택함으로써 인접건물에 대한 피해를 최소화하겠다는 의지를 보인 경우와 최소한의 공사비가 드는 공법을 선택하는 것 사이에는 책임 판단에 있어서 차이를 두어야 한다. 전자의 고비용 공법일 경우에는 공법 자체의 기술적 한계와 시공상 구체적 과실 유무가 심리의 대상이 되어야 하고, 후자의 경우에는 우선 공법의 선택이 당시 현장 여건으로 보아 타당하였는지부터 심리하여야 한다.

V. 기초공사

기초란 기둥, 벽 등에서 오는 자중과 벽체하중, 풍력, 지진력 등 건물에 작용하는 외력을 받아 이것을 안전하게 지반 또는 지정에 전달시키기 위하여 만든 건축물의 최하부 구조부를 말한다. 기초판과 지정을 총칭한다. 기초공사가 부실하면 기초의 침하현상이 발생하는데, 특히 부동침하가 생기면 건물이 기울게 된다.

얕은 기초(shallow foundation)는 상부구조의 하중을 기초 슬래브에서 지반에 직접 전달시키는 형태의 기초로서 상부구조로부터 하중을 직접 지반에 전달시키는 형식의 기초로 직접 기초라고 불리기도 한다. 깊은 기초(deep foundation)는 기초지반의 지지력이 충분하지 못하거나 침하가 과도하게 일어나는 경우에 말뚝, 피어(지반을 굴착한 후에 콘크리트를 현장에 타설하여 기초를 설치하는 방법), 케이슨 등을 설치하여 지반을 강화하는 방법으로 행한다. 굴착 공법, 지반강화를 위한 말뚝기초 등에 관하여 다양한 기술이 전개되고 있다.

건축물의 기초는 단단한 지반 위에 앉혀야 하는데 연약지반일 경우에는 보강을 하여야 한다. 지반보강공사도 시공 전의 지반조사결과가 현장과 맞지 않는 경우가 많기 때문에 실제로 공사를 이행하면서 실비정산하여야 한다. 이를 둘러싸고 다툼이 많이 발생한다. 총액계약일 경우에도 별도로 정산을 하는 경우가 많다. 예상 밖의 상황이 발생하였음에도 불구하고 공사비를 아낀다면 후에 건물이 손괴될 가능성이 크기 때문에 합리적인 조정이 필요하다.

VI. 철근콘크리트공사

건축시공에서 중심을 이루는 공사는 골조공사인데 그중 가장 흔한 것은 철근콘크리트공사이다.[6] 이는 철근과 콘크리트가 일체로 결합하여 콘크리트는 주로 압축력에, 철근은 주로 인장력에 유효하게 작용토록 하여 양자의 장점을 발휘시켜 이상적인 구조체를 구성하는 내진·내화·내구적인 특성을 갖는다.

---

6) 골조공사는 건물의 뼈대를 조성하는 공사인바, 재료에 따라서 ① 조적조, ② 철골조, ③ 철근콘크리트조(RC), ④ 철골철근콘크리트조(SRC) 등으로 나뉜다. 구조해석에 의하여 사용재료의 선택, 단면크기, 모양, 사용량 등이 결정된다. 또한 구조형식에 따라 ① 내력벽식 구조, ② 가구식 구조(기둥과 보로 구성), ③ 일체식 구조(Rahmen) 등으로 나뉜다.

고층건물의 건축이 가능한 것은 철근콘크리트의 발견 덕분이라고 할 것이다. 철근공사는 철근의 가공과 이음, 조립 등으로 나뉘어진다. 철근가공은 대부분 공사현장에서 설계도에 따라 숙련공에 의하여 이루어지고 가공된 철근은 현장에서 기둥철근, 실내벽체, 외벽체, 보와 바닥의 순서에 따라 조립이 이루어진다.

콘크리트공사는 물·시멘트·모래·자갈을 섞어 혼합하는데, 콘크리트 강도가 배합비율에 따라 달라진다. 건물의 구조 부분은 시멘트·모래·자갈의 부피비율이 1:2:4, 기타 부분은 1:3:6의 비율로 배합한다. 물과 시멘트의 비율도 문제가 되는데, 물을 많이 타면 콘크리트 타설 때 시공이 쉽지만 콘크리트의 내부에 물방울을 담은 공기주머니가 생겨서 후에 물이 증발하면 구멍이 많이 남게 되고 구조약화의 원인이 된다.

구체적인 시공은 반죽이 된 콘크리트를 거푸집에 채워 넣어 경화시킨 다음 거푸집을 제거하는 방법으로 이루어진다. 콘크리트공사비, 거푸집공사비, 철근공사비는 각각 총공사비의 15~20%, 10~15%, 20~30% 정도를 차지함으로써 결국 철근콘크리트공사비는 전체의 약 절반 정도에 달하며 그 처리가 공사의 손익을 좌우하므로 공사시 상당히 중점을 두게 된다.

거푸집은 콘크리트 부어넣기 작업과 응결·경화하는 동안 콘크리트를 일정한 형상과 치수로 유지시켜 주며, 그 경화에 필요한 수분의 누출을 방지하고, 규정된 존치기간이 지나면 제거하는 가설공작물이다. 거푸집공사는 철근콘크리트공사 전공정기간의 1/2~2/3(1층분의 콘크리트를 1일에 부어 넣는다면 철근조립은 2~3일, 거푸집공사는 4~7일이 소요된다) 정도를 차지한다.

근래에는 공장에서 미리 기둥이나 보 등 일정한 형태로 철근콘크리트 부재를 제작하여 현장으로 옮겨와 이를 조립하는 방식의 시공도 많이 이루어지고 있다(Precast Concrete; PC 공법). 이 공법은 부재를 공장에서 제작하므로 품질관리가 용이하고, 현장에서는 부재를 조립하기만 하면 되므로 공기를 절감할 수 있다. 다만, 부재의 사전제작, 이동 및 양중계획, 현장 조립 시의 안전계획 등에 세심한 주의를 기울여야 한다. 이외에도 다공질 경량콘크리트(Autoclaved Lightweight Concrete; ALC)로 된 패널이나 블록을 이용한 조립식 콘크리트공사도 많이 이루어지고 있다.

Ⅶ. 철골공사

철골은 다른 재료에 비해 강력한 장대재(長大材)를 구성하여 견고한 구조물을 만들 수 있고, 그 공법이 자유로워 대규모 구조물은 주로 이에 의하고 있다. 철골공사는 건축구조면으로 분류해서 순철골구조의 철골공사와 철골철근콘크리트 구조 중의 철골공사로 분류된다.

작업은 부재를 가공하는 공장작업과 그것을 현장에서 조립하는 현장작업으로 분류되며, 공장가공은 수송·현장반입·세우기에 지장이 없는 한, 가급적 현장가공조립분만 남기고 거의 완성에 가까운 제품을 제작하여 발송하고, 현장에서는 적절한 가설비·기계설비를 하여 세우기·바로잡기·리벳조임(리벳을 섭씨 1,000도 정도로 가열한 다음 부재의 구멍에 끼우고 특수 기계로 쳐서 머리를 만들어 결합시키는 공정) 또는 용접을 하여 공사를 완성한다.

철골은 화재에 매우 취약하기 때문에 3시간 정도의 불에 견딜 수 있는 내화조치를 하여야 하고, 이를 위하여 철골재에 내화재료를 피복하여 사용하고 있다. 철골 주위에 콘크리트를 둘러싸는 방법, 공사현장에서 내화피복판 등의 재료를 가공하여 철골에 조립부착하는 방법, 철골 표면에 석면, 암면 등의 피복재를 압력 분무기로 뿜칠하는 방법 등이 있다.

또한 철골이 수분접촉으로 인하여 녹쓰는 것을 막기 위하여 방청페인트를 여러 차례 바르게 한다.

Ⅷ. 조적공사

벽돌, 블록, 돌 등 작은 재료를 하나씩 축조하여 구조를 이루는 것을 조적공사라고 한다. 철근콘크리트공사에 비하여 품이 많이 들고 균열이 발생할 가능성이 높아서 일정 규모 이상의 건축물에는 이 구조를 피하는 경향이 있다.

1. 벽돌공사

벽돌공사는 벽돌을 모탈로 쌓아 건축물의 벽체·기둥 등을 만드는 공사이며, 벽체는 구조상·용도상 다음과 같이 대별할 수 있다.

(1) 내력벽(Bearing wall)

벽체·바닥·지붕 등의 수직하중과 수평하중을 받아 이를 기초에 전달하는 벽체이며, 조적조 주택의 내·외벽은 대체로 내력벽(耐力壁)이다.

(2) 장막벽(Curtain wall)

경미한 간막이벽과 같이 상부에서 하중을 받지 않고 그 벽체 자체의 하중만을 받는 벽으로서 구조적 역할을 하지 않는다. 비내력벽으로서 철근콘크리트 Rahmen조와 철골조의 벽체는 장막벽이다.

(3) 중공벽(Hollow wall, Cavity wall)

외벽을 만들 때 쓰이며 이중벽이라고도 한다. 2중으로 벽을 쌓아 벽돌벽체 내부에 공간을 형성시키고, 이 공간에 단열재를 채워 보온·방습(결로 방지)·차음을 목적으로 하는 벽체이다.

(4) 단일벽(Solid wall)

내벽을 만들 때 쓰이며 단열재를 채우는 공간이 없는 한 겹으로 쌓는 벽이다.

2. 블록공사

벽돌 대신에 시멘트블록을 벽돌과 같은 방법으로 쌓아 올려 벽체를 구성하는 조적식 구조공사방법도 많이 쓰인다. 시멘트블록은 불연재료로 벽돌에 비해 건물의 경량화를 도모할 수 있고, 공사기간과 공사비 절감을 할 수 있는 장점이 있어 주택·병원·공장·학교·아파트·창고 등과 같이 벽체가 많은 건물에 많이 쓰이고 있다.

블록구조도 내력벽과 장막벽으로 나뉘는데, 전자는 상부하중을 받아 기초에 전달하는 벽체로 3층 이상의 건물에는 부적당하고, 후자는 철근콘크리트 라멘 구조체의 벽을 단순히 칸막이벽으로 쌓는 구조형식으로 비내력벽에 해당한다.

3. 돌 공 사

돌공사는 석재를 쌓아 자립하는 건축물을 세우는 공사나 콘크리트 구조물 또는 조적구조물에 붙임돌(일반석·대리석·테라조·모조석 등)을 연결철물·모탈 등으로 설치 고정하는 돌쌓기·돌깔기·돌붙임공사를 말한다. 석재가공이 필요한데 경질석재와 연질석재에 따라 마무리 및 가공공정이 다르다.

Ⅸ. 타일공사

타일 붙임은 미화·청결·방수·바탕보호 등의 목적을 가지며, 사용하는 목적에 따라 형상·색체·질 등의 차이가 있다.

타일의 종류는 용도상 외부용과 내부용 또는 벽과 바닥용으로 구분한다. 외벽용은 내벽용으로도 쓰인다.

Ⅹ. 목 공 사

순목조건축 및 조적조, 철근콘크리트조의 반자틀공사, 건축물의 수장(修粧)·창호·내장공사 등을 목공사라 한다.

목공사는 구조목공사와 수장목공사로 분류되며, 구조목공사는 기둥·도리 등 일반적으로 외부에 노출되지 않고 칠하기 등의 마무리를 필요로 하지 않는 구조를 주로 하는 목공사를 말하며, 수장목공사는 굽도리·판벽·걸레받이·문틀선·창호·바닥마무리 등 실내건축공사를 겸하는 각종 마무리공사를 말한다. 수장목공사는 건축물의 내외부의 치장을 겸하며 끝마감이 되는 마무리 일로서 바닥·마루널깔기·천장(반자)[7]·계단·창문틀 및 이에 부속되는 일들을 말한다.

목수는 구조·수장·창호·가구 공으로 세분할 수 있으나, 구조·거푸집의 일을 하는 목수를 대목이라 하고, 창호·가구 등의 일을 하는 목수를 소목이라 한다. 도편수(Chief carpenter)는 고건축(한옥 등)공사시 목수일 뿐만 아니라 공사 전반에 관여하고, 각종 기능공과 노무자를 지휘·독려하며, 공사진행 사항을 확인하고 감독을 하는 사람으로 경륜 있는 목수이다.

---

7) 반자는 지붕밑 또는 위층 바닥 밑을 가리어 미관상 보기 좋게 하고, 아울러 방한, 방서, 차음, 보온 등의 효과를 가져오게 하는 천장을 말한다. 반자틀, 반자틀과 천장을 연결하는 달대 등으로 구성되어 있는데 아파트 하자로 자주 문제된다.

XI. 방수 · 방습 · 단열공사

1. 방수공사

벽돌, 블록, 모르타르, 콘크리트 등은 내수 · 내습적인 재료라 하더라도 방수적이 아니므로 방수 · 방습이 필요한 지하실, 물탱크, 평지붕 등과 같은 곳에는 방수 · 방습처리를 해야 한다. 방수 공법에는 피막방수층 공법, 침투 공법, 수밀재붙임 공법 등이 있으나, 보통 많이 사용되는 공법은 피막방수층 공법으로 도포에 의한다. 방수층을 시공 개소별로 분류하면 외벽방수, 옥상방수, 지하실방수, 실내방수 등으로 분류할 수 있다. 지하실방수는 외부에 아스팔트 방수재를 발라서 하는 외부방수가 좋으나 비용이 많이 들어서 벽면 안쪽에 시멘트모르타르방수를 선택하는 경우가 많다.

2. 단열재공사

벽체와 지붕 등 외부와 면하는 부분에는 단열재를 시공하여야 한다. 재료는 암면, 유리면, 난연성 발포 폴리스틸렌폼 등이 있다. 시공방법은 내부쪽에 단열재를 설치하는 내단열, 벽체 중간에 설치하는 중간단열, 바깥쪽에 설치하는 외단열 공법이 있다. 내단열은 시공비가 적게 드는 대신에 실내면적이 줄어들고 결로현상이 생기는 단점이 있다. 중단열 공법이 보편적이다.

3. 방습공사

건물의 외부와 내부온도차가 큰 경우에 방안의 벽체 표면에 물방울이 생기는 현상을 결로현상이라고 한다. 단열재를 제대로 사용하지 않거나 흡수성이나 방습성이 부족한 내장재를 사용한 경우, 콘크리트가 완전히 건조되지 아니한 상태에서 마감공사를 한 경우에 결로가 발생한다. 단열재보강이나 방습층을 제대로 시공하면 이런 현상은 막을 수 있다.

XII. 지붕공사

지붕이음재료에는 기와(한식 기와 · 일식 기와 · 양식 기와 · 시멘트 기와), 슬레이트(석면 슬레이트·후형 슬레이트·골슬레이트), 금속판(아연도금 철판·동판·알루미늄판), 합성수지판 등이 있으며, 각기 그 특징을 살려 건물의 용도·구조·그 지방의 기후·지붕의 물매·지붕면의 길이·지붕재료의 중량·내구력·외관 등을 고려하여 적당한 것을 선택하여 사용하도록 한다.

XIII. 금속공사

금속공사는 기성철물 또는 가공 제작하여 사용하는 철물로서, 주로 시공의 편리·손상 방지·장식·도난방지 등의 목적을 위하여 다른 부분에 고정하는 공사를 말한다.

XIV. 미장공사

미장공사는 벽·천장·바닥 등에 모탈·석고플라스터 등을 바르는 마무리 공사이다. 미장재료는 대개 분말재를 물·풀·접착제 등으로 반죽하여 흙손이나 롤러(Roller)로 발라 건조시켜 표면을 튼튼하게 형성하는 것이며, 공사 자체는 기후 등 여러 조건에 좌우되며, 시공 부분은 대부분 노출되어 평가의 주요 목표가 되므로 바탕공사를 철저히 하여야 한다.

XV. 창호공사

창호란 창과 문의 제작 및 달기에 관한 공사의 총칭을 말하며, 개구부에 달아 채광·환기 및 출입을 위하여 설치하는 것으로 방풍·방한·방서·방우·방온·방도의 역할을 충분히 할 수 있어야 하고, 개폐 및 활동이 원활해야 하며 충분한 강도가 있어야 한다. 종류로는 목제, 알루미늄합금제, 스테인레스제, 강제 창호가 있다.

XVI. 유리공사

유리는 대형제품이 생산되므로 사용량이나 범위(방수, 방습, 미관, 장식) 등이 넓어져 시멘트·철 등과 함께 현대건축의 주요 재료로 되었다. 유리는 종류가 매우 다양하여 판유리와 유리블럭, 두께 2 내지 3mm의 얇은 유리와 5mm 내지 30mm의 두꺼운 유리가 있다. 설치 부분에 따라 종류가 결정되는데, 두께를 시방서와 달리 한 경우에 다툼이 자주 생긴다.

XVII. 칠공사(도장공사)

칠의 목적은 물체를 보호하고 방부·방습·방청·노화를 방지하며, 또 색채·광택 등으로 미관을 주는 것을 목적으로 한다. 이 외에도 최근에는 색채의 효과를 살려 구충(살균·살충)·내열·내유·내산·내알칼리·방음·방수·발광·전기절연 등의 여러 가지 목적으로 사용되는 도료가 있다.

내구적이고 아름다운 칠을 하려면 칠의 목적과 칠의 제질성을 충분히 이해하고 칠할 개소에 맞는 도료를 선택하여 사용하는 것이 중요하다. 칠하는 방법에는 붓질, 롤러, 뿜칠 등 여러 가지가 있다.

XVIII. 내장공사

수장공사(修裝工事, interior finishing work)라고도 한다. 건축물 내부의 치장을 위주로 하는 마무리에 관한 공사를 말한다. 건물 내부의 벽·바닥·천장 등을 보기 좋게 치장하고 설치하는 마무리 공사이며, 내구·내화·방음·방수·방습·방열·흡습성이 크고 아름다우며 깨끗하게 유지될 수 있어야 한다. 내장공사의 사용개소·재료·공법은 바닥깔기, 벽·천장붙이기(패널보드, 합판, 석고판, 무늬목 등), 도배, 커튼·차양설치 등으로 나누어진다.[8]

건축물의 불에 타지 않는 실내마감재료는 건축법상 불연재료, 준불연재료, 난연재료($\frac{건축법 시행령 제2조}{제9호, 10호, 11호}$)의 3가지로 구분되어 있다. 이는 재료비의 절감을 위하여 건축물의 중요도에 따라 법적으로 마감재료를 달리하고 있는 것이다. 불연재료는 화재 시 불에 녹거나 적열되는 현상은 발생해도 연소현상은 일으키지 않는 것으로서 콘크리트, 벽돌, 철강 등이 이에 해당하고, 난연재료는 타는 재료를 난연처리

---

8) 이에 대하여 외장공사(外裝工事, qurring)라 함은 난방배관, 위생배관, 덕트(duct) 등이 실내나 복도 등에 노출하였을 때 외장상 덮어 씌우는 것을 말한다.

하여 타지 않도록 처리한 재료를 말한다. 준불연재료는 그 중간형태로 약간의 유기질을 가지고 있으나 전부 연소 우려가 없는 재료로서 석고보드 등이 이에 해당한다. 이는 재료의 경제성에 따른 필요에서 나온 구분이라고 하겠다.

XIX. 설비공사

건축설비(utilities, services, building services)란 건축물에 설치하는 전기·전화설비·초고속 정보통신설비·지능형 홈네트워크설비·가스·급수·배수·환기·난방·소화·배연 및 오물처리의 설비·굴뚝·승강기·피뢰침·국기게양대·공동시청안테나·유선방송 수신시설·우편함·저수조 등의 설비를 말한다(건축법 제2조 제1항 제4호). 급배수위생설비·전기설비·공기조화설비·기타의 설비가 주 대상이다. 건축이 뼈대를 세우는 것이라면 설비공사는 핏줄과 같다. 아무리 구조공사를 잘 하였어도 설비공사가 제대로 되지 않으면 건물을 편리하게 사용할 수가 없다. 그런데 건축설계자는 설비공사에 대하여 지식이 충분하지 못한 경우가 많아서 부조화가 생길 수 있고 설비공사는 본 공사와 별도로 또는 시공자의 하도급형태로 설비전문가가 담당하게 된다. 특히 설비공사는 품질과 성능에 따라 가격 차이가 매우 커서 건축주의 신중한 결정이 요구된다.

공기조화설비·난방설비·급탕설비에는 중앙집중식과 개별 방식이 있고, 그 방식에 따라 냉난방 환기 덕트, 배관, 기계실의 크기와 위치가 결정된다. 급수와 오폐수의 배수를 위한 배관공사도 중요한 설비공사에 해당된다. 배관재로는 급수급탕관으로 사용되는 PB(Poly Butylene, 열가소성수지), 동관, 일반배관이나 가스관으로 사용되는 강관 등이 있다. 변기, 욕조, 세면기, 싱크, 거울 등을 위생기기라고 하는데, 가격 차이가 매우 크므로 건축주의 의사에 맞추어 적정하게 선택되어야 한다.

XX. 잡 공 사

잡공사는 공사비용을 따로 둘 수 없는 사소한 여러 가지 기타 공사를 포함하며, 대문·담장·배수공사 등이 해당된다. 그 밖에 잡철물공사(雜鐵物工事, miscellaneous metal work)로는 방화셔터, 기타의 도어를 고정하기 위한 철제틀·코너가드·익스팬

션 조인트용의 커버 플레이트·그레이팅·갤러리·사다리·트랩·트랜치의 뚜껑과
틀·논슬립·철골계단·닌간두겁·깃대·무늬강판 등에 의한 강판바닥, 기타 가종
의 것이 있다.

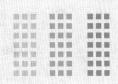

제03장　건설관계 법령

제1절　서　　론

1. 민　　법

제3편 채권 중 제2장 계약의 성립, 효력, 해제 등 계약 총론, 도급계약, 매매계약 등 각론이 주로 적용된다.

2. 상　　법

제2편 상행위에서의 상행위와 상인 규정이 적용된다.

3. 국가를 당사자로 하는 계약에 관한 법률

(1) 1961년에 제정된 예산회계법 제6장에 계약에 관한 규정이 있었으나, 1995년 계약편을 분리하여 국가를 당사자로 하는 계약에 관한 법률(법률 제4868호)을 제정, 시행하게 되었다. 정부조달시장 개방을 기본내용으로 하는 WTO 정부조달협정에 따라 국제입찰의 범위, 내국민대우 및 무차별원칙 등을 국제규범에 맞추고, 정부공사의 부실방지, 생산성 제고에 역점을 둔 것이다.

(2) 이 법은 직접 국민의 권리의무를 기속하지 않고 정부의 회계기관, 또는 계

약담당 공무원에 대한 절차적 훈시규정을 위주로 한 것이어서, 이 법을 위반하더라도 직접 계약의 효력에는 영향이 없는 경우가 대부분이다.

4. 지방자치단체를 당사자로 하는 계약에 관한 법률

2009. 11. 22.부터 시행된 지방자치단체를 당사자로 하는 계약에 관한 법률은 건설공사의 도급계약과 입찰 등을 비롯한 지방자치단체가 계약당사자와 체결하는 수입 및 지출의 원인이 되는 계약 등에 대하여 다른 법률에 특별한 규정이 있는 경우 외에 적용된다.

5. 공공기관의 운영에 관한 법률

공공기관의 운영에 관한 법률은 국가·지방자치단체가 아닌 지정공공기관의 경우[1] 입찰참가자격의 제한기준 등에 관하여 필요한 사항은 기획재정부령으로 정하도록 하며($\binom{법 제39조}{제3항}$), 시설공사계약의 체결을 조달청장에게 위탁할 수 있도록 하고 있다($\binom{법 제44조}{제2항}$).

---

1) 공공기관의 운영에 관한 법률 제4조(공공기관) ① 기획재정부장관은 국가·지방자치단체가 아닌 법인·단체 또는 기관(이하 "기관"이라 한다)으로서 다음 각호의 어느 하나에 해당하는 기관을 공공기관으로 지정할 수 있다.
   1. 다른 법률에 따라 직접 설립되고 정부가 출연한 기관
   2. 정부지원액(법령에 따라 직접 정부의 업무를 위탁받거나 독점적 사업권을 부여받은 기관의 경우에는 그 위탁업무나 독점적 사업으로 인한 수입액을 포함한다. 이하 같다)이 총수입액의 2분의 1을 초과하는 기관
   3. 정부가 100분의 50 이상의 지분을 가지고 있거나 100분의 30 이상의 지분을 가지고 임원 임명권한 행사 등을 통하여 당해 기관의 정책 결정에 사실상 지배력을 확보하고 있는 기관
   4. 정부와 제1호 내지 제3호의 어느 하나에 해당하는 기관이 합하여 100분의 50 이상의 지분을 가지고 있거나 100분의 30 이상의 지분을 가지고 임원 임명권한 행사 등을 통하여 당해 기관의 정책 결정에 사실상 지배력을 확보하고 있는 기관
   5. 제1호 내지 제4호의 어느 하나에 해당하는 기관이 단독으로 또는 두개 이상의 기관이 합하여 100분의 50 이상의 지분을 가지고 있거나 100분의 30 이상의 지분을 가지고 임원 임명권한 행사 등을 통하여 당해 기관의 정책 결정에 사실상 지배력을 확보하고 있는 기관
   6. 제1호 내지 제4호의 어느 하나에 해당하는 기관이 설립하고, 정부 또는 설립 기관이 출연한 기관

제2절 건설기술관계 법령

1. 건 축 법

건축물의 대지, 구조 및 설비의 기준과 건축물의 용도 등을 정하여 건축물의 안전, 기능, 환경 및 미관을 향상시킴으로써 공공복리의 증진에 이바지함을 목적으로 하는 법률이다(제1조). 건축허가, 건축물의 설계, 공사감리, 유지·관리, 건축물의 구조 및 재료, 지역·지구 안의 건축물, 건축설비, 도시설계 등을 규정하고 있다. 즉 이 법은 건축물과 대지에 관한 기본법으로서 행정주체와 행정객체(건축주)가 부담해야 할 의무조항을 규정하고 세부적으로 개별 건축물의 건축기준을 제시함과 동시에 도시계획적 차원의 지역·지구·구역의 특성을 고려한 건축물군에 관한 기준을 규정하는 기본법이다.

2. 건축사법

건축물의 설계, 공사관리 등을 행하는 건축사의 자격과 업무에 관한 사항을 규정하고 있다. 건축사의 면허, 시험, 업무, 건축사협회 등을 규정하고 있다.

3. 국가기술자격법

기술자격에 관한 기준과 명칭을 통일하고 적정한 자격제도를 확립하며 그 관리와 운영을 효율화하는 것을 목적으로 하고 있다. 기술자격의 취득요건, 검정기준, 등록 등을 규정하고 있다.

4. 건설기술진흥법

1987년 독립기념관 화재사건을 계기로 건설기술수준을 향상시키고 시공의 적정을 기하기 위하여 건설기술관리법이 제정되었다가, 1997년 공공건설시장의 대외개방에 대비하여 대폭 개정되었다. 이어서 2013. 5. 22. 건설기술관리법은 건설기술진흥법으로 전면 개정되었는데, 주요 내용은 건설기술인의 범위,[2] 건설

---

2) 건설기술진흥법 시행령 제4조, [별표 1]은 건설기술인의 범위를 기술등급에 따라 특급기술자·고급기술자·중급기술자·초급기술자로, 직무분야에 따라 기계, 전기·전자, 토목, 건축 등 10종으로

기술용역업의 등록 및 관리, 건설사업관리(감리 포함), 건설공사의 표준화 및 품질·안전관리에 관한 것이다.

제3절 건설산업관계 법령

1. 건설산업기본법

(1) 이 법은 건설공사 전체에 관한 시공, 설계, 감리, 사업관리, 유지관리 등 건설산업 각 분야에 관한 필요사항을 정리한 것으로 건설산업 전반에 관한 기본법이다. 원래 건설업법이었으나 1996년 종전의 건설공제조합법, 전문건설공제조합법을 폐지·흡수하여 전면 개정하였다.

(2) 건설산업을 건설공사를 수행하는 건설업과 건설공사와 관련된 용역을 수행하는 건설용역업으로 구분하고, 건설업은 다시 종합적인 계획 관리 및 조정 하에 시설물을 시공하는 일반 건설업과 시설물의 일부 또는 전문분야에 관하여 시공하는 전문건설업으로 구분하였다. 건설업의 업종과 업종별 업무내용은 건설산업기본법 시행령 [별표 1]에, 건설업의 업종에 따른 등록기준(자본금 및 시설, 장비)은 [별표 2]에 상세히 규정되어 있다. 종래에는 건설업에 관하여 건설교통부장관의 면허를 받도록 되어 있었으나 건설업에의 진입장벽을 제거하여 경쟁력을 높이려는 목적으로 1999년 4월 법을 개정하여 종래의 면허제에서 자유로운 등록제로 바뀌었다.

그 이외에 도급 및 하도급계약에 관한 사항, 시공 및 기술관리에 관한 사항(건설기술자에 관한 사항(제40조), 건축물시공자의 제한(제41조)), 경영합리화와 중소건설업자 지원, 건설공제조합,[3] 건설분쟁조정위원회, 시정명령 등에 관한 광범위한 규정이 포함되어 있다.

나누어 규정하고 있다.

3) 1996년 12월 30일 종전의 건설공제조합법, 전문건설공제조합법이 건설산업기본법 7장으로 흡수되었다.

2. 전기공사업법

전기공사의 안전하고 적정한 시공을 함으로써 위해를 방지하고 전기공사업의 건전한 발전을 목적으로 한다. 등록, 공사업자단체, 시공 및 기술관리, 도급 및 하도급 등을 규정하고 있다.

3. 하도급거래 공정화에 관한 법률

하도급거래의 공정화를 도모하여 하수급인의 보호를 목적으로 하는 법률로서 특히 하도급대금의 직접 지급규정을 두고 있다.

4. 기타 법령

정보통신공사업법, 엔지니어링산업 진흥법, 건설기계관리법, 시설물의 안전 및 유지관리에 관한 특별법 등이 각 특정분야에 관하여 규정하고 있다.

제4절   건설정책관계 법령

1. 구 주택건설촉진법(폐지)

무주택국민의 주거생활의 안정을 도모하고 주거수준 향상을 위하여 주택건설, 공급과 자금조달, 운용 등에 관하여 필요한 사항을 규정하였다. 주택건설사업자의 등록, 국민주택자금 조달, 주택건설기준, 주택조합의 설립 등이 주요 내용이다. 시행령인 공동주택관리령은 공동주택의 관리에 관한 기본법령으로 기능하였다.

2. 주택법 및 공동주택관리법

위 주택건설촉진법은 2003. 5. 29. 법률 제6916호로 폐지되고 주택법으로 전면 개정되었다. 주택법은 주택의 건설, 공급, 관리, 거래에 관하여 상세하게 규정하고 있다. 또한 이전에 둘로 나누어져 있던 주택건설촉진법 시행령과 공동주택관리령은 주택법 시행령의 제정으로 모두 폐지되었다. 이어서 2015. 8. 11. 공동주택관리법이 제정됨으로써 주택법 중 공동주택에 관한 부분은 별도로 분리되었다.

3. 해외건설 촉진법

해외건설에 관한 수주질서를 확립하고 국제경쟁력을 강화하기 위하여 해외공사 상황 보고, 해외공사의 지원, 감독 등을 규정하고 있다.

4. 국토의 계획 및 이용에 관한 법률(2002. 2. 4. 법률 제6652호로 제정되어 국토이용관리법과 도시계획법이 폐지되었다).

5. 도시개발법(2000. 1. 28. 법률 제6242호로 제정).

6. 도시 및 주거환경정비법(2002. 12. 30. 법률 제6852호로 제정되어 도시재개발법이 폐지되었다).

제5절 노무관계 법령

근로기준법, 산업재해보상보험법, 산업안전보건법, 근로자직업능력 개발법 등이 건설노무에 관한 법령이다.

제04장 건설관계 전문가

건축은 설계, 시공, 감리 등 모든 과정이 건축사나 기술사 등 전문가의 관여와 협력 속에서 이루어진다. 이들의 자격과 종류, 직무범위를 살펴본다.

제1절 건 축 사

건축사란 국토교통부장관이 시행하는 자격시험에 합격한 사람으로서 건축물의 설계 또는 공사감리의 업무를 수행하는 사람을 말하고(건축사법 제2조 제1호, 제7조 제1항), 건축사보란 건축사사무소에 소속하여 건축사업무를 보조하는 사람 중 국가기술자격법에 따라 건설, 전기·전자, 기계, 화학, 재료, 정보통신, 환경·에너지, 안전관리, 그 밖에 대통령령이 정하는 분야의 기사 또는 산업기사 자격을 취득한 사람으로서 국토교통부장관에게 신고한 사람(건축사법 제2조 제2호, 제7조 제2항)을 말한다.

건축사가 되기 위하여 자격시험에 응시하려면 대통령령으로 정하는 건축사사무소에서 3년 이상 대통령령으로 정하는 바에 따라 실무수련을 받아야 한다. 다만, 외국에서 건축사 면허를 받거나 자격을 취득한 사람 중 이 법에 따른 건축사의 자격과 같은 자격이 있다고 국토교통부장관이 인정하는 사람으로서 통틀어 5년 이상 건축에 관한 실무경력이 있는 사람은 실무수련을 받지 아니하고도 건축사자격시험에 응시할 수 있다. 실무수련은 5년 이상의 건축학 학위과정이 개설된 대학에서 해당 과정을 8학기 이상 이수한 사람, 건축학 학위과정이 개설된 대학원에서 해당 과정을 대통령령으로 정하는 학기 이상 이수한 사람 등만이 받을 수 있다($\binom{건축사}{법 제13조}$). 종전에 시행하던 건축사예비시험은 2019. 11. 17. 폐지되었다.

건축사가 건축법상의 업무를 하고자 할 때에는 건축사사무소를 개설하여 국토교통부장관에게 신고를 하여야 하고($\binom{건축사법}{제23조 제1항}$), 건축사사무소에는 건축사업무 신고를 한 건축사(건축사사무소 개설자)의 업무를 보조하는 소속 건축사 및 건축사보 및 실무수련자를 둘 수 있다.

제2절 기술사

기술사란 해당 기술분야에 관한 고도의 전문지식과 실무경험에 입각한 응용능력을 보유한 사람으로서 국가기술자격법 제10조의 규정에 따라 기술사 자격을 취득한 사람을 말하며($\binom{기술사}{법 제2조}$), 기술사는 과학기술에 관한 전문적 응용능력을 필요로 하는 사항에 대하여 계획·연구·설계·분석·조사·시험·시공·감리·평가·진단·사업관리·기술판단·기술중재 또는 이에 관한 기술자문과 기술지도를 그 직무로 한다($\binom{기술사법}{제3조 제1항}$).

국가기술자격법에 의한 기술사의 자격분야 중 건설과 관련된 분야는 건축구조, 건축기계설비, 건축시공, 건축품질시험, 토목구조, 토질 및 기초, 상하수도, 토목시공, 기계, 건설기계, 건축전기설비, 정보통신, 건설안전, 소방, 전기안전, 비파괴검사, 소음진동 등이다(국가기술자격법 시행규칙 제3조, [별표 2] 참조).

한편 건설기술인에 관하여 건설기술진흥법 제2조 제8호는 건설기술인을 "국가기술자격법 등 관계 법률에 따른 건설공사 또는 건설기술용역에 관한 자격, 학력 또는 경력을 가진 사람으로서 대통령령으로 정하는 사람"으로 규정하였고, 같은 법 시행령 제4조 및 [별표 1]에서는 건설기술인의 등급을 건설기술인 역량지수를 종합평가하여 특급·고급·중급·초급으로 구분하고 있다. 건설기술진흥법시행령은 건설기술인의 직무분야 및 전문분야를 아래의 별표와 같이 정하고 있다.

기술사가 개업하기 위하여 사무소를 개설하려면 과학기술정보통신부장관에게 등록을 하여야 하고, 이 경우 2인 이상의 기술사가 합동사무소를 개설할 수 있다$\left(\begin{smallmatrix} 기술사법 \\ 제6조 제1항 \end{smallmatrix}\right)$.

건설기술 진흥법 시행령 [별표 1]

3. 건설기술인의 직무분야 및 전문분야

직무분야	전문분야	
가. 기계	1) 공조냉동 및 설비	2) 건설기계
	3) 용 접	4) 승강기
	5) 일반기계	
나. 전기·전자	1) 철도신호	2) 건축전기설비
	3) 산업계측제어	
다. 토목	1) 토질·지질	2) 토목구조
	3) 항만 및 해안	4) 도로 및 공항
	5) 철도·삭도	6) 수자원개발
	7) 상하수도	8) 농어업토목
	9) 토목시공	10) 토목품질관리
	11) 측량 및 지형공간정보	12) 지적
라. 건축	1) 건축구조	2) 건축기계설비
	3) 건축시공	4) 실내건축
	5) 건축품질관리	6) 건축계획·설계
마. 광업	1) 화약류관리	2) 광산보안
바. 도시·교통	1) 도시계획	2) 교통
사. 조경	1) 조경계획	2) 조경시공관리
아. 안전관리	1) 건설안전	2) 소방
	3) 가스	4) 비파괴검사
자. 환경	1) 대기관리	2) 수질관리
	3) 소음진동	4) 폐기물처리
	5) 자연환경	6) 토양환경
	7) 해양	
차. 건설지원	1) 건설금융·재무	2) 건설기획
	3) 건설마케팅	4) 건설정보처리

일정 규모 이상의 건물이나 특수한 구조의 건축물의 구조계산은 구조기술사 등이 구조설계도서를 작성하여야 하고, 일정 규모 이상 건축물의 설비에 대한 설계 및 감리는 건축기계설비기술사가 담당하는 등 건축의 기술적 측면에서 관계전문기술자가 건축사를 도와주어야 한다.

2019년 12월 기준으로 건설관계기술사는 건축구조기술사 775명, 건축기계설비기술사 757명, 건축시공기술사 3,768명, 건축품질시험기술사 106명, 토목구조기술사 887명, 토질 및 기초 기술사 949명, 토목시공기술사 4,763명 등이 있다.[1]

제3절 건설사업관리 전문가

건설사업관리는 CM(Construction Management)이라고 하며 건설공사에 관한 기획·타당성조사·분석·설계·조달·계약·시공관리·감리·평가·사후관리 등에 관한 관리를 수행하는 것을 말한다(건설산업기본법 제2조 제8호). 발주자는 건설사업관리업무의 전부 또는 일부를 건설사업관리에 관한 전문지식과 기술능력을 가진 자에게 위탁할 수 있다(같은 법 제26조).

CM은 사업타당성 분석부터 건설생산의 전과정에 걸쳐, 생애주기비용분석 등을 포함하여 건축주를 대신하여 건설프로젝트를 수행하는 과정을 말하며 비교적 최근에 생긴 개념이다.

CM에 의하여 대형화·복잡화되는 공사에서 적정한 품질관리, 비용절감, 공기단축 등 공사의 효율화를 달성할 수 있기 때문에 법제화된 것이다. CM전문가를 CMr이라 표시하기도 한다.

CM과 비교되는 개념으로 PM이 있는데, Project Manager의 약어로 전반적인 개념은 비슷하다. 범위 면에서 CM이 더 넓은 개념이라고 설명하는 이도 있다.

CM의 담당자로서 설계회사, 엔지니어링회사, 감리회사, 건설회사 중 누가 더 적합한가에 관하여 논의가 활발하다.

CM은 2가지 유형으로 나눌 수 있다. ① 발주자가 CM에게 권리를 부여하지 않은 대리형 CM과 ② CM에게 권리를 부여하는 독립계약자형 CM으로 구분된다.[2]

---

1) 한국기술사회 홈페이지 참조.
2) 이하 내용은 박홍태, 『건설시공학』(구미서관, 제2판), 12~14면에서 인용하였다.

　　대리형 CM(Agency CM, CM for fee)은 발주자가 CM회사와 대리인 형태의 계약을 맺고 CM회사는 자신의 서비스에 대한 용역비인 보수를 받는 형태이다. 발주자가 설계와 시공계약을 맺고 CM은 설계나 실질적인 시공작업은 하지 않으며, CM은 발주자의 의사결정에 도움이 되는 내용을 조언하게 된다. 이를 도식화하면 아래 그림과 같다.

　　한편 독립계약자형 CM(Independent Contractor CM, CM at Risk)은 CM이 초기에는 발주자에게 조언 역할을 하다가 건설단계에서는 건설공사를 총액(Guaranteed Maximum Price: GMP) 개념에 따라 책임지고 수행하는 방식이다. 이는 대리형 CM에 비해 보다 일반시공회사에 가까운 입장에 서 있는 형태이다. 이 방식에서는 CM이 공사 중에 발생되는 문제점에 대한 책임을 지게 된다. 이를 도식화하면 아래 그림과 같다.

[대리형 CM]

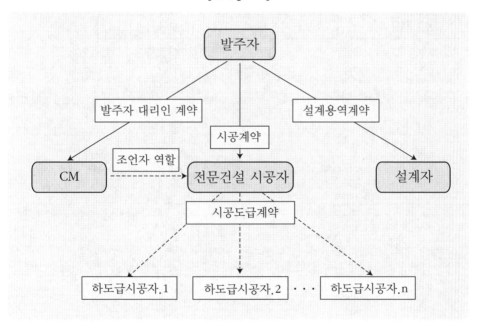

[독립계약자형 CM]

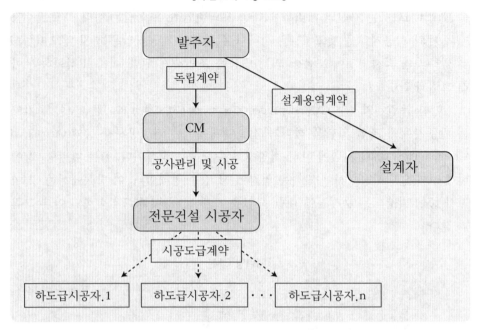

제05장 건설관계 설계도서

제1절 건설관계 설계도서의 종류

건설관계 설계도서는 건축물의 건축 등에 관한 공사용 도면·구조 계산서·시방서·건축설비계산 관계서류·토질 및 지질 관계서류·기타 공사에 필요한 서류를 말한다.[1]

Ⅰ. 설계도면

설계자가 작성하는 도면으로 계약시에 도급인이 미리 작성하여 교부하는 것이 보통이다. 이에는 3가지 종류가 있다.[2]

(1) 기획도면(Sketch)

공사규모, 주요 구조물 배치 등의 상관관계 검토를 위한 도면으로 건축물의 기본골격만 표시한다.

---

1) 건축법 제2조 제1항 제14호, 시행규칙 제1조의2.
2) 한편 국토교통부 2016. 12. 30. 고시 제2016-1025호로 된 건축물의 설계도서 작성기준이 있는데 이는 건축법 제23조 제2항의 규정에 따라 건축사가 건축물을 설계함에 있어 필요한 설계도서의 작성기준을 정한 것으로 설계도서의 종류를 계획설계, 중간설계, 실시설계로 나누고 있다. 이에 대하여는 제2편 제12장 제2절 Ⅱ. 설계자의 업무 부분에서 상세히 살핀다.

(2) 기본설계도면(Basic Drawings)

실계 개요 및 법령 등 세 기준의 검토, 기본계획의 예비타당성조사, 시설물 규모, 배치, 개략공사방법 및 기간, 개략공사비를 조사하여 설계기준 및 조건 등을 결정함으로써 실시설계에 필요한 기술자료로 작성하는 도면을 말한다. 한편 관급공사의 경우에는 설계공모, 기본설계 등의 시행 및 설계의 경제성 등 검토에 관한 지침(국토교통부 고시 제2020−15호)에 기본설계와 실시설계에 관한 상세한 규정이 있고, 엔지니어링사업대가의 기준(산업통상자원부 고시 제2019−20호)에 설계용역의 대가에 관한 상세한 규정이 있다. 민간공사의 경우에도 계약을 통해 위 지침 및 기준을 계약 내용으로 포섭하는 경우가 많다.[3]

---

3) 설계공모, 기본설계 등의 시행 및 설계의 경제성 등 검토에 관한 지침 제22조(기본설계의 내용 등) ① 기본설계는 예비타당성조사, 타당성조사 및 기본계획 결과를 감안하여 다음 각호의 업무를 수행하는 것을 말한다.
   1. 설계 개요 및 법령 등 제기준의 검토
   2. 예비타당성조사, 타당성조사 및 기본계획 결과의 검토
   3. 공사지역의 문화재 등에 대한 문화재지표조사 및 설계반영 필요성 검토
   4. 기본적인 구조물 형식의 비교·검토
   5. 구조물 형식별 적용 공법의 비교·검토
   6. 기술적 대안 비교·검토
   7. 대안별 시설물의 규모의 검토
   8. 대안별 시설물의 경제성 및 현장적용타당성 검토
   9. 시설물의 기능별 배치 검토
  10. 개략공사비 및 공기 산정
  11. 측량, 지반, 지장물, 수리, 수문, 지질, 기상, 기후, 용지조사
  12. 주요 자재·장비 사용성 검토
  13. 설계도서 및 개략공사시방서 작성
  14. 설계설명서 및 계산서 작성
  15. 관계법령 등의 규정에 따라 기본설계시 검토하여야 할 사항
  16. 기타 발주청이 계약서 또는 과업지시서에서 정하는 사항
엔지니어링사업대가의 기준 제14조(업무범위)
공사비요율에 의한 방식을 적용하는 기본설계·실시설계 및 공사감리의 업무범위는 다음 각호와 같다.
 1. 기본설계
   가. 설계개요 및 법령 등 각종 기준 검토
   나. 예비타당성조사, 타당성조사 및 기본계획 결과의 검토
   다. 설계요강의 결정 및 설계지침의 작성
   라. 기본적인 구조물 형식의 비교·검토
   마. 구조물 형식별 적용 공법의 비교·검토
   바. 기술적 대안 비교·검토
   사. 대안별 시설물의 규모, 경제성 및 현장 적용 타당성 검토
   아. 시설물의 기능별 배치 검토
   자. 개략공사비 및 기본공정표 작성

(3) **실시설계도면**(Construction Drawings, Contract Drawings, Working Drawings)

기본설계의 결과를 토대로 공사의 세부적·구체적 사항에 대하여 최적안을 결정하여 작성된 시공 및 유지관리에 필요한 설계서이다. 일반적으로 '공사도면' 이라 부를 때 이를 가리키며, 추가공사 등과 관련하여 문제가 될 때도 이를 기준으로 하여 추가공사의 수량 등을 산출하게 된다.[4]

차. 주요 자재·장비 사용성 검토
카. 설계도서 및 개략 공사시방서 작성
타. 설계설명서 및 계략계산서 작성
파. 기본설계와 관련된 보고서, 복사비 및 인쇄비
2. 실시설계
  가. 설계 개요 및 법령 등 각종 기준 검토
  나. 기본설계 결과의 검토
  다. 설계요강의 결정 및 설계지침의 작성
  라. 구조물 형식 결정 및 설계
  마. 구조물별 적용 공법 결정 및 설계
  바. 시설물의 기능별 배치 결정
  사. 공사비 및 공사기간 산정
  아. 상세공정표의 작성
  자. 시방서, 물량내역서, 단가규정 및 구조 및 수리계산서의 작성
  차. 실시설계와 관련된 보고서, 복사비 및 인쇄비
3. 공사감리
  가. 시공계획 및 공정표 검토
  나. 시공도 검토
  다. 시공자가 제시하는 시험성과표 검토
  라. 공정 및 기성고 사정
  마. 시공자가 제시하는 내역서, 구조 및 수리계산서 검토
  바. 기성도 및 준공도 검토
[4] 설계공모, 기본설계 등의 시행 및 설계의 경제성 등 검토에 관한 지침 제25조(실시설계의 내용)
  ① 실시설계는 기본설계 결과를 바탕으로 건설공사 및 시설물의 설치·관리 등 관계법령 및 기준 등에 적합하게 건설사업자가 시공에 필요한 설계도면 및 시방서 등 설계도서를 작성하는 것으로 다음 각호의 업무를 수행하는 것을 말한다.
    1. 설계 개요 및 법령 등 제기준 검토
    2. 기본설계 결과의 검토
    3. 구조물 형식 결정 및 설계
    4. 구조물별 적용 공법 결정 및 설계
    5. 시설물의 기능별 배치 결정
    6. 공사비 및 공사기간 산정
    7. 토취장, 골재원 등의 조사확인(현지조사 및 토석정보시스템 등 이용) 샘플링, 품질시험 및 자재공급계획
    8. 측량·지반·지장물·수리·수문·지질·기상·기후·용지조사
    9. 기본공정표 및 상세공정표의 작성
    10. 시방서, 물량내역서, 단가규정, 구조 및 수리계산서 작성
    11. 기타 발주청이 계약서 및 과업지시서에서 정하는 사항

(4) 기본설계와 실시설계의 구분

기본설계와 실시설계는 본래 연속한 설계입무에 의도적인 단세를 설정한 것이어서, 명확하게 구분할 수 있는 것은 아니다.[5] 기본설계라 함은 외관, 방의 배치, 기본구조, 사용자재 등 설계의 기본적 사항에 관하여, 부지의 위치형상이나 건축주로부터 청취한 예산액 기타 희망을 고려하여, 설계자가 도면 등에 의한 제안을 행하여, 건축주의 승인을 얻어 이것을 확정하는 단계를 말하고, 실시설계라 함은, 확정한 기본설계에 기해서 건축업자에 의한 공사의 견적 및 실시가 가능한 정도의 도면 및 시방서를 작성하는 단계를 말한다.

이와 같이 설계업무에 두 단계를 설정하는 목적은, 우선 기본설계를 확정시키는 것에 의해서 설계자가 그 후의 실시설계를 낭비 없이 수행할 수 있다는 점에 있다. 또한 기본설계는 건축주에 대한 설명을 위한 것, 실시설계는 건축시공자에 대한 지시설명을 위한 것이라고 할 수 있기 때문에, 이들을 동시 병행적으로 수행하는 것이 가능하기는 하지만, 이는 특별한 필요가 있는 경우에 한한다.[6]

조사업무, 계획업무, 설계업무에 따라 양자를 도표로 하면 아래와 같다.[7]

[기본설계와 실시설계의 비교]

구 분		타당성조사	기본설계	실시설계
조사업무		○	○	○
계획업무		○	○	○
설계업무	개략설계	○	–	–
	예비설계	–	○	–
	상세설계	–	○	○

Ⅱ. 시방서(사양서, Specifications, Spec로 약칭)

설계도에 기재할 수 없는 자재, 장비, 설비의 내역과 요구되는 시공기술, 성

---

5) 소송실무상 설계료 청구사건이 제기된 경우에 설계의 기성결과(공사중단으로 인하여 설계가 완성되지 아니할 때가 많다)가 기본설계인지 실시설계인지 다투는 경우가 많다. 대개 기본설계와 실시설계를 구분하여 설계료를 약정하기 때문에 양자 사이에 차이가 크다.

6) 齊藤 隆 編著,『建築關係訴訟の實務』, 新日本法規(2002), 84면.

7) 더 상세한 도표는 제12장 제2절 Ⅱ. 설계자의 업무 부분에 수록하였다.

능 및 기타 질적인 사항에 관하여 기재한 문서이다.[8] 그 기능은 도면으로 표현하기 어려운 내용의 설계의도를 풀어서 기재하는 것, 구조나 재료의 성능 확보를 위한 방향 제시, 설계시 필요한 공법의 제시 등에 있다. 시방서는 공사의 질적 수준과 성능을 판단하는 기준으로서 기능하는 것이다.

표준시방서가 대표적인 것인데 이는 건설기술진흥법 제44조에 따라 국가기관이나 건설관련 단체가 시설물, 공정에 따른 표준적인 시공기준을 정리한 것이며 개별 공사에 따른 시방서는 이를 토대로 작성하게 된다. 표준시방서를 보통 일반시방서라고도 부르며, 이를 개별 공사에 맞도록 특정 부분을 수정한 것을 특기시방서라고 부른다.

표준시방서는 콘크리트 표준시방서, 토목공사 표준시방서, 건축공사 표준시방서, 도로공사 표준시방서 등 전형적인 공사에 적용되는데, 개별적인 작성을 할 필요가 없고 시공자로서도 통일성이 있어서 좋으나 구체적인 문제가 소홀히 될 단점이 있다.

Ⅲ. 시공상세도면(Shop Drawings)

시공자가 공사 수행 중 또는 완성단계에서 작성하는 도면으로서 공사의 특정 부분을 구체적으로 나타내기 위하여 도면, 도해, 설명서 등으로 구성된다. 도급인은 시공자가 작성해야 할 시공상세도면 목록을 공사시방서에 명시해야 한다. 이는 후에 기록도면으로 되어 준공도면으로서 건축물의 실제상황을 나타내며 하자보수나 유지관리에 기본이 된다.

Ⅳ. 기   타

구조계산서, 토질 및 지질 관계서류, 현장설명서 등이 첨부될 경우가 많다.

---

8) 시방서의 실제 작성 예는 다음과 같다.
　　설계상 자재의 종류, 유형, 칫수, 설치방법, 검사방법을 특정하는 경우; "벽은 지름 2cm 철근을 5cm 간격으로 보강한 두께 20cm 철근콘크리트로 한다."
　　성능만 특정하는 경우; "벽은 1m당 연지하중 300kg을 유지하여야 한다."
　　제품을 특정하는 경우; "에어컨은 삼성전자의 2011년 모델 3000시리즈로 하여야 한다."

제2절 각종 설계도서의 우선순위

I. 우선순위의 결정기준

계약문서는 종류와 용도가 다양하고 작성자와 작성시기가 다를 경우가 많아서 그 내용상 충돌이 일어날 경우가 자주 있다. 관급공사의 경우 계약의 일반조건은 기획재정부가 작성하고 계약의 특수조건(I)은 조달청 등 타 기관이 작성한다. 어느 문서를 우선하여야 할 것인지에 관하여 학설이 대립된다.

① 특수조건 우선설은 특수조건이 일반조건보다 우선하여야 한다는 입장이고 일반조건 우선설은 일반조건은 발주처보다 상위기관이 작성하므로 일반조건이 우선하여야 한다는 입장이다. ② 상호보완설은 문서내용 사이에 상호 우열 없이 내용상 보완하는 것으로 해석하여야 한다는 입장이고, ③ 시차설은 문서의 작성자에 관계없이 시간적으로 후에 작성된 것이 우선하여야 한다고 한다. 시차설을 지지하는 견해가 유력하다.[9]

II. 구체적 기준

국토교통부 고시 건축물의 설계도서 작성기준(제2016-1025호) 제9항에 의하면 설계도서·법령해석·감리자의 지시 등이 서로 일치하지 아니하는 경우에 있어 계약으로 그 적용의 우선 순위를 정하지 아니한 때에는 다음의 순서를 원칙으로 한다.

1. 공사시방서
2. 설계도면
3. 전문시방서
4. 표준시방서
5. 산출내역서
6. 승인된 상세시공도면
7. 관계법령의 유권해석

---

9) 박준기,『신건설계약론』(대한건설협회,일간건설사 2001), 221면.

8. 감리자의 지시사항

위 각 서면에 우선하는 것이 계약서(낙찰서, 입찰서, 특수조건, 일반조건을 포함한
다)임은 당연하다. 도면과 시방서에 차이가 있는 경우가 제일 흔한데 원칙적으로
특기시방서의 내용이 도면에 우선한다.

예컨대 도면에 기재된 수치와 시방서의 수치가 다를 경우에 시방서의 수치에
신빙성을 더 인정하여야 한다. 다만 도면과 시방서 어느 한 쪽에만 나타난 것은 모
두 인정하는 것이 타당하다.

제06장 건설분쟁의 유형과 특징

제1절 건설분쟁 개요

건축행위는 건축주가 설계자로부터 기본설계를 받아서 행정청에 대한 건축 허가를 신청함으로써 시작되며 수급인과의 공사도급계약, 감리자의 감리 등을 거 쳐 완공된다. 이 사이에 하수급인, 이웃 주민 등과도 직·간접적인 관계를 맺게 된 다. 이들을 둘러싼 분쟁관계를 도시하면 다음 도면과 같다.

Ⅰ. 행정관청의 건축관련 행정행위에 관한 것: 도면 1번

건축허가, 사용검사 등에 관한 행정청의 처분에 대하여 건축주는 행정심판, 행정소송으로 처분의 취소를 구하거나, 국가배상법에 따른 손해배상을 청구할 수 있고, 인근 주민 등도 건축에 관련된 위법한 행정행위로 피해를 입었을 경우에 손 해배상청구를 할 수 있다.

[건설분쟁의 유형]

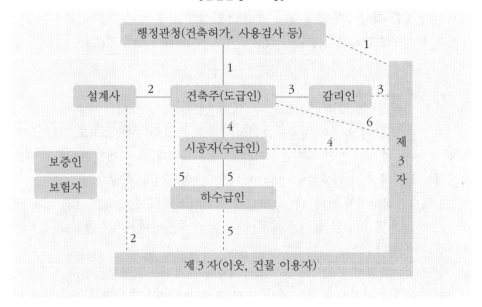

Ⅱ. 설계에 관한 것: 도면 2번

설계자는 건축주와 설계계약을 체결하므로 이에 기하여 계약책임이 성립되는데 주로 설계내용이 건축주의 요구조건에 맞는가, 설명의무를 적절히 이행했는가 등이 문제된다. 설계가 건물의 안전한 이용을 위협할 정도로 잘못되면 건축주는 설계자에 대하여 설계로 인한 불법행위책임도 물을 수 있다. 또한 제3자가 잘못된 설계로 인하여 직접 피해를 입으면 불법행위로 인한 손해배상청구를 할 수 있다. 설계자는 건축주에 대하여 설계보수청구권을 가지며, 중간에 계약이 해제되면 건축주는 적정한 보수를 산정하여 지급할 의무가 있다. 또한 설계도 및 건축물의 저작권은 설계자에게 귀속됨이 원칙인바, 건축주가 설계도를 무단 유용할 경우에 저작권침해의 문제가 생긴다.

Ⅲ. 감리에 관한 것: 도면 3번

감리에 관하여도 설계와 마찬가지로 감리자의 계약상 책임, 불법행위책임의

성부, 감리자의 보수청구권 등의 문제가 있다. 그런데 감리자의 감리상 한계를 어디까지 인정할 것인가가 문제된다. 감리상 한계에 비추어 시공상 하자가 존재한다는 사실만으로 감리자의 책임을 직접 인정할 수는 없다고 볼 것이다.

Ⅳ. 시공에 관한 것: 도면 4번

시공 후 건물에 발생한 하자담보책임이 가장 중요한 분쟁이 되고 있다. 하자의 해당 여부, 하자의 원인, 하자담보기간 등이 문제된다. 특히 집합건물의 하자담보책임을 둘러싸고 각 특별법에 관한 해석론이 통일되어 있지 않다.

공사대금청구권에 관하여는 공사대금의 변경, 공사중단시의 기성고 정산, 담보를 위한 유치권, 선급금 등이 문제된다. 그 밖에 공사지체시의 지체상금, 건물의 소유권 귀속이 다투어진다.

수명의 수급인이 공동으로 공사도급계약을 체결하는 공동수급관계가 대형공사에서 많이 이루어져서 문제가 된다. 또한 수급인이 회사정리, 파산 등 도산이 될 경우에는 기존 공사도급계약의 해제나 이행 여부 선택, 공사대금채권의 성격 등 복잡한 법률문제가 발생한다.

제3자 관계에서 일조권, 전망권 등의 근린문제, 공사로 인한 건물피해 등이 주요 문제이다.

Ⅴ. 하수급관계: 도면 5번

하수급인의 보호를 위하여 제정된 하도급거래 공정화에 관한 법률 및 건설산업기본법상 하수급인의 도급인에 대한 하수급대금의 직접 청구권 유무 등이 문제된다. 하수급인의 불법행위책임을 수급인이 부담할 것인지도 문제된다.

Ⅵ. 건축주와 제3자 관계: 도면 6번

건축주와 제3자 관계는 시공자와 제3자 관계와 유사하지만, 건축주는 도급 또는 지시에 관하여 중대한 과실이 있을 때에만 책임을 지므로 그 성립 여부가 우선 문제된다.

Ⅶ. 보증, 보험관계

건설공사의 장기화, 대규모화로 인한 수급인 도산 등의 위험을 담보하기 위하여 공사이행보증, 하자보수보증, 손해배상보증, 하도급보증 등 보증서를 제출하거나, 공사의 시공연대보증을 하는 예가 많다. 당사자가 도산하면 실제 분쟁은 상대방과 보증인 사이에서 벌어지게 된다.

제2절 건설분쟁의 유형

첫째, 공사수급인이 공사도급인을 상대로 한 공사대금청구사건이 기본적인 유형인데 공사완공으로 인한 대금 청구, 공사중단시 해제나 해지로 인한 기성고 청구, 공사설계변경 또는 추가공사로 인한 공사대금 증가분 청구, 부가가치세 청구 등으로 나뉜다.

둘째, 도급인 입장에서는 하자보수 또는 그 상당의 손해배상청구, 지체상금청구, 미시공 부분의 공사대금 감액청구 등으로 나뉜다.

셋째, 공사관련 보증에 관련하여 건설회사가 도산하는 경우가 많기 때문에 금융기관이나 보증기관에 대한 보증금 청구소송도 상당수 나타나고 있다.

넷째, 공사도급계약상 채무를 벗어난 손해배상문제로서 감리자나 설계자 등 부수적 공사관련자의 위법한 행위에 대한 손해배상청구 또는 공사로 인하여 직접적인 피해를 입은 주변 사람들의 손해배상청구, 일조권이나 조망권 등의 손해배상청구 등이 자주 제기된다.

제3절 건설분쟁의 발생원인과 특징

Ⅰ. 건설분쟁의 발생원인

(1) 건설공사로 인한 건설분쟁은 숙명적이다

"건설공사에서 건설분쟁은 built-in된 것으로 보아야 한다"는 말이 있다. 건설공사는 그 본질상 건설분쟁이 예정되어 있다고 할 정도로 문제의 발생을 피할 수 없다는 말이다. 특히 공사계약을 둘러싼 분쟁은 다른 재산권 분쟁과는 그 양상이 매우 다르다. 예컨대 물건의 매매계약이나 고용계약 등의 법률관계와 건설도급계약관계를 비교해 보면 그 특수성을 쉽게 이해할 수 있다. 매매계약은 계약의 체결과 이행이 1회적으로 끝나고, 고용계약은 이행이 장기간 계속되더라도 채무불이행의 판정이 비교적 쉽다. 그러나 건설공사계약은 이행이 상당한 기간에 걸쳐 이루어지며, 채무이행의 구체적 내용을 확정짓는 데에도 어려움을 겪을 때가 많다. 이는 건설공사 자체에 근본적으로 분쟁의 소지가 많을 수밖에 없는 본질적인 원인이 있기 때문이고, 이러한 원인은 건설공사의 단계에 따라 몇 가지로 정리할 수 있다.

(2) 건설공사도급계약의 내용부실

건설공사는 공정이 복잡하고 자재나 시공기술도 다양하며 그에 따라 가격도 천차만별이다. 공사계약을 체결할 때 이러한 다양한 종류 가운데 자재, 공정, 공사내용 등을 정밀하게 미리 정하여야 하는데, 현재 건설공사도급계약 체결시 철저한 내용 점검이 이루어지지 않는 경우가 흔하다. 시방서, 설계도, 견적서 등에 관한 규정을 형식적으로 정하거나 막연히 함으로써 후에 양자 사이에 견해가 달라지는 것이다. 특히 건축경험이 없는 건축주의 경우에 시공자를 믿고 계약을 허술하게 체결하였다가 낭패를 보는 일이 많다. 반대로 시공자도 계약 내용상 모호한 내용으로 기재하였다가 적자공사를 하게 되는 경우도 생긴다.

(3) 설계·시공상 주관적 차이

건축물은 기능적·심미적 측면을 가진 종합적 구조체인바, 이에 대하여 각 사람이 느끼고 선호하는 경향은 상당히 다르다. 건축설계시에 건축주의 요구가 추상적으로 애매하거나 그 요구가 모순 내지 비현실적일 경우도 있다. 이럴 때 설계자가 이를 지적하여 명확히 하여야 하는데, 이를 무시한 채 자기 생각대로 설계한 경우에는 건물 완성 후에 문제가 될 수 있다. 설계자의 주관적 선호와 건축주의 선호는 다를 수밖에 없기 때문이다. 시공과정에서도 설계도나 시방서에 없는 부분은 건축주의 지시가 없다면 시공자가 재량껏 할 수밖에 없다. 더구나 건축공사는 하이테크산업이 아니라 현장에서 수작업으로 이루어지는 것으로 설계도와 어느 정도 차이가 나는 시공오차는 누구도 피할 수 없는 것이다.

이러한 주관적 차이가 분쟁의 시발점이 될 수 있고 그렇지 않더라도 분쟁의 정도를 결정적으로 악화시키는 원인이 된다.

(4) 변경시공의 불가피성

건축시공은 상당한 시간에 걸쳐서 복잡 다양한 공정을 거쳐 이루어진다. 따라서 시공 도중에 설계나 계약 당시에는 전혀 예기하지 못하였던 시공상의 문제점이 드러나거나, 건축주의 마음이 바뀌어 다른 요구를 하는 일이 종종 생기므로 시공내용의 변경은 어느 공사를 막론하고 예외 없이 이루어진다. 그런데 이러한 공사내용의 변경이 원래의 공사내용에 포함된 것인지(대금 증액 불필요), 아니면 새로운 공사인지(대금의 추가 또는 감액 필요) 불분명한 경우가 많다. 변경 시마다 이를 명백히 합의하여 서면으로 남긴다면 문제가 없겠지만, 시간이 촉박하고 서면화가 번거로워서 구두로만 합의한 채 변경공사를 하는 일이 흔하다. 후에 변경공사대금이 문제가 되면 그 구분이 어렵고, 합의서면도 없어서 분쟁이 생기기 쉽다. 특히 공사 중 건축주가 공사장의 하수급인에게 직접 변경을 지시하는 경우가 많은데 변경의 유무, 변경내용의 확정, 대금 증감, 공기 연장 등 많은 문제가 발생한다.

(5) 원인의 복합성과 다양성

건축물에 하자가 발생한 경우에 그 원인을 판단하는 것이 매우 어렵다. 건축물의 시공과정은 상호 연결되어 있어서 물리적·기능적으로 영향을 미칠 뿐 아니라, 시공자의 책임으로 돌릴 수 없는 사유가 하자의 원인이 될 수도 있다. 예컨대 시공자가 공사한 건물공사는 모두 잘 되었는데 건축주가 직접 행한 지반공사가 부실하여 지반이 붕괴된다면 건물에 균열이 나타나게 되고 이는 시공자의 책임으로 돌릴 수 없는 것이다.

물리적 원인이 아니라도 건축주가 선급금을 약속한 기한에 주지 아니하여 공사를 중단한 경우에 공사중단으로 인한 해제나 지체상금의 원인은 선급금 지급 불이행이라는 계약적 요소가 공사중단의 원인으로서 검토되어야 한다. 즉 당사자 사이의 협력관계가 전제되어야 하는데, 이러한 비협조가 원인이 되는 경우도 많다.

⑹ 사후적 검사의 곤란

건축물은 완성된 후에는 내부의 검사를 하는 것이 사실상 불가능에 가깝다. 비파괴검사 등의 특수한 방법을 동원하면 검사가 가능한 부분도 있지만 내부의 구체적인 시공상태를 확인하는 것은 쉽지가 않다. 더구나 문제점은 시공 즉시가 아니라 상당한 기간이 지난 뒤에야 드러나므로 당초 시공상태를 확인할 수 없고, 정확한 원인은 다른 공정과의 연관성을 종합하여야 하는데 부분을 검사할 수 없기 때문에 그 원인을 파악하기는 더욱 어렵다. 사실확인 대신에 상당 부분을 추정에 의할 수밖에 없는 한계를 피할 수 없다.

Ⅱ. 건설분쟁의 특징

⑴ 복 잡 성

건설분쟁의 가장 큰 특징은 쟁점이 일반적으로 많고 복잡하다는 점이다. 건설공사의 공정이 복잡하여 분쟁의 원인이 쉽게 밝혀지지 않는 데다가, 계약 내용도 불분명한 경우가 많아서 분쟁이 매우 복잡한 양상으로 전개된다.

⑵ 증거 부족

건설분쟁이 생기더라도 계약서나 변경합의서 등 증거가 명백하면 쉽게 합의가 된다. 상세한 계약서, 견적서가 없는 경우가 많고, 공사 중 설계변경시에도 구두합의만 하고 서면은 전혀 없는 때가 많다. 증거의 수집경위, 관련부위 등이 불분명한 경우가 많아서 증거가 일방적으로 작성되거나 신뢰도가 약한 때가 많다. 확증이 아니라 추정 위주로 주장이 제기되곤 한다.

⑶ 시간 경과에 따른 변화

시간이 지날수록 분쟁의 대상에 관련된 직접적인 증거가 소멸되거나 증거가치가 모호해지고, 감정적 대립이 커진다. 더구나 건축물에 대한 후속 공사를 하지 못하는 경우가 많아서 시간 경과 자체로 건축물에 치명적인 피해를 초래할 수도 있다.

⑷ 주관적 판단과 감정 대립

건축도급인과 수급인 모두 뚜렷한 객관적 증거 없이 주관적 판단을 내세우는 경향이 강하다. 일방적으로 작성한 감정보고서, 공사관련 서류를 근거로 내세우며 무리한 주장을 하는 것이다. 당사자가 사용하거나 주요 재산인 건물이 분쟁 대상이 되고 투자한 돈도 적지 않기 때문에 감정적 대립이 더욱 심한 편이다.

Ⅲ. 건설분쟁사건의 진화

건설분쟁사건은 사회의 변화에 따라서 계속 진화하는 양상을 보인다. 건설분쟁은 건설 수요자의 권리의식 강화, 건설회사의 기술향상, 건설산업의 구조 변화, 건설산업과 금융산업의 결합, 행정청의 건설정책, 국회의 입법방향 그리고 건설분쟁의 최종 판단자인 법원의 판결경향에 영향을 받는다. 이러한 상호 관계에 따라 건설분쟁사건도 장기적으로 뚜렷한 경향성을 보인다.

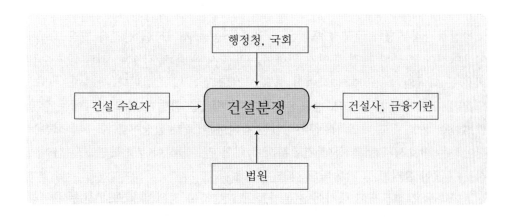

제07장 건설분쟁의 해결절차

제1절 소송외적 해결절차의 중요성

　　건설관계분쟁의 종국적 해결은 법원에 소송을 제기하여 판결을 받음으로써 이루어진다. 그러나 판결을 받기 위하여는 변호사 위임료, 감정료, 기타 증거수집 비용 등 고액의 비용을 지출하여야 하고 시간도 무척 많이 걸린다. 판결이 나더라도 일방이 불복하면 항소심, 상고심까지 계속 재판을 하여야 하고 결국에는 상당한 소송비용을 내고 나면 남는 것이 없는 결과에 이르기 십상이다. 더구나 소송에 관여하는 변호사나 법관 등이 건설분쟁에 대한 전문지식이 부족하면 소송심리에 시간이 많이 걸리고 그 만족도도 높을 수가 없다.

　　따라서 건설분쟁에 대하여 전문가들이 관여하여 적은 비용으로 신속히 처리하는 소송외적 분쟁해결절차의 활용이 절실한 실정이다. 요즈음 선진국의 추세는 건설분쟁 뿐 아니라 일반사건에서도 정식 소송보다는 조정·중재 등 소송 이외의 분쟁해결절차(Alternative Dispute Resolution other than Court Adjudication; ADR)의 적극적인 활용이 강조되어 왔다. 전문성·비용·시간 등 여러 점에서 그 장점은 비할 나위가 없다고 하겠다.

　　이하에서는 현재 우리나라에서 운용되고 있는 건설분쟁의 소송외적 해결제도에 대하여 그 이용 현황 및 개선방향을 살펴보도록 하겠다.

제2절 대한상사중재원의 중재

Ⅰ. 중재제도의 개요

'중재'라 함은 당사자 간의 합의(중재합의)로 사법상의 분쟁을 법원의 재판에 의하지 아니하고 중재인의 판정에 의하여 해결하는 절차를 말한다. 중재제도는 실체적 진실을 정확하게 찾아내기 위하여 분쟁분야에 대한 해박한 지식과 경험이 있는 전문가로 하여금 사건을 검토하고 판정하도록 한다. 변호사의 법률지식, 기업인의 사업경륜, 교수의 학문적 이론 등이 종합됨으로써 정확한 판단이 가능하다는 장점이 있다.

중재에 의한 분쟁해결절차 및 그 효력을 규율하는 법률로서 중재법이 제정되어 있고, 위 법 제40조에 근거하여 산업통상자원부장관이 사단법인 대한상사중재원(the Korean Commercial Arbitration Board; KCAB)을 상사중재기관으로 지정하고, 위 법 제41조에 근거하여 대한상사중재원이 대법원장의 승인을 받아 만드는 중재규칙이 중재법에 따른 중재절차를 상세히 규정하고 있다.

[중재 절차]

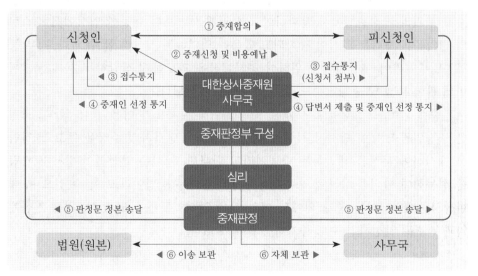

　　특히 대한상사중재원은 건설사건의 특수성을 감안하여 내부적으로 건설중재 관리 내규를 만들어 그 절차를 진행하고 있다.

Ⅱ. 중재인단 현황과 중재인 선정

　　대한상사중재원의 중재인단은 2023. 6. 1. 현재 국내중재인 1,191명, 국제중재인 634명 등 총 1,715명으로 이루어져 있는데, 직업별 분포는 별표와 같다. 중재인의 수는 당사자 간의 합의로 정하는데, 합의가 없는 경우에는 3인으로 한다(중재법 제11조). 중재인의 선정절차는 당사자 합의가 있을 경우 그에 따르고, 합의가 없을 경우 또는 합의가 이행되지 못하여 중재인 선정이 이루어지지 않는 경우에는 중재법에 정한 절차에 따라 법원 또는 법원이 지정한 중재기관이 중재인을 선정한다(중재법 제12조).

Ⅲ. 건설사건 중재 현황

　　아래의 표에서 보듯이 대한상사중재원의 건설분쟁 중재사건은 전체 중재사건에서 가장 높은 비율을 차지하고 있다. 중재대상사건의 청구 금액도 점차 커지고 있다. 이는 극심한 건설공사 물량부족으로 인한 건설업체의 경영난으로 인하여 수행 중인 공사에서 최대한 손해를 줄이겠다는 의미도 있겠지만, 지금까지 발주자 우위의 거래관행에서 탈피하여 건설업체들이 보다 대등한 입장에서 스스로의 권익을 찾으려는 의식이 강화되고 있음을 의미하는 것이라 할 수 있다. 정부 등 공공발주기관이 예산절감을 위하여 공사예산을 과도하게 삭감하는 사례가 많아 이에 관한 분쟁 및 중재건수도 증가할 것으로 예상된다.

　　중재 외에도, 조정에 유사한 알선(斡旋)이라는 제도가 이용되기도 한다. 조정은 조정위원회 등이 당사자 사이에 직접 개입하여 당사자의 주장을 듣고, 조정안을 제시하여 분쟁을 해결하는 방법이라고 한다면, 알선은 알선인이 당사자 쌍방을 설득하여 합의를 유도함으로써 분쟁을 해결하는 방법이라고 할 수 있으며, 대한상사중재원에서는 중재 외에도 이와 같은 알선업무를 하고 있다. 최근 건설계약과 관련된 알선사건 수도 증가하는 추세에 있다.

[업종별 중재인 수]   (2023. 6. 1.)

구분	법조계	실업계	학계	공공단체, 기타	회계사, 변리사	총계
국내중재인	594	289	194	101	13	1,191
국제중재인	526(448)	28(22)	64(40)	16(14)	0	634(524)
합 계	1,042	311	234	115	13	1,715

* 괄호 안은 국내중재인이 포함되어 있지 않은 순수 국제중재인

[건설중재 접수사건]

구분	2017	2018	2019	2020	2021	2022	2023
건설중재 접수 건	126	123	113	140	132	110	119
중재 접수 건	385	393	443	405	500	342	368
건설사건 비중	32.73%	31.3%	25.51%	34.6%	26.4%	32.5%	32.3%

Ⅳ. 중재합의

1. 중재합의의 의의

'중재합의'란 계약상의 분쟁인지의 여부에 관계없이 일정한 법률관계에 관하여 당사자 간에 이미 발생하였거나 장래 발생할 수 있는 분쟁의 전부 또는 일부를 중재에 의하여 해결하도록 하는 당사자 간의 합의를 말한다.

개별사건에 있어 중재합의 존부가 확정되지 않으면 중재판정이 내려졌다 하더라도 그 후 당사자 일방이 중재판정의 소를 제기한 경우 법원에 의해 중재판정이 무효로 해석될 우려가 있다.

2. 중재합의의 방식

중재법 제8조는 "중재합의는 독립된 합의 또는 계약에 중재조항을 포함하는 형식으로 할 수 있으며 이는 서면으로 하여야 한다"고 규정하여 중재합의의 서면주의를 명문화하고 있다.[1]

---

1) 현행 중재법 제8조 제3항 각호의 형식은 제한적이 아닌 예시적인 것이다. 즉 제1호 내지 제3호

이러한 서면의 작성은 분쟁발생 후 상호불신과 의사교환 단절로 중재합의에 동의하지 않거나, 동의하는 데 시간이 지체되어 분쟁해결을 지연시키는 경우가 많으므로 계약 체결시 계약서상에 중재조항을 삽입하는 사전 중재합의방식이 매우 바람직하다.

문제가 되는 것은 주된 계약에서는 일반거래약관 또는 일정한 규칙에 의할 것으로 규정하고, 당해 일반거래약관 또는 규칙에 중재조항이 포함되어 있는 경우에,[2] 이러한 중재합의의 유효성 여부이다. 대법원은 1990. 4. 10. 선고 89다카 20252 판결에서[3] "매매계약서 앞면에 '뒷면의 조건에 따라 공급하여 주십시오'라고 부동문자로 인쇄되어 있고 그 뒷면에 중재조항이 있다면, 당사자가 그 조항의 내용을 충분히 이해한 후 서명하였다고 보여지므로 이는 뉴욕협약에서 말하는 '계약 중의 중재조항'에 해당된다"고 판시한 바 있다.[4] 현행 중재법도 계약이 서면으로 작성되고 중재조항을 그 일부로 하고 있는 경우에는 유효한 중재합의로 인정하고 있다. 이밖에도 중재조항이 부합계약에 포함되어 있는 경우에도 그 효력을 인정할 것인지가 계약 당사자의 진의 및 소비자보호와 관련하여 문제가 된다.[5]

3. 중재합의의 요건

(1) 중재합의는 법원의 재판권을 당사자의 합의를 통하여 배제하는 것이므로 중재의 과정과 결과에 대한 예측가능성의 확보를 통해 중재합의에 따른 불안전성을 줄이는 것이 바람직하다. 그러므로 중재합의에는 ① 중재부탁의사의 명확성 및 확실성, ② 중재지의 확정,[6] ③ 주된 계약에 적용될 준거법(실질법 및 절차법에 대

의 형식을 가지면 서면성을 갖춘 것으로 볼 뿐만 아니라, 그러한 형식을 갖추지 못한 경우에도 당사자들의 진정한 의사에 기한 서면에 의한 것이면 유효한 중재합의의 형식을 가졌다고 보아야 한다는 것이다. 목영준, 『상사중재법론』(박영사, 2001), 40면.

2) 흔히 건설계약의 경우 계약금액과 공기 등 공사의 근간이 되는 조건만을 기재한 간단한 계약문서를 작성하면서 그 외의 사항은 동종 공사 시행에 보편적으로 필요한 조건을 정형화한 일반조건으로 나누어 첨부하여 계약하는 경우가 많다.

3) 대법원 1997. 2. 25. 선고 96다24835 판결; 대법원 2001. 10. 12. 선고 99다45543, 45550 판결도 같은 취지.

4) 대법원 1990. 4. 10. 선고 89다카20252 판결(이는 GKN International Trading Ltd.가 주식회사 국제상사를 상대로 집행판결을 구한 사안), 같은 취지로 대법원 1997. 2. 25. 선고 96다24385 판결; 대법원 2001. 4. 10. 선고 99다13577, 13584 판결이 있다.

5) 약관의 규제에 관한 법률 제5조, 제6조.

6) '중재지'는 중재가 이루어지는 법적 장소를 말하고, 중재합의를 하는 당사자는 중재지에 관하여 자유로이 약정할 수 있다. 중재지는 다른 약정이 없는 한 중재절차의 준거법을 정하는 기준이 되고 국내중재판정과 외국중재판정을 구분하는 표지가 된다(중재법 제2조). 한편 중재지는 실제로

한)의 확정, ④ 중재판정부의 구성(중재인의 수, 자격, 선정절차 등), ⑤ 중재절차에 사용될 언어의 확정, ⑥ 개인의 프라이버시와 기밀의 유지의무 여부를 고려되어야 한다. 그러나 중재합의에 당사자들이 진정한 중재부탁의사가 있는 이상, 일부 결여된 부분이 있다고 하더라도 이를 무효로 볼 것은 아니다.[7)]

(2) 소가 제기된 경우에 중재합의는 소극적 소송요건으로서 피고가 그 존재를 항변하면 소를 각하하게 되나, 그 항변은 피고가 본안에 관한 최초의 변론을 할 때까지 하여야 한다. 소가 법원에 계속 중인 때에도 중재절차를 개시, 진행, 판정을 할 수 있다. 중재합의가 있더라도 법원에 가처분 등의 보전처분을 신청하는 데에는 아무런 방해가 되지 아니한다. 중재합의가 있더라도 분쟁의 종국적 해결 이전에 보전 필요성이 있을 수 있기 때문이다.

4. 선택적 중재합의 조항

(1) 선택적 중재합의란 계약서에 당사자 간에 분쟁이 발생한 경우 중재로써 해결하고 그 중재판정은 최종적이라는 전속적 중재조항을 삽입하지 아니하고, 중재 이외에 조정 또는 법원의 판결을 통해서도 분쟁을 해결할 수 있도록 규정한 중재합의를 말한다. 건설중재의 경우 일반중재와는 달리 계약의 형태가 일반조건과 특수조건으로 분류되어 있어 양 조건이 실제 계약의 내용에 있어서는 일치하지 않고 중재조항의 내용이 상호 충돌하는 경우가 발생한다.

(2) 정부공사계약의 경우에는 기획재정부 계약예규 내용이 계약조항이 되고 중재조항도 위 예규상의 중재조항이 그대로 인용되는데 현재 (계약예규) 공사계약 일반조건(기획재정부, 계약예규 680호)은 당사자가 분쟁해결방안으로 중재와 재판

심리 등 중재절차가 이루어지는 '중재장소'와는 구별되고, '중재기관의 소재지'는 통상 중재판정부의 구성 등 중재절차를 관장하는 기관의 사무소 소재지를 의미하므로, 중재지와 중재장소 및 중재기관의 소재지는 반드시 일치시킬 필요 없이 달리 정해질 수 있다. 나아가 중재합의에서 특정 장소를 분쟁해결지로 합의한 경우에는 특별한 사정이 없는 한 중재지를 정한 것으로 볼 수 있다: 대법원 2024. 6. 27.자 2024마5904 결정.

7) 매매계약서에 '… 본 계약하에서 또는 그와 관련하여 발생하는 모든 분쟁은 본 계약일의 런던중재법원 규칙에 따라 중재에 의하여 결정된다.…'라는 중재조항이 포함되어 있는 경우, 뉴욕협약 제2조에 의하면 같은 협약이 적용되는 중재합의는 '분쟁을 중재에 부탁하기로 하는 서면에 의한 합의'로서 족하고 중재장소나 중재기관 및 준거법까지 명시할 것을 요건으로 하고 있지는 아니할 뿐 아니라, 위 조항에는 중재장소와 중재기관 및 중재절차의 준거법이 한꺼번에 모두 명시되었다고 볼 것이므로 위 조약 제2조 소정의 유효한 중재합의가 있었다고 할 것이다: 대법원 1990. 4. 10. 선고 89다카20252 판결.

중 하나를 선택할 수 있는 것으로 규정하고 있어,[8] 중재조항이 중재합의로서 효력
이 있는지 여부가 문제된다. 위와 같은 내용의 선택적 중재조항은 일방 당사자가
상대방에 대하여 판결이 아닌 중재절차를 선택하여 그 절차에 따라 분쟁해결을
요구하고 이에 대하여 상대방이 별다른 이의 없이 중재절차에 임하였을 때 비로
소 중재계약으로서 효력이 있다고 할 것이고, 일방 당사자인 피고의 중재신청에
대하여 상대방인 원고가 중재신청에 대한 답변서에서 중재합의의 부존재를 적극
적으로 주장하면서 중재에 의한 해결에 반대한 경우에는 중재계약으로서의 효력
이 있다고 볼 수 없다 할 것이다.[9]

　　(3) 당사자 간에 일반계약조건으로 분쟁해결방법을 "관계 법률의 규정에 의하
여 설치된 조정위원회 등의 조정 또는 중재법에 의한 중재기관의 중재에 의하고,
조정에 불복하는 경우에는 법원의 판결에 의한다"라고 정한 경우 이러한 선택적
중재조항은 계약의 일방 당사자가 상대방에 대하여 조정이 아닌 중재절차를 선택
하여 그 절차에 따라 분쟁해결을 요구하고 이에 대하여 상대방이 별다른 이의 없
이 중재절차에 임하였을 때 비로소 중재합의로서 효력이 있다고 할 것이고, 일방
당사자의 중재신청에 대하여 상대방이 중재신청에 대한 답변서에서 중재합의의
부존재를 적극적으로 주장하면서 중재에 의한 해결에 반대한 경우에는 중재합의
로서의 효력이 있다고 볼 수 없다.[10]

Ⅴ. 중재판정

1. 중재판정의 성립

　　중재판정은 분쟁 사안의 심리와 실체 판단에 참여한 단독중재인 또는 복수의
중재인으로 구성된 중재판정부가 상호 의견을 교환하고 합의하여 판정을 내림으
로써 성립된다. 대한상사중재원의 중재규칙에서는 중재인이 수인인 경우, 당사자
간에 별도의 합의가 없는 한, 중재판정을 포함한 모든 결정은 중재인의 과반수 결

---

8) 공사계약 일반조건(기획재정부, 계약예규 680호) 제51조(분쟁의 해결) ① 계약의 수행 중 계약당
　사자 간에 발생하는 분쟁은 협의에 의하여 해결한다.
　② 제1항에 의한 협의가 이루어지지 아니할 때에는 법원의 판결 또는 「중재법」에 의한 중재에 의
　하여 해결한다. 다만 「국가를 당사자로 하는 계약에 관한 법률」 제28조에서 정한 이의신청 대상
　에 해당하는 경우 국가계약분쟁조정위원회 조정결정에 따라 분쟁을 해결할 수 있다.
9) 대법원 2003. 8. 22. 선고 2003다318 판결; 대법원 2005. 5. 27. 선고 2005다12452 판결.
10) 대법원 2004. 11. 11. 선고 2004다42166 판결.

의에 의하도록 하고, 다만 중재심리 절차에 대한 사항에 관하여 다수결이 이루어지지 아니하는 경우에는 의장중재인이 정하도록 하였다.

2. 중재판정의 효력

중재판정은 당사자 간에 있어서 법원의 확정판결과 동일한 효력을 가지고 있는 바,[11] 법원의 확정판결에는 일반적으로 불가철회성, 기속력, 형식적 확정력, 실질적 확정력(기판력), 집행력, 형성력 등이 주어지므로 중재판정에도 그와 동일한 효력이 있다.

중재판정의 형식적 확정력과 관련하여 대부분의 중재제도에는 중재절차 내에서의 불복방법이 없고, 법원에의 상소도 허용되지 않으므로 일단 판정이 내려지면 형식적 확정력이 발생한다. 다만, 확정판결에 대해 불복이 가능한 재심사유보다 넓은 사유에 의하여 중재판정이 취소될 수 있다.

확정판결과 마찬가지로 효력으로서 중재판정에 집행력이 생기는 것 또한 당연하다. 다만, 확정판결에 대한 집행력은 원칙적으로 법원의 사무관 등에 의하여 집행문을 부여받음으로써 생기는 데 반하여 중재판정은 법원의 집행결정을 받아야만 집행력이 생기므로 그때까지는 잠정적인 집행력만을 가진다 할 것이다. 현행 중재법도 집행결정을 거치도록 하고 있으며 나아가 이러한 집행판결을 실제로 집행하기 위하여 다시 법원 사무관의 집행문을 부여받아야 하는지가 문제인바, 이론적으로는 부여받지 않아도 무방할 것 같으나, 실무상 집행문을 부여받도록 하고 있다.

당사자들은 중재판정의 내용에 따르기로 합의한 것이므로 중재판정에 따를 의무가 있다. 그럼에도 불구하고 당사자가 중재판정의 내용을 임의로 이행하지 않을 때에는 집행결정을 받아 강제집행하게 되는데, 이 경우 중재판정부가 부여할 수 있는 구제수단(relief)은 어떠한 것인지가 문제된다. 먼저 중재에 의한 구제수단은 당사자 간의 합의에 따르는바, 중재제도의 탄력성으로 인해 당사자들은 소송절차에서 허용되는 구제수단은 물론, 소송절차에서 허용될 수 없는 구제수단에 관하여도 합의할 수 있다. 문제는 당사자 간에 합의가 없는 경우인데, 현행 중재법

---

11) 따라서 중재법 제36조 제2항에 한정적으로 규정된 중대적 절차적 위법사유가 있을 때에만 판결로서 중재판정이 취소될 수 있다. 당사자는 중재판정을 받은 날로부터 3월 이내에 중재판정 취소의 소를 제기할 수 있다(같은 조 제3항). 또한 중재판정에 관하여 대한민국의 법원에서 내려진 승인 또는 집행결정이 확정된 후에는 중재판정취소의 소를 제기할 수 없다(같은 조 제4항).

에는 이에 관한 규정이 없으므로 해석에 의할 수밖에 없다.

　전통직으로 가장 보편직인 구제수단은 채무이행 또는 손해배싱으로서 금진의 지급을 명하는 것이다. 중재판정부는 당사자들의 명시적 또는 묵시적 합의가 없는 한, 분쟁이 발생한 주된 계약상의 적절한 통화로 지급을 명하여야 하며, 그 판단에 따라 지급시기와 지급조건, 지연손해금을 정할 수 있다.

　한편, 다소 특수한 문제로 금전의 지급과 관련하여 중재판정부가 소송촉진등에관한특례법에 따른 소정의 법정이율에 의한 지연손해금의 지급을 명할 수 있는지 또는 징벌적 손해배상을[12] 명할 수 있는지 등이 문제된다. 전자에 관하여는 그러한 지연손해금의 지급을 명하는 것이 강행법규에 위반하거나 공공의 질서 또는 선량한 풍속에 반하는 행위로 볼 수 없다는 판결이[13] 있는 반면, 후자의 경우에는 징벌적 손해배상은 우리나라의 공서양속 또는 국제사법상의 특별공서 위반으로 허용될 수 없다는 것이 국내 다수 학자들의 견해인바, 그 같은 맥락에서 징벌적 손해배상의 포함 여부가 다투어진 미국 미네소타주 법원 판결에 관해 우리나라 손해배상법의 기준에 비추어 상당한 금액을 현저히 초과한 부분에 한하여는 공서양속에 반하므로 그 승인을 제한할 수 있다고 판시한 하급심 판결이 있다.[14]

　그 밖에도 중재판정부는 채무자에게 채무이행을 강제하거나 행위를 금지하는 내용의 판정을 내릴 수 있다. 이때의 판정에는 종국판정과 임시판정이 포함될 수 있으나, 현행 중재법은 후자를 포함하는 임시적 처분(interim injunction)을 절차적 문제로 보아 결정의 형식으로 하도록 하고 있다.[15]

　현행 중재법 제36조는 중재판정의 취소사유를 절차상의 중대한 적법절차 위

12)　영미법계 국가인 영국에서는 불법행위로 인한 손해배상소송에서, 미국에서는 불법행위로 인한 손해배상소송 및 계약위반으로 인한 손해배상소송에서 징벌적 손해배상(punitive damage, exemplary damage)을 인정하고 있다.
13)　구 중재법(1999. 12. 31. 법률 제6083호로 전문 개정되기 전의 것) 제13조 제1항 제4호 후단의 '중재판정에 이유를 붙이지 아니하였을 때'란 중재판정서에 전혀 이유의 기재가 없거나, 중재판정에서 금전채무의 이행을 명하는 경우에 소송촉진 등에 관한 특례법 제3조 제1항 소정의 법정이율에 의한 지연손해금의 지급을 명한다고 하여 이를 강행법규에 위반하거나 공공의 질서 또는 선량한 풍속에 반하는 행위를 할 것을 내용으로 한 것으로 볼 수는 없다: 대법원 2001. 4. 10. 선고 99다13577, 13584 판결.
14)　서울지방법원 동부지원 1995. 2. 10. 선고 93가합19069 판결. 다만 동 판결에서는 문제된 미네소타주 법원 판결이 그 절차와 문언에 비추어 징벌배상을 포함하고 있지 않다고 판단하였다. 보다 상세한 논의는 석광현, '손해배상을 명한 미국 미네소타주 법원 판결의 승인 및 집행에 관한 문제점(국제사법연구 제2호 627−652면)' 참고.
15)　중재법 제18조, 대한상사중재원 국내중재규칙 제35조.

반사유가 있는 경우로 국한하고 있으며, 그 이외의 경우에는 중재판정의 대상이 된 분쟁이 대한민국의 법에 따라 중재로 해결될 수 없는 경우이거나 중재판정의 승인 또는 집행이 대한민국의 선량한 풍속 그 밖의 사회질서에 위배되는 경우에만 취소가 가능하도록 엄격히 제한하고 있다.[16]

1. 중재합의 요건 및 효력 범위

① 대법원 2005. 5. 13. 선고 2004다67264, 67271 판결

처분문서의 진정성립이 인정되면 법원은 그 기재 내용을 부인할 만한 분명하고도 수긍할 수 있는 반증이 없는 한 그 처분문서에 기재되어 있는 문언대로의 의사표시의 존재와 내용을 인정하여야 하고, 당사자 사이에 계약의 해석을 둘러싸고 이견이 있어 처분문서에 나타난 당사자의 의사해석이 문제되는 경우에는 문언의 내용, 그와 같은 약정이 이루어진 동기와 경위, 약정에 의하여 달성하려는 목적, 당사자의 진정한 의사 등을 종합적으로 고찰하여 논리와 경험칙에 따라 합리적으로 해석하여야 하는 것이며, 중재합의는 사법상의 법률관계에 관하여 당사자 간에 이미 발생하였거나 장래 발생할 수 있는 분쟁의 전부 또는 일부를 법원의 판결에 의하지 아니하고 중재에 의하여 해결하도록 서면에 의하여 합의를 함으로써 효력이 생기는 것이므로, 구체적인 중재조항이 중재합의로서 효력이 있는 것으로 보기 위하여는 중재법이 규정하는 중재의 개념, 중재합의의 성질이나 방식 등을 기초로 당해 중재조항의 내용, 당사자가 중재조항을 두게 된 경위 등 구체적 사정을 종합하여 판단하여야 한다. 그리고 이러한 중재합의는 중재조항이 명기되어 있는 계약 자체뿐만 아니라, 그 계약의 성립과 이행 및 효력의 존부에 직접 관련되거나 밀접하게 관련된 분쟁에까지 그 효력이 미친다고 보아야 할 것이고, 한편 중재판정에서는 경우에 따라 실정법을 떠나 공평의 원칙을 근거로 하여 판단하는 것도 허용될 수 있는 것이므로 중재판정에서 금전채무의 이행을 명하는 경우 그 중재판정 당시 시행되던 구 소송촉진등에관한특례법(2003. 5. 10. 법률 제6868호로 개정되기 전의 것) 제3조 제1항에 규정된 법정이율에 의한 지연손해금의 지급을 명하였다고 하여 이를 가리켜 강행법규에 위반하거나 선량한 풍속 기타 사회질서에 위배된다고 볼 수도 없으며, 비록 그 중재판정이 있은 후 헌법재판소에서 위 조항에 관하여 위헌결정을 선고하였다고 하더라도 특별한 사정이 없는 한 이와 달리 볼 것도 아니다.

---

16) 중재판정에서 지연손해배상금을 외화로 지급할 것을 명한 것은 당사자의 약정에 따른 것으로 준거법인 대한민국법에 반하지 않는다: 대법원 2001. 10. 12. 선고 99다45543 판결.

② 대법원 2007. 5. 31. 선고 2005다74344 판결

중재법이 적용되는 중재합의란 계약상의 분쟁인지의 여부에 관계없이 일정한 법률관계에 관하여 당사자 간에 이미 발생하였거나 장래 발생할 수 있는 분쟁의 전부 또는 일부를 중재에 의하여 해결하도록 하는 당사자 간의 합의를 말하는 것이므로 (중재법 제3조 제2호), 장래 분쟁을 중재에 의하여 해결하겠다는 명시적인 의사표시가 있는 한 비록 중재기관, 준거법이나 중재지의 명시가 되어 있지 않더라도 유효한 중재합의로서의 요건은 충족하는 것이다. 그리고 이러한 중재합의가 있다고 인정되는 경우, 달리 특별한 사정이 없는 한 당사자들 사이의 특정한 법률관계에서 비롯되는 모든 분쟁을 중재에 의하여 해결하기로 정한 것으로 봄이 상당하다.

2. 선택적 중재합의 효력

① 대법원 2003. 8. 22. 선고 2003다318 판결

이 사건 물품공급계약의 일부를 이루는 계약일반조건 제28조 제1항은 "구매자와 공급자는 계약상 또는 계약과 관련하여 발생하는 모든 이견 및 분쟁을 직접적이고 공식적인 협상에 의해 원만하게 해결될 수 있도록 최선을 다하여야 한다"고 규정하고, 제2항은 "만일 그러한 비공식적인 협상의 개시일로부터 30일이 지나도록 구매자와 공급자 간의 계약상 분쟁이 해결되지 않을 경우, 일방 당사자는 그 분쟁이 계약특수조건에서 명기된 공식적인 분쟁해결 수단 및 방법에 따라 해결되어질 것을 요구할 수 있다(either party may require that the dispute be referred for resolution to the formal mechanisms specified in the Special Condition of Contract)"고 규정하고 있으며, 계약특수조건 제10조 제1항은 "계약일반조건 제28조에 의한 분쟁해결 수단 및 방법은 다음과 같다. 첫째, 국적이 같은 구매자와 공급자 간의 분쟁은 구매자 국가의 법에 따라 판결 또는 중재에 의하여 해결되어야 한다(the dispute shall be referred to adjudication/arbitration in accordance with the laws of the Purchaser's country)"고 규정하고 있는 사실, 피고가 1999. 12. 30. 원고를 상대로 이 사건 주장과 같은 계약금액 증액 등을 이유로 대한상사중재원에 중재신청을 한 사실, 피고의 중재신청에 대해 원고가 그 답변서 및 그 후의 준비서면에서 계속하여 중재합의가 없음을 이유로 위 중재신청의 각하를 주장한 사실을 인정할 수 있는바, 앞서 본 법리에 비추어 보면, 위와 같은 내용의 선택적 중재조항은 이 사건 물품공급계약의 일방 당사자가 상대방에 대하여 판결이 아닌 중재절차를 선택하여 그 절차에 따라 분쟁해결을 요구하고 이에 대하여 상대방이 별다른 이의 없이 중재절차에 임하였을 때 비로소 중재계약으로서 효력이 있다고 할 것이고, 이 사건에서와 같이 일방 당사자인 피고의 중재신청에 대하여 상대방인 원고가 중재신청에 대한 답변서에서 중재합의의 부존재를 적극적으로 주장하면서 중재에 의한 해결에 반대한 경우에는 중재계약으로서의 효력이 있다고 볼 수

없다 할 것이다.

② 대법원 2004. 11. 11. 선고 2004다42166 판결

이 사건 계약의 일부를 이루는 계약일반조건 제50조 제1항은 "계약의 수행 중 계약 당사자 간에 발생하는 분쟁은 협의에 의하여 해결한다"고 규정하고 있고, 제2항은 "분쟁이 발생한 날부터 30일 이내에 제1항의 협의가 이루어지지 아니할 때에는 다음 각호에서 정하는 바에 의하여 해결한다"고 규정하면서 제1호를 "관계 법률의 규정에 의하여 설치된 조정위원회 등의 조정 또는 중재법에 의한 중재기관의 중재에 의한다", 제2호를 "제1호의 조정에 불복하는 경우에는 한국고속철도건설공단(이하 '건설공단'이라 한다)의 소재지를 관할하는 법원의 판결에 의한다"고 규정하고 있는 사실, 피고 삼부토건 주식회사, 계룡건설산업 주식회사와 피고 두산산업개발 주식회사에 합병되기 전의 두산건설 주식회사(이하 '피고들'이라 한다)가 건설공단의 철도자산 및 권리가 원고에게 포괄승계되기 전인 2002. 6.경 건설공단을 상대로 대한상사중재원에 물가변동에 따른 계약금액의 조정과 터널굴착방법 변경에 따른 설계변경으로 감액된 82억 9,700만 원 및 이에 대한 지연손해금의 지급을 구하는 내용의 중재신청을 한 사실, 위 중재신청에 대하여 건설공단이 그 답변서 및 그 후의 준비서면에서 계속하여 중재합의의 부존재를 주장한 사실, 대한상사중재원의 중재판정부는 위 계약일반조건 제50조에 의하여 건설공단과 피고들 사이에 중재합의가 존재함을 전제로 판시와 같이 중재판정을 한 사실을 인정할 수 있는바, 앞서 본 법리와 조정에 의한 분쟁해결도 당사자 사이에 합의가 성립하지 아니하면 종국적으로는 법원의 판결에 의한 분쟁해결의 절차로 나아가지 아니할 수 없고, 더욱이 이 사건 계약일반조건 제50조 제2항 제2호가 제1호의 조정에 불복하는 경우에는 법원의 판결에 의한다는 규정을 따로 두고 있는 점에 비추어 보면, 위와 같은 내용의 선택적 중재조항은 이 사건 계약의 일방 당사자가 상대방에 대하여 조정이 아닌 중재절차를 선택하여 그 절차에 따라 분쟁해결을 요구하고 이에 대하여 상대방이 별다른 이의 없이 중재절차에 임하였을 때 비로소 중재합의로서 효력이 있다고 할 것이고, 이 사건에서와 같이 일방 당사자인 피고들의 중재신청에 대하여 상대방인 건설공단이 중재신청에 대한 답변서에서 중재합의의 부존재를 적극적으로 주장하면서 중재에 의한 해결에 반대한 경우에는 중재합의로서의 효력이 있다고 볼 수 없다 할 것이다.

제3절　건설분쟁조정위원회의 조정

건설분쟁조정위원회는 분쟁 당사자의 일방 또는 쌍방의 신청을 받아 설계,

시공, 감리 등 건설공사와 관련한 전반적인 분쟁을 심사 조정하는 기구로서, 국토교통부징관 소속하에 있다.[17]

심사 조정의 대상이 되는 분쟁은 ① 설계·시공·감리 등 건설공사에 관계한 자 사이의 책임에 관한 분쟁, ② 발주자와 수급인 사이의 건설공사에 관한 분쟁. 다만, 국가를 당사자로 하는 계약에 관한 법률 및 지방자치단체를 당사자로 하는 계약에 관한 법률의 해석과 관련된 분쟁을 제외한다. ③ 수급인과 하수급인 간의 건설공사의 하도급에 관한 분쟁. 다만, 하도급거래 공정화에 관한 법률의 적용을 받는 사항을 제외한다. ④ 수급인과 제3자 간의 시공상의 책임 등에 관한 분쟁, ⑤ 건설공사 도급계약의 당사자와 보증인 사이의 보증책임에 관한 분쟁, ⑥ 수급인 또는 하수급인과 제3자 간의 자재의 대금 및 건설기계사용대금에 관한 분쟁, ⑦ 건설업의 양도에 관한 분쟁, ⑧ 건설산업기본법 제28조 규정에 의한 수급인의 하자담보책임에 관한 분쟁, ⑨ 건설산업기본법 제44조 규정에 의한 건설사업자의 손해배상책임에 관한 분쟁이다.

건설분쟁조정위원회는 조정신청을 받은 날부터 60일 내에 이를 심사하여 조정안을 작성하고, 당사자가 조정안을 수락한 때에는 재판상 화해와 동일한 효력이 있다.[18] 2014. 2. 7. 개정법 시행 이전에는 위 조정의 효력을 당사자 간에 조정서와 같은 내용의 합의가 성립된 것으로 보았던바, 일방 또는 쌍방이 조정결정을 이행하지 아니할 경우에는 결국 중재절차나 소송절차에 의할 수밖에 없다는 점이 약점이었다. 앞으로는 실효성 높은 조정이 가능할 것으로 기대된다.

제4절   하도급분쟁조정협의회의 조정

하도급분쟁에 대하여 하도급분쟁조정협의회에 조정신청을 할 수 있다. 이 절차에는 수수료가 없으며, 신속하게 진행되므로 비용과 시간 면에서 유리한 점이 많다. 원사업자 입장에서도 조정이 성립되면 법 위반 여부에 대한 공정거래위원회의 조사 자체가 면제되므로 활용 가치가 높다.

---

17) 건설산업기본법 제69조 제1항 내지 제80조. 이전에는 특별시장·광역시장·도지사 등에 소속된 지방 건설분쟁조정위원회가 있었으나 법개정으로 2014. 2. 7.자로 폐지되었다.
18) 건설산업기본법 제78조 제4항.

이를 다루는 하도급분쟁조정협의회는 2원화 되어 있다. 독점규제 및 공정거래에 관한 법률에 따라 설립된 한국공정거래조정원에 설치된 '조정원 협의회'와 사업자단체가 공정거래위원회의 승인을 받아 자체적으로 설치하는 협의회가 그것이다(하도급거래공정화에 관한 법률 제24조). 전자는 위원장 1명을 포함하여 9명 이내의 위원으로 구성하되 공익을 대표하는 위원, 원사업자를 대표하는 위원과 수급사업자를 대표하는 위원이 각각 같은 수가 되도록 구성된다. 후자는 공정거래위원회의 승인을 받아 해당 협의회가 사정에 맞도록 정할 수 있는데, 대한건설협회와 대한전문건설협회가 공동으로 설치한 건설하도급분쟁조정협의회가 1985년부터 운영되고 있다.

원사업자, 수급사업자(같은 법 제16조의2 제3항 본문 또는 제5항에 따른 조정협의 의 경우 중소기업협동조합 또는 중소기업중앙회를 포함)는 협의회에 하도급거래의 분쟁에 대해 조정신청을 할 수 있다. 다만, 분쟁당사자가 각각 다른 협의회에 분쟁조정을 신청한 경우에는 수급사업자, 중소기업협동조합, 중소기업중앙회가 분쟁조정을 신청한 협의회가 이를 담당한다(같은 법 제24조의4).

협의회는 분쟁 당사자들이 스스로 합의하도록 권고할 수 있을 뿐만 아니라, 조정안을 마련하여 당사자에게 제시할 수 있다. 이 조정안은 분쟁조정에 관한 권고안이므로 당사자들은 이 내용에 구속되지 않으며, 권고안에 대해 수정 의견을 제시할 수도 있다. 협의회는 사실확인에 필요한 범위에서 조사를 하거나 당사자에게 자료제출, 회의출석을 요구할 수 있다. 다만 이는 강제력이 없으며 당사자가 이에 응하지 아니하더라도 불이익을 받지 않는다.

공정거래위원회는 분쟁조정사항에 관하여 조정절차가 종료될 때까지는 해당 분쟁의 당사자인 원사업자에게 시정조치를 명하거나 시정권고를 해서는 안 된다. 다만 공정거래위원회가 제22조 제2항에 따라 조사를 진행하는 사건의 경우는 예외이다(같은 법 제24조의5). 이는 당사자들이 분쟁조정 절차에 적극 참여하도록 하여 합의 가능성을 높이려는 것이다. 실무상 공정거래위원회는 분쟁조정 절차 진행 중에도 조사를 진행할 수 있으나, 분쟁조정의 가능성이 있으면 조사를 유보 또는 일시 중지하는 경우가 많다

하도급 분쟁 당사자 간에 조정이 성립된 경우 조정조서가 작성되고, 조정에서 합의된 사항을 이행할 경우 공정거래위원회는 시정조치 또는 시정권고를 하지 않는다. 조정조서가 작성된 경우 조정조서는 재판상 화해와 동일한 효력을 갖는다(같은 법 제24조의6).

제5절　환경분쟁조정위원회의 조정·재정

　　환경분쟁조정위원회는 환경분쟁조정법에 의하여 국민의 건강과 재산상의 피해를 구제하고 환경오염의 피해로 인한 민사상의 분쟁을 조정하기 위하여 설치된 합의제 행정관청으로 독립성을 띠고 준사법적인 업무를 수행하는 기관이다.

　　건설계획이나 건설공사 자체로 환경이 악화되는 피해를 입은 경우에 이를 통하여 구제받을 수 있다. 사업활동, 기타 사람의 활동에 따라 발생하였거나 발생이 예상되는 대기오염, 수질오염, 토양오염, 해양오염 및 소음·진동과 악취 등에 의한 재산·건강상의 피해, 진동이 그 원인 중의 하나가 되는 지반 침하로 인한 재산·건강상의 피해, 자연생태계 파괴로 인한 재산·건강상의 피해 등이 대상이 된다.

　　분쟁해결은 첫째, 알선절차(처리기간 3개월로서 분쟁 당사자 간에 화해가 이루어지도록 유도하는 절차, 합의 불성립시 조정이나 재정신청 또는 소송제기가 가능하다), 둘째, 조정절차(처리기간 9개월로서 위원회가 분쟁조정안을 작성, 당사자 양측에 수락을 권고하며 불성립시 재정신청이나 소송제기가 가능하다), 셋째, 재정절차(처리기간 9개월로서 환경피해의 원인과 피해배상액 등에 관한 판단을 하는 준사법적 절차이며 불복시 소송제기가 가능하다), 넷째, 중재절차(처리기간 9개월로서 재정절차와 중재법을 준용하고, 법원의 확정판결과 동일한 효력이 있다)에 의한다.

　　조정조서, 이의신청 없는 조정결정, 재정문서는 재판상 화해와 동일한 효력이 있다.

제6절　공정거래위원회

　　건설공사도급계약의 약관, 분양계약의 약관 등에 분쟁이 있으면 약관조항과 관련하여 법률상 이익이 있는 자, 소비자보호법에 의하여 등록된 소비자단체, 한국소비자원 및 사업자단체는 약관의 규제에 관한 법률 위반 여부에 관한 심사를 공정거래위원회에 청구할 수 있다(같은 법 제19조). 공정거래위원회는 사업자가 불공정약관 조항을 사용한 경우 사업자에게 당해 약관의 삭제·수정 등 시정에 필요한 조치를 권고할 수 있다. 또 일정한 경우 사업자에게 위와 같은 필요한 조치를 명할 수 있다(같은 법 제17조의2). 공정거래위원회의 소비자정책국 소비자거래정책과 불공정약관의 심사를 통한 시정조치, 이행확인 등의 업무를 처리하고 있다.

제7절 하자심사 · 분쟁조정위원회

공동주택의 하자를 전문적으로 해결하기 위하여 국토교통부에 하자심사 · 분쟁조정위원회를 두었다(공동주택관리 법 제39조). 공동주택의 하자문제가 자주 제기되고 그 해결에 소송비용과 시간적 부담이 커지자, 이를 신속하고, 저비용으로 해결하기 위하여 설치한 것이다. 공동주택관리법에 상세한 규정이 있는데 앞으로의 활동이 기대된다. 위원회는 공무원, 교수, 판 · 검사, 건설공사 전문가 등 60명 이내로 구성된다. 공동주택의 입주자대표회의 등과 사업주체는 공동주택관리법 제36조 제3항의 담보책임기간 안에 발생한 하자의 책임범위에 대하여 분쟁이 발생한 때에는 위원회에 조정을 신청할 수 있다. 위원회는 공동주택에 발생한 하자 여부 판정, 하자담보책임 및 하자보수 등에 대한 공동주택의 입주자등과 사업주체 간의 분쟁 등을 심사 조정한다.

위원회는 조정 등의 신청을 받은 때에는 지체 없이 조정 등의 절차를 개시하여야 하고, 그 신청을 받은 날부터 60일(공용부분의 하자는 90일) 이내에 그 절차를 완료하여야 한다(1회 연장 가능). 당사자가 위원회가 제시한 조정안을 수락하거나 기한 내에 수락 여부에 대한 답변이 없는 때에는 조정서의 내용은 재판상 화해와 동일한 효력을 가진다(공동주택관리 법 제44조 제4항). 위원회는 사무국 소속 직원으로 하여금 해당 조정대상시설을 출입하여 조사 · 검사하게 할 수 있으며, 사업주체 및 입주자대표회의 등은 이에 협조하여야 한다.

제8절 국가계약분쟁조정위원회

국가를 당사자로 하는 계약에 관한 분쟁을 심사 · 조정하게 하기 위하여 기획재정부에 국가계약분쟁조정위원회를 둔다(국가를 당사자로 하는 계약에 관한 법률 제29조). 대통령령으로 정하는 금액 이상의 정부조달계약 과정에서 정부측 행위로 불이익을 받은 자는 그 행위를 취소하거나 시정(是正)하기 위하여 해당 부서의 장에게 이의신청을 할 수 있는데, 그 조치결과에 불복하는 이의신청인은 국가계약분쟁조정위원회에 조정을 위한 재심청구를 할 수 있다(같은 법 제28조).

위원회는 특별한 사유가 없으면 심사·조정청구를 받은 날부터 50일 이내에 심사·조정하여야 한다. 위원회는 심사·조정의 완료 전에 청구인 및 해당 관서의 장과 그 대리인에게 의견을 진술할 기회를 주어야 하며, 필요한 경우에는 청구인 및 해당 관서의 장과 그 대리인, 증인 또는 관계 전문가로 하여금 위원회에 출석하게 하여 그 의견을 들을 수 있다. 위 조정은 청구인과 해당 관서의 장이 조정이 완료된 후 15일 이내에 이의를 제기하지 아니한 경우에는 재판상 화해(和解)와 같은 효력을 갖는다(같은 법 제31조 제3항).

제9절 일본의 경우

Ⅰ. 건설공사분쟁심사회

일본의 경우 건설분쟁의 소송외적 해결을 위하여 건설업법 제25조에 근거하여 건설공사분쟁심사회를 설치하고 건설사건에 대한 알선, 조정, 중재를 통합적으로 관할하여 시행하고 있다.

건설공사분쟁심사회는 행정형 ADR로 분류되는데, 당사자 쌍방 또는 일방이 건설사업자인 경우 분쟁 중 공사의 하자, 도급금액미지급 등과 같은 공사도급계약의 해석 또는 실시를 둘러싼 민사분쟁의 처리해결을 하는 준사법기관으로서, 중앙건설공사분쟁심사회와 도도부현(都道府縣)건설공사분쟁심사회로 나누어져 있다.

심사회의 구성은 위원과 특별위원으로 이루어지는데, 법률·건축분야의 전문가 숫자가 전체의 70~80%에 이른다.[19] 신임위원 연수로서 특히 공식적인 형태의 것은 존재하지 않지만, 운용상 베테랑 위원과 신임위원을 조합하여 조정 또는 중재를 담당하는 것에 의해 실천을 통하여 실질적인 연수를 행하고 있다. 1년마다

---

19) 石川明·三上威彦·森長秀, 앞의 글, 282–283면.

전국 건설공사분쟁심사회 연락협의회가 개최되어 분쟁처리현황 및 사례연구를 하고, 지역단위별로도 1년마다 연락협의회가 개최된다.

원칙적으로 알선은 1명, 조정·중재는 3명이 담당한다. 조정의 경우 위원 중 1명은 필수적으로 법률전문위원이고 그가 절차를 주재한다. 중재의 경우 위원 중 최소 1명은 변호사 자격자가 아니면 안 되고,[20] 나머지 2명은 통상 기술분야에서 지명된다.

알선 또는 조정이 성립한 경우는 조서를 작성하고, 그것은 민법상의 화해로서의 효력을 가진다. 반면 중재의 경우는 확정판결과 동일한 효력이 있다.[21] 알선·조정의 경우 강제력이 없기 때문에 이를 불이행하면 소송 또는 중재에 해결을 구할 수밖에 없다.

알선과 조정은 그 사건 사이에 본질적인 차이는 없고, 개별 분쟁의 복잡성에 의해 크게 구분하는 정도이므로, 어느 쪽의 절차를 신청하는가는, 원칙적으로 신청자의 선택에 맡겨져 있다. 다만 사실상은 심사회의 사무국이 사전설명을 하여 선택하여야 할 절차를 지도하고 있다.

일반적으로는 당사자 간에 분쟁이 무르익지 않은 상태이기 때문에 조정을 선택하는 경우가 많다. 조정으로 수리한 사건을 알선에 돌리지는 않으나, 반대의 경우는 있다.

조정과 중재의 구분은, 도급계약서의 서식(알선·조정에서의 화해를 전제하고, 화해가 되지 않은 경우에 중재로 하는 약관이 많다)에 의한 경우가 많다. 중재절차의 신청에는 양 당사자에 의한 중재합의가 필요하다.

Ⅱ. 현   황

건설공사분쟁심사회는 1956년에 발족되었고 중앙건설공사분쟁심사회는 1년에 대략 40건을 처리하고, 도도부현심사회는 전국적으로 1년에 약 250건을 처리한다.[22] 조정이 전체 신청건수의 절반 이상을 차지하고 중재는 매우 적다. 분쟁종류

---

20) 일본 建設業法 제25조의19 제3항.
21) 일본 民事訴訟法 제267조.
22) 石川明·三上威彦·森長秀, 앞의 글, 286면. 1994년의 경우 알선 4건, 조정 34건, 중재 6건이 신청되었다.

별로 보면, 공사하자와 공사대금이 주종을 이룬다.[23] 정식 신청에 앞서서 행해지는 분쟁상담건수는 이보다 훨씬 많은데, 중앙심사회는 1년에 200건에서 300건, 전국적으로는 1년에 약 6,000건에 이른다.[24]

절차의 표준적 회수, 심리기간에 대해 살펴보면, 중앙심사회의 경우, 알선은 원칙적으로 1회, 조정은 3~5회이고, 중재는 사건의 내용에 따라 다르지만 사건종결까지 보통 2년 내지 3년이 걸린다. 도심사회의 경우, 평균적으로 알선은 약 5월, 조정은 약 6월, 중재는 약 18월의 심리기간이 걸린다. 그러나 실질적인 심사가 개시되고 동시에 중재판정에 이유를 붙이는 경우의 평균처리기간은 이보다 훨씬 오래 걸려서 평균 42.8월로서 만 3년 6개월이 넘는다. 가장 오래 걸린 사건은 149월이 걸렸고, 10년을 초과한 사건도 3건에 이른다.[25] 하지만 일본의 과거 10년간 1심 본안 사건의 평균종료기간과 비교할 때, 중재의 평균적인 처리기간이 긴 것은 아니라고 한다.[26]

중재판단의 내용적 특징을 살피자면, 대표적인 것으로 하자의 인정방법과 감리자의 역할이 지적되고 있다.[27] 중재의 경우 하자의 인정에 있어서 예외 없이 검증을[28] 행하고, 그 결과를 기초로 판단을 한다. 그 때문에 당사자가 주장하지 아니한 하자라도 검증에서 판명된 것이 있으면 중재의 대상으로 하는 예도 나타난다. 손해액의 산정에 있어서도 검증결과가 중시된다.

감리자의 역할에 대하여 보다 실질적인 판단을 하여, 감리자가 실질적인 지시를 하였고 그것이 하자발생과 관련이 있다면 발주자의 수급인에 대한 하자손해배상청구금액을 감축하여 인정한다.

설계변경에 대한 발주자의 승인이 없었기 때문에 배상액을 감축할 수 없다는 발주자의 주장에 대하여, 그것은 발주자와 감리자의 내부문제라고 하여 배척한

---

23) 1994년의 경우, 공사하자가 중앙심사회 사건의 59%, 도도부현심사회 사건의 48%를 차지하고, 공사대금분쟁이 중앙심사회 사건의 16%, 도도부현심사회 사건의 35%를 차지하였다.

24) 石川明·三上威彦·森長秀, 앞의 글, 301면, 1994년도 중앙심사회의 상담건수는 203건인데 이중 신청건수는 14.9%인 44건이었다.

25) 이상의 통계는 瀧井繁男, "建設工事分爭審査會における仲裁の現狀と課題,"『改革期の民事手續法』(原井龍一郎先生古稀祝賀), 法律文化社, 2000, 334-335면.

26) 瀧井繁男, 앞의 글, 335면.

27) 瀧井繁男, 앞의 글, 339-342면.

28) 정확히는 입입검사(立入檢査)라고 한다. 소송절차에 있어서 현장검증에 해당한다고 할 것인데, 우리나라의 경우 대한상사중재원은 검증을 행할 수 있고(중재규칙 제40조), 건설분쟁조정위원회는 출입검사를 할 수 있다(건설산업기본법 제75조 제1항).

예도 있다.

제10절 개선방안: 통합적 분쟁조정기구의 설립 및 전문성 강화

　현재 우리나라에서 건설사건에 대한 재판외 분쟁해결제도 중에서 대한상사중재원의 중재는 상당히 활성화되어 있는 편이나, 조정의 경우는 그 관할기관이 여러 개로 분산되어 있을 뿐만 아니라 실제 이용이 매우 저조하다. 특히 건설분쟁조정위원회의 경우는 실적이 거의 없다.

　이는 조정 불성립 경우 새로운 기관에서 새로운 절차를 밟아야 하는 점, 조정 대상이 되는 사건에 해당하는지 여부 자체가 복잡한 점, 홍보가 미흡한 점 등에 기인하는 것으로 보인다.

　건설분쟁에 있어 재판외 분쟁해결제도에 대한 사회적 요청이 큰 점에 비추어, 중재 및 조정의 활성화를 위하여 대폭적인 제도 정비가 이루어져야 할 것이다. 중재와 조정이 상호 시너지효과를 발휘할 수 있도록 하나의 기관에 의한 통합적 관리의 필요성이 크고,[29] 앞에서 살펴본 바와 같이 일본의 건설공사분쟁심사회의 시스템이 참고가 될 것이다. 적어도 건설분쟁에 있어 조정을 담당하는 기관을 하나로 통합하고, 규모, 민간 또는 공공공사인지 여부를 불문하고 그 대상으로 삼으며, 세부절차 등에 관한 법령을 정비하여야 할 것이다. 대한상사중재원의 일부 기구로서 처리할 것이 아니라 건설분쟁만 처리하는 독립적이고 전문적인 건설분쟁조정기구를 설립한다면 상당수의 사건이 전문성과 신속성의 담보 아래 처리될 수 있을 것이다.

　또한 건설분쟁의 해결을 위한 검사기술 개발, 데이터의 축적 등을 통하여 보다 정확한 판단도 가능할 것이다.

　재판외 분쟁해결제도의 가장 큰 문제는 업무담당자의 전문성과 심리충실도에 있다. 전문성이 약하거나, 비상근 근무자가 다수일 경우에 신뢰도가 낮아질 수밖에 없다. 법원의 재판에 버금가는 정도의 심리충실도가 유지되어야 효과가 있을 것이다.

---

29) 재판외 분쟁해결수단으로서 조정이나 중재, 또는 이러한 두 가지 제도가 응용된 분쟁해결절차, 즉 분쟁해결협의체(dispute review board; DRB) 제도를 통하여 통합적이고 적정한 분쟁해결이 이루어져야 한다는 견해로서, 두성규, 앞의 글(주14), 51-53면.

제08장 건설분쟁의 예방을 위한 조치

Ⅰ. 공사도급계약의 내용을 명확히 할 것

　　건설공사의 기초는 공사계약의 충실도에 달려 있다. 일반적으로 건설공사표
준도급계약서와 표준시방서를 사용하면 무난하겠지만 이것만으로는 부족하다.
설계자와 미리 논의하여 공사의 세세한 부분까지 명시적으로 정리할 필요가 있
다. 자재의 종류나 등급, 시공방법, 시공할 부분을 기재하여야 하며, 특히 단가정
산방식일 때에는 시공물량 및 단가를 정확히 해야 한다. 총액계산방식일 때에도
가능하다면 변경시공 등을 대비하여 이를 기재함이 바람직하다. 지반보강공사나
흙막이공사는 지질상태에 따라 공사비의 변경이 불가피하므로 이 부분공사는 총
공사대금과 별도로 공사대금을 정산하는 예가 많다.

　　한편 다른 업자와의 공사가 동시에 이루어질 때에는 시공자 각자의 시공범위
를 명확히 해야 한다. 그 밖에 표준계약서를 사용하면서 부주의로 부가가치세 포
함 여부, 지체상금률, 공사대금 지급시기 등을 공란으로 두는 경우가 적지 않으므
로 주의하여야 한다.

Ⅱ. 건축주와 시공자 사이에 시공 중 협의를 충분히 할 것

　　건축설계와 시공을 둘러싸고 건축주와 시공자는 사소한 부분이라도 협의를

충분히 하여야 한다. 건축에 관하여 서로 생각이 다를 가능성이 높으므로 협의를 충실히 함으로써 불필요한 분쟁을 상당 부분 방지할 수 있다. 중요한 부분임에도 시공자가 건축주의 의사를 묻지 않은채 자기 판단으로 시공을 하였다가 문제되는 경우가 적지 않다. 다만 충실한 협의를 하기 위하여는 미리 충분한 시간을 두고 하여야 하므로 시공자는 주도적으로 공사진행과정을 미리 점검하여 사전에 협의사항을 고지하여야 한다. 특히 주의할 것은 공사금액 변경에 관하여 협의가 되지 않을 경우에 조치에 대하여 미리 계약서 상 정리해 놓을 필요가 있다는 점이다.

공사계약 체결 당시에 공사비 산정상 어려운 부분이 있으면 그 부분의 공사비 정산은 별도로 남겨 두는 것이 좋다. 암반·연약지반·터파기공사 등에 예상하지 못하는 사정이 발생할 수 있으므로 이러한 방식이 필요할 때가 있다.[1]

Ⅲ. 변경시공에 대비: 시공기록부의 사용

변경시공이 건축과정에 불가피한 것임은 앞서 살핀 바와 같다. 상당수의 분쟁이 변경시공의 인정 범위, 변경시공액을 둘러싸고 일어나므로 변경시공 시마다 이를 서면으로 명백히 할 필요가 있다. 구두로 합의한 것은 후에 인정받기 어려우므로 번거롭더라도 서면화해야 한다. 이를 위하여 시공기록부를 사용할 것을 제안한다.

시공상 변경사항이 생길 때마다 시공기록부에 간단히 기재한 후에 쌍방이 확인을 하는 것이다. 독립된 서면으로 변경합의를 하는 것은 불편하고 보관도 어려우므로, 시공기록부 두 권을 만들어 작은 부분이라도 변경 대상이 되면 기록하고 상호 확인을 하는 것이다.

건축주나 건축주를 위한 대리인(현장감독)은 가급적 건축현장에 자주 들러서 확인하며 시공기록부를 작성하는 것이 좋을 것이다.

Ⅳ. 감리자의 활용

건축주는 감리자를 보다 적극적으로 활용하여야 한다. 건축물의 종류에 따라

---

1) 대법원 2003. 6. 30. 선고 2002다53803, 53810 판결 참조.

감리의 방법이 차이가 나지만 일반적인 경우에 건축주는 감리자에 대하여 보다 확실한 짐검을 요구할 필요가 있다. 비용이 들더라노 능력이 있는 감정인을 채용하는 것이 바람직하다.

V. 공사가 중단된 경우: 증거의 확보

공사가 중단되거나 끝난 경우에는 당사자는 가급적 건축물의 상태에 관하여 객관적인 증거를 확보하여야 한다. 분쟁이 없더라도 이러한 조치는 필수적이다. 다른 공정의 공사가 이어지고 일부 공사는 종료된 경우에도 다른 공사와의 구별을 하기 위하여 필요하다.

사진과 비디오 촬영이 보편적인 방법인데 실제로 인테리어공사대금을 청구한 소송사건에서 건축사 등 조정위원 및 원고, 피고가 함께 공사가 중단된 직후의 비디오 촬영 화면을 보고 금액을 정하여 조정이 성립된 경우가 있다. 감리인의 세부감리를 받아 감리인의 현장 확인서를 받는 것도 좋고, 증거보전으로 감정을 신청하는 예도 있다.

제 **09**장   **건축법상 기본 용어**

Ⅰ. 건축물의 면적(건축법 제84조, 같은 법 시행령 제119조)

    ⑺ **대지면적**   대지의 수평투영면적(하늘에서 내려다 보이는 수평면적)을 뜻하는 것으로 토지대장상의 토지면적과 다르다.

    ⑼ **건축면적**   건축물의 외벽이나 기둥의 중심선으로 둘러싸인 수평투영 면적을 뜻하는 것으로 건폐율 산정에 사용된다. 처마, 발코니 등 외벽으로부터 1m 이상 돌출된 부분이 있으면 그 끝부분으로부터 1m를 제외한 나머지 부분만 포함한다.

    ⑻ **바닥면적**   각층 단위의 건축물의 순수사용면적을 나타낼 때 사용하는 것으로 건축물의 방화, 도로, 설비 등의 기준을 정하는 데 사용된다. 건축면적 산정방법과 같이 외벽이나 기둥의 중심선으로 둘러싸인 수평투영면적으로 산정하며 건축물대장과 등기부에 기재되는 권리면적을 말한다. 시행령 제119조 제1항에 바닥면적 제외 대상이 규정되어 있다.

    ⑽ **연 면 적**   각층 바닥면적의 합계를 말한다. 용적률 산정에 사용된다.

Ⅱ. 건축물의 형태제한

    도시미관과 쾌적한 도시환경유지를 위하여 국토의 계획 및 이용에 관한 법률

에 의한 용도지역에 따라 일정한 범위 내에서 개별 건축물에 대하여 규제를 하고
있다. 건폐율, 용적률, 높이세한이 그 방법인데 건축법은 상한선만 정하고 구체적
허용범위는 지방자치단체장이 조례로 범위를 따로 정할 수 있도록 되어 있다.

　⒂ **건폐율**(국토의 계획 및 이용에 관한 법률 제77조, 건축법 제55조)　　대지면
적에 대한 건축면적의 비율로서 건축면적/대지면적 (%)으로 표시된다. 고층 건물
의 경우의 건축면적은 가장 넓은 층의 바닥면적을 택한다. 건폐율은 오픈 스페이
스 확보의 기본 데이터로 사용되며 쾌적한 환경과 보건성 유지를 위한 공지확보
에 주된 목적이 있다. 녹지지역은 20/100 이하, 주거지역은 70/100 이하, 상업지역
은 90/100 이하로 정하는 것이 일반적이다.

　⒃ **용적률**(국토의 계획 및 이용에 관한 법률 제78조, 건축법 제56조)　　건축
물의 연면적의 대지면적에 대한 비율로서 건축연면적/대지면적 (%)으로 표시되며
건축물의 수직적 제한을 다룬 것이다. 같은 지역 내의 건축물 높이가 일정하게 되
어 건축물의 미관, 조망, 일조 등을 유지하게 한다. 건축주 입장에서는 해당 대지
상에서 건축가능한 면적이 용적률에 의하여 결정되므로 이해관계가 매우 큰 셈이
다. 대지 내에 2동 이상의 건물이 있으면 이들 연면적의 합계로 산정하며 바닥면
적의 합계에서 지하층과 지상의 주차장용 면적은 제외된다. 녹지지역 100% 이하,
주거지역 500% 이하, 상업지역 1500% 이하로 정하는 것이 일반적이다.

　⒄ **대지의 분할제한**(건축법 제57조, 같은 법 시행령 제80조)　　건축물이 있
는 대지는 함부로 분할할 수 없도록 되어 있다. 분할로 인하여 기존 건축물이 각종
제한규정에 위반될 수 있기 때문이다. 건폐율, 용적률, 높이 제한, 일조 등의 법령
상 기준을 충족시키는 한도에서만 분할이 가능하다. 또한 주거지역은 60m², 상업
지역은 150m² 등 분할이 허용되는 최소대지면적의 제한이 있다.

　⒅ **높이 제한**(건축법 제60조, 61조)　　1999년 5월 9일자 건축법 개정 이전
에는 도로 너비에 따라 건축물의 높이가 제한되는 등 높이에 관한 규정의 해석이
매우 어려워서 민원발생이 많고 미관상 불균형이 심하였다. 건축법 개정으로 지
방자치단체장의 조례로서 가로구역별(도로로 둘러싸인 1단의 구역)로 건축물의 최
고높이를 정하도록 하였다. 다만 이러한 기준의 설정은 상당한 연구가 필요하기
때문에 최고높이가 정해질 때까지는 종전 규정(도로너비의 1.5배)을 적용하도록 하
고 있다.

Ⅲ. 건축관련 행정절차

건축을 하기 위하여는 건축주가 행정관청에 대하여 일정한 절차를 밟아야 한다. 건축주와 건축사가 설계를 하여 건축허가 신청 → 건축허가(다중 이용 건축물인 경우에는 건축심의위원회의 심의를 거친다) → 철거신고 및 착공신고 → 건물 완공 시에 감리보고서 제출 → (필요한 경우에 임시사용승인) 사용승인 → 건축물대장 등재 → 등기부 등재의 순서를 거친다.

⑺ **건축허가신청(건축법 제11조, 같은 법 시행령 제9조)** 건축허가신청은 기본 설계도서를 첨부하여 대지 소유자가 하여야 하며, 다른 사람이 건축할 경우에는 대지소유자의 대지사용승낙서를 첨부하여야 한다(건축법 시행규칙 제6조).

⑻ **건축허가(건축법 제11조, 같은 법 시행령 제8조)** 건축허가신청이 있으면 관계 공무원은 건축물의 용도·규모 등 도시 환경에 관한 사항과 건축물의 입지에 관한 사항을 검토한 후 허가서를 교부하게 된다. 건축허가는 건축법에 부합되도록 건축물을 선별한 대물적 행정행위(허가대상 건축물이 법령에 적합하면 허가하여야 하며, 건축허가를 받은 건축물은 이전이 가능하며 이전될 경우에는 허가에 관한 권한 및 효과도 인수인에게 이전됨)이며, 그 종류로는 허가, 승인, 설계변경, 대수선, 용도변경, 가설건축물 허가 등이 있다. 건축허가의 유효기간은 최장 2년이며 허가를 받은 자가 허가를 받은 날부터 1년 이내에 공사에 착수하지 아니하거나(다만 정당한 사유가 인정되면 1년 범위 내에서 착공을 연장할 수 있다) 공사를 착수하였으나 공사의 완료가 불가능하다고 인정하는 경우에는 허가를 취소한다.

다만 21층 이상, 연면적 10만㎡ 이상 등의 대형건축물에 대하여는 특별시장, 광역시장이 직접 허가하거나 도 단위에서는 시장, 군수, 구청장이 허가하되 도지사의 사전승인을 받아야 한다.

⑼ **건축신고(건축법 제14조, 같은 법 시행령 제11조)** 바닥면적 합계가 85㎡ 이내의 증축·개축·재축, 국토의 계획 및 이용에 관한 법률에 따른 관리지역, 농림지역 또는 자연환경보전지역에서 연면적 200㎡ 미만이고 3층 미만인 건축물의 건축(다만 제2종 지구단위계획구역에서의 건축은 제외), 연면적 200㎡ 미만이고 3층 미만의 건축물의 대수선, 주요 구조부의 해체가 없는 대수선,[1] 소규모

---
1) 건축법 시행령 제11조(건축신고) ② 법 제14조 제1항 제4호에서 "주요 구조부의 해체가 없는 등

건축물,[2] 신고대상 용도변경, 신고대상 가설건축물 등에 해당하는 경우에는 건축신고로서 허가를 대신할 수 있다.[3] 건축신고의 유효기간은 1년이며 건축신고일로부터 1년 이내에 착공하지 아니하면 신고의 효력은 취소된다.

⒧ **용도변경(건축법 제19조, 같은 법 시행령 제14조)**   모든 건축물은 각각의 용도가 정하여져 있으므로 이를 함부로 변경하여 사용할 수 없다. 변경사용하기 위하여는 용도변경신고를 하든가, 건축물대장상 기재 내용을 먼저 변경하여야 한다. 허가를 간소화하기 위하여 건축물의 사용용도·구조·방화·피난 등 기준의 적용을 비슷하게 하는 건축물 등을 뽑아서 9개 시설군으로 대분류하고, 동일시설군 내의 상호 간을 변경하거나 강한 시설군에서 약한 시설군으로의 변경, 당초용도로 원상복귀, 바닥면적의 합계가 100제곱미터 미만의 변경, 동일건축물 안에서의 면적증감 없는 위치변경 등은 신고 없이 임의로 할 수 있으며, 약한 시설군에서 강한 시설군으로의 용도변경하는 경우에만 용도변경 신고하도록 하고 있다.

⒨ **사용승인(건축법 제22조, 같은 법 시행령 제17조)**   사용승인이란, 건축

대통령령으로 정하는 대수선"이란 다음 각호의 어느 하나에 해당하는 대수선을 말한다.
  1. 내력벽의 면적을 30제곱미터 이상 수선하는 것
  2. 기둥을 세 개 이상 수선하는 것
  3. 보를 세 개 이상 수선하는 것
  4. 지붕틀을 세 개 이상 수선하는 것
  5. 방화벽 또는 방화구획을 위한 바닥 또는 벽을 수선하는 것
  6. 주계단·피난계단 또는 특별피난계단을 수선하는 것

2) 건축법 시행령 제11조(건축신고) ③ 법 제14조 제1항 제5호에서 "대통령령으로 정하는 건축물"이란 다음 각호의 어느 하나에 해당하는 건축물을 말한다.
  1. 연면적의 합계가 100제곱미터 이하인 건축물
  2. 건축물의 높이를 3미터 이하의 범위에서 증축하는 건축물
  3. 법 제23조 제4항에 따른 표준설계도서(이하 "표준설계도서"라 한다)에 따라 건축하는 건축물로서 그 용도 및 규모가 주위환경이나 미관에 지장이 없다고 인정하여 건축조례로 정하는 건축물
  4. 국토의 계획 및 이용에 관한 법률 제36조 제1항 제1호 다목에 따른 공업지역, 같은 법 제51조 제3항에 따른 제2종 지구단위계획구역(같은 법 시행령 제48조 제10호에 따른 산업형만 해당한다) 및 산업입지 및 개발에 관한 법률에 따른 산업단지에서 건축하는 2층 이하인 건축물로서 연면적 합계 500제곱미터 이하인 공장
  5. 농업이나 수산업을 경영하기 위하여 읍·면지역(특별자치도지사·시장·군수가 지역계획 또는 도시계획에 지장이 있다고 지정·공고한 구역은 제외한다)에서 건축하는 연면적 200제곱미터 이하의 창고 및 연면적 400제곱미터 이하의 축사, 작물재배사(作物栽培舍), 종묘배양시설, 화초 및 분재 등의 온실

3) 다만 건축신고가 관계법령에서 정하는 명시적인 제한에 배치되지 않는 경우에도 건축을 허용하지 않아야 할 중대한 공익상 필요가 있는 경우에는 건축허가권자는 건축신고의 수리를 거부할 수 있다: 대법원 2019. 10. 31. 선고 2017두74320 판결.

물에 사람이 거주하기에 지장이 없는가의 여부를 검토하여 사용을 승인하는 것을 말한다. 건축법상 1992년 이전에는 준공검사라는 용어를, 1996년 이전에는 사용검사라는 용어를 각 사용하였는데 준공검사란 일반적으로 건축공사의 법규적 문제뿐만 아니라 건축물의 품질 및 도급자와 건축주 간 계약사항까지도 확인하여 이에 맞게 건물이 시공되었음을 확인하는 검사를 뜻하므로 담당 공무원의 현장확인으로 이를 확인한다는 것이 불가능하여 이 용어는 부적합하였다. 건물의 품질은 건축주와 시공자 사이의 계약을 근거로 해결할 문제이므로 행정관청이 개입할 필요가 없는 것이다.

따라서 허가를 받았거나 신고를 한 건축물의 건축주가 건축공사를 완료한 후 사용하고자 할 때, 공사감리자가 작성한 감리완료보고서(공사감리자를 지정한 경우만 해당)와 공사완료도서를 첨부하여 허가권자에게 사용승인을 신청하면 허가권자는 신청건축물이 허가 또는 신고한 설계도서대로 시공되었는지, 감리완료보고서·공사완료도서 등의 서류 및 도서가 적합하게 작성되었는지에 대한 사용승인 검사를 실시하여 검사에 합격하면 사용을 승인하는 것이다(다만 해당 지방자치단체의 조례로 정하는 건축물은 사용승인을 위한 검사를 실시하지 아니하고 사용승인서를 내줄 수 있다).

사용승인을 신청할 때에는 책임소재를 명확히 하기 위하여 관계한 설계자·시공자·관계전문기술자·공사감리자의 공사완료 보고서와 서명이 있어야 하며, 사용승인에 합격하여 승인서를 교부받은 후에야 건축물을 사용할 수 있을 뿐만 아니라, 영업허가와 건축대장 등재가 가능하다. 사용승인이 되면 건축물에 부수되는 다른 법에 의한 설치공사도 준공검사를 필한 것으로 본다.

공용건축물의 경우는 사용승인을 받지 않고 사용주(발주관서)의 자체검사를 거쳐 사용이 가능하지만, 이 건축물의 사용결과는 승인부서인 시장 등에게 통보하도록 규정하고 있다. 건축공사 전체를 완공하여 사용승인을 받는 것이 원칙이지만 대규모 건축물 또는 동일 대지 안에 여러 동의 건축물이 장기간에 걸쳐 단계적으로 건축하는 경우 이 중 공사가 완료된 건축물의 부분에 대하여 임시사용을 위하여 임시사용승인 제도를 두고 있다(건축법 시행규칙 제17조).

Ⅳ. 건축물의 용도(건축법 제2조, 같은 법 시행령 제3조의5, [별표 1])

건축물의 용도는 건축물의 종류를 유사한 구조, 이용목적 및 형태별로 묶어 분류한 것을 말한다. 그런데 생활양식이 다양하고 복잡해지면서 건축물의 용도역시 더욱 다양화되어가고 있다. 비디오방, 찜질방, 휴게텔, 실내스키장, 실내낚시터 등 과거에 상상도 못하였던 영업시설이 생겨나고 있고 영업의 내용에 따라 건축물의 사용관계에 큰 영향을 미친다. 이러한 새로운 업종에 대하여 건축물의 용도와 영업허가문제가 당연히 따르게 되는데 영업허가 없이 사용할 수 있는 업종이 있고, 반드시 영업허가를 얻어야 하는 업종도 있다. 후자의 경우에는 건축물의 용도가 적합한지를 먼저 검토하여야 할 것이고, 만약 용도가 적합하지 않다면 건축물에 관한 용도변경신고를 먼저 하여야 할 것이다. 건축물의 용도에 관하여는 사회의 변화에 따라 계속적인 연구와 대응이 필요하다. 현재 건축법에서 정하는 용도분류에 따르면 아래의 표와 같이 총 150여 가지에 이른다.

[용도별 건축물의 종류](제3조의5 관련)

대분류	중분류
1. 단독주택	가. 단독주택 나. 다중주택 　여러 사람이 장기간 거주할 수 있는 구조 / 독립된 주거의 형태를 갖추지 아니한 것(취사시설 미설치) / 바닥면적의 합계가 330제곱미터 이하 층수(지하층은 제외한다)가 3개 층 이하 다. 다가구주택: 층수(지하층은 제외)가 3개 층 이하 / 바닥면적 합계가 660제곱미터 이하 / 19세대 이하 라. 공관(公館)
2. 공동주택	가. 아파트: 주택으로 쓰는 층수가 5개 층 이상인 주택 나. 연립주택: 주택으로 쓰는 1개 동의 바닥면적합계가 660제곱미터를 초과, 층수가 4개 층 이하 다. 다세대주택: 바닥면적 합계가 660제곱미터 이하이고, 층수가 4개 층 이하인 주택 라. 기숙사
3. 제1종 근린생활 시설	식품·잡화·의류등 일용품을 판매하는 소매점으로서 바닥면적의 합계가 1천 제곱미터 미만인 것 / 휴게음식점, 제과점 등 음료·차(茶)·음식 등을 조리하거나 제조하여 판매하는 시설로서 바닥면적의 합계가 300제곱미터 미만인 것 / 이용원, 미용원, 목욕장, 세탁소 등 사람의 위생관리나 의류 등을 세탁·수선하는 시설 / 의원, 치과의원, 한의원, 침술원, 접골원(接骨院), 조산원, 안마원, 산후조리원 등 주민의 진료·치료 등을 위한 시설 /

	탁구장, 체육도장 / 지역자치센터, 파출소, 지구대, 소방서, 우체국, 방송국, 보건소, 공공도서관, 건강보험공단 사무소 등 공공업무시설 / 마을회관, 공중화장실, 대피소 등 주민이 공동으로 이용하는 시설 / 변전소, 도시가스배관시설, 통신용 시설 등 에너지공급·통신서비스제공이나 급수·배수와 관련된 시설 / 금융업소, 부동산중개사무소, 출판사 등 일반업무시설
4. 제2종 근린생활시설	공연장(극장, 영화관, 연예장 등)으로서 바닥면적의 합계가 500제곱미터 미만인 것 / 종교집회장[교회, 성당, 사찰, 기도원]으로서 바닥면적의 합계가 500제곱미터 미만인 것 / 자동차영업소로서 바닥면적의 합계가 1천제곱미터 미만인 것 / 서점(제1종 근린생활시설에 해당하지 않는 것) / 총포판매소 / 사진관, 표구점 / 청소년게임제공업소, 복합유통게임제공업소 등으로서 바닥면적의 합계가 500제곱미터 미만인 것 / 휴게음식점, 제과점 등 음료·차(茶)·음식 등을 조리하거나 제조하여 판매하는 시설로서 바닥면적의 합계가 300제곱미터 이상인 것 / 일반음식점 / 장의사, 동물병원, 동물미용실 / 학원, 교습소, 직업훈련소로서 바닥면적의 합계가 500제곱미터 미만인 것 / 독서실, 기원 / 테니스장, 체력단련장, 에어로빅장, 볼링장, 당구장, 실내낚시터, 골프연습장, 놀이형시설 등 주민의 체육 활동을 위한 시설로서 바닥면적의 합계가 500제곱미터 미만인 것 / 금융업소, 부동산중개사무소, 결혼상담소 등 소개업소, 출판사 등 일반업무시설로서 바닥면적의 합계가 500제곱미터 미만인 것(제1종 근린생활시설에 해당하는 것은 제외) / 다중생활시설로서 같은 건축물에 해당 용도로 쓰는 바닥면적의 합계가 500제곱미터 미만인 것 / 제조업소, 수리점 등 물품의 제조·가공·수리 등을 위한 시설로서 바닥면적의 합계가 500제곱미터 미만인 것 / 단란주점으로서 바닥면적의 합계가 150제곱미터 미만인 것 / 안마시술소, 노래연습장
5. 문화 및 집회시설	공연장으로서 제2종 근린생활시설에 해당하지 아니하는 것 / 집회장[예식장, 회의장 등]으로서 제2종 근린생활시설에 해당하지 아니하는 것 / 관람장(경마장, 경륜장, 자동차 경기장 등)으로서 바닥면적의 합계가 1천 제곱미터 이상인 것 / 전시장(박물관, 미술관, 과학관, 문화관, 체험관, 기념관 등) / 동·식물원
6. 종교시설	종교집회장으로서 제2종 근린생활시설에 해당하지 아니하는 것 / 이에 설치하는 봉안당(奉安堂)

7. 판매시설	도매시장(농수산물유통 및 가격안정에 관한 법률에 따른 농수산물도매시장, 농수산물공판장 등) / 소매시장(유통산업발전법 제2조 제3호에 따른 대규모 점포 등) / 상점으로서 제1종 근린생활시설이나 제2종 근린생활시설에 해당하지 아니하는 것
8. 운수시설	여객자동차터미널 / 철도시설 / 공항시설 / 항만시설
9. 의료시설	병원(종합병원, 병원, 치과병원, 한방병원, 정신병원 및 요양병원 등) / 격리병원(전염병원, 마약진료소 등)
10. 교육연구시설 (제2종 근린생활시설에 해당하는 것은 제외)	학교(유치원, 초등학교, 중학교, 고등학교, 전문대학, 대학, 대학교, 그 밖에 이에 준하는 각종 학교) / 교육원(연수원, 그 밖에 이와 비슷한 것을 포함) / 직업훈련소(운전 및 정비 관련 직업훈련소 제외) / 학원(자동차학원·무도학원 및 정보통신기술을 활용하여 원격으로 교습하는 것은 제외) / 연구소 / 도서관
11. 노유자시설	아동 관련 시설(어린이집, 아동복지시설 등으로서 단독주택, 공동주택 및 제1종 근린생활시설에 해당하지 아니하는 것) / 노인복지시설(단독주택과 공동주택에 해당하지 아니하는 것) / 그 밖에 다른 용도로 분류되지 아니한 사회복지시설 및 근로복지시설
12. 수련시설	생활권 수련시설(청소년활동진흥법에 따른 청소년수련관, 청소년문화의집, 청소년특화시설 등) / 자연권 수련시설(청소년활동진흥법에 따른 청소년수련원, 청소년야영장 등) / 청소년활동진흥법에 따른 유스호스텔 / 관광진흥법에 따른 야영장시설
13. 운동시설	탁구장, 체육도장, 테니스장, 체력단련장, 에어로빅장, 볼링장, 당구장, 실내낚시터, 골프연습장, 놀이형시설, 그 밖에 이와 비슷한 것으로서 제1종 근린생활시설 및 제2종 근린생활시설에 해당하지 아니하는 것 / 체육관으로서 관람석이 없거나 관람석의 바닥면적이 1천제곱미터 미만인 것 / 운동장으로서 관람석이 없거나 관람석의 바닥면적이 1천 제곱미터 미만인 것
14. 업무시설	공공업무시설: 국가 또는 지방자치단체의 청사와 외국공관의 건축물로서 제1종 근린생활시설에 해당하지 아니하는 것 / 일반업무시설로서 제1종 근린생활시설 및 제2종 근린생활시설에 해당하지 않는 것 또는 오피스텔

15. 숙박시설	일반숙박시설 및 생활숙박시설 / 관광숙박시설(관광호텔, 수상관광호텔, 한국전통호텔, 가족호텔, 호스텔, 소형호텔, 의료관광호텔 및 휴양 콘도미니엄) / 다중생활시설(제2종 근린생활시설에 해당하지 아니하는 것) / 그 밖에 가목부터 다목까지의 시설과 비슷한 것
16. 위락시설	단란주점으로서 제2종 근린생활시설에 해당하지 아니하는 것 / 유흥주점이나 그 밖에 이와 비슷한 것 / 관광진흥법에 따른 유원시설업의 시설 / 무도장, 무도학원 / 카지노영업소
17. 공장	물품의 제조·가공 또는 수리에 계속적으로 이용되는 건축물로서 제1종 근린생활시설, 제2종 근린생활시설 등으로 따로 분류되지 아니한 것
18. 창고시설(위험물 저장 및 처리 시설 또는 그 부속용도에 해당하는 것은 제외한다)	창고 / 하역장 / 물류시설의 개발 및 운영에 관한 법률에 따른 물류터미널 / 집배송시설
19. 위험물 저장 및 처리 시설(관계법령에 따라 설치 또는 영업의 허가를 받는 건축물)	주유소(기계식 세차설비를 포함한다) 및 석유 판매소 / 액화석유가스 충전소·판매소·저장소 / 위험물 제조소·저장소·취급소 / 액화가스 취급소·판매소 / 유독물 보관·저장·판매시설 / 고압가스 충전소·판매소·저장소 / 도료류 판매소 / 도시가스 제조시설 / 화약류 저장소
20. 자동차 관련 시설(건설기계 관련 시설을 포함한다)	주차장 / 세차장 / 폐차장 / 검사장 / 매매장 / 정비공장 / 운전학원 및 정비학원 / 차고 및 주기장(駐機場)
21. 동물 및 식물 관련 시설	축사 / 가축시설 / 도축장 / 도계장 / 작물 재배사 / 종묘배양시설 / 화초 및 분재 등의 온실
22. 자원순환 관련 시설	하수 등 처리시설 / 고물상 / 폐기물재활용시설 / 폐기물 처분시설 / 폐기물감량화시설
23. 교정 및 군사시설(제1종 근린생활시설에 해당하는 것은 제외한다)	교정시설(보호감호소, 구치소 및 교도소를 말한다) / 갱생보호시설 / 소년원 및 소년분류심사원 / 국방·군사시설

24. 방송통신시설 (제1종 근린생활 시설에 해당하는 것은 제외한다)	방송국 / 전신전화국 / 촬영소 / 통신용 시설 / 데이터센터
25. 발전시설	발전소로 사용되는 건축물로서 제1종 근린생활시설에 해당하지 아니하는 것
26. 묘지 관련 시설	화장시설 / 봉안당(종교시설에 해당하는 것은 제외한다) / 묘지와 자연장지에 부수되는 건축물 / 동물화장시설, 동물건조장(乾燥葬)시설 및 동물 전용의 납골시설
27. 관광 휴게시설	야외음악당 / 야외극장 / 어린이회관 / 관망탑 / 휴게소 / 공원·유원지 또는 관광지에 부수되는 시설
28. 장례시설	장례식장[의료시설의 부수시설 해당하는 것은 제외] / 동물 전용의 장례식장
29. 야영장시설	관광진흥법에 따른 야영장시설로서 관리동, 화장실, 샤워실, 대피소, 취사시설 등의 용도로 쓰는 바닥면적의 합계가 300제곱미터 미만인 것

V. 지역, 지구, 구역과 건축기준(국토의 계획 및 이용에 관한 법률 제36조 내지 제41조)

국토교통부장관, 시·도지사 또는 대도시 시장은 토지를 합리적으로 이용하기 위하여 도시관리계획으로 지역, 지구, 구역을 지정하고 있다. 따라서 건축을 계획하는 과정에서 건축법, 건축조례, 도시계획에 의한 건축제한 내용을 충분히 검토하여야 한다.

㉮ 지역(area)　　토지의 효율적 이용과 공공복리의 증진을 위하여 건축물의 용도와 형태, 밀도를 제한하기 위하여 지정된 곳

㉯ 지구(district)　　공공의 안녕질서와 도시기능의 증진을 위하여 지역의 건축제한 보완측면에서 지정된 곳

㉰ 구역(zone)　　광역적인 계획 필요상 일정구역의 특화를 통한 구역 지

정목적의 실현과 유지를 위하여 지정된 곳

상세한 내용은 다음과 같다.

[지　역]

1. 도시지역

㉮ 주거지역　　　거주의 안녕과 건전한 생활환경의 보호를 위하여 필요한 지역

㉯ 상업지역　　　상업 그 밖의 업무의 편익증진을 위하여 필요한 지역

㉰ 공업지역　　　공업의 편익증진을 위하여 필요한 지역

㉱ 녹지지역　　　자연환경·농지 및 산림의 보호, 보건위생, 보안과 도시의 무질서한
　　　　　　　　확산을 방지하기 위하여 녹지의 보전이 필요한 지역

2. 관리지역

㉮ 보전관리지역　자연환경보호, 산림보호, 수질오염방지, 녹지공간 확보 및 생
　　　　　　　　태계 보전 등을 위하여 보전이 필요하나, 주변의 용도지역과
　　　　　　　　의 관계 등을 고려할 때 자연환경보전지역으로 지정하여 관리
　　　　　　　　하기가 곤란한 지역

㉯ 생산관리지역　농업·임업·어업생산 등을 위하여 관리가 필요하나, 주변의
　　　　　　　　용도지역과의 관계 등을 고려할 때 농림지역으로 지정하여 관
　　　　　　　　리하기가 곤란한 지역

㉰ 계획관리지역　도시지역으로의 편입이 예상되는 지역 또는 자연환경을 고려
　　　　　　　　하여 제한적인 이용·개발을 하려는 지역으로서 계획적·체계
　　　　　　　　적인 관리가 필요한 지역

3. 농림지역

4. 자연환경보전지역

[지　구]

1. 경관지구　　　경관을 보호·형성하기 위하여 필요한 지구

2. 고도지구　　　쾌적한 환경조성 및 토지의 고도이용과 그 증진을 위하여 건축물
　　　　　　　　의 높이의 최저한도 또는 최고한도를 규제할 필요가 있는 지구

3. 방화지구　　　화재의 위험을 예방하기 위하여 필요한 지구

4. 방재지구　　　풍수해, 산사태, 지반의 붕괴 그 밖의 재해를 예방하기 위하여 필
　　　　　　　　요한 지구

5. 보호지구　　　문화재, 중요 시설물 및 문화적·생태적으로 보존가치가 큰 지역
　　　　　　　　의 보호와 보존을 위하여 필요한 지구

6. 취락지구　　　녹지지역·관리지역·농림지역·자연환경보전지역·개발제한구역
　　　　　　　　또는 도시자연공원구역의 취락을 정비하기 위한 지구

7. 개발진흥지구　주거기능·상업기능·공업기능·유통물류기능·관광기능·휴
　　　　　　　　양기능 등을 집중적으로 개발·정비할 필요가 있는 지구

8. 특정용도제한지구   주거 및 교육 환경 보호나 청소년 보호 등의 목적으로 오염물질 배출시설, 청소년 유해시설 등 특징시설의 입지를 제한할 필요가 있는 지구

9. 복합용도지구   지역의 토지이용 상황, 개발 수요 및 주변 여건 등을 고려하여 효율적이고 복합적인 토지이용을 도모하기 위하여 특정시설의 입지를 완화할 필요가 있는 지구

10. 그 밖에 대통령령이 정하는 지구

[구   역]

1. 개발제한구역   도시의 무질서한 확산을 방지하고 도시주변의 자연환경을 보전하여 도시민의 건전한 생활환경을 확보하기 위하여 도시의 개발을 제한할 필요가 있거나 국방부장관의 요청이 있어 보안상 도시의 개발을 제한할 필요가 있다고 인정되는 경우에 지정

2. 도시자연공원구역   도시의 자연환경 및 경관을 보호하고 도시민에게 건전한 여가·휴식공간을 제공하기 위하여 도시지역 안에서 식생이 양호한 산지의 개발을 제한할 필요가 있다고 인정되는 경우에 지정

3. 시가화조정구역   도시지역과 그 주변지역의 무질서한 시가화를 방지하고 계획적·단계적인 개발을 도모하기 위하여 일정기간 동안 시가화를 유보할 필요가 있다고 인정되는 경우에 지정

4. 수산자원보호구역   수산자원의 보호·육성을 위하여 필요한 공유수면이나 그에 인접된 토지에 대하여 지정

5. 입지규제최소구역   도시지역에서 복합적인 토지이용을 증진시켜 도시 정비를 촉진하고 지역 거점을 육성할 필요가 있다고 인정되는 경우에 지정

Ⅵ. 건축구조(建築構造, building construction)

건축구조라 함은 건축물의 뼈대화되는 축부 구조로부터 내외의 끝손질에 이르는 세부구조까지 일체를 말하는데, 구조의 재료나 양식에 따라 다음과 같이 분류할 수 있다.

⑺ **재료에 의한 분류**   목재구조, 벽돌구조, 시멘트블록구조, 돌구조, 철근콘크리트구조, 철골구조, 철골철근콘크리트구조

㈎ **구성양식에 의한 분류**

① 조적(組積, masonry)식 구조　　　벽돌·돌·시멘트 블록 등의 개개의 재료를 쌓아 올리며 교착재(석회, 시멘트 등)를 써서 구성한 구조

② 가구(架構, frame structure)식 구조　　　기둥과 보를 횡가하는 형식으로 구성하는 구조

③ 일체식(rahmen) 구조　　　콘크리트를 거푸집 속에 부어넣어 일정한 기간이 경과한 뒤에 거푸집을 떼어 내어 전 구조체를 일체로 만든 철근콘크리트와 같은 일체형 구조체를 말한다. 강도가 높아 고층건물에 쓰인다.

㈐ **재해방지 성능상의 분류**　　　내화구조,[4] 방한구조, 방화구조,[5] 내진구조, 내풍구조, 방공구조.

㈑ **주요 구조부(건축법 제2조 제1항 제7호)**　　　주요 구조부라 함은 내력벽·기둥·바닥·보·지붕틀 및 주계단을 말한다. 다만 사이기둥·최하층바닥·작은보·차양·옥외계단 기타 이와 유사한 것으로 건축물의 구조상 중요하지 아니한 부분을 제외한다. 주요 구조부는 건축물의 구조상 골격 부분으로서 건축물의 안전에 결정적인 역할을 하는 부분이므로 그에 대한 해체·수선·방화·내화 등에 대해서는 안전 확보를 위한 특별한 규제를 받게 된다. 여기서 '사이벽'이란 간막이 등의 역할만 할 뿐, 건축물의 하중을 받지 않는 것으로 내력벽에 반대되는 개념이며, '사이기둥'은 건축물의 무게를 받쳐주는 주기둥 사이에 설치되어 주기둥을 보조하는 것을 말하고, '작은보'도 역시 주된 보를 보조할 뿐 직접 건축물의 안전에 영향이 없는 것을 말한다.

따라서 '주요 구조부'란 건축물의 구조상 골격을 이루는 것으로 건물의 안전에 결정적인 역할을 하는 부분을 말한다. 건축물의 기능이나 미관은 건축사가 담당하지만 건축구조적인 검토는 건축구조기술사 등 구조전문가가 하여야 한다. 16층 이상 건물, 기둥 사이가 30m가 넘는 건축물이나 바닥면적이 5,000㎡가 넘는 다중이용건축물에 대하여는 건축구조기술사만이 구조설계를 할 수 있다.

---

4) 화재 시 안전하게 피난할 수 있도록 상당시간 동안(1내지 4시간) 연소하지 않고 형태나 강도 등이 크게 변하지 않는 내화성능을 가진 구조로서 건축물의 주요 구조부 및 외벽의 개구부 등이 연소하지 않는 구조를 말한다. 철근콘크리트조, 연와조 등이 이에 해당한다(건축법 시행령 제2조 제7호).
5) 불에 연소되지 않도록 외부를 불연재료로 피복을 한 구조를 말한다.

건 · 설 · 분 · 쟁 · 관 · 계 · 법

제 2 편

건설분쟁의 법률적 쟁점

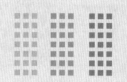

제**01**장 건설공사도급계약의 체결

제1절 서   론

　　건설공사도급계약의 법률적 성질은 도급에 해당하지만 일반적인 도급계약과
는 성질이 상당히 다르고, 같은 건설공사라도 대형공사와 소규모 공사, 관급공사
와 민간공사 사이에는 커다란 차이가 있어서 공사의 종류에 따라 공사도급계약의
법적 효과에 관하여 다양한 해석이 가능하다.

　　또한 계약의 체결방식에 있어서 입찰 등을 통한 경우는 일반계약 체결과 차
이가 많은데, 요즈음 특히 정부공사의 입찰을 둘러싼 입찰자 사이의 권리관계에
관하여 관심이 높아지고 있다. 건설공사도급계약에 관한 분쟁을 처리하기 위하여
는 건설공사의 특성에 맞추어 계약을 합리적으로 해석하고, 건설도급계약에 관한
사실상의 관행을 이해하는 자세가 필요하다.

제2절 건설공사도급계약의 특성

도급은 당사자 일방이 어느 일을 완성할 것을 약정하고 상대방이 그 일의 결과에 대하여 보수를 지급할 것을 약정함으로써 그 효력이 생기는 계약이다($\substack{\text{민법} \\ \text{제664조}}$). 그 법률적 성질은 낙성, 유상, 쌍무, 불요식 계약이다.[1]

그러나 건설공사도급계약은 계약자 이외에도 설계, 감리, 보증, 하도급 등 그 이행과정에 관하여 다수자가 관계하고, 다액의 자본이 투자되며, 건축물이 주거생활의 기능상 편리함과 신체의 안전에 직결된다는 점에서 일반 도급계약과는 이행과정이 상당히 다르다. 이러한 건설공사도급계약은 다음과 같은 특성이 있다.

첫째, 계약이행이 장기간에 걸치며 계약규모가 크다는 점에서 수급인의 미수령 공사대금채권을 보호함과 아울러 도급인의 공사이행채권을 충분히 보호할 필요성이 있다.

둘째, 건설공사는 발주자 뿐 아니라 일반 공중의 재산 및 안전과도 관련이 되기 때문에 안전과 충실시공이 유지될 수 있도록 건설사업자에게 기본적인 기술수준, 충분한 자금, 시공능력을 갖출 것이 요구된다.

셋째, 시공 과정에서 도급인측의 계속적인 감리로 인하여 종속노동적인 측면이 있고, 하자가 쉽게 발견되지 않기 때문에 당사자 간 상호신뢰가 바탕이 되어야 한다는 점에서 이를 계속적 채권관계로 보는 견해도 있다.

이와 같이 건설공사도급계약은 그 특성상 공사규모나 형태에 따라 다양한 유형의 계약이 이루어지고 있으므로 보다 탄력적인 해석이 요구된다.

---

1) 건설공사계약은 서면으로 작성하는 것이 보통이지만 계약서의 작성이 반드시 계약성립의 요건이 되는 것은 아니다. 건설산업기본법 제22조 제2항은 도급금액, 공사기간 등을 명시한 계약서를 작성하여 서로 교부하여 보관할 것을 규정하고 있으나, 위 규정은 행정적 감독을 목적으로 하는 법률로서 이를 지키지 않았다고 하여 계약이 무효로 되는 것은 아니다. 건설공사도급계약이 불요식계약이란 점에는 이설이 없다. 다만 국가나 지방자치단체가 당사자가 되는 건설공사도급계약은 국가를 당사자로 하는 계약에 관한 법률 제11조 및 지방자치단체를 당사자로 하는 계약에 관한 법률 제14조에 의하여 원칙적으로 서면을 작성해야 효력이 있으므로 요식계약에 해당한다고 하겠다. 뒤의 '제4절 계약의 체결방식' 부분 참조.

제3절 건설공사도급계약의 종류

Ⅰ. 장기계속공사계약과 단발공사계약

국가, 지방자치단체, 공기업이 발주하는 공공시설 건설계약이나 사기업이 발주하는 대형플랜트 공사 등 시공에 수년간의 기간이 요하는 장기계속공사계약은 비교적 짧은 기간에 공사가 끝나는 단발공사계약과는 건설의 과정이나 계약관계의 처리방법이 상당히 다르다. 공공시설 건설계약에 관하여 국가를 당사자로 하는 계약에 관한 법률에 상세한 규정이 있으므로 다음 항에서 살핀다. 사기업 사이의 장기계속공사계약은 공사계약의 내용에 대한 해석이 문제될 때가 많다.[2]

Ⅱ. 관급공사계약의 유형

(1) 관급공사계약의 특성

민간공사계약은 민사법이 적용되므로 특별히 주의할 점이 없다. 아래에서는 관급공사계약의 특성을 중심으로 살핀다.

국가, 지방자치단체, 공기업이 발주하는 공사는 국가 등이 사인의 지위에서 사경제주체로서 공사도급계약을 체결한다. 이러한 관급공사계약은 민법상의 일반원칙이 적용되어 민사법의 원리에 따라 해결되는 것이 원칙이지만, 특정한 부분에 관하여는 국가를 당사자로 하는 계약에 관한 법률 및 지방자치단체를 당사자로 하는 계약에 관한 법률이 적용되고 계약체결은 반드시 필요한 사항을 명백히 기재한 계약서에 의하여야 하는 등 일반 민사법원리의 적용이 배제된다. 대표적인 것이 국가를 당사자로 하는 계약에 관한 법률 제5조의 해석이다. 이는 관급

---

2) 건설소송 실무상 대형공사계약과 중소형공사계약을 구분하는 것도 의미 있는 분류라고 생각된다. 장기계속공사계약, 관급공사계약, 대형플랜트계약 등 대형계약은 계약체결방식, 대금 지급방식, 감리방식, 설계변경방식 등 모든 면에서 사인 간의 중소형계약과는 법원리가 상당히 다르기 때문이다. 계약해석상 양자를 구분하는 자세가 필요하다. 특히 공사관계에 관한 문서작성에서 현저히 차이가 난다. 전자는 공사관계에 관한 문서가 대부분 완비되어 있으나, 후자는 구두로 합의하거나 문서작성이 불완전한 경우가 종종 있다. 전자의 경우 일단 문서가 완비되어 있더라도 전형적인 불평등 우월적 관계에서 일방적으로 작성된 것이 아닌지 의심스러울 때가 있고 이럴 경우에는 문서의 내용을 엄격히 해석할 필요가 있다. 후자의 경우에는 오히려 문서가 다소 미비하더라도 보다 실질적으로 해석할 필요가 있을 것이다.

공사 계약에서 계약상대자(수급인)의 계약상 이익을 부당하게 제한하는 특약은 무효로 한다는 것인데, 이 조항이 강행규정인지 여부를 둘러싸고 논란이 많다.[3]

(2) 장기간 공사계약

국가기관이나 지방자치단체가 시공하는 공항, 항만 건설공사, 지하철공사, 구획정리공사 등 대형공사는 대부분 수 년 이상의 장기간 시공을 필요로 하는데, 이러한 관급공사계약은 단기간에 시행되는 단발성 공사계약과는 계약의 내용이 상당히 다르다.

국가를 당사자로 하는 계약에 관한 법률 및 시행령은 장기계속공사에 관하여 다음과 같이 규정하고 있다. "임차, 운송, 보관, 전기·가스·수도의 공급, 그 밖에 그 성질상 수년간 계속하여 존속할 필요가 있거나 이행에 수년이 필요한 계약의 경우 장기계속계약을 체결할 수 있다. 이 경우 각 회계연도 예산의 범위에서 해당 계약을 이행하게 하여야 한다"(같은 법 제21조 제2항). "장기계속공사는 낙찰 등에 의하여 결정된 총 공사금액을 부기하고 당해 연도의 예산의 범위 안에서 제1차 공사를 이행하도록 계약을 체결하여야 한다. 이 경우 제2차 공사 이후의 계약은 부기된 총 공사금액(제64조 내지 제66조의 규정에 의한 계약금액의 조정이 있는 경우에는 조정된 총 공사금액을 말한다)에서 이미 계약된 금액을 공제한 금액의 범위 안에서 계약을 체결할 것을 부관으로 약정하여야 한다"(같은 법 시행령 제69조 제2항).

따라서 국가와 수급인은 총 공사금액을 명기한 총 공사 전체의 공사계약을 먼저 체결하고(이때 1차 계약의 공사대금, 준공기한 등을 명시적으로 기재하여 1차 공사계약을 함께 체결한다), 그 후 공사의 진행정도와 예산 사정에 따라 적당한 시간 간격을 두고 각 차수별 공사계약을 체결하게 되는데, 각 차수별 공사계약에는 총 공사금액을 부기하여 그 진행정도를 알 수 있도록 되어 있다.

한편 "계속비 예산으로 집행하는 공사에 있어서는 총 공사와 연차별공사에 관한 사항을 명백히 하여 계약을 체결하여야"(같은 조 제5항) 하는바, 이와 같은 계속비 공사계약은 여러 회계연도에 걸친 사업에 대하여 총예산이 확보되어 있다는 점에서 총예산을 확보하지 못하고 당해 연도분 예산만 확보하고 있는 통상의 장기계속계약과 구별된다.

---

3) 제3장 제7절 Ⅲ. 2. 부분에서 상세히 살핀다. 한편 민간공사계약에 대하여도 건설산업기본법 제22조 제5항이 현저하게 불공정한 계약이 무효라고 규정하고 있지만, 이는 계약당사자 쌍방에게 적용되는 것으로 수급인만을 보호대상으로 하는 국가계약법 제5조와는 그 강도가 다르다.

시공 도중 장기계속공사계약을 계속비공사계약으로 변경하거나, 그 반대로 계속비공사계약을 장기계속공사계약으로 변경하는 경우가 있다. 이럴 때에는 변경된 계약의 내용이 양 유형의 계약상 기본 구조에 벗어나지 않도록 주의하여 해석해야 한다.[4]

(3) 총괄계약과 차수별 계약[5]

장기계속공사계약에서 전체 공사기간 및 총공사대금을 기재한 총괄계약과 각 차수별로 체결되는 계약의 관계를 어떻게 볼 것인가가 문제된다. 이 문제는 공사비의 지급 및 하자보수보증금의 보증 범위, 연대보증책임, 공사금채권의 소멸시효와도 관련되는데, 장기계속공사계약 중 당해 연도에 이행할 부분에 대하여는 하나의 독립된 계약이라고 보아야 하므로 대가 지급, 하자보수보증금 납부 및 보증기간 산정 등도 특별한 정함이 없다면 당해 연도별로 1건 계약이 완료된 것으로 처리함이 타당하다(회계 125－3211, 1984. 10. 6.). 따라서 연차 계약별로 준공처리를 하여야 하고 지체상금도 연차별로 산정, 부과하여야 하며, 하자보수책임도 매년도 체결된 계약목적물 간에 하자보수책임 한계가 분명하게 구분될 수 있으면 별도로 처리하여야 한다(회계 41301－2726, 1997. 10. 2.).[6]

반면에 하자보수책임이 성립된 경우에도 연도별로 하자책임의 구분이 어려운 경우가 있는데, 이 경우는 장기계속공사를 1개의 총 공사로 보아 전체공사 완공 후에 하자보수책임을 물을 수밖에 없다(회계 41301－2726, 1997. 10. 2.). 또한 장기계속공사계약의 연대보증인은 총 공사 부기금액에 대하여 보증의무가 있으며, 연차 이행분에 대하여 보증의무이행을 거부할 수 없고(회계 41301－2245, 1997. 8. 8.), 연차별 계약시 일반관리비, 이윤 등은 입찰시 제출한 총괄내역서상 해당 요율에

---

4) (수급인이 국가철도공단과 장기계속계약 형태의 도급계약을 체결하였다가 종전 장기계속계약을 계속비계약으로 변경하는 계약을 체결하였는데, 수급인이 위 변경계약으로 종전 장기계속계약의 형태로 체결된 도급계약이 소급하여 하나의 계속비계약으로 변경되었다며 공사기간 연장에 따른 간접공사비에 해당하는 공사대금의 추가 지급을 구한 사안) 국가를 당사자로 하는 계약 중 1년 이상 진행되는 계약에서 총공사기간의 구속력은 계속비계약에 한하여 인정되는데, 위 변경계약을 통해 종전 장기계속계약의 형태로 체결된 도급계약이 소급하여 전체적으로 하나의 계속비계약으로 변경되었다는 사정 등이 인정되지 않으므로, 공단은 수급인에게 위 간접공사비에 해당하는 공사대금을 추가로 지급할 의무가 없다: 대법원 2021. 1. 14. 선고 2016다215721 판결.

5) 제3장 제7절 Ⅲ. 3. 부분 참조.

6) 국가를 당사자로 하는 계약에 관한 법률 시행령 제62조(하자보수보증금) ③ 장기계속공사에 있어서는 연차계약별로 제1항 및 제2항의 규정에 의한 하자보수보증금을 납부하게 하여야 한다. 다만, 연차계약별로 하자담보책임을 구분할 수 없는 공사인 경우에는 총공사의 준공검사 후 하자보수보증금을 납부하게 하여야 한다.

의하여야 한다(회계 41301-940, 1997. 4. 15.).

공사대금채권의 소멸시효 기산점을 각 차수별 공사계약의 준공시점으로 볼 것인가, 아니면 총공사의 준공시점으로 볼 것인가도 실무상 문제된다. 위에서 본 하자보수책임 등과 마찬가지로 각 차수별로 공사내역이 정하여지고 이에 따라 공사대금도 정하여지는 것인 만큼, 각 차수별 준공시기를 기산점으로 보는 것이 원칙이라고 하겠으나, 실제로는 장기계속공사의 경우 차수별 공사의 순연과 중복진행(앞선 차수의 공사가 준공되기 전에 다음 차수의 공사계약을 체결하는 경우가 많다), 전체 기성고에 따른 공사대금 지급의 관행 등으로 인하여 각 차수별 준공시기 및 이에 따른 공사대금채권의 소멸시효 기산점을 별도로 구분하는 데는 어려움이 있다.

Ⅲ. 총액계약, 단가계약, 실비정산계약, 총액단가계약

(1) 총액계약(lump sum contract), 또는 정액계약은 당해 계약 목적물 전체에 대하여 공사비 총액을 정하여 체결하는 계약을 말한다. 총액을 미리 정하였으므로 당초 계약과 달리 시공되어 물량 증감이 있더라도 정산할 수 없다. 다만 설계변경이 있는 경우 공사대금이 변하지 않는 확정형 총액계약과 설계변경 등 일정한 사유가 있으면 공사대금 증감이 허용되는 제한적 총액계약으로 나눌 수 있다.[7] 양자가 계약서상 불분명한 때가 많아서 다툼이 많다. 민간건설공사에서는 확정형 총액계약이 대부분이다. 확정형인 경우 도급인으로서는 공사관리업무가 간명하고 공사비 증가에 관한 위험부담이 없으며 계약관계도 명백한 장점이 있으나, 추가공사나 설계변경시 분쟁의 소지가 있고, 계약 전에 설계도가 완성되어야 하므로 시간이 늦어질 수 있으며, 수급인이 실제 시공비를 낮출 경우 공사의 품질이 떨어질 우려가 있다. 계약시 첨부되는 물량내역서 또는 산출내역서는 공사비 산정에 참고적인 기능을 함에 불과하다. 따라서 이러한 서류가 계약문서에 포함되어 있지 않은 경우에 추가공사시공 등으로 추후 계약금액을 조정해야 할 때 어려움이 크다.

(2) 단가계약(unit price contract)은 개별공정 또는 항목에 대한 단가와 요율을 근

---

7) 대법원 2012. 9. 13. 선고 2010다70223(본소), 70230(반소) 판결.

거로 체결하는 계약을 뜻한다. 물량내역서 또는 산출내역서가 계약시 필수서류이고 검측에 의하여 실제 수행물량을 확인하고 공정률에 따라 기성대가를 지급한나는 점에서 총액계약과 구별되며, 내역계약 및 검측계약의 특성상 공사 진행 도중 물가 변동 및 단가, 내역의 증감에 따른 계약금액의 변동을 당연한 전제로 한다. 시급한 공사의 경우 착공이 빨라질 수 있으나 공사비가 높아질 우려가 있다. 단순 작업이나 단일공사 이외에는 일반적으로 채택되지 않는다.

　　(3) 실비정산계약(cost reimbursement contract, cost plus contract)은 공사비원가와 보수를 미리 정하고 도급인은 시공자(agent)에게 시공을 위임하며 시공자는 도급인을 대신하여 시공하면서 공사진행에 따라 미리 결정해 놓은 공사비를 도급인으로부터 받아 건축업자에게 지불하며 이에 대하여 보수를 받는 방식이다. 공사비는 도급인이 직접 지급하며 시공자는 이를 단순히 집행하고 별도의 보수를 받기 때문에 일반적으로 공사비가 낮아지는 장점이 있으나 시공자가 공사비원가에 직접 이해관계가 없어서 소홀히 할 경우 오히려 도급인의 부담이 더 커질 위험도 있다. 원가가산보수계약이라고도 한다.

　　(4) 총액단가계약은 총액계약을 하면서 후에 설계변경 등을 예정하여 공사대금 조정을 위한 단가산정근거를 별도로 계약의 내용으로 명시하는 방식이다. 총액계약의 단점을 보완하는 것인데, 건축업계의 실정상 단가산정자료의 부족 등 여건이 미성숙하여 단가산정이 잘못되면 한쪽이 큰 피해를 입게 되는 단점이 있다. 국가와의 계약에서는 국가를 당사자로 하는 계약에 관한 법률에 의하여 물가의 변동, 설계변경으로 인한 계약금액의 조정시 산정근거로 삼기 위하여 물량내역서에 단가를 기재한 입찰금액산출내역서를 첨부하도록 규정하고 있다(국가를 당사자로 하는 계약에 관한 법률 제19조, 시행령 제14조 제6·7항, 제65조 제3항).

 판례

총액계약과 단가계약의 판단 기준 [대법원 2022. 4. 14. 선고 2017다3024 판결]
　　총액계약은 계약 목적물 전체에 대한 공사대금 총액을 정하여 체결하는 계약을, 단가계약은 개별공정 또는 항목에 대한 단가와 요율을 근거로 체결하는 계약을 뜻한다. 공사도급계약이 총액계약인지, 단가계약인지는 계약의 해석 문제로서 공사도급계약서에서 정한 내용을 기준으로 판단해야 한다. 만일 공사도급계약서의 기재 내용만으로 이를 알기 어렵다면 계약 해석의 일반원칙에 따라 계약의 동기나 목적, 계약 이행 과정에서 당사자의 태도, 거래 관행 등을 종합적으로 고려해서 판단해야 한다.

원고와 피고는 이 사건 공사계약을 체결하면서 전체 공사대금을 40억 원으로 정하였을 뿐, 이 사건 공사계약서에 개별공정이나 항목에 대한 단가와 요율을 근거로 공사대금을 산정한다는 내용을 기재하지 않았다. 이 사건 공사계약서에 첨부된 계약내역서에는 개별공정이나 항목에 대한 수량과 단가가 기재되어 있지만, 이러한 내용이 공사대금 총액을 정하기 위한 참고자료인지 나중에 공사대금을 산정하기 위해 개별공정이나 항목별 단가를 정해둔 것인지는 불분명하다. 이 사건 공사계약서 제14조는 '특정 사정이 있는 경우 설계변경을 할 수 있고 설계변경에 따라 공사량의 증감이 발생하였다면 공사가격 내역서의 단가를 기준으로 공사대금을 조정할 수 있다.'고 정하고 있다. 이는 설계변경으로 공사대금의 조정이 필요한 경우에 그 기준을 정한 것일 뿐이고, 이 사건 공사계약이 단가계약이라는 근거가 될 수 없다.

원고는 2013. 1. 31.경 피고에게 기성 공사대금을 청구할 때 개별공정이나 항목별 수량에 관한 자료를 근거로 제시하지 않았다. 피고는 2013. 10. 15. 주식회사 남우기술공사의 잔여물량 현황측량이 있을 때까지 원고에게 기성 공사물량에 대한 자료를 요구하거나 이에 대한 검측을 하지 않았다. 원고와 피고의 이러한 태도는 이 사건 공사계약이 총액계약임을 전제하였다고 볼 수 있다.

따라서 이 사건 공사계약은 전체 공사대금을 정한 총액계약이라고 볼 여지가 있다. 원심으로서는 이 사건 공사계약서의 기재 내용, 이 사건 공사계약의 목적, 이 사건 공사계약과 유사한 공사에서 거래 관행, 이 사건 공사계약의 이행과정에서 원고와 피고의 태도 등을 잘 살펴 이 사건 공사계약이 총액계약인지, 단가계약인지 판단한 다음 이를 기준으로 원고의 기성 공사대금을 인정했어야 했다. 그런데도 원심은 이러한 사정을 살피지 않은 채 이 사건 공사계약이 단가계약이라 단정하고, 이를 전제로 직접 이 사건 공사대금을 산정하였다. 원심판결에는 공사도급계약의 해석 등에 관한 법리를 오해하여 필요한 심리를 다하지 않아 판결에 영향을 미친 잘못이 있다.

Ⅳ. 종합계약

관급공사계약 중 동일한 장소에서 다른 관서, 지방자치단체 또는 「공공기관의 운영에 관한 법률」에 따른 공기업 및 준정부기관이 관련되는 공사에 대하여 관련기관과 공동으로 체결하는 계약을 말한다(국가를당사자로 하는 계약에 관한 법률 제24조).

V. 설계·시공 일괄계약(turnkey-base contract, design-build contract)

1. 설계·시공 일괄계약의 형태

"도급인은 열쇠만 돌리면 된다"는 말에서 유래된 것으로 건설사업자가 금융, 토지조달, 설계, 시공, 기계설치, 시운전까지 책임을 지고 건축물을 완공하여 인도하는 도급계약방식이다. 통상 건설공사는 설계자와 시공자가 구분되어 진행되는 이른바 설계·시공분리계약에 의함이 보통인데, 관급공사나 민간공사를 불문하고 대형, 특수공사를 중심으로 양자를 일괄하여 처리하는 설계·시공 일괄계약이 점차 늘어나고 있다.[8]

국가를 당사자로 하는 계약에 관한 법률 시행령은 국가가 발주하는 대형공사 계약에 관하여 일괄입찰에 관한 별도의 규정을 두고 있는바($^{제6}_{장}$), 발주처가 제시하는 공사입찰기본계획 및 지침에 따라 입찰자가 입찰시에 공사의 설계서 기타 시공에 필요한 도면 및 서류를 작성하여 제출하도록 되어 있다($^{시행령}_{제79조}$).

설계와 시공을 일관성 있게 하므로 공사비 절감 및 공기 단축이 가능한 점, 책임한계가 명확하고 발주자의 노력이 최소화되는 점이 장점이지만, 정확한 공사비 산정이 어려운 점, 단순한 구조물이 되기 쉽고 덤핑의 위험이 높은 점(공사비 절감을 위하여 수급인이 고의로 필요 부분을 누락시키는 경우가 있다), 입찰시에 과다한 설계비가 지출되고 대기업에만 유리한 점 등이 단점으로 지적된다.

이러한 일괄입찰방식에는 세 가지 형태가 있다. ① 설계도서 없이 간단한 성능만을 제시하고 모든 것을 수급인의 제안에 맡기는 방식, ② 기본설계도와 개략적인 시방서가 주어지고 이를 전제로 하여 수급인에게 상세 설계의 제출과 성능을 요구하는 방식, ③ 설계도서가 제공되고 특정 부분, 또는 전체에 대한 대안제출을 요구하는 방식이 그것이다.

2. 공사비 조정의 허부

이 방식의 계약을 둘러싸고 실무상 자주 다투어지는 것은 공사 도중에 설계변경이 있었을 경우에 공사비의 추가부담 인정 여부에 있다. 국가를 당사자로 하

---

8) 시공사가 설계(Engineering), 자재 조달(Procurement), 시공(Construction)을 모두 수행하여서 실무에서는 EPC계약이라고 부른다. 통상 설계자와 시공자가 컨소시엄을 이룬다.

는 계약에 관한 법률 시행령 제91조 제1항은 일괄입찰의 경우에 정부에 책임이 있는 사유 또는 천재, 지변 등 불가항력의 사유가 아닌 한 계약금액의 증액을 금지하고 있는바, 이러한 사유 이외에 추가공사로서 공사대금의 증액을 인정받기는 사실상 매우 어려운 실정이다.[9]

소송실무상 자주 문제되는 것이 지질보고서의 부정확성에서 비롯되는 토공사 경비의 증가사례이다. 입찰시에 입찰참가자에게 제공되는 발주자 작성의 지질보고서는 입찰참가자가 공사비를 산정하는 데 기초적인 자료가 되는 것인데 조사비용의 부담상 시추지역을 소규모로 제한함으로써 지질보고서의 내용이 지질상태를 정확히 나타내지 못할 때가 많다. 이때 입찰참가자도 나름대로 지질조사를 하지만 기본설계기간이 2개월로 짧고 시추비용부담도 적지 않아서 충실도가 낮기 마련이다.

따라서 이와 같은 상태에서 실제 토공사를 시작하였다가 지질이 당초와 다른 것으로 나타나면 토공사의 공법이 완전히 바뀌게 된다. 경석 등이 없는 지질로 보고되어 있어서 토공사 설계를 단순 항타 공법으로 예정하였는데, 시공도중에 대상 지역의 상당 부분에 경석이 덮여져 있는 것으로 밝혀진 경우가 전형적인 예이다. 이때는 공법을 굴착 후 항타 공법 등으로 바꿀 수밖에 없고, 후자의 공법은 전자에 비하여 훨씬 경비가 많이 들게 되므로 시공자는 손해를 입을 수밖에 없다.

협의가 안 되면 시공자는 공사를 중단하여야 하지만 지체상금의 위험부담 및 국가기관의 우월적 지위 등에 밀려서 울며 겨자 먹기 식으로 공사를 하게 되는 것이다. 담당 공무원도 이러한 사정을 알고 있지만 공사비 증액 시에는 유착관계 의심을 받거나 감사의 대상이 되므로 시공자에게 다른 후속 공사에서 이익을 보전해 준다고 약속을 하고 넘어가기도 한다.

이와 같이 설계서상의 공사여건과 실제 공사 현장여건이 상이한 경우나 설계서의 불분명·누락·오류 및 설계서 간 상호 모순 등 설계상 잘못이 있는 경우 턴키공사의 시공자는 설계변경으로 인하여 공사대금이 증액되더라도 통상 발주자에게 그 책임을 물을 수 없다. 시공자 자신의 전적인 재량으로 설계를 수행하는 것이므로 이는 당연하다. 다만, 예외적으로 발주자에게 책임이 있거나 불가항력의 사유가 있는 경우에 한해 발주자에게 그 책임을 물을 수 있으므로 이런 경우에는 소

---

9) 대법원 2003. 5. 30. 선고 2002다7824 판결.

송실무상 발주자에게 책임이 부분적으로라도 있는지가 쟁점이 된다.[10]

이러한 불합리성 때문에 관급공사의 시공수준이 계속 문제되는 것이며 턴키방식이 과연 현재의 우리 실정에 맞는 것인지 비판이 제기되고 있는 것이다.

턴키방식이 합리적으로 이행되려면 정확한 공사비 산정, 유연한 설계변경 및 공사비변경 허용 등이 전제되어야 하는데, 우리의 실정은 그렇지 못하기 때문이다.

3. 혼합계약

형식적으로는 설계·시공일괄입찰방식에 의한 도급계약의 형태이지만, 실질적으로는 계약 내용 중에 설계요소 및 공사기간의 변경, 운반거리 변경 등 계약내용에 변경이 있을 경우 계약금액을 조정할 수 있다는 공사대금에 관한 조정 유보 규정을 둔 경우도 종종 있다.

이러한 계약은 원래 의미의 설계·시공일괄입찰방식에 의한 계약이라기보다는 내역입찰방식에[11] 의한 계약의 요소를 혼합하고 있는 중간적인 형태의 계약이라고 보아야 할 것이다. 따라서 계약의 형식만 보고 턴키베이스계약으로 공사대금의 조정이 불가능하다고 속단할 것이 아니라 계약 내용 중 공사대금의 변경을 명시적으로 예정하고 있는지 검토할 필요가 있다.

정부가 턴키공사계약을 입찰방식으로 할 경우의 절차를 도해로 표시하면 다음과 같다.[12]

---

10) 대법원 2008. 3. 27. 선고 2006다45213 판결.
11) 내역입찰방식이란, 수행하려는 공사에 대하여 발주자가 설계서와 물량내역서를 제공하면, 입찰자는 해당 물량내역서 상의 물량에 단가를 기입하여 산출내역서를 작성·제출함으로써 낙찰자를 선정하는 방식을 말한다(국가를 당사자로 하는 계약에 관한 법률 시행령 제14조 참조).
12) 장훈기,『전정판 정부계약제도해설』(범신사, 1998), 1292면에서 전재.

[턴키공사의 입찰 및 낙찰자 결정 절차(중앙위원회 심의 의뢰시)]

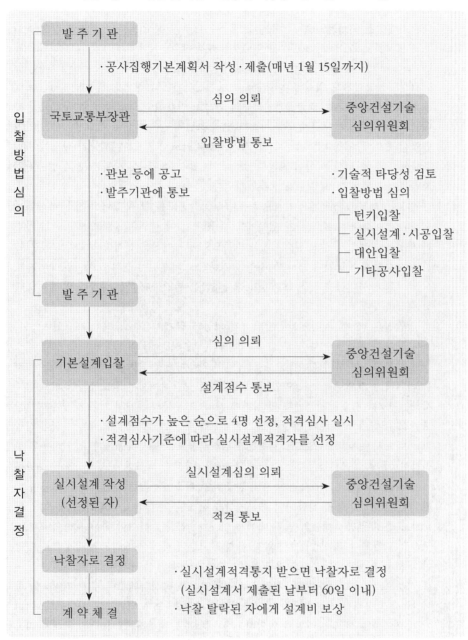

발 주 기 관

·공사집행기본계획서 작성·제출(매년 1월 15일까지)

입찰방법심의

국토교통부장관 ← 심의 의뢰 → 중앙건설기술 심의위원회
입찰방법 통보

·관보 등에 공고
·발주기관에 통보

·기술적 타당성 검토
·입찰방법 심의

┌ 턴키입찰
├ 실시설계·시공입찰
├ 대안입찰
└ 기타공사입찰

발 주 기 관

기본설계입찰 ← 심의 의뢰 → 중앙건설기술 심의위원회
설계점수 통보

·설계점수가 높은 순으로 4명 선정, 적격심사 실시
·적격심사기준에 따라 실시설계적격자를 선정

낙찰자결정

실시설계 작성 (선정된 자) ← 실시설계심의 의뢰 → 중앙건설기술 심의위원회
적격 통보

낙찰자로 결정

·실시설계적격통지 받으면 낙찰자로 결정
 (실시설계서 제출된 날부터 60일 이내)
·낙찰 탈락된 자에게 설계비 보상

계 약 체 결

1. 턴키베이스 공사계약에서 수급인의 추가공사로 인한 비용증가 손해를 부정한 사례 [대법원 2003. 5. 30. 선고 2002다7824 판결]

피고(대한주택공사)가 시화택지개발지구에 건설할 아파트 건설공사를 설계·시공일괄입찰방식으로 입찰공고하면서, 공사예산을 545억 원으로 책정하여 공고하였고 건설회사인 원고는 입찰금액을 543억 원으로 기재하여 낙찰받아 위 금액을 공사대금으로 하여 공사도급계약을 체결하였다. 그런데 공사현장은 매립지로서 지반이 연약한 곳인데, 입찰 전에 실시한 피고의 사전지반조사 및 그 후 원고가 실시한 지질조사에 모두 이러한 사실이 나타나 있었으며, 원고는 기초공사를 하면서 일반적인 지반에 비교하여 더 많은 비용을 투입하였다.

원고는 피고가 정부투자기관으로서 공사입찰공고를 함에 있어 적정한 예산액을 책정하여 이를 공고할 의무가 있음에도 불구하고, 이 사건 현장이 연약지반인 특수한 사정을 고려하지 않고 일반지반을 기준으로 공사예산을 산정함으로써, 그 공사예산이 적정하게 산정된 것으로 믿고 이를 기준으로 낙찰받은 원고로 하여금 도급계약상 약정된 공사대금을 훨씬 초과하여 공사대금을 투입하게 하는 손해를 입게 하였다고 주장하였다.

대법원은 "설계·시공일괄입찰방식에 의한 도급계약은 수급인이 도급인이 의욕하는 공사의 목적을 이해한 후 그 목적에 맞는 설계도서를 작성하고 이를 토대로 스스로 공사를 시행하여 결과적으로 도급인이 의욕한 공사목적을 이루도록 하는 계약을 의미하는 것으로서, 수급인인 원고로서는 입찰단계에서부터 도급인인 피고가 제시하는 공사일괄입찰기본계획 및 지침에 따라 그 공사의 설계서 기타 시공에 필요한 도면 및 서류를 작성하여 입찰에 참가한 후, 낙찰자로 선정된 다음에는 자신이 작성한 설계도서를 토대로 스스로의 책임과 위험부담으로 공사완공에 필요한 비용을 산정하여 이 사건 공사를 시행하고, 그 결과로서 피고가 의도한 공사목적물을 조달하여야 하는 것이므로, 이 사건 공사의 발주자인 피고에게 공사입찰자들을 위하여 미리 적정한 공사비용을 산출하여 공사예산을 책정할 의무가 있다고 볼 수 없으며, 입찰자도 공고된 공사예산의 범위 내에서 이 사건 입찰을 하여야 하는 제한이나 법적 구속력은 없고, 따라서 이 사건 입찰 당시 공고된 공사예산이 피고의 잘못으로 인하여 과소하게 책정되었음에도 원고가 위 공사예산이 적정 공사비인 것으로 믿고 이를 기준으로 피고와 공사도급계약을 체결하였다가 공사금액보다 추가로 비용을 들여 이 사건 공사를 시공함으로써 결과적으로 손해를 보게 되었다고 하더라도, 여기에 피고의 어떠한 위법행위가 있었다고 볼 수 없을뿐더러, 그와 같은 손해가 피고의 위법행위로 말미암아 발생된 손해라고 볼 수도 없다"고 판단하였다.

2. 턴키베이스 공사계약을 공사비의 증감을 허용한 혼합계약으로 본 사례 [대법원 2002. 8. 23. 선고 99다52879 판결]

설계·시공일괄입찰방식에 의한 공사계약서에 공종별 목적 물량이 표시된 내역서가 첨부되어 있고, 공사계약 일반조건 제14조는 설계변경으로 인하여 공사량의 증감이 발생한 때에는 당해 계약금액을 조정한다라고 되어 있으며, 제16조는 계약담당 공무원은 공사기간의 변경, 운반거리 변경 등 계약내용의 변경으로 계약금액을 조정하여야 할 필요가 있는 경우에는 그 변경된 내용에 따라 실비를 초과하지 아니하는 범위 안에서 이를 조정한다라고 규정하고 있고, 공사계약 특수조건 제7조에서는 계약 일반조건 제15조에 의하여 물가변동에 의한 계약금액을 조정할 경우에는 품목조정률을 적용한다라고 규정하고 있으며, 입찰안내서에 대한 유의사항 제6항에는 공사비는 예산회계법 시행령 제78조 제1항 제2호를 기준으로 내역서를 작성하고 그에 대한 산출내역서를 제출한다라고 규정되어 있고, 시설공사계약 일반조건 제21조 제6항은 기성부분에 대한 대가를 지급하는 경우에는 산출내역서의 단가에 의하여 이를 계산한다라고 규정하고 있는바, 이와 같은 이 사건 계약의 내용으로 되는 각 규정의 취지에 비추어 살펴보면 피고(서울시)는 이 사건 계약의 규모가 100억 원 이상의 대형공사이므로 계약체결 당시 시행되고 있던 대형공사계약에 관한 예산회계법 시행령 특례규정에 따라 이 사건 계약을 설계·시공일괄입찰방식에 의한 도급계약의 형태로 체결하였으나, 실질적인 계약의 내용에 관하여는 설계요소의 변경뿐만 아니라 공사기간의 변경, 운반거리 변경 등 계약내용에 변경이 있을 경우 계약금액을 조정할 수 있다는 공사대금에 관한 조정 유보 규정을 두었다고 할 것이므로, 이 사건 계약은 계약이 체결된 후 공사기간 등의 변경이 있다 하더라도 공사대금의 조정을 할 수 없는 원래 의미의 설계·시공일괄입찰방식에 의한 계약이라기보다는 내역입찰방식에 의한 계약의 요소를 혼합하고 있는 중간적인 형태의 계약이라고 보아야 할 것이다.

VI. 일괄도급계약과 분할도급계약

일괄도급계약은 건축공사 전부를 수급인에게 맡겨 재료, 노무, 시공업무 전체를 일괄하여 진행시키는 방식으로 일반적 방식이다. 분할도급계약은 공사를 공종(工種)이나 공정(工程)별로 분할하여 따로 도급을 주는 방식이다. 전기, 위생, 냉난방 등 전문공사공종, 설계, 마감공사 등의 독립공정을 분할하거나, 직영공사 중 재료와 노무를 분리하여 노무만을 도급주는 직종별 분할방식이 흔하다.

두 방식의 근본적 차이는 도급인으로부터 공사 전체를 일괄하여 수급한 종합건설업체(수급인)가 있는지 여부이다. 건축이 복잡한 공정을 거치므로 대형건축공사는 대부분 일괄도급방식을 취한다. 분할도급은 도급인 입장에서 공사비용을 절감할 수 있다는 이점이 있지만, 도급인이 직접 각 공사업체를 상대하여 전체 공사의 공정관리와 안전관리 등의 업무를 처리해야 하는 부담을 갖게 된다. 도급인의 건설사업관리 능력이 충분하거나 건설사업관리자(CM)를 활용할 수 있을 때에만 분할도급이 가능하다.[13] 국가를 당사자로 하는 계약에 관한 법률 시행령 제68조제1항은 원칙적으로 분할도급을 금지하고, 예외적으로 공정관리에 지장이 없는 경우 등에만 이를 허용하고 있는바, 이는 공사의 공정관리와 안전을 고려한 것이다.

Ⅶ. 공동도급계약

(제2편 제9장 건설공동수급체 부분 참조)

제4절 계약의 체결방식

Ⅰ. 계약서에 의하는 경우

건설도급계약의 체결은 보통 계약서의 작성으로 이루어진다. 계약서의 내용은 공사내용, 도급금액, 지급시기와 지급방법, 공사기간(착공시기와 준공시기), 계약보증금, 위약금, 위험부담(천재지변시의 손해부담), 지체상금, 하자담보책임 등 필요사항이 포함되어야 한다. 국가를 당사자로 하는 계약에 관한 법률 시행규칙상 별지 서식으로 정한 '공사도급표준계약서'와 국토교통부 고시로서 정한 '민간건설공사표준도급계약서'가 널리 사용되고 있다. 각 표준계약서 양식은 제4편에 전문을 수록하였다.

그런데 국가를 당사자로 하는 계약에 관한 법률 제11조 및 지방자치단체를 당사자로 하는 계약에 관한 법률 제14조는 계약담당 공무원 등은 계약을 체결하고자 할 때 계약의 목적·계약금액·이행기간·계약보증금·위험부담·지체상금 기

---

13) 분할도급의 문제점에 대하여는 "전문공사 분리발주제도 활성화방안", 대한건설정책연구원 (제8권), 26면 참조.

타 필요한 사항을 명백히 기재한 계약서를 작성하여야 하고, 담당 공무원과 계약 상대자가 계약서에 기명·날인 또는 서명함으로써 계약이 확정된다고 정하고 있다. 따라서 국가나 지방자치단체가 사인과 사이에 건설도급계약을 체결하는 경우에는 반드시 요건을 갖춘 계약서를 작성하여야 하고, 설사 관청과 사인 간에 건설도급계약이 체결되었다 하더라도 위 규정상의 요건과 절차를 거치지 아니하면 그 계약은 무효임을 주의하여야 한다.[14] 위 규정들은 관청과 사인 간의 계약 내용을 명확히 하고, 적법한 절차에 따를 것을 담보하기 위한 것으로 강행규정이며 헌법상 평등의 원칙에 위반하여 국가 등을 차별하는 내용의 규정이라고 볼 수 없다. 다만 계약금액이 3,000만 원 이하 또는 경매에 부치는 경우 등 대통령령으로 정한 사유가 있으면 위 규정의 적용이 배제된다.[15]

Ⅱ. 구두로 합의하는 경우

소규모 공사에서는 계약서 없이 구두로 공사를 진행하는 경우가 아직도 많다. 계약체결사실의 유무부터 문제가 되는데 공사대금과 같은 도급계약의 본질적 요소에 관하여 정함이 없다면 공사도급계약의 성립을 인정하기 어렵지만, 내용을 사후에라도 구체적으로 정할 수 있는 방법과 기준이 있다면, 계약체결 경위, 당사자의 인식, 조리, 경험칙 등에 비추어 계약 내용을 특정할 수 있다고 보아 계약이 성립될 수 있다.[16] 대법원은 실제 지출한 공사비용에 거래관행에 따른 상당한 이윤을 포함한 금액을 사후에 공사대금으로 정할 수 있는 경우에는 수급인이 공사를 완성하고 이에 관한 공사대금은 사후에 실제 지출한 비용을 기초로 산정하여 지급하기로 하는 명시적 또는 묵시적 의사표시를 하였다고 볼 수 있다고 판결하였다.[17]

계약서가 있는 공사일 경우에도 시공과정에서 변경시공이나 추가공사 등에

---

14) 대법원 2005. 5. 27. 선고 2004다30811, 30828 판결; 대법원 2004. 1. 27. 선고 2003다14812 판결; 대법원 2009. 9. 24. 선고 2009다52335 판결.
15) 국가를 당사자로 하는 계약에 관한 법률 제11조 제1항 단서 및 동법 시행령 제49조 등에서 일정한 경우 계약서의 작성을 생략할 수 있다고 규정하고 있는 것은, 계약금액이나 거래의 형태 및 계약의 성질 등을 고려하여 일정한 경우에는 국가계약법 제11조 등에서 정한 요건과 절차에 따라 계약서를 작성하는 것이 불필요하거나 적합하지 않다는 정책적 판단에 따른 것이므로, 국가계약법 제11조 제1항 단서에 의하여 계약서의 작성을 생략할 수 있는 때에는 국가계약법에서 정한 요건과 절차에 따라 계약서가 작성되지 아니하였다고 하더라도 계약의 주요내용에 대해 당사자 사이에 의사합치가 있다면 계약의 효력을 인정하는 것이 타당하다 : 대법원 2018. 9. 13. 선고 2017다252314 판결.
16) 대법원 1996. 4. 26. 선고 94다34432 판결; 대법원 2007. 2. 22. 선고 2004다70420, 70437 판결.
17) 대법원 2013. 5. 24. 선고 2012다112138, 112145 판결.

다툼이 종종 일어난다. 이러한 경우는 서면화하는 예가 매우 적기 때문에 공사일지(工事日誌)에 추가공사나 설계변경에 관한 도급인(또는 현장감독)과 수급인(또는 현장소장)의 확인란을 만들어 계속 관리하는 것이 필요하다.

Ⅲ. 입찰에 의한 계약방식

1. 입찰에 의한 계약

통상적인 계약 체결절차와 달리 국가가 계약을 체결할 경우에는 일단 경쟁에 붙여야 하고, 그 방법은 입찰방법으로 하여야 한다(국가를 당사자로 하는 계약에 관한 법률 제7조, 시행령 제10조). 사기업의 경우도 대형공사는 대개 입찰방법에 의한다.

입찰방식에는 ① 신문, 게시판 등에 공사의 종류, 입찰자의 자격, 입찰규정을 널리 공고하여 입찰자를 모집하는 일반공개입찰, ② 건축주가 시공에 적합하다고 인정하는 수 명의 입찰자를 지명하여 경쟁입찰에 붙이는 지명경쟁입찰(이 경우에는 자본, 신용, 실적 등이 유사한 업자를 지명하여야 한다), ③ 공사의 시공에 가장 적합하다고 인정되는 1명을 특정하여 입찰시키는 특명입찰(수의계약), ④ 건축주가 시공에 적합하다고 보이는 2, 3개 업체를 지정하여 견적서를 받는 비교견적입찰방식이 있다.

일반공개입찰이 보편적이며 지명경쟁입찰은 대규모, 특수공사에 적합하고, 특명입찰은 특정 공사의 후속공사나 추가공사에 채용된다.

낙찰방식에는 ① 기준예정가격의 85% 이상 금액의 입찰자 사이에서 평균가격을 산정하고 이 평균입찰금액 밑으로 가장 접근되게 입찰한 입찰자를 낙찰자로 선정하는 부찰제(제한적 평균가격 낙찰제), ② 예정가격 범위 내에서 최저가격으로 입찰한 자를 선정하는 최저가 낙찰제, ③ 기준예정가격의 85% 이상 금액의 입찰자 사이에서 최저가격 입찰자를 선정하는 제한적 최저가 낙찰제, ④ 단순한 가격 고려를 떠나 시공능력, 공법, 품질관리 등을 고려하여 낙찰자를 선정하는 최적격 낙찰제 등이 있다.

2. 입찰절차

입찰절차는 보통 ① 입찰공고, ② 입찰자 등록, ③ 건축주의 현장설명, ④ 견적서 제출, ⑤ 입찰의 실시, ⑥ 입찰서 개찰, ⑦ 낙찰자 결정의 순서로 이루어진다. 입찰자는 입찰 전에 입찰보증금(일반적으로 공사비의 5% 정도)을 현금이나 입찰보증서, 채권 등으로 납입하여야 한다. 발주자는 낙찰 전에 미리 공사예정가격을 정하여 두고 그 이내인 자에게 낙찰시키는 것이 보통이다. 낙찰자가 없으면 다시 입찰공고를 하여 재입찰을 실시하고 재삼입찰에도 낙찰자가 없으면 최저입찰자로부터 차례로 교섭하여 수의계약을 체결한다.

3. 입찰, 낙찰의 성격

(1) 국가를 당사자로 하는 계약에 관한 법률에 근거한 계약예규(기획재정부 계약예규 2020. 12. 24.자 제513호)인 공사입찰유의서에 의하면 낙찰자는 계약담당공무원으로부터 낙찰통지를 받은 후 10일 이내에 소정의 계약서에 의하여 계약을 체결하여야 하고($^{제19조}_{제1항}$), 낙찰자가 정당한 이유 없이 위 기간 내에 계약을 체결하지 아니할 때에는 계약담당 공무원으로부터 낙찰 취소조치를 받게 되며($^{같은 조}_{제3항}$), 계약은 계약서를 작성하고 계약담당 공무원과 낙찰자가 기명·날인함으로써 확정되도록($^{제20}_{조}$) 규정하고 있는데, 이와 같이 낙찰 이후에 별도로 계약 체결을 예정하고 있는 경우 입찰공고는 청약의 유인, 입찰은 청약, 낙찰은 계약의 예약으로 본다.[18]

따라서 입찰실시자가 낙찰 후에 계약체결을 거부할 경우에 낙찰자는 곧바로 입찰실시자를 상대로 소유권이전등기를 청구할 수는 없고, 낙찰에 따른 내용대로 본 계약을 체결할 것을 요구할 권리를 갖고 있으므로 청약에 대한 승낙의 의사표시를 구하는 소송을 제기하여야 한다.

(2) 입찰실시자가 낙찰자에 대하여 사정변경 등을 이유로 입찰공고와 달리 계약의 주내용을 변경해 본계약 체결을 요구하는 경우가 있다. 대법원은 낙찰자의 결정으로는 예약이 성립한 단계에 머물고 아직 본계약이 성립한 것은 아니라고 하더라도, 그 계약의 목적물, 계약금액, 이행기 등 계약의 주요한 내용과 조건은 입찰실시자의 입찰공고와 최고가(또는 최저가) 입찰자의 입찰에 의해 당사자의 의사가 합치됨으로써 입찰실시자가 낙찰자를 결정할 때에 이미 확정됐다고 할 것이므로, 입찰실시자가 계약의 세부사항을 조정하는 정도를 넘어 계약의 주요한 내용 내지 조건을 입찰공고와 달리 변경하거나 새로운 조건을 추가하는 것은 이미

---

18) 입찰과 낙찰행위가 있은 후에 더 나아가서 본 계약을 따로이 한다는 경우의 입찰과 낙찰은 계약의 예약이라 아니 볼 수 없다 하겠으므로 공고안내가 청약의 유인에 지나지 않는다고 할 것이니 공매공고가 청약이 된다고 할 수 없으며, 면세특권이 있다는 공매안내가 있더라도 본계약에서 문제되지 않고 있다면 그 사실이 계약의 내용을 이룬다고 논할 수 없다: 대법원 1977. 7. 22. 선고 74다402 판결; 대전고등법원 2000. 5. 29.자 2000라88 결정도 같은 취지이다.

성립된 예약에 대한 승낙의무에 반하는 것으로서 특별한 사정이 없는 한 허용될 수 없다고 판시하였다.[19]

국가를 당사자로 하는 계약에서 물품구매계약 일반조건의 해석기준[20] [대법원 2012. 12. 27. 선고 2012다15695 판결]

국가를 당사자로 하는 계약은 그 본질적인 내용이 사인 간의 계약과 다를 바가 없으므로 그 법령에 특별한 규정이 있는 경우를 제외하고는 사법의 규정 내지 법원리가 그대로 적용되고, 계약 내용이 국가계약법령의 규정을 배제하려는 것이 뚜렷하게 드러나거나 그에 모순되지 않는다면 가능한 국가계약법령이 규정하는 바를 존중하는 방향, 즉 해당 계약 조항을 관련 국가계약법령의 규정 내용을 보충 내지 구체화하는 내용으로 해석되어야 한다.

그런데 구 국가를 당사자로 하는 계약에 관한 법률 시행령(2009. 5. 6. 대통령령 제21480호로 일부 개정되기 전의 것, 이하 '국가계약법 시행령'이라 한다) 제4조는 "각 중앙관서의 장 또는 그 위임·위탁을 받은 공무원(이하 "계약담당 공무원"이라 한다)은 계약을 체결함에 있어서 법, 이 영 및 관계 법령에 규정된 계약상대자의 계약상 이익을 부당하게 제한하는 특약 또는 조건을 정하여서는 아니 된다"고 규정하고 있고, 물품구매계약 일반조건 제3조 제2항은 "계약담당 공무원은 국가를 당사자로 하는 계약에 관한 법령, 물품관련 법령 및 이 조건에 정한 계약일반사항 외에 당해 계약의 적정한 이행을 위하여 필요한 경우 물품구매계약 특수조건을 정하여 계약을 체결할 수 있다"고, 제3항은 "제2항에 따라 물품구매계약 특수조건에 국가를 당사자로 하는 계약에 관한 법령, 물품관련 법령 및 이 조건에 의한 계약상대자의 계약상 이익을 제한하는 내용이 있는 경우 특수조건의 동 내용은 효력이 인정되지 아니한다"고 각 규정하고 있는바, 앞서 본 법리에 비추어 보면 물품구매계약 일반조건 제3조 제3항은 국가계약법 시행령 제4조를 배제하거나 그에 모순되게 규정된 것이 아니라 국가계약법 시행령 제4조를 구체화한 내용으로 보일 뿐이므로 이를 해석함에 있어서도 국가계약법 시행령 제4조의 입법 취지에 맞게 '계약상대자의 계약상 이익을 부당하게 제한하는 경우'에 한하여 물품구매계약 특수조건의 효력이 인정되지 않는다고 보아야 할 것이다.

---

19) 대법원 2006. 6. 29. 선고 2005다41603 판결; 지방자치단체인 피고가 토지를 '현 상태대로 매각한다'는 취지로 입찰공고를 했고 원고가 낙찰받아 대금을 모두 납입하였는데 그 후 민원이 제기되어 피고는 낙찰된 토지 중 일부에 관하여 무상사용을 요구하였다. 원고가 이를 거부하자 피고가 입찰공고에서 정한 10일 이내에 낙찰자가 계약을 체결하지 않았다는 이유로 입찰을 취소한 사안이다.

20) 기획재정부 계약예규 제514호 공사계약일반조건 제3조 제4항에 이 사건의 일반조건과 거의 동일한 규정이 있다.

4. 입찰에 의한 관급공사계약의 체결 절차[21]

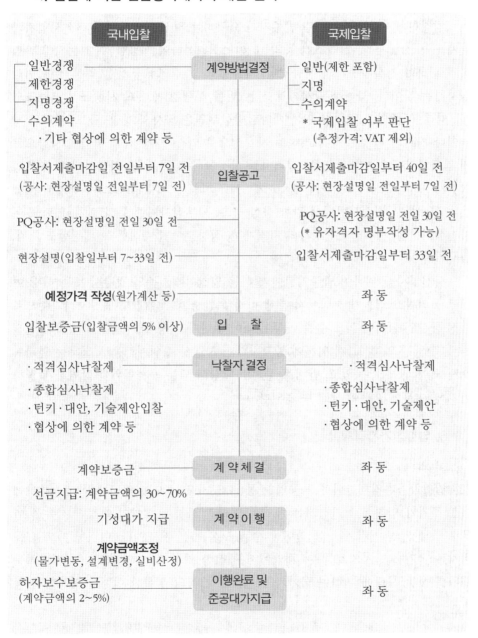

	국내입찰		국제입찰

21) 양창호, 2020 정부계약제도해설(도서출판 삼일, 2020), 89면에서 전재.

5. 관급공사의 입찰참가자격 사전심사(Pre-Qualification; PQ)

입찰참가자격 사전심사란 발주자가 요구하는 완성물에 대하여 건설사업자가 설계도면, 시방서 및 계약조건 등의 내용대로 완성하여 제공할 수 있는지를 판별하기 위하여 건설사업자의 시공경험, 기술능력 및 경영상태 등을 입찰 전에 미리 심사하는 것이다. 국가를 당사자로 하는 법률 시행령 제13조, 시행규칙 제23조의 2에 따라 각 중앙관서의 장 또는 계약담당공무원은 공사의 성질·규모, 계약의 성격이나 기관의 특성 등을 고려하여 자율적으로 입찰참가자격을 미리 심사함으로써 경쟁입찰에 참가할 수 있는 적격자를 선정할 수 있다. 이를 시행하기 위하여 입찰참가자격사전심사요령(기획재정부 계약예규 2020. 3. 18.자 제474호)이 제정되어 있는데 이에는 사전심사방법에 관한 사항 공고, 세부심사기준 등의 비치, 열람기간, 사전심사신청, 사전심사신청자의 자격제한, 심사분야별 배점한도, 배점한도 가감, 심사기한 등이 규정되어 있다.

사전심사를 위하여 발주기관이 정하는 입찰자격기준의 정당성 또는 해당 여부를 둘러싸고 입찰자 사이에서 분쟁이 자주 발생한다. 예컨대 입찰자격기준으로 특정 공사의 실적이 어느 수준 이상이 되어야 한다고 정하였을 때 그 정도의 실적을 갖고 있는 업체가 1개 업체에 불과하다면 사실상 수의계약을 체결하는 결과를 갖게 되어 부당할 수 있고, 반대로 실적의 대상이 되는 공사범위를 막연하게 정하면 해당 여부에 혼선이 생길 수도 있다.

6. 입찰참가자격제한

⑴ 의   의

입찰참가자격제한이란 공공입찰 등(국가, 지방자치단체, 공공기관[22] 등) 분야에서 발주자가 입찰에 참가하려는 계약의 일방 당사자에 대하여 특정한 사유를 이유로 장래 일정 기간 입찰에 참여할 수 없도록 하는 제도이다. 이러한 제도를 둔 취지는 국가를 당사자로 하는 계약에서 공정한 입찰 및 계약질서를 어지럽히는 행위를 하는 사람에 대하여 국가가 체결하는 계약의 성실한 이행을 확보함과 동

---

22) 공공기관의 운영에 관한 법률 제5조는 공공기관을 공기업, 준정부기관, 기타공공기관으로 구분하고, 그중에서 공기업, 준정부기관에 대해서는 입찰참가자격제한처분을 할 수 있는 권한을 부여하고 있다.

시에 국가가 입게 될 불이익을 미리 방지하기 위한 데 있다.[23]

부과대상자는 반드시 현실적인 행위자가 아니라도 법령상 책임자로 규정된 자에게 부과될 수 있다. 대리인 등 타인을 사용하여 이익을 얻는 부정당업자가 이에 해당하며, 반면에 입찰참가자격 제한 사유의 발생에 관하여 독자적인 책임이 없는 계약상대자 등은 제재의 대상에서 제외된다.[24]

(2) 법적성질

일반적으로 중앙관서의 장, 지방자치단체, 공공기관 등이 발주자로서 계약이나 내부지침에 근거하여 입찰참가제한을 한 경우 이를 사법상의 효력을 가지는 통지행위로 보고,[25][26] 발주자의 행위가 법령에 근거한 행정청의 행위로 볼 수 있는 경우에는 행정처분으로 본다.[27]

(3) 법령상 근거

국가를 당사자로 하는 계약에 관한 법률 제27조 제1항, 같은 법 시행령 제76조, 같은 법 시행규칙 제76조, 지방자치단체를 당사자로 하는 계약에 관한 법률 제31, 32조, 같은 법 시행령 제92조, 같은 법 시행규칙 제76조, 공공기관의 운영에 관한 법률 제39조, 공기업·준정부기관 계약사무규칙 제15조, 지방공기업법 제64조의2, 같은 법 시행령 제57조의8, 사회기반시설에 대한 민간투자법 제46조의2, 같은 법 시행령 제35조의2, 방위사업법 제59조, 제6조 제1항 제4호, 같은 법 시행령 제4, 70조, 같은 법 시행규칙 제58조 등에 입찰참가자격제한 처분의 근거가 있다.

---

23) 대법원 2014. 12. 11. 선고 2013두26811 판결.
24) 대법원 2020. 2. 27. 선고 2017두39266 판결.
25) 대법원 1985. 4. 23. 선고 82누369 판결(한국전력공사 사장이 한 입찰참가자격제한 처분이 행정처분이 아니라고 한 사례), 대법원 1995. 2. 28.자 94두36 결정(한국토지개발공사는 정부투자법인일 뿐 행정소송법 소정의 행정청 또는 그 소속기관이거나 이로부터 위임을 받았다고 볼 법적근거가 없으므로 한국토지개발공사의 제재처분은 행정처분이 아니라고 한 사례).
26) 공공기관이 여러 거래업체들과의 계약에 적용하기 위하여 거래업체가 일정한 계약상 의무를 위반하는 경우 장래 일정 기간의 거래제한 등의 제재조치를 할 수 있다는 내용을 계약특수조건 등의 일정한 형식으로 미리 마련하였다고 하더라도, 약관의 규제에 관한 법률 제3조에서 정한 바와 같이 계약상대방에게 그 중요 내용을 미리 설명하여 계약내용으로 편입하는 절차를 거치지 않았다면 계약의 내용으로 주장할 수 없다: 대법원 2020. 5. 28. 선고 2017두66541 판결.
27) 대법원 2017. 4. 7. 선고 2015두50313 판결; 대법원 2018. 5. 15. 선고 2016두57984 판결; 대법원 2020. 5. 28. 선고 2017두66541 판결(다만 이 판결은 본건 제재조치를 행정처분으로 보는 근거를 제재조치의 합의조항이 계약상 무효라는 데서 찾고 있는데, 이는 논리가 전도된 것 아닌지 의심된다. 계약상 제재조치 합의 유무를 행정처분성 유무보다 우선하여 판단할 근거가 없고, 행정처분성은 법령을 기준으로 독립적으로 판단해야 할 것이다).

(4) 처분의 효과

일정한 기간 동안 입찰참가자격이 제한된다. 국가를 당사자로 하는 계약에 관한 법률 제27조 제1항, 지방자치단체를 당사자로 하는 계약에 관한 법률 제31조 제4항 등에 따라 그 처분의 효과는 다른 기관에도 미치게 된다. 처분의 대상이 법인 등인 경우 그 대표자 등도 입찰참가자격제한의 대상이 된다(국가를 당사자로 하는 계약에 관한 법률 시행령 제76조 제5항, 지방자치단체를 당사자로 하는 계약에 관한 법률 시행령 제92조 제6항, 공기업·준정부기관 계약사무규칙 제15조 등). 입찰 후 계약체결 전에 입찰참가자격제한 처분을 받는 경우 낙찰자 선정에서 제외되어야 한다고 볼 것이다.

7. 관급공사의 적격심사낙찰제

(1) 적격심사낙찰제의 의의

정부는 1995. 7.경부터 종래 최저가만으로 낙찰자를 결정함으로써 덤핑입찰이 난무하고, 그에 따라 부실시공이 생기는 부작용을 방지하기 위하여 이른바 '적격심사낙찰제'를 도입하였다. 국가를 당사자로 하는 계약에 관한 법률 시행령 제42조는 경쟁입찰시 낙찰자 결정에서는 입찰가격 이외에도 이행실적, 기술능력, 재무상태, 과거 계약이행 성실도 등을 종합적으로 심사하도록 규정하고 있다. 이러한 적격심사낙찰제의 시행을 위하여 기획재정부장관이 적격심사기준(기획재정부 계약예규 2021. 1. 1.자 제517호)을 정하고 각 중앙관서의 장은 이에 준하여 세부심사기준을 정하여 운영하는데 대표적인 것이 조달청장이 작성한 적격심사세부기준을 들 수 있다. 최저가로 입찰한 자를 바로 낙찰자로 선정하는 것이 아니라,[28] 입찰가격 이외에 일정한 기준에 따라 공사수행실적, 기술능력, 재무상태, 과거 계약이행 성실도 등을 종합적으로 심사하여 낙찰자를 결정하도록 하는 것으로, 예정가격의 제한 내에서 최저가격으로 입찰한 자가 낙찰자가 되는 '자동낙찰방식'과 다르다.

심사항목은 시공경험, 기술능력, 경영상태, 신인도 등의 당해 공사수행능력과 입찰가격으로 나뉘는데 특히 실적범위에 관하여 다툼이 많다.[29] 시공실적 중 하도

---

28) 입찰가격에 대한 평점산정에 있어서 경쟁원리에 입각하여 입찰가격이 낮을수록 높은 점수를 주는 것이 아니라, 일정수준(순공사비수준)까지는 점수를 증가시키되, 그 이하는 오히려 체감하도록 하고 있다.

29) 입찰참가자의 시공실적이 진실한 것인 이상 하도급공사에 관한 원도급자의 증명이 추가되어야

급 준 부분, 실적 산정의 기준시기에 따라 실적이 달라지기 때문이다. 입찰가격의 적정성도 문제가 된다.[30]

(2) 국가계약 관계법령의 성질

입찰에 관련된 국가계약 관계법령은 계약담당 공무원의 행위준칙이 되는 내부의 규범에 불과하다는 견해가 있으나, 국가계약 관계법령에서는 부정당업자에 대하여 경쟁입찰에의 참가자격을 제한할 수 있고($\binom{\text{국가를 당사자로 하는}}{\text{계약에 관한 법률 제27조}}$), 경쟁입찰의 참가자격을 일정한 요건을 갖춘 자로 제한할 수 있으며($\binom{\text{시행령}}{\text{제12조}}$), 입찰참가자격을 사전 심사하는 경우에는 그 심사기준을 열람 및 교부하여야 하고($\binom{\text{시행령}}{\text{제13조}}$), 적격심사를 하는 경우에도 그 심사기준을 공고 및 교부하게 하고 있는데($\binom{\text{시행령 제14조, 제36조,}}{\text{제42조, 시행규칙 제41조}}$) 이러한 조치들은 입찰에 참가하려는 자 또는 입찰의 권리의무를 일반적으로 또는 특정한 계약에 있어서 제한하는 성질의 것인 점에서 이를 단순히 국가의 내부규정이라고 단정하기는 어렵다고 할 것이다.

(3) 낙찰자 결정에 대한 사법심사의 허용 여부

국가계약 관계법령은 계약담당 공무원에 대한 내부 준칙에 지나지 않고 입찰공고는 청약의 유인, 입찰은 청약, 낙찰자 결정은 그 청약에 대한 승낙에 해당하며 수인의 입찰에 의한 수개의 청약 중 어느 청약에 대하여 승낙을 할 것인지는 입찰 실시자의 자유의사에 맡겨져 있으므로 낙찰자 결정에 대해서는 어느 누구도 하자나 효력을 다툴 수 없다는 부정설이 있다.

그러나 국가계약 관계법령을 단순히 국가의 내부규정이라고 볼 수 없고 계약 담당 공무원의 자의적인 처리를 통제하고 이를 통하여 계약체결에 있어서의 공공성과 공정성을 유지할 필요성이 큰 점, 입찰에 참가하는 제3자 입장에서도 공공성

한다는 적격심사 세부기준상의 규정은 법원이나 국민을 기속하는 대외적 효력이 있는 법규가 아니어서 그 규정의 기준에 맞지 않게 원도급자의 시공실적 증명을 갖추어 제출하지 아니한 피고회사의 하도급 실적을 시공실적으로 인정하였더라도 적격심사 결과에 영향을 주지 아니하는 것이며 전기공사업법상 하도급이 원칙적으로 금지된다고 하더라도 그 공사실적을 고려한 적격심사 자체가 위법하다고 볼 수 없다: 대법원 2003. 4. 25. 선고 2003다5870 판결.

30) 입찰 심사의 불공정성은 건설업계에서 가장 심각한 문제의 하나이다. 설계 시공을 분리하여 발주하는 일반적인 공사입찰에서는 공사규모에 따라 종합심사낙찰제, 간이형 종합심사제나 적격심사제가 적용된다. 하지만 심사항목이 형식적이어서 실제는 가격 중심의 저가입찰제로 전락하였다. 또한 기술 난이도가 높은 설계시공 일괄입찰에서는 기술력 평가를 둘러싸고 심사위원의 전문성 부족, 로비 취약성 등으로 공정성이 의심받고 있다. 방대하고 전문적인 기술제안서를 관련 전문성이나 실무 경험이 부족한 대학교수 등이 졸속으로 심사하는 폐단은 부인하기 어렵다. 더구나 이런 실질적인 불공정성은 법원의 재판절차에서 판단하는 것은 불가능에 가깝다.

이 강한 관급공사 입찰에서 엄격한 절차에 의한 심사가 행하여질 것을 신뢰하고 있다는 점 등을 감안하면 낙찰자 결정에 대하여 사법심사를 허용하는 긍정설이 타당하다. 대법원 판결도 긍정설을 취하고 있다.[31]

나아가 낙찰자 결정에 관한 소송의 형태에 관하여 견해가 대립된다. 낙찰자 결정은 국가계약 관계법령에 근거하여 이루어지는 공법상의 행위로서 국민의 권리의무에 직접 관계있는 행위라고 보아 행정소송에 의한 사법심사가 행하여져야 한다는 견해가 있다.

그러나 입찰에 의한 계약은 국가 등이 사경제의 주체로서 행하는 사법상의 계약이고 이는 입찰공고, 입찰실시, 낙찰자 결정, 계약체결이라는 일련의 단계 및 절차에 의하여 이루어지는 일체로 파악하여야 하므로 낙찰자 결정도 사법상의 행위라고 보는 것이 합리적인 점에 비추어, 민사소송에 의한 사법심사가 행하여져야 한다는 견해가 타당하며 판례도 마찬가지이다.

8. 낙찰자 결정의 무효사유

(1) 국가계약법령상의 입찰무효사유

국가를 당사자로 하는 계약에 관한 법률 시행령 제39조 제4항과 시행규칙 제44조는 일정한 사유에 해당하는 입찰은 무효로 한다고 규정하고 있다.[32]

---

31) 국가나 지방자치단체가 발주하는 공사에서 입찰절차를 거쳐 도급계약을 체결하는 행위는 국가나 지방자치단체가 사경제주체로서 행하는 행위이므로 원칙적으로 사적자치와 계약자유의 원칙이 적용되는 영역이라고 할 것이나, 국가를 당사자로 하는 계약에 관한 법률 제7조에 의하면 국가가 계약을 체결하는 경우 원칙적으로 경쟁입찰에 의하여야 하며, 동법 제10조 제2항 제2호에 의하면, 국고의 부담이 되는 경쟁입찰에 있어서 입찰공고 또는 입찰설명서에 명기된 평가기준에 따라 국가에 가장 유리하게 입찰한 자를 낙찰자로 정하도록 되어 있고, 동법 시행령 제42조 제2항 본문에 의하면, 당해 입찰자의 이행실적, 기술능력, 재무상태, 과거 계약이행의 성실도, 자재 및 인력조달가격의 적정성, 계약질서의 준수 정도, 과거 공사의 품질 정도 및 입찰가격 등을 종합적으로 고려하여 재정경제부장관이 정하는 심사기준에 따라 세부 심사기준을 정하여 적격 여부를 심사하며, 그 심사결과 적격하다고 인정되는 경우 낙찰자로 결정하도록 규정되어 있으며, 위 규정은 지방재정법 제63조에 의하여 지방자치단체가 실시하는 경쟁입찰에도 준용된다고 할 것인바, 이러한 규정은 국가나 지방자치단체가 실시하는 경쟁입찰의 공정성을 확보하고, 입찰절차에 있어서의 공정성을 담보하여 궁극적으로는 국가나 지방자치단체가 체결하는 계약이 공익에 합치되도록 사적 자치에 일정한 제약을 가하는 것이라고 할 것이므로, 국가나 지방자치단체가 실시하는 경쟁입찰의 적격심사에 관하여 법령에 위반되는 하자가 있는 경우 그 하자가 중하여 입찰의 공공성과 공정성이 유지될 수 없는 일정한 경우에는 그 적격심사에 기한 낙찰을 무효라고 보지 않을 수 없다: 대법원 2001. 9. 19.자 2000마5084 결정.
32) 시행령 제39조(입찰서의 제출접수 및 입찰의 무효) ④ 제12조 및 제21조의 규정에 의한 경쟁참가의 자격이 없는 자가 행한 입찰 기타 기획재정부령이 정하는 사유에 해당하는 입찰은 무효로 한다.

(2) 대법원 판례의 검토

대법원은 일관되게 무효의 기준을 밝히고 있다. 국가계약법령과 세부심사기준 등은 국가가 사인과의 사이의 계약관계를 공정하고 합리적·효율적으로 처리할 수 있도록 관계 공무원이 지켜야 할 계약사무처리에 관한 필요한 사항을 규정한 것으로, 국가의 내부규정에 불과하다 할 것이므로 입찰시행자가 관계법률이나 세부심사기준에 어긋나게 적격심사를 하였다 하더라도 그 사유만으로 당연히 낙찰자 결정이나 그에 기한 계약이 무효가 되는 것은 아니지만, 이를 위배한 하자가 입찰절차의 공공성과 공정성이 현저히 침해될 정도로 중대할 뿐 아니라 상대방도 이러한 사정을 알았거나 알 수 있었을 경우 또는 누가 보더라도 낙찰자의 결정 및 계약체결이 선량한 풍속 기타 사회질서에 반하는 행위에 의하여 이루어진 것임이

시행규칙 제44조(입찰무효) ① 영 제39조 제4항에 따라 무효로 하는 입찰은 다음과 같다.

1. 입찰참가자격이 없는 자가 한 입찰
1의2. 영 제76조 제5항에 따라 입찰참가자격 제한기간 내에 있는 대표자를 통한 입찰
2. 입찰보증금의 납부일시까지 소정의 입찰보증금을 납부하지 아니하고 한 입찰
3. 입찰서가 그 도착일시까지 소정의 입찰장소에 도착하지 아니한 입찰
4. 동일사항에 동일인(1인이 수개의 법인의 대표자인 경우 해당수개의 법인을 동일인으로 본다)이 2통 이상의 입찰서를 제출한 입찰
5. 삭제 <2006. 5. 25.>
6. 영 제14조 제6항에 따른 입찰로서 입찰서와 함께 산출내역서를 제출하지 아니한 입찰 및 입찰서상의 금액과 산출내역서상의 금액이 일치하지 아니한 입찰과 그 밖에 기획재정부장관이 정하는 입찰무효사유에 해당하는 입찰
6의2. 삭제 <2010. 7. 21.>
6의3. 제15조 제1항에 따라 등록된 사항중 다음 각 목의 어느 하나에 해당하는 등록사항을 변경등록하지 아니하고 입찰서를 제출한 입찰
　가. 상호 또는 법인의 명칭
　나. 대표자(수인의 대표자가 있는 경우에는 대표자 전원)의 성명
　다. 삭제 <2006. 12. 29.>
　라. 삭제 <2006. 12. 29.>
7. 삭제 <2009. 3. 5.>
7의2. 영 제39조 제1항에 따라 전자조달시스템 또는 각 중앙관서의 장이 지정·고시한 정보처리장치를 이용하여 입찰서를 제출하는 경우 해당 규정에 따른 방식에 의하지 아니하고 입찰서를 제출한 입찰
7의3. 삭제 <2019. 9. 17.>
8. 영 제44조 제1항의 규정에 의한 입찰로서 제42조 제6항의 규정에 의하여 입찰서와 함께 제출하여야 하는 품질등 표시서를 제출하지 아니한 입찰
9. 영 제72조 제3항 또는 제4항에 따른 공동계약의 방법에 위반한 입찰
10. 영 제79조에 따른 대안입찰의 경우 원안을 설계한 자 또는 원안을 감리한 자가 공동으로 참여한 입찰
10의2. 영 제98조 제2호에 따른 실시설계 기술제안입찰 또는 같은 조 제3호에 따른 기본설계 기술제안입찰의 경우 원안을 설계한 자 또는 원안을 감리한 자가 공동으로 참여한 입찰
11. 제1호부터 제10호까지 외에 기획재정부장관이 정하는 입찰유의서에 위반된 입찰

분명한 경우 등 이를 무효로 하지 않으면 그 절차에 관하여 규정한 국가를 당사자로 하는 계약에 관한 법률의 취지를 몰각하는 결과가 되는 특별한 사정이 있는 경우에 한하여 무효가 된다고 해석함이 타당하다.[33]

즉 입찰시행자는 입찰공고에서 정한 바에 따라 적법하게 입찰을 실시하여 낙찰자를 결정하여야 하고 입찰에 참가하는 자는 이를 신뢰하고 있으므로 이 같은 신뢰는 법률상 보호받아야 할 이익이라고 할 것이므로 입찰시행자가 적격심사에 있어서 관련규정 및 입찰공고에서 밝힌 기준이나 절차에 위반하여 낙찰자를 결정한 잘못이 있고 그 잘못이 관련규정의 취지나 시행지침 등의 취지, 공공이익, 입찰참가자의 신뢰를 해치는 것으로 그 결과를 유지하는 것이 정의에 반하는 경우에는 입찰참가자는 그 지위에 기하여 정해진 절차와 기준에 따른 새로운 심사를 요구할 수 있다고 할 것이다.

대법원 판례상 나타난 관급공사계약의 무효사유는 다음과 같이 정리할 수 있다.[34]

① 단순히 계약관련 법령에 위배되었다는 사유만으로는 그에 따른 사법상의 계약이 무효로 되지는 아니한다(원칙적 유효).

② 다만, 예외적으로 그 법령이나 절차의 위반으로 인하여 공공성과 공정성이 현저히 침해되어 이를 무효로 하지 않으면 정의에 반하는 중대한 하자가 있는 경우에는 무효로 보아야 한다. 그러나 그 경우에도 상대방에게는 그에 대한 귀책사유, 즉 고의나 과실이 있어야 한다. 즉, 상대방이 그러한 사정을 알았거나 알 수 있었어야 한다.

③ 낙찰자 결정 및 그에 따른 계약체결이 사회적으로 허용될 수 없는 반사회적인 행위에 의한 것임이 누가 보더라도 명백한 경우에도 무효가 된다.

9. 입찰 관련 쟁송

(1) 쟁송의 종류

입찰관계를 다투는 소송은 입찰참가자가 입찰시행자를 피고로 하여, 하자 있

---

33) 대법원 2001. 12. 11. 선고 2001다33604 판결; 대법원 2001. 11. 15.자 2001마3373 결정; 대법원 2002. 1. 10.자 2000마4202 결정; 대법원 2006. 6. 19.자 2006마117 결정; 대법원 2006. 4. 28. 선고 2004다 50129 판결.

34) 조병학, "국가계약제도개관(낙찰자 결정에 관하여)," 『건설재판실무논단(2006)』(서울중앙지방법원 건설실무연구회), 349면.

는 낙찰자선정 무효확인의 소, 낙찰자지위 확인의 소 또는 적격심사대상자 지위 확인의 소,[35] 절차의 속행금지의 소 등의 형태로 제기할 수 있다. 또한 입찰관계에서 입찰시행자의 고지의무 위반 등에 대해서 낙찰자의 손해배상청구가 가능하다.

⑵ 낙찰자지위 관련 확인소송

확인의 소를 제기하기 위해서는 권리보호의 이익, 즉 확인의 이익이 필요하다. 일반적으로 확인의 이익은 현재의 권리 또는 법률상의 지위에 현존하는 불안·위험이 있고 그 불안·위험을 제거하는 데 확인판결을 받는 것이 가장 유효적절한 수단일 때 인정되므로 단순한 반사적 이익이나 사실상 경제상 또는 일반적 추상적 이해관계만을 가지는 경우에는 확인의 소를 제기할 이익이 없게 된다.

대법원 판례는 제2순위 적격심사대상자가 국가를 상대로 제기한 낙찰자지위 확인의 소의 적법 여부에 대하여, 국가나 지방자치단체가 실시하는 공사입찰에서 적격심사과정의 하자로 인하여 낙찰자결정이 무효이고 따라서 하자 없는 적격심사에 따른다면 정당한 낙찰자가 된다고 주장하는 자는 낙찰자로서의 지위에 대한 확인을 구할 수 있고 이러한 법리는 위 입찰에 터 잡아 낙찰자와 계약이 체결된 경우에도 동일하다는 입장이다.[36]

또한 취소 전 입찰절차에서의 제2순위 적격심사대상자는 추후 진행되는 적격심사에서 제1순위 적격심사대상자가 부적격판정을 받거나 계약을 체결하지 아니하면 적격심사를 받아 낙찰자 지위를 취득할 수도 있으므로 취소 전 입찰절차상 제2순위 적격심사대상자로서의 지위에 대한 확인과 위 입찰절차의 취소 및 새로운 입찰공고가 무효임의 확인을 구하는 소가 단순한 사실관계나 과거의 법률관계의 존부 확인에 불과하다고 할 수 없으며, 확인의 소로써 위험·불안을 제거하려는 법률상 지위는 반드시 구체적 권리 발생이 조건 또는 기한에 걸려 있거나 법률관계가 형성과정에 있는 등의 원인으로 불확정적이라고 하더라도 보호할 가치 있는 법적 이익에 해당하는 경우에는 확인의 이익이 인정될 수 있다.[37]

그러나 최초입찰에 의한 낙찰자는 입찰시행자가 낙찰자의 지위를 부인하거나 본 계약의 체결을 거절하는 경우에 입찰시행자를 상대로 최초입찰에 의한 낙찰자가 낙찰자의 지위(예약자의 지위)에 있음을 전제로 하여 본 계약의 체결을 소

---

35) 대법원 2000. 5. 12. 선고 2000다2429 판결.
36) 대법원 2004. 9. 13. 선고 2002다50057 판결.
37) 대법원 2000. 5. 12. 선고 2000다2429 판결.

구하는 등으로써 법적 불안을 해소할 수 있다고 할 것이므로, 최초입찰에 의한 낙찰자로 결정된 이후에 실시된 재입찰의 무효 확인을 구하는 것은 피고 주장의 법적 불안을 해소하는 유효적절한 수단이라고 할 수가 없다.[38]

나아가 낙찰자와 체결된 계약에 의하여 이미 그 이행까지 완료된 경우에는 더 이상 낙찰자 결정이 무효임을 주장하여 낙찰자 지위에 대한 확인을 구할 이익이 존재하지 않고,[39] 이 경우 제3자와 도급계약을 체결하여 계약이 이행되고 있다고 하더라도 마찬가지로 확인의 이익이 없으며, 장기계속계약으로서 향후 차수별 계약이 예정되어 있다 하더라도 마찬가지이다.[40]

(3) 가 처 분

하자 있는 입찰절차가 그대로 진행되어 계약이 체결되고, 그에 따라 계약이행이 상당한 정도로 진행되면 계약의 효력을 부인하고, 입찰절차의 하자를 시정한다는 것이 사실상 불가능하거나 무의미해지므로, 입찰절차의 하자를 이유로 한 재판상의 권리구제는 가처분절차에 의하는 것이 일반적이다.

국가 등이 실시하는 입찰절차에 관한 가처분의 유형으로는, ① 적격심사절차에서 낙찰자로 선정되지 않은 선순위 저가 입찰자가 자신을 낙찰자로 선정하지 않은 조치가 위법하다는 이유로 후순위 저가 입찰자에 대한 적격심사 등 절차의 중지를 구하는 경우, ② 선순위 저가 입찰자에 대한 낙찰자선정 또는 적격심사대상자 지위 인정이 위법하다는 이유로 후순위 저가 입찰자가 낙찰자 선정 등의 효력을 다투는 경우, ③ 입찰실시기관이 진행중인 입찰절차를 취소한 조치의 효력을 다투는 경우 등을 들 수 있다. 그중 ①, ②의 유형이 가처분사건의 대부분을 차지하며, 그 내용상으로는 적격심사대상자에 대한 평가점수와 관련하여 적격심사기준의 해석적용을 다투는 사안이 대부분이나, 위 대법원 판례의 취지에 따라 가처분신청을 기각한 사례가 많다.[41][42]

다만, 입찰참가자는 입찰시행자를 상대로 위 소송을 제기할 수 있을 뿐이고, 낙찰자나 다른 입찰참가자를 상대로 하여 제기할 수는 없다고 할 것이다. 입찰참가자의 권리는 입찰시행자에 대한 채권적 권리에 불과하기 때문이다.

---

38) 대법원 2004. 5. 27. 선고 2002다46829, 46836 판결.
39) 대법원 2004. 9. 13. 선고 2002다50057 판결.
40) 대법원 2003. 5. 16. 선고 2001다49845 판결.
41) 법원실무제요, 『민사집행』 Ⅳ, 389면 참조.
42) 조병학, 앞의 글, 350면 이하(가처분 주문례 포함).

⑷ 가처분 주문례

㈎ 선순위자로 적격심사를 받은 신청인을 낙찰자로 선정하지 않은 조치가 부적법한 경우

피신청인이 2018. 1. 1. 조달청 시설공고 제2018-1호로 공고하여 2018. 2. 1. 실시한 ○○공사 입찰에 있어서 신청인이 낙찰자 지위에 있음을 임시로 정한다.

피신청인은 위 입찰에 있어서 신청인 이외의 제3자를 낙찰자로 선정하거나 그 제3자와 위 공사에 관한 도급계약을 체결하여서는 아니 된다.

㈏ 선순위 저가 입찰자에게 입찰무효사유가 있음에도 그를 적격심사대상자로 선정 통보하여 적격심사절차를 진행하고 있는 경우

피신청인이 2018. 1. 1. 조달청 시설공고 제2018-1호로 공고하여 2018. 2. 1. 실시한 ○○공사 입찰에 있어서 신청인이 적격심사대상자(제1순위로 적격심사를 받을 자)의 지위에 있음을 임시로 정한다.

이 경우, 차순위 저가 입찰자가 선순위 저가 입찰자의 입찰무효로 인하여 최선순위 적격심사대상자로서의 지위에 있다고 하더라도 그와 같은 사정만으로는 피신청인에 대하여 입찰에 관련된 일체의 절차진행이나 제3자와의 계약체결을 금지할 수 있는 지위에 있는 것은 아니므로, 위와 같은 주문 외에 "피신청인은 신청인을 제외한 제3자와 사이에 위 공고에 따른 일체의 입찰절차, 도급계약의 체결 및 그 이행에 관한 절차를 진행하여서는 아니 된다"라는 신청은 인용하기 힘들 것이다.

㈐ 선순위 저가 입찰자를 낙찰자로 선정한 조치가 부적법한 경우

피신청인이 2018. 1. 1. 조달청 시설공고 제2018-1호로 공고하여 2018. 2. 1. 실시한 ○○공사 입찰에 있어서, 신청 외 ○○회사를 낙찰자로 결정하거나 위 회사와 위 공사에 관한 도급계약을 체결하여서는 아니 된다.

㈑ 입찰절차의 취소가 부적법한 경우

피신청인이 2018. 1. 1. 조달청 시설공고 제2018-1호로 공고하여 2018. 2. 1. 실시한 ○○공사 입찰에 있어서, 신청인이 조달청 시설공사적격심사세부기준(조달청 공고 제2015-1호)에 따른 적격심사대상자 지위에 있음을 임시로 정한다.

피신청인은 위 공사에 관하여 2018. 3. 1. 조달청 시설공고 제2018-2호로 공고한 입찰절차를 진행하여서는 아니된다.

(5) 손해배상청구 소송

입찰절차에 관련하여 발주사와 낙찰자 등이 상대방에 대하여 적극적으로 손해배상소송을 제기하는 경우가 늘고 있다. 대법원은 입찰담당 공무원이 회계예규상 표준품셈이 정한 기준을 무시하고 기초예비가격을 산정하였음에도 이를 입찰공고에 전혀 표시하지 아니함으로써 낙찰자가 이를 믿고 공사계약을 체결하였다가 계약금액을 초과하는 공사비를 지출한 경우에 국가는 이러한 사정을 알려야 할 고지의무를 위반하였으므로 낙찰자에게 이로 인한 손해를 배상할 책임이 있다고 판시하였다.[43]

한편 설계시공일괄입찰에 있어서 실시설계적격자로 선정되어 실시설계까지 마친 상황에서 발주자가 상당한 이유 없이 입찰을 취소한 경우, 발주자는 실시설계적격자에게 공사계약이 체결되리라는 정당한 기대 내지 신뢰를 부여한 이상 이는 위법한 행위로서 불법행위를 구성한다는 하급심 판결도 있다.[44]

발주자는 투찰가격에 대한 담합행위를 한 자 등에 대해서는 발주자가 불법행위를 이유로 정상적인 낙찰대금과 실체 낙찰대금의 차액 상당액의 손해에 대하여 입찰담합행위자에게 손해배상청구를 구할 수 있다.[45]

---

43) 계약담당 공무원이 회계예규를 준수하지 아니하고 표준품셈이 정한 기준에서 예측 가능한 합리적 조정의 범위를 벗어난 방식으로 기초예비가격을 산정하였음에도 그 사정을 입찰공고에 전혀 표시하지 아니하였고, 낙찰자가 그러한 사정을 알았더라면 입찰에 참가할지 여부를 결정하는 데 중요하게 고려하였을 것임이 경험칙상 명백한 경우에는, 국가는 신의성실의 원칙상 입찰공고 등을 통하여 입찰참가자들에게 미리 그와 같은 사정을 고지할 의무가 있다고 할 것이다. 그럼에도 국가가 그러한 고지의무를 위반한 채로 계약조건을 제시하여 이를 통상의 경우와 다르지 않을 것으로 오인한 나머지 그 제시 조건대로 공사계약을 체결한 낙찰자가 불가피하게 계약금액을 초과하는 공사비를 지출하는 등으로 손해를 입었다면, 계약상대방이 그러한 사정을 인식하고 그 위험을 인수하여 계약을 체결하였다는 등의 특별한 사정이 없는 한, 국가는 위 고지의무 위반과 상당인과관계 있는 손해를 배상할 책임이 있다: 대법원 2016. 11. 10. 선고 2013다23617 판결.
44) 서울고등법원 2016. 7. 15. 선고 2015나2025493 판결.
45) 대법원 2019. 8. 29. 선고 2017다276679 판결은 입찰절차에서 단순히 담합이 있었다는 사실만으로는 입찰을 무효로 볼 수 없지만, 공공 공사 입찰에 참여하는 자의 수를 많게 함으로써 경쟁을 통하여 국가계약사무의 공정성과 공공성을 강화하고자 하는 것이 설계비 보상 규정의 입법취지인 점을 고려할 때, 입찰 무효사유에 해당하는 이 사건 공동행위가 사후에 밝혀진 이상 입찰의 무효 여부와 관계없이 발주자는 탈락자들에게 지급한 설계보상비의 반환을 구할 수 있다고 판시하였다.

10. 낙찰자 결정 무효의 효과

(1) 본 계약의 무효 여부

낙찰자 결정에 이어 입찰실시자와 낙찰자 사이에서 본 계약이 체결된 경우, 낙찰자 결정이 무효가 되면 위 계약 역시 무효가 되는가? 이에 관하여는, ① 낙찰자 결정이 무효가 되면 낙찰자는 계약체결 당사자로서의 지위를 상실하게 되므로, 그 낙찰자와 체결된 계약도 무효로 보는 무효설, ② 낙찰자 결정과 계약체결은 별개의 법률행위이고, 이미 체결되어 이행중인 계약을 무효라고 보는 것은 법적 안정성을 크게 해치는 것이므로, 낙찰자 결정이 무효라고 하더라도 계약은 유효라고 보는 유효설, ③ 낙찰자 결정이 무효인 한 원칙적으로 계약도 무효라고 보고, 다만 재입찰 또는 재계약을 체결할 수 없을 정도로 공사가 진행된 경우에는 낙찰자 결정 자체에 대한 무효확인을 구할 이익이 없고, 그에 따라 계약도 유효한 경우가 생길 수 있다고 보는 제한적 유효설이 대립되어 있는데 제한적 유효설이 유력하다.[46]

한편 적법하게 이루어진 낙찰자 결정을 무시하고 발주자가 낙찰자 아닌 제3자와 체결한 도급계약의 효력도 문제된다. 대전고등법원 2000. 5. 29.자 2000라88 결정(확정)은 낙찰로 본 계약 체결에 관한 편무계약이 성립되는데 불과하고 국가계약법령이 효력규정이 아니므로 이를 위반하였다고 하여 발주자가 제3자와 체결한 본 계약의 효력에는 영향이 없다는 취지로 판시하였다. 예약에 기한 본 계약 체결의무를 불이행한 손해배상책임만 성립한다는 것이다.[47]

---

46) 조병학, 앞의 글, 351면.

47) 신청인은 피신청인(한국전력공사)이 시행하는 변전소 토건공사의 입찰에 참여하여 최저가 입찰인으로 위 공사를 낙찰받았는데, 그 후 피신청인은 신청인이 아닌 제3자와 위 공사에 관한 계약을 체결하였다. 이에 신청인이 예약에 기한 본계약체결청구권을 피보전권리로 하여 피신청인과 제3자와의 도급계약 효력 정지 및 제3자가 시공 중인 공사의 진행을 중지하여 달라는 가처분 신청을 하였다. 법원은 "정부투자기관회계규칙 제2조 제2항, 국가를 당사자로 하는 계약에 관한 법률 제11조에 따르면, 정부투자기관이 일방 당사자인 계약은, 계약의 목적·계약금액·이행기간·계약보증금·위험부담·지체상금, 기타 필요한 사항을 명백히 기재한 계약서를 작성하여 그 계약담당자와 계약상대자가 계약서에 기명·날인 또는 서명함으로써 비로소 확정되므로, 신청인의 최저가 입찰로써 성립하는 것은 이 사건 공사도급계약 자체가 아니라 그에 대한 예약이며(대법원 1977. 2. 22. 선고 74다402 판결), 이 경우 최저가 입찰행위로 성립되는 예약의 성질은, 그것이 전제하고 있는 본 계약이 국가를 당사자로 하는 계약에 관한 법률 제11조, 같은법 시행령 제48조와 같은법 시행규칙 제49조에 정한 엄격한 방식을 따라야 하는 요식계약인 점에 비추어 볼 때, 일방예약이 아니라 편무예약으로 보아야 한다. 따라서 이 사건에서는 피신청인이 위 낙찰에도 불구하고 제3자와 도급계약을 체결하였지만, 제3자가 피신청인에게 이중계약을 체결할 것을 적

(2) 차순위자의 낙찰자 지위 확보 여부

낙찰지 결정이 무효인 경우, 적격심사세부기준을 올바르게 직용하였을 경우 낙찰자로 될 수 있었던 자(차순위자)가 당연히 낙찰자의 지위에 놓인 것으로 볼 수 있을 것인지가 문제된다.

낙찰자 결정이 무효라고 하여 입찰공고와 입찰집행 등 낙찰자 결정 이전의 단계까지 무효로 되는 것은 아니므로 재입찰을 실시할 것은 아니라, 차순위로서 낙찰받았어야 할 자가 당연히 낙찰자의 지위를 가지는 것으로 보아야 한다는 긍정설과 낙찰자로 될 수 있었던 자라고 하더라도 낙찰자 결정무효에 따라 곧바로 낙찰자의 지위에 놓이게 된다고 볼 수는 없다는 부정설이 대립된다.

계약이 체결되고 공사가 많이 진척되거나 그 내용이 변경되어 재입찰을 실시하지 않으면 아니 될 경우라면 차순위자가 낙찰자의 지위를 가질 수 없다고 보아야 하겠지만, 아직 계약이 체결되지 않아 입찰절차가 완전히 종결되지 않았다거나 계약이 체결된 이후라고 하더라도 굳이 재입찰을 하여야 할 필요가 없는 상황이라면 특정의 낙찰자 결정만이 무효라고 보고, 나머지 절차는 유효하다고 보아 차순위자가 낙찰자의 지위를 가질 수 있다고 보는 절충설도 있다.[48]

○**판례**

> **1. 2순위 적격심사대상자의 적격심사대상자 지위확인 청구** [대법원 2000. 5. 12. 선고 2000다2429 판결]
> 국가가 발주한 공사의 입찰에서 원고는 적격심사결과 2순위 대상자가 되었고 A가 1순위 적격심사대상자가 되었는데 국가가 입찰절차상 하자를 이유로 위 1차의 입찰을 취소하고 다시 입찰공고를 하여 2차 입찰절차를 진행한 결과 B가 적격심사대상자로 결정되었다. 이에 원고가 국가를 상대로 주위적으로 1차 입찰절차에 따른 낙찰자 선정절차의 이행을 구하고, 예비적으로 1차 입찰절차상 원고가 적격심사대상자로서의 지위를 가짐을 확인받고, 피고가 1차 입찰절차를 취소한 행위와 새로이 한 입찰공고가 무효임의 확인을 구하는 소송을 제기하였다.
> 대법원은 최초의 입찰절차를 취소한 행위가 무효일 경우에 제2순위 적격심사대

극적으로 권유한 것도 아니고, 정부투자기관이 체결하는 계약을 원칙적으로 일반경쟁에 부치도록 정한 국가를 당사자로 하는 계약에 관한 법률 제7조와 정부투자기관회계규칙 제13조가 그에 위반한 법률행위의 사법적 효력을 부인하는, 이른바 효력규정에 해당하지 않으므로 피신청인과 제3자와 사이의 도급계약은 무효가 아니다"라고 판시하면서 가처분을 기각하였다: 대전고등법원 2000. 5. 29.자 2000라88 결정.

48) 조병학, 앞의 글, 355면.

상자인 원고는 추후 진행되는 적격심사에서 제1순위 적격심사대상자가 부적격판정을 받거나 계약을 체결하지 아니하면 적격심사를 받아 낙찰자 지위를 취득할 수도 있으므로 취소 전 입찰절차상 제2순위 적격심사대상자로서의 지위에 대한 확인과 위 입찰절차의 취소 및 새로운 입찰공고가 무효임의 확인을 구하는 소가 단순한 사실관계나 과거의 법률관계의 존부 확인에 불과하다고 할 수 없고, 확인의 소로서 위험, 불안을 제거하려는 법률상 지위는 반드시 구체적 권리로 뒷받침될 것을 요하지 아니하고 그 법률상 지위에 터 잡은 구체적 권리발생이 조건 또는 기한에 걸려 있거나 법률관계가 형성 과정에 있는 등 원인으로 불확정적이라고 하더라도 보호할 가치가 있는 법적 이익에 해당하는 경우에는 확인의 이익이 인정될 수 있다고 판시하였다.

2. 낙찰자 결정의 무효 기준 [대법원 2001. 12. 11. 선고 2001다33604 판결]

지방재정법에 의하여 준용되는 국가계약법에 따라 지방자치단체가 당사자가 되는 이른바 공공계약은 사경제의 주체로서 상대방과 대등한 위치에서 체결하는 사법상의 계약으로서 그 본질적인 내용은 사인 간의 계약과 다를 바가 없으므로, 그에 관한 법령에 특별한 정함이 있는 경우를 제외하고는 사적자치와 계약자유의 원칙 등 사법의 원리가 그대로 적용된다 할 것이다. 한편, 국가계약법은 국가가 계약을 체결하는 경우 원칙적으로 경쟁입찰에 의하여야 하고(제7조), 국고의 부담이 되는 경쟁입찰에 있어서 입찰공고 또는 입찰설명서에 명기된 평가기준에 따라 국가에 가장 유리하게 입찰한 자를 낙찰자로 정하도록(제10조 제2항 제2호) 규정하고 있고, 같은 법 시행령에서 당해 입찰자의 이행실적, 기술능력, 재무상태, 과거 계약이행 성실도, 자재 및 인력조달가격의 적정성, 계약질서의 준수 정도, 과거 공사의 품질 정도 및 입찰가격 등을 종합적으로 고려하여 재정경제부장관이 정하는 심사기준에 따라 세부심사기준을 정하여 결정하도록 규정하고 있으나, 이러한 규정은 국가가 사인과의 사이의 계약관계를 공정하고 합리적·효율적으로 처리할 수 있도록 관계 공무원이 지켜야 할 계약사무처리에 관한 필요한 사항을 규정한 것으로, 국가의 내부규정에 불과하다 할 것이다(대법원 1996. 4. 26. 선고 95다11436 판결 참조).

따라서 단순히 계약담당 공무원이 입찰절차에서 위 법령이나 그 세부심사기준에 어긋나게 적격심사를 하였다는 사유만으로 당연히 낙찰자 결정이나 그에 기한 계약이 무효가 되는 것은 아니고, 이를 위배한 하자가 입찰절차의 공공성과 공정성이 현저히 침해될 정도로 중대할 뿐 아니라 상대방도 이러한 사정을 알았거나 알 수 있었을 경우 또는 누가 보더라도 낙찰자의 결정 및 계약체결이 선량한 풍속 기타 사회질서에 반하는 행위에 의하여 이루어진 것임이 분명한 경우 등 이를 무효로 하지 않으면 그 절차에 관하여 규정한 국가계약법의 취지를 몰각하는 결과가 되는 특별한 사정이 있는 경우에 한하여 무효가 된다고 해석함이 타당하다.

이 사건에서는 세부심사기준에서 시공경험 평가요소로 정하고 있는 동일한 종류의 공사실적 인정범위는 발주기관에서 현재 발주하고자 하는 공사와 공사내용이 실질적으로 동일하여 계약목적의 달성이 가능하다고 평가할 수 있는 준공이 완료된 1건의 단위구조물체로서 그 규모가 40,686㎞ 이상인 실적을 말하는 것인바, 가사 백화점 내의 일반음식점, 관람집회시설 및 운동시설이 원심 판시와 같이 건축법 시행령의 해석상 용도구분 중 판매시설 자체에 해당하지 아니하고 따라서 이를 입찰공고 및 설명서에서 기재한 실적 인정범위에 포함 시킬 수 없다 하더라도, … 채무자가 적격심사에 있어 백화점을 위 소비자 편익시설까지 포함하여 공사실적으로 인정한 것을 가리켜 이 사건 입찰절차의 공공성과 공정성을 현저히 침해할 정도로 중대한 하자라고 보기 어렵다 할 것이고, 달리 이 사건 낙찰자의 결정 및 계약체결이 선량한 풍속 기타 사회질서에 반하는 행위에 의하여 이루어진 것이라고 인정할 자료도 기록상 찾아볼 수 없다.

11. 입찰 담합

공공건설공사의 입찰에서 입찰 참가자들이 공모하여 입찰 가격이나 낙찰자를 사실상 결정하는 경우가 적지 않다. 담합(談合)은 사업자가 계약이나 협정 등의 방법으로 다른 사업자와 짜고 가격을 결정하거나 거래상대방을 제한함으로써 해당 거래상 실질적인 경쟁을 제한하는 행위를 뜻한다. 공정거래위원회는 이 같은 담합행위가 적발될 경우 시정명령과 과징금 부과는 물론 형사고발 등의 조치를 취하고 있다. 2012년 4대강 공사에 관하여 건설사들의 입찰 담합이 드러나 엄정하게 처리된 이후, 입찰 담합에 대하여 공정거래위원회의 엄청난 과징금 부과 및 입찰실시기관의 담합행위자들에 대한 대규모 손해배상청구소송이 제기되고 있다. 입찰 전후에 담합행위가 발견되면 낙찰이 무효로 되지만, 공사가 끝난 후에 담합행위가 드러나면 손해배상청구소송으로 피해를 회복할 수밖에 없다.

문제는 담합으로 인하여 발생한 손해의 산정이 매우 어렵다는 점이다. 입찰 담합행위로 인한 손해는 담합행위로 인하여 형성된 낙찰가격과 담합행위가 없었을 경우에 형성되었을 가격(가상 경쟁가격)의 차액이 되고, 가상 경쟁가격은 담합행위가 발생한 당해 시장의 다른 가격형성 요인을 그대로 유지한 상태에서 담합행위로 인한 가격상승분만을 제외하는 방식으로 산정하여야 한다. 하지만 구체적으로 가격형성 요인들의 변화에 대한 평가는 매우 어렵고 그 방법을 둘러싸고

논란이 많다.[49]

제5절 계약관계 문서와 보통거래약관

Ⅰ. 계약관계 문서의 종류

공사도급계약서에는 보통 설계도서, 시방서, 공사비 산출내역서 등이 첨부
된다. 관급공사에 관한 (계약예규) 공사계약 일반조건(기획재정부 계약예규 제514호)
제3조는 계약문서로서 계약서, 설계서, 유의서, 공사계약 일반조건, 공사계약 특
수조건, 산출내역서를, 민간건설공사 표준도급계약서(국토교통부고시 제2019-220
호)는 붙임 서류로서 민간건설공사 표준도급계약 일반조건, 공사계약 특수조건,
설계서 및 산출내역서를 규정하고 있다.

건설분쟁의 대부분은 계약서 내용 자체에서보다 이러한 첨부서류에 포함된
세부내역을 둘러싸고 발생한다. 공사의 단가, 수량, 시공방법, 변경기준 등 건설공
사의 진행에 관한 사항의 해석은 이러한 문서를 얼마나 확보하고 있느냐에 달렸
다고 할 것이다.

따라서 소송실무상 심리의 초기에 반드시 계약서에 첨부된 문서의 종류와 기
재된 내용의 의미, 수정 여부 등을 당사자 쌍방에게 정확히 확인할 필요가 있다.

Ⅱ. 견 적 서

소규모 공사에서는 계약 체결 전에 수급인이 견적서(見積書, estimate)를 제출
하여 이를 중심으로 공사대금을 정하는 경우가 많다. 이 경우에는 견적서의 일부
항목을 수정하거나 아니면 그대로 공사계약서에 첨부하기도 한다. 따라서 소송상

---

49) 위법한 입찰 담합행위 전후에 특정 상품의 가격형성에 영향을 미치는 경제조건, 시장구조, 거래
조건 및 그 밖의 경제적 요인의 변동이 없다면 담합행위가 종료된 후의 거래가격을 기준으로 가
상 경쟁가격을 산정하는 것이 합리적이라고 할 수 있지만, 담합행위 종료 후 가격형성에 영향을
미치는 요인들이 현저하게 변동한 때에는 그와 같이 볼 수 없다. 이러한 경우에는 상품의 가격형
성상의 특성, 경제조건, 시장구조, 거래조건 및 그 밖의 경제적 요인의 변동 내용 및 정도 등을 분
석하여 그러한 변동 요인이 담합행위 후의 가격형성에 미친 영향을 제외하여 가상 경쟁가격을 산
정함으로써 담합행위와 무관한 가격형성 요인으로 인한 가격변동분이 손해의 범위에 포함되지
않도록 하여야 한다: 대법원 2011. 7. 28. 선고 2010다18850 판.

견적서에 대한 판단이 중요한 의미를 갖는다. 견적서가 최종 공사대금으로 결정되지는 않았더라도 공사의 개략적 범위와 품질수준을 추단할 수 있는 신빙성 높은 자료가 되기 때문이다.

견적서에는 개산견적·설계견적·공사명세견적·실비정산견적 등의 유형이 있는데, 기본계획단계에서는 간단한 방법으로 예상공사비를 산출하기도 하지만, 실시설계단계가 되면 적산 전문가의 협력으로 상세한 적산을 한다.

적산(積算)은 공사용 재료 및 품의 수량(공사량)을 산출하는 작업이다. 견적은 공사량에 단가를 곱하여 공사비를 산출하는 것으로 적산은 견적의 첫 단계이며, 견적은 적산을 포함하는 것이다. 견적은 풍부한 경험·충분한 지식·정확한 판단력이 필요하다.

Ⅲ. 보통거래약관

1. 약관의 개념과 규제 필요성

(1) 건설관련 계약 체결 시에 사용되는 계약서나 이에 첨부되는 문서 중 대부분은 표준도급계약서나 일반조건, 보증약관 등으로 이미 일방 당사자에 의하여 작성되어 있는 것이다. 특히 정부공사계약, 보증(보험)계약, 하도급계약 등에서는 당사자가 계약 내용에 관하여 선택이나 협의를 할 여지가 거의 없게 된다. 따라서 약관의 내용이 일방에게 유리하게 되어 있는 경우가 많아서 약관에 대한 공정한 해석과 규제가 필요하며 이에 관하여 약관의 규제에 관한 법률이 적용된다.

(2) 약관이라 함은 '그 명칭이나 형태 또는 범위에 상관없이 계약의 한쪽 당사자가 여러 명의 상대방과 계약을 체결하기 위하여 일정한 형식으로 미리 마련한 계약의 내용'을 말한다($\binom{약관의 규제에 관한}{법률 제2조 제1호}$).

첫째, 약관은 그 명칭이나 형태 또는 범위를 불문한다. 약정서, 계약서, 규정, 협약, 특별약관, 일반조건 등 다양한 명칭을 가질 수 있고, 계약의 기본이 되는 문서와 함께 또는 별도로 표시(인쇄나 기재)되더라도 상관 없으며, 단 하나의 조항(이른바 유일조항)으로 이루어지더라도 약관이 될 수 있다. 안내판이나 출입구에 붙여 놓은 문구도 약관이 될 수 있다.

둘째, 약관은 계약의 당사자 중 일방이 그 계약의 내용을 사전에 정한 것으로서 특정 또는 불특정한 다수의 상대방과 계약을 체결하기 위한 목적으로 마련된 것이다. 이러한 일방성과 사전성, 일반성이 약관의 내용적 특징이다. 건설회사가 상가를 특정인에게만 매도하기로 하는 내용의 상가매매계약서는 다수의 상대방과 계약을 체결하기 위하여 미리 만든 정형화된 계약 조건이 아니므로 약관의 규제에 관한 법률 제2조 제1항 소정의 '약관'에 해당하지 않는다.[50] 만약 상대방이 개별적인 교섭에 의하여 자신의 이익을 반영할 기회를 가진 경우 그에 따른 해당 조항은 단순히 약관이 아니라 당사자 간의 개별약정으로 인정되며, 그렇지 않은 나머지 조항만 약관으로 남게 된다.

2. 약관의 법적 성격

약관의 구속력의 근거에 관하여 약관은 법규범이어서 당사자의 의사에 관계없이 구속력을 갖는다는 규범설과, 당사자 사이에서 그 약관을 계약의 내용으로 편입시키려는 합의가 있기 때문에 당사자를 구속한다는 계약설이 있다.

대법원은 약관의 본질은 법규범이 아닌 계약에 있고, 당사자가 이를 계약의 내용으로 하기로 하는 명시적·묵시적 합의를 하였기 때문이라고 판시하였다.[51] 약관의 규제에 관한 법률 제3조에서 사업자의 약관에 대한 명시·설명의무를 부여하고 그 위반시에 약관을 계약의 내용으로 할 수 없도록 규정한 점에 비추어 계약설이 타당하다.

3. 약관의 해석

(1) 약관 해석의 원칙

약관은 신의성실의 원칙에 따라 공정하게 해석되어야 하고, 약관의 뜻이 명백하지 아니한 경우에는 고객에게 유리하게 해석되어야 한다(약관의 규제에 관한 법률 제5조).

(2) 약관의 무효사유

단순한 해석 차원을 넘어서서 일정한 경우 당해 약관조항 자체가 무효로 되어 이를 계약의 내용으로 주장할 수 없게 되는데, 약관의 규제에 관한 법률에서 제시하는 주요 무효사유는 다음과 같다.

(가) 고객에 대하여 부당하게 불리하거나 고객이 계약의 거래형태 등 제반사정에 비추어 예상하기 어려운 조항 또는 계약의 목적을 달성할 수 없을 정도로 계약

---

50) 대법원 1999. 7. 9. 선고 98다13754, 13761 판결.
51) 대법원 1986. 10. 14. 선고 84다카122 판결.

에 따르는 본질적 권리를 제한하는 조항과 같이 신의성실의 원칙에 반하여 공정을 잃은 약관조항($^{제6}_{조}$)

(나) 상당한 이유없이 사업자의 손해배상범위를 제한하거나 사업자가 부담하여야 할 위험을 고객에게 이전시키는 조항 등의 면책조항($^{제7}_{조}$)

(다) 계약의 해제·해지로 인한 사업자의 원상회복의무나 손해배상의무를 부당하게 경감하는 조항 등 계약의 해제·해지와 관련한 조항($^{제9}_{조}$)

(라) 상당한 이유없이 사업자가 이행하여야 할 급부를 일방적으로 중지할 수 있게 하거나 제3자로 하여금 대행할 수 있게 하는 조항 등 채무의 이행과 관련한 조항($^{제10}_{조}$)

(마) 고객에게 부여된 기한의 이익을 상당한 이유없이 박탈하는 조항 등 고객의 권익보호와 관련한 조항($^{제11}_{조}$)

(바) 고객의 의사표시의 형식이나 요건에 대하여 부당하게 엄격한 제한을 가하는 조항 등 의사표시의 의제와 관련한 조항($^{제12}_{조}$)

(사) 고객에 대하여 부당하게 불리한 소제기의 금지조항 또는 재판관할의 합의조항이나 상당한 이유없이 고객에게 입증책임을 부담시키는 약관조항($^{제14}_{조}$)

(3) 부당한 약관의 해석방법

(가) **약관의 예문해석**　　약관 중 일정한 부분의 기재는 부동문자로 인쇄된 예문에 불과한 것으로 보아 그 구속력을 배제하는 이른바 예문해석으로서 효력을 부정하는 경우가 있다. 은행의 근저당권설정계약서 중 포괄근저당조항에 관하여 이른바 예문해석이론을 채택하여 그 효력을 제한하는 판결이 다수 있다.[52]

　　그러나 이러한 예문해석은 부당한 조항의 효력을 부인하여 구체적 타당성을

---

[52] 근저당설정계약서는 처분문서이므로 특별한 사정이 없는 한 그 계약 문언대로 해석하여야 함이 원칙이지만, 그 근저당권설정계약서가 금융기관 등에서 일률적으로 일반거래약관의 형태로 부동문자로 인쇄하여 두고 사용하는 계약서인 경우에 그 계약 조항에서 피담보채무의 범위를 그 근저당권 설정으로 대출받은 당해 대출금채무 외에 기존의 채무나 장래에 부담하게 될 다른 원인에 의한 모든 채무도 포괄적으로 포함하는 것으로 기재하였다고 하더라도, 당해 대출금채무와 장래채무의 각 성립 경위 등 근저당 설정계약 체결의 경위, 대출 관행, 각 채무액과 그 근저당권의 채권최고액과의 관계, 다른 채무액에 대한 별도의 담보확보 여부 등 여러 사정에 비추어 인쇄된 계약 문언대로 피담보채무의 범위를 해석하면 오히려 금융기관의 일반 대출 관례에 어긋난다고 보여지고 당사자의 의사는 당해 대출금채무만을 그 근저당권의 피담보채무로 약정한 취지라고 해석하는 것이 합리적일 때에는 위 계약서의 피담보채무에 관한 포괄적 기재는 부동문자로 인쇄된 일반거래약관의 예문에 불과한 것으로 보아 그 구속력을 배제하는 것이 타당하다: 대법원 1997. 5. 28. 선고 96다9508 판결; 대법원 2003. 3. 14. 선고 2003다2109 판결; 대법원 1979. 11. 27. 선고 79다1141 판결.

제고한 장점이 있으나, 이론적인 허점과 비체계성 때문에 법적 안정성을 해칠 우려가 있다는 비판이 있다.[53] 또한 의사표시의 합치에 이르지 못하였을 경우에 이를 계약내용으로 보지 않으려는 예문해석의 법리는 약관의 규제에 관한 법률에 수용되었다고 할 것이므로 예문해석의 법리 대신 동법의 규정을 원용하여 이러한 문제를 해결하는 것이 보다 타당하다고 할 것이다.

(내) **약관의 수정해석**   수정해석이란 부당한 약관의 내용을 최대한 고객에게 유리하게 해석하고 직접적인 내용통제에 의한 무효판정을 피하는 방법을 뜻한다. 즉 부당한 약관조항의 내용에 대하여 상당성을 갖도록 축소해석한 후에 비로소 불공정성에 관한 내용통제를 받게 함으로써 그 약관조항을 그대로 유효하게 유지되게 하는 해석방법이다.

학설은 긍정설과 부정설이 나뉘나, 대법원은 자동차보험약관 중 무면허운전 면책조항에 대하여 약관의 규제에 관한 법률을 적용하여 내용 통제, 즉 수정해석이 가능함을 인정한 이래 같은 유형의 판결을 선고하고 있다.[54] 다만 손해배상액의 예정에 관하여는 위와 같은 수정해석을 하지 않고 그 조항 전체를 무효로 하고 있다. 이때는 손해배상의 일반원칙에 따라 배상액이 결정되므로 채권자가 실제 발생한 손해액을 증명하여야 한다.

4. 공정거래위원회의 시정조치

공정거래위원회는 사업자가 불공정한 약관조항을 계약의 내용으로 하는 경우 사업자에게 당해 약관조항의 삭제·수정 등 시정에 필요한 조치를 권고할 수 있고, 사업자가 자기의 거래상의 지위를 부당하게 이용하여 계약을 체결하는 등 법에서 정한 일정한 사유에 해당하는 경우에는 사업자에게 당해 약관조항의 삭

---

53) 손지열, "약관에 관한 판례의 동향,"『민사판례연구』Ⅹ, 410면; 권오승, "이른바 예문해석의 문제점,"『민사판례연구』ⅩⅤ, 6면.

54) 약관의 내용통제원리로 작용하는 신의성실의 원칙은 보험약관이 보험사업자에 의하여 일방적으로 작성되고 보험계약자로서는 그 구체적 조항내용을 검토하거나 확인할 충분한 기회가 없이 보험계약을 체결하게 되는 계약성립의 과정에 비추어, 약관 작성자는 계약상대방의 정당한 이익과 합리적인 기대, 즉 보험의 손해전보에 대한 합리적인 신뢰에 반하지 않고 형평에 맞게끔 약관조항을 작성하여야 한다는 행위원칙을 가리키는 것이며, 보통거래약관의 작성이 아무리 사적자치의 영역에 속하는 것이라고 하여도 위와 같은 행위원칙에 반하는 약관조항은 사적자치의 한계를 벗어나는 것으로서 법원에 의한 내용통제, 즉 수정해석의 대상이 되는 것은 당연하며, 이러한 수정해석은 조항 전체가 무효사유에 해당하는 경우뿐만 아니라 조항 일부가 무효사유에 해당하고 그 무효 부분을 추출배제하여 잔존 부분만으로 유효하게 존속시킬 수 있는 경우에도 가능하다: 대법원 1991. 12. 24. 선고 90다카23899 판결.

제·수정 등 시정에 필요한 조치를 명할 수 있다($\substack{\text{약관의 규제에 관}\\\text{한 법률 제17조의2}}$).

그러나 약관은 일반적으로 계약의 일부로 편입되며, 계약의 내용은 계약 당사자가 정하는 것이므로 공정거래위원회로서는 불공정한 약관조항에 대하여 위와 같이 시정조치를 명할 수 있을 뿐, 특정한 계약 당사자의 계약내용에 개입하여 그 약관조항을 어떠한 내용으로 수정할 것을 명하는 등의 방법에 의하여 적극적으로 계약 당사자의 계약내용에 관여할 수는 없다.[55]

그렇지만 이러한 공정거래위원회에 의한 약관심사의 경우 법원에 의한 사법적 심사와는 달리 사업자가 사용하는 약관을 일률적으로 심사하여 수정할 수 있는 장점이 있다.[56]

5. 건설관계 약관의 해석 예

(1) 관할합의 약정

서울에 주영업소를 둔 건설회사와 대전에 주소를 둔 계약자(고객) 사이에 체결된 아파트공급계약서상 "본계약에 관한 소송은 서울지방법원을 관할법원으로 한다"라는 관할합의조항은 수 개의 법정관할법원(사안에서는 의무이행지인 대전지방법원과 피고 주소지 서울지방법원) 중 하나를 특정한 것으로서 이른바 전속적 합의관할에 관한 조항인데, 이는 민사소송법상 관할법원 규정보다 제소 및 응소에 불편을 초래하여 고객에게 불리한 관할법원을 규정한 것이어서 약관의 규제에 관한 법률 제14조에 위반하여 무효가 된다.[57]

---

55) 대법원 2003. 1. 10. 선고 2001두1604 판결.

56) 한전의 전기공급규정 중 건물의 매수인이 매도인의 전기료연체채무를 승계하도록 하는 규정이 문제된 사안에서, 대법원 1988. 4. 12. 선고 88다2 판결은 '공장가동을 위하여 할 수 없이 타인의 전기연체료를 납부한 것은 불공정한 법률행위로서 무효이므로 납부연체료는 반환되어야 한다.'고 판시하였으나, 그 후 대법원 1991. 3. 27. 선고 90다카26560 판결은 같은 사안에서 '경락당시 연체사실을 알았다면 불공정한 법률행위라거나 강박에 의한 행위라고 할 수 없다.'고 판시하여 납부연체료의 반환을 인정하지 않았다. 결국 이 사안에서 보듯이, 자발적으로 불리한 조건을 수용한 당사자를 계약의 불공정성을 통하여 보호하는 것에는 법리적인 측면에서 한계가 있을 수밖에 없다. 이러한 경우에 공정거래위원회에 의한 불공정한 약관 심사에 의한 규제는 실질적인 의의를 갖는다. 1995. 4. 공정거래위원회는 한전에 대하여 위 전기공급규정을 삭제하도록 시정권고하고 한전이 이를 삭제함으로써 위 사안과 같은 분쟁이 전국에 걸쳐서 일거에 사라지게 되어 분쟁의 근원적 해결을 보게 되었다.

57) 대법원 1998. 6. 29.자 98마863 결정.

(2) 차액보증금약정

단순 최저가 낙찰제에 의한 낙찰자결정방식에 따른 건설공사도급계약에 있어 예정가격의 100분의 85 미만에 낙찰받은 자는 예정가격과 낙찰금액의 차액을 이른바 구예산회계법상의 차액보증금(국가를 당사자로 하는 계약에 관한 법률이 시행됨으로써 폐지)으로서 현금으로 납부하게 하고, 수급인의 채무불이행의 경우 차액보증금을 발주자에게 귀속시키기로 하는 약관조항은 덤핑에 의한 부실공사를 방지하고 계약을 이행할 것을 담보할 필요성이 매우 강한 점에 비추어 약관의 규제에 관한 법률 제6조 및 제8조에 저촉되지 않으나, 차액보증금을 현금에 갈음하여 건설공제조합 등이 발행하는 보증서로 납부하고자 하는 경우에는 그 차액의 2배를 납부하게 하고, 수급인의 채무불이행의 경우 계약보증금과 차액보증금을 발주자에게 귀속시키기로 하는 약관조항은 약관의 규제에 관한 법률 제6조 및 제8조에 저촉된다.[58]

(3) 지체상금 산정대상 제외 특약

지체상금의 약정은 위약벌 또는 손해배상액의 예정이라고 할 것인데, 건설회사가 부담하는 지체상금의 지급기준에 관하여 계약금(수분양자들이 납부한 계약금)을 포함시키는 일반적인 관행이 있었던 것은 아니므로 지체상금의 산정대상에서 계약금을 제외시킨 약관조항이 약관의 규제에 관한 법률 제6조에 위반되어 무효라고 할 수는 없다.[59]

그러나 주택공급계약서상 입주지연 지체상금의 산정대상에서 계약금을 제외하는 내용의 지체상금 조항의 효력과 관련하여 대법원은 2007. 8. 23. 선고 2005다59475, 59482, 59499 판결에서 '주택공급계약 당시 시행되던 구 주택공급에 관한 규칙(1995. 11. 6. 건설교통부령 제39호로 개정되기 전의 것) 제27조 제4항이 입주 전까지 납부한 입주금 전부를 지체상금 산정대상으로 하고 있는 점, 이 사건 주택공급계약 당시에는 위 규칙의 규정이 개정·시행된 지 이미 5년 이상 경과하였고, 당시의 아파트공급표준계약서는 물론이거니와 사업자들이 실제 사용한 아파트공급계약서 상당수에 위 규칙의 규정과 동일한 내용의 지체상금 조항이 기재되어 있는 등 새로운 거래관행이 어느 정도 형성된 것으로 보이는 점 등의 제반 사정에 비추어, 주택공급계약서상 입주지연 지체상금의 산정대상에서 계약금을 제외한 지

---

58) 대법원 2002. 4. 23. 선고 2000다56976 판결; 대법원 2000. 12. 8. 선고 99다53483 판결.
59) 대법원 1999. 3. 12. 선고 97다37852, 37869 판결.

체상금 조항은 상당한 이유 없이 사업자의 손해배상범위를 제한하고 고객에 대하여 부당하게 불리하며 신의성실에 반하여 공정을 잃은 조항으로서, 약관의 규제에 관한 법률 제7조 제2호, 제6조 제1항, 제2항 제1호에 의하여 무효'라고 그 입장을 바꾸는 듯한 판시를 하였다.

(4) 기타 판례

선급금보증에서 보증사고의 의미(대법원 2003. 1. 24. 선고 2002다55199 판결), 하도급지급보증에서 보증책임의 범위(대법원 2002. 12. 26. 선고 2002다13447 판결), 하자보수보증에서 보증대상 하자의 범위(대법원 2002. 6. 28. 선고 2001다63728 판결), 주택분양보증에서 보증사고의 의미(대법원 2001. 5. 29. 선고 2000다66003 판결), 지체상금 종기특약의 효력(대법원 1996. 7. 12. 선고 94다58230 판결) 등 약관의 해석과 효력을 다투는 판례는 각 해당 부분에서 살핀다.

분양신청금 귀속 약관조항에 대한 판단

1. 분양신청금 귀속 약관조항이 무효라고 한 사례

① 대법원 1994. 5. 10. 선고 93다30082 판결

(한국토지개발공사가 공급하는 분양용지의 당첨자가 계약을 체결하지 않은 경우 분양용지의 공급가액의 10%에 상당하는 분양신청금을 한국토지개발공사에 귀속시키는 약관조항에 대하여) 한국토지개발공사가 분양의 방법에 의하여 토지를 공급하는 경우 공급단위필지수의 100분의 5 범위 안에서 예비대상자를 정할 수 있으므로 당첨자가 계약을 체결하지 아니하더라도 한국토지개발공사에게 특별히 현저한 손해가 발생할 것으로 보이지 아니하는 점, 분양용지의 공급가액의 10%에 상당하는 분양신청금을 미리 납부하게 하는 것 자체로써 진정한 실수요자 이외의 자가 분양신청하는 것을 어느 정도 방지할 수 있을 뿐더러, 구태여 분양신청금을 한국토지개발공사에게 귀속시키지 않더라도 당첨자가 장래 주택이나 단독주택건설용지를 우선 공급받을 수 있는 이익이 박탈되기 때문에 계약의 체결도 어느 정도 담보될 수 있는 점 등에 비추어, 당첨자에게 계약의 체결을 강제하기 위한 수단으로 분양용지의 공급가액의 10%에 상당하는 분양신청금을 일방적으로 한국토지개발공사에게 귀속시키는 위 약관조항은, 고객인 당첨자에 대하여 부당하게 과중한 손해배상의무를 부담시키는 것으로서 신의성실의 원칙에 반하여 공정을 잃은 약관조항이라고 할 것이므로, 무효라고 하지 아니할 수 없다.

② 대법원 1996. 9. 10. 선고 96다19758 판결

(당첨자에게 계약의 체결을 강제하기 위한 수단으로 분양용지의 공급가액의 약 10%에 상당하는 분양신청예약금을 일방적으로 한국토지공사에게 귀속시키는 약관조항에 대하여) 고객인 당첨자에 대하여 부당하게 과중한 손해배상의무를 부담시키는 것으로서 신의성실의 원칙에 반하여 공정을 잃은 약관조항에 해당하여 무효라고 판단하면서, 이 사건 약관조항이 무효인 이상 그것이 유효함을 전제로 민법 제398조 제2항을 적용하여 적당한 한도로 손해배상예정액을 감액하거나, 과중한 손해배상의무를 부담시키는 부분을 감액한 나머지 부분만으로 그 효력을 유지시킬 수는 없다.

③ 대법원 2000. 12. 8. 선고 99다53483 판결

단순 최저가 낙찰방식에 의한 건설공사 도급계약에 있어서는 현저한 저가 입찰을 억제하여 덤핑에 의한 부실공사를 방지하고 계약 내용대로 계약을 이행할 것을 담보할 필요성이 매우 강한 점에 비추어, 예정가격의 100분의 85 미만에 낙찰받은 자는 예정가격과 낙찰금액의 차액을 차액보증금으로서 현금으로 납부하게 하고 채무불이행의 경우 차액보증금을 발주자에게 귀속시키기로 하는 약관조항은 허용될 수 있으며, 이러한 약관조항이 약관의 규제에 관한 법률 제6조, 제8조에 저촉된다고 보기는 어려우나, 위의 경우, 차액보증금을 현금에 갈음하여 건설공제조합 등이 발행하는 보증서로 납부하고자 하는 경우에는 그 차액의 2배를 납부하게 하고 수급인의 채무불이행의 경우 계약보증금과 차액보증금을 발주자에게 귀속시키기로 하는 약관조항은 같은 법 제6조 제2항 제1호 또는 제8조에 저촉되어 무효라고 할 것이다.

2. 분양신청금 귀속 약관조항이 무효가 아니라고 한 사례:

① 대법원 1997. 3. 28. 선고 95다48117 판결

(한국토지개발공사의 경쟁입찰에 의한 상업용지 분양의 매매계약서에 들어 있는 총대금 5% 상당의 분양신청금을 한국토지개발공사에 귀속시키는 약관조항에 대하여) 한국토지개발공사의 상업용지 공급에 관한 제한경쟁입찰에서 투기목적이 없이 입찰에 참가하였다고 하더라도 단순히 이러한 사유만으로는 계약체결의무를 불이행한 데에 대하여 정당한 사유가 될 수 없는 점, 그 경쟁입찰이 비록 정식계약이 체결되기 전의 예약단계이기는 하나 그 당시 낙찰자로 하여금 계약체결의무 불이행으로 인한 손해배상액으로 입찰가액의 5% 이상을 예정하였다고 하여 그것이 거래관행상 부당하게 과중하다고 보기 어려운 점, 정부투자기관관리기본법 제20조 제2항, 정부투자기관회계규정 제190조 제1항, 제2항, 제6항도 정부투자기관이 경쟁입찰을 실시하는 경우에 입찰금액의 5% 이상을 입찰보증금으로 납부하게 하고, 이 경우 낙찰자가 계약을 체결하지 아니한 때에는 당해 입찰보증금을 투자기관에 귀속시키도록 규정하고 있는 점, 이 사건 경쟁입찰의 경우 1순위자가 입찰에 참가하면 2, 3순위자

는 입찰 기회가 박탈되고 재입찰을 해야 하며 주택과는 달리 계약을 체결하지 않을 경우 이후 분양기회를 박탈하는 등의 제재수단이 없는 점 등에 비추어 계약체결의 무 불이행시 입찰보증금을 공사에 귀속시키는 약관조항은 약관의 규제에 관한 법률 제8조, 제6조에 반하지 아니하는 전부 유효한 것이다.

② 대법원 1997. 7. 22. 선고 97다13306 판결

(지방자치단체가 시행하는 공업단지 조성사업과 관련하여 입주 예정자가 입주를 포기하는 경우 입주자 부담금의 10%를 지방지차단체에 귀속시키는 위약금 조항에 대하여) 공업단지 조성사업은 공장용지의 원활한 공급과 공업의 적절한 지방분산 및 지역경제의 활성화 등을 위하여 장기적·포괄적인 계획에 따라 개발되는 사업으로서 조성면적은 1,742,340㎡이고 용지보상비, 기반시설공사비, 공동시설관리비 등 조성사업비는 당초 예상액이 금 116,000,000,000원(1994년 초경까지의 지출비용은 약 금 127,000,000,000원이다)인 대규모 공사로서 그 사업비의 대부분을 입주자들의 부담금(공장용지 분양금)으로 충당하도록 계획되어 있는 사업인데, 그 후 원고를 포함한 126개 업체가 중도에 입주를 포기하여 그 부담금을 반환받아 갔다는 것으로서, 이 사건 원고의 경우와 같이 입주계약 후 2년이나 지나서 일방적인 이유로 계약을 포기하였을 때 피고가 입게 되는 손해가 기존 분양자의 해약과 새 입주자의 재계약 사이의 기간 동안 기납부 분양대금의 이자에 상당한 금액에 한정된다고 할 수는 없을 뿐아니라, 위 위약금 약정 당초의 사정으로 보아서는 새 입주자와의 재계약이 반드시 가능하다고 하기도 어려운 점, 정식 입주자도 부족한 마당에 예비 입주자를 미리 선정하여 둔다는 것은 지극히 어려울 뿐 아니라, 앞서 본 이 사건 입주계약의 성질과 그 부담금의 납부 시기와 액수, 개발에 필요한 기간, 그리고 계약자가 장기간 후에도 입주 포기가 가능하도록 되어 있는 사정 등에 비추어, 예비 입주자를 미리 정해 두는 것이 이론상으로도 그다지 쉽지가 않을 것이라는 점, 당사자의 지위, 입주계약의 목적과 내용, 손해배상액을 예정한 동기와 경위, 손해배상 예정액의 비율, 예상 손해액의 크기, 그 밖의 거래관행 등 여러 사정에 비추어, 위 위약금 조항이 입주자를 비롯한 고객에 대하여 부당하게 과중한 손해배상의무를 부담시키는 것이거나 신의성실의 원칙에 반하여 공정을 잃은 약관조항에 해당한다고 할 수 없다.

제6절 계약 당사자

I. 당사자의 확정

공사도급계약의 당사자는 도급인과 수급인이다. 도급인은 수급인에 대하여 공사대금을 지급할 의무를 부담하고, 수급인은 공사도급계약의 내용에 따라 공사를 완공할 의무를 부담한다. 공사도급계약의 당사자는 특별한 사정이 없는 한 계약서에 기재된 명의인으로 보는 것이 통상적이지만, 명의인 이외의 자가 실제로 계약을 체결하고 이행하였다면 실제 행위자를 당사자로 볼 경우도 있다. 세금이나 금융편의상 실질적인 건축주가 타인을 내세워 형식적인 명의자로 계약을 체결하게 하고 자신이 직접 공사 전반에 관여하는 경우가 적지 않은 실정이다.

공사도급계약은 불요식계약이므로 계약서의 작성을 요건으로 하지는 않으나, 계약서가 작성되어 있지 않은 경우에는 공사도급계약의 당사자가 명확하지 아니하므로 이에 관하여 다툼이 있는 경우에는 먼저 당사자를 확정하여야 할 것이다.

도급계약서상 대지의 공유자 중 1인만이 건물신축공사의 도급인으로 기재되어 있거나, 건물의 공유자 중 1인만이 건물증축공사 또는 건물보수공사의 도급인으로 기재되어 있는 경우 대지 및 건물의 공유자 전원을 상대로 공사대금 청구를 하는 경우가 있다.

공사도급계약서에 도급인으로 기재되어 있지 않은 공유자가 도급인으로 기재되어 있는 공유자와 함께 계약의 체결부터 공사의 종료에 이르기까지 도급인으로서 행위하여 왔다면 공사도급계약서의 기재와 관계없이 공유자 전원이 도급인이라고 해야 할 것이나, 공유자 전원이 도급인으로서 행위하였다는 사정을 발견할 수 없는 경우에는 공사도급계약서에 도급인으로 기재되어 있지 아니한 공유자에 대하여 공사도급계약의 당사자로서 책임을 인정하여서는 아니 될 것이다.

도급인이 공사대금채무 지급을 면하기 위하여 기업의 형태·내용이 실질적으로 동일한 신설회사를 설립하는 경우가 있다. 이런 경우 신설회사 설립은 도급인인 기존회사의 채무면탈이라는 위법한 목적달성을 위하여 회사제도를 남용한 것이므로, 신설회사가 기존회사의 채권자에게 위 두 회사가 별개의 법인격을 갖고 있음을 주장하는 것은 신의성실 원칙상 허용될 수 없다(법인격부인론). 따라서 위 채권자는 위 두 회사 어느 쪽에 대하여서도 채무 이행을 청구할 수 있다.[60]

II. 명의대여의 경우

건설산업기본법 제10조 및 시행령 제13조에 의하여 건설업등록기준은 업종별, 기술능력, 자본금, 시설 및 장비에 따라 일반건설업 5종, 전문건설업 29종으로 나뉘어 있고, 발주자 또는 수급인은 공사내용에 상응한 업종의 등록을 한 건설업자에게 도급 또는 하도급하도록 되어 있어서(건설산업기본법 제25조), 이러한 등록기준을 갖추지 못한 건설사업자는 건설업 등록을 한 건설사업자의 명의를 대여받아 공사도급계약을 체결하는 경우가 매우 흔하다. 건설사업자의 건설업등록증 등의 대여가 금지되어 있고(같은 법 제21조) 형사처벌의 대상이 되지만(같은 법 제95조 제2호, 제3호), 이 규정을 위반하였다고 하더라도 효력규정이 아니므로 사법상의 효력에는 영향이 없다.[61]

계약을 체결하는 행위자가 타인의 이름으로 법률행위를 한 경우에 행위자 또는 명의인 가운데 누구를 계약의 당사자로 볼 것인가에 관하여는, ① 우선 행위자와 상대방의 의사가 일치하는 경우에는 그 일치한 의사대로 행위자 또는 명의인을 계약의 당사자로 확정하여야 하고, ② 행위자와 상대방의 의사가 일치하지 아니하는 경우에는 그 계약의 성질·내용·목적·체결 경위 등 그 계약 체결 전후의 구체적인 제반 사정을 토대로 상대방이 합리적인 사람이라면 행위자와 명의자 중 누구를 계약의 당사자로 이해할 것인가에 의하여 당사자를 결정하여야 한다고 함이 대법원의 확립된 입장이다.[62]

다만 도급인이 명의를 대여한 건설사업자를 수급인으로 오인하고 공사도급계약을 체결하였다면, 명의를 대여한 건설사업자는 상법 제24조[63] 소정의 명의대여자에 해당하므로 수급인과 함께 연대하여 공사도급계약상의 책임을 부담한다. 그러나 도급인이 수급인의 명의대여사실을 알고 있었거나 알지 못한 데에 중대한

---

60) 대법원 2011. 5. 13. 선고 2010다94472 판결.
61) 대법원 1999. 12. 28. 선고 98다5586 판결.
62) 대법원 1998. 5. 12. 선고 97다36989 판결; 대법원 1998. 3. 13. 선고 97다22089 판결.
63) 상법 제24조(명의대여자의 책임) 타인에게 자기의 성명 또는 상호를 사용하여 영업을 할 것을 허락한 자는 자기를 영업주로 오인하여 거래한 제3자에 대하여 그 타인과 연대하여 변제할 책임이 있다.

과실이 있으면 명의대여책임을 물을 수 없다.[64]

　제3자가 선의인 이상 과실 또는 중과실의 유무와는 무관하게 명의대여자가 책임을 져야 한다는 견해도 있지만,[65] 제3자가 조금만 주의를 기울였다면 명의가 대여된 것을 알 수 있었을 텐데, 조금도 주의를 기울이지 않아서 명의가 대여된 것을 몰랐던 경우 명의대여자는 책임을 지지 않는 것이 합리적이다.[66]

　명의대여자 책임은 명의차용인과 그 상대방의 거래행위에 의하여 생긴 채무에 관하여 명의대여자를 진실한 상대방으로 오인하고 그 신용·명의 등을 신뢰한 제3자를 보호하기 위한 것이므로 법률행위로 인한 채권·채무관계에 한하여 적용될 뿐, 불법행위로 인한 채권·채무관계에는 적용되지 아니한다.[67] 그러나 이 경우에 명의대여자는 명의차용자의 불법행위에 대하여 민법 제756조를[68] 적용하여 사용자책임을 부담하게 된다는 것이 판례의 일관된 입장이다.[69] 뿐만 아니라 명의대여자는 그 명의를 빌린 자의 고용인 내지 피용자의 업무상 불법행위에 대하여도 역시 사용자책임을 부담한다.[70]

　사용자관계의 판단기준은 사실상의 지휘·감독을 하고 있었느냐에 의할 것이 아니고, 구체적 사건에서 명의대여자가 불법행위자를 지휘·감독할 책임을 부담하느냐, 즉 객관적으로 지휘·감독할 관계가 있었는가에 의할 것이고[71] 이는 피해자 등의 주관적 인식과는 별개라고 할 것이다.[72]

---

64) 대법원 1991. 11. 12. 선고 91다18309 판결.
65) 강위두, "명의대여자의 책임요건에 있어서 제3자의 과실 있는 선의," 판례월보 278호(1993. 11), 판례월보사, 23면.
66) 이훈종, "명의대여자의 책임에 관한 연구,"『21세기 상사법의 전개』(정동윤선생 화갑기념), (법문사, 1999), 62면.
67) 대법원 1998. 3. 24. 선고 97다55621 판결.
68) 민법 제756조(사용자의 배상책임) ① 타인을 사용하여 어느 사무에 종사하게 한 자는 피용자가 그 사무집행에 관하여 제삼자에게 가한 손해를 배상할 책임이 있다.
69) 대법원 1994. 10. 25. 선고 94다24176 판결; 대법원 1998. 5. 15. 선고 97다58538 판결.
70) 대법원 1964. 4. 7. 선고 63다638 판결.
71) 지게차의 실질적인 소유자가 중기위탁 사업을 위하여 설립된 회사에 지입하여 동 회사명의로 등록을 필한 후 그 자신이 직접 위 지게차를 실제 운영하여 왔다 할지라도, 동 회사는 위 지게차의 운행사업에 있어서의 명의대여자로서 제3자에 대하여 위 지게차가 자기의 사업에 속하는 것임을 표시하였다고 볼 수 있을 뿐만 아니라, 객관적으로는 그 지게차의 조종자를 지휘·감독할 사용자의 지위에 있다고 보아야 할 것이므로 위 지게차의 실질적인 소유자가 위 지게차를 운전하던 중에 생긴 과실로 제3자가 입게 된 손해를 배상할 책임이 있다: 대법원 1987. 4. 14. 선고 86다카899 판결.
72) 이공현, "명의대여자의 사용자책임,"『대법원 판례해설』9호(88년 상반기), 60면.

1. 건설업면허 대여자는 수급인이 아니라고 한 사례 [대법원 1998. 12. 8. 선고 98
다11963 판결]

원고가 갑에게 건설업면허를 대여하여 갑이 피고와 사이에 공사도급계약을 원고
명의로 체결하고 공사를 하였고, 이러한 사정을 피고가 알고 있었다. 대법원은 "원고
는 실제 공사에 별로 관여하지 아니하였고 갑이 주도적으로 공사를 시공하였으며,
공사대금도 원고 명의의 세금계산서가 발행되기는 하였으나 실제로는 갑이 피고로
부터 지급받아 하도급업자나 인부들에게 지급하였던 점 등에 비추어 보면, 실제 수
급인은 면허대여자인 원고가 아니라 행위자인 갑으로 하는 데 있어서 갑과 피고의
의사가 일치하였거나, 적어도 피고가 합리적인 사람이라면 행위자인 갑을 위 도급계
약의 당사자로 이해하였으리라고 충분히 인정된다 할 것이므로 갑이 이 사건 공사의
도급계약상 수급인이라고 인정된다"고 판시하였다.

2. 건설업면허 대여자를 수급인으로 인정한 사례 [대법원 2007. 9. 6. 선고 2007
다31990 판결]

원고는 피고로부터 여관건물 신축공사를 수급하였는데 당시 원고는 종합건설면
허가 없어 갑에게 면허대여료를 지급하고 종합건설면허를 빌려 위 공사를 시공하기
로 하고, 피고와 사이에 도급계약을 체결함에 있어 수급인 명의는 갑으로 하되 원고
가 갑으로부터 위 공사를 일괄 하도급받는 형식을 취하여 공사대금도 갑을 통해 지
급받고, 세금계산서도 갑 명의로 피고에게 발행·교부하였다. 그 후 원고는 이 사건
공사를 완공한 후 갑으로부터 공사잔대금을 지급받지 못하자 갑의 하수급인임을 자
처하면서 갑으로 하여금 건축주에게 공사잔대금을 청구해 달라거나 갑에게 공사잔
대금의 지급을 요구하고, 피고는 7회에 걸쳐 공사대금을 갑의 법인계좌로 송금하였
고 피고가 원고에게 직접 공사대금을 지급하였거나 원고의 계좌로 입금한 적은 없
었다. 대법원은 원고를 계약의 당사자로 한다는 점에 당사자들의 의사가 일치되었다
고 인정한 원심을 파기하고, "원심이 판단의 근거로 삼은 사정들은 피고가 원고를 계
약의 당사자가 아니라 계약의 당사자인 수급인 갑의 현장소장으로 알고 한 행위라고
볼 수 있는 사정에 불과하고, 원고와 피고 사이에 원고를 수급인으로 하기로 의사가
일치하였다고 볼 만한 자료를 찾을 수 없다. 따라서 이 사건 도급계약의 수급인은 이
사건 도급계약의 성질·내용·목적·체결 경위 등 계약 체결 전후의 구체적인 제반 사
정을 토대로 피고가 합리적인 사람이라면 원고와 갑 중 누구를 계약 당사자로 이해
할 것인가에 의하여 결정하여야 할 것이고 앞서 본 사정 등을 종합하여 보면, 피고는
갑을 계약의 당사자로 이해하고 이 사건 도급계약을 체결하였다고 봄이 상당하다"
고 판시하였다.

3. 명의대여자의 사용자책임을 인정한 사례 [대법원 1998. 5. 15. 선고 97다58538 판결]

타인에게 어떤 사업에 관하여 자기의 명의를 사용할 것을 허용한 경우에 그 사업이 내부적으로는 그 타인과 명의자가 이를 공동운영하는 관계로서 그 타인이 명의자의 고용인이 아니라 하더라도 외부적으로는 그 타인이 명의자의 고용인임을 표명한 것과 다름이 없으므로 명의사용을 허가받은 사람이 업무수행을 함에 있어 고의 또는 과실로 다른 사람에게 손해를 끼쳤다면 명의사용을 허가한 사람은 민법 제756조 제1항에 의하여 그 손해를 배상할 책임이 있으며, 그 명의대여로 인한 사용관계의 여부는 실제적으로 지휘·감독하였느냐 여부에 관계없이 객관적으로 보아 사용자가 그 불법행위자를 지휘·감독할 지위에 있었느냐 여부를 기준으로 결정하여야 한다.

III. 현장소장

건설회사는 수급받은 공사의 시공을 위하여 건설현장에 현장사무소를 설치하고 본사의 직원을 현장소장으로 임명하여 현장에 상주시킨다(건설산업기본법 제40조 제1항 참조). 이러한 현장소장이 일부 공정에 관하여 시공자 명의 또는 자기 명의로 하도급계약이나 자재공급계약을 체결하거나 기성고 공정확인, 공사설계변경 확인 등 제반 업무를 처리하는 일이 흔하다. 이러한 경우에 현장소장이 상법 제14조의 표현지배인에 해당하는지, 아니면 부분적 포괄대리권을 가진 사용인에 해당하는지가 문제된다.[73]

상법 제14조의 표현지배인의 행위로 인하여 본인의 책임이 성립하기 위하여는 표현지배인이 본점이나 지점에서 영업의 주임자임을 나타낼 수 있는 명칭(지배인, 부장, 과장, 계장 등)을 사용하여야 하고, 지배인의 권한 내의 행위를 하여야 하며, 상대방이 표현지배인의 무권한에 관하여 알지 못하고 있어야 한다. 그런데 건

---

[73] 상법 제11조(지배인의 대리권) ① 지배인은 영업주에 갈음하여 그 영업에 관한 재판상 또는 재판외의 모든 행위를 할 수 있다.
제14조(표현지배인) ① 본점 또는 지점의 본부장, 지점장, 그 밖에 지배인으로 인정될 만한 명칭을 사용하는 자는 본점 또는 지점의 지배인과 동일한 권한이 있는 것으로 본다. 다만, 재판상 행위에 관하여는 그러하지 아니하다.
② 제1항은 상대방이 악의인 경우에는 적용하지 아니한다.
제15조(부분적 포괄대리권을 가진 사용인) ① 영업의 특정한 종류 또는 특정한 사항에 대한 위임을 받은 사용인은 이에 관한 재판외의 모든 행위를 할 수 있다.

설업을 목적으로 하는 건설회사의 업무는 공사의 수주와 공사의 시공이라는 두 가지로 크게 나눌 수 있는바, 건설회사 현장사무소는 공사의 수주활동과 같은 영업활동을 하지 않으므로 지점 등 영업소라고 볼 수 없고, 또한 현장소장은 일반적으로 특정된 건설현장에서 공사의 시공에 관련한 업무만을 담당하는 자이므로 특별한 사정이 없는 한 상법 제14조 소정의 본점 또는 지점의 영업주임 기타 유사한 명칭을 가진 사용인, 즉 이른바 표현지배인이라고 할 수는 없다.

단지 상법 제15조 소정의 영업의 특정한 종류 또는 특정한 사항에 대한 위임을 받은 사용인으로서 그 업무에 관하여 부분적 포괄대리권을 가지고 있다고 봄이 상당하다. 이러한 대리권은 추상적으로 특정한 영업의 전반에 걸치지 않는 점에서 지배권과 다르고, 개개의 구체적 사항에서가 아니라 어떤 종류 또는 특정한 사항에 대행으로서 좁은 범위이기는 하나 집단적·포괄적으로 부여되는 점에서 민법상의 보통의 대리권과 다르다. 이와 같은 대리권은 특정사항에 관한 재판 외의 일체의 행위에 미친다.[74]

건설현장의 현장소장의 통상적인 업무의 범위는 그 공사의 시공에 관련한 자재, 노무관리 외에 그에 관련된 하도급계약 체결 및 그 공사대금 지급, 공사에 투입되는 중기 등의 임대차계약 체결 및 그 임대료의 지급 등에 관한 모든 행위이고, 아무리 소규모라 하더라도 그와 관련 없는 새로운 수주활동을 하는 것과 같은 영업활동은 그의 업무범위에 속하지 아니한다.

따라서 현장소장이 수행한 공사시공과 관련된 행위는 수급인의 책임으로 귀속되지만, 현장소장에게 회사의 부담으로 될 채무보증 또는 채무인수 등과 같은 행위를 할 권한이 회사로부터 위임되어 있다고 볼 수 없으므로 이러한 약정은 수급인에게 효력이 없다.[75] 그렇지만 보증행위에 대하여도 그 필요성이 있었다면 현장소장의 표현대리가 성립할 수도 있다.[76]

---

74) 윤석종, "건설회사의 현장소장이 한 채무보증행위의 회사에 대한 효력,"『대법원 판례해설』22호 (94년 하반기), 258면.

75) 대법원 1999. 5. 28. 선고 98다34515 판결; 대법원 2013. 2. 28. 선고 2011다79838 판결; 공동수급체 구성원들의 각 현장소장으로 구성된 기술분과위원회에서 원고의 토취장 변경에 따른 공사비 증가분에 관하여 공동원가 정산을 하지 않기로 결의함으로써 원고의 피고들에 대한 공동원가분담금채권을 포기시키거나 소멸시키는 합의를 할 권한이 없다.

76) 대법원 1994. 9. 30. 선고 94다20884 판결.

현장소장이 한 채무보증행위의 효력을 인정한 사례 [대법원 1994. 9. 30. 선고 94
다20884 판결]

　　일반적으로 건설회사의 현장소장에게는 회사의 부담으로 될 채무보증 또는 채무
인수 등과 같은 행위를 할 권한이 회사로부터 위임되어 있다고 볼 수는 없을 것이지
만, 현장소장이 방대한 규모의 공사에 관한 하도급계약과 그 공사에 소요될 장비에
관한 임대차계약의 체결 및 그 대금 등의 지급 등 어느 정도 광범한 권한을 부여받고
있었고, 공사를 함에 있어서도 중기와 같은 장비를 구하기가 어렵고 장비가 투입이
되지 않으면 공사에 큰 지장이 초래될 우려가 있기 때문에 공사에 투입되는 중기를
임차하는 데 보증을 하게 되었으며, 그 보증의 내용도 그 공사의 일부를 하도급 받은
중기임차인에게 지급할 공사대금 중에서 중기 임대료 등에 해당하는 만큼을 중기임
대인에게 직접 지급하겠다는 것이어서 회사로서는 공사대금 중에서 중기 임대료 등
에 해당하는 만큼을 직접 중기임대인에게 지급하면 그에 상당하는 하도급 공사대금
채무를 면하게 되고 그 보증행위로 인하여 별다른 금전적 손해를 입는 것도 아니었
다면, 다른 특별한 사정이 없는 한 회사로서는 현장소장에게 위와 같은 보증행위를
스스로 할 수 있는 권한까지 위임하였다고 봄이 상당하고, 설사 그러한 권한이 위임
되어 있지 않다고 하더라도 위 보증행위의 상대방으로서는 이러한 권한이 있다고 믿
은 데 정당한 이유가 있다고 보아야 한다.

Ⅳ. 조달청이 체결한 공사도급계약의 경우

　　국가기관이나 지방자치단체, 공기업 등이 시설공사를 효율적으로 하기 위하
여 조달청에 공사계약의 체결을 요청하는 경우가 많다. 조달사업에 관한 법률에
의하여 금액이나 계약의 성격에 따라 조달청에 의한 계약 체결이 강제되기도 한
다. 이와 같이 이루어지는 조달청장에 의한 계약은 국가가 당사자가 되고 수요기
관은 수익자에 해당하는 '제3자를 위한 계약'에 해당하며, 조달청장은 수요기관으
로부터 수수료를 지급받고 요청받은 계약 업무를 이행하는 지위에 있다.

　　분쟁이 발생한 경우 계약의 상대방은 공사대금의 지급을 누구에게 구해야 할
지가 종종 문제된다. 법령($\substack{\text{조달사업법 제5조의}\\\text{4, 시행령 제9조의5}}$)이나 도급계약상 조달청장이 공사대금을
'대지급'하기로 규정된 경우에는 계약 당사자인 조달청장이 공사대금의 지급의무

를 부담하고 수익자인 수요기관은 직접적인 의무를 지지 않는다[77]. 그러나 조달청
장의 '대지급' 규성이 없는 경우에는 수요기관이 실질적인 주체로서 공사대금지
급의무를 부담한다고 볼 것이다.

나아가, 입찰에서 탈락한 입찰참가자에게 수요기관이 자기 명의로 설계비의
일부를 보상하였는데 그후 입찰참가자들이 담합을 한 불법행위가 밝혀진 경우에,
수요기관은 자기 명의로 입찰참가자에게 지급한 설계비 상당의 손해배상을 청구
할 수 있다.[78]

V. 법인이 아닌 사단(권리능력 없는 사단)

1. 사단의 성립요건

재건축조합, 주택조합 등 단체가 건설공사계약의 당사자로 되는 경우가 많다.
이들은 대개 법인이 아닌 사단의 성격을 갖는다.

법인이 아닌 사단은 소송법상 당사자능력이 인정되고($\binom{민사소송}{법 제52조}$), 부동산등기법
상 등기능력($\binom{부동산등기}{법 제26조}$)이 인정됨에 반하여 조합은 이러한 능력이 인정되지 아니하
므로 법인격이 인정되지 아니하는 단체가 당사자인 경우 그 단체의 성격이 사단
인지, 조합인지 여부가 중요하다.

법인이 아닌 사단의 성립요건으로서 ① 사단의 정관 등 규약이 존재하여야
하고, ② 의사결정기관, 업무집행기관 등의 조직이 갖추어져 있어야 하며, ③ 구성
원의 가입, 탈퇴에 관계없이 단체의 동일성이 유지되어야 하고, ④ 독자적인 사회
적 활동을 하여야 할 것 등을 들고 있다.

그러나 이는 어디까지나 일반기준에 불과하므로 사건을 처리함에 있어서

---

77) 대법원 2010. 1. 28. 선고 2009다56160 판결
78) 조달청장이 '조달사업에 관한 법률'에 따라 수요기관으로부터 계약 체결을 요청받아 그에 따라
체결하는 계약에서의 수요기관의 지위, 관련 법령 규정의 문언과 내용, 체계 등에 비추어 볼 때,
조달청장이 수요기관으로부터 요청받은 공사계약을 체결하기 위해 '국가를 당사자로 하는 계약
에 관한 법률'에 근거하여 설계·시공일괄입찰을 실시하면서 입찰에 참가한 자와 사이에서 입찰
에 참가한 자가 낙찰자로 결정되지 않으면 수요기관으로 하여금 설계비 일부를 보상하도록 하
는 약정을 하고, 이에 따라 수요기관이 자신의 명의와 출연으로 그들에게 설계보상비를 지급하였
다면, 특별한 사정이 없는 한 수요기관은 공사계약의 당사자는 아니지만 수익자로서 조달청장과
는 독립된 지위에서 설계보상비를 지급하였다고 할 것이고, 이로 인하여 수요기관에 손해가 발생
하였다면 수요기관은 불법행위자들에게 그 손해배상을 청구할 수 있다고 봄이 타당하다: 대법원
2022. 3. 31. 선고 2017다247145 판결

는 그 밖에도 구성원의 개성의 강약, 단체로서의 명칭의 사용 여부, 구성원의 가입·탈퇴의 난이, 단체재산에 대한 직·간접의 참여 여부, 구성원의 수, 재산의 독자성 여부, 재산에 대한 지분적 권리행사의 가부, 탈퇴시 지분의 환급인정 여부, 단체의 존속기간 등 제반 사정을 종합적으로 고찰하여 판단할 수밖에 없을 것이다.

2. 사원총회 결의의 효력

(1) 민법 제276조 제1항은 "총유물의 관리 및 처분은 사원총회의 결의에 의한다"고 규정하고 있는바, 법인이 아닌 사단이 소유하는 총유물의 관리 및 처분에 관하여는 정관이나 규약에 정한 바가 있으면 이에 따라야 하고, 그에 관한 정관이나 규약이 없으면 사원총회의 결의에 의하여 하는 것이므로 정관이나 규약에 정함이 없는 이상 사원총회의 결의를 거치지 않은 총유물의 관리 및 처분행위는 무효라고 할 것이다.[79]

다만 총유물의 관리 및 처분행위라 함은 총유물 그 자체에 관한 법률적·사실적 처분행위와 이용·개량행위를 말하는 것으로서 재건축조합이 재건축사업의 시행을 위하여 설계용역계약을 체결하는 것은 단순한 채무부담행위에 불과하여 총유물 그 자체에 대한 관리 및 처분행위라고 볼 수 없으므로 사원총회의 결의가 필요없다.[80]

한편 법인이 아닌 사단의 채권·채무는 준총유관계에 있으므로 이에 관한 소를 제기하기 위하여서는 특별한 약정이 없는 한 위 조항에 따라 사원총회의 결의를 거쳐야 할 것이고, 이러한 사원총회의 결의 없이 제기된 소는 부적법하다.[81]

위 사원총회의 결의는 묵시적으로도 가능하며, 소송의 변론종결시까지 갖추어지면 충분하다.[82]

그리고 총유에서는 공유나 합유의 경우처럼 보존행위를 그 구성원 각자가 할

---

79) 대법원 1996. 8. 20. 선고 96다18656 판결; 대법원 2001. 5. 29. 선고 2000다10246 판결.
80) 대법원 2003. 7. 22. 선고 2002다64780 판결.
81) 대법원 1999. 12. 10. 선고 98다36344 판결; 대법원 1996. 10. 25. 선고 95다56866 판결.
82) 법인이 아닌 사단의 대표자가 소송절차에서 사원총회의 결의 없이 사단의 총유물인 부동산의 처분에 대한 조정을 한 경우 이는 소송행위를 함에 필요한 특별수권을 받지 아니한 경우로서 민사소송법 제451조 제1항 제3호 소정의 재심사유에 해당하나, 전연 대리권을 갖지 아니한 자가 소송행위를 한 대리권 흠결의 경우와 달라서 같은 법 제457조는 적용되지 아니한다: 대법원 1999. 10. 22. 선고 98다46600 판결.

수 있다는 민법 제265조 단서 또는 제272조 단서와 같은 규정을 두고 있지 아니한 바, 이는 법인 아닌 사단의 소유형태인 총유가 공유나 합유에 비하여 난체성이 강하고 구성원 개인들의 총유재산에 대한 지분권이 인정되지 아니하는 데에서 나온 당연한 귀결이라고 할 것이므로 총유재산에 관한 소송은 법인 아닌 사단이 그 명의로 사원총회의 결의를 거쳐 하거나 또는 그 구성원 전원이 당사자가 되어 필수적 공동소송의 형태로 할 수 있을 뿐 그 사단의 구성원은 설령 그가 사단의 대표자라거나 사원총회의 결의를 거쳤다 하더라도 그 소송의 당사자가 될 수 없고, 이러한 법리는 총유재산의 보존행위로서 소를 제기하는 경우에도 마찬가지라 할 것이다.[83]

(2) 이러한 사원총회의 결의가 필요한 사실을 거래 상대방이 몰랐을 경우에는 어떻게 되는가?

비법인사단의 경우에는 대표자의 대표권 제한에 관하여 등기할 방법이 없어 민법 제60조의[84] 규정을 준용할 수 없고, 비법인사단의 대표자가 정관에서 사원총회의 결의를 거쳐야 하도록 규정한 대외적 거래행위에 관하여 이를 거치지 아니한 경우라도, 이와 같은 사원총회 결의사항은 비법인사단의 내부적 의사결정에 불과하다 할 것이므로, 그 거래 상대방이 그와 같은 대표권 제한 사실을 알았거나 알 수 있었을 경우가 아니라면 그 거래행위는 유효하다고 봄이 상당하다.

다만 이 경우 거래의 상대방이 대표권 제한 사실을 알았거나 알 수 있었음은 이를 주장하는 비법인사단측이 주장·증명하여야 한다.[85]

재건축조합의 조합장이 총회결의 없이 한 채무보증행위의 효력을 인정한 사례 [대법원 2007. 4. 19. 선고 2004다60072, 60089 전원합의체 판결]

민법 제275조, 제276조 제1항에서 말하는 총유물의 관리 및 처분이라 함은 총유물 그 자체에 관한 이용·개량행위나 법률적·사실적 처분행위를 의미하는 것이므로, 비법인사단이 타인 간의 금전채무를 보증하는 행위는 총유물 그 자체의 관리·처분이 따르지 아니하는 단순한 채무부담행위에 불과하여 이를 총유물의 관리·처분행

---

83) 대법원 2005. 9. 15. 선고 2004다44971 전원합의체 판결.
84) 민법 제60조(이사의 대표권에 대한 제한의 대항요건) 이사의 대표권에 대한 제한은 등기하지 아니하면 제삼자에게 대항하지 못한다.
85) 대법원 2003. 7. 22. 선고 2002다64780 판결.

위라고 볼 수는 없다. 따라서 비법인사단인 재건축조합의 조합장이 채무보증계약을 체결하면서 조합규약에서 정한 조합 임원회의 결의를 거치지 아니하였다거나 조합원총회 결의를 거치지 않았다고 하더라도 그것만으로 바로 그 보증계약이 무효라고 할 수는 없다. 다만, 이와 같은 경우에 조합 임원회의의 결의 등을 거치도록 한 조합규약은 조합장의 대표권을 제한하는 규정에 해당하는 것이므로, 거래 상대방이 그와 같은 대표권 제한 및 그 위반 사실을 알았거나 과실로 인하여 이를 알지 못한 때에는 그 거래행위가 무효로 된다고 봄이 상당하며, 이 경우 그 거래 상대방이 대표권 제한 및 그 위반 사실을 알았거나 알지 못한 데에 과실이 있다는 사정은 그 거래의 무효를 주장하는 측이 이를 주장·입증하여야 한다.

3. 주택조합 등

(1) 구 주택건설촉진법상의 주택조합

구 주택건설촉진법은 "주택조합"을 ① 지역조합(동일 또는 인접한 시·군에 거주하는 주민이 주택을 마련하기 위하여 설립한 조합), ② 직장조합(동일한 직장의 근로자가 주택을 마련하기 위하여 설립한 조합), ③ 재건축조합(대통령령[86]이 정하는 노후·불량한 주택을 철거하고 그 철거한 대지 위에 주택을 건설하기 위하여 기존주택의 소유자가 설립한 조합)으로 나누고 있었으며($^{법\ 제3조}_{제9호}$),[87] 판례는 위 법에 의하여 설립된 재건축조합은 민법상 법인이 아닌 사단에 해당한다고 보았다.[88]

수 개의 재건축조합 또는 수 개의 재건축조합의 구성원 전원을 구성원으로 하는 연합조합, 주택건설촉진법의 요건에 해당되지 아니하여 동법의 적용을 받지 않는 주택조합 또는 상인들이 공동사업의 시행을 위하여 조직한 상가조합 등의 경우 ① 정관 등 규약의 존부, ② 의사결정기관, 업무집행기관 등 조직을 갖추었는지 여부, ③ 구성원의 가입, 탈퇴와 관계없이 단체의 동일성 유지 여부, ④ 독자적인 사회적 활동을 하는지 여부 등에 따라 비법인 사단으로서의 실체를 인정할 수 있다.[89]

다만 실무상 문제되고 있는 연합조합의 대부분은 자기 자신의 재산을 소유하

---

86) 주택건설촉진법 시행령(2003. 6. 30. 대통령령 제18046호로 개정되기 전의 것) 제4조의2. 주로 준공 후 20년이 경과된 주택이 그 대상이었다.

87) 단, '재건축조합' 관련 규정은 도시 및 주거환경 정비법에 통합됨에 따라 2002. 12. 30. 개정된 법률 제6852호, 2003. 6. 30. 개정된 대통령령 제18046호에서 모두 삭제되었다.

88) 대법원 1999. 12. 10. 선고 98다36344 판결 등.

89) 대법원 1999. 4. 23. 선고 99다4504 판결 등.

고 있지 아니하므로 쉽사리 법인이 아닌 사단으로 인정하여서는 안될 것이다. 재건축조합을 구성원으로 하여 연합조합을 설립하는 경우, 조합원들이 출자한 재산을 연합조합의 구성원인 재건축조합에게 신탁하여 두는 것이 보통이다. 신탁 후 연합조합 명의로 체결한 공사도급계약에 기한 강제집행을 회피하는 수단으로 이용되기도 한다(신탁법 제22조 제1항 참조). 대법원은 조직과 규약상 명확한 실체가 있는 연합주택조합에 대하여 당사자로서의 지위를 인정하고 있다.[90]

(2) 도시 및 주거환경정비법[91]상의 정비사업조합

도시 및 주거환경정비법상의 정비사업(재건축사업, 재개발사업. 단, 주거환경개선사업은 제외)을 시행하기 위하여 토지 등 소유자로 구성된 조합은 법인이며, 그 명칭 중에 "정비사업조합"이라는 문자를 사용하여야 한다(법 제2조, 제24조, 제25조, 제35조, 제38조).

또한, 도시재개발법, 도시 저소득 주민의 주거환경개선을 위한 임시조치법 및 주택건설촉진법의 재건축 관련 규정에 의하여 행하여진 처분·절차 그 밖의 행위는 이 법의 규정에 의하여 행하여진 것으로 보며(법률 제6852호 부칙 제3조), 종전 법률에 의하여 조합 설립 인가를 받은 조합은 주된 사무소의 소재지에 등기함으로써 이 법에 의한 법인으로 설립된 것으로 본다(법률 제6852호 부칙 제10조).

---

90) 이 사건 연합주택조합은 각 재건축조합이 각자 단독으로 조합아파트 건설사업을 추진하기가 어려워 오로지 공동으로 그 사업을 추진하기 위한 목적으로 설립된 것이고, 그 구성원도 위 각 조합의 조합원 전원이며 그 임원으로는 대표자인 연합조합장, 사무국장, 회계, 운영위원, 감사위원을 두고, 의결기관으로는 운영위원회를 두고 있으며, 운영위원회는 연합주택조합의 최고의결기관으로서 사업계획의 확정 및 변경, 조합원의 부담금액과 납부방법, 대외 계약의 체결 및 변경, 조합원에게 추가부담금을 부과하는 사항 등을 의결하고, 운영위원회의 결의는 재적위원 3분의 2 이상의 참석과 재적위원 2분의 1 이상의 찬성으로 결의하도록 규약상 규정되어 있고, 각 재건축조합은 연합주택조합에게 아파트의 건축과 조합원분 아파트의 배정, 비조합원분 아파트의 분양, 상가점포의 분양 등 일체의 업무를 담당하도록 하였으나 주택건설촉진법상 인가받은 조합은 각 재건축조합이었으므로 연합주택조합은 사업계획승인이나 건축허가 등을 신청함에 있어서 그 명의자는 각 재건축조합으로 하였고, 따라서 준공된 아파트나 상가에 대한 소유권보존등기도 건축허가 명의자인 각 재건축조합 명의로 경료되었다. 이 경우에 연합주택조합은 각 재건축조합의 단순한 업무집행기관으로 볼 수는 없고, 독립한 비법인 사단으로서 이 사건 각 분양계약에 관한 당사자 본인으로서의 지위를 가진다고 할 것이나, 그와 동시에 소유권보존등기의 명의자가 될 각 재건축조합의 대리인으로서의 지위도 함께 가진다고 할 것이다: 대법원 2003. 5. 13. 선고 2000다50688 판결; 대법원 2002. 9. 10. 선고 2000다96 판결.

91) 기존 도시재개발법, 도시 저소득 주민의 주거환경개선을 위한 임시조치법(이상 2002. 12. 30. 모두 폐지됨) 및 구 주택건설촉진법의 재건축 관련 규정에서 개별적으로 규정하고 있던 주택재개발사업, 주거환경개선사업, 도시환경정비사업, 주택재건축사업을 통폐합하여 종합적으로 관리하기 위해 제정되었던 법으로, 2018년 전부개정을 통하여 정비사업 유형이 재건축사업, 재개발사업, 주거환경개선사업으로 통합되었다(법 제2조).

(3) 주택법상의 주택조합

주택법은 "주택조합"을 다수의 구성원이 주택을 마련하거나 리모델링하기 위하여 결성하는 조합으로 정의하면서, ① 지역주택조합(동일한 특별시·광역시·도·특별자치도·특별자치시에 거주하는 주민이 주택을 마련하기 위하여 설립한 조합), ② 직장주택조합(같은 직장의 근로자가 주택을 마련하기 위하여 설립한 조합), ③ 리모델링주택조합(공동주택의 소유자가 그 주택을 리모델링하기 위하여 설립한 조합)으로 나누고 있다(법 제2조 제11호). 위 법에 의한 주택조합 역시 구 주택건설촉진법에 의하여 설립된 주택조합을 법인격 없는 사단으로 보고 있는 판례의 법리가 그대로 적용될 수 있을 것으로 보인다.

제7절   부동산신탁

I. 건설사업과 부동산신탁의 활용

아파트, 리조트, 오피스 빌딩 등을 건축하여 분양하는 대규모 부동산개발사업의 시행에서 부동산신탁제도를 이용하는 경우가 많다. 부동산개발사업 시행사에게 대규모 사업자금을 대출하여 주는 대출금융기관의 담보확보 편이성, 시행사의 도산으로 인한 사업 중단의 위험 방지, 시행사에 대한 다른 채권자들의 권리행사로 부터의 차단 필요성, 부동산신탁회사의 부동산개발사업 시행업무에 관한 전문성 활용 등의 이유로 부동산신탁이 넓게 이용되고 있는 실정이다.

부동산신탁에 의한 부동산개발사업의 경우에는 수탁자인 부동산신탁회사가 주요 당사자로 등장하며, 건설공사도급계약의 체결을 전후하여 여러 가지 특수한 법률관계가 형성되므로 이에 대한 이해가 필수적이다. 이에 부동산신탁의 기본적인 개념과 유형, 법률적 구조 등을 살펴본다.[92]

---

92) 여기에서는 부동산신탁에 관련된 문제점만 다루고, 그 이외의 법적 쟁점은 신탁법리에 따르면 되므로 별도로 설명하지 않는다.

Ⅱ. 부동산신탁의 의의 및 유형

1. 부동산신탁의 의의

신탁이란 신탁을 설정하는 자(위탁자)와 신탁을 인수하는 자(수탁자) 간의 신임관계에 기하여 위탁자가 수탁자에게 특정의 재산(영업이나 저작재산권의 일부를 포함한다)을 이전하거나 담보권의 설정 또는 그 밖의 처분을 하고 수탁자로 하여금 일정한 자(수익자)의 이익 또는 특정의 목적을 위하여 그 재산의 관리, 처분, 운용, 개발, 그 밖에 신탁 목적의 달성을 위하여 필요한 행위를 하게 하는 법률관계를 말한다($\binom{신탁법}{제2조}$).

부동산신탁이란 신탁의 한 유형으로서, 위탁자(부동산 소유자)가 수탁자(부동산신탁회사)와 신탁계약을 체결하고 그 소유 부동산을 수탁자에게 이전(소유권이전등기 및 신탁등기 경료)하고, 수탁자는 신탁계약에서 정한 목적 달성을 위하여 신탁부동산을 개발·관리·처분한 다음 신탁 종료 시에 신탁재산을 수익자에게 교부하는 제도이다.

부동산신탁에 있어서 수탁자 앞으로 소유권이전등기를 마치게 되면 대내외적으로 소유권이 수탁자에게 완전히 이전되고, 위탁자와 수탁자 사이의 내부관계에 있어서 소유권이 위탁자에게 유보되는 것이 아님을 주의하여야 한다. 이와 같이 신탁의 효력으로서 신탁재산의 소유권이 수탁자에게 이전되는 결과 수탁자는 대내외적으로 신탁재산에 대한 관리권을 갖는 것이고, 다만 수탁자는 신탁의 목적 범위 내에서 신탁계약에 정하여진 바에 따라 신탁재산을 관리하여야 하는 제한을 부담하게 된다.[93]

2. 부동산신탁의 유형

현재 국내 신탁회사들이 취급하는 부동산신탁은 크게 토지신탁, 담보신탁, 관리신탁, 처분신탁, 분양관리신탁 등으로 구분할 수 있다.

(1) **토지신탁**　　토지소유자(위탁자)가 토지개발사업에 전문성을 가진 신탁회사(수탁자)에게 토지를 신탁하고, 수탁자가 개발계획의 수립, 건설자금의 조달, 공사관리, 건축물의 분양 및 임대 등 개발사업의 전 과정을 수행하고 발생한 신탁수

---

93) 대법원 2002. 4. 12. 선고 2000다70460 판결.

익을 토지소유자(위탁자 또는 수익자)에게 환급하는 신탁방식이다.

(2) **담보신탁**　　부동산 소유자가 대출금융기관 등으로부터 자금을 대출받으면서 그 대출금채무에 대한 담보로써 수탁자에게 부동산을 신탁하면 수탁자는 담보의 목적을 위하여 신탁부동산을 관리하는 신탁방식이다.

(3) **관리신탁**　　수탁자가 위탁자를 대신하여 신탁부동산의 소유권만을 관리하거나 소유권은 물론 임대차관리, 시설관리, 세무관리 등 일체의 업무를 수행한 다음 신탁수익을 수익자에게 교부하는 신탁방식이다.

(4) **처분신탁**　　부동산의 처분을 목적으로 수탁자에게 소유권을 이전하고 수탁자가 그 부동산을 처분하여 그 처분대금(신탁수익)을 수익자에게 교부하는 신탁방식이다.

(5) **분양관리신탁**　　건축물의 분양에 관한 법률에 기하여 분양사업의 시행자가 선분양을 하고자 할 때 수탁자에게 부동산의 소유권을 이전하고 분양대금을 보전·관리하도록 하여 수분양자를 보호하기 위한 목적의 신탁방식이다.

Ⅲ. 부동산신탁의 법적 구조

부동산개발사업에서는 앞서 본 토지신탁이나 담보신탁을 활용하는 경우가 많다. 이에 토지신탁과 담보신탁을 활용하는 구조의 법률관계를 살펴본다.

1. 토지신탁[94]

부동산개발사업에는 시행사, 시공사, 대출금융기관, 신탁회사 등 사업 당사자들이 대출약정, 사업약정, 부동산신탁 등의 계약을 체결하면서 복잡한 법률관계를 형성한다. 우선 시행사는 대출금융기관과 대출약정을 체결하고 필요한 사업자금을 대출을 받는데, 이때 시공사는 책임준공(분양)의무, 병존적 채무인수, 지급보증 등 다양한 형태로 시행사에게 신용을 공여한다. 사업의 진행방식이나 구조, 사업 당사자들의 권리의무 및 업무의 내용 등에 대해서는 사업약정에서 규정하고 있다. 대출금융기관은 대출금채권을, 시공사는 공사대금채권을 각각 담보하기 위하

---

94) 토지신탁은 사업자금을 위탁자가 조달하는 '관리형 토지신탁', 사업자금을 수탁자가 조달하는 '차입형 토지신탁', 양자를 혼합한 '혼합형 관리신탁' 등이 있다. 이하에서는 가장 많이 활용되고 있는 것으로 보이는 '관리형 토지신탁'을 전제로 논의한다.

여 시행사와 신탁회사가 체결한 토지신탁계약상의 우선수익권을 취득하거나 시행사(위탁자)의 수익권에 관하여 질권을 취득하게 된다.

사업약정에서 토지신탁방식으로 사업을 진행하기로 한 경우, 이는 신탁회사(수탁자)가 사업시행의 주체가 되어 시행사로서 사업을 이끌어간다는 것을 뜻한다. 이에 신탁회사는 사업진행에 필요한 각종 인허가를 그 명의로 취득하거나 기존 시행사인 위탁자로부터 이를 승계하고, 설계계약·공사도급계약 등 용역계약을 그 명의로 체결하거나 기존 계약을 승계할 뿐만 아니라, 분양자로서 수분양자와 분양계약을 체결한다. 그리고 신탁회사는 사업약정에 기하여 분양수입금 등을 관리하면서 거기서 정한 방식과 순위에 따라 사업비를 지출한다.

[토지신탁]

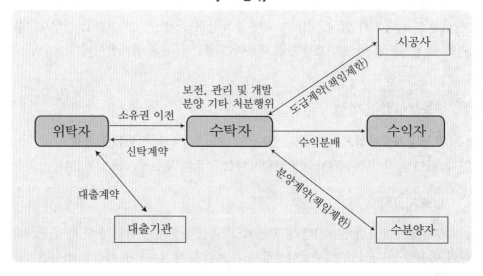

2. 담보신탁

시행사는 대출금융기관으로부터 대출약정을 체결하고 필요한 사업자금을 대출받는데, 시공사는 여기에서 책임준공(분양)의무, 병존적 채무인수, 지급보증 등 다양한 형태로 시행사에게 신용을 공여한다. 담보신탁방식으로 사업을 진행하기로 한 경우, 대출금융기관은 대출금채권을, 시공사는 공사대금채권을 각각 담보하기 위하여 시행사가 신탁회사가 체결한 담보신탁계약상의 우선수익권을 취득하게 된다.

　그런데 담보신탁은 대출금융기관이나 시공사의 채권을 담보하기 위한 목적을 가진 신탁방식이므로, 위탁자인 시행사가 여전히 사업시행의 주체로서 사업을 이끌어간다. 즉, 시행사가 여전히 사업에 필요한 각종 인허가를 보유하면서 공사도급계약 등 용역계약을 그 명의로 체결하고, 분양자로서 수분양자와 분양계약을 체결한다.

　시행사가 분양자로서 분양계약을 체결하면 수분양자로부터 분양대금을 지급받을 것인데, 사업 당사자들의 협의에 따라 관리주체로 정해진 대출금융기관, 시공사 또는 시행사가 분양수입금을 관리하거나 공동으로 관리한다. 보다 공정하고 객관적인 사업 당사자인 신탁회사에게 분양수입금 등의 관리를 맡기는 경우도 많은데, 이때에는 사업 당사자들이 신탁회사와 사이에 소위 '자금관리 및 대리사무계약'이라는 별도의 계약을 체결한다. 이와 같은 대리사무계약이 체결되면 신탁회사는 분양수입금 등을 관리하면서 거기에서 정한 방식과 순위에 따라 사업비를 지출한다.

[담보신탁]

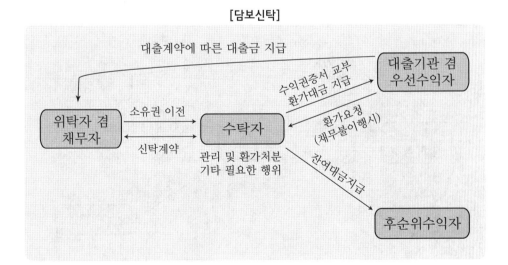

[처분신탁]

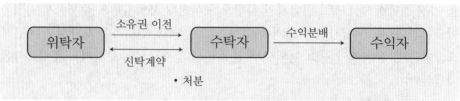

[관리신탁]

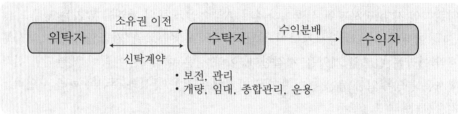

[분양관리신탁]

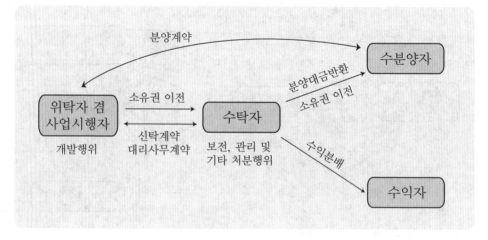

Ⅳ. 부동산신탁의 구체적 관계

1. 토지신탁의 경우

앞서 본 바와 같이, 토지신탁의 경우 수탁자인 신탁회사가 사업시행의 주체로서 모든 계약의 당사자가 된다. 발주자로서 시공사 등과 공사도급계약 등 각종 용역계약을 체결한 신탁회사는 계약 및 관계 법령이 정한 바에 따라 발주자로서의 권리와 의무를 가지므로, 시공사 등 용역회사는 신탁회사를 상대로 공사대금 등 용역대금을 청구할 수 있다.[95] 또한 수분양자와 분양계약을 체결한 신탁회사는 계약 및 관계 법령이 정한 바에 따라 분양자로서의 권리의무를 가지므로, 수분양자는 신탁회사를 상대로 분양계약의 이행을 청구하거나 채무불이행책임을 물을 수 있다.

즉, 토지신탁으로 진행하는 사업에 있어서 수탁자인 신탁회사는 발주자 또는 분양자가 되는 것이다.

2. 담보신탁의 경우

담보신탁의 경우 수탁자인 신탁회사는 사업시행의 주체로 되지 않고, 사업에 직접 관여하지 않는다. 신탁회사는 시공사 등과 공사도급계약 등 용역계약을 체결하거나, 수분양자와 분양계약을 체결하지 않으므로, 발주자 또는 분양자로서의 책임을 부담하지 않는다.

신탁회사가 앞서 본 '자금관리 및 대리사무계약'까지 체결하는 경우에는 그 계약에 따라 신탁회사가 시공사 등에게 용역대금을 직접 지급하는 경우가 있는데, 이를 기화로 시공사 등 용역회사가 신탁회사를 상대로 용역대금의 직접 지급을 구하는 소송을 제기하는 경우가 실무상 종종 있다. 그러나 신탁회사가 대리사무계약 등에서 시공사 등에게 용역대금의 직접 지급책임을 부담하기로 하는 등의 특별한 사정이 없는 한, 공사도급계약 등 용역계약의 당사자가 아닌 신탁회사가 용역대금의 지급책임을 부담한다고 볼 수는 없다.[96]

---

95) 다만, 시공사는 다른 사업 당사자들과 함께 '사업약정'을 체결하고 거기에서 시공사의 공사대금청구권에 관하여 별도로 규율하기도 하므로, 시공사의 공사대금청구권은 사업약정에 따른 제약이 있을 수도 있다.

96) 서울중앙지방법원 2013. 5. 23. 선고 2012가합75906 판결.

또한 신탁회사가 대리사무계약까지 체결하는 경우, 시행사가 수분양자와 분양계약을 체결하면서 수분양자가 신탁회사 명의의 계좌로 곧바로 분양대금을 입금하기로 약정하게 되는데, 그 후에 시행사의 부도 등으로 분양계약의 정상적인 이행이 어려워지면 수분양자는 분양계약을 해제하고 기지급 분양대금의 반환을 구한다. 그런데 시행사가 이를 반환할 능력이 없을 때 수분양자는 신탁회사 명의의 계좌로 분양대금을 입금하였다는 사정 등을 이유로 신탁회사를 상대로 기지급 분양대금의 반환을 구하는 소송을 제기하는 경우가 실무상 종종 있다. 그러나 신탁회사가 대리사무계약이나 분양계약에서 수분양자에게 분양대금 지급책임을 부담하기로 하는 등의 특별한 사정이 없는 한, 분양계약의 당사자가 아닌 신탁회사가 분양계약이 해제(취소)되었다는 사정만으로 분양대금의 반환이나 부당이득반환책임을 부담한다고 볼 수 없다.[97]

즉, 담보신탁으로 진행하는 사업에 있어서 신탁회사는 발주자나 분양자가 아니므로, 신탁회사를 상대로 공사대금의 지급을 청구하거나 분양대금의 반환을 청구하기는 어려울 것이다.[98]

---

97) 갑 주식회사가 을 등과 상가 분양계약을 체결할 당시 병 주식회사와 체결한 분양관리신탁계약 및 대리사무계약에 따라 분양대금채권을 병 회사에 양도하였고, 을 등이 이를 승낙하여 분양대금을 전부 병 회사의 계좌로 납입하였는데, 그 후 을 등이 갑 회사와 병 회사를 상대로 분양계약 해제로 인한 원상회복 또는 분양계약 취소로 인한 부당이득반환으로 을 등이 납부한 분양대금 등의 지급을 구한 사안에서, 을 등이 분양계약에 따라 병 회사 명의의 계좌에 분양대금을 입금한 것은 이른바 '단축급부'에 해당하고, 이러한 경우 병 회사는 갑 회사와의 분양관리신탁계약 및 대리사무계약에 따른 변제로서 정당하게 분양대금을 수령한 것이므로, 을 등이 병 회사를 상대로 법률상 원인 없이 급부를 수령하였다는 이유로 원상회복 청구나 부당이득반환청구를 할 수 없다: 대법원 2017. 7. 11. 선고 2013다55447 판결.
98) 건축물의 분양에 관한 법률에 의거하여 체결되는 분양관리신탁계약의 경우, 이 법률 시행령 제3조 제1항 제3호는 신탁을 정산할 때에 수분양자가 납부한 분양대금을 다른 채권 및 수익자의 권리보다 우선하여 정산하도록 하고 있으므로, 분양관리신탁계약에서는 수분양자를 우선적으로 보호하는 내용을 포함하고 있다. 따라서 분양관리신탁계약이 체결된 사업장의 경우 수분양자는 위와 같은 법령 및 분양관리신탁계약에 따라 보호받을 수 있다.

판례

1. 분양형 토지신탁과 분양계약상 책임의 이전 [대법원 2005. 4. 15. 선고 2004다 24878 판결]

[피고(신탁회사)와 위탁자가 건물을 신축·분양하기로 하는 분양형 토지신탁계약을 체결하고, 원고들(수분양자)은 피고로부터 위 건물 내 점포를 각 분양받았는데 분양계약 체결 당시 피고와 원고들, 위탁자와 3면 계약으로, '위탁자와 신탁회사 사이에 체결된 신탁계약의 해지 또는 종료와 동시에 신탁에 기한 신탁회사의 모든 행위 및 권리·의무는 위탁자에게 포괄 승계되며, 아울러 이 사건 분양계약에 기한 피고의 원고들에 대한 모든 권리와 의무도 계약변경 등 별도의 조치 없이 위탁자가 승계한다'는 취지의 약정을 하였다] 승계약정은 그 약정 취지 및 문언의 내용에 비추어 신탁계약의 해지 또는 종료를 정지조건으로 하여 분양계약상의 분양자 지위를 위탁자에게 이전하기로 하는 내용의 계약인수로서, 매도인의 사기 또는 하자담보책임에 의한 취소 또는 해제의 법률관계와 그로 인한 부당이득반환의무 및 매도인의 불법행위에 의한 손해배상의무까지도 이전하기로 한 것이라고 봄이 상당하고, 위 승계약정이 민법 제103조 또는 약관의 규제에 관한 법률에 위반하여 무효라 하기는 어려우므로, 위 분양계약이 사기로 인하여 취소되거나 하자담보책임에 의하여 해제될 수 있는 법률행위에 해당하는지 여부에 관계없이 분양계약으로 인한 원고들과 피고의 모든 채권채무관계가 신탁의 종료와 동시에 위탁자에게 면책적으로 이전되었다.

2. 담보신탁약정과 대리사무약정의 관계 [서울중앙지방법원 2013. 8. 14. 선고 2012나46537 판결][99]

(2007. 12. 위탁자, 신탁회사(피고)가 대출 금융기관을 우선수익자로 정하여 부동산담보신탁계약을 체결하였고, 2008. 3. 위탁자, 신탁회사, 시공사, 대출금융기관이 사업 및 대리사무약정을 체결하였다. 대리사무약정에 따라 분양계약 체결 등 분양업무는 위탁자가 처리하고, 분양수입금의 수납 및 관리는 신탁회사가 주관하였다. 수분양자(원고)는 위탁자와 분양계약을 체결하고 분양대금을 피고에게 납입하였는데, 그 후 위탁자의 분양계약상 의무위반을 이유로 분양계약을 해제하였고, 이를 이유로 분양대금의 수취인인 피고에 대하여 위 분양대금 상당액을 법률상 원인 없이 취득한 것이라고 하여 분양대금의 반환을 구하고 있다) 위 부동산담보신탁약정과 대리사무약정의 관계를 살피건대, ① 위 부동산담보신탁계약은 소외 회사(위탁자)의 우선 수익자에 대한 채무의 이행을 보장하기 위하여 피고가 신탁부동산을 보전·관리하는 한편 소외 회사가 채무를 불이행하는 경우에는 피고가 그 처분주체로서 신탁부동산

---

99) 이 판결은 대법원 2014. 12. 11. 선고 2013다71784 판결로 확정되었다. 담보신탁의 구조에 관한 설명이 자세히 되어 있다.

을 환가·처분하여 우선 수익자의 채권을 만족하게 하는 것을 주된 목적(채권담보의 목적)으로 하지만, 이 사건 대리사무약정은 소외 회사가 그 분양주체로서 이 사건 상가건물을 분양하는 것을 전제로 소외 회사가 대출금융기관으로부터 대출받은 금원이나 위 상가건물의 분양수입금 등을 피고가 관리하는 것을 주된 목적(제3자에 의한 재원관리의 목적)으로 하고, ② 부동산담보신탁계약의 당사자는 소외 회사와 피고이고 대리사무약정의 당사자는 소외 회사와 피고, 대출금융기관, 시공사여서 양 계약은 계약 주체를 달리하며, ③ 담보신탁계약상 신탁재산은 대내외적으로 완전히 수탁자의 소유로 환가대금채권도 수탁자에게 직접 귀속이 되나 대리사무약정상 분양대금채권은 직접적으로 본인인 위탁자에게 귀속되므로 양 계약은 그 계약 체결의 목적이나 규율내용이 전혀 다른 별개의 계약으로 보아야 한다. …… ① 대리사무약정에 따라 피고가 관리하는 분양수입금은 수탁자인 피고가 우선 수익자에게 담보로 제공된 신탁재산을 처분하여 받은 대금이 아니라 수분양자들과 분양계약을 체결한 소외 회사가 받은 소외 회사의 자금을 피고가 대신 관리하고 있는 것이며 소외 회사와 수분양자들 사이에 분양계약이 체결되고 분양대금이 납부되더라도 우선 수익자들에게 담보로 제공된 이 사건 상가건물에 관한 부동산담보신탁계약이 해지되는 않는 한 위 상가건물은 신탁재산으로 그대로 유지되고 있는 점, ② 소외 회사가 수분양자로부터 분양대금을 완납 받은 경우 소외 회사는 위 분양대금을 확인한 우선 수익자 등의 동의를 얻어 해당 상가에 대한 부동산담보신탁계약의 해지를 요청하며 그에 따라 소유권을 이전받은 소외 회사는 수분양자에게로 다시 소유권을 이전하여 주는 구조인 점 등에 비추어 보면, 위 대리사무약정에 따라 피고가 관리하는 분양수입금은 애초부터 위 부동산담보신탁계약 제4조에서 정하고 있는 '신탁부동산의 처분대금이나 이에 준하는 것'에 해당한다고 볼 수 없는바, 피고가 이 사건 분양계약으로 부동산담보신탁계약상 신탁 원본에 편입되는 위 분양대금을 취득하였음을 전제로 피고의 위 분양대금 취득은 이 사건 분양계약 해제로 법률상 원인이 없으므로 소외 회사는 피고에게 위 분양대금반환 청구를 할 수 있다는 원고의 위 주장은 이유 없다.

제02장 건설공사도급계약의 해제

제1절 서 론

건설공사도급계약은 도급계약의 특성상 민법상 해제에 관한 규정의 적용이 상당 부분 제한된다. 공사도급계약이 해제된 경우에 민법상 해제의 효과에 따라 소급효를 인정하여 원상회복을 명한다면 사회·경제적으로도 손실일 뿐 아니라 상당 부분 공사를 한 수급인에게 너무 가혹한 결과가 되므로 소급효를 제한할 필요가 있다. 또한 건설공사의 시기적·구조적 특성상 그 계약의 해제에 관하여 도급인에게 일방적인 해제권을 인정할 필요도 있다. 이하에서는 먼저 해제의 소급효 제한론을 살피고 채무불이행에 의한 법정해제권, 건설도급계약에 특수한 해제권을 차례로 검토한다.

제2절 해제의 소급효 제한

일반적으로 계약이 해제되면 계약관계가 소급적으로 소멸되고 당사자는 상대방에 대하여 원상회복의무를 부담한다. 따라서 해제의 소급효를 인정하면 수급인은 공사대금을 청구할 수 없음은 물론, 기수령한 공사대금을 반환하고 기시공

부분을 철거해야 하게 된다. 그러나 이러한 결과는 공평의 원칙이나 건축의 성질에 비추어 매우 부당하므로, 원상회복이 중대한 사회적·경제적 손실을 초래하게 되고, 완성된 부분이 도급인에게 이익이 되는 때에는 그 소급효를 제한하는 견해가 통설을 이루어 왔다. 대법원도 1986. 9. 9. 선고 85다카1751 판결 이래로 일관되게 해제의 소급효를 제한하여 왔다.[1]

이와 같이 해제의 효과를 미시공 부분에 대하여만 제한하는 이론적 근거에 대하여 대법원은 건물 기타의 공작물의 하자로 인한 도급인의 해제권을 부인한 민법 제668조 단서의[2] 취지나 신의칙에 비추어 계약해제의 효과가 기시공 부분에는 미치지 아니하는 것으로 해석되어야 한다는 입장임에 반하여, 학설은 건축의 공정상 이미 공사가 끝난 부분에 대하여는 공사가 완료되었다고 보아 미시공 부분과 구분할 수 있고, 신의칙상 이를 별도로 취급함이 상당하다는 점을 근거로 하고 있다.[3]

그러나 소급효 제한론이 항상 타당한 것은 아니고 기시공 부분을 바탕으로 하여 후속공사를 할 수가 없는 등 기시공 부분이 도급인에게 이익이 되지 않는 경우에는 소급효를 제한할 수 없고 해제의 효과가 전체 계약에 미친다고 보아야 할 경우가 있음을 주의하여야 한다.[4]

---

1) 대법원 1999. 12. 10. 선고 99다6593 판결; 대법원 1997. 2. 25. 선고 96다43454 판결 등.
2) 민법 제668조(도급인의 해제권) 도급인이 완성된 목적물의 하자로 인하여 계약의 목적을 달성할 수 없는 때에는 계약을 해제할 수 있다. 그러나 건물 기타 토지의 공작물에 대하여는 그러하지 아니하다.
3) 이에 관하여 다음과 같은 학설이 있으나 사실상은 동일한 추론에 입각하고 있다고 하겠다. ① 건축도급에 있어서 계약의 목적인 시공은 단계적인 진행상태에 있는 것이고 그러한 의미에서 그 급부는 보통 가분이라고 할 수 있으므로, 수급인이 시공한 기성공사 부분은 가분이고, 공사진행 도중에 도급계약이 해제된 경우에는 아직 시공되지 않는 일부만을 떼어서 그 부분만이 해제된다(內山尙三, 『現代建設請負契約法』, 東京, 一粒社, 1980, 137면). ② 기시공 부분에 대하여는 이미 공사가 완료되었다고 볼 수 있으므로 민법 제668조 단서를 유추하여 계약해제가 허용되지 않는다(이재성, "건축도급계약의 중도해제와 그 경우의 법률관계," 『이재성판례평석집』 10권, 1989, 529면), ③ 민법 제667조가 완성 전의 성취된 부분에 대하여도 담보책임의 영역으로 편입시키고 있기 때문에 완성 전의 성취된 부분, 즉 기시공 부분이 존재한다는 사실 자체가 수급인의 공사대금청구권의 현실적 존재를 인정한 것이므로, 수급인으로서는 건물을 완성하지 못한 채 공사를 중단하였다고 할지라도 이미 담보책임의 영역으로 편입된 기시공 부분에 대하여는 공사의 부분완성이 있는 것이고, 따라서 공사의 부분완성에 대한 공사대금청구권을 행사할 수 있다(김용현, "건축수급인의 공사대금청구권에 관한 연구," 서울대학교 석사학위논문, 83면).
4) 대법원 1992. 12. 22. 선고 92다30160 판결.

1. 소급효 제한의 원칙 [대법원 1986. 9. 9. 선고 85다카1751 판결]

건축공사 도급계약에 있어서는 공사 도중에 계약이 해제되어 미완성부분이 있는 경우라도 그 공사가 상당한 정도로 진척되어 원상회복이 중대한 사회적·경제적 손실을 초래하게 되고 완성된 부분이 도급인에게 이익이 되는 때에는, 도급계약은 미완성부분에 대해서만 실효되어, 수급인은 해제된 상태 그대로 그 건물을 도급인에게 인도하고, 도급인은 그 건물의 기성고 등을 참작하여 인도받은 건물에 대하여 상당한 보수를 지급하여야 할 의무가 있다.

2. 해제에 소급효를 인정한 경우 [대법원 1992. 12. 22. 선고 92다30160 판결]

도급인이 완성된 부분을 바탕으로 하여 다른 제3자에게 공사를 속행시킬 수 없는 상황이라면 완성부분이 도급인에게 이익이 된다고 볼 수 없을 것이므로, 건물외벽의 수선을 내용으로 하는 이 사건 공사계약에 무조건 소급효를 제한하는 위의 견해의 결론만을 적용할 수는 없다 할 것이다. … 피고가 행한 기성공정 30% 정도는 원고에게 하등의 경제적 이익이 없고 오히려 추락할 위험이 있어 이를 철거해야 하는바, 이러한 부실한 기성공사 부분을 원고가 인수할 수 없는 상황이라면 이는 원고에게 이익이 된다고 할 수 없으며, 원고가 공사중단 이후 사업계획을 변경하여 기존건물을 헐어내고 새로운 건물을 지으려고 한다면 기성공사 부분은 원고에게 무익한 것이 될 것이다. 또한 이 사건 건물외벽치장공사의 개요는 철골구조 바탕에 알미늄 판넬로써 마무리하는 것이고, 공사진행 현황은 건물전면과 좌측면의 각 층 창문 상하벽체는 철골바탕에 알루미늄 판넬이 치장되어 있고, 나머지 부분은 바탕철골만이 부분적으로 부착되어 있는 상태라는 것이어서, 원상회복을 위하여 부착된 알루미늄 판넬 또는 바탕철골을 철거하더라도 기존건물 자체에는 어떠한 구조적 변화나 가치의 저하를 가져온다고 볼 수 없으므로, 이로 인하여 중대한 사회적·경제적 손실을 초래하게 된다고 보기도 어렵다. 따라서 이 사건 계약의 해제에 소급효를 인정함이 정당하다.

제3절 해제의 종류와 효과

I. 채무불이행으로 인한 법정해제

1. 이행지체로 인한 해제

수급인이 공사완공을 지체할 경우, 도급인은 수급인에게 대하여 상당한 기간을 정하여 이행을 최고하여 그 기간 내에 이행이 없으면 이행지체를 이유로 공사도급계약을 해제할 수 있다. 그러나 수급인이 미리 이행하지 아니할 것을 표시한 경우에는 최고 없이 해제권이 발생하는바(민법 제544조), 당사자의 일방이 미리 그 채무를 이행하지 아니할 의사를 명백히 표시하였는가 여부는 계약이행에 관한 당사자의 행동과 계약 전후의 구체적인 사정 등을 살펴서 판단하여야 한다.

이 경우에 채무를 이행하지 아니할 의사가 이행거절의 경우에서와 같은 정도로 확정적·종국적으로 표시될 필요는 없다.[5]

이행지체에 의한 전보배상에 있어서의 손해액 산정은 본래의 의무이행을 최고하였던 상당한 기간이 경과한 당시의 시가를 표준으로 한다.

2. 이행불능에 의한 해제

수급인이 도산으로 공사를 계속할 능력이 상실되었거나 공사의 계속을 명확히 거절하여 공사를 방치한 경우와 같이 사회통념에 비추어 약정 준공기한까지 공사의 완성을 기대하기 어려운 경우에는 도급인은 수급인의 이행불능을 이유로 공사도급계약을 해제할 수 있다.

이러한 경우에도 수급인에 대한 최고가 필요한가? 이행불능시에는 이행가능성이 없으므로 최고를 요하지 않는다는 입장도 있으나, 대법원은 "공사도급계약에 있어서 수급인의 공사중단이나 공사지연으로 인하여 약정된 공사기한 내의 공사완공이 불가능하다는 것이 명백하여진 경우에는 도급인은 그 공사기한이 도래하기 전이라도 계약을 해제할 수 있지만, 그에 앞서 수급인에 대하여 위 공사기한으로부터 상당한 기간 내에 완공할 것을 최고하여야 하고, 다만 예외적으로 수급인이 미리 이행하지 아니할 의사를 표시한 때에는 위와 같은 최고 없이도 계약을

---

5) 대법원 2009. 3. 12. 선고 2008다29635 판결.

해제할 수 있다"라고 판시하였다.[6]

이는 수급인이 공사를 재개하면 언젠가는 공사가 완성될 것이므로 공사가 중단되어 이행기에 완공이 어렵다는 사정만으로 곧 이행불능이라고 보기 어렵다는 점에서 이런 경우도 이행기 전의 이행지체로 구성하여 최고를 요구하고 있는 것이다.

수급인이 건설산업기본법상 영업정지처분, 등록말소처분을 받거나 건설업등록이 그 효력을 잃은 경우 이행불능에 해당하는가? 건설산업기본법 제14조 제1항 및 제3항은 "같은 법 제82조, 82조의2 또는 제83조의 규정에 의한 영업정지처분 또는 등록말소처분을 받은 건설사업자와 그 포괄승계인은 그 처분을 받기 전에 도급계약을 체결하였거나 관계법령에 의하여 허가·인가 등을 받아 착공한 건설공사에 대하여는 이를 계속하여 시공할 수 있다. 건설업 등록이 제20조의2에 따른 폐업신고에 따라 말소된 경우에도 같다", "건설사업자가 건설업의 등록이 말소된 후 제1항에 따라 건설공사를 계속하는 경우에는 그 공사를 완성할 때까지는 이를 건설사업자로 본다"고 규정하고 있으므로 이는 이행불능에 해당되지 않는다.

그러나 이러한 경우에 대하여 건설산업기본법 제14조 제4항은 별도의 해지권을 규정하고 있다(뒤의 Ⅶ. 수급인의 영업정지 등으로 인한 해지권 참조).

수급인이 공사를 중단하고 있는 동안에 도급인이 제3자를 시켜 나머지 공사를 한 경우는 이행불능에 해당하는가? 이러한 경우 목적달성이 불가능하여 이행불능상태로 되었으나 이는 도급인에 의하여 발생된 것이므로 수급인이 이행지체의 책임을 부담할지언정 이행불능책임은 지지 않는다고 보아야 할 것이다.

한편 이행불능으로 인한 전보배상액은 이행불능 당시의 시가 상당액을 표준으로 해야 한다.

3. 불완전이행에 의한 해제

공사가 완공되었는데 완성부분에 잘못된 점이 있을 경우 이는 일반적으로 하자담보책임 및 손해배상의 문제가 될 뿐, 불완전이행에 의한 해제권을 발생시키지 않는다. 공사가 완성되지 않은 상태에서 시공 부분에 부실한 점이 있어도 마찬가지이다.

---

6) 대법원 1996. 10. 25. 선고 96다21393, 21409 판결.

4. 수급인의 이행거절에 의한 해제

수급인이 공사가 완공되기 전이라도 자신의 채무를 이행하지 아니할 의사를 명백히 표시한 경우에 도급인은 신의성실의 원칙상 이행기 전이라도 이행의 최고 없이 채무자의 이행거절을 이유로 계약을 해제하거나 채무자를 상대로 손해배상을 청구할 수 있다. 채무자가 채무를 이행하지 아니할 의사를 명백히 표시하였는지 여부는 채무이행에 관한 당사자의 행동과 계약 전후의 구체적인 사정 등을 종합적으로 살펴서 판단하여야 한다. 소송실무상 계약 당시나 계약 후의 여러 사정을 종합하여 묵시적으로 이행거절의사가 표시되었다고 인정할 경우가 많은데, 이 때 최고 및 동시이행관계에 있는 자기 채무의 이행제공을 요하지 아니하여 이행지체 시의 계약해제와 비교할 때 계약해제의 요건이 완화되므로 채무자의 이행거절의사가 명백하고 종국적으로 표시되었는지 신중히 살펴보아야 할 것이다.[7]

한편 채무자의 이행거절로 인한 채무불이행에서의 손해액 산정은, 채무자가 이행거절의 의사를 명백히 표시하여 최고 없이 계약의 해제나 손해배상을 청구할 수 있는 경우에는, 이행거절 당시의 급부목적물의 시가를 표준으로 해야 한다.[8]

5. 수급인의 귀책사유로 인한 법정해제의 효과

수급인의 귀책사유로 도급계약이 해제되면 해제의 소급효가 제한됨에 따라 수급인은 해제당시의 상태 그대로 건물을 도급인에게 인도하여야 하고, 도급인은 인도받은 건물의 기성고에 해당하는 공사대금을 지급할 의무가 발생되게 된다. 수급인의 공사대금청구권 산정은 기성고 확정절차를 거쳐야 한다.

반면에 수급인은 공사중단으로 도급인이 입은 손해를 배상하여야 한다. 수급인이 공사를 중단함으로 인하여 도급인이 그 미시공 부분에 대하여 비용을 들여 다른 방법으로 공사를 시행할 수밖에 없고, 그 비용이 당초 수급인과 약정한 공사대금보다 증가되는 경우라면 증가된 공사비용 중 합리적인 범위 내의 비용은 수급인의 공사도급계약위반으로 인한 손해라고 할 것이다. 수급인이 공사를 중단하여 도급인이 제3의 시공자로 하여금 같은 규모의 공사를 하게 하였으나, 그 비용이 수급인이 당초 약정한 공사대금보다 증가하게 되어 도급인의 자금사정상 부득

---

7) 대법원 2006. 11. 9. 선고 2004다22971 판결.
8) 대법원 2007. 9. 20. 선고 2005다63337 판결.

이 공사 규모를 축소하게 됨으로써 건축하지 못하게 된 부분이 있다면 그 부분에 관한 공사비용 중 합리적인 범위 내의 비용도 수급인의 채무불이행으로 인한 손해라고 볼 수 있을 것이다.

그러나 당초의 도급계약에 의하여 공사가 진행되는 과정에서 물가변동 등의 사유가 있으면 처음에 정하여진 공사대금의 증액이 예정되어 있어서 비록 수급인의 귀책사유 때문에 공사가 중단되었다고 하더라도 그러한 공사중단과는 무관하게 물가변동으로 인한 공사대금의 증액사유가 발생하여 도급인으로서는 어차피 당초 약정된 공사대금을 증액 지급할 것을 회피할 수 없었던 경우라면, 그러한 공사대금의 증액으로 인하여 도급인에게 추가적인 경제적 부담이 초래되었다고 하더라도 다른 특별한 사정이 없는 한 이를 가리켜 수급인의 귀책사유와 상당인과관계가 있는 손해라고 보기는 어렵다.[9]

6. 도급인의 귀책사유로 인한 법정해제의 효과

건설용지 지정 및 제공, 자재선정 및 공급 등 도급인의 사전 협력행위가 없어서 수급인이 공사를 진행하지 못한 경우, 도급인의 지시가 부당하여 공사를 중단한 경우 등 도급인의 행위로 인하여 공사가 중단된 경우에는 채권자 귀책사유로 인한 이행불능 조항(민법 제538조 제1항)을[10] 유추하여 수급인은 도급인에게 공사대금청구권을 갖는다. 이 경우 계약상 공사대금전액을 청구할 수 있는데, 실질 청구액은 위 금액에서 이행불능으로 수급인이 면하는 자기 채무액을 공제한 금액이 된다(민법 제538조 제2항)는 견해와 기시공 부분의 공사대금만 청구할 수 있되, 여기에 추가하여 도급인의 귀책사유로 인한 손해배상액(계약이 정상적으로 이행되었을 경우 수급인이 얻었을 예상이익액)을 청구할 수 있다는 견해가 대립된다. 그러나 어느 경우나 실질적인 금액은 큰 차이가 없다고 할 것이다.

---

9) 대법원 2002. 11. 26. 선고 2000다31885 판결.
10) 민법 제538조(채권자 귀책사유로 인한 이행불능) ① 쌍무계약의 당사자 일방의 채무가 채권자의 책임있는 사유로 이행할 수 없게 된 때에는 채무자는 상대방의 이행을 청구할 수 있다. 채권자의 수령지체 중에 당사자 쌍방의 책임없는 사유로 이행할 수 없게 된 때에도 같다.
   ② 전항의 경우에 채무자는 자기의 채무를 면함으로써 이익을 얻은 때에는 이를 채권자에게 상환하여야 한다.

7. 원상회복의무와 이자

민법 제548조 제2항은 해제로 인한 원상회복 시에 반환할 금전에 받은 날로부터의 이자를 가하여야 한다고 규정하고 있다. 그 이율에 관하여 당사자들 사이에 약정이율이 있으면 약정이율이 적용되고, 없으면 민사 또는 상사 법정이율이 적용된다.[11]

한편 원상회복의무가 이행지체에 빠지면 당사자는 원상회복의무의 지체에 관한 지연손해금을 부담하여야 한다. 이때 지연손해금에 대해서도 당사자 사이에 약정이율이 있다면 약정이율이 적용되게 되고, 그것이 법정이율보다 낮더라도 약정이율이 적용되게 된다.[12]

그런데 만약 원상회복 시 반환할 이자에 관하여는 약정이율이 있는데, 원상회복의무의 지체에 관한 지연손해금률에 관하여는 약정이율이 없는 경우는 어떠한가? 대법원은 이 경우 원상회복의무의 이자에 관한 약정이율이 지연손해금에 적용되는 것이 당사자의 의사에 부합한다고 보았다. 다만 이때의 약정이율이 법정이율보다 낮은 경우라면 법정이율에 의한 지연손해금 청구를 할 수 있다고 봄이 타당하다고 하였다. 계약해제로 인한 원상회복 시 반환할 금전에 받은 날로부터 가산할 이자의 지급의무를 면제하는 약정이 있는 때에도 그 금전반환의무가 이행지체 상태에 빠진 경우에는 법정이율에 의한 지연손해금을 청구할 수 있는 점과 비교해 볼 때 그렇게 보는 것이 논리와 형평의 원리에 맞기 때문이라고 한다.[13]

Ⅱ. 도급인의 완공 전 해제권

1. 민법 제673조의 취지

민법 제673조는 "수급인이 일을 완성하기 전에는 도급인은 손해를 배상하고 계약을 해제할 수 있다"라고 규정하고 있다. 계약법상 일반원칙으로는 당사자 일

---

11) 대법원 2014. 12. 11. 선고 2014다39909 판결은 분양계약이 해제되는 경우 분양자는 수분양자가 기납부한 대금에 대하여 각각 그 받은 날로부터 반환일까지 연리 2%에 해당하는 이자를 부가하여 수분양자에게 환불한다고 정한 약관조항 중 이자율을 연 2%로 규정한 부분을 무효로 보기 어렵다고 하였다.
12) 대법원 2013. 4. 26. 선고 2011다50509 판결.
13) 위 대법원 2011다50509 판결.

방만의 의사에 의하여 계약을 해제할 수는 없다고 할 것이지만, 도급계약의 특성상 도급인이 계약 성립 후에 사정변경에 의하여 일의 완성을 필요로 하지 않게 되었음에도 불구하고 계약관계를 지속하게 함은 도급인에게 무의미할 뿐 아니라, 사회적으로도 비경제적이며 수급인으로서도 자신의 손해만 배상받으면 불이익이 없기 때문에 도급인의 해제권을 인정한 것이다.

2. 요 건

위 해제는 도급인의 일방적인 의사에 의하는 것이기 때문에 그 사유를 묻지 아니한다. 이에 대하여 도급인의 부득이한 사유가 있어서 도급인의 해제가 사회통념에 비추어 타당한 경우에 한해서 해제를 허용해야 하고 그렇지 않으면 권리남용으로서 해제를 제한하는 것이 타당하다는 주장이 있다.[14]

그러나 위 해제는 수급인의 귀책사유를 필요로 하지 않고 오직 건축을 의뢰한 도급인의 일방적인 사정에 따른 것이므로 해제를 제한할 필요는 없고, 다만 해제로 인하여 수급인이 입은 손해를 충분히 배상하면 족할 것이다.

도급인은 도급계약 성립 후, 일의 완성 전이면 언제든지 해제가 가능하다. 건물의 완성 여부는 사회통념상 건물 또는 토지의 공작물이라고 할 수 있는지를 기준으로 하여야 한다. 또한 목적물을 완성하고 인도만 하기 전인 경우에는 일을 이미 완성한 것이기 때문에 해제할 수 없다.

도급인이 수급인의 채무불이행을 이유로 한 해제의 의사표시를 한 경우에 그 속에 완공 전 해제권에 의한 해제의사표시도 포함된 것으로 볼 수 있는가? 도급인이 완공 전 해제권을 행사한 경우에는 도급인이 수급인에게 손해배상을 하여야 하므로 완공 전 해제권에 의한 해제의사표시는 수급인의 채무불이행을 원인으로 한 도급인의 해제의사표시 속에 포함된다고 보기는 어렵다고 하겠다.[15]

---

14) 이은영, 『채권각론』(2000), 529면.
15) 도급인이 수급인의 채무불이행을 이유로 도급계약 해제의 의사표시를 하였으나 실제로는 채무불이행의 요건을 갖추지 못한 것으로 밝혀진 경우, 도급계약의 당사자 사이에 분쟁이 있었다고 하여 그러한 사정만으로 위 의사표시에 민법 제673조에 따른 임의해제의 의사가 포함되어 있다고 볼 수는 없다. 그 이유는 다음과 같다. ① 도급인이 수급인의 채무불이행을 이유로 도급계약을 해제하면 수급인에게 손해배상을 청구할 수 있다. 이에 반하여 민법 제673조에 기하여 도급인이 도급계약을 해제하면 오히려 수급인에게 손해배상을 해주어야 하는 처지가 된다. 도급인으로서는 자신이 손해배상을 받을 수 있다고 생각하였으나 이제는 자신이 손해배상을 하여야 하는 결과가 된다면 이는 도급인의 의사에 반할 뿐 아니라 의사표시의 일반적인 해석의 원칙에도 반한다. ② 수급인의 입장에서 보더라도 채무불이행 사실이 없으므로 도급인의 도급계약 해제의 의사표

도급인이 해제하기 위하여 해제시에 수급인에게 손해배상을 현실적으로 제공하여야 하는가? 손해배상의 산정이 어려우므로 해제시에 손해배상의 제공을 요구한다면 사실상 이 해제권의 행사가 어려워진다는 부정설과[16] 수급인에게 동시이행의 항변권이 보장되어 있지 않고, 이 권리 자체가 도급인을 위한 일방적인 것이므로 해제시에 손해배상을 제공하여야 한다는 긍정설이[17] 있다.

3. 효   과

이로 인한 해제시 해제의 소급효가 없으므로 수급인은 원상복구할 필요 없이 기성부분을 그 상태대로 도급인에게 인도하면 족하다.

수급인은 해제와 상당인과관계에 있는 모든 손해의 배상을 받아야 하는데, 통상적으로 수급인이 이미 공사에 지출한 비용 및 일을 완성하였더라면 얻었을 이익을 합한 금액에서 일을 중지함으로써 절약하게 되는 비용을 공제한 금원을 손해로서 배상받을 수 있다.[18] 그러나 손해배상에 일의 완성에 따른 보수 전액이 포함되지는 않는다는 반론이 있다.[19]

특별한 사정이 없는 한 도급인은 수급인에 대한 손해배상에 있어서 과실상계나 손해배상예정액 감액을 주장할 수 없다. 그러나 그 해제로 인하여 수급인이 그 일의 완성을 위하여 들이지 않게 된 자신의 노력을 타에 사용하여 소득을 얻었거나 또는 얻을 수 있었음에도 불구하고, 태만이나 과실로 인하여 얻지 못한 소득 및 일의 완성을 위하여 준비하여 둔 재료를 사용하지 아니하게 되어 타에 사용 또는 처분하여 얻을 수 있는 대가 상당액은 당연히 손해액을 산정함에 있어서 공제(손익상계)되어야 한다.[20]

시가 효력이 없다고 믿고 일을 계속하였는데, 민법 제673조에 따른 해제가 인정되면 그 사이에 진행한 일은 도급계약과 무관한 일을 한 것이 되고 그 사이에 다른 일을 할 수 있는 기회를 놓치는 경우도 있을 수 있어 불측의 손해를 입을 수 있다: 대법원 2022. 10. 14. 선고 2022다246757 판결.
16) 곽윤직, 『채권각론』(1995), 467면.
17) 김형배, 『채권각론』(2001), 656면.
18) 곽윤직, 『채권각론』(1995), 468면; 김형배, 『채권각론』(2001), 656면.
19) 이은영, 『채권각론』(2000), 530면.
20) 대법원 2002. 5. 10. 선고 2000다37296, 37302 판결.

III. 당사자의 도산으로 인한 해제권[21]

1. 도급인의 파산

민법 제674조 제1항은 "도급인이 파산선고를 받은 때에는 수급인 또는 파산관재인은 계약을 해제할 수 있다"고 규정하고 있다. 도급인이 파산선고를 받아 재산상태가 악화되었음에도 수급인에게 일의 완성의무를 지워 일을 계속 시키는 것은 수급인에게 불리하므로 해제권을 인정한 것이다. 이 경우 수급인은 도급인이 파산선고를 받은 때에는 아직 일이 완성되지 않았더라도 수급인으로 하여금 그때까지의 기성고 부분에 대한 보수와 보수에 포함되지 않은 비용에 대하여 파산재단에 가입할 수 있도록 함으로써 수급인을 보호하고 있다($_{제1항 후문}^{같은 조}$).

위와 같은 경우 각 당사자는 계약해제로 인하여 손해를 입을 가능성이 크지만 상대방에 대하여 계약해제로 인한 손해배상을 청구하지 못한다($_{제2항}^{같은 조}$). 이는 쌍무계약의 해제에 관하여 규정한 채무자회생 및 파산에 관한 법률 제335조($_{제50조}^{구 파산법}$) 제1항의 특칙으로 이해되는바, 대법원도 이러한 취지에서 "도급인이 파산선고를 받은 경우에는 당사자 쌍방이 이행을 완료하지 아니한 쌍무계약의 해제 또는 이행에 관한 파산법 제50조 제1항이 적용될 여지가 없고, 도급인이 파산선고를 받은 경우에는 민법 제674조 제1항에 의하여 수급인 또는 파산관재인이 계약을 해제할 수 있고, 위와 같은 도급계약의 해제는 그 각 조문의 해석상 장래에 향하여 도급의 효력을 소멸시키는 것을 의미한다"고 판시하였다.[22]

2. 수급인의 파산

수급인이 파산된 경우에는 민법상 규정이 없으므로 채무자회생 및 파산에 관한 법률 제335조($_{제50조}^{구 파산법}$) 제1항을 직접 적용하여야 한다. 즉 수급인이 파산선고 당시 아직 이행을 완료하지 아니한 때에는 당해 도급계약의 목적인 일이 파산자 이

---

21) 채무자회생 및 파산에 관한 법률이 2006. 4. 1.부터 시행되고 있다. 위 법이 시행되기 전에는 도산절차를 규율하는 법으로 회사정리법, 화의법, 파산법, 개인채무자회생법이 있었는데, 각 법률이 단일한 법으로 통합된 것이다. 신법 시행 이전에 종전의 법에 따른 도산절차 개시 신청이 있었던 사건에 대하여는 구법이 계속 적용된다(신법 부칙 제3조). 또한 해제권에 관한 부분은 구법과 신법 사이에 큰 차이가 없다. 자세한 사항은 제2편 제12장을 참조할 것.

22) 대법원 2002. 8. 27. 선고 2001다13624 판결.

외의 사람이 완성할 수 없는 성질의 것이기 때문에 파산관재인이 파산자의 채무
이행을 선택할 여지가 없는 때가 아닌 한 파산관재인은 그 선택에 따라 계약을 해
제하거나 파산자의 채무를 이행하고 도급인의 채무이행을 청구할 수 있다.[23]

3. 회생절차의 개시

채무자회생 및 파산에 관한 법률은 회생절차가 개시된 경우 미이행된 쌍무계
약에 관하여 정리회사의 관리인에게 계약해제권 또는 이행청구권을 부여하고 있
다. 즉 채무자회생 및 파산에 관한 법률 제119조 제1항은 "채무자와 상대방이 모
두 회사정리절차 개시 당시에 아직 그 이행을 완료하지 아니한 때에는 관리인은
계약을 해제하거나 회사의 채무를 이행하고 상대방의 채무이행을 청구할 수 있
다"고 규정하고 있다.

이 경우 채무자의 상대방은 계약해제권이나 이행청구권 그 어느 것도 주어지
지 않으며, 다만 불안정한 지위를 제거하기 위하여 최고권만 주어진다. 즉 상대방
은 관리인에게 계약의 해제나 그 이행의 여부를 확답할 것을 최고할 수 있으며, 관
리인이 그 최고를 받은 후 30일 이내에 확답을 하지 않으면 관리인은 해제권을 포
기한 것으로 본다(같은조 제2항).

Ⅳ. 약정해제권에 의한 해제

일반적으로 계약에서 당사자의 일방이나 쌍방에게 해제권을 부여하고 그의
단독 의사표시에 의하여 계약을 해제할 수 있는바(민법 제543조), 건설도급계약에는 이러
한 약정해제권을 명기하는 경우가 보편적으로 되어 있다.

민간건설공사 표준도급계약서 일반조건 제34조 제1항에서 도급인의 해제사
유로서 ① 수급인이 정당한 이유 없이 약정한 착공기일을 경과하고도 공사에 착
수하지 않는 경우, ② 수급인이 책임 있는 사유로 인하여 준공기일 내에 공사를
완성할 가능성이 없음이 명백한 경우, ③ 기타 수급인의 계약조건 위반으로 인하
여 계약의 목적을 달성할 수 없다고 인정되는 경우 등을 규정하고 있고, 제35조
제1항에서 수급인의 해제사유로서 ① 공사내용을 변경함으로써 계약금액이 100
분의 40 이상 감소된 경우, ② 도급인의 책임 있는 사유에 의한 공사의 정지기간이

---

23) 대법원 2001. 10. 9. 선고 2001다24174, 24181 판결.

계약서상의 공사기간의 100분의 50을 초과한 때, ③ 도급인이 정당한 이유 없이 계약내용을 이행하지 아니함으로써 공사의 적정이행이 불가능하다고 명백히 인정되는 때 등을 규정하고 있다.

위 제34조 제1항의 사유 중 ①, ② 사유는 법정해제사유인 이행지체를 구체화한 것에 불과하므로 위 사유가 발생한 경우에는 이 해제사유조항에 불구하고 법정해제권이 발생한 것으로 보아야 하며, 또한 위 해제는 해제권자가 상대방에게 서면으로 계약의 이행기간을 정하여 통보한 후 기한 내에 이행되지 아니한 때 계약의 해제를 상대방에게 통지함으로써 효력이 발생한다(각 같은 조 제2항).[24]

원칙적으로 약정해제는 채무불이행으로 인한 것이 아니므로 법정해제의 경우와는 달리 해제의 효과로서 손해배상의 청구는 할 수 없다 할 것이나, 위에서 본 바와 그 약정해제사유조항이 법정해제사유를 구체화한 것에 불과할 경우에는 약정해제사유조항에도 불구하고 법정해제권이 발생한 것으로 보아 채무불이행으로 인한 손해배상청구를 할 수 있다고 할 것이다.[25]

이와 반대로 약정해제권에 기한 손해배상청구 조항이 의무자의 귀책사유를 요건으로 하지 않는 경우에 의무자의 귀책사유와 무관하게 손해배상청구가 가능한지에 대하여, 대법원은 이를 부정하는 입장이다.[26]

---

24) 이전의 표준계약서에는 해제방식을 "각 당사자가 해제를 통보함으로써 해제의 효력이 나타난다"고 규정하고 있었고 일반 공사도급계약서에도 이와 같은 취지로 해제권유보조항을 기재한 경우가 적지 않았다. 이러한 문구에 의하면 약정해제사유가 생기면 해제권자가 상대방에게 별도의 최고를 할 필요가 없이 즉시 해제권을 취득하여 해제통고를 할 수 있는 것으로 해석할 수도 있었다. 이러한 불합리점이 제기됨에 따라 최고가 필요하다는 취지에서 표준계약서가 개정된 것으로 보인다. 한편 도급계약서상 약정해제권 행사에서 이전의 표준계약서와 같이 최고절차가 불필요하다고 약정한 경우라도 위 표준계약서상 제34조 ① 및 ②의 사유는 이행지체에 의한 법정해제사유이므로 위 약정에 불구하고 반드시 최고를 거쳐야 한다고 해석하는 것이 옳다고 본다.

25) 도급계약상 해제권유보조항이 법정해제권이 발생할 중요한 경우를 구체화한 것에 불과하고 도급인이 보낸 해제통보서에 그 조항을 들고 있지만, 그 의미는 수급인의 귀책사유로 계약을 해제한다는 취지로 볼 수 있는 경우, 도급인이 법정해제권을 행사한 것으로 보아 해제와 동시에 손해배상을 청구할 수 있다: 대법원 1994. 12. 22. 선고 93다60632, 60649 판결 등.

26) 계약 상대방의 채무불이행을 이유로 한 계약의 해지 또는 해제는 손해배상의 청구에 영향을 미치지 아니하지만(민법 제551조), 다른 특별한 사정이 없는 한 그 손해배상책임 역시 채무불이행으로 인한 손해배상책임과 다를 것이 없으므로, 상대방에게 고의 또는 과실이 없을 때에는 배상책임을 지지 아니한다고 보아야 한다(민법 제390조). 이는 상대방의 채무불이행 여부와 상관없이 일정한 사유가 발생하면 계약을 해지 또는 해제할 수 있도록 하는 약정해지·해제권을 유보한 경우에도 마찬가지이고 그것이 자기책임의 원칙에 부합한다. … 계약의 내용이 통상의 경우와 달리 어느 일방에게 무거운 책임을 부과하게 하는 경우에는 그 계약 문언은 엄격하게 해석하여야 하므로, 당사자의 고의 또는 과실과 무관한 사유를 약정해지 또는 해제사유로 정한 경우에 그 사유로 계약을 해지 또는 해제하면서 귀책사유와 상관없이 손해배상책임을 지기로 한 것이 계약 내용이

V. 해제의 합의[해제계약]

계약 체결 후에 계약 당사자 사이에 계약관계를 소급적으로 소멸시키기로 합의할 수 있다. 이러한 해제합의는 명시적인 합의뿐 아니라 묵시적으로도 할 수 있고 해제합의가 있으면 대개 이에 따라 계약관계의 청산이 이루어진다.

대법원은 묵시적인 해제합의에 관련하여 "계약의 합의해제는 명시적으로 뿐만 아니라 당사자 쌍방의 묵시적인 합의에 의하여도 할 수 있으나, 묵시적인 합의해제를 한 것으로 인정하려면 매매계약이 체결되어 그 대금의 일부가 지급된 상태에서 당사자 쌍방이 장기간에 걸쳐 잔대금을 지급하지 아니하거나 소유권이전등기절차를 이행하지 아니함으로써 이를 방치한 것만으로는 부족하고, 당사자 쌍방에게 계약을 실현할 의사가 없거나 계약을 포기할 의사가 있다고 볼 수 있을 정도에 이르렀다고 할 수 있어야 하고, 당사자 쌍방이 계약을 실현할 의사가 있었는지 여부는 계약이 체결된 후의 여러 가지 사정을 종합적으로 고려하여 판단하여야 한다"고 판시하였다.[27]

한편 위와 같은 합의해제의 경우에는 다른 계약의 경우와 마찬가지로 그 해제 시에 당사자 일방이 상대방에게 손해배상을 하기로 특약하거나 손해배상청구를 유보하는 의사표시를 하는 등 다른 사정이 없는 한 채무불이행으로 인한 손해배상을 청구할 수 없다.[28]

당사자 간의 합의에 의한 해제시에 당사자 간에 기성고 부분에 대한 정산에 합의한 경우는 이에 따른다. 대법원은 합의해제시의 원상회복에 따라 반환할 금전에 대한 이자와 관련하여 "합의해제 또는 해제계약이라 함은 해제권의 유무에 불구하고 계약 당사자 쌍방이 합의에 의하여 기존의 계약의 효력을 소멸시켜 당초부터 계약이 체결되지 않았던 것과 같은 상태로 복귀시킬 것을 내용으로 하는 새로운 계약으로서, 그 효력은 그 합의의 내용에 의하여 결정되고 여기에는 해제에 관한 민법 제548조 제2항의 규정은 적용되지 아니하므로, 당사자 사이에 약정이 없는 이상 합의해제로 인하여 반환할 금전에 그 받은 날로부터의 이자를 가하

라고 해석하려면, 계약의 내용과 경위, 거래관행 등에 비추어 그렇게 인정할 만한 특별한 사정이 있어야 한다: 대법원 2016. 4. 15. 선고 2015다59115 판결.

27) 대법원 1996. 6. 25. 선고 95다12682, 12699 판결.
28) 대법원 1989. 4. 25. 선고 86다카1147, 1148 판결.

여야 할 의무가 있는 것은 아니다"라고 판시하였다.[29]

그런데 정산합의가 없는 경우에(묵시적 합의를 한 경우에 흔하다) 수급인이 기성고 부분에 대한 공사대금청구권을 갖는지가 문제된다. 대법원은 "공사가 중단된 이후에 원고와 피고 사이에 위 도급계약이 합의해제되었다고 봄이 상당하며, 따라서 위 도급계약은 그 효력을 상실하였다 할 것이고, 다만 피고가 원고에게 기성고 부분에 대하여 비용을 청구할 권리만이 남았다고 할 것이다"라고 판시하여 합의해제된 경우에도 수급인의 기성고 부분에 대한 공사대금청구권을 인정하고 있다.[30]

VI. 하자를 원인으로 한 해제권의 배제

민법 제668조는 "도급인이 완성된 목적물의 하자로 인하여 계약의 목적을 달성할 수 없을 때에는 계약을 해제할 수 있다. 그러나 건물 기타 토지의 공작물에 대하여는 그러하지 아니하다"라고 규정하고 있다. 따라서 건축물의 하자를 원인으로 하여서는 계약해제를 주장할 수 없다. 건축물에 관하여 해제를 인정한다면 수급인에게 과다한 손실을 주고 사회경제적으로도 손해이기 때문에 해제권을 배제하는 것이며, 이는 강행규정으로 보는 것이 통설이다. 민법 제668조는 매매의 하자담보책임에 관한 특칙임과 동시에 불완전이행의 특칙으로서 불완전이행의 이론이 배제된다고 본다면 불완전이행에 의한 하자를 이유로 건축도급계약을 해제할 수는 없다고 본다.[31]

그러나 완성된 건축물이 하자가 극심하여 도급인에게 전혀 가치가 없고, 건축물 자체로도 사용을 하기 위한 하자보수비용이 철거 및 신축비용보다 크거나, 붕괴위험성이 있어서 철거를 피할 수 없는 등 객관적인 가치가 없는 경우라면 해제를 인정할 필요가 있다고 할 것이다. 결국 제668조에 의한 해제권배제조항은 신의칙상 인정될 수 있는 범위에 관하여만 그 적용이 있다고 보아야 한다.[32]

---

29) 대법원 1996. 7. 30. 선고 95다16011 판결.
30) 대법원 1997. 2. 25. 선고 96다43454 판결.
31) 제2편 제6장 제6절 계약해제 부분 참조.
32) 김용현, "건축수급인의 공사대금청구권에 관한 연구," 서울대학교 석사학위 논문(1999), 61면; 조성민, "도급계약법의 문제점과 그 개정방향," 『민사법학』 15호, 105면.

Ⅶ. 수급인의 영업정지 등으로 인한 해지권

건설사업자인 수급인이 영업정지처분이나 등록말소처분을 받았다고 하더라도 이는 이행불능사유에 해당하지 않음은 앞서 보았다. 그러나 이러한 경우에 도급인은 이행불능에 관계없이 도급계약을 해지할 수 있다. 즉 건설산업기본법 제14조 제4항은 "건설공사의 발주자는 특별한 사유가 있는 경우를 제외하고는 해당 건설사업자로부터 제2항에 따른 (영업정지나 등록말소처분)통지를 받은 날 또는 그 사실을 안 날로부터 30일이 지나는 날까지 도급계약을 해지할 수 있다"고 규정하고 있다. 도급인을 보호하기 위한 특칙이라고 하겠다.

Ⅷ. 해제권의 유용

도급인이 수급인에 대하여 채무불이행이 있다고 주장하여 이행지체사유에 의한 해제를 하였으나 채무불이행 사실이 없어 그 해제가 무효인 경우에 민법 제673조의[33] 해제 등 다른 사유에 의한 해제의 의사표시가 있었다고 주장할 수 있는가? 이는 앞서 본 여러 가지의 해제사유 상호 간에서 해제의 유용에 관한 문제이다. 해제의 유용을 인정하는 것이 효율적이라고 하여 긍정하는 입장이 있으나 이행지체에 의한 해제는 수급인이 손해배상책임을 지고 민법 제673조에 의한 해제는 도급인이 손해배상책임을 지므로 효과가 달라지고 도급인의 의사에도 합치하지 않아서 유용을 허용할 수 없다는 입장이 옳다고 본다.

제4절 불안의 항변권

채무이행과 관련하여 불안의 항변권을 검토할 필요가 있다. 건설관련 계약은 건설시공이 장기간에 걸쳐 계속적으로 이루어지고 계약 당사자 상호 간의 의존성이 깊으므로 어느 분야보다도 불안의 항변권을 폭넓게 인정하여야 한다. 불안의

---

[33] 민법 제673조(완성전의 도급인의 해제권) 수급인이 일을 완성하기 전에는 도급인은 손해를 배상하고 계약을 해제할 수 있다.

항변권은 동시이행의 항변권에서 파생된 것인데 양 당사자 사이에서 이행이 공평하게 이루어지지 않을 가능성이 있거나, 일방 당사자에게 현저한 사정 변경이 생길 경우에는 계약상 의무의 상호 이행 가능성을 실질적으로 살펴보아 일방 당사자가 자신의 채무이행을 거부할 수 있다. 공사도급계약과 관련하여 도급인이 자력 부족으로 공사대금의 지급채무를 이행하기 곤란한 현저한 사유가 있는 경우, 수급인은 공사대금의 이행제공이 있을 때까지 공사 완공의무를 거절할 수 있고 $\left(\begin{smallmatrix}\text{대법원 2005. 11. 25.}\\\text{선고 2003다60136 판결}\end{smallmatrix}\right)$ 이에 관하여 이행지체 책임을 지지 않는다. 분양계약과 관련하여 대법원 1992. 4. 24. 선고 92다3779 판결; 대법원 2004. 6. 25. 선고 2004다8791 판결 등도 다수 있다. 그러나 기성고 해당 중도금의 일부를 이행 지체한 사안에서는 불안의 항변권을 인정하지 않은 경우도 있다$\left(\begin{smallmatrix}\text{대법원 2002. 9. 4.}\\\text{선고 2001다1386 판결}\end{smallmatrix}\right)$.

수분양자의 불안의 항변권 [대법원 2006. 10. 26. 선고 2004다24106, 24113 판결]
　아파트 수분양자의 중도금 지급의무는 아파트를 분양한 건설회사가 수분양자를 아파트에 입주시켜 주어야 할 의무보다 선이행하여야 하는 의무이나, 건설회사의 신용불안이나 재산상태의 악화 등은 민법 제536조 제2항의 건설회사의 의무이행이 곤란할 현저한 사유가 있는 때 또는 민법 제588조의 매매의 목적물에 대하여 권리를 주장하는 자가 있는 경우에 매수인이 매수한 권리의 전부나 일부를 잃을 염려가 있는 때에 해당하여, 아파트 수분양자는 건설회사가 그 의무이행을 제공하거나 매수한 권리를 잃을 염려가 없어질 때까지 자기의 의무이행을 거절할 수 있고, 수분양자에게는 이러한 거절권능의 존재 자체로 인하여 이행지체 책임이 발생하지 않으므로, 수분양자가 건설회사에 중도금을 지급하지 아니하였다고 하더라도 그 지체책임을 지지 않는다.

제03장 공사대금채권

제1절 서 론

공사도급계약은 공사대금의 지급으로 계약의 주 과정이 사실상 종결된다. 도급인이나 수급인 모두 공사대금에 관하여 가장 큰 관심을 갖는데, 건설공사는 계약액이 크고 공사기간이 장기간 걸린다는 점에서 공사대금을 둘러싸고 분쟁이 주로 발생한다. 공사대금의 적정성, 공사대금 변경의 타당성, 공사대금의 지급방법 등이 자주 다투어진다.

이 장에서는 공사대금의 원가구성, 지급시기, 공사대금의 증감시 처리기준, 담보권설정, 지급방법, 강제집행 등에 관하여 차례로 검토해 본다.

제2절 공사대금의 원가 구성

I. 공사대금 원가분석의 필요성

공사 중단 시 기성공사비 산정이나 공사 완공 시 공사대금의 증감을 둘러싸고 쌍방이 공사대금의 적정성을 다투는 때가 많다. 소송관계자들은 특히 소송과정에서 이루어진 감정서상 산출된 기성고에 대한 공사대금의 구성내역에 관하여 정확한 이해를 할 필요가 있다.

공사대금의 구성에 관한 기초자료로서 국가를 당사자로 하는 계약에 관한 법률 시행령 제9조 제1항 제2호 및 시행규칙 제6조에 의하여 원가계산에 의한 예정가격을 작성할 때 적용할 기준으로 삼는 '예정가격작성기준'(계약예규)이 있다.

이와 같은 공사원가계산방법은 관급공사뿐 아니라 사계약상의 원가계산 원형으로도 될 수 있으므로 그 내역을 살펴보면 공사대금의 구성을 이해할 수 있다. 위 준칙의 내용을 정리하면 아래와 같다.

Ⅱ. 원가계산에 의한 예정가격작성준칙상의 공사원가

공사원가란 공사시공과정에서 발생한 재료비, 노무비, 경비의 합계액을 말한다.[1]

---

1) 공사원가 계산시 자주 등장하는 용어로 '표준품셈'과 '일위대가'가 있다. 표준품셈은 정부 및 공공기관에서 집행하는 건설공사에 대한 원가계산시 비목별 가격결정의 기초자료로 삼기 위하여 단위공정별로 대표적이고 표준적이며 보편적인 공종, 공법을 기준으로 하여 소요되는 재료량, 노무량 및 기계경비 등을 수치로 제시한 것을 뜻한다. 일위대가는 해당 공사의 공종별 단위당 소요되는 재료비와 노무비를 산출하기 위하여 품셈기준에 정해진 재료수량 및 품 수량에 각각의 단가를 곱하여 산출한 단위당 공사비, 즉 단가를 뜻한다.

[원가계산 체계][2]

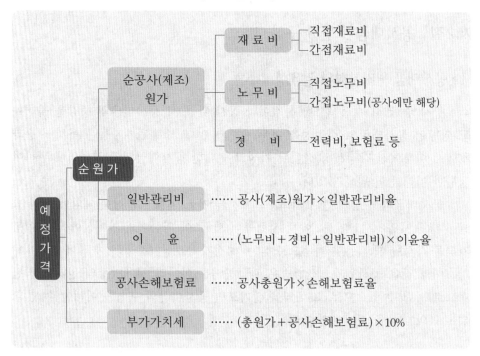

1. 재 료 비

재료비는 공사원가를 구성하는 직접재료비 및 간접재료비로 구성된다.

(1) 직접재료비

공사목적물의 실체를 형성하는 물품의 가치로서 주요재료비와 부분품비로 구성된다.

(가) **주요재료비**　　공사목적물의 기본적 구성형태를 이루는 물품의 가치

(나) **부분품비**　　공사목적물에 원형대로 부착되어 그 조성 부분이 되는 매입부품, 수입부품, 외장재료 등

(2) 간접재료비

공사목적물의 실체를 형성하지는 않으나 공사에 보조적으로 소비되는 물품의 가치로서 소모재료비, 소모공구 등 및 가설재료비로 구성된다.

---

2) 장훈기,『전정판 정부계약제도해설』(범신사, 1998), 408면에서 전재.

㉮ 소모재료비   기계오일·접착제·용접가스·장갑 등 소모성 물품의 가치

㉯ 소모공구·기구·비품비

㉰ 가설재료비   비계, 거푸집, 동바리 등 공사목적물의 실체를 형성하는 것은 아니나, 동 시공을 위하여 필요한 가설재의 가치

2. 노 무 비

⑴ 직접노무비

직접 작업에 종사하는 종업원의 노동력의 대가로서 기본급, 제 수당, 상여금, 퇴직충당금을 합한 금액이다.

⑵ 간접노무비

작업현장에서 보조작업에 종사하는 노무자, 종업원, 현장감독자 등의 노무비. 다만 이를 산정함에는 소요 예상인원을 직접 산출하고 노무비단가를 적용하는 직접계산방법과 직접노무비에 유사공사의 간접노무비율을 이용하여 계산하는 비율분석방식의 두 가지가 있다.

3. 경   비

공사의 시공을 위하여 소요되는 공사원가 중 재료비, 노무비를 제외한 원가를 말하며, 기업의 유지를 위한 관리활동부문에서 발생하는 일반관리비와 구분된다.

경비의 세비목은 전력비, 수도광열비, 운반비(재료비에 포함되지 않은 운반비로서 원재료, 반재료 또는 기계기구의 운송비, 하역비, 상하차비, 조작비 등), 기계경비, 특허권사용료, 기술료, 가설비, 지급임차료, 보험료[3](산업재해보험 및 고용보험 등 법령이나 계약조건에 의하여 의무적으로 가입이 요구되는 보험의 보험료), 복리후생비(계약목적물을 시공하는 데 종사하는 노무자·종업원·현장사무소 직원 등의 의료위생약품대, 공상치료비, 지급피복비, 건강진단비, 급식비 등 작업조건 유지에 직접 관련되는 비용), 외주가공비, 안전관리비, 소모품비, 여비·교통비·통신비, 세금과공과, 폐기물처리비, 보상비, 기타 법정경비(법령으로 규정되어 있거나 의무지워진 경비) 등 27종류로 나

---

3) 건설산업기본법 제22조 7항에 보험료를 도급금액산출내역서에 기재할 의무 및 정산원칙을 규정하고 있다. 이는 공공건설공사에서도 마찬가지이다(대법원 2020. 10. 15. 선고 2018다209157 판결).

넌다.

4. 일반관리비

기업의 유지를 위한 관리활동 부분에서 발생하는 제반비용으로서 임원 및 사무원 급료, 수당, 복리후생비, 여비, 교통통신비, 세금, 임차료, 감가상각비, 보험료 등을 말한다. 이는 재료비, 노무비, 경비를 합한 금액에 일반관리비율을 곱하여 산정한다. 일반관리비율은 공사규모별로 대개 5 내지 6% 선에서 체감적용한다.[4]

5. 이   윤

영업이익을 말하며 공사원가 중 노무비, 경비와 일반관리비의 합계액(이 경우 기술료 및 외주가공비는 제외한다)에 이윤율을 곱하여 산정한다.

6. 공사손해보험료

공사손해보험료는 공사손해보험에 가입할 때 지급하는 보험료를 말하며, 보험가입대상 공사 부분의 총공사원가(재료비, 노무비, 경비, 일반관리비 및 이윤의 합계액을 말한다. 이하 같다)에 공사손해 보험료율을 곱하여 계상한다.

Ⅲ. 기업회계상 원가계산과의 차이

정부회계는 공공성, 공익성, 행정능률성을 추구하는 목적을 갖고 있으므로 기업의 영리추구를 목적으로 하는 기업회계와는 근본적인 차이가 있다. 전자가 계약자 선정을 위하여 불특정 다수기업을 대상으로 하여 당해 계약으로 인하여 발생할 적정한 원가를 사전에 계산하는 것임에 반하여, 후자는 당해 기업에 실제 발생한 비용을 원가요소별로 배분하기 위한 사후원가계산방식으로 운영된다.

전자는 기업회계상의 원가개념에 대비하여 이윤이 추가되고 판매비가 제외

---

4) 공사대금채권의 정산과정에서 실제 보다 과다 책정된 건강보험료가 종종 문제된다. 종래 국민건강보험과 국민연금보험 등 법률상 가입이 의무화되어 있는 보험 등의 소요비용을 공사원가에 반영하도록 하였는데도 보험가입을 회피하는 등의 문제가 발생하였다. 이를 방지하기 건설산업기본법 제22조는 발주자에게 도급금액 산출내역서에 명시된 보험료 금액과 실제 지급된 보험료를 확인하여 정산할 수 있는 권리를 부여하였다. 대법원 2020. 10. 15. 선고 2018다209157 판결은 건설산업기본법 및 시행령의 위 정산 규정은 공공건설공사에서도 마찬가지로 적용된다고 판시하였다.

[기업 제품제조의 원가구성(기업 원가계산준칙)]

				판매가격
			이 윤	
		판 매 비	총 원 가	
		일반관리비		
	간접재료비			
	간접노무비	제조원가		
	간접경비			
직접재료비				
직접노무비	직접원가			
직접경비				

[국가계약법령상 제조원가 구성(예정가격작성 준칙)]

				예정가격
		부가가치세		
	이 윤	총 원 가		
	일반관리비			
직·간접 재료비				
직·간접 노무비	제조원가			
경 비				

되어 총원가를 이루며 예정가격은 총원가에 부가가치세, 특소세, 교육세, 관세 등이 추가된다. 후자는 실발생원가 비목을 모두 인정하고 판매비 등이 포함된다.[5]

---

5) 장훈기, 앞의 책, 413면.

기업회계상 원가와 정부계약상 예정가격을 비교하면 아래와 같다.[6]

제3절　공사대금채무의 변제기

건축공사 도급인은 수급인에게 일의 결과에 대하여 보수로서 공사대금을 지급할 의무가 있다. 공사대금의 결정방법에 대하여는 정액으로 정하는 방법, 개산액을 정하고 후에 정산하는 방법이 있다.[7] 공사대금채무는 수급인의 시공의무와 대가관계에 있는데 지급시기가 우선 문제된다.

Ⅰ. 공사대금채무의 변제기

1. 지급시기의 약정이 없는 경우

당사자 사이에 공사대금의 지급시기에 관하여 약정이 없는 경우, 공사대금의 지급시기는 관습이 있으면 관습에 의하고, 관습이 없으면 그 완성된 목적물의 인도와 동시에 지급하여야 하며, 목적물의 인도를 요하지 아니하는 경우에는 그 일을 완성한 후 지체 없이 지급하여야 한다($\binom{\text{민법 제665조 제1항,}}{\text{제656조 제2항}}$).[8] 따라서 공사대금의 보수는 그 지급시기의 약정이 없는 한 후급이 원칙이라고 하겠다.

2. 지급시기의 약정이 있는 경우

(1) 공사대금 지급시기의 약정은 공사대금을 착공 전에 지급하는 선급, 몇 회로 나누어 지급하는 분할급, 공사의 완성 후에 지급하는 후급 등으로 다양하게 이루어진다.

(2) 분할급의 경우 일정한 기간 동안 정액을 분할하여 지급하는 방법과 기성고의 비율에 따라 지급하는 방법이 있다. 수급인은 약정한 변제기에 도달한 일부 공사대금의 지급과 그 이후의 공사진행이 동시이행관계에 있다는 것을 주장할 수 있다.

그런데 공사대금 분할지급을 위하여 도급인의 기성확인절차를 거치기로 약

---

6) 양창호, 2020 정부계약제도해설(도서출판 삼일, 2020), 178, 179면에서 전재.
7) 자세한 사항은 제2편 제1장 제3절 건설공사도급계약의 종류 부분 참조.
8) 대법원 2017. 4. 7. 선고 2016다35451 판결.

정한 경우에 지급기한을 언제로 볼 것인가? 기성금 지급에 앞서 도급인의 기성확
인절차를 거치기로 약정한 취지는 당사자의 합의에 의하여 기성고를 산정함으로
써 기성금 액수에 관한 다툼을 막고, 기성금채권의 지급시기 및 그 내용을 명확히
하자는 데에 있으므로 특별한 사정이 없는 한, 위 약정상 기성고 확인절차가 기성
금채권의 지급기한을 정한 것으로 볼 수는 없다고 해석함이 상당하고, 공사대금
채권의 지급기한은 계약의 여러 사정을 종합하여 인정하여야 한다.

　따라서 도급인은 단순히 기성확인절차를 거치지 아니하였다는 이유만으로
수급인의 공사대금 청구를 거절할 수 없다. 그러나 당사자 사이에서 타절 등 기성
고 확정절차를 거쳐야 공사대금액수 자체가 정해지는 등 기성고 확인이 중요한
기능을 할 경우에는 이 절차가 끝나야 지급기한이 도래한다고 볼 경우도 있다.

　(3) 후급약정 중에서 "신축건물을 임대, 분양하여 임대차보증금 또는 분양대
금으로 공사대금을 지급한다"는 약정을 하는 경우가 많다. 자금이 부족한 건축주
나 건설사업자가 토지소유자에게 건축을 권유하여 공사를 하는 경우에 이러한 약
정을 하게 된다. 이에는 단순히 대금 지급방법을 정한 것에 불과한 경우와 대금 지
급시기를 임대나 분양시라는 불확정기한으로 정한 경우로 나눌 수 있다. 당사자
간의 계약에 대한 해석에 따라 판단할 것이지만, 위와 같은 약정만으로는 공사대
금 지급의 불확정기한을 정한 것이라고 볼 수 없는 경우가 많다.

　따라서 수급인이 공사대금채권의 보전을 위하여 목적 부동산을 가압류함으
로써 일정한 범위 내에서 건물의 임대나 이를 담보로 한 은행 융자가 사실상 어렵
게 되었다고 하더라도, 수급인이 자신의 채권을 보전하기 위한 필요에서 한 위 가
압류를 들어 공사대금채무의 지체에 관한 건축주의 책임을 부정할 수는 없다.[9]

　그러나 대규모 상가 등에서 임대나 분양이 불확실할 것을 예상하면서 대금지
급기한의 유예를 준 경우나, 수급인이 건축주에게 자금이 전혀 없음을 알면서 임
대보증금으로 공사대금을 지급받기로 약속하였다면 불확정기한으로 볼 수 있다.
특히 수급인이 임대나 분양을 책임진 경우에는 불확정기한으로 해석하여야 한다.
그러나 불확정한 기한을 정한 경우에 불확정사실이 발생하거나 불확정한 사실의
발생이 불가능하게 된 때에는 이행기가 도래한 것으로 보아야 하므로 건물이 완
성된 후 상당한 장기간이 경과하였음에도 불구하고 분양이나 임대가 이루어지지
아니한 경우에는 불확정한 사실의 발생이 불가능하게 됨으로써 이행기한이 도래

9) 대법원 2001. 1. 30. 선고 2000다60685 판결.

된 것으로 보아야 할 경우가 있다.

도급계약상 '목적물을 도급인이 검사하여 합격하면 보수를 지급한다'고 약정한 경우에 검사합격은 공사대금 발생의 조건이 아니라, 보수지급시기에 관한 불확정기한으로 보아야 하므로 검사에 합격한 때 또는 검사합격이 불가능한 것으로 확정된 때 보수지급청구권의 기한이 도래한다.[10]

불확정사실의 발생가능 여부는 거래 통념에 따라 합리적으로 판단하여야 한다. 소유자가 상가의 점포가 임대되면 금원을 지급하기로 하였는데 1년 5개월이 지나도록 임대가 이루어지지 아니한 경우 이를 이행불능으로 본 사례가 있다.[11] 점포가 1년 5개월 동안 임대가 이루어지지 않은 것은 건축주가 불합리한 임대조건을 고집한 것이 원인이라고 보이고 그 조건을 고집하는 한 앞으로도 점포의 임대 가능성이 없다고 할 것이므로 이를 이행불능으로 보아 이행기의 도래를 인정하는 것이 타당하다는 것이다.[12]

또한 위와 같은 약정이 있는 경우에 도급인의 고의·과실로 분양 및 임대가 이루어지지 아니하는 경우에는 조건성취에 대한 반신의행위로서 민법 제150조를[13] 유추 적용하여 기한이 도래한 것으로 해석하여야 할 것이다.

대법원도 위와 유사한 취지로 준공필증의 제출을 정지조건으로 하여 공사대금채무를 부담하기로 한 사안에서 "상대방이 하도급받은 부분에 대한 공사를 완공하여 준공필증을 제출하는 것을 정지조건으로 하여 공사대금채무를 부담하거나 위 채무를 보증한 사람은 위 조건의 성취로 인하여 불이익을 받을 당사자의 지위에 있다고 할 것이므로, 이들이 위 공사에 필요한 시설을 해 주지 않았을 뿐만 아니라 공사장에의 출입을 통제함으로써 위 상대방으로 하여금 나머지 공사를 수행할 수 없게 하였다면, 그것이 고의에 의한 경우만이 아니라 과실에 의한 경우에도 신의성실에 반하여 조건의 성취를 방해한 때에 해당한다고 할 것이므로, 그 상대방은 민법 제150조 제1항의 규정에 의하여 위 공사대금채무자 및 보증인에 대

---

10) 대법원 2019. 9. 10. 선고 2017다272486, 272493 판결.
11) 대법원 1989. 6. 27. 선고 88다카10579 판결.
12) 김정술, "기한사실의 발생불능에 의한 불확정기한의 도래," 『대법원 판례해설』 11호(89년 상반기, 1990), 131면.
13) 민법 제150조(조건성취, 불성취에 대한 반신의행위) ① 조건의 성취로 인하여 불이익을 받을 당사자가 신의성실에 반하여 조건의 성취를 방해한 때에는 상대방은 그 조건이 성취한 것으로 주장할 수 있다.

하여 그 조건이 성취된 것으로 주장할 수 있다"고 판시하였다.[14]

II. 공사대금채권의 성립시기

공사대금채무의 지급시기와 별도로 공사대금채권 자체는 공사도급계약의 체결시에 성립한다. 따라서 수급인의 채권자는 공사의 완성 전이라도 공사대금채권에 대하여 압류, 전부명령을 받을 수 있다.[15]

나아가 공사도급계약이 체결되기 이전이라도 공사대금채권이 성립한 것과 유사하게 취급되는 경우가 있다. 대법원은 "건설업자가 지방자치단체가 지방재정법과 그 시행령 및 그에 의하여 준용되는 국가를 당사자로 하는 계약에 관한 법률과 그 시행령에 의하여 시행하는 공사의 경쟁입찰에 참가하여 낙찰자로 결정된 후 낙찰자의 채권자가 낙찰자를 채무자로 하고, 지방자치단체를 제3채무자로 하여 낙찰자가 지방자치단체와 장차 공사도급계약을 체결하고 공사를 시공함에 따라 지방자치단체로부터 지급받게 될 공사대금채권에 대하여 채권압류 및 전부명령을 받은 경우, 피압류 및 전부채권인 공사대금채권은 그 발생의 기초가 확정되어 있어 채권의 특정이 가능할 뿐 아니라, 공사대금이 확정되어 있어 권면액도 있으며, 가까운 장래에 채권이 발생할 것이 상당한 정도로 확실시되므로 그 공사대금채권에 대한 채권압류 및 전부명령은 유효하다"고 판시하였다.[16] 그러나 공사가 완료되기 전에 전부명령이 있었을 경우에는 그 결산에 의하여 구체적으로 확정되었을 때의 금액을 표준으로 하여 효력이 확정된다.[17]

다만, 건설사업자가 도급받은 건설공사의 도급금액 중 당해 공사(하도급한 공사를 포함함)의 근로자에게 지급하여야 할 임금에 상당하는 금액에 대하여는 압류가 금지된다(건설산업기본법 제88조 제1항).[18] 또한 하도급거래 공정화에 관한 법률 제14조가 1999년 2월 5일 개정되어 하수급인의 도급인에 대한 직접 청구권이 인정되고 그 범위 내에서 수급인의 공사대금청구권이 소멸되는 점도 주의하여야 한다.

---

14) 대법원 1998. 12. 22. 선고 98다42356 판결.
15) 대법원 1989. 6. 27. 선고 88다카10579 판결.
16) 대법원 2002. 11. 8. 선고 2002다7527 판결.
17) 대법원 1962. 4. 4. 선고 62다63 판결.
18) 대법원 2000. 7. 4. 선고 2000다21048 판결.

Ⅲ. 공사대금채무의 지급지체 시 연체이율

공사대금채무의 지급지체 시 지연손해금은 당사자 사이의 약정에 따른다. 민간 건설공사 표준도급계약서는 지체상금율과 함께 대가지급 지연이자율을 기재하도록 하면서, 일반조건 제28조 제3항에서 공사대금의 지급지연 시 계약서 상에서 정한 대가지급 지연이자율(시중은행의 일반대출시 적용되는 연체이자율 수준을 감안하여 상향 적용 가능)을 적용하여 산출한 이자를 가산하여 지급하여야 한다고 규정하고 있다.

관급공사에 있어서는 국가를 당사자로 하는 계약에 관한 법률 제15조 제2항이 국고의 대가지급지연에 대해서 지연일수에 따른 이자를 지급하여야 한다고 정하고 있는데, 동법 시행령 제59조에 따르면 이자율은 '당해 미지급금액 및 지연발생 시점의 금융기관 대출평균금리(한국은행 통계월보상의 대출평균금리)'를 적용하여야 한다. 대법원은 국가를 당사자로 하는 계약에 관한 법률 제15조 제2항과 동법 시행령 제59조가 모든 공공계약의 효력에 영향을 미치는 효력규정이고, 이에 반하는 당사자 간의 약정은 효력이 없다고 판단하였다.[19]

한편 지연손해금에 관하여 당사자 사이에 약정이 없으면 법정이율을 적용한다(민법 제397조). 이 경우 건축공사 도급계약은 상인이 영업으로 하는 상행위에 해당하므로 미지급 공사대금에 관한 지연손해금은 상법이 정한 법정이율인 6%를 적용하여야 한다.[20]

당사자 사이에서 정한 약정이율이 법정이율보다 낮은 경우에는 약정이율에 의하지 아니하고 법정이율에 의한 지연손해금을 청구할 수 있다.[21]

---

19) 대법원 2018. 10. 12. 선고 2015다256794 판결. 국가를 당사자로 하는 계약에 관한 법률 시행령 제59조는 종전에 대가지급지연에 대한 이자의 비율을 '금융기관의 일반자금 대출 시 적용되는 연체이자율'로 정하였다가 2006. 5. 25. 개정을 통해 현행과 같이 '금융기관 대출평균금리'로 변경되었다. 전자가 통상 연 15% 수준임에 반하여, 후자는 3, 4%대에 불과하여 계약상대방에게 매우 불리하게 개정된 것이다. 그런데 시공사의 준공의무와 발주기관의 대가지급의무는 쌍무계약상 동시이행관계에 있는 대등한 의무라는 점에서 상호 공평의 원칙이 적용되어야 하는바, 일반적으로 연 15%를 훌쩍 넘는 지체상금율과 현저한 차이를 보이는 '금융기관 대출평균금리'를 적용하는 것은 국가계약법의 입법취지에 아예 맞지 않는 개악적 조치라고 할 수밖에 없다.
20) 대법원 2020. 12. 24. 선고 2020다259940 판결(판례공보 미게재).
21) 대법원 2009. 12. 24. 선고 2009다85342 판결; 대법원 2013. 4. 26. 선고 2011다50509 판결.

IV. 공사대금채권의 소멸시효

공사대금채권은 3년의 단기소멸시효에 걸린다($\frac{민법 제163}{조 제3호}$). 통상의 경우에는 공사완공일로부터, 도급계약에서 완성된 목적물의 인도의무를 부과하고 있는 경우에는 목적물의 인도일로부터 각 3년이 경과한 이후에는 소멸시효가 완성된다.

민법 제166조 제1항은 "소멸시효는 권리를 행사할 수 있는 때로부터 진행한다"고 규정하고 있는바, 여기서 '권리를 행사할 수 있는 때'라 함은 권리를 행사함에 있어 이행기의 미도래, 정지조건부 권리에 있어서의 조건 미성취와 같은 법률상의 장애가 없는 경우를 말하는 것이다.[22]

한편 건설분쟁에서 공사대금채권자가 가압류를 하는 경우가 많은데 가압류에 의한 소멸시효중단 효력의 발생 시기는 가압류를 신청한 때로 보아야 한다.[23]

소멸시효의 대상은 도급받은 공사의 공사대금채권 뿐만 아니라 그 공사에 부수되는 채권도 포함하며,[24] 또 당사자가 공사에 관한 채권을 약정에 기한 채권이라고 주장한다고 하더라도 그 채권의 성질이 변경되지 아니한 이상 단기소멸시효에 관한 민법 제163조 제3호의 적용을 배제할 수는 없다.[25]

그러나 공사도급계약이 아닌 정산금약정인 경우에는 공사비채권에 해당하지 아니하여 위 소멸시효가 적용될 수 없다.[26]

---

22) 도급공사를 시행하던 중 발생한 홍수피해의 복구공사로 수급인이 도급인에 대하여 갖는 복구공사비 청구채권은, 공사도급계약에 부수되는 채권으로서 그 채권 행사에 법률상 장애가 있었다고 보이지 않으므로 복구공사가 완료한 때부터 소멸시효가 진행한다: 대법원 2009. 11. 12. 선고 2008다41451 판결.

23) 대법원 2017. 4. 7. 선고 2016다35451 판결.

24) (공사대금채권이 시효로 소멸한 경우) 그 계약상 도급인에게 수급인으로 하여금 공사를 이행할 수 있도록 협력하여야 할 의무가 인정된다고 하더라도 이러한 협력의무는 계약에 따른 부수적 내지는 종된 채무로서 민법 제163조 제3호에 정한 '공사에 관한 채무'에 해당하고, 주된 채무인 공사대금채무가 시효로 소멸하였다는 도급인의 주장에는 종된 채무인 위 공사 협력의무의 시효소멸 주장도 들어 있는 것으로 볼 수 있다: 대법원 2010. 11. 25. 선고 2010다56685 판결.

25) 대법원 1994. 10. 14. 선고 94다17185 판결. 공사를 시행하던 도중 폭우로 인하여 침수된 지하 공사장과 붕괴된 토류벽을 복구하는 데 소요된 복구공사대금채권을 약정금으로 청구한 데 대하여, 도급을 받은 자의 공사에 관한 채권으로 판단하여 민법 제163조 제3호를 적용한 사례임.

26) 원고(한국전력공사)가 피고(지방자치단체)의 요청을 받아 지중이설에 관한 공사를 하기에 이르렀더라도, 이는 한국전력공사가 직접 발주처 내지 사업시행자의 지위에서 스스로의 권한과 책임하에 공사를 한 것일 뿐, 애당초 지방자치단체와의 관계에서 위 공사를 하는 것을 쌍무계약상의 급부의무와 같이 부담한 것으로는 보기 어려우며, 오히려 위 이행협약 및 공사비부담계약은 현행 전기사업법 제72조의2 제2항 본문 내용 및 취지와 동일하게 원래는 지방자치단체가 부담했어야

제4절 선 급 금

I. 의   의

선급금(advance payment)은 자금 사정이 좋지 않은 수급인으로 하여금 자재 확보, 노임 지급 등에 어려움이 없이 공사를 원활하게 진행할 수 있도록 하기 위하여 도급인이 장차 지급할 공사대금을 수급인에게 미리 지급하여 주는 선급 공사대금으로서, 구체적인 기성고와 관련하여 지급된 공사대금이 아니라 전체 공사와 관련하여 지급된 선급 공사대금이다.[27] 수급인은 이 금원을 당해 공사에 사용될 자재구입과 노임 지급에 사용하여야 하며 다른 용도에 사용할 수 없다. 선급금은 건설공사도급계약이나 기계제작계약 등 특수한 계약에서만 인정되는 제도이다.

일반적으로 선급금은 공사대금에 대한 일정 비율로 정하여지고, 공사도급계약 체결 후 수급인이 도급인에게 선급금 사용계획서 등을 제출하고 선급금의 지급을 요청하면 도급인은 공사도급계약에서 정한 선급금을 지급하게 된다. 나아가 건설산업기본법 제34조 제3항, 하도급거래 공정화에 관한 법률 제6조 제1항 등은 수급인이 도급인으로부터 선급금을 받은 경우 하수급인에게 그 내용과 비율에 따라 이를 지급할 것을 규정하고 있다. 소송실무상으로는 공사가 중간에 해지된 경우 선급금의 반환범위, 다른 목적에의 유용 여부 및 선급금 보증에 관하여 주로 분쟁이 발생한다.

II. 선급금의 정산방법

도급인이 선급금을 지급한 경우 그 정산방법은 공사도급계약의 내용에 따라 정해지는데, 도급인은 기성고 확정 당시 선급금 전체금액에서 기성고의 비율에 해당하는 선급금을 공제함으로써 공사대금의 지급에 갈음하고, 수급인에게 선급금 공제금액을 제외한 나머지 기성금만을 현실적으로 지급하는 것이 보통이다.

할 비용 중의 일부를 한국전력공사가 자발적으로 부담하기 위한 목적에서 체결된 것으로 볼 여지가 많으므로, 위 정산금 채권은 민법 제163조 제3호에 따른 수급인이 도급인에 대하여 갖는 공사에 관한 채권에 해당한다고 볼 수 없다: 대법원 2020. 9. 3. 선고 2020다227837 판결.

27) 대법원 1999. 12. 7. 선고 99다55519 판결.

민간건설공사 표준도급계약서 일반조건 제11조(선금)는 "수급인은 선금을 계약목적 달성을 위한 용도 이외의 타 목적에 사용할 수 없으며, 노임 지급 및 자재확보에 우선 사용하여야 한다"($^{제3}_{항}$), "선금은 기성부분에 대한 대가를 지급할 때마다 [선금액×기성부분의 대가/계약금액]의 방식으로 산출한 금액을 정산한다"($^{제4}_{항}$), "도급인은 계약을 해제·해지한 경우, 수급인이 선금 지급조건을 위반한 경우에 선금잔액에 대하여 반환을 청구할 수 있다"($^{제5}_{항}$)고 규정하고 있다.[28]

선급금이 선급 공사대금의 성질을 갖는다는 점에 비추어 선급금을 지급한 후 도급계약이 해제 또는 해지되거나 선급금 지급조건을 위반하는 등의 사유로 수급인이 도중에 선급금을 반환하여야 할 사유가 발생하였다면, 특별한 사정이 없는 한 별도의 상계의 의사표시 없이도 그때까지의 기성고에 해당하는 공사대금 중 미지급액은 당연히 선급금으로 충당되고 도급인은 나머지 공사대금이 있는 경우 그 금액에 한하여 지급할 의무를 부담하게 된다.[29] 그리고 선급금이 미지급 공사대금에 충당되고도 남는다면 수급인이 도급인에게 남는 금액을 반환하여야 하며 이 반환채무는 선급금 그 자체와는 성질을 달리하는 것이다.[30] 따라서 미정산 선급금반환채무와 공사대금채권이 상계적상에 있는 경우, 이를 상계나 공제하는 등의 방법으로 별도의 정산을 거쳐야 한다.

수급인의 귀책사유로 계약이 해제 또는 해지되는 경우, "수급인은 선급금 잔액에 대하여 선급금 지급시부터 반환시까지 약정이자 상당액을 가산하여 반환하여야 한다"는 약정이 있으면 수급인은 위 약정된 금원에 대하여도 반환의무가 있다.[31]

Ⅲ. 공동수급체와 선급금반환채무

수인이 공동수급체를 구성하여 건설공사를 공동 도급받았다가 공사 중단 등으로 선급금을 반환할 경우에 다른 구성원과의 관계가 문제된다. 분담이행방식의

---

28) 정산규정에서 정한 산식 중 '기성부분의 대가상당액' 및 '계약금액'은 모두 당해 기성부분 대가 지급 시를 기준으로 한 금액만을 의미한다: 대법원 2020. 5. 14. 선고 2016다218379 판결.
29) 대법원 2002. 9. 4. 선고 2001다1386 판결; 대법원 2004. 11. 26. 선고 2002다68362 판결; 다만 이때 선급금의 충당 대상이 되는 기성공사대금의 내역을 어떻게 정할 것인지는 도급계약 당사자의 약정에 따라야 하는바, 직불합의된 하도급대금이 제외되는 경우가 있음을 주의하여야 한다(대법원 2010. 5. 13. 선고 2007다31211 판결). 제10장 제5절 Ⅱ. 5. (5) 참조.
30) 대법원 2010. 7. 8. 선고 2010다9597 판결.
31) 대법원 2016. 1. 28. 선고 2013다74110 판결.

공동도급은 각 구성원이 개별 책임을 지므로 각자의 선급금을 개별적으로 정산하면 되지만, 공동이행방식은 조합체를 구성하기 때문에 조합의 책임이론에 따르면 공동수급체를 권리와 의무의 주체로 보고 모든 구성원의 공사대금 지급채권은 전체로서 함께 정산하여야 한다. 그러나 공동도급이행요령에 의하면 공사대금을 각 구성원의 지분비율별로 지급하도록 되어 있어서 선급금의 반환채무를 어떻게 처리할지가 문제된다.

이에 대하여 대법원은 공동이행방식의 공동수급체 구성원이 도급인에게 부담하는 연대책임의 범위에 선급금반환채무는 포함되지 않는다고 판시하였다.[32] 나아가 대법원 2001. 7. 13. 선고 99다68584 판결은 선급금반환과 공사대금의 지급은 구성원별로 따로 정산하여야 한다는 취지의 판시를 하고 있다. 이에 관한 자세한 사항은 제2편 제9장 건설공동수급체 부분에서 살핀다.

Ⅳ. 선급금반환채무와 각종 보증책임의 범위

계약보증금이 담보하는 채무나 계약이행보증인의 보증채무에는 수급인의 선급금반환채무가 포함된다.[33] 수급인의 채무불이행으로 계약이 해지됨으로써 선급금반환채무가 발생한 이상 이는 계약보증금의 대상에 포함됨이 당연하다.

반면에 공사도급계약에 관하여 개별적으로 연대보증을 한 연대보증인 등의 보증책임의 범위는 공사목적물의 완성 및 하자보수의무에 미치는데, 이러한 시공의무 이외에 선급금반환채무에도 미친다고 할 것인가? 대법원은 관급공사의 연대보증인의 보증책임범위는 수급인의 공사시행에 관한 의무의 보증에 한정되고 수급인의 선급금반환채무에까지는 미치지 않는다고 판시하였다.[34] 반면에 민간공사의 경우 대법원은 선급금반환의무는 채무자가 채무불이행으로 인하여 부담하여

---

32) 대법원 2002. 1. 25. 선고 2001다61623 판결. 이 판결 전후에 선고된 대법원 2002. 8. 23. 선고 2001다 14337 판결; 대법원 1999. 10. 8. 선고 99다20773 판결; 대법원 2000. 6. 13. 선고 2000다13016 판결도 같은 취지이다.

33) 구 건설공제조합법(1993. 12. 10. 법률 제4600호로 개정되기 전의 것) 하의 계약보증은 수급인이 계약이행과정에서 그 귀책사유로 인하여 도급인에게 채무를 부담하게 될 경우 그 채무의 이행을 보증하는 것이고, 이에는 수급인의 선급금 반환의무가 포함된다: 대법원 2000. 6. 13. 선고 2000다 13016 판결; 대법원 1996. 3. 22. 선고 94다54702 판결.

34) 대법원 1999. 10. 8. 선고 99다20773 판결; 대법원 2005. 3. 25. 선고 2003다55314 판결.

야 할 원상회복의무에 해당하므로 보증인이 보증책임을 진다고 판시하였다.[35]

Ⅴ. 선급금보증(보험)계약[36]

도급인은 선급금 지급시에 수급인의 선급금반환채무를 보증하기 위하여 수급인에게 금융기관 등이 발행한 선급금 보증서를 제출하도록 요구하는 것이 보통이다.

1. 약정이자의 포함범위

금융기관 등이 발행한 선급금 보증서에는 "보험금은 수급인이 도급인에게 지급하여야 할 선급금에서 미정산 공사대금을 공제한 금액으로 하되, 관계 법령이나 주계약에서 선급금 반환에 관하여 정함이 있는 경우에는 그에 따른다", "도급인이 보험사고를 금융기관 등에 지체 없이 신고하고 보험금을 청구하면 금융기관 등은 보험금 지급에 필요한 조사를 마친 후 지체 없이 지급할 보험금을 결정하고, 지급할 보험금이 결정되면 ○○일 이내에 보험금을 지급한다"고 규정되어 있는 것이 보통이다. 이와 같은 경우 선급금 잔액에 대하여 선급금 지급시부터 약정이자 상당액을 가산하여 반환하기로 약정하였다면, 이는 선급금 반환에 관한 약정이라 할 것이므로 원칙적으로 위 약정이자 상당액도 보험금에 포함된다고 해석하여야 할 것이다.

다만 이 경우 언제까지의 약정이자가 보험금에 포함되어야 하는지가 문제될수 있는데, 우선 선급금 지급일부터 수급인이 반환해야 할 선급금 잔액이 확정되는 도급계약 해제일까지의 기간 동안에 발생한 약정이자는 당연히 보험금에 포함되어야 할 것이다. 그러나 도급계약 해제일 이후부터 실제로 선급금 잔액을 반환할 때까지의 기간 동안에 발생하는 이자에 대해서는 견해가 나뉘는데, 다수의 실무례는 이 기간 동안에는 법정이율에 의한 이자만이 보험금에 포함되는 것으로 본다. 즉 보증채무는 주채무와는 별개의 채무이므로 주채무에 관하여 약정된 연체이율이 당연히 보증채무에 적용되는 것은 아닌 점,[37] 약관에서 통상 금융기관 등의 보험금 지급시기를 별도로 규정하고 있는 점 등에 비추어, 금융기관 등의 보

---

35) 대법원 2012. 5. 24. 선고 2011다109586 판결.
36) 선급금반환채무 보증(보험)계약이 정확한 표현인데 건설실무상 대개 선급금보증이라고 부른다.
37) 대법원 2000. 4. 11. 선고 99다12123 판결.

험금 지급채무는 공사도급계약의 해제·해지일에 확정되고, 보험금 지급시기 이후부터는 법정이율에 의한 지연손해금 지급의무를 부담하는 것으로 본다.

이에 대해서는 보증보험계약이 실질적으로 보증의 성격을 가지고 있다는 점을 중시하여 금융기관 등은 수급인과 동일한 책임을 부담하여야 하므로, 선급금 잔액에 대하여 선급금 지급시부터 실제반환시까지의 전기간 동안의 약정이자 상당액을 가산하여 보험금으로 지급하여야 한다는 견해도 있다.

2. 미지급 공사대금과 하자보수보증금의 공제 여부

보증인이 지급하는 선급금으로 변제충당될 대상은 도급인의 미지급 공사대금에서 하자보수보증금을 공제한 잔액이라고 주장할 수 있는가? 선급금은 그 반환사유가 발생한 경우 별도의 상계 의사표시 없이도 미지급 공사대금에 당연히 변제 충당된다는 점, 하자보수보증금을 공제할 경우 선급금 지급에 관하여 위험을 인수한 보험회사가 하자보수보증금 지급에 관한 위험도 인수한 것과 같은 결과를 초래한다는 점에 비추어 볼 때, 하자보수보증금은 선급금 변제충당시 미지급공사대금에서 공제할 수 없다고 할 것이다.

3. 기성금의 과다 지급시 면책주장

도급인이 기성금의 지급방법에 관한 도급계약상의 약정에 어긋나게 기성금을 과다 지급한 경우에는 선급금 이행보증을 한 보증인은 그 범위 내에서 면책을 주장할 수 있다. 물품공급계약을 주계약으로 하는 선급금 이행보증보험계약의 보험약관상 "보험자는 피보험자의 책임 있는 사유로 생긴 손해는 보상하지 아니한다"라고 규정되어 있는 경우, 그 보험계약에 있어서 공급 금액, 공급 내용 및 공급기간과 지급된 선급금액뿐만 아니라 그 밖에 기성금의 지급방법 및 선급금의 물품대금에의 상계충당방법에 관한 내용도 보험계약상 중요한 사항으로서 보험자는 이에 관한 주계약상의 약정을 기초로 보험을 인수하는 것이므로, 피보험자가 기성금의 지급방법에 관한 주계약상의 약정에 따라 기성금을 지급하였더라면 보험사고 발생시에 잔존하는 선급금을 미정산금액과 상계하여 선급금 반환채권이 존재하지 않았을 것임에도, 주계약상의 약정에 어긋나게 기성금을 과다 지급함으로써 선급금과 상계할 미정산금액이 존재하지 않게 됨으로써 선급금을 반환받지 못하게 되었다면, 피보험자가 선급금을 반환받지 못하게 된 손해는 위 선급금 이행보증보험약관 소정의 보험자의 면책사유인 '피보험자의 책임 있는 사유로 생긴 손해'에 해당한다고 보아야 한다.[38]

제5절 기성공사대금채권

I. 기성공사대금의 지급

도급인이 수급인에게 기성고에 따라 공사대금을 수 차례 나누어 지급하기로 약정한 경우나 공사계약이 중도에 해제되어 공사가 중단된 경우에 도급인은 기성고를 확정하여 수급인에게 기성공사대금을 지급하여야 한다. 공사 도중에 계약이 해제되어 미완성부분이 있는 경우라도 그 공사가 상당한 정도로 진척되어 원상회복이 중대한 사회적·경제적 손실을 초래하게 되고, 완성된 부분이 도급인에게 이익이 되는 때에는 도급계약은 미완성부분에 대해서만 실효되어 수급인은 해제된 상태 그대로 그 건물을 도급인에게 인도하고, 도급인은 그 건물의 기성고 등을 참작하여 인도받은 건물에 대하여 상당한 보수를 지급하여야 할 의무가 있다.[39]

II. 기성고 확정시점

기성고 확정의 시점은 분할 지급의 경우에는 약정된 공사대금 지급일이고, 공사도급계약이 중도에 해제된 경우에는 해제된 날이다. 이 날을 기준으로 하여 자재비, 노임 등을 산정하여야 한다.

따라서 공사도급계약이 수급인의 귀책사유로 중도해제되어 당일 그 현장이 인도된 경우에 있어 그 기성고에 따른 수급인의 공사금채권에 대하여는 기성고확정 기준일인 계약해제일의 다음날부터 지연손해금이 발생한다.[40]

---

38) 대법원 1999. 6. 22. 선고 99다3693 판결.
39) 대법원 1997. 2. 25. 선고 96다43454 판결.
40) 대법원 1991. 7. 9. 선고 91다11490 판결.

Ⅲ. 기성고의 산정방법

기성고의 산정방법으로는 다음과 같은 3가지가 가능하다. ① 이미 시공한 부분에 실제로 소요된 비용, ② 약정 총공사비에서 미시공한 부분의 완성에 실제로 소요될 공사비를 공제한 금액, ③ 약정 총공사비에 기성고 비율을 적용한 금액이 그것이다. 이 중 ①의 방법으로 한다면 수급인이 필요 이상의 비용을 지출할 경우에도 도급인이 그 전액을 지급하여야 하는 결과를 초래하고, ②의 방법으로 한다면 계약 해제 이후 물가가 상승하여, 또는 도급인이 미시공 부분의 공사에 필요 이상의 비용을 지출하여 그 비용이 증가된 경우에 수급인이 불이익을 입게 되는 결과가 되어 불합리하다. 따라서 ③의 방법에 의하는 것이 가장 합리적이라고 볼 것이다.[41]

대법원도 이러한 취지에서 일관되게 "건축공사도급계약에 있어서 수급인이 공사를 완성하지 못한 상태로 계약이 해제되어 도급인이 그 기성고에 따라 수급인에게 공사대금을 지급하여야 할 경우, 그 공사비 액수는 공사비 지급방법에 관하여 달리 정한 경우 등 다른 특별한 사정이 없는 한 당사자 사이에 약정된 총공사비에 공사를 중단할 당시의 공사기성고 비율을 적용한 금액이고, 기성고 비율은 공사비 지급의무가 발생한 시점을 기준으로 하여 이미 완성된 부분에 소요된 공사비에다 미시공 부분을 완성하는 데 소요될 공사비를 합친 전체 공사비 가운데 완성된 부분에 소요된 비용이 차지하는 비율"이라고 판시하고 있다.[42]

$$기성고\ 공사대금 = (약정된\ 총공사비) \times (공사중단\ 시의\ 기성고\ 비율)$$

$$기성고\ 비율 = \frac{(기시공\ 부분에\ 소요된\ 공사비)}{(기시공\ 부분에\ 소요된\ 공사비 + 미시공\ 부분에\ 소요될\ 공사비)}$$

만약 공사도급계약에서 설계 및 사양의 변경이 있는 때에는 그 설계 및 사양의 변경에 따라 공사대금이 변경되는 것으로 특약하고, 그 변경된 설계 및 사양에 따라 공사가 진행되다가 중단되었다면 설계 및 사양의 변경에 따라 변경된 공사대금에 기성고 비율을 적용하는 방법으로 기성고에 따른 공사비를 산정하여야 한다.[43]

---

41) 김숙, "공사도급계약이 중도 해제된 경우에 도급인이 지급하여야 할 보수의 산정방법," 『대법원 판례해설』 17호(1992년 상반기), 237면.

42) 대법원 1992. 3. 31. 선고 91다42630 판결; 대법원 1993. 11. 23. 선고 93다25080 판결; 대법원 1996. 1. 23. 선고 94다31631, 31648 판결; 대법원 2017. 1. 12. 선고 2014다11574 판결 등 다수.

43) 대법원 2003. 2. 26. 선고 2000다40995 판결.

설계, 사양의 변경이 아닌 경우 순수 추가공사에 있어서는 단순한 수량 증가의 경우 원칙적으로 공사도급계약상 단가를 기준으로 하여야 하고, 신규물품의 경우 추가공사 완료시의 공사단가를 기준으로 추가공사대금을 산정하여야 한다.

다만 이러한 법리는 강행법적 성질을 갖는 것은 아니고 당사자 사이에 기성고 산정에 관한 특약이 있거나,[44) 45)] 직접적으로 수급인의 지출비용을 기성고로 정할만한 특별한 사정이 있으면 이에 따른다. 예컨대 공사구조가 간단하고 공사가 초기에 중단되어 굳이 미시공 부분의 공사비를 산정할 필요가 없는 경우가 이에 해당된다.

Ⅳ. 감정시 주의사항

재판실무상 기성고 감정은 재판부가 감정인에게 완성된 부분과 미완성된 부분의 확정, 이미 완성된 부분에 소요된 공사비, 미시공 부분을 완성하는 데 소요될 공사비, 전체 공사비 가운데 이미 완성된 부분에 소요된 비용이 차지하는 비율을 감정할 것을 명한다. 공사비는 공사대금의 약정 지급일 또는 계약해제시, 즉 대금 지급의무 발생시의 공사단가(자재비, 노임 등)를 기준으로 하여 산정하여야 하며 반드시 기완성부분의 공사비와 미시공 부분의 공사비는 동일한 시점을 기준으로 하여야 한다. 물가상승에 따른 불합리를 없애기 위해 미시공 부분에 소요될 공사비를 산정하는 시점을 기준으로 하여 기시공 부분의 공사비를 평가하여 기성고비율을 산정하는 것이 타당하다는 견해도 있다.[46)]

---

44) 민간건설공사 표준도급계약서 일반조건 제24조 제1항은 "계약서에 기성부분금에 관하여 명시한 때에는 을(수급인)은 이에 따라 기성부분에 대한 검사를 요청할 수 있으며, 이때 갑(도급인)은 지체 없이 검사를 하고 그 결과를 을에게 통지하여야 하며, 14일 이내에 통지가 없는 경우에는 검사에 합격한 것으로 본다," 같은 조 제2항은 "기성부분은 제2조 제8호의 산출내역서의 단가에 의하여 산정한다. 다만, 산출내역서가 없는 경우에는 공사진척률에 따라 갑과 을이 합의하여 산정한다," 같은 조 제3항은 "갑은 검사완료일로부터 14일 이내에 검사된 내용에 따라 기성부분금을 을에게 지급하여야 한다"고 규정하고 있다.

45) 기성고 비율은 공사대금 지급의무가 발생한 시점, 즉 수급인이 공사를 중단할 당시를 기준으로 이미 완성된 부분에 들어간 공사비에다 미시공 부분을 완성하는 데 들어갈 공사비를 합친 전체 공사비 가운데 완성된 부분에 들어간 비용이 차지하는 비율을 산정하여 확정하여야 한다. … 그러나 이러한 공사 기성고 비율과 그 대금에 관하여 분쟁이 있는 경우에 당사자들이 공사규모, 기성고 등을 참작하여 약정으로 그 비율과 대금을 정산할 수 있다고 보아야 한다: 대법원 2017. 1. 12. 선고 2014다11574 판결.

46) 조정래, "건축도급계약이 중도해제된 경우 수급인의 보수청구권,"『판례연구』Ⅱ(부산판례연구회), 1992.

감정인은 감정서에 감정의 결론뿐 아니라 감정결과에 이르게 된 경위 및 과정을 자세히 기록함으로써, 공사내역 중 어느 부분이 어느 정도까지 이미 완성되었고, 어느 부분이 미완성된 것인지 명백하게 밝혀야 하며, 막연히 기성고 비율이 몇 %라고만 감정하였다면 그러한 감정은 기성고의 감정결과로 이용할 수 없을 것이다.

제6절　추가공사대금

Ⅰ. 추가공사의 개념

시공 도중에 당초의 계약상 공사범위를 넘어서 추가로 공사를 시행하는 경우가 많다. 이에는 당초 공사와 동일성을 유지하면서 양적으로 공사범위를 넓히는 경우(동종 공정상 시공면적을 원계약보다 늘리는 경우)와 당초 공사의 동일성을 넘어서 다른 공정의 공사까지 시공하는 경우(건물의 골조공사만 계약하였다가 외벽공사까지 계약하는 경우)로 구분된다. 나아가 공사의 범위에는 변화가 없으나 자재의 질을 고급화하는 등 질적으로 공사가액을 높이는 경우도 넓은 의미의 추가공사로 볼 수 있다.

또한 추가공사를 위하여 설계변경이 필요한 경우와 설계변경이 불필요한 경우(이미 설계는 되어 있으나 원계약상 공사범위에서 제외되었거나, 설계변경이 필요 없는 경미한 부분에 관한 경우)로도 구분할 수 있다.[47]

Ⅱ. 추가공사약정의 인정 여부

원칙적으로 수급인의 추가공사대금채권이 인정되기 위해서는 도급인과 수급인 사이에 추가공사의 시행 및 추가공사대금 지급에 관한 별도의 약정이 있어야 한다. 그런데 공사현장에서 추가공사약정이 서면화되지 않고 구두로 이루어지는 경우에는 후에 추가공사약정의 존부에 관하여 다툼이 생기게 된다. 당초의 계약 내용과 달리 공사가 이루어진 경우에 이것이 추가로 공사대금채무가 발생하는 추

---

47) 설계변경으로 추가공사가 이루어진 경우는 뒤의 제7절 설계변경·물가변동에 의한 계약금액 조정 부분에서 다시 살핀다.

가공사인지, 아니면 단순한 시공방법 내지 설계의 변경으로 추가 공사대금채무가 발생하지 않는 것인지가 문제된다.

특히 공사대금이 단가계약이 아닌 총액계약으로 된 경우, 당해 추가된 공사가 원계약의 범위에 포함되었는지 여부가 불분명하여 판단이 더 어렵다. 이 경우에는 공사도급계약의 목적, 수급인이 추가·변경공사를 하게 된 경위, 추가·변경공사의 내용(통상적인 범위를 넘는지 여부), 물량내역서나 산출내역서와의 비교, 도급인의 공사현장에의 상주 여부(도급인의 지시나 묵시적 합의), 추가공사에 소요된 비용이 전체 공사대금에서 차지하는 비율 등 제반 사정을 종합하여 추가공사약정의 인정 여부를 판단하여야 할 것이다.

공사도급계약서에 일정한 사유가 발생하면 '공사대금을 협의하여 결정하다" 또는 '협의하여 조정한다'는 기재를 하는 경우가 있다. 이러한 사유가 발생하였는데도 당사자가 협의를 거부하거나 적정 금액 협의가 이루어지지 않는다면, 당사자는 법원에 소를 제기하여 적정한 금액을 인정받을 수 있다.[48]

공사가 정지된 경우 추가공사대금의 부담 여부가 자주 다투어진다. 도급인의 필요에 의하여 공사의 정지가 이루어졌다면 수급인은 도급인에게 공사정지로 인하여 늘어난 추가공사대금을 청구할 수 있다. 계약 내용상 공사정지 시 추가되는 지급금이 추가공사대금이 아니라, 수급인이 잔여 공사대금을 늦게 지급받게 되는 손해를 보전하는 것으로 보는 경우도 있다.[49]

III. 추가공사대금의 산정

건축면적의 증가와 같은 양적 추가공사의 경우에는 당초의 공사와 동일성이 인정되므로 공사도급계약 당시 공사단가에 관한 약정이 있고, 공사단가를 기준으로 하여 총공사대금에 대한 약정이 행하여지게 되면 그 공사도급계약상의 단가를 기준으로 하여 추가공사대금을 산정하여야 한다. 다만 공사도급계약상의 공사단가의 약정이 공사대금의 산정과 관련이 없는 형식적인 것에 불과한 때에는 공사단가에 따른 공사대금을 지급하기로 약정한 것으로 볼 수 없으므로 추가공사 완료시의 공사단가를 기준으로 하여야 할 것이다.

---

48) 대법원 2018. 3. 15. 선고 2015다239508, 239515 판결.
49) 대법원 2020. 1. 9. 선고 2015다230587 판결.

한편 추가공사의 내용이 당초의 공사와 동일성이 인정되지 아니하면 민법 제 665조에[50] 비추어 추가공사대금의 지급시기는 특별한 사정이 없는 이상 추가공사를 완료한 때라고 할 것이므로, 추가공사대금 산정의 기준이 되는 공사단가는 추가공사 완료시의 공사단가라고 할 것이다.

다만 추가공사가 설계변경을 거치고(대부분이 이에 해당할 것이다) 당사자 사이에서 민간건설공사 표준도급계약서에 의하여 계약이 체결되었거나 관급공사인 경우에는, 뒤에서 보는 바와 같이 추가공사대금은 위 표준계약서 일반조건 제21조나 국가를 당사자로 하는 계약에 관한 법률 시행령 제65조 및 공사계약 일반조건 제20조 등에 따라 결정된다.

Ⅳ. 돌관공사로 인한 추가공사대금

돌관공사(突貫工事)'란 예정된 공사일정을 맞추거나 단축하기 위해 장비와 인원을 집중적으로 투입하여 시행하는 공사를 의미한다. 수급인이 공기단축을 위하여 인적, 물적 자원을 집중적으로 투입함에 따라 증가된 공사비를 추가공사비로 청구하지만, 돌관공사를 한 사유가 무엇인지에 따라 추가공사비의 부담 주체가 달라진다.

① 돌관공사에 관한 추가공사대금지급에 관하여 계약상 명문의 규정이 있다면 그에 따라야 하고, ② 명문의 규정이 없지만 도급인이 돌관공사를 지시하고, 돌관공사의 시행에 따라 공사기간이 단축되었으며, 그 돌관공사의 비용에 관한 합리적인 산정 근거가 있다면, 도급인이 추가공사대금을 부담해야 한다. ③ 도급인이 명시적으로 돌관공사를 지시하지는 않았다고 하더라도, 수급인에게 책임 없는 사유로 공사가 지연될 상황이 발생하였고, 공사기간 연장합의도 되지 않아서 수급인이 부득이하게 돌관공사를 할 수밖에 없었다면 역시 도급인이 책임을 져야 한다.

따라서 수급인은 돌관공사를 한 계약상 근거나 도급인이 지시한 사실, 구체적 투입 인력과 공기가 단축되었다는 점, 공사비의 합리적 근거를 증명해야 한다.

---

50) 민법 제665조(보수의 지급시기) ① 보수는 그 완성된 목적물의 인도와 동시에 지급하여야 한다. 그러나 목적물의 인도를 요하지 아니하는 경우에는 그 일을 완성한 후 지체 없이 지급하여야 한다.

돌관공사를 하게 된 데에 도급인의 귀책사유와 수급인의 귀책사유가 모두 포함되어 있다면 양자의 책임을 기간이나 비율로 조정해야 한다. 돌관공사는 급박하게 이루어지므로 계약상 근거가 모호한 점이 많아서 재판 실무상 책임 소재의 판단이 상당히 어렵다.

하급심 판례는 돌관작업에 따른 계약금액 조정의 기준이 되는 '실비'는 공사기간의 단축에 따라 추가로 지출하게 된 비용으로서 공사기간의 단축과 객관적인 관련성이 있어야 할 뿐만 아니라 필요하고 상당한 법위내의 것으로 한정하고 있다.[51]

V. 추가공사대금채권의 강제집행

한편 채권에 대한 압류명령은 압류목적채권이 현실로 존재하는 경우에 그 한도에서 효력을 발생할 수 있는 것이고, 그 효력이 발생된 후 새로 발생한 채권에 대하여는 압류의 효력이 미치지 아니하므로 공사대금채권에 대한 압류 및 전부명령의 송달 후에 체결된 추가공사계약으로 인한 추가공사금채권에는 미치지 아니한다. 또한 명시적인 추가도급계약이 아니라 당초의 도급계약을 수정 변경한 것이라고 하더라도 압류의 효력 발생시기를 기준으로 하여 그 이후 발생분은 압류대상이 되지 않는다.[52]

VI. 추가공사에 관한 감정

추가공사대금의 금액을 확정하기 위한 감정에 있어서는 공사도급계약의 내용에 비추어 수급인이 주장하는 사항이 추가공사에 해당하는지 여부와 추가공사에 소요되었을 비용(추가공사대금)에 대해서 감정하게 한다.

그런데 재판상 추가공사 감정을 명할 때 감정사항을 감정인에게 포괄적으로 위임하는 경우가 있는데, 이러한 감정은 기술적으로 상당히 미묘한 부분이 많고 그 기준에 따라 차이가 많이 나기 때문에 주의를 요한다. 즉 당사자 사이에서 원

---

51) 서울고등법원 2017. 5. 12. 선고 2015나2059519 판결; 서울고등법원 2019. 10. 18. 선고 2017나2058732 판결; 서울고등법원 2021. 7. 23. 선고 2020나201873 판결.
52) 대법원 2001. 12. 24. 선고 2001다62640 판결; 대법원 1989. 2. 28. 선고 88다카13394 판결.

래의 설계도와 시방서 등 원공사의 내역과 범위를 정확히 확정한 다음에, 그 기준에 의하여 삼성인이 추가공사의 범위를 판단하도록 해야 한다. 감정인이 일방 당사자로부터 받은 근거가 없는 설계도를 기준으로 하거나, 건설내역에 관한 특별한 자료가 없이 일반적인 기준에 따라 추가공사 여부를 판단하는 일이 종종 있는바, 이러한 감정은 위법함이 명백하다. 또한 재판부는 감정인에게 감정의 기준이 되는 단가나 기준시점을 명백히 정해 주어야 하고, 감정시에 감정사항에 관하여 기준을 정하기가 어려우면 복수의 기준에 따른 감정을 하도록 할 수밖에 없다.

제7절   설계변경 · 물가변동에 의한 계약금액의 조정

Ⅰ. 설계변경 · 물가변동과 공사금액

공사도급계약에서 정해진 공사대금이나 준공기한 등 확정된 계약내용은 원칙적으로 변경할 수 없음이 원칙이다. 그러나 건축공사의 특성상 시공 중 부득이한 설계변경사유가 발생하고 공사기간의 장기화로 인하여 물가변동이 생길 수도 있기 때문에 공평의 원칙상, 계약상 정한 공사대금에 관하여 증액 또는 감액하는 조정절차가 불가피하다. 따라서 계약 체결 당시에 이에 관하여 미리 약정하거나, 법령상 기준을 정하여 둘 필요성이 크다. 이에 따라 관급공사에 관한 법령이나 표준도급계약서에 이에 관한 규정을 두고 있는바, 민간공사계약과 관급공사계약을 나누어 살펴본다.[53]

Ⅱ. 민간공사계약의 경우

설계변경 및 물가의 변동 등에 따라 계약금액을 조정할 수 있다고 특별한 약정을 한 경우에는 이러한 약정에 따라야 할 것이다. 다만 이러한 약정이 있더라도

---

53) 설계변경으로 추가공사가 이루어진 경우는 앞의 제6절 추가공사대금의 내용과 중복되지만, 추가공사와 설계변경이 항상 동시에 일어나는 것은 아니고 설계변경과 물가변동을 민간건설공사 표준도급계약서나 국가를 당사자로 하는 계약에 관한 법률에서 대표적인 계약금액 조정유형으로 규정하고 있으므로 따로 살피기로 한다.

그 약정이 구체적으로 대금을 증액하기 위하여는 당사자 사이에 협의가 있을 것을 전제로 한다거나, 약정상 대금 증액을 위한 구체적 요건, 절차 및 방법에 관하여 정함이 없는 경우에는 단순히 물가가 인상되었다는 사정만으로 공사대금의 증액을 바로 인정하기는 어려울 것이다.

그런데 민간건설공사 표준도급계약서는 일정한 경우에 설계변경이나 물가변동으로 인한 계약금액의 조정을 다음과 같이 규정하고 있다. 따라서 사인 간에 도급계약이 표준도급계약서에 의하여 체결된 경우에는 이에 따라야 한다.

표준도급계약서 일반조건 제21조(설계변경으로 인한 계약금액의 조정)

① 설계서의 내용이 공사현장의 상태와 일치하지 않거나 불분명, 누락, 오류가 있을 때 또는 시공에 관하여 예기하지 못한 상태가 발생되거나 안전사고의 우려, 사업계획의 변경 등으로 인하여 추가 시설물(가설구조물을 포함)의 설치가 필요한 때에는 "도급인"은 설계를 변경하여야 한다.

② 제1항의 설계변경으로 인하여 공사량의 증감이 발생한 때에는 다음 각 호의 기준에 의하여 계약금액을 조정하며, 필요한 경우 공사기간을 연장하거나 단축한다.

　　1. 증감된 공사의 단가는 제9조의 규정에 의한 산출내역서상의 단가를 기준으로 상호 협의하여 결정한다.

　　2. 산출내역서에 포함되어 있지 아니한 신규비목의 단가는 설계변경 당시를 기준으로 산정한 단가로 한다.

　　3. 증감된 공사에 대한 일반관리비 및 이윤 등은 산출내역서상의 율을 적용한다.

제22조(물가변동으로 인한 계약금액의 조정)

① 계약체결후 90일 이상 경과한 경우에 잔여공사에 대하여 산출내역서에 포함되어 있는 품목 또는 비목의 가격 등의 변동으로 인한 등락액이 잔여공사에 해당하는 계약금액의 100분의3 이상인 때에는 계약금액을 조정한다. 다만, 제17조 제1항의 규정에 의한 사유로 계약이행이 곤란하다고 인정되는 경우에는 계약체결일(계약체결 후 계약금액을 조정한 경우 그 조정일)부터 90일 이내에도 계약금액을 조정할 수 있다.

② 제1항의 규정에 불구하고 계약금액에서 차지하는 비중이 100분의 1을 초과하는 자재의 가격이 계약체결일(계약체결 후 계약금액을 조정한 경우 그 조정일)부터 90일 이내에 100분의 15 이상 증감된 경우에는 "도급인"과 "수급인"이 합의하여 계약금액을 조정할 수 있다.

③ 제1항 및 제2항의 규정에 의한 계약금액의 조정에 있어서 그 조정금액은 계약금액 중 물가변동기준일 이후에 이행되는 부분의 대가에 적용하되, 물가변동이 있

는 날 이전에 이미 계약이행이 완료되어야 할 부분에 대하여는 적용하지 아니한
다. 다만, 제17조 제1항의 규정에 의한 사유로 계약이행이 지연된 경우에는 그러
하지 아니하다.

④ 제1항의 규정에 의하여 조정된 계약금액은 직전의 물가변동으로 인하여 계약금
액 조정기준일(조정 사유가 발생한 날을 말한다)부터 60일 이내에는 이를 다시 조
정할 수 없다.

⑤ 제1항의 규정에 의하여 계약금액 조정을 청구하는 경우에는 조정내역서를 첨부
하여야 하며, 청구를 받은 날부터 30일 이내에 계약금액을 조정하여야 한다

⑥ 제5항의 규정에 의한 계약금액조정 청구내용이 부당함을 발견한 때에는 지체없
이 필요한 보완요구 등의 조치를 하여야 한다. 이 경우 보완요구 등의 조치를 통보
받은 날부터 그 보완을 완료한 사실을 상대방에게 통지한 날까지의 기간은 제4항
의 규정에 의한 기간에 산입하지 아니한다.

계약 실무상 제22조(물가변동으로 인한 계약금액의 조정)의 적용을 배제하거나
제한하는 약정을 하는 경우가 종종 있다. 다음 항에서 보는 바와 같이 관급공사계
약에서 이런 배제약정이 원칙적으로 유효하다는 대법원 2017. 12. 21. 선고 2012다
74076 전원합의체 판결이 선고된 이후에 민간공사계약에서도 배제 약정이 유효
하다는 것이 실무상의 주류적인 입장이 되었다. 그러나 건설산업기본법 제22조
제5항이[54] 현저히 불공정한 도급계약상 약정을 무효라고 규정하고 있는바, 계약
금액 조정조항 배제약정은 원칙적으로 유효하지만 현저히 불공정한 사유가 인정
되는 경우에는 무효로 보아야 할 것이다.

특히 코로나와 우크라이나 전쟁 등으로 원자재 가격이 폭등하여 건설공사비
가 2021년 14%, 2022년 7%로 대폭 상승하자 '당사자들이 예상할 수 있는 수준이 어
느 정도인지', '물가상승율이 어느 정도 되면 현저히 불공정하다고 볼 수 있는지'
를 두고 논란이 많다. 장기간 공사에서 위와 같이 폭이 큰 물가변동의 위험을 건
설사가 무조건 부담하는 것은 형평에 맞지 않기 때문이다. 부산고등법원 2023. 11.
29. 선고 2023나50434 판결은 건설산업기본법 제22조 제5항이 '계약체결 이후 설
계변경, 경제상황의 변동에 따라 발생하는 계약금액의 변경을 상당한 이유 없이
인정하지 아니하는 경우'를 무효로 하도록 정하고 있는바, 이는 강행규정으로서

---

54) 건설산업기본법 제22조 제5항; 건설공사 도급계약의 내용이 당사자 일방에게 현저하게 불공정한
경우로서 다음 각 호의 어느 하나에 해당하는 경우에는 그 부분에 한정하여 무효로 한다.
1. 계약체결 이후 설계변경, 경제상황의 변동에 따라 발생하는 계약금액의 변경을 상당한 이유 없
이 인정하지 아니하거나 그 부담을 상대방에게 떠넘기는 경우

합리적인 근거가 있으면 물가변동 배제약정의 효력을 제한할 수 있다'고 판시하였다. 이 사건은 착공지연 등 발주자의 귀책사유로 8개월간 착공이 늦어지고, 철근가격이 2배 상승한 특수성이 있지만, 계약금액 조정조항 배제약정의 효력을 판단하는 데 의미가 적지 않다.[55] 앞으로 현실에 맞도록 물가변동 배제특약의 효력을 제한하는 방향으로 전향적인 대법원판결이 선고되기를 기대한다.

Ⅲ. 관급공사계약의 경우

1. 관련 법령

국가를 당사자로 하는 계약에 관한 법률 제19조는 "각 중앙관서의 장 또는 계약담당공무원은 공사계약·제조계약·용역계약 또는 그 밖에 국고의 부담이 되는 계약을 체결한 다음 물가변동, 설계변경, 그 밖에 계약내용의 변경(천재지변, 전쟁 등 불가항력적 사유에 따른 경우를 포함한다)으로 인하여 계약금액을 조정(調整)할 필요가 있을 때에는 대통령령으로 정하는 바에 따라 그 계약금액을 조정한다"고 규정하여, 물가변동 및 설계변경에 따른 공사대금의 조정을 규정하고 있다.

따라서 수급인이 국가를 당사자로 하는 계약에 관한 법률 소정의 적법한 요건 및 절차에 따라 국가를 상대로 물가인상에 따른 공사대금의 증액요청을 하였음에도 불구하고 국가의 책임 있는 사유로 인하여 공사대금의 증액에 관한 조정이 성립되지 아니하였음이 인정되는 경우에는, 수급인의 조정신청일을 기준으로 조정률에 해당하는 공사금액의 증액을 인정하여야 할 것이다.

2. 물가변동으로 인한 계약금액 조정

(1) 관급공사가 대부분 장기계약이기 때문에 각종 단가의 가격이 변경될 가능성이 높아서 계약 당사자의 공평성을 보장하고 원활한 계약이행을 도모하기 위하여 물가변동에 따른 변경은 필수적이다.

물가변동 등을 이유로 공사금액의 변경을 요구하려면, ① 계약체결일로부터 90일 이상이 경과되고, ② 기획재정부령에 따라 산출되는 품목조정률 또는 지수조정률이 100분의 3 이상이 증감되어야 한다(국가를 당사자로 하는 계약에 관한 법률 시행령 제64조 제1항).

---

55) 위 사건은 대법원에서 심리불속행 기각으로 확정되었다. 나아가 대한상사중재원의 중재사건에서 물가변동조정 배제특약의 효력을 부인하고 공사대금 증액을 인정한 사례도 있다.

품목조정률은 계약금액을 구성하고 있는 모든 품목 또는 비목의 수량에 등락폭(계약단가×등락률)을 곱한 금액의 합계액을 계약금액으로 나눈 수치를 뜻하고, 지수조정률은 계약금액의 비목을 유형별로 정리하여 비목군을 편성하고 비목군별로 한국은행이 매월 발행하는 통계월보상의 생산자물가 기본분류지수 등을 대비하여 산출하는 수치를 말한다. 대형공사에는 품목이 많아서 품목조정률의 산출이 어려웠으나 요사이는 프로그램의 개발로 양자가 모두 사용되고 있다. 계약금액을 조정함에 있어서 동일한 계약에 대하여는 위의 두 가지 방법 중 하나의 방법에 의하여야 하며, 하나의 계약에서 양자를 혼용할 수 없으며 계약을 체결할 때에 미리 계약금액 조정방법을 계약서에 명시하여야 한다(국가를 당사자로 하는 계약에 관한 법률 시행령 제64조 제2항).[56]

계약금액 조정의 기준이 되는 '물가변동당시가격'이나 '입찰당시가격' 또는 '계약단가'는 각기 별개의 개념으로서, '물가변동당시가격'은 물가변동 당시의 객관적인 거래가격을, '입찰당시가격'은 입찰서 제출마감일 당시의 객관적인 거래가격을 말하고, 다만 객관적인 거래가격이 없는 품목에 있어서는 실제의 계약단가 또는 실제구입가격 그 자체가 입찰당시가격 또는 물가변동당시가격으로 인정될 수 있다(국가를 당사자로 하는 계약에 관한 법률 시행규칙 제74조 제1항, 제3항).[57]

원계약서상 조정기준일 이전에 이행이 완료되어야 할 부분은 조정대상에서 제외되고, 수급인의 귀책사유로 지체된 부분은 조정기일 이후에 이행되었다고 하더라도 조정대상에서 제외된다. 정부에 책임 있는 사유나 천재, 지변 등 불가항력적 사유로 이행이 지연된 경우는 물가변동적용대상에 포함된다(국가를 당사자로 하는 계약에 관한 법률 시행규칙 제74조 제5항).

---

56) 공공계약을 체결하면서 계약서상에 국가계약법 시행령 제64조 제2항과 달리 계약금액 조정방법을 정해놓지 않았다가, 공사 도중에 물가변동조정을 하게 되자 조정방법의 선택을 둘러싸고 의견이 대립되는 경우가 실무상 자주 발생하고 있다. 이러한 경우에 계약상대자인 원고가 계약서에 계약금액 조정방법이 따로 명시되어 있지 않은 이상 원고의 선택권이 유보된 것이므로 계약 체결 이후라도 원고의 선택에 따라 지수조정률에 의한 방법으로 계약금액을 조정할 수 있다고 주장하였는데, 대법원은 위 조항의 개정 내용, 공공계약의 성격 등을 종합할 때, 계약 체결 시 그러한 권리 행사에 아무런 장애사유가 없는데도 원고가 지수조정률 방법을 원한다는 의사를 표시하지 않았다면 품목조정률 방법으로 계약금액을 조정하여야 한다며 원고의 주장을 배척하였다(대법원 2019. 3. 28. 선고 2017다213470 판결). 대법원은 위 조항이 효력규정으로서 선택권의 행사시점을 계약체결 시로 한정하고 그 이후에는 품목조정률 방법만 적용하도록 법규로 정하였다고 본 것이다.

57) 대법원 2003. 10. 24. 선고 2002다4948 판결 참조. 이는 '입찰당시가격'이 아니라 '계약체결당시가격'이라는 개념을 사용하던 구 시행규칙 하에서의 판례이나, 그 취지는 입찰당시가격 기준으로 개정된 현행법령 상으로도 마찬가지일 것으로 판단된다.

위와 같은 신청에 따라 계약금액을 증액 조정하는 경우 각 중앙관서의 장 또는 계약담당 공무원은 30일 이내에 계약금액을 조정하여야 하고, 불가피한 사유가 있는 때에는 계약 당사자와 합의하여 조정기한을 연장할 수 있고, 예산이 없어 계약금액을 증액할 수 없는 때에는 공사량 또는 제조량 등을 조정하여 그 대가를 지급할 수 있도록 하고 있다(국가를 당사자로 하는 계약에 관한 법률 시행규칙 제74조 제9항).

한편 기획재정부 계약예규인 관급공사용 공사계약 일반조건에서는 이러한 국가를 당사자로 하는 계약에 관한 법률의 관련규정을 그대로 받아들여서(공사계약 일반조건 제22조), 이를 계약의 내용으로 편입하였다.

(2) 물가변동으로 인한 계약금액 조정 조항을 배제하거나 제한하는 약정은 유효한가? 공공계약 특히 대형건설·설비공사를 도급하거나 철도차량 등을 구매하면서 계약금액을 고정하는 특약을 체결한 경우 이 특약이 국가계약법령에 위반하는 것인지에 관하여 하급심의 판단이 엇갈려 왔다. 다만 국제입찰에 의한 정부조달계약에서는 계약금액 조정약정을 배제한 '계약금액 고정특약'을 유효한 것으로 인정한 대법원 판결이 있는바,[58] 이는 외자물품계약의 특성 등에 의하여 예외적인 사항에 국한된 것으로 보아 통상적인 관급공사계약에는 적용할 수 없다고 보았다.

대법원은 2017. 12. 21. 선고 2012다74076 전원합의체 판결에서 위와 같은 계약금액 조정조항을 배제하는 것이 유효하다고 판시하였다. 즉 공공계약에 대한 사적자치와 계약자유 원칙상 함부로 계약금액 조정조항 배제합의의 효력을 부정할 수 없다고 본 것이다. 이 판결 이후 관급공사계약에서 물가변동 배제특약의 효력은 특별한 사정이 없는 한 유효하다는 것이 실무상 기준으로 되었다. 대법원 2018. 10. 25. 선고 2015다221958 판결, 대법원 2018. 11. 29. 선고 2014다 233480 판결 등은 각각 물가상승분이 3년간 합계 각 1.8%, 6.8%인 경우에 이 정도의 물가상승은 원고도 예상하였을 것이므로, 이 사건 특약이 무효라고 볼 수 없다고 판시하였다.

다만 위 판결은 "국가계약법 제4조는 '계약담당공무원은 계약을 체결함에 있어서 국가계약법령 및 관계 법령에 규정된 계약상대자의 계약상 이익을 부당하게 제한하는 특약 또는 조건을 정하여서는 아니 된다'고 규정하고 있으므로, 공공계약에서 계약상대자의 계약상 이익을 부당하게 제한하는 특약은 효력이 없다."고 판시하면서 무효의 판단기준을 제시하고 있음을 주의하여야 한다. 사안에 따라 '계약상대자의 계약상 이익'의 침해 정도를 검토할 필요가 있다.

---

58) 대법원 2003. 8. 22. 선고 2003다318 판결.

(3) 물가변동으로 인한 계약금액 조정에 있어, 계약체결일부터 일정한 기간이 경과함과 동시에 품목조정률이 일정한 비율 이상 증감함으로써 조정사유가 발생하였다 하더라도 계약금액 조정은 자동적으로 이루어지는 것이 아니라, 계약당사자의 상대방에 대한 적법한 계약금액 조정신청이 있어야 비로소 이루어진다.

물가변동으로 인한 계약금액 조정에 있어서 조정기준일 이후에 이행된 부분의 대가(기성대가)라 할지라도 그 대가가 조정에 앞서 이미 지급된 경우에는, 조정의 대상이 되는지에 관하여 두 가지 경우로 나뉜다. 증액 조정이나 감액 조정을 불문하고 그것이 개산급(槪算給)으로 지급되었거나 계약 당사자가 계약금액 조정을 신청한 후에 지급된 것이라면, 이는 차후 계약금액의 조정을 염두에 두고 일단 종전의 계약내용에 따라 잠정적으로 지급된 것으로 보아 물가변동적용대가(계약금액 중 조정기준일 이후에 이행되는 부분의 대가)에 포함되어 계약금액 조정의 대상이 된다. 반면에 당사자 사이에 계약금액 조정을 염두에 두지 않고 확정적으로 지급을 마쳤다면 이는 당사자의 신뢰보호 견지에서 물가변동적용대가에서 공제되어 계약금액 조정의 대상이 되지 않는다.[59]

(4) 물가변동으로 인한 계약금액 조정을 하여 변경계약을 체결하면서 일부 사항에 관하여 이의를 유보하는 경우가 있다. 이때 변경계약으로 확정적으로 변경되는 사항과 이의를 유보하여 후에 결정하기로 하는 사유를 구분하여야 한다. 또한 이의유보를 하였는지 여부도 다투어지는 경우가 있으므로 이를 명확히 할 필요가 있다.[60]

---

59) 대법원 2006. 9. 14. 선고 2004다28825 판결.
60) 도급인이 계약금액 조정 신청 이전에 지급을 마친 기성대가에 대하여는 감액대상에서 제외되어야 한다는 수급인의 주장에 대하여, 변경계약 체결 당시 수급인이 이의를 유보한 사항은 '물가변동으로 인한 감액사유의 존부'일 뿐, '계약금액 조정 신청 이전에 지급을 마친 기성대가가 감액대상에서 제외되어야 하는지 여부'는 이의유보의 대상이 아니었으므로, 수급인으로서는 계약금액 조정 신청 이전에 지급된 기성대가에 대한 신뢰보호를 스스로 포기한 채 변경계약을 체결하였던 이상, 그 후 물가변동으로 인한 계약금액 감액분에 대하여 위와 같이 이의를 유보한 사항 이외에 다른 사유를 들어 변경계약의 효력을 다투는 것은 허용되지 않는다(감사원의 시정요구에 응하여 계약금액의 감액을 합의하되 그 감액사유의 존부에 대하여 추후 객관적 분쟁해결절차를 통하여 다투어 보기로 하는 내용의 이의유보에 관한 합의가 부가됨으로써 공사대금감액합의와 이의유보합의가 병존되어 있는 사안임): 대법원 2009. 9. 10. 선고 2009다34665 판결.

판례

물가변동으로 인한 계약금액 조정조항 배제합의의 유효 여부 [대법원 2017. 12. 21. 선고 2012다74076 전원합의체 판결]

[다수의견] 국가계약법상 물가의 변동으로 인한 계약금액 조정 규정은 계약상대자가 계약 당시에 예측하지 못한 물가의 변동으로 계약이행을 포기하거나 그 내용에 따른 의무를 제대로 이행하지 못하여 공공계약의 목적 달성에 지장이 초래되는 것을 막기 위한 것이다. 이와 더불어 세금을 재원으로 하는 공공계약의 특성상 계약 체결 후 일정 기간이 지난 시점에서 계약금액을 구성하는 각종 품목 또는 비목의 가격이 급격하게 상승하거나 하락한 경우 계약담당자 등으로 하여금 계약금액을 조정하는 내용을 공공계약에 반영하게 함으로써 예산 낭비를 방지하고 계약상대자에게 부당하게 이익이나 불이익을 주지 않으려는 뜻도 있다. … 위와 같은 공공계약의 성격, 국가계약법령상 물가변동으로 인한 계약금액 조정 규정의 내용과 입법 취지 등을 고려할 때, 위 규정은 국가 등이 사인과의 계약관계를 공정하고 합리적·효율적으로 처리할 수 있도록 계약담당자 등이 지켜야 할 사항을 규정한 데에 그칠 뿐이고, 국가 등이 계약상대자와의 합의에 기초하여 계약 당사자 사이에만 효력이 있는 특수조건 등을 부가하는 것을 금지하거나 제한하는 것이라고 할 수 없으며, 사적 자치와 계약자유의 원칙상 그러한 계약 내용이나 조치의 효력을 함부로 부인할 것이 아니다.

다만 국가를 당사자로 하는 계약에 관한 법률 시행령 제4조는 '계약담당 공무원은 계약을 체결함에 있어서 국가계약법령 및 관계 법령에 규정된 계약상대자의 계약상 이익을 부당하게 제한하는 특약 또는 조건을 정하여서는 아니 된다'고 규정하고 있으므로, 공공계약에서 계약상대자의 계약상 이익을 부당하게 제한하는 특약은 효력이 없다. 여기서 어떠한 특약이 계약상대자의 계약상 이익을 부당하게 제한하는 것으로서 국가계약법 시행령 제4조에 위배되어 효력이 없다고 하기 위해서는 그 특약이 계약상대자에게 다소 불이익하다는 점만으로는 부족하고, 국가 등이 계약상대자의 정당한 이익과 합리적인 기대에 반하여 형평에 어긋나는 특약을 정함으로써 계약상대자에게 부당하게 불이익을 주었다는 점이 인정되어야 한다. 그리고 계약상대자의 계약상 이익을 부당하게 제한하는 특약인지는 그 특약에 의하여 계약상대자에게 생길 수 있는 불이익의 내용과 정도, 불이익 발생의 가능성, 전체 계약에 미치는 영향, 당사자들 사이의 계약체결과정, 관계 법령의 규정 등 모든 사정을 종합하여 판단하여야 한다.

3. 설계변경으로 인한 계약금액 조정

국가를 당사자로 하는 계약에 관한 법률 시행령 제65조는 설계변경으로 인하여 공사량의 증감이 발생한 때에는 각 기준에 따라 계약금액을 조정한다고 정하고 있고, 공사계약 일반조건 제19조 제1항은 그 사유로 다음과 같은 사항을 규정하고 있다.[61]

1호. 설계서의 내용이 불명확하거나 누락, 오류 또는 상호 모순되는 점이 있을 경우 (설계도면, 시방서, 현장설명서, 물량내역서 사이에 내용이 틀린 경우가 대표적인 예이다).

2호. 지질, 용수 등 공사현장의 상태가 설계서와 다를 경우(도급인은 공사 발주 전에 공사현장의 자연적 또는 인위적 시공조건에 대하여 충분한 조사를 실시하고 그에 근거하여 설계서를 작성하여야 하며 수급인의 시공 준비를 위하여 가능한 모든 정보를 제공하여야 한다. 지질, 용수 이외에도 건축물과 댐, 지하 매설물 등 인위적 지장물, 소유권, 통행권 등 무형적 지장물도 설계서와 달리 되어 있으면 설계변경 사유가 된다).

3호. 새로운 기술 공법 사용으로 공사비의 절감 및 시공기간의 단축 등의 효과가 현저한 경우

4호. 기타 발주기관이 설계서를 변경할 필요가 있다고 인정할 경우

한편 설계변경으로 인한 시공방법의 변경, 투입자재의 변경 등 공사량의 증감이 발생하여 계약금액을 조정하는 경우의 기준에 관하여는 같은 법 시행령 제65조 제3항, 공사계약 일반조건 제20조 등이 상세히 규정하고 있다. 그러나 산출내역서상 단가의 과다 및 과소 산정, 품셈 및 일위대가표의 내용 변경, 계산착오로 인한 원가의 과다계상 등은 설계변경에 해당하지 않는다.

한편 설계·시공 일괄계약에 대하여는 정부에 책임이 있는 경우 또는 천재 지변 등 불가항력의 사유로 인한 경우 이외에는 계약금액을 증액할 수 없다(시행령 제91조 제1항). 설계에 대한 책임이 원칙적으로 수급인에게 있으므로 설계상 오류를 보완

---

61) 설계변경의 정형적 절차는 다음과 같다. 설계변경사유가 발생하면 ① 시공자가 설계변경신청을 하여 도급인이 승인하거나, 도급인이 설계변경지시를 하고, ② 시공자가 당해 수정공정예정표, 수정도면 및 수정상세도면, 조정이 요구되는 계약금액 및 기간, 여타의 공정에 미치는 영향 등을 제출하고(공사계약 일반조건 제19조의7), ③ 도급인이 이를 검토한 뒤, ④ 시공자가 시공계획서를 제출하여 승인을 받고 시공하여야 한다. 그런데 공사현장에서 이러한 서면 절차를 제대로 거치지 않고 구두로 설계변경이 이루어져서 문제가 복잡해지는 것이다.

하는 설계변경에는 계약금액의 증액을 허용하지 않는 것이다.

계약이 설계·시공일괄입찰방식에 의한 도급계약의 형태로 되어 있으나 실질적인 계약의 내용상 공사기간의 변경, 운반거리 변경 등 사유로 계약금액을 조정할 수 있다는 유보 규정을 둔 경우에는 내역입찰방식에 의한 계약의 요소가 가미된 것으로 보아 공사대금을 조정할 수도 있다.[62]

4. 기타 계약내용 변경으로 인한 계약금액 조정

같은 법 시행령 제66조는 물가변동과 설계변경사유 이외에 공사기간이나 자재 운반거리의 변경 등 계약내용의 변경으로 계약금액을 조정하여야 할 필요가 있는 경우에는 그 변경된 내용에 따라 실비를 초과하지 않는 범위 안에서 이를 조정하도록 규정하고 있다. 이 경우는 이전에는 설계변경의 한 예로서 취급하였지만 공사물량의 증감이 수반되지 않는다는 점에서 설계변경과 차이가 난다는 이유로 1996년 시행령 개정시에 시행령 제65조와 별도로 규정한 것이다.

수급인의 책임 없는 사유로 공사장 환경이 바뀌어 당초 계약시에 예정하였던 토사장(토사채취를 공공사업용으로 계상하였으나 그 후 일반 사업용으로 변경된 경우), 자재적치장(지하철 공사 중 교통 혼잡 이유로 자재 적치장이 먼 곳으로 변경된 경우), 공사장 안전감시 및 관리방법(안전감시원의 대폭 증가) 등 시공의 제반 조건이 바뀐 경우가 이에 해당된다. 공기가 연장되어 비용이 증가된 경우는 다음 항에서 별도로 다룬다.

Ⅳ. 공사기간 연장에 따른 계약금액 조정(간접비)

1. 간접비의 의의

공사에 소요되는 비용은 크게 공사 현장에서 계약목적물을 완성하기 위한 직접 작업에 투입되는 비용(직접비)과 그러한 공사현장을 운영하고 관리·감독하는 보조작업에 투입되는 비용(간접비)으로 나누어 볼 수 있다. 직접비는 공사물량의 증감·변동에 따라 함께 증감·변동하는 반면, 간접비는 주로 공사기간의 증감·변동에 따라 증감·변동하게 되는바, 이처럼 공사기간이 연장되면 주로 간접

---

62) 대법원 2002. 8. 23. 선고 99다52879 판결.

비 증가를 수반하게 된다.[63] 수급인 책임으로 공사가 지연되면 수급인이 지체상금 책임을 부담하는 것과 동일한 차원에서, 도급인의 귀책사유로 공기가 지연될 경우 도급인이 이로 인한 간접비증가 책임을 부담하여야 하는 것이다.[64]

[지체상금과 공사기간 연장책임]

귀책사유		효과
수급인의 책임사유		• 공사기간 연장 불가 • 지체상금 부과
수급인의 책임 없는 사유	불가항력	• 공사기간 연장 가능 • 계약금액 조정
	도급인의 책임	

2. 공사기간 연장에 따른 계약금액 조정의 근거

공사기간의 연장에 따른 계약금액 조정에 관하여는, 국가를 당사자로 하는 계약에 관한 법률 제19조(물가변동 등에 의한 계약금액 조정), 같은 법 시행령 제66조(기타 계약내용의 변경으로 인한 계약금액의 조정) 및 같은 법 시행규칙 제74조의3(기타 계약내용의 변경으로 인한 계약금액의 조정)에서 규정하고 있으며, 발주자가 지방자치단체인 경우 지방자치단체를 당사자로 하는 계약에 관한 법률 제22조(물가변동 등에 따른 계약금액의 조정), 같은 법 시행령 제75조(그 밖에 계약내용의 변경으로 인한 계약금액의 조정) 및 같은 법 시행규칙 제74조(그 밖에 계약내용의 변경으로 인한 계약금액의 조정)에서 규정하고 있다.

공사계약일반조건(기획재정부계약예규 제514호, 2020. 12. 24. 시행) 제23조(기타 계약내용의 변경으로 인한 계약금액의 조정), 제26조(계약기간의 연장), 제47조(공사의 일시정지) 등에서도 이에 관하여 규정하고 있다.

---

63) 2012년 대한건설협회 조사에 따르면 전국 295개 현장(92개사)에서 공기연장 추가비용의 미 반영액은 약 4,204억 원으로 추산되었다.

64) 그동안에는 발주처가 공사기간을 적당히 연장하여 주는 대신 수급인이 간접비를 청구하지 않거나, 발주처가 총사업비관리지침에 근거규정이 없다는 이유만으로 일방적으로 지급을 거절하기도 하였다. 최근 총사업비관리지침이 개정(기획재정부지침 제317호)되면서 공사기간 연장으로 인한 간접비 지급에 관한 내부규정이 정비되었기 때문에(제64조 제9항) 이러한 간접비 청구 소송은 합리적으로 조정될 수 있을 것으로 보인다. 다만 위 총사업비관리지침은 2017. 1. 이후 입찰공고를 한 공사계약부터 적용되기 때문에 그 이전에 입찰공고가 이루어진 공사계약의 경우 유사한 문제가 있을 것으로 보인다.

사인 간의 공사계약의 경우에도 통상 도급계약에서 '다른 약정이 없는 한 공사계약 일반조건을 준용한다'라고 규정하거나, '공사기간이 연장되면 계약금액을 조정할 수 있다'라는 근거규정을 직접 두고 있는 예가 많다.

사회기반시설에 대한 민간투자사업에 대하여도 수급인의 귀책사유 없는 공사기간 연장에 대해서는 간접비가 인정되어야 할 것이다.[65]

3. 공사기간 연장에 따른 계약금액 조정 청구의 요건

(1) 계약금액 조정의 실체적 요건은 ① 공사·제조 등의 도급계약의 체결, ② 물가변동, 설계변경 등 이외에 공사기간 연장사유의 발생, ③ 공사기간 연장에 따른 추가비용 발생, ④ 수급인의 귀책사유 부존재라 할 수 있다. 특히 현장에서는 요건 ④ 수급인의 귀책사유 여부가 주요 쟁점이 된다.

(2) 공사기간 연장에 따른 간접비 청구를 위해서는 절차적 요건에 유의하여야 한다. 공사기간의 연장으로 인한 계약금액의 조정사유가 발생하였다고 하더라도 그 자체로 자동적으로 이루어지는 것이 아니라, 수급인이 적법한 계약금액 조정 신청을 할 때에 비로소 이루어진다.[66]

계약금액의 조정신청이나 그에 따른 조정을 반드시 변경된 공사기간 개시 전에 완료할 필요까지는 없다고 할 것이나, 확정적으로 지급을 마친 기성대가는 당사자의 신뢰보호의 견지에서 계약금액 조정의 대상이 되지 아니하므로 늦어도 최종적인 기성대가 또는 준공대가의 지급 전까지는 계약금액 조정 신청을 하여야 한다.[67]

---

65) 민간투자법령과 관련 지침 등에서 '총사업비 변경 금지의 원칙'을 선언하면서 공사기간 연장에 따른 간접비 지급의 요건과 절차 등을 명시하고 있지 않기 때문에 공사기간의 연장 등이 발생하더라도 간접비를 청구할 수 없는 것이 아닌지 의문이 있지만, 총사업비에 포함되는 '공사비'란 공사 시행을 위한 재료비, 노무비, 경비, 일반관리비 및 이윤을 합친 금액이라는 점(민간투자법 시행령 제2조의2 제3호), 민간투자사업기본계획 상 민간투자사업 추진 일반지침 제10조 제2항에서 예시하고 있는 '주무관청의 귀책사유 또는 불가항력 사유로 인하여 총사업비가 증감되는 경우' 또는 '공사범위 변경 등 기타 주무관청의 요구로 인하여 총사업비가 증감되는 경우'에 이러한 공사기간 연장으로 인한 총사업비의 증가도 포함된다고 볼 여지가 있다는 점 등에 비추어 볼 때 총사업비 변경이 원칙적으로 금지되는 민간투자사업의 경우에도 수급인의 귀책사유 없는 공사기간 연장에 대해서는 그로 인한 간접비 청구가 가능하다고 보아야 할 것이다.

66) 대법원 2006. 9. 14. 선고 2004다28825 판결.

67) 계약상대자는 공사기간의 변경으로 계약금액을 조정하여야 할 필요가 있는 경우에는 연장되는 공사기간의 개시 전에 발주기관의 승인을 받는 등으로 발주기관과의 공사기간 연장에 관한 합의가 있으면 충분하고, 계약금액의 조정 신청이나 그에 따른 조정까지 반드시 변경된 고상기간의 개시 전에 완료될 필요는 없으며, 다만 확정적으로 지급을 마친 기성대가는 당사자의 신뢰보호 견지에서 계약금액 조정의 대상이 되지 아니하므로 계약상대자는 늦어도 최종 기성대가(또는 준공대가)의 지급이 이루어지기 전에 계약내용의 변경으로 인한 계약금액 조정 신청을 마치면 된

장기계속공사의 경우에는 각 차수별 준공대가 수령전까지 계약금액 조정을 신청하여야 한다(공사계약 일반조건 제23조 제5항, 제20조 제10항). 계약금액 조정신청의 구체적 시점에 관하여 하급심판결은 ① 차수별 계약기간의 연장으로 인한 계약금액 조정만이 가능하다는 전제 하에 차수별 준공대가 수령 이전에 계약금액 조정을 신청해야 한다는 견해(견해1), ② 차수별 계약기간 연장과 별도로 총공사기간 연장으로 인한 계약금액의 조정이 가능하다는 전제 하에 최종 준공대가 수령 전까지만 계약금액 조정을 신청하면 된다는 견해(견해2), ③ 차수별 계약의 연장에 따른 것인지 아니면 총괄계약의 연장에 따른 것인지에 따라 이를 구분하는 견해(견해3) 등으로 나뉘어 있었다.

이는 총괄계약의 구속력 인정 여부와 직결되는 문제인데,[68] 대법원 2018. 10. 30. 선고 2014다235189 전원합의체 판결로서 이 문제가 정리되었다. '총괄계약은 전체적인 사업의 규모나 공사금액, 공사기간 등에 관하여 잠정적으로 활용하는 기준으로서 구체적으로는 계약상대방이 각 연차별 계약을 체결할 지위에 있다는 점과 계약의 전체 규모는 총괄계약을 기준으로 한다는 점에 관한 합의에 불과하고, 계약상대방이 이행할 급부의 구체적인 내용, 계약상대방에게 지급할 공사대금의 범위, 계약의 이행기간 등은 모두 연차별 계약을 통하여 구체적으로 확정된다'고 판시하면서 견해1을 택한 것이다.[69][70] 즉, 장기계속공사계약의 총괄계약에서

다: 대법원 2012. 6. 28. 선고 2011다45989 판결(위 판결은 개정 전 공사계약 일반조건에 관한 것이어서 현행 공사계약 일반조건이 적용되는 사안이 아님).

68) 이에 관하여 총괄계약의 구속력을 인정하는 입장(서울고등법원 2015. 11. 27. 선고 2014나2033107 판결)과 총괄계약의 구속력을 부정하는 입장(서울고등법원 2016. 10. 25. 선고 2015나2074952 판결) 참조.

69) 다수의견에 대하여 대법관 4인의 반대의견이 흥미롭다. 반대의견은 ① 다수의견은 총괄계약의 성립을 인정하면서도 그 효력이나 구속력을 제한하는 근거를 제시하지 못하고 있는 점, ② 명시적인 규정이 없는데도 원칙에 대한 예외를 해석에 의하여 쉽게 인정하는 것이어서 법률해석의 방법으로 타당하지 않다는 점 등을 들어 총괄계약의 전면적 구속력을 인정하여야 한다고 보았다. 흥미로운 것은 다수의견과 소수의견 모두 '공공계약의 현실'을 주된 논거로 제시하고 있는데, 전자는 총괄계약이 연차별 계약에 부기형태로 이루어지는 점 및 예산의 편성과 집행에 대한 부담 등에 주목하여 연차별 계약이 실질적 중심이라는 것이고, 후자는 총괄계약에서 총공사기간이 연장되면 연차별 계약이 이에 따르는 것이 현실이라고 정반대로 이해하는 듯하다. 결국 현실적으로 어느 입장이 더 합리적일지에 이 판결의 정당성이 달려 있다고 하겠다(법리적으로는 소수의견이 일응 계약 법리에 더 충실하다고 생각되며, 계약문면상 총괄계약의 효력을 축소할 근거는 부족한 것으로 보인다). 이 판결로써 간접비 청구가 봉쇄됨으로 인하여 부당이득반환청구, 사무관리비용 상환청구 등의 대안을 검토할 필요가 있다. 한편, 국회는 이 판결 선고 이후 장기계속공사를 포함한 공사기간의 변경을 계약금액조정 사유로 인정하는 '국가를 당사자로 하는 계약에 관한 법률'의 개정안을 마련하여 입법적 해결을 도모하였으나, 20대 국회 임기만료와 함께 폐기되었다.

70) 총괄계약의 구속력을 부정하는 결론의 연장선으로, 대법원은 국가가 발주하는 장기계속공사에

정한 총공사기간은 법적 구속력이 없어 건설회사의 귀책사유 없이 총공사기간이 연장되었다고 하더라도 간접공사비의 증액을 구할 수 없으며, 차수별 계약기간의 연장에 따른 계약금액 조정 신청은 차수별 준공대가 수령 이전에 이루어져야 한다.[71]

차수별 공사기간의 연장을 이유로 한 계약금액 조정신청서에 총괄계약상의 총공사기간을 기재하는 등 모호한 경우가 있다. 이를 차수별 공사기간의 연장에 대한 공사금액 조정신청으로 인정하려면, 차수별 계약의 최종 기성대가 또는 준공대가의 지급이 이루어지기 전에 계약금액 조정신청을 마치는 등 당해 차수별 신청의 요건을 갖추어야 한다. 즉 조정신청서에 기재된 공사 연장기간이 당해 차수로 특정되는 등 조정신청의 형식과 내용, 조정신청의 시기, 조정금액 산정 방식 등을 종합하여 볼 때 객관적으로 차수별 공사기간 연장에 대한 조정신청 의사가 명시되었다고 볼 수 있을 정도에 이르러야 한다.[72]

채권의 포기는 반드시 명시적인 의사표시만에 의하여야 하는 것이 아니고, 채권자의 어떠한 행위 내지 의사표시의 해석에 의해서도 그것이 인정될 여지가 있기 때문에[73] 수급인은 비록 최종적인 기성대가나 준공대가는 수령하지 않은 상황이라 하더라도 설계변경이나 물가변동분 반영 등을 위한 변경계약 체결과정에서 간접비 청구에 관한 이의를 유보하여 둘 필요성이 크다.

관한 입찰에서 투찰가격 담합행위 등 위법행위자에 대해 불법행위를 이유로 손해배상청구권을 행사함에 있어 소멸시효는 총괄계약이 아니라, 각 차수별 계약상 공사대금의 확정상태에 따라 차수별 계약시점을 기산점으로 하여야 한다고 판시하였다(대법원 2018. 12. 27. 선고 2016다43872 판결; 대법원 2019. 8. 29. 선고 2017다276679 판결).

71) 대법원 2019. 1. 31. 선고 2016다213183 판결.

72) 공동수급체가 도급인(지방자치단체)과 총공사준공일을 부기하여 제1차 차수별 계약을 체결하였고, 공사가 진행되면서 차수별 계약의 공사기간과 총공사기간을 몇 차례 연장하였다. 공동수급체는 제4차 차수별 계약의 준공대가 수령일 이전에 도급인에게 공사기간 연장을 이유로 계약금액 조정신청을 하였고, 이 조정신청이 총공사기간의 연장으로 인한 총공사금액의 조정신청이라고 주장하였다. 원심은 총괄계약상 공사기간 연장을 계약금액 조정신청사유로 제시하였다고 하더라도 이에는 차수별 계약 공사기간 연장으로 발생한 추가 간접비 청구의사도 포함되어 있다고 해석하여, 원고의 조정신청이 적법한 계약금액 조정이라고 판단하였다. 그러나 대법원은 이러한 사정만으로 객관적으로 차수별 공사기간 연장에 대한 조정신청 의사가 명시되었다고 보기 어렵다는 이유로 원심을 파기하였다: 대법원 2020. 10. 29. 선고 2019다267679 판결.

73) 대법원 2010. 11. 25. 선고 2010다56357 판결.

판례

1. 장기계속공사에 관한 총괄계약에서 정한 총공사기간의 법적 성격 [대법원 2018. 10. 30. 선고 2014다235189 전원합의체 판결]

[다수의견] 장기계속공사계약은 총공사금액 및 총공사기간에 관하여 별도의 계약을 체결하고 다시 개개의 사업연도별로 계약을 체결하는 형태가 아니라, 우선 1차년도의 제1차공사에 관한 계약을 체결하면서 총공사금액과 총공사기간을 부기하는 형태로 이루어진다. 제1차공사에 관한 계약 체결 당시 부기된 총공사금액 및 총공사기간에 관한 합의를 통상 '총괄계약'이라 칭하고 있는데, 이러한 총괄계약에서 정한 총공사금액 및 총공사기간은 국가 등이 입찰 당시 예정하였던 사업의 규모에 따른 것이다. 사업연도가 경과함에 따라 총공사기간이 연장되는 경우 추가로 연차별 계약을 체결하면서 그에 부기하는 총공사금액과 총공사기간이 같이 변경되는 것일 뿐 연차별 계약과 별도로 총괄계약(총공사금액과 총공사기간)의 내용을 변경하는 계약이 따로 체결되는 것은 아니다.

따라서 위와 같은 총괄계약은 그 자체로 총공사금액이나 총공사기간에 대한 확정적인 의사의 합치에 따른 것이 아니라 각 연차별 계약의 체결에 따라 연동되는 것이다. 일반적으로 장기계속공사계약의 당사자들은 총괄계약의 총공사금액 및 총공사기간을 각 연차별 계약을 체결하는 데 잠정적 기준으로 활용할 의사를 가지고 있을 뿐이라고 보이고, 각 연차별 계약에 부기된 총공사금액 및 총공사기간 그 자체를 근거로 하여 공사금액과 공사기간에 관하여 확정적인 권리의무를 발생시키거나 구속력을 갖게 하려는 의사를 갖고 있다고 보기 어렵다.

즉, 장기계속공사계약에서 이른바 총괄계약은 전체적인 사업의 규모나 공사금액, 공사기간 등에 관하여 잠정적으로 활용하는 기준으로서 구체적으로는 계약상대방이 각 연차별 계약을 체결할 지위에 있다는 점과 계약의 전체 규모는 총괄계약을 기준으로 한다는 점에 관한 합의라고 보아야 한다. 따라서 총괄계약의 효력은 계약상대방의 결정(연차별 계약마다 경쟁입찰 등 계약상대방 결정 절차를 다시 밟을 필요가 없다), 계약이행의사의 확정(정당한 사유 없이 연차별 계약의 체결을 거절할 수 없고, 총공사내역에 포함된 것을 별도로 분리발주할 수 없다), 계약단가(연차별 계약금액을 정할 때 총공사의 계약단가에 의해 결정한다) 등에만 미칠 뿐이고, 계약상대방이 이행할 급부의 구체적인 내용, 계약상대방에게 지급할 공사대금의 범위, 계약의 이행기간 등은 모두 연차별 계약을 통하여 구체적으로 확정된다고 보아야 한다.

2. 차수별 공사기간의 연장에 대한 공사금액 조정신청으로 인정될 수 있는 요건[대법원 2020. 10. 29. 선고 2019다267679 판결]

공사기간 연장으로 인한 계약금액의 조정 사유가 발생하였다고 하더라도 그 자체로 계약금액 조정이 자동적으로 이루어지는 것이 아니라, 계약당사자의 상대방에 대한 적법한 계약금액 조정신청에 의하여 비로소 이루어지므로(대법원 2006. 9. 14. 선고 2004다28825 판결 등 참조), 차수별 계약에서 정한 공사기간이 아니라 총괄계약에서 정한 총공사기간의 연장을 이유로 한 계약금액 조정신청은 적법한 계약금액 조정신청이라 보기 어렵다. 공사기간 연장을 이유로 한 조정신청을 당해 차수별 공사기간의 연장에 대한 공사금액 조정신청으로 인정할 수 있으려면, 차수별 계약의 최종 기성대가 또는 준공대가의 지급이 이루어지기 전에 계약금액 조정신청을 마치는 등 당해 차수별 신청의 요건을 갖추어야 하고, 조정신청서에 기재된 공사 연장기간이 당해 차수로 특정되는 등 조정신청의 형식과 내용, 조정신청의 시기, 조정금액 산정 방식 등을 종합하여 볼 때 객관적으로 차수별 공사기간 연장에 대한 조정신청 의사가 명시되었다고 볼 수 있을 정도에 이르러야 한다.

4. 계약금액 조정 신청의 상대방

간접비 등 청구사건에서 공공계약의 체결방식과 관련하여 누구를 상대로 간접비 등을 청구하여야 하는지에 관하여 의견이 대립된다. 해당 도급계약은 수요기관(지방자치단체 등)이 대한민국의 산하 기관인 조달청장에게 계약체결을 요청하여 이루어진 것으로서, 그 명의자도 대한민국으로 기재되어 있는 점에 비추어, 그 법적 성격은 제3자를 위한 계약이고, 그 계약의 당사자는 대한민국이라는 판결이 있다.[74] 이에 대하여 조달청장은 해당 도급계약의 체결만 위임받아 행하였을 뿐, 계약의 이행 및 감독을 수요기관이 행하므로 거래의 실질에서 볼 때 수요기관이 간접비 지급의무가 있다는 견해도 있다. 이는 당사자의 합의에 따라 정해진다고 보아야 할 것이다.

조달청이 수요기관을 위하여 공사도급계약을 체결할 때, 수급인, 대한민국(조달청), 수요기관 사이에 공사의 착공, 대가의 지급 등 계약 이행과 관련한 부분은 수요기관이 수급인에 대하여 도급계약상 권리·의무를 가지는 것으로 합의하였다고 볼 만한 사정이 있으면 수요기관이 간접비 지급의 당사자가 된다고 볼 수 있다.[75]

---

74) 대법원 1994. 8. 12. 선고 92다41559 판결, 2005. 1. 28. 선고 2002다74947 판결, 2010. 1. 28. 선고 2009 다56160 판결.
75) 서울중앙지방법원 2013. 8. 23. 선고 2012가합22179 판결(대법원 2018. 10. 30. 선고 2014다235189 전원합의체 판결로 확정됨).

5. 계약금액 조정 금지(배제) 특약의 유효성

계약금액 조정의 요건이 구비되더라도 공사도급계약에 있어서 계약금액의 조정을 허용하지 않는 특약을 하는 것이 가능한가? 대법원은 "국가를 당사자로 하는 계약에 관한 법률 등 관계 법령의 내용, 외자물품계약의 특성, 물품공급계약 체결 및 계약금액 고정특약의 내용과 그 특약의 설정 경위 등을 종합하여, 국제입찰에서 외자물품계약에서 정한 계약금액 고정특약이 국제입찰에 의한 외자물품계약의 당사자 사이에 합의에 따른 것으로서 유효하고, 물가변동 등에 의한 계약금액 조정을 규정하고 있는 국가를 당사자로 하는 계약에 관한 법률 제19조에 위반되어 무효라고 볼 수 없다"고 판시하여, 국가계약법령상 계약금액 조정에 관한 규정을 당사자의 합의로 배제할 수 있는 임의규정으로 보고 있다.[76]

6. 구체적 사례

(1) 설계변경과 공사기간 연장이 함께 이루어진 경우

시공 부분의 설계변경과 공사기간 연장이 함께 이루어지는 경우가 많은바, 두 부분의 공사비 증가내용을 구분해야 한다. 설계변경에 따라 직접노무비가 증가하고 일정한 승율(간접노무비율)을 적용하여 계산된 간접노무비도 함께 증가함으로써 간접비가 증가된 것이라면 이는 공사기간 연장과는 전혀 무관한 것이므로 발주처가 이를 이유로 공사기간 연장에 따른 간접비 지급 의무가 없다고 주장할 수는 없다.

(2) 공 백 기

공백기란 장기계속공사에서 회계연도마다 체결되는 공사계약의 특성상 각 차수별 공사기간 사이에 계약이 체결되지 않은, 즉 공사기간에 속하지 않은채 남아 있는 기간을 뜻한다. 공백기를 이유로 계약금액 조정이 가능한지에 관하여, 하급심 판례는 나뉘고 있었다. ① 차수별 공사계약의 공백기에 발생한 비용은 최초 약정한 총공사금액에 포함되는 것인 점, 시공자는 공백기에도 공사현장을 계속 관리해 온 점 등에 비추어 공백기도 간접비 산정의 대상이 된다고 보는 입장,[77] ② 장기계속공사의 경우 각 회계연도에 확보된 예산의 범위 안에서 차수별 공사계약

---

76) 대법원 2003. 8. 22. 선고 2003다318 판결; 대법원 2017. 12. 21. 선고 2012다74076 전원합의체 판결.
77) 서울고등법원 2015. 11. 27. 선고 2014나2033107 판결; 서울고등법원 2008. 11. 26. 선고 2008나35748 판결; 서울중앙지방법원 2015. 12. 16. 선고 2014가합546143 판결.

이 체결·이행되는 것이므로 시공자로서 예산확보 등을 위한 공백기를 예견할 수 있고, 공백기는 각 차수별 계약기간에 포함되지 않아 '계약내용의 변경'이 있다고 볼 수 없다는 입장[78]이 있었는데, 대법원이 총괄계약의 구속력을 부정함에 따라 차수별 계약과 별도로 총공사기간의 연장을 원인으로 총공사금액의 조정을 신청할 수 없는 것으로 정리되었다.[79] 현실적으로 상당한 기간의 공백기가 발생하더라도 시공자로서는 현장을 유지·관리하기 위해 업무를 지속하므로 비용이 계속 발생하며 현장직원의 철수도 불가능한 실정임에 비추어, 대법원의 입장을 우회할 수 있는 논리 개발이 요구된다 할 것이다.

제8절 부가가치세

I. 부가가치세의 납부와 징수

부가가치세는 재화 또는 용역의 거래에 부과하는 국세로서($\frac{부가가치}{세법 제1조}$), 사업목적이 영리이든 비영리이든 관계없이 사업상 독립적으로 재화 또는 용역을 공급하는 자(사업자)가 부가가치세를 납부할 의무를 부담한다($\frac{법 제2조,}{제3조}$). 부가가치세는 최종 소비자에게 종국적으로 전가되는 것이지만 구체적인 납세 의무는 사업자가 부담하므로 공사의 재화 또는 용역을 공급하는 수급인은 사업자로서 재화 또는 용역을 공급받는 도급인으로부터 공사대금과 별도로 부가가치세를 징수할 권한이 있다.

공사의 수급인(사업자)은 재화 또는 용역을 공급받는 도급인으로부터 공급가액에 관한 부가가치세를 징수하여야 한다. 이는 최종 소비자에게 부가가치세를 최종적으로 전가시키기 위한 조치로서, 부가가치세법 제31조는 "사업자가 재화 또는 용역을 공급하는 경우에는 법 제29조 제1항에 따른 공급가액에 법 제30조에 따른 세율을 적용하여 계산한 부가가치세를 재화 또는 용역을 공급받는 자로부터 징수하여야 한다"고 규정하여 사업자로 하여금 공급 시에 공급 대가 외에 별도로 부가가치세를 징수하여 납부하도록 하고 있다.

다만 위 법 제31조는 사업자로부터 징수하는 부가가치세 상당액을 공급을 받

---

[78] 서울고등법원 2009. 3. 11. 선고 2008나32756 판결.
[79] 대법원 2018. 12. 27. 선고 2015다255463 판결.

는 자에게 차례로 전가시킴으로써 궁극적으로 최종소비자에게 이를 부담시키겠다는 취지를 선언한 것에 불과한 것이어서, 사업자가 위 규정을 근거로 공급을 받는 자로부터 부가가치세 상당액을 직접 징수할 사법상의 권리는 없으며,[80] 위 규정이 있다 하여 공급을 받는 자가 거래의 상대방이나 국가에 대하여 직접 부가가치세를 지급하거나 납부할 의무가 있는 것은 아니다.[81]

또한 건축공사의 수급인이 공사를 완성한 후에 공사도급거래에 따른 부가가치세를 납부하였다 하더라도, 이는 위 건축용역의 공급자로서 자기의 납세의무를 이행한 것일 뿐 거래 상대방인 도급인이 납부하여야 할 부가가치세를 대위 납부한 것으로는 볼 수 없으므로, 도급인에 대하여 위 부가가치세 상당액을 구상할 수 없다.[82]

Ⅱ. 도급인의 부가가치세 지급의무

1. 약정이 있는 경우

공사도급계약을 체결하면서 공사대금과 별도로 도급인이 부가가치세를 지급하기로 약정한 경우에는 사적 자치의 원칙상 수급인은 그 약정에 따라 도급인에게 부가가치세 상당액의 지급을 직접 청구할 수 있음이 당연하다. 이러한 약정은 주로 계약서상 "부가가치세 별도" 또는 공사대금 중 공사비와 별도로 부가가치세액을 표시함으로써 이루어진다. 이러한 명시적인 약정이 없을 경우에도 관행이나 공사대금액 결정시에 이를 참작하는 등 부가가치세 부담을 전제로 하여 묵시적인 형태로 이루어지는 경우도 많다. 또한 위와 같은 약정은 반드시 용역의 공급 당시에 있어야 하는 것은 아니고 공급 후에 한 경우에도 유효하다.[83]

도급인이 수급인에게 부가가치세를 지급하기로 하는 약정은 있으나, 지급액에 관하여 단지 "부가가치세 별도"라고만 약정한 경우에는, 부가가치세법 제30조가 "부가가치세의 세율은 10%로 한다"고 규정하고 있으므로 특별한 사정이 없는 한 공사대금의 10%를 부가가치세로 지급하기로 하는 약정이 있는 것으로 보아야 할 것이다.

공사도급계약을 체결하면서 공사대금과 별도로 도급인이 부가가치세를 지급하기로 한 경우, 그 부가가치세액은 납부세액(매출세액에서 매입세액을 공제한 금액)

---

80) 대법원 1999. 11. 12. 선고 99다33984 판결; 대법원 1997. 4. 25. 선고 96다40677, 40684 판결.
81) 대법원 1993. 8. 13. 선고 93다13780 판결.
82) 대법원 1993. 8. 13. 선고 93다13780 판결.
83) 대법원 1999. 11. 12. 선고 99다33984 판결.

상당액을 의미하는 것이 아니라 매출세액 상당액이다.[84]

2. 약정이 없는 경우

공사도급계약을 체결하면서 공사대금과 별도로 도급인이 수급인에게 부가가치세를 추가 지급하기로 약정한 바 없다면, 특별한 사정이 없는 한 약정공사대금에는 부가가치세가 포함된 것으로 보아야 할 것이므로, 수급인이 도급인에 대하여 별도로 부가가치세의 지급을 구할 수는 없다고 할 것이다.[85]

당사자가 계약을 체결하면서 전체 공사대금액만을 기재하고 부가가치세를 별도로 부담한다는 약정이 없는 경우는 ① 당해 계약이 부가가치세의 과세대상이 됨을 인식하고서도 전체 공사대금액만을 기재한 경우와 ② 당해 계약이 부가가치세의 과세대상이 됨을 인식하지 못하여 전체 공사대금액만을 기재한 경우로 나뉜다.

어느 경우나 모두 법률상의 부가가치세 거래징수권 자체가 사법적 권리로 인정되지 않으므로 별도의 약정이 없는 한 매매계약 상의 매매대금 외에 별도의 부가가치세를 청구할 수 없다고 할 것이다. 당해 거래가 부가가치세의 과세대상이 됨을 인식하지 못한 경우에도 이러한 사유로 약정하지도 않은 부가가치세를 청구할 수는 없다고 볼 것이다. 반대로 공사대금에 부가가치세가 포함되지 않은 것으로 볼만한 특별한 사정이 있다면 수급인이 이를 입증할 책임이 있는데, 실무상 이러한 경우가 적지 않다.

Ⅲ. 수급인이 부가가치세를 납부하지 아니한 경우

수급인이 부가가치세로 지급받은 금원을 국가에 부가가치세로 납부하지 아

---

84) 대법원 1993. 9. 14. 선고 92다29986 판결.

85) 도급인이 무면허 건설업자와 공사대금을 평당 일정액으로 정하고 공사도급계약을 체결하면서 그 공사대금과 별도로 부가가치세를 추가 지급하기로 약정한 바 없다면, 특별한 사정이 없는 한 약정공사대금에는 부가가치세가 포함된 것으로 보아야 하고, 수급인이 도급받은 공사의 전부를 직접 시공하지 아니하고 그 일부를 하도급주어 하수급인에게 그에 따른 부가가치세를 포함한 하도급공사비를 지급하였다고 하더라도 도급계약상의 약정공사대금이 지급된 부가가치세 금액 만큼 추가된다고 볼 수는 없으므로, 수급인이 무면허 건설업자로서 부가가치세를 환급받을 처지가 되지 못하여 도급인이 임대사업자로서 임대건물의 신축공사와 관련하여 하수급인에게 지급된 부가가치세를 매입세액으로 하여 환급받았다 하여 약정공사비와 별도로 그 환급받은 금원을 수급인에게 반환해야 할 의무는 없다: 대법원 2000. 2. 22. 선고 99다62821 판결.

니한 경우에 국가에 대한 관계에서 납세의무를 이행하지 아니하였음은 별론으로
하고, 부가가치세로 지급받은 금원을 반드시 국가에 부가가치세로 납부하기로 하
는 특약이 없는 이상 수급인이 공사도급계약상의 의무를 위반한 것은 아니라고
할 것이다. 따라서 도급인은 수급인이 당해 공사에 관한 부가가치세를 납부하지
아니하였다는 이유로 부가가치세로 약정한 금원의 지급을 거절하거나, 이미 부가
가치세로 지급한 금원의 반환을 구할 수는 없다고 할 것이다.[86]

Ⅳ. 부가가치세의 산정

사업자가 실제 납부하는 부가가치세액은 자기가 공급한 재화 또는 용역에 대
한 세액(매출세액)에서 매입세액을 공제한 금액이 되며, 매입세액이 매출세액을 초
과하면 이는 환급받게 된다(부가가치세법 제37조).[87] 따라서 거래상대방이 사업자인 때에는 징
수당한 세액을 매입세액으로 하여 매출세액에서 공제하거나 정부로부터 환급받
음으로써 부가가치세 부담을 지지 아니하지만, 최종 소비자일 때에는 징수당한
세액을 매입세액으로 하여 매출세액에서 공제하거나 환급받을 수 없으므로 부가
가치세 부담을 지게 된다.[88][89]

한편 도급인(거래상대방)이 면세사업자로서 그 하자보수에 소요되는 부가가

---

86) 다만 수급인이 도급받은 공사 전체가 아니라 일부분에 대한 부가가치세만을 신고하고, 세무공무
원의 사실조사 과정에서도 나머지 공사 부분에 대한 도급계약 체결 사실을 부인하는 허위 진술
을 한 결과 그 부분에 대한 세금계산서가 가공계산서로 인정되어 매출세액에서 공제받지 못함으
로써 도급인이 부당하게 부가가치세를 납부하게 된 경우, 수급인은 그와 같은 고의의 불법행위로
인하여 도급인이 입은 손해를 배상할 책임이 있다고 인정한 사례가 있다: 대법원 1997. 11. 14. 선
고 97다26531 판결.
87) 부가가치세법 제37조(납부세액 등의 계산) ① 매출세액은 제29조에 따른 과세표준에 제30조의 세
율을 적용하여 계산한 금액으로 한다.
② 납부세액은 제1항에 따른 매출세액(제45조 제1항에 따른 대손세액을 뺀 금액으로 한다)에서
제38조에 따른 매입세액, 그 밖에 이 법 및 다른 법률에 따라 공제되는 매입세액을 뺀 금액으로 한
다. 이 경우 매출세액을 초과하는 부분의 매입세액은 환급세액으로 한다.
88) 수급인이 하자담보책임으로 도급인 또는 수분양자 등에게 하자보수비 상당의 손해를 배상하여
야 할 경우에 그 금원에는 부가가치세가 포함되어야 함이 당연하다. 그러나 도급인이 부가가치
세법 제2조 소정의 사업자인 경우로서 그 하자보수가 자기의 사업을 위하여 사용되었거나 사용
될 용역의 공급에 해당하는 경우에는 수급인으로부터 수령하게 될 하자보수비용을 자신의 매출
세액에서 공제받을 수 있어서 부가가치세가 실질적으로 도급인의 부담으로 돌아가지 않게 되므
로 그 부가가치세 상당액은 배상의 대상에서 제외되어야 한다. 이경훈, "건설공사와 부가가치세,"
『건설재판실무논단(2006)』, 서울중앙지방법원, 311면.
89) 대법원 2015. 12. 10. 선고 2015다218570 판결.

치세가 부가가치세법 제39조 제1항 제7호에서 규정한 '면세사업과 관련된 매입세액' 등에 해당하여 이를 자기의 매출세액에서 공제하거나 환급받을 수 없는 때에는 그 부가가치세는 실질적으로 도급인의 부담이 되므로, 도급인은 수급인에게 그 부가가치세 상당의 손해배상을 청구할 수 있다.[90]

Ⅴ. 세금계산서

1. 세금계산서와 매입세액 공제

부가가치세의 산정을 위하여 매출세액과 매입세액이 정확히 표시되는 세금계산서가 필수적이다. 공사대금의 최종 처리에 있어서 의외로 세금계산서의 존재와 내용이 분쟁의 원인으로 될 때가 많다. 필요적 기재사항의 일부가 기재되지 않거나 잘못 기재된 경우, 아예 과세기간 내에 제대로 된 세금계산서가 교부되지 않은 경우에는 매입세액 공제를 받을 수 없는 불이익을 입는다(부가가치세법 제39조 제1항 제2호).[91]

이처럼 세금계산서의 하자로 매입세액 공제를 받지 못하면 그만큼 실질적으로 공사대금 총액이 늘어나는 결과가 되어 다툼이 잦다. 다만, 부가가치세법 시행령 제75조는 세금계산서의 하자로 인한 매입세액 공제 제외사유에 대하여 몇 가지 명시적인 예외사항을 두고 있다.[92]

---

90) 위 대법원 2015다218570 판결.

91) 부가가치세법 제39조(공제하지 아니하는 매입세액) ① 제38조에도 불구하고 다음 각 호의 매입세액은 매출세액에서 공제하지 아니한다.
   1. 제54조 제1항 및 제3항에 따라 매입처별 세금계산서합계표를 제출하지 아니한 경우의 매입세액 또는 제출한 매입처별 세금계산서합계표의 기재사항 중 거래처별 등록번호 또는 공급가액의 전부 또는 일부가 적히지 아니하였거나 사실과 다르게 적힌 경우 그 기재사항이 적히지 아니한 부분 또는 사실과 다르게 적힌 부분의 매입세액. 다만, 대통령령으로 정하는 경우의 매입세액은 제외한다.
   2. 세금계산서 또는 수입세금계산서를 발급받지 아니한 경우 또는 발급받은 세금계산서 또는 수입세금계산서에 제32조 제1항 제1호부터 제4호까지의 규정에 따른 기재사항(이하 "필요적 기재사항"이라 한다)의 전부 또는 일부가 적히지 아니하였거나 사실과 다르게 적힌 경우의 매입세액(공급가액이 사실과 다르게 적힌 경우에는 실제 공급가액과 사실과 다르게 적힌 금액의 차액에 해당하는 세액을 말한다). 다만, 대통령령으로 정하는 경우의 매입세액은 제외한다.

92) 시행령 제75조 1. 사업자등록을 신청한 사업자가 사업자등록증 발급일까지의 거래에 대하여 당해 사업자 또는 대표자의 주민등록번호를 기재하여 발급받은 경우 2. 세금계산서의 필요적 기재사항 중 일부가 착오로 기재되었으나 해당 세금계산서의 그 밖의 필요적 기재사항 또는 임의적 기재사항으로 보아 거래사실이 확인되는 경우 3. 재화 또는 용역의 공급시기 이후에 발급받은 세금계산서로서 당해 공급시기가 속하는 과세기간 내에 발급받은 경우 4. 전자세금계산서로서 국세청장에게 전송되지 아니하였으나 발급한 사실이 확인되는 경우 5. 전자세금계산서 외의 세금계산서로서 재화나 용역의 공급시기가 속하는 과세기간에 발급받았고, 그 거래사실도 확인되는

그런데 위 시행령이 만들어지기 전에 이미 대법원 판례는 세금계산서의 필요적 기재사항이 사실과 불일치하더라도 일정한 경우에는 예외적으로 매입세액의 공제를 허용하는 입장이었다. 몇 가지 사례를 본다.

(1) 공급자가 사실과 다른 경우

대법원 1984. 3. 13. 선고 83누281 판결이 '원고가 소외 회사로부터 고철을 매수함에 있어서 동 회사가 위장사업자라는 사실을 몰랐고 또 그러한 데에 과실이 없는 선의의 거래 당사자였다고 한다면 원고가 동 회사로부터 교부받은 세금계산서에 의하여 소정의 기간 내에 세무서에 실지 그대로 부가가치세 신고를 한 경우에는 매입세액은 모두 공제되어야 하고 나아가 신고납부불성실 가산세도 부담시킬 수 없다'고 판시한 이래, 대법원은 일관되게 '실제 공급자와 세금계산서상의 공급자가 다른 세금계산서는 공급받는 자가 세금계산서의 명의위장사실을 알지 못하였고 알지 못한 데에 과실이 없는 경우에는 그 매입세액을 공제 내지 환급받을 수 있고 이때 공급받는 자가 위와 같은 명의위장사실을 알지 못한 데에 과실이 없다는 점은 매입세액의 공제 내지 환급을 주장하는 자가 이를 입증하여야 한다'고 판시하고 있다.[93]

(2) 작성연월일이 사실과 다른 경우

세금계산서 작성일이 속하는 과세기간과 사실상의 거래시기가 속하는 과세기간이 동일한 경우에는 설사 세금계산서상의 작성연월일과 실제 거래시기가 일치하지 않더라도 매입세액 공제를 허용하여야 한다는 것이 확립된 판례의 입장이다.[94]

그러나 공급시기가 속한 과세기간이 경과한 후에 작성일자를 공급시기로 소급하여 작성한 경우에 대하여는 "과세기간이 경과한 후에 작성한 세금계산서는 작성일자를 공급시기로 소급하여 작성하였다 하더라도 부가가치세법 제39조 제1항 제1호 본문 소정의 '필요적 기재사항의 일부가 사실과 다르게 기재된' 세금계산서에 해당하므로 이 경우의 매입세액은 매출세액에서 공제되어서는 아니 된

경우.

93) 대법원 2002. 6. 28. 선고 2002두2277 판결; 대법원 1997. 6. 27. 선고 97누4920 판결; 대법원 1996. 12. 10. 선고 96누617 판결.

94) 대법원 1997. 3. 14. 선고 96다42550 판결; 대법원 1995. 8. 11. 선고 95누634 판결; 대법원 1993. 2. 9. 선고 92누4574 판결.

다"고 하였다.[95]

(3) 공급받는 자가 사실과 다른 경우

대법원은 거래 당사자가 사정에 의하여 세금계산서의 공급받는 자란에 다른 사람의 이름과 등록번호가 기재된 세금계산서를 교부받은 경우에 다른 기재사항에 의하여 실거래자를 알 수 있다면 매입세액 공제를 허용하여야 한다는 입장이었는데[96] 이러한 내용이 위 시행령에 반영되었다.

2. 세금계산서의 하자로 인한 수급인의 불법행위책임

세금계산서의 필수적 기재사항의 누락 또는 오류가 있거나 아예 과세기간 내에 제대로 된 세금계산서가 교부되지 않은 경우에는 매입세액 공제를 받지 못하게 되어 그 액수만큼 손해를 입게 된다. 수급인의 귀책사유로 정당한 세금계산서를 교부하지 않아 도급인이 매입세액 공제를 받지 못한 경우에는 수급인은 불법행위로 인하여 그 손해를 배상해야 한다.[97]

그러나 도급인이 수급인에게 부가가치세 상당액을 지급하지 아니하는 등 도급인의 귀책사유로 인하여 수급인이 세금계산서를 작성교부하지 아니함으로써 사업자인 도급인 매입세액 공제를 받지 못한 경우에는 수급인은 그에 따른 책임을 부담하지 않는다고 할 것이다.[98]

특히 건설실무상 중·소규모 공사에서는 무등록 건설사업자가 수급인이 되어 공사를 하고 오로지 매입세액 공제를 위하여 아무런 관계가 없는 건설사업 등록업체의 세금계산서를 교부하는 경우가 많다. 이러한 명의위장의 경우는 세금계산서의 기재내용이 사실과 다른 경우에 해당하여 도급인이 명의위장 사실을 몰랐다

---

95) 대법원 2004. 11. 18. 선고 2002두5771 전원합의체 판결.
96) 대법원 1983. 9. 27. 선고 83누97 판결.
97) 대법원 1997. 11. 14. 선고 97다26531 판결.
98) 공사도급계약을 체결하면서 부가가치세를 별도로 지급하기로 약정하였음에도 불구하고 도급인이 수급인에게 공사대금 일부를 지급하면서 부가가치세 상당액을 지급하지 아니한 경우, 수급인이 이와 같이 부가가치세를 지급받지 못하여 세금계산서를 작성 교부하지 않았고 이로 인하여 도급인이 매입세액 공제를 받지 못하게 되었다고 하더라도 이는 세금계산서를 교부하지 않은 수급인의 잘못에 기인한 것이 아니라 약정한 부가가치세 상당액을 지급하지 아니한 도급인 자신의 잘못에 기인하였다고 보아야 하므로, 수급인의 공사대금 청구금액과 도급인의 부가가치세 매입세액 공제를 받지 못한 손해를 대등액에서 상계할 수 없다: 대법원 1996. 12. 6. 선고 95다49738 판결.

는 특별한 사정이 없는 한 매입세액 공제는 할 수 없다.[99] 이러한 경우에 도급인이 명의위장 사실을 알고 있었다면 매입세액 공제 불가능으로 인한 손해배상을 청구할 수 없다고 하겠다.

VI. 부가가치세 청구채권의 양도

공사수급자가 공사대금채권과 함께 이에 따른 부가가치세 청구채권을 양도할 수 있는지에 관하여 판례는 "부가가치세 납세의무자인 공사수급자가 공사대금채권과 함께 이에 따른 부가가치세 상당액을 양도한다 하더라도 공사수급자의 부가가치세 납세의무 그 자체의 존속에 대하여는 아무런 영향도 없다 할 것이어서 그 세액 상당금액의 양도성을 부정할 이유는 없다"고 하여 이를 인정하고 있다.[100]

VII. 국민주택 건설과 부가가치세 면제

조세특례제한법 제106조 제1항, 같은법 시행령 제106조 제4항, 제51조의2 제3항에 의하면, 주택법에서 정한 국민주택과 당해 주택의 건설용역으로서 건설산업기본법·전기공사업법·소방법·정보통신공사업법·주택법 및 오수·분뇨 및 축산폐수의 처리에 관한 법률에 의하여 등록을 한 자가 공급하는 주택건설용역에 대하여는 부가가치세를 면제하도록 되어 있다. 부가가치세가 면제되는 것은 국민주택[101] 그 자체의 공급과, 당해 국민주택의 건설에 있어 필수적인 건설용역이나 전기공사용역, 소방용역 등의 관련 건설용역의 공급이 포함된다.[102]

부가가치세가 면제되면, 부가가치세 납부의무를 면제받은 사업자는 '부가가치세 체인' 밖으로 배출된다. 따라서 그는 매출세액을 납부할 필요가 없는 반면에, 매입세액을 공제받을 기회도 잃게 된다.[103] 이 점에서 영세율과 다른데 면세사업자

99) 대법원 1997. 3. 28. 선고 96다48930, 48947 판결.

100) 대법원 1988. 2. 9. 선고 87다카1338 판결.

101) 조세감면규제법 제74조 제1항 제1호의 "국민주택"은 주택건설촉진법 제3조 제1호의 정의에 따른 "국민주택"을 의미하는 것일 수 없고, 따라서 국민주택기금에 의한 자금을 지원받은 여부를 불문하고 그 규모에 있어서 1호 또는 1세대당 85제곱미터 이하이기만 하면 조세감면규제법상 "국민주택"에 해당한다: 대법원 1993. 8. 24. 선고 93누7075 전원합의체 판결.

102) 대법원 1992. 2. 11. 선고 91누7040 판결.

103) 국민주택 건설 발주자가 국민주택을 분양하는 것은 면세사업이므로 매출세액이 없다. 또한 대개의 경우 그 국민주택 건설용역의 공급자(건설사업자)도 면세사업으로 인정되어 발주자 입장에서

는 납세의무자가 아니기 때문에 사업자등록, 세금계산서 교부 등의 부가가치세법 상의 제 의무도 면제받는다. 건설업에 있어서는 건설사업자가 건설자재의 전부 또는 일부를 부담하는 경우에도 용역의 공급으로 본다(부가가치세법 시 행령 제25조 제1호).

건설용역 공급자가 면세사업자가 아닌 경우(면세 요건을 충족하지 못한 경우), 발주자로서는 매입세액은 있으나 매출세액은 없게 되고, 이 매입세액은 공제(환급)받지 못한다. 이 경우 발주자는 자신의 매출에 대한 부가가치세를 부담하는 것이 아니라, 전 단계 사업자의 매출에 대한 부가가치세(발주자 입장에서 볼 때 매입세액)를 부담하는 셈이 된다.

Ⅷ. 선급금과 부가가치세 환급

도급인이 선급금을 지급하고 부가세를 환급받은 경우 도급인이 그 환급세액도 수급인에게 반환하여야 한다. 즉 공급계약에 따라 수수된 선급금에 부가가치세가 포함되어 있어 이에 관한 세금계산서를 발행받아 위 부가가치세 상당액을 매입세액으로 환급받은 경우, 이 환급세액은 그 실질에 있어서 위 선급금 중 부가가치세 상당액의 반환에 해당하므로 위 공급계약의 해제에 기한 원상회복으로 반환하여야 할 금액에서 이를 공제함이 상당하다.[104]

제9절 유치권

Ⅰ. 의   의

수급인이 건물을 축조한 경우에 공사대금채권의 변제를 받을 때까지 그 건축물의 인도를 거절하고 이를 유치할 수 있다. 이는 법률상 당연히 성립하는 법정담보물권으로서 당사자 사이에 합의나 등기가 필요 없다. 유치권은 수급인의 공사대금채권을 보장하는 데 직접적인 기능을 한다.

볼 때 매입세액도 없을 경우가 많을 것이다. 면세사업자로 인정된 건설사업자의 입장에서라면, 매출세액이 없고 대신 매입세액 공제도 받을 수 없다. 다만 이를 법인세에서 비용으로 처리하여 법인세액을 줄일 수 있다.

104) 대법원 2006. 4. 28. 선고 2004다16976 판결.

다만 유치권에는 민법 제320조에 의한 유치권과 상법 제58조에 의한 상사유치권이 있는데, 양자의 요건과 대항력이 완전히 다르므로 실무상 주의를 요한다.

Ⅱ. 성립요건

1. 민사유치권

(1) 그 대상이 타인 소유의 건물이어야 한다. 독립된 건물로 볼 수 없는 미완성 건물은 토지의 정착물에 해당되므로 유치권의 대상이 될 수 없다. 건물의 신축공사를 도급받은 수급인이 공사를 하다가 중단된 경우에 자신이 건축하던 건축물에 대하여 유치권을 행사하는 경우가 많은데 건축물의 상태가 사회통념상 독립한 건물이라고 볼 수 없다면 이는 토지의 정착물로 보아 유치권의 성립을 부정하여야 한다.[105]

수급인이 시공한 건물이 독립된 건물로 인정될 경우에도 수급인 자신의 비용으로 건축한 건물로서 수급인이 원시취득한 것으로 인정되는 경우에는 자기의 소유 건물이므로 이에 대하여 유치권이 성립할 여지가 없게 된다.[106]

목적물이 채무자 이외의 제3자 소유라도 유치권이 성립하는 데 지장이 없다.[107] 따라서 건물이 타인에게 양도된 경우에 공사대금 청구는 도급인에게 하여야 하지만 유치권행사는 양수인에게 행사할 수 있다. 이런 경우에는 공사대금채무를 양수인이 인수하는 것이 보통일 것이다.

(2) 유치권의 피담보채권이 공사의 대상이 된 건물에 관하여 발생하였다는 견련성이 인정되어야 한다. 그 공사와 관련성이 없는 채무자의 다른 건물이나 토지는 그 공사대금채권에 기하여 유치권을 행사할 수 없다.

건축자재대금채권은 그 건축자재를 공급받은 건물 신축공사 수급인과의 매매계약에 따른 매매대금채권에 불과한 것이고, 공급한 건축자재가 수급인 등에 의해 건물신축공사에 사용됨으로써 결과적으로 건물에 부합되었다고 하여도 건축자재의 공급으로 인한 매매대금채권이 위 건물 자체에 관하여 생긴 채권이라고 할 수는 없다.[108]

---

105) 대법원 2008. 5. 30.자 2007마98 결정.
106) 대법원 1993. 3. 26. 선고 91다14116 판결.
107) 대법원 1972. 1. 31. 선고 71다2414 판결.
108) 대법원 2012. 1. 26. 선고 2011다96208 판결.

부동산 매도인이 매매대금을 다 지급받지 않은 상태에서 매수인에게 소유권이전등기를 마쳐주었으나 부동산을 계속 점유하고 있는 경우, 매매대금채권을 피담보채권으로 하여 매수인이나 그에게서 부동산 소유권을 취득한 제3자에게 유치권을 주장할 수도 없다.[109]

건물을 신축한 경우 그 공사대금채권을 피담보채권으로 하는 유치권은 신축건물의 대지에도 효력이 미치는가? 긍정하는 취지로 보이는 대법원 판결도 있으나,[110] 대지와 건물은 별개의 물건으로 취급되어 독립하여 거래의 목적이 되는 것이므로 건물에 대한 공사대금채권이 대지에까지 견련관계가 미친다고 볼 수 없는 점, 건물 유치권자는 건물 소유자가 아니므로 건물의 부지를 점유 사용하였다고 볼 수 없는 점[111] 등을 근거로 이를 부정하는 입장이 유력하다.[112] 다만 건물 신축공사라 하더라도 그 공사 중에 토지에 대하여 도로공사, 파일 시공 등 형상을 직접적으로 변경하는 부분이 있는 경우에는 견련관계가 인정될 수 있음을 유의하여야 한다.[113]

(3) 유치권의 피담보채권은 변제기에 있어야 한다(민법 제320조). 변제기 이전에는 유치권이 성립하지 않으며 수급인이 공사대금채권의 변제기를 연장해 주면 유치권을 상실하게 된다.

채무자 소유의 건물에 관하여 증축공사를 도급받은 수급인이 경매개시결정의 기입등기가 이루어지기 전에 채무자로부터 건물의 점유를 이전받았다고 하더라도 경매개시결정의 기입등기가 마쳐져 압류의 효력이 발생한 후에 공사가 완공되어 공사대금채권을 취득함으로써 그때에 유치권이 성립하는 경우에는 수급인

---

109) 대법원 2012. 1. 12.자 2011마2380 결정.

110) 건물임차인이 건물에 관하여 유익비상환청구권에 터잡아 취득하게 되는 유치권은 임차건물의 유지사용에 필요한 범위 내에서 임차대지 부분에도 그 효력이 미친다: 대법원 1980. 10. 14. 선고 79다1170 판결.

111) 대법원 2009. 9. 10. 선고 2009다28462 판결.

112) 대구고등법원 2006. 7. 12. 선고 2005나18133 판결(대법원에서 상고기각으로 확정); 대법원 2008. 5. 30.자 2007마98 결정(미간행) 참조.

113) 아파트부지조성공사로서 지반침하를 막기 위하여 그 토지에 1,200개의 콘크리트 기초파일을 항타한 사건에서, 2심법원은 콘크리트 파일은 건물지반침하로 인한 건물붕괴를 우려하여 건물기초보강을 위해서 시공한 것으로 그 공사대금채권은 아파트와 관련하여 생긴 것이지 토지와 관련하여 생긴 것이 아니라는 이유로 토목공사업자의 유치권항변을 배척하였다. 그러나 대법원 2007. 11. 29. 선고 2007다60530 판결(미간행)은 위 토목공사는 토지를 대지화시켜 아파트단지를 조성하기 위한 공사로서 그 토지에 관한 공사라 할 것이므로 그 공사대금채권은 토지에 관하여 발생한 채권으로서 위 각 토지와의 견련성이 인정된다고 하여 2심판결을 파기하였다.

은 그와 같은 유치권을 가지고 부동산경매절차의 매수인에게 대항할 수 없다.[114] 유치권은 목적물에 관하여 생긴 채권이 변제기에 있는 경우에 비로소 성립하므로 유치권의 성립 시점은 점유뿐 아니라, 피담보채권의 변제기가 도래한 때로 보아야 하기 때문이다.

채무자가 동시이행의 항변권을 행사할 경우에도 변제기가 도래한다고 볼 수 없다. 수급인이 공사를 완성하였더라도 신축 건물에 하자가 있고 그에 상응하는 금액이 공사잔대금액 이상이어서 도급인이 수급인에 대한 하자보수에 갈음한 손해배상채권 등에 기하여 수급인의 공사잔대금채권 전부에 대하여 동시이행의 항변을 한 때에는, 공사잔대금채권의 변제기가 도래하지 않은 경우와 마찬가지로 수급인은 하자보수의무에 관한 이행의 제공을 하지 않는 이상 공사잔대금채권에 기한 유치권을 행사할 수 없다.[115]

(4) 채권자가 반드시 목적물을 점유하고 있어야 한다. 목적물의 점유는 간접점유도 포함하는데 구체적으로 점유 여부에 관하여 판단이 어려울 경우가 많다. 제반 사정을 종합하여 목적물을 실질적으로 지배하고 있는지를 살펴야 한다.[116][117]

---

114) 대법원 2011. 10. 13. 선고 2011다55214 판결: 건설공사의 수급인이 대상 부동산에 대하여 증축공사를 시작하였는데 한 달 후에 위 부동산에 관하여 경매개시결정 기입등기가 경료되었고, 그로부터 10개월 후에 공사가 완료되었다. 원심법원은 수급인이 공사를 시작하면서 위 부동산을 점유하기 시작하였고, 공사를 마침으로 공사대금의 변제기가 도래하였으므로 점유 당시 유치권이 성립하였으며, 압류당시에 공사대금채권의 변제기가 도달하여야 하는 것은 아니라고 하였다. 그러나 대법원은 점유만으로는 유치권이 성립하지 않으므로, 이 사건 경매개시결정의 기입등기 후에 공사를 완공하여 공사대금채권을 취득하였다 하더라도 그 공사대금채권에 기한 유치권으로는 이 사건 부동산에 관한 경매절차의 매수인에게 대항할 수 없다고 원심판결을 파기하였다. 만약 경매개시결정 기입등기 이전에 일부 기성공사대금(1개월 상당분)의 변제기가 도래하였다고 볼 근거가 있다면 그 범위 내에서는 유치권이 성립될 수도 있을 것으로 생각된다.
115) 대법원 2014. 1. 16. 선고 2013다30653 판결.
116) 공장 신축공사 공사잔대금채권에 기한 공장 건물의 유치권자가 공장 건물의 소유 회사가 부도가 난 다음에 그 공장에 직원을 보내 그 정문 등에 유치권자가 공장을 유치·점유한다는 안내문을 게시하고 경비용역회사와 경비용역계약을 체결하여 용역경비원으로 하여금 주야 교대로 2인씩 그 공장에 대한 경비·수호를 하도록 하는 한편, 공장의 건물 등에 자물쇠를 채우고 공장 출입구 정면에 대형 컨테이너로 가로막아 차량은 물론 사람들의 공장 출입을 통제하기 시작하고 그 공장이 경락된 다음에도 유치권자의 직원 10여 명을 보내 그 공장 주변을 경비·수호하게 한 경우는 유치권자가 그 공장을 점유하고 있었다고 볼 수 있다: 대법원 1996. 8. 23. 선고 95다8713 판결.
117) 유치권자가 부동산의 일부 위에 컨테이너를 설치하고 유치권 행사 관련 현수막을 게시한 사실은 인정되나 이후 위 각 부동산의 분양을 위하여 유치권 행사 관련 현수막 등을 철거하였다가 임의경매절차 개시 이후에 다시 현수막과 컨테이너 등을 설치한 점, 집행관이 임의경매절차에서 위 각 부동산의 점유 현황을 조사하고 작성한 부동산현황조사보고서에는 현장에서 이해관계인을 만나지 못하여 점유관계가 미상이라고 기재되어 있고 유치권과 관련된 기재는 찾을 수 없는 점, 유치권자가 임의경매절차에서 유치권 신고를 하지 아니한 점 등에 비추어 타인의 간섭을 배제할

유치권자가 물건을 간접점유하고 있다고 인정하기 위해서는 간접점유자와 직접점유자 사이에 점유매개관계가 인정되어야 한다. 건물 전체에 대한 유치권을 주장하는 경우에 그 건물 중 일부를 건물 소유자와 임대차계약을 체결한 임차인이 직접 점유하고 있었다면, 임차인에 대하여 그 임차 부분의 반환청구권을 갖는 자는 임대차계약을 체결하였던 건물 소유자뿐이므로 위 임대차계약은 유치권을 주장하는 자와 임차인 사이의 점유매개관계를 인정할 기초가 될 수 없어서 유치권을 주장하는 자의 점유를 인정할 수 없다. 점유매개관계는 직접점유자가 간접점유자의 반환청구권을 승인하면서 자신의 점유를 행사하는 경우에만 인정되기 때문이다.[118] 다만 유치권은 목적물을 유치함으로써 채무자의 변제를 간접적으로 강제하는 것을 본체적 효력으로 하는 권리인 점 등에 비추어, 채권자가 채무자를 직접점유자로 하여 간접점유를 한 경우에는 유치권의 요건으로서의 점유에 해당하지 않는다고 할 것이다.[119]

또한 위 점유는 불법행위로 인한 것이 아니어야 한다. 여기에서 말하는 불법행위는 대체로 민법 제750조의 불법행위보다는 다소 넓게 해석하는 것으로 보인다. 이러한 불법성은 유치권을 부정하는 상대방이 입증해야 한다.[120]

유치권자가 부동산의 일부만 특정하여 점유한 경우에는 유치권도 그 부분에 한하여 성립하므로 나머지 부분에 대하여 유치권을 주장할 수 없다.[121]

유치권자가 목적물의 점유를 잃으면 유치권은 당연히 소멸한다(민법 제328조). 목적물을 점유하기 전에 그 목적물에 관한 채권이 발생하였다가 그 후 목적물의 점유를 취득하여도 유치권이 성립한다.

대상 건물을 점유하면서 유치권을 행사하다가 타인에 의하여 강제로 점유를

정도로 계속 점유가 이루어졌다고 인정하기 어렵다: 전주지방법원 2020. 4. 8. 선고 2019가합288 판결.

118) 대법원 2012. 2. 23. 선고 2011다61424 판결.

119) 대법원 2008. 4. 11. 선고 2007다27236 판결.

120) 물건의 점유자는 소유의 의사로 선의, 평온 및 공연하게 점유한 것으로 추정되고 점유자가 점유물에 대하여 행사하는 권리는 적법하게 보유하는 것으로 추정된다(민법 제197조 제1항, 제200조). 따라서 점유물에 대한 필요비와 유익비 상환청구권을 기초로 하는 유치권 주장을 배척하려면 적어도 점유가 불법행위로 인하여 개시되었거나 점유자가 필요비와 유익비를 지출할 당시 점유권원이 없음을 알았거나 중대한 과실로 알지 못하였다고 인정할만한 사유에 대한 상대방 당사자의 주장·증명이 있어야 한다: 대법원 2011. 12. 13. 선고 2009다5162 판결.

121) 타인이 임야의 일부를 개간한 자가 그 개간 부분에 대하여 유치권을 항변하였는데 거래상 개간 부분과는 다른 부분과의 분할이 가능함이 용이하게 추지되는 경우 그 유치권의 객체는 임야 중 개간 부분에 한한다: 대법원 1968. 3. 5. 선고 67다2786 판결.

침탈당한 경우에는 어떻게 될까? 이 경우에도 점유를 상실하였으므로 유치권이 소멸한다. 이때에는 점유를 침탈낭한 자가 침탈자를 상대로 점유회수의 소를 제기하여 승소판결을 받아 점유를 회복하면 점유를 상실하지 않았던 것으로 되어 유치권이 되살아난다.[122] 점유를 침탈하여 유치권을 소멸시킨 자가 유치권자를 상대로 유치권부존재확인 청구를 하는 것은 권리남용에 해당하여 허용되지 않는다.[123]

　　(5) 공사도급계약이나 신탁계약을 체결하면서 시공건물의 미지급 공사대금에 관하여 유치권을 포기한다는 약정을 하거나 유치권포기각서를 제출하는 경우가 있다. 이러한 유치권 포기 약정은 유효할까? 유치권은 법정담보물권이기는 하나 채권자의 이익보호를 위한 채권담보의 수단에 불과하므로 이를 미리 포기하는 특약은 유효하다. 유치권을 포기한 경우 다른 법정요건이 모두 충족되더라도 유치권이 발생하지 않으며, 또한 유치권을 사후에 포기한 경우에도 유치권은 곧바로 소멸한다.[124] 유치권 포기로 인하여 유치권이 발생하지 않는 이상, 유치권포기특약의 효력은 유치권 포기의 의사표시의 상대방뿐 아니라 그 이외의 사람도 주장할 수 있다.[125] 이러한 유치권 포기 특약에 대하여 부관으로서 조건을 붙일 수 있다.[126]

---

122) 대법원 2012. 2. 9. 선고 2011다72189 판결: 건설사가 상가신축공사를 도급받아 완공하였는데, 건축주가 공사잔금을 지급하지 않자, 위 건물을 점유하면서 유치권을 행사하여 왔다. 그런데 위 상가에 설정된 근저당권에 기한 경매절차가 진행되어 타인이 일부 상가를 경락받아 소유권이전등기를 마쳤다. 경락인은 이어서 위 상가에 대한 건설사의 점유를 침탈한 다음 이를 제3자에게 임대하였다. 이 사건에서 원심법원은 점유가 강제로 침탈되었으므로 건설사는 점유보호청구권에 기하여 침탈된 점유를 회복할 권리가 있는 이상 점유를 상실하였다고 볼 수 없다고 하여 유치권이 존속한다고 판단하였다. 그러나 대법원은 "건설사가 점유침탈을 당하여 점유를 상실한 이상 유치권은 소멸한다"고 판시하여 원심판결을 뒤집었다. 단순히 점유를 침탈당하여 점유회복청구권이 있다는 사유만으로 점유가 계속 존속한다고 볼 수 없다는 것이다. 우리 민법상 점유권은 법률적 지배가 아닌 사실적 지배를 내용으로 하는 것으로 본권에 영향을 받지 않는 것이기 때문에 대법원의 판시가 옳다고 하겠다. 건설사는 점유 침탈 자체를 원인으로 하여 법원에 점유회수의 소를 제기하여 승소판결을 받아 확정되면 점유를 상실하지 않았던 것으로 되어 유치권이 되살아난다. 시간이 촉박할 경우에는 가처분신청을 하여 본안판결 이전의 원상태로의 회복을 구할 수 있다.
123) 공매절차에서 점유자의 유치권 신고 사실을 알고 부동산을 매수한 자가 그 점유를 침탈하여 유치권을 소멸시키고 나아가 고의적인 점유이전으로 유치권자의 확정판결에 기한 점유회복조차 곤란하게 하였음에도 유치권자가 현재까지 점유회복을 하지 못한 사실을 내세워 유치권자를 상대로 적극적으로 유치권부존재확인을 구하는 것은, 자신의 불법행위로 초래된 상황을 자기의 이익으로 원용하면서 피해자에 대하여는 불법행위로 인한 권리침해의 결과를 수용할 것을 요구하고, 나아가 법원으로부터는 위와 같은 불법적 권리침해의 결과를 승인받으려는 것으로서, 이는 명백히 정의 관념에 반하여 사회생활상 도저히 용인될 수 없는 것으로 권리남용에 해당하여 허용되지 않는다: 대법원 2010. 4. 15. 선고 2009다96953 판결.
124) 대법원 2016. 5. 12. 선고 2014다52087 판결, 2018. 1. 24. 선고 2016다234034 판결.
125) 위 대법원 2014다52087 판결.
126) 위 대법원 2016다234034 판결.

2. 상사유치권

상사유치권은 상인 간의 상행위로 인한 채권을 가지는 사람이 채무자와의 상행위에 기하여 채무자 소유의 물건을 점유할 때 성립한다(상법 제58조). 민사유치권과 달리 피담보채권과 목적물의 견련성을 요구하지 않지만, 유치권의 목적물이 채무자 소유일 것으로 제한하고 있다.

 판례

민사유치권의 피담보채권 범위 [대법원 2007. 9. 7. 선고 2005다16942 판결]

56세대의 다세대주택의 창호 등 공사 전부를 완성한 하수급인이 1억 5천만 원의 공사대금잔액을 변제받지 못하자 그 대금확보를 위하여 위 다세대주택 중 특정한 1세대를 점유하여 유치권을 행사하였다. 이 유치권의 피담보채권이 전체 공사잔대금인지 아니면 유치권의 대상인 그 세대만의 창호공사대금 350만 원인지가 다투어졌다. 원심은 공평의 원칙상 유치권의 대상이 된 특정 건물에 대하여 발생한 공사대금만이 피담보채권이라고 보았으나, 대법원은 유치권의 불가분성을 근거로 전체 공사대금을 피담보채권으로 보아 다음과 같이 판시하였다. "민법 제320조 제1항에서 '그 물건에 관하여 생긴 채권'은 유치권제도 본래의 취지인 공평의 원칙에 특별히 반하지 않는 한 채권이 목적물 자체로부터 발생한 경우는 물론이고 채권이 목적물의 반환청구권과 동일한 법률관계나 사실관계로부터 발생한 경우도 포함하고, 한편 민법 제321조는 '유치권자는 채권 전부의 변제를 받을 때까지 유치물 전부에 대하여 그 권리를 행사할 수 있다'고 규정하고 있으므로 유치물은 그 각 부분으로써 피담보채권의 전부를 담보하며, 이와 같은 유치권의 불가분성은 그 목적물이 분할 가능하거나 수개의 물건인 경우에도 적용된다."

당초의 하도급 공사계약에서 창호공사대금을 각 세대별로 지급하기로 한 것이 아니라, 공사 전부에 대하여 일률적으로 지급하기로 하였으므로 '공사대금채권 전부'와 '공사목적물 전체' 사이에 견련관계가 있다고 보는 것이 공평의 원칙상 타당하다고 하겠다. 만약 창호공사대금을 세대마다 개별적으로 정산하기로 하는 특약이 있었다면 원심처럼 인정하는 것이 가능할 것이다.

III. 유치권과 다른 권리의 우선관계

실무상 유치권을 취득한 자와 부동산상의 다른 권리자 사이에 우열관계를 다투는 경우가 많다. 경매절차의 근저당권자나 매수인과 유치권자 사이에 권리의 우선관계를 다투는 경우에는 경매절차의 매수인이나 근저당권자가 유치권부존재확인 청구소송을 제기하거나, 반대로 유치권자가 유치권확인청구소송을 제기한다.[127]

1. 압류와 유치권의 우선관계

유치권자의 유치권 취득시점과 경매절차상 압류의 효력발생시기를 기준으로 하여 앞선 쪽이 우선한다. 부동산에 경매개시결정의 기입등기가 경료된 때 압류의 효력이 발생하므로 그 후 유치권자가 점유를 개시하였다면 유치권으로 매수인에게 대항할 수 없다.[128] 이 경우 위 부동산에 경매개시결정의 기입등기가 경료되어 있음을 유치권자가 알았는지 여부 또는 이를 알지 못한 것에 관하여 과실이 있는지 여부 등은 권리관계에 영향을 미치지 못한다.[129]

유치권자가 부동산에 경매개시결정의 기입등기가 경료되기 이전에 부동산의 점유를 이전받았다 하더라도 경매개시결정의 기입등기가 마쳐진 이후에 그 부동산에 관한 피담보채권을 취득하였다면, 압류의 효력이 발생한 이후에 비로소 유

---

127) 유치권자는 자신의 피담보채권이 변제될 때까지 유치목적물인 부동산의 인도를 거절할 수 있어 부동산 경매절차의 입찰인들은 낙찰 후 유치권자로부터 경매목적물을 쉽게 인도받을 수 없다는 점을 고려하여 입찰을 하게 되고 그에 따라 경매목적 부동산이 그만큼 낮은 가격에 낙찰될 우려가 있다고 할 것인바, 이와 같은 저가낙찰로 인해 근저당권자인 원고의 배당액이 줄어들 위험은 경매절차에서 원고의 법률상 지위를 불안정하게 하는 것이므로 위 불안을 제거하는 원고의 이익을 단순한 사실상·경제상의 이익으로 볼 수 없고, 유치권자인 피고가 이 사건 경매절차에서 민법 제367조에 기한 우선상환 청구를 하고 있음을 인정할 아무런 증거가 없을 뿐 아니라, 만일 피고가 그러한 우선상환 청구를 한다면 피고가 매각대금에서 우선상환을 받을 수 있어 근저당권자인 원고는 그만큼 배당받을 금액이 줄어들어 원고에게는 이 사건 확인을 구할 법률상의 이익이 있다: 대법원 2004. 9. 23. 선고 2004다32848 판결.
128) 채무자 소유의 건물 등 부동산에 강제경매개시결정의 기입등기가 경료되어 압류의 효력이 발생한 이후에 채무자가 위 부동산에 관한 공사대금채권자에게 그 점유를 이전함으로써 그로 하여금 유치권을 취득하게 한 경우, 그와 같은 점유의 이전은 목적물의 교환가치를 감소시킬 우려가 있는 처분행위에 해당하여 민사집행법 제92조 제1항, 제83조 제4항에 따른 압류의 처분금지효에 저촉되므로 점유자로서는 위 유치권을 내세워 그 부동산에 관한 경매절차의 매수인에게 대항할 수 없다: 대법원 2005. 8. 19. 선고 2005다22688 판결.
129) 대법원 2006. 8. 25. 선고 2006다22050 판결.

치권이 성립한 경우로서 유치권자는 경매절차의 매수인에게 대항할 수 없다.[130) 압류의 효력발생 이전에 유치권이 성립하여야 유치권자가 우선하는 것이다.

2. 가압류와 유치권의 우선관계

가압류와 유치권의 우선순위는 어떻게 될까? 가압류가 본압류로 이전된 경우에는 가압류집행이 있었던 때에 본집행이 있었던 것과 같은 효력이 있으므로 앞서 살핀 압류와 유치권의 우선관계와 동일하게 보면 된다.

가압류가 본압류로 이전되지 않은 경우에 대하여 종래 하급심판결에서는 견해가 갈렸는데 대법원은 유치권이 가압류에 우선한다고 판시하였다.[131) 유치권의 성립 이전에 부동산에 가압류등기가 경료되었더라도 가압류채권자는 유치권자에게 대항할 수 없다는 것이다. 압류는 매각절차인 경매절차를 전제로 하는 것이므로 매각대금의 보전 등 매각절차의 안정성을 유지할 필요가 큰 데 반하여, 가압류는 장래 강제집행의 보전을 목적으로 하는 것으로 매각절차와 직접 관련이 없으므로 가압류채권자에게 유치권의 부담을 인수하게 하여도 큰 문제가 없기 때문이다. 실무상 주의를 요하는 부분이다.

3. 저당권과 유치권의 우선관계

저당권과 유치권의 우선순위에 관해서는 민사유치권과 상사유치권을 구분하여 살펴야 한다.

(1) 민사유치권의 경우, 경매로 인한 압류의 효력이 발생하기 전에 유치권을 취득한 경우라면 유치권 취득시기가 근저당권설정 후라거나 유치권 취득 전에 설

---

130) 대법원 2013. 6. 27. 선고 2011다50165 판결; 대법원 2011. 10. 13. 선고 2011다55214 판결.
131) 경매개시결정의 기입등기가 경료되어 압류의 효력이 발생한 후에 채무자가 당해 부동산의 점유를 이전함으로써 제3자가 취득한 유치권으로 압류채권자에게 대항할 수 있다고 한다면 경매절차에서의 매수인이 매수가격 결정의 기초로 삼은 현황조사보고서나 매각물건명세서 등에서 드러나지 않는 유치권의 부담을 그대로 인수하게 되어 경매절차의 공정성과 신뢰를 현저히 훼손하게 될 뿐만 아니라, 유치권신고 등을 통해 매수신청인이 위와 같은 유치권의 존재를 알게 되는 경우에는 매수가격의 즉각적인 하락이 초래되어 책임재산을 신속하고 적정하게 환가하여 채권자의 만족을 얻게 하려는 민사집행제도의 운영에 심각한 지장을 줄 수 있으므로, 위와 같은 상황 하에서는 채무자의 제3자에 대한 점유이전을 압류의 처분금지효에 저촉되는 처분행위로 봄이 타당하다는 취지이다. 따라서 이와 달리 부동산에 가압류등기가 경료되어 있을 뿐 현실적인 매각절차가 이루어지지 않고 있는 상황하에서는 채무자의 점유이전으로 인하여 제3자가 유치권을 취득하게 된다고 하더라도 이를 처분행위로 볼 수는 없다: 대법원 2011. 11. 24. 선고 2009다19246 판결.

정된 근저당권에 기하여 경매절차가 개시되었다고 하여 달리 볼 것 없이 유치권
자가 우선한다.[132]

(2) 상사유치권의 경우에는 이런 효력이 인정되지 않는다. 법률상 상사유치권
이 채무자 소유의 물건에 대해서만 성립한다는 것은 상사유치권은 성립 당시 채
무자가 목적물에 대하여 보유하고 있는 담보가치만을 대상으로 하는 제한물권이
라는 의미를 담고 있다 할 것인바, 유치권 성립 당시 그 목적물에 제3자의 제한물
권이 설정되어 있었다면 상사유치권이 기존의 제한물권이 확보하고 있는 담보가
치를 사후적으로 침탈하지 못한다고 보아야 할 것이다. 이러한 법리에 따라 상사
유치권자는 상사유치권에 선행하는 저당권자나 선행저당권에 기한 임의경매절차
에서 부동산을 취득한 매수인에게 대항할 수 없게 된다.[133]

4. 체납처분압류와 유치권의 우선관계

채무자의 부동산에 국세징수법에 의한 체납처분압류가 이루어진 경우 체납
처분압류등기 이후에 그 압류된 목적물에 대해 유치권을 취득한 채권자는 또 다
른 채권자인 근저당권자의 경매신청으로 개시된 경매절차의 매수인에게 대항할
수 있다고 할 것인가? 이에 대해 대법원 2014. 3. 20. 선고 2009다60336 전원합의체
판결은, 국세징수법에 의한 체납처분절차에서는 체납처분에 의한 압류와 동시에
매각절차인 공매절차가 개시되는 것이 아닌 점, 체납처분압류가 반드시 공매절차
로 이어지는 것이 아닌 점, 체납처분절차와 민사집행절차는 서로 별개의 절차로
서 공매절차와 경매절차가 별도로 진행되는 점을 들어 부동산에 관하여 체납처분
압류가 되어 있다고 하여 경매절차에서 이를 그 부동산에 관하여 경매개시결정에
따른 압류가 행하여진 경우와 마찬가지로 볼 수 없으므로, 체납처분압류가 되어
있는 부동산이라 하더라도 그러한 사정만으로 경매개시결정등기가 되기 전에 그
부동산에 관하여 민사유치권을 취득한 유치권자가 경매절차의 매수인에게 그 유

132) 대법원 2009. 1. 15. 선고 2008다70763 판결; 대법원 2005. 8. 19. 선고 2005다22688 판결; 대법원
2006. 8. 25. 선고 2006다22050 판결.
133) 대법원 2013. 2. 28. 선고 2010다57350 판결: 채무자 소유 부동산에 근저당권이 설정된 후 유치권을
취득한 원고가 근저당권자이자 근저당권에 기한 경매절차의 매수인인 피고에 대하여 유치권존
재확인을 구한 사안에서, 원심은 원고의 청구를 인용하였지만, 대법원은 상사유치권을 취득한 원
고는 선행저당권자 또는 선행저당권에 기한 임의경매절차에서 부동산을 취득한 매수인인 피고
에 대하여 대항할 수 없다고 보았다.

치권을 행사할 수 있다고 보았다.[134]

국세징수법상 체납처분압류에도 처분금지효가 인정되나 체납처분절차는 압류와 공매절차가 동시에 진행되지 않는다는 점에서 부동산에 대한 경매개시결정과 함께 압류를 명하는 민사집행절차와는 다르다. 가압류의 경우에도 처분금지효가 인정되지만 가압류는 강제처분의 보전을 위한 것으로서 매각절차와 직접 관련이 없다는 이유로 가압류등기 후 성립한 유치권이 가압류에 우선하는 것과 같이 압류 후 즉시 매각절차가 진행되지 않는 체납처분절차에서 체납처분압류등기 후 유치권을 취득하였다 하더라도 유치권의 효력이 인정되는 것이다.

경매절차상 압류의 효력 발생 전에 취득한 유치권으로 경매절차의 매수인에게 대항할 수 있다고 한 사례 [대법원 2009. 1. 15. 선고 2008다70763 판결]

(부동산에 제3자가 근저당권을 설정한 후에 원고가 개조공사를 시행하여 공사대금채권을 취득하고 이를 권원으로 그 부동산을 점유하여 유치권을 취득하였고, 그 이후에 위 근저당권에 기하여 임의경매개시결정의 기입등기가 이루어졌고 피고가 경매절차에서 이를 매수한 사안에서) 임의경매 부동산 경매절차에서의 매수인은 민사집행법 제91조 제5항에 따라 유치권자에게 그 유치권으로 담보하는 채권을 변제할 책임이 있는 것이 원칙이나, 채무자 소유의 건물 등 부동산에 경매개시결정의 기입등기가 경료되어 압류의 효력이 발생한 후에 채무자가 위 부동산에 관한 공사대금채권자에게 그 점유를 이전함으로써 그로 하여금 유치권을 취득하게 한 경우, 그와 같은 점유의 이전은 목적물의 교환가치를 감소시킬 우려가 있는 처분행위에 해당하여 민사집행법 제92조 제1항, 제83조 제4항에 따른 압류의 처분금지효에 저촉되므로 점유자로서는 위 유치권을 내세워 그 부동산에 관한 경매절차의 매수인에게 대항

---

134) 위 전원합의체 판결에는 아래와 같은 반대의견이 있다. "국세징수법에 의한 체납처분절차는 압류로써 개시되고, 체납처분에 의한 부동산 압류의 효력은 민사집행절차에서 경매개시결정의 기입등기로 인한 부동산 압류의 효력과 같으므로, 조세체납자 소유의 부동산에 체납처분압류등기가 마쳐져 압류의 효력이 발생한 후에 조세체납자가 제3자에게 그 부동산의 점유를 이전하여 유치권을 취득하게 하는 행위는 체납처분압류권자가 체납처분압류에 의하여 파악한 목적물의 교환가치를 감소시킬 우려가 있는 처분행위에 해당하여 체납처분압류의 처분금지효에 저촉되므로 유치권으로써 공매절차의 매수인에게 대항할 수 없다. 나아가 체납처분에 의한 부동산 압류 후 그 부동산에 관하여 개시된 경매절차에서 부동산이 매각되는 경우에 마치 공매절차에서 부동산이 매각된 것과 같이 매수인이 체납처분압류의 부담을 인수하지 아니하고 체납처분압류등기가 말소되는바, 선행하는 체납처분압류에 의하여 체납처분압류권자가 파악한 목적물의 교환가치는 그 후 개시된 경매절차에서도 실현되어야 하므로, 체납처분압류의 효력이 발생한 후에 채무자로부터 점유를 이전받아 유치권을 취득한 사람은 유치권으로써 경매절차의 매수인에게 대항할 수 없다고 보아야 한다."

할 수 없다. 그러나 이러한 법리는 경매로 인한 압류의 효력이 발생하기 전에 유치권을 취득한 경우에는 적용되지 아니하고, 유치권 취득시기가 근저당권설정 후라거나 유치권 취득 전에 설정된 근저당권에 기하여 경매절차가 개시되었다고 하여 달리 볼 것은 아니다. (중략) ⋯ 따라서 원고는 그 유치권 취득 이전부터 설정되어 있던 위 근저당권에 기한 경매절차의 매수인인 피고에게 대항할 수 있다.

Ⅳ. 담보제공에 의한 유치권 소멸 청구

건축물의 소유자는 민법 제327조에 의하여 상당한 담보를 제공하고 유치권의 소멸을 청구할 수 있다. 유치권의 피담보채무가 건축물의 가액에 비하여 소액이거나 즉시 임대가 가능하여 수입을 얻을 수 있는 경우에 이 방법이 효과적이다. 담보물의 가액을 기준으로 할 것이 아니라 채권액 상당의 가치가 있는 담보를 제공하면 족하다고 할 것이다.[135]

Ⅴ. 효　　　과

유치권자는 목적물을 경매할 수도 있고 목적물로써 직접 변제에 충당할 수도 있다(민법 제322조). 유치권자는 원칙적으로 우선변제권을 갖지 않지만 유치적 효력으로 인하여 채무자 등이 목적물의 인도를 받으려면 변제하여야 하므로 사실상의 우선변제를 강제하는 효과를 나타낸다.

유치권은 물권이므로 유치권자는 채권의 변제를 받을 때까지 채무자뿐 아니라 건물의 양수인, 경락인 등 모든 사람에 대하여 목적물의 인도를 거절할 수 있다. 유치권자는 채권 전부의 변제를 받을 때까지 유치물 전부에 대하여 그 권리를 행사할 수 있다(민법 제321조).

유치권자는 채권의 일부를 변제받더라도 소멸된 채권의 비율에 따라 목적물의 일부를 반환할 필요가 없다.

유치권자는 보존에 필요한 범위 내에서 유치한 건물을 사용할 수 있고, 소유자의 승낙을 얻어 이를 타인에게 임대하여 차임을 얻어 채권에 충당할 수도 있다

---

135) 대법원 2001. 12. 11. 선고 2001다59866 판결.

$\binom{\text{민법}}{\text{제323조}}$.

유치권자는 유치물을 점유할 때 선량한 관리자의 주의의무를 부담하며, 소유자의 승낙 없이 유치물의 보존에 필요한 범위를 넘어 사용하거나 대여 또는 담보제공을 할 수 없고, 소유자는 유치권자가 위 의무를 위반한 때에는 유치권의 소멸을 청구할 수 있다$\binom{\text{민법}}{\text{제324조}}$.

공사대금채권에 기하여 유치권을 행사하는 자가 스스로 유치물인 주택에 거주하며 사용하는 것은 특별한 사정이 없는 한 유치물인 주택의 보존에 도움이 되는 행위로서 유치물의 보존에 필요한 사용에 해당한다고 할 것이다. 그리고 유치권자가 유치물의 보존에 필요한 사용을 한 경우에도 특별한 사정이 없는 한 차임에 상당한 이득을 소유자에게 반환할 의무가 있다.[136] 한편 유치권자는 공사목적물에 대하여 처분금지 등의 가처분신청을 할 수 있다.

제10절 저당권설정청구권

I. 의   의

부동산공사의 수급인은 공사대금채권을 담보하기 위하여 그 목적부동산 위에 저당권을 설정할 것을 도급인에게 청구할 수 있다$\binom{\text{민법}}{\text{제666조}}$. 원래 구민법에서는 수급인의 도급대금을 확보해 주기 위하여 선취특권(先取特權)제도를 두고 있었는데, 현행민법의 제정과 더불어 선취특권제도가 폐지되면서 수급인의 목적부동산에 대한 저당권설정청구권을 신설했다.

II. 요   건

저당권설정 청구권자는 부동산에 관한 공사의 수급인이다. 이에는 토지공사(단지조성, 제방이나 축대의 축조, 건물 아닌 시설의 건설 등)의 수급인과 건축공사(건물의 신축, 개축, 증축 등)의 수급인이 모두 포함된다.

저당권설정 청구의 상대방은 저당권설정의 목적부동산의 소유자인 도급인이

---

136) 대법원 2009. 9. 24. 선고 2009다40684 판결.

다. 도급인이 반드시 토지소유자일 필요는 없고, 단순한 토지의 임차인이더라도 무방하다.

저당권의 객체가 되는 것은 도급의 목적인 부동산이다. 만약 도급인이 목적 부동산을 양도하면 수급인의 저당권설정청구권은 소멸한다고 보아야 할 것이다.

저당권의 피담보채권은 수급인의 공사대금채권이다. 반드시 채권의 변제기가 도래하고 있어야 하는 것은 아니며, 보수청구권이 성립한 후에는 언제든지 저당권의 설정을 청구할 수 있다.

한편 하수급인의 경우에도 민법 제666조상의 저당권설정청구권을 가질 수 있는가? 이에 대해 대법원은, 건물신축공사에 관한 도급계약에서 수급인이 자기의 노력과 출재로 건물을 완성하여 그 소유권이 수급인에게 귀속된 경우에는 수급인으로부터 건물신축공사 중 일부를 도급받은 하수급인도 수급인에 대하여 민법 제666조에 따른 저당권설정청구권을 가질 수 있다고 판시하였다.[137] 이 경우 하수급인의 저당권설정청구권은 객관적으로 하수급인이 저당권설정청구권을 행사할 수 있음을 알 수 있게 된 때부터 소멸시효가 진행한다.[138]

Ⅲ. 실 효 성

수급인의 저당권설정청구권은 순수한 청구권이므로 도급인이 그 청구에 응하여 승낙을 하고 등기를 갖추어야 비로소 저당권은 성립된다.

저당권설정청구권의 대상인 건물이 미등기인 경우에는 우선 도급인 앞으로 그 건물의 보존등기를 하여야 하고, 민법상 토지와 건물은 별개의 독립한 부동산이므로 수급인이 건물을 신축하여 그 위에 저당권을 갖게 되더라도 저당권의 효력은 대지에 미치지 아니하므로, 경락인은 건물만을 취득하게 되기 때문에 그 저

---

137) 대법원 2016. 10. 27. 선고 2014다211978 판결.
138) 위 판결은 하수급인이 가지는 저당권설정청구권의 소멸시효는 객관적으로 하수급인이 저당권설정청구권을 행사할 수 있음을 알 수 있게 된 때부터 소멸시효가 진행한다고 하였다. 건물신축공사에서 하수급인의 수급인에 대한 저당권설정청구권은 수급인이 건물의 소유권을 취득하면 성립하고 특별한 사정이 없는 한 그때부터 그 권리를 행사할 수 있다고 할 것이지만, 건물 소유권의 귀속주체는 하수급인의 관여 없이 도급인과 수급인 사이에 체결된 도급계약의 내용에 따라 결정되는 것이고, 더구나 건물이 완성된 이후 그 소유권 귀속에 관한 법적 분쟁이 계속되는 등으로 하수급인이 수급인을 상대로 저당권설정청구권을 행사할 수 있는지 여부를 객관적으로 알기 어려운 상황에 있어 과실 없이 이를 알지 못한 경우에도 그 청구권이 성립한 때부터 소멸시효가 진행한다고 보는 것은 정의와 형평에 맞지 않는다는 점이 그 이유이다.

당권실행에 난점이 있다.

따라서 저당권설정청구권이 가지는 이러한 성립 및 실행상의 한계로 인하여 실무상 거의 활용되고 있지 않고 있으며, 차라리 법정담보물권인 유치권(민법 제320조 의 민사유치권, 상법 제58조 의 상사유치권)을 행사하는 것이 수급인에게 훨씬 간편하고 유리하다고 보고 수급인의 저당권설정청구권의 실효성에 대하여는 의문을 제기하는 견해가 많다.[139]

따라서 실무에서는 공사도급계약에서 아예 공사목적 부동산 및 대지에 대하여도 근저당권을 설정하여 주기로 하는 특약을 삽입하는 경우가 많고, 이를 근거로 한 근저당설정권 청구소송이나 그 청구권 보전을 위한 처분금지가처분신청이 제기된다.

한편 저당권설정청구권을 행사하여 저당권을 취득한 수급인은 공사대금채권을 모두 변제받으면 이를 말소해야 하고, 이때 수급인의 저당권말소의무와 도급인의 공사대금 지급채무는 동시이행관계에 있다.[140]

IV. 저당권설정청구권과 사해행위

채무초과상태에 있는 도급인이 수급인의 저당권설정청구권 행사에 따라 목적물에 저당권설정을 해 준 행위가 도급인의 일반채권자를 해하는 사해행위가 되는 것일까?

대법원은 '수급인의 저당권설정청구권을 규정하는 민법 제666조는 부동산공사에서 그 목적물이 보통 수급인의 자재와 노력으로 완성되는 점을 감안하여 그 목적물의 소유권이 원시적으로 도급인에게 귀속되는 경우 수급인에게 목적물에 대한 저당권설정청구권을 부여함으로써 수급인이 사실상 목적물로부터 공사대금을 우선적으로 변제받을 수 있도록 하는 데 그 취지가 있고, 이러한 수급인의 지위

---

139) 『민법주해』 15권(박영사, 1995), 451면.

140) 공사도급계약의 도급인이 자신 소유의 토지에 근저당권을 설정하여 수급인으로 하여금 공사에 필요한 자금을 대출받도록 한 사안에서, 수급인의 근저당권 말소의무는 도급인의 공사대금채무에 대하여 공사도급계약상 고유한 대가관계가 있는 의무는 아니지만, 담보제공의 경위와 목적, 대출금의 사용용도 및 그에 따른 공사대금의 실질적선급과 같은 자금지원 효과와 이로 인하여 도급인이 처하게 될 이중 지급의 위험 등 구체적인 계약관계에 비추어 볼 때, 이행상의 견련관계가 인정되므로 양자는 서로 동시이행의 관계에 있고, 나아가 수급인이 근저당권 말소의무를 이행하지 아니한 결과도급인이 위 대출금 및 연체이자를 대위변제함으로써 수급인이 지게 된 구상금채무도 근저당권 말소의무의 변형물로서 그 대등액의 범위 내에서 도급인의 공사대금채무와 동시이행의 관계에 있다: 대법원 2010. 3. 25. 선고 2007다35152 판결.

가 목적물에 대하여 유치권을 행사하는 지위보다 더 강화되는 것은 아니어서 도
급인의 일반채권자들에게 부당하게 불리해지는 것도 아닌 점 등에 비추어, 신축
건물의 도급인이 민법 제666조가 정한 수급인의 저당권설정청구권의 행사에 따라
공사대금채무의 담보로 그 건물에 저당권을 설정하는 행위는 특별한 사정이 없는
한 사해행위에 해당하지 아니한다'고 판시하여 이를 부정하는 입장이다.[141]

Ⅴ. 저당권설정청구권의 이전

민법 제666조에서 정한 수급인의 저당권설정청구권은 공사대금채권을 담보
하기 위하여 인정되는 채권적 청구권으로서 공사대금채권에 부수하여 인정되는
권리이므로, 당사자 사이에 공사대금채권만을 양도하고 저당권설정청구권은 이
와 함께 양도하지 않기로 약정하였다는 등의 특별한 사정이 없는 한, 공사대금채
권이 양도되는 경우 저당권설정청구권도 이에 수반하여 함께 이전된다고 봄이 타
당하다.

따라서 신축건물의 수급인으로부터 공사대금채권을 양수받은 자의 저당권
설정청구에 의하여 신축건물의 도급인이 그 건물에 저당권을 설정하는 행위 역시
다른 특별한 사정이 없는 한 사해행위에 해당하지 아니한다.[142]

제11절　미등기 건물에 대한 공사대금채권 확보

건물이 완성되었으나 사용승인을 받지 못하여 아직 소유권보존등기가 경료
되지 아니한 경우에 위 건물의 소유권은 도급인에게 원시적으로 귀속되는 경우가
많다. 그런데 도급인에게 변제자력이 없고 위 건물만이 유일한 재산일 경우에는
수급인은 위 건물에 대하여 가압류나 압류 등 강제집행을 하여 공사대금채권을
변제받게 된다. 그러나 등기가 되어 있지 않은 건물에 관하여 건물이 채무자 소유

141) 대법원 2008. 3. 27. 선고 2007다78616, 78623 판결.
142) 대법원 2018. 11. 29. 선고 2015다19827 판결. 따라서 공사대금채권을 양수한 자가 파산 상태에 빠
　　진 도급인의 건물에 저당권을 설정하여도 원칙적으로 사해행위에 해당하지 않는다. 다만, 근저
　　당권의 채권최고액이 공사대금채권액에 비추어 적정한지 등은 위 저당권설정행위의 사해행위성
　　여부를 판단하는 데 특별한 사정으로 고려될 수는 있을 것이다.

임을 증명하는 서류로서 부동산등기규칙 제121조 소정의 서류를[143] 구비하는 것은 사실상 불가능하여 강제집행이 어려웠고, 또한 미등기 부동산에 대하여는 유체동산집행도 불가능하였다.[144] 결국 미등기건물에 대하여는 수급인의 공사대금채권 확보가 사실상 어려운 실정이어서 공평의 원칙상 부당하다는 문제점이 지적되어 왔다.

이러한 문제를 해결하기 위하여 2002년부터 시행된 민사집행법은 건축허가나 건축신고를 마친 뒤 사용승인을 받지 못한 미등기건물에 대한 강제집행을 신청함에 있어서 그 건물이 채무자의 소유임을 증명할 서류, 그 건물의 지번·구조·면적을 증명할 서류 및 그 건물에 관한 건축허가 또는 건축신고를 증명할 서류를 첨부하면 강제집행이 가능하도록 규정을 신설하였다(제81조 제1항 제2호 단서). 실무에서는 위 서류로서 통상 건축허가서, 건축신고서, 미흡할 때에는 건축도급계약서 등을 추가로 받고 있다.

다만 이 조항의 적용대상인 미등기건물은 건축허가나 건축신고를 마친 뒤 사용승인만을 받지 못한 상태인 건물만 해당이 되고 미완성 건물은 독립된 건물로 볼 수 있는 상태에 있더라도 그 대상에서 제외됨을 주의하여야 한다.[145] 건축허가를 받지 못한 무허가 건물까지 보호할 필요가 없기 때문이다. 따라서 완공된 건물에 대하여는 미등기이더라도 권리확보가 가능하게 되었지만, 완공이 안 되어 사용승인을 받을 수 없는 상태의 건물은 독립된 건물에 해당한다고 하더라도 강제집행이 될 수 없음을 주의하여야 한다. 향후 미등기건물에 대한 집행의 범위는 민사집행법 조항의 탄력적 해석과 운영에 달려 있다고 하겠다.[146]

---

143) 건축물관리대장등본, 재산세과세증명서, 건축물사용승인서.
144) 대법원 1995. 11. 27.자 95마820 결정.
145) 법원행정처, 『법원실무제요 민사집행(Ⅰ)』, 2003, 11면.
146) 최병호, "건설관계소송에 있어서의 손해배상과 보전처분," 『2003년 전문분야 특별연수 건설관계법』(대한변호사협회 변호사연수원), 97면.

제12절   공사대금채무의 변제방법

I. 대물변제

1. 대물변제약정의 유효성

　도급인의 자력이 부족하거나, 전문건설회사가 대지의 소유자에게 건물의 건축을 제의할 경우에는 도급인과 수급인 사이에서 현실적인 공사대금의 지급 대신에 공사완공 후에 완공된 건물 중 일부분을 양도하거나, 도급인 소유의 다른 부동산을 양도하기로 약정하는 경우가 많다. 이 경우는 원칙적으로 그 합의내용에 따라 공사대금채권변제의 효력이 발생한다.

　그러나 당초의 합의의 내용상 대물변제의 원칙만 정하고 대물변제의 상세한 조건, 기준, 내용 등에 관하여 구체적으로 약정하지 않았거나, 공사가 완공된 후에도 도급인과 수급인 사이에 그에 관한 구체적인 합의가 이루어지지 않는 경우에는 대물변제의 합의가 실제적인 내용을 결여하고 있으므로 대물변제의 약정이 효력을 발생하지 않는다. 따라서 도급인은 공사도급계약 당시에 약정한 추상적인 합의내용만을 근거로 공사대금의 일부를 완공된 건물로 대물변제하겠다고 주장할 수는 없다.

　공사가 도중에 중단되어 완공이 되지 않으면 건물에 의한 대물변제가 불가능하므로 도급인은 공사도급계약상의 합의에 따른 대물변제를 주장할 수 없음이 원칙이다.

2. 대물변제약정의 판단기준

　공사대금채무 변제와 관련하여 부동산을 양도하기로 약정한 경우 공사대금채무의 변제에 갈음하기로 하는 경우와 공사대금채무의 지급을 위하거나 담보방법으로서 하는 경우로 나뉜다. 이 구별은 계약 해석에 관한 문제인데 명확한 증거가 없는 경우에는(담보목적을 주장하는 측에 입증책임이 있다) 소유권이전 당시의 채무액과 부동산 가액, 채무를 지게 된 경위와 그 후의 과정, 소유권이전 당시의 상황, 그 이후에 있어서의 부동산의 지배 및 처분관계 등 제반사정을 종합하여 담보목적인지 여부를 가려야 할 것이다.[147] 단순히 계약상 대물변제를 뜻하는 문구가 있다고 하여 대물변제로 볼 수는 없고, 오히려 공사대금채무의 지급방법으로 또는 담보목적으로 약정하였다고 해석할 여지가 많다.[148] 공사대금채무의 지급을 위하거나 담보방법으로 부동산을 양도받기로 약정한 경우에는 수급인은 도급인에 대하여 공사대금의 지급이나 부동산의 이전을 요구할 수 있다.

그러나 공사대금채무의 변제에 갈음하기로 대물변제의 약정을 한 경우에는 공사대금채무가 소멸되고 새로 부동산이전의무가 발생하였으므로 수급인은 공사대금을 청구할 수 없다. 따라서 제3자가 공사대금채권을 압류하였다고 하더라도 공사대금채무가 소멸한 경우에는 압류의 효력이 없음을 주의해야 한다.

3. 대물변제의 효력발생시기

대물변제는 채무자가 채권자의 승낙을 얻어 본래의 채무의 이행에 갈음하여 다른 급여를 현실적으로 한 때에 변제와 같은 효력이 있는 것으로서 다른 급여가 부동산의 소유권을 이전하는 것일 때에는 소유권이전등기를 하여야만 대물변제가 성립되어 채무가 소멸하는 것이므로 채권자인 수급인의 입장에서는 소유권이전등기된 날이 부동산의 취득일이 되는 것이고, 채무자가 채권자와 대물변제하기로 약정하였던 급여의 일부만을 이행하는 경우에도 채권자가 이를 수령하면 채무의 일부에 관하여 유효한 변제를 한 것으로 보아야 한다.[149]

대물변제가 채권양도방식으로 이루어질 때가 있다. 채권양도는 특단의 사정이 없는 한 채무변제를 위한 담보 또는 변제의 방법으로 양도되는 것으로 추정할 것이지, 채무변제에 갈음한 것으로 볼 것은 아니므로 채권양도만으로 곧바로 원래 채권이 소멸한다고 볼 수 없다. 또한 채권양도가 채무변제에 갈음하여 이루어진 것이라 하더라도 양도인이 채무자에게 통지하거나 채무자가 승낙하는 등 채권양도의 대항요건(민법 제450조 제1항)까지 갖추어야 비로소 대물변제로서 채무소멸의 효력이 생긴다.[150]

---

147) 대법원 1993. 6. 8. 선고 92다19880 판결.
148) 대법원 1997. 4. 25. 선고 96다32133 판결.
149) 대법원 1993. 5. 11. 선고 92누11602 판결.
150) 대법원 2012. 10. 11. 선고 2011다82995 판결.

4. 대물변제와 사해행위

수급인이 도급인의 무자력으로 인하여 공사대금채권의 변제에 갈음하여 도급인의 유력한 재산인 건축물을 대물변제받을 경우에 일반채권자를 해하게 되어 사해행위로서 채권자취소권의 대상이 될 가능성이 높다. 따라서 대물변제를 받기 전에 채무자의 재산상태가 채무초과인지 여부를 확인하여야 한다. 다만 유치권자에게 유치권을 포기하게 하는 대가로 대물변제하거나,[151] 위와 같은 대물변제가 전체 채권자에게 이익이 될 경우에는 사해행위가 성립하지 않는다.

1. 대물변제와 압류의 효력 [대법원 1998. 2. 13. 선고 97다43543 판결]

원고(대한민국)가 수급인(건설회사)의 피고(도급인)에 대한 공사대금채권을 국세체납처분절차에 따라 압류하였는데, 수급인과 피고는 그 이전인 도급계약 체결 당시 위 공사대금에 관하여 현금 지급 대신에 도급인 소유의 다른 부동산 소유권을 수급인에게 이전함으로써 그 충당에 갈음하기로 하는 약정을 하였다. 피고는 원고의 압류통지를 받은 후에 위와 같은 대물변제약정이 있음을 이유로 수급인에게 부동산에 대하여 소유권이전등기를 이행하여 주고 원고에게 공사대금채권이 소멸하였다고 항변하였다.

대법원은 피고의 항변에 대하여 다음과 같이 경우를 나누어 판단하였다. "대물변제약정이 공사대금채권은 그대로 존속시키되, 다만 공사대금을 지급하는 한 가지 방법으로 이루어진 경우라면, 도급인이 압류 전에 있었던 수급인과의 사이의 약정을 이유로 공사대금의 지급에 갈음하여 부동산을 이전할 것을 압류채권자에게 주장하는 것은 별론으로 하고, 그 약정이 있음을 이유로 압류 후에 곧바로 수급인에게 공사대금의 지급에 갈음하여 부동산으로 대물변제를 하는 것은 압류된 공사대금채권 그 자체를 변제하는 것으로서 압류의 효력에 반하는 것이 되므로 허용될 수 없으나, 만약 그 약정이 공사대금의 지급에 갈음하여 공사대금채권을 소멸시키고 해당 부동산에 대한 소유권이전등기청구권만을 남기기로 하여 이루어진 경우라면, 도급인과 수

---

151) 공사대금을 지급받지 못한 아파트 공사 수급인이 신축 아파트에 대한 유치권을 포기하는 대신 수분양자들로부터 미납입 분양대금을 직접 지급받기로 하고, 그 담보를 위해 도급인과의 사이에 당해 아파트를 대상으로 수익자를 수급인으로 하는 신탁계약을 체결하고 수급인이 지정하는 자 앞으로 소유권이전등기를 경료하게 한 경우, 수급인의 지위가 유치권을 행사할 수 있는 지위보다 강화된 것이 아니고, 도급인의 일반채권자들 입장에서도 수급인이 유치권을 행사하여 도급인의 분양사업 수행이 불가능해지는 경우와 비교할 때 더 불리해지는 것은 아니므로 위 신탁계약이 사해 행위에 해당하지 않는다: 대법원 2001. 7. 27. 선고 2001다13709 판결.

급인 사이에는 해당 부동산에 대한 소유권이전등기청구권만이 있게 되고 공사대금의 채권·채무는 있을 수 없는 것이어서 공사대금채권에 대한 압류 자체가 효력이 없다고 보아야 한다."

2. 대물변제가 사해행위에 해당하지 아니하는 경우 [대법원 2001. 5. 8. 선고 2000다66089 판결]

채무초과 상태에 있는 채무자가 그 소유의 부동산을 채권자 중의 어느 한 사람에게 채권담보로 제공하는 행위는 특별한 사정이 없는 한 다른 채권자들에 대한 관계에서 사해행위에 해당한다고 할 것이나, 자금난으로 사업을 계속 추진하기 어려운 상황에 처한 채무자가 자금을 융통하여 사업을 계속 추진하는 것이 채무 변제력을 갖게 되는 최선의 방법이라고 생각하고 자금을 융통하거나 사업을 계속하기 위하여 부득이 부동산을 특정 채권자에게 담보로 제공하였다면 달리 특별한 사정이 없는 한 채무자의 담보권 설정행위는 사해행위에 해당하지 않는다. 따라서 공장신축공사가 공정률 60~70% 정도 진행된 상태에서 도급업자의 자금난으로 중단되자 도급업자의 위임을 받은 채권자단이 수급업자로 하여금 수급업자의 부담하에 공사를 계속하게 하기 위하여 공사대금의 담보조로 신축공장의 건축주 명의를 수급업자로 변경하여 준 경우, 공장신축공사를 완공하여 공장을 가동하는 것이 채권자들에 대한 최대한의 변제력을 확보하는 최선의 방법이었고 수급인에게 신축공장의 건축주 명의를 변경하여 준 것은 공장을 완공하기 위한 부득이한 조치였으므로 사해행위에 해당하지 않는다.

Ⅱ. 도급인의 대위변제

도급인이 자력이 부족한 수급인을 대신하여 수급인의 채권자들에게 수급인이 지급해야 할 자재대금, 노임 또는 하도급공사대금을 직접 지급하는 경우가 있다. 도급인과 수급인 사이에 합의에 따라 도급인이 수급인의 제3자에 대한 채무를 대위변제하는 경우에는 공사대금 지급방법의 변경으로 보아 변제와 같이 취급하여도 무방할 것이다.

이러한 취지에서 대법원은 "공사도급계약을 해지하면서 그 동안의 기성고액을 수급인이 모두 수령한 것으로 하고, 그 대신 도급인이 수급인의 하수급인들에 대한 채무를 직접 지급하기로 정산합의를 함으로써 수급인의 도급인에 대한 기성금청구채권이 소멸하여 수급인의 보증인이 민법 제434조에 따른 주채무자의 채권에 기한 상계권을 행사하지 못하게 된 경우, 비록 상계가 담보적 기능을 가지고 있다 할지라도 그것만으로 위와 같은 결과를 신의칙에 반하는 것으로 볼 수는 없다"고 판시하였다.[152]

그런데 수급인이 하수급인 등에게 하도급공사대금 등을 지급하지 아니하여 공사가 원활하게 진행되지 않는 때에 도급인이 수급인과의 합의 없이 공사의 진행을 위하여 직접 하수급인 등에게 하도급공사대금 등을 지급하는 경우가 있다. 이 경우 수급인은 도급인이 하수급인 등에게 하도급공사대금을 지급함으로 인하여 동액 상당의 이익을 얻고 이로 인하여 도급인에게 동액 상당의 손해를 가하였다 할 것이므로, 도급인은 수급인에 대하여 대위변제금액 상당의 부당이득반환채권을 갖게 된다.[153] 실무상으로는 도급인이 하수급인에게 하도급대금을 직접 지급(대위변제)하였음을 이유로 수급인의 공사대금에 대한 '공제'를 주장하는 경우가 많은데, 그 법률적 성격은 도급인의 수급인에 대한 부당이득반환채권을 자동채권으로 하여 수급인의 공사대금채권과 상계하겠다는 '상계'의 의사표시로 보아야 할 것이다.

한편 하도급거래 공정화에 관한 법률 제14조는 원수급인의 파산, 부도 등의 이유로 원수급인이 하수급인에게 하도급대금을 지급할 수 없는 명백한 사유가 있는 때에는 도급인이 하수급인에게 하도급대금을 직접 지급하도록 하였고, 그로써 원수급인의 도급인에 대한 공사대금채권과 하수급인의 원수급인에 대한 하도급대금채권이 그 범위 내에서 동시에 소멸되는 것으로 규정하고 있다.

Ⅲ. 도급인의 채무인수

도급인이 수급인과의 합의에 따라 수급인의 하수급인에 대한 공사대금채무를 인수하였다면 하수급인의 승낙이 없는 한 이행인수 또는 병존적 채무인수로서 양 당사자 사이에 채권적 효력을 가질 뿐이다.[154] 따라서 도급인이 수급인과 사이

---

152) 대법원 2001. 10. 26. 선고 2000다61435 판결.
153) 혹은 관리의사 등 법률요건이 충족된다면 사무관리에 의한 비용상환청구권을 행사할 수도 있을 것이다: 대법원 2012. 4. 26. 선고 2011다68203 판결 등.
154) 공사도급계약을 해지하면서 그 동안의 기성고액을 수급인이 모두 수령한 것으로 하고, 그 대신 도급인이 수급인의 하수급인들에 대한 채무를 직접 지급하기로 정산합의를 한 경우, 당사자의 의사는 정산합의 시점에서 확정적으로 수급인의 기성금 청구채권 포기의 효력이 생기도록 하고, 다만, 도급인이 하수급인들에 대한 채무의 이행을 하지 아니하는 것을 해제조건으로 하였다고 보는

에 하수급인 등에 대한 공사대금채무 등을 인수하였다 하여도 그러한 사정만으로는 수급인의 하수급인에 대한 채무가 소멸하는 것이 아니므로 위 채무인수에 따라 하수급인들에게 직접 공사대금채무를 이행하지 않는 이상 도급인은 채무인수만을 이유로 하여 수급인의 공사대금 청구를 거절할 수 없다.

도급인이 공사의 원활한 진행을 위하여 하수급인에게 수급인의 공사대금채무 등을 인수하겠다고 약속하는 경우가 있는데, 이러한 경우 도급인의 채무인수는 도급인과 하수급인 사이의 합의에 따라 정하여질 것이다. 다만 이러한 경우 도급인의 채무인수는 특별한 의사표시나 구체적 사정이 없는 한 수급인의 채무를 병존적으로 인수한 것으로 보아야 할 것이다.

한편 도급인, 수급인 및 하수급인 3자 사이에 하수급인이 시공한 부분의 공사대금채권에 대하여 도급인이 이를 하수급인에게 직접 지급하기로 하고 이에 대하여 수급인이 아무런 이의를 제기하지 않기로 합의한 경우에는 수급인이 도급인에 대한 공사대금채권을 하수급인에게 양도하고 그 채무자인 도급인이 이를 승낙한 것이라고 보아야 할 것이다.[155]

제13절 공사대금채권에 대한 강제집행과 공탁

I. 가 압 류

공사대금채권이 가압류된 경우, 가압류채무자인 수급인은 공사대금채권을 처분(면제, 상계 등) 또는 영수(변제의 수령)할 수 없고, 제3채무자에 대하여 채무자에게 지급금지를 명하는 효력이 있으므로 도급인은 수급인에게 변제하는 등 채무를 소멸 또는 감소시키는 등의 행위 등은 할 수 없다.

다만 채권가압류에 있어서 제3채무자의 채무자에 대한 지급금지는 집행보전을 위하여 인정된 것이므로 그 목적 범위를 넘어서 채무자의 법률적 활동을 제한할 필요는 없고, 따라서 수급인은 도급인을 상대로 그 이행을 구하는 소를 제기하

것이 합당하다 할 것이므로, 일단 정산합의 시점부터 권리포기의 효과는 발생하였다고 봄이 상당하다: 대법원 2001. 10. 26. 선고 2000다61435 판결.

155) 대법원 2000. 6. 23. 선고 98다34812 판결.

여 채무명의를 얻는 것까지 금지되지는 아니하며, 단지 강제집행을 할 수 없을 뿐이다.[156] 따라서 공사대금채권이 가압류되었으므로 공사대금을 지급할 수 없다는 도급인의 주장은 그 자체로 이유 없다. 특히 공사대금채권이 시효로 소멸할 염려가 있는 때에는 수급인은 시효중단을 위하여 도급인을 상대로 이행의 소를 제기할 필요가 있다.

한편 공사대금채권을 가압류함에 있어서는 채권의 특정에 유의할 필요가 있다. 채권에 대한 가압류 또는 압류명령을 신청하는 채권자는 신청서에 압류할 채권의 종류와 액수를 밝혀야 하고(민사집행법 제225조, 제291조), 특히 압류할 채권 중 일부에 대하여만 압류명령을 신청하는 때에는 그 범위를 밝혀 적어야 한다(민사집행규칙 제159조 제1항 제3호, 제218조). 그럼에도 채권자가 가압류나 압류를 신청하면서 압류할 채권의 대상과 범위를 특정하지 않음으로 인해 가압류결정 및 압류명령(이하 '압류 등 결정'이라 한다)에서도 피압류채권이 특정되지 아니한 경우에는 그 압류 등 결정에 의해서는 압류 등의 효력이 발생하지 않게 된다.[157] 다만 압류의 대상인 여러 채권의 합계액이 집행채권액보다 오히려 적다거나 복수의 채권이 모두 하나의 계약에 기하여 발생하였거나 제3채무자가 채무자에게 그 채무를 일괄 이행하기로 약정하였다는 등 특별한 사정이 있는 경우에는 압류할 대상인 채권별로 압류될 부분을 따로 특정하지 아니하였더라도 그 압류 등 결정은 유효한 것으로 볼 수 있다.[158]

또한 가압류로서 가압류채권의 발생원인인 법률관계에 대한 채무자의 처분까지를 구속할 효력은 없다 할 것이므로, 채무자와 제3채무자가 아무런 합리적 이유 없이 채권의 소멸만을 목적으로 계약관계를 합의해제한다는 등의 특별한 사정

---

156) 채권가압류가 된 경우, 제3채무자는 채무자에 대하여 채무의 지급을 하여서는 안 되고, 채무자는 추심, 양도 등의 처분행위를 하여서는 안 되지만, 이는 이와 같은 변제나 처분행위를 하였을 때에 이를 가압류채권자에게 대항할 수 없다는 것이며, 채무자가 제3채무자를 상대로 이행의 소를 제기하여 채무명의를 얻더라도 이에 기하여 제3채무자에 대하여 강제집행을 할 수는 없다고 볼 수 있을 뿐이고, 그 채무명의를 얻는 것까지 금하는 것은 아니라고 할 것이다: 대법원 1989. 11. 24. 선고 88다카25038 판결; 대법원 2000. 4. 11. 선고 99다23888 판결 등.

157) 대법원 2012. 11. 15. 선고 2011다38394 판결; 위 판결은 가압류할 채권을, '수급인이 도급인에 대하여 가지는 양산아파트, 포항아파트, 당진아파트의 신축공사대금채권 중 788,487,700원'으로 표시하여 받은 가압류 결정에 대해, 수급인이 도급인이 발주한 여러 공사현장에서 각 공사를 수행하였고, 수급인이 도급인에 대하여 가지는 각 신축공사대금채권의 합계액이 위 788,487,700원을 현저히 초과하고 있는바, 위 가압류 결정의 압류의 효력이 위 각 신축공사대금채권 중 어느 신축공사대금채권에 대하여 어느 범위에서 미치는지를 알 수 없으므로, 위 가압류 결정은 압류의 대상 또는 범위가 특정되지 않아 효력이 없다고 하였다.

158) 대법원 2013. 12. 26. 선고 2013다26296 판결.

이 없는 한 공사대금채권이 가압류된 후에도 도급인과 수급인의 합의에 의하여 공사도급계약을 해제하는 것 등은 가능하다.[159]

　　도급계약이 해제되면 그 계약에 의하여 발생한 공사대금채권은 소멸하므로 이를 대상으로 한 가압류는 당연히 실효된다. 이러한 법리는 압류에 대하여도 마찬가지인데 다만 압류 및 전부명령이 확정된 이후에 계약이 해제되었다면 전부명령의 효력은 피압류채권의 기초가 된 도급계약이 해제되기 전에 발생한 공사대금채권에만 미치고, 계약 해지 이후에 발생한 공사대금채권에는 미칠 수 없다.

판례

공사대금채권의 압류와 공사계약 해지 [대법원 2006. 1. 26. 선고 2003다29456 판결]

　　수급인의 보수채권에 대한 압류가 행하여지면 그 효력으로 채무자가 압류된 채권을 처분하더라도 채권자에게 대항할 수 없고, 제3채무자도 채권을 소멸 또는 감소시키는 등의 행위는 할 수 없으며, 그와 같은 행위로 채권자에게 대항할 수 없는 것이지만, 그 압류로써 위 압류채권의 발생원인인 도급계약관계에 대한 채무자나 제3채무자의 처분까지도 구속하는 효력은 없으므로 채무자나 제3채무자는 기본적 계약관계인 도급계약 자체를 해지할 수 있고, 채무자와 제3채무자 사이의 기본적 계약관계인 도급계약이 해지된 이상 그 계약에 의하여 발생한 보수채권은 소멸하게 되므로 이를 대상으로 한 압류명령 또한 실효될 수밖에 없다. 도급계약이 해지되기 전에 피압류채권인 수급인의 보수채권에 대한 전부명령이 내려지고 그 전부명령이 확정되었더라도 전부명령의 효력은 피압류채권의 기초가 된 도급계약이 해지되기 전에 발생한 보수채권에 미칠 뿐, 그 계약이 해지된 후 제3채무자와 제3자 사이에 새로 체결된 공사계약에서 발생한 공사대금채권에는 미칠 수 없다.

Ⅱ. 압류 및 추심명령

　　추심명령은 압류채권자가 대위의 절차를 거치지 않고 채무자(수급인)에 갈음하여 제3채무자(도급인)에 대하여 피압류채권(공사대금채권)의 이행을 청구하고 이를 수령하여 원칙적으로 자기의 채권의 변제에 충당할 수 있도록 하는 권능을 주

---

159) 대법원 2001. 6. 1. 선고 98다17930 판결; 대법원 1982. 10. 26. 선고 82다카508 판결.

는 집행법원의 명령이다.

추심명령은 전부명령과는 달리 이중압류된 경우에도 할 수 있고, 각각 다른 채권자를 위하여 이중으로 내려도 유효하다.

공사대금채권에 대한 압류 및 추심명령이 있는 경우, 제3채무자(도급인)에 대한 이행의 소는 추심채권자만이 제기할 수 있고, 채무자(수급인)는 피압류채권에 대한 이행소송을 제기할 당사자적격을 상실하므로,[160] 수급인이 도급인을 상대로 공사대금 청구소송을 제기한 경우에, 공사대금채권 전부에 관하여 압류 및 추심명령이 있는 경우에는 그 소는 원고적격이 없어 부적법하게 된다. 공사대금 중 일부에 대하여 압류 및 추심명령이 있으면 그 부분에 대한 소가 부적법하게 되어 일부 각하하여야 한다.

그리고 추심명령의 경우에는 전부명령의 경우와 달리 압류가 경합하고 있는 경우에도 추심명령에 의하여 환가할 수 있으므로 제3채무자는 압류의 경합이 있는 경우라도 추심명령을 얻어 추심 청구를 하는 채권자에게 변제하면 된다.[161]

이때 제3채무자는 채권자의 집행채권의 부존재나 소멸을 주장하여 변제를 거절할 수 없다. 이는 채무자가 채권자를 상대로 청구이의의 소를 제기하여 주장할 사유이기 때문이다.[162]

또한 채권압류명령은 그 명령이 제3채무자에 송달됨으로써 효력이 생기는 것이므로 제3채무자의 지급으로 인하여 피압류채권이 소멸한 이상, 설령 다른 채권자가 그 변제 전에 동일한 피압류채권에 대하여 채권압류명령을 신청하고 나아가 압류명령을 얻었다고 하더라도 제3채무자가 추심권자에게 지급한 후에 그 압류명령이 제3채무자에게 송달된 경우에는 추심권자가 추심한 금원에 그 압류의 효력이 미친다고 볼 수 없다.[163]

마찬가지로 제3채무자가 압류나 가압류를 이유로 민사집행법 제248조 제1항이나 민사집행법 제291조, 제248조 제1항에 따라 집행공탁을 하면 제3채무자에 대한 피압류채권은 소멸하고, 한편 채권에 대한 압류·가압류명령은 그 명령이 제3채무자에게 송달됨으로써 효력이 생기므로(민사집행법 제227조 제3항, 제291조), 제3채무자의 집행공탁 전에 동일한 피압류채권에 대하여 다른 채권자의 신청에 따라 압류·가압류명

---

160) 대법원 2000. 4. 11. 선고 99다23888 판결 등.
161) 대법원 2001. 3. 27. 선고 2000다43819 판결; 대법원 1970. 3. 24. 선고 70다129 판결.
162) 대법원 1994. 11. 11. 선고 94다 34012 판결.
163) 대법원 2005. 1. 13. 선고 2003다29937 판결.

령이 발령되었더라도, 제3채무자의 집행공탁 후에야 그에게 송달된 경우, 압류·가압류명령은 집행공탁으로 이미 소멸한 피압류채권에 대한 것이어서 압류·가압류의 효력이 생기지 아니한다.[164]

도급인이 하수급인에게 공사대금을 직접 지급하기로 한 약정으로 압류채권자에게 대항할 수 있는지 여부 [대법원 2008. 2. 29. 선고 2007다54108 판결]

공사도급계약 및 하도급계약을 함께 체결하면서 도급인, 원수급인과 하수급인이 '공사대금은 도급인이 원수급인의 입회하에 하수급인에게 직접 지급하고, 원수급인에게는 지급하지 않는 것'으로 약정한 경우, 당사자들의 의사가 위 도급계약 및 하도급계약에 따른 공사가 실제로 시행 내지 완료되었는지 여부와 상관없이 원수급인의 도급인에 대한 공사대금채권 자체를 하수급인에게 이전하여 하수급인이 도급인에게 직접 그 공사대금을 청구하고 원수급인은 공사대금 청구를 하지 않기로 하는 취지라면 이는 실질적으로 원수급인이 도급인에 대한 공사대금채권을 하수급인에게 양도하고 그 채무자인 도급인이 이를 승낙한 것이라고 봄이 상당하다. 이러한 경우 위와 같은 채권양도에 대한 도급인의 승낙이 확정일자 있는 증서에 의하여 이루어지지 않는 이상, 도급인은 위와 같은 채권양도와 그에 기한 채무의 변제를 들어서 원수급인의 위 공사대금채권에 대한 압류채권자에게 대항할 수 없다. 반면, 당사자들의 의사가 하수급인이 위 각 하도급계약에 기하여 실제로 공사를 시행 내지 완료한 범위 내에서는 도급인은 하수급인에게 그 공사대금을 직접 지급하기로 하고 원수급인에게 그 공사대금을 지급하지 않기로 하는 취지라면, 압류명령의 통지가 도급인에게 도달하기 전에 하수급인이 위 공사를 실제로 시행 내지 완료하였는지 여부나 그 기성고 정도 등에 따라 도급인이 원수급인의 위 공사대금채권에 대한 압류채권자에게 하수급인의 시공 부분에 상당하는 하도급대금의 범위 내에서 대항할 수 있는지 여부 및 그 범위가 달라진다.

---

164) 이러한 경우, 다른 채권자의 신청에 의하여 발령된 압류·가압류명령이 제3채무자의 집행공탁 후에야 제3채무자에게 송달되었더라도, 공탁사유신고서에 이에 관한 내용까지 기재되는 등으로 집행법원이 배당요구의 종기인 공탁사유신고 시까지 이와 같은 사실을 알 수 있었고, 또한 그 채권자가 법률에 의하여 우선변제청구권이 있거나 집행력 있는 정본을 가진 채권자인 경우라면 배당요구의 효력은 인정된다고 할 것이나, 집행법원이 공탁사유신고 시까지 이와 같은 사실을 알 수 없었던 경우라면 설령 이러한 압류·가압류명령이 공탁사유신고 전에 제3채무자에게 송달되었다고 하더라도 배당요구의 효력도 인정될 수 없다. 나아가 이러한 법리는 민사집행법의 규정에 의한 집행공탁과 민법의 규정에 의한 변제공탁이 혼합되어 공탁된 이른바 혼합공탁의 경우에도 그대로 적용된다: 대법원 2015. 7. 23. 선고 2014다87502 판결.

III. 압류 및 전부명령

전부명령이 제3채무자에게 송달되어 확정되면 피압류채권은 제3채무자에게 송달된 때에 소급하여 집행채권의 범위 안에서 당연히 전부채권자에게 이전하고 동시에 집행채권 소멸의 효력이 발생하게 된다. 따라서 수급인이 도급인을 상대로 공사대금 청구소송을 제기한 경우에, 공사대금채권에 관하여 압류 및 전부명령이 있는 때에는 그 부분의 청구는 기각하여야 한다.

전부명령에 의하여 피전부채권은 동일성을 유지한 채로 집행채무자로부터 집행채권자에게 이전되고 제3채무자는 채권압류 전에 피전부채권자에 대하여 가지고 있었던 항변사유로서 전부채권자에게 대항할 수 있다 할 것이므로, 도급인과 수급인 사이에 도급인이 수급인에게 지급하여야 할 공사대금을 수급인의 근로자들에게 임금지급조로 직접 지급하기로 약정하였다면, 도급인은 수급인의 근로자들에 대한 임금 상당의 공사대금에 대하여는 수급인에게 그 지급을 거부할 수 있고, 따라서 전부채권자에 대해서도 위와 같은 항변사유를 가지고 대항할 수 있다.[165]

전부명령이 제3채무자에게 송달될 때까지 그 금전채권에 관하여 다른 채권자가 압류·가압류 또는 배당요구를 한 경우에는 전부명령은 효력을 가지지 아니한다(민사집행법 제229조 제5항). 이 경우 압류 등의 경합으로 인하여 전부명령이 무효가 되는지의 여부는 나중에 확정된 피압류채권을 기준으로 판단할 것이 아니라, 전부명령이 제3채무자에게 송달된 당시의 계약상의 피압류채권을 기준으로 판단하여야 할 것이다.[166]

일단 무효가 된 전부명령은 나중에 압류 등의 경합상태가 해소되어도 전부명령의 효력이 되살아나지 않는다.[167] 다만 전부명령이 무효라 하여도 압류명령은 유효한 것이므로 이에 터 잡아 추심명령을 신청하거나, 경합상태가 해소된 후 다시 전부명령을 신청하는 것은 가능하다.[168]

장래의 불확정채권에 대하여 수 개의 전부명령이 존재하고, 그 후 확정된 피

---

165) 대법원 2000. 5. 30. 선고 2000다2443 판결; 대법원 1990. 4. 27. 선고 89다카2049 판결.
166) 대법원 1998. 8. 21. 선고 98다15439 판결.
167) 대법원 2001. 10. 12. 선고 2000다19373 판결.
168) 대법원 1976. 9. 28. 선고 76다1145, 1146 판결.

압류채권액이 각 전부금액의 합계액에 미달하는 경우에도 각 전부명령이 그 송달 당시 압류의 경합이 없어 유효한 이상 각 전부채권자는 확정된 피압류채권액의 범위 안에서 자신의 전부금액 전액의 지급을 제3채무자에 대하여 구할 수 있고, 제3채무자로서는 전부채권자 중 누구에게라도 그 채무를 변제하면 다른 채권자에 대한 관계에서도 유효하게 면책된다.[169]

장래의 채권에 관하여 압류 및 전부명령이 확정되면 그 부분 피압류채권은 이미 전부채권자에게 이전된 것이므로 그 이후 동일한 장래의 채권에 관하여 다시 압류 및 전부명령이 발하여졌다고 하더라도 압류의 경합은 생기지 않고, 다만 장래의 채권 중 선행 전부채권자에게 이전된 부분을 제외한 나머지 중 해당 부분 피압류채권이 후행 전부채권자에게 이전된다.[170]

또한 전부명령의 경우에도 추심명령의 경우와 마찬가지로 집행채권의 부존재, 소멸은 전부명령의 효력에 영향이 없으므로 전부채권자의 전부금 청구소송에서 제3채무자는 전부 채권자의 집행채권의 부존재, 소멸을 주장할 수 없다.[171]

Ⅳ. 국세징수법상 압류처분

국세징수법에 의한 체납처분절차에 따라 세무서장이 공사대금채권을 압류한 경우에는 피압류채권의 채무자(도급인)는 채권자(수급인)에게 그 채무를 변제할 수 없고, 세무서장이 피압류채권의 채무자에게 그 압류통지를 한 때에는 체납액을 한도로 하여 채권자에게 대위하게 되어(국세징수법 제41조 제2항), 세무서장은 그 채권의 추심권을 취득하며, 피압류채권의 채무자로서는 대위채권자인 세무서장에게 이를 이행할 의무를 지므로,[172] 압류 및 추심명령이 있는 경우와 동일하게 보아야 할 것이다.[173]

따라서 수급인이 도급인을 상대로 공사대금 청구소송을 제기한 경우에, 공사대금채권 전부에 관하여 국세징수법에 의한 압류가 있는 경우에도 수급인은 추심

---

169) 앞의 98다15439 판결 참조.
170) 대법원 2004. 9. 23. 선고 2004다29354 판결.
171) 대법원 1976. 5. 25. 선고 76다626 판결.
172) 국세징수법 제41조에 의한 채권압류의 효력은 피압류채권의 채권자와 채무자에 대하여 그 채권에 관한 변제, 추심 등 일체의 처분행위를 금지하고, 체납자에 대신하여 추심할 수 있게 하는 것이므로, 제3채무자는 피압류채권에 관하여 체납자에게는 변제할 수 없고, 추심권자인 국가에게만 이행할 수 있을 뿐이다: 대법원 1999. 5. 14. 선고 99다3686 판결.
173) 성기문, "국세징수법상의 압류의 효력," 『조세사건에 관한 제문제(하)』, 재판자료 61집(1993), 401면.

권이 없으므로 그 소는 부적법하여 각하하여야 한다.

국세 이외에도 고용안정·직업능력개발사업 및 실업급여의 보험료(고용보험료), 산재보험의 보험료 등도 고용보험 및 산업재해보상보험의 보험료 징수 등에 관한 법률 제28조에 의하여 국세 체납처분의 예에 따라 이를 강제징수할 수 있으므로 동일하게 처리해야 한다.

V. 공   탁

1. 집행공탁

공사대금채권의 전액 또는 그 일부가 압류 또는 가압류된 경우에 제3채무자(도급인)는 압류에 관련된 금전채권의 전액을 공탁할 수 있으며(민사집행법 제248조 제1항, 제297조), 이 경우 제3채무자는 면책된다. 제3채무자가 채권자의 변제수령권 유무나 채무액의 배분 등에 관한 판단 착오로 이중변제의 책임을 지는 위험을 제거하고 집행절차의 적정을 도모하는 데 그 취지가 있다. 따라서 제3채무자는 압류가 하나뿐이고 그 압류의 범위가 피압류채권의 전액에 미달하더라도 압류에 관련된 채권의 전액을 공탁할 수 있다.

한편 채권자가 경합하고 있는 경우에는 제3채무자는 금전채권에 관하여 배당요구서의 송달을 받은 때에 배당에 참가한 채권자의 공탁 청구가 있으면 압류된 부분에 해당하는 금액을 공탁할 의무가 있고, 금전채권 중 압류되지 아니한 부분을 초과하여 거듭 압류명령 또는 가압류명령을 송달받은 때에 압류 또는 가압류채권자의 공탁 청구가 있으면 그 채권의 전액에 해당하는 금액을 공탁할 의무가 있다(민사집행법 제248조 제2항, 제3항). 즉 배당을 받을 채권자 중 한 사람으로부터 공탁 청구가 있는 때에만 공탁의무가 생기고, 채권자가 경합한다는 것만으로는 제3채무자에게 공탁의무가 생기지는 않는다. 따라서 압류채권자가 추심명령을 얻은 경우에도 제3채무자는 그 채권자에게 변제하였을 때 다른 채권자에게도 대항할 수 있다.

동일 채권에 관하여 국세체납절차와 민사집행절차에서 각각 별도로 압류하여 서로 경합하는 경우에는 양 절차 상호 간의 관계를 조정하는 법률의 규정이 없으므로 제3채무자의 공탁을 인정할 여지가 없다.[174]

---

174) 대법원 1999. 5. 14. 선고 99다3686 판결.

2. 변제공탁

공사대금채권이 가압류된 경우에도 그 채권의 이행기가 도래한 때에는 제3채무자(도급인)는 그 지체책임을 면할 수 없고, 이러한 경우 제3채무자는 이중변제의 위험을 벗어나기 위하여 변제공탁을 함으로써 지체책임을 면할 수 있다.[175]

변제공탁이 가능한 경우는 민법 제487조에 따라 채권자가 변제를 받지 않거나 받을 수 없을 때, 또는 변제자가 과실없이 채권자를 알 수 없을 때인데 공탁실무상 변제공탁의 요건해당 여부를 판단하기 어려울 때가 많다. 해석상 광범위하게 공탁의 요건을 인정할 필요가 있다고 본다. 집행공탁과 변제공탁요건을 겸하는 혼합공탁을 많이 하는 실정이다.

3. 공탁의 판단기준

제3채무자가 변제공탁을 한 것인지, 집행공탁을 한 것인지 아니면 혼합공탁을 한 것인지는 피공탁자의 지정 여부, 공탁의 근거조문, 공탁사유, 공탁사유신고 등을 종합적·합리적으로 고려하여 판단하는 수밖에 없는바, 금전채권의 일부만이 압류되었음에도 위와 같이 그 채권 전액을 공탁한 경우에는 그 공탁금 중 압류의 효력이 미치는 금전채권액은 그 성질상 당연히 집행공탁으로 보아야 하나, 압류금액을 초과하는 부분은 압류의 효력이 미치지 않으므로 집행공탁이 아니라 변제공탁으로 보아야 한다.

한편 민사집행법 제247조 제1항에서는 배당요구의 종기를 제3채무자의 공탁사유신고시까지로 제한하고 있는데 이러한 배당가입 차단효는 배당을 전제로 한 집행공탁에 대하여만 발생하므로, 집행공탁과 변제공탁이 혼합된 소위 혼합공탁의 경우 변제공탁에 해당하는 부분에 대하여는 제3채무자의 공탁사유신고에 의한 배당가입 차단효가 발생할 여지가 없으므로 제3채무자가 혼합공탁을 하고 그 공탁사유신고를 한 후에 채무자의 공탁금출급청구권에 대하여 압류 및 추심명령을 받은 채권자는, 집행공탁에 해당하는 부분에 대하여는 배당가입차단효로 인하여 적법한 배당요구를 하였다고 볼 수 없지만 변제공탁에 해당하는 부분에 대하여는 적법한 배당요구를 하였다고 볼 수 있다.[176]

---

175) 대법원 1994. 12. 13. 선고 93다951 판결.
176) 대법원 2008. 5. 15. 선고 2006다74693 판결.

4. 공탁자가 여러 명인 경우

공탁자가 공탁한 내용은 공탁의 기재에 의하여 형식적으로 결정되므로 여러 명의 공탁자가 공탁하면서 각자의 공탁금액을 나누어 기재하지 않고 공동으로 하나의 공탁금액을 기재한 경우에 공탁자들은 균등한 비율로 공탁한 것으로 보아야 하고, 공탁자들 내부의 실질적인 분담금액이 다르다고 하더라도 이는 공탁자들 내부 사이에 별도로 해결하여야 할 문제가 된다.

이러한 법리는 강제집행정지의 담보를 위하여 공동 명의로 공탁한 경우 담보 취소에 따른 공탁금회수청구권의 귀속과 비율에 관하여도 마찬가지로 적용되어, 제3자가 다른 공동공탁자의 공탁금회수청구권에 대하여 압류 및 추심명령을 한 경우에 그 압류 및 추심명령은 공탁자 간 균등한 비율에 의한 공탁금액의 한도 내에서 효력이 있고, 공동공탁자들 중 실제로 담보공탁금을 전액 출연한 공탁자가 있다 하더라도 이는 공동공탁자들 사이의 내부관계에서만 주장할 수 있는 사유에 불과하여 담보공탁금을 전액 출연한 공탁자는 그 압류채권자에 대하여 자금 부담의 실질관계를 이유로 대항할 수 없다고 할 것이다.[177]

Ⅵ. 노임채권에 대한 압류금지

건설산업기본법 제88조는 건설공사대금채권 중 당해 공사(하도급공사 포함)의 근로자에게 지급해야 할 노임채권에 대하여는 압류할 수 없도록 규정하고 있다. 위 노임의 구체적인 범위는 당해 건설공사의 도급금액산출내역서에 기재된 노임을 합산하여 산정한다($\frac{같은 법}{시행령 제84조}$).[178]

---

177) 대법원 2015. 9. 10. 선고 2014다29971 판결.

178) 압류가 금지되는 노임채권의 범위는 건설공사의 도급금액 중 산출내역서에 기재된 노임의 합산액으로서 도급계약서나 하도급계약서에 명시된 금액이다. 따라서 건설공사계약이 중도에 해지되어 공사대금의 정산합의가 이루어지는 경우 정산된 공사대금 중 압류가 금지되는 노임채권액은, 특별한 사정이 없는 한 (하)도급금액 산출내역서에 기재된 노임채권 중 정산합의 시까지 발생한 노임채권액을 합산하는 방식으로 산정하여야 하고, 정산 시까지 기성금으로 수령한 공사대금이 있는 경우 잔여 공사대금 중 압류가 금지되는 노임채권액은 정산합의된 공사대금 중 (하)도급금액 산출내역서에 기하여 산출한 노임채권액에서 기지급된 공사대금 중 (하)도급금액 산출내역서에 기하여 산출한 노임채권액을 공제하는 방식으로 산정하여야 한다: 대법원 2012. 3. 15. 선고 2011다73441 판결.

제04장   건축물의 소유권 귀속과 위험부담

제1절   건축물의 소유권 귀속

Ⅰ. 논의의 실익

수급인이 건축물을 완공하였을 경우에 그 건축물의 소유권이 누구에게 귀속하는가? 소유권이 수급인에게 귀속되는 경우에는 어떠한 물권변동과정을 거쳐서 도급인에게 이전하는가? 이러한 문제는 두 가지 점에서 도급계약 관계자들에게 영향을 미친다.

첫째는 도급인과 수급인 사이에서 건축물의 인도 전에 양 당사자의 책임 없는 사유로 목적물이 멸실된 경우에 누가 위험을 부담하는가하는 문제이다.

둘째는 도급인과 수급인의 채권자 입장에서 완성 건축물에 대하여 어느 쪽 채권자가 담보설정이나 가압류를 할 수 있는가가 문제된다.[1] 특히 하도급관계로 도급인·수급인·하수급인의 세 당사자가 관계될 경우에는 하수급인이 시공한 부분에 관한 소유권이 누구에게 귀속하는가에 따라 복잡한 문제가 발생한다.

---

1) 대법원 1993. 3. 26. 선고 91다14116 판결은 수급인이 완성된 건축물의 공사대금 미지급을 이유로 유치권을 주장한 사안에서 "유치권이 타물권인 점에 비추어 볼 때 수급인의 재료와 노력으로 건축되었고 독립한 건물에 해당하는 기성부분은 수급인의 소유라 할 것이므로 공사대금을 지급받을 때까지 이에 대하여 유치권을 가질 수 없다"고 하여 수급인의 소유권취득을 이유로 유치권주장을 배척하였다.

소유권 귀속 문제가 생기는 이유는 우리 법제가 토지와 건물을 별개의 부동산으로 다루고 있는 데에 있는바(토지·건물을 하나의 부동산으로 다루고 있는 법제에서는 도급계약에 있어서 완성 건물의 소유권은 당연히 토지소유자에게 귀속하므로 이러한 문제가 없다), 결국 이 문제는 실질적으로 수급인 또는 하수급인의 공사대금청구권을 어떻게 보호할 것인가에 기인하는 것이다.

Ⅱ. 학   설

(1) 도급인과 수급인 사이에 소유권 귀속에 관한 약정이 있으면 이에 따름이 원칙이다. 이에 관한 약정이 없는 경우가 아래와 같이 문제된다.

(2) 도급인이 건축재료의 전부 또는 주요 부분을 제공한 때에는, 완성된 건축물의 소유권이 도급인에게 귀속함이 당연하다.

(3) 수급인이 재료의 전부 또는 주요 부분을 제공한 경우에는 아래와 같이 학설이 나뉜다.

㈎ **수급인귀속설**   수급인이 재료의 전부 또는 주요 부분을 제공하여 건축물을 완공한 경우에 그 건물의 소유권은 원시적으로 수급인에게 귀속한다는 견해로서 과거에 다수설이었다.

㈏ **도급인귀속설**   위의 경우에 건축물의 소유권은 원시적으로 도급인에게 귀속한다는 견해로서, 현재 우리나라의 다수설이다.[2] 그 근거로는 다음과 같은 점을 든다.

① 수급인귀속설에 의하면 수급인이 소유권을 원시취득하고 도급인에 대한 소유권의 이전은 인도에 의해 이루어진다고 하지만, 이는 등기를 부동산물권변동의 성립요건으로 하고 있는 우리 민법상의 물권변동이론에 모순된다. 이를 위하여 수급인 명의로 보존등기를 하였다가 도급인에게 다시 이전등기를 하여야 하는데, 건축허가가 도급인 명의로 되어 있는 대부분의 경우에 수급인 명의의 보존등기를 할 수가 없고, 이런 등기방법은 등기절차의 번거로움이나 비용상 경험칙에 맞지 않는다.

② 도급계약의 특성은 도급인을 위하여 건축한다는 데에 있으며, 수급인의

---

2) 곽윤직, 『채권각론』(1995), 311면; 이은영, 『채권각론』(2000), 534면; 김형배, 『채권각론』(2001), 621면.

관심은 소유권취득에 있지 않고 보수를 받는 것에 있다. 수급인의 보수청구권을 확보하려는 목적은 유치권·동시이행의 항변권·저당권 설정청구권 등으로 달성되며, 건물의 소유권까지 취득시킬 필요가 없다.

③ 수급인이 완성물의 소유권을 취득하더라도 대지의 이용권이 없기 때문에 완성물을 도급인의 대지 위에 존립시킬 수 없게 된다.

(다) **소유권유보설** 건설도급계약의 성질에 비추어 볼 때 건물의 소유권을 원시취득하는 자는 도급인이지만 수급인이 건축재료를 제공한 때에는 수급인을 위하여 건물의 소유권을 유보한다는 합리적인 의사가 추인되고 이로써 수급인은 담보로서의 소유권을 취득하는 것으로 보아야 한다는 견해로서 위 양설 사이의 중간적 입장을 취하고 있다. 이에 의하면 도급인이 수급인에게 대금을 완제하면 소유권유보는 소멸한다.[3]

Ⅲ. 판 례

우리의 대법원 판결은 구체적 사례에 따라 도급인귀속 및 수급인귀속을 모두 인정하는 입장을 보이고 있다. 과거에는 수급인귀속설을 취한 판례가 주류였으나 1985년 5월 28일 선고 84다카2234 판결이 "건물건축도급계약에 있어서는 준공된 건물을 도급자에게 인도하기까지는 그 건물은 수급인의 소유라고 함이 일반이라고 할 것이나, 사법자치의 원칙에 따라 어떠한 경우에나 그 건물의 소유권을 수급인이 원시취득하는 것이라고는 할 수 없고 당사자의 약정에 의하여 그 소유권의 귀속도 달라질 것이므로, 그 소유권의 귀속을 가리려면 도급인과 수급인의 약정 내용을 살펴보아야 하고 도급계약이라는 사실만으로 그 소유권이 수급인에게 귀속한다고는 할 수 없다"고 판시한 이후에는 오히려 특약에 따른 도급인귀속을 인정한 판례가 주류가 되었다.[4]

판례의 취지를 정리하면 수급인이 자기의 노력과 재료를 들여 건물을 건축한 때에는 원칙적으로 수급인이 소유권을 취득하지만, 만약 당사자 사이에 소유권을 도급인에게 귀속시키기로 한 특약이 있으면 건물의 소유권이 도급인에게 귀속하는 것으로 본다고 하겠다. 그런데 소유권 귀속에 관한 당사자의 특약은 반드시 명

---

3) 坂本武憲, "請負契約における所有權の歸屬," ジュリスト『民法判例百選』Ⅰ 137호, 145면.
4) 대법원 2010. 1. 28. 선고 2009다66990 판결.

시적이어야 하는 것은 아니고 묵시적인 것도 가능하며, 오히려 묵시적 특약을 광범위하게 인정함으로써 사실상 도급인 귀속으로 보는 경우가 많아진 셈이다.

묵시적 특약으로 인정한 예는 ① 도급인과 수급인 사이에 도급인 명의로 건축허가를 받아 소유권보존등기를 하기로 하는 등 건물의 소유권을 도급인에게 귀속시키기로 합의한 것으로 보여질 경우, ② 도급계약상 공사대금 미지급의 경우 완성건물로 대물변제하거나 수급인에게 건물 소유권에 대한 가등기를 해주기로 하는 등 도급인이 완성된 건물의 소유권을 취득함을 전제로 한 약정이 있는 경우,[5] ③ 도급인이 공사의 기성고에 맞추어 수급인에게 공사대금의 전부 또는 상당액을 공사완공 전에 미리 지급한 경우[6] 등이다.

한편 수급인이 소유권을 취득한 경우에는 도급인에게 소유권을 이전하기 위하여는 민법 제186조에 따라 반드시 등기를 하여야 한다.

판례

도급인 귀속합의가 인정되는 경우

1. 대법원 1992. 3. 27. 선고 91다34790 판결

일반적으로 자기의 노력과 재료를 들여 건물을 건축한 사람은 그 건물의 소유권을 원시취득하는 것이고, 다만 도급계약에 있어서는 수급인이 자기의 노력과 재료를 들여 건물을 완성하더라도 도급인과 수급인 사이에 도급인 명의로 건축허가를 받아 소유권보존등기를 하기로 하는 등 완성된 건물의 소유권을 도급인에게 귀속시키기로 합의한 것으로 보여질 경우에는 그 건물의 소유권은 도급인에게 원시적으로 귀속된다. 건물 신축공사에 있어서 그 건축허가 명의가 도급인측으로 되어 있고, 공사도급계약상 도급인이 공사대금을 미지급할 때에는 그 미지급한 금액에 대하여 완성된 건물로 대물변제하거나 또는 수급인에게 그 건물 소유권에 대한 가등기를 하여 주기로 하는 등 도급인이 완성된 건물의 소유권을 취득함을 전제로 한 약정이 있다면 수급인이 그의 노력과 재료를 들여 위 공사를 80% 가량 진행하고 중단할 당시 사회통념상 독립한 건물의 형태를 갖추고 있었다 하더라도 그 건물의 원시적 소유권은 그 인도 여부나 공사대금의 지급 여부에 관계없이 도급인에게 귀속시키기로 합의한 것이다.

---

5) 대법원 1992. 3. 27. 선고 91다34790 판결; 대법원 1996. 9. 20. 선고 96다24804 판결.
6) 대법원 1994. 12. 9.자 94마2089 결정.

2. 대법원 1994. 12. 9.자 94마2089 결정

공사도급계약서에 의하면, 공사대금 지불은 공사 후 기성고에 의하여 도급인이 검수 후 지불하기로 하였고, 기성고에 따라 부분불을 하고 도급인이 인도를 받은 부분에 대한 위험부담은 공사가 완성되어 전부 인도를 받을 때까지 수급인이 지기로 약정하였으며, 도급인은 공사의 기성고에 맞추어 수급인에게 공사대금의 95%에 이르는 금액을 이미 지급한 경우라면, 도급인과 수급인 사이에는 공사도급계약 당시부터 완성된 건축물의 소유권을 원시적으로 도급인에게 귀속시키기로 하는 묵시적 합의가 있었다고 봄이 상당하다.

3. 대법원 2010. 1. 28. 선고 2009다66990 판결

신축건물의 소유권은 원칙적으로 자기의 노력과 재료를 들여 이를 건축한 사람이 원시적으로 취득하는 것이나, 건물신축도급계약에서 수급인이 자기의 노력과 재료를 들여 건물을 완성하더라도 도급인과 수급인 사이에 도급인 명의로 건축허가를 받아 소유권보존등기를 하기로 하는 등 완성된 건물의 소유권을 도급인에게 귀속시키기로 합의한 경우에는 그 건물의 소유권은 도급인에게 원시적으로 귀속되고, 이때 신축건물이 집합건물로서 여러 사람이 공동으로 건축주가 되어 도급계약을 체결한 것이라면, 그 집합건물의 각 전유부분 소유권이 누구에게 원시적으로 귀속되느냐는 공동 건축주들 사이의 약정에 따라야 한다.

IV. 하도급과 소유권 귀속

공사가 하도급되어 하수급인에 의하여 시공된 경우에 수급인이 도급인으로부터 공사대금을 받았음에도 불구하고, 하수급인에게 공사대금을 지급하지 않은 채로 도산하는 경우가 종종 있다. 수급인귀속설에 의하면 하수급인이 축조한 건축물의 소유권은 하수급인에게 귀속되므로 도급인은 도급대금만 지급하고 건물의 소유권은 취득할 수 없게 된다. 한편 도급인귀속설을 적용한다면, 하수급인이 건축한 건축물은 결국 도급인이 원시취득하게 되므로 하수급인은 하도급대금을 받지 못하게 되는 결과가 된다. 결국 하도급인의 도산에 의한 불이익을 도급인과 하수급인 중 누가 부담하느냐의 문제가 된다.

하도급계약도 도급계약이므로 앞서 본 판례에 따라 당사자 사이의 특약의 존재가 소유권귀속을 정함에 있어서 결정적이다. 그런데 이 경우는 도급인과 원수급인 사이의 소유권귀속에 관한 특약뿐 아니라, 수급인과 하수급인 및 도급인과 하수급인 사이에서의 소유권귀속에 관한 특약의 존재를 각각 살펴보아야 한다. 또한 묵시적 특약의 존재도 하수급인 입장에서 다시 판단하여야 한다.

대법원 1990. 2. 13. 선고 89다카11401 판결은 도급인인 피고와 수급인인 A 사이에 공연장을 A의 비용으로 신축하여 그 소유권을 피고에게 귀속시키기로 특약을 하였다가 수급인인 A가 계약상의 지위를 B에게 양도하였는데, B는 다시 하수급인인 원고와 하도급계약을 체결함에 있어서도 원도급계약상의 공연장에 관한 소유권특약과 저촉되는 약정을 하지 않았으며, 원고가 이에 대한 아무런 이의제기가 없었던 사안에서 하수급인이 위 특약을 승인한 것으로 보아야 한다는 이유로 위 공연장의 소유권은 도급인인 피고에게 귀속된다고 판시하였다.

이에 대하여 수급인과 하수급인 사이에 하도급계약을 체결함에 있어서 도급인과 수급인 사이에 이루어진 원도급계약상의 건축물에 관한 소유권특약(신축건물의 소유권을 도급인에게 원시적으로 귀속시키기로 하는 특약)과 저촉되는 약정을 하지 않았으며, 이에 대한 아무런 이의를 하수급인이 제기하지 않았다는 소극적인 이유만으로 신축건물의 소유권이 도급인에게 원시적으로 귀속된다고 판단하고 있는 것은 잘못이고 수급인과 하수급인 사이에 신축건물의 소유권귀속에 관한 특약이 존재하는지의 여부를 적극적으로 따져 보았어야 옳았을 것이라는 비판이 있다.[7]

유사한 사안에 관한 일본 판례로서 "건물건축공사를 하도급인에게서 일괄하도급받는 형태의 하도급계약은 그 성질상 원도급계약의 존재 및 내용을 전제로 하고 하도급인의 채무를 이행할 것을 목적으로 하는 것이기 때문에 하수급인은 도급인과의 관계에서는 하도급인의 이행보조자적 입장에 있는 것에 불과하고 도급인을 위한 건축공사에서 하도급인과 다른 권리관계를 주장할 수 없다"고 판시한 것이 있다.[8] 하수급인의 의사는 고려할 필요가 없다는 취지로 보이는 데 의문의 여지가 많다.

다만 이러한 논의는 일괄하도급에 해당되는 것이고 하도급공사 중 부분공사가 하도급된 경우에는 하수급인이 다수이고 시공 부분이 달라서 구체적으로 수급인귀속설을 취할 수 없는 난점이 있다.[9] 이런 의미에서 도급인귀속설이 타당하다고 하겠다.

---

7) 이상태, "완성건물의 소유권귀속," 『민사판례연구』 19권, 132면.

8) 最高裁判所 平成 5年 10月 19日 判決(民集 47卷 8號 5061).

9) 栗田哲男, 『現代民法研究 1, 請負契約』, 信山社(1997), 58면.

V. 미완성 건물을 제3자가 완성한 경우

건물을 건축하다가 이를 중단한 후[10] 다른 사람이 나머지 공사를 마쳐서 건물을 완공시킨 경우에 그 건물의 소유권은 누구에게 귀속하는가? 보통 공사를 인계하여 속행할 때 당사자 사이의 약정에 따라 전 시공자가 권리를 포기하고 기성고 문제로 처리하게 되지만, 이러한 약정이 없다면 민법상 첨부규정에 의하여 해결할 수밖에 없다. 즉 공사 중단 당시에 대상 건축물이 사회통념상 건물이라고 볼 수 있는 형태와 구조를 갖추고 있었다면 원래의 시공자나 건축주가 그 건물의 소유권을 원시취득한다. 인수자가 시행한 잔여공사는 이미 건물로 성립된 부동산에 부합하게 되므로 소유권의 귀속에 영향이 없다.[11]

반면에 중단 당시에 건물의 기본적인 형태와 구조를 갖추지 못하였고 인수자가 잔여공사를 하여 건물을 완공하였다면 인수자가 원시취득한다고 할 것이다.[12] 그 근거로는 동산의 부합규정을 유추적용한다는 설과 가공규정을 적용한다는 설이 있다.[13] 전자에 의하면 주된 공정을 수행한 자가 건물 전체의 소유권을 취득하고, 주종을 구별할 수 없으면 부합 당시의 가액비율로 건물을 공유하게 된다.[14] 후자에 의하면 원래의 공사자가 소유권을 취득함이 원칙이나 인수자가 투입한 재료 및 노력이 원래의 공사보다 현저히 다액이라면 인수자가 소유권을 취득하게 된다. 판례도 마찬가지이다.[15]

---

10) 일본에서는 이를 '建前'이라고 칭하여 건물과 구별한다.

11) 대법원 1997. 5. 9. 선고 96다54867 판결은 원래의 건축주가 4층까지 전체 골조 및 지붕공사를 완료하여 전체의 45% 내지 50% 정도의 공정에 이르렀을 무렵 부도가 나서 더 이상 공사를 계속할 수 없게 되자, 건축허가상의 건축주 명의를 원고로 변경하여 약 20%의 공정을 더 시공하였으나 원고도 부도를 내어 공사를 중지하였고, 그 후 건물의 일부를 취득하기로 한 수분양자 등이 건물에 관한 잔여공사를 직접 행한 후 소유권보존등기도 마치지 않은 상태에서 일부씩을 점유하고 있는 경우, 건축허가상의 건축주 명의를 변경한 시점에서 위 건물은 4층 전체의 골조와 지붕의 공사가 완료된 상태이어서 사회통념상 독립한 건물이라고 볼 수 있는 형태와 구조를 갖추었으므로 원래의 건축주가 건물을 원시취득하였다고 판시하였다.

12) 신축공사가 중단되었던 미완성의 건물을 양도받은 자가 나머지 공사를 진행하여 구조·형태면에서 사회통념상 독립한 건물이라고 볼 수 있는 정도로 건물을 축조하였다면, 건물의 소유권을 도급인 등에게 귀속시키기로 합의한 사정이 없는 이상 그 건물을 완공한 양수인이 건물의 소유권을 원시취득한다: 대법원 2011. 8. 25. 선고 2009다67443, 67450 판결.

13) 栗田哲男, 앞의 책, 75면.

14) 이상태, 앞의 글, 137면.

15) 대법원 1984. 9. 25. 선고 83다카1858 판결; 대법원 1993. 4. 23. 선고 93다1527, 1534 판결; 대법원

한편 건물 신축공사 중 독립한 부동산인 건물로서의 요건을 갖추지 못한 단계에서 공사가 중지된 것을 제3자가 이어받아 계속 진행함으로써 별개의 부동산인 건물로 성립되어 그 소유권을 원시취득한 경우에 그로써 애초의 신축 중 건물에 대한 소유권을 상실한 사람은 민법 제261조, 제257조, 제259조를 준용하여 건물의 원시취득자에 대하여 부당이득 관련 규정에 기하여 그 소유권의 상실에 관한 보상을 청구할 수 있다.[16]

한편 이러한 보상 청구가 인정되기 위해서는 민법 제261조 자체의 요건만이 아니라, 부당이득 법리에 따른 판단에 의하여 부당이득의 요건이 모두 충족되었음이 인정되어야 한다.[17]

구분소유의 대상인 건물에 관하여 대법원은 종전에 건축허가상 계획된 건물의 일부만이 기둥·주벽·지붕이 건축되었을 때에는 이 구분된 부분을 토지에서 독립된 건물로 보아 원래의 건축주가 원시취득한다고 판시하였다.[18] 그런데 대법원 2006. 11. 9. 선고 2004다67691 판결은 제3자가 독립 건물로 볼 정도로 된 상태의 미완성 건물을 종전 건축주로부터 양수하여 나머지 공사를 완공한 경우 건물 전체를 하나의 소유권의 객체로 보아 그 제3자(양수인)가 그 건물 전체의 소유권을 원시취득한다고 판시하였다. 종전 판례의 변경인지 불분명하여 논란이 있다.

1. 미완성 상태이지만 독립된 건물로 인정한 사례 [대법원 2003. 5. 30. 선고 2002다21585 판결]

지하 3층 지상 12층으로 예정된 주상복합건물의 공사가 중단되었는데 당시 지하 1층 내지 지하 3층에는 기둥, 주벽 및 천장 슬라브공사가 완료되어 철근콘크리트 구조물이 설치되었고, 지상 1층부터 지상 4층까지는 에이치 빔(H-beam)으로 철골조가 조립되었고(지하 1층 중 일부만이 판매시설이고 나머지 지하 1층과 지하 2, 3층은 주차장 또는 기계실 용도임), 지하 1층의 일부 점포가 분양된 상태였다. 대법원은 "신축 건물의 지상층 부분이 골조공사만 이루어진 채 벽이나 지붕 등이 설치된 바가 없

1997. 5. 9. 선고 96다54867 판결; 대법원 1998. 9. 22. 선고 98다26194 판결.

16) 대법원 2010. 2. 25. 선고 2009다83933 판결. 한편 이러한 보상 청구가 인정되기 위해서는 민법 제261조 자체의 요건만이 아니라, 부당이득 법리에 따른 판단에 의하여 부당이득의 요건이 모두 충족되었음이 인정되어야 한다(대법원 2009. 9. 24. 선고 2009다15602 판결).

17) 대법원 2009. 9. 24. 선고 2009다15602 판결.

18) 대법원 2001. 1. 16. 선고 2000다51872 판결; 대법원 2003. 5. 30. 선고 2002다21585 판결.

다 하더라도, 지하층 부분만으로도 구분소유권의 대상이 될 수 있는 구조라는 점에서 신축 건물은 경락 당시 미완성 상태이기는 하지만 독립된 건물로서의 요건을 갖추었다고 봄이 상당하여 법정 지상권이 성립되었다"고 판시하였다.

2. 미완성 건물을 인수하여 완공한 자의 소유권취득을 부정한 사례 [대법원 1995. 3. 3. 선고 93다50475 판결][19]

A가 토지 소유자인 피고로부터 토지를 매수하여 피고 명의로 건축허가를 받아 건물신축공사를 하다가 약 50%의 공정을 마친 상태에서 자금 부족으로 공사를 중단하자, 시공을 맡았던 하도급인인 원고들 11인이 A로부터 토지매수인의 지위를 포괄적으로 승계하여 토지매매대금채무를 인수하고 건물분양권을 위임받아 나머지 건축공사를 완성하였다. 그 후 피고가 자기 명의로 건물의 소유권보존등기를 경료하자 원고 등은 피고에 대하여 소유권이전등기를 청구하였다.

이에 대하여 대법원은 "이 사건 건물은 원고 등 11인의 노력과 자재만으로 완성된 것이 아니므로 특단의 사정이 없는 한 하도급인인 원고 등 11인이 이 사건 건물의 소유권을 그 완성과 동시에 원시취득하였다고 할 수 없다. 설사 A가 원고들에게 건물에 관한 분양권을 위임하였다고 하더라도, 원고 등이 A에게 '남은 잔액은 A에게 반환하겠다'고 약정하였는데, 이 약정은 장차 완성될 이 사건 건물의 소유권을 원고 등에게 귀속시키기로 한 취지라기보다는 이 사건 건물 등의 분양대금에서 원고 등의 공사대금채권을 우선적으로 확보하게 하여 주려는 의도에서 그 분양 등의 처분권을 원고 등 11인에게 부여하기로 한 취지로 풀이함이 상당하다 할 것이므로, 이 사건 건물의 분양권이 원고 등에게 위임된 사실과 그 이후 원고 등이 공정의 50% 정도 진행된 상태에서 중단되어 있던 나머지 건축공사를 완성한 사실만으로는 원고 등이 이 사건 건물의 소유권을 원시취득하였다고 보기 어렵다"고 판시하였다.

3. 미완성 건물을 인수하여 시공한 경우 사해행위 취소의 범위 [대법원 2010. 2. 25. 선고 2007다28819 판결]

사해행위취소소송의 수익자가 건물의 원시취득자로부터 기존의 채권액 상당의 가치 범위 내에서 건물 부분을 양도받기로 약정하였고, 그 건물이 아직 완공되지 않은 상태에서 수익자가 매매계약에 따라 추가공사비를 투입하여 건물을 완공함으로써 그의 비용으로 건물의 객관적 가치를 증대시키고 그 가치가 현존하고 있는 경우, 당해 매매계약 전부를 취소하고 그 원상회복으로서 소유권이전등기의 말소등기절차의 이행을 명하게 되면 당초 일반채권자들의 공동담보로 되어 있지 아니하던 부분까지 회복을 명하는 것이 되어 공평에 반하는 결과가 되므로 위 건물의 가액에서 공동담보로 되어 있지 아니한 부분의 가액을 산정하여 이를 공제한 잔액의 한도에서

---

19) 대법원 1994. 4. 26. 선고 93다20276 판결도 같은 취지임.

사해행위를 취소하고 그 한도에서 가액을 배상하여야 한다.

4. 부합된 건축자재의 보상 청구와 취득자의 무과실 [대법원 2012. 11. 29. 선고 2010다8624 판결]

건물 건축공사의 도급인이 공사에 사용되어 건물에 부합된 건축자재의 소유권이 원래 수급인 이외의 제3자에게 유보되어 있었다는 사정을 과실 없이 알지 못한 때에는 선의취득의 경우와 마찬가지로 도급인이 그 자재에 관한 이익을 보유할 법률상의 원인이 있다고 봄이 상당하므로 민법 제261조에 의한 보상 청구에 응할 의무가 없다. 이때 위 사정을 알지 못한 도급인의 무과실 여부는 당해 공사계약의 체결 경위와 내용, 도급인과 수급인 및 하수급인의 관계, 공정의 진행 정도 및 공사대금의 지급 현황, 일반적인 거래 관행 등을 종합하여 판단하여야 하며, 그 무과실에 대한 증명책임은 도급인이 진다.

다만, 도급인이 건축공사에 사용되는 건축자재에 관하여 소유권유보약정이 부가되어 있는지를 조사·확인하는 일반적인 거래 관행이 정립되어 있지 않다면, 달리 도급인으로 하여금 그 소유권유보약정의 존재를 의심하게 하는 객관적 정황이 존재하지 아니하는 이상, 도급인이 그 소유권유보약정의 존재 여부를 조사·확인하지 아니하였다는 사실만으로 그 존재를 알지 못한 것에 대한 무과실이 부정되어야 한다고 보기는 어렵다.

Ⅵ. 도급계약이 아닌 경우

앞서 본 설명은 모두 도급인과 수급인 사이에서 도급계약이 체결되었음을 전제로 한 것이다. 실무상에서는 도급계약과 관계없이 단순한 채무담보목적으로 건축명의를 타인으로 하는 경우가 많은데, 이는 앞의 경우와 전혀 다른 원리에 입각해 있음을 주의하여야 한다.

예컨대 타인의 토지를 매수하고 그 위에 자신의 건물을 지으면서도 미지급 토지대금의 담보를 위하여 건축허가명의를 종전의 토지소유자로 한 경우, 또는 타인으로부터 건축자금을 빌려서 자신의 토지 위에 자신의 건물을 지으면서 타인으로부터 차용한 토지대금의 담보를 위하여 건축허가명의를 금원을 대여한 채권자로 한 경우에 건축자는 자신의 건물을 짓는다는 생각을 가지고 공사를 수행할 터이므로, 완성건물의 소유권은 실건축자가 원시적으로 취득하고, 다만 담보계약 등이 있다면 다시 채권자에게 소유권을 이전시켜 주는 절차를 밟아야 하는 것으

로 파악함이 타당하다고 하겠다.[20]

이와 같이 도급관계가 아닌 경우에 있어서는, 완성건물의 소유권은 자신의 노력과 비용을 들여 건물을 건축한 사람이 그 건물의 소유권을 원시취득한다는 것이 판례이다. 단지 채무의 담보를 위하여 채무자가 자기 비용과 노력으로 신축하는 건물의 건축허가명의를 채권자명의로 한 경우에는, 완성된 건물의 소유권은 일단 이를 건축한 채무자가 원시적으로 취득한 후, 채권자명의로 소유권보존등기를 마침으로써 담보목적의 범위 내에서 위 채권자에게 그 소유권이 이전되는 것이다.[21]

건축 중인 미완성건물을 건축주가 제3자에게 양도할 경우에 사실상의 공시방법으로서 양수인 앞으로 건축주 명의를 변경해주는 경우(건축법 제16조)가 많다. 행정적 절차를 사법상의 거래방법으로 유용하는 셈이다. 판례는 이러한 거래가 유효함을 전제로 하여 건축 중인 건물 외에 별다른 재산이 없는 채무자가 수익자에게 책임재산인 미완성건물을 양도하기 위해 건축주명의를 변경해주기로 약정하였다면 이는 다른 일반채권자의 이익을 해하는 사해행위에 해당할 수 있다고 보았다.[22]

조합원들이 신축자금을 제공하였다고 하더라도 재건축조합이 신축한 공동주택의 소유권은 재건축조합이 취득한다(대법원 2005. 7. 22. 선고 2003다3072 판결). 주택분양보증인이 중단된 공사를 완공하면 완공 건물의 소유권을 원시취득한다(대법원 2006. 5. 12. 선고 2005다68783 판결).

판례

채무담보를 위하여 건축허가명의자를 채권자로 한 경우 [대법원 1997. 5. 30. 선고 97다8601 판결]

일반적으로 자기의 노력과 재료를 들여 건물을 건축한 사람은 그 건물의 소유권을 원시취득하는 것이고, 다만 도급계약에 있어서는 수급인이 자기의 노력과 재료를 들여 건물을 완성하더라도 도급인과 수급인 사이에 도급인 명의로 건축허가를 받아 소유권보존등기를 하기로 하는 등 완성된 건물의 소유권을 도급인에게 귀속시키기로 합의한 것으로 보여질 경우에는 그 건물의 소유권은 도급인에게 원시적으로 귀

---

20) 이상태, 앞의 글, 132면; 김형배, 『채권각론』(2001), 622면.
21) 대법원 2001. 3. 13. 선고 2000다48517, 48524, 48531 판결; 대법원 1990. 4. 24. 선고 89다카18884 판결 등.
22) 대법원 2017. 4. 27. 선고 2016다279206 판결.

속된다. 채무의 담보를 위하여 채무자가 자기 비용과 노력으로 신축하는 건물의 건축허가 명의를 채권자 명의로 하였다면 이는 완성될 건물을 담보로 제공하기로 하는 합의로서 법률행위에 의한 담보물권의 설정에 다름 아니므로, 완성된 건물의 소유권은 일단 이를 건축한 채무자가 원시적으로 취득한 후 채권자 명의로 소유권보존등기를 마침으로써 담보목적의 범위 내에서 채권자에게 그 소유권이 이전된다.

제2절　건설공사도급계약상 위험부담

I. 논의의 실익

1. 문제의 소재

건설공사계약에서 천재지변 기타 불가항력에 의하여 공사의 기성부분이나 완성된 건축물이 멸실되거나 훼손되는 일이 있다. 이 경우 도급인의 공사대금지급채무를 어떻게 처리할 지가 문제된다. 이와 같이 양 당사자의 귀책사유 없이 공사의 이행이 후발적으로 불능되었을 경우에 그 손해를 누가 부담하는가가 위험부담의 문제이다. 민법 제537조는 "쌍무계약의 당사자 일방의 채무가 당사자 쌍방의 책임 없는 사유로 이행할 수 없게 된 때에는 채무자는 상대방의 이행을 청구하지 못한다"고 규정하여 채무자 위험부담주의를 선언하고 있다.

건축공사계약도 도급계약으로서 쌍무계약에 해당하는 이상, 이러한 원칙이 적용됨이 당연하다. 즉 급부(공사완성)가 불능으로 되면 그 급부의 채무자(수급인)가 반대급부(공사대금 지급) 청구포기의 위험을 부담하는 것이다. 그러나 건축공사의 특성상 위험부담의 법리를 일부 수정할 필요가 있다.

우선 이행불능의 개념부터 문제된다. 예컨대 건물이 시공도중 홍수로 붕괴되었다고 하더라도 재료를 다시 조달하여 새로 지을 수 있으므로 공사계약상 이행불능이란 개념은 성립할 여지가 거의 없고(건축부지가 아예 소멸된다든지 계약상 정한 건축재료를 구할 수 없게 되는 등의 특수한 사정이 있는 경우만 이행불능이 된다), 수급인은 이러한 경우에도 공사의 완성의무를 면하지 못한다. 그러나 이렇게 한다면 수급인이 전적으로 위험을 부담하게 되어 불공평한 결과를 초래한다. 수급인의

채무불이행으로 인한 해제의 경우에도 기성부분의 공사대금채권을 인정하는 건
설공사계약의 확립된 법리에 비추어 보아도 이는 부당하다.

　　따라서 건축공사에서는 불가항력적인 사유가 발생한 경우에 그로 인한 비용
의 증가 등 손실을 누가 부담하는가가 위험부담문제로 된다. 즉 공사계약에서의
위험부담문제는 불의의 재난으로 인한 '공사비용 증가'에 관하여 수급인의 보수
증액청구권을 어느 범위까지 인정할 것인가에 논의의 목적이 있다.

2. 물건의 위험과 구별

　　"물건의 위험은 소유자가 부담한다"는 원칙을 물건의 위험(Sachgefahr)이라고
부른다. 건축공사에서 수급인이 자기 재료를 가지고 건축하는 경우라도 목적물의
소유권은 원시적으로 도급인에게 귀속하는 것으로 보는 다수설 입장에서 건축물
이 책임없는 사유로 멸실되었다면 도급인이 재료비손해를 부담하여야 한다는 결
론이 된다.

　　그런데 보통 공사대금에는 위의 공사재료비 이외에 수급인의 노무에 대한 대
가가 포함되어 있으므로 도급계약상 위험부담의 문제는 엄격히 볼 때 '물건의 위
험'을 제외한 수급인의 '노무의 대가'에 한정된다. 천재지변으로 공사가 중단된 경
우 건축재료비에 대하여는 수급인이 자기의 비용을 들인 건물의 소유권이 도급인
에게 귀속하므로 그를 상대로 부당이득반환청구권을 행사할 수 있고 노무대가만
위험부담문제로 처리하여야 한다.[23] 그러나 소송실무상 공사대금 중 건축재료비
(수급인이 재료를 공급하는 경우)와 순수 노무비를 구별하기가 어려우므로 이와 같
은 구분 적용을 하지 않고 양자를 함께 처리하는 경우가 많다. 이 부분에 관하여
이론과 실무를 조화시킬 연구가 시급한 실정이다.

Ⅱ. 건물 완성 전에 멸실·훼손된 경우

1. 쌍방의 귀책사유가 없는 경우

　　(1) 건물이 완성되기 전에 불가항력으로 멸실된 경우에 재건축이 사회통념상
불가능할 정도라면(건물이 거의 완성될 정도로 기성고가 높은 경우, 건축에 필요한 특수
재료를 구할 수 없는 경우 등) 수급인의 건축의무는 소멸되고(도급인의 급부위험부담),

---

23) 김용현, "건축수급인의 공사대금청구권에 관한 연구," 서울대학교 석사학위 논문(1999), 92면.

이 경우에 민법 제537조가 적용되어 수급인은 공사로 인한 보수를 청구할 수 없음이 원칙이다(수급인의 반대급부위험부담).

(2) 그러나 목적물이 훼손되거나·멸실되었더라도 시공비율이 낮아서 재건축이 용이하다면 사회통념상 시공이 가능하므로 수급인은 건축완공의무를 여전히 부담하여야 하고, 이와 같이 재시공한 경우에도 수급인은 민법 제537조에 의하여 도급인에게 재건축으로 인한 보수증액청구권을 주장할 수 없다.

(3) 재료비의 부담에 대하여는 경우를 나누어 볼 수 있다. 일의 완성을 위한 재료를 수급인이 공급한 경우에는 멸실·훼손된 재료비용도 수급인이 부담하여야 한다. 다만 수급인이 재료를 공급한 경우라도 시공 중인 건물의 소유권이 도급인에게 귀속되는 경우에는 도급인이 소유권을 취득한 건축 중의 물건이 소멸된 셈이므로 도급인이 건축재료비용을 부담하여야 하고, 따라서 수급인은 도급인에게 건축자재의 재공급(건축가능시)이나, 건축자재대금(건축불능시)의 지급을 청구할 수 있다(이와 달리 완성 전 건축물의 소유권이 수급인에게 귀속되는 경우에는 수급인이 건축재료의 비용도 청구할 수 없음은 당연하다).

이와 반대로 도급인이 건축자재를 공급한 경우에는 도급인이 위험을 부담하며 수급인에게 건축재료를 다시 공급하여야 하므로 이로 인한 증가비용을 부담하게 된다.[24]

(4) 스위스 채무법 제373조 제2항은 계약 당사자들이 예측할 수 없었던 특별한 사정으로 인하여 일의 완성이 방해를 받거나 현저하게 어려워진 경우에 법원은 재량에 의하여 보수의 증액 또는 계약의 해지를 승인할 수 있다고 정하고 있고, 독일 민법 제650조 제1항은 도급인에게 계약해지권을 주면서 그때까지 수행된 노무에 대한 보수를 지급하도록 규정하고 있다. 이와 같은 경우에 신의칙에 의하여 증액, 계약해지가 가능하다고 보는 학설이 있고,[25] 공평의 원칙상 이러한 해석이 타당하다고 생각한다. 그러나 우리 민법에는 이런 규정이 없으므로 이를 적용할 수 없다는 입장도 있다.

---

24) 그러나 건축물의 소유권귀속과 계약상 위험부담문제를 반드시 연결하여 판단할 필요가 있는지 의문이 있다. 소유권귀속의 논의에 관계없이 도급계약의 성질상 불가항력으로 인한 손해를 당사자 사이에서 공평하게 분배하는 기준으로서 위험부담문제를 접근하면 어떨까? 뒤에서 보는 바와 같이 재료비용은 실제 부담자가 누구인가에 관계없이 도급인이, 노무비용은 수급인이 부담하는 것으로 정리할 수 있을 것이다. 표준도급계약서상 기성고 부분을 도급인이 부담하는 것으로 정한 것도 같은 취지라고 생각한다.

25) 栗田哲男,『現代民法研究 1, 請負契約』, 信山社(1997), 79면.

2. 수급인에게 귀책사유가 있는 경우[26]

건물의 완성이 불가능하면 수급인은 채무불이행책임을 지고 보수 청구를 할 수 없다. 완성이 가능하다면 수급인은 여전히 완성의무를 지고, 보수증액 청구를 할 수 없다.

3. 도급인에게 귀책사유가 있는 경우

도급인의 귀책사유로 건축물이 멸실·훼손되거나 도급인의 수령지체 중에 건축물이 멸실·훼손된 경우에는 위험은 도급인이 부담하여야 하므로($^{민법 제538}_{조 제1항}$) 수급인은 보수청구권을 잃지 않고 손해배상청구도 가능하다. 왜냐하면 도급인의 귀책사유가 없었다면 수급인은 일을 완성할 수 있었기 때문이다. 그러나 공사의 나머지 부분을 완성하는 데 필요한 비용 및 노력의 대가는 도급인에게 상환하여야 하므로($^{같은 조}_{제2항}$) 이 금액을 공제하여야 한다.

Ⅲ. 건물 완성 후에 멸실·훼손된 경우

1. 쌍방의 귀책사유가 없는 경우

(1) 건물의 완성 후 불가항력으로 목적물이 멸실·훼손된 경우에는 위험이 이전하는 시기를 언제로 볼 것인가가 문제된다. 위험의 이전시기에 관하여 도급인에게 검수의무가 있음을 전제로 도급인이 완공된 건물의 검수를 행한 때로 보는 설,[27] 건축물의 인도시를 기준으로 보는 설,[28] 수급인이 보수 청구를 할 수 있는 때인 건물의 완공시를 기준으로 보는 설[29] 등이 대립된다.

우리 민법상 도급인의 검수제도가 없으므로 이를 전제로 한 검수시설은 인정하기 어렵고, 수급인의 보수청구권은 완성된 목적물의 인도를 요하는 경우에는 인도와 동시에 행사되어야 하므로 완성시설도 부당하며 결국 인도시설이 타당하

---

26) 당사자의 귀책사유가 있는 경우는 계약상 위험부담의 문제는 아니지만, 실무상 편의를 위하여 함께 살펴본다.

27) 김형배, 『채권각론』(2001), 649면.

28) 이상태, "도급계약에 있어서 위험의 부담과 이전," 『손해배상법의 제문제』(황적인박사 화갑기념 논문집, 1990), 787면.

29) 김용현, 앞의 글, 95면.

다고 본다. 급부성질상 인도가 불필요한 경우에는 일의 완성시에 위험이 도급인에게 이전한다고 보아야 한다. 검수시설에 의하면 이 경우에도 도급인의 검수를 받아야 한다고 주장하지만[30] 이유가 없다.

(2) 따라서 수급인이 건물을 완성하여 도급인에게 인도하면 위험부담을 면하며 만약 그 이전에 목적물이 멸실, 훼손되었다면 도급인에게 그 보수를 청구할 수 없다. 도급인이 인도받을 것을 지체하는 사이에 건물이 멸실되었다면 도급인은 보수지급책임을 면하지 못한다.

그렇지만 건물의 소유권을 도급인이 취득하는 경우에는(특히 도급인이 재료를 공급한 경우는 명백하다) 인도 전후를 불문하고 건물의 멸실, 훼손으로 인한 건축재료비용은 도급인이 부담한다.

2. 수급인에게 귀책사유가 있는 경우

수급인은 채무불이행책임을 지므로 보수 청구를 할 수 없다.

3. 도급인에게 귀책사유가 있는 경우

도급인의 귀책사유로 건축물이 멸실·훼손되거나 도급인의 수령지체 중에 건축물이 멸실·훼손된 경우에는 위험은 도급인이 부담하여야 하므로 수급인은 보수청구권을 잃지 않는다.

Ⅳ. 위험부담에 관한 특약

위험부담에 관한 민법 규정은 임의규정이므로 당사자의 약정이 우선한다. 건축공사계약상 위험부담에 관한 이러한 원칙이 수급인에게 지나치게 가혹하므로 민간건설공사 표준도급계약서 일반조건 제19조는 "수급인은 검사를 마친 기성부분 또는 지급자재와 대여품에 대하여 불가항력에 의한 손해가 발생한 때에는 즉시 그 사실을 도급인에게 통지하여야 한다. 도급인은 이 통지를 받은 경우 즉시 그 사실을 조사, 확인하고 그 손해의 부담에 있어서 기성검사를 필한 부분 및 검사를 필하지 아니한 부분 중 객관적인 자료(감독일지, 사진 또는 비디오테잎 등)에 의하여 이미 수행되었음이 판명된 부분은 도급인이 부담하고, 기타 부분은 도급인과 수

---

30) 김형배, 앞의 책, 650면.

급인이 협의하여 결정한다"고 규정하고 있다.

　또한 관급공사의 공사계약 일반조건 제31조에서는 계약의 이행 중 공사목적
물에 대하여 수급인의 책임 없는 사유로 발생한 손해 및 검사 후 인수한 공사목적
물(기성부분)에 대한 손해는 도급인이 부담하도록 하고, 제32조에서는 도급인 및
수급인 어느 누구의 책임에도 속하지 아니하는 불가항력에 의하여 발생한 손해
중 검사를 마친 기성부분이나 검사를 마치지 아니한 부분 중 객관적인 자료(감독
일지, 사진 또는 동영상 등)에 의하여 이미 시공되었음이 판명된 부분에 대한 손해는
도급인이 부담하도록 하고 있다(덧붙여 별도의 약정이 없는 한 이와 관련하여 공사금
액의 변경 또는 손해액의 부담 등 필요한 조치는 양자가 협의하여 결정하고, 협의가 성립되
지 않을 때에는 중재법에 의한 중재기관의 중재 등 따로 정하고 있는 분쟁해결의 방법에 의
하여 처리하도록 규정하고 있다). 기성검사가 끝난 기성고 부분에 관한 공사대금채무
의 위험부담을 도급인이 부담하는 것은 공평의 원칙상 타당하다고 본다.

V. 위험부담의 해석기준

　민법은 계약 당사자의 영향, 지배범위를 고려하여 책임과 위험을 분배하는
여러 가지 규정을 두고 있는바, 채권자지체책임(민법 제400조), 채권자지체 중의 위험부담
전환(민법 제538조), 목적물의 하자가 도급인이 제공한 재료의 성질 또는 도급인의 지시에
기인한 때 수급인의 하자담보책임 면제(민법 제669조) 등이 이에 해당한다. 건설공사계약
상 위험부담의 기준을 정함에 있어서 위험은 위험발생원인에 영향을 주었거나 위
험영역을 지배한 자에게 분배되어야 함이 공평하며, 따라서 공사 목적물의 멸실,
훼손이 누구의 지배 하에 있는 원인에 의하여 일어났는지에 따라서 보수위험이
정해져야 할 것이다. 도급인의 행태가 목적물의 멸실, 훼손에 대하여 긴밀한 원인
적 위험을 제공한 경우에는 도급인이 보수위험을 부담해야 하는 것이다.[31]

　이렇게 보면 결국, 당사자 쌍방의 책임 없는 사유로 목적물이 멸실, 훼손되었
고 건축물의 소유권이 도급인에게 귀속될 경우라면 건축재료비의 증가는 도급인
이, 노무의 대가상실은 수급인이 그 위험을 부담하게 될 경우가 많을 것이다.

---

31) 김형배, 앞의 책, 652면.

제05장 지체상금

제1절 지체상금의 의의

도급인과 수급인이 건축공사 도급계약을 체결함에 있어서 수급인이 약정완공기일 내에 공사를 완성하지 못하는 등 도급계약에 따른 의무의 이행을 지체할 경우에 도급인에게 지급하여야 할 손해배상액을 미리 정하여 둔 약정을 지체상금약정이라 한다. 이러한 지체상금약정은 수급인으로 하여금 이행을 강제하고 손해를 전보하며, 증명의 곤란을 덜어주고, 분쟁을 예방하려는 목적 하에서 주로 이루어지고 있다. 지체상금약정은 건설산업기본법 시행령 및 이에 의하여 고시된 민간건설공사표준도급계약서 등에 상세히 규정되어 있으며, 대개의 공사계약서에 기재하는 것이 상례이다.[1]

---

[1] 건설산업기본법 시행령 제25조 제1항은 공사의 도급계약에 명시하여야 할 사항의 하나로서 계약이행지체의 경우 위약금·지연이자의 지급 등 손해배상에 관한 사항(15호)을 규정하고 있으며, 민간 건설공사 표준도급계약서 일반조건 제30조는 [지체상금]이란 표제 하에 다음과 같이 규정하고 있다.
① 수급인은 준공기한 내에 공사를 완성하지 아니한 때에는 매 지체일수마다 계약서상의 지체상금률을 계약금액에 곱하여 산출한 금액(이하 '지체상금'이라 한다)을 도급인에게 납부하여야 한다. 다만, 도급인의 귀책사유로 준공검사가 지체된 경우와 다음 각호의 1에 해당하는 사유로 공사가 지체된 경우에는 그 해당 일수에 상당하는 지체상금을 지급하지 아니하여도 된다.
1. 불가항력의 사유에 의한 경우
2. 수급인이 대체하여 사용할 수 없는 중요한 자재의 공급이 도급인의 책임 있는 사유로 인해 지

지체상금약정에는 그 금액을 일정액으로 정하는 방법과 지체기간의 장단에 비례하도록 정하는 방법이 있으나, 후자가 일반거래관행이다.

제2절 지체상금의 법적 성격

Ⅰ. 지체상금약정의 성격

지체상금약정은 수급인의 공사이행 지체를 정지조건으로 하여 효력이 발생하는 정지조건부 계약이다.

또한 본래의 급부의무를 발생시키는 기본계약에 곁들여서 행하여지는 종된 계약이다.[2] 따라서 원칙적으로 기본계약이 무효, 취소, 해제 등으로 부존재하는 경우 지체상금약정도 그 목적을 상실하여 효력을 잃는다 할 것이나 해제의 경우와 관련하여 뒤에서 보는 바와 같은 논란이 있다.

Ⅱ. 위약벌과 손해배상의 예정

지체상금약정은 손해배상액의 예정의 성질을 가진 것과 위약벌의 성질을 가진 것으로 나눌 수 있는데, 이는 구체적인 사안에 따라 법률행위의 해석에 의해야 할 것이나, 우리 민법 제398조 제4항이 위약금의 약정을 손해배상액의 예정으로 추정하고 있는 점 및 위약벌의 약정으로 볼 경우 수급인에게 너무 불리한 결과를 초래하는 점에다가 손해의 증명 곤란을 면하려는 지체상금 제도의 취지 등을 고

연되어 공사진행이 불가능하게 된 경우
3. 도급인의 귀책사유로 착공이 지연되거나 시공이 중단된 경우
4. 기타 수급인의 책임에 속하지 아니하는 사유로 공사가 지체된 경우
② 제1항을 적용함에 있어 제26조의 규정에 의하여 도급인이 공사목적물의 전부 또는 일부를 사용한 경우에는 그 부분에 상당하는 금액을 계약금액에서 공제한다. 이 경우 도급인이 인허가기관으로부터 공사목적물의 전부 또는 일부에 대하여 사용승인을 받은 경우에는 사용승인을 받은 공사목적물의 해당부분은 사용한 것으로 본다.
③ 도급인은 제1항 및 제2항의 규정에 의하여 산출된 지체상금은 제28조의 규정에 의하여 수급인에게 지급되는 공사대금과 상계할 수 있다.
④ 제1항의 지체상금율은 계약 당사자간에 별도로 정한 바가 없는 경우에는 국가를 당사자로 하는 계약에 관한 법령 등에 따라 공공공사 계약체결시 적용되는 지체상금율을 따른다.
2) 서민, "지체상금의 효력," 『민사판례연구』 9권, 68면.

려할 때 특별한 사정이 없는 한 손해배상액의 예정으로 추정함이 상당하다.[3]

대법원 판례는 물품매매계약에 있어서의 지체상금약정에 관하여 위약벌이라고 적시한 판결도 있으나,[4] 공사도급계약에 있어서의 지체상금약정에 관하여는 손해배상액의 예정의 성격을 가진 것으로 일관되게 해석하고 있다.[5]

다만 손해배상액의 예정은 통상 ① 지연배상액의 약정, ② 전보배상액의 약정, ③ 계약관계를 청산하기 위한 배상의 약정 등의 세 가지 형태로 구분할 수 있는바, 지체상금약정이 위의 손해배상의 예정 중 어디에 해당하는지가 문제된다.

수급인이 이행기를 지나서 공사를 완성하여 인도하는 경우 지체상금약정이 특별한 사정이 없는 한 지연배상액의 예정의 성격을 가지는 것임에는 의문의 여지가 없다. 그러나 도급인이 계약을 해제한 경우에는 지연배상액의 예정으로 보기 어려운 점이 있다. 계약을 해제한 도급인으로서는 수급인에게 채무불이행으로 인한 전보배상으로서 그 계약의 이행으로 인하여 도급인이 얻을 이익, 즉 이행이익을 손해로서 청구할 수 있으며, 더 이상 본래의 급부인 공사의 완성과 지연배상을 청구할 수는 없다고 할 것이므로 지연배상액의 예정인 지체상금약정을 적용할 수 없기 때문이다.

그러나 지연배상액이 예정된 경우라도 이행지체가 있어 이를 이유로 계약이 해제되면 채권자는 '전보배상으로서 이행기에 있어서 본래 급부가 있었으면 얻을 수 있었던 이익의 배상' 또는 '이행기부터 해제시까지의 지연배상액과 아울러 계약해제시에 본래 급부가 있었으면 얻을 수 있었던 이익의 배상'을 선택하여 청구할 수 있고, 이 경우 후자를 선택한 경우에만 지연배상예정액을 청구할 수 있는 것은 그 성격상 당연하다고 볼 수 있다.[6] 건축공사 도급계약 자체의 특수성 및 도급인의 손해액에 대한 증명 곤란을 덜고 손해배상에 관한 법률관계를 간명하게 처

---

3) 대법원 2022. 7. 21. 선고 2018다248855, 248862 전원합의체 판결이 위약벌과 손해배상의 예정의 구별기준을 제시하고 있다. 제11장 제3절 Ⅱ. 3. 부분 참조.

4) 대법원 1986. 2. 25. 선고 85다카2025, 2026 판결은 "지체상금이라 함은 일반적으로 도급인이 계약상의 채무를 이행받는 자체보다도 그 채무를 일정한 시기까지는 이행받아야만 할 필요성, 즉 이행시기가 더 중요하여 수급인로 하여금 이행기를 준수케 하고 지체되는 일이 있더라도 가능한 한 조속한 기간 내에 이행을 완료하도록 강제할 필요성이 있는 경우에 그 위약벌로 정하는 것이 일반거래의 관행"이라고 판시하였다. 그러나 이 판결은 비판받을 여지가 매우 많다.

5) 대법원 1999. 3. 26. 선고 98다26590 판결; 대법원 1996. 5. 14. 선고 95다24975 판결; 대법원 1994. 9. 30. 선고 94다32986 판결; 대법원 1989. 7. 25. 선고 88다카6273, 6280 판결 등.

6) 장윤기, "건축공사 도급계약이 중도해제된 경우의 법률관계(지체배상금약정과 관련하여)," 『대법원판례해설』 제11호, 204면.

리할 목적에서 지체상금약정을 하는 것이 통례인 점을 감안하여 볼 때 공사도급
계약의 경우는 그 해석상 통상 전보배상 중 소극적 손해의 예정액을 겸하는 것으
로 볼 수 있을 경우가 대부분일 것이다. 판례도 마찬가지 입장인 것으로 보인다.[7]

제3절 지체상금의 발생요건

Ⅰ. 지체상금약정의 존재

지체상금약정은 앞서 본 바와 같이 통상 손해배상액의 예정으로 추정되므로
지체상금약정이 없으면 도급인은 수급인에 대하여 공사지체로 발생한 구체적인
손해액을 주장·증명하여 이를 구할 수 있음은 별론으로 하고 위 약정에 기하여
바로 지체상금의 지급을 구할 수는 없다.

다만 하급심판결 중에는 아파트 매수인의 중도금 지급채무의 이행지체에 관
하여만 연체료의 납부약정이 있고, 아파트 공급자가 공급공고에서 정한 입주예정
일에 위 매수인을 입주시키지 못할 경우의 지체상금에 관하여는 아무 약정이 없
었던 사안에서 아파트 공급자가 이행지체한 경우에 구 주택공급에 관한 규칙(1995
년 2월 11일 건설교통부령 제6호로 전문 개정되기 전의 것) 제19조 제2항, 제3항의 규
정취지와 형평의 원칙상 아파트 공급자는 아파트 매수인에게 그가 이미 납부한
계약금 및 중도금에 대하여 그 입주지연일수에 따라 연체료약정에서 정한 이율을
적용하여 산정한 지체상금을 지급하도록 함이 상당하다고 판시한 것이 있다.[8]

---

7) 도급인이 수급인에게 임대용 건물의 신축공사를 도급주었으나 수급인이 준공기일까지 공사를 완
성하지 못하고 있던 중 도급인이 계약해제통고를 하였고, 이어 수급인이 철수하자 도급인이 다
른 업자에게 미시공 부분을 도급주어 완공케 하였고, 이에 도급인이 수급인에 대하여 다른 업자
가 미시공 부분을 완공한 날까지의 지체배상금의 지급을 구한 사안에서, 원심이 지체상금의 약정
의 성격을 지연배상액의 예정만으로 보고 공사도급계약이 준공기일이 지난 후 중도해제된 경우
에는 지체배상금의 산정기준이 되는 지체기간은 준공기일 다음날부터 계약해제일까지로 한정함
이 상당하다고 한 데 대하여, 대법원은 약정준공일부터 계약해제일까지의 기간에 대한 지체배상
금은 지연배상의 예정액을 구하는 것으로 보여지지만 계약이 해제된 다음날부터 다른 업자에 의
한 완공일까지의 기간에 대한 지체배상금은 전보배상 중 소극적 손해배상액의 예정에 의한 것으
로 여겨질수도 있는 것인데, 원심으로서는 적절히 석명권을 행사하여 이 부분 청구가 전보배상액
중 소극적 손해배상액의 예정에 의한 것인지의 여부를 밝혀, 만약 원고가 그러한 취지로 청구하
는 것이라면 이 점을 심리판단하였어야 할 것이라고 판시하였다: 대법원 1989. 4. 25. 선고 86다카
1147, 1148 판결.
8) 서울지방법원 남부지원 1991. 7. 3. 선고 89가합21730(본소), 90가합11319(반소) 판결. 『하급심판결

일반적으로 지체상금약정의 존재는 위 약정에 기하여 그 지급을 청구하는 자, 즉 대개 도급인이 그 증명책임을 진다고 할 것이다. 그러나 지체상금약정이 존재함에도 불구하고 도급인이 자신이 입은 구체적인 손해액을 주장, 증명하여 지체상금약정액보다 많은 배상을 청구하는 경우에는 수급인이 지체상금의 약정의 존재를 증명하여 위 약정에 기한 손해배상의 처리를 구할 수 있을 것이다.

지체상금약정은 아파트 분양 등의 경우에 주택공급계약서상 약관의 형식으로 규정됨이 보통이다. 종전에 대법원 1999. 3. 12. 선고 97다37852, 37869 판결은 지체상금의 산정대상에서 계약금을 제외시킨 계약조항에 관하여 "지체상금의 지급기준에 계약금을 포함시키는 일반적인 거래관행이 있었던 것이 아니고, 입주예정자들로서는 공급회사가 정한 입주예정일을 신뢰하고 계약일로부터 입주일까지의 기간 등을 고려하여 계약체결 여부 등을 결정하고 기존 주거의 처분, 정리, 자금운용 등의 계획을 세우는 것이 보통이므로, 그 계약금이 분양대금의 20%에 이른다고 하여 이를 부당하게 불리한 조항이라고는 할 수 없다"는 이유로 유효하다고 보았다.

그러나 대법원 2007. 8. 23. 선고 2005다59475, 59842, 59499 판결은 "주택공급계약서상 입주지연 지체상금의 산정대상에서 계약금을 제외한 지체상금 조항은 상당한 이유 없이 사업자의 손해배상범위를 제한하고 고객에 대하여 부당하게 불리하며 신의성실에 반하여 공정을 잃은 조항으로서, 약관의 규제에 관한 법률 제7조 제2호, 제6조 제1항, 제2항 제1호에 의하여 무효"라고 판시하였다.

II. 수급인의 이행지체

1. 완공 및 인도의무의 지체

도급인은 수급인의 객관적인 채무불이행 사실, 즉 공사완성의 지체사실을 증명하면 족하고, 그로 인한 손해의 발생 및 액수를 증명할 필요는 없다. 실무상으로도 약정완공기일을 도과하여 완공된 사실만 인정되면 일단 수급인의 채무불이행을 인정하는 것이 보통이다.

한편 수급인이 공사완성의무는 이행하였으나 인도의무를 이행하지 아니한 경우에도 도급인은 지체상금의 지급을 구할 수 있는지가 문제된다. 이 경우 완공 후의 인도의무를 공사완성의무와는 다른 것으로 보아 지체상금약정이 적용되지 아니한

집』(제2권, 1991), 41면.

다고 볼 여지도 있으나, 건축공사도급계약상 수급인의 의무는 단순히 건물을 완공하는 데 그치는 것이 아니라 완공된 건물을 인도하는 것까지 포함하는 것이므로 인도를 지체한 경우에도 원칙적으로 지체상금약정이 적용된다고 보아야 할 것이다. 건물의 '인도'는 건물에 대한 현실적·사실적 지배를 완전히 이전하는 것을 의미한다.[9]

다만 공사도급계약에서 수급인의 목적물 인도의무와 도급인의 공사대금 지급의무는 동시이행의 관계에 있으므로(민법 제665 조 제1항), 수급인이 완성된 건물의 인도를 지체한 경우 도급인이 공사대금 지급의무를 이행하지 아니하였다면 비록 수급인이 이를 항변으로 주장하지 않았다 하더라도 동시이행항변권의 성질상 수급인의 지체책임은 인정되지 아니하고,[10] 도급인이 건물의 완공 후 인도시까지의 기간에 대하여 지체상금의 지급을 구하기 위해서는 공사대금을 지급하였거나 이행제공을 하여야 한다. 따라서 수급인이 공사를 완공하고도 특별한 사유없이 인도를 지체하여 지체책임을 지는 일은 거의 없을 것이며 실무적으로는 공사의 완공 여부가 기준이 될 것이다.

2. 수급인의 귀책사유

지체상금약정과 같은 손해배상액의 예정의 경우에 수급인의 귀책사유가 그 청구 요건으로서 필요한지 여부에 대하여는 견해가 대립한다.

손해배상액의 예정은 귀책사유의 유무에 관한 일체의 분쟁을 피하기 위한 것이므로 귀책사유를 요구하지 않는 것이 그 취지에 부합한다는 점을 들어 귀책사유가 불필요하다는 견해가 종전의 다수설이었다.[11]

그러나 손해배상액의 예정이란 손해배상의 방식에 관한 특약일 뿐이므로 손해배상의 요건인 채무불이행을 여느 경우와 달리 해석할 특별한 사정이 없는 한 수급인의 귀책사유를 요건으로 하지 않는 일종의 결과책임을 인정한 것이라고 볼 수 없고, 당사자의 의사를 다수설의 입장과 같이 도급인에게 일방적으로 유리한 내용으로 파악할 이유가 없으며, 오히려 원칙으로 돌아가 채무불이행의 일반요건

---

9) 대법원 2024. 6. 13. 선고 2024다213157 판결.

10) 공사현장을 인도받은 날까지의 지체상금을 구하는 도급인의 주장에 목적물의 인도지연으로 인한 손해배상을 구하는 취지가 포함되어 있다고 하더라도, 수급인도 미지급 공사대금을 수령할 때까지는 이 사건 건물의 인도를 거절할 수 있다고 할 것이므로, 수급인에게 인도지연으로 인한 손해배상책임이 발생한다고 보기 어렵다: 대법원 1998. 2. 24. 선고 95다38066, 38073 판결.

11) 곽윤직, 『채권총론』(1995), 233면.

이 갖추어지는 것을 전제로 하여 위약금의 지급의무를 부담한다는 의사로 보아야 한다고 한다는 점을 들어 수급인의 귀책사유가 필요하다는 견해가 유력하게 제기되고 있다.[12] 판례는 필요설 입장에 선 것으로 보인다.[11] 다만 다음 항에서 보는 바와 같이 이에 대한 증명책임은 도급인이 부담하지 않고, 수급인이 귀책사유가 없음을 증명해야 한다.

Ⅲ. 면책사유의 부존재

귀책사유가 지체상금 청구의 요건이라고 할 때 그 증명책임은 민법 제390조 단서에 따라 수급인에게 있다고 보아야 할 것이므로 결국 귀책사유의 요건은 면책 또는 공제 항변사유로서 그 의의를 가진다. 즉 수급인은 공사가 지연된 기간 중 수급인의 귀책사유 없이 지연된 기간을 주장, 증명하여 그 기간 동안 지체일수에서 공제할 것을 항변할 수 있다.[14]

면책항변이 받아지려면 지체의 원인이 수급인의 지배영역 밖에서 발생한 사건으로서 수급인이 통상의 수단을 다하였어도 이를 예상하거나 방지하는 것이 불가능하였음이 인정되어야 한다.

이와 관련하여 수급인이 우천 또는 혹한으로 인하여 공사를 진행할 수 없었음을 이유로 귀책사유 없음을 주장하여 면책항변을 하는 경우 이를 인정할 것인지가 문제된다. 구체적인 사안에 따라 개별적으로 판단할 문제이긴 하되, 당사자 사이에 기상변화로 인하여 공사를 진행할 수 없게 될 사정을 고려하여 공사기간

---

12) 『민법주해』 9권(박영사 1995), 668면; 최병조, "건물신축도급계약의 약정해제와 지체상금약정의 효과," 『민사판례연구』 12집, 229면; 곽종훈, "선이행의무에 대한 이행거절권능과 이행지체책임," 『대법원 판례해설』 29호, 130면; 이수기, "건축공사도급계약에 있어서 지체상금약정의 효력 – 지체상금발생의 시기와 종기를 중심으로," 『판례연구』 5권, 부산판례연구회, 184면.

11) 대법원은 1989. 7. 25. 선고 88다카6273, 6280 판결에서 "… 수급인이 책임질 수 없는 사유로 인하여 공사가 지연된 경우에는 그 기간 만큼 공제되어야 하며 …"라고 하고, 1999. 1. 26. 선고 96다6158 판결에서 "이 사건 지체상금약정은 소외 회사가 약정한 기간 내에 공사를 완공하지 아니한 경우는 물론 소외 회사의 귀책사유로 인하여 도급계약이 해제되고 그에 따라 원고가 수급인을 다시 선정하여 공사를 완공하느라 완공이 지체된 경우에도 적용된다고 판단한 것은 옳다"라고 판시하였는바, 이에 의하면 판례는 필요설의 입장에 있는 것으로 보인다(『민법주해』 15권, 668면). 한편 이러한 판례의 경향에 대하여 불필요설의 입장에 서 있는 것으로 파악하고 있는 견해(서민, 앞의 글, 70면)와 판례의 입장이 반드시 명백하다고 단정할 수 없다는 견해가 있다(이수기, 앞의 글, 184면). 일본과 독일, 프랑스의 경우는 필요설이 다수의 견해라고 한다(서민, 앞의 글, 71면; 『민법주해』 15권, 668면).

14) 대법원 1995. 9. 5. 선고 95다18376 판결; 대법원 1989. 7. 25. 선고 88다카6273, 6280 판결.

을 정하였거나(대개 이 경우는 공사기간이 상당히 장기간일 것이다), 장마기간 중 호우로 인한 공사중단 등 통상 예측할 수 있는 기상변화에 의한 것으로 보이는 경우에는 특별한 사정이 없는 한 면책항변을 받아들일 수 없을 것이다.

수급인이 목적물의 인도에 관하여 동시이행의 항변권 또는 유치권을 갖게 되는 경우 지체상금은 발생하지 아니한다 할 것이나, 이 경우에는 도급인이 동시이행의 항변권 또는 유치권이 소멸하였다는 사정을 주장, 증명하여야 한다.

 판례

1. 유적 발굴과 지체상금 면책사유 [대법원 2008. 7. 10. 선고 2008다15940, 15957 판결]

경기문화재단이 2002. 4. 17.경 유적 발굴 조사기간을 조사 착수일로부터 90일로 예정한 조사계획서를 제출하자 피고가 이 사건 분양계약을 체결하였는데 그 분양계약 체결 이전인 2002. 4. 3. 토지박물관의 긴급 유적발견신고로 인하여 용인시에서 이 사건 아파트 신축공사에 대한 공사 중지명령을 내렸고, 피고가 이 사건 아파트의 건축설계변경허가를 받았으나 그 허가조건으로 "사업부지 일대에 삼국시대에서 조선시대로 추정되는 다량의 자기편과 도기편이 발견됨에 따라 전문조사기관의 지표(시굴, 발굴) 조사 후 문화재청장의 지시에 따라 공사를 착공해야 한다"는 조건이 부가되어 있었으며, 경기문화재단의 유적 발굴 조사기간은 이 사건 사업부지 일부를 조사대상으로 하여 정한 예상기간에 불과하여 이 사건 사업부지 중 나머지 부분을 대상으로 한 유적 발굴 조사도 당연히 예상되는데다가 유적 발굴 상황에 따라 정밀조사 등의 필요로 조사기간이 연장될 수 있는데도, 피고가 이러한 사정을 고려하지 않고 입주예정일을 정하여 분양한 것이고, 당초 예정한 유적 발굴 조사기간이 나머지 사업부지에 대한 발굴조사 및 정밀조사 등의 사정으로 연장됨에 따라 아파트 신축공사의 착공이 지연되고 입주도 지연된 것이어서 그 지연이 피고의 과실 없이 발생한 것이라거나 불가항력에 의한 것이라고도 볼 수 없다.

2. 불안의 항변권과 지체상금 면책사유 [대법원 2002. 9. 4. 선고 2001다1386 판결]

계속적 거래관계에 있어서 재화나 용역을 먼저 공급한 후 일정 기간마다 거래대금을 정산하여 일정 기일 후에 지급받기로 약정한 경우에 공급자가 선이행의 자기채무를 이행하고 이미 정산이 완료되어 이행기가 지난 전기의 대금을 지급받지 못하였거나 후이행의 상대방의 채무가 아직 이행기가 되지 아니하였지만 이행기의 이행이 현저히 불안한 사유가 있는 경우에는 민법 제536조 제2항 및 신의성실의 원칙에 비추어 볼 때 공급자는 이미 이행기가 지난 전기의 대금을 지급받을 때 또는 전기에 대한 상대방의 이행기 미도래채무의 이행불안사유가 해소될 때까지 선이행의무가 있는 다음 기간의 자기 채무의 이행을 거절할 수 있다고 해석되나(대법원 2001. 9. 18. 선고 2001다9304 판결 등 참조), 민법 제536조 제2항에서의 '상대방의 채무이행이 곤란할 현저한 사유'라 함은 계약 성립 후 상대방의 신용불안이나 재산상태의 악화 등 사정으로 반대급부를 이행받을 수 없게 될지도 모를 사정변경이 생기고 이로 인하여 당초의 계약 내용에 따른 선이행의무를 이행하게 하는 것이 공평의 관념과 신의칙에 반하게 되는 경우를 말하므로(대법원 1990. 11. 23. 선고 90다카24335 판결 참조), 만약 피고들이 기성고 해당 중도금을 전혀 지급하지 않았고 당시 재산상태에 비추어 앞으로도 공사대금을 지급할지 여부가 불투명한 상태에 있었다면 원고는 이미 이행기가 지난 기성공사대금을 지급받을 때까지 또는 피고들의 공사대금 지급에 관한 이행불안사유가 해소될 때까지 잔여공사의 완성을 거절할 수 있다고 볼 것이지만, 피고들의 위 중도금 지급채무이행이 곤란할 현저한 사유가 있었다고 볼 만한 자료를 찾아볼 수 없는 이 사건에 있어서는, 피고들이 기성고 해당 중도금 지급의무의 이행을 일부 지체하였다고 하여 바로 수급인인 원고가 일 완성의무의 이행을 거절할 수 있다고 볼 수는 없고, 따라서 피고들이 위 중도금 지급채무를 일부 불이행하였다고 하여 그것만으로 원고의 이 사건 공사의 중단이나 지연에 대하여 원고에게 귀책사유가 없다고 할 수는 없다(다만, 원고가 이 사건 공사완공을 지체하고 공사 시공을 중단하게 된 데에 원고 주장과 같은 피고들의 중도금 지급의무 불이행도 한 원인이 된 것임은 분명하므로 이를 지체상금의 감액사유로 삼았다).

Ⅳ. 손해의 발생

손해의 발생이 지체상금 청구의 요건이 될 것인지에 관하여는, 지체상금약정과 같은 손해배상액의 예정에 있어서 수급인이 그의 채무불이행으로 말미암아 도급인에게 아무런 손해가 발생하지 아니하였음을 증명하면 지체상금 지급의무가 발생하지 않는다는 견해와,[15] 손해의 발생은 지체상금 지급의무의 발생 요건이 아니고, 수급인이 손해가 발생하지 않았음을 증명하더라도 도급인은 지체상금의 지급을 청구할 수 있다는 견해가[16] 대립하고 있다.

지체상금을 약정화하여 손해배상의 법률관계를 간이화하려는 당사자의 의사, 전자의 견해에 따르면 극히 경미한 손해만이 발생한 경우와 아예 손해가 발생하지 않은 경우와 사이에 지나치게 큰 차이가 생겨버리는 점, 지체상금약정이 이

---

15) 최병조, "위약금의 법적 성질," 『민사판례연구』 11권, 226면.
16) 『민법주해』 9권, 670면.

행강제의 기능도 영위한다고 볼 수 있는 점 등을 고려하면 후자의 견해가 타당하다. 손해가 실제로 전혀 발생하지 않았다는 사정은 감액 기준에 있어서 한 고려요소가 될 것이다.

한편 법률행위의 해석상 지체상금약정을 위약벌의 약정으로 보아야 할 경우가 있는데, 이 경우는 도급인은 실제 손해의 유무를 묻지 않고 수급인에게 약정된 지체상금의 지급을 구할 수 있고, 나아가 실제 손해를 증명하여 그 배상을 청구할 수도 있을 것이다.

결국 지체상금의 약정은 앞서 본 바와 같이 손해배상액의 예정에 해당하므로 수급인은 실제 발생한 손해가 없다거나 예정액보다 적음을 증명하여 면책될 수 없고, 도급인은 실제 발생한 손해가 예정액보다 많음을 증명하더라도 이에 관하여 추가로 손해배상청구를 할 수는 없다.

V. 해제시 지체상금약정의 적용 여부

1. 법정해제의 경우

⑴ 수급인의 채무불이행으로 인한 해제

공사도급계약이 수급인의 채무불이행으로 법정 해제된 경우 지체상금약정이 적용될 수 있는가? 우선 부정설이 있다. 주된 계약인 공사도급계약이 해제된 경우 종된 계약인 지체상금약정 또한 따라서 소멸된다고 하겠고, 원래 지체상금의 약정의도가 도급계약에 따른 공사 전체가 준공기한을 도과한 경우의 지연손해배상액의 예정을 한 것이라는 점에서 해제시에는 지체상금약정을 적용할 수 없다는 것이다.

이에 대하여 대법원은 긍정설을 취한다. 지체상금약정은 수급인이 일의 완성을 지체한 데 대한 손해배상액의 예정이므로 수급인이 약정된 기간 내에 그 일을 완성하여 도급인에게 인도하지 않는 한 특별한 사정이 있는 경우를 제외하고는 지체상금을 지급할 의무가 있고, 약정된 기일 이전에 그 공사의 일부만을 완료한 후 공사가 중단된 상태에서 약정기일을 넘기고 그 후에 도급인이 계약을 해제함으로써 일을 완성하지 못한 것이라고 하여 지체상금에 관한 위 약정이 적용되지 아니한다고 할 수는 없을 것이라고 판시하였다.[17] 그 후의 판결들도 지체상금

17) 대법원 1989. 7. 25. 선고 88다카6273, 6280 판결.

약정을 정한 당사자의 의사를 합리적으로 해석하는 방법에 의하여 해제된 경우에 있어서 지체상금약정의 적용을 긍정하고 있나.[18]

다만 공사도급계약상 지체상금약정의 적용범위를 정하는 것은 일률적으로 판단할 것이 아니라 도급계약에 나타난 당사자 의사의 해석문제로서, 그 약정의 내용과 약정이 이루어지게 된 동기 및 경위, 당사자가 이로써 달성하려는 목적, 거래의 관행 등을 종합적으로 고려하고, 특히 건설공사의 경우 공사가 비교적 장기간에 걸쳐 시행되기 때문에 그 사이에 자연현상의 변화, 경제적 환경의 변동 등 외부적인 장애나 당사자의 경영상태 악화 등 공사의 완성에 장애가 되는 사정이 발생할 가능성이 많으므로, 이러한 경우에 대비하여 도급인의 손해액에 대한 증명 곤란을 덜고 손해배상에 관한 법률관계를 간명하게 처리할 목적에서 지체상금약정을 하는 것이 통례인 점을 감안하여 당사자의 의사를 합리적으로 해석한 다음 그 적용 여부를 결정하여야 한다.[19]

그런데 계약해제가 원래 계약상의 준공기한 전에 이루어진 경우에는 일반적인 해제의 경우와 달리 지체상금약정이 적용될 수 없다는 견해가 있다. 대법원 1989. 9. 12. 선고 88다카15091, 15918 판결은 "건축도급계약시 도급인과 수급인 사이에 준공기한 내에 공사를 완성하지 아니한 때에는 매 지체일수마다 계약에서 정한 지체상금율을 계약금액에 곱하여 산출한 금액을 지체상금으로 지급하도록 약정한 경우 이는 수급인이 완공예정일을 지나서 공사를 완료하였을 경우에 그 지체일수에 따른 손해배상의 예정을 약정한 것이지 공사 도중에 도급계약이 해제되어 수급인이 공사를 완료하지 아니한 경우에는 지체상금을 논할 여지가 없다"고 판시하였다.

계약이 준공기한 전에 해제되면 수급인이 이행지체를 할 여지가 없으므로 위판시가 일응 타당한 것처럼 보이지만, 도급인이 언제 해제를 하느냐 하는 우연한 사정에 따라 그 권리에 소장이 생긴다는 부당한 결론에 이르므로 계약이 준공기한 전에 해제된 경우에도 준공기일 도과가 객관적으로 인정되는 한 지체상금약정을 적용하여야 한다고 보아야 하고[20] 따라서 위 판결의 취지는 부당하다. 다만 위

---

18) 대법원 1989. 4. 25. 선고 86다카1147, 1148 판결; 대법원 1989. 7. 25. 선고 88다카6273, 6280 판결; 대법원 1999. 3. 26. 선고 96다23306 판결; 대법원 1999. 10. 12. 선고 99다14846 판결 등; 대법원 2005. 8. 19. 선고 2002다59764 판결.

19) 대법원 1999. 1. 26. 선고 96다6158 판결; 대법원 1999. 3. 26. 선고 96다23306 판결; 대법원 1999. 10. 12. 선고 99다14846 판결.

20) 최병조, 앞의 글, 20면.

대법원 판결은 지체상금약정이 준공기한 전의 해제에는 적용되지 않는다는 취지의 판시를 한 것이 아니라, 그 사건에 나타난 당사자의 합리적 계약해석상 지체상금약정을 적용하지 않은 사례에 불과한 것으로 보아야 한다는 주장도 있다.[21]

⑵ 도급인의 귀책사유로 인한 해제

도급인의 귀책사유로 해제된 경우에도, 그 해제사유와 관계없이 수급인의 책임 있는 사유로 공사가 늦어질 수밖에 없었다면, 도급인인 지체상금약정에 따라 수급인에게 지체책임을 물을 수 있다.[22]

2. 약정해제의 경우

도급계약상 이행지체 등 채무불이행 사유를 약정해제사유로 정한 경우에 도급인이 이에 기하여 해제하였을 때에도 지체상금약정이 적용될 수 있을 것인가?[23]

해제와 손해배상과의 관계에 대하여 약정해제의 경우에도 해제효과의 청산관계설을 취하는 입장에서 민법 제551조의 "계약의 해지 또는 해제는 손해배상의 청구에 영향을 미치지 아니한다"는 규정의 적용을 긍정하는 견해가 있는가 하면, 민법 제551조의 손해배상청구는 채무불이행을 이유로 하는 것이기 때문에 민법 제551조는 부수적 의무위반을 이유로 한 약정해제에는 적용이 없다는 견해도 있다.

어느 견해를 취하든 채무불이행을 이유로 약정해제권에 기하여 해제하는 경우는 손해배상청구가 가능하다는 데는 아무 다툼이 없는 것으로 보인다. 이는 약정해제의 경우에도 그 실질이 법정해제와 같은 때에는 다른 특약이 없는 한 민법 제551조가 적용된다는 견지에서 볼 때 당연하다.

이 경우 손해배상의 범위는 채무불이행의 손해배상범위의 결정기준을 따라야 하므로 지체상금약정이 그대로 위 손해배상의 기준이 될 것이라는 견해가 있다. 반면에 일률적으로 정할 수 있는 것이 아니고 구체적으로 지체상금약정의 해석을 통하여 해결할 문제이기는 하되, 가급적 해제의 경우에도 지체상금의 약정

---

21) 임태혁, "건축공사도급계약이 중도해제된 경우의 법률관계: 수급인의 보수청구권과 도급인의 손해배상청구권을 중심으로," 『재판실무연구』(2000), 206면.
22) 이 경우에는 도급인의 귀책사유가 발생하지 아니하여 수급인이 공사를 계속하였더라면 완성할 수 있었을 때까지의 기간을 기준으로 하여 당초의 준공예정일로부터 지체된 기간을 산정하는 방법으로 지체일수를 적용해야 할 것이다: 대법원 2012. 10. 11. 선고 2010다34043, 34050 판결
23) 제2편 제2장 제3절 Ⅳ. 약정해제권에 의한 해제 부분 참조.

을 손해배상청구의 범위를 정하는 내용으로 하는 것이 타당하다는 견해도 있다.[24)]

약정해제와 지체상금약정의 적용 [대법원 1989. 7. 25. 선고 88다카6273, 6280 판결]

도급인과 수급인 사이에서 "현장공사가 공정표와 같이 진척되지 않아 준공기한 내 도저히 준공하기 어렵다고 인정되었을 때에는 도급인은 계약을 해제할 수 있으며, 수급인은 이로 인한 손해를 도급인에게 청구할 수 없다"는 특약과 "수급인이 공사계약 공정기간 내에 완공하지 못하였을 경우 지체일수 1일에 대하여 총 공사계약금액의 1,000분의 3을 지체상금으로 보상 지급하여야 하되, 천재지변·기상상태 및 도급인의 사정에 의하여 지체될 시는 수급인의 귀책사항이 아니라"는 특약을 하고 수급인이 착공하였으나 일부 공사만이 완료된 후 공사가 중단된 상태에서 도급인이 위 해제에 관한 특약에 기하여 해제한 사안에서, 건물신축의 도급계약상의 지체상금에 관한 약정은 수급인이 일의 완성을 지체한 데 대한 손해배상액의 예정을 한 것이라고 보아야 할 것이므로 수급인이 약정된 기간 내에 그 일을 완성하여 도급인에게 인도하지 아니하는 한 특별한 사정이 있는 경우를 제외하고는 지체상금을 지급할 의무가 있게 되는 것이라고 보아야 할 것이고, 이 사건의 경우에 있어서와 같이 약정된 기일 이전에 그 공사의 일부만을 완료한 후 공사가 중단된 상태에서 약정기일을 넘기고 그 후에 도급인이 계약을 해제함으로써 일을 완성하지 못한 것이라고 하여 지체상금에 관한 위 약정이 적용되지 아니한다고 할 수 없을 것이다.

제4절   지체상금의 산정

Ⅰ. 기준금액

1. 원   칙

공사도급계약에서 정한 기준금액을 따르는 것이 원칙인데 통상은 총공사금액을 기준금액으로 하고 있다. 도급계약에 있어서의 지체상금약정의 법적 성격을 손해배상액의 예정으로 추정하는 이상 총공사금액에다가 지체일수와 1일당 지체상금률(대개 1/1000)을 곱하여 지체상금을 산정하는 것이 보통이다. 지체상금약정

---

24) 최병조, 앞의 글, 19면.

을 위약벌로 예정한 경우에는 지체상금은 일정액 또는 총공사금액에 대한 일정한 비율로 정하여질 것이고 그 율은 비교적 높게 책정될 것이다.

2. 기준적용의 개별화

당사자 사이에 특정한 약정이 없는 경우에도 계약의 목적에 따라 책임의 내용을 개별화할 필요가 있는 경우가 있다. 예컨대 채무의 내용인 급부 전체를 실현하지 않으면 그 목적을 이룰 수 없는 경우와 분할급부에 의하여도 목적을 이룰 수 있는 경우가 있는데, 후자의 경우 일부가 이미 이행되고 일부만 지체되었다면 수급인이 불이행한 부분에 대응하는 지체상금만을 부담시키는 것이 공평의 원칙상 타당할 것이다.[25]

한편 도급인과 수급인 사이에 총공사금액에서 기성고에 해당하는 공사금액을 공제한 금액을 지체상금의 기준으로 하기로 하는 약정이 있으면 당연히 사적 자치의 원칙에 따라 그와 같은 방식으로 지체상금을 산정할 것이다. 위와 같은 약정이 없는 경우에는 기성고를 공제한 금액에 한정되는 것이 아님은 당연하다.[26]

3. 공동수급인의 경우

건설공동수급체에 의하여 공사가 시공된 경우에 공동이행방식의 경우 비록 공동수급인의 각 공사 내용이 특정되어 있더라도 그 공사이행에 관하여 각 수급인이 상호연대보증을 하였고, 도급인의 입장에서 보면 위 각 공사는 전체로서 하나를 이루고 있는 것이므로 제1수급인이 자신이 맡은 공사를 준공기한 내에 하지 못함으로써 지체상금을 부담하는 경우 그 지체상금의 기준이 되는 계약금액은 제1수급인이 맡은 부분에 해당하는 공사대금뿐만이 아니라 전체 공사대금으로 보아야 한다.[27]

이에 반하여 분담이행방식의 경우는 공사의 성질상 어느 구성원의 분담 부분

---

25) 서민, 앞의 글, 72면. 국가를 당사자로 하는 계약에 관한 법률 시행령 제74조 제2항도 "기성부분 또는 기납 부분에 대하여 검사를 거쳐 이를 인수한 때에는 그 부분에 상당하는 금액을 계약금액에서 공제한 금액을 기준으로 지체상금을 계산하여야 한다. 이 경우 기성부분 또는 기납 부분의 인수는 성질상 분할할 수 있는 공사·물품 또는 용역 등에 대한 완성부분으로서 인수하는 것에 한한다"고 규정하고 있다. 정부도급공사 표준계약서의 공사계약 일반조건 제25조 제2항, 표준도급계약서 제30조 제2항, 표준하도급계약서 제51조 제2항도 같은 내용을 규정하고 있다.

26) 서울고등법원 1998. 11. 26. 선고 98나25650 판결.

27) 대법원 1994. 3. 25. 선고 93다42887 판결.

공사가 지체됨으로써 타 구성원의 분담 부분 공사도 지체될 수밖에 없는 경우라도, 특별한 사정이 없는 한 공사 지체를 직접 야기한 구성원만 분담 부분에 한하여 지체상금의 납부의무를 부담한다.[28]

II. 대상기간

1. 시기(始期)

지체상금의 발생시기는 약정준공일 다음날이다.[29] 앞에서 본 바와 같이 준공기한 이전에 공사도급계약이 해제·해지된 경우에도 준공기일의 도과가 객관적으로 인정되는 한 지체상금약정이 적용된다고 보는 이상, 그 경우의 지체상금 발생시기도 이와 동일하게 볼 것이다.

2. 종기(終期)

(1) 원칙: 공사완공일

수급인이 공사를 완공한 경우에는 원칙적으로 완공 후 건물을 인도한 날을 종기로 할 것이나, 수급인의 동시이행항변권이 인정되는 경우라면 완공일 다음날부터 인도일까지의 기간에 대해서는 지체상금이 인정되지 아니할 것이므로 이 경우의 종기는 완공일이 될 것이다.

공사완공일을 언제로 볼 것인가? 약정기일에 수급인이 공사를 완성하였으나 그 완성된 공사에 하자가 있었을 경우 지체상금약정이 적용되는지 문제이다. 원칙적으로는 대체로 공사를 완성하였다면 하자가 있더라도 지체상금의 지급을 면할 수 있다.[30]

공사가 완성되었으나 하자가 있는 것인지 또는 공사 자체가 미완성된 것인지에 관한 판단기준은 당초 예정된 최후의 공정을 종료하고 그 주요 구조 부분을 약정대로 시공하였는지 여부이다.[31]

한편 공사 완성 여부의 판단에 있어서 준공검사를 받았는지 여부는 영향을

---

28) 대법원 1998. 10. 2. 선고 98다33888 판결.
29) 대법원 2002. 9. 4. 선고 2001다1386 판결.
30) 피고에게 공사완료 보고를 한 때에 그 목적물에 일부 하자가 있었을 뿐이고 그 주요 부분이 계획대로 시공되어 당초 예정된 최후의 공정까지 일단 종료됨으로써 완성되었다고 봄이 상당하므로, 그 이후에는 지체상금이 발생하지 않는다: 대법원 1998. 8. 21. 선고 96다41564, 41571 판결.
31) 대법원 1997. 10. 10. 선고 97다23150 판결.

미치지 아니한다.

⑵ 종기의 특약

건물 완성 여부와 관계없이 당사자 사이에서 종기에 관하여 별도의 합의를 하는 경우가 있다. 이를 '종기의 특약'이라고 부르는데 지체상금의 종기를 명백히 함으로써 종기의 도래를 둘러싼 논란을 피하기 위한 것이며 도급인이 특정을 요구하는 경우가 많다. 그러나 이에 관한 규정이 '종기의 특약'인지, 단순한 '절차 지연시 사무처리'에 관한 문구인지 불분명한 경우가 있다.

계약서상 '완공 후에 도급인의 검사를 받아 합격할 때까지 지체상금이 발생한다'는 취지의 특약을 하는 예가 있는데, 지체상금약정의 취지에 비추어 그와 같은 도급인의 검사가 건물의 완성 여부와 관계없는 의례적인 것에 해당한다면 이는 종기의 특약이라고 볼 수 없다. 개인 사이의 중·소규모 공사에서는 이러한 경우가 많을 것이다.

그러나 당사자 사이에 건물의 완공 이외에 준공검사 등의 특별한 절차를 중요한 내용으로 정하였다면 이는 종기의 특약에 해당한다. 관급공사계약상 '준공검사 합격일'을 종기로 정한 것은 유효하다는 판결이 있다.[32] 관급공사계약의 계약일반조건 제25조 제6항 제2호에서 지체상금의 발생종기에 관하여 "준공기한을 경과하여 준공신고서를 제출한 때에는 준공기한 익일부터 준공검사에 합격한 날까지의 기간을 지체일수에 산입한다"라고 규정하여 통상적으로 지체상금의 종기라고 인정되는 공사완료일과는 다르게 정한 경우에는, 이와 같은 지체상금에 관한 당사자 사이의 약정에 따라야 할 것이다.

⑶ 종기의 제한

⑺ **취   지**   수급인이 공사에 착수하였으나 그 일을 완성하지 못하고 중단한 채 완공기일을 도과한 경우 지체상금이 발생하는 종기를 언제로 할 것인지가 문제인데, 이는 결국 도급인이 공사도급계약을 해제할 수 있었던 때로부터 다른 업자에게 의뢰하여 같은 공사를 완성할 수 있었던 시점을 종기로 해야 할 것이다.[33]

왜냐하면 일의 완성이 이루어질 때까지 무한정 수급인의 책임이 발생한다고

---

32) 대법원 1996. 7. 12. 선고 94다58230 판결.
33) 대법원 1999. 10. 12. 선고 99다14846 판결.

하면 수급인에게 너무 가혹하고, 도급인으로서도 공사완성의 지연에 따라 자신의 손해가 확대되는 것을 피하기 위한 노력을 해야 할 신의칙상 의무가 있다 할 것인데, 이를 태만히 하여 확대된 손해는 수급인의 책임에 속하지 아니한다고 보아야 하기 때문이다.

해제할 수 있었던 때가 언제인지 및 다른 업자에게 의뢰하여 같은 공사를 완성할 수 있었던 시점이 언제인지는 당사자의 의사를 합리적으로 해석하여 결정할 문제이다. 해제할 수 있었던 때의 산정에 있어서는, 통상 이행지체에 대한 최고기간을 산입하여 산정할 것이나($\binom{민법}{제544조}$), 공사완성기일 이전에 공사를 완공할 수 없음이 명백하게 된 경우에는 이행불능으로 보아 최고를 필요로 함이 없이 그때 바로 해제·해지할 수 있었다고 보아야 할 것이다($\binom{민법}{제546조}$).

나머지 공사를 완공할 수 있었던 기간의 산정에 있어서는 통상 원래 약정공사기간에다가 기성고를 제외한 나머지 공사의 예상기성고의 비율을 곱하여 산출할 것이나, 수급인이 공사를 중단한 이후 도급인이 해제하고 다른 업자에게 공사를 맡겼으나 수급인이 이를 방해하였다면 그 방해한 기간 만큼 나머지 공사를 완공할 수 있었던 기간은 더 소요되는 것으로 볼 것이다.[34]

(나) **예   외**   첫째, 수급인을 보호할 필요가 없는 경우는 종기제한의 법리 적용이 없다. 도급인이 손해확대 방지의무를 게을리하지 않고, 수급인이 공사지체에 대한 전적인 책임이 있는 경우에는 실제 공사완성시점까지 지체상금이 발생한다고 보아도 형평의 원칙에 반하지 않는다.

대법원 1994. 3. 25. 선고 93다42887 판결(용현지하차도 공사사건)은 피고(대한민국)가 원고에게 지하차도 확장공사를 도급주었는데, 원고가 공사를 중단하였고 이에 피고가 이행보증인에게 공사를 요구하자 원고가 이를 방해하다가 나중에 다시 원고가 공사를 맡아 완공한 경우에 보증시공을 방해하면서까지 자신이 공사를 완공한 원고로서는 피고가 계약을 해제하여 다른 업자로 공사를 완성하게 하였다면

---

34) 인천지방법원 1999. 8. 25. 선고 98가합6875 판결은 수급인이 부도를 내고 잠적하여 공사가 중단되고, 위 공사 중 일부를 하도급받아 공사를 시행하여 오던 하수급인들이 계산 관계를 다투며 협조를 해 주지 않는 바람에 도급인이 스스로 나머지 공사를 하는 도중 그들과 여러 차례 협상을 하였고, 인부들과의 마찰도 자주 발생하여 공사가 자주 중단되었고, 수급인은 공사가 중단 이후에도 하수급인들을 통하여 간접적으로 이 사건 공사에 관여하면서 도급인 명의의 전세계약서를 위조하여 하수급업자 등에게 이 사건 건물 상가 일부를 불법으로 임대하여 자금을 마련한 사정에 비추어, 도급인이 나머지 공사를 시행함에 있어서 원래 약정공사기간에다가 나머지 공사의 예상기성고의 비율을 곱하여 산출한 기간의 50%에 해당하는 기간이 더 소요되었을 것으로 봄이 상당하다고 판시하였다(항소기각으로 확정).

지체일수가 줄어든다는 주장은 할 수 없다고 보아 실제 원고가 완공한 시점을 종기로 삼아 지체일수를 계산하여야 한다고 판시하였다.

둘째, 타업자의 시공이 불가능한 경우에도 종기의 제한법리를 적용할 수 없다. 종기의 제한은 도급인이 스스로 다른 업자에게 의뢰하여 공사를 완공할 수 있음을 전제로 하는 것이므로, 수급인이 자기 소유의 증축 부분을 철거하기로 약정한 경우에 수급인이 스스로 이를 철거하지 아니하면 도급인들로서는 소송으로 이를 소구하지 아니하는 이상 이를 철거할 아무런 방도가 없으므로 실제 철거시점까지 지체상금이 발생한다.[35]

1. **당사자 사이에 지체상금의 종기에 관한 특약이 있다고 인정한 사례** [대법원 1996. 7. 12. 선고 94다58230 판결(판례공보 불게재)]

이 사건 건설공사도급계약서를 보면, 건설공사 도급계약 일반조건 제11조 제1항은 수급인이 준공기한 내에 공사를 완성하지 아니한 때에는 매 지체일수마다 지체상금률을 계약금액에 곱하여 산출한 금액을 도급인에게 납부하여야 한다고 규정하고 있고, 한편 위 계약일반조건 제12조는 수급인은 공사를 완성하였을 때에는 그 사실을 준공검사원 등 서면으로 도급인에게 통지하고 필요한 검사를 받아야 하고, 도급인은 위 통지를 받은 때에는 10일 이내에 수급인의 입회 하에 그 검사를 하여야 하며, 만일 수급인이 위 검사에 합격하지 못한 때에는 지체 없이 이를 보수 또는 개조하여 다시 검사를 받아야 하며 이 경우 계약기간이 연장될 때에는 지체상금을 납부하여야 한다는 취지로 규정하고 있으므로, 만일 수급인이 약정준공일까지 공사를 완성하지 못한 경우에는 그 약정준공일로부터 실제 공사 완성일까지 위 제11조 제1항에 의하여 지체상금을 도급인에게 납부하여야 하고, 그 공사완성 이후 도급인의 검사 불합격으로 보수공사를 하여야 하는 경우에는 그 보수공사 후 합격판정을 받은 날까지는 위 제12조에 의하여 지체상금을 납부하여야 한다고 해석함이 상당하다. … 원고는 위 계약일반조건 제12조 소정의 지체상금약정은 건물이 완성되지 아니하였거나 적어도 건물의 완성이라고 볼 수 없을 정도의 근본적이고도 중대한 하자가 있을 경우에 한하여 지체상금을 부담한다는 약정으로서 건물이 일단 완성되었다고 볼 수 있으나 단순히 경미한 하자가 있는 경우까지 지체상금을 부담한다는 취지의 약정이 아니라고 해석하여야 한다고 주장하지만, 위 계약일반조건 제12조의 규정을 둔 취지는 이 사건 건물이 지상 10층, 지하 3층 연면적 5,318.71㎢의 비교적 큰 규모의 건물이고

---

35) 대법원 1996. 4. 9. 선고 95다43143 판결.

신축공사 완공 후 부실공사와 하자보수를 둘러싼 분쟁이 일어날 소지가 많음이 예상
되므로 그러한 분쟁을 사전에 방지할 의도로 통상의 건물공사 도급계약과 달리 도급
인의 합격판정을 대금 지급의 요건으로 삼음과 함께, 보수·개수공사 후 다시 합격받
을 때까지의 지체상금까지 물리게 함으로써 공사의 완전한 이행을 담보하기 위한 것
으로 보이는바, 이러한 취지에 비추어 보면 위 제12조를 소론과 같이 건물의 완성이
라고 볼 수 없는 중대한 하자가 있는 경우에만 지체상금을 부담하기로 한 약정이라
고 축소 해석할 수는 없다고 할 것이다.

2. 당사자 사이에 위와 같은 특약이 인정되지 않는다고 본 사례 [대법원 2010. 1. 14. 선고 2009다7212, 7229 판결(판례공보 불게재)]

　당사자 사이에 건축공사의 완공 후 부실공사와 하자보수를 둘러싼 분쟁이 일어날
소지가 많음이 예상됨에 따라 그러한 분쟁을 사전에 방지할 의도로 통상의 건축공사
도급계약과는 달리 도급인의 준공검사 통과를 대금 지급의 요건으로 삼음과 동시에
하자보수공사 후 다시 합격을 받을 때까지 지체상금까지 부담하게 함으로써 공사의
완전한 이행을 담보하기 위해 지체상금의 종기를 도급인의 준공검사 통과일로 정하
였다고 볼 만한 특별한 사정이 있다면 그에 따라야 할 것이다.

　원고와 피고는 피고가 모든 공사비를 투자하여 이 사건 건물을 완성한 후 각
20.6%, 79.4%의 지분비율대로 신축건물의 배분, 비용분담을 하되, 피고는 피고의 지
분에 해당하는 호실을 분양하여 그 투자금을 회수하기로 한 협약을 기초로 그 구체
적인 내용을 정하면서 이 사건 공사계약을 체결한 것이어서, 공사완공 후 원고가 피
고에게 공사대금을 지급할 필요가 없었던 사실, 이 사건 공사계약서에는 '공사도급
금액: 16,714,500,000원, 지체상금률: 도급금액의 1/1000'로 기재되어 있고, 이 사건 공
사계약일반조건 제27조 제2항은 피고가 공사기간 내에 공사를 완성하지 아니한 때
에는 피고는 지체한 일수에 지체상금률을 곱한 금액을 원고에게 지급해야 한다고 규
정하고 있는 사실, 한편 이 사건 공사계약 일반조건 제28조 제1항은 이 사건 공사의
준공 전 사용승인의 필요가 있을 때에는 피고가 관계기관으로부터 사용승인을 받은
후 이를 원고에게 통지해야 한다고 규정하고, 제2항 내지 제5항은 피고는 공사를 완
료하고 관계기관의 준공승인을 필하는 데 있어서 시공자로서 구비해야 할 서류를 사
전준비하고 준공검사원을 제출하여 관계기관으로부터 검사필증을 영수한 뒤 이를
원고에게 제출하면, 원고는 15일 이내에 준공검사를 해야 하고, 원고의 준공검사에
서 지적되는 사항에 대하여 피고는 지체없이 재시공 또는 보수하여 재검사를 받아야
함을 규정하면서 이어서 제28조 제6항에서 원고의 준공검사 통과일을 본건공사 완
료일로 한다고 규정하고 있으며, 제29조 제2항은 공사완료일을 기준으로 그 이전에
발생한 일반관리비, 전기료, 수도료 등 제비용은 피고가 부담하고, 그 이후의 제비용
은 입주여부에 관계 없이 원고와 피고가 협약에서 정한 투입지분비율에 의하여 부담

하도록 규정하고 있는 사실을 알 수 있는바, 사정이 이와 같다면 이 사건 공사계약 일반조건 제28조, 제29조는 이 사건 공사의 완공 전의 사용승인의 절차 및 이 사건 공사의 완공 이후 관할관청으로부터 준공인가를 받는 데 있어서의 업무분담 원칙, 이 사건 공사완료일을 기준으로 한 일반관리비, 전기료 등의 비용분담의 원칙 등을 정한 것에 지나지 아니할 뿐, 통상의 건축공사 도급계약과는 달리 원고와 피고 사이에 이 사건 공사에 따른 지체상금의 종기를 원고의 준공검사 통과일로 정하기 위한 특별한 약정이라고 보기는 어렵다고 할 것이다.

3. 지체기간의 공제

수급인이 책임질 수 없는 사유로 공사가 지연된 기간은 공제하여야 하고,[36] 책임질 수 없는 사유의 증명책임은 수급인에게 있다.

주택건설업자의 귀책에 의한 분양주택의 입주지연으로 중도금 납부기일이 연기되었다면 수분양자들로서는 연기된 기간만큼 중도금에 대한 이자 상당액의 이득을 보게 되므로 입주지연으로 인한 지체상금을 산정함에 있어서 중도금 연기 일수를 입주지연일수에서 공제하는 것이 형평에 맞는다.[37]

2022. 11. 24.부터 같은 해 12. 9.까지 발생한 화물연대 파업으로 전국에 물류 대혼란이 벌어졌다. 화물차 운행 중단이 조직적, 전국적으로 이루어져서 공사 진행에 차질이 생긴 것이므로 공사기간 연장사유에 해당하여 지체기간에서 제외하는 것이 타당하다. 명시적인 대법원판결은 없으나 실제 공사 현장이나 하급심 재판에서 이 기간은 공제하는 경우가 많다.

그러나 반드시 이러한 방식에 따라야 하는 것은 아니고, 지체된 전체 기간에 대하여 지체상금액을 산정한 후 이러한 사정을 고려하여 일정 비율로 감액하는 방식으로 결정하더라도 경험칙과 공평의 원칙에 비추어 현저히 불합리하지 않는

---

36) 대법원 1989. 7. 25. 선고 88다카6273, 6280 판결; 대법원 1995. 9. 5. 선고 95다18376 판결.

37) 주택건설업자가 당초 아파트분양계약시 정해진 중도금 납부기일을 연기해 주어 수분양자들이 연기된 기일에 중도금을 납부한 경우, 중도금 납부기일의 연기가 주택건설업자의 귀책에 의한 입주지연으로 말미암은 것이라고 하더라도 수분양자들로서는 연기된 기간만큼 중도금에 대한 이자상당액의 이득은 보게 되는 것이므로 입주지연 지체상금의 산정에 있어 이를 고려하는 것이 형평에 맞을 것이고, 구 주택공급에관한규칙(1995. 2. 11. 건설교통부령 제6호로 전문 개정되기 전의 것) 제19조 제2항, 제3항 기재와 같이 수분양자들이 기납부한 중도금에 대하여 수분양자들의 중도금 납부지체의 경우에 적용되는 연체요율을 입주지연기간에 적용하는 방식으로 입주지연 지체상금을 산정하는 경우에는 그 고려의 한 방법으로 중도금 연기일수를 입주지연일수에서 공제하는 방식도 수긍할 수 있다: 대법원 2000. 10. 27. 선고 99다10189 판결.

한 이를 위법하다고 볼 수는 없다.[38]

4. 증명부족과 석명

지체기간 특히 종기제한의 법리가 적용되는 경우의 종기에 관하여는 통상 심리 도중 적절한 석명권의 발동이 요구되는 부분이라 할 것이다. 법원은 도급인이 다른 업자에게 의뢰하여 공사를 완공할 수 있었던 기간 등에 대하여 증명이 부족할 경우 석명권을 행사하여 이를 밝혀 둘 필요가 있다.

Ⅲ. 지체상금채권의 변제기, 소멸시효, 지연이율

지체상금채권은 이행기의 정함이 없는 채권이므로 수급인이 도급인으로부터 지체상금 지급청구를 받은 때가 변제기가 되며 그 다음날부터 지연이자가 발생한다.[39]

지체상금채권은 상행위로 발생한 손해배상채권이므로 소멸시효는 일반 상사시효인 5년이 적용된다. 도급계약상 약정준공일의 다음날부터 매일 지체상금채권이 성립하며, 소멸시효 기산점도 약정준공일의 다음날부터 매일, 1일치 금액에 관하여 도래한다고 볼 수 있다.[40]

분양계약상의 지체상금은 상행위인 분양계약의 불이행으로 인한 손해배상채권이므로 그 지연손해금에 대하여는 상법 제54조 소정의 연 6%의 상사법정이율을 적용한다.[41]

Ⅳ. 감 액

1. 의 의

지체상금약정에 따라 산정한 지체상금액이 부당히 과다하다고 인정되는 경

---

38) 대법원 2007. 8. 23. 선고 2005다59475, 59842, 59499 판결.
39) 도급인의 지체상금채권과 수급인의 공사대금채권은 특별한 사정이 없는한 동시이행관계에 있다고 할 수 없다: 대법원 2015. 8. 27. 선고 2013다81224, 81231 판결
40) 김상우 변호사, '공사도급계약 관련 법률문제' 강의안(건설부동산법연수원 제10기), 제주지방법원 2021. 5. 24. 선고 2020가단59446 판결
41) 대법원 2000. 10. 27. 선고 99다10189 판결.

우에 법원은 민법 제398조 제2항에[42] 의하여 이를 적당히 감액할 수 있다. 이는 물론 도급계약에 있어서 지체상금약정이 손해배상액의 예정으로 추정된다는 전제 하에서이다. 만일 지체상금을 위약벌로 볼 특수한 사정이 있는 경우 위 민법 제398조 제2항을 유추적용하여 감액할 수는 없고, 다만 그 의무의 강제에 의하여 도급인이 얻는 이익에 비하여 약정된 벌이 과도하게 무거울 때에는 그 일부 또는 전부가 공서양속에 반하여 무효가 될 수는 있을 것이다.[43]

이러한 감액 여부의 판단은 법원이 당사자의 주장을 기다릴 필요가 없이, 직권으로 하여도 되고, 그러한 사정이 인정되면 적극적으로 판단하여야 한다.

2. 기준시점

감액의 기준시점에 관하여는 ① 채무불이행으로 인하여 청구권이 발생하는 시점을 기준으로 삼아야 한다는 견해와 ② 실제로 손해가 발생하는 시점인 채무불이행시 및 이를 구체적으로 판단할 수 있는 기준시점인 사실심 변론종결시의 두 시점을 기준으로 삼아야 한다는 견해가 있으나, 아직 손해의 발생 여부나 그 액수를 가늠할 수 없는 채무불이행시를 기준으로 삼는 것은 타당하지 못하므로 사실심 변론종결 당시를 기준시점으로 하는 것이 적절할 것이다.[44]

3. 감액의 요소

감액에 있어서 고려되는 요소에 관하여는, 손해배상액의 예정이 ① 계약 당사자의 지위, ② 계약의 목적과 내용, ③ 손해배상액을 예정한 경위 및 동기, ④ 채무액에 대한 예정액의 비율, ⑤ 그 당시의 거래관행 및 경제상태, ⑥ 예상손해액의 크기 등 제반 사정을 참작하여 볼 때 일반사회인이 납득할 수 있는 범위를 넘는 경우에는 부당하게 과다하다고 보아 감액할 수 있다는 판결이 있고,[45] 한편 위의 제반사정을 참작하여 이러한 손해배상예정액의 지급이 경제적 약자의 지위에 있는 수급인에게 부당한 압박을 가하여 공정을 잃는 결과를 초래한다고 인정되면 감액

---

42) 민법 제398조 ② 손해배상의 예정액이 부당히 과다한 경우에는 법원은 적당히 감액할 수 있다.
43) 대법원 1993. 3. 23. 선고 92다46905 판결; 대법원 2000. 4. 23. 선고 2000다56976 판결.
44) 대법원 1993. 1. 15. 선고 92다36212 판결; 대법원 2002. 12. 24. 선고 2000다54536 판결; 『민법주해』 9권, 682면.
45) 대법원 1995. 12. 12. 선고 95다28526 판결; 대법원 1996. 4. 26. 선고 95다11436 판결; 대법원 1996. 5. 14. 선고 95다24975 판결; 대법원 1999. 3. 26. 선고 98다26590 판결.

할 수 있다는 판결도 있다.[46]

손해배상예정액의 감액제도가 국가가 계약 당사자들 사이의 실질적 불평등을 제거하고 공정을 보장하기 위하여 계약의 내용에 간섭한다는 데에 그 취지가 있는 점에[47] 비추어 보면, "손해배상예정액의 지급이 경제적 약자의 지위에 있는 수급인에게 부당한 압박을 가하여 공정을 잃는 결과를 초래한다고 인정되는 경우"에 한하여 감액할 수 있는 것은 아니라고 할 것이고, 일반사회인이 납득할 수 있는 범위를 넘는 경우에도 감액할 수 있다고 볼 것이다.[48]

한편 위에서 든 감액의 고려 요소들 외에도 채무자가 일부의 이행을 한 사정도 감액의 요소로 고려될 수 있다. 이에 대하여 채무자가 일부의 이행을 한 사정은 그것이 목적과 성질상 유효한 한 그에 비례한 감액을 반드시 하여야 한다는 견해도 있다.[49]

4. 감액방법

감액에 있어서 특히 일정한 비율로 지연손해금을 약정한 경우 이를 어떻게 감액하여야 할 것인지가 문제된다. 이에 대한 판례의 태도는 분명하지 않은 것 같다. 대법원 1996. 4. 26. 선고 95다11436 판결은 지연손해금의 과다 여부는 총액으로 환산한 뒤에 판단할 것이라고 하고 있고, 한편 대법원 1992. 11. 24. 선고 92다22350 판결은 연체된 차임에 대하여 정하여진 월 4푼의 비율에 의한 지연손해금은 부당하게 과다하다고 판시하고 있어 그 지연손해금비율 자체를 감축시킬 수 있는 것처럼 보인다.

또한 대법원 1996. 4. 26. 선고 95다11436 판결은 비율 자체의 과다 여부에 의할 것이라는 당사자의 주장을 적극적으로 배척하면서 민법 제398조 제2항의 법문상의 용어 자체를 그 논거로 제시하고 있는바, 지연손해금 비율에 의하여 그 과다 여부를 결정할 수 없다는 입장에 있는 것처럼 보인다.

---

46) 대법원 1993. 4. 23. 선고 92다41719 판결; 대법원 1993. 1. 15. 선고 92다36212 판결; 대법원 1997. 6. 10. 선고 95다37094 판결.
47) 대법원 1993. 4. 23. 선고 92다41719 판결.
48) 이경춘, "공사도급계약을 체결하기로 하면서 예정 도급인이 이를 어길 경우 예정 공사금액의 10% 상당액을 위약금으로 지급하기로 하고, 다시 이 위약금 지급의무를 어길 경우에 연 18%의 비율에 의한 지체상금을 지급하기로 한 위약금약정의 해석과 지체상금 부분만에 대한 감액조치의 정당성 등," 『대법원 판례해설』 35호, 71면.
49) 서민, "손해배상액의 예정," 『민사법학』(1988), 185면.

감액의 기준을 앞서 본 바와 같이 총액을 기준으로 하는 이상 감액의 방법 또한 총 금액으로 감액하는 방법을 취하는 것이 원칙일 것이나, 한편 원래의 채무금액과 지체기간을 기준으로 약정된 지연손해금비율 자체가 이례적으로 과다하다는 등과 같은 경우에는 굳이 총 금액으로 환산하는 절차를 거칠 필요 없이 바로 지연손해금 비율 자체를 감축할 수도 있다고 보는 것이 간편하고 합리적일 것이다.[50] 결국 감액기준은 앞서 본 바와 같이 총액을 기준으로 할 것이나 감액방법은 구체적 사안에 따라 총 금액으로 정하든지 과실상계와 같이 비율로 정하든지 법원의 재량에 달렸다고 본다.

5. 증액의 문제

예정액이 부당하게 과소한 경우 그 증액을 인정할 것인지 여부가 문제되는바, 손해배상액의 예정을 정한 민법 제398조 제2항은 강행규정이 아니라 당사자의 편의를 위한 것이라는 이유로 이를 긍정하는 견해도[51] 있으나, 프랑스 민법 제1152조 제2항의 "그러나 법관은 위약금이 명백하게 과대하거나 과소한 경우에는 이를 감액하거나 증액할 수 있다"와 같은 명문의 규정이 없는 우리의 경우는 인정되지 않는다고 보아야 할 것이다.

V. 과실상계와의 관계

지체상금약정에 있어서 도급인에게 과실이 인정될 경우 과실상계가 인정될 것인지 여부에 관하여는 과실상계를 허용함으로써 발생하게 되는 혼란을 감안하여 과실상계의 적용이 배제될 것이라는 견해와[52] 도급인이 자신의 잘못을 수급인에게 전가할 수 없다는 이유로 과실상계의 법리가 적용되어야 할 것이라는 견해가[53] 대립되고 있다.

판례는 지체상금이 손해배상의 예정으로 인정되어 이를 감액함에 있어서는 채무자가 계약을 위반한 경위 등 제반사정이 참작되므로 손해배상액의 감경에 앞서 채권자의 과실 등을 들어 따로 감경할 필요는 없다고 하여 전자의 견해를 취하

---

50) 이경춘, 앞의 글, 72면; 대법원 2000. 7. 28. 선고 99다38637 판결.
51) 서민, 앞의 글(지체상금의 효력), 74면.
52) 이광범, "손해배상예정액의 감액,"『민사판례연구』16권, 236면.
53) 『민법주해』9권, 673면.

고 있다.[54] 일본 판례도 마찬가지 입장이다.[55]

제5절   지체상금약정의 적용범위

Ⅰ. 계약보증금과 함께 약정된 경우

대부분의 공사도급계약에서는 계약보증금과 지체상금을 함께 규정하고 있는데, 이 경우 계약보증금과 지체상금과의 관계가 문제된다.

1. 지체상금과 함께 약정된 경우 계약보증금의 법적 성격

공사도급계약에 계약보증금과 지체상금을 함께 규정하고 있는 경우에 지체상금이 계약보증금의 법적 성격에 어떠한 영향을 주는지 여부가 문제된다. 종전에는 이러한 경우 특별한 사정이 없는 한 계약보증금은 위약벌에 해당하고 지체상금은 손해배상액의 예정에 해당하는 것으로 보았다.[56] 그러나 대법원 2000. 12. 8. 선고 2000다35771 판결은 "계약보증금이 손해배상액의 예정인지 위약벌인지는 구체적인 사건에서 개별적으로 결정할 의사해석의 문제이고 위약금은 손해배상액의 예정으로 추정되므로 위약금이 위약벌로 해석되기 위하여는 특별한 사정이 주장·증명되어야 하는바, 도급계약서에 계약보증금 이외에 지체상금이 규정되어 있다고 하여 계약보증금을 당연히 위약벌로 볼 것은 아니다"라고 판시하였다. 대법원 2001. 1. 19. 선고 2000다42632 판결도 "계약보증금은 손해배상액의 예정으로서의 성질을 가지되, 다만 하수급인이 배상할 손해액이 이를 초과하는 경우에는 단순한 손해담보로서의 성질을 갖는다고 보아야 할 것이므로, 이 사건 하도급계약서에 계약보증금 외에 지체상금도 규정되어 있다는 점만을 이유로 하여 이 사건 계약보증금을 위약벌로 보기는 어렵다고 할 것이다"라고 판시하였다.[57]

따라서 지체상금과 병존하는 계약보증금의 법적 성격은 계약의 내용에 따라 개별적으로 판단하여야 한다.

---

54) 대법원 2002. 1. 25. 선고 99다57126 판결; 대법원 1972. 3. 31. 선고 72다108 판결.
55) 最高裁 平成 6. 4. 21. 判決,『裁判所時報』1121號 1면.
56) 대법원 1997. 10. 28. 선고 97다21932 판결.
57) 대법원 2005. 11. 10. 선고 2004다40597 판결.

2. 지체상금과 계약보증금의 관계

계약보증금이 위약벌에 해당하는 경우에는 공사의 이행이 지체되면 도급인은 수급인에 대하여 계약보증금과 별도로 지체상금약정에 따라 손해배상의 지급을 구할 수 있다.

그러나 계약보증금이 손해배상액의 예정으로 인정될 경우에는 같은 성격을 갖는 지체상금약정과 손배배상액의 예정이 중복되게 된다. 일반적으로 손해배상액의 예정은 지연배상액을 예정한 경우, 전보배상액을 예정한 경우, 쌍무계약 관계를 해소하기 위하여 배상액을 예정한 경우 등의 형태로 나타나는데, 지체상금은 지연배상액의 예정에 해당하고, 한편 계약보증금은 그 행사의 요건으로 공사도급계약을 해제할 것을 요구하는 경우가 일반적이고, 계약보증금의 지급으로 당해 공사도급계약 관계가 최종적으로 정산, 종료된다는 점에 비추어 볼 때, 쌍무계약 관계를 해소하기 위하여 배상액을 예정한 경우에 해당할 때가 많다.

그런데 지연배상은 일반적으로 위 전보배상이나 계약해소시의 배상에 흡수되므로 수급인의 동일한 채무불이행에 대하여 손해배상액의 예정에 해당하는 계약보증금과 지체상금을 모두 인정하면 이중배상이 될 위험이 있다. 더구나 계약보증금은 지연배상도 보증대상으로 하고 있는 것이므로[58] 지연배상의 예정인 지체상금도 원칙적으로 계약보증금의 보증범위에 해당한다고 하겠다.

따라서 지체상금약정에 따른 지체상금은 계약보증금으로 이를 충당할 수 있고, 만약 계약보증금을 초과한 지체상금을 배상한다는 규정이 있는 경우에는 계약보증금에 해당하는 지체상금은 계약보증금으로 충당되고 이를 초과하는 부분에 대하여는 계약보증금과 별도로 지체상금을 구할 수 있을 것이다.[59][60]

---

58) '계약보증'은 건설공사도급계약의 수급인이 도급계약을 약정대로 이행하는 것을 보증하고, 만약 수급인의 귀책사유로 도급계약을 불이행하는 경우에는 그로 인한 수급인의 도급인에 대한 손해배상채무의 이행을 계약보증금의 한도에서 보증하는 것이므로(대법원 1997. 8. 26. 선고 97다18813 판결; 대법원 1999. 10. 12. 선고 99다14846 판결 등 참조), 수급인의 귀책사유로 도급계약의 목적이 된 공사의 완공이 지연되는 경우에 그 지연으로 인한 손해배상채무도 당연히 계약보증의 대상이 되는 것이고, 이 경우 만일 도급인과 수급인 사이에 공사완공의 지연에 대비한 지체상금의 약정이 있다면 그 약정에 따라 산정되는 지체상금액이 계약보증의 대상이 되는 것이다: 대법원 2006. 4. 28. 선고 2004다39511 판결(미간행).

59) 대법원 1999. 8. 20. 선고 98다28889 판결.

60) 표준도급계약서 일반조건 제34조는 지체상금이 계약보증금 상당액에 도달한 경우를 도급인의 해제사유로 규정하고 있는바, 이는 계약보증금의 범위 내의 지체상금은 계약보증금에 충당되고 이를 초과할 경우에만 별도 청구가 가능함을 전제로 한 것이라고 하겠다.

지체상금약정과 별도로 손해배상약정을 한 경우의 효력 [대법원 2010. 1. 28. 선고 2009다41137, 41144 판결]

　　공사도급계약을 체결하면서 건설교통부 고시 '민간건설공사 표준도급계약 일반조건'을 계약의 일부로 편입하기로 합의하였고, 위 일반조건에서 지체상금에 관한 규정과 별도로 계약의 해제·해지로 인한 손해배상청구에 관한 규정을 두고 있는 경우, 채무불이행에 관한 손해배상액의 예정은 당사자의 합의로 행하여지는 것으로서, 그 내용이 어떠한가, 특히 어떠한 유형의 채무불이행에 관한 손해배상을 예정한 것인가는 무엇보다도 당해 약정의 해석에 의하여 정하여지는바, 위 일반조건의 지체상금약정은 수급인이 공사완성의 기한 내에 공사를 완성하지 못한 경우에 완공의 지체로 인한 손해배상책임에 관하여 손해배상액을 예정하였다고 해석할 것이고, 수급인이 완공의 지체가 아니라 그 공사를 부실하게 한 것과 같은 불완전급부 등으로 인하여 발생한 손해는 그것이 그 부실공사 등과 상당인과관계가 있는 완공의 지체로 인하여 발생한 것이 아닌 한 위 지체상금약정에 의하여 처리되지 아니하고 도급인은 위 일반조건의 손해배상약정에 기하여 별도로 그 배상을 청구할 수 있다. 이 경우 손해배상의 범위는 민법 제393조 등과 같은 그 범위획정에 관한 일반법리에 의하여 정하여지고, 그것이 위 지체상금약정에 기하여 산정되는 지체상금액에 제한되어 이를 넘지 못한다고 볼 것이 아니다.

Ⅱ. 공사지체 중 다른 사유로 손해가 발생한 경우

　　수급인의 귀책사유로 인하여 공사가 지연되고 이를 이유로 도급인이 공사도급계약을 해제한 경우에 도급인이 당해 공사를 완성하기 위하여 다른 업자에게 의뢰하여 공사를 함으로써 공사비가 증액되었다면 도급인은 수급인에 대하여 증액된 공사비 상당의 손해배상을 구할 수 있는지 여부 및 이를 구할 수 있다면 그 금액이 지체상금약정의 적용범위 내인가가 문제된다.

　　위의 경우 공사비 증가 원인이 수급인의 공사지연으로 인한 요인, 예를 들어 수급인이 장기간 동안 공사를 지체하였고, 그 동안 물가가 상승하여 다른 업자에게 더 큰 비용으로 공사를 맡긴 것과 같은 요인에 기인한 것이라면 이는 지체상금약정의 적용범위 내에 포함시켜야 할 것이고, 이와 별도로 증액된 공사비 상당의 손해를 청구할 수는 없다. 즉 이러한 경우 지체상금의 지급으로 도급인의 손해는

전보된다.[61]

　반면에 공사비 증가 원인이 공사지연과 무관한 요인, 예를 들어 수급인이 시장확보를 위하여 시공원가 이하로 공사를 수주하였다거나, 수급인만이 보유하고 있는 기술로 인하여 다른 업자에 비해 저렴한 비용으로 공사를 할 수 있었다는 등의 요인에 기인한 것이라면 이는 지체상금의 약정의 적용 범위 밖이라고 할 것이다. 이러한 경우 대개 그 손해는 특별손해에 해당하므로 도급인으로서는 특별한 사정의 존재(공사지연과 무관한 요인으로서의 공사비 증가 원인)와 그에 대하여 수급인이 이를 알았거나 알 수 있었다는 점을 증명해야 할 것이다.

　앞서 본 바와 같이 도급인이 수급인의 귀책사유를 이유로 도급계약을 해제하고 수급인에게 손해배상을 청구하는 경우에 계약이행보증금, 지체상금, 그 밖의 손해배상 관계는 아래 표와 같다.[62] 다만 개별 공사도급계약의 내용에 따라 해석은 달라질 수 있다.

손해배상 유형		내 용
계약이행보증금		- 계약이행보증금과 지체상금 중복 배상은 불가 - 계약이행보증금을 초과하는 지체상금은 별도 청구 가능 　(단, 계약이행보증금을 초과하는 손해에 대하여 별도 배 　상 청구할 수 있다는 규정이 있는 경우에 한함)
지체상금		
그 외의 손해배상	공사 지연과 관련된 손해	- 지체상금 외에 별도 청구 불가 - 예컨대, 발전소 운영 지연에 따른 영업손실, 아파트 수분 　양자들의 입주지연에 따른 지연보상금 등
	공사 지연과 무관한 손해	- 지체상금과 별도로 청구 가능(단, 발주자가 실제 발생한 　손해를 입증해야 함) - 예컨대, 계약 해제로 증가된 공사비, 하자 손해 등

---

61) 다만, 물가상승이라고 하여 무조건 공사지연으로 인한 요인으로만 볼 수는 없고 구체적·개별적인 상황 하에서 판단할 문제이다. 이와 관련하여 물가가 엄청나게 급등하던 시기에 수급인이 완공기일 전에 공사를 중단하는 등 지체하여 도급인이 계약을 해제하고 다른 업자에게 현저히 고액의 비용으로 도급계약을 체결하였던 사안에서 전보배상을 인정한 일본 판결이 있다(仙台高裁 昭和 55. 8. 18. 判決, 昭52(示)130號, 293號). 위 판결은 전보배상액 산정에 있어서 실제 해제시를 기준으로 한 것이 아니라, 다른 업자에게 공사를 의뢰할 수 있었던 때, 즉 해제할 수 있었던 때를 기준으로 하였다.

62) 앞의 김상우 변호사 건설부동산법연수원 강의안에서 인용.

Ⅲ. 관급공사 도급계약의 경우

국가를 당사자로 하는 도급계약에 있어서 그 계약의 이행지체로 인한 지체상금에 관하여도 손해배상액 예정법리가 적용(특히 감액 여부와 관련하여)될 것인지가 문제된다.

국가를 당사자로 하는 계약에 관한 법률상의 회계는 그 본질이 사인(私人)의 회계경리와 다를 바 없으므로 법령에 특별한 규정이 있는 경우를 제외하고는 사법의 규정 내지 법원리가 그대로 적용된다고 할 것이다. 따라서 구 예산회계법과 국가를 당사자로 하는 계약에 관한 법률이 지체상금에 관하여 명시적으로 감액규정을 두고 있지 않으나, 그 성격을 손해배상액의 예정이라 본다면 같은 법에서 민법 제398조 제2항을 배제한다는 규정을 두고 있지 않는 한 위 민법 규정이 적용된다고 할 것이다. 판례도 같다.[63]

Ⅳ. 철거를 요하는 경우

공사도급계약에 있어서 수급인이 신축한 건물이 극히 불완전하여 나머지 공사를 진행하는 것이 곤란하고, 이를 보수하기 위해서는 과다한 보수공사비가 요구되며, 건물의 존속이 도저히 사회·경제적으로 이익이 된다고 할 수 없고 도급인의 이익을 침해하는 경우 도급인은 수급인에 대하여 공사도급계약을 해제할 수 있고, 소유권에 기한 방해배제 또는 계약해제에 의한 원상회복으로 건물의 철거를 구할 수 있으며, 철거시까지 그 대지를 사용할 수 없게 되었음을 이유로 그 사용료 상당의 손해배상을 청구할 수도 있다.

마지막의 경우 도급인은 그 손해에 대하여 지체상금의 약정에 따라 배상을 구할 수 있다 할 것이다. 왜냐하면 수급인이 신축한 건물이 철거되어야 할 상태에 있는 경우 도급인은 수급인의 채무불이행으로 인하여 당초 예정하였던 공사를 상당한 기간 지체할 수밖에 없게 되었으므로 수급인의 이행지체에 관한 손해배상액의 예정의 성격을 갖는 지체상금약정이 이 경우에 적용되는 것은 당연하기 때문이다.

---

63) 방위산업체인 원고가 피고 대한민국과 사이에 선박을 건조하여 납품하기로 하는 계약을 체결하고 위 계약에 구 예산회계법상 지체상금 규정을 포함시켰던바, 위 계약은 선박의 건조라는 도급계약에 해당하고 공사계약상 지체상금을 손해배상의 예정으로 보아야 하므로 이를 감액할 수 있다: 대법원 1996. 4. 26. 선고 95다11436 판결.

제06장 하자담보책임 일반론

제1절 건축물 하자의 의의

I. 건축물 하자의 개념

건축물의 하자는 일반적으로 완성된 건축물에 공사계약에서 정한 내용과 다른 구조적·기능적 결함이 있거나, 거래관념상 통상 건축물이 갖추어야 할 내구성, 강도 등의 품질을 제대로 갖추고 있지 아니한 결과 그 사용가치 또는 교환가치를 감쇄시키는 결점을 뜻한다.[1] 공동주택관리법 시행령 제37조 제2호에서 하자의 범위를 "공사상의 잘못으로 인한 균열·처짐·비틀림·들뜸·침하·파손·붕괴·누수·누출·탈락, 작동 또는 기능불량, 부착·접지 또는 결선(結線)불량, 고사(枯死) 및 입상(立像) 불량 등이 발생하여 건축물 또는 시설물의 안전상·기능상 또는 미관상의 지장을 초래할 정도의 결함이 발생한 경우"라고 정의한 것은 이를 구체화한 것이라고 하겠다.[2]

---

1) 건축물의 하자라고 함은 일반적으로 완성된 건축물에 공사계약에서 정한 내용과 다른 구조적·기능적 결함이 있거나, 거래관념상 통상 갖추어야 할 품질을 제대로 갖추고 있지 아니한 것을 말하는 것으로, 하자 여부는 당사자 사이의 계약 내용, 해당 건축물이 설계도대로 건축되었는지 여부, 건축 관련 법령에서 정한 기준에 적합한지 여부 등 여러 사정을 종합적으로 고려하여 판단되어야 한다: 대법원 2010. 12. 9. 선고 2008다16851 판결.

2) 다음의 제7장에서 보는 바와 같이 집합건물법상의 하자담보책임상 하자와 공동주택관리법상 하

강학상으로는 도급계약상 목적물의 하자를 "목적물이 계약에서 정한 용도(用途)에 적합한 성상(性狀)을 결여하였거나 그 통상의 용도에 사용할 만한 성상을 갖지 못한 경우"라고 정의하기도 한다.[3]

Ⅱ. 하자의 발생원인

하자는 설계, 시공, 유지관리의 각 단계에서 발생하며, 여러 가지 원인이 복합적으로 작용하여 발생하는 것이 보통이다. 다수의 요인들이 건축물의 시공과정에서 복잡한 구조와 가중치로 영향을 미치는 것이다. 기획 및 설계단계에서 사업기간의 무리한 설정, 부적당한 공사비, 설계누락, 시공과정에서 설계검토 미흡, 자재 품질 미달, 전문지식 부족, 감리 부실, 유지관리과정에서 유지관리능력 부족 등의 실태를 흔히 볼 수 있다.

건설의 중심 부분에 해당하는 시공과정에서 하자발생의 원인을 이루는 요소를 도해하면 별표 [시공단계 중 하자발생원인]과 같다.[4] 하자발생원인이 얼마나 다양한지 알 수 있다. 하자로 인한 분쟁에서는 하자발생의 구체적 원인과 그 비중을 판단하는 것이 매우 중요하다고 하겠다.

Ⅲ. 하자의 분류

1. 형태상 분류

(가) **물리적 하자**　　　건물의 균열, 누수, 문짝의 비틀림, 침하 등 물리적인 형태로 나타나는 하자를 뜻한다.

(나) **법률적 하자**　　　건폐율, 용적률 등에 관한 건축관련 법령을 위반한 결과 건물의 철거, 이전, 개축이 불가피하여 건축된 대로 사용할 수 없게 된 경우를 뜻한다.

(다) **환경적 하자**　　　일조권, 조망권, 사생활 침해 등 환경적 요인으로 사용상 불편이 발생한 경우를 뜻한다.

자책임의 하자의 인정기준을 구별하는 입장도 있다.
3) 이준형, "수급인의 하자담보책임에 관한 연구," 서울대학교 박사학위논문, 2001, 104면.
4) 이운재, "건축물 하자분석에 따른 보수 및 방지대책에 관한 연구," 인하대학교 석사논문(1992), 32면.『공동주택의 하자평가 및 운용체계연구』,(한국기술연구원, 1997), 14면에서 재인용.

[시공단계 중 하자발생원인]

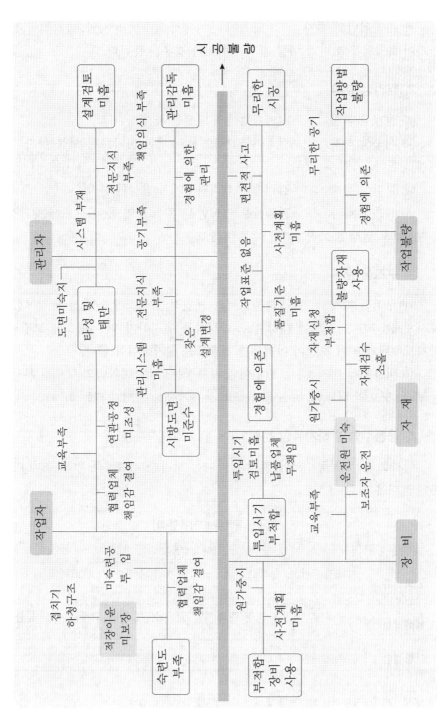

(라) **특약위반의 하자**　　당사자 사이에서 건축물의 사양, 환경적 조건 등에 관하여 특약을 하였다가 이를 지키지 아니한 경우를 뜻한다.

2. 원인상 분류

(가) **설계상 하자**　　설계과정에서 발생한 하자
(나) **시공상 하자**　　건축시공과정에서 발생한 하자로서 보통 하자라 함은 이를 뜻한다.
(다) **감리상 하자**　　감리자의 감리과정에서 발생한 하자
(라) **사용상 하자**　　건축물을 인도받은 후 도급인 등이 사용하는 과정에서 후발적으로 발생한 하자

3. 구조상 분류

(가) **구조적 하자**　　건축물로서의 근원적인 구조상 안전성을 결여한 하자로서 가장 중대한 정도에 해당한다. 안전성을 유지하기 위한 구조체 보강비용이 하자보수비가 되며 보강이 어려우면 건축물을 철거하여야 한다.
(나) **비구조적 하자**　　단열이나 차음성능 부족, 내외벽의 구조적 문제가 없는 균열, 창호의 뒤틀림, 누수 등 건물의 사용기능상 문제가 되는 하자

4. 공동주택의 하자유형 분류

아파트 등의 공동주택에 흔히 나타나는 하자를 건축공종 및 부위에 따라 분류하면 다음과 같다.[5]

[공동주택의 하자유형(1)]

구 분	세부항목
구조결함	기초지반침하, 슬라브 처짐, 균열(수평 및 수직부재), 구조체의 탈락 및 파손
설비결함	배수불량, 배관누수, 배관스케일 및 녹물, 승강기 고장, 부품작동불량(수도꼭지, 샤워기, 계량기)
환경결함	결로(곰팡이, 얼룩), 벽체 및 천장의 누수, 방수(옥상, 욕실) 등

5) 주 3)의 『공동주택의 하자평가 및 운용체계연구』, 27면에서 전재.

내외장결함	도장변색 및 얼룩, 벽체 및 천장의 누수, 도배 및 장판의 얼룩과 들뜸, 타일부착불량, 창호작동 불량 및 고장, 철재류 및 PVC류의 부식 및 파손, 부착기구의 작동불량 및 파손(씽크대, 욕조, 세면기, 부착기구 등)
기 타	놀이시설파손, 조경시설 부식과 파손(fence, 벤치, 조명 등), 보도 및 도로불량, 옹벽 및 담장의 균열과 파손 등

[공동주택의 하자유형(2)]

하자유형	내 용	하자유형	내 용
구조체	1. 바닥의 처짐, 경사짐	누수	18. 급수관(상수관) 누수
	2. 벽의 경사짐, 튀어나옴		19. 배수관(하수관) 누수
균열	3. 내벽의 갈라짐		20. 온돌파이프 누수
	4. 외벽의 갈라짐		21. 베란다 누수
결로	5. 실내벽의 곰팡이 발생 및 습기로 썩음		22. 천장 누수
	6. 천장의 곰팡이 발생 및 습기로 썩음		23. 벽체 누수(벽에 빗물 스며듬)
내장재	7. 도배, 장판 불량	배수 불량	24. 베란다 배수 불량
	8. 모노륨 불량		25. 부엌의 배수 불량
	9. 타일부착불량(욕실, 다용도실, 현관, 베란다)		26. 욕조, 세면대, 화장실 바닥 배수 불량
	10. 바닥, 벽, 천장의 내장재 들뜸		27. 다용도실 배수 불량
	11. 도장(칠) 불량		28. 부엌, 욕조에 의한 악취
창호	12. 문, 창문의 개폐 불량	부착기구 시설 불량	29. 수건걸이, 거울, 수납박스, 세면대, 양변기 등의 부착 불량
	13. 현관문의 개폐 불량		30. 신발장, 장식장, 싱크대 등 각종 시설 불량
소음	14. 위층 간의 소음		31. 환기시설 불량
	15. 옆집 간의 소음		32. 수도꼭지 불량
	16. 배수에 의한 소음 (욕실 및 다용도실)		33. 난방조절장치시설 불량
	17. 보일러 등 난방장치에 의한 소음		

Ⅳ. 하자의 판정기준

1. 하자의 판정기준

하자란 앞서 정의한 바와 같이 목적물이 "계약에서 정한 용도에 적합한 성상 (性狀)을 결여"하였거나 그 "통상의 용도(用途)에 사용할만한 성상을 갖지 못한" 경 우이므로 하자 여부의 판단은 이를 기준으로 함이 타당하다. 따라서 당사자 사이 의 계약내용과 통상의 성상을 종합하여 구체적으로 기준을 정하여야 한다.

2. 계약상 성상약정 위반으로 인한 하자

(1) 우선 목적물에 관하여 약정한 성상을 흠결한 경우는 언제나 그 자체만으 로 하자가 됨이 원칙이다. 약정한 성상에 못 미치는 결과임에도 불구하고 그것만 으로 예정했던 용도에 충분하다는 항변은 특별한 사정이 없는 한 배척해야 한다.[6]

약정 내용은 체결된 도급계약 및 첨부된 각종 서류에 의하여 확인된다. 설계 도, 시방서, 표준명세서, 특기명세서, 현장설명서 등이 통상 계약서에 첨부되는 서 류들이다. 시방서상 기재된 품질등급, 단가, 공사물량 등과 설계도면의 설계내용 은 우선적 기준이 된다. 수급인이 공사계약에서 정한 설계도서의 기재내용대로 시공한 경우, 이는 도급인의 지시에 따른 것과 같아서 그로 인하여 건물에 하자가 생겼다고 하더라도 수급인에게 하자담보책임을 물을 수는 없다.[7]

또한 공사진행 도중 도급인이 원래의 설계를 변경하는 데에 동의하고 그 변 경된 설계에 기한 건축 설계변경 허가절차까지 마친 경우, 그 동의의 효력은 설계 변경사유가 된 부분에 한정되지 않고 변경된 설계 전체에 미치므로, 변경된 설계 에 맞게 시공을 하였다면 그 시공 부분은 원래의 설계와 다르다는 이유만을 들어 하자라고 주장하거나 그 부분 시공비용과 원래의 설계에 따른 시공비용과의 차액 을 손해라 하여 배상을 구할 수는 없다.[8] 그러나 설계도서와 불일치한다고 하여

---

6) 하자판단에 있어서 용도와 성상은 동가치적인 개념이 아니다. 목적물의 성상이 1차적 기준이 고 용도는 구체적인 성상의 약정이 없었을 경우에 이를 추정하는 기준에 불과하다. 하자판단 은 (용도에 맞는) 성상의 결여에 대한 비난이지 용도 그 자체에 관한 것은 아니다. 이준형, 앞의 글, 104면.

7) 대법원 1996. 5. 14. 선고 95다24975 판결; 대법원 1997. 10. 28. 선고 97다21932 판결; 대법원 2002. 9. 4. 선고 2001다1386 판결.

8) 대법원 1999. 7. 13. 선고 99다12888 판결; 대법원 2004. 8. 20. 선고 2001다70337 판결.

무조건 하자가 되는 것은 아니고 불일치의 내용, 정도, 계약의 목적 등에 비추어 종합적으로 판단하여야 한다.

(2) 계약서나 설계도 등 관련서류만으로 구체적인 이행내용이 확인되지 않을 경우에는 계약해석의 일반원칙에 따라 판단해야 한다. 구체적으로는 공사도급계약의 목적, 계약체결시의 사정, 공사대금액수, 모델하우스 또는 광고지 내용 등 제반사정을 종합하여야 한다. 특히 이러한 점을 고려할 때 계약상 양 당사자가 묵시적이거나 명시적으로 예정한 '공사의 등급'을 판단하여야 한다.

같은 건물을 건축한다고 하더라도 최고급자재를 사용하여 단위면적 당 단가가 높은 경우부터 덤핑에 가까운 가격으로 하급자재를 사용하여 그 절반에도 미치지 못하는 낮은 단가를 정한 경우까지 다양한 가격편차가 날 수 있다. 하자소송 실무상 하자의 여부 및 하자보수비를 판정함에 있어서는 당해 건물의 상태를 보아서 건물의 고급 내지 저급 정도를 정하고 이를 기준으로 삼아야 한다. 약정상 명시적인 규정이 없더라도 거래상의 표준규격 등도 부수적으로 판단의 기준이 될 수 있다.[9]

하자감정 중에 건축비를 싸게 들인 하급 건물임에도 하자보수비는 최고급자재를 사용함을 전제로 부당하게 높게 산정하는 경우가 있다. 따라서 법원은 하자감정을 시행할 때 감정인에게 건물의 등급을 염두에 둘 것을 주지시켜야 한다.

(3) 계약의 성질에 따라서 하자판정기준이 달라질 수 있다. 설계시공일괄입찰(Turn-Key Base)방식의 계약의 경우, 수급인인 건설회사는 도급인이 의욕하는 공사목적물의 설치목적을 이해한 후 그 설치목적에 맞는 설계도서를 작성한 뒤 이를 토대로 스스로 공사를 시행하고 그 성능을 보장하여 결과적으로 도급인이 의욕한 공사목적을 이루게 하여야 하므로,[10] 하자의 판정시에도 이러한 점이 고려되어 수급인이 무거운 하자담보책임을 부담하게 된다. 수급인에게 무과실의 하자담보책임을 지우는 것은, 수급인이 계약체결행위로서 책임의 인수 내지 능력을 보증하고 이를 통해 상대방에게 정당한 신뢰를 야기했기 때문인 것으로 볼 수 있고,

---

9) '갑'이 외국회사의 설계도면에 따라 '을'로부터 자동차용 탄소강 주강을 제작공급받아 외국회사에 수출하기로 하여 '을'로부터 위 제품을 공급받아 왔는데, 위 제품에 하자가 발생한 경우에 '갑'과 '을' 사이의 위 계약이 불대체물의 제작공급계약으로 도급인의 하자담보책임규정이 적용된다고 보고, 위 제품의 하자를 판단함에 있어서 설계도면 및 품질규격(고강도 주강제품에 관한 표준규격)에 따르기로 한 약정이 있었다고 보아 그에 따르지 아니한 제작의 결과로 인한 하자담보책임을 인정한 사례가 있다: 대법원 1990. 3. 9. 선고 88다카31866 판결.

10) 대법원 1994. 8. 12. 선고 92다41559 판결; 대법원 1996. 8. 23. 선고 96다16650 판결.

위와 같은 수급인의 책임의 인수 내지 능력의 보증은 도급계약의 이행과정에서 수급인에게 부여되는 광범위한 통제권한으로 나타나므로 도급계약에서 수급인에게 부여된 재량범위에 따라 담보책임의 범위도 달라져야 하기 때문이다.[11]

반면에 대규모의 건설회사와 하도급계약을 체결하거나, 권한이 거의 없는 이른바 노무도급의 경우 직접 시공자의 담보책임은 크게 축소되거나 부담하지 않게 될 것이다.

3. 통상의 용도에 사용할 성상을 결여한 하자

용도를 정하는 기준은 당사자 사이의 계약내용에 나타난 사정을 종합하여 객관적으로 판단하여야 한다. 통상의 용도에 적합한 성상을 갖추었는가를 판단하는데 있어 관련 건축규정이 고려되기도 한다. 건축법, 같은 법 시행령, 건축물의 구조기준 등에 관한 규칙, 건축물의 구조내력에 관한 기준 등 건축관련법령에서 정한 기준에 부적합한 건축물은 특별한 사정이 없는 한 하자가 인정될 수 있다.

이러한 법령에서 제시된 기준은 일반적으로 승인된 기술규칙으로서 건축의 안전성을 담보하기 위하여 정한 최저기준으로 보아야 하기 때문이다. 그러나 이를 준수하였다고 하여 언제나 담보책임을 면하는 것은 아님을 주의하여야 한다. 계약서 중 "관계 건축법령의 기준을 준수하겠다"는 약정은 수급인이 그 기준 이상의 담보책임을 지지 않겠다는 의미가 아니라, 최소한 기술적으로 그 기준보다 낮은 시공을 하지 않겠다는 의미로 보아야 한다.

4. 절대적 하자

사회통념상 건물로서 객관적으로 보통 갖고 있어야 할 품질과 기능의 최저한도를 지키지 못하는 절대적 하자, 즉 누수, 균열, 배수불량, 침하 등은 계약내용에 상관없이 언제나 하자로 볼 수 있다.

---

11) 이준형, 앞의 글, 119면.

V. 미완성과의 구별

1. 미완성의 개념

공사가 도중에 중단되어 예정된 최후의 공정이 종료되지 못한 경우는 미완성에 해당한다. 공사가 당초 예정된 최후의 공정까지 일응 종료되었으나 시공상태가 불완전하여 보수를 하여야 할 경우인 하자와 구별된다. 다만 하자는 원칙적으로 공사의 완성을 전제로 하는 개념이지만, 공사가 미완성인 경우에도 이미 시공된 부분에 대해서는 하자를 인정할 수 있다(민법 제667조 제1항).

2. 구별의 필요성

하자가 발생한 경우는 일단 공사가 완공되었으므로 수급인에게 공사대금청구권이 발생하고, 이에 대하여 도급인이 하자로 인한 손해배상청구권 등을 가지고 동시이행항변권을 행사할 수 있으나, 미완성인 경우에는 수급인이 공사대금청구권을 갖지 못한다는 점에서 차이가 난다. 재판실무상 전자의 경우에는 하자보수비를 감정해야 하지만, 후자의 경우에는 기성고 산정을 위하여 감정을 해야 할 경우가 많다.

또한 건물이 완성된 경우에는 민법 제668조 단서가[12] 적용되어 공사도급계약을 해제할 수 없으나,[13] 미완성인 경우에는 그 상태에서 해제할 수 있다는 점,[14] 공사가 지체된 경우 건물이 완성되어야 지체상금의 종기가 도래한다는 점에서도 구별 필요성이 있다.

3. 완성 여부의 판단기준

공사가 도중에 중단되어 예정된 최후의 공정을 종료하지 못한 경우에는 공사가 미완성된 것으로 볼 것이지만, 그것이 당초 예정된 최후의 공정까지 일응 종료하고 그 주요 구조 부분이 약정된 대로 시공되어 사회통념상 건물로서 완성되고,

---

12) 민법 제668조(도급인의 해제권) 도급인이 완성된 목적물의 하자로 인하여 계약의 목적을 달성할 수 없는 때에는 계약을 해제할 수 있다. 그러나 건물 기타 토지의 공작물에 대하여는 그러하지 아니하다.
13) 대법원 1973. 7. 24. 선고 73다576 판결.
14) 대법원 1989. 4. 25. 선고 86다카1147 판결.

다만 그것이 불완전하여 보수를 하여야 할 경우에는 공사가 완성되었으나 목적물에 하자가 있는 것에 지나지 않는다고 해석함이 상당하다.[15]

개별적 사건에 있어서 예정된 최후의 공정이 일응 종료하였는지 여부는 수급인의 주장에 구애됨이 없이 당해 건물신축도급계약의 구체적 내용과 신의성실의 원칙에 비추어 객관적으로 판단하여야 한다. 민법의 하자담보책임의 취지는 목적물이 완성되지 않는 한 수급인은 보수를 청구할 수 없으므로 수급인에게 중한 담보책임을 지워 도급인을 보호하는 한편, 그와 균형을 취하기 위하여 목적물의 완성 여부에 대한 판단기준을 가능한 한 완화시켜 수급인의 보수청구권을 일단 인정하되, 도급인이 인도받은 목적물에 하자가 있다면 하자담보책임에 관한 규정에 의하여 처리하도록 하려는 것이다.[16]

예정된 공정이란 계약에서 예정된 공정으로, 수급인은 원칙적으로 자신이 계약에서 맡은 일을 마치면 그것으로 족하다. 통상 수급인은 도급인의 준공검사 여부와 상관없이 실질적으로 공사가 종료되었을 때 일의 완성을 주장할 수 있다.

반면 완공에 관하여 당사자 사이에 특별한 약정이 있으면 수급인이 준공검사까지 마쳐야 일의 완성을 주장할 수 있는 경우도 있다.[17]

---

15) 대법원 1997. 12. 23. 선고 97다44768 판결.

16) 대법원 1994. 9. 30. 선고 94다32986 판결. 이 판결은 건물의 완공시기에 관한 구체적 기준을 제시한 최초의 판결이다. 문제된 시점은 다음과 같다. ① 1991. 9. 10. 계약서상 약정 준공기일, ② 1992. 1. 28. 수급인이 준공검사를 요청하였으나 도급인이 일부 공사의 미완성 및 준공검사소요서류미비를 이유로 준공검사 거부, ③ 1992. 2. 15. 도급인이 건물 중 6층 부분을 우선 인도받아 입주함, ④ 1992. 4. 15. 수급인과 도급인 사이에 공사잔대금을 확정하여 수급인이 공사잔대금을 지급받으면서 도급인에게 건물의 준공검사에 필요한 제반서류와 함께 건물을 인도하였다. 대법원은 ②시점에서 도급인이 문제삼은 불완전한 공사 부분은 전기 및 설비부문에 관한 것으로 주로 이미 설치 완료된 시설에 관하여 설치상태가 불량하거나 작동이 불량하다는 것에 불과하다고 보아 그 당시 그 목적물에 일부 하자가 있었다 하더라도, 그 주요 구조 부분이 약정대로 시공되어 당초 예정된 최후의 공정까지 일응 종료됨으로써 완성되었다고 봄이 상당하다고 판시하였다.

17) 건물공사도급계약시 준공검사를 받는 것을 수급인의 책임으로 하고, 도급인이 준공검사완료와 동시에 공사잔대금을 지급하기로 특약하였는데, 수급인은 건축공사 중 일부 세부공사를 마무리하지 아니한 채 공사대금 정산에 관하여 다투면서 그대로 방치해 둔 채, 공사잔대금의 지급을 청구하였다. 대법원은 "위와 같은 특약을 별도로 한 취지상, 수급인이 도급인의 귀책사유로 인하여 준공검사를 받지 못하였다거나 도급인이 위 특약에 기한 동시이행의 항변을 하는 것을 신의칙상 허용하여서는 아니 된다는 등의 특별한 사정이 없는 한, 도급인은 위 특약에 기하여 준공검사가 완료될 때까지 공사잔대금 전체의 지급을 거절할 수 있다"고 판시하였다: 대법원 1995. 2. 3. 선고 94다54276 판결.

판례

준공검사와 관계 없이 건물을 완공한 것으로 인정한 사례 [대법원 1997. 10. 10. 선고 97다23150 판결]

원고가 대전엑스포전시장 내 전기에너지관에 설치된 전시물의 제작, 설치, 연출 등의 공사를 피고로부터 도급받아 약정 준공기일인 1993. 7. 30. 일응 공사를 마치 고 피고에게 준공계를 제출하였는데, 피고는 같은 해 8. 7. 위 공사 중 일부 항목의 공사 부분을 인수하지는 아니한 채 대전엑스포 기간 중 이를 사용하기로 하고, 같 은 해 8. 20. 원고에게 위 일부 항목의 공사 부분에 관하여 준공검사 불합격 통보를 하였으며, 이러한 피고의 지적 사항에 대하여 원고가 최종적으로 1993. 10. 15. 시정 조치를 마쳤다. 이 경우 피고가 원고에게 시정 및 보완을 지시한 각 부분은 … 과다 한 비용을 요하지 아니하고 단기간 내에 시정 조치를 할 수 있는 것이고, 또한 피고 가 준공검사 불합격 통보를 한 부분도 원고로부터 각 사실상 인수하여 대전엑스포 기간 중 이를 사용하였던 점에 비추어 보면, 피고가 지적한 위 각 부분은 사회통념 상 이 사건 공사의 주요 구조 부분에 해당한다고 볼 수 없고, 다만 완성된 목적물에 하자가 있는 경우에 불과하다고 할 것이므로 원고가 일응 공사를 마치고 피고에게 준공계를 제출한 1993. 7. 30. 이 사건 공사는 완공되었다고 보아야 한다.

Ⅵ. 미시공의 개념

예정된 공정이 모두 종료하였다고 인정되고 다만 건물의 주요 구조 부분에 관계되지 않은 공사가 누락된 경우는 미시공에 해당한다. 하자는 좁은 의미로는 이러한 미시공 및 변경시공(당초의 계약내용을 임의로 변경한 시공)을 제외한 부실시 공을 뜻하고, 넓은 의미로는 미시공과 변경시공, 부실시공을 모두 포함하기도 한 다. 하자담보책임에서 말하는 하자는 보통 후자의 넓은 의미의 하자를 뜻한다. 실 무상으로도 미시공, 변경시공 및 하자의 법적 성격을 구별하고 있지 아니하다. 따 라서 미시공 부분이 있는 경우에는 건물 자체는 완성이 되었다고 보아 공사 전체 에 대하여 계약상 공사대금채권이 성립하되,[18] 미시공 부분에 대한 공사비용을 하 자담보책임으로 공제하도록 하는 것이 옳다.

---

18) 대법원 2015. 10. 29. 선고 2015다214691, 214707 판결.

Ⅶ. 하자의 증명책임

하자의 존재는 하자담보책임을 묻는 도급인이 증명하여야 한다. 이에는 계약내용 중 성상에 관한 약정의 존재, 일의 완성, 완성된 상태와 계약상 약정 내용과의 불일치가 포함된다. 하자의 증명은 통상 감정이나 검증의 방법으로 하게 되고, 이 경우 완성·인도시와 검증·감정시 사이에 상당한 시간적 간격이 있으면 완성·인도 당시의 하자인지 아니면 자연감소 내지 도급인의 잘못된 사용에 기인한 것인지 등을 구분해야 한다. 하자의 존재만이 증명대상이고 하자의 발생원인은 증명대상이 아니다. 신의칙상 수급인에게 도급인의 하자증명에 협력하여야 할 의무(설계도의 반환 등)가 인정되기도 한다. 일의 완성에 여러 사람들이 동시에 또는 순차적으로 참가한 때에는 하자가 어느 수급인의 작업에서 비롯되었는지도 증명하여야 한다.

증명책임의 부담을 수급인에게 전환시키는 특약은 일반적으로 유효하다. 예컨대 약정한 기간 내에 도급인이 통지한 하자가 담보책임의 대상이 되는 하자인지 여부가 다투어질 때 수급인이 이를 증명하여야 한다는 약정이 이에 해당한다.[19]

제2절   하자담보책임의 법적 성질

Ⅰ. 무과실책임

하자담보책임에 관하여 우리나라 다수설과 판례는 법률의 규정에 의하여 특별히 정한 무과실책임으로 보고 있다.[20] 반면에 넓은 의미의 채무불이행책임에 해당한다는 학설도 있다.[21]

다수설에 의하면 하자는 수급인의 귀책사유로 생긴 것이어야 하는 것이 아니

---

19) 이준형, 앞의 글, 130면.
20) 대법원 1980. 11. 11. 선고 80다923, 924 판결; 대법원 1990. 3. 9. 선고 88다카31866 판결; 곽윤직,『채권각론』(1995), 453면; 이은영,『채권각론』(2000), 518면.
21) 김형배,『채권각론』(2001), 622면.

며, 그 책임의 내용도 법률에 정해진 것에 한정되므로 채무불이행과는 별개의 책임체계를 이룬다. 그러나 실질적으로 수급인의 하자담보책임은 채무불이행과 밀접한 관련이 있다. 도급계약상 수급인은 계약내용대로 하자 없는 일을 완성할 의무가 있는데, 하자가 있다면 이는 위 의무를 제대로 이행하지 못한 것이므로 불완전이행에 해당하며 하자담보책임은 불완전이행책임을 도급에 적합하도록 조절한 것에 불과한 것이라는 학설도 있다.[22]

매매계약상 매도인은 목적물의 재산권을 이전해 줄 채무를 부담하지만 도급계약상 수급인은 일(목적물)을 하자 없이 완성해야 할 채무를 부담하므로 목적물에 하자가 생기면 수급인의 행위와 목적물의 하자 사이에 인과관계가 있고, 수급인의 귀책사유가 추정되는 경우가 대부분이다. 이런 의미에서 수급인의 하자담보책임은 매도인의 하자담보책임보다 더 채무불이행책임에 가깝게 된다.

이러한 대립은 하자담보책임의 성립에 귀책사유가 필요한지 여부, 채무불이행책임과의 경합 여부, 손해배상책임의 범위(이행이익, 신뢰이익), 책임기간(제척기간의 적용 여부) 등을 둘러싸고 차이가 나는데, 명확한 판례의 정립이 필요한 실정이다.

II. 채무불이행책임과의 관계

하자가 수급인의 귀책사유로 발생한 경우에 채무불이행책임도 성립하는가에 관하여 부정설과 긍정설이 대립된다.

부정설은 민법 제667조 이하의 규정은 하자의 발생원인을 불문하고 하자담보책임을 정한 것이므로 이 규정에 의하여 불완전이행의 적용이 배제된다는 입장이다. 해제권의 발생요건을 채무불이행과 달리 정한 점 등이 근거이다. 담보책임을 채무불이행책임의 일종으로 보는 입장에서 주로 취한다.

긍정설은 하자담보책임에 의하여 도급인의 손해가 충분히 전보되지 않는 범위에서 수급인의 불완전이행책임을 인정하여야 한다는 입장이다.[23] 수급인에게 귀책사유가 있을 때에는 이행이익의 배상을 행함이 공평하다는 점이 주된 근거이다. 독일민법 제634조($\frac{구민법}{제635조}$)는 명문으로 긍정설을 취하고 있다. 담보책임을 법정

22) 이상태, "건축수급인의 하자담보책임," 서울대학교 석사학위논문(1991), 73면; 이은영, 518면.
23) 곽윤직, 앞의 책, 454면; 이은영, 앞의 책, 519면.

의 무과실책임으로 보는 입장에서 취한다.

한편 "건물공사가 미완성인 때는 채무불이행의 문제가 되고, 이에 반하여 건물에 하자가 있는 경우에는 하자담보책임이 된다"는 취지의 대법원 1994. 9. 30. 선고 94다32986 판결은 공사 완공 전에는 채무불이행책임으로, 완공 후에는 하자담보책임으로 규율하려는 입장에 선 것으로 해석할 수 있다.

대법원 2004. 8. 20. 선고 2001다70337 판결은 "액젓 저장탱크의 제작 · 설치공사 도급계약에 의하여 완성된 저장탱크에 균열이 발생한 경우, 보수비용은 민법 제667조 제2항에 의한 수급인의 하자담보책임 중 하자보수에 갈음하는 손해배상이고, 액젓 변질로 인한 손해배상은 위 하자담보책임을 넘어서 수급인이 도급계약의 내용에 따른 의무를 제대로 이행하지 못함으로 인하여 도급인의 신체 · 재산에 발생한 손해에 대한 배상으로서 양자는 별개의 권원에 의하여 경합적으로 인정된다"고 판시하였다.

이 판결은 액젓 발효용 저장탱크를 부실하게 제작함으로써 액젓이 변질된 경우에 저장탱크 자체의 하자보수비용과 액젓의 변질로 인한 영업상 손실을 구분하여 인정함으로써 하자담보책임을 인정함과 동시에 이에 의하여 도급인의 손해가 전보되지 않을 경우에 수급인의 불완전이행책임을 인정하는 취지로 보인다. 수급인에게 귀책사유가 있을 때에는 이행이익의 배상을 행함이 공평하기 때문에 타당하다고 본다.[24]

대법원은 2020. 6. 11. 선고 2020다201156 판결로 입장을 명확히 정리하였다. "수급인의 하자담보책임과 채무불이행책임은 별개의 권원에 의하여 경합적으로 인정된다. 목적물의 하자를 보수하기 위한 비용은 수급인의 하자담보책임과 채무불이행책임에서 말하는 손해에 해당한다. 따라서 도급인은 하자보수비용을 민법 제667조 제2항에 따라 하자담보책임으로 인한 손해배상으로 청구할 수도 있고, 민법 제390조에 따라 채무불이행으로 인한 손해배상으로 청구할 수도 있다."[25]

---

24) 매도인의 하자담보책임과 불완전이행의 관계에 관하여도 동일한 취지의 판결이 선고되었다. 대법원 2004. 7. 22. 선고 2002다51586 판결은 매도인이 성토작업을 기화로 다량의 폐기물을 은밀히 매립하고 그 위에 토사를 덮은 다음 도시계획사업을 시행하는 공공사업 시행자와 사이에서 정상적인 토지임을 전제로 협의취득절차를 진행하여 이를 매도함으로써 매수자로 하여금 그 토지의 폐기물처리비용 상당의 손해를 입게 하였다면 매도인은 이른바 불완전이행으로서 채무불이행으로 인한 손해배상책임을 부담하고, 이는 하자 있는 토지의 매매로 인한 민법 제580조 소정의 하자담보책임과 경합적으로 인정되며 폐기물처리비용이 토지의 매매대금을 초과하여도 문제가 되지 않는다고 판시하였다.
25) 도급계약에 따라 완성된 목적물에 하자가 있는 경우, 수급인의 하자담보책임과 채무불이행책임

Ⅲ. 손해배상의 범위

① 수급인의 하자담보책임을 무과실책임으로 보는 이상 그 손해배상은 신뢰이익에 한한다는 설,[26] ② 수급인은 일을 완성할 의무가 있으므로 그 책임은 하자에 의해서 생기는 모든 손해, 즉 이행이익에 미친다는 설, ③ 수급인의 귀책사유가 없는 경우에는 신뢰이익의 배상에 한하지만, 귀책사유가 있는 경우에는 이행이익의 배상을 인정하는 설, ④ 배상되어야 할 손해를 신뢰이익·이행이익으로 구별되는 것은 지나치게 도식적이어서 타당하지 않으며, 일반적인 손해배상의 법리에 의하여 구체적 타당성을 도모하여야 한다는 설 등이 있다.

도급계약에 있어서 수급인은 하자 없는 완전한 일을 할 의무가 있고 도급인이 하자로 인하여 지급된 대가에 상응하는 가치를 가지지 못하는 목적물을 취득한 경우에는 그와 같은 불이익한 결과를 복구할 수 있는 권리가 인정되어야 할 것이므로 손해배상의 범위에는 수급인의 귀책사유 유무와 상관없이 신뢰이익뿐 아니라 이행이익의 배상도 당연히 포함된다고 보는 입장이 유력하다. 이렇게 본다면 수급인의 하자담보책임이 인정되는 경우에는 수급인에게 귀책사유가 있다고 하여도 채무불이행책임을 별도로 인정할 필요가 없게 된다.

다만 하자로 인하여 도급인이 입는 손해에는 신뢰이익, 이행이익뿐 아니라 목적물의 하자로 인하여 도급인의 신체나 다른 재산에 확대손해를 입는 경우가 있는데, 이런 경우까지 무과실책임을 인정하면 수급인에게 지나치게 가혹하다고 할 것이므로 수급인이 계약관계에 있는 도급인의 생명, 신체, 재산상의 법익을 보호할 부수적 의무를 위반한 것을 근거로 불완전이행에 따른 손해배상책임을 인정할 수 있을 것이고,[27] 이 경우 불법행위의 요건도 충족하면 불법행위책임과의 경

은 별개의 권원에 의하여 경합적으로 인정된다. 민법 제669조 본문은 완성된 목적물의 하자가 도급인이 제공한 재료의 성질 또는 도급인의 지시에 기인한 때에는 수급인의 하자담보책임에 관한 규정이 적용되지 않는다고 정하고 있다. 그러나 이 규정은 수급인의 하자담보책임이 아니라 민법 제390조에 따른 채무불이행책임에는 적용되지 않는다: 대법원 2020. 1. 30. 선고 2019다268252 판결.

26) 신뢰이익은 계약체결을 위한 준비, 지질조사비용, 사전계약체결검토비용, 계약의 유효함을 믿고 다른 계약의 청약을 거절한 데 따른 일실이익 등을 뜻한다.

27) 김상용, "매도인의 하자담보책임 및 과실상계규정의 수급인의 하자담보책임에의 적용 여부," 『민사판례연구』 13권, (1991. 3.), 52면.
이상태, "수급인의 하자담보책임의 성질," 『민사법학』 11, 12호(1995. 2.), 247, 248면.

합의 문제가 발생하게 될 것이다.[28] 수급인의 불법행위책임은 주로 하자로 인하여 제3자의 신체, 재산에 확대손해가 발생한 경우 이를 인정할 실익이 있다.

Ⅳ. 매매관련규정의 적용 여부

도급계약은 유상계약이므로 민법 제567조(매매규정의 유상계약에의 준용)에 의하여 매도인의 담보책임 규정이 도급계약에도 적용될 수 있다. 그러나 도급은 완성된 목적물의 매매가 아니라 일의 완성을 목적으로 하는 것이므로 수급인의 하자담보책임은 매도인의 담보책임과 성질이 달라서 그 특칙으로 보아 매도인의 담보책임규정이 적용되지 않는다고 보는 것이 판례의 입장이다.[29]

이에 대하여 수급인의 담보책임규정이 우선적으로 적용되고 매도인의 담보책임규정은 보충적으로 적용된다는 학설이 있고,[30] 수급인의 하자담보책임에는 "매수인이 하자 있는 것을 알았거나 과실로 인하여 알지 못하였을 때" 담보책임을 면제하는 민법 제580조 제1항 단서와[31] 같은 규정이 없어 불합리한 결과를 가져올 수 있으므로 위 단서규정은 수급인의 하자담보책임에도 준용되어야 한다는 견해도 있다.[32]

제3절 하자보수청구권

Ⅰ. 하자의 보수

완성된 건축물 또는 완성 전의 성취된 부분에 하자가 있으면 도급인은 수급인에 대하여 상당한 기간을 정하여 하자의 보수를 청구할 수 있다(민법 제667조 제1항). 하자의 보수라 함은 본래 건축물이 갖추고 있어야 할 내용의 부족을 보완하거나 제거하

---

28) 조성민, "도급계약상 하자담보책임,"『고시계』(1994. 8.), 55면.
29) 대법원 1990. 3. 9. 선고 88다카31866 판결.
30) 이은영, 앞의 책, 518면; 김형배, 앞의 책, 803면.
31) 민법 제580조(매도인의 하자담보책임) ① 매매의 목적물에 하자가 있는 때에는 제575조 제1항의 규정을 준용한다. 그러나 매수인이 하자있는 것을 알았거나 과실로 인하여 이를 알지 못한 때에는 그러하지 아니하다.
32) 김상용, 앞의 글, 51면.

는 것을 말한다.

하자보수의 구체적 방법은 수급인이 재량을 가지고 정할 수 있다. 도급인은 하자의 보수라는 결과에 대한 청구권만이 있을 뿐 보수의 방법을 지정할 권한은 없다. 따라서 수급인은 건축물의 하자를 보수하는 대신에 다시 새로운 건축물을 건축하거나, 관련된 부분의 일을 새로 하는 것도 보수방법으로 가능하다. 즉 새로운 건축을 할지 여부는 수급인이 하자보수방법으로 스스로 선택할 문제이다.[33]

다만 완성된 건물에 중대한 하자가 있고 이로 인하여 건물이 무너질 위험성이 있어서 보수가 불가능하고 다시 건축할 수밖에 없는 경우에는, 도급인은 건물을 철거하고 다시 건축하는 것을 요구하거나 그에 관한 비용 상당액을 청구할 수 있다.[34]

그러나 당사자 사이에서 하자보수에 관한 협의가 이루어지지 아니하여 재판이 제기될 경우에는 대부분 손해배상청구로 된다. 도급인과 수급인 사이에 신뢰관계가 파괴되어 상당한 보수방법을 정하는 것이 어렵기 때문이다. 따라서 하자보수청구는 재판 이전에 협의과정에서 주로 의미가 있다.

Ⅱ. 다른 구제수단(손해배상 등)과의 관계

도급인은 손해배상청구 등 다른 담보책임 청구와 선택적으로 하자보수청구권의 행사가 가능하다(선택적 경합관계). 도급인이 기간 내에 선택권을 행사하면 수급인에 대하여 구체적인 하자보수채권이 발생한다. 수급인이 이를 이행하지 아니할 경우에 도급인은 기간 내라면 다시 선택권을 행사하여 하자보수나 손해배상을 청구할 수 있다고 본다.

Ⅲ. 성립요건

1. 하자보수가 가능할 것

일의 성질상 하자보수가 객관적으로 가능하지 않으면 아예 하자보수청구권이 성립하지 않는다. 예컨대 대규모 집합건물의 지하주차장의 층고가 설계보다

---

33) 이준형, 앞의 글, 174면.
34) 대법원 2016. 8. 18. 선고 2014다31691 판결.

낮아져서 사용상 불편이 큰데, 이를 높이는 방법은 건물 전체를 철거하고 새로 건축하는 방법뿐일 경우에는 하자보수가 불가능하다고 볼 것이다. 하자의 일부만이 보수가 가능한 경우는 그 범위 내에서 하자보수청구권이 성립한다.

2. 건물 완성 전의 성취된 부분도 가능

도급계약에 따른 수급인의 하자보수책임은 완성 전의 성취된 부분에 관하여도 성립되는바(민법 제667조 제1항), 완성 전의 성취된 부분이라 함은 도급계약에 따른 일이 전부 완성되지는 않았지만, 하자가 발생한 부분의 작업이 완료된 상태를 말한다.[35] 순차로 이루어진 작업의 경우 전 단계의 하자가 다음 단계의 하자로 이어질 수 있으므로 이를 방지하기 위하여 하자보수가 필요하다.

3. 중요한 하자이거나, 보수에 과다한 비용이 들지 않을 것

(1) 규정의 취지

하자보수는 하자가 중요하지 아니한 경우에 그 보수에 과다한 비용을 요할 때에는 청구할 수 없다(민법 제667조 제1항 단서). 이를 뒤집어 보면 중요한 하자와 덜 중요하지만 보수에 과다한 비용이 들지 않는 하자에 대해서만 하자보수청구권이 성립한다는 뜻이 된다. 무조건적인 하자보수로 인한 사회적 손실을 막고 수급인에게 과다한 부담을 지우지 않기 위한 규정이다.

따라서 도급인이 하자보수를 청구하는 경우 법원은 보수하여야 할 하자의 종류와 정도를 특정함과 아울러, 그 하자를 보수하는 적당한 방법과 그 보수에 요할 비용 등에 관하여 심리하여 봄으로써, 그 하자가 중요한 것인지 또는 그 하자가 중요한 것은 아니더라도 보수에 과다한 비용을 요하지 않는 것인지를 가려보아 수급인의 하자보수책임을 인정할 수 있는지 여부를 판단하여야 한다.[36]

(2) 하자의 중요성 판단기준

하자가 중요한 것인지 여부의 판단은 객관적인 상태인 하자의 내용만 기준으로 삼아야 한다는 입장과 하자의 내용 뿐 아니라 주관적 사유인 계약의 목적도 함께 기준으로 삼아야 한다는 입장이 대립된다.[37]

---

35) 대법원 2001. 9. 18. 선고 2001다9304 판결.
36) 대법원 2001. 9. 18. 선고 2001다9304 판결.
37) 이준형, 앞의 글, 182면.

하자의 개념상 목적물의 용도적합성인 객관적 상태만을 기준으로 삼으면 충분하다는 것이 전자의 근거이고, 계약정의상 도급인이 특정한 재료나 특정한 시공방법을 사용할 것을 요구하여 그대로 계약이 이루어진 경우에 수급인이 정당한 사유 없이 이를 무시하고 다른 재료나 시공방법을 사용하였다면 그로 인하여 생긴 하자는 중요한 것으로 보아야 한다는 것이 후자의 근거이다. 하자보수청구권의 취지상 객관적인 하자의 상태와 내용을 주된 기준으로 하되, 계약을 한 목적과 내용 등 계약상 주요사항도 보충적으로 기준으로 삼는 것이 옳다고 본다.

따라서 설계도 및 시방서대로의 시공 여부 등 도급인의 주관적 목적도 물론 고려하여야 할 것이나 당해 건물의 구조·위치·면적·기능·용도·미관 등 여러 가지 객관적 사정을 우선적으로 판단하여야 할 것이다. 즉 하자로 인하여 목적물을 사용할 수 없다면 이는 언제나 중요한 하자에 해당하는 반면, 계약상 명시적인 약정위반은 그 사항이 중요하지 않다면 중요한 하자에 해당하지 않을 수도 있으므로 건축물 전체에서 그 부분이 차지하는 중요성을 판단하여야 한다.

대법원은 건물 내부벽면의 석공사를 습식 공법으로 하기로 약정하였음에도 불구하고 수급인이 이를 반건식 공법으로 시공한 사안에서 이는 시공상의 하자에 해당하지만 중요한 하자는 아니라고 보았다.[38]

반면에 승강기에 관한 사항은 중요한 하자로 보았다. 건축 도급계약시 대기업인 '갑'회사의 승강기를 설치하기로 약정했으나 수급인이 이를 위반하여 규격은 동일하지만 가격이 다소 저렴한 중소기업인 '을'회사의 승강기를 설치하였고, 그 후 '을'회사가 도산한 경우, 다른 개인업체가 '을'회사의 승강기 부품을 확보하고 있고 또한 약 2년간의 운행기간 동안 그 승강기가 큰 고장을 일으키지 아니하였다 할지라도, 그 승강기의 내구연한에 이르기까지 그 유지·보수에 필요한 부품이 제대로 공급되리라는 보장이 없게 되었다고 봄이 상당하다는 이유로 승객의 안전과 직결되는 승강기의 설치에 있어서 그와 같은 하자가 중요하다고 보았다.[39]

(3) 하자보수비용의 과다성

경미한 하자인 경우에 보수에 과다한 비용이 드는지 여부는 도급인이 수급인의 보수조치로 받는 이익과 그에 드는 수급인의 비용을 비교하여 결정한다. 도급인이 받는 이익은 보수의 대상 자체의 가치증가액만을 기준으로 할 것이 아니라

---

38) 대법원 1998. 3. 13. 선고 97다54376 판결.
39) 대법원 1996. 5. 14. 선고 95다24975 판결.

관련재산 전체를 기준으로 하여야 한다. 예컨대 관상용 분수를 건립하기로 한 계약에서 분수가 크게 잘못 만들어져서 주택 전체의 가치를 저하시키는 경우는 분수의 보수로 인한 주택 전체의 가치증가까지 포함시켜야 한다.[40]

⑷ 수급인의 악의 · 중과실

민법 제667조 제1항 단서의 요건이 충족되면 수급인은 하자보수를 거절할 수 있으나 하자 발생이 수급인의 악의에 의하여 발생하였거나 중과실이 있는 때에는 신의칙상 위 거절권의 행사를 허용할 수 없다고 보아야 한다는 주장이 있다.[41] 자신의 계약위반 사실을 알고도 하자를 용인한 수급인은 보호할 필요가 없기 때문이다. 이는 결국 수급인의 악의 또는 중과실에 의하여 발생한 하자가 중요하지 않으면서 보수에 과다한 비용을 요할 때는 수급인은 항상 하자보수의무를 진다는 것인데, 대부분의 경우 수급인의 악의나 중과실 판단이 어려우므로 하자의 중요성이나 보수의 과다성 판단시 이를 참작하도록 함이 타당하다고 본다.

Ⅳ. 하자보수청구권의 행사

1. 상당한 기간의 설정

도급인이 하자보수를 청구하려면 상당한 기간을 정하여서 하여야 한다(민법 제667조 제1항). 상당한 기간은 해당 하자보수에 일반적으로 소요되는 시간이 기준이 된다. 상당한 기간이 경과하여야 수급인의 하자보수에 대한 지체책임이 발생한다.

2. 손해배상청구와 선택적 행사

도급인은 수급인에 대하여 하자보수청구권과 하자보수에 갈음하는 손해배상청구권을 선택적으로 행사할 수 있지만, 일단 상당한 기간을 정하여 하자보수권을 행사하면 그 기간이 경과할 때까지는 그 부분에 해당하는 손해배상청구를 하지 못한다. 하자보수청구를 받고 보수작업에 착수한 수급인을 보호할 필요성이 있기 때문이다.

양 청구권은 소송상 별개의 청구권으로서 도급인이 재판상 하자보수청구를 한 경우에 법원은 하자보수에 갈음하는 손해배상 판결을 내리는 것은 처분권주의

---

40) 이준형, 앞의 글, 184면.
41) 이준형, 앞의 글, 184면.

에 위배되어 허용되지 않는다.

3. 하자보수청구권의 행사방법

하자보수청구권은 도급인의 의사표시만으로 효과가 발생한다. 도급인은 목적물의 하자가 무엇인지 아니면 적어도 어떻게 그 존재를 인식할 수 있는지를 수급인에게 통지하여야 한다. 다만 하자의 구체적 존재와 확인이 비전문가인 도급인에게는 매우 어려울 것이므로 도급인은 하자의 특정을 엄격하게 할 필요는 없고, 하자의 존재범위와 실사, 대책요구 정도를 하자보수기간 내에 행사하면 족하다고 볼 것이다.

V. 하자보수의무의 이행지체

도급인이 하자보수를 청구하였는데 수급인이 이를 이행하지 않으면 수급인은 하자보수의무의 이행지체에 빠지게 된다. 하자보수의무는 기한의 정함이 없는 채무로서 도급인으로부터 이행의 최고를 받은 때, 즉 도급인에 의한 하자보수청구를 받은 때가 이행기가 되고 그로부터 상당한 기간이 경과한 때부터 지체책임을 진다. 도급인이 미리 상당한 보수기간을 허여한 이상 이행기 이후라도 그 기간만큼은 지체책임이 발생하지 않는다. 위 지체책임은 채무불이행책임으로서 수급인의 귀책사유를 필요로 한다.

상당한 하자보수기간이 경과한 다음이라도 도급인이 하자보수청구권을 포기하고 있지 않는 한 도급인은 다시 하자보수청구를 할 수 있다. 이때는 다시 상당한 기간을 정하되, 첫 번째 정하였던 기간 보다는 단축할 수 있다.

수급인이 하자보수청구를 받고도 제대로 이행하지 아니한 경우에 도급인은 민법 제544조 이하의 해제권을 행사할 수 있는가? 일이 일단 완성된 뒤에는 하자담보책임만 문제되기 때문에 하자보수의무의 불이행이 있더라도 민법 제668조에 의한 해제권만 인정되어 건축물의 경우에는 해제가 되지 않는다는 입장이 있다.[42]

그러나 완성된 목적물에 하자가 있기 때문에 무과실책임으로 성립하는 하자담보책임과 그 하자담보책임으로 인하여 부담하는 하자보수의무를 불이행하여 부담하는 채무불이행책임(과실책임)을 구별하여야 하므로 민법 제546조에 의한 해

42) 『민법주해』 15권(박영사 1997), 457면.

제권행사가 가능하다는 입장도 있다.[43]

우리 대법원 판결은 완성된 건물에 대한 해제권을 부정하는 전설을 취하고 있다.

VI. 자력하자보수 · 비용상환 청구

도급인이 스스로 건물의 하자를 보수하고 그 비용에 상응하는 상환청구권을 행사하는 경우가 있다.[44] 도급인이 건물의 하자로 인한 불편을 해소하기 위하여 수급인에게 하자보수청구를 하였으나 수급인이 하자보수를 지체한 경우에는 도급인에게 자력하자보수권과 그 비용에 대한 상환청구권을 인정할 수 있을 것이다.

다만, 도급인의 하자보수공사가 수급인의 하자보수범위를 넘어서는 경우, 예컨대 특별한 고가의 재료로 보수공사를 시행하거나 하자 부분이 아닌 곳에 도급인 자신의 편의를 위한 부가적인 공사를 시행하는 경우 등에는 도급인이 그 차액을 스스로 부담하여야 할 것이므로, 도급인의 비용상환청구권이 인정되는 경우라 할지라도 법원으로서는 원래의 설계도면과 비교하여 도급인의 보수공사가 수급인의 하자보수범위를 넘어서는지 여부를 판단하여 상환할 비용액을 정하여야 할 것이다.

하자보수공사가 수급인의 하자보수범위를 넘지 않는다는 점은 비용상환청구권을 행사하는 도급인이 스스로 증명하여야 할 것이나, 하자보수비용과 관련하여 도급인이 제3자에 하자보수공사를 도급준 경우 그 공사대금은 특별히 과다하지 않는 한 일단 적정한 것으로 보아야 하므로 그 부적정성에 대하여는 하자보수를 지체한 수급인이 그 증명책임을 부담한다고 보아야 할 것이고, 그 공사대금의 과다 여부를 판단함에 있어서는 건물의 하자로 인한 도급인의 생활불편정도, 경제적 영향, 수급인의 하자보수 지체기간 등도 고려함이 상당하다.

---

43) 이준형, 앞의 글, 194면.
44) 독일 민법에는 수급인이 하자의 보수를 지체하는 때에 도급인이 스스로 하자를 제거하고 그에 소요된 비용의 상환을 청구할 수 있다고 명문 규정이 있으나(제633조 제3항), 우리 민법에는 이와 같은 규정을 두고 있지 아니하므로 문제가 된다.

제4절 손해배상청구권

I. 손해배상청구의 유형

도급인은 하자의 보수에 갈음하여 또는 보수와 함께 손해배상을 청구할 수 있다(민법 제667 조 제2항). 손해배상청구를 할 수 있는 경우를 나누어 살펴본다.

1. 하자보수에 갈음하는 경우

도급인이 하자보수청구권을 갖고 있을 경우에도 하자보수청구를 하지 않고 바로 하자보수에 갈음하는 손해배상을 청구할 수 있다(민법 제667조 제1항 단서). 이러한 권리를 인정하는 것은 도급인을 특별히 보호하는 측면이 강하다. 도급계약상 특별한 사유 없이 본래의 이행채무가 아닌 금전채무를 부담시킨다는 점, 무과실책임인 하자담보책임에 편입된 점, 도급인은 편의에 따라 하자보수나 손해배상 중 자유롭게 선택할 수 있는 점 등이 그것이다.

특히 손해배상은 객관적인 하자보수비 상당액이 되어 수급인이 직접 행하는 실제 하자보수비보다 높은 것이 통상적이므로(수급인이 하자보수를 할 경우에는 종전의 가설재나 설계도면을 사용하고 이윤을 최소화하는 등 비용절감이 가능하나, 제3자가 행할 경우에는 이중으로 보수비용이 들게 된다) 더욱 그러하다. 도급인도 신뢰관계가 깨진 상태에서 하자보수청구보다 손해배상청구를 선호하여 재판실무상 주로 손해배상이 제기되고 있다.

이런 취지에서 도급인의 손해배상청구에 제한을 두어 수급인이 간단하게 보수할 수 있고 하자보수의 의사와 능력이 있으며 수급인이 보수할 경우 도급인에게 특별한 불이익이 발생하지 아니하는 때에는 신의칙상 도급인은 수급인에게 먼저 하자보수를 청구하여야 한다는 견해가 있다.[45] 그러나 이러한 해석은 법조문에 명백히 반하고, 이미 하자를 발생시킨 수급인에게 다시 보수의 기회를 확보해 줄 필요가 없다고 할 것이므로 사전에 약정이 있는 등 특별한 경우가 아니면 도급인이 하자보수청구를 먼저 할 필요는 없다고 할 것이다.

---

45) 이상태, 앞의 글, 87면.

2. 하자보수와 함께하는 경우

하자보수를 하더라도 도급인은 전보되지 아니하는 손해의 배상을 함께 구할 수 있다. 일의 완성이 지연되거나(지연손해) 완전한 보수가 불가능한 경우에 남게 되는 손해(잔존손해), 하자로 인하여 계약에서 정한 대상 이외의 대상에게 발생한 손해(확대손해)의 배상을 구하는 것이다. 즉 하자보수의 이행과는 범위를 달리하는 별개의 손해로서 하자보수와 동시에 청구하는 것이다.

3. 하자보수가 허용되지 않는 경우

중요하지 않은 하자의 보수에 과다한 비용이 들 경우에는 하자보수는 허용되지 않으므로($\binom{\text{민법 제667조}}{\text{제1항 단서}}$) 도급인은 손해배상청구만 할 수 있다. 또한 하자보수가 가능한 물리적 하자와 달리 법률적 하자나 환경적 하자의 경우에도 하자보수가 사실상 불가능한 경우가 많다. 이 경우 배상을 구하는 손해는 '하자보수에 갈음한' 손해배상이 아니라, 도급인이 '하자로 인하여 입은' 손해 자체가 된다. '하자보수에 갈음한' 손해는 하자보수비 상당액이지만, 위의 '하자로 인하여 입은' 통상의 손해는 특별한 사정이 없는 한 수급인이 하자 없이 시공하였을 경우의 목적물의 교환가치와 하자가 있는 현재 상태대로의 교환가치와의 차액이 된다.[46]

대법원 1997. 2. 25. 선고 96다45436 판결은 "수급인이 설계도상 화강석물갈기로 시공하도록 되어 있는 계단을 실제로는 인조석물갈기로 시공하고, 창호공사도 설계도상의 규격에 미달하는 알루미늄 새시와 유리를 사용하여 시공함으로써 손해배상의 범위가 문제된 사안에서, 계단과 창호를 설계도대로 시공하였을 경우의 건물의 교환가치와 현재 상태대로의 교환가치와의 차액은 미미함에 반하여 위 계단과 창호를 철거한 후 설계도대로 재시공하는 데 소요되는 비용은 지나치게 과다하므로 도급인이 위 하자로 입은 손해액은 위 교환가치의 차액으로 인정함이 상당하다"고 판시하였다.

---

46) 대법원 1998. 3. 13. 선고 95다30345 판결.

Ⅱ. 손해배상의 범위

1. 학　　설

손해배상의 범위에 관하여는 ① 이행이익의 배상을 포함한다는 설, ② 신뢰이익에 한정된다는 설, ③ 손해를 신뢰이익, 이행이익으로 구별하는 것은 타당하지 않으며 일반적인 손해배상법의 법리에 의하여 구체적 타당성을 꾀해야 한다는 설이 대립하고 있으나 ①설이 지배적임은 앞서 본 바와 같다. 이에 의하면 수급인은 하자로 인하여 생긴 전손해(이행이익)를 배상하여야 한다.

그러나 어느 입장에 의하건 간에 하자담보책임으로 일단 발생한 손해는 일반적인 손해배상법리에 의하여 처리하여야 할 것이다. 따라서 하자보수비 상당액이나 건물가치의 하락분은 통상손해에 해당하여 언제나 배상책임을 지고, 그 밖의 특별사정에 의한 손해는 수급인이 알았거나 알 수 있었을 때 한하여 배상책임을 진다.

2. 하자보수비 상당액

하자보수에 갈음하는 손해배상을 청구하는 경우 하자보수비 상당액이 손해액으로 인정된다. 하자보수비 상당액은 일반적으로 하자보수에 필요하면서 적정한 공사비용 상당액이 된다. 도급인 또는 수급인이 개인적으로 조달할 수 있는 공사비용이 아니라 건설물가, 정부노임단가 등에 의하여 객관적으로 인정되는 금액에 한한다. 도급인이 정부노임단가와 다른 가격을 기준으로 하여 하자보수비를 주장하기 위하여는 그 조사기관, 조사의 대상과 범위, 조사의 방법, 산출 기준 등에 관하여 객관성과 보편성을 담보할 만한 자료를 제시하여, 그것이 정부노임단가에 손색이 없는 객관적인 가격으로서 이를 하자보수비 산정의 기준으로 삼기에 충분하다는 점을 증명하여야 한다.[47] 이에는 하자의 제거비용, 준비조치와 마무리 조치에 드는 비용, 기타 부수적으로 드는 비용을 포함한다. 당사자 사이에 협의가 안 되면 감정에 의할 수밖에 없다.

도급인이 스스로 비용을 부담하여 하자를 보수한 경우에는 도급인이 지출한 비용을 배상하여야 할 것이나, 도급인이 통상의 경우보다 과다한 비용을 지출한

---

47) 대법원 1996. 5. 14. 선고 95다24975 판결.

경우에는 통상적인 보수비용의 범위 내에서 배상하면 족할 것이다.

독일 민법 제637조 제1항은 수급인이 하자보수를 지체한 때에는 도급인이 스스로 하자를 제거하고 그에 소요된 비용의 상환을 구할 수 있다고 규정하고 있다.

3. 건축물 가치 감소액

(1) 하자보수가 불가능하거나 허용되지 않는 경우에는 현실적으로 하자보수 비용을 산정할 수 없으므로 하자로 인한 건물가치의 감소액, 즉 완전한 건물과 하자 있는 건물과의 경제적 가치의 차액을 손해액으로 정하여야 한다.

재판상 감정시에 하자가 중요한지 여부가 불분명할 경우에는, 감정인은 사후 법원의 법률적 판단에 따라 한쪽을 선택할 수 있도록 실제 보수비용과 아울러 하자가 있는 상태에서의 교환가치 감소액을 함께 평가하도록 할 필요가 있다.

하자로 인한 손해인 교환가치의 평가는 재조달원가에 감가수정을 하는 복성 식평가법에 의하는 것이 합리적이고, 감가수정을 하는 것이 적당하지 않은 경우에는 건물 완공 시의 재조달원가를 산정 비교하는 방법에 의하여 평가하는 것이 합리적이다.[48]

교환가치의 차액을 산출하기가 현실적으로 불가능하다면 하자 없이 시공하

---

48) 지가공시 및 토지 등의 평가에 관한 법률 제22조의 규정에 따라 감정평가업자가 감정평가를 함에 있어서 준수하여야 할 원칙과 기준을 정한 감정평가에 관한 규칙(건설부령 제460호)에 의하면, 건물의 평가는 원칙적으로 '복성식평가법'에 의하는데(위 규칙 제18조), 복성식평가법이라 함은 가격시점(대상물건의 가격조사를 완료한 시점. 위 규칙 제7조)에서 대상물건의 재조달원가에 감가수정을 하여 대상물건이 가지는 현재의 가격을 산정하는 방법을 말하며(위 규칙 제4조 제3호), 감가수정이라 함은 대상물건에 대한 재조달원가를 감액하여야 할 요인이 있는 경우에 물리적 감가 · 기능적 감가 또는 경제적 감가 등을 고려하여 그에 해당하는 금액을 재조달원가에서 공제하여 가격시점에 있어서의 대상물건의 가격을 적정화하는 작업을 말한다(위 규칙 제4조 제4호). 위 규칙이 건물에 있어 시공상의 하자로 인하여 저감된 교환가치의 평가에 대하여 반드시 그대로 적용되어야 한다고 할 수는 없겠으나, 위 규칙이 감정 평가의 공정성과 합리성을 보장하기 위하여 제정된 것이니 만큼 그 기본 원칙은 존중되어야 할 것이다. 따라서 건물의 하자로 인하여 저감된 교환가치를 위 규칙이 정한 방법에 의하여 산정한다면, 설계도서에 의해 시공될 경우와 실제로 시공된 대로의 각 감정 당시의 공사비에서 각 감가수정을 한 가격의 차이라고 할 수 있을 것이다. 그러나 재판실무에 있어 이른바 하자감정의 경우 통상 건축사에 의하여 감정이 이루어져서 감가수정을 거치지 아니하고 단지 공사비(재조달원가)의 차액만이 감정되고 법원도 이를 그대로 교환가치의 차액으로 보아 손해배상액을 산정하는 것이 보통이다. 이와 같은 재판실무상의 처리방법은 적어도 양쪽 공사비 모두에 감가수정을 하지 아니하며 기준시점도 동일하게 하는 등 감정평가의 기준을 동일하게 한다면 현저히 불합리하다고는 보이지 않는다: 대법원 1998. 3. 13. 선고 95다30345 판결.

였을 경우의 시공비용과 하자 있는 상태대로의 시공비용의 차액을 하자로 인한 통상손해로 보아야 한다.[49]

(2) 건물에 하자가 있음으로써 발생된 시가의 하락은 하자의 보수가 가능한 이상 그 하자가 치유됨으로써 회복되는 것이라고 봄이 상당하다 할 것이므로 하자의 보수가 가능한 경우 하자보수비 상당의 손해배상청구 외에 그 하자로 인한 목적물의 교환가치 상당(시가하락분)의 손해배상을 청구하는 것은 원칙적으로 허용될 수 없다.

4. 특별사정으로 인한 손해

위와 같은 통상적 손해 이외에 특별사정으로 인한 손해의 경우 수급인이 알았거나 알 수 있었던 경우 이를 인정할 수 있다. 수급인이 알았거나 알 수 있었던 사정이란 하자보수나 이에 갈음한 손해배상만으로 회복될 수 없는 손해의 발생가능성을 말한다.

하자로 인한 사용가치(하자보수기간 동안의 임료 상당의 수입 또는 영업손실액 등)의 감소에 대한 손해배상도 원칙적으로 인정되어야 할 것이다. 다만 이를 인정하기 위해서는 하자로 인하여 그 보수기간 동안 임대 또는 영업을 할 수 없게 되었다는 사정(인과관계)과 임대를 못하여 입은 손해액 또는 영업상의 손실액 등이 증명되어야 한다.

5. 위 자 료

건물의 하자로 인한 정신적 고통에 대한 위자료도 특별사정으로 인한 손해에 해당한다. 일반적으로 건물신축도급계약에 있어서 수급인이 신축한 건물에 하자가 있는 경우 이로 인하여 도급인이 받은 정신적 고통은 하자가 보수되거나 하자보수에 갈음한 손해배상이 이루어짐으로써 회복된다고 보아야 할 것이므로 도급인이 하자의 보수나 손해배상만으로는 회복될 수 없는 정신적 고통을 입었다는 특별한 사정이 있고 수급인이 이와 같은 사정을 알거나 알 수 있었을 경우에 한하여 정신적 고통에 대한 위자료를 인정할 수 있다.[50]

---

49) 대법원 1998. 3. 13. 선고 97다54376 판결.
50) 이 사건 건물의 콘크리트 강도가 부족하고 시공에 하자가 있으며, 미시공 등으로 인하여 정신적 고통을 입었다고 하더라도, 이 사건 공사의 경위와 하자 및 미시공의 정도, 건물의 콘크리트 강도 미달이 건물의 안전성에 미치는 영향은 구조적으로 크게 문제되지 않고 수명에 영향을 미친다고

6. 확대손해

하자로 인하여 대상 건축물이 아닌 도급인의 신체 또는 재산에 손해가 발생한 경우를 하자확대손해라고 부른다. 이는 도급계약상 본래의 이행과 관련이 없어서 원래의 하자담보책임에 포함시킬 것인지에 관하여 학설이 갈리는데 하자담보책임의 법적 성질과 직결된 논의라 하겠다.

다수설은 하자담보책임상 손해배상은 수급인의 일 완성의무를 근거로 하여 이행이익 즉 "하자로 인하여 생기는 모든 손해"에 미치므로 확대손해 역시 손해배상의무에 포함된다고 본다. 따라서 수급인의 귀책사유가 필요 없고 민법 제670조 이하의 단기 권리행사기간의 적용을 받는다.

이에 대하여 목적물 자체의 감가가 있으면 수급인의 귀책사유 없이 배상이 인정되지만, 목적물의 가치를 넘는 초과액은 수급인에게 귀책사유가 없는 한 초과액의 배상을 구할 수 없다고 하는 입장이 있다. 하자 있는 건축물을 완공한 수급인이라고 하여 귀책사유가 없음에도 확대손해까지 책임을 부담시키는 것은 지나치게 가혹하다는 것이다. 이에 따르면 확대손해는 일반 채무불이행책임으로 보아 수급인의 귀책사유가 필요하고 단기의 권리행사기간에 걸리지 않는다고 한다.[51] 하자담보책임의 인정근거가 하자로 인한 위험을 당사자 사이에서 합리적으로 분배하는 데 있다는 점에 비추어 보면 후자의 견해가 타당하다고 본다.

7. 손익상계

하자보수시공으로 인하여 도급인이 하자가 없었던 경우 보다 더 이득을 얻는 경우가 있다. 예컨대 벽면 균열로 인한 하자를 보수하면서 외벽의 도장공사를 다시 한 결과 도급인이 외장공사를 새로 하는 데 드는 비용을 절감하게 된 경우 그 이득을 어떻게 할 것인가? 하자보수로 인하여 뒤늦게 이익이 발생하였다고 하더라도 이러한 이익은 수급인이 자신의 의무를 이행하는 과정에서 발생한 우연한 것이고, 만일 이를 긍정한다면 하자발생 직후 보수를 한 수급인과 상당한 기간이

판단할 자료도 없는 점 등에 비추어 볼 때, 그 정신적 고통은 하자가 보수되거나 하자보수에 갈음한 손해배상이 이루어짐으로써 회복될 수 있다고 보여진다: 대법원 1996. 6. 11. 선고 95다12798 판결.

51) 이상태, 앞의 글, 91면; 이준형, 앞의 글, 205면. 대법원 2004. 8. 20. 선고 2001다70337 판결; 대법원 2004. 7. 22. 선고 2002다51586 판결 참조.

흐른 후 보수를 한 수급인이 동일한 보수를 지급하였음에도 후자의 경우는 이익의 반환을 받을 수 있다는 부당한 결과가 되므로 원칙적으로 이득의 반환의무는 부정함이 옳다.[52]

그러나 새로이 발생한 도급인의 이득이 본래의 도급계약에 전혀 포함되지 않았다든가, 감가상각기간이 짧은 항목으로 주기적으로 지출할 항목에 관한 비용이라든가 등의 특별한 사정이 있으면, 이를 인정하여 이득의 공제를 허용하는 것이 공평의 원칙에 부합하므로 구체적인 판단을 요한다.

8. 손해배상금에 대한 지연손해금과 소송비용

도급인이 그가 분양한 아파트의 하자와 관련하여 구분소유자들로부터 손해배상청구를 당하여 그 하자에 대한 손해배상금 및 이에 대한 지연손해금을 지급한 경우, 그 지연손해금은 누가 부담해야 할까? 지연손해금은 도급인이 자신의 채무의 이행을 지체함에 따라 발생한 것에 불과하므로 특별한 사정이 없는 한 수급인의 도급계약상의 채무불이행과 상당인과관계가 있는 손해라고 볼 수 없다.[53] 도급인이 자신의 지체채무를 언제 이행하는지 그 시기에 따라 수급인의 손해배상범위가 달라지는 결과가 되기 때문이다.

한편 하자책임을 둘러싸고 도급인과 수분양자 사이에 소송을 한 경우에 이로 인한 소송비용은 수급인의 시공책임과 상당인과관계가 있으므로 도급인에 대한 수급인의 하자담보책임에 포함된다고 하겠다.

Ⅲ. 손해배상액 산정의 기준시

하자보수청구를 한 후에 또는 하자보수청구와 함께 손해배상을 청구하는 경우에는 손해배상액의 산정시점은 하자보수청구시를 기준으로 하여야 한다. 최초로 하자보수청구를 한 때 보수의 범위, 내용이 구체적으로 정해지며 손해액도 그때 확정되어 있다고 볼 수 있기 때문이다. 보수범위가 확정된 이상 손해액 역시 확정된 것으로 보아야 하고 그 후에 물가가 올라 보수비용이 증가하여도 이 부분의 손해배상은 구할 수 없다.

---

52) 이준형, 앞의 글, 189면.
53) 대법원 2013. 11. 28. 선고 2011다67323 판결.

하자보수를 청구하지 않고 처음부터 이에 갈음하는 손해배상청구를 한 경우에는 손해배상을 청구한 때를 기준으로 한다. 도급인이 하자의 존재를 확정적으로 인식한 때를 기준으로 하여야 한다는 입장도 있으나 이것만으로 손해의 범위가 객관적으로 확정되었다고 볼 수 없으므로 부당하다.

판례도 손해배상액 산정의 기준시는 원칙적으로 하자보수청구시 또는 손해배상청구시라고 한다.[54] 그런데 재판실무상 당사자는 하자보수청구시점 또는 손해배상청구시점을 명확히 주장하지 아니할 뿐 아니라, 실제로 당사자 사이에서 이에 관하여 정확한 자료를 갖고 있지 않는 경우가 대부분이어서 그 시점의 인정에 어려움이 많다. 더구나 통상 손해배상채권의 지급시기와 공사대금채권의 지급시기가 일치하지 아니하여 상계나 공제시에 각 채권의 지연손해금을 고려해야 하는 번잡한 문제가 발생하기도 한다.

따라서 실무상으로는 손해배상액 산정의 기준시를 채무불이행 또는 불법행위에 기한 손해배상청구의[55] 경우와 마찬가지로 손해배상청구권의 발생시점으로 보아 ① 공사가 완성되어 인도된 경우에는 인도시에, ② 공사도급계약이 중도에 해제, 해지된 경우에는 해제, 해지시에 하자보수의 필요성이 발생하였다 할 것이므로 위 각 시점을 기준으로 하여 손해배상액을 산정하기도 한다. 이렇게 하면 공사대금채권과 손해배상채권의 이행기가 일치하게 되므로 지연손해금을 고려할 필요가 없게 된다.

따라서 이러한 처리를 하기 위하여는 변론기일에 손해배상액의 산정시점에 관하여 당사자들이 기준시점을 위와 같이 정하기로 합의하는 것이 가장 합리적이다. 하자보수비의 감정을 명할 때 이와 같이 감정의 기준시점에 관하여 합의를 하기도 한다.

Ⅳ. 과실상계

수급인의 하자담보책임에 관하여 도급인의 귀책사유가 있을 때 과실상계를

---

54) 대법원 1980. 11. 11. 선고 80다923, 924 판결; 대법원 1998. 3. 13. 선고 95다30345 판결.
55) 불법행위로 인한 손해배상채권은 불법행위시에 발생하고 그 이행기가 도래하는 것이므로, 장래 발생할 소극적·적극적 손해의 경우에도 불법행위시가 현가산정의 기준시기가 되고, 이때부터 장래의 손해발생시점까지의 중간이자를 공제한 금액에 대하여 다시 불법행위시부터 지연손해금을 부가하여 지급을 명하는 것이 원칙이다: 대법원 1997. 10. 28. 선고 97다26043 판결.

할 수 있는가? 대법원 1999. 7. 13. 선고 99다12888 판결은 담보책임이 민법의 지도 이념인 공평의 원칙에 입각한 것인 이상, 하자 발생 및 그 확대에 가공한 도급인의 잘못을 참작하여 손해배상의 범위를 정함이 상당하고 하자담보책임으로 인한 손해배상사건에 있어서는 배상 권리자에게 그 하자를 발견하지 못한 잘못으로 손해를 확대시킨 과실이 인정된다면 법원은 손해배상의 범위를 정함에 있어서 이를 참작하여야 하며, 이 경우 손해배상책임을 다투는 배상 의무자가 배상 권리자의 과실에 따른 상계항변을 하지 아니 하더라도 소송에 나타난 자료에 의하여 그 과실이 인정되면 법원은 직권으로 이를 심리·판단하여야 한다고 하였다. 이는 민법 제396조의 과실상계 규정이 준용될 수는 없고, 다만 도급인의 과실이 있으면 신의칙에 의해 배상액을 감경할 것이라는 입장이다.[56]

그러나 신의칙에 의하여 감액할 것이 아니라 과실상계의 법리가 손해의 공평한 분담에 있으므로 무과실책임에도 민법 제396조를 직접 적용함이 마땅하다는 주장도 있다.[57]

V. 동시이행항변권

⑴ 민법 제667조 제3항은 민법 제536조를 준용한다고 명문으로 규정하여 도급인의 손해배상청구권을 수급인의 공사대금채권과 동시이행의 관계에 두고 있다. 따라서 도급인이 하자보수청구권이나 손해배상청구권을 보유하고 이를 행사하는 한에 있어서는 도급인의 공사대금 지급채무는 이행지체에 빠지지 아니하고, 도급인이 하자보수나 손해배상채권을 자동채권으로 하고 수급인의 공사대금채권을 수동채권으로 하여 상계의 의사표시를 한 다음날 비로소 지체에 빠진다.[58]

다만 도급인은 그 손해배상의 제공을 받을 때까지 손해배상액에 상당하는 보수액의 지급만을 거절할 수 있는 것이고 그 나머지 보수액의 지급은 이를 거절할 수 없는 것이라고 보아야 할 것이므로, 도급인의 손해배상채권과 동시이행 관계에 있는 수급인의 공사금채권은 공사잔대금채권 중 손해배상채권액과 동액의 금

---

56) 대법원 2004. 8. 20. 선고 2001다70337 판결.
57) 김상용, 앞의 글, 53면.
58) 대법원 1996. 7. 12. 선고 96다7250, 7267 판결.

원뿐이고 나머지 공사잔대금채권은 위 손해배상채권과 동시이행관계에 있다고 할 수 없다.[59]

또한 기성고에 따라 공사대금을 분할하여 지급하기로 약정한 경우라도 특별한 사정이 없는 한 하자보수의무와 동시이행관계에 있는 공사대금 지급채무는 당해 하자가 발생한 부분의 기성공사대금에 한정되는 것은 아니라고 할 것이다. 이와 달리 본다면 도급인이 하자발생사실을 모른 채 하자가 발생한 부분에 해당하는 기성공사의 대금을 지급하고 난 후 뒤늦게 하자를 발견한 경우에는 동시이행의 항변권을 행사하지 못하게 되어 공평에 반하기 때문이다.[60]

(2) 수급인은 도급계약의 내용에 따른 의무를 제대로 이행하지 못함으로 인하여 도급인의 신체·재산에 발생한 확대손해에 대하여도 하자담보책임과는 별개로 책임을 부담해야 한다는 것이 판례의 입장임은 이미 살핀 바와 같은데, 이 경우 수급인의 확대손해배상채무와 도급인의 공사대금채무와의 관계 역시 동시이행관계에 있는 것일까?

대법원은 "수급인이 도급계약에 따른 의무를 제대로 이행하지 못함으로 말미암아 도급인의 신체 또는 재산에 손해가 발생한 경우 수급인에게 귀책사유가 없었다는 점을 스스로 증명하지 못하는 한 도급인에게 그 손해를 배상할 의무가 있다고 보아야 할 것이고, 원래 동시이행의 항변권은 공평의 관념과 신의칙에 입각하여 각 당사자가 부담하는 채무가 서로 대가적 의미를 가지고 관련되어 있을 때 그 이행과정에서의 견련관계를 인정하여 당사자 일방은 상대방이 채무를 이행하거나 이행의 제공을 하지 아니한 채 당사자 일방의 채무의 이행을 청구할 때에는 자기의 채무이행을 거절할 수 있도록 하는 제도인데, 이러한 제도의 취지로 볼 때 비록 당사자가 부담하는 각 채무가 쌍무계약관계에서 고유의 대가관계가 있는 채무는 아니라고 하더라도 구체적인 계약관계에서 각 당사자가 부담하는 채무에 관한 약정내용 등에 따라 그것이 대가적 의미가 있어 이행상의 견련관계를 인정하여야 할 사정이 있는 경우에는 동시이행의 항변권이 인정되어야 하는 점, 민법 제667조 제3항에 의하여 민법 제536조가 준용되는 결과 도급인이 수급인에 대하여 하자보수와 함께 청구할 수 있는 손해배상채권과 수급인의 공사대금채권은 서로

---

59) 대법원 1990. 5. 22. 선고 90다카230 판결; 대법원 1991. 12. 10. 선고 91다33056 판결; 대법원 1994. 10. 11. 선고 94다26011 판결.
60) 대법원 2001. 9. 18. 선고 2001다9304 판결.

동시이행관계에 있는 점 등에 비추어 보면, 하자확대손해로 인한 수급인의 손해배상채무와 도급인의 공사대금채무도 동시이행관계에 있는 것으로 보아야 한다"고 판시하였다.[61]

(3) 도급인이 하수급인에게도 동시이행항변으로 대항할 수 있는지 여부에 대하여 대법원은 "도급계약에 있어서 완성된 목적물에 하자가 있는 때에는 도급인은 수급인에 대하여 하자의 보수를 청구할 수 있고 그 하자의 보수에 갈음하여 또는 보수와 함께 손해배상을 청구할 수 있는바, 이들 청구권은 수급인의 공사대금채권과 동시이행관계에 있으므로 수급인의 하수급인에 대한 하도급 공사대금채무를 인수한 도급인은 수급인이 하수급인과 사이의 하도급계약상 동시이행의 관계에 있는 수급인의 하수급인에 대한 하자보수청구권 내지 하자에 갈음한 손해배상채권 등에 기한 동시이행의 항변으로써 하수급인에게 대항할 수 있다"고 판시하였다.[62]

VI. 상 계

자동채권에 항변권이 부착되어 있을 때에는 채무의 성질상 상계가 허용되지 않음이 원칙인데, 수급인의 공사대금청구권과 도급인의 하자보수에 갈음하는 손해배상청구권은 서로 동시이행관계에 있어서, 위 각 채권의 상계를 허용할지가 문제될 수 있다.

그러나 위 각 채권의 상계는 상대방에게 부당하게 항변권을 상실시키는 불이익을 주지 않을 뿐만 아니라, 오히려 당사자 간의 법률관계를 간결하게 하고, 공평 및 소송경제에도 부합하므로 상계를 허용함이 타당하며, 실무에서도 당사자들의 상계주장을 받아들이고 있다. 따라서 수급인과 도급인이 공사대금과 손해배상청구권을 본소와 반소로 각각 제기한 경우는, 가능하면 쌍방이 상계의 의사표시를 함으로써 어느 한쪽의 잔여금액만을 인용하여 주는 것이 법률관계를 간명하게 하는 것이어서 바람직할 것이다.

이때 공사대금채권의 변제기가 손해배상채권의 변제기보다 먼저 도래하는 경우 나머지 공사대금채권에 대하여는 지연손해금이 발생할 수 있으므로 상계항

---

61) 대법원 2005. 11. 10. 선고 2004다37676 판결; 대법원 2007. 8. 23. 선고 2007다26455, 26462 판결.
62) 대법원 2007. 10. 11. 선고 2007다31914 판결.

변이 제기된 때에는 그 지연손해금을 포함하여 상계하는 취지인지, 아니면 원금만을 기준으로 하는 것인지를 명백히 밝혀야 한다.

제5절   공사대금의 감액청구

　　도급인이 건물의 인도를 받은 후 건물의 하자를 발견한 경우 하자보수청구나 손해배상청구를 하는 대신에 곧바로 공사대금의 감액을 청구할 수 있는가? 독일 민법 제638조 제1항은 "도급인은 해제에 갈음하여 수급인에 대한 의사표시로써 보수를 감액할 수 있다"고 명문으로 규정하고 있다. 우리의 경우는 이와 같은 명문의 규정은 없으나 하자보수에 갈음하는 손해배상채권과 상계항변을 인정하는 것과 동일한 효과가 있고 당사자의 의사에도 합치하므로 이를 인정할 수 있다고 본다.[63]

　　그러나 대법원 1991. 12. 10. 선고 91다33056 판결은 "도급인이 인도받은 목적물에 하자가 있는 것만을 이유로, 하자의 보수나 보수에 갈음하는 손해배상을 청구하지 아니하고 막바로 보수의 지급을 거절할 수는 없다"고 판시하고 있는바, 도급인이 하자를 이유로 대금의 감액요구(일부 대금의 지급거절)를 하기 위하여는 먼저 하자의 보수에 갈음하여 손해배상을 청구하는 것인지, 또는 하자의 보수와 함께 손해배상을 아울러 청구하는 것인지부터 명료하게 주장하여 상계의 효과를 살펴야 할 것이다.

제6절   계약해제

I. 건축이 완성된 경우

　　완성된 건축물의 하자에 관하여는 중요한 하자라고 하더라도 계약을 해제할 수 없다. 민법 제668조는 "도급인이 완성된 목적물의 하자로 인하여 계약의 목적을 달성할 수 없을 때에는 계약을 해제할 수 있다. 그러나 건물 기타 토지의 공작

---

63) 『민법주해』 15권, 460면.

물에 대하여는 그러하지 아니하다"라고 규정하고 있다. 완공된 건축물에 관하여 해제를 인정한다면 수급인에게 과다한 손실을 주고 사회경제적으로도 손해이기 때문에 해제권을 배제하는 것이며, 이는 강행규정으로 보는 것이 통설이다.

그러나 완성된 건축물이 하자가 극심하여 도급인에게 전혀 가치가 없고, 건축물 자체로도 사용을 하기 위한 하자보수비용이 철거 및 신축비용보다 크거나, 붕괴위험성이 있어서 철거를 피할 수 없는 등 객관적인 가치가 없는 경우라면 해제를 인정할 필요가 있다고 할 것이다. 결국 제668조에 의한 해제권 배제조항은 신의칙상 인정될 수 있는 범위에 관하여만 그 적용이 있다고 보아야 한다.[64]

Ⅱ. 건축이 미완성인 경우

반면에 수급인이 공사를 완성하지 못한 상태에서는 도급인이 손해를 배상하고 계약을 해제할 수 있는데(민법 제673조) 이 경우에도 해제의 소급효가 제한된다. 즉 공사가 상당한 정도로 진척되어 그 원상회복이 중대한 사회적·경제적 손실을 초래하게 되고 완성된 부분이 도급인에게 이득이 되는 때에는, 민법 제668조 단서의 취지나 신의칙에 비추어 도급계약은 미완성부분에 대해서만 실효되고, 수급인은 해제한 상태 그대로 그 건물을 도급인에게 인도하고 도급인은 인도받은 건물에 대한 보수를 지급하여야 할 의무가 있다고 본다.[65]

제7절 하자담보책임의 존속기간[66]

Ⅰ. 제척기간

1. 민법 제670조

민법 제670조는 위 하자보수, 손해배상청구 및 계약해제는 목적물의 인도를

---

64) 김용현, "건축수급인의 공사대금청구권에 관한 연구," 서울대학교 석사학위 논문(1999), 61면.
65) 대법원 1986. 9. 9. 선고 85다카1751 판결; 대법원 1989. 2. 14. 선고 88다카4819 판결; 대법원 1992. 3. 31. 선고 91다42630 판결; 대법원 1993. 3. 26. 선고 91다14116 판결; 대법원 1996. 7. 30. 선고 95다7932 판결; 대법원 1997. 2. 25. 선고 96다43454 판결.
66) 상세한 해설은 뒤의 제7장 집합건물의 하자관계책임 부분 참조.

받은 날로부터(목적물의 인도를 요하지 않는 경우는 일의 종료한 날로부터) 1년 내에 하여야 한다고 규정하고 있다. 제671조는 토지, 건물 기타 공작물의 수급인은 목적물 또는 지반공사의 하자에 대하여 인도 후 5년간, 석조, 석회조, 연와조, 금속 기타 이와 유사한 재료로 조성된 것은 10년간 담보책임이 있으며, 이상의 하자로 인하여 목적물이 멸실 또는 훼손된 때 멸실 또는 훼손된 때로부터 1년 내에 권리를 행사하여야 한다고 규정하고 있다.

2. 법적 성질

대법원은 민법의 하자담보책임기간은 제척기간에 해당하되, 이는 재판상 또는 재판외의 권리행사기간이며 재판상 청구를 위한 출소기간은 아니라고 판시하고 있다.[67] 이는 민법 제670조의 조문 제목과 같이 위 기간을 '담보책임의 존속기간'으로 보아 건축으로 인한 권리관계를 조속히 정리하기 위하여 위 기간을 제척기간으로 하되, 도급인을 보호하기 위하여 권리행사기간으로 보아 도급인과 수급인 보호의 균형을 이루기 위한 것이다.

민법상 제척기간에 대하여는 소멸시효와 달리 당사자의 합의에 의한 단축에 관한 규정(민법 제184조 제2항)이 없는바, 위 규정을 유추적용하여 단축합의를 할 수 있는가? 수급인의 담보책임에 관한 규정은 당사자 사이의 개별적인 법률관계를 규율하는 임의규정이고, 그 면제의 특약도 가능한 만큼(민법 제672조) 담보책임기간을 단축하는 특약도 가능하다고 해석할 것이다.[68] 따라서 약정하자보수기간을 도과하여 하자보수비 상당의 손해배상청구를 하는 것은 원칙적으로 허용되지 아니한다. 다만 앞서 본 바와 같이 하자담보책임에 관한 제척기간은 출소기간이 아니라 재판상 또는 재판외의 권리행사기간이므로 약정하자보수기간 내에 재판외의 하자보수청구가 있었다면 그 기간 경과 후 소를 제기하는 것은 허용된다고 할 것이다.

제척기간의 기산점에 관하여 민법은 수급인 보호의 필요성을 고려하여 객관적인 현상을 알 수 있는 '인도시'나 일의 '완성시'로 규정하였다. 그러나 이 존속기간도 임의 규정이므로 당사자 간의 다른 약정이 가능하고 통상 '사용승인일'로 정하는 경우가 많다.

제척기간이 경과된 채권에 관하여 민법 제495조(소멸시효가 완성된 채권의 상

---

67) 대법원 1990. 3. 9. 선고 88다카31866 판결; 대법원 2000. 6. 9. 선고 2000다15371 판결 등.
68) 대법원 1967. 6. 27. 선고 66다1346 판결.

계)를 적용할 수 있을까? 도급인의 하자담보청구권에 기한 손해배상채권의 제척기간이 지난 경우에도 그 기간이 지나기 전에 상대방에 대한 채권·채무관계의 정산소멸에 대한 신뢰를 보호할 필요성이 있으므로 민법 제495조를 유추적용하여 도급인은 제척기간이 지난 손해배상채권을 자동채권으로 상대방의 채권과 상계할 수 있다고 할 것이다.[69]

3. 증명책임

하자담보책임기간이 제척기간인 경우 제척기간의 경과로 인하여 권리가 소멸하였다는 것은 이른바 권리소멸의 항변이므로 그 기산점과 기간 경과의 사실에 대하여는 권리의 소멸을 주장하는 자가 증명책임을 부담한다. 그리고 제척기간의 경과사실이 밝혀지면 그 상대방은 제척기간 내에 권리를 행사하였다는 점을 증명하여야 할 것이다.

또한 집합건물의 하자담보책임기간에 관하여는 그 기간 내에 소를 제기하여야 한다는 특별한 규정이 없으므로 이를 제소기간으로 볼 것은 아니어서 소송요건에 관한 직권조사사항에는 해당하지 않는다.

Ⅱ. 소멸시효

도급계약에 기한 수급인의 하자담보책임에 대하여 위의 제척기간과 별도로 소멸시효가 적용됨은 당연하다. 소멸시효는 권리를 행사할 수 있는 때로부터 진행이 시작된다(민법 제166조). 건설공사에 관한 도급계약은 대부분이 건설사업자가 영리적으로 행하는 것이므로 상행위에 해당하여 수급인의 하자담보책임은 상법 제64조 본문에 따라 5년의 소멸시효에 걸리는 것으로 보아야 한다.[70] 이는 집합건물법 제9조에 의한 분양자가 현재의 구분소유자에게 부담하는 법정책임이 10년의 소멸시효에 해당되는 것과 구별해야 한다.[71]

---

69) 대법원 2019. 3. 14. 선고 2018다255648 판결.
70) 대법원 2011. 12. 8. 선고 2009다25111 판결.
71) 대법원 2008. 12. 11. 선고 2008다12439 판결.

제8절 하자담보책임의 제한과 면책특약

I. 하자담보책임의 제한규정

민법 제669조의 하자담보책임규정은 "목적물의 하자가 도급인이 제공한 재료의 성질 또는 도급인의 지시에 기인한 때에는 적용하지 아니한다. 그러나 수급인이 그 재료 또는 지시의 부적당함을 알고 도급인에게 고지하지 아니한 때에는 그러하지 아니하다"고 규정하고 있다. 하자의 원인이 도급인의 행위에 기인한 것이므로 원인주의에 따라 수급인의 담보책임을 면하게 하는 것이 공평하기 때문이다. 도급인의 위임을 받아 설계, 감리한 부분에 하자의 원인이 있을 때 또는 하도급인과 하수급인 사이의 책임관계 등에 관하여 이 규정이 기준이 된다.

II. 수급인의 고지의무

그러나 수급인이 공급자재나 지시의 문제점을 알면서도 이를 도급인에게 고지하지 아니한 경우는 성실의무를 게을리한 것으로 담보책임을 면하지 못한다. 위 조항에서는 수급인의 고지의무 위반을 담보책임 제한의 예외사유로서 명기하였는데, 이는 수급인의 부수적 의무의 하나에 해당한다. 즉 도급계약에 의하여 수급인은 도급인에게 일을 완성해야 하는 급부의무를 부담하는데, 주된 급부의무를 본래의 채무내용대로 실현하기 위하여 적절히 준비하고 목적물에 아무런 훼손이 발생하지 않도록 하며, 목적물의 사용방법을 설명해 주어야 하는 부수적 의무가 발생한다.

고지의무는 이러한 부수적 의무 중의 하나로서 수급인은 도급계약에 의하여 일을 완성할 능력과 지식을 보유하고 있으므로 도급인의 지시나 재료의 적합성을 스스로 검토하고 적절한 의견을 제시하여야 한다는 점에 그 근거가 있다.[72] 따라서 수급인이 고지의무를 위반하여 급부이행된 목적물에 하자가 생겼다면 역시 하자담보책임이 발생한다.

---

72) 정광수, "건축수급인의 하자담보책임에 관한 연구," 『민사법의 실천적 과제』(정환담 교수 화갑기념논문집, 2000), 210면.

한편 도급인이 설계, 지시, 재료의 부적당함을 이미 알고 있던 경우에는 수급인에게 고지의무를 부담시킬 필요가 없으므로 하자가 발생하였더라도 수급인이 하자담보책임을 지지 않는다고 해석하여야 한다. 이와 같이 고지의무의 정도는 일률적으로 정하여지는 것이 아니라, 개별 공사에 관한 도급인의 지식과 능력, 도급인의 시공 관여 정도, 도급인 지시의 구속력 정도 등을 종합하여 판단하여야 하며 도급인이 수급인보다 우월한 전문적 지식을 갖고 있는 경우에는 수급인의 면책을 보다 넓게 인정하여야 한다. 수급인의 고지의무 위반에 대해서는 도급인이 증명책임을 진다.

판례

수급인이 감리인에게 한 고지가 적법하다고 본 사례 [대법원 1995. 10. 13. 선고 94다31747, 31754 판결]

　수급인이 건물신축공사를 진행하던 중 지하수가 솟아 나와 이를 감리인에게 알렸는데 그가 위 지하수의 분출은 설계변경을 할 정도의 것이 아니므로 그냥 공사를 진행하여도 별 일이 없을 것이라고 말하여 수급인이 그 말을 믿고 위 지하수가 그다지 심각한 문제는 아닌 것으로 판단하여 그의 지시에 따라 솟아난 지하수를 밖으로 빼내는 조치만 취한 채 그대로 공사를 진행한 경우에, 도급인의 지시에 따라 공사를 하는 수급인은 그 지시가 부적당함을 알면서도 이를 도급인에게 고지하지 아니한 경우에는 완성된 건물의 하자가 도급인의 지시에 기인한 것이라 하더라도 그에 대한 담보책임을 면할 수 없는 것이지만, 공사의 감리인은 건축주의 지정과 의뢰에 따라 건축주를 위하여 건축시공자가 하자 없는 건축물을 완성할 수 있도록 자신의 전문지식을 동원한 재량으로 공사가 설계도서대로 시공되는지 여부를 확인하고 공사시공자를 지도하는 사무를 처리하는 자이므로 수급인이 공사 도중에 발생한 사정을 감리인에게 고하고 그의 지시에 따라 원래의 설계도서대로 공사를 계속한 것이라면 가사 완성된 건물에 설계도서의 결함으로 인한 하자가 발생하였다 하더라도 수급인이 설계도서의 부적당함을 알면서 이를 고지하지 아니한 것이라고는 할 수 없을 것이다.

Ⅲ. 하자담보책임면제의 특약과 수급인의 고지의무

민법 제672조는 "수급인이 담보책임이 없음을 약정한 경우에도 알고 고지하지 아니한 사실에 대하여는 그 책임을 면하지 못한다"고 규정하였다. 담보책임규정은 민법 제668조 단서(도급인의 해제권 배제)를 제외하고는 임의규정이기 때문에 담보책임면제특약이나 경감특약은 당연히 효력이 있다. 그러나 수급인의 고지의무 위반이 신의성실의 원칙에 반할 정도에 이른 경우에는 위 특약의 적용을 배제할 수 있다고 할 것이다. 수 개의 하자가 있는 경우 일부만 고지하지 않았을 때에는 그 부분에 대해서만 책임을 면하지 못하게 된다.

또한 담보책임을 면제하는 약정을 한 경우뿐만 아니라 담보책임기간을 단축하는 등 법에 규정된 담보책임을 제한하는 약정을 한 경우에도, 수급인이 알고 고지하지 아니한 사실에 대하여 그 책임을 제한하는 것이 신의성실의 원칙에 위배된다면 그 규정의 취지를 유추하여 그 사실에 대하여는 담보책임이 제한되지 않는다고 보아야 한다.[73]

제9절 건설산업기본법상 하자담보책임

I. 건설업등록을 한 건설사업자의 하자담보책임

실무상 도급인과 수급인 사이에서 일어나는 대부분의 하자분쟁에 관하여는 건설산업기본법이 우선적으로 적용된다. 이 법은 건설업등록을 한 건설사업자가 수급받아 건축한 건축물에 관하여 적용되는바(건설산업기본법 제2조 제7호, 13호, 제9조, 시행령 제8조), 건설업등록을 하지 않고 행할 수 있는 소규모 건축공사(5,000만 원 미만의 종합공사 또는 1,500만 원 미만의 전문공사, 건설산업기본법시행령 제8조 제1항)를 제외하고 대부분의 공사가 이 법의 적용 대상이 된다. 건설산업기본법 제28조는 건설사업자인 수급인의 도급인(발주자)에 대한 하자담보책임에 관하여 규정하고 있다. 다만 이 조항은 하자담보책

---

73) 수급인이 도급받은 아파트 신축공사 중 지붕 배수로 상부 부분을 시공함에 있어 설계도에 PC판으로 시공하도록 되어 있는데도 합판으로 시공하였기 때문에 도급계약시 약정한 2년의 하자담보책임기간이 경과한 후에 합판이 부식되어 기와가 함몰되는 손해가 발생한 경우, 그와 같은 시공상의 하자는 외부에서 쉽게 발견할 수 없는 것이고, 하자로 인한 손해가 약정담보책임기간이 경과한 후에 발생하였다는 점을 감안하면, 도급인과 수급인 사이에 하자담보책임기간을 준공검사일부터 2년간으로 약정하였다 하더라도 수급인이 그와 같은 시공상의 하자를 알고 도급인에게 고지하지 않은 이상, 약정담보책임기간이 경과하였다는 이유만으로 수급인의 담보책임이 면제된다고 보는 것은 신의성실의 원칙에 위배된다고 볼 여지가 있고, 이 경우 민법 제672조를 유추적용하여 수급인은 그 하자로 인한 손해에 대하여 담보책임을 면하지 못한다: 대법원 1999. 9. 21. 선고 99다19032 판결.

임기간에 관하여만 규정하고, 하자담보책임의 내용에 관하여는 내용이 없어서 특별한 정함이 없으면 앞서 본 민법의 하자담보책임 규정이 적용된다.

참고로 건설산업기본법 제44조에 건설사업자가 고의 또는 과실로 건설공사의 시공을 조잡하게 하여 타인에게 손해를 가한 때에는 그 손해를 배상할 책임이 있다고 규정하고 있으나 이는 건설사업자의 시공상 불법행위로 인한 손해배상책임을 정한 당연한 규정으로서[74] 하자담보책임과 관련이 없다.

Ⅱ. 건설산업기본법상 하자담보책임 규정

제28조(건설공사 수급인 등의 하자담보책임)[75] ① 수급인은 발주자에 대하여 건설공사의 완공일과 목적물의 관리·사용을 개시한 날 중에서 먼저 도래한 날부터 다음 각 호의 범위에서 공사의 종류별로 대통령령으로 정하는 기간에 발생한 하자에 대하여 담보책임이 있다.

1. 건설공사의 목적물이 벽돌쌓기식구조, 철근콘크리트구조, 철골구조, 철골철근콘크리트구조 및 그 밖에 이와 유사한 구조로서 구조내력(構造耐力)에 해당하는 경우: 10년
2. 제1호 이외의 경우: 5년

② 수급인은 다음 각 호의 어느 하나의 사유로 발생한 하자에 대하여는 제1항에도 불구하고 담보책임이 없다. 다만, 발주자가 제공한 재료 또는 지시가 부적당함을 알고도 그 사실을 발주자에게 알리지 아니한 경우에는 그러하지 아니하다.

1. 발주자가 제공한 재료의 품질이나 규격 등이 기준미달로 인하거나 재료의 성질로 인한 경우
2. 발주자의 지시에 따라 시공한 경우
3. 발주자가 건설공사의 목적물을 관계 법령에 따른 내구연한(耐久年限) 또는 설계상의 구조내력을 초과하여 사용한 경우

③ 건설공사의 하자담보책임기간에 관하여 다른 법령(「민법」 제670조 및 제671조는

---

74) 대법원 2001. 6. 12. 선고 2000다58859 판결은 피고가 빌딩공사를 하면서 공사장에 인접한 원고 소유 건물에 피해를 입힌 사안에서 건설산업기본법 제44조의 '공사를 조잡하게' 한다는 것은 건축법 등 각종 법령·설계도서·건설관행·건설업자로서의 일반 상식 등에 반하여 공사를 시공함으로써 건축물 자체 또는 그 건설공사의 안전성을 훼손하거나 다른 사람의 신체나 재산에 위험을 초래하는 것을 의미한다고 판시하였다.

75) 이 조문은 24. 1. 9. 개정되었다. 그 취지는 하자담보책임 적용상 혼란을 방지하기 위해 구조상 주요부분에 해당하는 구조내력만 담보책임기간을 10년으로 하고, 발주자가 제공한 재료 또는 지시가 부적당함을 알고도 이를 발주자에게 알리지 않은 수급인은 하자담보책임을 면할 수 없도록 하며, 하자담보책임 면책요건에 발주자가 제공한 재료의 성질로 인한 하자를 포함하도록 하였다.

제외한다)에 특별하게 규정되어 있는 경우에는 그 법령에서 정한 바에 따른다. 다만, 공사 목적물의 성능, 특성 등을 고려하여 대통령령으로 정하는 바에 따라 도급계약에서 특별히 따로 정한 경우에는 도급계약에서 정한 바에 따른다.

④ 하수급인의 하자담보책임에 대하여는 제1항부터 제3항까지를 준용한다. 이 경우 "수급인"은 "하수급인"으로, "발주자"는 "발주자 또는 수급인"으로, "건설공사의 완공일과 목적물의 관리·사용을 개시한 날 중에서 먼저 도래한 날"은 "하수급인이 시공한 건설공사의 완공일 또는 목적물의 관리·사용을 개시한 날과 제37조제2항에 따라 수급인이 목적물을 인수한 날 중에서 먼저 도래한 날"로 본다.

건설산업기본법 시행령 제30조(하자담보책임기간) ① 법 제28조 제1항의 규정에 의한 공사의 종류별 하자담보책임기간은 별표 4와 같다.

[별표 4] 건설공사의 종류별 하자담보책임기간(제30조 관련)

공사별	세부공종별	책임기간
1. 교량	① 기둥사이의 거리가 50m 이상이거나 길이가 500m 이상인 교량의 철근콘크리트 또는 철골구조부	10년
	② 길이가 500m 미만인 교량의 철근콘크리트 또는 철골구조부	7년
	③ 교량 중 ①·② 외의 공종(교면포장·이음부·난간시설 등)	2년
2. 터널	① 터널(지하철을 포함한다)의 철근콘크리트 또는 철골구조부	10년
	② 터널 중 ① 외의 공종	5년
3. 철도	① 교량·터널을 제외한 철도시설 중 철근콘크리트 또는 철골구조	7년
	② ① 외의 시설	5년
4. 공항·삭도	① 철근콘크리트·철골구조부	7년
	② ① 외의 시설	5년
5. 항만·사방간척	① 철근콘크리트·철골구조부	7년
	② ① 외의 시설	5년
6. 도로	① 콘크리트 포장 도로(암거 및 측구를 포함한다)	3년
	② 아스팔트 포장 도로(암거 및 측구를 포함한다)	2년
7. 댐	① 본체 및 여수로 부분	10년
	② ① 외의 시설	5년

8. 상·하수도	① 철근콘크리트·철골구조부	7년
	② 관로 매설·기기설치	3년
9. 관계수로·매립		3년
10. 부지정지		2년
11. 조경	조경시설물 및 조경식재	2년
12. 발전·가스 및 산업설비	① 철근콘크리트·철골구조부	7년
	② 압력이 1제곱센티미터당 10킬로그램 이상인 고압가스의 관로(부대기기를 포함한다)설치공사	5년
	③ ①·② 외의 시설	3년
13. 기타 토목공사		1년
14. 건축	① 대형공공성 건축물(공동주택·종합병원·관광숙박시설·관람집회시설·대규모소매점과 16층 이상 기타 용도의 건축물)의 기둥 및 내력벽	10년
	② 대형공공성 건축물 중 기둥 및 내력벽 외의 구조상 주요 부분과 ① 외의 건축물 중 구조상 주요 부분	5년
	③ 건축물 중 ①·②와 제15호의 전문공사를 제외한 기타 부분	1년
15. 전문공사	① 실내의장	1년
	② 토공	2년
	③ 미장·타일	1년
	④ 방수	3년
	⑤ 도장	1년
	⑥ 석공사·조적	2년
	⑦ 창호설치	1년
	⑧ 지붕	3년
	⑨ 판금	1년
	⑩ 철물(제1호 내지 제14호에 해당하는 철골을 제외한다)	2년
	⑪ 철근콘크리트(제1호부터 제14호까지의 규정에 해당하는 철근콘크리트는 제외한다) 및 콘크리트 포장	3년
	⑫ 급배수·공동구·지하저수조·냉난방·환기·공기조화·자동제어·가스·배연설비	2년
	⑬ 승강기 및 인양기기설비	3년
	⑭ 보일러 설치	1년
	⑮ ⑫·⑭ 외의 건물내 설비	1년

⑯ 아스팔트 포장	2년
⑰ 보링	1년
⑱ 건축물조립(건축물의 기둥 및 내력벽의 조립을 제외하며, 이는 제14호에 따른다)	1년
⑲ 온실설치	2년

*비고: 위 표 중 2 이상의 공종이 복합된 공사의 하자담보책임기간은 하자책임을 구분할 수 없는 경우를 제외하고는 각각의 세부 공종별 하자담보책임기간으로 한다.

Ⅲ. 하자담보책임기간의 법적 성질

건설산업기본법상 하자담보책임기간의 법적 성질에 대하여 하급심에서 제척기간설과 하자발생기간설로 엇갈린 판결이 선고되고 있었다. 대법원 2021. 8. 19. 선고 2020다264508 판결은 건설산업기본법 제28조 제1항, 제3항에서 정하는 건설공사 수급인의 하자담보책임기간은 그 기간 내에 발생한 하자에 대하여 수급인이 발주자에 대한 하자담보책임을 진다는 하자발생기간을 뜻한다고 판시하여 논란을 정리하였다. 위 기간 내에 하자가 발생하지 않으면 수급인의 하자담보책임이 성립할 여지가 없고, 위 기간 내에 하자가 발생하면 하자가 발생한 때부터 소멸시효기간이 지날 때까지 수급인은 하자담보책임을 부담한다.

하자담보책임기간의 기산점은 통상적인 공사의 경우 '건설공사의 완공일'과 '목적물의 관리·사용을 개시한 날' 중에서 먼저 도래한 날로 법률상 특정되어 있다(제28조 제1항 제1호). 이에 관하여 당사자 사이에 특약이 있으면 위 규정에 우선함이 당연하다.

제10절 기타 특수공사의 하자담보책임

건설산업기본법 제2조 제4호는 전기공사, 정보통신공사, 소방시설공사, 문화재수리공사는 위 법의 적용을 받는 건설공사에서 제외하고 있다. 위 각 공사에 관하여는 전기공사업법 제15조의 2, 정보통신공사업법 제37조, 소방시설공사업법 제15조, 문화재수리 등에 관한 법률 제35조에서 공사 수급인의 담보책임기간과 면책사유 등을 개별적으로 규정하고 있다. 실무적으로는 이러한 특수공사에 관하여는 개별 계약상 각 법령의 내용을 포함하거나 하자담보책임기간을 특정하고 있는 경우가 많아서 개별 계약이 기준이 되는 경우가 많다.

[하자담보책임의 유형별 정리]

보수여부	하자의 중요성	보수의 과다성	하자보수청구	보수에 갈음하는 손해배상	하자로 인한 손해배상
불가능			×	×	○
가능	중요○	적정	○	○	
		과다	○	○	
	중요×	적정	○	○	
		과다	×	×	○
기 능			이행보증	이행보증	손해보증
지체책임			청구 이후 상당 기간 경과시부터	청구시부터	
손 해 액				하자보수비상당액	교환가치차액
손해액 산정시점				하자보수청구시 또는 손해배상청구시	복성식평가법(재조달 원가에 감가수정을 하는 방법) 감가수정이 적당하지 않은 경우 건물 완공시의 재조달원가를 산정비교

제07장 집합건물의 하자담보책임

제1절 서 론

I. 분양된 집합건물 관련 하자 분쟁의 혼란상

　　분양된 집합건물의 하자는 일반건축물의 하자문제와는 상당히 차이가 난다. 첫째, 집합건물상 발생하는 하자는 그 발생원인과 형태가 다양하고 범위가 광범위하여 하자의 원인과 손해 판단이 기술적으로 어려운 점, 둘째, 구분소유자가 다수이므로 통일적 처리가 어렵고 단체법적인 구성과 접근이 필요한 점, 셋째, 국민의 60% 이상이 공동주택에 거하는 상황으로 사회적 보호필요성이 커서 입주자를 위한 특별한 보호가 필요한 점 등이 그것이다.

　　집합건물 중 공동주택의 하자에 관하여 집합건물법, 주택법(주택건설촉진법, 공동주택관리령) 등 관련 법률 사이에 규정이 모호하거나 상호관계에 대한 조정 조항이 없어서 재판 실무상 큰 혼란이 있었다. 하급심 법원에서 집합건물법과 주택법의 관계에 대하여 백가쟁명식의 판결이 나오다가 뒤에 보는 바와 같이 대법원 2012. 7. 12. 선고 2010다108234 판결로 주택법상 하자발생기간과 집합건물법상 하자담보청구권의 관계를 정리한 판결이 나와서 간신히 정착단계에 들어서게 되었다. 그러나 2017. 10. 19. 다시 입주자대표회의 등에게 일반적인 손해배상청구권을 인정하는 개정 공동주택관리법이 시행되어 앞으로 해석상 어려움이 있을 것으로 예상된다.

Ⅱ. 집합건물과 공동주택의 개념

집합건물과 공동주택의 개념을 먼저 정리할 필요가 있다. 집합건물은 건물 구조상 일부분이 벽, 문, 계층에 의하여 다른 부분과 차단되어 구조상 및 이용상 완전한 독립성을 갖는 건물을 말한다. 이러한 건물 중 독립부분을 목적으로 하는 소유권을 구분소유권이라고 하며 집합건물은 이와 같이 건물의 구분소유 여부를 기준으로 한 개념이다.[1]

이에 반하여 공동주택은 건축법상 건물의 용도에[2] 따른 개념으로서 ① 아파트(주택 부분이 5개 층 이상), ② 연립주택(주택의 연면적 660제곱미터 초과하고 주택 부분이 4개 층 이하), ③ 다세대주택(주택의 연면적 660제곱미터 이하이고 주택 부분이 4개 층 이하), ④ 기숙사 등으로 구분된다.

양자의 관계를 보면 아파트 등의 공동주택은 구분소유를 전제로 하므로 당연히 집합건물에 해당함에 반하여, 집합건물은 공동주택뿐 아니라 업무시설이나 근린생활시설 등의 용도로도 사용되므로 공동주택이 아닌 경우도 많다. 대표적인 것이 오피스텔과 상가이다.

---

[1] 대형 상가 내에 있는 개별 점포 간 경계표지가 견고하지 않고, 그 변경도 용이한 경우에 건물의 독립성을 어떻게 볼지가 종종 문제되고 있다. 대법원은 구조상 독립성을 차츰 완화하는 입장에 서 있는 듯하다(1동의 건물에 대하여 구분소유가 성립하기 위해서는 객관적, 물리적인 측면에서 1동의 건물이 존재하고, 구분된 건물 부분이 구조상, 이용상 독립성을 갖추어야 할 뿐 아니라, 1동의 건물 중 물리적으로 구획된 건물 부분을 각각 구분소유권의 객체로 하려는 구분행위가 있어야 한다. 여기서 이용상 독립성이란 구분소유권의 대상이 되는 해당 건물 부분이 그 자체만으로 독립하여 하나의 건물로서의 기능과 효용을 갖춘 것을 말한다. 이와 같은 의미의 이용상 독립성이 인정되는지는 해당 부분의 효용가치, 외부로 직접 통행할 수 있는지 등을 고려하여 판단하여야 한다. 특히 해당 건물 부분이 집합건물의 소유 및 관리에 관한 법률 제1조의2의 적용을 받는 '구분점포'인 경우에는 그러한 구분점포의 특성을 고려하여야 한다: 대법원 2017. 12. 22. 선고 2017다225398 판결).

[2] 건축법 제2조 제2항 제2호, 같은 법 시행령 제3조의5, [별표 1]. 앞의 제1편 제9장 Ⅳ. 건축물의 용도 부분 참조.

III. 집합건물의 하자에 대한 판단기준

1. 건물의 명세에 대하여 특별한 약정이 있는 경우

집합건물의 분양계약 당시 건물의 사양에 관하여 특별한 표시가 있었다면 이것이 기준이 된다. 사업승인도면이나 착공도면에 기재된 특정한 시공내역과 시공방법대로 시공할 것을 수분양자에게 제시 내지 설명하거나 분양안내서 등 분양광고나 견본주택 등을 통하여 그러한 내용을 별도로 표시하여 분양계약의 내용으로 편입하였다고 볼 수 있는 경우에는 이러한 표시내용이 기준이 된다.[3]

2. 건물의 명세에 대하여 특별한 약정이 없는 경우

분양계약 시에 이러한 특별한 약정 내용이 없는 경우에 이전부터 사업승인도면이 기준이라는 입장과 준공도면이 기준이라는 입장이 대립되었다. 계약법 이론에 충실하면 계약 당시 상황이 기준이 되어야 하므로 당시에 나와 있던 설계도면인 사업승인도면이나 착공도면이 기준이 되어야 한다. 특히 선분양·후시공의 방식으로 분양이 이루어지는 경우에는 분양계약이 체결될 당시 아직 착공 전이거나 시공 중이기 때문에 수분양자로서는 직접 분양 대상 아파트를 확인하기 어렵고, 오직 분양자가 사업승인을 받으면서 제출한 사업승인도면이나 착공신고를 하면서 제출한 착공도면에 따라 아파트를 건축할 것을 기대하게 된다. 하지만 이러한 사업승인도면은 대외적으로 공시되는 것이 아니고, 실제 건축과정에서는 설계변경이 빈번하게 이루어지고, 사업주체는 이를 관련 법령에 따라 계획변경승인을 받아 최종적으로 준공도면을 기준으로 시공을 하게 된다. 따라서 사업승인도면을 기준으로 한다는 것은 공사실정에 맞지 않아서 문제가 많았다. 대법원 2014. 10. 15. 선고 2012다18762 판결은 아파트가 사업승인도면이나 착공도면과 달리 시공되었더라도 준공도면에 따라 시공되었다면 특별한 사정이 없는 한 이를 하자라고 볼 수 없다고 후자의 입장을 택하였다.

---

3) 대법원은 분양카탈로그 등에 기재된 분양광고에 대하여 일반적으로는 청약의 유인으로서의 성질을 갖는다고 해석하고 있지만, 선분양·후시공의 방식으로 분양되는 아파트에 대해서는 분양회사와 수분양자 사이에 이를 분양계약의 내용으로 하기로 하는 묵시적 합의가 있다고 판단하여 왔다(대법원 2007. 6. 1. 선고 2005다5812 판결 등). 이는 선분양·후시공의 방식으로 분양되는 경우에는 수분양자가 아파트의 시공 상태를 실제로 확인하고 계약할 수 없다는 점을 고려한 것이다.

3. 선시공 · 후분양방식으로 분양되는 경우

선시공·후분양의 방식으로 분양되거나, 당초 선분양·후시공의 방식으로 분양하기로 계획되었으나 계획과 달리 준공 전에 분양이 이루어지지 아니하여 준공 후에 분양이 되는 아파트 등의 경우에는 수분양자는 실제로 완공된 아파트 등의 외형·재질 등에 관한 시공 상태를 직접 확인하고 분양계약 체결 여부를 결정할 수 있어 완공된 아파트 등 그 자체가 분양계약의 목적물로 된다고 봄이 상당하다. 따라서 분양광고의 내용과 달리 아파트 등이 시공되었다고 하더라도, 완공된 아파트 등의 현황과 달리 분양광고 등에만 표현되어 있는 아파트 등의 외형·재질 등에 관한 사항은 특별한 사정이 없는 한 이를 분양계약의 내용으로 하기로 하는 묵시적 합의가 있었다고 보기는 어렵다.[4]

4. 구체적 판단기준

위와 같은 하자의 판단기준을 둘러싸고 실무상 논란이 많은데 위의 유형에 따라 일괄적으로 기준을 적용하는 것은 바람직하지 않다. 분양계약 당시를 중심으로 하여 수분양자가 실제 건물을 확인할 수 있는지, 명시적으로 대상 건물의 내역으로 제공된 것이 무엇인지, 수분양자가 무엇을 예상할 수 있었는지를 종합적으로 살펴야 할 것이다.

Ⅳ. 2차 하자소송의 제기

최근에 입주자들이 분양자를 상대로 하자소송을 제기하여 확정판결을 받아 하자보수비 상당의 손해배상을 받았다가, 다시 분양자를 상대로 하여 10년 차 하자에 대하여 별소를 제기하는 경우가 생겨났다. 1차 소송에서 인정된 하자는 재차 하자보수를 구하지 못하지만, 1차 소송에서 구하지 않았던 하자 중 하자담보책임 기간이 도과되지 않은 것을 2차 소송으로 구하는 것이다. 이 경우 대상이 되는 하자의 범위를 인정하는 것이 복잡해 질 우려가 있다. 하자보수비를 받고도 보수하지 않았거나 확대된 하자는 분양자가 책임지지 않는다.

---

4) 대법원 2014. 11. 13. 선고 2012다29601 판결. 이 판결을 비롯한 분양계약의 내용확정 기준에 관하여는 제8장 제5절 뒤에 수록된 판례 참조.

제2절 분양된 집합건물의 하자관계 소송의 구조

Ⅰ. 공동주택 이외의 집합건물에 관한 하자관계소송의 구조

앞서 본 바와 같이 집합건물은 공동주택과 공동주택이 아닌 집합건물로 구분 되는바, 후자(오피스텔이나 상가)에 관한 하자는 공동주택 관련 법령이 적용되지 아 니하므로 하자관계소송의 구조가 단순하다.

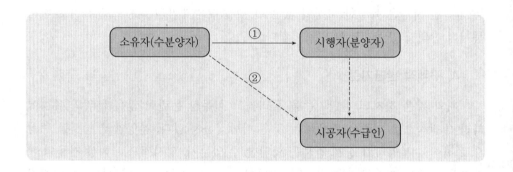

①청구　　　소유자가 시행자(분양자)를 상대로 청구한다. 소유자뿐 아니라 분 양계약한 수분양자, 또는 전득한 소유자도 청구할 수 있다. 집합건물법 제 9조에 의하여 민법이 준용되며 법적 성질은 하자담보책임이고, 하자보수에 갈음하는 손해배상청구를 하는 것이 보통이다.

②청구　　　소유자가 시공자를 상대로 청구하는 경우이다. 양자 사이에 직접 적인 계약관계가 없는 경우가 보통이므로 특별한 사정이 없는 한, 계약상 책 임은 성립할 수 없다. 다만 2013. 6. 19. 개정 시행된 집합건물법에서는 시행자 가 지급불능상태에 빠지면 시공자가 하자담보책임을 부담하도록 되어 있어 서 시공자의 책임이 강화되었다.

Ⅱ. 공동주택에 관한 하자관계소송의 구조

공동주택의 하자와 관련된 청구는 여러 당사자가 관여하며 다양한 법적 성격을 갖고 있는데 재판실무상 보통 몇 개의 청구가 병합되어 제기되고 있는 실정이다.

①청구　소유자가 시행자(분양자)를 상대로 청구한다. 소유자뿐 아니라 분양계약한 수분양자, 또는 전득한 소유자도 청구할 수 있다. 집합건물법 제9조에 의하여 민법이 준용되며 법적 성질은 하자담보책임이고, 하자보수에 갈음하는 손해배상청구를 하는 것이 보통이다.

②청구　소유자가 시공자를 상대로 청구하는 경우이다. 양자 사이에 직접적인 계약관계가 없는 경우가 보통이므로 특별한 사정이 없는 한, 계약상 책임은 성립할 수 없다. 다만 2013. 6. 19. 개정 시행된 집합건물법에서는 시행자가 지급불능상태에 빠지면 시공자가 하자담보책임을 부담하도록 되어 있어서 시공자의 책임이 강화되었다.

[하자관계 손해배상 소송의 구조]

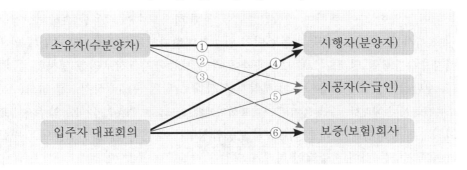

③청구　소유자가 보증(보험)회사를 상대로 하는 청구이다. 일반적으로 분양관계에서는 특별한 사정이 없는 한 양자 사이에 보증(보험)관계가 성립되지 않으므로 별도의 계약이 있어야 청구할 수 있다.

④청구　입주자대표회의가 시행자를 상대로 하는 청구인데, 공동주택관리법 제37조에 의하여 시행자는 하자보수책임을 부담한다(여기에서 입주자대표회의는 입주자, 관리주체, 관리단 등을 포함하는 개념이다). 예외적으로 내력구조부 등에 중대한 하자가 있는 경우에는 손해배상책임을 물을 수 있지만 일반적으로는 손해배상청구를 할 수 없다. 그런데 2017. 10. 19. 시행된 공동주택관리법은 내력구조부의 중대한 하자에 해당하지 않더라도 모든 손해에 관하여 입주자대표회의 등에게 사업주체에 대한 손해배상청구권을 부여하고 있다

(제37조
제2항). 따라서 개정 공동주택관리법 하에서는 법문상으로는 입주자대표회의가 소유자의 손해배상채권을 양수하지 않고도 시행자를 상대로 손해배상청구를 할 수 있게 되었다.

⑤청구　　입주자대표회의가 시공자를 상대로 하는 청구인데, 공동주택관리법에 의하여 앞의 ④청구와 동일한 구조를 가졌다.

⑥청구　　입주자대표회의가 보증(보험)회사를 상대로 하는 보증(보험)금 청구로서 입주자대표회의는 공동주택관리법 제38조 및 시행령 제41조에 의하여 하자보수보증금의 귀속주체가 된다.

Ⅲ. 공동주택 하자에 관한 권리 및 주체의 중복

앞서 본 바와 같이 공동주택에 하자가 발생한 경우, 그 구분소유자는 이를 건축하여 분양한 자에 대하여 집합건물법에 의해 하자보수에 갈음한 손해배상청구권을 행사할 수 있고, 해당 공동주택의 입주자대표회의는 공동주택관리법에 의해 하자보수청구권 및 하자보수보증계약에 따른 보증금지급청구권을 행사할 수 있다. 재판실무상 구분소유자들이 분양자를 상대로 위의 손해배상청구를 하고(구분소유자들이 손해배상청구권을 입주자대표회의에게 양도하는 경우가 많다), 입주자대표회의가 보증회사를 상대로 하자보수보증금청구를 하면서 하나의 소송으로 병합하여 제기하는 것이 전형적인 형태가 되었다.[5]

이러한 각종 권리는 인정 근거와 권리관계의 당사자 및 책임내용 등이 서로 다른 별개의 것이고, 또한 입주자대표회의에 대한 건설공제조합 등의 보증금지급채무는 사업주체의 하자보수이행의무에 대한 보증채무일 뿐이고 입주자대표회의에 대한 사업주체의 손해배상채무가 주채무는 아니어서, 입주자대표회의가 사업주체에 대하여 주장하는 손해배상청구권과 건설공제조합에 대하여 주장하는 보증금지급청구권 사이에도 법률상의 직접적인 관계는 없다.

따라서 하나의 판결 주문에서 입주자대표회의의 건설공제조합에 대한 청구와 구분소유자들의 사업주체에 대한 청구를 병렬적으로 인용한 것은 적법하며,

---

5) 앞서 살펴본 것처럼 2017. 10. 9. 시행된 개정 공동주택관리법 하에서는 입주자(공동주택의 소유자 또는 그 소유자를 대리하는 배우자 및 직계존비속을 말한다, 제2조 제1항 제5호) 및 입주자대표회의가 공동주택관리법에 기하여 사업주체에 대한 손해배상청구를 할 수 있게 되어 있으므로, 이러한 소송 형태가 변할 가능성이 크다.

각 청구권 중 하나의 권리를 행사하여 하자보수에 갈음한 보수비용 상당이 지급
되면 그 금원이 지급된 하자와 관련된 한도 내에서 다른 권리도 소멸하는 관계에
있지만, 이는 의무 이행단계에서의 조정에 관한 문제일 뿐 의무의 존부를 선언하
는 판결단계에서 상호 배척관계로 볼 것은 아니다.[6]

제3절 집합건물법상의 하자담보책임[7]

I. 법령의 내용

1. 민 법[8]

제667조(수급인의 담보책임) ① 완성된 목적물 또는 완성 전의 성취된 부분에 하자가 있
을 때에는 도급인은 수급인에 대하여 상당한 기간을 정하여 그 하자의 보수를 요구할
수 있다. 그러나 하자가 중요하지 아니한 경우에 그 보수에 과다한 비용을 요할 때에
는 그러하지 아니하다.

② 도급인은 하자의 보수에 갈음하여 또는 보수와 함께 손해배상을 청구할 수 있다.

제671조(토지, 건물 등에 대한 특칙) ① 토지, 건물 기타 공작물의 수급인은 목적물 또는
지반공사의 하자에 대하여 인도 후 5년간 담보의 책임이 있다. 그러나 목적물이 석조,
석회조, 연와조, 금속 기타 이와 유사한 재료로 조성된 것인 때에는 10년으로 한다.

2. 집합건물의 소유 및 관리에 관한 법률

(1) 2005. 5. 26. 시행 전 법률

제9조(담보책임) ① 분양자의 담보책임에 관하여는 민법 제667조 내지 제671조의 규정
을 준용한다.

② 분양자의 담보책임에 관하여는 민법에 규정하는 것보다 매수인을 불리하게 한 특

---

6) 대법원 2012. 9. 13. 선고 2009다23160 판결.
7) 2017. 4. 18. 개정된 공동주택관리법 시행으로 집합건물법과 공동주택관리법상 하자담보책임의
관계에 관하여 논란의 여지가 있지만, 이하에서는 대법원 판례 취지 및 집합건물법 제2조의2에
따라 집합건물법이 우선하는 것임을 전제로 하여 살펴본다.
8) 개별계약상 하자담보책임에 관한 약정 및 각종 법령에 의하여 민법상 하자담보책임조항이 적용
되는 범위는 줄어들지만, 하자담보책임의 내용에 관하여는 기본적인 규정으로 기능한다. 집합건
물법은 민법을 준용할 것을 명시적으로 규정하고 있다.

약은 효력이 없다.

부칙 제6조(주택건설촉진법과의 관계) 집합주택의 관리방법과 기준에 관한 주택건설촉
진법의 특별규정은 집합건물법에 저촉하여 구분소유자의 기본적인 권리를 해하지 않
는 한 효력이 있다.

(2) 2013. 6. 19. 시행 전 법률

부칙 제6조 단서(주택법과의 관계) 다만 공동주택의 담보책임 및 하자보수에 관하여는
주택법 제46조의 규정이 정하는 바에 따른다.

(3) 2013. 6. 19. 시행 이후 법률(현행 법)[9]

제2조의2(다른 법률과의 관계) 집합주택의 관리방법과 기준, 하자담보책임에 관한 주택
법 및 공동주택관리법의 특별한 규정은 이 법에 저촉되어 구분소유자의 기본적인 권
리를 해치지 아니하는 범위에서 효력이 있다.

제9조(담보책임) ① 제1조 또는 제1조의2의 건물을 건축하여 분양한 자(이하 "분양자"
라 한다)와 분양자와의 계약에 따라 건물을 건축한 자로서 대통령령으로 정하는 자
(이하 "시공자"라 한다)는 구분소유자에 대하여 담보책임을 진다. 이 경우 그 담보책
임에 관하여는 민법 제667조 및 제668조를 준용한다.

② 제1항에도 불구하고 시공자가 분양자에게 부담하는 담보책임에 관하여 다른 법률
에 특별한 규정이 있으면 시공자는 그 법률에서 정하는 담보책임의 범위에서 구분소
유자에게 제1항의 담보책임을 진다.

③ 제1항 및 제2항에 따른 시공자의 담보책임 중 민법 제667조 제2항에 따른 손해배
상책임은 분양자에게 회생절차개시 신청, 파산 신청, 해산, 무자력(無資力) 또는 그
밖에 이에 준하는 사유가 있는 경우에만 지며, 시공자가 이미 분양자에게 손해배상을
한 경우에는 그 범위에서 구분소유자에 대한 책임을 면(免)한다.

④ 분양자와 시공자의 담보책임에 관하여 이 법과 민법에 규정된 것보다 매수인에게
불리한 특약은 효력이 없다.

제9조의2(담보책임의 존속기간) ① 제9조에 따른 담보책임에 관한 구분소유자의 권리는
다음 각호의 기간 내에 행사하여야 한다.

  1. 건축법 제2조 제1항 제7호에 따른 건물의 주요 구조부 및 지반공사의 하자: 10년
  2. 제1호에 규정된 하자 외의 하자: 하자의 중대성, 내구연한, 교체가능성 등을 고려
     하여 5년의 범위에서 대통령령으로 정하는 기간

② 제1항의 기간은 다음 각호의 날부터 기산한다.

  1. 전유부분: 구분소유자에게 인도한 날
  2. 공용부분: 주택법 제49조에 따른 사용검사일(집합건물 전부에 대하여 임시 사용

---

9) 집합건물법은 그 후 3차례 개정되었으나 법령 표기에 따른 수정이고 내용은 변동이 없다.

승인을 받은 경우에는 그 임시 사용승인일을 말하고, 주택법 제49조 제1항 단서에
따라 분할 사용검사나 동별 사용검사를 받은 경우에는 분할 사용검사일 또는 동별
사용검사일을 말한다) 또는 건축법 제22조에 따른 사용승인일

③ 제1항 및 제2항에도 불구하고 제1항 각호의 하자로 인하여 건물이 멸실되거나 훼
손된 경우에는 그 멸실되거나 훼손된 날부터 1년 이내에 권리를 행사하여야 한다.

부칙 제3조(담보책임에 관한 경과조치) 제2조의2, 제9조, 제9조의2, 법률 제3725호 집합
건물의 소유 및 관리에 관한 법률 부칙 제6조(법률 제7502호 집합건물의 소유 및 관
리에 관한 법률 일부개정법률에 따라 개정된 내용을 포함한다)의 개정규정 및 부칙
제4조에도 불구하고 이 법 시행 전에 분양된 건물의 담보책임에 관하여는 종전의 규
정에 따른다.

집합건물법 시행령 제5조(담보책임의 존속기간) 법 제9조의2 제1항 제2호에서 "대통령
령으로 정하는 기간"이란 다음 각호의 구분에 따른 기간을 말한다.

1. 법 제9조의2 제2항 각호에 따른 기산일 전에 발생한 하자: 5년
2. 법 제9조의2 제2항 각호에 따른 기산일 이후에 발생한 하자: 다음 각 목의 구분에
   따른다.

   가. 대지조성공사, 철근콘크리트공사, 철골공사, 조적(조적)공사, 지붕 및 방수공사
   의 하자 등 건물의 구조상 또는 안전상의 하자: 5년

   나. 건축법 제2조 제1항 제4호에 따른 건축설비공사(이와 유사한 설비공사를 포
   함한다), 목공사, 창호공사 및 조경공사의 하자 등 건물의 기능상 또는 미관상
   의 하자: 3년

   다. 마감공사의 하자 등 하자의 발견·교체 및 보수가 용이한 하자: 2년

II. 집합건물 분양자의 하자담보책임의 내용

1. 집합건물 분양계약의 성질

집합건물 분양계약의 성질에 관하여 매매계약설, 도급계약설, 혼합계약설의
3가지 견해가 있다.[10] 매매계약설은 분양계약이 신축 중이거나 신축된 집합건물

---

10) 분양의 일반적 의미는 '전체를 몇 개로 나누어 양도하는 것'이므로(국어대사전, 금성출판사. 1991
년판) 분양계약의 법률적 정의는 '전체 중 일부를 독립적으로 분할하여 양도하는 계약'이라고 할
수 있겠다. 건축물의 분양에 관한 법률 제2조 제2호는 '분양이란 분양사업자가 건축하는 건축물
의 전부 또는 일부를 2인 이상에게 판매하는 것을 말한다'고 규정하고 있다.
분양계약의 성질은 분양계약상 하자담보책임에 관하여 불분명한 점이 있을 때 어떤 법을 적용할
것인지에 관하여 의미가 있다. 이를 매매로 보면 민법 제574조 이하의 담보책임, 특히 제580조의
하자담보책임이 인정되므로 하자담보책임으로서 손해배상청구와 계약해제 또는 완전물인도청

의 구분소유권을 취득케 하는 것이므로 매매로 보아야 한다고 한다. 도급계약설은 건물이 완공되기 전에 또는 성립되기 이전에 분양계약이 이루어져 대금이 지급되고 집합건물법상 구분소유건물에 민법상 도급에 관한 하자담보규정을 준용하도록 한 점을 근거로 한다. 혼합계약설은 분양계약은 건물 소유권의 이전이란 점에서는 매매이고, 건물의 건축이행이라는 점에서는 도급의 성격을 갖는 혼합계약이라고 본다.

집합주택의 분양계약은 각 계약 내용에 따라 결정되겠지만 일반적으로는 매매나 도급의 전형계약이 아니라 매매와 도급의 혼합계약으로 보는 것이 거래실정에 합치될 것으로 보인다.[11]

2. 분양자의 하자담보책임의 내용

집합건물법 제9조 제1항이 분양자의 담보책임에 관하여 민법 제667조 내지 제668조의 규정을 준용하므로 수급인의 담보책임규정에 따라 책임이 발생한다. 이 규정과 다른 내용이 분양계약상 정해져 있다면 이것이 우선할 것이다. 집합건물법 제9조 제4항에 의하여 민법에 규정하는 것보다 매수인에게 불리한 약정은 효력이 없으며 위 규정은 강행규정으로 본다.[12]

문제는 위 조항에서 규정한 "민법에 규정한 것"이 민법상 어떤 조항을 뜻하는 것인지가 불분명하다는 데 있다. ① 집합건물법 제9조 제4항은 제1항을 전제로 하고 있으므로 제9조의 입법취지나 제1항과의 균형상 수급인의 담보책임을 뜻하는 것으로 보는 입장,[13] ② 제9조 제4항에 "매수인"이라고 명기한 점 및 분양계약

구(민법 제581조의 종류매매로 볼 경우)만 가능하고 하자보수청구는 인정되지 않는다. 도급으로 볼 경우 민법 제667조 이하의 담보책임이 인정되어 하자보수청구, 손해배상청구가 가능하되 민법 제668조 단서에 의하여 건물에 대한 해제는 인정되지 않는다. 이를 혼합계약으로 보면 하자의 내용, 정도에 따라 손해배상 이외에도 해제청구(매매계약성)와 하자보수청구(도급계약성)가 가능하게 된다.

11) 박종두, "분양집합주택의 하자와 담보책임," 『법조』(1995. 12.), 67면.

12) 집합건물법 제9조는 건축업자 내지 분양자로 하여금 견고한 건물을 짓도록 유도하고 부실하게 건축된 집합건물의 소유자를 두텁게 보호하기 위하여 집합건물의 분양자의 담보책임에 관하여 민법상 수급인의 담보책임에 관한 규정을 준용하도록 함으로써 분양자의 담보책임의 내용을 명확히 하는 한편 이를 강행규정화한 것으로서, 분양자가 부담하는 책임의 내용이 민법상 수급인의 담보책임이라는 것이지 그 책임이 분양계약에 기한 것이라거나 아니면 분양계약의 법률적 성격이 도급이라는 취지는 아니다: 대법원 2003. 11. 14. 선고2002다2485 판결.

13) 여훈구, "공동주택 분양자의 하자담보책임에 관한 몇 가지 문제점," 5면, 사법연수원교수실의 미공간 논문임.

의 매매계약성을 근거로 이를 매도인의 담보책임으로 보는 입장, ③ 이는 수급인의 담보책임과 매도인의 담보책임 모두를 포함하는 것으로 보아 계약의 해제, 손해배상에 대해서는 매매의 하자담보책임으로, 하자보수청구에 대해서는 도급의 하자담보책임으로 보호를 받는다는 입장이 있다.[14]

흔히 분양계약서상 하자에 관하여 미리 "등기면적에 다소의 증감이 있을 경우에도 분양가격이 변동되지 않는다", "건축사양에 분양계약서와 다른 점이 있어도 이의하지 않는다", "분양권리자는 하자에 관하여 해제 등 일체의 이의를 제기할 수 없다"는 등의 기재가 되어있는 경우가 있는데 하자가 신의칙상 용인 한계를 넘는 경우에는 이러한 약정은 약관의 규제에 관한 법률 제7조 제3호에 의하여 무효로 될 경우가 많음을 주의하여야 한다.

3. 집합건물 시공자의 하자담보책임

2013. 6. 19.부터 시행된 집합건물법 제9조에 의하면, 분양자와의 계약에 따라 건물을 건축한 자로서 대통령령으로 정하는 자(시공자)는 구분소유자에 대하여 담보책임을 진다.[15] 시공자가 분양자에게 부담하는 담보책임에 관하여 다른 법률에 특별한 규정이 있으면 시공자는 그 법률에서 정하는 담보책임의 범위에서 구분소유자에게 집합건물법 제9조 제1항의 담보책임을 진다. 다만 시공자의 담보책임 중 민법 제667조 제2항에 따른 손해배상책임은 분양자에게 회생절차개시 신청, 파산 신청, 해산, 무자력(無資力) 또는 그 밖에 이에 준하는 사유가 있는 경우에만 지며, 시공자가 이미 분양자에게 손해배상을 한 경우에는 그 범위에서 구분소유자에 대한 책임을 면한다. 분양자인 시행사가 영세기업인 경우가 많아서 건설사에게 보충적인 손해배상책임을 부과한 것이다.

시공자가 분양자에 대하여 부담하는 담보책임과 시공자가 구분소유자에 대하여 부담하는 담보책임은 별도의 채무이므로 그 중 한 채무의 소멸시효가 완성되었다고 하여도 다른 채무에 영향을 미치지 않는다.[16]

---

14) 박경량, "주거용 집합건물의 관리," 순천대 논문집 11호.
15) 그러나 위 법 시행(2013. 6. 19.) 이전에 분양된 집합건물의 시공자는 그가 분양계약에도 참여하여 분양대상인 구분건물에 대하여 분양에 따른 소유권이전의무를 부담하는 분양계약의 일방 당사자로 해석된다는 등의 특별한 사정이 없는 한 집합건물법 제9조상의 하자담보책임을 부담하는 것으로 볼 수 없다: 대법원 2011. 12. 8. 선고 2009다25111 판결.
16) 대법원 2023. 12. 7. 선고 2023다246600 판결.

4. 신탁회사의 책임

신탁회사가 자신의 명의로 사업계획승인을 받아 주택건설사업을 시행한 경우에 당연히 분양자 및 사업주체로서 하자담보책임을 부담한다. 다만 아파트 분양계약서에 신탁회사와 위탁자, 수분양자들 사이에 '신탁회사와 위탁자 사이에 신탁계약이 종료되면 신탁회사의 분양자 지위가 위탁자에게 포괄승계되는 것'으로 합의가 기재되는 경우가 대부분이다. 이러한 합의는 신탁계약의 종료를 정지조건으로 하여 분양계약상 지위를 신탁회사에서 위탁자에게 이전하는 것이므로 그 후 신탁계약이 적법하게 종료되면 신탁회사의 수분양자에 대한 하자담보책임도 위탁자에게 이전되어 소멸하게 된다.

5. 부칙상 분양의 의미

집합건물법 부칙에 "법 시행 전에 분양된 건물의 담보책임에 관해서는 종전의 규정에 따른다"라고 규정하고 있다. 위 '분양'의 의미를 분양공고일로 보는 견해와 분양계약의 체결일로 보는 견해가 대립되는데 특별한 사정이 없는한 '분양'은 분양에 관한 처분행위로 보아야 하므로 후자가 옳다고 본다.[17] 이렇게 해석할 경우에 분양계약 체결일에 따라 동일한 공동주택 내에서도 전유세대에 구법과 신법이 달리 적용될 수 있고, 장기 미분양 아파트의 경우에는 다른 하자담보책임기간의 적용을 받을 수 있어서 문제이다. 법령상 통일된 시점을 정할 필요가 있다.

Ⅲ. 하자담보책임의 법적 성격

집합건물법 제9조 제1항 소정의 하자담보책임은 민법상 수급인의 하자담보책임과 동일한 것으로 분양계약에서 발생하는 것이라는 견해와 수분양자를 특별히 보호하고자 하는 집합건물법 제9조의 취지상 이는 개별적인 계약관계를 전제로 하지 않는 특별한 법정 책임이라고 보는 견해가 대립되었다.

이에 관하여 대법원 2003. 2. 11. 선고 2001다47733 판결은 집합건물법상의 분양자의 하자담보책임은 분양계약관계를 전제로 한 것이 아니라 위 법령에 기하여 분양자의 구분소유자에 대한 담보책임을 정한 특수한 법정 책임이라고 판시하였

---

17) 법무부의 유권해석도 같다.

다. 이 판결에 대한 자세한 사항은 뒤에서 살핀다.

Ⅳ. 하자담보책임 청구권자

1. 구분소유자와 관리단

집합건물이 완성되어 구분소유관계가 성립되면 별다른 절차 없이 구분소유
자 전원을 구성원으로 하는 관리단이 성립된다(집합건물법 제23조). 관리단은 규약이나 관리인
의 선임이 없더라도 당연히 설립되며 건물 및 대지와 부속시설의 관리를 목적으
로 하는 비법인사단이다. 구분소유자가 10인 이상 되면 반드시 관리인을 선임하
여야 하고 관리인은 공용부분의 관리 등 관리업무의 수행과 관리단을 대표하는
업무를 수행한다. 관리인이 선임된 관리단의 사무집행은 관리인에 의하여서만
행하여진다. 관리인을 통하지 않은 구분소유자 개개인의 관리행위는 허용되지 않
는다.[18]

다만 공용부분의 보존행위는 관리인 선임 여부를 불문하고 구분소유자 개인
이 할 수 있다(집합건물법 제16조 제1항 단서).[19] 따라서 공용부분에 발생한 하자에 대한 담보청구권으
로서의 하자보수는 관리단이나 관리인이 이를 행함이 원칙이지만 이는 보존행위
에 해당하므로 구분소유자 개인도 행사할 수 있다. 즉 하자보수청구권은 구분소
유자 개인과 관리단에 모두 존재한다고 하겠다.[20]

그러나 하자보수의 규모가 크거나 보수공사로 인하여 공용부분의 구조변경
이 불가피한 경우 등 구분소유자들의 의견을 모아야 할 경우에는 보존행위를 벗
어나 관리행위로 보아야 하므로 구분소유자 개인이 단독으로 행사할 수 없다고
하겠다. 전유부분에 대한 하자보수청구는 구분소유자 개인이 행사할 수 있음은
당연하다.

---

18) 『민법주해』 5권(박영사, 1999), 281면.
19) 집합건물의 소유 및 관리에 관한 법률 제16조 제1항의 규정취지는 집합건물의 공용부분의 현상
을 유지하기 위한 보존행위는 관리행위와 구별하여 공유자인 구분소유권자가 단독으로 행할 수
있도록 한 것으로서 그 보존행위의 내용은 통상의 공유관계처럼 사실상의 보존행위뿐 아니라 지
분권에 기한 방해배제청구권과 공유물의 반환청구권도 포함하여 공유자인 구분소유권자가 관
리인의 선임 여부에 관계없이 이를 단독으로 행사할 수 있다고 풀이된다: 대법원 1987. 8. 18. 선
고 86다72, 86다카396 판결; 대법원 1995. 2. 28. 선고 94다9269 판결; 대법원 1999. 5. 11. 선고 98다
61746 판결.
20) 박종두, 앞의 글, 83면.

하자보수에 갈음하거나 하자보수와 동시에 구하는 손해배상청구권은 각 구분소유자 개인에게 단독으로(전유부분), 또는 공유적으로(공용부분) 귀속되므로 손해배상청구는 구분소유자가 행사하여야 하며, 이 경우에 자기 지분을 넘어서는 행사할 수 없다. 손해배상청구권이 금전채권이고 그 청구가 관리단의 관리행위를 벗어난다는 것이 근거이다. 따라서 관리단은 손해배상청구를 할 수 없다고 본다.[21]

이에 대하여 각 구분소유자는 개별적 청구보다 관리단에 의한 해결을 원하고 이런 방법이 공동주택관리에 더 효율적이므로 공용부분의 하자보수에 갈음한 손해배상청구권은 관리단에 총유적으로 귀속된다는 주장도 있다.

구분소유자가 공용부분변경공사에 관하여 서면동의서를 입주자대표회의에 제출하고 요건이 갖추어졌을 경우 입주자대표회의가 이러한 공사를 시행하는 것이 보통이다. 대법원은 이와 같은 경우 관리단이 입주자대표회의에 공용부분변경에 관한 업무를 포괄적으로 위임한 것으로 볼 수 있고 입주자대표회의가 그 이름으로 공용부분변경비용에 관한 소송도 할 수 있다고 판결하였다.[22]

2. 입주자대표회의와 손해배상청구권

(1) 입주자대표회의의 손해배상청구권 취득 여부

입주자대표회의가 분양자를 상대로 집합건물법상 하자보수에 갈음하는 손해배상청구를 하는 것이 가능한지에 관하여 긍정설, 부정설, 절충설(공용부분의 하자에 관한 손해배상은 입주자대표회의가 구할 수 있고, 전유부분은 불가하다는 입장)이 대립되었다. 대법원은 "집합건물법 제9조에 의한 하자담보추급권은 특별한 사정이

---

21) 대법원 2011. 12. 13. 선고 2011다80531 판결; 東京高裁 平成 8. 3595호,『判例時報』1599호, 79면.

22) 집합건물의 공용부분변경에 관한 사항은 관리단집회에서의 구분소유자 및 의결권의 각 4분의 3 이상의 결의(집합건물법 제15조 제1항) 또는 구분소유자 및 의결권의 각 5분의 4 이상의 서면이나 전자적 방법 등에 의한 합의(집합건물법 제41조 제1항)로써 결정하는 것이므로, 집합건물의 관리단은 위와 같은 방법으로 공용부분변경에 관한 업무를 입주자대표회의에 위임하여 처리할 수도 있다. 따라서 집합건물의 구분소유자 및 의결권의 각 5분의 4 이상이 공용부분변경에 해당하는 공사에 동의한다는 내용의 서면동의서를 입주자대표회의 앞으로 제출하고 이에 따라 입주자대표회의가 업무를 처리한 경우에는 특별한 사정이 없는 한 집합건물의 관리단이 집합건물법 제41조 제1항에서 정한 구분소유자들의 서면동의로써 입주자대표회의에 공용부분변경에 관한 업무를 포괄적으로 위임한 것으로 보아야 한다. … 이 경우 입주자대표회의가 공용부분변경에 관한 업무를 수행하는 과정에서 체납된 비용을 추심하기 위하여 직접 자기 이름으로 비용에 관한 재판상 청구를 하는 것은 임의적 소송신탁에 해당하며 … 이러한 업무처리방식이 일반적인 거래현실이며 공용부분 변경에 따른 비용의 징수는 업무수행에 당연히 수반되는 필수적인 요소이므로 이러한 임의적 소송신탁은 허용될 수 있다: 대법원 2017. 3. 16. 선고 2015다3570 판결.

없는 한 집합건물 구분소유자에게 귀속하는 것이고, 비록 주택법 제46조 및 주택법 시행령 제59조 제2항이 입주자대표회의에게 공동주택의 사업주체에 대한 하자보수청구권을 부여하고 있으나, 이는 행정적인 차원에서 공동주택 하자보수의 절차방법 및 기간 등을 정하고 하자보수보증금으로 신속하게 하자를 보수할 수 있도록 하는 기준을 정하는 데 그 취지가 있을 뿐, 입주자대표회의에게 하자보수청구권 외에 하자담보추급권까지 부여하는 것이라고 볼 수는 없으므로 공동주택에 하자가 있는 경우 입주자대표회의로서는 사업주체에 대하여 하자보수를 청구할 수 있을 뿐이며 그에 갈음하는 손해배상청구권을 가진다고 할 수 없다"고 판시하였다.[23][24]

(2) 소유자들의 손해배상청구권 양도

이에 따라 소송실무상 입주자들이 자신의 손해배상청구권을 입주자대표회의에 양도하고, 입주자대표회의가 채권양수인으로 원고가 되어 양수금청구의 소를 제기하는 방법이 이용된다. 이를 임의적 소송신탁으로 볼 여지가 있지만, 입주자들이 실제로 손해배상채권을 입주자대표회의에 양도하여 공동주택의 관리에 사용할 것을 허락하였다면 정당한 권리의 양도로서 소송신탁이라고 볼 수는 없다고 할 것이다. 대법원도 소송행위를 하게 하는 것이 주목적인지의 여부는 채권양도계약이 체결된 경위와 방식, 양도계약이 이루어진 후 제소에 이르기까지의 시간적 간격, 양도인과 양수인 간의 신분관계 등 제반 상황에 비추어 판단하여야 할 것인바, 하자보수에 갈음한 손해배상채권의 양도 경위·방식·시기 및 양도인인 구분소유자들과 양수인인 원고의 관계 등 제반 사정을 종합하여 보면, 구분소유자들의 손해배상채권 양도는 소송행위를 하게 하는 것이 주목적이라고 볼 수 없으므로 적법하다고 판단하였다.[25][26]

분양자가 변제 자력이 없을 경우에는 입주자대표회의가 수분양자의 분양자에 대한 손해배상청구권을 양수한 후 집합건물법상 분양자인 도급인을 대위하여 채권자대위권 행사로서 수급인인 시공회사에 대하여 하자담보책임으로서 손해배

---

23) 대법원 2006. 8. 24. 선고 2004다20807 판결; 대법원 2008. 12. 24. 선고 2008다48490 판결; 대법원 2009. 2. 12. 선고 2008다84229 판결; 대법원 2009. 5. 28. 선고 2009다9539 판결.

24) 그런데 앞서 본 바와 같이 개정 공동주택관리법에 의하면 입주자대표회의도 손해배상청구권을 갖게 되어 상당한 혼란이 예상된다.

25) 대법원 2009. 5. 28. 선고 2009다9539 판결; 대법원 2009. 2. 12. 선고 2008다84229 판결.

26) 소송 도중 입주자대표회의에게 채권양도가 된 경우의 기간 문제에 관하여는 제2편 제7장 제5절 Ⅶ. 3. 부분 참조.

상을 청구하는 경우가 많다.

한편 2013. 6. 19. 집합건물법 개정으로 수분양자가 시공사에 대하여 손해배상청구권을 직접 취득할 수 있는 경우(분양자의 파산 등 자력 없을 때)가 있는바, 이와 같은 경우에는 입주자대표회의가 수분양자로부터 시공사에 대한 손해배상채권을 양도받아 (채권자대위권 행사가 아니라) 직접 청구하는 것도 가능하게 되었다.

입주자대표회의가 위의 두 가지 권리를 (대위)행사하는 경우의 법률관계 [대법원 2015. 3. 20. 선고 2012다107662 판결]

입주자대표회의가 구 주택법 및 구 주택법 시행령에 근거하여 하자보수보증회사에 대하여 가지는 하자보수보증금청구권과 도급인이 건설산업기본법 제28조 제1항 및 민법 제667조 등에 근거하여 수급인에 대하여 가지는 하자담보추급권은 인정 근거와 권리관계의 당사자 및 책임내용 등이 서로 다른 별개의 권리이다. 따라서 입주자대표회의가 구분소유자들에게서 집합건물법에 의하여 인정되는 분양자에 대한 하자보수를 갈음한 손해배상청구권을 양수한 후 집합건물법상 분양자인 도급인을 대위하여 수급인인 시공회사에 대하여 하자담보책임으로서의 하자보수를 갈음한 손해배상을 청구함과 아울러 하자보수보증계약에 따른 보증채권자로서 직접 하자보수보증회사에 대하여 하자보수보증금을 청구하는 경우라도, 수급인의 도급인에 대한 하자보수를 갈음한 손해배상채무와 하자보수보증회사의 입주자대표회의에 대한 하자보수보증금지급채무가 부진정연대채무관계에 있다고 볼 수 없다.

수급인의 도급인에 대한 하자보수를 갈음한 손해배상채무와 하자보수보증회사의 입주자대표회의에 대한 하자보수보증금지급채무는 그 대상인 하자가 일부 겹칠 수 있고 그렇게 겹치는 범위 내에서는 결과적으로 동일한 하자의 보수를 위하여 존재하고 있으므로, 향후 입주자대표회의가 도급인을 대위한 하자보수를 갈음한 손해배상청구소송 및 하자보수보증회사에 대한 하자보수보증금청구소송에서 모두 승소판결을 받은 다음, 입주자대표회의가 그중 어느 한 권리를 행사하여 하자에 관한 보수비용 상당 금원을 현실적으로 수령하여 금원이 지급된 하자와 관련된 범위 내에서 하자보수의 목적을 달성하게 되면 다른 권리가 소멸된다고 할 수 있으나, 도급인의 수급인에 대한 하자보수를 갈음한 손해배상채권이 수급인의 도급인에 대한 채권으로 상계된 경우에 그 사정만으로는 입주자대표회의가 구 주택법령에 근거하여 가지는 하자보수에 관한 권리의 목적이 달성되었다고 볼 수 없으므로 입주자대표회의가 하자보수보증회사에 대하여 가지는 하자보수보증금청구권에는 아무런 영향이 없다.

3. 분양전환된 임대아파트와 하자담보책임

임대아파트가 분양전환된 경우에도 하자담보책임에 관한 집합건물법 제9조가 적용된다.[27] 집합건물법상 하자담보추급권은 현재의 집합건물 소유자에게 귀속하며, 임대아파트의 분양전환가격을 결정할 때 아파트의 노후 정도는 이미 평가에 반영되었다고 하더라도 부실시공으로 인한 아파트 하자까지 모두 반영하여 가격을 결정하였다고 보기는 어렵기 때문이다. 하자담보책임기간은 최초 임차인들에게 인도된 때부터 10년간이라고 보아야 한다.[28]

V. 집합건물 전득자의 하자담보청구권

1. 학 설

집합건물은 수분양자가 이를 양도하는 일이 흔하고, 하자담보청구는 소 제기 시의 현재 소유자들이 공동으로 분양자를 상대로 하여 제기하는 경우가 보통이므로 집합건물을 수분양자로부터 매수한 전득자가 하자담보청구권을 취득하는지가 문제된다.

수분양자에게만 하자담보청구권이 있다는 입장은 집합건물법 제9조 제1항 소정의 하자담보책임은 민법상 수급인의 하자담보책임과 동일한 것이고 이는 분양계약에서 발생하는 것으로 수분양자에게 귀속함이 원칙이므로 수분양자가 구분소유권을 전득자에게 양도하였다고 하더라도 양도 당시에 하자담보청구권까지 양도하는 등의 특별한 사정이 없는 한 하자담보청구권은 수분양자가 그대로 갖는다고 한다.[29]

이에 반하여 전득자에게 하자담보청구권이 있다고 보는 입장이 있다. 피분양자를 특별히 보호하고자 하는 집합건물법 제9조의 취지상 구분소유권의 양도 당시 하자담보청구권을 유보한다는 등의 특별한 사정이 없는 한 이는 구분소유권과

---

27) 대법원 2012. 4. 13. 선고 2011다72301 판결.

28) 앞서 본 바와 같이 개정 공동주택관리법 제36조, 같은 법 시행령 제38조에 의하면 임차인이나 임차인대표회의는 분양전환 이전에도 임대아파트에 관하여 임차인으로서 손해배상청구권을 갖게된다.

29) 윤인태, "집합건물 분양자의 하자담보책임 – 특히 아파트를 중심으로," 『판례연구』 제12집(조무제 대법관 화갑기념호), 부산판례연구회(2001), 188면.

함께 양수인에게 이전된다고 본다. 이는 집합건물법 제9조 제1항을 계약관계를 전제로 하지 않는 특별규정이라고 보는 입장이다.

2. 대법원 판결

대법원 2003. 2. 11. 선고 2001다47733 판결은 아래와 같은 이유로 후자에 가까운 판시를 보이고 있다. "집합건물법 제9조는 건축업자 내지 분양자로 하여금 견고한 건물을 짓도록 유도하고 부실하게 건축된 집합건물의 소유자를 두텁게 보호하기 위하여 집합건물의 분양자의 담보책임에 관하여 민법상의 도급인의 담보책임에 관한 규정을 준용하도록 함으로써 분양자의 담보책임의 내용을 명확히 하는 한편 이를 강행규정화한 것으로서, 이는 분양자가 부담하는 책임의 내용이 민법상의 수급인의 담보책임이라는 것이지 그 책임이 분양계약에 기한 책임이라는 것은 아니므로 집합건물법 제9조의 담보책임에 따른 권리가 반드시 분양계약을 직접 체결한 수분양자에게 속한다고 할 것은 아니고, 오히려 집합건물법이 집합건물의 구분소유관계와 그 관리에 관한 법률관계를 규율하는 법으로서 집합건물의 구분소유 및 관리에 관한 권리·의무는 구분소유자에게 귀속하는 것을 전제로 하여 규정되어 있는 점, 집합건물의 하자보수에 관한 행위는 집합건물의 보존행위에 해당하므로 구분소유자가 당연히 보존행위의 일환으로 하자보수청구를 할 수 있어야 한다는 점, 집합건물법 제25조가 관리인으로 하여금 공용부분의 보존을 위한 행위를 할 수 있도록 하고 있어 관리인이 공용부분의 보존을 위한 행위로서 분양자에게 하자보수 요구 등 담보책임을 추급할 경우 구체적인 하자담보추급권의 내용은 집합건물법 제9조에 의하여 정하여지게 될 것인바, 집합건물의 구분소유자가 할 수 있는 전유부분의 보존을 위한 행위에도 마찬가지로 하자담보추급권의 행사가 포함된다고 보아야 하고 그 내용은 역시 집합건물법 제9조에 의하여 정하여지게 될 것이라는 점 등에 비추어 보면, 집합건물법 제9조에 의한 하자담보추급권은 집합건물의 수분양자가 집합건물을 양도한 경우 양도 당시 양도인이 이를 행사하기 위하여 유보하였다는 등의 특별한 사정이 없는 한[30] 현재의 집합건물의 구분소유자에게 귀속한다고 보아야 할 것이다."[31] 집합건물의 실제 관리관행상으

---

[30] 양도자가 소 제기를 통하여 하자담보추급권을 행사하였다는 사정만으로 양도 당시 하자담보추급권을 행사하기 위하여 유보하였다고 보기 어렵다: 대법원 2016. 7. 22. 선고 2013다95070 판결.

[31] 대법원 2003. 2. 11. 선고 2001다47733 판결; 대법원 2003. 11. 14. 선고 2002다2485 판결; 대법원 2004. 1. 27. 선고 2001다24891 판결; 대법원 2006. 10. 26. 선고 2004다17993 판결; 대법원 2008. 12.

로 보아도 매도인은 더 이상 매도한 건물의 하자관계로 권리행사를 할 뜻이 없음
이 보통이고, 매도가격이 하자의 존재를 전제로 하여 포괄적으로 산정되므로 매
매 당시 하자의 정도가 커서 이를 매도가격에서 명백히 감안하여 감액한 경우 이
외에는 하자담보청구권도 매매목적에 당연히 포함하여 매도하는 것이 당사자들
의 의사에 합치된다고 할 것이므로 이 판결의 결론은 타당하다.[32]

　　다만 하자담보추급권이 아닌 권리는 전득자에게 당연히 귀속되지는 않는다.[33]

Ⅵ. 집합건물에 관한 하자담보책임기간

1. 법적 성격

(1) 제척기간

　　민법 제670조, 제671조에 규정된 하자담보책임기간에 대해서는 학설과 판례
가 모두 이를 제척기간으로 보되, 재판상 또는 재판 외의 권리행사기간으로 해석
하고 있다.[34] 집합건물법은 민법을 준용하므로 마찬가지로 본다.

　　이에 대하여 제척기간으로 보면서도 다른 제척기간들, 예컨대 취소권 행사의
제척기간(민법제146조), 점유회수청구권 행사의 제척기간(민법 제204조 제3항), 사해행위취소권 행사의
제척기간(민법 제406조 제2항), 동의 없는 혼인의 취소청구권 행사의 제척기간(민법 제819조), 재산분할
청구권 행사의 제척기간(민법 제839조의2 제3항) 등과는 성격을 달리하여 권리행사기간으로서의
성격뿐만 아니라 수급인이 그 기간 내에 발생한 하자에 대하여 담보책임을 부담

---

11. 선고 2008다12439 판결; 대법원 2009. 3. 12. 선고 2008다76020 판결.

32) 집합건물이 아닌 일반 건물의 전득자는 어떻게 할 것인가? 집합건물법 제9조와 같은 특별규정이 없으므로 전득자는 아무런 계약상 관계가 없는 수급인에 대하여 하자담보청구권을 행사할 수가 없다. 따라서 전득자는 건설공사 도급인인 매도인을 대위하여 하자담보청구권을 행사할 수 있는지가 문제된다. 전득자는 매도인에 대하여 매도인의 하자담보책임상 손해배상청구권을 가지고 있으므로 이를 채권자대위권의 피보전권리로 삼을 수 있다. 이 경우 매도인의 무자력요건을 갖추기가 어려우므로 전통적인 이론상으로는 채권자대위권을 행사할 수 없다고 하겠지만, 특정 채권의 보전을 위하여 채무자의 무자력을 요건으로 할 필요가 없는 때에는 예외를 인정하여야 한다. 따라서 이 경우에는 채무자의 무자력과 상관없이 개별적인 채권확보 필요성이 있으므로 이는 채권자대위권의 요건으로 볼 수 없고, 전득자는 건축을 한 수급인을 상대로 매도인을 대위하여 하자담보청구권을 행사할 수 있다고 보아야 할 것이다.

33) 표시·광고의 공정화에 관한 법률상 허위·과장광고로 인한 손해배상청구권에 대하여는, 아파트 수분양자가 수분양자의 지위를 제3자에게 양도하였다는 사정만으로 그 양수인이 당연히 위 손해배상청구권을 행사할 수는 없고, 다만 양수인이 수분양자 지위를 양도받으면서 거짓·과장광고로 인한 손해를 입었다는 특별한 사정이 있는 경우에만 양수인이 그 손해배상청구권을 행사할 수 있다: 대법원 2015. 7. 23. 선고 2012다15336 판결.

34) 대법원 1990. 3. 9. 선고 88다카31866 판결; 대법원 2000. 6. 9. 선고 2000다15371 판결.

한다는 의미도 있으므로 하자발생기간으로서의 성격도 겸유하고 있다는 견해가 있다.[35] 그러나 권리행사기간으로 볼 아무런 근거가 없어서 이 주장은 받아들이기 어렵다.

(2) 기산점

제척기간의 기산점은 목적물의 인도시 또는 사용승인일이 됨이 법문상(집합건물법 제9조의 2 제2항) 명백하다.[36]

2. 소멸시효와의 관계

위 기간이 제척기간이라고 하더라도 하자담보청구권 자체의 소멸시효는 별개로 진행된다.[37]

집합건물법에 의한 하자보수에 갈음하는 손해배상청구권의 소멸시효기간에 관하여 대법원은 "집합건물의 소유 및 관리에 관한 법률 제9조는 건축업자 내지 분양자로 하여금 견고한 건물을 짓도록 유도하고 부실하게 건축된 집합건물의 소유자를 두텁게 보호하기 위하여 집합건물 분양자의 담보책임에 관하여 민법상 도급인의 담보책임에 관한 규정을 준용하도록 함으로써 분양자의 담보책임의 내용을 명확히 하는 한편 이를 강행규정화한 것으로서, 같은 조에 의한 책임은 분양계약에 기한 책임이 아니라 집합건물의 분양자가 집합건물의 현재의 구분소유자에 대하여 부담하는 법정책임이므로 이에 따른 손해배상청구권에 대하여는 민법 제162조 제1항에 따라 10년의 소멸시효기간이 적용된다"고 판시하였다.[38]

이 경우 소멸시효기간의 기산점이 문제된다. 이에 대하여 ① 하자의 발생시점부터 기산되어야 한다는 견해,[39] ② 하자발생을 안 때부터 기산되어야 한다는

---

35) 이환승, "개정주택법의 적용범위 및 하자보수에 갈음하는 손해배상청구권의 소멸시효기간,"『대법원판례해설』77호.

36) 전유부분의 경우는 인도받은 날부터, 공용부분의 경우에는 사용승인일부터 책임기간이 경과하는 것으로 규정하고 있는데, 전유부분의 경우에는 세대마다 인도받은 날을 파악하여야 하고 존재하는 하자의 발생시점도 구분해야 하는바, 상당한 어려움이 있다. 위와 같은 규정 형태는 법리상으로는 타당하지만, 집단적 소송의 형태를 띠고 있는 하자소송의 실무에는 적합하지 않다. 사용승인일로 통일하는 것이 실상에 맞을 것 같다.

37) 제척기간은 일정한 권리에 관하여 법률이 예정하는 존속기간으로서 제척기간이 만료되면 그 권리가 소멸한다. 이 점에서 제척기간은 소멸시효와 동일하지만, 권리소멸에 소급효가 없는 점, 시효중단제도가 없어서 제척기간 내에 권리행사가 있어도 제척기간의 갱신이 일어나지 않는 점, 시효이익의 포기가 인정되지 않는 점 등에서 차이가 난다.

38) 대법원 2008. 12. 11. 선고 2008다12439 판결; 대법원 2009. 5. 28. 선고 2009다9539 판결.

39) 대법원 2009. 2. 26. 선고 2007다83908 판결.

견해, ③ 공동주택관리법상의 하자책임기간이 경과한 날부터 기산되어야 한다는
견해,[40] ④ 제척기간 내에 권리를 행사하면 하자보수청구권이 보전되고 일단 보전
된 권리는 그때부터 소멸시효가 진행한다는 견해가[41] 있다. 원칙적으로 하자가 발
생한 때부터 소멸시효가 진행한다고 보는 것이 타당할 것이다. 공동주택관리법상
하자발생기간이 경과하면 아예 하자담보책임 대상이 되지 아니하므로 하자발생
시점이 불명확한 경우에는 공동주택관리법상 하자발생기간이 경과한 때를 소멸
시효의 기산점으로 잡는 ③ 입장이 타당성이 있다. 또한 하자가 건물의 인도 당시
부터 이미 존재하고 있는 경우에는 인도받은 날로부터 소멸시효가 진행된다고 볼
것이다.

하자가 발생하였음에도 하자보수요구 등 권리행사를 하지 아니하다가 제척
기간을 도과하면 소멸시효가 완성되기 전이라도 권리를 행사할 수 없게 된다. 경
우에 따라서는 제척기간 도과 이후에 하자가 발생하여 소멸시효가 문제되지 않은
경우도 있을 수 있다. 대부분은 제척기간이 소멸시효기간보다 기산점이나 기간상
먼저 경과되게 되므로 법률상 충돌 문제는 거의 생기지 않는다. 이에 관하여 소멸
시효가 완성된 이후에는 제척기간이 도과되지 않았더라도 권리행사를 할 수 없다
는 주장도 있다.[42]

도급인이 제척기간 내에 일단 하자보수청구를 하면 도급인의 이 권리는 제척
기간의 제한에서 벗어나고 제척기간 경과 이후라도 하자보수청구나 손해배상 등
일체의 권리행사를 할 수 있다. 그 후 소멸시효가 완성되면 도급인의 위 권리가 소
멸됨은 당연하다.[43]

---

40) 대전고등법원 2007. 11. 22. 선고 2007나994 판결 등 일부 하급심판례에서 취하고 있는 견해이다.
41) 김도균, "아파트 분양자의 하자담보책임과 대한주택보증주식회사의 하자보수보증," 서울지방법원 남부지원 실무연구Ⅲ.
42) 『민법주해』 14권(채권 7), 394면. 이는 매수인의 하자담보청구권에 관한 논의로서 민법 제573조상 선의 매수인의 위 권리는 사실을 안 날로부터 1년 이내에 행사하여야 하는바, 매수인이 이를 알지 못하면 제척기간이 진행되지 못하므로 제척기간 경과 이전에 소멸시효가 완성되는 경우가 있을 수 있다.
43) 저자의 글, "집합건물의 하자담보책임에 관한 실무상 쟁점," 『저스티스』(2003. 6.), 69면 중 "위 기간 내에 도급인이 하자보수청구를 하면 하자보수청구권이 발생하고 이 권리(손해배상청구권 포함)는 다시 소멸시효 대상이 되어 그때부터 소멸시효가 진행하게 된다"는 부분은 위 본문과 같이 수정한다.

3. 입주자대표회의와 관련된 문제

⑴ 입주자대표회의의 하자보수청구와 제척기간

입주자대표회의가 공동주택을 건축·분양한 사업주체에 대하여 공동주택관리법상 하자보수청구를 하였다고 하여 이를 입주자대표회의가 구분소유자들을 대신하여 하자담보추급권, 즉 하자보수에 갈음한 손해배상청구권을 행사한 것으로 볼 수는 없다. 또한 사업주체가 입주자대표회의에 대하여 공동주택관리법에 의한 하자보수책임을 승인하였다고 하더라도, 이로써 사업주체가 구분소유자들에 대하여 집합건물법상의 하자담보책임까지 승인하였다고 볼 수도 없다.[44]

집합건물법상 구분소유자의 하자담보추급권과 공동주택관리법상 입주자대표회의의 하자보수청구권은 근거 법령과 입법 취지 및 권리관계의 당사자와 책임 내용 등이 서로 다른 전혀 별개의 권리이기 때문이다. 따라서 입주자대표회의의 하자보수청구에는 집합건물법상의 제척기간이 적용되지 않는다.[45]

하지만 입주자대표회의가 구분소유자들로부터 하자담보추급권의 행사를 위임받았음을 명백히 하면 구분소유자들의 하자담보청구권 등 권리행사를 대리한 것으로 볼 수 있고, 이 경우에는 위의 제척기간이 적용된다.[46]

⑵ 입주자대표회의에게 채권양도한 경우

입주자대표회의가 자신에게 집합건물법상의 하자보수에 갈음하는 손해배상청구권이 있음을 전제로 손해배상청구소송을 제기하였다가, 위 권리가 없음을 알게 되어 소송 도중에 구분소유자들로부터 손해배상청구권을 양도받고, 양수금청구로 청구취지 및 청구원인을 변경하는 경우가 실무상 종종 있다.

---

44) 대법원 2011. 3. 24. 선고 2009다34405 판결.
45) 대법원 2013. 2. 28. 선고 2010다65436 판결.
46) 구분소유자의 하자담보추급권과 입주자대표회의의 하자보수청구권의 법적 성격이 다른 것은 명백하지만, 양자의 권리행사를 대법원 판결처럼 엄격히 구분하는 것은 의문의 여지가 있다. 하자의 발생이라는 사실은 하나이고, 그 보수를 요구하는 행위 역시 한번 행하면 되는 것이지, 권리주체가 입주자대표회의와 구분소유자로 나뉜다고 하여 하자보수요구를 별도로 해야 한다는 것은 현실을 무시한 요구 아닐까. 실제로 아파트에서 하자 문제 처리를 하는 실무는 입주자대표회의가 입주자들로부터 하자신고를 받아 분양자에게 하자보수청구를 하는 것이 대부분이다. 이 경우에 입주자는 자신의 하자보수청구를 하고 있는 것으로 믿고 별도의 권리행사를 할 생각을 하지 못한다. 구분소유자가 입주자대표회의에게 하자신고를 하는 등 묵시적으로 하자보수청구권한을 위임하였다고 볼 여지가 있으면 이를 넓게 해석하는 것이 옳을 것이다. 법원의 현실적 해석이 기대된다.

이 경우에 양도받은 손해배상청구권의 최초 행사시점을 언제로 볼 것인가? 대법원은 입주자대표회의가 처음 제기한 소는 권리가 없는 자가 한 것이어서 권리행사로 볼 수 없고, 구분소유자들이 별도의 손해배상청구권을 행사하였다는 사정이 없는 한, 입주자대표회의가 위 권리를 양수하여 양수금청구를 구하는 취지로 소변경서면을 제출한 때에 비로소 위 권리를 행사한 것으로 보아야 한다고 판시하였다.[47] 따라서 위 소변경서면 제출일로부터 역산하여 10년 내에 건물이 인도된 것이 아니라면 하자담보추급권은 제척기간 만료로 소멸하였다고 볼 것이다.

구분소유자가 입주자대표회의에게 채권양도를 하고 이를 분양자에게 통지한 경우에 위 통지한 행위를 권리행사로 볼 수 있을까? 대법원은 채권양도의 통지는 양도인이 채권이 양도되었다는 사실을 채무자에게 알리는 것에 그치는 행위이므로, 위 채권양도통지만으로 제척기간 준수에 필요한 권리의 재판외 행사에 해당한다고 할 수 없다고 판시하였다.[48] 다만 채권양도통지에 채권양도의 사실을 알리는 것 외에 이행을 청구하는 뜻이 별도로 덧붙여지면 권리행사로 볼 수도 있을 것이다.

(3) 채권양도통지와 소멸시효

반면에 소멸시효에 관하여는 채권양도통지가 시효중단의 효력을 갖는다. 대법원은 "입주자대표회의가 자신의 권원에 기한 손해배상청구소송 계속 중에 양수금청구로 청구원인을 변경하면 이는 소의 추가적 혹은 교환적 변경으로서 위 변경신청서를 법원에 제출한 시점에 소제기의 효과가 발생하여 양수금청구의 소멸시효가 중단된다고 할 것이다. 한편, 최고는 6월 내에 재판상의 청구 등을 하면 시효중단의 효력이 있으므로, 소송 계속 중 입주자대표회의가 구분소유자들로부터 손해배상청구권을 양수하고 채권양도통지를 함으로써 최고의 효력이 생기고 그 통지시점으로부터 6월 이내에 청구취지 및 원인 변경신청서가 법원에 제출된 경우라면 위 채권양도통지 시점에 시효중단의 효력이 생겼다고 볼 수 있을 것이다"라고 판시하였다.[49] 관념의 통지인 채권양도통지를 최고로 보아 시효중단이 되었다고 본 것이다.

---

47) 대법원 2009. 5. 28. 선고 2008다86232 판결; 대법원 2009. 6. 11. 선고 2008다92466 판결; 대법원 2010. 1. 14. 선고 2008다88368 판결.
48) 대법원 2012. 3. 22. 선고 2010다28840 전원합의체 판결.
49) 대법원 2009. 2. 26. 선고 2007다83908 판결; 대법원 2011. 3. 10. 선고 2010다27229 판결.

4. 하자담보책임기간의 단축특약

민법상 하자담보책임규정 중 건축물에 대한 도급인의 해제권 배제규정(민법 제668조단서)을 제외한 나머지는 모두 임의규정이고, 그 면제의 특약도 가능하므로(민법제672조) 담보책임기간을 단축하는 특약도 가능하다. 판례도 같은 입장이다.[50]

다만 담보책임기간을 단축하는 등 법에 규정된 담보책임을 제한하는 약정을 한 경우에도, 수급인이 알고 고지하지 아니한 사실에 대하여 그 책임을 제한하는 것이 신의성실의 원칙에 위배된다면 민법 제672조의 취지를 유추하여 그 사실에 대하여는 담보책임이 제한되지 않는다고 보아야 한다.[51]

분양된 집합건물에 대하여는 분양계약상 민법보다 수분양자에게 불리한 하자담보책임의 감면특약은 효력이 없으므로(집합건물법 제9조 제4항) 그 효력이 문제된다. 분양계약상 정한 기간은 대부분이 민법의 5년 내지 10년보다 짧게 규정되어 있으므로 모두 무효가 된다는 설, 특약이 우선한다는 설이 있다. 반대로 당사자 사이에서 하자담보책임기간을 법규정보다 연장하는 것은 당연히 가능하다.

5. 개정 전 집합건물법 제9조의 합리적 해석

2013. 6. 19. 시행된 현행 집합건물법 제9조의2는 건물의 주요구조부 및 지반공사의 하자는 하자담보책임기간을 10년, 그 이외의 하자는 하자의 중대성, 내구연한, 교체가능성 등을 고려하여 5년의 범위에서 대통령령으로 정하도록 하고 있다. 집합건물법 시행령 제5조는 공사종류에 따라 2년 내지 5년의 책임기간을 규정하고 있어서 합리적인 처리가 가능하다. 그러나 개정 전의 집합건물법 제9조 및 이에 의하여 준용되는 민법 제671조에는 이러한 하자담보책임기간이 세분화되어 있지 않고, 건축물의 하자는 그 담보책임기간이 10년으로 규정되어 있어서 적지 않은 문제가 발생한다. 개정 집합건물법이 적용될 수 없는 집합건물이 많이 있으므로 이런 건물의 하자담보책임기간에 대하여는 해석론에 의하여 해결하여야 할 것이다. 저자의 소견으로는 개정법과 같은 취지의 규정이 없더라도 건축물에 발생한 하자의 본질 또는 성상에 따라 다음과 같은 근거로 위 기간을 합리적으로 정할 수 있다고 본다.

---

50) 대법원 1967. 6. 27. 선고 66다1346 판결.
51) 대법원 1999. 9. 21. 선고 99다19032 판결.

첫째, 민법이 건물 기타 공작물에 장기의 하자담보책임기간을 정한 이유는 건물에 발생한 하자의 발견이 어렵고 상당한 기간이 지나야 비로소 발현되는 경우가 많은 점, 하자의 영향이 중대하여 건물의 안전성을 위하여 장기적 관리 필요성이 있는 점에 있다. 따라서 건물의 주요 부분이 아닌 표면적이고 소모되기 쉬운 부분은 오히려 하자가 조기에 발생하며 장기적인 관리 필요성도 없어서 책임기간을 단기간으로 정할 필요성이 더 크다. 하자를 물건의 성상에 따라 세 가지로 나누어 ① 구조상 문제 즉 기둥, 구조 벽체, 고강판 강재, 철골구조 등 복잡한 계산이나 시공을 요하는 경우, 즉 구조상 하중에 관련하여 도괴, 균열 등이 발생하는 경우는 5년, ② 표면에 침출하는 누수, 우수, 지하수 기초 부분의 하자 및 건물 표면상의 문제로서 통상의 관리로서 제거할 수 있는 경우는 2년, ③ 각 부분의 제품상 차이 등 그 이외의 경미한 문제 등은 1년으로 하자는 주장은 음미할 만하다.[52]

둘째, 여러 가지 물건이 결합하여 이루어진 총합적인 물건에서 각 구성 부분의 하자담보책임은 별개로 구분하는 것이 합리적이다. 법률상 1개의 물건을 이룬다고 하더라도 각 구성 부분이 독립적인 기능을 하고 교체나 분리 등이 가능하다면 이는 별도로 취급하는 것이 공평하기 때문이다.[53] 건물이라는 이유만으로 모든 부분에 획일적으로 동일한 담보책임기간을 적용하는 것은 과잉보상에 해당한다. 자동차 부품상 하자담보기간이 다양한 것이 그 예이다.

셋째, 민법을 제외한 주요 하자관련법령과 건설실무관행이 건물의 부분에 따라 다양한 하자발생기간을 구분하고 있으므로 그 취지에 부합하는 해석을 할 필요가 있다. 그렇게 하지 아니하면 단독주택의 경우 앞서 본 바와 같이 등록 건설업자가 건축한 건축물에 대하여는 건설산업기본법상의 하자담보책임기간이 적용됨에 반하여, 건설사업자가 아닌 영세업자가 건축한 경우에는 민법상 하자담보책임기간이 적용되어 오히려 전자 보다 더 장기로 된다는 모순이 발생한다.

이렇게 보면 민법 제671조 제1항상 '건물 기타 공작물의 하자'는 건물 중 물리적인 분리나 교체, 개별적 보수가 불가능한 부분의 하자를 뜻하고 이는 결국 건물의 '주요 부분에 발생한 하자'를 뜻한다고 하겠다. 교체가 가능한 부분은 건물 자체의

---

52) 이 주장은 독일의 M Boots가 행한 건축물하자에 대한 실태조사를 기초로 한 실증적 연구를 기초로 한 것이다. 특히 건축관계소송에서야말로 추상적 이론을 떠나 현실에 알맞은 실증적 연구가 필요하다고 한다. 栗田哲男, 現代民法研究(1)『請負契約』, 信山社 1997, 446면.
53) 일본에서는 이러한 학설을 部位別說이라고 하여 荒井 등 여러 학자들이 주장하고 있다. 栗田哲男, 앞의 책, 157면 이하에 자세한 설명이 있다.

하자에 포함시킬 것이 아니라 하자책임의 적용 대상에서 제외시킬 필요가 있다고 본다. 또한 민법상 건축물의 하자는 법 규정상 원래 성상이 최소한 5년이나 10년 동안은 사용하는데 지장이 없는 것임을 전제로 하는 것인데 내구연한이 그 기간보다 짧은 부분은 본질적으로 위 기간 동안의 존속을 전제로 하지 않으므로 물질의 성상 자체상 위 법규정에 포함될 수 없다고 보아야 할 것이다. 내구연한을 초과하는 하자 담보책임기간이란 것은 법규정상 불가능한 것을 전제로 한 것으로 당연 무효이기 때문이다.

그렇다면 내용분리나 교체, 개별적인 보수가 가능한 부분, 즉 건물의 주요부 분 이외에서 발생한 하자는 일반적인 물건의 하자로 보아 특별한 사정이 없는 한 제670조 제1항의 1년의 담보기간에 해당된다고 하겠다. 또한 개정 집합건물법 시 행령상 2년 내지 5년으로 하자책임기간을 인정한 것은 건축기술상 내구연한, 보수 필요성 등을 종합하여 정한 것이라고 할 것인바, 특별한 법률 규정이 없더라도 이 에 해당하는 부분의 내구연한은 위 시행령상의 해당 기간이라고 보아 민법상 하 자담보책임기간도 위 기간 범위로 인정하는 것이 합리적일 것이다. 즉 개정 집합 건물법상 하자담보책임기간이 물질의 성상에 따른 표준적인 내구연한이 될 수 있 다는 것이다. 이런 해석이 일률적으로 10년의 제척기간을 인정하는 것보다 훨씬 합리적일 것이다.

6. 하자에 관한 각종 기간(분양자의 책임을 중심으로)

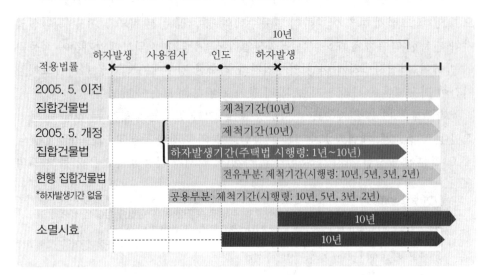

Ⅶ. 집합건물 완공 전의 건축물에 대한 담보책임

집합건물이 완공되지 아니한 때에도 집합건물법 제9조가 분양자와 수분양자 사이에 적용되는가가 논의된다. 완성된 건축물이 아니라도 완성 전의 성취된 부분에 하자가 있으면 도급인은 수급인에 대하여 상당한 기간을 정하여 하자의 보수를 청구할 수 있으므로(민법 제667조 제1항) 이 논의는 실익이 있다. 구분소유관계가 성립되기 전에는 위 규정이 적용될 수 없다는 설, 그 이전에도 집합건물법 제9조를 적용하되, 위 규정의 취지상 매매의 담보책임과 도급의 담보책임이 경합적용된다는 설이 있다.[54]

집합건물법 제9조의 법적 성격상 구분소유권을 취득한 소유자와 분양자 사이의 관계에서만 위 규정이 적용되므로 구분소유권 취득 전에는 적용할 수 없다고 볼 수도 있으나, 위 규정의 취지에 비추어 볼 때 위 규정은 오히려 집합건물을 분양한 자의 책임을 포괄적으로 정한 것으로 보아야 하므로 구분소유권 성립 이전에도 수분양자를 보호할 필요가 있으면 위 조항에 의하여 도급계약상 수급인의 담보책임을 적용하여야 한다고 본다.[55]

Ⅷ. 수분양자의 계약해제권의 인정 여부

수급인의 담보책임에 관하여 민법 제668조는 완성된 건물에 하자로 인하여 계약의 목적을 달성할 수 없는 경우에도 도급인은 계약을 해제할 수 없다고 규정하고 있다. 해제로 인하여 완성된 건물을 철거한다면 수급인의 피해가 막대하고 사회경제적 손실도 크기 때문에 이를 막고자 하는 데 입법취지가 있다. 집합건물의 수분양자도 위 규정에 따라 분양계약을 해제할 수 없는가?

집합건물의 분양자가 전문적 대기업임에 반하여 수분양자는 당해 건물을 주요 재산으로 갖는 경제적 약자에 불과한 경우가 많으므로 분양건물의 하자가 중대하여 계약의 목적을 달성할 수 없을 때에는 수분양자의 보호필요성은 일반 건

---

54) 박종두, 앞의 글, 74면.
55) 제9조 제1항의 문면상 "건물을 건축하여 분양한 자"라고 하여 이것이 반드시 건물을 완공한 자를 뜻한다고 볼 수는 없고 '건축예정 및 분양'의 뜻도 포함한 것으로 보는 것이 자연스럽다.

축계약과 차원을 달리한다. 따라서 아파트나 상가의 건축이 장기간 중단되거나 분양자가 도산하였을 때 수분양자의 보호를 위하여 해제권을 인정하여야 한다.

즉, 분양계약이 혼합계약으로서 매매의 성질을 갖고 있는 점, 집합건물법 제9조 제2항이 분양자의 담보책임특약이 민법상 규정보다 매수인(수분양자)에게 불리하게 된 경우는 무효로 하는 점 등을 근거로 하여 민법 제668조 단서의 규정은 집합건물법 제9조의 준용대상에서 빠진다고 해석하는 것이 바람직하다고 본다. 분양계약이 매매의 성질을 갖고 있다는 입장에서는 해제권은 당연히 성립한다. 대법원 2003. 11. 14. 선고 2002다2485 판결도 같은 취지이다. "집합건물법 제9조 제1항이 적용되는 집합건물의 분양계약에 있어서는 민법 제668조 단서가 준용되지 않고 따라서 수분양자는 집합건물의 완공 후에도 분양목적물의 하자로 인하여 계약의 목적을 달성할 수 없는 때에는 분양계약을 해제할 수 있다."

제4절 주택법 및 공동주택관리법상의 하자관계책임

I. 법령의 내용[56]

1. 주택건설촉진법 및 공동주택관리령[57] [58](2003. 11. 29. 이전)

제38조(공동주택의 관리) ① 공동주택 및 부대시설, 복리시설의 소유자·입주자·사용

---

56) 법령의 개정이 여러 차례 있었기 때문에 아래에서는 각 법령이 제정 또는 개정된 해의 연도를 따서 '2005년 주택법' 등으로 약식 표기한다.

57) 집합건물법과 주택건설촉진법의 관계가 항상 문제되었다. 집합건물법은 집합건물의 구분소유 및 관리를 규율하기 위하여 1984. 4. 10. 법률 제3725호로 제정되었는데, 주택건설촉진법은 이미 1972. 12. 30. 법률 제2409호로 제정되어 시행되고 있었다. 그런데 후자는 주택의 건설과 공급을 촉진하기 위한 주택공급방법, 주택조합의 설립 등 행정적인 규제 뿐 아니라 공동주택의 관리에 관한 시행령인 공동주택관리령을 통하여 공동주택의 소유자들의 권리내용과 관리방법, 하자보수에 관하여 규정함으로써 집합건물법과 모순 내지 부조화현상이 나타났다. 따라서 사법적 시각에서 제정된 집합건물법과 공, 사법성격이 혼용된 주택건설촉진법 사이의 충돌을 피하기 위하여 집합건물법은 제정 당시부터 부칙 제6조에 "집합주택의 관리방법과 기준에 관한 주택건설촉진법의 특별한 규정은 그것이 이 법에 저촉하여 구분소유자의 기본적인 권리를 해하지 않는 한 효력이 있다"고 규정하여 실질적으로 주택건설촉진법의 우선적용을 선언하게 되었다.

58) 공동주택의 관리에 관한 입법례는 구분소유자들이 단체를 형성하여 그 단체에 관리권한을 부여하는 방식(프랑스, 미국)과 구분소유자들이 단체를 형성하지 않고 특정인을 선임하여 관리권한을 위임하는 방식(독일, 일본)으로 나뉜다[김준호, 『건물구분소유권법』(대왕사, 1984), 29면 이하]. 우리 집합건물법은 관리단이 당연 설립된다는 점에서는 전자와, 관리인이 관리권한을 사실상 행사한다는 점에서 후자와 유사하다. 한걸음 더 나아가 우리 주택건설촉진법 및 공동주택관리령은 입

자·입주자대표회의 및 관리주체는 대통령령이 정하는 바에 의하여 이를 관리하여야 한다.

⑭ 사업주체(건축법 제8조의 규정에 의하여 건축허가를 받아 분양을 목적으로 하는 공동주택을 건축한 건축주를 포함한다)는 대통령령이 정하는 바에 의하여 공동주택의 하자를 보수할 책임이 있다.

⑮ 사업주체(건설산업기본법 제28조의 규정에 의하여 하자담보책임이 있는 자가 따로 있는 경우에는 그 자를 말한다)는 대통령령이 정하는 바에 따라 하자보수보증금을 예치하여야 한다.

⑯ 사업주체와 건축주는 공동주택의 내력구조부에 중대한 하자가 발생한 때에는 10년의 범위 내에서 이를 보수하고, 그로 인한 손해를 배상할 책임이 있다.

공동주택관리령 제16조(사업주체의 하자보수) ① 공동주택 등에 대한 하자보수기간은 사용검사일부터 주요시설인 경우에는 2년 이상, 그 외의 시설인 경우에는 1년 이상으로 하되, 하자보수대상인 주요시설 및 범위에 따른 기간은 별표 7과 같다.

② 제1항의 규정에 의한 기간 내에 공동주택 등의 하자가 발생한 때에는 입주자, 입주자대표회의 또는 관리주체는 사업주체에 대하여 그 하자의 보수를 요구할 수 있으며, 사업주체는 3일 이내에 이를 보수하거나 보수일정을 명시한 하자보수계획을 입주자대표회의 등에게 통보하여야 한다.

2. 2003년 주택법(2003. 11. 30.~2005. 5. 25.)

주택건설촉진법은 2003. 5. 29. 폐지되어 주택법으로 전면 개정되었고, 이에 따라 공동주택관리령 역시 주택법 시행령으로 개정되었다. 그러나 하자책임에 관한 내용은 법조문의 정리만 되었을 뿐이고 내용상 차이는 없다.

제46조(하자보수) ① 사업주체(건축법 제8조의 규정에 의하여 건축허가를 받아 분양을 목적으로 하는 공동주택을 건축한 건축주 및 제42조 제2항 제2호의 행위를 한 시공자를 포함한다)는 대통령령이 정하는 바에 의하여 공동주택의 하자를 보수할 책임이 있다.

③ 공동주택의 내력구조부의 중대한 하자가 발생한 때에는 사용검사일로부터 10년의 범위 내에서 이를 보수하고, 그로 인한 손해를 배상할 책임이 있다. 이 경우 구조별 하자보수기간과 하자의 범위는 대통령령으로 정한다.

주자대표회의와 관리주체라는 독특한 개념을 창안하여 이원적 관리체계를 구성하고 있는데, 개념이 불확실하여 해석상 많은 문제점을 낳고 있다. 주택의 공법적 면은 주촉법에, 권리관계를 포함한 사법적 측면은 모두 집합건물법에 집중하여 규율하는 것이 바람직하다고 본다.

주택법 시행령 제59조(사업주체의 하자보수) ① 법 제46조 제1항의 규정에 의하여 사업 주체가 보수책임을 부담하는 하사의 범위, 시설구분에 따른 하사보수책임기산 등은 별표 6과 같다.

② 입주자·입주자대표회의·관리주체 또는 집합건물법에 의하여 구성된 관리단은 제1항의 규정에 의한 하자보수책임기간 내에 공동주택의 하자가 발생한 경우에는 사업주체에 대하여 그 하자의 보수를 요구할 수 있다.

3. 2005년 주택법(2005. 5. 26. ~2013. 6. 18.)

공동주택의 하자담보책임에 관하여 주택법이 집합건물법 보다 우선하는 내용의 집합건물법 부칙 제6조의 단서와 함께 주택법이 개정되었다. 그러나 이 개정으로 인하여 두 법률의 해석이 불가능할 정도로 문제가 더 복잡해졌다. 개정된 주택법 부칙 제3조는 2008. 7. 31. 헌법재판소의 위헌결정에 의하여 무효로 되었다.

제46조(담보책임 및 하자보수 등) ① 사업주체(건축법 제11조의 규정에 의하여 건축허가를 받아 분양을 목적으로 하는 공동주택을 건축한 건축주 및 제42조 제2항 제2호의 행위를 한 시공자를 포함한다. 이하 이 조에서 같다)는 건축물분양에 따른 담보책임에 관하여 민법 제667조 내지 제671조의 규정을 준용하도록 한 집합건물의 소유 및 관리에 관한 법률 제9조의 규정에 불구하고 사용검사일(주택단지 안의 공동주택의 전부에 대하여 임시사용승인을 얻은 경우에는 그 임시사용승인일을 말한다) 또는 건축법 제22조의 규정에 의한 공동주택의 사용승인일부터 공동주택의 내력구조부별 및 시설공사별로 10년 이내의 범위에서 대통령령이 정하는 담보책임기간 안에 공사상 잘못으로 인한 균열·침하·파손 등 대통령령으로 정하는 하자가 발생한 때에는 공동주택의 입주자 등 대통령령이 정하는 자의 청구에 따라 그 하자를 보수하여야 한다.

③ 사업주체는 제1항의 규정에 의한 담보책임기간 안에 공동주택의 내력구조부에 중대한 하자가 발생한 때에는 하자발생으로 인한 손해를 배상할 책임이 있다.

부칙 제3조(담보책임 및 하자보수에 관한 경과조치) 이 법 시행 전에 주택법 제29조의 규정에 의한 사용검사 또는 건축법 제18조의 규정에 의한 사용승인을 얻은 공동주택의 담보책임 및 하자보수에 관하여는 제46조의 개정규정을 적용한다. [헌법재판소의 위헌 결정으로 무효가 됨]

주택법 시행령 제59조(사업주체의 하자보수) ① 법 제46조 제1항의 규정에 의하여 사업주체(동조 제2항 본문의 규정에 의한 사업주체를 말한다. 이하 이 조와 제60조 및 제61조에서 같다)가 보수책임을 부담하는 하자의 범위, 내력구조부별 및 시설공사별 하자담보책임기간 등은 별표 6 및 별표 7과 같다.

② 법 제46조 제1항에서 "공동주택의 입주자 등 대통령령이 정하는 자"라 함은 입주자·입주자대표회의·관리주체 또는 집합건물의 소유 및 관리에 관한 법률에 의하여 구성된 관리단(이하 이 조에서 "입주자대표회의등"이라 한다)을 말한다.

③ 입주자대표회의등은 제1항의 규정에 의한 하자담보책임기간 내에 공동주택의 하자가 발생한 경우에는 사업주체에 대하여 그 하자의 보수를 요구할 수 있다. 이 경우 사업주체는 하자보수요구를 받은 날(제4항의 규정에 의하여 하자판정을 하는 경우에는 그 판정결과를 통보받은 날을 말한다. 이하 제6항에서 같다)부터 3일 이내에 그 하자를 보수하거나 보수일정을 명시한 하자보수계획을 입주자대표회의 등에 통보하여야 한다.

4. 2013년 주택법(2013. 6. 19. ~ 2016. 8. 11.)

공동주택의 담보책임에 관하여 주택법이 우선하도록 한 집합건물법 부칙 제6조 단서가 삭제됨으로써 집합건물법이 하자담보책임에 관한 기본법이 되었고 주택법은 주택관리차원의 하자책임을 규정한 것으로 정리되었다.

제46조(담보책임 및 하자보수 등) ① 사업주체(건축법 제11조에 따라 건축허가를 받아 분양을 목적으로 하는 공동주택을 건축한 건축주 및 제42조 제2항 제2호에 따른 행위를 한 시공자를 포함한다)는 건축물 분양에 따른 담보책임에 관하여 전유부분은 입주자에게 인도한 날부터, 공용부분은 공동주택의 사용검사일 또는 건축법 제22조에 따른 공동주택의 사용승인일부터 공동주택의 내력구조부별 및 시설공사별로 10년 이내의 범위에서 대통령령으로 정하는 담보책임기간에 공사상 잘못으로 인한 균열·침하(沈下)·파손 등 대통령령으로 정하는 하자가 발생한 경우에는 해당 공동주택의 다음 각호의 어느 하나에 해당하는 자의 청구에 따라 그 하자를 보수하여야 한다.
4호. 집합건물의 소유 및 관리에 관한 법률에 따른 관리단[59]

5. 2016년 공동주택관리법(2016. 8. 12. ~ 2017. 10. 19.)

기존 주택법은 다양한 내용이 복합적으로 포함되어 있는데다가 공동주택의 관리가 국민의 주거생활에 중요한 문제로 되어서 이를 독립적인 법률로 만들 필요가 커졌다. 이에 주택법 중 입주자대표회의 구성, 관리규약, 하자보수 등 공동주택의 관리에 관한 사항들을 분리하여 공동주택관리법을 제정하였다. 하자담보책

---

[59] 이전에는 주택법 시행령상 하자보수청구권자로 규정되어 있었으나 이번 법 개정으로 법률에 포함되었다.

임기간도 집합건물법에 맞추어 조정하였다.[60]

제36조(하자담보책임) ① 사업주체(건축법 제11조에 따른 건축허가를 받아 분양을 목적으로 하는 공동주택을 건축한 건축주 및 제35조 제1항 제2호에 따른 행위와 주택법 제66조 제1항에 따른 리모델링을 수행한 시공자를 포함한다. 이하 이 장에서 같다)는 공동주택의 하자에 대하여 분양에 따른 담보책임(시공자는 수급인의 담보책임을 말한다)을 진다.

② 제1항에 따른 담보책임의 기간(이하 "담보책임기간"이라 한다)은 하자의 중대성, 시설물 내구연한 및 교체 가능성 등을 고려하여 공동주택의 내력구조부별 및 시설공사별로 10년(주택법 제38조에 따른 장수명 주택의 경우에는 15년)의 범위에서 대통령령으로 정한다. 이 경우 담보책임기간은 다음 각호의 날부터 기산한다.

1. 전유부분: 입주자에게 인도한 날

2. 공용부분: 주택법 제49조에 따른 사용검사일(같은 법 제49조 제4항 단서에 따라 공동주택의 전부에 대하여 임시 사용승인을 받은 경우에는 그 임시 사용승인일을 말하고, 같은 법 제49조 제1항 단서에 따라 분할 사용검사나 동별 사용검사를 받은 경우에는 그 분할 사용검사일 또는 동별 사용검사일을 말한다) 또는 건축법 제22조에 따른 공동주택의 사용승인일

③ 제1항의 하자(이하 "하자"라 한다)는 공사상 잘못으로 인하여 균열·침하(沈下)·파손·들뜸·누수 등이 발생하여 건축물 또는 시설물의 안전상·기능상 또는 미관상의 지장을 초래할 정도의 결함을 말하며, 그 구체적인 범위는 대통령령으로 정한다.

제37조(하자보수 등) ① 사업주체(건설산업기본법 제28조에 따라 하자담보책임이 있는 자로서 제36조 제1항에 따른 사업주체로부터 건설공사를 일괄 도급받아 건설공사를 수행한 자가 따로 있는 경우에는 그 자를 말한다. 이하 이 장에서 같다)는 담보책임기간에 하자가 발생한 경우에는 해당 공동주택의 다음 각호의 어느 하나에 해당하는 자(이하 이 장에서 "입주자대표회의등"이라 한다)의 청구에 따라 그 하자를 보수하여야 한다. 이 경우 하자보수의 절차 및 종료 등에 필요한 사항은 대통령령으로 정한다.

1. 입주자

2. 입주자대표회의

3. 관리주체(하자보수청구 등에 관하여 입주자 또는 입주자대표회의를 대행하는 관리주체를 말한다)

---

60) 위 공동주택관리법 부칙에는 기존 주택법에 따라 사용검사나 사용승인을 받은 공동주택에 관하여 어떠한 법률을 적용해야 하는지에 관한 명시적인 규정은 없지만, 2005. 5. 26. 개정된 주택법 부칙 제3조에 관하여 위헌을 선언한 2008. 7. 31. 2005헌가16 결정의 취지, 대법원 2011. 3. 24. 선고 2009다34405 판결의 취지 등에 의하면 2016. 8. 11.까지 사용검사나 사용승인을 받은 공동주택의 경우에는 기존 주택법이, 그 이후에 사용검사나 사용승인을 받은 공동주택의 경우에는 공동주택관리법이 적용된다고 할 것이다.

4. 집합건물의 소유 및 관리에 관한 법률에 따른 관리단

② 사업주체는 담보책임기간에 공동주택의 내력구조부에 중대한 하자가 발생한 경우에는 하자 발생으로 인한 손해를 배상할 책임이 있다.

③ 시장·군수·구청장은 담보책임기간에 공동주택의 구조안전에 중대한 하자가 있다고 인정하는 경우에는 안전진단기관에 의뢰하여 안전진단을 할 수 있다. 이 경우 안전진단의 대상·절차 및 비용 부담에 관한 사항과 안전진단 실시기관의 범위 등에 필요한 사항은 대통령령으로 정한다.

제38조(하자보수보증금의 예치 및 사용) ① 사업주체는 대통령령으로 정하는 바에 따라 하자보수보증금을 예치하여야 한다. 다만, 국가·지방자치단체·한국토지주택공사 및 지방공사인 사업주체의 경우에는 그러하지 아니하다.

② 입주자대표회의등은 제1항에 따른 하자보수보증금을 제39조에 따른 하자심사·분쟁조정위원회의 하자 여부 판정 등에 따른 하자보수비용 등 대통령령으로 정하는 용도로만 사용하여야 하며, 의무관리대상 공동주택의 경우에는 하자보수보증금의 사용 후 30일 이내에 그 사용내역을 국토교통부령으로 정하는 바에 따라 시장·군수·구청장에게 신고하여야 한다.

공동주택관리법 시행령 제36조(담보책임기간) ① 법 제36조 제2항에 따른 공동주택의 내력구조부별 및 시설공사별 담보책임기간(이하 "담보책임기간"이라 한다)은 다음 각 호와 같다.

1. 내력구조부별(건축법 제2조 제1항 제7호에 따른 건물의 주요구조부를 말한다. 이하 같다) 하자에 대한 담보책임기간: 10년
2. 시설공사별 하자에 대한 담보책임기간: 별표 4에 따른 기간

② 사업주체(건축법 제11조에 따른 건축허가를 받아 분양을 목적으로 하는 공동주택을 건축한 건축주를 포함한다. 이하 이 조에서 같다)는 해당 공동주택의 전유부분을 입주자에게 인도한 때에는 국토교통부령으로 정하는 바에 따라 주택인도증서를 작성하여 관리주체(의무관리대상 공동주택이 아닌 경우에는 집합건물의 소유 및 관리에 관한 법률에 따른 관리인을 말한다. 이하 이 조에서 같다)에게 인계하여야 한다. 이 경우 관리주체는 30일 이내에 공동주택관리정보시스템에 전유부분의 인도일을 공개하여야 한다.

③ 사업주체는 주택의 미분양(未分讓) 등으로 인하여 제10조 제4항에 따른 인계·인수서에 같은 항 제5호에 따른 인도일의 현황이 누락된 세대가 있는 경우에는 주택의 인도일부터 15일 이내에 인도일의 현황을 관리주체에게 인계하여야 한다.

공동주택관리법 시행령 [별표 4] 시설공사별 담보책임기간(제36조 제1항 제2호 관련)

별표 4 [시설공사별 담보책임기간(제36조 제1항 제2호 관련)]

구분		기간
시설공사	세부공종	
1. 마감공사	가. 미장공사 나. 수장공사 다. 도장공사 라. 도배공사 마. 타일공사 바. 석공사(건물내부 공사) 사. 옥내가구공사 아. 주방기구공사 자. 가전제품	2년
2. 옥외급수·위생 관련 공사	가. 공동구공사 나. 저수조(물탱크)공사 다. 옥외위생(정화조) 관련 공사 라. 옥외 급수 관련 공사	3년
3. 난방·냉방·환기, 공기조화설비 공사	가. 열원기기설비공사 나. 공기조화기기설비공사 다. 닥트설비공사 라. 배관설비공사 마. 보온공사 바. 자동제어설비공사 사. 온돌공사(세대매립배관 포함) 아. 냉방설비공사	
4. 급·배수 및 위생설비공사	가. 급수설비공사 나. 온수공급설비공사 다. 배수·통기설비공사 라. 위생기구설비공사 마. 철 및 보온공사 바. 특수설비공사	
5. 가스설비공사	가. 가스설비공사 나. 가스저장시설공사	
6. 목공사	가. 구조체 또는 바탕재공사 나. 수장목공사	

7. 창호공사	가. 창문틀 및 문짝공사 나. 창호철물공사 다. 창호유리공사 라. 커튼월공사	
8. 조경공사	가. 식재공사 나. 조경시설물공사 다. 관수 및 배수공사 라. 조경포장공사 마. 조경부대시설공사 바. 잔디심기공사 사. 조형물공사	
9. 전기 및 전력설비공사	가. 배관·배선공사 나. 피뢰침공사 다. 동력설비공사 라. 수·변전설비공사 마. 수·배전공사 바. 전기기기공사 사. 발전설비공사 아. 승강기설비공사 자. 인양기설비공사 차. 조명설비공사	3년
10. 신재생 에너지설비공사	가. 태양열설비공사 나. 태양광설비공사 다. 지열설비공사 라. 풍력설비공사	
11. 정보통신공사	가. 통신·신호설비공사 나. TV공청설비공사 다. 감시제어설비공사 라. 가정자동화설비공사 마. 정보통신설비공사	
12. 지능형 홈네트워크설비공사	가. 홈네트워크망공사 나. 홈네트워크기기공사 다. 단지공용시스템공사	

13. 소방시설공사	가. 소화설비공사 나. 제연설비공사 다. 방재설비공사 라. 자동화재탐지설비공사	3년
14. 단열공사	벽체, 천장 및 바닥의 단열공사	
15. 잡공사	가. 옥내설비공사(우편함, 무인택배시스템 등) 나. 옥외설비공사(담장, 울타리, 안내시설물 등), 금속공사	
16. 대지조성공사	가. 토공사 나. 석축공사 다. 옹벽공사(토목옹벽) 라. 배수공사 마. 포장공사	5년
17. 철근콘크리트공사	가. 일반철근콘크리트공사 나. 특수콘크리트공사 다. 프리캐스트콘크리트공사 라. 옹벽공사(건축옹벽) 마. 콘크리트공사	
18. 철골공사	가. 일반철골공사 나. 철골부대공사 다. 경량철골공사	
19. 조적공사	가. 일반벽돌공사 나. 점토벽돌공사 다. 블록공사 라. 석공사(건물외부 공사)	
20. 지붕공사	가. 지붕공사 나. 홈통 및 우수관공사	
21. 방수공사	방수공사	

*비고: 기초공사 · 지정공사 등 집합건물의 소유 및 관리에 관한 법률 제9조의2 제1항 제1호에 따른 지반공사의 경우 담보책임기간은 10년

6. 2017년 공동주택관리법(현행법)[61]

제36조(하자담보책임) ① 다음 각호의 사업주체(이하 이 장에서 "사업주체"라 한다)는 공동주택의 하자에 대하여 분양에 따른 담보책임(제3호 및 제4호의 시공자는 수급인의 담보책임을 말한다)을 진다.

1. 주택법 제2조 제10호 각 목에 따른 자

② 제1항에도 불구하고 공공주택 특별법 제2조 제1호 가목에 따라 임대한 후 분양전환을 할 목적으로 공급하는 공동주택(이하 "공공임대주택"이라 한다)을 공급한 제1항 제1호의 사업주체는 분양전환이 되기 전까지는 임차인에 대하여 하자보수에 대한 담보책임(제37조 제2항에 따른 손해배상책임을 제외한다)을 진다.

제37조(하자보수 등) ① 사업주체(건설산업기본법 제28조에 따라 하자담보책임이 있는 자로서 제36조 제1항에 따른 사업주체로부터 건설공사를 일괄 도급받아 건설공사를 수행한 자가 따로 있는 경우에는 그 자를 말한다. 이하 이 장에서 같다)는 담보책임기간에 하자가 발생한 경우에는 해당 공동주택의 제1호부터 제4호까지에 해당하는 자(이하 이 장에서 "입주자대표회의등"이라 한다) 또는 제5호에 해당하는 자의 청구에 따라 그 하자를 보수하여야 한다. 이 경우 하자보수의 절차 및 종료 등에 필요한 사항은 대통령령으로 정한다.

5. 공공임대주택의 임차인 또는 임차인대표회의(이하 "임차인등"이라 한다)

② 사업주체는 담보책임기간에 공동주택에 하자가 발생한 경우에는 하자 발생으로 인한 손해를 배상할 책임이 있다. 이 경우 손해배상책임에 관하여는 민법 제667조를 준용한다.

④ 시장·군수·구청장은 제1항에 따라 입주자대표회의등 및 임차인등이 하자보수를 청구한 사항에 대하여 사업주체가 정당한 사유 없이 응하지 아니할 때에는 시정을 명할 수 있다.

II. 주택법 및 공동주택관리법상 하자관계청구권의 법적 성격

1. 주택법의 경우

주택법상 하자에 관한 권리는 입주자뿐 아니라 공동주택의 사업주체와 직접 법률관계를 맺지 않은 입주자대표회의나 관리주체에게도 인정되므로 도급이

---

61) 2017년 공동주택관리법의 개정 취지를 이해하기 위하여 앞의 2016년 공동주택관리법에서 개정된 중요 부분만 인용한다. 또한 그 이후 공동주택관리법 제36조, 제37조 및 시행령 제36조, 별표 4가 일부 개정되었지만, 이는 문구를 수정한 정도에 불과하고 내용상 변경이 없으므로 전항의 2016년 공동주택관리법 부분을 참고하면 된다.

나 분양계약 당사자 간의 계약상 권리의무로 접근하는 민법상 하자담보청구권과는 다르다. 주택법이 국민의 주거생활의 안정을 도모하고 이를 위한 주택의 건설, 공급 등을 규율하고자 하는 행정목적을 달성하기 위한 것이 주된 목적인 점, 공동주택의 효율적 관리를 위하여 입주자대표회의라는 관리주체를 창안한 점, 하자보수보증금제도를 도입한 점 등을 모아보면, 주택법은 행정적 차원에서 공동주택의 하자보수절차를 이행하고 하자보수보증금에 의한 신속한 하자보수 등 국민의 주거생활의 안정을 위한 최소한의 기준을 정한 것인바, 주택법상의 권리행사주체가 위 법령상 절차에 따라 하자보수를 청구할 때만 적용되는 규정이라고 할 것이다. 따라서 주택법상의 하자관계청구권은 계약관계를 전제로 하지 않은 특별한 법정의 권리로서 민법상 하자담보청구권과는 성질을 달리한다고 하겠다.[62]

2. 공동주택관리법의 경우

2016년 공동주택관리법 제36조 제1항은 건축주가 '분양에 따른 담보책임'을, 시공자는 '수급인의 담보책임'을 지도록 규정하였고, 2017년 공동주택관리법 제37조 제2항은 "사업주체는 담보책임기간에 공동주택에 하자가 발생한 경우에는 하자 발생으로 인한 손해를 배상할 책임이 있다. 이 경우 손해배상책임에 관하여는 민법 제667조를 준용한다"고 규정하였다. 이전에는 사업주체는 공동주택의 내력구조부에 중대한 하자가 발생한 경우에만 손해를 배상하도록 되어 있었다. 이는 주택법 이전부터 인정되었던 행정적 차원의 예외적인 긴급 손해배상청구권으로 이해할 수 있었다. 그런데 신법은 내력구조부 하자를 넘어서 모든 하자에 대한 손해배상책임을 인정하였으니 법률의 문면상으로는 민법상 하자담보책임과 차이가 나지 않게 되었다.[63]

이에 의하면 입주자나 입주자대표회의, 관리주체, 임차인, 임차인대표회의가[64] 건축주나 시공사를 상대로 하여 하자보수를 청구하고, 분양자는 분양에 따른 담

---

62) 저자는 이런 취지에서 '하자담보책임'대신에 '하자관계책임'이라는 용어를 사용하기로 한다. 법령을 살펴 보아도 미묘한 변화가 엿보인다. 2003년 주택법에서는 '하자보수', 2005년 및 2013년 주택법에서는 '담보책임'이라고 표시하였다가, 2016년 공동주택관리법에서 '하자담보책임'이라는 단어가 처음 사용되었다.

63) 이렇게 개정한 이유는 분양을 목적으로 공급한 임대주택의 임차인에게 하자보수청구권을 부여하고자 함에 있다고 하는데(국회 입법이유 참조) 임차인 보호를 위하여 전체 법체계를 무분별하게 개정하는 것은 이해하기 어렵다.

64) 공동주택관리법 시행령 제38조 제2항에서 임차인은 전유부분에 관하여, 임차인대표회의는 공용부분에 관한 하자보수를 청구할 수 있도록 규정하였다.

보책임을, 시공자는 수급인의 담보책임을 부담하여야 한다. 입법자는 권리 확대에 의하여 입주자 보호가 더 충실해질 것으로 기대하고 있는 것 같다. 그러나 공동주택관리주체에 불과한 입주자대표회의나 관리주체가 분양자에 대하여 손해배상청구까지 가능한 하자담보권리를 부여하는 것은 민사법 체계를 무시하는 것이다. 하자보수에 갈음하는 손해배상이라 하여도 그 금원을 전부 하자보수에 쓴다는 보장도 없는데 소유자를 제쳐놓고 입주자대표회의가 이를 취득한다는 것은 맞지 않는다.[65] 종전에 간신히 세웠던 집합건물법상 하자담보책임 일원화 입장에 배치되는 것이다.[66]

당분간 공동주택관리법의 법적 성질에 대하여는 논란이 있을 것이다. 공동주택의 관리를 위하여는 하자보수, 내력구조부에 관한 손해배상으로 충분한 것이므로 이전의 주택법 규정이 훨씬 합리적이라고 보인다. 이 부분의 법 개정이 필요하다고 생각한다.

Ⅲ. 하자보수청구권자

1. 공동주택의 하자보수청구권자

2003년 주택법 시행령 제59조 제3항은 "입주자·입주자대표회의·관리주체 또는 집합건물법에 의하여 구성된 관리단은 제1항의 규정에 의한 하자보수책임기간 내에 공동주택의 하자가 발생한 경우에는 사업주체에 대하여 그 하자의 보수를 요구할 수 있다"고 규정하고 있다. 한편 2016년 공동주택관리법 제37조 제1항은 "사업주체는 담보책임기간에 하자가 발생한 경우에는 해당 공동주택의 다음 각호의 어느 하나에 해당하는 자의 청구에 따라 그 하자를 보수하여야 한다. 이 경우 하자보수의 절차 및 종료 등에 필요한 사항은 대통령령으로 정한다"라고 규정하면서 그 청구권자로, 입주자, 입주자대표회의, 관리주체, 집합건물법에 따른 관리단, 임차인 및 임차인대표회의를 들고 있다. 개정된 각 주택법 법령상 하자

---

65) 입주자대표회의에게 하자보수에 갈음하는 손해배상청구권을 배제한 대법원 2006. 8. 24. 선고 2004다20807 판결 등의 취지에 비추어 보아도 위 법률은 이해하기 어렵다.

66) 집합건물법 제2조의2(집합주택의 관리방법과 기준, 하자담보책임에 관한 주택법 및 공동주택관리법의 특별한 규정은 이 법에 저촉되어 구분소유자의 기본적인 권리를 해치지 아니하는 범위에서 효력이 있다)에 의하여 공동주택관리법 제37조 제2항을 집합건물법의 제한 아래 있는 것으로 해석할 필요가 있다.

보수청구권자는 동일하게 규정되어 있다. 실질적으로는 입주자대표회의와 관리주체가 관리권한을 보유한다고 하겠다.[67]

2. 입주자 등

주택법 제2조 제10호 및 제11호($\substack{\text{공동주택관리법 제2조} \\ \text{제5호 및 제6호}}$)는 입주자를 "주택을 공급받는 자, 주택의 소유자 또는 그 소유자를 대리하는 배우자나 직계존비속", 사용자를 "주택을 임차하여 사용하는 자"라고 정의하고 있다. 즉 입주자는 소유권을 전제로 한 개념으로서 세입자는 이에 해당하지 않고 '사용자'에 해당한다. 따라서 입주자의 권리는 각 세대별로 인정된다고 보아야 하며 소유자나 임차인 중 중복되지 않는 범위에서 인정된다.

3. 입주자대표회의

(1) 입주자대표회의의 구성과 권한

입주자대표회의는 공동주택의 입주자 등을 대표하여 관리에 관한 주요사항을 결정하기 위하여 구성된 자치 의결기구이다. 입주자대표회의의 구성은 주택법 시행령 제50조($\substack{\text{공동주택관리법 제} \\ \text{14조 내지 제17조}}$)에 의한다. 사용검사를 받거나 임시사용승인을 얻어 입주자 등의 과반수가 입주한 공동주택의 입주자 등은 동별 세대수에 비례하여 동별 대표자를 선출하고 이들이 입주자대표회의를 구성한다. 입주자대표회의는 과반수의 찬성으로 주택법(공동주택관리법) 시행령에 규정된 제반사항(관리규약 개정안의 제안, 관리비 예산의 확정, 사용료의 기준, 자치관리기구의 직원의 임면, 공용부분의 보수, 대체 및 개량 등)에 대한 의결권을 갖고 공동주택의 관리에 관한 실질적 의사결정권을 갖는다.

(2) 입주자대표회의의 하자보수청구

입주자대표회의는 주택법 시행령 제59조 제2항($\substack{\text{공동주택관리} \\ \text{법 제37조 제1항}}$)에 의하여 하자보수를 청구할 수 있고 공용부분뿐 아니라 전유부분에 대하여도 하자보수를 청구할 수 있다. 입주자대표회의가 사업주체에 대하여 하자보수청구를 하거나 하자보수

---

67) 이 부분의 법령 내용은 2003년 주택법과 현행법인 2017년 공동주택관리법 사이에 실질적인 차이가 없으므로 2003년 주택법 및 시행령을 기준으로 설명한다(현행 공동주택관리법 및 시행령을 부기하였다). 이하 본문에 기재된 주택법은 다른 표시가 없는한 2003년 주택법을 뜻하는 것이다. 본서의 개정 시점인 2021년 2월 현재 공동주택의 하자담보책임이 2016년 이전의 주택법이 적용되는 경우가 많은 점을 고려한 것이다.

보증금 예치증서를 발행한 금융기관을 상대로 하자보수보증금을 청구한다.

(3) 입주자대표회의의 법적 성격

대법원 1991. 4. 23. 선고 91다4478 판결은 "입주자대표회의는 단체로서의 조직을 갖추고 의사결정기관과 대표자가 있을 뿐 아니라, 현실적으로도 자치관리기구를 지휘·감독하는 등 공동주택의 관리업무를 수행하고 있으므로 법인 아닌 사단으로서 당사자능력을 갖고 있다"고 판시함으로써 입주자대표회의는 기관이 아니라 독립적인 단체임을 밝혔다. 대법원 2003. 6. 24. 선고 2003다17774 판결은 "주택건설촉진법 제38조, 공동주택관리령 제10조의 규정에 따라 성립된 입주자대표회의는 공동주택의 관리에 관한 사항을 결정하여 시행하는 등의 관리권한만을 가질 뿐으로 구분소유자에게 고유하게 귀속하는 공용부분 등의 불법점유자에 대한 방해배제청구 등의 권리를 재판상 행사할 수 없고, 또 집합건물법 부칙 제6조에 의하여 집합주택의 관리방법과 기준에 관한 주택건설촉진법의 특별한 규정은 그것이 위 법률에 저촉하여 구분소유자의 기본적인 권리를 해하면 효력이 없으므로 공동주택관리규약에서 입주자대표회의가 공동주택의 구분소유자를 대리하여 공용부분 등의 구분소유권에 기초한 방해배제청구 등의 권리를 행사할 수 있다고 규정하고 있다고 하더라도 이러한 규약내용은 효력이 없다"고 판시하였다. 입주자대표회의는 공동주택에 관하여 일반적인 권리를 갖는 것이 아니라, 주택법 등에서 인정된 제한된 권리만 행사하는 특별한 단체라고 하겠다.[68]

4. 관리단

집합건물의 관리단은 주택법 시행령 제59조 제2항($\frac{공동주택관리}{법\ 제37조\ 제1항}$)에 의하여 하자보수를 청구할 수 있다. 그러나 입주자대표회의가 실질적으로 공동주택에서의 관리업무를 총괄 처리하는 실정이어서 공동주택의 관리단은 법률상 당연히 존재하는 단체이지만 실제로 활동하는 경우는 별로 없다.

대법원 2017. 3. 16. 선고 2015다3570 판결은 집합건물의 구분소유자들이 공용부분변경에 해당하는 공사에 동의한다는 내용의 서면동의서를 입주자대표회의 앞으로 제출하고, 이에 따라 입주자대표회의가 업무를 처리한 경우, 집합건물

---

68) 아파트 입주민 사이의 장기수선충당금을 둘러싼 분쟁이 발생하자 입주자와 입주자대표회의 사이에서 직접 소송이 제기되는 등(서울남부지방법원 2019. 12. 17. 선고 2019가단11986 판결, 확정됨), 점차 입주자대표회의가 소송 당사자로 되는 경우가 늘고 있다.

의 관리단이 입주자대표회의에게 공용부분변경에 관한 업무를 포괄적으로 위임한 것으로 보아야 한다고 판결하였다. 이는 입주자대표회의가 실질적으로 공동주택의 관리주체로 기능하는 현실과 관리단이 구분소유자들의 실체적 권리를 행사할 수 있는 법적 지위를 가졌다는 점을 합리적으로 조화하여 양자의 권한을 결합한 전향적인 판결이라고 하겠다. 이 판결로 앞으로 입주자대표회의가 보다 넓게 실체적 권리행사를 할 수 있는 길이 열릴 것으로 보인다.

5. 관리주체

관리주체는 입주자 자치관리기구의 대표자인 공동주택의 관리소장, 주택관리업자, 관리업무를 인계하기 전의 사업주체와 임대주택법에 의한 임대사업자를 말한다(주택법 제2조 제12호, 공동주택관리법 제2조 제10호).[69] 관리주체는 공동주택의 관리에 관한 집행기구적 성격을 갖는 것으로서 주택법 시행령 제55조(공동주택관리법 제63조) 소정의 각 업무(공용부분 유지 및 보수, 관리비의 징수와 공과금 납부대행 등) 및 하자보수청구를 할 권한을 갖고 있다. 관리주체 역시 입주자대표회의와 마찬가지로 하자보수청구권만 갖고 손해배상청구는 할 수 없다고 본다.

6. 공공임대주택의 임차인 또는 임차인대표회의

2017년 공동주택관리법 제37조 제1항 제5호는 공공임대주택의 임차인 또는 임차인대표회의도 하자보수청구권을 갖고 있다고 새롭게 규정하였다. 분양전환 이전에는 임차인은 사업주체에 대하여 손해배상청구는 하지 못한다(같은 법 제36조 제2항).

IV. 하자담보책임자

주택법 제46조는 하자보수의무가 있는 사업주체로 건축허가를 받아 분양을 목적으로 하는 공동주택을 건축한 건축주와 공동주택을 건축한 시공자로 규정하

---

69) 자치관리기구는 입주자대표회의가 공동주택을 자치관리할 경우에 두어야 할 기술인력 및 장비를 의미하는 것으로(주택법 제43조 제4항, 공동주택관리법 제6조 제1항) 공동주택의 관리사무소장이 그 대표자가 된다. 따라서 입주자대표회의가 자치관리를 할 경우 입주자대표회의가 직접 관리사무소장을 포함한 관리사무소 직원을 임명하는바, 이들과 입주자대표회의 사이에는 개별적 고용계약이나 위임계약이 체결된다. 한편 주택관리업자가 관리주체가 될 경우에는 주택관리업자와 입주자대표회의 사이에 위탁관리계약이 체결된다. 관리사무소장을 포함한 직원은 주택관리업자의 피용자에 불과하다. 재판실무상 이러한 구분 없이 주장하는 경우가 적지 않다.

고 있다. 2016년 공동주택관리법 제36조는 사업주체로서 건축주와 시공자 이외에
리모델링공사를 수행한 시공자를 포함시켰다.

제37조 제1항은 건설산업기본법 제28조에 따라 하자담보책임이 있는 자로서
제36조 제1항에 따른 사업주체로부터 건설공사를 일괄 도급 받아 건설공사를 수
행한 자가 따로 있는 경우에는 그 자만이 공동주택관리법상의 담보책임을 부담하
도록 새로 규정하였다. 이런 경우에는 건축주가 아예 책임을 지지 않는 것이다. 그
러나 건축주는 공동주택관리법상 책임을 면할 뿐이고, 집합건물법상 분양자로서
의 책임은 면하지 못한다.

V. 하자보수절차

주택법 시행령 제59조 내지 제62조(공동주택관리법 시행
령 제36조 내지 제45조)는 공동주택의 하자보수에
관하여 세분화된 하자보수기간, 하자보수청구권자의 특정, 하자보수보증금제도
등 특별한 규정을 두고 있다.

입주자, 입주자대표회의, 관리주체는 주택법 시행령(공동주택관리법 시행령)상
정한 기간 내에 하자가 발생한 때에는 사업주체에 대하여 하자의 보수를 요구할
수 있고, 사업주체는 3일(공동주택관리법 시행령에 의하면 15일) 이내에 이를 보수하
거나 보수일정을 명시한 하자보수계획을 입주자대표회의 등에 통보하여야 한다.

입주자대표회의 등이 요구한 하자에 대하여 이의가 있는 사업주체는 한국건
설기술연구원, 한국시설안전공단, 시설물의 안전관리에 관한 특별법 시행령상의
건축분야 안전진단전문기관 등 전문기관의 판정을 의뢰할 수 있고, 입주자대표회
의 등은 사업주체가 하자보수계획을 이행하지 아니한 때에는 하자보수보증금으
로 직접 보수하거나 제3자에게 대행시킬 수 있다. 하자의 발생 없이 하자보수기간
이 경과하면 주택법 시행령(공동주택관리법 시행령)상의 하자보수책임은 소멸한다.

VI. 하자관계책임기간의 법적 성격

1. 주택법의 경우

주택법 및 주택법 시행령상 공동주택에 관한 하자보수책임기간의 법적 성격
에 대하여 ① 하자보수청구권의 발생요건으로서 하자가 발생하는 기간으로 보는

견해, ② 민법상의 하자담보책임기간과 같은 제척기간으로 보는 견해로 나뉘어지고 있었다. 대법원 2002. 2. 8. 선고 99다69662 판결은 하자보수보증금청구사건에서 "보증대상이 되는 하자는 위 공동주택관리령 및 관리규칙 소정의 하자보수의무기간을 도과하기 전에 발생한 것이어야 하고, 그 이후에 발생한 하자는 … 집합건물법, 공동주택관리령 등이 적용되는 경우를 제외하면 그 보증대상이 되지 아니한다"고 판시함으로써 하자의 발생기간이라고 보았다.

이어서 대법원 2006. 6. 16. 선고 2005다25632 판결은 구 공동주택관리령 제16조 제2항에서 '제1항의 규정에 의한 기간 내에 공동주택 등의 하자가 발생한 때'에는 입주자대표회의 등이 사업주체에 대하여 그 하자의 보수를 요구할 수 있다고 규정하고 있을 뿐, 그 기간 내에 하자보수를 요구하여야 한다거나 그 기간 동안 담보책임이 있다고 규정하고 있지는 않으므로, 위 하자보수기간을 하자보수청구권 행사의 제척기간으로 해석할 수 없다고 판시하였다.

주택법 시행령 제59조 제2항의 문면상 '기간 내에 하자가 발생한 경우에는'이라고 규정하고 있으며 권리행사기간으로 볼 근거가 없으므로 이를 하자의 발생기간으로 해석하는 것이 타당하다.

2. 공동주택관리법의 경우

공동주택관리법 제37조 제1항은 사업주체는 "담보책임기간에 하자가 발생한 경우에" 하자를 보수하도록 규정하고 있으므로 위 기간은 하자발생기간으로 보인다.

그런데 공동주택관리법 시행령 제38조 제1항은 "공동주택에 하자가 발생한 경우에는 담보책임기간 내에 사업주체에게 하자보수를 청구하여야 한다'고 규정하고 있다. 이는 주택법 시행령 제59조 제2항의 "하자보수책임기간 내에 공동주택의 하자가 발생한 경우에는 사업주체에 대하여 그 하자의 보수를 요구할 수 있다"는 규정과 달리 하자보수청구 자체도 담보책임기간 내에 할 것을 규정하고 있어서 권리행사기간으로 볼 수 있다. 따라서 공동주택관리법상 담보책임기간은 하자발생기간 겸 제척기간으로 해석할 수 있다. 다만 제척기간과 같이 권리의 본질적 요소에 해당하는 사항을 법률이 아닌 시행령으로 정한 것이 적정한지 의문이 있다.

3. 재판실무상 유의사항

어느 설을 취하건 간에 공동주택의 하자소송 실무상 하자의 발생시점이 매우 중요하다. 시행령상의 하자보수기간 내에 발생한 하자만이 보호되므로 하자감정 시에 다음과 같은 사항이 명시적으로 지시되어야 한다. 첫째, 하자발생시점이 사용검사 이전인지 이후인지, 둘째, 사용검사 이후라면 시행령상의 각 기간 내인지 후인지, 셋째, 하자의 발생원인이 사용검사 이전에 존재하더라도 실제 하자가 사용검사 이후에 발생하였는지 등이 그것이다.

하자의 발생시점에 관한 증명책임을 둘러싸고 실무상 두 가지 입장이 대립되어 있다. 첫째는 하자의 존재는 입주자가 증명하되, 하자의 발생시점에 관하여는 시공자가 직접 시공을 하였고 전문가인 점을 고려하여 시공자가 하자발생시점이 하자보수기간 이외라는 점을 증명하도록 하는 것이 재판상 합리적이라는 입장이 있다.

이에 대하여 증명책임 분배의 원칙상 권리를 주장하는 자가 권리의 발생요건을 증명해야 하는 점, 앞의 경우처럼 해석할 경우에 시공자로서는 하자보수기간의 적용을 배제하는 것이 사실상 어려워 형평에 반하는 경우가 많은 점, 입주자 측이 적극적으로 하자보수요청을 하는 현재의 건물 관리실태에 비추어 입주자가 이를 증명하도록 하여도 무리가 없다고 보이는 점, 대법원 2012. 7. 12. 선고 2010다 108234 판결로 하자발생기간이 하자담보청구의 요건으로 해석되는 점 등을 고려할 때 입주자에게 증명책임을 부담시키는 것이 옳다는 입장도 있다.

대법원 판례도 명시적으로 밝히고 있지는 않지만, 증명책임이 그 권리를 주장하는 자에게 있음을 전제로 하고 있는 것으로 보이는 예가 많다.[70] 원칙적으로 입주자가 하자발생시점을 증명하되, 하자보수요청서 등이 존재할 경우에는 근접 시기에 하자가 발생한 것으로 넓게 인정하는 것이 바람직하다.

VII. 하자보수보증금

1. 하자보수보증금의 처리절차

주택법 시행령 제60조(공동주택관리법 시행령 제41조)는 하자보수보증금에 관하여 특별한 절차를

---

70) 대법원 2003. 8. 22. 선고 2002다4290 판결(미공간).

규정하고 있다. 입주자를 보호하기 위하여 사용검사권자가 관여하고 입주자대표회의에게 특별한 권한을 부여한 것이다. 사업수체는 공동주택이 완공되면 사용검사 신청시 사용검사권자가 지정하는 금융기관에 사용검사권자 명의로 하자보수보증금을 예치한 예치증서를 제출하여야 하며(공동주택관리법에 의할 때는 사용검사권자 또는 사용승인권자 명의로 하자보수보증금을 은행에 현금으로 예치하거나 하자보수보증금 지급을 보장하는 보증에 가입하여, 사용검사 신청 시 그 예치증서나 보증서를 함께 제출하여야 한다), 위 예치증서는 현금, 또는 은행의 지급보증서, 보증보험증권, 건설공제조합 등이 발행하는 보증서로 예치한다. 또한 사용검사권자는 입주자대표회의가 구성되면 지체 없이 하자보수보증금의 권리자 명의를 입주자대표회의로 변경한다.

보증금은 경우에 따라 다르지만 총 건축비의 100분의 3 정도에 해당하는 금액이 된다. 입주자, 입주자대표회의, 관리주체는 사업주체가 하자보수계획을 이행하지 아니한 때에는 하자보수보증금으로 직접 보수하거나 제3자에게 대행시킬 수 있다. 입주자대표회의는 하자보수기간 내에 발생한 하자에 대한 사업주체의 보수책임이 종료된 때에는 당초 예치한 하자보수보증금을 순차적으로 사업주체에게 반환하여야 한다(공동주택관리법에 의할 때는 입주자대표회의는 하자보수보증금을 법원의 판결이나 하자분쟁조정위원회의 조정서 등에 따라 정해진 하자보수비용으로만 사용하여야 하며 사용 후 30일 이내에 그 사용내역을 시장, 군수, 구청장 등에게 신고하여야 한다).

2. 청구권자와 상대방

하자보수보증금의 청구권자는 입주자대표회의가 된다. 입주자나 관리주체도 2013년 주택법 시행령 제59조의2(공동주택관리 법 제38조 제2항)에 의하여 하자보수보증금을 사용할 수는 있으나 하자보수보증금의 권리자는 입주자대표회의 또는 관리단에 한정되 므로(주택법 시행령 제60조 제2항, 공동주택관리법 시행령 제 41조 제3항에 의할 경우 권리자는 입주자대표회의에 한정) 청구권자는 입주자대표회의나 관리단으로 한정하는 것이 옳다고 본다. 반대견해도 실무상 눈에 띈다.

상대방은 하자보수보증계약을 체결한 자가 되는데 보통 건설공제조합과 주택도시보증공사가 이를 행하고 있다. 건설공제조합은 건설산업기본법 제54조에 의하여, 주택도시보증공사(종전에는 대한주택보증주식회사, 주택사업공제조합이었다)는 주택도시기금법 제17조에 의하여 각 설립된 법인이다.

3. 보증의 대상과 보증기간

(1) 입주자대표회의 등이 하자보수보증인에게 하자보수보증금을 청구하려면 하자가 주택법 시행령(공동주택관리법 시행령)상의 하자보수기간 내에(주택법 시행령 제59조 제3항, 공동주택관리법 시행령 제36조 제1항) 발생한 사실을 증명해야 한다. 위 법령 이외에도 보증계약상의 하자보수보증약관에 보증대상을 "사용검사 받은 후 하자담보기간 내에 발생한 하자"로 규정하는 예가 대부분이다. 위 기간은 하자의 발생기간이라고 할 것이다.[71] '하자 발생'의 의미는 일반인이 외부에서 통상적인 방법과 주의 정도로 인식할 수 있는 것이라고 봄이 상당하다.

(2) 따라서 ① 사용검사 이후에 비로소 발생한 하자, ② 사용검사 이전에 이미 하자의 원인이 존재하고 있었다고 하더라도 그로 인한 균열, 작동 또는 기능불량 등이 사용검사 후 나타난 경우가 해당된다. 문제는 ③ 미시공, 변경시공, 부실시공 등 사용검사 이전에 이미 나타난 상태가 사용검사 이후까지 지속되어 주택의 기능상, 미관상 또는 안전상 지장을 초래한 경우도 이에 포함되는가에 있다.

종래 상당수의 하급심판결이 이러한 경우도 하자보증대상에 포함한다고 보았다. 그러나 대법원은 보증대상이 되는 하자는 사용검사일 이후에 발생한 하자이어야 하므로 공사상의 잘못으로 주택의 기능상, 미관상 또는 안전상 지장을 초래하는 균열 등이 사용검사 후에 비로소 나타나야만 한다 할 것이고 사용검사 이전에 나타난 균열 등은 그 상태가 사용검사 이후까지 지속되었다 하더라도 보증대상이 되지 못한다고 판시하였다.[72]

하자보증의 의미가 일응 공사계약이 충실히 완공되었음이 확인된 상태에서

---

71) 위 기간에 대하여 집합건물법 제9조 제2항을 근거로 주택법 시행령상 기간보다 장기간인 민법상 하자담보책임기간을 적용하여야 한다는 주장이 있었는데, 하자보수보증금제도가 주택법 시행령(공동주택관리법)에 기한 특별한 제도임에 비추어 하자보수보증책임을 묻는 데에는 주택법 시행령(공동주택관리법)이 그대로 적용되어야 할 것이므로 민법상 기간을 고려할 필요가 없다고 본다. 하급심재판실무상 하자보수보증금청구소송을 하자보수관계 손해배상청구소송과 구별하지 않는 경우가 있는데, 양자는 주체와 요건, 절차가 다른 별개 종류의 소송임을 유의하여야 한다.

72) 대법원 2002. 3. 26. 선고 99다52268 판결: 천장틀 육송각재 규격 부족, 계단 턱 변경시공, 아스팔트 포장두께 미달, 지하주차장 출입구 높이 부족 등의 하자 부분은 모두 미시공, 변경시공으로 인하여 사용검사 이전에 이미 그러한 상태에 있었고 그 기능상, 미관상 또는 안전상 지장이 사용검사 후에 나타난 것이 아니라는 이유로 보증책임의 범위에서 제외하였다. 대법원 2002. 2. 8. 선고 99다69662 판결; 대법원 2009. 3. 12. 선고 2008다15988 판결; 대법원 2009. 2. 26. 선고 2007다83908 판결; 대법원 2007. 1. 26. 선고 2002다73333 판결; 대법원 2006. 5. 25. 선고 2005다77848 판결도 같은 취지임.

장래의 예상치 못한 경우를 대비하는 것에 있으며 하자보증책임을 지나치게 확장할 경우 나타나는 보증기피현상과 보증수수료 고액화 등 부작용을 막기 위하여 범위를 한정할 필요가 있다는 점에서 위와 같은 해석이 타당하다.

　　다만 일부 하급심에서는 주택법 제46조(공동주택관리법 제36조)의 '사용검사일'은 담보책임 기간의 기산일이 아니라 담보책임기간의 만료점을 계산하기 위한 기준일에 불과하다고 보아 주택법(공동주택관리법) 적용을 주장하였지만, 이러한 해석은 '위 기간 이내에 발생한 하자'를 책임의 대상으로 정한 법규정에 반하여 부당하다고 생각한다.

　　따라서 재판실무상 하자의 발생시점이 매우 중요한 쟁점이 되며, 감정을 명할 때 이러한 점에 대하여 명확한 지침을 정할 필요가 있다. 또한 미시공이나 변경시공 등의 상태에 대하여도 이러한 기준에 해당 여부를 판단하기 쉽도록 설명을 붙일 필요가 있다.

　　(3) 하자보증계약상 보증기간을 주택법 시행령(공동주택관리법 시행령)상의 하자보수기간과 달리 정한 경우에는 어떤 것이 우선하는가? 대법원 2002. 2. 8. 선고 99다69662 판결은 "보증대상이 되는 하자는 공동주택관리령 및 관리규칙 소정의 하자보수의무기간을 도과하기 전에 발생한 것이어야 하고, 그 이후에 발생한 하자는 비록 그것이 의무하자보수보증계약에서 약정한 보증기간 내에 발생하였다 할지라도 그 보증대상이 되지 아니한다고 보아야 할 것이다"라고 하여 주택법 시행령(공동주택관리령)상의 기간이 우선함을 명백히 하고 있다.[73]

　　그러나 이 판지는 의문이다. 주택법 시행령의 입법취지상 개별약정으로 하자보수기간을 관리령상 기간보다 더 늘리는 데 반대할 이유가 전혀 없고, 보증계약 체결시나 하자보수청구시에 관리령상의 다양한 각종 하자보수기간을 인식한다는 것이 현실적으로 어려우므로 약정 보증기간 내에 발생한 하자는 공동주택관리령상 기간에 관계없이 모두 보증대상이 된다고 해석하는 것이 옳다고 본다.[74]

---

73) 대법원 2003. 8. 22. 선고 2002다4290 판결; 대법원 2007. 1. 26. 선고 2002다73333 판결; 대법원 2009. 2. 26. 선고 2007다83908 판결도 같은 취지임. 보증인의 채무범위가 주채무자인 사업주체의 채무범위를 넘을 수 없다는 것이 주요근거이다.

74) 위 판결은 보증계약의 약관에 '공제조합은 보증기간 동안 발생한 하자에 대하여 공동주택관리령에서 정한 절차에 따라 그 보수이행청구를 한다'는 취지의 문언이 있음을 근거로 공동주택관리령상 규정된 각 하자보수기간에 따라야 한다는 취지인 것으로 보인다. 그러나 당사자 사이에서 보증기간을 결정하면서 공동주택관리령상의 기간으로 단축한다고 의식하는 일은 없을 것이며, 더구나 약관의 해석원칙상 당사자가 개별적으로 협의하여 정한 보증기간이 약관상 기간보다 우선해야 할 것이므로(보증기간은 보증서 전면에 명기됨에 반하여, 공동주택관리령 부분은 뒷면에 작

⑷ 각 하자보증기간이 3년 및 10년인 보증계약이 병존하는 경우에 각 보증계약상 대상이 되는 하자의 범위는 어떻게 되는가? 특별히 보증계약으로 보증하고자 하는 하자의 내용을 정하지 않고 단지 보증기간만을 따로 정하는 경우에는 각 보증계약이 보증하는 하자는 그 보증기간 내에 발생한 것이 해당되고, 따라서 장기인 보증계약은 단기인 다른 보증계약의 보증기간을 제외한 나머지 기간 중의 하자만을 보증하는 것이 아니라 모든 하자를 보증하는 것이다.[75]

한편 보증대상인 하자를 일정 부위로 특정하여 하자보수보증계약을 체결하는 것도 가능하고 이 경우 특정된 하자만이 보증대상이 된다. 이때 보증기간이나 보증대상이 중복되는 것을 배제하기로 하는 특약이 없는 한, 하나의 하자가 2개 이상의 하자보수보증계약의 보증대상에 중복적으로 해당하는 경우도 발생할 수 있다.[76] 주택법 시행령상 1년 내지 4년차 하자는 모두 공사의 성질(토공사, 석축공사, 미장공사 등)을 기초로 분류하고 있는 반면에, 5년 및 10년차 하자는 공사의 성질이 아니라 하자의 발생부위(바닥, 지붕, 내력벽 등)를 기초로 분류하고 있어서 양자 사이에 하자의 내용들이 중복될 가능성이 있다.[77]

 판례

사용검사 이후에 발생한 하자의 의미 [대법원 2002. 2. 8. 선고 99다69662 판결]
구 주택건설촉진법(1999. 2. 8. 법률 제5908호로 개정되기 전의 것) 제38조 제15항, 구 공동주택관리령(1998. 12. 31. 대통령령 제16069호로 개정되기 전의 것) 제17조에 따른 하자보수보증금 예치의무를 이행하기 위하여, 주택사업공제조합과 사이에 아파트 신축공사에 대하여 보증기간을 정하여 구 주택건설촉진법 시행령(1999. 4. 30. 대통령령 제16283호로 개정되기 전의 것) 제43조의5 제1항 제1호 (가)목 소정의 의

은 글씨로 되어 있고 그 기간도 별도로 법령을 찾아보아야 확인이 가능하다) 보증기간이 공동주택관리령에 우선한다고 보아야 할 것이다. 위 판결은 지나치게 형식 논리적이라는 비판을 면하기 어렵다고 생각한다.

75) 주식회사 A가 피고(주택사업공제조합)와 사이에 보증기간이 3년의 제1보증계약과 보증기간이 10년의 제2보증계약을 각 체결하면서, 각 보증계약 사이에서 보증기간이나 보증대상이 중복되는 것을 배제하기로 하는 등의 특별한 약정을 하였음을 인정할 만한 자료는 보이지 않으므로, 특별한 사정이 없는 한, 하자보수책임기간이 5년 또는 10년인 하자가 제1보증계약의 보증기간인 1996. 11. 2.부터 1999. 11. 1.까지(3년) 사이에 발생하였다면 그 하자는 제1보증계약의 보증대상에도 해당한다고 할 것이다: 대법원 2009. 3. 12. 선고 2008다76020 판결.

76) 대법원 2008. 9. 11. 선고 2008다27356 판결.

77) 강승준, "건설공제조합의 하자보수보증계약에 있어서 보증대상의 특정과 중복의 가부,"『대법원 판례해설』77호(2008년 하반기)

무하자보수보증계약을 체결하였는데, 그 보증계약의 약관에, "공제조합은 보증기간 동안 발생한 하자에 대하여 공동주택관리령에서 정한 절차에 따라 그 보수이행청구를 받았음에도 조합원이 이를 이행하지 아니함으로써 입주자대표회의가 입은 손해를 보상하되, 사용검사 이전에 발생한 손해는 보상하지 아니한다"고 규정되어 있는 경우, 그 보증대상이 되는 손해는 일단 위 공동주택관리령에 따라 보수를 청구할 수 있는 하자로 인한 손해이어야 할 것이므로, 결국 그 보증대상이 되는 하자는 위 공동주택관리령 제16조 및 구 공동주택관리규칙(1999. 12. 7. 건설교통부령 제219호로 개정되기 전의 것) 제11조 제1항 [별표 3]에서 규정하고 있는 하자이어야 하는바, 위 공동주택관리령 및 공동주택관리규칙에서는 하자보수대상인 시설공사의 구분 및 하자의 범위와 그 하자보수책임기간을 규정하면서, 하자보수대상 시설공사를 대지조성공사, 옥외급수위생관련공사, 지정 및 기초공사, 철근콘크리트공사 등 17개 항목으로 구분한 후, 하자보수책임기간을 1년에서 3년까지 정하면서 기둥·내력벽의 하자보수기간을 10년으로, 보·바닥·지붕의 하자보수기간을 5년으로 따로 규정하였고, 하자의 범위를 "공사상의 잘못으로 인한 균열, 처짐, 비틀림, 들뜸, 침하, 파손, 붕괴, 누수, 누출, 작동 또는 기능불량, 부착 또는 접지불량 및 결선불량, 고사 및 입상불량 등으로 건축물 또는 시설물 등의 기능상, 미관상 또는 안전상 지장을 초래할 정도의 하자"라고 규정하고 있으므로, 결국 보증대상이 되는 하자는 미시공, 변경시공 그 자체가 아니라, "공사상의 잘못으로 인하여 건축물 또는 시설물 등의 기능상, 미관상 또는 안전상 지장을 초래할 수 있는 균열, 처짐 등이 발생한 것"이라고 보아야 할 것이고, 그 공사상의 잘못이 미시공이나 변경시공이라고 할지라도 달리 볼 것은 아니라 할 것이어서, 비록 미시공이나 변경시공으로 인하여 건축물 자체에 위와 같은 균열 등이 발생할 위험성이 내재되어 있다고 할지라도 그 자체만으로 보증대상이 되는 하자가 사용검사 이전에 발생한 것이라고 볼 것은 아니라 할 것이며, 그와 같은 균열 등이 실제로 나타나서 기능상, 미관상 또는 안전상 지장을 초래하는 하자가 사용검사 후에 비로소 발생하여야 보증대상이 되고, 아울러 그 보증대상이 되는 하자는 위 공동주택관리령 및 공동주택관리규칙 소정의 하자보수의무기간을 도과하기 전에 발생한 것이어야 하고, 그 이후에 발생한 하자는 비록 그것이 의무하자보수보증계약에서 약정한 보증기간 내에 발생하였다 할지라도 그 보증대상이 되지 아니한다.

4. 하자보수보증금의 전용

하자보수보증계약을 각 단위공정별로 체결하는 경우가 있다. 즉 미장·타일공사를 보증기간 1년으로, 토공·조적·전기공사를 보증기간 2년, 주요구조부 철근콘크리트공사를 보증기간 10년으로 하여 각각 보증계약을 체결하는 것이다. 이 경우 개별 보증계약상 보증한도액을 초과하는 하자가 발생한 경우에 다른 보증계약상의 보증금액을 전용할 수 있는가가 문제된다. 주택법 시행령상 단위 공사에 따라 담보책임기간을 달리하였고 보증계약을 따로 체결한 당사자의 의사가 별도 처리하기로 하였다고 볼 것이므로 개별하자보증금의 전용은 허용되지 않는다고 보아야 한다.[78]

5. 하자보수보증금의 몰취 여부

하자가 발생하였는데 사업주체가 이를 이행하지 아니할 때 하자보수보증금의 지급은 실손해에 한정되는지, 아니면 실손해를 가리지 않고 보증금 전체의 지급의무가 발생하는지 문제된다. 특별한 약정이 없다면 하자보수보증금은 하자로 인하여 도급인이 입는 손해를 전보해 주는 손해담보약정에 해당하는 것으로 지급의무는 실손해액에 한정되는 것으로 보아야 할 것이다. 하자보수보증인은 실손해만 책임지는 것이 당연하고 주택법 시행령에서 입주자대표회의 등은 하자보수보증금의 사용내역을 사업주체에게 통보하도록 되어 있는 것을 보아도 명백하다. 게다가 현행 공동주택관리법은 하자보수보증금은 법원 판결에 따라 결정된 금액 등에 대해서만 사용하도록 그 사용범위를 한정하고 있다.

그런데 보증약정상 "하자보수보증금은 도급인에게 귀속한다"는 조항이 있는 경우에는 이는 위약금에 해당되어 위약벌 또는 손해배상액의 예정으로 볼 수 있다. 위약벌 또는 손해배상액의 예정 중 어느 경우에 해당하는가 여부는 구체적인 계약해석의 문제이지만, 민법 제398조 제4항에 의하여 위약금은 손해배상액의 예정으로 추정되므로 특별한 약정이 없다면 일단 손해배상액의 예정으로 보아야 할 것이다. 따라서 도급인이 하자보수보증금이 위약벌이라고 주장하는 경우에는 이에 관한 증명책임을 부담한다. 양자를 구별하는 실익은 위약금 이외에 별도의 손해배상을 구할 수 있는가와 손해배상에 대하여 감액이 가능한가에 있으므로 일응 보증금의 귀속과 별도로 손해배상책임약정이 있거나, 별도의 제재가 부과될 정도로 하자보수의무의 이행이 특별히 강조되는 사정이 있다면 이 경우는 위약벌로 볼 가능성이 높다.

---

78) 이창현, "하자보수보증책임에 관한 실무상 쟁점들," 서울지방법원 건설소송실무연구회에서 발표한 미공간 논문임.

대법원 2002. 7. 12. 선고 2000다17810 판결은 "공사도급계약서 또는 그 계약내용에 편입된 약관에 수급인이 하자담보책임기간 중 도급인으로부터 하자보수요구를 받고 이에 불응한 경우 하자보수보증금은 도급인에게 귀속한다는 조항이 있을 때 이 하자보수보증금은 특별한 사정이 없는 한 손해배상액 예정으로 볼 것이고(대법원 2001. 9. 28. 선고 2001다14689 판결 참조), 다만 하자보수보증금의 특성상 실손해가 하자보수보증금을 초과하는 경우에는 그 초과액의 손해배상을 구할 수 있다는 명시 규정이 없다고 하더라도 도급인은 수급인의 하자보수의무 불이행을 이유로 하자보수보증금의 몰취 외에 그 실손해액을 증명하여 수급인으로부터 그 초과액 상당의 손해배상을 받을 수도 있는 특수한 손해배상액의 예정으로 봄이 상당하다"고 판시하고 있어, 하자보수보증인에 대하여는 당연히 보증금액을 초과하는 손해배상을 구할 수 없으나, 수급인에 대하여는 위 보증금액을 초과하는 실손해에 대해서 그 손해배상을 구할 수 있다고 보았다.

6. 하자보수보증금채권의 소멸시효

하자보수보증금채권의 소멸시효와 기산일은 그 채권이 발생할 당시에 시행되던 법령에 따라 정하여지는 것이고 법률불소급의 원칙상 그 후 개정된 법령이 적용될 수 없음은 당연하다.[79] 특별한 법령이나 당사자 사이의 약정이 없다면 하자보수보증금채권의 소멸시효기간은 상법에 따라 5년이다. 보증금청구권은 보증사고가 발생할 때 구체적인 권리로 확정되어 그때부터 권리를 행사할 수 있게 되므로 보증금청구권의 소멸시효는 보증사고가 발생한 때부터 진행한다고 해석하여야 한다.[80]

Ⅷ. 입주자대표회의 등의 손해배상청구권

1. 주택법상 손해배상청구권

(1) 주택법 제46조 제1항에 의한 손해배상책임

사업주체가 주택법 제46조 제1항에 의한 하자보수의무를 불이행한 경우에

---

79) 대법원 2009. 6. 23. 선고 2008다85598 판결. 구 주택건설촉진법의 개정으로 같은 법 제47조의12 제2항이 삭제되기 전인 1999. 2. 28.까지 발생한 하자보수보증금채권에 대하여는 개정 전 규정에 따라 보증기간 만료일부터 5년간의 소멸시효기간이 적용된다고 한 사례임.

80) 대법원 2005. 12. 23. 선고 2005다59383, 56390 판결.

입주자대표회의 등이 사업주체에게 손해배상청구를 할 수 있는가? 주택법상 하자
관계책임의 법적 성격과 관련된 문제인데 특히 2005년 주택법 및 당시의 집합건물
법 부칙 제6조단서에 의하면 공동주택의 하자담보책임에 관하여 주택법이 우선
하는 것으로 규정되어 있음에도 손해배상책임에 관한 규정이 없어서 논란이 되었
다. 하자보수책임이 법률상 인정되는 이상, 이를 불이행하면 특별한 규정이 없더
라도 당연히 의무 불이행으로 인한 손해배상책임이 인정되어야 한다는 것이 긍정
설의 근거이다.

그러나 주택법 제46조 제3항과 달리 제46조 제1항에는 문면상 손해배상청구
권이 명백히 빠져 있는 점, 하자보수의 경우에는 공동주택의 안전을 위하여 그 권
리를 신속하게 일괄적으로 행사할 필요가 있는 점, 손해배상청구의 경우는 일괄
적으로 신속하게 행사할 필요가 적으며, 사업주체와 아무런 실체법적 관련성을
갖지 아니한 입주자대표회의나 관리주체 등에게 금전채권인 손해배상청구권을
귀속시키기 어려운 점에 비추어 볼 때, 하자보수의무 불이행에 관한 손해배상의
무는 부정함이 타당하다.

⑵ 주택법 제46조 제3항에 의한 손해배상청구권

주택법 제46조 제3항, 시행령 제59조 제1항 별표 7에 의하면, '내력구조부의
결함으로 공동주택이 무너졌거나, 안전진단실시 결과 무너질 우려가 있다고 판정
된 경우'에 한하여 손해배상책임을 인정하도록 되어 있다. 공동주택의 안전에 위
험을 초래할 정도의 하자에 대하여는 손해배상까지 인정하여 신속하게 건물의
안전조치를 취하게 하자는 것이다.

그런데 법문상 내력구조부 하자가 위와 같은 정도에 이르지 않은 경우 및 내
력구조부가 아닌 다른 부분에 발생한 하자에 대하여 손해배상책임을 인정할 것인
지를 두고 하급심 입장이 갈리고 있었다. ① 법령의 문리해석을 근거로 하여, 내
력구조부의 중대한 하자만 손해배상책임을 인정하는 하자의 중대성 필요설, ②
주택법의 입법취지 및 법령체계상 내력구조부에 발생한 모든 하자에 대하여 손해
배상책임을 넓게 인정하는 중대성 불필요설, ③ 주택법 제46조 제3항은 내력구조
부에 중대한 하자가 있을 때 담보책임기간을 확대하려는 취지로 해석하고, 하자
의 중대성이 인정되지 않으면 공사의 종류에 따라 시행령 별표에 따라 단기간의
담보책임기간을 적용하자는 입장 등이 대립되고 있었다.

2. 2016년 공동주택관리법상 손해배상청구권

2016년 공동주택관리법 제37조 제1항, 제2항, 시행령 제40조에도 주택법과 같은 취지로서 일반 하자에 대하여 하자보수의무만 인정하고, 안전진단 결과 내력구조부에 중대한 하자가 발생한 경우에만 사업주체에게 손해배상책임을 인정하도록 규정되어 있었다. 기본적으로 앞의 주택법과 같은 취지로 해석된다.

3. 2017년 공동주택관리법상 손해배상청구권

2017년 공동주택관리법 제37조 제2항은 "사업주체는 담보책임기간에 공동주택에 하자가 발생한 경우에는 하자 발생으로 인한 손해를 배상할 책임이 있다. 이 경우 손해배상책임에 관하여는 민법 제667조를 준용한다"라고 규정하여, '내력구조부'에 발생한 '중대한' 하자 외에 일반적 하자에 대해서도 사업주체에게 손해배상책임을 인정하고 있다. 이에 따라 입주자나 입주자대표회의, 관리주체, 임차인, 임차인대표회의가[81] 시행자나 시공자를 상대로 하여 하자보수를 청구하고($^{제1}_{항}$) 분양자는 분양에 따른 담보책임을, 시공자는 수급인의 담보책임을($^{제36조}_{제1항}$) 부담하여야 한다. 이 규정은 매우 부당한 것으로 보이며, 법체계상 문제점에 대하여는 본 장의 제4절 Ⅱ. 2. 부분에서 상술하였다.

4. 시공자의 손해배상의무

주택법 제46조에 의하여 하자보수의무자로 규정된 시공자도 손해배상책임을 부담하는가? 대법원은 2003년 주택법이 적용되는 사건에서 "주택법 제46조 제1항은 시공자를 포함한 사업주체의 '하자보수의무'만을 규정하고 같은 조 제3항은 내력구조부에 중대한 하자가 발생한 경우 시공자를 포함한 사업주체의 손해배상의무를 규정하고 있으며 한편 집합건물법 제9조는 '공동주택을 건축하여 분양한 자'의 하자담보책임에 관하여 규정하고 있을 뿐이므로 위 각 조항을 근거로 시공자에게도 하자보수에 갈음한 손해배상의무가 있다고 보기 어렵다"고 판시하였다.[82]

그러나 2017년 공동주택관리법 제36조 제1항 제3호 및 제37조 제2항에 의하

---

81) 공동주택관리법 시행령 제38조 제2항에서 입주자는 전유부분에 관하여, 임차인대표회의는 공용부분에 관한 하자보수를 청구할 수 있도록 규정하였다.
82) 대법원 2009. 1. 30. 선고 2008다12507 판결.

면 시공자는 사업주체로서 모든 하자에 대하여 수급인의 담보책임을 지고 손해배
상책임도 부담하는 것으로 변경되었다.

제5절 하자담보책임에 관한 집합건물법과 주택법 등의 관계[83]

Ⅰ. 법령 해석 혼란의 개요

집합건물법이 1984년 제정되었는데, 이미 1972년 제정되어 시행 중이던 주택
건설촉진법과의 관계를 제대로 정리하지 아니하였기 때문에 하급심 법원 판결에
서 두 법률의 해석상 충돌이 발생하였다. 대법원이 오랜 진통 끝에 2004. 1. 27. 선
고 2001다24891 판결로 양자가 별개 차원의 권리인 것으로 정리하자, 하자담보
책임기간이 늘어날 것으로 오해한 건설업계의 반발이 거세어졌다. 이에 국회는
2005. 5. 26. 하자책임을 합리적으로 제한한다는 목적에서 주택법이 집합건물법
에 우선한다는 취지로 두 법률을 함께 개정하였다. 그러나 개정된 2005년 주택법
은 주택법을 우선한다는 기본방침 자체가 잘못된 최악의 입법이었고 실무상 혼란
이 오히려 더 커졌다. 대법원은 2012. 7. 12. 선고 2010다108234 판결로 집합건물법
을 중심으로 하여 주택법 규정을 일부 요건으로 삼는 법리를 선언하였으나 이는
주택법의 문면을 축소하여 회피하는 무리한 판결이었다. 마침내 국회가 2012. 12.
18. 집합건물법을 우선하는 취지로 두 법률을 개정함으로써 입법상 오랜 모순점이
해결되었고 비로소 합리적인 해석이 가능해졌다. 그러나 2017년 공동주택관리법
에서 다시 무리한 법개정이[84] 이루어져 합리적인 해석이 어렵게 되었고 상당 기간
혼란이 생길 것 같다. 공동주택을 대상으로 하여 집합건물법과 주택법을 개정하
면서 양자의 상호관계에 대한 면밀한 검토가 이루어지지 않아서 혼란이 계속 반
복되고 있는 것이다.

---

83) 앞서 살핀 것처럼 각 주택법 및 2016년 공동주택관리법은 하자관련 규정이 큰 차이가 없어서, 집
합건물법과의 상호 관계를 파악함에 있어서도 차이가 없다. 이에 따라 이전에 주택법에 대해 이
루어졌던 논의와 판례상 표현을 그대로(공동주택관리법으로 변경하지 않고) 실었다. 2017년 공동
주택관리법은 별도로 다룬다.
84) 집합건물법과 주택법이 2005. 5. 26. 및 2013. 6. 19. 동시에 개정되면서 각 내용을 조정하였는데, 공
동주택관리법이 2017. 4. 18. 개정될 때 집합건물법은 개정되지 않았다.

II. 2005. 5. 26. 개정법 시행 이전

구 공동주택관리령상 하자보수기간과 집합건물법에 의하여 준용되는 민법상 하자담보책임기간의 관계에 대하여 공동주택관리령 우선설, 집합건물법 우선설(집합건물법 부칙 제6조상 공동주택관리령은 무효), 절충설, 양 책임 병립설 등으로 나누어져 있었다. 이에 관하여 대법원 2004. 1. 27. 선고 2001다24891 판결은 다음과 같은 법리를 선고하였다. "구 주택건설촉진법, 구 공동주택관리령, 구 공동주택관리규칙의 관련 규정에 의하면, 공동주택의 입주자·입주자대표회의 또는 관리주체는 공사의 내용과 하자의 종류 등에 따라 1년 내지 3년의 범위에서 정하여진 기간 내에 발생한 하자에 대하여 사업주체에게 하자의 보수를 요구할 수 있는바, 이는 행정적인 차원에서 공동주택의 하자보수 절차·방법 및 기간 등을 정하고 하자보수보증금으로 신속하게 하자를 보수할 수 있도록 하는 기준을 정한 것으로서 위 법령에서 정하여진 기간 내에 발생한 하자에 대하여 입주자뿐만 아니라 사업주체와 별다른 법률관계를 맺지 않은 공동주택의 관리주체나 입주자대표회의도 보수를 요구할 수 있다는 취지라고 보아야 할 것이고, 아울러 집합건물법 부칙 제6조가 집합건물의 관리방법과 기준에 관한 구 주택건설촉진법의 특별한 규정은 그것이 집합건물법에 저촉하여 구분소유자의 기본적인 권리를 해하지 않는 한도에서만 효력이 있다고 규정한 점까지 고려할 때 구 주택건설촉진법 등의 관련 규정은 집합건물법 제9조에 의한 분양자의 구분소유자에 대한 하자보수의무의 제척기간에는 영향을 미칠 수 없다"

이 판결로 양자는 규율의 목적과 권리행사 주체가 다른 별개 차원의 것으로 정리가 되었는데, 집합건물법은 소유자가 하자담보책임을 청구하는 근거로, 주택법은 입주자대표회의 등이 하자보수와 하자보수보증금을 청구하는 근거로 기능하게 되었다.

III. 2013. 6. 19. 개정법 시행 이전

1. 집합건물법과 주택법의 개정

위 대법원 판결이 선고되자 건설회사들은 하자보수기간이 무조건 10년으로 정해진 것으로 받아들이고 약관을 고치는 등 비상이 걸렸고, 이어서 2005. 5. 26. 국회에서 집합건물법상 하자담보책임을 제한하는 내용의 주택법 제46조의 개정입법이 이루어졌다. 즉 공동주택의 분양자와 수분양자 사이에 적용되는 집합건물법상의 하자담보책임기간(민법상 하자담보책임기간인 10년을 준용)의 적용을 배제하고, 주택법 시행령에서 정한 각종 기간(부위별로 1년 내지 10년) 이내에 발생하는 하자에 대하여만 책임을 지도록 한 것이다. 아울러 집합건물법 부칙 제6조 단서에서 "공동주택의 담보책임 및 하자보수에 관하여는 주택법 제46조의 규정이 정하는 바에 따른다"고 규정함으로써 문면상 주택법 제46조가 집합건물법 제9조에 우선하게 되었다. 그러나 위 주택법 개정은 입법기술상 최악의 것이었다. 주택법의 규정만으로는 법체계와 하자담보책임 법리상 도저히 권리행사와 이에 대한 정상적인 해석을 할 방법이 없는 상황이었다. 종전의 법체계를 그대로 둔 채 법률상 일부 용어만 수정, 보충하였기 때문이었다.

2. 주택법 부칙 제3항의 위헌 결정

도저히 양 법률의 해석이 안 되는 상황이어서 저자는 서울고등법원 건설전문재판부 재직 시에 직권으로 주택법 제46조 제1항, 제3항과 부칙 제3항에 대하여 위헌제청결정을 하였는데, 법률 내용의 불명확성, 다른 책임과의 불균형, 포괄위임입법금지원칙 위배 등이 주요 논거였다.[85]

헌법재판소는 2008. 7. 31. 선고 2005헌가16 결정으로 부칙 제3항에 대하여 아래와 같은 이유로 위헌결정을 하였다.[86] "신법이 시행되기 전에 이미 하자가 발생하였으나, 구법(집합건물법)에 의하면 10년의 하자담보기간 내이지만 신법에 의할 때 내력구조가 아니어서 1 내지 4년의 하자담보기간이 이미 경과된 경우, 공동주택의 소유자로서는 구법 질서 아래에서 이미 형성된 하자담보청구권이 소급적으로 박탈되는 결과가 되는데, 이는 소유자가 구법에 따라 적법하게 지니고 있던 신뢰를 심각하게 침해하는 것인 반면, 개정된 주택법이 추구하는 공익은 중대한 것이라 보기는 어렵다. 따라서 신법이 시행된 이후에 하자가 발생한 경우뿐만 아니

---

85) 서울고등법원 2005. 7. 11.자 2004나68829 결정.
86) 그러나 정작 주택법 제46조 제1항, 제3항에 대하여 헌법재판소는 "주택법 부칙 제3항이 위헌으로 무효인 이상, 신법이 시행되기 전에 하자가 발생한 당해 사건에 있어서는 개정된 주택법 제46조 제1항, 제3항이 적용되지 아니하므로, 주택법 제46조 제1항, 제3항 부분은 재판의 전제성이 없어 부적법하다"고 각하하였다.

라 이미 구법 아래에서 발생한 하자까지 소급하여 신법을 적용하게 할 필요성이 크지 않다. 그러므로 구법 아래에서 하자가 발생한 경우에 공동주택 소유자들이 지녔던 신뢰이익의 보호가치, 부칙 제3항이 진정소급입법으로서 하자담보청구권을 박탈하는 점에서의 침해의 중대성, 신법을 통하여 실현하고자 하는 공익목적의 중요성 정도를 종합적으로 비교형량하여 볼 때, 부칙 제3항이 신법 시행 전에 발생한 하자에 대하여서까지 주택법을 적용하도록 한 것은 당사자의 신뢰를 헌법에 위반된 방법으로 침해하는 것으로서, 신뢰보호원칙에 위배된다."

3. 하급심 법원의 3가지 해석론

그 사이에 하급심 법원에서는 수많은 하자분쟁소송에 관하여 불합리한 법규정을 둘러싸고 세 가지 해석론이 전개되었다.

① 주택법 전면 적용설   주택법 제46조 제1항 및 집합건물법 부칙 제6조 단서 등 개정된 법령의 문면상 주택법 제46조가 사업주체의 하자담보책임을 정한 기본 규정이라는 입장이다. 사실상 집합건물법 제9조는 공동주택에 관하여 적용할 수 없게 되는 셈이다

② 주택법 부분 적용설   집합건물법상 하자담보책임의 성립요건에 주택법 제46조 제1항의 '하자발생기간'이 추가됨으로써 집합건물법상의 하자담보책임의 주체나 내용에는 변경이 없고 하자책임기간요건이 부가된다는 입장이다. 주택법 제46조 제1항은 하자발생기간을 부분별로 나누어 규정함으로써 집합건물법상 10년의 하자담보책임기간을 합리적으로 조정하는 기능을 한다고 보는 것이다.[87]

③ 주택법 별개 적용설   주택법 제46조와 집합건물법 제9조가 각각 독립적으로 적용되어 병존적으로 성립하며 주택법의 규정이 집합건물법에 제한을 가하지 않는다는 입장이다.[88] 이는 집합건물법 부칙 제6조 단서규정을 무시하는 결정적인 약점이 있다.

4. 대법원 판결

대법원은 법 개정 후 7년이 지나서 2012. 7. 12. 선고 2010다108234 판결을 선

---

87) 저자의 글, 법률신문 2009. 8. 20.자 '2008년 건설판례 해설'에서 취한 입장이다.
88) 서울고등법원 2010. 2. 11. 선고 2009나38799 판결.

고하였다. "2005. 5. 26. 각 개정된 집합건물법 제9조와 주택법 제46조의 하자관계 책임은 입법 목적, 하자담보책임의 내용, 하자담보책임의 대상이 되는 하자의 종류와 범위, 하자담보책임을 추급할 수 있는 권리자와 의무자, 하자담보책임을 추급할 수 있는 권리의 행사기간 등을 서로 달리하고 있어서 독립적으로 행사할 수 있다. 다만 집합건물법 부칙 제6조 단서의 취지상 주택법 제46조에서 규정하는 하자에 대하여는 대통령령이 정하는 담보책임기간 안에 하자가 발생한 때에 한하여 집합건물법 제9조에 따라 하자보수에 갈음하는 손해배상을 청구할 수 있고, 그 밖에 주택법 제46조에서 규정하지 않는 사용검사일 전에 발생한 하자나 오시공·미시공 등의 하자에 대하여는 위 대통령령이 정하는 담보책임기간의 제한 없이 집합건물법 제9조에 따라 하자보수에 갈음하는 손해배상을 청구할 수 있다"

이 판결은 주택법 부분적용설을 취한 것이다. 하자담보추급권의 근거는 집합건물법 제9조로서 주택법 제46조와 독립적으로 성립하되, 주택법 제46조의 하자발생기간을 추가하여 요건으로 삼아야 한다는 것이다. 이 판결로서 뒤늦게나마 하자담보책임의 명시적 기준이 제시되어 하급심의 혼란이 정리되었다.

Ⅳ. 2017. 4. 18. 개정 공동주택관리법 시행(2017. 10. 19.) 이전

2012. 12. 18. 집합건물법과 주택법이 다시 개정되어(집합건물법 부칙 제6조 단서가 삭제됨) 공동주택의 하자담보책임이 집합건물법에 통일적으로 일원화됨으로써 비로소 합리적 체계가 이루어졌다(2013. 6. 19. 시행). 집합건물법이 공동주택 하자담보책임의 기본법이며 주택법은 관리차원의 보완적인 법률에 해당한다. 또한 하자담보책임에 관하여 시행령상 공정 부분별로 다양한 기간이 규정됨으로써 합리적인 기준을 갖게 되었다. 한편 주택법은 행정적 차원에서 하자보수 및 하자보수보증금을 중심으로 그 기능을 하는 것으로 정리되었다. 이는 대법원 판결의 취지에 충실히 따른 합리적 내용으로 통일적 법 해석이 가능한 것으로 기대되었다. 오랜 혼란 끝에 비로소 합리적 해석이 가능한 법률로 정비된 것이었다.

한편 2015. 8. 11. 공동주택관리법이 주택법에서 독립하여 제정되면서 제36조의 제목을 '하자담보책임'으로, 사업주체가 분양에 따른 담보책임을, 시공자가 수급인의 담보책임을 부담한다고 명기함으로써 하자담보책임이 강화되었다. 하지만 기본적으로는 종전의 주택법 규정과 큰 차이가 나지 않아서 주택법의 해석론이 그대로 유지될 수 있었다.

V. 2017. 4. 18. 개정 공동주택관리법 시행(2017. 10. 19.) 이후

공동주택관리법이 개정되어 2017. 10. 19. 시행되면서 다시 한 번 해석상 어려운 점이 생겼다. 제37조 제2항은 "사업주체는 담보책임기간에 공동주택에 하자가 발생한 경우에는 하자 발생으로 인한 손해를 배상할 책임이 있다. 이 경우 손해배상책임에 관하여는 민법 제667조를 준용한다"고 규정하였다.

개정 전 공동주택관리법 제37조 제2항은 사업주체는 공동주택의 내력구조부에 중대한 하자가 발생한 경우에만 손해를 배상하도록 되어 있었다. 이는 주택법 이전부터 인정되었던 행정적 차원의 예외적인 긴급 손해배상권으로 이해할 수 있었다. 그런데 개정법은 내력구조부 하자를 넘어서 모든 하자에 대한 손해배상책임을 인정하고 있으며 더구나 수급인의 담보책임에 관한 민법 제667조를 준용할 것을 정하고 있으니 법률의 문면상으로는 집합건물법의 규정과 동일하게 된 셈이다. 앞에서 이미 살핀 바와 같이 부적절한 입법이다.

이러한 문제를 해결하는 방법은 집합건물법을 하자담보책임의 기본법으로 해석하는 것이라고 생각한다. 즉 집합건물법 제2조의2가 "집합주택의 관리 방법과 기준, 하자담보책임에 관한 「주택법」 및 「공동주택관리법」의 특별한 규정은 이 법에 저촉되어 구분소유자의 기본적인 권리를 해치지 아니하는 범위에서 효력이 있다"고 규정하고 있으므로 집합건물법이 기본법이며, 공동주택관리법은 이를 보완하는 차원에 있다고 해석하는 것이 합리적일 것이다.

VI. 개별 계약상 하자담보책임약정의 효력

이상과 같이 각 법령상 내용을 살펴보았으나 사적 자치의 원칙상 집합건물에 관한 개별적인 공사계약이나 분양계약상 하자담보책임에 관한 약정이 법령보다 우선함이 당연하다. 집합건물법 제9조 제4항에 의하면 민법상 규정보다 수분양자를 유리하게 하는 약정은 얼마든지 가능하다.

국토교통부고시로 제정된 민간건설공사 표준도급계약서에는 공종에 따라 각각 세분된 하자담보책임기간을 정하도록 되어 있는 등 모든 공사나 분양계약서에는 하자담보책임을 중요한 사항으로 기재하도록 되어 있다. 따라서 이러한 약정이 없는 경우나 약정이 있어도 내용이 불분명한 경우에만 개별 법령상 하자담보책임규정이 적용된다.

Ⅶ. 공동주택의 하자담보책임 정리

1. 양 법령상 하자책임의 비교

집합건물법과 주택법(공동주택관리법), 양 법령의 입법취지와 축적된 판결이유 등을 종합하면, 아래와 같이 하자책임의 내용을 비교, 정리할 수 있다. 이는 현행법에 관하여도 유효한 기준이 될 것이다.

[양법령의 비교]

구 분	① 주택법(공동주택관리법)	② 집합건물법
취지	공동주택에 관한 부실시공 방지, 다수의 피분양자 등 입주자 보호, 효율적 주택관리	수분양자 보호 위하여 민법상 수급인의 담보책임조항 준용
권리자	수분양자 / 입주자 / 입주자대표회의 / 관리주체 / 관리단	수분양자 / 관리단
의무자	시행자 / 시공자	시행자(분양자) / 시공자
권리의 내용	• 하자보수청구권 • 내력구조부하자에 대한 손해배상청구권 / 모든 하자에 대한 손해배상청구권(공동주택관리법) • 하자보수보증금	• 하자보수청구권 • 손해배상청구권
하자의 발생시기 및 정도	하자담보책임기간 내 발생한 하자로서 기능상, 미관상, 안전상의 지장을 초래하는 하자	사용검사 전후의 모든 하자 / 오시공, 미시공 포함
하자보수책임기간 / 제척기간	하자발생기간 제척기간 겸함(공동주택관리법)	제척기간
행정기관의 관여여부	관여 가능	관여할 수 없음

2. 공동주택 하자담보책임 적용 법령 구조의 변화

	▼ 2005. 5. 26.	▼ 2013. 6. 19.	▼ 2016. 8. 12.	▼ 2017. 10. 19.
주택건설촉진법 집합건물법	주택법 개정 집합건물법 개정	주택법 개정 집합건물법 개정	공동주택관리법 제정	공동주택관리법 개정
하급심 혼란	집합건물법 적용, 주택법 부분 적용	집합건물법 우선적용	종전과 동일	제37조 제2항 개정
대법원 2004. 1. 27. 선고 2001다24891	대법원 2012. 7. 12. 선고 2010다108234	판례축적중	종전과 동일	사업주체의 손해배상책임 확대

3. 공동주택 하자담보책임 법령 내용의 변화

[공동주택의 하자담보책임 적용]

기간 구분	사용검사 이후에 발생한 하자	사용검사 이전에 발생한 하자 미시공·오시공의 하자
	• 청구권의 근거: 집합건물법 제9조(민법 준용) • 제척기간: 인도시부터 10년 • 하자의 범위: 제한 없음	
2005. 5. 26. (사용검사 기준)	• 청구권의 근거: 집합건물법 제9조(민법 준용) • 제척기간: 인도시부터 10년 • 하자의 범위: 주택법 시행령의 하자담보책임기간 내 발생할 것	• 청구권의 근거: 집합건물법 제9조(민법 준용) • 제척기간: 인도시부터 10년 • 하자의 범위: 제한 없음
2013. 6. 19. (분양 기준)	• 청구권의 근거: 집합건물법 제9조(민법 준용) • 제척기간 *기간: 주요구조부, 지반(10년), 그 외(대통령령, 5년 이내) *기산점: 전유부분(인도시), 공유부분(사용검사일) • 하자의 범위: 하자발생기간 규정 없음	

2016. 8. 12. (사용검사 기준)	위 내용과 동일함
2017. 10. 19. (사용검사 기준[89])	위 내용과 동일하되, 모든 하자에 대한 손해배상책임 인정 등 공동주택관리법 개정으로 논란의 여지가 있음

*공동주택의 하자담보책임은 집합건물법이 기본법이 되며, 공동주택관리법 등은 관리차원의 별개 권리이므로 전자를 중심으로 정리하였다.

제6절 공동주택의 하자에 관한 그 밖의 쟁점

I. 하자담보책임에 대한 적용 법령의 결정 기준

하자담보책임에 관한 법령이 자주 개정되므로 실무상 적용법령의 결정 기준이 문제된다. 법령상 적용법령에 대한 규정이 있으면 이에 따르되 명문의 규정이 없으면 사용검사 또는 사용승인일을 기준으로 함이 옳을 것이다. 사용검사나 사용승인은 집합건물의 건축이 완성된 후에 이루어지고 그 후에 바로 수분양자인 구분소유자에게 인도되는데 하자발생의 원인이 되는 부실공사 등 공사의 잘못은 이미 그때에 모두 발생되어 있어 그 당시에 적용되는 하자담보책임에 관한 법률을 일률적으로 적용하여 담보책임 등을 묻는 것이 신뢰보호나 공평의 견지에서 타당하기 때문이다.[90]

개정 법령의 시행일 이전에 사용검사를 받았는데, 하자는 시행일 이후에 발생한 경우에도 위와 같은 이유에서 개정법을 적용할 수 없을 것이다. 법령이 개정

---

89) 기준일에 관한 명문 규정이 없지만, 부칙 제2조에 공공임대주택의 법 적용기준일을 사용검사일로 규정한 점에 비추어 보면 법 전체의 기준일을 사용검사일로 보는 것이 합당하다.

90) 개정 주택법의 시행(2005. 5. 25.) 전에 사용검사 또는 사용승인을 얻은 공동주택에 관하여도 주택법 제46조의 개정 규정을 적용하도록 한 주택법 부칙 제3항은 헌법재판소 2008. 7. 31. 선고 2005헌가16 결정에 의하여 헌법에 위반되어 무효라고 선언됨으로써 그 효력이 상실되었다… 개정 집합건물법 부칙 제6조 시행(2005. 5. 25.) 이전에 사용검사 또는 사용승인을 받은 공동주택에 관하여 그 구분소유자가 집합건물법에 따라 하자보수에 갈음하는 손해배상을 청구하는 경우에는 그 담보책임 및 하자보수에 관하여 개정 주택법 제46조를 적용할 수 없고, 따라서 집합건물법 제9조 및 그에 의해 준용되는 민법 제667조 내지 제671조에 따라 하자담보책임의 내용 및 범위가 결정된다 할 것이다: 대법원 2008. 12. 11. 선고 2008다12439 판결.

되었을 때에는 특별한 사정이 없는 한 사용검사일을 기준으로 하여 적용 법률을 결성함이 원칙이다.

Ⅱ. 하자 보수완료확인서의 해석

아파트 입주자나 입주자대표회의가 시공회사에게 하자보수가 끝난 뒤에 보수완료확인서를 작성해 주는 일이 흔하다. 이를 들어서 하자보수가 실제로 완료되었으므로 하자보수청구권이 소멸되었다고 주장하는 예가 있으나 이는 단순히 하자보수작업이 벌어져 외견상 마쳤다는 사실의 확인에 불과하고 이로써 하자보수가 완전히 종료되었다고 해석하기는 어렵다. 이런 서류가 있다고 하더라도 하자보수기간 내에 다시 하자가 발생하였다면 이를 보수하여야 한다.

그러나 입주자들과 분양자 사이에 아파트의 하자와 관련하여 향후 일체의 청구를 하지 않기로 최종적인 하자보수 종결합의를 하고 하자보수완료확인서를 작성하는 경우도 있으므로 해석상 주의하여야 한다. 특히 입주자대표회의가 이러한 하자보수완료확인서를 작성하는 경우에는 입주자들로부터 하자보수완료합의에 관한 권한위임을 받았는지 확인할 필요가 있다.[91]

Ⅲ. 하자감정시의 표본조사

아파트의 세대수가 상당히 많을 경우 전유부분을 일일이 조사한다면 시간과 비용이 지나치게 커질 염려가 있다. 공동주택의 특성상 전유부분의 하자는 유사한 경우가 많으므로 하자감정시에 적정한 비율로 표본세대를 특정하여 표본조사상 드러난 하자가 전체 건물에 동일한 정도로 분포한다고 합의한다면 효율적인 감정이 될 수 있다. 다만 표본선정에 신중하여야 하고 당사자 사이에 충분한 이해와 명시적인 합의가 있어야 한다.[92]

---

91) 소 제기 이전에 입주자대표회의와 아파트의 시공자 사이에 아파트의 하자와 관련하여 향후 일체의 청구를 하지 않기로 하는 취지의 하자보수 종결합의가 이루어졌다고 하더라도, 입주자대표회의가 입주자들로부터 권한을 위임받아 위 합의를 한 것이 아닌 이상 그 합의의 효력이 입주자들의 손해배상청구에 영향을 미칠 수는 없다: 대법원 2005. 6. 10. 선고 2004다35625 판결.

92) 서울중앙지방법원 건설소송실무연구회에서는 2014년 건설감정실무를, 2015년 그 추록을 각 편찬하였는바, 위 자료에는 집합건물에서 발생하는 대표적인 하자들과 그 보수방법 등이 정리되어 있다. 국토교통부의 공동주택 하자의 조사, 보수비용 산정 및 하자판정기준(2016. 12. 30. 시행 국토

Ⅳ. 하자와 사용검사처분

집합건물의 입주자가 건물에 하자가 존재함을 이유로 하여 이미 받은 사용검사처분을 취소하는 행정소송을 제기하는 경우가 있다. 행정처분의 직접 상대방이 아닌 경우에도 그로 인하여 개별적, 직접적, 구체적으로 보호되는 법률상 이익을 침해당한 자는 취소소송을 제기할 수 있으나, 이러한 경우는 입주자에게 직접 사용검사처분의 취소를 구할 법률상 이익이 인정되지 않는다. 사용검사처분은 건축물을 사용·수익할 수 있게 하는 데에 그치므로 건축물에 대하여 사용검사처분이 이루어졌다고 하더라도 그 사정만으로는 건축물에 있는 하자나 건축법 등 관계 법령에 위반되는 사실이 정당화되는 것은 아니고, 반대로 건축물에 대한 사용검사처분이 취소된다고 하더라도 건축물의 하자 상태 등이 제거되거나 보완되는 것도 아니기 때문이다.[93]

Ⅴ. 하자담보책임에 관한 기획소송

특정 업체나 변호사가 아파트입주자대표회의 등을 통하여 하자소송을 위임받아 수행하되 그 업체가 인지대, 감정료 등 소송비용을 대납하고 소송에서 패소하면 당사자에게 아무런 청구를 하지 아니하되, 승소하면 입주자대표회의로부터 상당한 성공보수는 물론 하자보수시공권, 시공사 선정 계약권, 관리위수탁 재계약 보장 등의 이익을 얻기로 하는 이른바 기획소송이 상당히 많이 진행되고 있다. 이러한 소송은 변호사법 제109조 제1호에서 금지하는 '대리'에 해당하며,[94] 기획소송 주도자가 대납하는 소송비용을 입주자대표회의가 소송 종료 후 반환하기로 하는 약정 역시 그 성격상 대리를 통한 이익취득행위에 불가결하게 수반되는 부수적 행위로서 반사회질서의 법률행위에 해당하여 무효라고 할 것이다.[95]

교통부고시 제2016-1048호)에도 하자와 관련된 일응의 기준 등이 명시되어 있어 참고할 만하다.
93) 대법원 2014. 7. 24. 선고 2011두30465 판결.
94) 대법원 2010. 2. 25. 선고 2009다98843 판결.
95) 대법원 2014. 7. 24. 선고 2013다28728 판결.

제7절 집합건물의 하자관계 법령 요약

Ⅰ. 하자관계 법령의 비교

[각 법령의 비교]

민법	집합건물법	주택법 및 구 공동주택관리법	건설산업기본법
도급인 vs 수급인	분양자 vs 수분양자	입주자대표회의 vs 사업주체	발주자 vs 수급인
하자보수청구 손해배상청구	하자보수청구 손해배상청구	하자보수청구 손해배상청구 (내력구조부) 하자보수보증금	하자보수청구 손해배상청구
제척기간	제척기간	하자발생기간	하자발생기간

다만 공동주택관리법은 주택법과 달리 내력구조부 이외의 부분에 발생한 하자에 대하여도 손해배상청구가 가능하고, 하자발생기간이 제척기간성질도 겸하여 가지는 것으로 보인다.

Ⅱ. 각종 건물의 하자책임에 대한 적용 법령의 정리

㈎ **단독주택** [수급인의 건축주에 대한 하자담보책임]
① 등록 건설사업자가 건축한 건축물: 건설산업기본법
② 비건설사업자의 건축물: 민법
③ 20호 이상의 단독주택: 아래의 공동주택과 동일

㈏ **공동주택**
① 분양자의 수분양자에 대한 하자담보책임: 별지와 같음
② 수급인의 건축주에 대한 하자담보책임: 건설산업기본법

(다) 공동주택 아닌 집합건물

① 분양자의 수분양자에 대한 하자담보책임: 집합건물법

② 수급인의 분양자에 대한 하자담보책임: 건설산업기본법

(라) 비주택, 비집합건물

① 등록 건설사업자가 건축한 건축물: 건설산업기본법

② 비건설사업자의 건축물: 민법

Ⅲ. 공동주택 분양자의 수분양자에 대한 하자담보책임

시기	집합건물법	주택법 · 공동주택관리법
2003년 주택법 (~2005. 5. 25.)	• 적용 • 민법상 하자담보책임 준용	• 관리차원의 하자보수, 하자 보수보증금 처리 • 집합건물법상 하자담보책 임과 별개 차원
2005년 주택법 (~2013. 6. 18.)	• 위와 같음 • 주택법상 하자담보책임기 간내 발생한 하자만 대상	• 위와 같음
2013년 주택법 (~2016. 8. 11.)	• 적용 • 민법상 하자담보책임 준용	• 위와 같음
2016년 공동주택관리법 (~2017. 10. 19.)		• 분양에 따른 담보책임 • 시공자(수급인)의 담보책임
2017년 공동주택관리법 (~현행법)	• 위와 같음	• 내력구조부 포함하여 모든 하자에 대한 손해배상책임

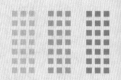

제08장 집합건물 분양의 법률관계

제1절 서   론

집합건물의 분양계약을 둘러싸고 그 효력을 다투는 소송이 계속 늘고 있다. 주로 수분양자들이 분양자를 상대로 건물의 설계 위반 시공, 입지조건에 관한 과장광고 등을 이유로 분양계약의 해제나 취소를 구하는 형태이다. 집합건물에 관하여 선분양·후시공방식이 일반화되어, 수분양자로서는 계약체결시점에 목적물의 형태를 정확히 알기 어렵고, 입주시점이 상당기간 이후라서 주변상황이나 부동산 가격이 변동하는 경우가 많은 점이 분쟁의 원인이다. 이러한 분쟁에서는 주로 분양자의 채무불이행에 기한 계약의 해제, 수분양자의 착오에 의한 취소, 분양자의 기망에 의한 취소 등이 그 법률상 원인이 된다.[1] 분양하는 부분의 바닥면적 합계가 3천제곱미터 이상인 건축물 등 일정한 규모를 갖춘 건축물에 관하여는 2005년 4월 시행된 건축물의 분양에 관한 법률이 적용되어 설계, 분양, 전매 등에 관하여 보다 엄격한 규제를 받는다.

---

[1] 영종신도시에 입주한 수분양자 1,700명이 각 분양회사를 상대로 허위과장광고로 인한 단체소송을 제기한 것이 대표적인 예이다. 수분양자들은 제3연육교, 제2공항철도, 영종브로드웨이 설치 등 계약내용이 불이행되거나 불가능하였다는 이유로 착오 기망으로 인한 취소, 불공정한 법률행위 또는 약관규제법 위반으로 인한 무효, 이행불능 또는 사정변경으로 인한 계약해제, 표시광고법 위반으로 인한 손해배상책임을 주장하였는데 법원은 표시광고법 위반책임만 인정하고 나머지 청구는 기각하였다.

제2절 분양계약의 내용

Ⅰ. 분양계약의 내용 확정기준

분양자의 채무불이행, 기망행위 등을 판단하기 위해서는 우선 분양계약의 내용 및 이에 기한 분양자의 의무 범위가 확정되어야 한다. 분양계약서 문언내용이 분양계약 내용의 기본을 이루지만, 집합건물의 분양이 불특정 다수인을 상대로 한 대량의 건물 공급이며, 도시계획과 맞물려 입지 여건이 급격히 변화되는 점, 분양계약부터 입주까지 기간이 오래 걸리는 점 등의 특성이 있으므로 분양계약서만으로 분양계약의 내용을 충분히 확정짓기가 어렵다. 법원은 이러한 점을 고려하여 분양계약서 뿐 아니라, 분양자가 행한 광고 등 제반 상황을 종합하여 내용을 비교적 넓게 인정하고 있다.

따라서 입주자모집공고,[2] 분양광고,[3] 모델하우스의 형상 등도 분양자와 수분양자 사이에 이를 계약의 내용으로 하는 데 묵시적 합의가 성립되었다고 볼 수 있는 경우에는 분양계약의 내용으로 포섭될 수 있다. 또한 분양계약서에 명시되어 있지 않은 사항도 여러 가지 사정을 참작하여 정해질 수 있다.[4]

---

[2] 주택건설사업주체의 입주자모집공고는 주택공급계약의 청약 그 자체라고는 할 수 없지만, 그 분양공고는 대량의 주택공급거래에서 불특정 다수의 수요자에게 주택공급계약의 내용을 일률적으로 미리 알리고 그 내용에 따른 주택공급청약을 하게 한 후 추첨을 거쳐 당첨자와 사이에 정형화된 주택공급계약을 체결하기 위한 절차로서, 사업주체로서는 당첨자와의 분양계약 체결시에 특단의 사정이 없는 한 입주자모집공고와 같은 내용의 계약을 체결하게 되고, 한편 구 주택공급에 관한 규칙(1989. 3. 29. 건설부령 제447호로 개정되기 전의 것)은 사업주체가 작성하는 주택공급계약서에는 분양가격과 납부시기, 공급되는 주택면적(전용면적 및 공용면적)과 대지면적 등을 반드시 포함시키도록 규정하고 있으며, 아파트 분양계약서상 공유대지의 증가나 감소가 있을 경우 그에 대한 대금 청구를 할 수 없다는 조항을 두고 있다면 이는 계약상의 일정한 공유대지면적을 전제하지 아니하고는 성립될 수 없는 조항이므로, 비록 아파트 분양계약서상의 공유대지 표기란이 공란이었다 하더라도 분양계약자들과 주택건설사업자는 당해 아파트에 대한 분양계약을 체결함에 있어서 공유대지면적에 관하여는 분양공고의 내용을 계약내용의 일부로 흡수시키기로 하는 묵시적인 합의가 있었다고 볼 수 있다: 대법원 1996. 12. 10. 선고 94다56098 판결.

[3] 대법원 2007. 6. 1. 선고 2005다5812, 5829, 5836 판결.

[4] 신축건물에 관한 분양계약을 체결하면서 당사자 사이에 건물의 완공 및 입주 예정일에 관한 별도의 명시적인 약정이 없었다고 하더라도, 특별한 사정이 없는 한, 분양자는 합리적인 상당한 기간 내에 건물을 완공하여 수분양자로 하여금 입주할 수 있도록 하여 주어야 할 의무가 있다 할 것이고, 그 기간은 분양계약의 내용과 계약체결 경위, 분양계약 체결을 전후하여 당사자가 예상하고 있었던 건물의 완공 및 입주 예정일, 건물의 규모와 용도, 그러한 건물을 신축하는 데에 통상 소요되는 기간, 당초 예상하지 못한 사정의 발생 여부와 그에 대한 귀책사유, 다른 수분양자들과의 사

II. 분양계약 당시 고지할 사항

분양자가 분양할 때 분양에 관련된 사항을 어디까지 알려야 할까? 집합건물의 건축 특성상 통상의 건축과 달리 건축행위에 특별한 사정변경이 생길 수 있다. 이 경우에 건물 공급에 장애가 될 수 있는 사실을 상대방에게 어디까지 고지해야 하는지 문제된다. 대법원은 계약 당사자 일방이 자신이 부담하는 계약상 채무를 이행하는 데 장애가 될 수 있는 사유를 계약을 체결할 당시에 알았거나 예견할 수 있었음에도 이를 상대방에게 고지하지 아니한 경우에는, 비록 그 사유로 말미암아 후에 채무불이행이 되는 것 자체에 대하여는 그에게 어떠한 잘못이 없다고 하더라도, 그 채무가 불이행된 것에 대하여 귀책사유가 있다고 판시하였다.[5] 다만 상대방이 그 장애사유를 인식하고 이에 관한 위험을 인수하여 계약을 체결하였다거나, 채무불이행이 상대방의 책임 있는 사유로 인한 것으로 평가되어야 하는 등의 사정이 있으면 귀책사유가 없을 것이다.

III. 분양계약 이후의 설계변경

분양계약을 체결한 이후에 사정상 설계변경을 하여야 할 경우가 종종 있다. 건축물의 분양에 관한 법률 제7조는 분양한 건물의 설계변경에 관하여 엄격한 제약을 하고 있다. 분양사업자는 분양한 건축물에 대하여 사용승인 전에 건축물의 면적 또는 층수의 증감 등 분양받은 자의 이해관계에 중대한 영향을 줄 수 있는 설계변경으로서 대통령령으로 정하는 설계변경을 하려는 경우에는 분양받은 자 전원의 동의를 받아야 하고($^{제1}_{항}$), 위와 같은 사유에 해당하지 않는 설계변경을 할 때에는 미리 그 내용을 분양받은 자 전원에게 알려야 한다($^{제2}_{항}$).

이에 체결된 분양계약의 내용 등 제반 사정을 참작하여 결정하여야 할 것이다: 대법원 2001. 1. 19. 선고 97다21604 판결.

5) 분양자가 아파트 분양공고 및 분양계약 체결 당시, 아파트 부지에 대한 문화재 발굴조사과정에 유적지가 발견되어 현지 보존결정이 내려질 경우 아파트 건설사업 자체가 불가능하게 되거나 그 추진·실행에 현저한 지장을 가져올 수 있음을 충분히 알았음에도 입주자 모집공고문과 분양계약서에 이에 관한 구체적 언급을 하지 않았고, 이를 별도로 수분양자들에게 알리지도 않은 사안에서, 아파트 수분양자들이 위 장애사유에 관한 위험을 인수하였다고 볼 수 없으므로, 분양계약에 따른 아파트 공급의무 불이행에 대한 귀책사유가 분양자에게 있다고 하였다: 대법원 2011. 8. 25. 선고 2011다43778 판결.

분양계약을 체결한 이후에 설계변경으로 인하여 분양한 건물의 구조나 환경이 바뀌었을 경우 그것이 분양계약 체결 당시 수분양자에게 알려진 기본적인 건축 계획으로부터 수분양자가 예상할 수 있는 범위를 벗어났다면 분양자는 채무불이행책임이나 하자담보책임을 부담한다. 그러나 변경된 부분이 기본적인 건축 계획의 범위 내에 있다면 분양자는 책임을 지지 않는다.[6]

Ⅳ. 분양계약과 지체상금

분양계약에 관하여도 지체상금약정이 규정된 경우가 있다. 특히 분양계약서에 수분양자의 분양대금 납입 지체에 따른 지연손해금의 납부책임과 금액만을 규정하고 매도인인 분양자의 이행지체에 따른 지체상금에 관하여는 아무런 규정을 두지 않은 경우가 흔하다.

대법원은 수분양자의 분양대금 납입 지체에 적용되는 지연손해금 조항이 당연히 매도인에게도 적용되어 동일한 내용의 지체상금 조항이 있는 것으로 간주될 수는 없으므로, 수분양자는 분양자에 대하여 손해배상액의 예정으로서 지체상금의 지급을 구할 수는 없고 분양자의 채무불이행으로 인하여 실제로 입은 손해만을 민법 제393조 등에서 정한 바에 따라 배상받을 수 있다고 판시하였다.[7]

---

6) 대법원 2010. 4. 29. 선고 2007다9139 판결; 대법원 2024. 12. 12. 선고 2024다267994 판결은 분양계약 이후 설계변경으로 아파트 출입구에 기둥 조형물이 설치되어 경관이 바뀐 경우에 이를 기본적인 건축 계획에 의하여 예상할 수 있었던 범위를 벗어났다고 볼 수 없다는 이유로 분양자의 책임을 부정하였다.

7) 전에 대법원은 공공용지의 취득 및 손실보상에 관한 특례법상의 이주대책에 의한 택지분양계약에서 분양계약서상 수분양자의 분양대금 납입 지체에 따른 지연손해금의 지급만을 규정하고 있을 뿐 분양업자의 이행지체에 따른 지체상금에 관하여는 그 규정이 없는 경우에도 분양업자가 약정된 이주택지 사용 승낙일을 지키지 못하였다면 수분양자인 원고들에 대하여 그 지체로 인한 손해배상책임을 부담해야 한다고 판시하면서, 수분양자의 중도금 및 잔금의 납입지연에 대한 연체료 지급의 규정 취지에 비추어 분양자의 이행지체에 대하여도 손해배상금을 지급하게 하는 것이 공평의 관념이나 신의칙상 타당하다고 판시한 바가 있다(대법원 1997. 7. 11. 선고 96다41014 판결). 그러나 쌍무계약에서 채무의 견련성이 요구된다 하더라도 명시적인 약정이 없이 형평의 원칙을 들어 같은 내용의 손해배상액의 예정에 관한 약정이 있다고 간주하는 것은 특별한 사정이 없는 한 계약자유의 원칙에 반한다고 하겠다(대법원 2000. 1. 18. 선고 99다49095 판결). 위 96다41014 판결은 어디까지나 이행지체에 따른 지체상금 규정이 없더라도 지체책임이 발생한다는 것일 뿐 동일한 지체상금 규정이 적용되어야 한다는 것은 아니므로, 분양계약서에 명시한 일방 당사자의 채무불이행에 관한 손해배상액의 예정이 다른 당사자에게도 동일하게 적용된다는 선례로 사용될 수는 없다. 대법원 2012. 3. 29. 선고 2010다590 판결은 계약자유의 원칙에 따라 분양계약서에 명시된 일방 당사자의 채무불이행에 관한 손해배상액 예정이 명시적인 약정 없이는 다른 당사자에게 동일하게 적용될 수 없음을 확인하여 96다41014 판결의 해석과 관련된 논란을 정리하

제3절　분양계약의 해제

Ⅰ. 해제의 사유

1. 법정해제

수분양자는 분양자가 의무의 이행을 지체하거나, 그 의무의 이행이 불능하게 된 경우 분양계약을 해제할 수 있다($\frac{민법 제}{544, 546조}$). 해제를 위해서는 계약의 목적 달성에 있어 필요불가결하고 이를 이행하지 아니하면 분양계약의 목적이 달성되지 않을 정도의 주된 채무의 불이행이 있어야 한다. 계약상 의무 중 부수적 의무의 불이행만으로는 계약을 해제할 수 없다.[8]

수분양자가 건물 완공 후에 하자가 심하다는 이유만으로 분양계약을 해제할 수 있는가? 민법 제668조 단서(도급인이 완성된 목적물의 하자로 인하여 계약의 목적을 달성할 수 없는 때에는 계약을 해제할 수 있다. 그러나 건물 기타 토지의 공작물에 대하여는 그러하지 아니하다)가 적용되면 해제를 할 수 없다. 그러나 대법원은 집합건물의 완공 후에 분양 목적물의 하자로 인하여 계약의 목적을 달성할 수 없는 때에는 민법 제668조 단서를 준용하지 않고 분양계약을 해제할 수 있다고 하였다.[9]

2. 약정해제

분양계약에서 해제사유를 규정해 놓는 경우가 많은데, 그 문구가 모호하거나 다른 문구와 충돌이 일어나서 해석상 분쟁이 생기는 경우가 종종 있다. 해제약정은 문언의 내용, 그와 같은 약정이 이루어진 동기와 경위, 약정에 의하여 달성하려는 목적, 당사자의 진정한 의사 등을 종합적으로 고찰하여 논리와 경험의 법칙에

였다는 점에 의의가 있다.

8) 대법원 1997. 4. 7.자 97마575 결정, 대법원 1994. 12. 22. 선고 93다2766 판결 등.

9) 통상 대단위 집합건물의 경우 분양자는 대규모 건설업체임에 비하여 수분양자는 경제적 약자로서 수분양자를 보호할 필요성이 높다는 점, 집합건물이 완공된 후 개별 분양계약이 해제되더라도 분양자가 집합건물의 부지사용권을 보유하고 있으므로 계약해제에 의하여 건물을 철거하여야 하는 문제가 발생하지 않을 뿐만 아니라 분양자는 제3자와 새로 분양계약을 체결함으로써 그 집합건물 건축의 목적을 충분히 달성할 수 있는 점 등에 비추어 볼 때, 집합건물법 제9조 제1항이 적용되는 집합건물의 분양계약에 있어서는 민법 제668조 단서가 준용되지 않고 따라서 수분양자는 집합건물의 완공 후에도 분양 목적물의 하자로 인하여 계약의 목적을 달성할 수 없는 때에는 분양계약을 해제할 수 있다고 할 것이다: 대법원 2003. 11. 14. 선고 2002다2485 판결.

따라 합리적으로 해석하여야 한다.[10] 약정해제의 경우 채무불이행에 기한 것이 아니므로 손해배상청구에 관한 민법 제551조는 적용되지 않는다.[11] 반면, 해제의 불가분성에 관한 민법 제547조는 적용된다.

3. 사정변경에 의한 해제

분양광고에 나타난 개발사업 등이 이후 제대로 진행되지 않았다는 이유로 사정변경에 의한 해제를 주장하는 경우가 있다. 대법원은 계약성립 당시 당사자가 예견할 수 없었던 현저한 사정의 변경이 발생하였고 그러한 사정의 변경이 해제권을 취득하는 당사자에게 책임 없는 사유로 생긴 것으로서, 계약내용대로의 구속력을 인정한다면 신의칙에 현저히 반하는 결과가 생기는 경우에 계약준수 원칙의 예외로서 사정변경으로 인한 해제를 인정할 수는 있다고는 하면서도, '사정'의 의미를 엄격히 해석하고 있다.[12]

Ⅱ. 해제의 효과

1. 원상회복의무

일방의 해제권 행사로 분양계약이 해제되면, 계약상의 채권채무가 소급적으로 소멸하고, 각 당사자는 상대방에 대하여 원상회복의무를 부담한다. 일반적인 분양계약에서는 분양자가 수분양자로부터 받은 분양대금에 이자를 합하여 반환하는 형태가 될 것이다. 다만 분양자가 수분양자에게 중도금 대출에 관련한 이자를 대납하는 등으로 분양자가 수분양자에게 급부한 것이 있는 경우라면 이러한 급부에 대해서는 원상회복의무를 부담한다.[13]

---

10) 대법원 2013. 10. 17. 선고 2013다14972, 14989, 14996, 15005 판결.
11) 대법원 1983. 1. 18. 선고 81다89, 90 판결.
12) 이른바 사정변경으로 인한 계약해제는, 계약 성립 당시 당사자가 예견할 수 없었던 현저한 사정의 변경이 발생하였고 그러한 사정의 변경이 해제권을 취득하는 당사자에게 책임 없는 사유로 생긴 것으로서, 계약내용대로의 구속력을 인정한다면 신의칙에 현저히 반하는 결과가 생기는 경우에 계약준수 원칙의 예외로서 인정되는 것이고, 여기에서 말하는 사정이라 함은 계약의 기초가 되었던 객관적인 사정으로서, 일방 당사자의 주관적 또는 개인적 사정을 의미하는 것이 아니다: 대법원 2015. 5. 28. 선고 2014다24327 판결.
13) 원상회복의무에 관한 이자문제는 제2장 제3절 7. 부분 참조.

2. 손해배상의무

계약의 해제로 인해 손해를 입은 경우 손해배상청구가 가능하다(민법 제551조). 통상 분양계약에서는 계약의 해제에 대비하여 위약금 규정을 두는 경우가 많다. 다만 이러한 위약금약정은 손해배상액의 예정에 해당하므로 그 금액이 과다한 경우 법원이 감액할 수 있다.

한편 분양계약이 유효하게 존재함을 전제로 하는 차액 상당의 손해는 분양계약이 해제되는 경우에는 청구할 수 없다.[14]

제4절 분양계약의 취소

I. 수분양자의 착오를 이유로 한 취소

착오를 이유로 한 취소권은 '착오'에 빠진 상태에 있어야 발생할 수 있다. 법률행위를 할 당시에 실제로 없는 사실을 있는 사실로 잘못 깨닫거나 아니면 실제로 있는 사실을 없는 것으로 잘못 생각하듯이 표의자의 인식과 그 대조사실이 어긋나는 경우라야 한다. 그렇지 않고 표의자가 행위를 할 당시에 장래에 있을 어떤 사항의 발생이 미필적임을 알아 그 발생을 예기한 데 지나지 않는 경우는, 표의자의 심리상태에 인식과 대조에 불일치가 있다고 할 수 없어 착오로 다툴 수는 없다.[15]

---

14) 아파트 분양과 관련된 구 표시·광고의 공정화에 관한 법률상 허위·과장광고로 인한 손해배상청구에서 손해는 수분양권의 실제 가격과 허위·과장광고가 없었을 경우 수분양권의 적정한 가격의 차액인데, 수분양자가 허위·과장광고로 인한 손해배상청구권을 보유하고 있던 중 분양계약이 해제로 소급하여 소멸하게 되면 해제의 효과로서 당시까지 납입하였던 분양대금에 대하여는 반환청구권을 가지게 되고 향후의 분양대금 지급채무는 소멸하게 되므로, 분양계약이 유효하게 존재함을 전제로 하는 차액 상당의 손해도 없어지게 된다: 대법원 2015. 7. 23. 선고 2012다15336, 15343, 15350, 15367, 15374, 15381, 15398, 15404 판결.

15) 공장을 설립할 목적으로 매수한 임야가 도시관리계획상 보전관리지역으로 지정됨에 따라 공장 설립이 불가능하게 된 사안에서, 매매계약 당시 매수인이 위 임야가 장차 계획관리지역으로 지정되어 공장설립이 가능할 것으로 생각하였다고 하더라도 이는 장래에 대한 단순한 기대에 지나지 않는 것이므로, 그 기대가 이루어지지 아니하였다고 하여 이를 법률행위의 내용의 중요 부분에 착오가 있는 것으로는 볼 수 없다: 대법원 2010. 5. 27. 선고 2009다94841 판결.

Ⅱ. 분양자의 기망을 이유로 한 취소

민법 제110조 제1항은 "사기나 강박에 의한 의사표시는 취소할 수 있다"라고 규정하고 있다. 기망행위는 작위에 의한 적극적 기망행위뿐 아니라, 부작위에 의한 소극적 기망행위도 포함한다. 특히 분양자의 고지의무위반이 문제된다. 부동산 거래에 있어 거래 상대방이 일정한 사정에 관한 고지를 받았더라면 그 거래를 하지 않았을 것임이 경험칙상 명백한 경우에는 신의성실의 원칙상 사전에 상대방에게 그와 같은 사정을 고지할 의무가 있으며, 그와 같은 고지의무의 대상이 되는 것은 직접적인 법령의 규정뿐 아니라 널리 계약상, 관습상 또는 조리상의 일반원칙에 의하여도 인정될 수 있다.[16]

취소권 행사로 법률행위가 무효가 되면 수분양자는 부당이득으로서 분양대금의 반환을 구할 수도 있고, 만약 분양계약의 취소를 원하지 않을 경우에는 기망으로 인한 손해배상만을 청구할 수도 있다.[17]

제5절 허위 과장 분양광고로 인한 책임

Ⅰ. 기망행위 해당 여부

분양자가 집합건물을 분양하면서 장래의 지역 입지조건을 매우 유망한 것으로 광고하는 경우가 많다. 지하철, 쇼핑센터, 학교 등의 유치 여부가 주로 문제되는데 분양자의 광고 홍보내용상 다양한 형태로 나타난다. 앞서 살핀 바와 같이 집합건물의 재질이나 외형 등 분양자가 이행할 수 있는 부분은 분양계약의 중요 부

---

16) 일단 고지의무의 대상이 되는 사실이라고 판단되는 경우 이미 알고 있는 자에 대하여는 고지할 의무가 별도로 인정될 여지가 없지만, 상대방에게 스스로 확인할 의무가 인정되거나 거래관행상 상대방이 당연히 알고 있을 것으로 예상되는 예외적인 경우가 아닌 한, 실제 그 대상이 되는 사실을 알지 못하였던 상대방에 대하여는 비록 알 수 있었음에도 알지 못한 과실이 있다 하더라도 그 점을 들어 추후 책임을 일부 제한할 여지가 있음은 별론으로 하고 고지할 의무 자체를 면하게 된다고 할 수는 없다(분양계약 당시 아파트 근처 공동묘지의 존재를 알리지 않은 분양자에 대하여 부작위에 의한 기망행위가 성립하지 않는다고 판단한 원심을 파기한 사례): 대법원 2007. 6. 1. 선고 2005다5812, 5829, 5836 판결.

17) 대법원 2006. 10. 12. 선고 2004다48515 판결.

분이 되므로 이를 고의로 속이면 기망행위가 성립하지만, 공공시설의 유치 등 분양자가 이행할 수 없는 부분은 특별한 사정이 없는한 기망행위로 보기 어렵다. 대법원은 "상품의 선전 광고에서 거래의 중요한 사항에 관하여 구체적 사실을 신의성실의 의무에 비추어 비난받을 정도의 방법으로 허위로 고지한 경우에는 기망행위에 해당하지만, 그 선전 광고에 다소의 과장 허위가 수반되는 것은 그것이 일반 상거래의 관행과 신의칙에 비추어 시인될 수 있는 한 기망성이 결여된다"라고 판시하였다.[18]

II. 표시 · 광고의 공정화에 관한 법률 위반 책임

표시 · 광고의 공정화에 관한 법률(이하 '표시광고법'이라 한다) 제3조 제1항은 사업자 등은 소비자를 속이거나 소비자로 하여금 잘못 알게 할 우려가 있는 표시 · 광고 행위로서 공정한 거래질서를 해칠 우려가 있는 거짓 · 과장의 표시 · 광고, 기만적인 표시 · 광고, 부당하게 비교하는 표시 · 광고, 비방적인 표시 · 광고를 하는 것을 금하고 있다.

표시광고법 제3조 제1항의 허위 · 과장의 광고란 사실과 다르게 광고하거나 사실을 지나치게 부풀려 광고하여 소비자를 속이거나 소비자로 하여금 잘못 알게 할 우려가 있는 광고행위로서 공정한 거래질서를 저해할 우려가 있는 광고를 말하고, 광고가 소비자를 속이거나 소비자로 하여금 잘못 알게 할 우려가 있는지 여부는 보통의 주의력을 가진 일반 소비자가 당해 광고를 받아들이는 전체적 · 궁극적 인상을 기준으로 하여 객관적으로 판단되어야 한다.[19] 표시광고법상의 허위 · 과장의 광고에 해당할 경우, 같은 법 제10조에 의하여 손해배상청구권을 행사할 수 있다.[20]

이러한 표시광고법상의 손해배상청구권은 분양계약이 취소되지 않았더라도 행사할 수 있다. 그리고 분양계약에서 그 손해액은 아파트 분양과 관련된 표시광

---

18) 대법원 2009. 3. 16. 선고 2008다1842 판결.
19) 대법원 2013. 11. 14. 선고 2013다22553 판결.
20) 이때 분양자가 그 실현 여부를 정확하게 확인하려는 별다른 노력을 하지 아니한 채 광고를 통하여 잘못된 정보를 제공한 것에 대해서는, 분양계약의 교섭단계에 있는 수분양자들에 대하여 그 의사결정에 영향을 줄 수 있는 중요한 사정에 관한 신의칙상의 고지의무 등을 위반한 것으로서 민법상의 불법행위책임도 성립할 수 있다: 대법원 2009. 8. 20. 선고 2008다19355 판결.

고법상 허위·과장광고로 인한 손해배상청구에서 손해는 수분양권의 실제 가격과 허위·과장광고가 없었을 경우 수분양권의 적정한 가격 사이의 차액이라고 할 것이다.[21]

한편 위와 같은 표시광고법상의 손해배상청구권은 단순히 수분양자의 지위가 양도되는 것만으로는 원칙적으로 제3자에게 손해배상청구권이 양도되지 않아 양수인이 당연히 위 손해배상청구권을 행사할 수 있다고 볼 수는 없고, 다만 허위·과장광고를 그대로 믿고 허위·과장광고로 높아진 가격에 수분양자 지위를 양수하는 등으로 양수인이 수분양자 지위를 양도받으면서 허위·과장광고로 인한 손해를 입었다는 등의 특별한 사정이 있는 경우에만 양수인이 그 손해배상청구권을 행사할 수 있다.[22]

 판례

1. 분양광고의 내용 등이 분양계약의 일부로 인정되는 경우(선분양 후시공 아파트)
   [대법원 2007. 6. 1. 선고 2005다5812, 5829, 5836 판결]

상가나 아파트의 분양광고의 내용은 청약의 유인으로서의 성질을 갖는 데 불과한 것이 일반적이라 할 수 있다. 그런데 선분양·후시공의 방식으로 분양되는 대규모 아파트단지의 거래 사례에 있어서 분양계약서에는 동·호수·평형·입주예정일·대금지급방법과 시기 정도만이 기재되어 있고 분양계약의 목적물인 아파트 및 그 부대시설의 외형·재질·구조 및 실내장식 등에 관하여 구체적인 내용이 기재되어 있지 아니한 경우가 있는바, 분양계약의 목적물인 아파트에 관한 외형·재질 등이 제대로 특정되지 아니한 상태에서 체결된 분양계약은 그 자체로서 완결된 것이라고 보기 어렵다 할 것이므로, 비록 분양광고의 내용, 모델하우스의 조건 또는 그 무렵 분양회사가 수분양자에게 행한 설명 등이 비록 청약의 유인에 불과하다 할지라도 그러한 광고 내용이나 조건 또는 설명 중 구체적 거래조건, 즉 아파트의 외형·재질 등에 관한 것으로서 사회통념에 비추어 수분양자가 분양자에게 계약 내용으로서 이행을 청구할 수 있다고 보이는 사항에 관한 한 수분양자들은 이를 신뢰하고 분양계약을 체결하는 것이고 분양자들도 이를 알고 있었다고 보아야 할 것이므로, 분양계약시에 달리 이의를 유보하였다는 등의 특단의 사정이 없는 한, 분양자와 수분양자 사이에 이를 분

---

21) 대법원 2015. 7. 23. 선고 2012다15336, 15343, 15350, 15367, 15374, 15381, 15398, 15404 판결; 영종도 신도시 아파트 사건에서는 대부분의 경우 아파트 분양가의 5% 정도가 손해액으로 인정되었다.
22) 위 대법원 2012다15336, 15343, 15350, 15367, 15374, 15381, 15398, 15404 판결.

양계약의 내용으로 하기로 하는 묵시적 합의가 있었다고 봄이 상당하다.

2. 분양광고의 내용이 분양계약으로 인정될 수 없는 경우(선시공 후분양 아파트)
[대법원 2014. 11. 13. 선고 2012다29601 판결]

선시공·후분양의 방식으로 분양되거나, 당초 선분양·후시공의 방식으로 분양하기로 계획되었으나 계획과 달리 준공 전에 분양이 이루어지지 아니하여 준공 후에 분양이 되는 아파트 등의 경우에는 수분양자는 실제로 완공된 아파트 등의 외형·재질 등에 관한 시공 상태를 직접 확인하고 분양계약 체결 여부를 결정할 수 있어 완공된 아파트 등 그 자체가 분양계약의 목적물로 된다고 봄이 상당하다. 따라서 비록 준공 전에 분양안내서 등을 통해 분양광고를 하거나 견본주택 등을 설치한 적이 있고, 그러한 광고내용과 달리 아파트 등이 시공되었다고 하더라도, 완공된 아파트 등의 현황과 달리 분양광고 등에만 표현되어 있는 아파트 등의 외형·재질 등에 관한 사항은 분양계약 시에 아파트 등의 현황과는 별도로 다시 시공해 주기로 약정하였다는 등의 특별한 사정이 없는 한 이를 분양계약의 내용으로 하기로 하는 묵시적 합의가 있었다고 보기는 어렵다.

그리고 선분양·후시공의 방식으로 분양하기로 한 아파트 등의 단지 중 일부는 준공 전에, 일부는 준공 후에 분양된 경우에는 각 수분양자마다 분양계약 체결의 시기 및 아파트 등의 외형·재질 등에 관한 구체적 거래조건이 분양계약에 편입되었다고 볼 수 있는 사정이 있는지 여부 등을 개별적으로 살펴 분양회사와 각 수분양자 사이에 이를 분양계약의 내용으로 하기로 하는 묵시적 합의가 있었는지 여부를 판단하여야 한다.

3. 분양광고의 내용이 분양계약으로 인정될 수 없는 경우(개발사업의 이행)
[대법원 2015. 5. 28. 선고 2014다24327 판결]

(아파트 분양광고에서 아파트 입지조건으로 제3연륙교·제2공항철도·영종역, 영종브로드웨이·밀라노디자인시티를 포함한 대규모 문화·레저시설, 학교·중심상업지구·공원 등의 설치가 제시되었음. 그런데 이러한 사업은 인천시의 도시기본계획이나 지식경제부 경제자유구역기획단의 지구단위계획 등에 포함되어 인천시와 각 개발주체들에 의하여 실제로 추진되고 있던 사업들이었던 점, 피고들의 광고내용은 인천경제자유구역청의 발표내용이나 이 사건 아파트의 부지를 분양한 인천도시공사와 한국토지주택공사의 광고내용을 그대로 인용한 것인 점, 피고들이 이 사건 아파트의 분양광고를 할 무렵 이 사건 개발사업의 진행이 지연되고 있기는 하였으나 당시로는 각 사업이 무산되거나 그 실현가능성이 현저히 낮아졌다고 보기는 어려웠고 위 사업들의 경과는 언론을 통하여 여러 차례 보도되기도 한 점, 피고들은 광고를 하면서 이 사건 개발사업이 '예정' 또는 '추진 중'임을 명시하였고 아울러 국가기관,

지방자치단체 및 각 개발주체들의 사정에 따라 사업이 취소·변경·지연될 수 있음을 고지하였음) 이 사건 아파트 분양광고의 내용을 이루는 이 사건 개발사업은 아파트의 입지조건에 관한 것으로서 아파트의 외형·재질·구조 등 거래조건에 관한 것이 아닐 뿐만 아니라, 지방자치단체나 국가 또는 개별 개발주체들이 계획하고 추진하는 것으로 분양자가 실현할 수 있는 것이 아니고, 이러한 점은 이 사건 아파트의 수분양자들도 잘 알고 있다고 보아야 한다. 따라서 분양자에게 이 사건 개발사업이 이 사건 아파트 분양계약의 내용이 되었음을 이유로 한 이행불능의 책임이 있다고 할 수 없다.

제09장   건설공동수급체

제1절 서   론

하나의 건설공사를 수 개의 건설업체가 공동 수주하여 공동 시공하는 공동도급계약형태가 건설업계에 보편화되어 있다. 대규모 관급공사는 물론, 민간공사에서도 이러한 시공형태가 큰 비중을 차지한다.[1]

그런데 공동도급계약상 도급인에 대한 공동수급인의 책임은 공동도급계약서에 명백한 규정이 되어 있어서 별 문제가 없지만, 공동수급인 상호 간 또는 공동수급인과 하수급인 사이의 관계에 대하여는 명백한 약정이 없어서 분쟁이 자주 생기고 있다. 즉 도급인이 공동수급체의 한 구성원에게 공사대금을 지급하였는데, 그 분배가 제대로 되지 아니한 경우에 대금지급의 효력을 어떻게 볼 것인지, 또는 공동수급체의 일부 구성원이 하도급업자에게 하도급을 주었는데, 하도급공사 완

---

1) 1개의 건설공사에 복수의 건설사업자가 관여하는 방법에는 공동수급체 이외에도 ① 수 개의 건설업체가 출자하여 1개의 새로운 회사를 설립하는 방법, ② 수 개의 건설회사가 협동조합을 결성하여 공사를 하는 방법, ③ 공사부분별로 분할하여 별도로 발주하는 방법, ④ 다른 기업이 공사완성을 책임지는 보증제도 등이 있으나 공동수급체는 법인격을 갖지 않는 점에서 ①과, 특정의 1개 공사만을 위하여 결성하고 공사완공 후 관계가 해소된다는 점에서 영속적인 관계를 예정하고 있는 ②와, 발주 자체는 1개의 도급계약으로 이루어진다는 점에서 각 수급자가 개별 도급계약을 체결하여 독립적 지위를 갖는 ③과, 공사보증인은 원칙적으로 공사의 시공에 협력관계를 갖지 않는다는 점에서 ④와 각 구별된다.

성 후 그 구성원이 도산 등의 사유로 대금을 지급하지 않는 경우 나머지 구성원이 그 책임을 져야 할 것인지 등이 흔히 다투어지는 사례이다.

공동수급관계에는 기본 도급계약 이외에도 공동수급인 사이의 협정서나 특약서면, 하도급계약서 등 관련 서류가 여러 개 있고, 여기에 관급공사의 경우 기획재정부의 계약예규인 공동계약운용요령과 이에 기하여 정형화된 표준협정서까지 있어서 권리관계가 매우 복잡하다.

하급심 판결례도 다양한 차이를 보이고 있는데 그 이유는 건설업계의 실무관행이 제대로 파악되지 않고, 계약서나 협정서 특히 공동계약운용요령 등에 모호한 부분이 있어서 적정한 해석이 어렵기 때문인 것으로 생각된다.

아래에서는 이러한 분쟁에 대한 합리적인 해석을 돕기 위하여 공동수급체의 법적 성격을 살펴보고 이를 둘러싼 법률관계의 해석기준을 제시하고자 한다. 다만 민간공사의 공동도급관계는 통일적인 계약양식을 정하기 어렵기 때문에 공동계약운용요령과 정형화된 표준협정서를 사용하는 국가나 지방자치단체의 관급공사를 중심으로 살피기로 한다.

제2절 건설공동수급체의 기능과 실태

Ⅰ. 의 의

건설공동수급체는 건설공사를 위하여 결성된 공동기업체라고 할 수 있다. 공동기업체는 특정 사업을 시행하기 위하여 여러 개의 기업이 참여하여 계약체결단계부터 이행의 완료까지 공동으로 수행하는 기업형태로서 흔히 조인트벤처(Joint Venture)라고 불린다. 건설뿐 아니라 무역, 자원개발, 투자 등 대자본이 요구되거나 모험적 성격이 강하여 한 기업이 시행하기에 부담이 큰 경우 및 기술 또는 사업자격 등의 요건상 여러 기업의 참여가 필수적인 경우에 광범위하게 사용된다.

Ⅱ. 연   혁

미국의 1930년대 뉴딜정책으로 인한 댐과 고속도로 등 대규모 건설공사에서 공동수급체의 결성이 그 모델로 인정되고 있다. 일본은 2차 대전 후에 도입되어 대규모 공사에 활용되다가 1950년대 이후에는 관급공사에서 중소기업을 참여시켜 이를 보호하고자 하는 방향으로 전환하였다. 현재는 오히려 형식적인 공동수급체인 소위 페이퍼조인트현상이 나타나게 되어 이러한 병리현상을 배제하는 데 중점을 두고 있다고 한다.[2] 우리나라도 1960년대 이후 건설공사 규모가 커지면서 이러한 수급체가 나타나기 시작하였는데, 주로 중소건설업체와 지역건설업체의 보호육성이라는 차원에서 도입되었다.

Ⅲ. 기   능

대규모 건설공사는 속성상 예측할 수 없는 위험요소를 갖고 있으므로 위험을 공동수급체 기업 사이에 분산시킴으로써 단독수주시 초래할 가능성이 있는 손실을 막을 수 있다. 또한 공사에 필요한 수주자격(공사실적과 도급한도액), 기술면허 등을 수 개의 기업이 공동으로 갖춤으로써 수주의 기회를 확대하는 효과가 있고 대외적 신뢰도 증대시킬 수 있다. 도급인으로서도 시공의 확실성을 담보받을 수 있어서 개별기업의 도산 여부에 관계없이 공사완성의 차질을 줄일 수 있다.

더구나 1994년부터는 지방중소건설업체를 적극적으로 보호하기 위하여 공사현장을 관할하는 지역에 주된 영업소가 있는 업체 1개 이상을 반드시 공동수급체 구성원으로 하도록 의무화하는 지역의무공동도급제도가 시행되고 있어서 중소기업보호정책으로서의 기능도 갖고 있다.

Ⅳ. 실   태

그러나 현재의 구체적인 실태는 공사의 규모에 따라 상당한 편차를 보이고 있다. 국가의 초대형 공사에서는 공동수급계약에 따라 공동체형태로 공사가 시공

---

2) 栗田哲男,『現代民法研究(1), 請負契約』, 552면 이하.

되지만 국가나 지방자치단체의 중, 소규모 공사에서는 계약과 달리 일부 구성원
만이 공사를 시공하거나 다른 구성원에게 자기가 맡은 공정의 일부를 하도급 주
는 경우가 흔하다. 지역의무공동도급제도의 시행으로 시공능력 없는 지방의 건설
업체가 명의만 대여하는 예가 많다. 이러한 방식은 공동계약운용요령 제13조에 위
배되어 허용되지 않음에도 발주자 측에서 대개 눈감아 주고 있는 형편이다. 이러
한 형식적 공동수급체의 병리현상 제거가 중요 문제로 되고 있다.

제3절　건설공동수급체의 종류

Ⅰ. 결성시기를 기준으로 한 분류

1. 건설공사공동수급체

특정 공사의 시공을 목적으로 하여 결성되고 공사가 완료되면 해산하는 형태
를 말한다. 일반적인 형태이다.

2. 건설공동수급체

특정 발주자의 공사를 수주하기 위하여 미리 공동수급체를 결성하여 발주자
인 관청에 건설사업자등록을 하여 놓는 형태이다. 일본에서 1955년경부터 중소건
설업체 육성을 위하여 권장하였고 특정 관청 발주공사에 대비하여 1년간의 기간
을 정하되, 사실상 영구적 성격을 갖는다고 한다. 이는 중소규모 건설사업자에게
수주기회를 주기 위하여 고안된 제도이다. 우리나라에서는 별로 그 예를 볼 수 없다.

Ⅱ. 시공방식을 기준으로 한 분류[3]

1. 공동이행방식

공동수급체의 구성원이 미리 정한 출자비율에 따라 자금, 인원, 기재 등을 출

---

[3] 공동계약운용요령(기획재정부 계약예규 제490호)에서 이 분류에 따라 3가지로 나누어 놓았다. 공
동수급계약 체결시 공동수급체 구성원이 각 방식에 따라 작성한 표준협정서를 필수서류로 첨부
하고 있다.

연하여 전체 공사를 공동으로 시행하고 이익배분 및 손실부담도 일정 비율을 정하여 산정하는 방식이다. 구성원이 일체가 되어 시공하고 도급인에 대하여 시공책임도 연대하여 부담한다. 공동시공을 위하여 일정한 조직과 공동회계체제를 구성할 필요가 있다. 현재 대부분의 공동수급계약은 이 방식에 의한다.

2. 분담이행방식

구성원 각자가 전체 공사의 일부를 분담 부분을 정하여 시공한다. 출자비율과 손익분배사항을 정하지 않고 구성원 각자는 도급인에 대하여 분담 부분에 대하여만 책임을 부담한다. 구간을 나누어 진행되는 토목공사와 같이 목적물 공구의 분할이 용이할 경우에 주로 활용된다.[4]

3. 주계약자관리방식

1998년 4월 2일 건설교통부고시로 민간공사에 대해 주계약자관리방식이 도입되었으나 정부계약에서는 이 방식이 도입되지 않고 있다가, 2009년 4월 8일 관급공사 중 종합심사 낙찰제의 추정가격 300억 원 이상 공사에 한하여 체결될 수 있도록 하였다(공동계약운용요령 제2조의3. 2020. 12. 28. 이 조항은 삭제되었다). 이는 공사를 공동수급체 구성원별로 분담하여 시행하되, 구성원 중 주계약자를 선정하고 주계약자는 전체 건설공사 수행에 관하여 계획, 관리 및 조정하는 공동도급계약방식을 뜻한다. 주계약자는 발주자 및 제3자에 대하여 공동수급체를 대표하며 공동수급체의 재산관리 및 대금 청구 등 권한을 가진다. 다만 주계약자는 자신의 분담 부분 이외에 다른 구성원의 계약 이행에 대하여도 연대하여 책임을 지고 주계약자 이외의 구성원은 자신이 분담한 부분에 대하여만 계약이행책임을 진다는 점에 특색이 있다.[5] 현행 공동계약 운용요령에 주계약자관리방식의 협약이 상세히 규정되어 있다.

---

4) 현 건설업 실정상 공동도급공사의 시공은 거의 모두가 구성원 상호 간에 공사구간과 공종을 나누어 시행하는 분담이행방식으로 이루어지고 있는데도, 오랜 관행에 의하여 공동이행방식으로 계약서를 작성하고 있어서 문제가 심각하다. 이러다 보니 현실과 계약내용이 맞지 않는 것이다. 한시바삐 실제에 맞는 계약서 작성이 이루어지도록 관청에서부터 바로잡아야 할 것이다. 관청입장에서는 공동이행방식이 공사 후에 시공자에 대하여 하자나 시공책임을 묻는 데 편리하기 때문에 이를 선호하는 것으로 보이지만, 분담이행방식제도를 인정하는 이상 이를 적극 활용하여야 할 것이다.

5) 張勳起, 『全訂版 政府契約制度解說』(1998), 凡信社, 1190면.

[공동이행방식, 분담이행방식, 주계약자관리방식의 비교][6]

	공동이행방식	분담이행방식	주계약자관리방식
공동수급 협정서 작성 목적	출자비율에 따라 공동연대하여 계약을 이행하기 위한 협약을 정하기 위함(제1조)	분담내용에 따라 공동으로 계약을 이행하기 위한 협약을 정하기 위함(제1조)	주계약자가 전체사업의 수행에 관하여 계획·관리 및 조정을 하면서 공동으로 사업을 영위하기 위한 협약을 정하기 위함(제1조)
공동수급체 대표자의 권한	공동수급체의 재산관리 및 대금의 청구·수령 등(제3조)	공동수급체의 재산관리 및 대금의 청구·수령 등(제3조)	공동수급체의 재산관리 및 대금의 청구, 전체공사의 계획·관리·조정(제3조)
계약이행 책임	구성원 전체의 연대책임(제6조)	분담내용에 따른 구성원별 각자 책임(제6조)	주계약자는 연대책임, 부계약자는 분담내용에 따른 각자 책임(제6조)
하도급 가부(可否)	다른 구성원의 동의 없이 분담 부분 일부의 하도급 불가(제7조)	자기책임하에 분담 부분 일부의 하도급 가능(제7조)	– 원칙적으로 하도급 불가 – 다만 공동수급체 구성원이 종합건설업자인 경우 불가피한 사유가 있으면 주계약자와 합의하고 계약담당 공무원의 승인을 얻어 하도급 가능(제7조)
공동수급체의 구성내용	출자비율에 의한 구성(제9조)	공사를 분담하여 구성(제9조)	공종을 분담하여 구성(제9조)
적용 공사	공구분할이 어려운 공사나 연관적 기능을 필요로 하는 건축공사	공구분할이 용이한 토목공사	공종분할이 용이한 종합공사
공동비용의 분담	출자비율에 의한 분담(제10조의2)	분담공사금액의 비율에 따른 분담(제10조)	– 분담내용의 금액비율에 따라 분담함이 원칙(제10조 제1항) – '전체계약의 보증금 등의 일괄납부에 드는 비용'이나 '각 구성원이 분담할 주계약자에 대한 대가 등'에 관하여는 별도 협의에 의할 수 있음(제10조 제1항 단서, 제2항)

6) 김홍준, 제1기 건설부동산법연수원 자료집(서울변호사협회 2014년) 제80면에서 인용함.

제3자에 대한 손해배상	공동 연대하여 부담	구성원이 분담공사와 관련하여 제3자에게 끼친 손해는 당해 구성원이 분담(제11조 제1항)	구성원이 분담공사와 관련하여 제3자에게 끼친 손해는 당해 구성원이 분담(제11조 제1항)
중도탈퇴자에 대한 조치	구성원 중 일부가 파산·해산 등의 사유로 탈퇴한 경우 잔존 구성원이 공동 연대하여 이행(제12조 제2항)	구성원 중 일부가 계약을 이행할 수 없게 되었을 경우에는 잔존 구성원이 이를 이행(제13조 제2항)	- 구성원 중 일부가 파산, 해산, 부도 등으로 계약을 이행할 수 없는 경우에는 해당 구성원의 분담 부분을 주계약자가 이행할 수 없는 경우에는 다른 구성원에게 재분배하거나 보증기관으로 하여금 이행하도록 함(제13조 제2항) - 주계약자가 탈퇴한 경우에는 보증기관이 당해 계약을 이행(제13조 제3항)
하자담보책임	공동수급체 해산 후 당해 공사에 하자발생시 연대책임(제13조)	분담내용에 따라 구성원별 각자 책임(제14조)	- 주계약자는 연대책임 - 구성원은 분담 시공한 내용에 따른 각자 책임(제14조)

Ⅲ. 가장 공동수급체(Paper Joint Venture)

현재 가장 문제가 되는 것은 형식상으로는 공동이행방식의 도급계약을 체결하였으나 실제는 일부 구성원만이 공사를 시행하고 나머지 구성원은 명의만 빌려주고 명의료로 일정액을 받는 형태인 소위 페이퍼조인트(Paper Joint)공동체이다. 자본 집중, 위험분산, 기술이전 등 공동수급체의 기능에 비추어 볼 때 이러한 형태의 공동수급체는 도급계약을 체결하기 위하여 요건을 갖추는 계약용 공동체에 불과하고 실질적인 공동체의 기능을 수행하지 못하고 비용만 증가시키므로 이를 막을 필요가 크다.

다만 실무상 페이퍼조인트가 명의대여에 가까운 점으로 보아 하도급인이 공동수급체라고 오신하여 계약을 한 경우 상법 제24조(명의대여자의 책임)를 준용하여 공동수급체의 책임을 청구할 수 있다.

제4절 건설공동수급체의 법적 성격

Ⅰ. 건설공동수급체의 법적 구성

1. 관계법령의 내용

국가를 당사자로 하는 계약에 관한 법률 제25조 및 시행령 제72조는 공동수급체란 용어를 사용하여 관급공사에 관한 공동도급계약의 체결을 규정하고 있다.[7] 위 시행령 제72조에 의한 공동도급계약을 위하여 기획재정부 계약예규로서 공동계약운용요령(계약예규)이 제정되어 시행되고 있는데, 위 예규의 본문 14개조와 이에 첨부된 공동수급표준협정서가 공동수급체의 기본적 관계를 정하고 있다.[8]

공동수급협정서는 공동수급체구성원 상호 간의 권리 의무 등 공동도급계약의 수행에 관한 중요사항을 규정한 구성원 사이의 계약서인데, 공동도급계약을 체결하는 자는 본 계약서 이외에도 위 예규에 정한 방식대로 구성원 사이의 공동수급협정서를 작성하여 필수적으로 제출하여야 한다(공동계약운용요령 제5조). 아래에서는 표준협정서의 주요 내용을 살펴 본다.

---

7) 제72조(공동계약) ① 법 제25조의 규정에 의한 공동계약의 체결방법 기타 필요한 사항은 기획재정부장관이 정한다.

② 각 중앙관서의 장 또는 계약담당공무원이 경쟁에 의하여 계약을 체결하고자 할 경우에는 계약의 목적 및 성질상 공동계약에 의하는 것이 부적절하다고 인정되는 경우를 제외하고는 가능한 한 공동계약에 의하여야 한다.

③ 각 중앙관서의 장 또는 계약담당공무원은 제2항에 따른 공동계약을 체결할 때 다음 각 호의 어느 하나에 해당하는 사업인 경우에는 공사현장을 관할하는 특별시·광역시·특별자치시·도 및 특별자치도에 법인등기부상 본점소재지가 있는 자 중 1인 이상을 공동수급체의 구성원으로 해야 한다. 다만, 해당 지역에 공사의 이행에 필요한 자격을 갖춘 자가 10인 미만인 경우에는 그렇지 않다.

1. 추정가격이 고시금액 미만이고 건설업 등의 균형발전을 위하여 필요하다고 인정되는 사업

2. 저탄소·녹색성장의 효과적인 추진, 국토의 지속가능한 발전, 지역경제 활성화 등을 위해 특별히 필요하다고 인정하여 기획재정부장관이 고시하는 사업. 다만, 외국건설사업자(「건설산업기본법」 제9조 제1항에 따라 건설업의 등록을 한 외국인 또는 외국법인을 말한다)가 계약상대자에 포함된 경우는 제외한다.

8) 공동계약운용요령은 뒤에서 보는 바와 같이 공동수급체 구성원의 책임범위와 관련하여 1997. 10. 1. 대폭 개정{공동도급계약운용요령(회계예규 2200.04.−136−5). 공동도급계약운용요령은 공동계약운용요령의 전신임}된 이래 큰 변화 없이 유지되어 오고 있다. 현재는 2020. 4. 7. 자로 일부 개정된 기획재정부 계약예규 제490호가 시행되고 있다. 제9절에 전문을 수록하였다.

2. 공동수급표준협정서의 주요 내용

(1) 공동이행방식 협정서

제3조(공동수급체의 구성원) ③ 대표자는 발주자 및 제3자에 대하여 공동수급체를 대표하며, 공동수급체의 재산의 관리 및 대금 청구 등의 권한을 가진다.

제6조(책임) 공동수급체의 구성원은 발주기관에 대한 계약상의 의무이행에 대하여 연대하여 책임을 진다. 다만, 공사이행보증서가 제출된 공사로서 계약이행요건을 충족하지 못하는 업체는 출자비율에 따라 책임을 진다.

제7조(하도급) 공동수급체 구성원 중 일부 구성원이 단독으로 하도급계약을 체결하고자 하는 경우에는 다른 구성원의 동의를 받아야 한다.

제8조(거래계좌) 계약예규 공동계약운용요령 제11조에 정한 바에 의한 선금, 기성대가 등은 다음계좌로 지급받는다.

　1. ○○○회사(공동수급체대표자): ○○은행, 계좌번호 ○○○, 예금주 ○○○

　2. ○○○회사: ○○은행, 계좌번호 ○○○, 예금주 ○○○

제9조(구성원의 출자비율) ① 당 공동수급체의 출자비율은 다음과 같이 정한다.

　1. ○○○:　　%

　2. ○○○:　　%

제10조(손익의 배분) 계약을 이행한 후에 이익 또는 손실이 발생하였을 경우에는 제9조에서 정한 비율에 따라 배당하거나 분담한다.

제10조의2(비용의 분담) ① 본 계약이행을 위하여 발생한 하도급대금, 재료비, 노무비, 경비 등에 대하여 출자비율에 따라 각 구성원이 분담한다.

　③ 공동수급체 구성원이 제1항에 따른 비용을 미납할 경우에 출자비율을 고려하여 산정한, 미납금에 상응하는 기성대가는 공동수급체 구성원 공동명의의 계좌에 보관하며, 납부를 완료하는 경우에는 해당 구성원에게 지급한다.

제11조(권리·의무의 양도제한) 구성원은 이 협정서에 의한 권리·의무를 제3자에게 양도할 수 없다.

제12조(중도탈퇴에 대한 조치) ① 공동수급체의 구성원은 다음 각호의 어느 하나에 해당하는 경우 외에는 입찰 및 해당 계약의 이행을 완료하는 날까지 탈퇴할 수 없다. 다만, 제3호에 해당하는 경우에는 다른 구성원이 반드시 탈퇴조치를 하여야 한다.

　1. 발주자 및 구성원 전원이 동의하는 경우

　2. 파산, 해산, 부도 기타 정당한 이유없이 해당 계약을 이행하지 아니하거나 제10조의2에 따른 비용을 미납하여 해당 구성원 외의 공동수급체의 구성원이 발주자의 동의를 얻어 탈퇴조치를 하는 경우

　3. 공동수급체 구성원 중 파산, 해산, 부도 기타 정당한 이유없이 해당 계약을 이행하

지 아니하여 시행령 제76조 제1항 제6호에 따라 입찰참가자격제한조치를 받은 경우

② 제1항에 의하여 구성원 중 일부가 탈퇴한 경우에는 잔존 구성원이 공동연대하여 해당 계약을 이행한다. 다만, 잔존 구성원만으로 면허, 실적, 시공능력공시액 등 잔여 계약이행에 필요한 요건을 갖추지 못할 경우에는 잔존구성원이 발주기관의 승인을 얻어 새로운 구성원을 추가하는 등의 방법으로 해당 요건을 충족하여야 한다.

제13조(하자담보책임) 공동수급체는 공동수급체가 해산한 후 해당 공사에 관하여 하자가 발생하였을 경우에는 연대하여 책임을 진다. 다만, 공사이행보증서가 제출된 공사로서 계약이행요건을 충족하지 못하는 업체는 출자비율에 따라 책임을 진다.

(2) 분담이행방식 협정서

[대표자의 권한 및 운영위원회에 관한 사항만 공동이행방식 협정서와 동일하고 나머지 부분은 상당한 차이가 난다]

제6조(책임) 공동수급체의 구성원은 발주기관에 대한 계약상의 의무이행에 대하여 분담 내용에 따라 각자 책임을 진다.

제7조(하도급) 공동수급체의 각 구성원은 자기 책임하에 분담 부분의 일부를 하도급할 수 있다.

제9조(구성원의 분담내용) ① 각 구성원의 분담내용은 다음 예시와 같이 정한다.

　[예시]

　1. 일반공사의 경우

　　가) ○○○건설회사: 토목공사

　　나) ○○○건설회사: 포장공사

　2. 환경설비설치공사의 경우

　　가) ○○○건설회사: 설비설치공사

　　나) ○○○제조회사: 설비제작

제10조(공동비용의 분담) 본 계약이행을 위하여 발생한 공동의 경비 등에 대하여 분담공사금액의 비율에 따라 각 구성원이 분담한다.

제11조(구성원 상호 간의 책임) ① 구성원이 분담공사와 관련하여 제3자에게 끼친 손해는 해당 구성원이 분담한다.

제12조(권리 · 의무의 양도제한) 구성원은 이 협정서에 의한 권리 · 의무를 제3자에게 양도할 수 없다.

제13조(중도탈퇴에 대한 조치) ① 공동수급체의 구성원은 각호의 어느 하나에 해당하는 경우 외에는 입찰 및 해당 계약의 이행을 완료하는 날까지 탈퇴할 수 없다.

　1. 발주자 및 구성원 전원이 동의하는 경우

　2. 파산, 해산, 부도 기타 정당한 이유없이 해당 계약을 이행하지 아니하여 해당 구성원 외의 공동수급체의 구성원이 발주자의 동의를 얻어 탈퇴조치를 하는 경우

제14조(하자담보책임) 공동수급체가 해산한 후 해당 공사에 관하여 하자가 발행하였을 경우에는 분담내용에 따라 그 책임을 진다.

(3) 주계약자관리방식 협정서

제6조(책임) 공동수급체의 구성원은 발주자에 대한 계약상의 의무이행에 대하여 분담내용에 따라 각자 책임을 지며, 대표자는 발주자에 대해 전체계약이행의 책임을 진다.

제7조(계약이행) ① 공동수급체의 구성원(주계약자는 제외한다)은 자신의 분담한 부분을 직접 시공하여야 한다. 다만, 공동수급체 구성원이 종합건설업자인 경우에는 다른 법령이나 시공품질의 향상 및 현장사정 등 불가피한 사유가 있는 경우에는 주계약자와 합의하고 계약담당 공무원의 승인을 얻어 하도급할 수 있다.

제9조(구성원의 분담내용) ① 각 구성원의 분담내용은 다음과 같이 정한다.

〔예시〕일반공사의 경우

　　가) ○○○ 건설회사: 토목공사

　　나) ○○○ 건설회사: 철강재설치공사

제10조(공동비용의 분담) ① 본 계약이행을 위하여 발생한 공동의 경비 등에 대하여 분담내용의 금액비율에 따라 각 구성원이 분담하는 것을 원칙으로 하되, 전체계약의 보증금 등의 일괄납부에 소요되는 비용의 재원은 공동수급체 구성원 간의 합의에 의하여 별도로 정할 수 있다.

제11조(구성원 상호 간의 책임) ① 구성원이 분담공사와 관련하여 제3자에게 끼친 손해는 해당 구성원이 분담한다.

제12조(권리·의무의 양도제한) 구성원은 이 협정서에 의한 권리·의무를 제3자에게 양도할 수 없다.

제14조(하자담보책임) ① 공동수급체가 해산한 후 해당 공사에 관하여 하자가 발행하였을 경우에는 해당 구성원이 분담내용에 따라 그 책임을 진다.

② 해당 구성원이 하자담보책임을 이행하지 않은 경우(부도, 파산 등으로 이행할 수 없는 경우를 포함한다)에는 해당 구성원의 보증기관이 하자담보책임을 이행하여야 한다.

③ 구성원 간(주계약자를 포함)에 하자책임 구분이 곤란한 경우에는 주계약자가 하자책임 구분에 대한 조정을 할 수 있으며, 조정이 불가능한 경우에는 하자와 관련 있는 구성원이 공동으로 하자담보책임을 이행하여야 한다.

II. 학　　설

1. 민법상 조합설

공동수급체가 계약에 의하여 결성되고 공동표준협정서 이외에 별도의 정관이 없는 점, 공동수급체 대표자가 대금의 청구와 수령 및 공동수급체의 재산관리를 할 권한이 있고 그 업무집행의 효과가 각 구성원 개인에게 미치는 점, 구성원 개인이 자기 책임에 대하여 직접 책임을 부담한다는 점을 근거로 공동수급체의 법적 성질은 조합으로 보는 것이 통설이다.[9]

대법원도 공동이행방식으로 보이는 공동수급체에 대하여 "공동수급체는 기본적으로 민법상의 조합의 성질을 가지는 것이므로 그 구성원의 일방이 공동수급체의 대표자로서 업무집행자의 지위에 있었다고 한다면 그 구성원들 사이에는 민법상의 조합의 업무집행자와 조합원의 관계에 있다"고 판시하였다.[10]

2. 지분적 조합설

민법상 조합이 계속적 공동사업을 하면서 재산을 합유하고 외부에 대하여 구성원 전원의 이름으로 활동하는 합수적 조합(Gesamthandsgesellschaft)임에 반하여, 공동수급체는 공동수급체를 결성할 때 조합원이 조합재산에 관하여 지분소유권을 보유하기로 합의한 지분적 조합(Gesselschaft nach Bruchteilen)이라고 보는 입장이다. 현행 민법 시행 전의 의용민법 제668조는 조합재산의 일반 소유형태를 공유로 규정하였던 것이 지분적 조합에 해당한다.[11] 공동수급체 구성원 각자가 선급금과 공사대금을 개별적으로 정산하도록 되어 있는 현 실정에 부합하는 해석이라고 한다.[12]

---

9) 이균용, "공동수급체의 성질과 그 법률관계," 『대법원판례해설』 35호(2000년 하반기), 89면.

10) 대법원 1997. 8. 26. 선고 97다4401 판결; 대법원 2000. 12. 12. 선고 99다49620 판결; 대법원 2001. 2. 23. 선고 2000다68924 판결; 대법원 2018. 1. 24. 선고 2015다69990 판결.

11) 『민법주해』 16권, 채권(9), 21면.

12) 이완수, "공동수급체의 법적 성질에 관한 판례 소고," 서울지방법원 건설소송실무연구회에서 발표한 논문임(미공간). 조합에 관한 민법의 규정은 강행규정이 아니기 때문에 조합재산을 반드시 조합원 전원이 합유하여야 하는 것은 아니고 조합계약을 체결할 때 조합원이 조합재산에 관하여 지분소유권을 보유하도록 합의할 수 있다는 견지에서, 공동계약운용요령 제11조 제2항이 계약담당 공무원은 대가 등의 신청이 있는 경우 공동수급체 구성원 각자에게 그 신청된 금액을 지급하여야 한다고 규정하고 있는 것을 근거로 공동이행방식의 공동수급체를 이러한 지분적 조합으로

3. 비법인사단설

구성원 2인의 공동수급체에서는 1명이 파산하여 조합에서 당연 탈퇴하여야 할 경우 조합원이 1명이 되면 당연 해산사유가 되는데, 이는 조합의 본질에 반하는 점, 이러한 경우에도 잔존 구성원이 공사의 계속을 할 이론적 근거는 공동수급체가 구성원의 개성을 넘는 사단성을 갖는 것으로 보아야 하는 점, 건설현장단위로 공동수급체가 구성되는데, 이는 구성원 개인과는 완전히 구별되는 별개의 단체로 보는 것이 현실에 맞는다는 점, 특히 공동수급체를 사단으로 보고 구성원이 이 사단에서 각각 하청받는 것으로 보면 도급인이나 제3자와의 법률구성이 간명해진다는 점[13] 등을 근거로 한다.

4. 이분설(저자의 사견)

공동이행방식의 공동수급체는 민법상 조합의 성격을 갖는 것으로 보아야 할 것이다.

그러나 분담이행방식의 공동수급체는 구성원 사이에서 공동수급을 위하여 (주로 수주자격을 갖추기 위한 것임) 계약을 함께 체결하였다는 점 이외에는 실질적으로 상호출자나 책임부담 등 별다른 관련성이 없다. 조합은 구성원이 공동출자를 하여 공동사업을 경영하는 점을 요소로 하는 것인데 분담이행방식의 경우는 어느 요소도 갖추지 못하였다고 생각된다. 이러한 공동도급계약은 실질적으로 보아 분담 부분에 관한 여러 개의 도급계약을 형식상 1개의 계약형태로 체결하였다고 보는 것이 타당하다. 다만 탈퇴 구성원의 시공 부분에 대하여 잔존 구성원이 2차적 책임을 지는 점이 조합성의 근거가 될 수 있지만, 이는 공동수급계약의 목적상 특별히 계약 이행보증의 의미로 한 특약으로 본다면 모순되지 않는다.[14] [15]

보는 견해이다.

13) 즉 공동체가 수주한 공사를 각 구성원이 실시하는 법률관계를 조합으로 해석하면 출자에 해당하는 것으로 되지만 이것을 공동체와 해당 구성원 사이의 하청계약으로 구성하면 구성원이 제3자에게 공사를 시공시키는 경우에도 공동체로부터 보면 하청업자인 구성원이 하청계약을 체결하는 것이 되고(재하청) 당사자에게 누가 계약 당사자로 되는가에 혼란을 방지하게 된다. 이것은 구성원이나 재하청자에게 매우 편의하다. 또한 이것이 적어도 소규모 공사의 공동체에게는 실태에 적합한 것이 될 것이다. 공동체 자신이 제3자에게 공사를 발주할 경우도 있지만, 그 경우에는 공동체가 그 취지를 명시하여 발주하면 된다. 栗田哲男, 앞의 책, 598면.

14) 공동수급체 구성원이 파산한 경우에 공동수급체에서 탈퇴할 수 있는지 여부가 문제될 때가 있다. 공동수급표준협정서에는 구성원이 파산된 경우에도 조합에서 탈퇴되는 것이 아닌 취지로 규정

분담이행방식 공동수급체에 대하여 그 성격을 명시적으로 정의한 대법원판결은 아직 나오지 않았으므로 이 입장이 대법원 판결에 반한 것이라고는 생각되지 않는다.

 판례

1. 공동수급체 구성원 지위의 포괄승계 여부 [대법원 2011. 8. 25. 선고 2010다44002 판결]

회사의 분할합병이 있는 경우에는 분할합병계약서에 따라 피분할회사의 권리의무는 사법상 관계나 공법상 관계를 불문하고 성질상 이전을 허용하지 않는 것을 제외하고는 분할합병으로 인하여 존속하는 회사에게 포괄승계된다. 분할합병된 대상회사가 그 이전에 다른 회사와 공동도급계약을 체결하여 공동수급체를 구성하였는데, 원심법원은 민법상 조합의 구성원으로서의 지위가 포괄승계의 대상에서 제외된다는 명시적인 규정이 없다는 이유로 포괄승계를 인정하였다. 그러나 대법원은 공동수급체는 기본적으로 민법상의 조합의 성질을 가지고, 공동수급체의 구성원 사이에서 구성원 지위를 제3자에게 양도할 수 있기로 약정하지 아니한 이상, 공동수급체의 구성원 지위는 상속이 되지 않고 다른 구성원들의 동의가 없으면 이전이 허용되지 않는 귀속상의 일신전속적인 권리의무에 해당하므로, 공동수급체의 구성원 지위는 원칙적으로 회사의 분할합병으로 인한 포괄승계의 대상이 되지 아니한다고 판시하였다. 공동이행방식의 공동수급체의 경우, 구성원들이 시공의무 및 하자담보책임까지 상호 연대책임을 부담함은 물론, 각자의 능력과 조건, 신용도 등을 고려하여 공동수급체를 구성하므로 그 지위를 일신전속적 권리의무로 본 것이다.

되어 있는데(제9조, 12조) 이는 조합원이 파산한 경우 당연히 조합에서 탈퇴한다고 규정한 민법 제717조와 배치된다. 이에 대하여 민법 제717조가 파산자를 둘러싼 법률관계를 공정하게 해결하기 위한 강행규정이므로 이에 배치되는 공동수급표준협정서의 위 규정이 무효라는 입장, 당사자간의 약정을 우선하여 유효라고 보는 입장이 대립된다. 대법원 2004. 9. 13. 선고 2003다26020 판결은 '조합원들이 조합계약 당시 민법 제717조의 규정과 달리 차후 조합원 중에 파산하는 자가 발생하더라도 조합에서 탈퇴하지 않기로 약정한다면 이는 장래의 불특정 다수의 파산채권자의 이해에 관련된 것을 임의로 위 법 규정과 달리 정하는 것이어서 원칙적으로는 허용되지 않는다 할 것이지만, 파산한 조합원이 제3자와의 공동사업을 계속하기 위하여 그 조합에 잔류하는 것이 파산한 조합원의 채권자들에게 불리하지 아니하여 파산한 조합원의 채권자들의 동의를 얻어 파산관재인이 조합에 잔류할 것을 선택한 경우까지 조합원이 파산하여도 조합으로부터 탈퇴하지 않는다고 하는 조합원들 사이의 탈퇴금지의 약정이 무효라고 할 것은 아니다'라고 판시하였다. 민법 제717조가 원칙적으로는 강행규정으로 우선하되, 다만 탈퇴를 시키지 않아도 파산한 조합원의 채권자를 해할 위험이 없는 경우에는 임의약정을 유효로 볼 수 있다는 취지이므로 파산 조합원의 채권자가 동의한 이상 위 규정을 무효로 볼 필요가 없다.

15) 이균용, 앞의 글은 분담이행방식의 경우도 공동이행방식과 책임에 차이가 없으므로 조합에 해당한다고 보고 있다.

2. 공동수급체 구성원 일부에게 입찰참가 무효사유가 있는 경우의 처리방법 [대법원 2012. 9. 20.자 2012마1097 결정]

공동수급체의 구성원 중 일부가 대표자의 성명에 대한 변경등록을 해태하였던바, 국가계약법 시행규칙상 입찰 등록 사항 중 대표자의 성명을 변경등록하지 아니하고 입찰서를 제출한 입찰을 무효로 하도록 규정하고 있고 입찰공고 등을 통해 입찰 참가자들에게 이러한 사유를 무효사유로 고지하였으며 입찰 참가자들도 이를 전제로 입찰에 참가하였다는 사정이 있었으므로 해당 참가자의 입찰은 무효라고 볼 수 있다.

이 경우 해당 참가자는 그 입찰절차에서 배제되어야 하더라도, 공동수급인 전부의 입찰을 일률적으로 무효로 할 것인지 문제된다. 국가계약법이 적용되는 '공공계약'도 국가가 사경제의 주체로서 체결하는 사법상의 계약이므로, 법령에 특별한 정함이 없는 한 사적자치와 계약자유의 원칙 등 사법의 원리가 지배원리로 작용함이 원칙이다. 그러므로 공동수급인 중 일부가 변경등록을 해태하여 입찰절차에 하자가 있다고 하여도 그것만으로 반드시 나머지 공동수급인에 대한 입찰절차가 무효로 되어야 하는 것은 아니고, 그 하자가 입찰절차의 공공성과 공정성이 현저히 침해되어 이를 무효로 하지 않으면 정의에 반하는 중대한 하자가 있다거나 또는 사회적으로 허용될 수 없는 반사회적인 행위에 의한 것임이 누가 보더라도 명백한 경우에 비로소 무효로 된다고 보아야 할 것이다. 따라서 공동수급체 구성원 중 입찰의 무효사유가 없는 나머지 구성원만으로 입찰적격을 갖출 수 있는지 여부 등 일부 구성원의 입찰참가 무효사유가 공동수급체 입찰에 미치는 영향을 고려하여 나머지 구성원들 입찰의 효력 유무를 판단하여야 한다. 이 판결은 공동수급체의 경우에 있어서 일부 구성원의 입찰 무효 시 판단기준을 제시한 의미가 크다.

제5절   도급인과 공동수급체 사이의 법률관계

Ⅰ. 공동이행방식의 경우

1. 공사대금채권

(1) 도급인은 공동수급체에 대하여 공사대금을 선금약정 또는 기성고에 따라 지급할 의무가 있다. 공사대금채권은 조합원 전체의 합유에 속하므로 민법 제272조에 의하여 구성원 전원의 합의에 따라 공동으로 청구하거나 대표자가 공동수급

체를 대표하여 청구함이 민법상 원칙이다.

그런데 공동계약운용요령 제11조는 공동수급체의 대표자는 담당 공무원에게 공동수급체 구성원별로 구분 기재된 신청서를 제출하여야 하고, 담당 공무원은 이러한 신청서가 제출되면 신청된 금액을 공동수급체 구성원 각자에게 지급하여야 한다고 규정하고 있다(다만 선급금은 대표자에게 지급한다). 대표자가 도급인으로부터 기성금을 수령하고도 구성원에게 그 지급을 지체하거나 유용하는 일이 많아 분쟁이 잦아지자 이를 막기 위한 편법으로 1997년 1월 1일 공동도급계약운용요령을 개정한 이후 현행 공동계약운용요령까지 유지되어 온 것인데,[16] 이러한 개별 지급규정에 의하여 구성원 개인이 도급인에 대하여 직접 출자비율에 따른 공사대금 지급 청구를 할 수 있는지가 문제가 되어 왔다.

대법원 2000. 11. 24. 선고 2000다32482 판결은 "도급인이 공동도급계약운영요령에 따라 공사대금채권을 공동수급체 구성원 각자에게 지급하고 공동수급체가 그와 같은 지급방식에 의하여 그 대금을 수령한 사정만으로 조합 구성원 사이에 민법규정을 배제하려는 의사가 표시되어 있다는 등 특별한 사정이 있었다고 할 수는 없으므로 공사대금채권은 조합원에게 합유적으로 귀속되는 조합채권으로서 조합원 중 1인이 조합의 채무자에 대하여 출자비율에 따른 급부를 청구할 수 없다"고 판시하고 있고, 이러한 입장이 주류적 입장이었다. 대금지급이 구성원 개인에게 직접 이루어진다고 하여 공사대금채권이 구성원의 개별적 채권으로 바뀐 것으로는 볼 수 없다는 것이 근거였다.

다만 뒤에서 보는 바와 같이 대법원 2001. 7. 13. 선고 99다68584 판결은 구성원의 개별적 청구가 가능하다는 입장을 취하고 있어서 그 해석상 혼란이 있었다. 그러나 이 사건은 미리 지급한 선급금의 반환과 관련된 충당비율을 정하는 사건이고, 그 이후에도 앞서 본 판결과 같은 취지의 대법원 판결이[17] 계속된 것으로 보아 대법원의 주류적 입장은 변화가 없는 것으로 이해되었다.[18] [19]

---

16) 종전에는 제11조가 "계약담당 공무원은 선금, 대가 등을 지급함에 있어서는 공동수급체 대표자로 하여금 공동수급체 구성원별로 구분 기재하여 신청하게 하여야 하며 공동수급체의 대표자에게 지급하여야 한다"고 규정되어 있어서 공사대금을 대표자만 수령할 수 있었다.

17) 대법원 2001. 10. 9. 선고 2000두8356 판결 등.

18) 심재남, "공동수급체의 구성원 중 1인이 탈퇴한 경우에 있어서 선급금의 제 문제"(미공간 논문임). 위 판결에 관한 상세한 분석은 뒤의 선급금반환채무 부분 참조.

19) 그러나 대법원 2002. 1. 11. 선고 2001다75332 판결은 계약내용에 따라 공사대금채권은 공동수급체 구성원에게 합유적 귀속이 아니라 각 지분비율에 따라 구분하여 귀속된다고 판시하였다.

그런데 대법원은 2012. 5. 17. 선고 2009다105406 전원합의체 판결로서 이 논란을 최종 정리하였다. "공동이행방식의 공동수급체에서 도급인과 공동수급체 사이에 공동수급체의 각 구성원이 공사대금채권 중 각자의 지분비율에 따라 직접 도급인에 대하여 권리를 취득하기로 약정하는 경우에는 공동수급체 개별 구성원이 도급인에 대하여 각자의 출자지분 비율에 따라 공사대금채권을 직접 취득할 수 있고, 위와 같은 약정은 공동수급체 대표자가 도급인에게 위와 같은 내용이 담긴 공동수급협정서를 제출함으로써 묵시적으로 이루어질 수 있다."

이 판결은 ① 공동이행방식의 공동수급체와 도급인 간의 공사도급계약에 따라 발생한 채권에 대해서, 공동수급체가 아닌 개별 구성원으로 하여금 지분비율에 따라 직접 도급인에 대하여 권리를 취득하게 하는 약정을 하는 경우와 같이 공사도급계약의 내용에 따라 채권이 공동수급체 구성원 각자에게 지분비율에 따라 구분하여 귀속될 수 있고, ② 공동이행방식의 공동수급체 구성원들이 기성대가 등을 구성원별로 직접 지급받기로 하는 공동수급협정서를 입찰서류와 함께 제출하고 도급인이 별다른 이의를 유보하지 않은 채 이를 수령하여 공동도급계약이 체결되면 위와 같은 약정이 묵시적으로 이루어졌다고 볼 수 있다는 것을 근거로 한다.[20]

주의할 것은 위 판결의 법리가 적용되기 위하여는 구성원 사이에 출자지분에 따른 '공사대금 직접 취득의 특별한 약정'이 있어야 한다는 점이다. 공동수급 표준협정서의 적용을 배제하는 등의 방법으로 이러한 약정을 하지 않으면 원래의 조합이론에 따라 합유적으로 귀속된다고 보아야 한다.[21] 재판 실무상으로는 이러한 약정의 존부가 쟁점이 될 것이다.

(2) 위와 같이 개별 구성원의 지분비율에 따라 공사대금채권을 직접 취득하도

---

20) 이 판결에 대하여는 앞으로도 논란의 여지가 적지 않을 것 같다. 공동이행방식의 공동수급체와 같은 민법상 조합계약에 대하여 계약자유의 원칙상 구성원들이 자유 의사에 기하여 조합계약의 내용을 정할 수 있음은 가능하므로 ①논지에 대하여는 이의가 없다. 하지만 ②논지는 해석상으로나 현장실무상으로 의문이 남는다. 공동수급표준협정서 제8조상 구성원 각자의 거래계좌로 기성대가를 직접 지급받기로 한 취지는 대표자의 공동수급대금 유용을 막고, 자금의 순환을 적정히 하는 데 목적이 있는 것이고, 오히려 공동수급체 중 가장수급체가 상당 부분인 현실을 볼 때 이러한 방식이 가장수급체를 과잉보호하거나, 공사대금정산관계를 복잡하게 하여 주된 시공자에게 피해를 입히는 중대한 역효과가 발생하기 때문이다. 또한 공동수급체가 공동수급표준협정서를 일률적으로 작성하고 제출하는 관행에 비춰 볼 때 이것만으로 묵시적 합의를 인정하는 것도 무리가 있다고 본다. 다만 이 판결로서 혼란스러웠던 쟁점이 정리된 것은 다행이라고 하겠다.

21) 대법원 2013. 7. 11. 선고 2011다60759 판결.

록 하는 약정이 있는 경우에 한 구성원이 자신의 지분비율을 넘어서 공사를 수행
하였을 때 도급인에게 지분비율을 초과한 실제의 공사비율에 따른 공사대금의 지
급을 청구할 수 있을까. 대법원은 "개별 구성원들은 실제공사를 누가 어느 정도
수행했는지에 상관없이 도급인에 대한 관계에서 공사대금채권 중 각자의 지분비
율에 해당하는 부분을 취득하고, 공사도급계약의 이행에 있어서의 실질적 기여비
율에 따른 공사대금의 최종적 귀속 여부는 도급인과는 무관한 공동수급체 구성
원들 내부의 정산문제일 뿐이라고 할 것"이라고 판시했다.[22] 즉 실질적인 기여비
율에 따라 공사대금을 최종적으로 정산하는 것은 공동수급체 구성원들 내부의 문
제일 뿐이며, 도급인에 대하여는 도급계약관계만 효력이 있으므로 구성원 사이의
실질적인 정산관계를 주장할 수 없는 것이다.

(3) 재판실무상 공동수급체의 공사대금채권에 대하여 개별 구성원에 대한 채
권자로부터 압류나 가압류가 집행되는 일이 자주 있는데 이처럼 조합재산인 공사
대금채권에 대하여 이루어진 압류는 채무자 소유 아닌 제3자 소유의 재산을 대상
으로 한 것으로 당연 무효이다.[23] 따라서 실무상 가압류나 압류에서는 이러한 경
우에 공사대금채권이 조합채권인지, 구성원의 개별채권인지를 살펴야 한다. 분담
이행방식에서는 개별채권임이 명백하고, 공동이행방식이더라도 앞서 본 바와 같
이 공사대금 직접취득약정이 포함된 공동수급협정서가 제출된 경우에는 개별적
채권으로 볼 수 있으므로 압류의 효력이 발생할 경우가 많을 것이다.

(4) 공사대금채권이 조합채권인 이상 소송절차상 공동수급체의 공사대금 청
구에 관한 소송은 필수적 공동소송에 해당하여 구성원 전원이 제기하여야 한다.
실무상 이를 간과하고 구성원 개인이 제기하는 경우가 종종 있으므로 필수적 공
동소송인의 추가(민사소송법 제68조)절차를 취할 필요가 있다.

다만 대표자가 공사대금채권의 처리에 관하여 임의적으로 소송신탁 받았을
경우에는 자기 이름으로(예컨대 "○○○공동수급체의 업무집행자 △△") 소송을 수행
할 수 있으므로 공동수급협정서 등 구성원 간의 합의에 이러한 위임이 있었는지
여부를 확인하여야 한다.[24]

---

22) 대법원 2013. 2. 28. 선고 2012다107532 판결.
23) 대법원 2001. 2. 23. 선고 2000다68924 판결 등.
24) 대법원 1984. 2. 14. 선고 83다카1815 판결; 대법원 2001. 2. 23. 선고 2000다68924 판결 등. "대표자
는 발주자 및 제3자에 대하여 공동수급체를 대표하며, 공동수급체의 재산관리 및 대금 청구 등
의 권한을 갖는다"라고 규정한 공동수급협정서가 도급계약의 내용으로 편입된 경우가 그 예이다.

이 경우에 대표자가 공동수급체를 대리하는 것을 알 정도로 표시하면 족하고 반드시 조합원 전원을 표시할 필요는 없다. 또한 상법 제48조에 의하여 상행위의 대리인이 본인을 위한 것임을 표시하지 아니하여도 그 행위는 본인에 대하여 효력이 있으므로 공동수급체를 표시하지 않더라도 상대방이 이 관계를 알고 있으면 그 행위는 공동수급체 전원에게 효력이 미친다.[25]

공동이행방식이더라도 앞서 본 바와 같이 공사대금 직접취득약정이 포함된 공동수급협정서가 제출된 경우에는 개별적 채권에 해당하므로 구성원이 독립적으로 소송을 제기할 수 있다.

1. 공동수급체 일부 구성원에 대한 채권자가 행한 가압류의 효력 [대법원 1997. 8. 26. 선고 97다4401 판결]

원고와 소외 1회사, 소외 2회사가 공동으로 대한민국으로부터 장기계속공사인 경북 예천읍과 안동시 풍산읍 소산리 간의 도로 4차선 확장 및 포장공사를 수급하였고, 위 3개 회사는 공동수급에 따른 상호 간의 권리와 의무 및 공동사업의 운영에 관한 공동수급표준협정서와 공동도급운영협약서를 작성하여 발주자인 대한민국에 제출하였는데, 그 내용은 위 3개 회사가 이 사건 공사를 공동으로 시공하기 위하여 원고가 45%, 소외 1회사가 40%, 소외 2회사가 15%의 각 비율로 출자하여 공동수급체를 구성하여 시공하기로 하는 것 등이었다. 그런데 소외 2회사는 착공도 하기 전에 부도가 났고, 원고 및 소외 1회사만이 이 사건 공사를 시행하여 왔다. 그 후 소외 2회사의 채권자인 피고가 위 공사대금채권 중 대한민국이 소외 2회사에게 지급할 15%에 해당하는 부분에 관하여 법원에 채권가압류신청을 하여 결정을 받아, 채권압류 및 추심명령을 받았고, 이에 원고가 피고를 상대로 제3자이의의 소를 제기하였다. 대법원은 "원고와 소외 1회사 및 소외 2회사로 구성된 위 공동수급체는 단순히 그 구성원들 내부 사이의 조합이 아니라 대외적으로도 민법상의 조합에 해당한다고 할 것이므로 위 공동수급체가 이 사건 공사를 시공함으로 인하여 소외 대한민국에 대하여 가지는 이 사건 채권은 위 조합의 채권으로서 그 구성원인 위 3개사의 준합유에 속한다고 할 것인바, 조합의 구성원인 소외 2회사에 대한 채권자인 피고가 이에 대하여 강제집행을 할 수는 없다고 할 것이니, 위 조합의 구성원 중의 1인인 원고는 보존행위로서 위 강제집행의 불허를 구하는 제3자이의의 소를 제기할 수 있다"고 판시하였다.

---

25) 대법원 2009. 1. 30. 선고 2008다79340 판결.

2. 구성원의 지분에 따른 공사대금채권의 개별적 귀속에 관한 약정이 인정된 사례
[대법원 2012. 5. 17. 선고 2009다105406 전원합의체 판결]

(가) 공동이행방식의 공동수급체는 기본적으로 민법상 조합의 성질을 가지는 것이므로, 공동수급체가 공사를 시행함으로 인하여 도급인에 대하여 가지는 채권은 원칙적으로 공동수급체 구성원에게 합유적으로 귀속하는 것이어서 특별한 사정이 없는 한 구성원 중 1인이 임의로 도급인에 대하여 출자지분 비율에 따른 급부를 청구할 수 없고, 구성원 중 1인에 대한 채권으로써 그 구성원 개인을 집행채무자로 하여 공동수급체의 도급인에 대한 채권에 대하여 강제집행을 할 수 없다. 그러나 공동이행방식의 공동수급체와 도급인이 공사도급계약에서 발생한 채권과 관련하여 공동수급체가 아닌 개별 구성원으로 하여금 지분비율에 따라 직접 도급인에 대하여 권리를 취득하게 하는 약정을 하는 경우와 같이 공사도급계약의 내용에 따라서는 공사도급계약과 관련하여 도급인에 대하여 가지는 채권이 공동수급체 구성원 각자에게 지분비율에 따라 구분하여 귀속될 수도 있고, 위와 같은 약정은 명시적으로는 물론 묵시적으로도 이루어질 수 있다.

(나) 공동이행방식의 공동수급체 구성원들이 기성대가 또는 준공대가를 공동수급체 구성원별로 직접 지급받기로 하는 공동수급협정은 특별한 사정이 없는 한 도급인에 대한 관계에서 공사대금채권을 공동수급체 구성원 각자가 출자지분 비율에 따라 구분하여 취득하기로 하는 구성원 상호 간의 합의라고 보는 것이 타당하고, 나아가 공동수급체 대표자가 1996. 1. 8. 개정된 공동도급계약운용요령 제11조에 따라 공동수급체 구성원 각자에게 공사대금채권을 지급할 것을 예정하고 있는 도급인에게 위와 같은 공사대금채권의 구분 귀속에 관한 공동수급체 구성원들의 합의가 담긴 공동수급협정서를 입찰참가 신청서류와 함께 제출하고 도급인이 별다른 이의를 유보하지 않은 채 이를 수령한 다음 공동도급계약을 체결하게 되면 공동수급체와 도급인 사이에서 공동수급체의 개별 구성원으로 하여금 공사대금채권에 관하여 출자지분 비율에 따라 직접 도급인에 대하여 권리를 취득하게 하는 묵시적인 약정이 이루어졌다고 보는 것이 타당하다. 이는 공동도급계약운용요령과 공동수급협정서에서 공동이행방식의 공동수급체 대표자가 부도 등 부득이한 사유로 신청서를 제출할 수 없는 경우 공동수급체의 다른 모든 구성원의 연명으로 이를 제출하게 할 수 있다고 규정하고 있거나, 공동수급체 구성원들의 각 출자비율과 실제 시공비율이 일치하지 않더라도 달리 볼 것이 아니다.

3. 위와 같은 약정이 부정된 사례 [대법원 2013. 7. 11. 선고 2011다60759 판결]
이 사건 도급계약에 편입되어 있는 공사계약 일반조건 제35조에는 공동수급체의 구성원은 구성원별로 구분 기재된 기성신청서를 공동수급체의 대표자 혹은 부득이한 사유가 있을 경우 공동수급체의 운영위원회에서 정한 대표자에게 제출하고, 그

대표자가 사업시행자에게 기성대가를 청구하며, 사업시행자는 이 사건 도급계약에서 달리 정하지 않는 한, 공사비 지급기일에 검사된 내용에 따라 기성대가를 확정하여 공동수급체 구성원 각자에게 지급하거나 대표자에게 지급하는 것으로 정해져 있고, 공동수급협정서 제8조에는 공동수급체의 대표가 공동도급공사의 대가 등을 수령한 후 각 구성원의 계좌로 송금한다고 규정되어 있는 사실을 알 수 있다.

이러한 사실관계에 나타난 약정 내용에 의하면, 도급인인 피고와 이 사건 공동수급체 사이에 체결된 이 사건 도급계약은 공동수급체가 조합체로서 공사대금채권을 가지는 것으로 약정하였다고 보일 뿐, 그 공사대금채권을 공동수급체의 구성원 각자가 출자지분의 비율에 따라 도급인에게 직접 청구할 수 있는 권리를 취득하게 하는 특약을 한 것이라고는 할 수 없다.

그리고 상고이유에서 주장하는 기획재정부 회계예규(2200.04-136-19)인 '공동도급계약운용요령'이나 행정안전부예규인 '지방자치단체 공동계약 운용요령'에서 공동수급체의 공사대금채권이 그 구성원 각자에게 귀속되도록 하는 규정을 두고 있다고 하더라도, 이 사건 도급계약과 같이 정부나 지방자치단체가 도급인이 아닌 경우에도 그 공사의 원발주자가 정부나 지방자치단체라고 하여 위 각 예규가 당연히 적용된다고 할 수는 없는 것이므로 이를 계약 내용에 편입하는 특약이 있어야 그 도급계약에 기한 법률관계에 적용될 수 있을 것인데, 기록을 살펴보아도 위 각 예규를 이 사건 도급계약에 명시적 또는 묵시적으로 편입시켰다고 볼 근거를 발견할 수 없다.

2. 시공 및 하자담보책임

(1) 공동이행방식의 공동수급체 구성원은 발주기관에 대하여 계약상의 의무이행에 대하여 연대하여 책임을 지고($^{표준협정서}_{제6조}$), 다른 구성원의 동의를 받지 않고 분담 부분의 일부를 하도급할 수 없으며($^{제7}_{조}$), 구성원 중 일부가 탈퇴한 경우에는 잔존 구성원이 연대하여 계약을 이행할 책임이 있고($^{제12조}_{제2항}$), 당해 공사에 대한 하자에 대하여 연대하여 책임을 진다($^{제13}_{조}$). 공동수급체의 도급계약상 채무는 조합채무로서 전 구성원에게 합유적으로 귀속되므로 공동수급체의 재산으로 책임을 지고 이와 병존적으로 구성원 개인이 이를 손실부담 비율에 따라 분할하여 책임을 지는 것이 원칙인데($^{민법}_{제712조}$), 표준협정서는 공동시공의무 전체에 대하여 전 구성원의 연대책임으로 규정하였다.

따라서 구성원이 각자 별도로 공사 부분을 일부씩 시공하였더라도 한 구성원의 미완성이나 하자, 공사지체로 책임이 발생하면 전 구성원이 공동으로 책임을 져야 한다. 도급인은 하자보수청구나 이에 갈음하는 손해배상청구를 수급인 전체에 대하여 제기할 수 있으며, 구성원은 특별한 사정이 없는 한 그 부분이 자신의 시공 부분이 아니라는 이유로 거부할 수 없다.

(2) 따라서 지체상금에 대하여도 구성원 전부가 공동으로 책임진다. 대법원은 "공동수급인의 각 공사내용이 특정되어 있다 하더라도 각 공사는 전체로서 하나를 이루고 준공기한도 공사 전체의 준공기한이므로 제1수급인이 자신이 맡은 공사를 준공기한 내에 하지 못함으로써 지체상금을 부담하는 경우 그 지체상금의 기준이 되는 계약금액은 제1수급인이 맡은 부분에 해당하는 공사대금뿐만이 아니라, 전체공사대금으로 보아야 한다"고 판시하였다.[26]

(3) 도급계약상 공동수급인들에게 채무이행을 구하는 소송은 구성원 전원뿐 아니라 구성원 개인에게도 구할 수 있으므로 필수적 공동소송에 해당하지 않을 경우가 많으며, 다만 조합재산으로 책임을 질 경우에는(예컨대 조합재산인 부동산의 소유권을 이전하여 줄 의무가 있을 때) 전원을 상대로 하여야 할 것이다.

3. 선급금반환채무

(1) 수급인이 공사 전에 선급금을 수령하였다가 공사가 중단된 경우 기성공사비에 충당되고 남은 금액은 도급인에게 이를 반환하여야 하는데, 이와 같은 경우에 대법원은 공동이행방식의 공동수급체 구성원이 도급인에게 부담하는 연대책임의 범위에 선급금반환채무는 포함되지 않는다면서 다음과 같이 판시하였다.[27]

"공동수급체의 구성원이 발주자에 대한 계약상의 의무이행에 대하여 연대하여 책임을 진다고 규정되어 있다고 하더라도, 도급계약의 내용에 선급금 반환채무 등에 관한 다른 구성원의 의무에 관하여는 명시적인 규정이 없고, 선급금에 관하여는 별도의 규정을 두어 그 반환채무의 담보방법으로 수급인이 제출하여야 할 문서로서 보험사업자의 보증보험증권이나 건설공제조합의 지급보증서 등 그 담보력이 충분한 것으로 제한하고 있다면, 공동수급체의 각 구성원의 연대책임의 범위는 선급금 반환채무에까지는 미치지 아니한다고 봄이 상당하므로 공동수급체의 구성원으로서는 특별한 사정이 없는 한 다른 구성원의 선급금 반환채무에

---

26) 대법원 1994. 3. 25. 선고 93다42887 판결.
27) 대법원 2002. 1. 25. 선고 2001다61623 판결; 대법원 2004. 11. 26. 선고 2002다68362 판결; 대법원 2002. 8. 23. 선고 2001다14337 판결; 대법원 1999. 10. 8. 선고 99다20773 판결; 대법원 2000. 6. 13. 선고 2000다13016 판결도 같은 취지이다.

관하여는 책임을 부담하지 않는다고 할 것이다." 선급금반환에 관한 담보가 충분하므로 굳이 다른 구성원에게 책임을 지울 필요가 없다는 취지로 보인다.

　　(2) 그런데 대법원 2001. 7. 13. 선고 99다68584 판결은 다음과 같은 판시를 하여 주목된다.[28] 정부나 지방자치단체의 공사도급계약에 있어서는 선급금과 공사대금이 각 구성원 지분비율에 따라 따로 정산하도록 되어 있으므로 한 구성원의 선급금반환채무는 다른 구성원이 아무런 책임을 지지 않고, 기성공사대금으로 선급금정산을 할 때에는 그 공사대금 중 해당 구성원의 지분비율에 해당하는 금액에 대하여만 충당할 수 있고 다른 구성원의 몫까지 함께 충당하면 안 된다는 것이다. 즉 공동계약운용요령 등에 의하여 관급공사에 대하여는 조합의 법리가 적용될 수 없는 특수한 사정이 있어서 선급금반환과 공사대금의 지급은 구성원별로 따로 정산하여야 한다는 것이다.[29]

　　이러한 논리는 대법원 2002. 8. 23. 선고 2001다14337 판결에서도 "공동도급

---

28) 재정경제부 회계예규(2200.04-136-4)인 공동도급계약운용요령 제11조 등에 의하면 선급금은 공동수급체 구성원별로 금액을 구분하여 신청하도록 하고 있고(다만 선급금의 지급은 공동수급체 대표자에게 지급할 수 있도록 되어 있다), 선급금 지급 당시 각 구성원별로 각 신청금액에 해당하는 선급금 보증서와 세금계산서를 따로 받도록 되어 있다(이 사건에서도 그와 같은 절차와 방법에 따라 선금이 지급되었다). 그리고 그와 같은 사정에 비추어 보면 공동수급체의 각 구성원은 다른 구성원이 지급받은 선급금에 대하여까지 연대하여 반환의무를 부담하지는 않는 것으로 보인다(재정경제부 질의회신 회계 41301-1869에 의하여도 그렇다). 그러므로 이에 따르면 선급금 반환의무는 각 구성원별로 부담하는 것이고, 다른 구성원이 받은 선급금에 대하여는 반환책임을 부담하지 않는다. 따라서 선급금 반환채무는 공동수급체 전체의 채무라고 보기 어렵다. 다음으로 공사대금 지급과 관련하여 보면, 정부나 지방자치단체가 체결하는 공사도급계약에 있어서는 공동수급체를 구성한 구성원 각자에게 지분비율에 따라 구분하여 공사대금을 직접 지급하도록 되어 있다(위 재정경제부 2200.04-136-4 회계예규 제11조 제2항. 기록 160정). 그러므로 이 사건에서도 공동수급체의 구성원인 원고와 보성건설은 피고에 대하여 그 시공 부분 중 그들의 지분비율에 따른 금액만을 직접 청구할 수 있는 것이고, 다른 구성원의 지분비율에 해당하는 금액에 대하여는 그 지급을 구할 수 없는 것으로 보인다. 또한 선급금의 정산과 관련하여 보면, 이 사건과 같은 정부나 지방자치단체의 공사도급계약에 있어서는 먼저 각 구성원의 지분비율에 따라 각 구성원별로 기성공사대금을 산정한 다음 각 구성원별로 선급금을 정산하도록 하고 있으며, 다른 구성원의 미납선급금을 가지고 정산당하지는 않는 것으로 보인다(재정경제부 질의회신 회계 41301-1869, 41301-2025 등에 의하여도 그러하다). 이상과 같은 사정에 의하면, 적어도 정부나 지방자치단체의 공사도급계약에 있어서는 선급금과 공사대금은 각 구성원별로 따로 따로 정산되는 것으로 보이고, 이에 따라 이 사건에서도 공동수급체의 다른 구성원인 보성건설은 원고가 반환하여야 할 선급금에 대하여 아무런 책임을 부담하지 아니하고, 원고 또한 보성건설의 지분비율에 해당하는 공사대금의 지급을 구할 아무런 권리가 없다 할 것이다. 따라서 이 사건에서 기성공사대금을 가지고 원고의 선급금을 충당함에 있어서는 그 공사대금 중 원고의 지분비율에 해당하는 금액에만 충당되는 것으로 볼 것이지 이와 달리 다른 구성원인 보성건설의 몫까지 포함한 총 공사대금에서 충당할 수 있는 것은 아니다: 대법원 2001. 7. 13. 선고 99다68584 판결.

29) 변현철, "공동수급한 관급계약에서의 구성원 사이의 선급금과 기성대금의 관계," 『대법원판례해설』 38호(2002. 6), 228면.

계약운용요령 제11조와 재정경제부 회계예규(2200.04-131-3)인 선급지급요령 제3조 등 관련 규정들에 의하면 정부나 지방자치단체의 공사도급계약에 있어서는 선급금과 공사대금은 각 구성원별로 따로 따로 정산하도록 되어 있고…"라고 표현하여 계속 유지되고 있는 것 같다.

　이와 같은 이론 구성은 도급인인 정부로서는 불리한 경우도 있겠지만, 각 구성원이 다른 구성원의 형편에 따른 불이익을 받지 않기 때문에 공사를 원활하게 진행시킬 수 있는 것이므로 그와 같이 수급인의 이익을 위하여 일반적인 경우와 다르게 처리하는 것이다.[30]

　(3) 그러나 선급금반환채무와 공사대금채무를 구성원별로 정산한다는 것은 간편한 이점이 있기는 하지만 근본적인 법리적 문제가 있다. 앞에서 본 바와 같이 대법원이 일관하여 공사대금채권을 공동수급체의 합유적 채권으로 보고 있는 점과 모순이 되는 것이다. 공동수급체의 합유적 채권을 구성원 개인의 선급금반환채무에 대하여 충당한다는 것은 양 채권이 채권자와 채무자가 다른 별개의 채권이므로 허용될 수 없는 것이다. 더구나 선급금과 공사대금의 직접 청구를 허용한 공동계약운용요령의 취지는 공동도급체 구성원 사이에 대금지급을 확보해 주기 위한 실무적 방편에 불과한 점에 비추어 보면, 위 대법원 판결은 채권의 귀속과 관계없는 지급방법을 근거로 한 것으로 불합리하다. 현재로서는 선급금반환채무를 공사대금에 충당할 경우에 한하여서만 양자의 개별적 정산을 허용하는 취지로 이해하는 것이 무리가 없을 것 같다.[31]

---

[30] 변현철, 위의 글.

[31] 공동수급체를 구성한 '갑', '을'의 각 지분비율은 1:1이며, 기성대금은 1,000만 원, 반환할 선급금이 '갑'은 600만 원, '을'이 100만 원이라고 할 경우, 대법원 판결에 의하면 '갑'과 '을'이 받을 공사대금은 각 500만 원(1,000만 원×1/2-600만 원)이 되는데 '갑'은 반환할 선급금채무가 이를 초과하므로 '갑'은 공사대금을 전혀 수령하지 못하고, '을'은 400만 원(500만 원-100만 원)을 수령하게 된다. 그러나 도급인 입장에서는 공동수급체 전체에 대하여 300만 원(1,000만 원-700만 원)만 지급하면 되는데 100만 원을 더 지급하는 손해를 입게 된다. 반면에 공동수급체 전체를 기준으로 하여 정산하면 1,000만 원에서 선급금 700만 원을 제한 300만 원을 '갑', '을'이 수령하여 결국 '을'이 300만 원을 취득하게 되고 '을'이 100만 원을 손해보게 된다.
이와 같이 이 문제는 도급인과 공동수급인 중 누구를 보호해야 할 것인가에 귀착되는데 공동도급계약이 수급인이 자기의 영업을 목적으로 신뢰할 수 있는 동업자를 구하여 체결하는 것이고, 조합체를 구성하는 이상 손해는 조합체가 부담하는 것이 옳지 않을까? 건설업 보호 필요성을 감안하더라도 대법원 판결에 대하여는 의문이 든다.

Ⅱ. 분담이행방식의 경우

분담이행방식의 경우에는 공사대금채권이 분담시공 부분에 대하여 독립적으로 정하여지고 개별적으로 청구, 지급됨이 원칙이다. 공동계약운용요령 제11조는 대가의 지급 청구는 대표자가 구성원별 신청금액을 기재하여 제출하도록 규정하고 있으나 이는 사무처리상 편의 규정이라고 본다. 이를 조합으로 보지 않을 경우에는 소송절차상 필수적 공동소송에 해당하지 않는다.

공동수급체 구성원은 발주기관에 대한 계약상 의무이행에 대하여 분담내용에 따라 각자 책임을 지고($^{공동수급표준}_{협정서 제6조}$), 자기책임하에 분담 부분의 일부를 하도급을 줄 수 있으며($^{제7}_{조}$), 공동수급체가 해산한 후 당해 공사에 관하여 하자가 발생하였을 경우에는 분담 내용에 따라 그 책임을 진다($^{제14}_{조}$). 다만 구성원 중 일부가 계약을 이행할 수 없게 되었을 경우 잔존 구성원이 이를 이행한다($^{제13}_{조}$). 구성원 사이에 도급인에 대한 책임이 독립되어 있어서 다른 구성원의 계약상 책임은 아무런 영향을 미치지 않는다.

또한 시공에 대하여 분담 부분에 대하여만 책임을 지므로 다른 구성원 시공 부분에 대하여는 아무런 관련이 없다. 따라서 구성원의 분담 부분 공사가 지체됨으로써 타 구성원의 분담 부분 공사도 지체될 수밖에 없다면, 특별한 사정이 없는 한 공사 지체를 직접 야기한 구성원만 분담 부분에 한하여 지체상금의 납부의무를 부담한다.[32] 선급금반환채무도 자신이 수령한 금액만 개별적으로 책임을 지는 것이 당연하다.

시공사와 설계사가 분담이행방식의 공동수급체를 구성하여 입찰에 참여하였다가 탈락하여 설계보상비를 수령한 후에 담합사실이 밝혀져 위 설계보상비를 반환하는 경우가 있다. 공동수급체 구성원인 시공사들은 입찰실시자에게 연대하여 위 설계보상금을 반환할 의무가 있음에 반하여, 설계사들은 각 지정 받아 설계한 분야의 의무이행에 관한 책임만 부담한다.[33]

---

32) 대법원 1998. 10. 2. 선고 98다33888 판결.
33) 대법원 2024. 1. 25. 선고 2020다206472 판결(다만 입찰 시 약정내용에 따라 결론이 달라질 수도 있음을 유의할 필요가 있다).

제6절 제3자와 공동수급체 사이의 법률관계

I. 일반론

1. 하도급, 자재 구입, 불법행위의 경우 책임문제

(1) 공동수급체가 수급공사 중 일부를 하도급주거나 공사재료를 매입한 경우, 또는 공사 도중 제3자에게 손해를 가하거나 손해를 입은 경우에 책임 범위와 주체가 문제된다. 분담이행방식의 경우는 각 구성원이 각자의 계산과 책임으로 분담 부분의 공사를 하며, 하도급계약이나 재료매매계약을 단독으로 체결하는 것이므로 공동수급체의 책임문제가 발생할 가능성이 거의 없다. 다만 거래상대방이 공동이행방식의 공동수급체로 믿은 데에 정당한 이유가 있으면 공동수급체의 표현대리 책임이 성립할 경우가 있을 수 있다. 따라서 이하에서는 공동이행방식의 공동수급체를 전제로 하여 살피기로 한다.

(2) 도급인과의 계약에서는 앞서 본 바와 같이 도급계약과 표준협정서에 의하여 계약내용과 조건이 정해지므로 문제가 없으나 하도급계약이나 매매계약시에는 통상 표준협정서가 첨부되지 않으므로 하수급인이나 매도인으로서는 이러한 사실을 알지 못하는 경우가 종종 있다. 따라서 제3자와 공동수급체의 관계를 검토함에는 공동수급체관계가 계약의 내용으로 되었는지 우선 살펴보아야 한다.

2. 하도급공사대금채무 등의 귀속

(1) 공동수급체가 하도급 준 경우에 공동이행방식의 공동수급체는 조합으로서 하도급공사대금을 공동으로 부담하는데, 부담범위는 민법 제712조에[34] 의하여 분담비율 부분에 한하여 책임을 지되, 상법 제57조 제1항에[35] 의하여 조합원 전원을 위하여 상행위가 되는 행위일 경우에는 공사대금채무에 대하여 연대책임을 부

---

[34] 민법 제712조(조합원에 대한 채권자의 권리행사) 조합채권자는 그 채권발생 당시에 조합원의 손실부담의 비율을 알지 못한 때에는 각 조합원에게 균분하여 그 권리를 행사할 수 있다.

[35] 상법 제57조(다수 채무자 간 또는 채무자와 보증인의 연대) ① 수인이 그 1인 또는 전원에게 상행위가 되는 행위로 인하여 채무를 부담한 때에는 연대하여 변제할 책임이 있다.

담하게 되는 것이 보통이다.[36] 더구나 상법 제48조는[37] 상행위 대리인이 본인을 위한 것임을 표시하지 아니하여도 그 행위는 본인에 대하여 효력이 있다고 규정하고 있으므로 조합대리에 있어서도 그 법률행위가 조합에게 상행위가 되는 경우에는 조합을 위한 것임을 표시하지 않았더라도 그 법률행위의 효력은 본인인 조합원 전원에게 미친다고 보아야 한다.[38]

(2) 또한 그 거래관계에서 부담하게 되는 급부의 성질이나 거래경위 등 사정 여하에 따라 조합원들이 상대방에 대해 불가분적으로 채무전액에 대하여 책임을 부담하기로 한 것으로 해석함이 상당한 경우도 있다.[39] 하수급인은 공동수급체 구성원 개인에게도 지급을 청구할 수 있다.

실무상 흔한 문제는 한 구성원이 자기 분담비율 또는 출자비율에 따라(공동이행방식의 하도급계약에서 이러한 비율표시나 분담 공사금액표시를 하는 예가 많아서 그 해석이 쉽지 않다) 하수급인에게 이미 자기 몫의 하수급대금을 지급하였는데 다른 구성원이 그의 책임액을 지급하지 아니한 경우에 하수급인에게 다른 구성원이 책임질 하수급대금을 지급하여야 하는가? 당사자들의 계약시 의사에 따라야 하겠으나 일반적으로는 공동도급인으로서 연대채무나 불가분채무를 부담한다는 원칙에 비추어 긍정하여야 할 것이다.

(3) 그러나 공동수급체가 하도급계약이나 자재구매계약을 체결할 때 공동수급체가 아닌 개별 구성원으로 하여금 그 지분비율에 따라 직접 하수급인에 대하여 채무를 부담하게 하는 약정을 하는 경우도 있다. 그 내용의 해석에 따라 공동수급체 개별구성원이 하수급인에게 부담하는 채무가 공동수급체 구성원 각자에게 그 지분비율에 따라 구분하여 귀속될 경우도 있다.[40] 이는 앞서 본 공동수급체 구성원의 도급인에 대한 공사대금채권귀속의 법리와 기초를 같이 하므로 이를 원용할 수 있다. 다만 공동수급체가 하수급인에게는 공동수급협정서를 제공하는 일이

---

36) 대법원 1998. 3. 13. 선고 97다6919 판결.
37) 상법 제48조(대리의 방식) 상행위의 대리인이 본인을 위한 것임을 표시하지 아니하여도 그 행위는 본인에 대하여 효력이 있다. 그러나 상대방이 본인을 위한 것임을 알지 못한 때에는 대리인에 대하여도 이 이행의 청구를 할 수 있다.
38) 대법원 2009. 10. 29. 선고 2009다46750 판결; 대법원 2010. 8. 19. 선고 2010다36599 판결.
39) 대법원 2006. 3. 10. 선고 2005다22046 판결은 2인이 공동으로 건물을 신축한 다음 이를 공동으로 분양하거나 임대하여 그 수익을 올려 그 이익을 분배하기로 동업계약을 체결하고서 그 조합체로서 공사도급계약을 체결한 사안에서, 공사대금 지급채무를 분할채무로 본 원심을 파기하고, 불가분채무라고 판시하였다.
40) 대법원 2013. 3. 28. 선고 2011다97898 판결.

없을 것이므로 양자 사이에서 당시에 어떻게 상황을 이해하였는지가 밝혀져야 할 것이다.

3. 공동수급체의 권리행사

공동이행방식의 경우 하수급인에 대한 하자보수청구나 지체상금청구 등 조합채권의 청구는 구성원 전원이 공동으로 해야 하며 이는 필수적 공동소송에 해당한다. 다만 조합재산의 보존행위나 조합의 통상사무는 구성원 단독으로 할 수 있다.

공동이행방식의 공동수급체가 경쟁입찰에 참가하였다가 다른 경쟁업체가 낙찰자로 선정된 경우, 그 공동수급체의 구성원 중 1인이 위 낙찰자 선정이 무효임을 주장하며 무효확인의 소를 제기하는 것은 허용될 수 있을까? 이러한 소송은 그 공동수급체가 경쟁입찰과 관련하여 갖는 법적 지위 내지 법률상 보호받는 이익이 침해될 우려가 있어 그 현상을 유지하기 위하여 하는 소송행위이므로, 이는 합유재산의 보존행위에 해당하여 단독으로 할 수 있다.[41]

반면에 분담이행방식은 각 구성원 개별적으로 시공하고 책임지는 것이므로 하수급인 관계도 공동책임을 부담할 이유가 없다.

4. 공동수급체 구성원의 불법행위책임

공동수급체가 행한 공사로 인하여 인근 부동산의 소유자가 피해를 입거나, 부상을 당하는 등의 불법행위로 인한 손해가 발생한 경우에 공동이행방식의 공동수급체 또는 구성원 모두가 책임을 지는가?

실제로 손해가 발생한 것과 관련된 부분의 공사를 공동시공을 하였다면 이에 관여한 구성원 또는 공동수급체가 함께 책임을 지어야 한다. 그러나 그러한 사실이 없다면 공동수급체 또는 구성원 전원이 불법행위책임을 지는 것은 아니다. 발주자에 대하여 구성원이 연대책임을 지는 것은 계약상 책임에 국한되며 실제 행위를 한 구성원이 책임을 진다. 다만 외관책임이나 명의대여책임 등의 법리로 책임을 지는 경우도 있을 수 있다.

하급심 판결 중에는 동업관계에 있는 자들이 공동으로 처리하여야 할 업무를 동업자 중 1인에게 그 업무집행을 위임하여 그로 하여금 처리하도록 한 경우, 다

---

41) 대법원 2013. 11. 28. 선고 2011다80449 판결.

른 동업자는 그 업무집행자의 동업자인 동시에 사용자의 지위에 있다는 이유로 _(대법원 1998. 4. 28. 선고 97다55164 판결 등) 공동수급체의 구성원에게 업무집행을 위임하여 업무를 집행하도록 한 경우 다른 공동수급체 구성원들에게 사용자책임을 인정한 예가 있다.

5. 공동수급체 구성원이 보증보험계약을 체결한 경우

공동이행방식의 공동수급체의 구성원이 개별적으로 출자비율에 따른 도급인에 대한 책임에 관하여 보증보험계약을 체결한 경우에 피보험자인 도급인으로부터 책임의 이행을 요구받은 보험계약자인 구성원이 이행기간 내에 자신의 의무를 이행하지 아니하면 그때 보험사고와 이에 근거한 재산상 손해가 발생함으로써 보험자는 피보험자인 도급인에 대하여 보험금지급의무를 부담한다.

그리고 이러한 상태에서 연대채무를 부담하는 다른 공동수급체 구성원이 보험계약자인 구성원의 책임을 대신 이행하여 면책시킴으로써 보험계약자의 주계약상 채무가 소멸한 경우에는 면책행위를 한 다른 공동수급체 구성원은 민법 제425조 제1항에 따라 자신과 연대하여 하자보수의무를 부담하는 보험계약자의 부담 부분에 대하여 구상권을 행사할 수 있다. 또한 면책행위를 한 다른 공동수급체 구성원은 보험계약자에게 구상권을 행사할 수 있는 범위 내에서 민법 제481조에 따라 보험자에게 채권자인 도급인의 담보에 관한 권리인 보증보험계약에 따른 보험금청구권을 대위행사할 수 있다.[42]

공동이행방식의 공동수급체에서 구성원이 각자 계약이행보증계약을 체결하였다가 한 구성원이 자신의 도급계약상 의무를 불이행하여 도급계약을 해지하고, 공동수급체에서 탈퇴함과 동시에 나머지 구성원이 탈퇴한 구성원의 채무를 승계하는 경우가 실무상 자주 보인다. 그후 공사가 제대로 이행되지 못하여 도급인이 보증금을 청구할 때 보증사고를 언제 일어났다고 볼 것인가? 대법원은 위와 같이 승계가 이루어졌다가 잔존 구성원도 공사를 이행하지 못한 사안에서 '문제된 구성원이 도급계약을 해지한 때'에 보증계약의 보증사고가 발생하였고, 이후 '잔존 구성원들이 도급계약상 의무를 이행하지 않았을 때' 도급인은 보증인을 상대로 보증금의 지급을 청구할 수 있다고 판시하였다.[43] 이 사건 약관상 보증사고와 보

---

42) 대법원 2015. 3. 26. 선고 2012다25432 판결.
43) 갑 주식회사 등 4개 건설사로 구성된 공동수급체와 을(도급인) 사이에 체결된 공사도급계약에 따라 공동수급체 구성원들이 각자 병 공제조합과 계약이행보증계약을 체결하여 을에게 공사이행보증서를 제출하였는데, 도급공사 진행 중 갑 회사가 을에게 채무자 회생 및 파산에 관한 법률 제

증금 청구요건을 별도로 정했다고 본 것이다.

Ⅱ. 일부 구성원이 자기 명의로 체결한 계약의 효력

1. 문제의 제기

공동수급체의 구성원이 공사 시행을 위하여 공동수급체 명의를 사용하지 않고 자기 개별 명의로 하도급계약이나 자재구매계약을 체결하는 경우가 많다. 특히 공동수급체의 대표자가 이런 계약을 체결하였다가 대금을 변제하지 못한 경우 그 계약의 효력이 공동수급체 구성원에게 미치는가가 실무상 자주 다투어지는 문제이다. 공동수급체 명의를 사용하지 않고 구성원 개인 명의를 사용하는 예는 매우 흔한데 특히 외부적으로는 공동이행방식이라고 하면서도 내부적으로는 대표자나 일부 구성원의 단독 시공인 경우에는 이러한 방식이 오히려 보편적인 실정이다.

이 문제는 당해 계약이 공동수급체를 위하여 이루어진 것인가(즉 대표자가 공동수급체를 대표하여 체결한 것인가) 아니면 계약한 구성원 개인을 위하여 이루어진 것인가가 먼저 검토되어야 한다. 전자에 해당할 경우 어떤 근거로 공동수급체의 책임을 인정할 것인가가 뒤따르고, 후자의 경우에는 공동수급체는 아예 계약 당사자가 아니므로 책임이 없다. 이는 하도급계약의 당사자가 누구인가(공동수급체의 대표자인가, 구성원 개인인가) 확정하는 문제로 귀결된다.

119조 제1항을 근거로 도급계약의 해지를 통보하자, 공동수급체의 잔존 구성원들이 을의 승인을 받아 갑 회사를 공동수급체에서 탈퇴 시키고 갑 회사의 지분을 잔존 구성원들이 승계하는 내용으로 출자비율을 변경한 다음 을과 출자비율 변경을 반영한 도급계약을 다시 체결하여 공사를 계속하였으나, 결국 공사를 완료하지 못하였다. 갑 회사 등이 체결한 보증계약 약관의 문언과 체계 등을 고려하면 위 약관에서 보증사고로 정한 '수급인의 의무불이행'은 보증계약의 계약자인 수급인의 의무불이행을 가리키므로 공동이행방식의 공동수급체 구성원 중 보증계약의 계약자인 수급인이 주채무인 도급계약상 의무를 불이행함으로써 보증사고가 발생한다고 볼 수 있고, 갑 회사 탈퇴 후 체결된 변경된 도급계약은 을과 잔존 구성원들 사이에서 장래 공사에 대한 출자지분을 외부적으로 확정하기 위해 체결된 것에 불과할 뿐, 잔존 구성원들이 변경된 도급계약을 체결하면서 갑 회사의 출자지분을 분할하여 가산하였다는 사정만으로는 잔존 구성원들이 갑 회사의 을에 대한 채무를 면책적으로 승계하였다고 단정할 수 없으므로, 결국 갑 회사가 도급계약을 해지한 때에 갑 회사가 병 조합과 체결한 보증계약의 보증사고가 발생하였고 이후 잔존 구성원들이 도급계약상 의무를 이행하지 않았을 때 을이 병 조합을 상대로 위 보증계약에 따른 보증금의 지급을 청구할 수 있다고 보아야 한다(원심은 갑 회사의 지분을 잔존 구성원들이 인수하고 을과 사이에 공사변경도급계약을 체결함으로써 잔존구성원들이 갑 회사의 채무를 면책적으로 인수하였으므로, 갑 회사의 채무에 관한 보증사고가 발생하였다고 볼 수 없다고 보았다): 대법원 2020. 11. 26. 선고 2017다271995 판결.

2. 우리나라 판례의 경향

우리 판례는 이와 같은 경우에 계약 당사자의 확정 면에서 정면으로 하도급계약을 다룬 예는 보이지 않는다. 대부분 판결이 이 문제는 쟁점으로 삼지 않고 결론을 내렸는데 기본방향은 아래와 같이 나눌 수 있다.

첫째, 제3자를 위한 계약이론으로 해결한 것인데, 종전 표준협정서의 하도급자에 대한 공동수급체의 책임조항(제6조 제2항)은 구성원들이 하도급자에 대한 연대책임을 지기로 약정한 제3자를 위한 계약이므로 제3자인 하수급인이 수익의 의사표시를 하면 공동수급체 구성원들이 책임을 져야 한다는 것이다.[44] 종전의 표준협정서 제6조 제2항은 "공동수급체의 구성원은 하도급자 및 납품업자에 대해서도 공동연대로 책임을 진다"(공동이행방식 표준협정서 제6조 제2항). "공동수급체의 구성원은 하도급자 및 납품업자에 대해서도 각자 책임을 진다"(분담이행방식 표준협정서 제6조 제2항)고[45] 규정되어 있었다.

그러나 이 조항을 근거로 일부 구성원과 하도급계약을 맺은 하수급인이나 납품업자들이 다른 구성원에 대하여 대금 청구를 계속하자 정부는 1998년 8월 10일자로 공동도급계약운용요령을 개정하여 표준협정서 중 제3자에 대한 책임조항을 모두 삭제함으로써 제3자에 대한 공동수급체의 책임을 개별 계약의 해석문제로 미루어버렸다. 공동수급체의 책임이 지나치게 넓어 건설업체를 보호할 필요가 있다는 고려에서 기인한 것으로 보인다. 표준협정서가 개정되어 이러한 조항이 삭제됨으로써 현재는 이런 구성은 효용이 없게 되었다.

둘째, 공동수급체의 법적 성격이 조합이므로 구성원이 체결한 계약은 공동수급체의 대표자가 행한 것으로 나머지 구성원에게도 효력이 미친다는 판결이 있다.[46] 이는 일단 계약 당사자를 공동수급체로 인정한 것이라고 해석되는데, 대표자가 공동수급체를 위하여 계약을 체결하였다는 점의 인정을 지나치게 피상적으로 한 것이라는 비판이 가능하다.

셋째, 공동수급협정서의 조항을 근거로 곧바로(제3자를 위한 계약이론을 거치지

---

44) 대법원 1989. 4. 25. 선고 87다카2443 판결; 대법원 2000. 9. 26. 선고 2000다5563 판결 등.

45) '각자 책임' 부분은 예규 제정자의 오류로 보인다. 각자 책임이 법률상 불가분채무에 해당하는 것을 모르고 각 개인이라는 의미로 사용한 것 같다. 분담이행방식의 성질에 비추어 보면 이 부분은 분할채무를 의미한 것임이 분명하다. 그러나 재판실무에서는 이러한 문구를 무시할 수 없어서 일단 불가분채무로 인정할 수밖에 없었던 것 같다.

46) 서울지방법원 2000. 11. 28. 선고 2000가합67789 판결(확정됨); 부산지방법원 2001. 1. 17. 선고 2000가합2804 판결 등.

않고) 공동수급체 구성원 전체의 연대책임을 인정하는 판결도 있다.[47] 공동수급협정서만으로 곧바로 이런 책임을 인정하는 것에 관하여 그 근거의 규명이 부족한다는 비판이 가능하다.

넷째, 위와 같은 협정서의 조항이 있는 경우라도 이는 연대책임의 근거가 될 수 없다고 하여 하수급인에 대한 책임을 부정하는 판결이[48] 있다.

3. 일본 판례의 경향

이에 반하여 일본의 경우에는 하도급계약의 당사자 확정에 관하여 몇 가지 판결례가 보인다.

(1) 最高裁 昭和 59. 3. 8. 第1小法廷 判決[49]

[사 실]

'갑'과 피고가 건설공동수급체를 결성하여 동경도가 발주하는 공사를 수급받았는데(이전에 공동체 구성한 바 없음) 양자는 공동이행방식의 협정서를 작성하였고 '갑'을 대표자로 선정하여 출자비율은 60:40으로 정하였다. 그 후 양자는 협정서 내용을 무시하고 '갑'이 단독으로 일체의 공사를 시공하기로 합의하였다. '갑'은 공사 중 항타공사를 원고에게 '갑' 명의로 하도급주었으나 그 후 '갑'이 파산선고를 받았고 이에 피고가 동경도와 협의하여 잔공사의 수급인을 공동체에서 피고로 변경하는 잔공사도급계약을 새로 체결하고 잔공사를 완공하였다. 원고가 피고에

---

47) 서울지방법원 1999. 6. 25. 선고 99나17080 판결 등. 그러나 공동수급협정서가 하도급계약체결시에 제출되는 것도 아니고 하도급계약의 내용으로 되는 것이 아닌 점에 비추어 보면 이러한 해석은 무리가 아닐 수 없다.

48) 재정경제부 질의회신(회계 41301 – 1948, 1998. 7. 15. 등)에 의하면 "공동표준협정서(공동이행방식) 제6조의 규정상 공동수급체의 하도급자 및 납품업자에게 공동연대로 책임을 진다는 것은 다른 구성원의 하도급자 또는 납품업자가 계약을 이행하지 않는 경우 발주기관에 대하여 공동으로 책임을 진다는 의미로서 구성원이 단독으로 체결한 하도급계약에 있어 하도급대가를 지급하지 않은 경우 다른 구성원이 그 대가를 지급할 의무가 있다고는 해석되지 않는다"고 되어 있다(위 협정서의 6조는 앞서 본 대로 이미 변경되어 현재는 사용되지 않는 점 유의). 창원지방법원 진주지원 2000. 12. 15. 선고 99가합1621 판결은 공동이행방식의 공사에서 대표자인 A회사가 단독으로 원고에게 하도급 주었고 구성원인 피고가 원고에게 하도급대금 중 피고의 분담비율 만큼을 지급하였으나 A회사가 부도가 나서 자신의 분담액을 지급하지 못하자, 원고가 피고에게 구성원의 공동연대책임을 내세워 A회사의 분담액의 지급을 구한 사안에서 위 회신을 근거로 하여 하도급지급대금에 대하여 공동수급체 구성원 상호 간에 연대책임을 지는 의미는 아니라고 하여 원고의 청구를 기각하였다. 그러나 재정경제부질의회신이 당사자 사이에 기속력을 갖는다고 볼 근거가 없고, 위 회신 내용 자체가 명문상 기재에 반하기 때문에 그러한 해석이 가능할지 의문이다.

49) 栗田哲男, 앞의 책, 569면.

게 미지급공사대금을 청구하였다. 원고와 '갑' 사이의 거래에 관한 주문서 등 모든 서류에 '갑' 단독명의로 되어 있었고 계약금조로 지급된 약속어음 명의인도 '갑'으로 되어 있었다. 또한 원고는 '갑'이나 피고 사이에 사건 하도급계약이 최초였고 이전에 거래관계가 없었다.

[판 지]

법원은 원고와 체결한 하도급계약의 당사자는 공동수급체가 아니라 '갑'이고, 공동수급체가 도급인의 외관도 갖지 않았다고 판단하여 원고의 청구를 기각하였다. 또한 '갑'과 피고 사이에서 '갑'이 공동수급체 명의로 수급한 공사를 단독시공하기로 한 합의를 피고가 원고에 대하여 주장할 수 있다고 인정하였다.

이 판결은 이 사건 하도급계약의 당사자를 '갑'으로 인정하였는데, 그 주된 근거는 하도급계약시 '갑'이 공동체의 대리나 대표인 것을 명시적으로나 묵시적으로도 밝히지 아니한 점, 계약상 주문서와 견적서 및 약속어음의 작성 명의자가 '갑'인 점, 원고가 '갑'이나 피고와 이전의 하수급관계가 없어서 갑이나 피고 사이의 관계를 알지 못하였으리라는 점, 페이퍼조인트합의인 단독시공의 합의는 이를 제3자인 원고에게 주장할 수 없을 정도의 위법성을 띠었다고 볼 수 없는 점에 있다.

이와 같은 사례가 실무상 많은데 이 판결(정확히는 원심판결인 東京高裁 소화 56. 4. 27. 판결)은 하도급인을 공동체의 구성원이 아니라 공동체와 관계없는 개인으로 판단한 최초의 판결로 평가된다. 이 판결에서 하도급계약의 명의인을 공동체라고 표시만 하였어도 원고가 승소하였으리라고 보는 견해가 유력하다.

⑵ 大阪高裁 昭和 59. 9. 28. 判決[50]

[사 실]

'갑', '을', 피고의 세 회사가 공동이행방식의 공동수급체를 결성하고 공사를 수급하였는데 공동수급체의 대표자인 '갑'회사가 원고와 사이에 공사에 필요한 콘크리트 등 자재매매계약을 체결하였다. 공동수급체는 본 공사를 공동수급체 내부에서 40 내지 50개로 분할한 다음 각 구성원이 각 부분 공사를 제3자에게 하도급주거나 재료 등을 납입하도록 하였다. 공사 전반의 관리를 위하여 3사의 직원으로 구성된 운영위원회를 두었고 이곳에서 하수급자 및 자재납품업자의 견적액을

---

50) 『判例タイムズ』 544호(1985), 140면.

심사하여 가장 낮은 금액을 제출한 자와 계약하도록 하였다. 공사 시작 후 '갑'이 도산하였기 때문에 '을'이 대표자가 되었고 원고는 다시 '을'과 사이에 동일한 매매계약을 체결하고 건축자재를 공급하였다. 그러나 '을'도 도산하였기 때문에 원고는 나머지 구성원인 피고를 상대로 매매대금의 지급을 구하였다.

[판 지]

원고는 ① '갑', '을' 및 피고 사이에 위 대급지급채무에 관하여 연대채무부담의 합의가 있었고 ② 공동이행방식의 공동수급체는 민법상 조합의 성질을 가지므로 민법 제675조(채권자에 대한 조합원의 손실부담비율), 상법 제80조(합명회사사원의 책임), 제504조(상행위의 대리), 제511조(다수 당사자의 채무)의 적용 내지 준용에 의하여 피고 등은 연대책임을 지고, ③ 공동수급체계약의 존재 자체로부터 일부 구성원의 탈퇴시 잔존구성원이 공사완공의무를 지는 점이나 일부 구성원의 시공상 과실로 인한 제3자에 대한 손해배상책임을 잔존 구성원이 부담하는 점을 유추하여 피고가 연대책임을 부담한다고 보아야 하고, ④ 이 매매계약은 공동수급체 사이의 계약이라고 믿은 데에 정당한 사유가 있으므로 상법 제23조(명의대여자의 책임) 내지 외관법리에 의하여 연대책임이 성립한다는 주장을 하였다.[51]

법원은 원고와 공동수급체 사이에 위 매매계약이 성립되었다고 볼 증거가 없고 공동이행방식의 공동수급체에서 각 구성원이 그 사업목적 달성의 필요상 단독으로 제3자와 도급, 매매 등의 계약을 체결하는 것이 금지될 이유는 없으며, 이 사건은 '갑', '을'회사가 원고와 사이에 단독으로 매매계약을 체결한 사안이라고 하여 원고의 청구를 기각하였다. 운영위원회 등의 가격심사는 공동체의 구성원에 대한 통제작용 내지 각 구성원의 발주에 대한 승인으로 보아 '갑'이나 '을'회사를 계약 당사자로 보는 데 지장이 되지 않는다고 하였다(하수급업자 등에 대한 각 구성원의 주문은 각 구성원 명의로 하였고, 결제도 각 구성원이 자기 명의로 하였다).

---

51) 위 주장에서 거시된 일본 민법 제675조, 일본 상법 제23조, 제80조, 제504조, 제511조는 우리 민법 제712조(조합원에 대한 채권자의 권리행사), 상법 제24조(명의대여자책임), 제212조(합명회사사원의 책임), 제48조(상행위 대리의 방식), 제57조(다수채무자 간 또는 채무자와 보증인의 연대)와 내용이 동일하다.

(3) 東京地裁 平成 9. 2. 27. 判決[52]

[사 실]

'갑'회사와 피고가 공동이행방식의 공동수급체를 구성하였는데 대표자인 '갑'회사가 원고에게서 건축자재를 구입하였다. 원고는 매매계약은 공동수급체의 이름으로 이루어졌고 그 매매계약을 체결한 행위는 상행위이므로 상법 제511조 제1항에 의하여 구성원인 피고가 연대책임을 져야 한다고 주장하였고, 피고는 이를 부인하고 만약 매수인이 공동수급체라고 하더라도 민법 제675조(채권자에 대한 조합원의 손실부담비율)에 의한 처리가 되어야 한다고 주장했다.

[판 지]

공동수급체 작업현장에 피고종업원이 배치되어 피고가 현실적으로 본 공사의 시공을 한 점, 자재의 발주는 '갑'회사의 종업원이 아닌 피고의 종업원에 의하여 공동수급체를 위하여 행하는 것으로 표시하여 전화로 이루어진 점, 물품수령서의 납입선이 공동수급체 명의로 되고 수령인란에 피고 종업원의 서명이 있는 점 등을 종합하여 본 건 매매계약은 공동수급체에 의한 것으로 인정하였다. 그리고 공동수급체는 민법상 조합에 해당되어 구성원이 건축자재를 발주하고 이를 받아 채무를 부담하는 행위는 다수 채무자의 1인 또는 전원을 위하여 상행위가 되는 행위로 채무를 부담한 것이므로 상법 제511조 제1항의 적용을 긍정하면서 민법 제675조에 의한 각 조합원의 분할책임 주장을 배척하였다.

이 판결은 공동수급체가 하도급계약의 당사자임을 인정한 것에서 더 나아가 공동수급체가 부담한 채무에 관하여 그 구성원이 상법 제511조에 의한 연대책임을 부담한다는 점을 판단한 것으로 위 법조를 적용한 리딩케이스로 인정되고 있다.[53]

Ⅲ. 구성원 명의로 체결한 하도급계약의 당사자 확정기준

1. 하도급계약자가 공동수급체의 대표가 아닌 경우

공동수급체에서는 그 대표자를 선정하도록 되어 있고 대표자가 공동수급체

---

52) 『判例クイムズ』 944호, 243면.
53) 堀井敬一, "共同企業體の性質 法律關係," 『建築關係訴訟法』(新裁判實務大系 2卷, 1999), 242면.

의 업무를 처리할 권한이 있는바, 대표자가 아닌 구성원의 하도급계약은 일단 공동수급체의 행위로 볼 가능성이 매우 낮다. 표준협정서 제7조에 의하여 공동수급체의 구성원은 다른 구성원의 동의를 얻을 경우에 한하여 하도급이 가능하도록 되어 있으나 이런 경우도 원칙적으로 대표자에 의하여 이루어지거나 개별적 계약 체결행위에 다른 구성원으로부터 대리권이 수여되어야 할 것이므로 이러한 행위 없이 이루어진 하도급계약은 공동수급체를 위한 행위로 인정받기 어렵다.

다만 구체적 경위에 비추어 볼 때 대표권 없는 구성원의 행위이지만 묵시적인 대리권 수여사실이 인정되거나 공동수급체를 위하여 이루어진 것으로 믿을 만한 사정이 있을 경우에는 표현대리가 성립할 수도 있다(예컨대 다른 구성원이 함께 시공하는 공사현장에서 하수급공사를 시공하면서 다른 구성원과 긴밀한 연관을 갖는 경우 등). 따라서 이하에서는 대표자인 구성원의 행위를 중심으로 논한다.

2. 당사자확정의 판단기준

(1) 대표자인 구성원이 단독 명의로 공동수급체의 공사현장에 속한 공사를 하도급주거나 이에 소요될 자재구입계약을 체결한 경우가 문제되는 전형적인 사례일 것이다. 일단 계약상 명의자가 구성원 단독으로 되어 있기 때문에 발주자가 구성원 개인인가 공동수급체인가의 판단은 제반 사정을 종합하여 행하여야 한다. 단독명의로 하도급하는 경우를 살펴보면 실제로 공동수급체의 명의로 해야 하지만, 사무처리 편의상 대표자 명의로 계약을 체결하는 경우, 사실상 대표자의 단독 시공 또는 분담시공 합의가 있어서 공동수급체와 관계없이 대표자 단독 책임으로 계약을 체결하는 경우, 공동시공 범위에 속하는 공사이지만 대표자가 다른 구성원과의 협의 없이 후에 정산할 예정으로 계약을 체결하는 경우 등이 있다. 첫째나 셋째 경우는 공동수급체의 책임을 인정하여야 할 것이다.

(2) 주된 판단자료로는 ① 하도급공사가 실제로 공사현장에 속하였는지 여부, 즉 하도급공사의 본 공사에의 기여 관계와 다른 구성원과의 긴밀성, 다른 구성원 소속 직원들의 하도급공사에의 관여 정도, ② 주문서, 견적서, 계산서, 영수증 등 관련 서류의 명의자에 공동수급체가 포함되는가 여부, ③ 공사대금의 지급자와 어음, 수표의 발행명의인 등 공사대금의 부담에 공동수급체가 직접적인 관련이 있는지 여부, ④ 하수급인과 대표자와의 관계, 즉 하수급인이 오랫동안 대표자와 하청관계를 맺고 하수급공사를 해 왔다면 공동수급체의 공동시공관계에 대한

책임관계를 충분히 알았으리라고 보이므로 공동수급체의 책임을 인정하기가 쉬울 것이고(사안에 따라서는 반대로 공동수급체의 책임을 배제할 경우도 있을 수 있다), 하수급인이 새로 하수급인이 된 경우라면 공동시공관계를 알았을 가능성이 낮으므로 공동수급체에 대한 권리주장을 하기가 어려울 것이다. 이러한 사정을 종합하여 다른 구성원이 사실상 관여된 사정이 인정되면 하도급계약명의가 대표자로 된 것은 공동수급체를 위하여 이루어진 것으로 인정할 수 있다.

(3) 그러나 공동수급체명의를 사용하는 대규모 공사와 달리 소규모 공사에서는 공동수급체 명의를 사용하려면 별도의 서식을 인쇄하여야 하고 경리처리도 별도로 해야 하는 등 번잡하므로 사무처리편의를 위하여 공동수급체가 주문할 경우에도 형식적으로는 단독발주방식으로 처리하는 실무관행이 있는바, 이러한 실무관행을 감안할 필요가 있으며, 소규모 공사에서는 공동체라는 뜻이 하수급인에게 밝혀지지 않았다고 하여도 하수급인이 구성원 개인이 발주자라는 것에 관하여 악의가 아닌 한, 공동수급체가 발주자라고 해석하는 편이 실태에 맞고 합리적이라고 볼 여지가 있다.

또한 누가 계약 당사자인가를 밝히는 입증책임은 원칙적으로 권리주장을 하는 하수급인에게 있다고 하겠으나 대표자인 구성원은 공동수급체의 대표자라는 지위와 그 구성원인 건설사업자라는 지위를 이중으로 갖추고 있기 때문에 당해 하도급계약이 어느 쪽의 지위에 기한 것인가를 가장 용이하게 명확히 할 수 있는 입장에 있는 것이므로 대표자에게 있다고 보아야 한다는 주장도 있다.[54] 이는 공동수급체와 거래를 한 제3자를 가능한 한 합리적인 범위 내에서 넓게 보호할 필요성이 있다는 고려에서 제기된 것으로 보인다.

3. 단독시공 합의의 대항력

공동수급체 구성원 사이에 단독시공의 합의가 있고 단독시공자가 이에 따라 공사하던 중 일부를 하도급 준 경우 하수급인이 공동수급체에 대하여 위 단독시공의 합의가 무효라고 주장할 수 있을까? 실제로 공동수급 받기 전에 구성원 사이에서 미리 단독시공을 전제로 한 페이퍼조인트를 구성하거나, 공동수급 받은 후에 구성원 상호 간에 단독시공의 합의를 하는 예가 적지 않은 실정이다.

이러한 단독시공 합의는 구성원이 도급인에 대하여 주장하지 못하는 것은 당

---

54) 栗田哲男, 앞의 책, 575면.

연하다. 왜냐하면 구성원은 도급인에 대하여는 연대하여 시공할 뜻을 약속하고 있기 때문이다. 그러나 구성원이 도급계약 당사자 이외의 제3자인 하수급인에 대하여는 이를 주장할 수 있다고 보아야 한다. 공동이행방식 이외에 분담이행방식의 공동수급체가 가능한데 공동수급체 구성원 사이에서 내부적으로 공동이행방식을 단독이행방식으로 바꾸는 것은 계약자유의 원칙상 허용되어야 한다. 이러한 변경은 공동수급제도를 탈법적인 변형이라고 할 수 있으나 이러한 사유만으로 하수급인에 대하여 위법하다고까지는 볼 수 없다.

4. 외관신뢰의 보호

대표자가 개인자격에서 단독명의로 하도급계약을 체결하였으나 하수급인이 위 거래가 사실상 공동수급체에 의한 것이라고 믿은 경우에는 앞서 인정한 바와 같이 표현대리 등의 법리로 당사자책임을 인정할 수 있을 것이다. 다만 이렇게 믿은 데에 하수급인의 과실이 있다면 그 책임이 부정된다.

제7절 공동수급체 구성원 사이의 공동원가분담금

I. 공동원가분담금 채무의 법적 성격

공동이행방식의 공동수급체에서 구성원들은 공동수급협정을 통해 대표자나 구성원이 각자 공사를 시행하고, 나머지 구성원들이 이로 인하여 발생하는 공동원가를 나눔제 비율에 따라 분담하기로 약정하게 된다. 특히 대표자가 주요 부분의 공사나 긴급공사를 시행한 경우에 지출한 공사원가의 적정성과 분담 비율을 둘러싸고 분쟁이 자주 발생한다.[55]

이 경우 공동수급체 각 구성원이 업무집행자인 대표자에 대하여 부담하는 공동원가분담금지급채무의 법적 성격이 문제되는데, 대법원은 이를 사안에 따라 대표자와 각 구성원 사이이 개별적 채권채무관계로 보거나,[56] 구성원의 조합에 대한

---

55) 분담이행방식의 공동수급체에서는 각 구성원이 단독적으로 책임지는 것이므로 이러한 문제가 발생하지 않는다.

56) 대법원 2016. 6. 10. 선고 2013다31632 판결은 (원고, 피고, A는 공동수급체를 구성하였는데 원고는 대표사로서 공동원가를 미리 집행한 후 공동수급체의 구성원인 A에게 분담금을 청구하였으나, A

출자의무로 보았다.[57]

공사대금채권이 조합원에게 합유적으로 귀속되는 조합채권인 건설공동수급체에 있어서는 공동원가분담금 채무 역시 조합에 대한 출자의무로 볼 가능성이 높고, 공사대금채권을 지분율에 따른 구성원들의 개별채권으로 정하는 경우에는 공동원가분담금채무 역시 구성원들의 지분율에 따른 개별채무로 봄이 타당하다. 앞의 공사대금채권의 귀속이 공동수급협정서 내용에 따라 결정되듯이, 구성원 사이의 공동원가분담금채무의 귀속방법 역시 구성원 사이의 계약에서 정해진 바에 따라 개별적으로 정해진다고 보아야 할 것이다. 조합계약에도 계약자유의 원칙이 적용되므로, 그 구성원들은 자유로운 의사에 따라 조합계약의 내용을 정할 수 있고, 조합의 구성원들 사이에 내부적인 법률관계를 규율하기 위한 약정이 있는 경우에, 그들 사이의 권리와 의무는 원칙적으로 그 약정에 따라 정해진다고 보아야 하기 때문이다.[58]

II. 공동원가분담금의 산정과 소멸시효

공동원가분담금 정산과 관련하여 협약 등에 일정한 절차를 거쳐야 하도록 규정하는 경우가 많다. 예컨대 각 구성원의 현장소장으로 구성된 기술분과위원회의 검증을 거치도록 하였는데 이를 거치지 않고 직접 분담금 청구를 하는 것이 허용될까? 이러한 검증절차를 거치도록 한 것은 공사비의 적정성과 타당성을 심사함으로써 공동수급체 구성원들 상호 간에 공정하고 원활한 분담금 정산이 이루어지

의 도산으로 분담금을 받을 수 없게 되자, 원고가 나머지 구성원인 피고를 상대로 A의 분담금 중 피고 지분비율에 해당하는 금원을 청구한 사안에서) 도급계약 및 공동수급표준협정서에 개별 건설사가 공사대금채권에 관하여 그 출자지분 비율에 따라 직접 도급인에 대하여 권리를 취득하게 하는 묵시적인 약정이 있다고 보아 구성원 각자가 공사대금채권을 가지는 것으로 인정한 후, 공동원가 분담금도 구성원들에게 개별적으로 귀속되는 개별채무라고 판단한 원심판결을 수긍하였다.

57) 대법원 2015. 2. 10. 선고 2014다33284 판결.

58) 대법원 2017. 1. 12. 선고 2014다11574 판결은 공동원가분담금에 관한 것은 아니나 공동수급체 구성원 사이의 정산은 내부약정에 따른다고 판시하였다. 위 판결은 (공동도급운영협약을 통해 구성원 A가 공사를 책임시공하고 그 이익을 나머지 구성원 B와 정산하기로 약정하였는데 공사 수행 도중 A가 도급인의 재시공명령을 따르지 않고 공동수급체에서 탈퇴하여 B가 공사를 대신 수행한 사안에서) "조합의 구성원들 사이에 내부적인 법률관계를 규율하기 위한 약정이 있는 경우에, 그들 사이의 권리와 의무는 원칙적으로 그 약정에 따라 정해진다고 보아야 한다. 이 경우 한쪽 당사자가 그 약정에 따른 의무를 이행하지 않아 상대방이 도급인에 대한 의무를 이행하기 위하여 손해가 발생하였다면, 그 상대방에게 채무불이행에 기한 손해배상책임을 진다"라고 하였다.

도록 하는 데 그 취지가 있는 것으로서, 이는 공동수급체 구성원들이 공동으로 부
담하여야 할 분담금의 유무와 액수를 조사·결정하기 위한 절차일 뿐, 그 자체가
공동원가분담금채권을 확정시키는 것은 아니므로 분담금채권의 발생 요건이라고
볼 수 없다.[59]

　　일부 구성원만이 실제로 공사를 수행하거나 일부 구성원이 그 공사대금채권
에 관한 자신의 지분비율을 넘어서 공사를 수행하였다면, 구성원들 사이에 실질
적 기여비율에 따른 공사대금의 정산이 이루어져야 한다. 이에 관한 재판에서 시
공한 공사비의 적정성과 실질적 기여비율을 대표자와 구성원 중 누가 증명해야
하는지에 관하여 논란이 크다.

　　공동원가분담금채권의 소멸시효는 어떻게 될까? 민법 제163조 제3호에서 3
년의 단기소멸시효에 걸리는 것으로 규정한 '도급받은 자의 공사에 관한 채권'은
수급인이 도급인에 대하여 갖는 공사에 관한 채권을 말하는 것이어서,[60] 공동수급
체 구성원들 상호 간의 정산금 채권에 관하여는 위 규정이 적용될 수 없으므로, 공
동원가분담금채권에는 민법 제163조 제3호 소정의 단기소멸시효가 적용되지 아
니하고, 상사채권으로서 5년의 소멸시효가 적용된다.[61]

Ⅲ. 공동원가분담금채무와 기성공사대금청구권의 관계

　　공동수급체 구성원이 공동원가분담금을 지급하지 않으면서 도급인이나 대
표자에게 기성공사대금을 청구하거나 수령할 경우에 구성원 사이에서 지급거부
나 공제, 상계처리를 할 수 있는지에 관하여 실무상 논쟁이 많다. 대법원은 공동원
가분담금채무는 조합인 공동수급체에 대한 출자의무이고, 기성공사대금청구권은
조합에 대한 이익분배청구권으로서 양자는 별개의 권리·의무인바, 공동수급체는
구성원의 출자의무 불이행을 이유로 구성원에 대한 이익분배 자체를 거부하거나

---

59) 대법원 2013. 2. 28. 선고 2011다79838 판결: 공동수급체 구성원이 감리원의 승인 하에 토취장을 변
　　경하여 공사비가 증가한 경우 공사비 증가에 관하여 기술분과위원회에서 불승인 결정 등을 한다
　　하더라도 그러한 조치는 공사비가 증가한 공동수급체 구성원이 다른 구성원들에 대하여 갖는 공
　　동원가분담금채권의 존부 및 범위를 실체적으로 확정시키는 효력은 없고, 그에 대하여 이의가 있
　　는 공동수급체 구성원은 다른 구성원들을 상대로 민사소송을 제기하여 정당한 공동원가분담금
　　의 지급을 청구할 수 있다고 보아야 할 것이다.
60) 대법원 1963. 4. 18. 선고 63다92 판결.
61) 대법원 2013. 2. 28. 선고 2011다79838 판결.

공제할 수 없지만, 공동수급체의 구성원들 사이에 '출자의무와 이익분배를 직접 연계시키는 특약'을 하는 경우에는 공동수급체는 그 특약에 따라 출자의무를 불이행한 구성원에 대한 이익분배를 거부하거나 구성원에게 지급할 이익분배금에서 출자금과 그 연체이자를 공제할 수 있다고 판시하였다.[62]

실무상 공동수급체의 구성원들 사이에 작성된 공동수급협정서 등에 상계적상 여부나 상계의 의사표시와 관계없이 당연히 이익분배금에서 미지급 출자금 등을 공제할 수 있도록 기재하는 경우가 많으므로 공제나 상계약정을 인정할 경우가 많다. 그러나 이러한 연계약정이 없다면 기성공사대금에서 미지급 분담금을 공제함은 허용될 수 없음을 주의하여야 한다.[63]

제8절 개선방안

공동수급체의 법률관계는 법제도와 현실 사이에 괴리가 너무 큰 상태에 있다. 세 가지 개선책을 제안한다.

첫째, 구성원들이 공동시공이행약정을 하고도 실제는 일부 구성원이 명의대여를 하고 나머지 구성원이 독자적인 시공을 하는 예가 매우 흔하듯 실무관행과 규정의 괴리가 지나치게 큰 것이 문제이다. 이 괴리를 줄이기 위하여 관청에서 공

---

62) 건설공동수급체 구성원은 공동수급체에 출자의무를 지는 반면 공동수급체에 대한 이익분배청구권을 가지는데, 이익분배청구권과 출자의무는 별개의 권리·의무이다. 따라서 공동수급체의 구성원이 출자의무를 이행하지 않더라도, 공동수급체가 출자의무의 불이행을 이유로 이익분배 자체를 거부할 수도 없고, 그 구성원에게 지급할 이익분배금에서 출자금이나 그 연체이자를 당연히 공제할 수도 없다. 다만 구성원에 대한 공동수급체의 출자금채권과 공동수급체에 대한 구성원의 이익분배청구권이 상계적상에 있으면 상계에 관한 민법 규정에 따라 두 채권을 대등액에서 상계할 수 있을 따름이다. 공동수급체의 구성원들 사이에 '출자의무와 이익분배를 직접 연계시키는 특약'을 하는 것도 계약자유의 원칙상 허용된다. 따라서 구성원들이 출자의무를 먼저 이행한 경우에 한하여 이익분배를 받을 수 있다고 약정하거나 출자의무의 불이행 정도에 따라 이익분배금을 전부 또는 일부 삭감하기로 약정할 수도 있다. 나아가 금전을 출자하기로 한 구성원이 출자를 지연하는 경우 그 구성원이 지급받을 이익분배금에서 출자금과 그 연체이자를 '공제'하기로 하는 약정을 할 수도 있다. 이러한 약정이 있으면 공동수급체는 그 특약에 따라 출자의무를 불이행한 구성원에 대한 이익분배를 거부하거나 구성원에게 지급할 이익분배금에서 출자금과 그 연체이자를 공제할 수 있다: 대법원 2018. 1. 24. 선고 2015다69990 판결(대법원 2006. 8. 25. 선고 2005다16959 판결도 같은 취지임).

63) 위 대법원 2018. 1. 24. 선고 2015다69990 판결은 공동수급운영협약서에 '공동수급체 구성원이 공동분담금 지급을 지체한 경우 대표자가 해당 구성원에게 지급할 기성금에서 미납 분담금을 선공제한다'고 규정된 사안과 이런 연계약정이 없는 사안을 함께 설시하여 결론을 달리하고 있다.

사계약 체결 시에 공동이행방식과 분담이행방식을 명확히 구분하여야 한다. 특히 양 방식의 내용상 차이를 구별함은 물론 후자를 택할 때에도 관청 입장에서 어떤 필요성을 갖도록 하여야 한다.[64]

둘째, 하도급계약이나 자재매매계약시에 공동수급체와의 관계에 대하여 명시적인 협의나 약정을 하는 일이 거의 없는 것이 문제이다. 다른 구성원의 책임관계가 모호하게 처리되는 것이다. 따라서 발주자가 공동수급체의 공사이행을 철저히 감독하여 계약내용에 따라 이행되도록 해야 하고, 특히 하도급계약을 할 경우 하수급인은 계약자와 공동수급체와의 관계를 명백히 하여야 할 것이다. 공동이행방식의 공사현장에서는 공동수급체 명의로 통일된 계약서를 사용하도록 강제하여야 한다. 이를 사용하지 않은 것은 개별적 차원의 계약으로 보는 것이다.

셋째, 기본적인 규제의 기준이 되는 공동계약운용요령과 표준협정서의 내용에 문제가 적지 않다. 공동계약운용요령은 공동수급체의 실무현장에서의 필요와 민법상 조합의 법리 사이에서 양자를 포섭하여 규율하는 기능을 수행하여 왔다. 그러나 앞서 지적한 바와 같이 전문적인 법률검토 없이 현장실무의 필요에 따라 그 내용을 만들다 보니까 여러 가지 법리상 충돌과 모순을 낳게 되었고, 오히려 개별규정에 의하여 분쟁이 더 커진 점도 있다.[65] 실정에 맞는 내용으로 철저히 재검토되어야 한다.

제9절 공동계약운용요령 [자료]

(계약예규) 공동계약운용요령

[시행 2024. 9. 13.] [기획재정부계약예규 제715호, 2024. 9. 13., 일부개정]
기획재정부(계약정책과), 044-215-5217, 5218, 5212

---

64) 현재는 공동이행방식이 관청에게 절대적으로 유리하므로 굳이 분담이행방식을 택할 필요가 없는 실정이다.

65) 특히 공동계약운용요령 제10조의 보증금납부(보증금을 출자비율에 따라 분할납부), 제11조(공사대금의 대가지급신청과 지급을 구성원별로 분할처리) 등은 공동수급체의 법적 성격 및 현장실무와의 조화를 이루도록 통일적인 재검토가 시급하다. 아울러 공동이행방식과 분담이행방식의 선택에 있어서 기준을 위 예규상 명시적으로 제시할 필요가 있다. 현재 실무는 실제는 분담이행방식의 공동수급체이면서도 막연히 공동이행방식으로 협정을 하는 경우가 많아서 분쟁의 원인이 되는 것이다.

제1조(목적) 이 예규는 「국가를 당사자로 하는 계약에 관한 법률 시행령」(이하 "시행령"이라 한다) 제72조에 의한 공동계약의 체결방법과 기타 필요한 사항을 정함을 목적으로 한다.

제2조(정의) 이 예규에서 사용하는 용어의 정의는 다음과 같다.

1. "공동계약"이라 함은 공사·제조·기타의 계약에 있어서 발주기관과 공동수급체가 체결하는 계약을 말한다.

2. "공동수급체"라 함은 구성원을 2인 이상으로 하여 수급인이 해당계약을 공동으로 수행하기 위하여 잠정적으로 결성한 실체를 말한다.

3. "공동수급체 대표자"라 함은 공동수급체의 구성원 중에서 대표자로 선정된 자를 말한다.

4. "공동수급협정서"라 함은 공동계약에 있어서 공동수급체구성원 상호간의 권리·의무 등 공동계약의 수행에 관한 중요사항을 규정한 계약서를 말한다.

5. "주계약자"라 함은 주계약자관리방식의 공동계약에서 공동수급체 구성원 중 전체 건설공사의 이행에 관하여 종합적인 계획·관리·조정을 하는 자를 말한다. <신설 2009.4.8.>

제2조의2(공동계약의 유형) 공동계약은 공동수급체가 도급받아 이행하는 방식에 따라 다음 각 호와 같이 구분한다.

1. "공동이행방식"이라 함은 공동수급체 구성원이 일정 출자비율에 따라 연대하여 공동으로 계약을 이행하는 공동계약을 말한다.

2. "분담이행방식"이라 함은 공동수급체 구성원이 일정 분담내용에 따라 나누어 공동으로 계약을 이행하는 공동계약을 말한다.

3. "주계약자관리방식"이라 함은 건설산업기본법에 따른 건설공사를 시행하기 위한 공동수급체의 구성원중 주계약자를 선정하고, 주계약자가 전체 건설공사 계약의 수행에 관하여 종합적인 계획·관리 및 조정을 하는 공동계약을 말한다. <개정 2020.12.28.>

제2조의3(주계약자관리방식에 의한 공동계약) <삭제 2020.12.28.>

제3조(권리행사 및 의무의 이행) 계약담당공무원(각 중앙관서의 장이 계약에 관한 사무를 그 소속공무원에게 위임하지 아니하고 직접 처리하는 경우에는 이를 계약담당공무원으로 본다. 이하 같다)은 공동수급체의 구성원으로 하여금 이 예규 및 공동수급협정서에서 정하는 바에 따라 신의와 성실의 원칙에 입각하여 이를 이행하게 하여야 한다.

제4조(공동수급체 대표자의 선임) ① 계약담당공무원은 공동수급체의 구성원으로 하여금 상호 협의하여 공동수급체 대표자를 선임하게 하되, 시행령 제36조에 의한 입찰공고 등에서 요구한 자격을 갖춘 업체를 우선적으로 선임하게 하여야 한다. 다만, 주계

약자관리방식에 의한 공동계약의 경우에는 주계약자가 공동수급체의 대표자가 된다.
<개정 2009. 4. 8.>

② 제1항에 의하여 선임된 공동수급체 대표자는 발주기관 및 제3자에 대하여 공동수급체를 대표한다.

③ 계약담당공무원은 주계약자관리방식에서 대표자로 하여금 공사시방서·설계도면·계약서·예정공정표·품질보증계획 또는 품질시험계획·안전 및 환경관리계획·산출내역서 등에 의하여 품질 및 시공을 확인하게 하고 적정하지 못하다고 인정되는 경우에는 재시공지시 등 필요한 조치를 하게 하여야 한다. <신설 2009. 4. 8.>

④ 계약담당공무원은 주계약자관리방식에서 대표자로 하여금 공사 진행의 경제성 및 효율성 등을 감안하여 공동수급체 구성원과의 협의를 거쳐 자재 및 장비 등의 조달을 일원화하여 관리하게 하여야 한다. <신설 2009. 4. 8.>

⑤ 계약담당공무원은 시행령 제42조 제4항에 의한 종합심사 낙찰제 대상공사 입찰의 경우에 공동수급체 대표자의 출자비율 또는 분담내용이 100분의 50이상이 되도록 하여야 한다. 다만, 주계약자관리방식에 의한 공동계약의 경우에는 공사의 내용 및 특성에 따라 분담내용을 정한다. <개정 2009. 4. 8., 2016. 1. 1.>

제5조(공동수급협정서의 작성 및 제출) ① 계약담당공무원은 공동수급체 구성원으로 하여금 제8조에 의하여 입찰공고 내용에 명시된 공동계약의 이행방식에 따라 별첨 1(공동이행방식) 또는 별첨 2(분담이행방식) 또는 별첨 3(주계약자관리방식)의 공동수급표준협정서를 참고하여 공동수급협정서를 작성하게 하여야 한다. <개정 2009. 4. 8.>

② 계약담당공무원은 공동수급체 대표자로 하여금 제1항에 의하여 작성한 공동수급협정서를 「국가를 당사자로 하는 계약에 관한 법률 시행규칙」 제40조에 의한 입찰참가 신청서류 제출시 함께 제출토록 하여 이를 보관하여야 한다.

제6조(계약의 체결) 계약담당공무원은 공동계약 체결시 공동수급체구성원 전원이 계약서에 연명으로 기명날인 또는 서명토록 하여야 한다. <개정 2009. 9. 21.>

제7조(책임) ① 계약담당공무원은 공동수급체 구성원으로 하여금 발주자에 대한 계약상의 시공, 제조, 용역의무이행에 대하여 다음 각호에 따라 책임을 지도록 하여야 한다. <개정 2009. 4. 8., 2014. 1. 10.>

1. 공동이행방식에 의한 경우에 구성원은 연대하여 책임을 지도록 하여야 한다. 다만, 공사이행보증서가 제출된 공사로서 계약이행요건을 충족하지 못하는 업체는 출자비율에 따라 책임을 지도록 하여야 한다. <신설 2014. 1. 10.>

2. 분담이행방식에 의한 경우에 구성원은 분담내용에 따라 각자 책임을 지도록 하여야 한다. <신설 2014. 1. 10.>

3. 주계약자관리방식에 의한 경우에 구성원은 각자 자신이 분담한 부분에 대해서만

책임을 지되, 불이행시 그 구성원의 보증기관이 책임을 지며, 주계약자는 최종적으로 전체계약에 대하여 책임을 지되, 불이행시 주계약자의 보증기관이 책임을 진다. 다만, 주계약자가 탈퇴한 후에 주계약자의 계약이행의무 대행이 이루어지지 않은 경우에는 주계약자 이외의 구성원은 자신의 분담부분에 대하여 계약이행이 이루어지지 아니한 것으로 본다. <신설 2009. 4. 8.>

② 시행령 제76조제1항은 입찰참가자격의 제한사유를 야기시킨 자에 대하여 적용하며, 출자비율 또는 분담내용과 다르게 시공한 경우에는 해당 구성원에 대하여 적용한다.

제8조(입찰공고) ① 계약담당공무원은 입찰공고시 시행령 제72조제2항에 의하여 동일현장에 2인이상의 수급인을 투입하기 곤란하거나 긴급한 이행이 필요한 경우등 계약의 목적·성질상 공동계약에 의함이 곤란하다고 인정되는 경우를 제외하고는 가능한 한 공동계약이 가능하다는 뜻을 명시하여야 한다.

② 계약담당공무원은 시행령 제72조제1항 또는 제3항에 따라 공동계약으로 발주하려는 경우에는 다음 각 호의 사항을 입찰공고에 명시하여야 한다. <개정 2020.12.28.>

1. 공동계약의 이행방식: 다음 각 방식 중 어느 하나로 한다. <신설 2020.12.28.>

　가. 공동이행방식

　나. 분담이행방식

　다. 공동이행방식과 분담이행방식이 혼합된 방식

2. 공동수급체 구성원의 자격제한 사항 <신설 2020.12.28.>

③ 입찰참가자는 제2항제1호 가목 또는 다목의 공동이행방식을 대신하여 주계약자관리방식으로 공동수급체를 구성하여 입찰에 참여할 수 있다. <신설 2020.12.28.>

제8조의2(설비공사의 공동계약) ① 계약담당공무원은 「건설산업기본법시행령」 제7조에 의한 설비공사를 발주할 경우에는 설비제조업체와 시공업체간 분담이행방식에 의한 공동계약방법으로 입찰에 참가하게 할 수 있다. 다만, 단일 설비제조업체의 설비부분이 전체 추정가격의 50%이상일 경우에 한한다.

② 계약담당공무원은 제1항의 공사를 시행령 제78조에 의하여 일괄입찰방식으로 발주할 경우에 설비제조업체, 시공업체 및 기술용역등록업체간 분담이행방식에 의한 공동계약방법으로 입찰에 참가하게 할 수 있다.

제9조(공동수급체의 구성) ① 계약담당공무원은 공동수급체 구성원으로 하여금 해당계약을 이행하는데 필요한 면허·허가·등록 등의 자격요건을 갖추게 하여야 하며, 계약이행에 필요한 자격요건은 다음 각 호에 따라 구비되어야 한다. <개정 2009. 4. 8.>

1. 분담이행방식의 경우 : 구성원 공동

2. 공동이행방식의 경우 : 구성원 각각

3. 주계약자관리방식의 경우

　가. 주계약자 : 전체공사를 이행하는데 필요한 자격요건

　나. 구성원 : 분담공사를 이행하는데 필요한 자격요건

② 계약담당공무원은 시행령 제21조제1항에 의한 시공능력, 공사실적, 기술보유상황 등은 「건설산업기본법」 등 관련법령에서 규정하고 있는 면허와 동일한 경우에는 공동수급체 구성원 모두의 것을 합산하여 적용한다. <개정 2016. 12. 30.>

③ 공동계약에 의하여 이행된 실적의 인정범위는 다음 각 호에 따라 배분한다.

1. 분담이행방식에 의한 경우 : 공동수급체의 구성원별 분담부분

2. 공동이행방식에 의한 경우

　가. 금액 : 공동수급체의 구성원별 출자비율에 해당되는 금액

　나. 규모 또는 양 : 실적증명 발급기관에서 공사의 성질상 공동수급체의 구성원별 실제 시공부분을 분리하여 구분할 수 있는 경우에는 실제 시공한 부분. 다만, 분리·구분할 수 없는 경우에는 출자비율에 따라 배분

3. 주계약자관리방식에 의한 경우 <신설 2009. 4. 8.>

　가. 구성원 : 분담부분

　나. 주계약자 : 건설산업기본법 시행규칙 제23조 제6항에 의함

④ 계약담당공무원은 공동수급체구성원이 동일 입찰건에 대하여 공동수급체를 중복적으로 결성하여 입찰에 참가하게 하거나, 시행령 제72조제3항에 의한 공동계약의 경우와 주계약자관리방식에 의한 공동계약의 경우 「독점규제 및 공정거래에 관한 법률」에 의한 상호출자제한기업집단소속 계열회사간에 공동수급체를 구성하게 하여서는 아니된다. <개정 2009. 4. 8., 2014. 1. 10.>

⑤ 계약담당공무원은 공동계약의 유형별 구성원 수와 구성원별 계약참여 최소지분율을 다음 각 호에 따라 처리한다. 다만, 공사의 특성 및 규모를 고려하여 계약담당공무원이 필요하다고 인정할 경우에는 공동계약의 유형별 구성원 수와 구성원별 계약참여 최소지분율을 각각 20% 범위내에서 가감할 수 있다. <개정 2008. 11. 1., 2009. 4. 8., 단서신설 2014. 1. 10.>

　가. 분담이행방식에 의한 경우 : 5인 이하

　나. 공동이행방식에 의한 경우 : 5인 이하, 10% 이상(단, 시행령 제6장 및 제8장에 따른 공사중 추정가격이 1,000억원 이상인 공사의 경우에는 10인 이하, 5% 이상) <개정 2009. 4. 8., 2012. 10. 26.>

　다. 주계약자관리방식에 의한 경우 : 10인 이하, 5% 이상

⑥ 제5항에도 불구하고 계약담당공무원은 시행령 제72조제3항에 따른 공동계약의 경우에 공사의 특성 등을 고려하여 지역업체의 최소지분율을 다음 각 호에 따라 정할 수 있으며, 이를 입찰공고에 명시하여야 한다.

1. 시행령 제72조제3항제1호에 따른 공동계약 : 30% 이상

2. 시행령 제72조제3항제2호에 따른 공동계약 <개정 2020. 4. 7.>

　　가. 기획재정부 고시 「국가를 당사자로 하는 계약에 관한 법률 시행령 제72조제3항 제2호에 따른 공동계약 대상사업」(이하 이 예규에서 "고시"라 한다) 제1호에 따른 사업: 40% 이상(단, 시행령 제6장 및 제8장에 따른 공사의 경우에는 20% 이상)

　　나. 고시 제2호에 따른 사업: 20% 이상

⑦ 제6항제2호에 따른 공동수급체의 구성원이 되는 지역업체는 입찰공고일 현재 90일 이상 해당 공사현장을 관할하는 특별시·광역시 및 도에 법인등기부상 본점소재지가 소재한 업체이어야 한다. <개정 2018. 12. 31.>

제10조(보증금의 납부) 공동수급체 구성원은 각종 보증금 납부시 공동수급협정서에서 정한 구성원의 출자비율 또는 분담내용에 따라 분할 납부하여야 한다. 다만, 공동이행방식 또는 주계약자관리방식에 의한 공동계약일 경우에는 공동수급체대표자 또는 공동수급체구성원중 1인으로 하여금 일괄 납부하게 할 수 있다. <개정 2009. 4. 8.>

제11조(대가지급) ① 계약담당공무원은 선금·대가 등을 지급함에 있어서는 공동수급체 구성원별로 구분 기재된 신청서를 공동수급체 대표자가 제출하도록 하여야 한다. 다만, 공동수급체 대표자가 부도, 파산 등의 부득이한 사유로 신청서를 제출할 수 없는 경우에는 공동수급체의 다른 모든 구성원의 연명으로 이를 제출하게 할 수 있다.

② 계약담당공무원은 제1항에 의한 신청이 있을 경우에 신청된 금액을 공동수급체구성원 각자에게 지급하여야 한다. 다만, 선금은 주계약자관리방식에 의한 공동계약일 경우에는 제1항 단서의 경우를 제외하고는 공동수급체 대표자에게 지급하여야 한다. <개정 2009. 4. 8., 2010. 1. 4.>

③ 기성대가는 공동수급체의 대표자 및 각 구성원의 이행내용에 따라 지급하여야 한다. 이 경우에 준공대가 지급시에는 구성원별 총 지급금액이 준공당시 공동수급체구성원의 출자비율 또는 분담내용과 일치하여야 한다.

제12조(공동도급내용의 변경) ① 계약담당공무원은 공동계약을 체결한 후 공동수급체구성원의 출자비율 또는 분담내용을 변경하게 할 수 없다. 다만, 시행령 제64조내지 제66조에 의한 계약내용의 변경이나 파산, 해산, 부도, 법정관리, 워크아웃(기업구조조정촉진법에 따라 채권단이 구조조정 대상으로 결정하여 구조조정중인 업체), 중도탈퇴의 사유로 인하여 당초 협정서의 내용대로 계약이행이 곤란한 구성원이 발생하여 공동수급체구성원 연명으로 출자비율 또는 분담내용의 변경을 요청한 경우와 제12조제4항의 경우에는 그러하지 아니하다. <개정 2014. 1. 10.>

② 계약담당공무원은 제1항 단서에 의하여 공동수급체 구성원의 출자비율 또는 분담내용의 변경을 승인함에 있어 구성원 각각의 출자지분 또는 분담내용 전부를 다른 구성원에게 이전하게 하여서는 아니된다. 다만, 주계약자관리방식에서 공동수급체 구

성원중 일부가 파산, 해산, 부도 등으로 계약을 이행할 수 없는 사유 등으로 공동수급체 구성원의 출자비율 또는 분담내용의 변경을 승인하는 경우에는 그러하지 아니하다. <단서신설 2014. 4. 1.>

③ 계약담당공무원은 공동수급체 구성원을 추가하게 할 수 없다. 다만, 계약내용의 변경이나 공동수급체 구성원의 파산, 해산, 부도, 법정관리, 워크아웃(기업구조조정촉진법에 따라 채권단이 구조조정 대상으로 결정하여 구조조정중인 업체), 중도탈퇴의 사유로 인하여 잔존구성원만으로는 면허, 시공능력 및 실적 등 계약이행에 필요한 요건을 갖추지 못할 경우로서 공동수급체구성원 연명으로 구성원의 추가를 요청한 경우에는 그러하지 아니한다. <개정 2010. 9. 8., 2014. 1. 10., 2015. 1. 1.>

④ 주계약자관리방식에서 주계약자는 구성원이 정당한 사유없이 계약을 이행하지 아니하거나 지체하여 이행하는 경우 또는 주계약자의 계획·관리 및 조정 등에 협조하지 않아 계약이행이 곤란하다고 판단되는 경우에는 구성원의 출자비율 또는 분담내용, 해당 구성원을 변경할 수 있다. 이 경우에 주계약자는 변경사유와 변경내용 등을 계약담당공무원에게 통보하여야 하며, 계약담당공무원은 주계약자의 변경내용이 계약의 원활한 이행을 저해하지 않는 한 승인해야 한다. <신설 2009. 4. 8.>

제13조(공동수급체 구성원의 제재) ① 계약담당공무원은 공사 착공시까지 공동수급체 구성원별 출자비율 또는 분담내용에 따른 다음 각 호의 내용이 포함된 공동계약이행계획서(이하 "계약이행계획서"라 한다)를 제출하게 하여 승인을 받도록 하여야 한다.

1. 구성원별 이행부분 및 내역서(이행부분을 구분하지 아니하는 경우에는 제외)

2. 구성원별 투입 인원·장비 등 목록 및 투입시기

3. 그 밖의 발주기관이 요구하는 사항

② 계약담당공무원은 공동수급체구성원이 연명으로 출자비율 또는 분담내용을 준수하는 범위내에서 제1항에 의한 계약이행계획서의 변경에 대한 승인을 요청하는 때에는 공사의 적정한 이행을 위하여 필요하다고 인정되는 경우에 한하여 이를 승인할 수 있다.

③ 계약담당공무원은 주계약자관리방식에 의한 공동계약의 경우에 주계약자 이외의 공동수급체의 구성원 자신이 분담한 부분을 직접 시공하게 하여야 한다. 다만, 공동수급체 구성원이 종합건설업자인 경우에는 다른 법령이나 시공품질의 향상 및 현장사정 등 불가피한 사유가 있는 경우에는 주계약자와 합의하여 하도급을 승인할 수 있다. <신설 2009. 4. 8.>

④ 주계약자관리방식에 의한 경우로서 주계약자는 직접시공에는 참여하지 않더라도 시공관리, 품질관리, 하자관리, 공정관리, 안전관리, 환경관리 등 시공의 종합적인 계획·관리 및 조정에만 참여하는 경우에도 이를 계약이행으로 본다. <신설 2009. 4. 8.>

⑤ 각 중앙관서의 장은 공동수급체 구성원 중 정당한 이유없이 계약이행계획서에 따

라 실제 계약이행에 참여하지 아니하는 구성원(단순히 자본참여만을 한 경우 등을 포함) 또는 출자비율 또는 분담내용과 다르게 시공하는 구성원 또는 주계약자관리방식에서 주계약자이외의 구성원이 발주기관의 사전서면 승인없이 직접 시공하지 않고 하도급한 경우에 법률 제27조제1항제3호 또는 시행령 제76조제1항제2호 가목에 의한 입찰참가자격제한조치를 하여야 한다. <개정 2009. 4. 8., 2018. 12. 31.>

제14조(재검토기한)「훈령·예규 등의 발령 및 관리에 관한 규정」에 따라 이 예규에 대하여 2016년 1월 1일 기준으로 매3년이 되는 시점(매 3년째의 12월 31일까지를 말한다)마다 그 타당성을 검토하여 개선 등의 조치를 하여야 한다. <개정 2015. 9. 21.>

부칙 <제490호, 2020. 4. 7.>

제1조(시행일) 이 계약예규는 2020년 4월 7일부터 시행한다.

제2조(적용례) 이 계약예규는 부칙 제1조에 따른 시행일 이후 입찰공고를 한 분부터 적용한다.

[별첨 1] 공동수급표준협정서(공동이행방식)

제1조(목적) 이 협정서는 아래 계약을 공동수급체의 구성원이 재정, 경영 및 기술능력과 인원 및 기자재를 동원하여 공사·물품 또는 용역에 대한 계획·입찰·시공 등을 위하여 일정 출자비율에 따라 공동연대하여 계약을 이행할 것을 약속하는 협약을 정함에 있다.

1. 계약건명 :

2. 계약금액 :

3. 발주자명 :

제2조(공동수급체) 공동수급체의 명칭, 사업소의 소재지, 대표자는 다음과 같다.

1. 명   칭 : ○○○

2. 주사무소소재지 :

3. 대 표 자 성 명 :

제3조(공동수급체의 구성원) ① 공동수급체의 구성원은 다음과 같다.

1. ○○○회사(대표자 :   )

2. ○○○회사(대표자 :   )

② 공동수급체의 대표자는 ○○○로 한다.

③ 대표자는 발주자 및 제3자에 대하여 공동수급체를 대표하며, 공동수급체의 재산의 관리 및 대금청구 등의 권한을 가진다.

제4조(효력기간) 본 협정서는 당사자간의 서명과 동시에 발효하며, 해당계약의 이행으로 종결된다. 다만, 발주자 또는 제3자에 대하여 공사와 관련한 권리·의무관계가 남아있는 한 본 협정서의 효력은 존속된다.

제5조(의무) 공동수급체구성원은 제1조에서 규정한 목적을 수행하기 위하여 성실·근면 및 신의를 바탕으로 하여 필요한 모든 지식과 기술을 활용할 것을 약속한다.

제6조(책임) 공동수급체의 구성원은 발주기관에 대한 계약상의 의무이행에 대하여 연대하여 책임을 진다. 다만, 공사이행보증서가 제출된 공사로서 계약이행요건을 충족하지 못하는 업체는 출자비율에 따라 책임을 진다. <단서신설 2014.1.10.>

제7조(하도급) 공동수급체 구성원 중 일부 구성원이 단독으로 하도급계약을 체결하고자 하는 경우에는 다른 구성원의 동의를 받아야 한다.

제8조(거래계좌) 계약예규「공동계약운용요령」제11조에 정한 바에 의한 선금, 기성대가 등은 다음계좌로 지급받는다.

 1. ○○○회사(공동수급체대표자) : ○○은행, 계좌번호 ○○○, 예금주 ○○○

 2. ○○○회사 : ○○은행, 계좌번호 ○○○, 예금주 ○○○

제9조(구성원의 출자비율) ① 당 공동수급체의 출자비율은 다음과 같이 정한다.

 1. ○○○ :   %

 2. ○○○ :   %

 ② 제1항의 비율은 다음 각호의 어느 하나에 해당하는 경우에 변경할 수 있다. 다만, 출자비율을 변경하는 경우에는 공동수급체 일부구성원의 출자비율 전부를 다른 구성원에게 이전할 수 없다.

 1. 발주기관과의 계약내용 변경에 따라 계약금액이 증감되었을 경우

 2. 공동수급체 구성원중 파산, 해산, 부도, 법정관리, 워크아웃(기업구조조정촉진법에 따라 채권단이 구조조정 대상으로 결정하여 구조조정중인 업체), 중도탈퇴의 사유로 인하여 당초 협정서의 내용대로 계약이행이 곤란한 구성원이 발생하여 공동수급체구성원 연명으로 출자비율의 변경을 요청한 경우

 ③ 현금이외의 출자는 시가를 고려, 구성원이 협의 평가하는 것으로 한다.

제10조(손익의 배분) 계약을 이행한 후에 이익 또는 손실이 발생하였을 경우에는 제9조에서 정한 비율에 따라 배당하거나 분담한다.

제10조의2(비용의 분담) ① 본 계약이행을 위하여 발생한 하도급대금, 재료비, 노무비, 경비 등에 대하여 출자비율에 따라 각 구성원이 분담한다.

 ② 공동수급체 구성원은 각 구성원이 분담할 비용의 납부시기, 납부방법 등을 상호협의하여 별도로 정할 수 있다.

 ③ 공동수급체 구성원이 제1항에 따른 비용을 미납할 경우에 출자비율을 고려하여 산정한, 미납금에 상응하는 기성대가는 공동수급체 구성원 공동명의의 계좌에 보관

하며, 납부를 완료하는 경우에는 해당 구성원에게 지급한다.

④ 분담금을 3회 이상 미납한 경우에 나머지 구성원은 발주기관의 동의를 얻어 해당 구성원을 탈퇴시킬 수 있다. 다만, 탈퇴시킬 수 있는 미납 횟수에 대해서는 분담금 납부주기 등에 따라 발주기관의 동의를 얻어 다르게 정할 수 있다.

[본조신설 2012.4.2.]

제11조(권리·의무의 양도제한) 구성원은 이 협정서에 의한 권리·의무를 제3자에게 양도할 수 없다.

제12조(중도탈퇴에 대한 조치) ① 공동수급체의 구성원은 다음 각호의 어느 하나에 해당하는 경우 외에는 입찰 및 해당계약의 이행을 완료하는 날까지 탈퇴할 수 없다. 다만, 제3호에 해당하는 경우에는 다른 구성원이 반드시 탈퇴조치를 하여야 한다.

1. 발주자 및 구성원 전원이 동의하는 경우
2. 파산, 해산, 부도 기타 정당한 이유없이 해당 계약을 이행하지 아니하거나 제10조의2에 따른 비용을 미납하여 해당구성원 외의 공동수급체의 구성원이 발주자의 동의를 얻어 탈퇴조치를 하는 경우 <신설 2012.4.2.>
3. 공동수급체 구성원중 파산, 해산, 부도 기타 정당한 이유없이 해당 계약을 이행하지 아니하여 시행령 제76조제1항제6호에 따라 입찰참가자격제한조치를 받은 경우

② 제1항에 의하여 구성원중 일부가 탈퇴한 경우에는 잔존 구성원이 공동연대하여 해당계약을 이행한다. 다만, 잔존구성원만으로 면허, 실적, 시공능력공시액 등 잔여계약이행에 필요한 요건을 갖추지 못할 경우에는 잔존구성원이 발주기관의 승인을 얻어 새로운 구성원을 추가하는 등의 방법으로 해당 요건을 충족하여야 한다. <개정 2010.9.8.>

③ 제2항 본문의 경우에 출자비율은 탈퇴자의 출자비율을 잔존구성원의 출자비율에 따라 분할하여 제9조의 비율에 가산한다.

④ 탈퇴하는 자의 출자금은 계약이행 완료 후에 제10조의 손실을 공제한 잔액을 반환한다.

제13조(하자담보책임) 공동수급체는 공동수급체가 해산한 후 해당공사에 관하여 하자가 발생하였을 경우에는 연대하여 책임을 진다. 다만, 공사이행보증서가 제출된 공사로서 계약이행요건을 충족하지 못하는 업체는 출자비율에 따라 책임을 진다. <단서신설 2014.1.10.>

제14조(운영위원회) ① 공동수급체는 공동수급체구성원을 위원으로 하는 운영위원회를 설치하여 계약이행에 관한 제반사항을 협의한다.

② 이 협정서에 규정되지 아니한 사항은 운영위원회에서 정한다.

위와 같이 공동수급협정을 체결하고 그 증거로서 협정서 ○통을 작성하여 각 통에 공

동수급체 구성원이 기명날인하여 각자 보관한다.

년   월   일

○○○ (인)
○○○ (인)

[별첨 2] 공동수급표준협정서(분담이행방식)

제1조(목적) 이 협정서는 아래 계약을 공동수급체의 구성원이 재정, 경영 및 기술능력과 인원 및 기자재를 동원하여 공사·물품 또는 용역에 대한 계획·시공 등을 위하여 일정 분담내용에 따라 나누어 공동으로 계약을 이행할 것을 약속하는 협약을 정함에 있다.

1. 계약건명 :
2. 계약금액 :
3. 발주자명 :

제2조(공동수급체) 공동수급체의 명칭, 사업소의 소재지, 대표자는 다음과 같다.

1. 명   칭 : ○○○
2. 주사무소소재지 :
3. 대 표 자 성 명 :

제3조(공동수급체의 구성원) ① 공동수급체의 구성원은 다음과 같다.

1. ○○○회사(대표자:)
2. ○○○회사(대표자:)

② 공동수급체의 대표자는 ○○○로 한다.

③ 대표자는 발주자 및 제3자에 대하여 공동수급체를 대표하며, 공동수급체 재산의 관리 및 대금청구 등의 권한을 가진다.

제4조(효력기간) 본 협정서는 당사자간의 서명과 동시에 발효하며, 해당계약의 이행으로 종결된다. 다만, 발주자 또는 제3자에 대하여 공사와 관련한 권리의무관계가 남아있는 한 본 협정서의 효력은 존속된다.

제5조(의무) 공동수급체구성원은 제1조에서 규정한 목적을 수행하기 위하여 성실·근면 및 신의를 바탕으로 하여 필요한 모든 지식과 기술을 활용할 것을 약속한다.

제6조(책임) 공동수급체의 구성원은 발주기관에 대한 계약상의 의무이행에 대하여 분담내용에 따라 각자 책임을 진다.

제7조(하도급) 공동수급체의 각 구성원은 자기 책임하에 분담부분의 일부를 하도급할 수 있다.

제8조(거래계좌) 계약예규「공동계약운용요령」제11조에 정한 바에 의한 선금, 기성대가 등은 다음 계좌로 지급받는다.

1. ○○○회사(공동수급체대표자) : ○○은행, 계좌번호 ○○○, 예금주 ○○○

2. ○○○회사 : ○○은행, 계좌번호 ○○○, 예금주 ○○○

제9조(구성원의 분담내용) ① 각 구성원의 분담내용은 다음 예시와 같이 정한다.

[예시]

1. 일반공사의 경우

가) ○○○건설회사 : 토목공사

나) ○○○건설회사 : 포장공사

2. 환경설비설치공사의 경우

가) ○○○건설회사 : 설비설치공사

나) ○○○제조회사 : 설비제작

② 제1항의 분담내용은 다음 각호의 어느 하나에 해당하는 경우 변경할 수 있다. 다만, 분담내용을 변경하는 경우 공동수급체 일부구성원의 분담내용 전부를 다른 구성원에게 이전할 수 없다.

1. 발주기관과의 계약내용 변경에 따라 계약금액이 증감되었을 경우

2. 공동수급체 구성원중 파산, 해산, 부도, 법정관리, 워크아웃(기업구조조정촉진법에 따라 채권단이 구조조정 대상으로 결정하여 구조조정중인 업체), 중도탈퇴의 사유로 인하여 당초 협정서의 내용대로 계약이행이 곤란한 구성원이 발생하여 공동수급체구성원 연명으로 분담내용의 변경을 요청한 경우

제10조(공동비용의 분담) 본 계약이행을 위하여 발생한 공동의 경비 등에 대하여 분담공사금액의 비율에 따라 각 구성원이 분담한다.

제11조(구성원 상호간의 책임) ① 구성원이 분담공사와 관련하여 제3자에게 끼친 손해는 해당 구성원이 분담한다.

② 구성원이 다른 구성원에게 손해를 끼친 경우에는 상호협의하여 처리하되, 협의가 성립되지 아니하는 경우에는 운영위원회의 결정에 따른다.

제12조(권리·의무의 양도제한) 구성원은 이 협정서에 의한 권리·의무를 제3자에게 양도할 수 없다.

제13조(중도탈퇴에 대한 조치) ① 공동수급체의 구성원은 각호의 어느 하나에 해당하는 경우 외에는 입찰 및 해당 계약의 이행을 완료하는 날까지 탈퇴할 수 없다.

1. 발주자 및 구성원 전원이 동의하는 경우

2. 파산, 해산, 부도 기타 정당한 이유없이 해당계약을 이행하지 아니하여 해당 구성

원 외의 공동수급체의 구성원이 발주자의 동의를 얻어 탈퇴조치를 하는 경우

② 구성원중 일부가 파산 또는 해산, 부도 등으로 계약을 이행할 수 없는 경우에는 잔존구성원이 이를 이행한다. 다만, 잔존구성원만으로는 면허, 실적, 시공능력공시액등 잔여계약이행에 필요한 요건을 갖추지 못할 경우에는 발주자의 승인을 얻어 새로운 구성원을 추가하는 등의 방법으로 해당요건을 충족하여야 한다. <개정 2010.9.8.>

③ 제2항 본문의 경우에는 제11조제2항을 준용한다.

제14조(하자담보책임) 공동수급체가 해산한 후 해당공사에 관하여 하자가 발행하였을 경우에는 분담내용에 따라 그 책임을 진다.

제15조(운영위원회) ① 공동수급체는 공동수급체구성원을 위원으로 하는 운영위원회를 설치하여 계약이행에 관한 제반사항을 협의한다.

② 이 협정서에 규정되지 아니한 사항은 운영위원회에서 정한다.

위와 같이 공동수급협정을 체결하고 그 증거로서 협정서 ○통을 작성하여 각 통에 공동수급체 구성원이 기명날인하여 각자 보관한다.

년 월 일

○○○ (인)
○○○ (인)

[별첨 3] 공동수급표준협정서(주계약자관리방식) 〈신설 2009. 4. 8.〉

제1조(목적) 이 협정서는 아래 계약을 공동수급체의 구성원이 재정, 경영, 기술능력, 인원 및 기자재를 동원하여 아래의 공사, 물품 또는 용역에 대한 계획, 입찰, 시공 등을 위하여 주계약자가 전체사업의 수행에 관하여 계획·관리 및 조정을 하면서 공동으로 사업을 영위할 것을 약속하는 협약을 정함에 있다.

1. 계약건명 :
2. 계약금액 :
3. 발주자명 :

제2조(공동수급체) 공동수급체의 명칭, 주사무소의 소재지, 대표자는 다음과 같다.

1. 명 칭 :
2. 주사무소 소재지 :
3. 대표자 성명 :

제3조(공동수급체의 구성원) ① 공동수급체의 구성원은 다음과 같다.

1. ○○○ 회사(대표자 :)

2. ○○○ 회사(대표자 :)

② 공동수급체 대표자(주계약자)는 ○○○로 한다.

③ 대표자는 발주자 및 제3자에 대하여 공동수급체를 대표하며, 공동수급체의 재산관리 및 대금청구 등의 권한을 가진다.

제4조(효력기간) 본 협정서는 당사자간의 서명과 동시에 발효하며, 해당 계약의 이행으로 종결된다. 다만, 발주자 또는 제3자에 대하여 계약과 관련한 권리의무관계가 남아 있는 한 본 협정서의 효력은 존속된다.

제5조(의무) 공동수급체의 구성원은 제1조에서 정한 목적을 수행하기 위하여 성실, 근면 및 신의를 바탕으로 하여 필요한 모든 지식과 기술을 활용할 것을 약속하며, 주계약자의 전체건설공사 수행을 위한 계획·관리 및 조정하는 사항에 적극 협조하여야 한다.

제6조(책임) 공동수급체의 구성원은 발주자에 대한 계약상의 의무이행에 대하여 분담내용에 따라 각자 책임을 지며, 대표자는 발주자에 대해 전체계약이행의 책임을 진다.

제7조(계약이행) ① 공동수급체의 구성원(주계약자는 제외한다.)은 자신의 분담한 부분을 직접 시공하여야 한다. 다만, 공동수급체 구성원이 종합건설업자인 경우에는 다른 법령이나 시공품질의 향상 및 현장사정 등 불가피한 사유가 있는 경우에는 주계약자와 합의하고 계약담당공무원의 승인을 얻어 하도급할 수 있다.

② 주계약자는 공사시방서·설계도면·계약서·예정공정표·품질보증계획·또는 품질시험계획·안전 및 환경관리계획·산출내역서 등에 의하여 품질 및 시공을 확인하고 적정하지 못하다고 인정되는 경우에는 재시공지시 등 필요한 조치를 할 수 있다.

③ 주계약자는 공사진행의 경제성 및 효율성 등을 감안하여 공동수급체 구성원과의 협의를 거쳐 자재 및 장비 등의 조달을 일원화하여 관리할 수 있다.

제8조(거래계좌) 계약예규 「공동계약운용요령」 제11조 대가지급 규정에 정한 바에 따라 선금, 기성대가 등은 다음 계좌로 지급받는다.

1. ○○○ 회사(공동수급체 대표자) : ○○은행, 계좌번호○○○, 예금주 ○○○

2. ○○○ 회사 : ○○은행, 계좌번호○○○, 예금주 ○○○

제9조(구성원의 분담내용) ① 각 구성원의 분담내용은 다음과 같이 정한다.

〔예시〕일반공사의 경우

가) ○○○ 건설회사 : 토목공사

나) ○○○ 건설회사 : 철강재설치공사

② 제1항의 분담내용은 다음 각 호의 어느 하나에 해당하는 경우에는 변경할 수 있다. <단서삭제 2014.4.1.>

1. 발주기관과의 계약내용 변경에 따라 계약금액이 증감되었을 경우
2. 공동수급체의 구성원중 파산, 해산, 부도, 법정관리, 워크아웃(기업구조조정촉진법에 따라 채권단이 구조조정 대상으로 결정하여 구조조정중인 업체), 중도탈퇴의 사유로 인하여 당초 협정서의 내용대로 계약이행이 곤란한 구성원이 발생하여 공동수급체의 구성원 연명으로 분담내용의 변경을 요청할 경우
3. 공동수급체 구성원이 정당한 이유없이 계약을 이행하지 아니하거나 지체하여 이행하는 경우 또는 주계약자의 계획·관리 및 조정 등에 협조하지 않아 계약이행이 곤란하다고 판단되는 경우

제10조(공동비용의 분담) ① 본 계약이행을 위하여 발생한 공동의 경비 등에 대하여 분담내용의 금액비율에 따라 각 구성원이 분담하는 것을 원칙으로 하되, 전체계약의 보증금등의 일괄납부에 소요되는 비용의 재원은 공동수급체 구성원간의 합의에 의하여 별도로 정할 수 있다.

② 공동수급체 구성원은 각 구성원이 분담할 주계약자의 계획·관리·조정업무에 대한 대가와 지급시기, 지급방법 등을 상호 협의하여 별도로 정할 수 있다.

제11조(구성원 상호간의 책임) ① 구성원이 분담공사와 관련하여 제3자에게 끼친 손해는 해당 구성원이 분담한다.

② 구성원이 다른 구성원에게 손해를 끼친 경우에는 상호 협의하여 처리하되, 협의가 성립되지 아니하는 경우에는 운영위원회의 결정에 따른다.

제12조(권리·의무의 양도제한) 구성원은 이 협정서에 의한 권리·의무를 제3자에게 양도할 수 없다.

제13조(중도탈퇴에 대한 조치) ① 공동수급체의 구성원은 다음 각호의 어느 하나에 해당하는 경우 외에는 입찰 및 해당 계약의 이행을 완료하는 날까지 탈퇴할 수 없다.

1. 발주자 및 구성원 전원이 동의하는 경우
2. 파산, 해산, 부도 기타 정당한 이유없이 해당계약을 이행하지 아니하여 해당 구성원 외의 공동수급체의 구성원이 발주자의 동의를 얻어 탈퇴조치를 하는 경우
3. 공동수급체 구성원이 정당한 이유없이 계약을 이행하지 아니하거나 지체하여 이행하는 경우 또는 주계약자의 계획·관리 및 조정 등에 협조하지 않아 계약이행이 곤란하다고 판단되는 경우

② 공동수급체 구성원중 일부가 파산, 해산, 부도 등으로 계약을 이행할 수 없는 경우에는 해당 구성원의 분담부분을 주계약자가 이행할 수 있으며, 주계약자가 이행할 수 없는 경우에는 다른 구성원에게 재배분하거나 보증기관으로 하여금 이행하도록 하여야 한다. <개정 2014.4.1.>

③ 주계약자가 탈퇴한 경우에는 보증기관이 해당 계약을 이행하여야 한다.

제14조(하자담보책임) ① 공동수급체가 해산한 후 해당 공사에 관하여 하자가 발행하였

을 경우에는 해당 구성원이 분담내용에 따라 그 책임을 진다.

② 해당 구성원이 하자담보책임을 이행하지 않은 경우(부도, 파산 등으로 이행할 수 없는 경우를 포함한다)에는 해당 구성원의 보증기관이 하자담보 책임을 이행하여야 한다.

③ 구성원간(주계약자를 포함)에 하자책임 구분이 곤란한 경우에는 주계약자가 하자 책임 구분에 대한 조정을 할 수 있으며, 조정이 불가능한 경우에는 하자와 관련 있는 구성원이 공동으로 하자담보책임을 이행하여야 한다.

제15조(운영위원회) ① 공동수급체는 공동수급체구성원을 위원으로 하는 운영위원회를 설치하여 계약이행에 관한 제반사항을 협의한다.

② 이 협정서에 규정되지 아니한 사항은 운영위원회에서 정한다.

위와 같이 공동수급협정을 체결하고 그 증거로서 협정서 ○통을 작성하여 각 통에 공동수급체 구성원이 기명날인하여 각자 보관한다.

년 월 일

○○○ (인)

○○○ (인)○○○ (인)

제10장 하도급

제1절 하도급의 법률관계

Ⅰ. 하도급관계의 의의

　　도급은 일의 완성에 그 목적을 두는 것으로서 일 자체를 반드시 수급인 자신이 직접 하여야 하는 것은 아니므로, 일의 성질, 당사자의 의사, 법률의 규정에 의하여 금지되지 않는 한, 위탁받은 일의 전부나 일부를 제3자에게 맡길 수 있는데, 이러한 경우 원도급인으로부터 맡은 원도급계약상의 일을 원수급인이 스스로 완성하지 아니하고, 제3자로 하여금 그 일을 완성하게 하는 원수급인과 하수급인 사이의 계약을 '하도급계약(Subcontract)'이라고 한다.[1]

---

[1] 하도급거래 공정화에 관한 법률(이하 '하도급법')에서는 하도급거래를 "원사업자가 수급사업자에게 제조위탁·수리위탁·건설위탁 또는 용역위탁을 하거나 원사업자가 다른 사업자로부터 제조위탁·수리위탁·건설위탁 또는 용역위탁을 받은 것을 다른 수급사업자에게 다시 위탁을 하고, 이를 위탁받은 수급사업자가 위탁받은 것을 제조 또는 수리하거나 시공하여 이를 원사업자에게 납품 또는 인도하고 그 대가를 수령하는 행위"라고 정의하고 있는바(하도급법 제2조 제1항), 하도급관계에서는 일반적으로 원래의 수급인을 원수급인(또는 하도급인)이라 하고 새로운 수급인을 하수급인이라고 하지만, 하도급법에서는 전자를 원사업자로, 후자를 수급사업자로 규정하고 있다. 건설산업기본법에서는 하도급을 "도급받은 건설공사의 전부 또는 일부를 도급하기 위하여 수급인이 제3자와 체결하는 계약"이라 정의하고 있다(건설산업기본법 제2조 제12호).

Ⅱ. 법적 성질

하도급계약은 원수급인과 하수급인 사이의 도급계약으로서 원도급계약과는 별개의 계약이므로 원칙적으로 하도급계약에 의하여서는 원도급인과 하수급인 사이에 직접적인 권리·의무관계는 발생하지 아니함이 원칙이다. 따라서 원수급인은 일의 완성에 관하여 도급인에게 하수급인의 행위에 관하여도 책임을 부담하여야 한다. 하수급인은 일종의 이행보조자에 해당하기 때문이다.[2]

그러나 하도급관계는 원도급관계의 유효한 존립을 전제로 하는 것이므로 원도급계약이 해제 또는 기타의 사유로 효력을 잃는 경우 하도급의 목적이 불능이 되어서 하도급계약은 당연히 종료된다. 이때 원도급관계의 소멸이 원수급인의 책임 있는 사유에 기한 때에는 하수급인은 원수급인에 대하여 채무불이행으로 인한 손해배상을 청구할 수 있다.[3]

이와 같이 하도급계약은 도급계약과 별개의 계약이지만, 동시에 도급계약의 존재를 전제로 하기 때문에 도급계약의 내용에 따라 이행이 이루어지는 종속적인 성질을 갖게 된다.

Ⅲ. 건설하도급의 문제점

건설업은 본질적으로 공정이 다양하고, 전문성을 갖고 있는 등 복합산업적인 요소가 강하므로 하도급이 중요한 기능을 하고 있다. 각 공정에 따른 시공상 기술의 전문화와 세분화로 품질관리와 경비 절감이 이루어지는 점, 대기업에서 인적·물적 조직의 관리·유지비용을 최소화할 수 있고, 시장수요에 따라 탄력적으로 대응할 수 있는 점 때문에 건설하도급은 보편적인 건설업의 구조로 자리잡았다.

그러나 이러한 효용에도 불구하고 원수급인의 하수급인에 대한 부당한 지배와 중간착취, 하수급인의 영세규모 및 이에 대한 기술지도와 감독 불충분으로 인한 공사품질의 저하 등이 항상 문제되고 있다. 특히 형식적으로는 하도급이지만

---

2) 대법원 1997. 12. 12. 선고 97다5060 판결.
3) 김형배, 『채권각론』(2001), 658면.

실제는 원수급인이 지휘·감독권을 갖고 재료와 설비만 제공하면서 시공만 기술자에게 맡기는 경우와 같은 노무도급이 흔한데, 이는 실질적으로는 사용자와 피용자 관계에 있는 셈이다.

　이러한 하도급거래의 불공정성과 부실화를 막기 위하여 하도급거래 공정화에 관한 법률이 제정되었으며, 건설하도급의 경우에는 건설산업기본법, 노무도급의 경우에는 근로기준법이나 산업안전보건법 등에 의하여서도 규제되고 있다. 따라서 하도급의 법률관계는 민법과 계약내용 이외에도 이러한 제 법률의 종합적 검토 하에서 해석하여야 한다. 이하에서는 특별법상 하도급시공의 부실화를 막기 위한 하도급 제한과 하수급인 보호규정을 살피고, 하도급 당사자 간 법률관계를 검토하기로 한다.

Ⅳ. 각 법령의 적용범위

1. 하도급거래 공정화에 관한 법률

　하도급거래 공정화에 관한 법률은[4] 하도급거래의 공정화를 위한 원수급인의 의무사항을 규정한 법률로서, 하도급거래에 관한 거의 모든 법률에 대하여 특별법적 성격을 가진다. 하도급법에서는 원수급인(원사업자)은 ① '중소기업자(중소기업기본법 제2조 제1항 또는 제3항에 따른 자)가 아닌 사업자로서 중소기업자에게 제조 등의 위탁을 한 자 또는 ② 중소기업자 중 직전 사업연도의 연간매출액[관계 법률에 따라 시공능력평가액을 적용받는 거래의 경우에는 하도급계약 체결 당시 공시된 시공능력평가액의 합계액(가장 최근에 공시된 것을 말한다)을 말하고, 연간매출액이나 시공능력평가액이 없는 경우에는 자산총액]이 제조 등의 위탁을 받은 다른 중소기업자의 연간매출액보다 많은 중소기업자로서 그 다른 중소기업자에게 제조 등의 위탁을 한 자'를 의미하는 것으로 규정하고 있다(하도급법 제2조 제2항).[5][6] 다만 대통령령으로 정하는

---

4) 이하 '하도급법'이라고 칭한다.

5) 구 하도급거래 공정화에 관한 법률(2009. 4. 1. 법률 제9616호로 개정되기 전의 것) 제2조 제1항, 제2항 제1호, 제3항, 구 중소기업기본법(2007. 4. 11. 법률 제8360호로 전부 개정되기 전의 것, 이하 '중소기업기본법'이라 한다) 제2조 제1항, 제3항 법률규정의 문언, 내용 및 체계와 더불어, 하도급법의 목적은 공정한 하도급거래질서를 확립하여 원사업자와 수급사업자가 대등한 지위에서 상호보완적으로 균형 있게 발전할 수 있도록 함으로써 국민경제의 건전한 발전에 이바지하는 데에 있고, 중소기업기본법의 목적은 중소기업이 나아갈 방향과 중소기업의 육성을 위한 시책의 기본적인 사항을 규정함으로써 창의적이고 자주적인 중소기업의 성장을 조장하고 나아가 산업구조의 고도화와 국민경제의 균형 있는 발전을 도모하는 데에 있는 점, 하도급법 제2조 제2항 제1호, 제3항은 하도급법에서 수급사업자란 중소기업기본법 제2조 제1항의 규정에 의

연간매출액에 해당하는 중소기업자(연간 시공능력 평가액이 30억 원 미만인 중소기업)는 제외한다($\binom{하도급법 제2조}{제2항, 시행령 제2조}$).

수급사업자는 원칙적으로 중소기업자이어야 한다($\binom{하도급법}{제2조 제3항}$).

건설위탁이라 함은 건설산업기본법 제2조 제7호의 규정에 의한 건설사업자, 전기공사업법 제2조 제3호의 규정에 의한 전기공사업자 등이 그 업에 따른 공사의 전부 또는 일부를 다른 건설사업자에게 위탁하는 것을 말한다. 이는 하도급법 제2조 제9항 각호의 건설사업자 사이에 동일한 업종 내에서 전부 또는 일부를 다른 건설사업자에게 위탁하는 경우(다만 대통령령이 정하는 경미한 공사는 제외)를 가리키는 것이라고 보아야 한다.[7] 즉 건설사업자(원사업자)가 수급사업자에게 자신의 업종이 아닌 다른 업종의 건설공사를 위탁하는 것(예컨대, 건설사업자가 전기공사업자에게 전기공사를 위탁)은 건설위탁에 해당하지 않는다(다만 하도급법 시행령 제2조 제6항에 규정된 경미한 공사는 다른 업종의 위탁도 허용된다). 따라서 하도급법 적용을 위하여는 제2조 등에 규정된 원사업자와 수급사업자 자격 및 건설위탁 등의 해당 여부를 먼저 확인해야 한다.

한편 대법원은 하도급법이 하도급만 적용하는 것이 아니라 원도급에도 적용된다고 판시함으로써 하도급법은 건설도급에서 도급계약상 불공정한 관계의 조절 등에 더욱 중요한 의의를 갖게 되었다.[8]

한 중소기업자를 말한다는 취지로 규정하고 있을 뿐 중소기업기본법 제2조 제3항에 의한 중소기업자를 포함시키고 있지 않은 점 등을 종합적으로 고려하여 보면, 하도급법에서의 수급사업자에는 중소기업기본법 제2조 제1항의 규정에 의한 중소기업에는 해당하지 아니하게 되었으나 그 제3항에 의하여 중소기업으로 보는 경우는 포함되지 아니한다고 해석함이 상당하다: 대법원 2010. 4. 29. 선고 2008두14296 판결.

6) 2011. 3. 29. 개정 전 하도급법에서는 하도급을 주는 중소기업자의 연간매출액 또는 상시고용 종업원 수가 하도급을 받는 중소기업자의 2배를 초과할 것으로 규정하고 있었으나, 위 법 개정으로 전자가 후자보다 연간매출액이나 상시고용 종업원 수가 많으면 되는 것으로 완화되었다.

7) 대법원 2003. 5. 16. 선고 2001다27470 판결.

8) 하도급법 제2조 제1항에 의하면, 일반적으로 흔히 하도급이라고 부르는 경우, 즉, 원사업자가 다른 사업자로부터 제조위탁·수리위탁 또는 건설위탁을 받은 것을 수급사업자에게 다시 위탁을 하는 경우뿐만 아니라, 원사업자가 수급사업자에게 제조위탁·수리위탁 또는 건설위탁을 하는 경우도 하도급거래로 규정하여 위 법률을 적용하고 있음을 알 수 있고, 같은 조 제2항에 의하면, 위 법률의 적용 범위는 하도급관계냐 아니냐에 따르는 것이 아니라, 원사업자의 규모에 의하여 결정됨을 알 수 있으며, 같은 조 제10항에서 발주자라는 개념을 원사업자와 구별하여 사용하고 있기는 하나, 같은 조항에 의하면 위 발주자라는 개념 속에는 재하도급의 경우의 원하도급인도 포함됨을 알 수 있으므로, 발주자라는 개념이 있다고 하여 위 법률이 적용되는 하도급거래를 구성하는 원사업자의 개념을 발주자가 아닌 경우로 한정하는 것은 아님이 분명하다 할 것이어서, 위 법률은 그 명칭과는 달리 일반적으로 흔히 말하는 하도급관계뿐만 아니라, 원도급관계도 규제하는 것이라고 봄이 상당하고, 따라서 위 법률 제13조의2 또한 원도급관계에 적용된다: 대법원 2001. 10. 26.

2. 건설산업기본법

건설산업기본법에서도 하도급에 관하여 제3장에서 규정하고 있는바, 이 법은 유사한 규모의 중소기업과 중소기업 사이, 중소기업자와 개인 사이의 하도급거래 등 하도급법이 적용되지 않는 하도급거래에 관하여 적용될 수 있다. 이처럼 하도급법과 실제 상충될 가능성은 거의 없으나, 만약 상충되는 경우에는 하도급법 제34조에[9] 의하여 하도급법이 우선적용되게 된다.[10]

건설산업기본법은 전기공사, 정보통신공사, 소방시설공사, 문화재 수리공사를 제외한 모든 건설공사에 대하여 적용된다($\binom{건설산업기본법}{제2조 제4호}$).

제2절 하도급의 제한

I. 하도급제한의 특약

원수급인은 일의 전부나 일부를 제3자에게 하도급을 줄 수 있지만, 도급인과 원수급인 사이에 하도급금지의 특약을 한 경우와 같이 당사자 사이의 합의에 의하여, 또 원수급인만이 그 이행이 가능한 경우 일의 성질상 하도급이 금지되는 경우가 있다. 건설공사계약상 공정관리를 위하여 하도급 체결시 도급인의 동의를 받도록 규정하는 경우가 많다.

이때 원수급인이 이 약정을 위배하여 임의로 하도급을 한 경우에는 원도급계약이 당연 무효가 되는 것은 아니고, 다만 원수급인이 원도급인에 대하여 채무불이행의 책임만을 부담하게 되므로 원도급인은 원도급계약을 해제하고 손해배상을 청구할 수 있을 뿐이다. 그러나 원수급인의 약정위반만으로 손해가 반드시 발생하는 것은 아니므로 그에 관한 손해배상액의 예정이 약정되어 있지 않은 이상, 도급인은 위 약정위반으로 자신이 손해입었음을 입증해야 한다.

선고 2000다61435 판결; 대법원 2003. 5. 16. 선고 2001다27470 판결 등.

9) 하도급법 제34조(다른 법률과의 관계) 대·중소기업 상생협력 촉진에 관한 법률, 전기공사업법, 건설산업기본법, 정보통신공사업법이 이 법에 어긋나는 경우에는 이 법에 따른다.

10) 건설산업기본법 제69조 제3항 제3호는 하도급에 관한 분쟁 중 하도급법의 적용을 받는 사항은 건설분쟁조정위원회의 조정대상에서 제외하였다.

Ⅱ. 건설산업기본법에 의한 제한

1. 일괄하도급 금지와 예외

건설산업기본법에서는 원칙적으로 일괄하도급을 금지하여 건설사업자는 도급받은 건설공사의 전부 또는 대통령령으로 정하는 주요 부분의 대부분을 다른 건설업자에게 하도급할 수 없게 하고, 다만, 건설사업자가 도급받은 공사를 대통령령으로 정하는 바에 따라 계획, 관리 및 조정하는 경우로서 대통령령으로 정하는 바에 따라 2인 이상에게 분할하여 하도급하는 경우에만 이를 허용하고 있다(건설산업기본법 제29조 제1항).[11]

또한 수급인은 그가 도급받은 건설공사의 일부라도 동일한 업종에 해당하는 건설사업자에게는 하도급할 수 없다(같은 조 제2항 본문).[12] 다만, 발주자가 공사품질이나 시공상 능률을 높이기 위하여 필요하다고 인정하여 서면으로 승낙한 경우에는 예외로 한다(같은 조 제2항 단서).

그리고 건설산업기본법은 원칙적으로 재하도급을 금지하여, 하수급인은 하도급받은 건설공사를 다른 사람에게 다시 하도급할 수 없다(같은 조 제3항 본문). 다만, ① 같은 조 제2항 단서에 따라 종합공사를 시공하는 업종을 등록한 건설사업자가 하도급받은 경우로서 그가 하도급받은 건설공사 중 전문공사에 해당하는 건설공사를 그 전문공사를 시공하는 업종을 등록한 건설사업자에게 다시 하도급하는 경우거나, ② 전문공사를 시공하는 업종을 등록한 건설사업자가 하도급받은 경우로서,

---

11) 구 건설산업기본법(2004. 12. 31. 법률 제7306호로 개정되기 전의 것) 제29조 제1항 본문, 같은 법 시행령(2005. 6. 30. 대통령령 제18918호로 개정되기 전의 것) 제31조 제1항, 제21조 제1항 등의 규정은 건설업자에 대하여 그가 도급받은 건설공사의 '전부'나 '부대공사에 해당하는 부분을 제외한 주된 공사의 전부'를 다른 건설업자에게 하도급하는 것을 금지하고 있으므로, 건설공사 중 부대공사만을 하도급하거나 부대공사를 제외한 주된 공사의 일부를 하도급하는 행위는 하도급 금지대상에 포함되지 않는다고 할 것이다. 그리고 수급인이 발주자로부터 도급받은 건설공사를 하수급인에게 하도급하는 경우 그 하도급이 위 금지규정에 위반하였는지 여부를 판단함에 있어서는 원도급금액과 하도급금액, 하도급금액이 원도급금액에서 차지하는 비중 외에도 발주자로부터 도급받은 전체 건설공사 및 하도급한 공사의 내용, 하도급한 공사가 전체 공사에서 차지하는 위치, 하도급한 공사의 수급인과 하수급인이 실제 시공한 각 공사의 내역, 건설업자의 업종 등을 참작하여 주된 공사가 무엇인지를 확정한 다음, 주된 공사의 전부가 하도급되었는지를 살펴보아야 할 것이다: 대법원 2008. 4. 24. 선고 2006두8198 판결.

12) 예를 들어, 건설산업기본법 제8조, 같은 법 시행령 제7조에 따라 종합공사업 중 '토목공사업'을 수행하는 시공업자는, 원칙적으로 그 도급받은 공사의 일부를 다른 '토목공사업'자에게는 하도급할 수 없다.

공사의 품질이나 시공상의 능률을 높이기 위하여 필요한 경우로서 국토교통부령으로 정하는 요건을 충족하고 수급인의 서면 승낙을 받아, 하도급받은 전문공사의 일부를 그 전문공사를 시공하는 업종을 등록한 건설사업자에게 다시 하도급하는 경우는 예외적으로 허용하고 있다(같은 조 제3항 단서).

2. 위반한 경우의 효력

위와 같은 건설산업기본법상의 하도급 제한 규정을 위반한 경우 같은 법 제82조에 기하여 국토교통부장관은 영업정지처분 또는 과징금을 부과할 수 있으나, 하도급계약의 효력에 관하여 볼 때 당연 무효라고는 볼 수 없고 다만 원도급인은 위 법상의 의무위반을 이유로 원도급계약을 해제하고 손해배상을 청구할 수 있을 뿐이라고 보는 것이 타당하다. 하도급법은 경제질서를 규제하는 법률의 성격을 갖는 것으로 사인 간의 법률관계를 직접적으로 규율하는 것을 목적으로 하지 않기 때문이다. 대법원 판례도 하도급법상 대물변제금지규정이나 하도급대금증액의무조항에 위반한 행위에도 사법적 효력이 있다고 본다.[13]

3. 발주자의 하도급계약의 적정성 심사 등

건설공사의 발주자는 하수급인에 대하여 건설공사를 시공하기에 현저히 부적당하다고 인정되거나 하도급계약금액이 대통령령이 정하는 비율에 의한 금액에 미달하는 경우에는 하수급인의 시공능력, 하도급계약내용의 적정성 등을 심사할 수 있고, 심사한 결과 하수급인의 시공능력 또는 하도급계약내용이 적정하지 아니한 경우에는 그 사유를 명시하여 수급인에게 하수급인 또는 하도급계약내용의 변경을 요구할 수 있으며 수급인이 이에 응하지 아니하여 공사결과에 중대한 영향을 초래할 우려가 있는 경우에는 발주자는 건설공사의 도급계약을 해지할 수 있다(건설산업기본법 제31조). 건설공사가 신뢰관계에 기초하여야 한다는 점에서 도급인에게 적정성 심사권 및 하수급인 변경요구권을 인정한 것이다.

---

13) 대법원 2003. 5. 16. 선고 2001다27470 판결; 대법원 2007. 7. 28. 선고 2000다20434 판결.

제3절 하수급인의 보호

I. 하도급법

원사업자는, ① 수급사업자에게 제조 등의 위탁을 하는 경우 및 제조 등의 위탁을 한 이후에 추가·변경위탁을 하는 경우 하도급대금과 그 지급방법 등 하도급계약의 내용 및 대통령령으로 정하는 사항을 적고 원사업자와 수급사업자가 서명 또는 기명날인한 서면을 교부하여야 하고($^{제3}_{조}$), ② 수급사업자의 이익을 부당하게 침해하거나 제한하는 계약조건을 설정하여서는 아니 되며($^{제3}_{조의4}$), ③ 부당하게 목적물 등과 같거나 유사한 것에 대하여 일반적으로 지급되는 대가보다 낮은 수준으로 하도급대금을 결정하거나 하도급받도록 강요하여서는 아니 되며($^{제4}_{조}$), ④ 수급사업자에게 제조 등의 위탁을 하는 경우에 그 목적물 등에 대한 품질의 유지·개선 등 정당한 사유가 있는 경우 외에는 그가 지정하는 물품·장비 또는 역무의 공급 등을 수급사업자에게 매입 또는 사용하도록 강요하여서는 아니 되고($^{제5}_{조}$), ⑤ 발주자로부터 선급금을 받은 경우에는 수급사업자가 제조·수리·시공 또는 용역수행을 시작할 수 있도록 그가 받은 선급금의 내용과 비율에 따라 선급금을 받은 날부터 15일 이내에 선급금을 수급사업자에게 지급하여야 하며($^{제6}_{조}$), ⑥ 제조 등의 위탁을 한 후 수급사업자의 책임으로 돌릴 사유가 없는 경우에는 위탁을 임의로 취소하거나 변경하는 행위나 목적물 등의 납품 등에 대한 수령 또는 인수를 거부하거나 지연하는 행위를 하여서는 아니 되고($^{제8}_{조}$), ⑦ 부당반품, 부당감액이 금지되고 ($^{제10조,}_{제11조}$), ⑧ 수급사업자에게 필요한 물품 등을 자신으로부터 사게 하거나, 제3자를 위하여 경제적 이익을 제공하도록 하여서는 아니 되며($^{제12조,}_{제12조의2}$), ⑨ 하도급대금의 지급기일이 목적물 수령일로부터 60일 내로 정해져 있는 경우에는 그 지급기일, 60일을 초과할 경우에는 60일이 되는 날, 그리고 지급기일이 정해져 있지 아니한 경우에는 목적물 수령일까지 하도급대금을 지급하여야 하며($^{제13}_{조}$), ⑩ 하수급인에 대하여 공사대금의 지급보증을 하게 하고($^{제13}_{조의2}$), ⑪ 하수급인의 의사에 반하여 하도급대금을 물품으로 지급하여서는 아니 되도록($^{제17}_{조}$) 하는 등 하수급인의 보호를 위한 규정을 두고 있다.

특기할 것은 앞서 본 바와 같이 하도급법은 반드시 하도급관계에만 국한할 것이 아니라 도급관계 전반에 적용되는 것이므로 이러한 하수급인 보호규정은 의미가 적지 않다고 하겠다.[14] 도급인의 하수급인에 대한 하도급대금 직접 지급의무 ($\binom{제14}{조}$)에 관하여는 따로 살핀다.

Ⅱ. 건설산업기본법

① 원수급인은 준공금을 받은 때에는 하도급대금을, 기성금을 받은 때에는 하수급인이 시공한 분에 상당한 금액을 각각 지급받은 날부터 15일 이내에 하수급인에게 현금으로 지급하여야 하며, 하도급계약시 하도급대금 지급보증서를 교부하여야 하며($\binom{제34}{조}$), ② 일정한 경우 발주자는 시공분에 해당하는 하도급대금을 하수급인에게 직접 지급할 수 있고($\binom{제35}{조}$), ③ 하수급인으로부터 준공, 기성부분의 통지를 받은 경우 원수급인은 10일 이내에 이를 확인하기 위한 검사를 하여야 하고, 검사결과 설계내용대로 준공된 때에는 즉시 이를 인수하여야 하며($\binom{제37}{조}$), ④ 원수급인은 하수급인에게 하도급공사의 시공과 관련하여 자재구입처의 지정 등으로 하수급인에게 불리하다고 인정되는 행위를 강요하여서는 아니 되는($\binom{제38}{조}$) 등 하수급인 보호규정을 두고 있다.

판례

하도급대금 부당감액과 불법행위의 성립 [대법원 2011. 1. 27. 선고 2010다53457 판결]
원고가 조선소를 경영하는 피고로부터 3회에 걸쳐 선박 구조물 4개의 제작 및 설치공사를 하수급받았다. 피고는 원고의 추가공사비 정산요구에 대하여 하자보수비용 등을 내세워 감액을 제의하고 그에 따라 정산합의를 하였다. 원고의 하도급거래 공정화에 관한 법률 위반 신고에 따라 공정거래위원회는 2개 구조물에 관하여 부당감액을 인정하고 그 부분의 하도급대금을 지급하라는 의결을 하였다. 원심법원은 피고가 하도급법에 위반하여 공정거래위원회로부터 시정명령이나 과징금을 부과받았다는 점만으로는 원고와 피고 사이에 이루어진 각 정산합의의 사법상 효력이 무효라고 볼 수 없고, 달리 피고가 정산합의과정에서 원고에 대하여 불법행위를 하였다는 점을 인정할 증거도 없다는 이유로 원고의 불법행위로 인한 손해배상청구를 기각하였다. 그러나 대법원은 불법행위가 성립한다는 취지로 이를 파기하였다.
우선 하도급대금 부당감액 금지를 규정한 하도급법 제11조에 위반한 행위가 사법

---

14) 대법원 2001. 10. 26. 선고 2000다61435 판결 등.

상 무효인지가 문제되는데, 위 조항이 강행규정이라고 보지 않는 한 단속규정 위반만으로는 이를 무효로 볼 수 없다고 하겠다. 위 법 제11조는 이를 위반한 수급인을 벌금형에 처하도록 하면서 그 규정 위반행위 중 일정한 경우만을 공정거래위원회에서 조사하게 하여 그 위원회로 하여금 그 결과에 따라 수급인에게 시정조치를 명하거나 과징금을 부과하도록 규정하고 있을 뿐이므로, 위 규정은 그에 위배한 원사업자와 수급사업자 간의 계약의 사법상의 효력을 부인하는 조항이라고 볼 것은 아니기 때문이다.

다음으로 이와 같은 부당감액사실이 인정되는 경우에 곧바로 불법행위가 성립하는지가 문제되는데 ① 감액약정이 사법상 유효라고 하면서 불법행위를 인정하는 것은 모순이며, 감액과정에 사기나 강박이 있을 때에만 불법행위가 성립한다는 부정설과 ② 감액약정이 사법상 유효하다고 하여 그 자체가 적법한 것은 아니며, 거래상 지위의 남용행위에서 부당성이 인정되는 경우에는 불법행위가 성립한다는 긍정설로 나뉜다. 대법원은 후자의 입장을 택하여 수급인이 우월적 지위를 이용하여 하수급인의 자발적 동의에 의하지 않고 하도급대금을 부당하게 감액한 경우에는 감액과정에서 사기나 강박 등의 행위가 있었는지 관계없이 불법행위가 성립한다고 판시하였다. 따라서 실무상 감액합의가 하도급법 제11조에 위반되는 불공정 거래행위에 해당되는지 여부를 판단하여야 한다.

대법원은 '하도급대금의 감액약정이 수급사업자의 자발적인 동의에 의한 것인지 여부는 수급사업자에 대한 원사업자의 거래상 우월적 지위의 정도, 수급사업자의 원사업자에 대한 거래의존도, 거래관계의 지속성, 거래의 특성과 시장상황, 거래 상대방의 변경가능성, 당초의 대금과 감액된 대금의 차이, 수급사업자가 완성된 목적물을 인도한 시기와 원사업자가 대금감액을 요구한 시기와의 시간적 간격, 대금감액의 경위, 대금감액에 의하여 수급사업자가 입은 불이익의 내용과 정도 등을 정상적인 거래관행이나 상관습 및 경험칙에 비추어 합리적으로 판단하여야 한다'고 판시하였다. 이 판례는 하수급인의 자발적 동의에 의하지 아니하고 하도급대금이 부당하게 감액된 경우에는 불법행위가 성립될 수 있다는 최초의 판결로서 의미가 매우 크다.

제4절 하수급인의 행위로 인한 책임

하수급인의 과실로 인하여 시공중인 건축물이 붕괴함으로써 공사가 중단되고, 인근 주택이 손괴된 경우에 도급인, 원수급인, 하수급인, 제3자 사이에서 채무불이행 및 불법행위 책임의 부담이 문제가 된다. 이러한 전형적인 사례의 경우에 계약서상 명문규정이 없는 때가 많아서 분쟁이 자주 발생한다. 경우를 나누어 차례로 살핀다.

Ⅰ. 도급인에 대한 채무불이행책임 및 불법행위책임

1. 원수급인의 책임

(1) 채무불이행책임

하도급계약은 원도급계약과 별개의 계약이므로 원수급인이 하도급한 경우에 원수급인은 원도급인에 대하여 하도급을 이유로 자신의 원도급인에 대한 채무를 면치 못하고 수급인의 지위에서 원도급계약상의 모든 의무를 부담한다. 이러한 경우 하수급인은 일반적으로 원수급인의 이행보조자($^{민법}_{제391조}$) 또는 이행대행자의 지위에 있다고 봄이 상당하고,[15] 따라서 하수급인이 하도급계약상의 채무를 이행함에 있어 고의 또는 과실로 원도급인에게 손해를 끼친 경우,[16] 원수급인은 하수급인의 행위에 관하여 원도급인에 대하여 채무불이행책임을 부담하게 된다.[17]

---

15) 공사도급계약에 있어서 당사자 사이에 특약이 있거나 일의 성질상 수급인 자신이 하지 않으면 채무의 본지에 따른 이행이 될 수 없다는 등의 특별한 사정이 없는 한 반드시 수급인 자신이 직접 일을 완성하여야 하는 것은 아니고, 이행보조자 또는 이행대행자를 사용하더라도 공사도급계약에서 정한 대로 공사를 이행하는 한 계약을 불이행하였다고 볼 수 없으므로 수급인이 제3자를 이용하여 공사를 하더라도 공사약정에서 정한 내용대로 그 공사를 이행하는 한 공사약정을 불이행한 것이라고 볼 수 없으므로, 수급인이 그의 노력으로 제3자와의 사이에 공사에 관한 약속을 한 후 도급인에게 그 약속 사실을 알려주지 않았다고 하더라도 이를 도급인에 대한 기망행위라고 할 수 없다: 대법원 2002. 4. 12. 선고 2001다82545 판결.

16) 차문호, "하도급의 법률관계,"『판례연구』(1998 전주지방법원), 272면. 하도급은 원수급인이 하수급인에 대하여 공사상의 지시, 감독을 하면서 하수급인에게 일을 완성하도록 하는 '협의의 이행보조자적 하도급'과 원수급인이 공사의 전부 또는 일부를 하수급인에게 일임하여 일을 완성하게 하고 자기는 일의 완성에 관여하지 않는 '이행대행자적 하도급'으로 분류됨을 전제로 하여, 이행대행자적 하도급에 있어서는 성질 또는 약정상 하도급이 제한되는 경우를 제외하고는 원수급인은 하수급인의 선임·감독에 고의·과실이 있는 경우에만 채무불이행 책임과 불법행위책임을 부담한다고 한다.

17) 이행보조자의 행위가 채무자에 의하여 그에게 맡겨진 이행업무와 객관적, 외형적으로 관련을 가지는 경우에는 채무자는 그 행위에 대하여 책임을 져야 하고, 채무의 이행에 관련된 행위이면 가사 이행보조자의 행위가 채권자에 대한 불법행위가 된다고 하더라도 채무자가 면책될 수는 없다: 대법원 2008. 2. 15. 선고 2005다69458 판결; 대법원 2002. 7. 12. 선고 2001다44338 판결; 대법원 1990. 8. 28. 선고 90다카10343 판결.

(2) 불법행위책임

원수급인이 자신의 지휘·감독 하에 있는 하수급인의 불법행위로 도급인에게 민법 제756조의 불법행위책임을 부담함은 당연하다.[18]

그런데 민법 제757조는 "도급인은 수급인이 그 일에 관하여 제3자에게 가한 손해를 배상할 책임이 없다. 그러나 도급 또는 지시에 관하여 도급인에게 중대한 과실이 있는 때에는 그러하지 아니하다"라고 규정하고 있는바, 원수급인이 민법 제757조를 적용하여 자신이 하수급인의 불법행위에 관하여 하도급 또는 지시에 중대한 과실이 없음을 주장하여 책임을 부정할 수 있는가? 하도급관계도 도급관계와 법적 성질이 동일하고, 도급인도 불법행위의 피해자에 해당한다는 것이 적용설의 근거이지만, 작업의 최종책임이 원수급인에게 귀속된다는 점에서 원수급인은 도급인에 대하여 하수급인의 행위 전부를 자신의 행위로 받아들여야 하고 민법 제757조의 적용은 제한되어야 할 것이다.

한편 건설산업기본법 제44조 제3항에서도 "수급인은 하수급인이 고의 또는 과실로 하도급받은 건설공사를 부실하게 시공하여 타인에게 손해를 입힌 경우에는 하수급인과 연대하여 그 손해를 배상할 책임이 있다"고 규정하고 있는바, 위 규정에서 '타인'에는 당연히 도급인이 포함된다고 보아야 할 것이고, 따라서 도급인은 그 시공상의 하자에 대하여 원수급인 및 하수급인에 대하여 손해배상청구를 할 수 있고, 이 경우 원수급인과 하수급인은 도급인에 대하여 부진정연대채무를 부담한다고 보아야 할 것이다. 다만 위 규정에 관하여 법적 성격을 어떻게 볼 것인지가 불분명하다.

2. 하수급인의 책임

(1) 채무불이행 책임

원도급인과 하수급인 사이에는 직접적인 계약관계가 없으므로 하수급인은 원도급인에 대하여 직접 권리·의무를 부담하지 아니하고, 따라서 하수급인은 원

---

18) 제756조(사용자의 배상책임) ① 타인을 사용하여 어느 사무에 종사하게 한 자는 피용자가 그 사무집행에 관하여 제삼자에게 가한 손해를 배상할 책임이 있다. 그러나 사용자가 피용자의 선임 및 그 사무감독에 상당한 주의를 한 때 또는 상당한 주의를 하여도 손해가 있을 경우에는 그러하지 아니하다.
제757조(도급인의 책임) 도급인은 수급인이 그 일에 관하여 제삼자에게 가한 손해를 배상할 책임이 없다. 그러나 도급 또는 지시에 관하여 도급인에게 중대한 과실이 있는 때에는 그러하지 아니하다.

도급인에 대하여 채무불이행책임을 부담하지 아니한다.

그런데 건설산업기본법 제32조는 "하수급인은 그가 하도급받은 건설공사의 시공에 관하여는 발주자에 대하여 수급인과 같은 의무를 진다"(제1항), "제1항의 규정은 수급인과 하수급인의 법률관계에 영향을 미치지 아니한다"(제2항)고 규정하고 있는바, 위 규정에 의하면 하수급인이 원도급인에 대하여 직접 권리·의무를 부담하는 것으로 볼 수도 있게 되는데, 위 규정에 의하여 그러한 해석이 가능한지에 대하여 아직 명확한 판례는 보이지 아니한다.

(2) 불법행위 책임

하수급인의 행위가 불법행위를 구성하고 그로 인하여 도급인에 대하여 손해를 입힌 경우에는 하수급인도 도급인에 대하여 손해배상책임을 부담한다.

Ⅱ. 제3자에 대한 불법행위책임

1. 하수급인의 책임

하수급인이 자신의 불법행위로 인하여 제3자에 손해를 입힌 경우 하수급인은 당연히 불법행위에 기한 손해배상책임을 부담하게 된다.

2. 원수급인의 책임

민법 제757조에 의하면 도급인이 수급인의 불법행위에 대하여 손해배상책임을 부담하는 경우는 도급 또는 지시에 관하여 중대한 과실이 있는 예외적인 경우에만 한정된다고 할 것이고, 이러한 법리는 하도급의 경우에도 그대로 적용되어 원수급인은 하수급인의 행위에 관하여 하도급 또는 지시에 중과실이 있는 예외적인 경우에만 불법행위에 기한 손해배상책임을 부담한다.

대법원은 하도급관계도 본질적으로 도급계약에 해당한다고 보아[19] 민법 제757조의 적용을 긍정하는 것으로 보인다. 따라서 원수급인이 하수급인의 불법행

---

[19] 도급인은 도급 또는 지시에 관하여 중대한 과실이 없는 한 수급인이 그 일에 관하여 제3자에게 가한 손해를 배상할 책임이 없으나 도급인이 수급인의 일의 진행 및 방법에 관하여 구체적인 지휘·감독권을 유보한 경우에는 도급인과 수급인의 관계는 실질적으로 사용자 및 피용자의 관계와 다를 바 없으므로 수급인이 고용한 제3자의 불법행위로 인한 손해에 대하여 도급인은 민법 제756조에 의한 사용자책임을 면할 수 없고, 이러한 이치는 하도급의 경우에도 마찬가지이다: 대법원 1993. 5. 27. 선고 92다48109 판결.

위에 관하여 하도급 또는 지시에 중대한 과실이 없음을 주장하여 책임을 부정할
수 있다.[20] 그러나 이에 대하여 하도급계약은 도급계약과 달리 보아 민법 제757조
를 적용할 수 없다는 주장이 있다.[21] 하도급의 경우에는 원수급인의 설계와 기획
아래 작업의 일부만을 하수급인에게 맡기므로 작업의 궁극적인 책임은 원수급인
이 부담하여야 한다는 것이 그 근거이다.

　　원수급인이 하수급인의 일의 진행 및 방법에 대하여 구체적인 지휘감독권을
유보하고 공사의 시행에 관하여 구체적으로 지휘·감독한 경우에는 실질적으로
사용자 및 피용자의 관계와 다를 바 없으므로 원수급인은 민법 제756조에 기한 사
용자책임을 면할 수 없다.[22] 따라서 원수급인이 하수급인의 행위에 대하여 사용자
책임을 면하기 위하여는 민법 제756조에 의하여 하수급인의 선임 및 사무감독에 상
당한 주의를 하였다거나 상당한 주의를 하여도 손해가 있었음을 입증하여야 한다.

　　나아가 건설산업기본법 제44조 제3항에 의하면, 원수급인은 별다른 요건 없
이 하수급인과 연대하여 손해배상책임을 부담하게 되는바, 민법 제756조, 제757조
와의 관계에 관하여 연구가 필요하다.[23][24]

---

20) (도급인으로부터 아파트 신축공사 중 승강기의 제작·설치공사를 수급받은 원수급인이 전문건설
업면허가 없는 하수급인에게 승강기의 양중작업을 하도급주어 하수급인이 그 양중작업 중 타인
에게 손해를 가한 사안에서) 원수급인이 하수급인의 양중작업을 구체적으로 지휘·감독하였다고
할 수 없으며 구 건설업법 시행령(1992. 12. 26. 대통령령 제13789호로 개정되기 전의 것)상 양중업
은 전문건설업면허 대상이 아니어서 그 양중작업을 전문건설업면허가 없는 자에게 맡겼다는 것
만으로 원수급인에게 도급 또는 지시에 관하여 중대한 과실이 있다고 할 수 없으므로 원수급인에
게 사용자 또는 도급인으로서의 불법행위책임을 지울 수 없고, 하수급인이 원수급인의 승강기의
제작·설치공사 중의 일부에 관한 이행대행자에는 해당되지만 도급인에 대한 원수급인의 승강기
의 제작·설치채무 자체는 계약의 내용대로 이행되었으므로 원수급인에게 불완전이행 등의 채무
불이행책임도 물을 수 없다: 대법원 2000. 7. 7. 선고 97다29264 판결; 대법원 2006. 4. 27. 선고 2006
다4564 판결; 대법원 1993. 5. 27. 선고 92다48109 판결.
21) 이은영, "하도급에 대한 책임," 법률신문, 2371호.
22) 대법원 2001. 2. 27. 선고 2000다53670 판결; 대법원 1992. 6. 23. 선고 92다2615 판결.
23) 건설산업기본법 제44조 제3항은 "수급인은 하수급인이 고의 또는 과실로 하도급받은 건설공
사의 시공을 조잡하게 하여 타인에게 손해를 가한 때에는 하수급인과 연대하여 그 손해를 배
상할 책임이 있다"고 규정하고 있으므로 건설산업기본법이 적용되는 건설공사의 하도급계약
관계에서 하수급인이 고의 또는 과실로 그 공사의 시공을 조잡하게 하여 타인에게 손해를 가
한 때에는 그 하수급인은 물론 거기에 귀책사유가 없는 수급인도 연대하여 그 손해를 배상할
책임이 있다고 보아야 할 것이고, 위 조항에서 '공사의 시공을 조잡하게' 한다는 것은 건축법
등 각종 법령, 설계도서, 건설관행, 건설업자로서의 일반 상식 등에 반하여 공사를 시공함으
로써 건축물 자체 또는 그 건설공사의 안전성을 훼손하거나 다른 사람의 신체나 재산에 위험
을 초래하는 것을 뜻하는 것이다: 대법원 2005. 11. 10. 선고 2004다37676 판결; 대법원 2008.
9. 11. 선고 2006다50338 판결.
24) 민법 제757조 후문의 의미에 관하여 학설은 제756조의 사용자책임과 같은 맥락에서 파악하는 견

한편 민법 제758조 제1항에 의한 공작물의 하자로 인한 점유자의 손해배상책임을 구하는 경우에[25] 도급인의 면책을 규정한 민법 제757조 본문이 장애가 되지 않는다.[26]

3. 도급인의 책임

하수급인의 불법행위로 인하여 제3자에게 손해를 입힌 경우에 도급인이 원수급인에 대한 도급 또는 지시에 관하여 중대한 과실이 없으면 도급인은 책임을 지지 않음은 당연하다(민법 제757조). 또한 원수급인이 하수급인의 불법행위에 관하여 전항에서와 같이 민법 제757조 및 756조의 책임을 부담하지 않을 경우에는 도급인도 하수급인의 불법행위에 관하여 제3자에게 책임이 없게 된다.

그런데 도급인이 원수급인을 지휘·감독하는 사용자의 지위에 있고 하수급인이 실질적으로 원수급인의 피용자인 경우에 도급인이 하수급인의 불법행위에 관하여 제3자에게 민법 제756조에 의한 사용자책임을 부담하게 되는가? 사용자책임이 성립하기 위하여 직접적인 계약관계가 존재하여야 하는 것은 아니므로 하수급인이 도급인으로부터 사실상 지휘·감독을 받는가에 따라 결정되어야 할 것으로 보이는데, 이러한 경우 도급인이 원수급인에 대하여 지휘·감독을 하고 있는 경우에는 도급인은 특별한 사정이 없는 한 하수급인에 대하여도 지휘·감독권한을 보유하고 있다고 보아 책임을 인정하는 것이 상당하다.[27]

해(곽윤직, 채권각론, 신정판 682면), 제750조를 염두에 둔 주의적 규정이라는 견해(김증한, 채권각론, 1988년도, 491면), 양 책임과 별개의 책임이라는 견해(이은영, 채권각론, 개정판, 639면)가 주장되고 있다.

25) 제758조(공작물등의 점유자, 소유자의 책임) ① 공작물의 설치 또는 보존의 하자로 인하여 타인에게 손해를 가한 때에는 공작물점유자가 손해를 배상할 책임이 있다. 그러나 점유자가 손해의 방지에 필요한 주의를 해태하지 아니한 때에는 그 소유자가 손해를 배상할 책임이 있다.

26) 대법원 2006. 4. 27. 선고 2006다4564 판결.

27) 도급계약에서 정한 도급인의 수급인에 대한 지휘감독권한은 특별한 사정이 없는 한 그 하수급인이나 노무수급인에게도 미치기로 한 것이라고 봄이 타당하므로, 이들의 불법행위로 사고가 발생한 것이라면 도급인에게 사용자책임을 물을 수 있다: 대법원 1992. 6. 23. 선고 92다2615 판결.

노무하수급인이 안전사고로 사망한 경우 원수급인의 책임 [대법원 1997. 4. 25. 선고 96다53086 판결]

(상가신축공사를 시공하는 건축주로부터 일부 공사를 도급받은 수급인에 의해 고용된 전문기술자가 공사 중 누전으로 사망한 사안에서, 수급인의 안전조치의무 위반을 이유로 손해배상책임을 인정한 사례) 건축공사의 일부분을 하도급받은 자가 구체적인 지휘·감독권을 유보한 채, 재료와 설비는 자신이 공급하면서 시공 부분만을 시공기술자에게 재하도급하는 경우와 같은 노무도급의 경우, 그 노무도급의 도급인과 수급인은 실질적으로 사용자와 피용자의 관계에 있다. 이러한 경우 도급인은 수급인이 노무를 제공하는 과정에서 생명·신체·건강을 해치는 일이 없도록 물적 환경을 정비하고 필요한 조치를 강구할 보호의무를 부담하며, 이러한 보호의무는 실질적인 고용계약의 특수성을 고려하여 신의칙상 인정되는 부수적 의무로서 구 산업안전보건법 시행령(1995. 10. 19. 대통령령 제14787호로 개정되기 전의 것) 제3조 제1항에 의하여 사업주의 안전상 조치의무를 규정한 산업안전보건법 제23조가 적용되지 아니하는 사용자일지라도 마찬가지로 인정된다고 할 것이고, 만일 실질적인 사용관계에 있는 노무도급인이 고의 또는 과실로 이러한 보호의무를 위반함으로써 노무수급인의 생명·신체를 침해하여 손해를 입힌 경우 노무도급인은 노무도급계약상의 채무불이행책임과 경합하여 불법행위로 인한 손해배상책임을 부담한다.

제5절 하도급대금의 직접 지급

I. 문제의 제기

하수급인은 하도급계약의 당사자인 원수급인으로부터 하도급공사대금을 지급받게 된다. 그런데 원수급인의 부도, 지급거절 등의 사유로 하수급인이 원수급인으로부터 하도급공사대금을 지급받기 어려운 경우에, 하수급인은 원수급인에 대하여 재판 등을 통하여 집행권원을 얻은 다음, 이를 집행채권으로 하여 원수급인이 원도급인에 대하여 가지는 공사대금채권에 관하여 채권압류 및 추심명령 또는 전부명령을 받거나, 또는 채권자대위권을 행사하는 방법으로 원도급인으로부터 하도급대금 상당 금액을 원도급인으로부터 지급받을 수 있으나, 이 경우 하수급인을 원수급인의 채권자들과 동일하게 취급한다면 상당히 불공평한 결과를 초래할 수 있다.

근본적으로 하도급 구조상 하수급인의 자재와 비용으로 완성된 완성품에 대한 궁극적인 이익을 도급인이 보유하게 되므로 수급인의 도급인에 대한 도급대금채권은 하수급인의 수급인에 대한 하도급대금채권과 밀접한 상호관련성이 있다. 반면에 수급인의 일반채권자들이 수급인에 대하여 가지는 채권은 그러한 관련성이 훨씬 약하다. 따라서 수급인의 도급인에 대한 도급대금채권 중 하수급인의 수급인에 대한 하도급대금채권액에 상당하는 부분에 관해서는 수급인의 일반채권자들보다 하수급인을 우대할 필요가 큰 것이다. 이처럼 하수급인의 보호를 위하여 하도급법은 이전부터 하수급인의 원도급인에 대한 직접지급청구권을 인정하였는데, 법적 성질과 규정의 해석을 둘러싸고 소송실무상 적지 않은 혼란이 있었다.[28]

II. 하도급법에 의한 경우

1. 하도급법의 개정

(1) 1999. 2. 5. 법률 제5816호로 개정되기 전의 것

제14조(하도급대금의 직접 지급) 발주자는 수급사업자가 제조·수리 또는 시공한 분에 해당되는 하도급대금을 대통령령이 정하는 바에 의하여 직접 수급사업자에게 지급할 수 있다. 이 경우 발주자의 원사업자에 대한 대금지급채무와 원사업자의 수급사업자에 대한 하도급대금지급채무는 그 지급한 한도에서 소멸한 것으로 본다.

(2) 1999. 2. 5. 법률 제5816호로 개정된 것

제14조(하도급대금의 직접 지급) ① 발주자는 원사업자의 파산·부도 등의 이유로 원사업자가 하도급대금을 지급할 수 없는 명백한 사유가 있는 경우 등 대통령령에서 정하는 사유가 발생한 때에는 수급사업자가 제조·수리 또는 시공한 분에 상당하는 하도급대금을 해당 수급사업자에게 직접 지급하여야 한다.

② 제1항의 규정에 의한 사유가 발생한 경우 발주자의 원사업자에 대한 대금지급채무와 원사업자의 수급사업자에 대한 하도급대금 지급채무는 그 범위 안에서 소멸한 것으로 본다.

③ 발주자는 제1항의 규정에 불구하고 원사업자가 당해 하도급계약과 관련하여 수급

---

28) 직접지급청구권 근거규정이 여러 법령과 약관에 흩어져서 규정된 이유는 각 규정마다 적용범위가 약간씩 상이하다는 점도 있지만 주로 주무관청이 다르기 때문으로 보인다. 즉 하도급법은 공정거래위원회, 건설산업기본법은 국토교통부, 공사계약 일반조건은 기획재정부에서 개정업무를 담당하고 있다.

사업자가 임금, 자재대금 등의 지급을 지체한 사실을 입증할 수 있는 서류를 첨부하여 당해 하도급대금의 직접지급중지를 요청한 경우에는 당해 하도급대금을 직접 지급하지 아니할 수 있다.

시행령 제4조 ① 법 제14조(하도급대금의 직접 지급) 제1항의 규정에 의하여 발주자가 수급사업자에게 하도급대금을 직접 지급하여야 하는 때는 다음과 같다.

1. 원사업자의 파산·부도가 있거나 사업에 관한 허가·인가·면허·등록등이 취소되어 원사업자가 하도급대금을 지급할 수 없게 된 경우로서 수급사업자가 하도급대금의 직접 지급을 요청한 때

2. 발주자가 하도급대금을 직접 수급사업자에게 지급한다는 뜻과 그 지급방법 및 절차에 관하여 발주자·원사업자 및 수급사업자가 합의한 때

3. 원사업자가 법 제13조의2(건설하도급 계약이행 및 대금지급보증) 제1항의 규정에 의한 하도급대금 지급보증의무를 이행하지 아니하고 법 제13조(하도급대금의 지급등) 제1항 또는 제3항의 규정에 의하여 지급하여야 할 하도급대금의 2회분 이상을 지급하지 아니한 경우로서 수급사업자가 하도급대금의 직접지급을 요청한 때

(3) 2004. 1. 20. 법률 제7107호로 개정된 것

제14조(하도급대금의 직접 지급) ① 발주자는 다음 각호의 1에 해당하는 사유가 발생한 경우로서 수급사업자가 제조·수리 또는 시공한 분에 상당하는 하도급대금의 직접지급을 요청한 때에는 해당 수급사업자에게 직접 지급하여야 한다.

1. 원사업자의 지급정지·파산 그 밖에 이와 유사한 사유가 있거나 사업에 관한 허가·인가·면허·등록 등이 취소되어 원사업자가 하도급대금을 지급할 수 없게 된 경우

2. 발주자가 하도급대금을 직접 수급사업자에게 지급하기로 발주자·원사업자 및 수급사업자 간에 합의한 경우

3. 원사업자가 제13조 제1항 또는 제3항의 규정에 의하여 지급하여야 하는 하도급대금의 2회분 이상을 해당 수급사업자에게 지급하지 아니한 경우

4. 원사업자가 제13조의2 제1항의 규정에 의한 하도급대금 지급보증의무를 이행하지 아니한 경우

(4) 2007. 7. 19. 법률 제8539호로 개정된 것[29]

제14조(하도급대금의 직접 지급) ① 발주자는 다음 각호의 어느 하나에 해당하는 사유가 발생한 때에는 수급사업자가 제조·수리·시공 또는 용역수행한 분에 상당하는 하도

---

[29] 이 조문은 2009. 4. 1. 법률 제9616호 다시 전문 개정되었으나 일부 문구만 정리하였을 뿐 내용은 변경된 것이 없다. 뒤의 2014. 5. 28. 법률 12709호 개정 내용도 제14조 제1항 제4호만 바뀌었고, 나머지는 동일하다.

급대금을 해당 수급사업자에게 직접 지급하여야 한다.

1. 원사업자의 지급정지·파산 그 밖에 이와 유사한 사유가 있거나 사업에 관한 허가·인가·면허·등록 등이 취소되어 원사업자가 하도급대금을 지급할 수 없게 된 경우로서 수급사업자가 하도급대금의 직접 지급을 요청한 때

2. 발주자가 하도급대금을 직접 수급사업자에게 지급하기로 발주자·원사업자 및 수급사업자 간에 합의한 때

3. 원사업자가 제13조 제1항 또는 제3항의 규정에 의하여 지급하여야 하는 하도급대금의 2회분 이상을 해당 수급사업자에게 지급하지 아니한 경우로서 수급사업자가 하도급대금의 직접 지급을 요청한 때

4. 원사업자가 제13조의2 제1항의 규정에 의한 하도급대금 지급보증의무를 이행하지 아니한 경우로서 수급사업자가 하도급대금의 직접 지급을 요청한 때

(5) 2014. 5. 28. 법률 12709호로 개정된 것

제14조(하도급대금의 직접 지급) ① 발주자는 다음 각호의 어느 하나에 해당하는 사유가 발생한 때에는 수급사업자가 제조·수리·시공 또는 용역수행을 한 부분에 상당하는 하도급대금을 그 수급사업자에게 직접 지급하여야 한다.

1. 원사업자의 지급정지·파산, 그 밖에 이와 유사한 사유가 있거나 사업에 관한 허가·인가·면허·등록 등이 취소되어 원사업자가 하도급대금을 지급할 수 없게 된 경우로서 수급사업자가 하도급대금의 직접 지급을 요청한 때

2. 발주자가 하도급대금을 직접 수급사업자에게 지급하기로 발주자·원사업자 및 수급사업자 간에 합의한 때

3. 원사업자가 제13조 제1항 또는 제3항에 따라 지급하여야 하는 하도급대금의 2회분 이상을 해당 수급사업자에게 지급하지 아니한 경우로서 수급사업자가 하도급대금의 직접 지급을 요청한 때

4. 원사업자가 제13조의2 제1항 또는 제2항에 따른 하도급대금 지급보증 의무를 이행하지 아니한 경우로서 수급사업자가 하도급대금의 직접 지급을 요청한 때

② 제1항에 따른 사유가 발생한 경우 원사업자에 대한 발주자의 대금지급채무와 수급사업자에 대한 원사업자의 하도급대금 지급채무는 그 범위에서 소멸한 것으로 본다.

③ 원사업자가 발주자에게 해당 하도급계약과 관련된 수급사업자의 임금, 자재대금 등의 지급 지체 사실을 입증할 수 있는 서류를 첨부하여 해당 하도급대금의 직접 지급 중지를 요청한 경우, 발주자는 제1항에도 불구하고 그 하도급대금을 직접 지급하지 아니할 수 있다.

2. 1999. 2. 5. 개정 전 하도급법 제14조의 해석론

도급인은 시행령상의 요건이 충족되는 경우에는 원수급인이 아닌 하수급인에게 직접 공사대금 중 하도급공사대금에 상당한 금액을 하수급인에게 지급하고 직접 지급한 부분에 대하여는 공사대금지급채무를 면하였다. 그러나 위 규정이 하도급관계로 인한 채권, 채무를 간명히 함과 동시에 하도급공사대금을 받지 못한 하수급인을 보호하려는 데 입법취지가 있으며, 규정이 임의지급으로 되어 있는 점에 비추어, 이는 도급인의 하도급대금 직불의 근거가 될 뿐이지, 하수급인이 도급인에 대하여 하도급대금을 지급하여 줄 것을 직접 청구할 수 있는 권리를 인정한 것은 아니라고 보는 것이 학설 및 판례였다.[30]

즉 개정 전 하도급법 제14조의 하도급대금의 직접 지급은 발주자에게 주어진 권리에 불과하였다(다만 이 당시에도 당사자들의 합의에 의하여 수급사업자에게 직접청구권을 인정하는 것을 부정할 이유는 없다고 하겠다). 도급인의 원수급인에 대한 대금지급채무는 도급인이 하수급인에게 하도급대금을 직접 지급한 경우에만 그 지급한 한도 내에서 소멸하는 것으로 보았다.

3. 현행 하도급법 제14조의 해석론

(1) 법적 성질

직접지급청구권은 계약의 당사자 아닌 사람이 그 계약의 당사자 일방에 대하여 일정한 관계에 터잡아 채권을 가지는 경우에 그로 하여금 그 채무자가 그의 계약 상대방에 대하여 가지는 계약상 권리를 직접 행사할 수 있게 하는 별도의 권리를 말한다.[31] 이러한 직접지급청구권은 직접적으로 계약관계가 없는 사람에 대한 권리로서 계약의 상대적 효력에 대한 예외에 해당한다('직접소권'). 따라서 원칙적으로 법률이 이러한 권리를 인정하는 경우에만 직접지급청구권이 발생한다. 계약 당사자들이 그러한 권리를 제3자에게 부여하기로 하는 약정, 즉 제3자를 위한 계약에 의하여 제3자가 직접권리를 취득하게 되는 경우는 여기서 말하는 직접지급청구권과는 구별된다.[32]

---

30) 차문호, 앞의 글, 282면; 청주지방법원 1996. 3. 13. 선고 95가합5490 판결 등.
31) 이동진, 하도급법상 직접청구권에 관한 연구, 『법조』 2009. 3.(630호), 95면.
32) 김현석, 『민사판례연구』 XXVII(2005), 347면.

일반적으로 직접지급청구권의[33] 법적 성질에 관하여 직접지급청구권이 발생하면 중간채무자의 제3채무자에 대한 채권은 직접청구권을 행사하는 채권자에게 법률상 이전되고 그 이후에는 중간채무자는 채권자의의 중간채무자에 대한 채권액의 범위에서 제3채무자에 대한 권리를 상실한다고 보는 견해(이전설)와[34] 직접지급청구권의 요건이 충족되면 채권자가 원시적으로 취득하고 중간채무자의 제3채무자에 대한 채권과 독립적으로 병존한다고 보는 견해(병존설)가 있다.[35]

하도급법은 하도급대금 직접지급청구권을 이전설과 유사한 형태로 구성하면서도 채권이 직접적으로 이전되는 방식이 아니라 직접지급청구권의 발생과 원도급대금채권의 소멸이라는 형태로 규정하고 있어서[36] 그 성격을 규정하기가 쉽지 않다. 이전설과 권리의 이전 없이 직접지급청구권한만 부여하는 것으로 보는 입장 등이 주장되고 있다.

(2) 특 징

하도급법상의 직접지급청구권은 법률에 의하여 발생하는 권리로서 원수급인과 도급인의 합의로부터 생겨나는 것이 아니라는 점에서 채권양도나 제3자를 위한 계약과는 다르고, 권리행사의 범위가 도급인과 수급인의 채무의 범위에 한정된다는 점에서 '병존적 채무인수'와 다르다. 또한 하도급계약을 체결하면서 하도급인이 하도급대금을 지급하지 못하는 경우에 대비하여 하도급대금의 지급보증계약을 체결하는 하도급대금 지급보증제도와도 구별된다.

---

33) 우리나라 현행법상 직접청구권이 인정되는 예로는 민법 제630조에 의하여 임대인이 전차인에 대하여 직접권리를 행사하는 경우, 민법 제682조 제2항에 의하여 복위임계약에 의하여 위임인과 복수임인 상호 간에 복위임계약에 따른 권리·의무를 부담하게 되는 경우, 하도급법 제14조에 의하여 하수급인이 원도급인에 대한 하도급공사대금채권을 직접 행사하는 경우, 건설산업기본법 제35조에 의하여 하수급인이 원도급인에 대하여 직접적으로 의무를 부담하는 경우, 상법 제140조에 의하여 운송물이 도착지에 도착한 때에 수하인이 송하인과 동일한 권리를 취득하는 경우, 상법 제724조 제2항에 의하여 책임보험계약에서 피해자가 보험자에 대하여 직접권리를 행사하는 경우, 근로기준법 제43조에 의하여 순차 도급에서 하수급인의 근로자가 임금미지급에 대하여 귀책사유를 가진 직상수급인에게 직접임금지급을 청구하는 경우, 민사소송법 제132조에 의하여 소송구조결정이 난 사건을 대리한 변호사나 집행관이 소송비용의 부담의 재판을 받은 상대방 당사자에 대하여 직접 소송비용상환청구권을 행사하는 경우 등이다.
34) 직접청구권의 발생으로 인한 채권이전에는 일반적인 채권양도와 달리 제3채무자에 대한 통지나 승낙이 필요 없고, 제3자에 대한 대항요건으로서 확정일자를 요하지 아니하게 된다. 직접청구권을 인정하는 법규정은 채권양도에 관한 민법규정의 특별법에 해당한다. 김현석, 『민사판례연구』 XXVII(2005), 359면.
35) 이러한 견해의 대립은 하수급인의 입장에서는 도급인이 하수급인에게 먼저 변제하는가, 원수급인에게 먼저 변제하는가에 따라 실질적인 이행관계가 달라지게 된다.
36) 김현석, 『민사판례연구』 XXVII(2005), 380면.

4. 직접지급청구권의 발생요건

⑴ 하도급법 제1, 2조에 해당하는 법률관계가 존재할 것

하도급법 제2조 제1항, 제9조에 의하면 직접지급청구권의 대상이 되는 하도급거래는 수급인이 도급인으로부터 제조위탁, 수리위탁, 건설위탁 또는 용역위탁을 받은 것을 하수급인에게 다시 위탁을 하고, 이를 위탁받은 하수급인이 위탁받은 것을 제조, 수리하거나 시공하여 이를 도급인에게 납품 또는 인도하고 그 대가를 수령하는 행위이다. 그중 제조위탁의 경우 하도급법 시행령 제2조 제6, 7항의 규정상 단순한 자재 납품업자는 이에 해당하지 아니한다.[37]

수급인과 하수급인은 하도급법 제2조 제2, 3항 및 같은 법 시행령 제2조에 따른 하도급법의 적용범위에 포함되어야 한다.[38] 재하수급인도 수급인에게 직접청구를 할 수 있음은 의문이 없다. 다만 수급인을 건너뛰고 도급인에게 도약적인 직접청구를 할 수 있는지는 문제인데, 하급심 판결은 부정하는 입장이 많다.

도급인이 하도급계약 내지 하수급인을 승인한 경우에 한하여만 직접지급청구권이 발생하는가? 도급계약에서 수급인은 그가 도급받은 일을 완성하기만 하면 되므로 하수급인을 사용하는 것이 원칙적으로 허용된다 할 것이어서, 특약이 없는 한 승인을 요구할 것은 아니다. 다만 건설산업기본법 제31조 제2항 규정과 관련하여 도급인이 특정 하수급인의 배제를 요청한 바 있다면 그 하수급인에 대하여는 도급인이 직접지급의무도 지지 아니한다고 보는 것이 공평할 것이다.

⑵ 원도급공사대금채무 및 하도급공사대금채무의 존재

하도급법 제14조 제1항이 하도급대금을 직접 지급하여야 한다고 정하고 있고, 같은 조 제4항, 같은 법 시행령 제9조 제3항이 도급인은 '수급인에 대한 대금지급의무'의 범위 안에서 하도급대금 직접지급의무를 부담한다고 하고 있으므로,

---

37) 발주자가 규격 등을 지정한 도면, 시방서 등에 의하여 주문한 물품을 제조하여 납품한 경우가 제조위탁에 해당한다(서울고등법원 2017. 8. 25. 선고 2017나2017175 판결). 다만 레미콘은 이러한 조건에 관계없이 하도급법 시행령 제2조 제5항에 의하여 제조위탁에 해당하는 것으로 규정되어 있다.

38) 앞의 제1절 Ⅳ. 1. 하도급법의 적용범위 참조. 수급인의 연간매출액이 시행령상의 기준을 초과하지는 아니하나 도급능력과 작업수행능력은 이를 초과한다는 하수급인의 주장에 대하여, 하도급법의 제정목적과 당해 업계의 업체 규모 등의 특성을 고려하여 직접청구에 관한 규정을 유추적용할 수 없고, 도급자가 수급자가 하도급법상 요건에 해당하지 아니함을 알면서 그 도급능력과 작업수행능력을 믿고 도급계약을 체결하였다 하더라도, 수급자가 부도가 난 경우 수급자 요건이 충족되지 아니하였음을 이유로 하도급대금의 지급을 거절하는 것이 신의칙에 반하는 것도 아니라고 할 것이다(서울중앙지방법원 2006. 11. 7. 선고 2006가합2983 판결 참조).

원도급공사대금 및 하도급공사대금의 존재 역시 당연한 요건이다. 직접청구할 수 있는 권리는 원도급공사계약 및 하도급공사계약의 범위 내(정확하게는 하수급인이 시공한 부분 이내)로 한정된다. 따라서 하수급인은 하도급공사대금액과 자신이 맡은 부분의 공사완성 사실(완성하지 못한 경우에는 기성고) 및 원도급공사대금을 증명하여야 한다.

직접지급청구는 기성고에 따른 하도급채권이 구체적으로 발생할 것을 전제로 하므로 아직 시공하지 않은 부분에 상당하는 하도급대금의 직불 요청은 효력이 없다.[39]

또한 직접지급청구를 할 당시에 수급인이 도급인에 대하여 공사대금채권을 청구할 수 있어야 한다. 직접지급청구시에 도급공사대금의 변제기한이 도래해야 하고, 도급인의 거절항변에 대하여 대항할 사유가 있어야 한다. 도급인이 하수급인에게 지급하는 하도급대금은 도급인의 수급인에 대한 대금지급의무의 범위 내에서만 인정되므로[40] 당해 공사대금이 그때 이미 정산되어 지급되었다면 하수급인은 하수급인은 도급인에 대하여 직접지급청구를 할 수 없다. 그럼에도 불구하고 도급인이 직접 지급의무가 있는 것으로 착오를 일으켜 하수급인에게 하도급대금을 지급한 경우에는 도급인이 하수급인을 상대로 부당이득반환청구를 할 수 있다.[41]

또한 도급인은 직접지급요청 이전에 수급인에 대하여 대항할 수 있는 사유로써 하수급인에 대하여 대항할 수 있다. 수급인이 하자보수보증금예치약정을 위반하였을 때 도급인은 위 불예치를 이유로 동시이행의 항변권을 행사하여 직불 청구를 거부할 수 있다.[42] 직접지급청구권은 도급인에게 도급대금채무를 넘는 새로운 부담을 지우지 않는 범위 내에서 하수급인의 요청에 따라 그가 시공한 부분에 상당한 하도급대금채무에 대한 직접지급의무를 부담하게 함으로써 하수급인을

---

39) 신종렬, "하도급대금 직접지급청구권," 『대법원판례해설』 91호 637면. 대법원 2007. 11. 29. 선고 2007다50717 판결; 대법원 2008. 2. 29. 선고 2007다54108 판결 참조.

40) 대법원 2005. 7. 28. 선고 2004다64050 판결; 다만 위 대금은 하수급인이 시공한 특정 공사에 한정되므로 도급인이 위 부분의 공사대금을 이미 수급인에게 모두 지급하였다면 다른 공정의 공사대금이 미지급되었더라도 하수급인은 이를 청구할 수 없다(대법원 2011. 4. 28. 선고 2011다2029 판결).

41) 대법원 2017. 12. 13. 선고 2017다242300 판결.

42) 대법원 2004. 12. 9. 선고 2003다59051 판결: 발주자와 원수급인이 공사도급계약을 체결하면서 원수급인이 공사대금을 지급받을 때까지 발주자에게 하자보수보증금을 예치하기로 약정하는 경우, 특별한 사정이 없는 한 원수급인의 하자보수보증금채무는 발주자의 공사대금채무와 동시이행관계에 놓이게 된다.

원수급인 및 그 일반채권자에 우선하여 보호하고자 함에 그 취지가 있는 것이기 때문이다.

한편 도급인은 직접지급청구시까지 발생한 수급인이 하도급인에 대하여 가지는 항변을 이유로 직접지급청구를 거절할 수 있으나, 이때 하도급공사대금 변제기의 도래나 수액의 확정까지 요구하는 것은 아니다. 직접지급의 요청에 일정한 권리 보전이나 항변차단의 효력이 있고, 권리 보전은 공사대금의 변제기가 도래하기 전이라도, 또 그 수액의 확정되기 전이라도 필요한 경우가 있을 수 있기 때문이다.

하도급공사대금의 변제기가 도래하지 않았다고 하더라도 직접지급요청으로 인한 권리변경 또는 소멸은 직불요청 시에 발생한다. 도급인은 하도급대금의 변제기 미도래를 이유로 하수급인에게 지급을 거절할 수 있을 뿐이고 권리의 귀속을 부정할 수 없다. 다른 직불요청자나 가압류권자도 선행 직불요청자에게 대금지급시기의 미도래를 이유로 권리의 귀속을 부정할 수 없다. 이는 채권양도의 경우 이행기가 미도래한 채권도 채권양도 통지 시점에 대항력을 취득하는 것과 같은 구조이다.

 판례

도급인이 착오로 하수급인에게 공사대금을 직접 지급한 경우 부당이득반환청구의 가능여부 [대법원 2017. 12. 13. 선고 2017다242300 판결]

하도급법의 입법 취지를 고려하면 특별한 사정이 없는 한 발주자로서는 하도급법 시행령 제9조 제3항에 따라 원사업자에 대한 대금지급의무를 한도로 하여 하도급대금의 직접지급의무를 부담한다고 해석함이 타당하다. 또한 건설산업기본법 제35조 제7항, 건설산업기본법 시행규칙 제29조 제3항에 의하면, 수급인이 건설산업기본법 제32조 제4항, 제35조 제2항 제4호에 따라 건설기계 대여업자에게 건설기계 대여대금을 직접지급하는 경우에도 하도급법 제9조 제3항이 준용되므로, 특별한 사정이 없는 한 발주자로서는 수급인에 대한 대금지급의무를 한도로 하여 직접지급의무를 부담한다고 보아야 한다.

따라서 발주자가 하도급법 제14조 제1항 제1호 또는 건설산업기본법 제32조 제4항, 제35조 제2항 제4호에 따라 수급사업자나 건설기계 대여업자(이하 '수급사업자 등'이라 한다)로부터 하도급대금 또는 건설기계 대여대금(이하 '하도급대금 등'이라 한다)의 직접지급을 요청받을 당시 원사업자 또는 수급인에 대한 대금지급채무가 이미 변제로 소멸한 상태인 경우 발주자의 수급사업자 등에 대한 직접지급의무는 발생하지 아니한다. 그럼에도 발주자가 수급사업자 등에 대한 직접지급의무가 발생하였다고 착오를 일으킨 나머지 수급사업자 등에게 하도급대금 등을 지급하였다면, 이는 채무자가 아닌 제3자가 타인의 채무를 자기의 채무로 잘못 알고 자기 채무의 이행으로서 변제한 경우에 해당하므로, 특별한 사정이 없는 한 발주자는 수급사업자 등을 상대로 부당이득반환을 청구할 수 있다.

(3) 하도급법상 직접지급사유의 발생

하도급법 제14조 제1항 제1 내지 4호에 기재된 대로 하수급인을 보호할 사유가 발생해야 한다.

위 1호 사유에 관하여 회생절차(구법상 회사정리절차개시),[43] 당좌거래중지 내지 부도 등은 이에 해당한다고 보나[44] 하수급인의 인부가 임금을 지급받지 못하였다는 이유로 농성을 벌이는 등, 사실상의 지급불능 또는 사실상의 부도로 인한 휴면상태가 발생한 경우는 해당하지 않는다고 본다.

하도급법 제14조 제2호 사유인 '도급인과 수급인 사이에 직접지급의 합의'에 관하여 논란이 있다. 이러한 합의에는 도급인이 하수급인에 대한 직접지급합의를 하고서도 수급인에게도 공사대금지급의무를 부담하는 '병존형' 합의와 수급인에 대한 공사대금지급의무를 배제한 '배타형' 합의가 있다. 병존형 합의가 항변차단의 범위 등 3자관계의 처리에 합리적인 측면이 있지만, 하도급법이 위와 같은 사유가 발생한 경우 수급인에 대한 도급인의 대금지급채무와 하수급인에 대한 수급

---

43) 영세한 수급사업자의 보호를 위해 원사업자가 파산한 경우에 인정되는 이러한 직접청구제도가 원사업자에 대하여 회사정리절차가 개시된 경우라 하여 배제될 이유는 없는 것이므로(특히 회사정리절차에 있어서는 채권자가 회사재산에 대하여 가지는 청산가치 이상의 변제가 보장되어야 한다는 점에서 보더라도, 수급사업자가 원사업자의 파산의 경우보다 불리하게 취급되어서는 안 된다), 원사업자에 대하여 회사정리절차가 개시된 경우 '정리채권에 관하여는 정리절차에 의하지 아니하고 변제하거나 변제받거나 기타 이를 소멸하게 할 행위(면제를 제외한다)를 하지 못한다'고 정한 구 회사정리법(2005. 3. 31. 법률 제7428호 채무자 회생 및 파산에 관한 법률 부칙 제2조로 폐지) 제112조의 규정에 의하여 하도급법 제14조의 적용이 배제되어야 한다고 볼 수 없다: 대법원 2007. 6. 28. 선고 2007다17758 판결.

44) 공사 중단 후 공사재개 전에 수급인의 건설업등록이 말소되어 직권 폐업되었음에도 도급인이 공사재개를 허용하여 이를 믿고 그 수급인 밑에서 공사를 진행한 하수급인의 경우인데, 이러한 경우 이미 공사재개 전에 등록취소된 것이므로 시행령에서 예정하고 있는 사안이 아님에도 하수급인의 신뢰를 보호하기 위하여 직접 청구를 인정한 예가 있다(부산지방법원 동부지원 2003. 8. 28. 선고 2001가합3749 판결).

인의 하도급대금 지급채무는 그 범위에서 소멸한 것으로 보므로$\binom{\text{하도급법 제}}{\text{14조 제2항}}$ 배타형 합의로 볼 수밖에 없다. 또한 위 합의는 '직접 지급할 수 있다'는 뜻의 합의로는 부족하고 도급인이 '직접 지급할 의무를 진다'는 뜻의 합의가 요구된다.

그런데 위 합의가 있을 때 하도급계약에서 정해진 공사대금 전액에 관하여 직접청구권이 발생하는지, 아니면 시공한 부분만 직접청구권이 발생하는지가 문제된다(제1, 3, 4호의 사유에는 직접지급요청시를 기준으로 하여 하수급인이 시공한 부분만 직접지급청구가 가능함은 의문이 없다). 문면상으로 보면 3자합의가 성립된 이상, 하도급계약금액 전액에 관하여 직접지급청구권이 발생한 것으로 볼 여지가 있다.

대법원은 "도급인이 하도급대금을 직접 하수급인에게 지급하기로 도급인·수급인 및 하수급인 간에 합의한 경우에, 도급인은 바로 그 하도급대금 전액을 해당 하수급인에게 직접 지급할 의무가 발생하는 것이 아니라, 하수급인이 시공한 분에 상당하는 하도급대금을 해당 하수급인에게 직접 지급할 의무가 발생하는 것이고 그 범위 내에서 도급인의 수급인에 대한 대금지급채무가 소멸한다고 해석함이 상당하다"고 판시하였다.[45]

하도급법 제14조 제1항 제1 내지 4호의 각 사유는 각 요건이 다르므로 독립적인 것으로 보아야 한다. 대법원은 하수급인이 직접지급합의를 근거로 도급인에게 직접 청구를 하였다가 나중에 위 직접 청구에 제3호에 따른 직접지급요청이 포함되어 있다고 주장하는 것은 허용될 수 없다고 판단하였다.[46]

⑷ 하수급이 도급인에 대하여 직접지급을 요청할 것

하도급법 제14조 제2호의 경우는 직접지급요청을 하지 않아도 직접지급청구권이 발생하지만 제14조 제1, 3, 4호의 경우는 하수급인이 도급인에 대하여 직접지급을 요청할 것을 요건으로 하고 있다.[47] 지급요청시기를 명시적인 기준으로 삼아, 도급인은 원수급인에게 원공사대금을 지급하지 않도록 하고, 동시에 하수급인은 원수급인에 대한 청구권을 포기하고 그 대신 도급인에게만 대금을 청구하기로 하는 선택권을 행사하는 것이다. 그러므로 하수급인은 직접지급요청의 의사표시가 도급인에게 도달하였음을 입증해야 하며, 직접지급요청은 소장송달로 갈음할 수도 있다.

---

45) 대법원 2008. 2. 29. 선고 2007다54108 판결.
46) 대법원 2017. 4. 26. 선고 2014다38678 판결.
47) 대법원 2017. 4. 26. 선고 2014다38678 판결.

직접지급요청에 중대한 효력이 부여되는 이상 그 절차에 형식적인 엄격함이 필요하다. 그 내용상 적어도 어떤 하수급인이 무슨 공사에 관하여 직접청구권을 주장하는 것인지는 밝혀야 하지만 구체적인 직접지급사유까지 명시할 필요는 없다.[48)49)]

직접지급요청은 하수급인이 하여야 하지만, 수급인이 하수급인의 위임을 받아 하수급인을 위하여 도급인에게 직접지급요청을 할 수도 있다. 이 경우에 수급인이 하수급인에게서 대리 또는 위임 받은 사실을 명확하게 밝혀야 하고 단순히 자기 명의로 하는 것은 효력이 없음을 주의하여야 한다. 직접지급요청은 의사표시가 도급인에게 도달한 때부터 효력이 발생하고, 그 의사표시에 관하여 확정일자 등의 특별한 방식이나 대항요건은 갖출 필요가 없다. 그러나 권리관계를 명확히 하기 위하여 직접 지급요청서나 직불 합의서에 확정일자를 받아 처리하는 것이 안전하다.

(5) 발생요건의 판단 기준시점

하수급인이 도급인에 대하여 하도급공사대금의 직접지급을 구할 수 있는 권리가 발생하는지 여부, 즉 수급인이 지급정지·파산 그 밖에 이와 유사한 사유 등으로 하도급공사대금을 지급할 수 없게 되었는지 여부 등에 관하여는 하수급인의 의 직접지급요청의 의사표시가 도급인에게 도달한 시점, 또는 직접지급합의시점을 기준으로 판단하여야 한다.[50)]

따라서 도급인은 하수급인에 대하여, 이 시점을 기준으로 하여 수급인에 관하여 그 이전에 발생한 동시이행, 변제, 상계 등 모든 항변으로 대항할 수 있다. 수급인과 하수급인 사이에 그 시점 이전에 발생한 사유도 마찬가지로 항변할 수 있다. 그러나 위 시점 이후에 발생한 사유는 도급인이 하수급에 대하여 대항할 수 없다. 이러한 항변차단과 처분금지효력 때문에 위 기준시점은 실무상 중요한 기능을 한다.

---

48) 부산지방법원 동부지원 2003. 8. 28. 선고 2001가합3749 판결 참조.
49) 하수급인이 하도급법 제14조 제1항에서 말하는 하도급대금의 직접지급을 요청하였는지는 하수급인의 도급인에 대한 요청 내용과 방식, 하수급인이 달성하려고 하는 목적, 문제 되는 직접지급사유와 하도급대금의 내역, 하도급대금의 증액 여부와 시기, 직접지급제도의 취지, 도급인·수급인·하수급인의 이해관계, 직접지급의 요청에 따르는 법적 효과와 이에 대한 예견가능성 등을 종합적으로 고려하여 판단하여야 한다: 대법원 2017. 4. 26. 선고 2014다38678 판결.
50) 대법원 2009. 3. 12. 선고 2008다65839 판결.

⑹ 2004. 1. 20. 개정 법률 중 '3자합의' 규정의 문제

하도급법의 개정과정 중 2004. 1. 20. 개정 법률은 제14조 제2호의 경우에 3자 간 직불합의 외에 하수급인의 직접지급요청이 있어야 직접지급청구권이 발생하도록 규정하였다. 이는 종전 법규정과 배치되는 것으로 건설현장에 상당한 혼란이 야기되었고 일부 하급심에서도 제2호의 직접청구권은 '합의'로 발생하는 것이지 별도로 직접지급요청은 요건이 아니라거나, 직불합의 자체에 직접지급의 요청이 포함되어 있다고 판시한 예가 있었다. 대법원은 제2호의 직접청구권의 요건으로 별도의 직접지급의 요청이 필요하고, 직불합의에 직접지급의 요청 의사표시가 포함되어 있다고 볼 수 없다고 판시하였다.[51]

그러나 위 개정 법률은 2007. 7. 19. 재개정되어 이전 상태로 돌아갔고, 이러한 점에 비추어 위 대법원 판결을 계속 유지하는 것이 옳은지 의문이다.[52] 실무상 위 개정법률이 적용되는 기간에 대하여는 3자합의시 직접지급청구권의 발생요건이 달라지므로 주의를 요한다.

---

51) 구 하도급거래 공정화에 관한 법률(2007. 7. 19. 법률 제8359호로 개정되기 전의 것) 제14조 제1항의 문언상 발주자·원사업자 및 수급사업자의 3자 간에 하도급대금의 직접 지불이 합의된 경우라도 수급사업자가 하도급계약에 따른 공사를 시행하고 발주자에게 그 시공한 분에 상당하는 하도급대금의 직접 지급을 요청한 때에 비로소 수급사업자의 발주자에 대한 직접지급청구권이 발생함과 아울러 발주자의 원사업자에 대한 대금지급채무가 하도급대금의 범위 안에서 소멸하는 것으로 해석하여야 하므로, 이와 달리 수급사업자의 하도급공사 시행 및 발주자에 대한 시공한 분에 상당한 하도급대금의 직접 지급요청이 있기도 전에 3자 간 직불합의만으로 즉시 발주자의 원사업자에 대한 대금지급채무가 하도급대금의 범위 안에서 소멸한다고 볼 수는 없다. (또한) 수급사업자가 하도급공사를 시행하기도 전에 발주자·원사업자 및 수급사업자의 3자 간 직접지불합의가 먼저 이루어진 경우 그 합의 속에 아직 시공하지도 않은 부분에 상당하는 하도급대금의 직접 지급요청 의사표시가 미리 포함되어 있다고 볼 수 없다: 대법원 2007. 11. 29. 선고 2007다50717 판결; 대법원 2014. 11. 13. 선고 2009다67351 판결.

52) 2004. 1. 20. 법 개정시 종전에 시행령에 규정되었던 위의 직접 지급사유를 법 제14조에 편입하면서 수급사업자가 발주자에게 '직접 지급을 요청'하여야 한다는 문구를 2호 사유에 관하여도 적용하도록 한 것이 문제의 원인이다. 건설현장의 실무나 재판실무상 갑작스러운 법 개정으로 혼란이 심해져 민원이 제기되자 국회는 뒤늦게 2007. 7. 19. '직접 지급 요청' 부분을 원래와 같이 1호 사유에 삽입함으로써 제14조를 다시 개정하였다. 3년 만에 원상복귀한 것이다. 2004년 법 개정에 관한 국회심사보고서에도 '발주자가 수급사업자에게 하도급대금을 직접 지급하여야 하는 사유를 구체적으로 규정하고, 이 경우 원사업자는 직접지급에 필요한 조치를 이행하도록 함'이라는 기재밖에 없던 점에 비추어 2004년의 법 개정은 오류 내지 판단 착오임이 명백하다. 이 사안은 국회의 입법 능력과 수준이 얼마나 낙후되어 있는지를 보여주는 쓸쓸한 예이기도 하다. 2004년 개정규정이 나름대로 합리적이라는 일부 의견도 있으나, 이 입장은 3년 만에 다시 법이 이전과 같이 복귀된 이유를 설명하지 못한다.

5. 직접지급청구권의 효력

(1) 도급대금 및 하도급대금 지급채무의 소멸

직접지급청구권이 발생하면 도급인이 직접지급의무를 부담하게 되는 부분에 해당하는 수급인의 도급인에 대한 공사대금채권이 동일성을 유지한 채 하수급인에게 이전된다.[53] 따라서 도급인은 하수급인에게 하도급대금을 직접 지급하여야 할 의무를 지는 한편, 수급인에 대한 도급대금지급채무와 수급인의 하수급인에 대한 하도급대금지급채무는 그 범위 안에서 소멸한다(하도급법 제14조 제2항).[54]

그런데 도급인의 수급인에 대한 도급대금지급채무의 소멸시점에 관하여는 하도급법 제14조의 문면을 둘러싸고 견해가 대립되었다. ① 현실적으로 권리관계의 명확성을 위하여 도급인이 하수급인에게 하도급대금을 지급한 때로 보는 견해(실제 지급시설)와 ② 하도급법 제14조 제2항에서 "제1항의 사유가 발생한 경우 도급인의 수급인에 대한 도급대금지급채무와 수급인의 하수급인에 대한 하도급대금지급채무는 그 범위 안에서 소멸한 것으로 본다"고 규정한 것을 근거로 제1항의 사유가 발생한 때로 보는 견해(직접지급청구시 또는 합의시설)가 제기된다.

대법원 2003. 9. 5. 선고 2001다64769 판결은 "하도급법 제14조와 같은 법 시행령 제4조 제1항 제1호의 규정상, 수급인의 부도로 수급인이 하도급대금을 지급할 수 없어 하수급인이 도급인에게 하도급대금의 직접지급을 요청하면 도급인은 하수급인에게 하도급공사대금을 직접 지급하여야 할 의무를 지는 한편 도급인의 수급인에 대한 대금지급채무와 수급인의 하수급인에 대한 하도급대금지급채무는 지급된 범위 안에서 소멸한다"고 판시하여 전자의 입장에 선 듯하였다.

그러나 대법원 2008. 2. 29. 선고 2007다54108 판결은 후자의 견해를 취하였다.[55] 실제지급시설이 권리관계를 명확히 할 수 있어서 분쟁을 막는 이점이 있지만, 직접지급청구에 의한 항변차단 및 처분금지의 효력이 실제지급시점까지 미루어지게 되어 하수급인의 보호에는 부족한 점이 있어서 입법취지상 후자가 타당하

---

53) 대법원 2010. 6. 10. 선고 2009다19574 판결.

54) 이와 같은 법적 효과에 대하여 갱개설, 권리이전설, 채권양도설 등의 이론적 구성이 제기되고 있다. 대법원은 직접청구권의 발생으로 권리이전이 일어난 것은 아니라고 하였으나(대법원 1997. 12. 12. 선고 97다20083 판결; 대법원 2003. 4. 22. 선고 2001다20363 판결) 그 근거는 명확하지 않고, 오히려 권리이전으로 보는 것이 합리적이라는 주장이 있다. 이동진, 앞의 글 106면.

55) 대법원 2007. 11. 29. 선고 2007다50717 판결도 같은 취지.

다고 보겠다.[56]

(2) 수급인의 채권자에 의한 (가)압류와의 우선관계

수급인이 지급불능상태에 빠져서 하수급인이 도급인에 대하여 직접지급청구를 하였으나, 이미 그 이전에 수급인의 다른 채권자가 수급인의 도급인에 대한 공사대금채권에 대하여 압류나 가압류를 한 경우가 많다. 건설실무상 이러한 경우가 매우 흔하여 양자의 우열관계가 자주 문제된다.

이에 관하여 ① 압류채권 존속설(압류채권자 우선설),[57] ② 압류채권 소멸설(하수급인 우선설), ③ 절충설(하도급계약이 체결된 이후에 압류된 채권 부분만 소멸)이 대립된다. 이는 이론이 아니라, 하수급인의 직접지급청구권을 어느 범위까지 우선적으로 취급할 것이냐는 정책적 결단의 문제라고 하겠다. 직접지급청구권의 발생사유로 파산 등이 규정된 취지는 수급인을 위하여 특정 공사를 시공한 하수급인을 수급인의 일반 채권자에 불과한 압류채권자보다 보호할 필요가 크다는 데 있으므로 이러한 취지에 비추어 압류의 시점에 관계없이 항상 하수급인이 압류채권자보다 우선해야 한다는 것이 ②설의 근거이다.

대법원 2003. 9. 5. 선고 2001다64769 판결은 ① 압류채권 존속설을 택하였다. 하도급대금의 직접지급제도가 하수급인을 보호하고 공사의 원만한 수행과 부실공사 등을 방지하기 위한 국민경제적 요청에 부응하는 것이라고 하더라도 수급인의 제3채권자의 이익이 무한정 희생되어서는 안 될 것이고 그들이 입는 불이익은 가능한 최소한에 그쳐야 하는 점, 하도급거래의 현실을 보면 수급인의 제3채권자도 대부분 영세사업자들로 이루어져 있어 그 보호의 필요성에 있어서는 하수급인인 수급사업자에 못지않은 경우가 많은 점을 종합할 때, 하도급법 제14조에 있어서 도급인의 직접지급은 원칙적으로 하수급인이 하도급대금의 직접지급을 요청한 시점을 기준으로 하수급인의 보호를 달리 하는 것이 최선의 방책일 것이므로[58] 대법원의 입장이 옳다고 본다.[59]

---

56) 이와 별개로 하수급인의 수급인에 대한 하도급대금채권은 하수급인이 실제로 공사대금을 지급받을 때까지 존속한다고 보아야 한다는 입장이 있다. 직접지급청구시를 기준으로 할 경우 하수급인의 지위가 오히려 취약해진다는 것이 주된 논거이다(이동진, 앞의 글 109면). 그러나 합리성이 있다고 하여도 이는 법문에 명백히 반하여 취하기 어렵다고 본다.

57) 이동규, 하도급거래공정화에 관한 제도, 권오승 편, 공정거래법강의 II, 2000, 519면.

58) 이준현, 하도급거래에 있어서 수급사업자의 발주자에 대한 하도급대금 직접지급청구권, 법조 2007. 2. (605호) 74면.

59) 대법원 2014. 11. 13. 선고 2009다67351 판결; 대법원 2017. 12. 5. 선고 2015다4238 판결.

따라서 하도급법 제14조 제1항 제1호, 3호 및 4호의 사유가 발생한 경우, 수급인의 제3채권자가 수급인의 도급인에 대한 공사대금채권에 대하여 (가)압류하였더라도, 이러한 (가)압류의 통지가 제3채무자인 도급인에게 하수급인이 하도급대금의 직접지급을 요청한 이후에 송달되었다면, 이러한 (가)압류는 하도급법 제14조 제2항에 의해 이미 소멸한 채권을 그 대상으로 한 것이므로 그 효력이 없다. 그 결과 도급인은 하도급대금의 직접지급을 요청한 하수급인에게 이를 지급하고 나머지가 있을 경우에 그 부분만 (가)압류의 대상이 된다. 반면에 수급인의 공사대금채권에 대하여 (가)압류 통지가 수급사업자가 하도급대금의 직접지급을 요청하기 전에 이루어졌다면 이는 유효하고, 도급인은 하수급인에게 (가)압류된 범위의 하도급대금을 지급할 수 없다.[60]

한편 하도급법 제14조 제1항 제2호의 3자합의가 이루어진 경우에는 합의와 함께 이미 수급인의 채권은 소멸되므로 그 이후에 이루어진 (가)압류는 그 효력이 없다.[61]

그런데 소송실무상 직접 지급요청이나 합의가 실제로 일어난 날을 어떻게 확정할 지를 둘러싸고 다툼이 잦다. 하수급인과 도급인 등 당사자 사이에서 (가)압류채권자를 무력화시키기 위하여 허위의 통모를 하는 경우가 있기 때문이다. 채권양도의 통지나 승낙과 같이 직접 지급요청서에 확정일자를 받는 것이 안전하다.

---

60) 압류가 있은 후 이에 저촉되는 집행채무자(도급인)의 처분은 절대적으로 무효가 되는 것은 아니고 처분행위의 당사자 사이에서는 유효하며 다만 그 집행보전의 목적을 달성하는 데 필요한 범위 안에서 압류채권자에 대한 관계에서 대항하지 못할 뿐이다(상대적 효력설). 따라서 도급채권에 대한 제1압류, 직불 청구나 직불합의, 도급채권에 대한 제2압류 순으로 진행되면 도급대금채권은 제1압류자에 대한 관계에서만 소멸하지 않고 제2압류채권자관계에서는 소멸하게 된다. 이러한 경우의 구체적 배당 관계는 채권집행절차에 따라 살펴야 한다. 이상현, "하도급법상 직불청구권과 건산법상 직불청구권," 『법조』(통권 680호, 2013. 5.) 135면 이하 참조.

61) 채무자(공사도급인) 갑과 집행채무자(공사수급인) 을 사이에 갑의 을에 대한 공사금채무의 범위 내에서 공사에 필요한 물품의 납품대금을 을 대신 납품업자인 병에게 직접 지급하기로 합의하고 이에 따른 납품이 이루어진 경우 갑은 그 물품대금을 지급하기 전이라 해도 위 합의를 이유로 공사금의 지급을 거절할 수 있다고 할 것이고, 그 납품이 집행채권자 정의 신청에 의한 을의 갑에 대한 위 공사금 채권에 관한 전부명령의 송달 전에 이루어진 경우 갑이 그 대금을 지급하기 전이라도 전부채권자인 정에게 대항할 수 있다: 대법원 1990. 4. 27. 선고 89다카2049 판결.

판례

수급인의 도급인에 대한 공사대금채권이 가압류된 이후에 하수급인이 도급인에게 직접지급청구한 경우의 효력 [대법원 2017. 12. 5. 선고 2015다4238 판결]

　　하도급법에 직접지급사유 발생 전에 이루어진 강제집행 또는 보전집행의 효력을 배제하는 규정은 없으므로, 하도급법 제14조에 의한 하도급대금 직접지급사유가 발생하기 전에 원사업자의 제3채권자가 원사업자의 발주자에 대한 채권에 대하여 압류 또는 가압류 등으로 채권의 집행보전이 된 경우에는 그 이후에 발생한 하도급공사대금의 직접지급사유에도 불구하고 그 집행보전된 채권은 소멸하지 아니한다. 따라서 위와 같이 압류 등으로 집행보전된 채권에 해당하는 금액에 대하여는 수급사업자에게 직접지급청구권이 발생하지 아니한다(대법원 2014. 11. 13. 선고 2009다67351 판결 등 참조).

　　이러한 압류 등 집행보전과 하도급법상 직접지급청구권의 관계에 관한 법리는 원사업자의 재산을 둘러싼 여러 채권자들의 이해관계 조정의 문제를 법률관계 당사자의 지위에 따라 상대적으로 처리하기보다는 이를 일률적으로 간명하게 처리하는 것이 바람직하다는 점을 고려하여 인정되는 것이므로, 가압류 또는 압류명령의 당사자 사이에서만 상대적으로 발생하는 것이라고 볼 수 없다(대법원 2016. 9. 23. 선고 2015다201107 판결 등 참조). 또한 이러한 법리는 원사업자의 발주자에 대한 채권에 관한 가압류 등이 수급사업자의 원사업자에 대한 하도급대금채권의 실현을 위하여 이루어진 경우에도 마찬가지로 적용된다고 보아야 한다. 즉 하도급법 제14조에 의한 하도급대금 직접지급사유가 발생하기 전에 오로지 수급사업자의 신청에 의해서만 원사업자의 발주자에 대한 공사대금채권이 가압류된 경우 등에도, 그 직접지급사유 발생 전에 그 가압류 등에 따른 집행보전의 효력이 집행해제나 집행취소 등의 사유로 실효되지 않는 한, 그 집행보전된 채권은 소멸하지 아니하고 수급사업자의 발주자에 대한 직접지급청구권도 발생하지 아니한다.

(3) 도급인의 하수급인에 대한 직접지급의무의 범위

　　도급인의 하수급인에 대한 직접지급의무가 성립하였을 경우에 그 범위에 대하여는 두 가지 입장이 대립되었다. 도급인의 직접지급의무의 범위를 도급인이 수급인에게 지급해야 할 공사대금 전체를 기준으로 보는 견해와 하수급인 시공한 공사대금 부분에 특정하여 한정하는 견해가 그것이다. 대법원은 "특별한 사정이 없는 한 도급인의 수급인에 대한 대금지급의무를 한도로 하여 해당 하수급인이 제조·수리·시공 또는 용역수행을 한 부분에 상당하는 하도급대금에서 도급인이 수급인에게 이미 지급한 기성공사대금 내역 중 해당 하수급인의 하도급공사 부분의 금액을 공제한 금액이라고 보아야 한다"고 판시하여 후자의 입장을 택하였다.[62] 도급인의 하수급인에 대한 직접지급의무의 범위는 하수급인이 '하도급 받은 당해 공사에 관하여' 도급인이 수급인에게 부담하는 공사대금으로 한정된다고 본 것이다. 하수급인의 공사를 기준으로 하여 하수급인의 직접지급청구권을 합리적인 한도 내에서 제한하였다는 의미가 있다. 그러나 공사현장에서 도급인이 수급인에게 기성고에 따른 공사대금 지급을 공정별로 하지 않고 일괄적으로 하는 경우가 많아서 재판실무상 이와 같은 공정별 지급에 관하여 입증에 어려움이 적지 않다.

⑷ 직접지급을 요청한 하수급인들이 여러 명인 경우의 우선관계

하도급법은 도급인에게 하도급대금의 직접지급사유가 발생하여 이를 요청한 하수급인이 여럿인 경우 그들 사이의 관계를 정하는 명시적인 규정을 두고 있지 않다. 이 경우 ① 직접지급요청자 모두를 평등하게 취급해야 한다는 견해와 ② 하도급대금의 직접지급을 요청한 의사표시가 도급인에게 먼저 도달한 하수급인을 우선해야 한다는 견해로 나누어진다.

①설은 하도급법의 위 규정은 (가)압류채권자 등 일반채권자들보다 공사도급계약 등의 하수급인을 우선적으로 보호하도록 하는 규정일 뿐 그 하수급인이 수인인 경우 그들 사이의 우열관계를 정하는 규정이 아니므로 채권자평등의 일반원칙에 따라 그들을 동등하게 대우해야 한다고 주장한다.

그러나 이럴 경우 압류·가압류권자 등 일반채권자들과 각 하수급인들 사이의 법률관계를 불필요하게 복잡하게 하고, 도급인이나 하수급인들의 법률상 지위를 불안하게 할 위험이 크다. 이런 점에서 공사대금의 직접지급을 요청하는 의사표시가 도급인에게 도달한 시점을 기준으로 하여 선착순으로 하수급인들 사이의 우선순위를 정해야 한다는 ②설이 더 합리적이라고 본다. 또한 하도급법 시행령

62) 대법원 2011. 4. 28. 선고 2011다2029 판결; 대법원 2011. 7. 14. 선고 2011다12194 판결: 도급인이 수급인에게 71억에 전체 공사를 맡겼고, 수급인은 하수급인에게 그중 방수공사를 2억 3천만 원에 맡겼는데, 하수급인이 도급인에게 방수공사 잔대금 1억 5천만 원의 직접지급청구를 하였다. 당시 도급인은 수급인에게 총 2억 7천만 원의 공사대금채무가 남아있었으나, 수급인에게 이전에 방수공사대금은 모두 지급한 상태였다. 원심법원은 도급인의 전체 공사잔대금 채무 2억 7천만 원이 남아있으므로 하수급인의 직접지급청구권이 성립한다고 보았으나, 대법원은 도급인이 수급인에게 이미 방수공사 하도급대금 전액을 지급하였으므로 전체 공사대금의 존재와 관계없이 잔존 방수공사대금이 없다는 이유로 직접지급청구권을 부정한 것이다.

제9조 제1항에 하수급인의 직접지급요청은 그 의사표시가 도급인에게 도달한 때부터 효력이 발생한다고 규정하고 있으므로 그 문언상으로도 하수급인들 사이의 우선순위는 공사대금의 직접지급을 요청하는 의사표시가 도급인에게 도달한 시점을 기준으로 하여 선착순으로 정하도록 하고 있음이 분명하기 때문이다.

서울중앙지방법원 2010. 7. 7. 선고 2009가합37669 판결도 "도급인에게 하도급대금의 직접지급을 요청한 하수급인들이 여러 명인 경우 그들 사이의 우열관계는 채권자평등이라는 일반원칙에 의하기보다 직접지급요청 도달일시의 선후에 따라 우열관계를 정하고, 그 도달일시가 같은 하수급인들에 한해서만 채권액에 따라 안분배당함이 상당하다"고 판시하였다.

⑸ 하도급공사대금의 직접지급과 선급금 정산관계

⑺ **당사자 사이에 특별한 약정이 없는 경우**　　선급금을 지급한 후 도급계약이 해제 또는 해지되는 등의 사유로 선급금 반환사유가 발생하는 경우 특별한 사정이 없는 한 별도의 상계의 의사표시 없이도 그때까지의 기성고에 해당하는 공사대금 중 미지급액은 당연히 선급금으로 충당되고, 남은 선급금이 있으면 수급인은 도급인에게 이를 반환해야 하고, 반대로 공사대금이 남으면 도급인이 수급인에게 이를 지급하여야 한다. 이는 하도급대금 직접지급합의가 있더라도 마찬가지이다.[63] 이 경우에 공사대금과 선급금의 충당정산과 하도급대금의 직접지급 중 어느 것을 먼저 하여야 하는지에 관하여 입장이 대립된다.[64]

우선 ① 하도급대금 직접지급이 선급금과 공사대금의 충당정산보다 우선하여 이루어져야 한다는 입장이 있다. 선급금 충당을 우선하면 기성고가 적은 공사

---

[63] 하수급인은 수급인의 이행보조자에 해당하므로 하수급인이 시공한 부분은 수급인의 기성고에 당연히 포함되는 것이며, 이는 하도급공사대금 직접지급합의가 있다고 하여 달라지지 않는다.

[64] 양자의 순서에 따라 실제적으로 큰 차이가 나서 이 쟁점은 건설실무상 중요한 의미를 갖는다. 도급인이 수급인에게 지급한 선급금이 1억 원, 하수급인이 시공한 기성고가 1억 2천만 원, 이를 포함하여 수급인이 시공한 기성고가 1억 5천만 원인 상태에서 해지되었다고 가정해 본다. 다음의 ①입장에 의하면 도급인이 우선 하수급인에게 공사대금으로 1억 2천만 원을 지급해야 하고, 수급인에 대한 공사대금채무는 3천만 원이 남게되므로 이것과 선급금 1억 원을 상계하면 수급인이 도급인에게 반환할 선급금은 7천만 원이 된다(그러나 수급인이 부도 등 사유로 무자력일 경우가 많으므로 도급인은 실질적으로 위 금액의 손해를 입거나, 도급인에게 선급금반환채무를 보증한 건설공제조합 등 보증인이 이를 변제하게 된다). ②입장에 의하면 수급인의 공사대금채권 1억 5천만 원과 도급인의 선급금 반환채권 1억 원을 먼저 상계하므로 수급인의 공사대금채권은 5천만 원이 남아서 도급인은 이를 하수급인에게 직접 지급하면 된다. 아울러 수급인의 선급금반환채무도 소멸하게 되므로 도급인은 손해를 보지 않는다(선급금반환채무를 보증한 건설공제조합 등도 면책되는 결과가 된다).

초기에는 미정산선급금이 다액이므로 사실상 기성고 공사대금채권이 다액의 선급금반환채권과 상계되어 소멸되어버림으로써 사실상 도급인이 하수급인에게 하도급공사대금을 지급할 수 없게 되는 점, 기획재정부 회계예규인 공사계약일반조건 제44조 제5항에도 하도급대금을 먼저 지급하도록 되어 있는 점 등 하수급인의 직접지급청구권을 보호할 필요성이 크다는 것이 근거이다.

이에 대하여 ② 선급금과 공사대금의 충당정산이 하도급대금 직접지급보다 우선해야 한다는 입장이 있다. 하도급대금도 도급계약에 기초한 것으로 도급대금 속에 당연히 포함되는 점, 전자처럼 해석할 경우에는 도급인으로서는 수급인이 도급인으로부터 수령한 선급금을 하수급인에게 전혀 지급하지 아니하고 공사를 중단한 경우 하수급인에게 하도급대금을 직접 지급할 의무를 부담하고 수급인으로부터는 선급금반환을 반환받지 못할 위험을 이중으로 부담하게 되는 불이익을 입을 수 있는 점 등이 근거이다. 대법원 2007. 9. 20. 선고 2007다40109 판결은 후자와 같은 취지로 판결하였다.

(나) **당사자 사이에 특별한 약정이 있는 경우** 하도급대금의 직접지급과 선급금 충당에 관하여 당사자 사이에 특별한 약정이 있으면 이러한 약정의 내용이 우선하게 된다. 재판 실무상 정부공사도급계약에 편입된 공사계약 일반조건의 조항을 근거로 당사자 사이에 이러한 약정이 있다고 볼 수 있는지가 문제 된다.

대법원은 선급금 충당에 관하여 정산약정을 고려하지 않는 태도를 보이다가 차츰 예외적 정산약정을 인정하는 방향으로 바뀌어 왔다. 공사도급계약에 편입된 공사계약 일반조건 제44조 제6항[65]의 의미에 관하여 도급인이 하수급인에게 하도급대금을 직접지급하는 사유가 발생한 경우에는 이에 해당하는 금원은 선급금 충당의 대상이 되는 기성공사대금의 내역에서 제외하기로 하는 예외적 정산약정을 한 것으로 보아야 한다는 것이다. 이러한 정산약정이 인정되면 하도급법 제14조에 의하여 하수급인에게 하도급대금을 직접지급할 사유가 인정되는 범위 안에서는, 도급인은 미정산 선급금이 기성공사대금에 충당되었음을 이유로 하수급인에게

---

65) 정부도급공사 표준도급계약서 일반조건 제44조 ⑥ 계약담당 공무원은 선금잔액과 기성부분에 대한 미지급액을 상계하여야 한다. 다만, 건설산업기본법 및 하도급거래 공정화에 관한 법률에 의하여 하도급대금 지급보증이 되어 있지 않은 경우로서 제43조 제1항의 규정에 의하여 하도급대가를 직접 지급하여야 하는 때에는 우선적으로 하도급대가를 지급한 후 기성부분에 대한 미지급액의 잔액이 있을 경우 선금잔액과 상계할 수 있다(2006년 일반조건 개정 전에는 ⑤항이었다).

부담하는 하도급대금 지급의무를 면할 수 없게 된다. 대법원 2004. 7. 8. 선고 2004 다12561 판결, 대법원 2004. 11. 26. 선고 2002다68362 판결에서 이러한 취지의 판시 를 하였다가 대법원 2010. 5. 13. 선고 2007다31211 판결로 이를 명확히 하였다.

근로기준법상 근로자에 대한 임금 직접지급사유가 인정될 경우에도 마찬가 지로 예외적 정산약정을 한 것으로 인정할 수 있다.[66]

(다) 선급금 충당정산 이전에 기성공사대금채무가 소멸한 경우   예외 적 정산약정이 있는 경우라고 하더라도 하도급대금 직접지급사유가 발생하기 전 에 이미 선급금이 기성공사대금에 충당되어 도급대금채무가 소멸하였다면, 도급 인은 하수급인에게 하도급대금 지급의무를 부담하지 않는다는 점을 주의해야 한 다.[67] 도급인은 수급인에 대한 도급대금채무의 범위 내에서만 하도급대금 직접지 급의무를 부담하는 것인바(대법원 2005. 7. 28. 선고 2004다64050 판결), 수급인에 대한 도급인의 도급대금채무가 이미 소멸되었다면 하수급인은 도급인에게 하도급대금 의 직접지급을 청구할 수 없기 때문이다.

판례

1. 선급금 지급 후 도급계약의 해제 등의 사유가 발생한 경우, 하수급인이 시공 한 부분을 수급인의 기성고로 보아 선급금에서 공제할 것인지 여부 [대법원 2007. 9. 20. 선고 2007다40109 판결]
  선급금은 자금 사정이 좋지 않은 수급인으로 하여금 자재 확보·노임 지급 등에 어려움이 없이 공사를 원활하게 진행할 수 있도록 하기 위하여, 도급인이 장차 지급 할 공사대금을 수급인에게 미리 지급하여 주는 선급 공사대금으로, 구체적인 기성고

---

66) 대법원 2013. 8. 22. 선고 2012다94278 판결: 하수급인이 사용한 근로자에 대한 임금의 실질적인 지 급 보장이라는 '공사계약 특수조건' 제13조 제5항, 제19조 제1항의 취지, 선급금 충당의 법리와 하수급인이 사용한 근로자에 대한 임금의 직접지급의무 규정을 둘러싼 이해관계의 합리적 조정, 근로기준법상 직접지급의무 발생요건이 충족된 경우 직상 수급인이 선급금의 충당에 우선하여 하수급인이 사용한 근로자에게 노임을 직접 지급할 사회적 필요성, 피고가 선급금 보증서를 발급 하기 전에 보증금 지급사유의 발생 및 범위를 정한 하도급계약서와 그 부속서류인 '공사계약 특 수조건'을 모두 제출받아 위와 같은 약정의 존재를 위험률 산정요소로서 고려할 수 있었을 것으 로 보이는 점 등 제반 사정을 종합하면, '공사계약 특수조건' 제19조 제1항에 의해 설정된 미정산 선급금의 충당에 관한 위와 같은 약정은 근로기준법에 의하여 하수급인이 사용한 근로자에게 임 금을 직접 지급할 사유가 인정되는 범위 안에서는 직상 수급인으로 하여금 미정산 선급금이 기성 공사대금에 충당되었음을 이유로 하수급인이 사용한 근로자에게 부담하는 임금 지급의무를 면 할 수 없도록 하는 약정이라고 보아야 할 것이다.
67) 대법원 2014. 1. 23. 선고 2013다214437 판결.

와 관련하여 지급된 공사대금이 아니라 전체 공사와 관련하여 지급된 선급 공사대금
이므로, 선급금을 지급한 후 계약이 해제 또는 해지되는 등의 사유로 중도에 선급금
을 반환하게 된 경우에는, 선급금이 공사대금의 일부로 지급된 것인 이상 선급금은
별도의 상계 의사표시 없이 그때까지의 기성고에 해당하는 공사대금에 당연 충당되
고, 그래도 공사대금이 남는다면 그 금액만을 지급하면 되는 것이고, 거꾸로 선급금
이 미지급 공사대금에 충당되고 남는다면 그 남은 선급금에 관하여 도급인이 반환채
권을 가지게 된다고 보는 것이 선급금의 성질에 비추어 타당하다.

건설산업기본법 제35조 제1항, 하도급거래공정화에 관한 법률 제14조 제1항 등
에서 하도급대금의 직접지급에 관하여 규정을 두고 있는 것은 수급인이 파산하거나
그 외 사유로 하도급업자들에게 하도급대금을 지급하지 않거나 지급할 수 없는 사
유가 생길 경우 약자의 지위에 있는 하도급업자들을 보호하고 공사 수행에 대한 대
가를 실질적으로 보장하기 위함에 그 취지와 목적이 있는 것일 뿐이지 도급인과 하
수급인과의 직접적인 도급계약관계의 설정을 전제로 한 것은 아니므로, 결국 하수급
인이 시공한 부분은 수급인의 기성고로 볼 수밖에 없다. 또한, 하수급인은 수급인의
이행보조자에 불과하므로 수급인의 기성공사금액에는 그 이행보조자인 하수급인의
기성공사 부분이 당연히 포함된다고 보아야 한다. 따라서 선급금을 지급한 후 계약
의 해제 또는 해지 등의 사유가 발생한 경우에는 하수급인의 기성공사 부분에 대한
공사대금도 포함한 수급인의 기성고를 선급금에서 공제하여야 하고, 그래도 남는 공
사대금이 있는 경우에 한하여 하도급대금을 하수급인에게 직접 지급하여야 한다.

2. 공사계약 일반조건 제44조를 미정산 선급금 충당의 예외적 정산약정으로 볼 수 있는 경우 [대법원 2010. 5. 13. 선고 2007다31211 판결]

공사도급계약에 편입된 공사계약 일반조건 제43조 제1항에서 도급인이 하수급인
에게 하도급대금을 직접 지급해야 하는 경우를 규정하고, 제44조 제5항에서 계약이
해제 또는 해지된 경우 수급인은 미정산 선급금 등을 반환하여야 하고 도급인은 위
금액과 기성공사대금을 상계할 수 있다는 내용을 규정하면서, 그 단서에서 "다만, 제
43조 제1항의 규정에 의하여 하도급대가를 직접 지급하는 경우 하도급대가의 지급
후 잔액이 있을 때에는 이와 상계할 수 있다"고 규정하고 있는 사안에서, 도급인이
하도급대금을 직접 지급하는 사유가 발생한 경우에는 이에 해당하는 금원은 선급금
충당의 대상이 되는 기성공사대금의 내역에서 제외하기로 하는 예외적 정산약정을
한 것으로 보아야 하고, 위 공사계약 일반조건 제44조 제5항 단서에 의하여 설정된
미정산 선급금의 충당에 대한 예외적 정산약정은 구 하도급법 제14조에 의하여 하수
급인에게 하도급대금을 직접 지급할 사유가 인정되는 범위 안에서는, 도급인으로 하
여금 미정산 선급금이 기성공사대금에 충당되었음을 이유로 하수급인에게 부담하
는 하도급대금 지급의무를 면할 수 없다.

3. 기성공사대금채무가 이미 소멸한 경우, 예외적 정산약정의 효력 [대법원 2014. 1. 23. 선고 2013다214437 판결]

도급인이 하수급인에게 하도급대금을 직접 지급하는 사유가 발생한 경우에 이에 해당하는 금원을 선급금 충당의 대상이 되는 기성공사대금의 내역에서 제외하기로 하는 예외적 정산약정을 한 때에는 도급인은 미정산 선급금이 기성공사대금에 충당 되었음을 이유로 하수급인에게 부담하는 하도급대금 지급의무를 면할 수 없다. 그러나 이러한 정산약정 역시 특별한 사정이 없는 한 도급인에게 도급대금채무를 넘는 새로운 부담을 지우지 않는 범위 내에서 하수급인을 수급인에 우선하여 보호하려는 약정이라고 보아야 하므로, 도급인이 하도급대금을 직접 지급하는 사유가 발생하기 전에 선급금이 기성공사대금에 충당되어 도급대금채무가 모두 소멸한 경우에는 도급인은 더 이상 하수급인에 대한 하도급대금 지급의무를 부담하지 않게 된다(선급금 지급 후 수급인이 부도로 공사포기하여 도급인이 도급계약을 해지하였고, 기성공사 대금이 선급금 액수에 미치지 못하며, 도급계약 해지 후 수급인이 하도급대금 직접 지급을 요청하였으므로 하도급대금 직접지급사유 발생 전에 이미 기성공사대금이 선급금으로 당연 충당되어 소멸한 사안임).

(6) 직접지급의무의 이행기와 지연이율

도급인의 하수급인에 대한 직접지급의무의 이행기는 언제로 보아야 하나? 원 도급계약상 도급대금 지급의무의 이행기, 하도급계약상 하도급대금 지급의무의 이행기, 수급인이 시공한 부분에 대한 하도급대금의 확정시[68] 중에서 가장 늦게 도래한 때가 그 이행기가 될 것이다.

하도급법 제13조 제8항이 수급인이 하도급대금을 목적물의 수령일부터 60일 을 초과하여 지급하는 경우에는 그 초과기간에 대하여 공정거래위원회가 정하여 고시하는 이자율에 의한 이자를 지급하도록 규정하고 있으나, 이는 수급인이 하 수급인에 대하여 하도급대금을 지급하는 경우에 관한 규정이어서, 도급인이 수급 인의 파산 등으로 하수급인에게 하도급대금을 직접지급하는 경우에는 적용될 수 없다.[69] 직접지급의무에 대한 지연손해금은 원도급계약상의 약정이율과 하도급계 약상의 약정이율 중 낮은 비율에 의하여야 한다는 주장이 있다.[70]

---

68) 하도급법 시행령 제9조 제4항에는 하도급대금의 직접지급요건을 갖추고 수급인이 시공한 분 에 대한 하도급대금이 확정된 경우에 도급인은 수급인에게 하도급대금을 지급하도록 규정하고 있다.
69) 대법원 2005. 7. 28. 선고 2004다64050 판결.
70) 이상헌, 앞의 논문 141면.

⑺ 도급인의 항변

직접청구권은 수급인의 도급인에 대한 채권의 파생적 성격을 가지므로 도급인은 하수급인에 대하여, 수급인에 관하여 발생한 동시이행, 변제, 상계 등 모든 항변으로 대항할 수 있다. 또한 도급인은 하도급계약상 수급인이 하수급인에게 할 수 있었던 모든 항변도 주장할 수 있다.[71]

도급인이 이처럼 제기할 수 있는 항변은 직접지급의 요청 또는 직접지급합의가 있기 이전에 발생한 것에 한정된다. 직접지급요청 등은 수급인의 도급인에 대한 권리를 보전하여 결과적으로 하수급인의 직접청구권을 보전하는 '압류적 효력'을 가지므로 항변차단 및 처분금지효력이 생기기 때문이다. 도급인은 그 후에 발생한 항변사유로 하수급인에 대항하지 못한다.[72][73]

다만 도급인의 수급인에 대한 자동채권이 수동채권인 수급인의 도급인에 대한 공사대금채권과 동시이행관계 등 밀접한 관계에 있는 경우에는 하수급인의 직접 청구권이 생긴 후에 자동채권이 발생하였더라도 도급인이 그 채권으로 상계하여 하수급인에게 대항할 수 있다.[74]

판례

1. 하도급대금의 직접지급청구권이 하도급대금의 직접지급청구권이 발생한 후 발주자가 원사업자에 대하여 생긴 사유로 수급사업자에게 대항할 수 있는지 여부
[대법원 2015. 8. 27. 선고 2013다81224, 81231 판결]
발주자·원사업자 및 수급사업자 사이에서 발주자가 하도급대금을 직접 수급사

---

71) 발주자가 수급사업자의 직접지급요청 전에 원사업자에게 공사대금지금을 위한 어음을 발행 교부한 경우 그러한 사정은 직접지급요청 전에 이미 존재하고 있던 것이므로 수급사업자의 직접지급요청 후에 어음이 결제되었다고 하더라도 발주자는 이를 가지고 수급사업자에 대하여 대항할 수 있다: 대법원 2010. 6. 10. 선고 2009다19574 판결.

72) 앞의 제5절 4. ⑵ 부분 참조.

73) 하도급법 제14조는 발주자에게 도급대금채무를 넘는 새로운 부담을 지우지 않는 범위 내에서 수급사업자의 요청에 따라 그가 시공한 부분에 상당한 하도급대금채무에 대한 직접지급의무를 부담하게 함으로써 수급사업자를 원사업자 및 그 일반채권자에 우선하여 보호하고자 함에 그 취지가 있는 것이므로, 하도급법 제14조 제1항의 직접지급요청이 있는 경우에도 발주자는 그 직접지급요청이 있기 전에 원사업자에 대하여 대항할 수 있는 사유로써 수급사업자에게 대항할 수 있다고 보아야 한다. 또한 어느 수급사업자가 발주자에게 하도급대금의 직접지급을 요청하더라도, 그보다 먼저 하도급법 제14조 제1항 각호의 요건을 갖춘 다른 수급사업자가 있는 경우 원사업자는 그 다른 수급사업자에게 지급한 하도급대금 상당액의 채무가 소멸하였음을 주장할 수 있다: 대법원 2010. 6. 10. 선고 2009다19574 판결, 대법원 2012. 5. 10. 선고 2010다24176 판결.

74) 대법원 2021. 2. 25. 선고 2018다265911 판결.

업자에게 지급하기로 합의하여 구 하도급거래 공정화에 관한 법률(2014. 5. 28. 법률 제12709호로 개정되기 전의 것) 제14조 제1항, 제2항에 따라 수급사업자의 발주자에 대한 직접지급청구권이 발생함과 아울러 발주자의 원사업자에 대한 대금지급채무가 하도급대금의 범위 안에서 소멸하는 경우에, 발주자가 직접지급의무를 부담하게 되는 부분에 해당하는 원사업자의 발주자에 대한 공사대금채권은 동일성을 유지한 채 수급사업자에게 이전되고, 발주자는 수급사업자의 직접지급청구권이 발생하기 전에 원사업자에 대하여 대항할 수 있는 사유로써 수급사업자에게 대항할 수 있으나, 수급사업자의 직접지급청구권이 발생한 후에 원사업자에 대하여 생긴 사유로는 수급사업자에게 대항할 수 없음이 원칙이다.

[이 사건에서는 3자 사이의 직불 합의는 2011. 3. 10. 이루어졌고, 수급사업자가 2011. 4. 26. 공사를 마침으로써 수급사업자의 발주자에 대한 직접지급청구권이 발생하였지만, 정작 원사업자는 2011. 8. 1.에야 공사를 마쳐서 발주자에 대해 지체상금채무를 지게 되었다. 이에 발주자는 원사업자에 대한 지체상금채권으로 수급사업자의 하도급대금채권과 상계한다고 주장하였는데, 발주자의 지체상금채권은 수급사업자의 직접지급청구권보다 후에 발생하였기 때문에, 발주자가 상계할 수 있는지가 문제되었다. 대법원은 발주자는 수급사업자의 직접지급청구권이 발생한 후에 원사업자에 대하여 생긴 사유로는 수급사업자에게 대항할 수 없음이 원칙이고, 공사도급계약상 도급인의 지체상금채권과 수급인의 공사대금채권은 특별한 사정이 없는한 동시이행관계에 있다고 할 수 없는바(대법원 2014. 9. 25. 선고 2014다25160 판결), 이 사건에서 발주자의 원사업자에 대한 지체상금채권이 수급사업자의 발주자에 대한 직접지급청구권 발생 후에 생긴 이상, 발주자는 위 지체상금채권으로 이미 그 전에 수급사업자에게 이전된 공사대금채권에 대하여 상계를 주장할 수 없다고 보아 원심판결을 파기하였다].

2. 하도급대금의 직접지급청구권이 생긴 이후에 발생한 자동채권으로 상계가 가능한 경우 [대법원 2021. 2. 25. 선고 2018다265911 판결]

하도급법 제14조 제1항에서 정한 직접 지급 요청이 있는 경우 그에 해당하는 수급인의 도급인에 대한 공사대금채권이 동일성을 유지한 채 하수급인에게 이전되므로 도급인은 직접 지급 요청이 있기 전에 수급인에게 대항할 수 있는 사유로 하수급인에게 대항할 수 있다(대법원 2010. 6. 10. 선고 2009다19574 판결 참조). 도급인의 수급인에 대한 자동채권이 수동채권인 수급인의 도급인에 대한 공사대금채권과 동시이행관계 등 밀접한 관계에 있는 경우에는 하수급인의 직접 청구권이 생긴 후에 자동채권이 발생하였다고 하더라도 도급인은 그 채권으로 상계하여 하수급인에게 대항할 수 있다. 이 경우 자동채권이 발생한 기초가 되는 원인은 하수급인이 직접 지급을 요청하기 전에 이미 성립하여 존재하고 있었으므로, 자동채권은 도급인이 직접

지급 요청 후에 취득한 채권에 해당하지 않는다. 동시이행항변권은 당사자 쌍방이 부담하는 각 채무가 고유의 대가관계에 있는 쌍무계약상 채무가 아니더라도 구체적 계약관계에서 당사자 쌍방이 부담하는 채무 사이에 대가적인 의미가 있어 이행상 견련관계를 인정하여야 할 사정이 있는 경우에는 이를 인정하여야 한다.

　[공사의 수급인이 원고에게 일부 공사를 하도급 주었는데 ① 원고가 하도급대금을 지급받지 못하자 2016. 10. 6. 도급인(피고)에게 하도급법 제14조에 따라 직접 지급 청구를 하였고 ② 피고는 2016. 3. 수급인을 위하여 자재공급자에게 자재대금의 연대보증을 하였다가 2017. 4. 자재대금을 대신 지급함으로써 수급인에게 구상권을 취득하였으며, ③ 피고는 그 후 원고에게 이를 자동채권으로 하여 상계한다는 항변을 하였다. 이 판결은 상계의 자동채권이 수동채권과 동시이행의 관계에 있는 경우에는, 채권양도 통지나 압류명령 송달 이전에 자동채권의 발생 기초가 인정되면 그 취득이 뒤에 이루어지더라도 상계를 허용하는 종전의 대법원 2010. 3. 25. 선고 2007다35152 판결, 2015. 4. 9. 선고 2014다80945 판결과 궤를 같이 하는 것이다].

⑻ 토지신탁의 경우

　부동산개발사업을 시행하는 사업자가 시공사와 공사도급계약을 체결하였다가, 신탁회사와 사이에 관리형 토지신탁계약을 체결함으로써 신탁회사가 사업 주체가 되어 공사도급계약을 승계함과 동시에 관계자들과 자금집행의 순서와 한도를 정하는 자금집행약정을 하는 경우가 많다. 이 경우 하수급인이 신탁회사에 대하여 직불청구를 할 때 신탁회사가 이러한 자금집행약정으로 대항할 수 있는지가 문제된다. 대법원은 자금집행약정상 자금집행순서를 정지조건으로 보아 신탁회사가 하수급인의 직불청구에 대항할 수 있다고 판시하였다.[75]

---

75) (사업 시행자인 갑과 시공사인 을은 공사도급계약을 체결하였다가, 신탁업자인 병과 토지신탁사업약정, 관리형토지신탁계약, 위 공사도급계약의 승계계약을 체결하면서 위 공사도급계약에 관하여 '수탁자의 자금집행순서상 공사비의 90%는 7순위로 하여 매 2개월 단위로 지급하고, 잔여 공사비는 13순위로 하여 1, 2, 3순위 우선수익자의 대출원리금이 모두 상환되고 수탁자의 신탁사무처리비용 정산이 완료된 이후 신탁재산의 범위 내에서 지급하며, 토지신탁사업약정서와 관리형토지신탁계약서는 승계계약서보다 우선 적용한다.'고 정하였다. 을은 도급공사 중 일부 공사를 정에게 하도급 주었는데, 을, 병, 정은 하도급대금 직불합의를 하면서 '병이 부담하게 되는 공사대금의 범위는 병과 을 사이의 공사도급계약에 따라 병이 을에게 지급해야 할 공사대금채무의 범위를 초과하지 않고, 병은 정의 직접 지급 요청이 있기 전에 을에 대하여 대항할 수 있는 사유 등으로 정에게 대항할 수 있다.'고 약정하였다. 공사비의 90% 이상이 지급된 상태에서 정이 건물 완공 후 일정 기간이 지났다며 병을 상대로 하도급대금 직접 지급을 요청한 사안이다) 하도급법상 원사업자이자 위 신탁약정, 신탁계약, 승계계약 등을 체결한 당사자인 을이 병과 사이에 신탁사업약정 등에 따른 자금집행순서에 따라 공사대금을 청구하기로 합의한 이상, 병은 을이 공사대금을

⑼ 기판력과의 관계

하수급인과 수급인 또는 수급인과 도급인 사이에 기판력 있는 판결 등이 있었다 하여도, 직접청구권은 고유한 권리이므로 직접지급청구의 소에 그 기판력이 미치지는 아니한다.

마찬가지 이유로 하수급인이 도급인에게 직접 청구를 하면서 동시에 수급인에게 하도급대금을 청구하더라도 중복제소에 해당하지 않는다.

⑽ 재하수급인의 직접 청구

하수급인과 재하도급계약을 체결한 재하수급인이 수급인에게 직접 청구를 하는 것은 당연하지만, 수급인을 건너 뛰어 도급인에게 도약적인 직접 청구를 할 수 있는지 문제되는바, 현재 하급심의 주류적 태도는 이에 부정적인 것 같다.

6. 부칙 적용 문제

이처럼 신구법상 효력의 차이가 크므로 하도급법의 개정을 둘러싸고 법 적용이 문제된다. 1999. 2. 5. 법률 제5816호로 개정된 하도급법 등의 경우[76] 그 부칙에서 위의 제14조에 대한 경과조치가 규정되지 않아 그 적용 기준 시기가 불분명하였다.[77]

대법원은 계약의 효력에 관하여는 그 체결 당시의 법률이 적용되어야 하고, 계약이 일단 구속력을 갖게 되면 원칙적으로 그 이후 제정 또는 개정된 법률의 규정에 의하여서도 변경될 수 없으며, 예외적으로 입법에 의한 변경을 하거나 계약 체결 후에 제정 또는 개정된 법률에 의하여 계약 내용이 변경되는 것으로 해석한다고 하더라도, 그러한 입법 내지 법률의 해석에는 계약침해 금지나 소급입법 금

청구할 경우 자금집행순서 약정을 이유로 지급을 거절할 수 있고, 발주자인 병이 하도급법상 직접지급의무를 부담하는 공사대금 채권은 동일성을 유지한 채 수급사업자인 정에게 이전되고 병은 새로운 부담을 지지 않는 범위 내에서 직접지급의무를 부담하므로, 정의 직접청구에 대해서도 동일한 사유로 대항할 수 있다. 또한 자금집행순서 관련 약정의 문언, 동기와 목적 등 제반 사정을 고려하면 위 자금집행순서의 성격은 정지조건으로 보는 것이 타당하고 그 정지조건이 성취되었다는 사실에 관한 증명책임은 정이 부담한다고 보아야 한다: 대법원 2023. 6. 29. 선고 2023다221830 판결.

76) 부칙 <제5816호, 1999. 2. 5.> ② (하도급계약이 체결된 하도급거래에 관한 경과조치) 이 법 시행 당시 이미 하도급계약이 체결된 하도급거래에 관하여는 제13조의 개정규정에 불구하고 종전의 규정에 의한다.

77) 2009. 4. 1. 법률 제9616호 개정된 현행 하도급법의 경우 그 부칙에 "이 법은 공포한 날부터 시행한다"라고 규정되어 있어서 문제가 없다.

지의 원칙상 일정한 제한을 받는다는 전제 하에, "1999년 2월 5일 법률 제5816호로 개정된 하도급법 부칙에서 제14조에 관하여 이미 체결된 계약에 대하여도 소급적 용한다는 등의 특별한 규정이 없는 이상, 그 개정 후의 하도급법 시행 당시에 이미 계약이 체결된 하도급계약의 하도급거래에 관하여는 그 개정 전의 하도급법이 적 용되어야 한다고 해석함이 옳고, 제13조에 관하여만 경과규정을 둔 위 부칙 제2항 의 반대해석으로서 제14조에 관하여는 그 개정 후의 하도급거래 공정화에 관한 법률 시행 당시 이미 하도급계약이 체결된 하도급거래에 대하여도 그 개정 후의 하도급법이 적용된다고 해석할 것은 아니다"라고 보아 그 하도급계약 체결 당시 시행하고 있는 법을 적용하여야 한다고 판시하였다.[78][79]

7. 하도급법 제14조의 위헌 여부

개정 하도급법 제14조에 관하여 헌법재판소는 2003년 5월 15일 2001헌바98 결 정으로 위 법규정이 합헌임을 선언하였다.[80]

하도급법 제14조의 합헌성 [헌법재판소 2003. 5. 15. 선고 2001헌바98 전원재판부 결정]

하도급대금 직접지급제는 원사업자가 파산·부도 등의 사유로 하도급대금을 지급 할 수 없는 사유가 발생한 경우 영세한 수급사업자로 하여금 하도급대금을 지급받을 수 있도록 함으로써 중소기업인 수급사업자를 보호하여 국민경제의 균형 있는 발전 을 도모하려는 것으로 그 입법목적은 정당하고 입법목적을 달성하는 데 적합한 수단 이다. 또한 원사업자가 하도급대금을 지급할 수 없는 경우에 발주자에게 하도급대금 을 직접 지급하도록 함으로써 발주자 및 원사업자가 침해받는 계약의 자유보다는 수 급사업자가 하도급대금을 지급받음으로써 얻는 사회적 이익이 더 크다고 할 것이므 로 하도급대금 직접지급제가 발주자 및 원사업자의 사적 자치권(계약자유권)을 침 해하여 헌법에 위반된다고 볼 수 없다.

---

78) 대법원 2002. 11. 22. 선고 2001다35785 판결; 대법원 2003. 2. 14. 선고 2001다67102 판결.
79) 하도급계약은 하도급법의 개정 전에 체결되었고, 직불합의는 하도급법 개정 이후에 이루어진 경우, 직불합의의 요구 구비 여부에 대하여 적용할 법률은 직불합의가 하도급계약 체결과 별개 의 법률행위에 해당하므로 행위시의 법률인 개정 후의 하도급법이 된다: 대법원 2006. 3. 23. 선고 2005나69199 판결.
80) 노희범, "하도급거래공정화에 관한 법률 제14조 제1항 등 위헌소원-하도급대금 직접지급제와 계약의 자유," 「헌법재판소결정해설집(2003)」, 231면.

　　하도급대금 직불제는 대기업인 원사업자와 하도급거래관계에 있는 중소기업자를 보호함으로써 국민경제의 균형발전이라는 정당한 공익실현을 위한 것으로 재산권 제한의 정당한 근거가 있다 할 것이다. 또한, 이 사건 법률조항은 발주자에게는 하도급대금지급의무를, 원사업자에게는 도급대금채권의 소멸을 아무런 대가 없이 일방적으로 강제하는 것이 아니라, 발주자에게는 의무를 지우는 대신 원사업자에 대한 대금지급채무를 소멸시켜 주고, 원사업자의 도급대금채권을 소멸시키는 대신 수급사업자에 대한 하도급대금지급채무도 소멸시켜 줌으로써 실질적으로는 채권·채무의 법률상 이전과 같은 효과를 가져오는 데 불과할 뿐 기존의 채무를 초과하는 새로운 의무를 지우는 것은 아니다. 그렇다면 이 사건 법률조항이 발주자 및 원사업자의 재산권 제한의 헌법적 한계를 넘었다거나 재산권의 본질적 부분을 침해하여 헌법 제23조의 재산권보장의 원칙에 위반된다고 볼 수 없다.

　　수급사업자의 원사업자에 대한 하도급대금채권과 발주자의 원사업자에 대한 도급채무는 수급사업자의 자재와 비용으로 완성한 완성품에 대한 궁극적인 이익을 발주자가 본다는 점에서 밀접한 상호관련성이 있는 반면 원사업자의 일반채권자의 채권과 발주자의 원사업자에 대한 도급채무는 아무런 관련이 없으므로, 원사업자의 도급채권에 관한 한 수급사업자와 일반채권자는 다르다고 할 것이다. 따라서, 영세한 하청업자를 보호하기 위하여 원사업자가 파산 등의 사유로 하도급대금을 지급할 수 없는 경우 이 사건 직접지급제가 원사업자의 채권자들 중에서 수급사업자를 우대하는 결과를 가져온다고 하더라도 이는 국민경제의 균형발전이라는 공익실현을 위한 합리적 이유가 있는 것이어서 평등원칙에 위배되지 아니한다.

Ⅲ. 건설산업기본법에 의한 경우

1. 건설산업기본법 제35조 제1항

　　건설산업기본법 제35조 제1항은 "발주자는 다음 각호의 하나에[81] 해당하는 경우에는 하수급인이 시공한 부분에 해당하는 하도급대금을 하수급인에게 직접 지급할 수 있다. 이 경우 발주자의 수급인에 대한 대금 지급채무는 하수급인에게

---

81) 1. 국가·지방자치단체 또는 대통령령으로 정하는 공공기관이 발주한 건설공사가 다음 각 목의 1에 해당하는 경우로서 발주자가 하수급인의 보호를 위하여 필요하다고 인정하는 경우
　가. 수급인이 제34조 제1항의 규정에 의한 하도급대금의 지급을 1회 이상 지체한 경우
　나. 공사예정가격에 대비하여 국토교통부령이 정하는 비율에 미달하는 금액으로 도급계약을 체결한 경우
　2. 수급인의 파산 등으로 인하여 수급인이 하도급대금을 지급할 수 없는 명백한 사유가 있다고 발주자가 인정하는 경우

지급한 한도 안에서 소멸한 것으로 본다"고 규정하고 있어, 개정 전 구하도급법 상의 규정형식(임의규정)과 동일하게 규정하고 있다.

그러므로 하도급법이 적용되지 않는 건설하도급의 경우에는 건설산업기본 법이 적용됨에 따라 — 일반적으로 도급인은 일정한 요건이 충족되면 원수급인이 아닌 하수급인에게 직접 공사대금 중 하도급공사대금에 상당한 금액을 하수급인 에게 지급하고, 직접 지급한 부분에 대하여는 공사대금 지급채무를 면하기는 하 나 — 하수급인은 도급인에 대하여 공사대금을 직접 청구할 수 있는 권리 자체는 인정되지 않는다. 대법원 판례도 같다.[82]

2. 건설산업기본법 제35조 제2항

2007. 5. 17. 건설산업기본법의 개정시 신설된 제35조 제2항, 제3항은 "발주자 는 다음 각호의 어느 하나에[83] 해당하는 경우에는 하수급인이 시공한 분에 해당하 는 하도급대금을 하수급인에게 직접 지급하여야 하며 이 경우 발주자의 수급인에 대한 대금지급채무와 수급인의 하수급인에 대한 하도급대금지급채무는 그 범위 안에서 소멸한 것으로 본다"고 규정하고 있어 제2항 각호의 요건을 충족할 경우 에는 같은 조 제1항의 경우와 달리 하수급인은 도급인에 대하여 공사대금을 직접 청구할 수 있는 권리가 있다. 그 권리의 내용은 특별한 사정이 없는 한 하도급법의

---

82) 구 건설업법(1996. 12. 30. 법률 제5230호 건설산업기본법으로 전문 개정되기 전의 것) 제28조 제1항 제4호가 수급인의 파산 등으로 수급인이 하도급대금을 지급할 수 없는 명백한 사유가 있 는 경우에는 발주자(도급인)는 하수급인이 시공한 분에 해당하는 하도급대금을 직접 하수급인에 게 지급할 수 있도록 규정하고 있으나, 이는 발주자가 임의로 하도급대금을 직접 하수급인에게 지급할 수 있는 권리를 규정한 것이지 반드시 하도급대금을 직접 하수급인에게 지급하여야 하는 의무를 규정한 것은 아니다: 대법원 1997. 10. 28. 선고 97다34716 판결.
83) 1. 발주자가 하도급대금을 직접 하수급인에게 지급하기로 발주자와 수급인 간 또는 발주자·수급 인 및 하수급인이 그 뜻과 지급의 방법·절차를 명백히 하여 합의한 경우
2. 하수급인이 시공한 부분에 대한 하도급대금지급을 명하는 확정판결을 받은 경우
3. 수급인이 제34조 제1항에 따른 하도급대금의 지급을 2회 이상 지체한 경우로서 하수급인이 발 주자에게 하도급대금의 직접지급을 요청한 경우
4. 수급인의 지급정지·파산 그 밖에 이와 유사한 사유가 있거나 건설업의 등록 등이 취소되어 수 급인이 하도급대금을 지급할 수 없게 된 경우로서 하수급인이 발주자에게 하도급대금의 직접 지급을 요청한 경우
5. 수급인이 하수급인에게 정당한 사유 없이 제34조 제2항에 따른 하도급대금 지급보증서를 주지 아니한 경우로서 발주자가 그 사실을 확인하거나 하수급인이 발주자에게 하도급대금의 직접 지급을 요청한 경우
6. 국가, 지방자치단체 또는 대통령령으로 정하는 공공기관이 발주한 건설공사에 대하여 공사 예 정가격에 대비하여 국토교통부령으로 정하는 비율에 미달하는 금액으로 도급계약을 체결한 경우로서 하수급인이 발주자에게 하도급대금의 직접 지급을 요청한 경우

경우와 동일하게 해석하여야 할 것이다.

다만 제35조 제3항은 하도급법 제14조 제2항과 달리 "제2항 각호의 사유에 따라 도급인이 하수급인에게 하도급대금을 지급한 경우에 도급인의 수급인에 대한 대금지급채무와 수급인의 하수급인에 대한 하도급대금지급채무가 그 범위에서 소멸한 것으로 본다"고 규정하고 있으므로 도급인과 수급인의 대금지급채무는 하도급법과 달리 도급인의 하수급인에 대한 대금지급시에 소멸한다고 보아야 할 것이다.

발주자의 하수급인에 대한 부당이득반환청구의 허용 여부 [대법원 2008. 6. 26. 선고 2006다63884 판결]

건설산업기본법 제35조 제1항은 "발주자는 다음 각호의 1에 해당하는 경우에는 하수급인이 시공한 분에 해당하는 하도급대금을 하수급인에게 직접 지급할 수 있다. 이 경우 발주자의 수급인에 대한 대금지급채무는 하수급인에게 지급한 한도 안에서 소멸한 것으로 본다"고 규정하고 있고, 구 하도급거래 공정화에 관한 법률(1999. 2. 5. 법률 5816호로 개정되기 전의 것, 이하 같다) 제14조는 "발주자는 수급사업자가 제조·수리 또는 시공한 분에 해당되는 하도급대금을 대통령령이 정하는 바에 의하여 직접 수급사업자에게 지급할 수 있다. 이 경우 발주자의 원사업자에 대한 대금지급채무와 원사업자의 수급사업자에 대한 하도급대금지급채무는 그 지급한 한도에서 소멸한 것으로 본다"고 규정하고 있는바, 발주자가 위 규정들에 의하여 하도급대금을 직접 하수급인 또는 수급사업자(이하 '하수급인 등'이라 한다)에게 지급하게 되면 발주자의 수급인 또는 원사업자(이하 '수급인 등'이라 한다)에 대한 공사대금지급채무와 수급인 등의 하수급인 등에 대한 하도급대금지급채무가 발주자가 하수급인 등에게 지급한 한도에서 함께 소멸하게 되는 점에 비추어 볼 때, 발주자의 하수급인 등에 대한 하도급대금의 지급으로써 발주자의 수급인 등에 대한 공사대금지급과 수급인 등의 하수급인 등에 대한 하도급대금지급이 함께 이루어지는 것으로 볼 수 있다. 따라서 발주자가 수급인 등에 대하여 공사대금지급채무를 부담하지 않고 있음에도 이를 부담하고 있는 것으로 잘못 알고 위 규정들에 의하여 하도급대금을 직접 하수급인 등에게 지급하였다고 하더라도, 하수급인 등이 발주자로부터 하도급대금을 지급받은 것은 수급인 등과의 하도급계약에 의한 것이어서 이를 법률상 원인 없이 하도급대금을 수령한 것이라고 볼 수 없으므로 발주자는 수급인 등에 대하여 부당이득반환청구를 할 수 있을 뿐 하수급인 등을 상대로 부당이득반환청구를 할 수는 없다.

IV. 근로기준법에 의한 경우

근로기준법 제44조의2 제1항은 "건설업에서 2차례 이상 공사도급($\binom{건설산업}{기본법}$ $\binom{제2조}{제11호}$)이 이루어진 경우에 건설산업기본법에 따른 건설사업자($\binom{동법 제2}{조 제7호}$)가 아닌 하수급인이 그가 사용한 근로자에게 임금을 지급하지 못한 때에는 그 직상(直上) 수급인은 하수급인과 연대하여 그 하수급인이 사용한 근로자의 임금을 지급할 책임이 있다. 다만, 이때의 임금은 해당 건설공사에서 발생한 임금으로 한정된다"고 규정하고 있다. 이 규정은 직상 수급인이 귀책사유가 없더라도 하수급인이 고용한 근로자의 임금채권을 변제하도록 강제함으로써 근로자의 보호를 강화한 것이다.

나아가 제44조의3에서는 직상 수급인은 하수급인에게 지급하여야 하는 하도급대금 채무의 부담 범위 내에서 그 하수급인이 사용한 근로자가 청구하면 이를 직접 지급하도록 규정하고 있다. ① 직상 수급인이 하수급인을 대신하여 하수급인이 사용한 근로자에게 지급하여야 하는 임금을 직접 지급할 수 있다는 뜻과 그 지급방법 및 절차에 관하여 직상 수급인과 하수급인이 합의한 경우, ② 민사집행법 제56조 제3호에 따른 확정된 지급명령, 하수급인의 근로자에게 하수급인에 대하여 임금채권이 있음을 증명하는 같은 법 제56조 제4호에 따른 집행증서, 소액사건심판법 제5조의 7에 따라 확정된 이행권고결정, ③ 그 밖에 이에 준하는 집행권원이 있는 경우, 하수급인이 그가 사용한 근로자에 대하여 지급하여야 할 임금채무가 있음을 직상 수급인에 알려주고, 직상 수급인이 파산 등의 사유로 하수급인이 임금을 지급할 수 없는 명백한 사유가 있다고 인정하는 경우 등이다.

위 ①의 직불합의는 직상 수급인과 하수급인의 양자 사이에서 근로자를 위하여 이루어진다는 점에서 하도급법상 3자합의와 차이가 난다. 아마도 근로자들이 다수자이고, 근로조건이 달라서 3자합의를 하는 것이 실질적으로 어렵기 때문일 것이다.

또한 근로기준법 제44조의3 제3항에서 "직상 수급인 또는 원수급인이 제1항 및 제2항에 따라 하수급인이 사용한 근로자에게 임금에 해당하는 금액을 지급한 경우에는 하수급인에 대한 하도급대금채무는 그 범위에서 소멸한 것으로 본다"고 규정하여 직상 수급인의 하수급인에 대한 공사대금채무는 실제로 지급이 있는 경우에 비로소 소멸한다고 보아야 할 것이다. 따라서 직상 수급인 입장에서는 근로자의 임금채무 변제 직전에 하수급인의 공사대금채권에 가압류결정이 내려진 경우에 자칫 이중지급의 위험을 부담할 가능성이 있다. 실제로 공사현장에서 가장 문제가 되는 것은 현장 근로자들이므로, 이를 별도로 보호하자는 데 입법 취지가 있으나 넓게 활용되지는 못하고 있는 실정이다.

Ⅴ. 당사자 간 직접지급합의가 있는 경우

1. 당사자 간 직접지급합의의 유형

　　하도급법 제14조 제1항 제2호의 3자 간 직접지급합의는 하수급인의 직접 청구권만 인정하고 수급인의 지급청구권을 배제하는 배타형 합의로 봄이 상당하다. 같은 조 제2항에 의하여 3자 간 직접지급합의가 있을 때 수급인에 대한 도급대금지급채무와 수급인의 하수급인에 대한 하도급대금지급채무는 그 범위 안에서 소멸하기 때문이다.

　　그런데 사적 자치의 원칙상 3자 간 합의시에 위 법에 의한 배타형 합의가 아니라, 수급인의 직접지급청구권도 하수급인의 권리와 함께 존속하는 병존형 합의를 하는 것도 가능할 것이다. 나아가 기업규모 등의 사유로 하도급법의 적용을 받지 않는 당사자 간의 하도급계약일 경우에는 직접지급청구에 관하여 위 법에 얽매이지 않는 다양한 개별적 합의도 가능하다.

　　따라서 당사자 간 합의에 의한 하수급인의 직접지급청구권은 하도급법의 적용을 전제로 한 배타적 청구권, 당사자 간 합의에 의한 병존적 청구권, 기타의 경우로 나누어질 수 있다.

2. 채권양도와 구별

　　도급인, 수급인, 하수급인의 3자합의의 내용 중에 직접지급하는 내용의 문구가 포함되어 있더라도 하도급법상의 직접지급합의가 아니라, 일반적인 채권양도의 합의로 보아야 할 경우가 있다. 당사자들의 의사가 도급계약 및 하도급계약에 따른 공사가 실제로 시행 내지 완료되었는지 여부와 상관없이 수급인의 도급인에 대한 '공사대금채권 자체'를 하수급인에게 이전하여 하수급인이 도급인에게 직접 그 공사대금을 청구하고 원수급인은 공사대금 청구를 하지 않기로 하는 취지라면 채권양도로 해석함이 상당하다.

반면에 당사자들의 의사가 하수급인이 하도급계약에 기하여 실제로 공사를 시행 내지 완료한 범위 내에서는 도급인은 하수급인에게 그 공사대금을 직접지급하기로 하고 수급인에게 그 공사대금을 지급하지 않기로 하는 취지라면, 직접지급의 합의만 있는 것으로 볼 수 있다.[84][85]

채권양도의 경우에는 하도급법 제14조가 적용되지 않고 채권양도의 법리에 따라 처리되어야 한다. 하수급인(채권양수인)의 지급청구시에 공사의 시공정도가 문제되지 않고 양도된 공사대금 전액이 압류채권자에 우선한다. 나아가 채권양도의 통지나 승낙이 확정일자에 의하지 아니할 경우에는 대항력을 취득하지 못할 때도 있다. 직접지급합의로 볼 경우에는 압류명령의 통지가 도급인에게 도달하기 전에 하수급인이 위 공사를 실제로 시행 내지 완료하였는지 여부나 그 기성고 정도 등에 따라 도급인이 원수급인의 위 공사대금채권에 대한 압류채권자에게 하수급인의 시공 부분에 상당하는 하도급대금의 범위 내에서 대항할 수 있는지 여부 및 그 범위가 달라진다. 이처럼 직불합의와 채권양도의 구별은 의사표시의 해석에 관한 문제로 주의를 요한다.[86]

3. 직접지급합의가 표준도급계약서에 포함된 경우

민간건설공사 표준도급계약 일반조건 민간건설공사 표준도급계약 일반조건 제33조(하도급대금의 직접 지급)에서는 "도급인은 수급인이 제32조의 규정에 의하여 체결한 하도급계약 중 하도급법과 건설산업기본법에서 정한 바에 따라 하도급대금의 직접 지급사유가 발생하는 경우에는 그 법에 따라 하수급인이 시공한 부

---

84) 대법원 2008. 2. 29. 선고 2007다54108 판결.

85) 대법원 2013. 9. 12. 선고 2011다6311 판결: 공사도급계약 및 하도급계약을 함께 체결하면서 도급인, 원수급인과 하수급인이 '공사대금은 도급인이 원수급인의 입회하에 하수급인에게 직접 지급하고, 원수급인에게는 지급하지 않는 것'으로 약정한 경우에 당사자들의 의사가 위 도급계약 및 하도급계약에 따른 공사가 실제로 시행 내지 완료되었는지 여부와 상관없이 원수급인의 도급인에 대한 공사대금채권 자체를 하수급인에게 이전하여 하수급인이 도급인에게 직접 그 공사대금을 청구하고 원수급인은 공사대금 청구를 하지 않기로 하는 취지라면 이는 실질적으로 원수급인이 도급인에 대한 공사대금채권을 하수급인에게 양도하고 그 채무자인 도급인이 이를 승낙한 것이라고 봄이 상당하다.

86) 3자합의 형태의 직불합의와 채권양도를 구별하는 실익은 주로 하도급공사의 시공 여부와 관계없이 수급인의 공사대금채권이 소멸하는지 여부에 있다. 전자라면 미시공 부분에 관하여는 직불합의 효력이 발생하지 않고, 후자의 경우에는 시공 정도에 관계없이 채권양도의 효력이 발생하는 것이다. 실무상 공사도급계약을 체결하면서 미리 직불합의를 하는 경우가 있는데 이것만으로는 효력이 없음을 주의하여야 한다.

분에 해당하는 하도급대금을 하수급인에게 지급한다"라고 규정하고 있으며, 국가
계약에 관한 공사계약 일반조건(기획재정부 계약예규 제502호)[87] 제43조(하도급대가
의 직접지급 등) 제1항에서는 "계약담당 공무원은 계약상대자가 다음 각호의 1에
해당하는 경우[88] 건설산업기본법령 등 관련법령의 규정에 의하여 체결한 하도급
계약 중 하수급인이 시공한 부분에 상당하는 금액에 대하여는 계약상대자가 하수
급인에게 제39조 및 제40조의 규정에 의한 대가지급을 의뢰한 것으로 보아 당해
하수급인에게 직접 지급하여야 한다"고 규정하고 있다. 전자의 경우에는 하도급
법이 적용될 때 앞서 본 하도급법 제14조의 해석론에 따르면 되지만, 후자의 경우
에는 하도급법 제14조상의 직접지급사유와 달라서 하도급법의 규정을 적용할 수
있는지가 문제된다.

---

87) 공사계약 일반조건은 국가를 당사자로 하는 계약에 관한 법률 제11조 제1항 및 같은 법 시행령
제48조의 규정에 의하여 국가가 공사도급계약을 체결함에 있어 계약서를 작성하여야 하므로, 이
를 회계예규로 제정하였는데, 위 일반조건은 법규명령이 아니므로(대법원 1997. 10. 28. 선고 97다
34716 판결) 국가와 사인 간의 합의에 의하여 이를 계약내용에 포함됨으로써 효력이 발생한다.
사인 간의 계약에 있어서도 이를 계약내용으로 하기로 하는 특약이 있는 경우에는 당연히 공사계
약의 내용에 포함된다.
88) 1. 하수급인이 계약상대자를 상대로 하여 받은 판결로서 그가 시공한 분에 대한 하도급대금지급
을 명하는 확정판결이 있는 경우
2. 계약상대자가 파산, 부도, 영업정지 및 면허취소 등으로 하도급대금을 하수급인에게 지급할 수
없게 된 경우
3. 하도급거래공정화에 관한 법률 또는 건설산업기본법에 규정한 내용에 따라 계약상대자가 하
수급인에 대한 하도급대금 지급보증서를 제출하여야 할 대상중 그 지급보증서를 제출하지 아
니한 경우

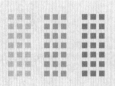

제**11**장 건설보증

제1절 건설보증의 형태

건설도급계약은 계약이행기간이 장기간일 뿐더러 공사금액도 일반 거래에 비하여 크고 대금지급과정이나 건축공정상 복잡한 문제가 일어날 가능성이 높다. 따라서 일반계약관계보다 채무불이행의 위험에 대비할 필요성이 커서 도급인이나 수급인, 하수급인 등 건설도급계약 당사자 사이에 상호 채무이행을 보증하는 제도가 다양한 방법으로 발달해 왔다. 현재 건설도급계약상의 각종 채무이행에 관하여 이루어지고 있는 보증제도의 형태는 크게 3가지로 나눌 수 있다.

첫째, 도급계약 당사자가 상대방에게 자기 채무의 이행을 담보할 만한 상당액의 금원을 미리 교부하는 보증금 수수제도,[1] 둘째, 당사자가 상대방에게 자신의 채무이행에 관하여 보증인을 세우는 방안, 셋째, 당사자가 자기의 채무에 관하여 전문기관이나 금융기관으로부터 보증서를 발급받아 제출하는 방안이 그것이다. 건설실무상 첫째 방식과 같은 현금의 수수는 자금활용의 효율상 별로 이용되지 않고, 둘째 방식은 공사도급계약 체결시에 수급인이 자신의 채무이행에 관하여 다른 건설사업자로 하여금 연대보증을 하도록 하는 경우가 많지만 연대보증인

---

[1] 건설보증금제도는 수급인이 도급인에게 미리 금원을 지급하거나 지급을 약정하는 제도로서 주채무자 이외의 제3자가 독립하여 주채무를 책임지는 일반적인 보증과는 개념이 다르지만, 건설계약상 실제로 수급인의 채무를 담보하는 기능을 하므로 건설관련 보증의 하나로서 함께 살펴본다.

에게 자칫 큰 위험을 초래할 경우가 많고 연대보증인마저 도산되면 그 효과가 없어서 불합리한 면이 있다. 이에 따라 대부분의 보증은 세 번째 방법인 보증서방식에 의하여 이루어지고 있다. 경우에 따라서는 위와 같은 세 가지 방법을 혼용하는 경우도 있다. 이하에서는 건설보증의 종류를 먼저 보고, 계약보증금, 연대보증인에 관하여 차례로 살핀다.

제2절 건설보증의 종류와 내용

Ⅰ. 보증의 종류

1. 건설보증의 근거와 형태

공사도급계약에 관련되어 이루어지는 보증계약은 그 성립 근거가 다양하다. 건설산업기본법 제56조, 시행령 제56조 제2, 3항에서 건설공제조합이 체결하는 각종 보증에 관하여 규정하고 있는 것이 대표적이다. 신용보증기금법 제2조 제2호, 기술보증기금법 제2조 제4호, 제5호에 의한 신용보증기금, 기술보증기금 등의 신용보증, 국가를 당사자로 하는 계약에 관한 법률 시행령 제2조 제4호에 의한 공사이행보증서제도가 있고, 민간건설공사표준도급계약서, 건설공사표준하도급계약서 등에도 계약보증서, 선급금반환보증서, 선급금보증서, 하자보수보증서 등 각종 보증서의 사용을 규정하고 있다.

이러한 각종 건설보증을 공사 진행 단계별로 보면 다음과 같다.

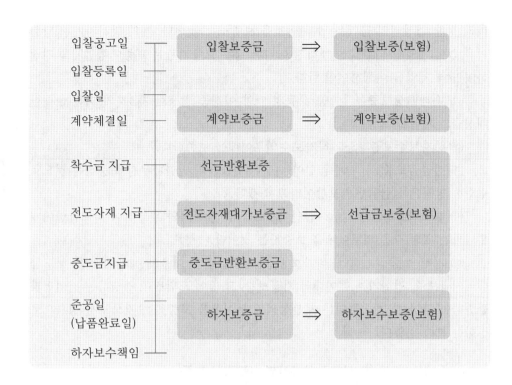

2. 건설산업기본법 시행령상 보증

건설산업기본법 제56조, 건설산업기본법 시행령 제56조 제2, 3항에서 건설공제조합이 체결하는 각종 보증에 관하여 규정하고 있다. 건설산업기본법 시행령상 보증유형은 은행 등 다른 기관이 발행하는 보증서에도 동일하므로 이를 중심으로 살펴본다.[2]

(가) **입찰보증**　　공사 등의 입찰시 입찰자가 내야 하는 입찰보증금의 납부에 관한 의무이행보증을 뜻한다.

(나) **계약보증**　　도급받은 공사의 계약보증금의 납부에 관한 의무이행보증으로서 정확한 명칭은 '계약보증금 지급보증'이라고 하겠다. 수급인의 공사이행의무를 보증하는 공사이행보증과 구별하여야 한다.

(다) **공사이행보증**　　도급받은 공사의 계약상 의무를 수급인이 이행하지 못하는 경우 대신하여 계약상 의무이행의무를 부담하거나 이를 하지 못할 경우

---

2) 보증의 구체적인 내용은 각 보증약관에 정해지므로 보증관계의 내용은 1차적으로 약관에 대한 해석이 중요하게 된다.

미리 정한 일정액의 금액을 납부할 것을 보증하는 것이다. 계약 당사자가 정당한 이유 없이 계약상 의무를 이행하지 아니한 경우 보증기관은 보증이행업체를 지정하여 당해 계약을 이행하여야 한다.

㈜ **손해배상보증**   공사 등의 계약 이행중 발생한 제3자의 피해에 대한 배상금의 지급을 보증한다.[3]

㈀ **하자보수보증**   하자보수의무이행을 보증한다.

㈁ **선급금보증**   수급인이 수령한 선급금의 반환채무를 보증하는 것으로 정확한 명칭은 선급금반환보증이라고 하겠다.

㈂ **하도급보증**   하수급인이 하도급받은 공사와 관련하여 하도급인에게 부담하는 위의 각종 의무이행을 보증하는 것이다.

㈃ **기타 보증**   인·허가보증, 자재구입보증, 대출보증, 납세보증, 하도급대금지급보증, 건설기계 대여대금 지급보증, 그 밖에 조합원이 경영하는 건설업과 관련하여 그가 부담하게 되는 재산상의 의무이행을 보증하는 것으로서 정관으로 정하는 보증이 있다.

3. 주택도시기금법 시행령(구 주택법 시행령)상 보증

주택도시기금법(구 주택법)에 의하여 설립된 주택도시보증공사가 행하는 보증의 유형에는 다음과 같은 것이 있다(주택도시기금법 시행령 제21조).[4]

㈎ **주택분양보증**   건설하는 사업주체가 파산 등의 사유로 분양계약을 이행할 수 없게 된 경우에 당해 주택의 분양 이행 또는 입주금의 환급을 책임지는 보증을 말한다.

㈏ **주택임대보증**   위와 같은 경우에 주택의 임대의 이행 또는 임대보증금의 환급을 책임지는 보증이다.

㈐ **하자보수보증**   공동주택관리법 시행령 규정에 의한 하자보수의무 기간 중 발생하는 하자에 대한 보증이다.[5]

---

[3] 손해배상보증은 우리나라에서 통상 건설공사보험으로 이루어지며, EAR(errection all risk) 등과 같은 재보험자(Swiss re 또는 Munich Re)의 약관을 그대로 들여와 사용하고 있다. 따라서 계약 당사자 외의 제3자에 대한 손해는 손해보험의 영역에서 이루어진다.

[4] 구법에서는 주택법에 의하여 대한주택보증주식회사가 설립되어 운영되었다.

[5] 주택도시보증공사가 부담하는 하자보수보증은 위와 같이 공동주택관리법 시행령에 의한 하자보수책임으로 한정하고 있으므로(위 회사의 보증약관에도 동일한 취지의 규정이 있다) 건설산업기본법이나 민법상 하자보수책임보다 책임범위가 제한될 수 있음을 유의하여야 한다.

㈔ **감리비 예치보증**　　주택건설사업의 감리와 관련하여 감리자에게 지급할 감리비의 지급에 대한 보증이다.

㈕ 그 밖에 조합주택시공보증, 하도급계약이행 및 대금지급보증, 주택사업금융보증이 있다.

Ⅱ. 보증인 및 보험자

이러한 보증계약은 대부분이 보증서를 발급하는 형태로 이루어지는데, 보증서의 발급 주체는 보험업법에 의한 보험사업자, 건설산업기본법에 의한 건설공제조합, 전기공사공제조합법에 의한 전기공사공제조합, 신용보증기금법에 의한 신용보증기금, 기술보증기금법에 의한 기술보증기금, 주택도시기금법에 의한 주택도시보증공사 등이 된다.[6]

Ⅲ. 보증(보험)의 법적 성질

1. 기관보증의 법적 성질

기관보증은 전문적 보증기관이 주채무자의 신용보증 보완을 위하여 주채무자로부터 위탁을 받아 보증료를 받고 특정 또는 불특정의 다수인을 위하여 보증을 하는 것을 의미한다. 기관보증의 대표적인 것으로는 신용보증기금 및 기술보증기금 등의 신용보증, 건설산업기본법상 건설공제조합의 각종 보증, 은행 등 금융기관의 지급보증 등을 들 수 있다. 기관보증은 법적 성질이 민법상 보증과 동일하지만, 공공성이 강하고, 유상성, 약관에 의한 대량거래성을 가지며 전문적 보증기관이 하는 보증이라는 점에서 개별적이고 1회적, 무상적으로 이루어지는 민법상 보증과 다르다.[7]

원래 보증계약은 채권자와 보증인 간의 계약에 의하여 성립하고, 보증인이 주채무자로부터 보증위탁을 받았는가 여부는 보증계약의 성립과 무관하나, 기관보증관계의 성립에는 주채무자와 보증기관 사이의 보증위탁계약 및 채권자와 보

---

6) 보증과 보험은 다음 항에서 보는 바와 같이 법률적인 차이가 있지만, 건설계약상 기능과 절차는 사실상 구별할 필요가 없으므로 이하에서는 보증을 기준으로 설시한다. 따라서 보증인, 보증기간, 보증금액 등은 모두 보험자, 보험기간, 보험금액을 포함하는 것이다.

7) 김창종, "신용보증에 관하여,"『사법논집』제21집(1990).

증기관 사이의 보증계약의 체결이 필요하다. 채무자가 보증기관에게 보증위탁신청을 하면 보증기관은 채무자에 대한 신용과 경영능력을 조사하고 보증 승낙의 여부와 보증금액을 결정하여 채권자와 신용보증계약을 체결하게 된다. 보증을 위탁하는 주채무자는 대개 보증인인 조합의 조합원 지위를 갖고 있거나 일정한 자격을 갖추어야 한다.

보증인은 채무자에게 보증의 의사로써 보증서를 발급하고 채권자는 이를 승낙하는 취지로 채무자로부터 이를 수령함으로써 보증인과 채권자 사이에 보증계약이 체결된 것으로 본다.[8] 따라서 보증채권자의 보증채권은 보증채권자가 조합과 조합원 사이의 보증위탁계약의 수익자로서 수익의 의사표시를 함으로써 취득하는 것이 아니라, 직접보증계약의 당사자로서 보증채권을 취득하는 것이다.

다만 보증보험회사의 보증보험은 그 형식이 보험계약이어서 보증과 차이가 있지만, 기능이 보증과 동일하고 법적 성격도 보증으로 보는 입장이 있어서 이를 실질적으로 기관보증에 해당한다고 보는 입장도 있다.[9]

2. 신용보증기금의 신용보증의 법적 성질

신용보증기금의 보증의 법적 성질과 관련하여 통설 및 대법원 판결은 신용보증기금의 보증이 채무자의 보증위탁(계약의 방식)에 의하여 보증채권자와 신용보증기금 사이에 체결(계약 당사자)되는 점 등에 비추어 그 법적 성질은 민법상 보증과 동일하다고 본다.[10][11]

---

8) 전문건설공제조합이 구 전문건설공제조합법(1996. 12. 30. 법률 제5230호 건설산업기본법 부칙 제2조에 의하여 폐지)에 의하여 하는 보증에 있어서의 보증관계는 조합과 조합원 사이에 체결되는 보증위탁계약의 제3자에 대한 효력으로서 성립하는 것이 아니라, 조합원의 신청에 따라 보증채권자를 위하여 보증서를 발급하는 방식으로 조합이 보증채권자에 대하여 직접 보증의 의사표시를 함으로써 성립하는 것이므로(1997. 7. 10. 대통령령 제15433호 건설산업기본법 시행령 부칙 제3조에 의하여 폐지된 구 전문건설공제조합법 시행령 제7조 참조), 그 보증관계의 해소를 위한 보증 취소의 의사표시는 보증을 신청한 자에 불과한 조합원에 대하여 할 것이 아니라 보증의 의사표시의 상대방인 보증채권자에 대하여 하여야 한다: 대법원 1999. 11. 26. 선고 99다36617 판결.
9) 민법주해 Ⅹ 채권(3)(박영사, 2001년), 167면, 신용석, "기관보증과 주계약상 보증인에 대한 구상권의 존부,"「민사재판의 제문제」14권(2005).
10) 대법원 1982. 12. 28. 선고 82다카779 판결; 대법원 1987. 4. 14. 선고 85다카1851 판결; 대법원 2002. 12. 10. 선고 2002다47310 판결; 대법원 2003. 12. 12. 선고 2003다50108 판결.
11) 신용보증계약의 법률관계까지 규율하고 있는 신용보증기금법 제28조는 "기금으로 하여금 신용보증승낙의 의사표시를 채무자와 채권자에게 통지하게 하면서, 채무자와 채권자 사이에 주계약이 성립하면 기금과 채권자 사이에 신용보증관계가 성립한다"라고 규정하고 있고, 같은 법 제29조는 "채권자는 대통령령이 정하는 사유가 발생한 경우 기금에 대하여 그 보증채무의 이행을 청구할 수 있고, 이 경우 기금은 주채무와 대통령령이 정하는 종속채무를 이행하여야 한다"고 규정

3. 건설공제조합의 보증의 법적 성질

신용보증기금의 보증과 달리 건설공제조합 또는 전문건설공제조합의 보증에 대하여 보증계약설과 제3자를 위한 보험계약설이 대립되고 있다. 대법원 판결은 이 점에 관하여 심한 혼란상태를 보였다. 대법원 1999. 11. 26. 선고 99다36617 판결; 2002. 11. 26. 선고 2002다34727 판결은 명시적으로 보증계약설을 취하고 있음에 반하여, 대법원 2001. 6. 1. 선고 2000다63882 판결; 2002. 7. 26. 선고 2001다36450 판결; 2003. 11. 13. 선고 2001다33000 판결 등에서는 제3자를 위한 보험계약설을 취하거나 이를 전제로 하고 있다. 대법원 2005. 8. 19. 선고 2002다59764 판결과 같이 보증채권자가 조합원(수급인)에게 주계약상의 이행기를 당초의 보증기간 이후로 연기하여 준 사안에 대하여는 대법원은 '공제조합의 보증은 상호보험으로서 보험법리를 적용하여야 한다'고 일관하여 판시하였다.[12] 2000년 이후에는 대법원 판결이나 하급심판결에서 상호보험으로서 보험계약설을 취한 경우가 다수인 경향을 보이고 있다.

보증계약설은 공제조합의 보증도 신용보증기금의 보증처럼 어디까지나 그 성격이 민법상의 보증인 점, 우연한 사고에 대처하기 위한 보험제도와 성격을 달리하고, 공제조합의 보증에는 대수의 법칙에 의한 보험기법이 전혀 활용되지 않는다는 점을 근거로 한다.[13] 보험계약설은 공제조합의 보증서에 계약자가 보증을 신청한 조합원으로 되어 있고, 조합원이 조합으로부터 받은 보증서를 보증채권자에게 제공하는 방식으로 이루어질 뿐 조합과 보증채권자 사이에는 직접적인 계약

하고 있으므로, 위 법규정에 따라 채무자와 채권자가 주계약을 체결함으로써 '채권자-기금' 간의 직접적인 신용보증관계가 성립한다는 이론구성이 가능하게 된다. 차영민, "보증보험의 법적 성질," 『민사판례연구』 28권(2006).

12) 이와 같은 판결의 해석에 관하여 여러 주장이 제기되었다. 보험계약설을 취한 판례에 대해서는 다음과 같은 비판이 있었다. "주채무의 변제기유예는 보증인에게 유리한 경우가 많기 때문에 원칙적으로 보증인에게 효력이 미친다는 민법상의 통설적 견해에 따른 것으로 생각되나, 보증기간의 정함이 있는 보증(주로 계속적 보증일 것이다)의 경우에는 판례와 학설이 주계약의 거래기간 연장에 의하여 보증기간이 연장될 수 없다는 입장을 취하고 있는바, 보증보험은 오히려 '보증기간의 정함이 있는 보증'과 같은 논리로 보는 것이 타당하다고 생각한다. 따라서 위 판례가 반드시 보험성을 강조한 것이라고 보기는 어렵고, 보증의 법리로 설명이 가능하다고 생각한다."(차영민, 앞의 글) 반대로 대법원 2001. 7. 13. 선고 2000다2450 판결 및 같은 날 선고된 2000다57771 판결 이후로는 보험계약설로 사실상 정리된 것으로 보는 견해도 있었다(최동렬, "보증보험자와 주계약상 연대보증인 사이의 구상관계," BFL, 서울대금융법센터, 107-108면).

13) 신용석, "기관보증과 주계약상 보증인에 대한 구상권의 존부," 『민사재판의 제문제』 14권(2005. 12.), 1456면 이하.

체결에 관한 행위가 존재하지 않는 점 등의 계약체결방식, 약관내용, 목적에 있어서 보증보험과 유사하다는 섬을 근거로 한다.[14]

그런데 대법원 2008. 6. 19. 선고 2005다37154 전원합의체 판결(다수의견)은 건설공제조합과 주계약상 보증인 사이의 구상권 성립 여부가 문제된 사건에서 건설공제조합의 보증계약은 그 실질이 보증의 성격을 가지므로 민법의 보증에 관한 규정이 준용되어 구상권이 인정된다고 판시하였다. 그러나 이 판결에서 다수의견의 취지가 어느 입장을 취한 것인지는 확실하지 않다. 문면상으로는 보증설을 취한 것으로 보이기도 하지만, 구체적 내용, 특히 반대의견과 보충의견에 의하면 다수의견은 보험설 입장을 전제로 하면서, 보증의 성격을 갖고 있어서 보증규정을 '준용'하는 것으로 볼 여지도 있다. 이 판결로 폐기하는 2001다25887 판결은 건설공제조합의 보증을 보험으로 보면서 이를 근거로 구상권을 부인한 것인데 이번 판결로 위 판결 중 어느 부분까지 폐기하는 것인지도 불분명하다. 오히려 이 판결의 다수의견과 반대의견 모두 보험계약설을 취한 것이라고 보는 견해도 있다.[15] [16]

4. 주택도시보증공사의 보증의 법적 성질

대법원 판결은 보증채권자가 주채무자에게 주계약상의 이행기를 보증기간 이후로 연기하여 준 사안에 대하여 주택도시보증공사(구 대한주택보증주식회사, 구 주택사업공제조합)의 보증의 법적 성질을 제3자를 위한 보험계약이라고 보고 있다.[17] 이에 대하여 건설공제조합 보증의 법적 성격에 관한 것과 동일한 문제가 제기될 수 있다.

---

14) 김형천, "건설공제조합의 하자보수보증의 법적 성격 및 건설공제조합과 주계약상 보증인 사이의 구상권에 관하여," 『판례연구』 21집(2010. 2.) 부산판례연구회, 402면 이하.

15) 김형천, 앞의 글 403면.

16) 위 전원합의체 판결 이후에 선고된 대법원 2009. 7. 9. 선고 2008다88221 판결, 대법원 2015. 3. 26. 선고 2014다203229 판결은 "건설공제조합의 하도급대금지급보증은 그 성질상 조합원 상호의 이익을 위하여 영위하는 상호보험으로서 보증보험과 유사하므로 이에 대하여 보험의 법리가 적용된다"라고 설시하였다.

17) 구 주택건설촉진법(1999. 2. 8. 법률 제5908호로 개정되기 전의 것)상의 주택사업공제조합이 조합원으로부터 보증수수료를 받고 조합원이 주택건설사업과 관련하여 주택건설자재를 구입하는 경우에 채권자에 대하여 하는 채무보증인 '기타 지급보증'은 그 성질에 있어서 조합원 상호의 이익을 위하여 영위하는 상호보험으로서 보증보험과 유사한 것이라고 할 것이므로 이에 대하여도 보험에 관한 법리가 적용된다: 대법원 1999. 8. 24. 선고 99다24508 판결; 대법원 2002. 1. 25. 선고 2001다19479 판결.

5. 보증보험회사의 보증보험의 법적 성질

보험회사의 보증보험은 보험회사가 다수의 가입자를 모아 유상적으로 보증을 인수하는 제도로서 보험자가 보험료를 받고 채무자인 보험계약자가 채권자인 피보험자에게 계약상의 채무불이행 또는 법령상의 의무불이행으로 손해를 입힌 경우에 그 손해를 보상할 것을 목적으로 한 보험업법상의 보험이다.[18]

보증보험은 보험에 해당하지만, 이를 규율하는 다른 규정이 없고, 실질적으로는 보증과 같은 기능을 수행하는데다가, 약관에도 상법 보험편에 규정된 각종 면책사유, 시효에 관한 규정이 있는 반면 보험계약자에 대한 구상권 및 변제자대위권을 부여하는 민법상 보증에 유사한 규정도 있어서, 보증보험에 보험의 법리와 보증의 법리를 어디까지 적용하여야 하는지 논란이 되어왔다. 그 법적 성질과 관련하여 보험설, 보험우위설, 보증설, 보증우위설 등이 대립되고 있다.

대법원 판례는 "보증보험이란 피보험자와 어떠한 법률관계를 가진 보험계약자(주계약상의 채무자)의 채무불이행으로 인하여 피보험자(주계약상의 채권자)가 입게 될 손해의 전보를 보험자가 인수하는 것을 내용으로 하는 손해보험으로, 형식적으로는 채무자의 채무불이행을 보험사고로 하는 보험계약이나, 실적적으로는 보증의 성격을 가지고 보증계약과 같은 효과를 목적으로 하는 것이므로, 보증보험계약은 주계약 등의 법률관계를 전제로 하고 보험계약자가 주계약에 따른 채무를 이행하지 아니함으로써 피보험자가 입게 되는 손해를 약관의 정하는 바에 따라 그리고 그 보험계약금액의 범위 내에서 보상하는 것이다"라고 보았다.[19] 이와 같이 판례는 '보험형식·보증실질'이라는 기준이 개별사례의 적용에 있어 반드시 일관되거나 통일된 것은 아니고 사안별로 보증성을 중시할지, 보험성을 중시할지를 정하고 있는 것으로 보았으나, 대법원 2008. 6. 19. 선고 2005다37154 전원합의체 판결에서 보증보험계약의 실질적인 측면상 보증성을 중시하여야 한다는 입장을 택한 것으로 보인다.[20]

---

18) 보험업법 제4조.
19) 대법원 2002. 5. 10. 선고 2000다70156 판결; 대법원 2001. 2. 9. 선고 2000다55089 판결.
20) 2014. 3. 11. 개정된 상법에는 보증보험에 관한 규정이 신설되었는데 보증보험과 관련하여 그 성질에 반하지 않는 범위에서 민법상 보증의 규정을 준용하도록 규정되어 있다.
제726조의5(보증보험자의 책임) 보증보험계약의 보험자는 보험계약자가 피보험자에게 계약상의 채무불이행 또는 법령상의 의무불이행으로 인하여 입힌 손해를 보상할 책임이 있다.
제726조의7(준용규정) 보증보험계약에 대하여는 그 성질에 상반되지 아니하는 한도에서 보증채

보험자는 보험기간 중에 생긴 보험사고로 인하여 피보험자가 입은 재산상의 손해를 보상할 책임을 지는 것은 다른 손해보험의 경우와 같으나, 보증보험은 보험계약자인 채무자가 계약의 내용에 따른 채무를 이행하지 않음으로써 피보험자인 채권자가 입은 손해를 보상하여 주는 것을 목적으로 하는 보험이므로 보험사고가 보험계약자의 채무불이행이라는 인위적인 사고라는 점에 특징이 있다. 그러므로 보험자는 보증인과 달리 손해보상의무가 발생한 이상 최고·검색의 항변권이 없고, 주채무자가 갖는 항변으로 대항할 수 없다.

보증보험은 그 형식이 타인을 위한 보험계약에 해당하는 이상 이는 보험자와 채무자인 보험계약자 사이에서 제3자인 피보험자를 위하여 체결되는 계약이라는 점에서 다른 기관보증과 구별된다. 즉 보험계약자는 보험자와 직접 보험계약을 체결하고 보험증권을 받아 채권자에게 제출할 뿐이다.

6. 각 보증 및 보증보험의 비교[21]

(1) 계약체결의 방식 및 계약 당사자

신용보증기금의 경우는 주채무자와 보증기관 사이의 보증위탁계약 및 보증기관과 채권자 사이의 보증계약으로 이루어지며[22] 건설공제조합과 주택도시보증공사의 보증의 경우도 이와 같은 방법으로 체결된다.[23]

반면에 보증보험의 경우는 보험계약자(주채무자)가 보증보험계약서에 일정한 사항을 기재하여 청약을 하고, 보험자가 그 보험의 인수여부를 결정하여 승낙통지를 함으로써 성립하므로 타인을 위한 보험의 형식을 갖는다.[24]

무에 관한 민법의 규정을 준용한다.

21) 신용석, "기관보증과 주계약상 보증인에 대한 구상권의 존부," 「민사재판의 제문제」 14권(2005).

22) 신용보증기금의 경우는 금융기관과 업무위탁계약을 체결하여(신용보증기금법 제32조) 채권자인 금융기관이 기금의 업무위탁기관으로서 신용보증서를 발급하는 것이 보통이다.

23) 전문건설공제조합이 구 전문건설공제조합법(1996. 12. 30. 법률 제5230호 건설산업기본법 부칙 제2조에 의하여 폐지)에 의하여 하는 보증에 있어서의 보증관계는 조합과 조합원 사이에 체결되는 보증위탁계약의 제3자에 대한 효력으로서 성립하는 것이 아니라, 조합원의 신청에 따라 보증채권자를 위하여 보증서를 발급하는 방식으로 조합이 보증채권자에 대하여 직접 보증의 의사표시를 함으로써 성립하는 것이므로, 그 보증관계의 해소를 위한 보증 취소의 의사표시는 보증을 신청한 자에 불과한 조합원에 대하여 할 것이 아니라 보증의 의사표시의 상대방인 보증채권자에 대하여 하여야 한다: 대법원 1999. 11. 26. 선고 99다36617 판결.

24) 요사이 보증보험에서는 보증보험계약의 당사자는 보증보험자와 채무자인 보험계약자이지만, 채권자인 피보험자에게 보증보험자가 직접 보험증권을 교부하고(채무자의 사전동의를 득하는 것을 전제로), 전산망으로 보증보험자와 피보험자가 연결되어 피보험자의 사전요청을 받은 보험계약자가 청약을 하면 보증보험자가 피보험자가 요구한 내용대로 보험증권을 발급하는 형태의 거

⑵ 면책가능성

신용보증기금과 각 공제조합의 보증약관에 보증기관의 면책사유를 규정하고 있고, 보증보험약관에 보험자의 면책사유를 규정하고 있다.

이와 관련하여 보증보험회사의 보증보험의 경우 그 형식이 타인을 위한 보험계약이므로 상법 제659조 제1항이 적용되는지 여부가 문제될 수 있으나, 대법원은 "보증보험은 피보험자와 어떠한 법률관계를 가진 보험계약자의 채무불이행으로 인하여 피보험자가 입게 될 손해의 전보를 보험자가 인수하는 것을 내용으로 하는 손해보험이므로, 보증보험의 성질상 보험계약자의 고의 또는 중과실로 인한 보험사고의 경우 보험자의 면책을 규정한 상법 제659조 제1항은 특별한 사정이 없는 한 보증보험에는 적용되지 않는다"고 판시하였다.[25)26)]

이에 2014. 3. 11. 신설된 상법 제726조의6 제2항은 보증보험계약에 관하여 보험계약자의 사기, 고의 또는 중대한 과실이 있는 경우에도 이에 대하여 피보험자에게 책임이 있는 사유가 없으면 제659조 제1항을 적용하지 않는다고 규정하고 있다.[27)]

⑶ 주채무자를 위한 보증인에 대한 구상권의 존부

⑺ 신용보증기금의 신용보증　　주계약상의 연대보증인을 신용보증위탁계약상의 연대보증인으로 편입시킨 경우에는 그 약정의 효력에 따를 것이므로 별다른 문제가 없다. 문제는 주계약상의 보증인이 신용보증위탁계약상의 보증인으로 되지 아니한 경우에도 보증채무를 이행한 신용보증기금이 주계약상의 보증인

래도 이루어지고 있다. 따라서 거래형태를 단정적으로 표현하기는 어렵다.

25) 대법원 1997. 1. 24. 선고 95다12613 판결; 대법원 1998. 3. 10. 선고 97다20403 판결.

26) 반면 대법원은 상법 제651조상의 고지의무 조항의 적용여부와 관련해서는 "보증보험계약은 보험계약자인 채무자의 채무불이행으로 인하여 채권자가 입게 되는 손해의 전보를 보험자가 인수하는 것을 내용으로 하는 타인을 위한 손해보험계약이라고 할 것인바, 이러한 보증보험계약에 있어서 보험계약자의 고지의무 위반을 이유로 한 해지의 경우에 계약의 상대방 당사자인 보험계약자나 그의 상속인(또는 그들의 대리인)에 대하여 해지의 의사표시를 하여야 하고, 보험금 수익자에게 해지의 의사표시를 하는 것은 특별한 사정(보험약관상의 별도기재 등)이 없는 한 효력이 없다고 할 것이며, 이러한 결론은 그 보증보험계약이 상행위로 행하여졌다거나 혹은 보험계약자의 소재를 알 수 없다는 이유만으로 달라지지는 않는다"(대법원 2002. 11. 8. 선고 2000다19281 판결)라고 판시하여 그 적용을 긍정하고 있다.

27) 상법 제726조의6(적용 제외) ① 보증보험계약에 관하여는 제639조 제2항 단서를 적용하지 아니한다.
② 보증보험계약에 관하여는 보험계약자의 사기, 고의 또는 중대한 과실이 있는 경우에도 이에 대하여 피보험자에게 책임이 있는 사유가 없으면 제651조, 제652조, 제653조 및 제659조 제1항을 적용하지 아니한다.

에 대하여 구상권을 행사할 수 있는가에 있다. 신용보증은 민법상의 보증과 동일한 성질의 것으로 수계약상의 일반 보증인과 신용보증기금은 공동보증인의 지위에 있으므로 보증채무를 이행한 신용보증기금은 주계약상의 다른 연대보증인에 대하여 당연히 구상권을 취득한다.[28]

(나) **건설공제조합 및 주택도시보증공사의 보증**　　　대법원 2001. 7. 27. 선고 2001다25887 판결은 건설공제조합과 주계약상 연대보증인이 공동보증관계에 있지 않다고 하여 구상권을 부정하였다.

그러나 앞서 본 바와 같이 대법원 2008. 6. 19. 선고 2005다37154 전원합의체 판결은 위 판례를 폐기하고 양자는 공동보증관계에 있으므로 양자 사이에 구상권이 성립한다고 판시하였다.

(다) **보증보험회사의 보증보험**　　　대법원 2001. 2. 9. 선고 2000다55089 판결; 대법원 2001. 11. 9. 선고 99다45628 판결은 보증보험회사와 주계약의 보증인 사이의 구상권을 부정하였으나, 위 대법원 2008. 6. 19. 선고 2005다37154 전원합의체 판결에서 보증보험계약에 관하여 보험자와 주계약의 보증인 사이에 구상권이 성립한다고 판시하여 사실상 앞의 판결들을 변경하였다.[29]

(4) 상　계

보증보험회사는 민법 제434조를 준용하여 주채무자의 채권자에 대한 채권에 의한 상계로 채권자에게 대항할 수 있다.[30]

---

28) 대법원 2004. 9. 13. 선고 2004다23684 판결. 다만, 주계약상의 일반 보증인의 보증범위가 기금의 보증범위를 초과한 부분에 한정하여 약정된 경우에는 기금이 보증채무를 이행한 경우에도 공동보증인에 대한 구상권이 존재하지 아니함에 의문이 없다(대법원 1992. 7. 14. 선고 92다13745 판결).

29) 위 판결 이전에도 서울보증보험에 관하여 구상권을 인정하여야 한다는 주장이 있었다. '서울보증보험의 보증보험약관 제13조는 보증회사의 주계약상의 연대보증인에 대한 구상권을 규정하고 있으므로 위 약관조항이 무효가 아닌 이상 보증보험에는 구상권이 적용된다 할 것이고, 이는 보증보험이 실질적으로 보증의 성질을 갖는 점에 비추어 볼 때도 타당하며, 만일 보험계약자, 즉 채무자에 대한 구상을 인정하지 않을 경우 보증보험의 보험사고는 사실상 전적으로 보험계약자의 영역에서 발생한다는 점에서 도덕적 해이의 위험이 크게 증가한다고 하지 않을 수 없으므로, 실제적인 면에서도 보험자의 구상권행사가 요청된다 할 것이다.' 차영민, 앞의 글.

30) 이행보증보험은 보험계약자인 채무자의 주계약상 채무불이행으로 인하여 피보험자인 채권자가 입게 되는 손해의 전보를 보험자가 인수하는 것을 내용으로 하는 손해보험으로서 실질적으로는 보증의 성격을 가지고 보증계약과 같은 효과를 목적으로 하는 점에서 보험자와 채무자 사이에는 민법상의 보증에 관한 규정이 준용되므로, 이행보증보험의 보험자는 민법 제434조를 준용하여 보험계약자의 채권에 의한 상계로 피보험자에게 대항할 수 있고, 그 상계로 피보험자의 보험계약자에 대한 채권이 소멸되는 만큼 보험자의 피보험자에 대한 보험금 지급채무도 소멸된다: 대법원 2002. 10. 25. 선고 2000다16251 판결.

판례

건설공제조합의 주계약상의 연대보증인에 구상권 유무 [대법원 2008. 6. 19. 선고 2005다37154 전원합의체 판결]

구 건설공제조합법(1996. 12. 30. 법률 제5230호로 제정된 건설산업기본법 부칙 제2조 제1호로 폐지)에 따라 건설공제조합(이하, '조합'이라고만 한다)이 조합원으로부터 보증수수료를 받고 그 조합원이 다른 조합원 또는 제3자와 사이의 도급계약에 따라 부담하는 하자보수의무를 보증하기로 하는 내용의 이 사건 보증계약은, 무엇보다 채무자의 신용을 보완함으로써 일반적인 보증계약과 같은 효과를 얻기 위하여 이루어지는 것으로서, 그 계약의 구조와 목적, 기능 등에 비추어 볼 때 그 실질은 의연 보증의 성격을 가진다 할 것이므로, 민법의 보증에 관한 규정, 특히 보증인의 구상권에 관한 민법 제441조 이하의 규정이 준용된다 할 것이다(대법원 1997. 10. 10. 선고 95다46265 판결; 대법원 2004. 2. 13. 선고 2003다43858 판결 등 참조).

따라서 조합과 주계약상 보증인은 채권자에 대한 관계에서 채무자의 채무이행에 관하여 공동보증인의 관계에 있다고 보아야 할 것이므로, 그들 중 어느 일방이 변제 기타 자기의 출재로 채무를 소멸하게 하였다면 그들 사이에 구상에 관한 특별한 약정이 없다 하더라도 민법 제448조에 의하여 상대방에 대하여 구상권을 행사할 수 있다고 할 것이다(대법원 1997. 6. 27. 선고 97다14576 판결 등 참조).

만약 이와 달리 조합과 주계약상의 보증인 사이에 민법 제448조가 준용되지 아니한다고 보고, 주계약상 보증관계와 조합과의 보증계약관계를 단절시켜 상호 간의 구상 및 변제자대위를 부정하게 되면, 채무자가 무자력일 경우 채무를 먼저 이행한 쪽이 종국적으로 모든 책임을 지는 결과가 되어, 조합과 주계약상의 보증인이 서로 채무의 이행을 상대방에게 미루고 종국적인 책임을 지지 않으려고 함에 따라 채무의 신속한 이행을 통한 분쟁해결을 어렵게 하는 결과가 된다.

또한, 상호 구상은 부정하면서도 채무자에 대한 구상권을 근거로 변제자대위만을 허용한다면 먼저 채무를 이행한 쪽이 채권자를 대위하여 상대방에게 채무 전액에 관하여 이행을 청구할 수 있게 되어 상대방에게 그 비용이 모두 전가되므로, 역시 변제의 선후에 따라 종국적인 책임을 지는 자가 달라지고, 같은 채무를 보증하는 자들 사이의 형평을 깨뜨리는 불합리한 결과를 피할 수 없게 된다.

이와 달리, 조합과 주계약상 보증인이 공동보증인의 관계에 있다고 보기 어렵고 따라서 그들 사이에 민법 제448조가 준용될 수 없으므로 주계약상 보증인이 조합을 상대로 구상권을 행사할 수 없다고 판시한 대법원 2001. 7. 27. 선고 2001다25887 판결은, 이 판결의 견해와 배치되는 범위 내에서 이를 변경하기로 한다.

그리고 위 2001다25887 판결에서 원용되고 있는 대법원 2001. 2. 9. 선고 2000다55089 판결 및 대법원 2001. 11. 9. 선고 99다45628 판결은 모두 조합의 보증이 아닌 이행보증보험에 관한 것이기는 하지만, 그 계약의 구조와 목적, 피보험이익 등의 측면에서 조합의 보증과 성격을 같이한다면 별도의 약정이 없는 한 앞서 본 구상권에 관한 법리가 마찬가지로 적용되어야 할 것인바, 그 판결들의 판시와 같이 이행보증보험이 실질적으로는 보증의 성격을 가지고 보증계약과 같은 효과를 목적으로 하는 점에서 보험자와 채무자 사이에 민법상의 보증에 관한 규정이 준용될 수 있다고 보는 이상, 앞서 본 법리에 의할 때 보증보험자와 주계약상 보증인 사이에 공동보증인 상호 간의 구상권에 관한 법리가 마찬가지로 적용될 수 있다고 보아야 할 것임에도, 보증보험계약이라는 이유만으로 상호 구상권을 부정하였다는 점에서 이 판결의 견해와 실질적으로 어긋나므로 이를 지적하여 둔다.[30]

Ⅳ. 보증(보험)사고와 보증(보험)기간

(1) 보증(보험)기간이란 채무불이행이나 보증(보험)사고가 발생한 때에 보증인(보험자)의 책임이 발생하는 시기와 종기까지의 기간을 말한다. 보증기간은 위험기간 또는 책임기간이라고도 한다. 보증기간은 책임기간이므로 보증계약은 존속하여도 보증기간의 전후에 생긴 채무불이행이나 보증사고에 대하여는 보증인은 책임을 지지 않는다. 다만 보증기간 내에 문제가 발생한 때에는 손해가 보증기간 이후에 생겼어도 보증인은 책임을 진다. 보증기간 내에 발생하는 보증사고는 보증인이나 보험자의 책임을 구체화하여 정하는 불확정한 사고를 의미하는 것이므로 당사자 사이의 약정, 약관내용, 보증서 및 주계약의 구체적 내용 등을 종합하여 결정하여야 한다.[32]

(2) 문제가 되는 것은 계약이행보증의 경우에 수급인의 공사중단 등 채무불이행은 보증기간 내에 발생하였으나, 도급인이 그 기간 경과 후에 도급계약을 해제하였다면 도급인은 보증인에게 계약보증금을 청구할 수 있는가에 있다. ① 보증기간이 도과된 후에 비로소 해제되어 계약보증금 몰수의 요건이 충족되었으므로, 보증기간이 도과된 후에 보증사고가 발생된 것이라는 설, ② 보증기간 내에 공사

---

31) 이에 관한 평석으로는 장덕조, "보증보험자의 공동보증인으로서의 지위," 「기업법연구」 22권 제4호(2008), 최동렬, "보증보험자와 주계약상 연대보증인 사이의 구상관계," 「BFL」 제31호(2008)이 있다.

32) 대법원 2007. 2. 9. 선고 2006다28533 판결; 대법원 2003. 1. 24. 선고 2002다55199 판결; 대법원 1998. 2. 13. 선고 96다19666 판결.

가 완료되지 않은 이상 채무자의 채무불이행이 발생한 것이고, 그 후의 공사중단은 채무불이행사실의 연장이므로, 계약보증금 몰수의 요건이 보증기간 도과 후에 충족되었다고 하더라도 보증기간 내에 보증사고가 발생한 것으로 보아야 한다는 설, ③ 공사기간과 보증기간을 동일하게 정한 이유는, 계약내용에 변경이 없는 한 당해 공사의 이행을 보증한다는 의사표시를 한 것이라고 해석하여야 할 것이므로, 언제든지 그 공사가 중단되기만 하면 보증금을 지급하겠다는 것이고, 따라서 보증기간은 별 의미가 없다는 설이 있다.

종전의 대법원 판례는 "보증기간 내에 주계약의 해지가 있어야 비로소 보증사고가 발생하는 것으로 본다면, 공사기간이 만료되기 상당기간 전에 공사의 지체가 분명하게 드러나는 등의 특별한 사정이 있는 때에 한하여 비로소 보증채권자가 보증기간의 종기이전에 계약을 해지하여 보증사고가 발생하는 것이 가능하게 되고, 그러한 특별한 사정이 없는 경우에는 보증기간 내에 보증사고가 발생하는 것이 불가능하게 되는" 불합리함이 있으므로 주계약이 해지된 때가 아니라 채무불이행만으로 보증사고가 발생한 것으로 보아야 한다고 판시하였다.[33] 특히 대법원은 선급금반환보증에 대하여는 명시적으로 채무불이행만으로 보증사고요건을 충족한다고 판시하였다.[34]

그러나 그 후 대법원 판례는 일률적인 기준이 아니라, 사안에 따라 보증사고의 요건이 정해진다고 보는 입장으로 선회하였다. 즉 해지 등의 의사표시가 보증사고 요건에 포함되는지 여부는 보증약관 등 개별적 계약에서 정한 바에 따라 결정된다는 것이다.[35] 따라서 계약이행보증의 경우에 보증사고의 요건이 구체적으로 무엇인지 결정하려면 우선 주계약인 도급계약에서 계약보증금의 몰취요건이

---

33) 대법원 1999. 4. 13. 선고 99다4450 판결; 대법원 2000. 11. 10. 선고 99다26764, 26771 판결.

34) 대법원 2003. 1. 24. 선고 2002다55199 판결.

35) 이 사건 제2, 4 각 보험계약은 보험자인 피고가 보험계약자인 피고 보조참가인의 판시 각 공급계약상의 채무불이행에 따라 원고에게 귀속될 계약이행보증금을 보상하여 주는 보험으로서, 그 보험약관 및 보험증권에서 원고는 보험금을 청구하기 전에 주계약을 해지 또는 해제하여야 하고, 해제하지 아니한 때에는 피고가 손해를 보상하지 않도록 되어 있으며(보통약관 제1, 2, 5조), 각 보험기간은 주계약의 당초 이행기간(납품기한)보다 2개월 후로 정하여 주계약의 이행기간 경과 이후 보험기간 경과시까지 주계약을 해제할 수 있는 시간적 여유를 두고 있음을 알 수 있다. 위와 같은 보험약관과 이 사건 공급계약의 내용을 앞서 본 법리에 비추어 살펴보면, 이 사건 제2, 4 각 계약이행보증보험계약에서는 주계약인 판시 각 공급계약에서 정한 채무의 불이행 그 자체만으로는 아직 보험사고가 발생한 것으로 볼 수 없고, 원고가 보험기간 안에 채무불이행을 이유로 보조참가인에 대하여 공급계약을 해제하여 계약이행보증금반환채권을 가지게 된 때에 비로소 보험사고가 발생하는 것으로 봄이 상당하다 할 것이다: 대법원 2006. 4. 28. 선고 2004다16976 판결.

어떻게 규정되었는지를 살펴야 한다. 즉 수급인의 채무불이행만 있으면 계약보증금의 몰취가 되도록 약정되있는지, 아니면 주계약의 해제 또는 해지까지 있어야 계약보증금의 몰취가 가능한지에 따라 해지가 보증사고요건에 포함되는지가 달라진다. 후자의 경우에만 해지가 보증사고요건에 포함된다. 이때 주계약의 일부인 보증약관상 규정이 충돌되는 경우도 있어서 세심한 판단이 필요하다.[36]

(3) 해지가 보증사고 요건에 해당하지 않아서 채무불이행만으로 보증금청구권을 취득한 경우라도 도급인이 보증인에 대하여 실제로 보증금을 청구하려면 절차상 도급계약을 먼저 해제 또는 해지하여야 할 것이다.

(4) 도급인과 수급인 사이의 공사도급계약상 준공기한이 준공기한 도래 이전에 미리 연기된 경우에 보증기간도 당연히 변경되는가? 일반보증계약의 경우에는 주채무의 기한이 연기되면 보증채무도 이에 따르는 것이지만, 건설관련 보증은 공사의 시공이 계속적으로 이루어진다는 특성 때문에 보증기간이 당연히 변경된다고 볼 수 없다. 예컨대 이행보증보험계약의 경우 이는 주계약에서 정한 채무의 이행기일이 보험기간 안에 있는 채무를 이행하지 아니함으로써 발생한 피보험자가 입은 손해를 보상하기로 한 보험계약이므로, 피보험자가 보험계약 당시의 준공기한이 도래하기 전에 미리 준공기한을 연기하여 준 나머지 보험계약자가 연기되기 전의 이행기일에 채무불이행을 한 바가 없게 되었고, 피보험자와 보험계약자 사이에 주계약상의 준공기한을 연기하였다 하더라도 보험회사와 보험계약자 사이의 보험계약상의 보험기간도 당연히 변경된다고 할 수 없으므로, 이와 같이 연기된 이행기일이 보험기간 이후임이 분명한 이상 비록 연기된 이행기일에 이행이 없었다고 하더라도 이는 보험사고가 약정 보험기간 이후에 발생한 것으로 보험계약에서 정한 보험금지급사유에 해당되지 아니한다.[37]

---

36) 이 사건 보험계약 보통약관 제5조는 "피보험자는 보험금을 청구하기 전에 주계약을 해지 또는 해제하여야 합니다. 피보험자가 위 해지 또는 해제를 하지 아니한 때에는 회사는 손해를 보상하여 드리지 아니합니다"라고 정하고 있지만, 이 사건 보험계약내용에 편입된 보험금지급특별약관 제2조는 "회사는 피보험자가 계약보증금을 귀속시켜야 할 사유가 발생하였을 때에는 이행(계약)보증보험 보통약관의 면책에 관한 규정에 불구하고 피보험자가 귀속시켜야 할 금액을 지급하여 드립니다"라고 정하고 있으므로, 위 보통약관 제5조를 근거로 이 사건 협약의 해제나 해지가 이루어져야 보험사고가 충족된다고 할 수는 없다. 결국, 이 사건 보험계약에서 보험사고가 무엇인지는 주계약인 이 사건 협약상 계약보증금의 몰수나 귀속의 요건이 어떻게 약정되었는지에 따라 정해지는 것이므로, 원심이 위와 같은 약정의 내용을 확정하지 않은 채 이 사건 협약의 해제나 해지가 이루어져야 보험사고가 충족된다고 단정한 데에는 보험사고의 결정에 관한 법리를 오해하고 필요한 심리를 다하지 않은 위법이 있다: 대법원 2010. 3. 11. 선고 2009다41366 판결(미간행).
37) 대법원 1997. 4. 11. 선고 96다32263 판결; 대법원 1995. 1. 24. 선고 94다31464 판결; 대법원 2005. 8.

그러나 공사를 완료하지 못한 상태에서 준공기한이 도래한 이후에 비로소 도급인이 준공기한을 연장해 주었다면 이는 이미 보증사고가 발생한 이후의 조치에 불과하므로 보증인은 보증책임을 면할 수 없다.[38]

이처럼 공사 준공기한의 연기가 준공기한 이전에 이루어졌는지, 이후에 이루어졌는지에 따라 보증사고의 해당 여부가 달라지는데, 건설실무상 도급인과 수급인이 묵시적으로 기한을 연장하는 경우가 많으므로 연장합의 시점을 확정하는 것이 중요하다.[39]

(5) 건설공제조합이 발행한 하자보수보증서에 하자보수기간이 공동주택관리법 시행령(구 주택법 시행령)에 정해진 하자보수책임기간 보다 장기로 된 경우가 있다. 대법원은 이 경우 보증의 대상이 되는 하자는 보증서상의 보증기간이 아니라, 그보다 짧더라도 주택법 시행령에 정해진 하자보수책임기간 내에 발생한 것으로 한정된다고 판시하였다.[40]

(6) 실무상 하자보수보증보험증권 중에 보험사고를 '하자담보책임기간 안에 발생한 하자에 대하여 그 보수 또는 보완 청구를 받았음에도 불구하고 보험증권에 기재된 계약에 따라 이를 이행하지 아니하는 경우' 등으로 규정한 경우가 있다. 이 경우 보험기간 내에 피보험자의 보수 청구 및 보험계약자의 의무 불이행까지 있어야 할까? 이에 대해 대법원은 "보증보험증권에 보험기간이 정해져 있는 경우에는 보험사고가 그 기간 내에 발생한 때에 한하여 보험자가 보험계약상의 책임을 지는 것이 원칙이지만, 보증보험계약의 목적이 주계약의 하자담보책임기간 내에 발생한 하자에 대하여 보험계약자의 하자보수의무 불이행으로 인한 손해를 보상하기 위한 것임에도 불구하고 보험기간을 주계약의 하자담보책임기간과 동일하게 정한 경우 특단의 사정이 없으면 위 보증보험계약은 그 계약의 보험기간, 즉 하자담보책임기간 내에 발생한 하자에 대하여는 비록 보험기간이 종료된 후 보험사고가 발생하였다고 하더라도 보험자로서 책임을 지기로 하는 내용의 계약이라

19. 선고 2002다59764 판결; 대법원 2008. 5. 15. 선고 2007다68244 판결.

38) 대법원 2001. 3. 23. 선고 2000다11560 판결.

39) 대법원 2010. 3. 11. 선고 2009다41366 판결(미간행).

40) 공동주택관리령에 정해진 하자보수책임기간에 불구하고 사업주체가 스스로 그 기간보다 장기간의 하자보수책임기간을 약정하는 것이 금지되는 것은 아니라고 할 것이지만, 사업주체가 사용검사권자에게 하자보수보증기간 및 하자담보책임기간이 3년으로 기재된 하자보수보증서를 제출하였다는 사정만으로 사업주체와 하자보수청구권자 사이에 모든 하자에 대한 보수책임기간을 3년으로 연장하기로 약정한 것이라고 볼 수 없다: 대법원 2007. 1. 26. 선고 2002다73333 판결. 자세한 설명은 제2편 제7장 제6절 IV. 하자보수보증금 부분 참조.

고 해석함이 상당하다"라고 판시하였다.[41]

1. 보증사고의 발생시점 [대법원 2003. 1. 24. 선고 2002다55199 판결]

　하수급인의 하도급인에 대한 선급금반환의무는 달리 정함이 없는 한 하도급계약이 해지 또는 해지됨으로써 발생하는 것이기는 하나, 선급금보증의 취지에 비추어 선급금보증에 있어서의 보증사고의 발생에 관하여까지 반드시 하도급계약의 해지 또는 해제가 전제되어야 하는 것으로 볼 필요는 없는 점과, 이 사건 선급금보증에 있어서의 보증인과 보증채권자의 이해관계, 특히 이 사건에서와 같이 공사기간과 보증기간의 종기가 일치하는 경우에 만일 주계약인 하도급계약의 해지시에 비로소 보증사고가 발생하는 것으로 본다면, 하수급인의 귀책사유로 하도급계약에서 정한 공사기간 내에 공사를 완공하지 못할 것임이 그 공사기간이 만료되기 상당기간 전에 분명하게 드러나는 등의 특별한 사정이 있는 때에 한하여 비로소 보증채권자가 보증기간의 종기 이전에 하도급계약을 해지하거나 해제하여 보증사고가 발생하는 것이 가능하게 되고, 그러한 특별한 사정이 없는 경우에는 보증기간 내에 보증사고가 발생하는 것이 불가능하게 되어 원천적으로 선급금보증에 의하여 담보되는 위험이 거의 없게 되는 불합리가 발생하는 점 등에 비추어 볼 때, 선급금보증에 있어서는 주계약인 하도급계약이 해지된 때가 아니라 하도급계약에서 정한 채무의 불이행이 있음으로써 선급금반환의무의 발생이 객관적으로 확실하게 된 때에 보증사고가 발생한 것으로 봄이 상당하다.

2. 하자 발생만으로는 보증사고에 해당하지 않는다고 본 사례 [대법원 2007. 8. 23. 선고 2006다87880 판결]

　전문건설공제조합이 건설산업기본법에 따라 하는 각종 보증에 있어서의 보증사고라 함은 보증인인 전문건설공제조합의 보증책임을 구체화하여 정하는 불확정한 사고를 의미하는 것이므로, 하자보수보증에서 보증사고가 무엇인지는 당사자 사이의 약정으로 계약내용에 편입된 보증약관과 보증서 및 주계약의 구체적 내용 등을 종합하여 결정하여야 한다. 우선 피고와 피고 보조참가인들 사이의 각 보증계약에 의하여 피고의 A회사에 대한 하자보수보증금채무가 구체적으로 발생하는 사유가 되는 보증사고는, '피고 보조참가인들의 공사 시공상의 잘못으로 인하여 하자가 발생하고, 그 하자의 보수의무를 피고 보조참가인들이 불이행하는 것'을 의미한다 할 것인바, 보증채권자인 A회사 또는 그를 대위한 원고가 피고 보조참가인들에게 이 사건 아파트에 발생한 하자의 보수를 청구하였다거나, 피고 보조참가인들이 이러한 청구

---

41) 대법원 2015. 11. 26. 선고 2013다62490 판결.

를 받고서도 불응하였다는 점에 관한 입증이 없는 이상, 피고 보조참가인들의 공사 시공상의 잘못으로 하자가 발생하였다는 사유만으로는, 피고 보조참가인들이 미리 하자보수를 하지 않겠다는 태도를 표시하였다는 등의 특별한 사정이 없는 한 보증사 고가 발생한 것이라고 할 수 없고, 따라서 A회사의 피고에 대한 하자보수보증금채권 이 성립했다고 할 수는 없다.

V. 보증(보험)금의 지연손해금

보증(보험)약관에는 "도급인이 (보증)보험사고를 금융기관 등에 지체 없이 신 고하고 (보증)보험금을 청구하면, 금융기관 등은 (보증)보험금 지급에 필요한 조사 를 마친 후 지체 없이 지급할 (보증)보험금을 결정하고, 지급할 (보증)보험금이 결 정되면 일정기간(예를 들면 10일) 이내에 (보증)보험금을 지급한다"는 취지로 규정 되어 있는 경우가 많다.

이에 대하여 ① 위 약관의 내용은 단순히 도급인이 금융기관 등에게 계약보 증금을 청구하기 위한 절차적 요건을 규정하고 있는 데 불과할 뿐, 금융기관 등의 지체책임에 관하여는 직접적으로 규정하고 있지 아니하므로 금융기관 등은 민법 제429조 제1항에 따라 수급인과 동일한 내용의 지연손해금 지급의무를 부담한다 는 견해도 있으나, ② 위 약관의 내용을 보증인의 지연손해금 지급의무에 관한 약 정으로 보아 금융기관 등은 계약해제, 해지일을 기준으로 하여 산정된 계약보증 금에 대하여 약관에 기재되어 있는 보증금 지급시기 이후부터 지연손해금 지급의 무를 부담하는 것으로 해석하는 것이 옳다.

VI. 보증(보험)금청구권의 소멸시효

(1) 보증금청구권의 소멸시효와 기산일

보증금청구권의 소멸시효와 기산일은 청구권이 발생할 당시에 시행되던 법 령 및 당사자의 약정(약관)에 따라 정하여진다. 각종 보험에 관련하여 법령과 약관 의 내용이 바뀌는 경우가 종종 있으므로 주의해야 한다. 특별한 사정이 없다면 보 증금청구권의 소멸시효는 상법에 따라 보증사고 발생일로부터 5년으로 볼 것이다.

건설산업기본법에 따라 설립된 건설공제조합에 대한 보증금청구권의 소멸시효는 2011. 11. 24.까지 발생한 보험사고의 경우에는 보증기간 만료일로부터 5년이고, 그 이후에는 보증기간 만료일로부터 2년으로 단축되었다.[42] 또한 보증사고 후에 보증보험에 관련된 법령이 개정된 경우에는 특별한 규정이 없으면 개정된 법령이 적용될 수 없음은 당연하다.

보험금청구권은 보험사고가 발생할 때 구체적인 권리로 확정되어 그때부터 권리를 행사할 수 있게 되므로 보험금청구권의 소멸시효는 보험사고가 발생한 때부터 진행한다고 해석하여야 한다.[43] 다만 하자보수보증보험계약의 보험사고는 보험계약자가 하자담보 책임기간 내에 발생한 하자에 대한 보수 또는 보완 청구를 받고도 이를 이행하지 아니한 것을 의미하므로, 이 경우 보험금청구권의 소멸시효는 늦게 잡는다면 보험기간의 종기부터 진행할 수도 있다.[44]

(2) 소멸시효의 중단

보증보험과 관련하여 주계약 당사자 사이의 소멸시효 중단이 당연히 보증채무에 미치는지와 관련하여, 보증회사의 보증이 민법상 보증인 경우에는 당연히 소멸시효 중단의 효력이 미친다고 볼 수 있지만 손해보험의 일종인 보증보험에 대하여는 입장이 나뉜다. 주계약상 권리의 소멸시효가 중단되면 보험금청구권의 소멸시효도 당연히 중단한다는 견해와 보험금청구권 소멸시효에 영향을 미치지 않는다는 견해가 그것이다.

한편 보증인이 제기한 보증채무금부존재확인소송에 대하여 보증채권자가 응소한 경우 이는 재판상 청구에 해당하여 소멸시효가 중단된다고 할 것이다.[45]

---

42) 2011. 5. 24. 개정된 건설산업기본법은 6개월 경과 후인 2011. 11. 25.부터 시행되었고 소멸시효 기간은 법 제67조 제2항의 개정으로 5년에서 2년으로 단축된 것이다.

43) 대법원 2005. 12. 23. 선고 2005다59383, 56390 판결.

44) 대법원 2015. 3. 26. 선고 2012다25432 판결.

45) (갑 주식회사가 을 주식회사 등과 체결한 하도급계약과 관련하여 을회사를 보증채권자로 하는 계약이행보증계약을 병 공제조합과 체결하였고, 갑회사의 귀책사유로 공사가 정상적으로 진행되지 않자 을회사가 계약을 해지하였는데, 병 공제조합이 을회사를 상대로 보증채무의 부존재확인 등을 구하는 소송을 제기하여 갑회사가 위 소송에 보조참가한 후 항소심까지 병 공제조합을 위하여 소송행위를 하였으나 청구기각 판결이 확정되었고, 그 후 을회사가 병 공제조합을 상대로 보증채무금의 지급을 구하는 소를 제기하자 병 공제조합이 을회사의 갑회사에 대한 계약이행보증금 채권이 계약 해지일로부터 5년이 지나 소멸시효 완성으로 소멸하였으므로 병 공제조합의 보증채무도 보증채무의 부종성 원리에 따라 모두 소멸하였다고 주장한 사안임) 선행 채무부존재확인소송에서 을회사의 응소행위가 소송에 보조참가한 갑회사와의 관계에서도 재판상의 청구에 해당하여 을회사의 갑회사에 대한 계약이행보증금 채권 및 선급금반환채권의 소멸시효가 중단되었다: 대구고등법원 2018. 4. 26. 선고 2017나22415 판결(심리불속행 기각으로 확정).

Ⅶ. 보증(보험)계약의 취소

　(1) 보증(보험)계약을 체결하면서 보험계약자가 공사도급계약의 내용 및 보험의 목적에 관하여 보험자를 기망하거나 착오가 생긴 경우에는 보험자는 이를 취소할 수 있다. 공사도급계약과 관련하여 체결되는 보증계약에 있어 수급인의 채무불이행이 있는지 여부는 보증계약의 대상으로 약정된 도급공사의 공사금액, 공사내용 및 공사기간과 지급된 선급금 등을 기준으로 판정하여야 하므로 보증계약에 있어 공사계약체결일이나 실제 착공일, 공사기간도 공사대금 등과 함께 계약상 중요한 사항으로서 수급인이 이를 허위로 고지하여 보증계약이 체결되면 법률행위의 중요한 부분의 착오로 보증인이 이를 취소할 수 있다.

　선급금반환보증보험계약을 체결하면서 보험계약자인 수급인이 보험자에게 선급금의 액수와 지급방법 및 선급금의 정해진 용도를 허위로 고지한 경우(특히 선급금을 당해 공사대금이 아니라 공사부지 매수대금이나 다른 공사의 자금으로 전용한 경우)에 보험자가 기망행위를 이유로 보험계약의 취소를 하는 예가 많다.[46] 또한 공사계약 체결일을 허위로 고지한 경우에도 착오를 이유로 보증계약의 취소를 인정한 경우도 있다.[47] 요즈음 판결실무의 경향은 보증(보험)계약의 체결과정에 기망이나 착오가 있었다면 취소를 넓게 인정하여 보증(보험)계약의 효력을 부정하는 경우가 늘고 있는 것 같다.

　(2) 이 경우 취소 의사표시의 상대방은 보증(보험)계약의 계약의 형식 및 계약당사자가 누구인지에 따라 달라진다. 앞서 살펴본 바와 같이 신용보증기금의 신용보증과 건설공제조합의 각종 보증에 있어 보증계약의 당사자는 채권자(도급인)와 보증인(보증기관)이고 취소할 수 있는 상대방이 확정된 경우에는 그 취소는 상대방에 대한 의사표시로 하여야 하므로(민법 제142조) 수급인의 기망행위나 보증인의 착오를 이유로 보증계약을 취소하려면 도급인에게 직접 취소의 의사표시를 하여야

46) 대법원 2002. 11. 26. 선고 2002다34727 판결; 대법원 2002. 7. 26. 선고 2001다36450 판결 등.
47) 대법원 2002. 7. 26. 선고 2001다36450 판결은 원고가 1997. 10. 6. 공사도급계약을 체결하고 착공하였다가 같은 해 12. 29. 공사대금을 10% 정도 감축하고 계약서를 새로 작성하면서 착공도 12. 29. 하는 것처럼 기재한 다음 새 계약서를 제출하여 피고(건설공제조합)로부터 보증서를 발급받은 경우 "피고는 공사의 실제 상황을 알지 못한 채 보증계약을 체결하게 된 것이므로" 피고는 보증계약을 취소할 수 있다고 판시하였다.

한다. 다만 이 경우에 민법 제110조 제2항에 의하여 수급인의 기망행위는 소위 제3자의 기망행위에 불과하므로 보증인은 도급인이 그 사실을 알았거나 알 수 있었을 경우에 한하여 계약보증을 취소할 수 있다.[48]

(3) 보증보험회사의 보증보험계약은 그 계약의 형식상 보험자와 수급인 사이에 체결된 도급인을 위한 계약(제3자를 위한 보험계약)이므로 보험자가 행하는 취소 의사표시의 상대방은 보험계약자인 수급인이 된다. 그런데 보증보험계약이 취소된 경우 보험계약 취소의 효력이 피보험자인 도급인에게 당연히 미치는가? 일반적으로 타인을 위한 보험계약이 취소되면 보험계약의 취소효력이 피보험자인 타인에게도 미치는 것이 원칙이다. 그러나 보험계약자의 기망으로 인하여 보증보험계약을 체결하게 되었다 하여도 피보험자는 보증보험계약의 채권담보력을 신뢰하여 보증보험계약 이후에 이를 기초로 새로운 행위를 한 경우에는 피보험자의 신뢰 보호를 위하여 보험자는 보험계약의 취소로 도급인에게 대항할 수 없다고 본다.[49] 다만 피보험자가 보험계약자의 기망행위를 알고 있었다거나 자신의 주의의무를 해태한 경우 등 피보험자의 신뢰를 보호할 필요가 없는 경우에는 취소의 효력이 미친다.

판례

1. 보증서 발급 착오로 인한 보증계약의 취소 [대법원 1997. 8. 22. 선고 97다13023 판결]

건설회사가 도급인인 원고로부터 공사를 수급받기 위하여 피고(전문건설공제조합)에게 계약보증서의 발급을 신청하면서 도급금액이 10억 원임에도 불구하고 허위로 자신의 도급한도액인 5억 원으로 기재하여 피고가 도급금액을 5억 원으로 정한 계약보증서를 발급하였다. 그 후 건설회사가 공사를 포기하자 원고가 피고에게 계약보증금청구를 하였다.

대법원의 판시는 다음과 같다. "피고는 건설회사가 수급할 공사의 실제 도급금액

---

48) 위 대법원 1999. 11. 26. 선고 99다36617 판결; 대법원 1997. 10. 24. 선고 97다28704 판결; 대법원 2002. 11. 26. 선고 2002다34727 판결.

49) 일반적으로 제3자를 위한 계약에서 수익자는 민법 제110조 제3항의 제3자에 해당하지 않는다. 수익자는 제3자를 위한 계약에 의하여 직접적인 이익을 얻는 자이고, 위 계약을 기초로 하여 새로운 이해관계를 맺는 자는 아니기 때문이다. 그러나 보증보험의 경우에는 피보험자가 보험자의 보증의 의사표시를 믿고 보험계약자와 새로 공사도급계약을 체결하여 이행하였다면 그 신뢰를 보호할 필요성이 크므로 민법 제110조 제3항의 법리를 적용하여야 한다.

이 소외 회사의 도급한도액을 초과한 금 10억 원이라는 점을 알았더라면 계약보증서를 발급하지 않았을 것이므로 도급금액에 관한 피고의 착오는 법률행위의 중요 부분의 착오에 해당하고(피고가 계약보증서를 발급하면서 도급금액을 금 5억 원으로 명시하였다면 피고로서는 그 동기를 당해 의사표시의 내용으로 삼을 것을 상대방에게 표시함으로써 의사표시의 해석상 법률행위의 내용으로 되었다), 피고가 계약보증서를 발급함에 앞서 건설회사로부터 입찰결과통보서 등을 제출받거나 원고에게 도급금액 등을 조회하여 도급금액이 소외 회사의 도급한도액 범위 내인지 여부를 확인하는 것을 게을리하여 소외 회사가 제출한 계약보증신청서만 믿고서 계약보증서를 발급한 것이 중대한 과실에 해당한다고는 할 수 없다고 보아 피고의 착오로 인한 취소의 의사표시에 의하여 원·피고 사이의 보증계약은 적법하게 취소되었다.”

2. 보증보험 취소의 효력 [대법원 2001. 2. 13. 선고 99다13737 판결][50]

보증보험은 보험계약자인 채무자의 채무불이행으로 인하여 채권자가 입게 되는 손해의 전보를 보험자가 인수하는 것을 내용으로 하는 손해보험으로서, 형식적으로는 채무자의 채무불이행을 보험사고로 하는 보험계약이지만 실질적으로는 보증의 성격을 가지고 보증계약과 같은 효과를 목적으로 하고, 이행보증보험과 같은 경우 피보험자는 보증보험에 터잡아 물품공급계약을 체결하거나 이미 체결한 물품공급계약에 따른 물품인도의무를 이행하는 것이 보통이므로, 일반적으로 타인을 위한 보험계약에서 보험계약자의 사기를 이유로 보험자가 보험계약을 취소하는 경우 보험사고가 발생하더라도 피보험자는 보험금청구권을 취득할 수 없는 것과는 달리, 보증보험계약의 경우 보험자가 이미 보증보험증권을 교부하여 피보험자가 그 보증보험증권을 수령한 후 이에 터잡아 새로운 계약을 체결하거나 이미 체결한 계약에 따른 의무를 이행하는 등으로 보증보험계약의 채권담보적 기능을 신뢰하여 새로운 이해관계를 가지게 되었다면 그와 같은 피보험자의 신뢰를 보호할 필요가 있으므로, 주채무자에 해당하는 보험계약자가 보증보험계약을 체결함에 있어서 보험자를 기망하였다는 이유로 보험자가 보증보험계약 체결의 의사표시를 취소하였다 하더라도, 이미 그 보증보험계약의 피보험자인 채권자가 보증보험계약의 채권담보적 기능을 신뢰하여 새로운 이해관계를 가지게 되었다면, 피보험자가 그와 같은 기망행위가 있었음을 알았거나 알 수 있었던 경우이거나, 혹은 피보험자와 보험자 사이에 피보험자가 보험자를 위하여 보험계약자가 제출하는 보증보험계약 체결 소요 서류들이 진정한 것인지 등을 심사할 책임을 지고 보험자는 그와 같은 심사를 거친 서류만을 확인하고 보증보험계약을 체결하도록 미리 약정이 되어 있는데, 피보험자가 그와 같은 서류심사에 있어서 필요한 주의의무를 다하지 아니한 과실이 있었던 탓으로 보험자

가 보증책임을 이행한 후 구상권을 확보할 수 없게 되었다는 등의 특별한 사정이 없
는 한 그 취소를 가지고 피보험자에게 대항할 수 없다.[51]

Ⅷ. 공사도급계약 또는 보증(보험)금에 관한 약정이 부존재한 경우

보증 또는 보험의 전제가 되는 공사도급계약이 존재하지 않는 경우에 보증인
의 책임은 어떻게 되나? 공사도급계약은 계약보증의 전제를 이루는 것이므로 공
사도급계약이 존재하지 아니한다면 특별한 사정이 없는 한 계약보증도 무효라고
보아야 할 것이다.[52]

공사도급계약이 해제된 경우도 마찬가지로 처리한다. 보증사고가 발생하여
보증인이 보증금을 지급할 당시에는 주계약상의 채무가 유효하게 존속하고 있었
다 하더라도 그 후 주계약이 해제되어 소급적으로 채무가 소멸하는 경우에는 보
증인은 보증금을 수령한 채권자를 상대로 이미 지급한 보증금을 부당이득으로 반
환 청구할 수 있다.[53]

나아가 계약이행보증의 대상이 된 도급계약상 계약보증금에 관한 약정이 없
는 경우 및 계약보증금에 관한 약정은 있으나 그 금액에 관한 명시적인 약정이 없
는 경우(계약보증금에 관한 내용이 인쇄되어 있는 공사도급계약 일반조건을 공사도급계
약의 내용으로 첨부하였으나 금액에 관하여는 명시적으로 약정하지 않은 경우)도 그 효력
이 문제된다. 수급인이 금융기관 등에게 계약보증에 관한 의뢰를 하고 금융기관
등으로부터 그 내용을 기재한 보증서를 발급받아 도급인에게 제공하고, 도급인이
아무런 이의 없이 이를 수령하였다면 적어도 그 무렵에는 도급인과 수급인 사이

---

51) 이 판결에 대하여 다음과 같은 비판이 있다. "민법 제110조 제3항 소정의 제3자는 선의이면 족하
고 과실이 없을 것까지 요구하지는 않는바, 위 판결이 피보험자(채권자)가 보험계약자(채무자)의
기망행위가 있었음을 알았던 경우 외에 「알 수 있었던 경우이거나, 혹은 피보험자가 보험자를 위
하여 … (중략) … 피보험자가 그와 같은 서류심사에 있어서 필요한 주의의무를 다하지 아니한 과
실이 있었던 탓으로 보험자가 보증책임을 이행한 후 구상권을 확보할 수 없게 되었다는 등의 경
우」까지를 보호대상에서 제외하는 것은 부당하다. 따라서 민법 제110조 제2항(제3자에 의한 사
기)을 준용하는 것이 타당하다. 보증보험에서 보험계약자(채무자)는 당사자라기보다는 제3자에
더 가깝기 때문이다," 홍성주, "보증보험에서 보험계약자의 사기를 이유로 보험계약이 취소된 경
우 피보험자의 보험금청구권의 유무," 『판례연구』 제13집(2002).
52) 건설공제조합이 행하는 계약보증은 당연히 보증채권자(발주자)와 조합원 사이의 공사도급계약
을 전제로 하는 것이고 그와 같은 계약관계가 없이 행한 계약보증은 원칙적으로 무효라고 보아야
할 것이다: 대법원 1993. 7. 27. 선고 92누15673 판결.
53) 대법원 2004. 12. 24. 선고 2004다20265 판결.

에 계약보증금에 관한 약정이 행하여졌다 할 것이므로 계약보증의 주채무가 존재하지 아니한다고 볼 수는 없을 것이다.[54]

Ⅸ. 보증(보험)약관의 합리적 해석예

1. '주계약의 중대한 변경'의 해석

보증보험사가 도급인과 사이에 보증보험계약을 체결하는 경우 그 약관상 "주계약의 내용에 중대한 변경이 있었을 때"에는 보험사의 사전 승인이 없는 이상 보험계약 자체의 효력이 상실된다는 조항이 포함되어 있는 경우가 많다.

이 경우 약관상 "주계약의 내용에 중대한 변경이 있었을 때"를 그 보험자의 책임이 가중되는가 여부를 묻지 않고 그 문언 그대로 주계약 자체를 기준으로 판단하여 그 내용의 중대한 변경이 있는 모든 경우에 아무런 제한 없이 보험계약의 효력이 상실되는 것으로 보아 그로 인하여 보험자의 책임이 경감되거나 보험자의 책임에 영향을 미치지 않는 경우에도 보험자가 책임을 면한다고 해석한다면, 이는 보험계약자의 정당한 이익과 합리적인 기대에 어긋나는 것으로서 고객에게 부당하게 불리하고 현저하게 형평을 잃은 것이라고 하지 않을 수 없다. 따라서 이 약관은 주계약의 내용에 중대한 변경이 있고, 그로 인하여 보험자의 책임이 가중되는 경우로 제한하여 해석하여야 할 것이다.[55]

---

54) 도급인과 수급인이 계약보증금에 관하여 별도의 약정을 하지 않았다 하더라도 계약보증에 관한 구 건설공제조합법 제2조 제2호, 제8조 제1호, 그 시행령 제2조 제2호의 각 규정을 종합하여 보면 계약보증이라 함은 건설공사도급계약이 약정대로 이행되는 것을 보증하고, 만약 수급인의 귀책사유로 도급계약의 불이행이 있는 경우에는 그로 인한 수급인의 도급인에 대한 손해배상채무의 이행을 계약보증금의 한도에서 보증하는 것이라는 이유로 계약보증서를 발급한 건설공제조합의 보증책임을 인정하였다: 대법원 1997. 8. 26. 선고 97다18813 판결.

55) 이 사건 하도급대금 지급보증계약에 적용되는 약관에 의하면, 보증채권자가 변경되거나 주계약의 내용에 중대한 변경이 있는 때에는 그때부터 보증서의 효력은 상실되고(제6조 제1항), 공사대금 또는 대금지급시기 등의 면에서 보증서에 기재된 내용과 실제로 계약자와 보증채권자 사이에 체결된 주계약의 내용이 서로 다를 때에는 보증서의 효력이 없는 것으로 규정되어 있는바(같은 조 제2항), 이와 같은 약관의 규정이나 보증 및 보험의 일반 법리에 비추어 건설공제조합에 의한 하도급대금지급보증계약의 경우 그 보증책임의 유무 및 범위는 하도급대금 지급보증계약의 대상으로 약정된 하도급계약상의 공사대금·공사내용 등을 기준으로 판정하여야 할 것이므로, 하도급대금 지급보증계약이 체결된 후 하도급계약의 당사자 사이에 공사대금·공사내용 등을 변경하더라도, 이로 인하여 건설공제조합의 보증책임이 가중되는 결과가 초래된다면 적어도 그 범위 내에서는 보증의 효력이 미치지 않는다고 보아야 한다: 대법원 2002. 12. 26. 선고 2002다13447 판결(미간행); 대법원 1998. 6. 12. 선고 97다53380 판결; 대법원 2006. 4. 28. 선고 2004다16976 판결.

주계약의 이행기한을 연장한 것은 보험계약의 실효사유인 주계약의 내용상 중대한 변경에 해당하지 않는다고 판시한 경우가 있다.[56]

2. 보증채무의 이행조건을 가중하는 조항의 해석

건설공제조합의 하도급대금지급보증약관 중 "계약자(원사업자)가 원도급의 발주자로부터 선금이나 기성금 또는 준공금을 수령하였음에도 불구하고 계약자의 당좌거래정지 또는 파산으로 인하여 하도급대금 지급채무를 이행하지 못하게 된 경우에는 원도급계약이 해지되거나 보증시공의 조치가 있어야 보증채권자(수급사업자)에게 부담하는 채무를 보증서에 따라 지급한다"라고 규정하여 보증채무의 이행의 조건으로 발주자로부터 선금이나 기성금 또는 준공금을 수령하였을 것이라는 요건 이외에도 원도급계약의 해지나 보증시공의 조치가 있어야 할 것을 요구하는 경우가 많다. 이는 보증채무 이행에 관한 일반적인 거래관행에 비추어 보증인의 보증채무 이행범위를 지나치게 축소함으로써 보증채권자의 정당한 이익을 침해할 가능성이 있고, 보증의 목적이 원사업자의 부도 등으로 대금지급 불능사유가 발생한 때에 공사대금의 지급을 보증함으로써 수급사업자를 보호하기 위한 것으로 해석된다는 점에서 위 약관조항은 고객이 계약의 거래형태 등 제반 사정에 비추어 예상하기 어려운 조항일 뿐만 아니라 계약의 목적을 달성할 수 없을 정도로 계약에 따른 본질적 권리를 제한하는 조항으로서 약관의 규제에 관한 법률 제6조 제2항 제2호 내지 제3호에 해당하는 불공정약관이다.[57]

3. 보증기간에 관한 특약

계약보증서상 '본 보증서의 효력은 위 보증기간에 불구하고 본 공사 실제 준공일까지 유효함'이라는 특약의 기재가 있는 경우에는 보증기간보다 공사가 지연되어 그 이후에 수급인의 귀책사유로 계약목적을 달성할 수 없는 등 공사도급계

---

56) 이 사건 각 보험계약은 주계약인 판시 각 공급계약의 납품기한보다 1개월 내지 2개월 후로 정함으로써 주계약의 이행과정 도중의 사정변경 가능성을 고려한 것으로 보이고, 위 각 공급계약서 자체에 그 판시와 같이 납품기한의 연장 또는 변경 가능성과 그 방법에 관하여 상세히 규정하고 있어 보험자인 피고로서도 보험계약 체결 당시에 이러한 사정을 충분히 예상할 수 있었던 점과 납품기한의 연장에도 불구하고 피고의 보험책임은 당초 정해진 보험기간 내에 발생한 보험사고의 경우에 제한된다는 점을 고려하여 보면, 이 사건 각 공급계약의 납품기한을 연장한 것이 그 보험계약의 실효사유인 주계약의 내용상 중대한 변경에 해당하는 것으로 보기 어렵다 할 것이다: 대법원 2006. 4. 28. 선고 2004다16976 판결.

57) 공정거래위원회 9805약일0845, 9807약일1071, 9808약일1405, 9812약일2049 심결례.

약을 이행하지 못하는 때에도 금융기관 등의 보증인은 보증기간과 관계없이 도급인에게 보증금을 지급하겠다는 취지로 해석하여야 한다.[58]

4. 선급금이행보증보험약관상 면책조항

보증보험에서 보험자의 책임발생요건은 채무불이행이라는 보험사고의 발생과 이에 기한 피보험자의 재산상 손해의 발생이라는 두 가지라고 할 수 있는데, 선급금이행보증보험의 보험약관상 '보험자는 피보험자의 책임 있는 사유로 생긴 손해는 보상하지 아니한다'는 규정은 보상하지 아니하는 피보험자의 재산상 손해에 관한 규정으로서 보험계약자의 주계약상 채무불이행이라는 보험사고의 발생과 별개의 요건을 규정한 것이므로 이를 가리켜 상법 제659조 제1항 및 제663조에 위반되었다고 할 수 없으며, 또한 신의성실의 원칙에 반하여 공정을 잃은 것이라서나 상당한 이유 없이 사업자의 손해배상범위를 제한하거나 사업자가 부담하여야 할 위험을 고객에게 이전시키는 조항이라고 볼 수 없으므로 약관의 규제에 관한 법률 제6조 및 제7조에 위반되지 아니한다.[59]

5. 하도급지급보증약관상 면책 · 책임제한조항

(가) 건설공제조합의 하도급대금지급보증약관과 관련하여 하도급대금 지급채무의 이행기일이 보증기간 안에 있지 아니한 경우 그 해당 채무를 보증범위에서 제외하고 있는 약관조항은 건설공제조합의 보증이 보증보험과 유사하여 보험에 관한 법리가 적용되고, 보증책임을 합리적인 이유없이 가중시킬 수 없다는 점 및 보증기간의 연장을 위한 추가보증제도가 마련되어 있는 점에 비추어 약관의 규제에 관한 법률 제6조에 위반하여 무효라고 할 수 없다.[60]

(나) 건설공제조합의 하도급대금지급보증약관과 관련하여 보증채권자가 주계약에 따라 지급받아야 할 선금 및 기성금을 수령한 때에는 10일 이내에 원도급의 발주자가 확인한 기성내역서 및 대금지급수단에 관한 사항을 보증인인 건설공제조합에게 반드시 통지하도록 하고, 보증채권자가 정당한 사유 없이 위 통지의무를 게을리한 때에는 보증책임을 부담하지 않도록 규정하고 있는 약관조항은 보증

58) 대법원 1997. 8. 26. 선고 97다13153 판결.
59) 대법원 1999. 6. 22. 선고 99다3693 판결.
60) 대법원 2001. 7. 13. 선고 2000다2450 판결; 대법원 2001. 3. 23. 선고 2000다11560 판결.

채권자가 특별한 사정을 통지하지 아니함으로써 건설공제조합에게 추가로 발생한 손해에 대하여 건설공제조합의 보증책임이 면책될 수 있음을 별론으로 하고, 건설공제조합의 보증책임 전체에 대하여 면책될 수 있도록 규정하였다는 점에서 신의성실의 원칙에 반하여 공정을 잃은 것이므로 약관의 규제에 관한 법률 제6조에 의하여 무효이다.[61]

(다) **보증채무의 이행조건 가중특약**　　건설공제조합의 하도급대금지급보증약관 중 '계약자(원사업자)가 원도급의 발주자로부터 선금이나 기성금 또는 준공금을 수령하였음에도 불구하고 계약자의 당좌거래정지 또는 파산으로 인하여 하도급대금지급채무를 이행하지 못하게 된 경우에는 원도급계약이 해지되거나 보증시공의 조치가 있어야 보증채권자(수급사업자)에게 부담하는 채무를 보증서에 따라 지급한다'라고 규정하여 보증채무의 이행의 조건으로 발주자로부터 선금이나 기성금 또는 준공금을 수령하였을 것이라는 요건 이외에도 원도급계약의 해지나 보증시공의 조치가 있어야 할 것을 요구하는 것은 보증채무 이행에 관한 일반적인 거래관행에 비추어 보증인의 보증채무 이행범위를 지나치게 축소함으로써 보증채권자의 정당한 이익을 침해할 가능성이 있고, 보증의 목적이 원사업자의 부도 등으로 대금지급 불능사유가 발생한 때에 공사대금의 지급을 보증함으로써 수급사업자를 보호하기 위한 것으로 해석된다는 점에서 위 약관조항은 고객이 계약의 거래형태 등 제반 사정에 비추어 예상하기 어려운 조항일 뿐만 아니라 계약의 목적을 달성할 수 없을 정도로 계약에 따른 본질적 권리를 제한하는 조항으로서 약관의 규제에 관한 법률 제6조 제2항 제2호 내지 제3호에 해당하는 불공정약관이다.[62]

(라) **보증책임범위 제한특약**　　① 건설공제조합의 하도급대금지급보증약관 중 '실제시공으로 발생한 하도급공사 인정금액은 원도급의 발주자가 계약자(원사업자)의 공사이행 기성고를 확정하기 위하여 최종적으로 행한 타절기성검사를 기준으로 하고, 이러한 절차 없이 원도급의 발주자가 제3자 등으로 하여금 계속 시공하게 한 때에는 보증사고 발생 직전에 원도급의 발주자가 계약자에게 기성금 지급을 위하여 실시한 기성검사를 기준으로 하며, 그 이후의 기성부분에 대하여는 보증책임을 지지 아니한다'라는 규정이 있다. 그런데 발주자의 타절기성검

---

61) 대법원 2001. 3. 23. 선고 2000다11560 판결.
62) 공정거래위원회 9805약일0845, 9807약일1071, 9808약일1405, 9812약일2049 심결례.

사 여부는 전적으로 발주자의 의사에 달려 있는 것이므로 발주자의 타절기성검사가 없다는 사정만으로 곧바로 건설공제조합이 보증책임을 면하는 것으로 해석하는 것은 하도급대금의 지급을 보장하기 위하여 지급보증제도를 도입한 관계 법령의 취지에 반하고, 하도급공사의 기성금액에 관한 증명방법을 과도하게 제한하여 상당한 이유 없이 보증인의 책임을 배제하는 것이 되어 약관의 규제에 관한 법률 제6조 제2항 제1호의 '고객에 대하여 부당하게 불리한 조항'으로서 무효가 될 수 있다. 그러므로 위 약관에서 정한 '발주자의 타절기성검사'는 보증사고 발생시 하도급공사의 인정금액을 평가하기 위한 원칙적인 방법으로서 제시된 것이라고 해석하여야 하고, 그와 같은 발주자의 타절기성검사가 없는 경우에는 이에 준하여 보증사고 발생일까지의 실제 하도급공사의 기성금액을 객관적으로 적정하게 평가할 수 있는 자료가 있다면 건설공제조합으로서는 이를 기준으로 보증금을 산정하여 지급하여야 할 의무가 있다.[63]

② 하도급대금지급보증약관 중 건설공제조합의 면책사유로 '건설산업기본법령상 하도급을 금지하는 공사를 하도급받거나, 무자격자가 하도급받은 공사인 때'를 정한 경우, 그 면책조항이 약관의 규제에 관한 법률 제6조 제2항 제1호에서 규정하는 '고객에 대하여 부당하게 불리한 조항'에 해당하는지 여부는 무엇보다도 그 계약의 당사자인 건설공제조합의 조합원들의 평균적이고 전형적인 이익을 기준으로 판단되어야 한다. 그런데 위 면책사유와 같은 경우에까지 건설공제조합의 보증책임을 인정하는 것은 오히려 조합원들의 보증수수료를 재원으로 하여 인수되는 건설공제조합의 보증책임을 합리적인 이유 없이 확대시켜 결과적으로 조합원들 전체에 불이익으로 돌아가게 되므로 위 면책조항은 조합원들의 평균적이고 전형적인 이익을 기준으로 볼 때 조합원들에게 부당하게 불리하다고 볼 수 없다.[64]

6. 선급금반환보증약관상 반환해야 할 보증금액의 범위

선급금반환보증계약의 약관에서 반환해야 할 보증금액을 '채무자의 귀책사유로 정산되지 아니한 선급금채무'에 대하여 '미회수 채권액 중 미지급 기성금을 차감한 금액'을 보증금액으로 지급하도록 정하고 있는 경우가 있다. 그중 '미지급

---

63) 대법원 2009. 7. 9. 선고 2008다21303 판결.
64) 대법원 2009. 7. 9. 선고 2008다88221 판결.

기성금'을 해석함에 있어서 하자보수보증금을 공제한 금액만을 산정해야 할까? 선급금 반환에 관한 보증계약의 경우 보증인은 주채무자의 선급금 반환채무의 이행을 보증할 뿐 하자보수보증금까지 담보한다고 볼 수 없으므로, 선급금보증계약상의 보험금을 산정함에 있어서는 하자보수보증금을 공제하지 아니한 미지급 기성대금을 선급금에서 공제하여야 한다.[65]

7. 주택분양보증약관상 보증수수료 반환 범위

주택분양보증계약의 약관에서 주택분양보증계약이 입주자모집공고 승인 취소로 해지되면 잔여 보증기간에 대한 보증료만 아파트 건설사업 시행사에게 환불하도록 하는 규정을 두는 경우가 있다. 해당 약관 규정에 대한 설명의무 및 작성자 불이익원칙 적용 여부가 문제된 사안에서 대법원은 ① 보증료 환불은 급부의 변경, 피고의 면책, 원고의 책임가중, 보험사고의 내용 등에 해당하지 않고, 해당 약관이 상법 제649조의 미경과 보험료 반환규정에 따랐으므로 약관의 중요내용이 아니어서 설명의무의 대상이 될 수 없으며, ② 관련 약관의 내용을 종합하면, 보증해지 시 보증료반환범위에 대한 객관적이고 획일적인 해석이 가능하고 고객에게 유리하게 해석할 여지가 없으므로, 작성자 불이익 원칙이 적용되지 않는다고 판단하였다.[66]

X. 특수한 보증

1. 공사이행보증

공사이행보증은 전형적인 영미의 Bond 제도를 우리나라에 도입한 것으로 보증회사가 대체시공 또는 현금보상을 선택할 수 있는 제도이다. 공사이행보증의 대체시공은 유형에 따라 몇 가지로 분류되는데 수급인(채무자)에 대한 자금지원, 채권

---

65) 한편 수급인의 도급인에 대한 미지급 공사대금채권에 관하여 압류·추심명령이 있는 경우에 이를 공제대상에서 제외할 것인지도 실무상 혼란이 있는데, 대법원 2016. 1. 28. 선고 2013다74110 판결은 공제의 대상이 되는 미지급 기성금이란 보험사고가 발생하여 선급금 반환의무가 발생한 시점에서의 총 기성고 중 아직 지급되지 아니한 기성금을 의미한다고 보고, 금전채권에 대한 압류 및 추심명령이 있더라도 이는 강제집행절차에서 추심채권자에게 채무자의 제3채무자에 대한 채권을 추심할 권능만을 부여한 것일 뿐, 그로써 미지급 기성대금 채무가 소멸한 것이 아니므로 보증범위에 아무런 영향을 미칠 수 없다고 판단하였다.
66) 대법원 2018. 10. 25. 선고 2014다232784 판결.

자가 선정한 대체시공업체가 대체 시공하는 것에 대하여 보증회사가 보증을 서는 방법, 보증회사가 자신의 책임으로 대체시공업체를 선정하는 방법 등이 있으며 우리나라에서는 주로 보증회사가 대체시공업체를 선정하는 방식으로 이루어진다.

선정된 대체시공업체와 발주자와의 관계는 직접 발주자와 계약을 체결하는 방법과 보증회사가 당초 공사도급계약에서 예정된 바대로 채무자의 권리 의무를 당연히 승계하여(정부 회계예규 등 참조) 대체시공업체가 보증회사 이행보조자의 지위로 공사를 완성하는 형태로 나누어 볼 수 있다. 실무상 대체시공업체가 이행한 부분에 대한 사법상, 공법(세법)상 책임이 누구에게 귀속되는지 분쟁이 발생하였다. 이 제도는 비교적 최근에 조달청(국가), 토지주택공사 등에 한정적으로 도입되어 앞으로 활용이 주목된다.

지체상금과 공사이행보증인의 보증채무 범위 [대법원 2015. 10. 29. 선고 2013다 200469 판결]

원고가 공사이행보증 중 보증시공을 선택한 경우에 원고가 대신 이행하여야 하는 채무자의 도급계약상의 의무는 '약정된 기간 내에 공사를 완성할 의무'인 점, 이 사건 보증약관에 의하면 원고는 보증채권자로부터 보증채무이행청구서가 접수된 날부터 30일 이내에 보증채무의 이행을 개시하여야 하고(제6조), 원고가 이와 같이 보증채무를 이행한 때에는 보증채권자는 보증채무이행청구서 접수일부터 보증채무이행개시일까지의 기간에 해당하는 지체상금을 부과하여서는 아니 되며(제9조), 보증채권자는 공사의 전부 또는 일부가 중지되거나, 채무자가 계약체결 후 특별한 사유 없이 공사를 착공하지 않거나, 상당기간 공사가 지체되어 그 진행공정이 예정공정률의 100분의 80에 미달하는 경우 등에 해당하면 지체 없이 그 사실을 원고에게 서면으로 통지하여야 하고, 보증채권자가 정당한 사유 없이 위 통지를 게을리 함으로써 증가된 채무는 원고가 부담하지 않는다(제11조 제1항, 제3항)고 규정하고 있는 점 등에 비추어 보면, 채무자와 보증채권자 사이의 도급계약에서 공사완공의 지연에 대비하여 지체상금의 지급을 약정하고 있는 경우 원고가 보증시공을 선택하여 그 의무를 이행하였더라도 약정된 기간 내에 공사를 완공하지 못하였다면 그로 인한 지체상금 채무도 도급계약상의 의무로서 보증채무에 포함되고, 다만 원고는 이 사건 보증약관에 따라 보증채무 이행을 위한 개시기한 및 피고가 통지의무를 위반하여 보증이행이 지연된 기간 등 원고의 책임 없는 사유로 인하여 공사가 지연된 기간을 그 지체일수에서 공제할 것을 주장할 수 있다고 할 것이다.

2. 국제거래 건설보증

국제거래에서 건설보증은 거래 당사자가 서로 다른 법 체계에 따라 거래를 하게 되므로, 일관된 기준을 선택하거나 손 쉬운 보증 청구가 가능한 방법을 채택하는 경우가 많다.

일관된 기준으로 URDG(Uniform Rules for Demand Guarantees)를 들 수 있으며, 손 쉬운 보증 청구로 무조건적 지급보증(on demand Guarantee)을 들 수 있다. 우리나라에서도 일정 규모 이상의 정부입찰계약에서는 국제거래관례에 따라 처리하도록 하고 있으며, IMF 이후 대규모 건설공사에서는 발주자들이 무조건적 지급보증(독립적 은행보증이라고도 함)의 문언이 기재되어 있는 보증을 요청하고 있다.

제3절   계약보증금(계약이행보증금)

I. 의   의

공사의 정상적인 이행에는 자금력이나 기술수준 등 수급인의 공사수행능력이 매우 중요하다. 따라서 공사도급계약체결시에 수급인으로 하여금 공사도급계약에 따른 의무의 이행을 담보하기 위하여 도급금액의 10% 내지 20%를 계약보증금으로 지급하도록 약정하는 것이 일반적이다. 따라서 정확한 명칭은 계약이행보증금이라고 하겠으나 실무상 보통 계약보증금이라고 칭한다. 국가를 당사자로 하는 계약에 관한 법률 제12조 제1항은 "중앙관서의 장 또는 계약담당 공무원은 국가와 계약을 체결하고자 하는 자로 하여금 계약보증금을 납부하게 하여야 한다"고 규정하고 있고, 민간건설공사 표준도급계약서 일반조건 제4조와 제5조도 계약보증금의 납부와 보증서, 계약보증금의 처리에 관하여 조항을 두고 있다.

실제로는 계약보증금을 금전으로 납부 대신에 보증회사가 발행하는 계약보증서를 교부하는 것이 일반적이다. 계약보증금보증서의 법적 성질과 발급절차에 대하여는 앞에서 보았다.

Ⅱ. 법적 성질

1. 유　　형

공사도급계약상 계약보증금의 귀속에 관한 약정은 대개 4가지 유형으로 나뉜다. ① 계약보증금 액수만 약정하고 채무불이행시 그 귀속방법에 관한 약정이 없는 경우, ② 수급인의 의무불이행시 도급인은 계약을 해제할 수 있고, 이때 계약보증금은 당연히 도급인에게 귀속된다고만 약정한 경우, ③ 계약보증금을 도급인에게 귀속시키되, 보증금을 초과하는 손해가 있으면 초과액을 배상하도록 한 경우, ④ 계약보증금을 몰수하는 외에 실제 발생한 손해 전부를 청구할 수 있도록 한 경우 등이다.

2. 손해담보약정: 귀속규정이 없는 경우

위 ①의 경우와 같이 계약보증금의 한도에 관한 약정이 있을 뿐이고 보증금에 해당하는 금액을 위약벌이나 손해배상액의 예정으로 하는 귀속특약이 없으면 이는 공사도급계약으로 인하여 도급인이 입는 손해를 전보해 주는 손해담보약정에 해당한다고 본다. 장차 발생할지도 모르는 손해에 대비하여 미리 돈을 맡겨 놓는다는 개념이다. 따라서 도급인이 수급인의 채무불이행을 이유로 보증서의 계약보증금을 청구하기 위하여는 수급인의 구체적인 손해배상채무의 존재와 그 채무액을 입증하여 그 범위 안에서 보증서상의 보증금액을 청구할 수 있다.[67] 일반적인 보증보험의 경우가 이에 해당한다.

3. 위약벌 또는 손해배상액의 예정: 귀속규정이 있는 경우

(1) 위 ② 내지 ④의 경우는 계약보증금의 몰취·귀속약정이 있으므로 이는 위약금에 해당되어 위약벌 또는 손해배상액의 예정으로 볼 수 있다. 위약벌 또는 손해배상액의 예정 중 어느 경우에 해당하는가 여부는 구체적인 계약해석의 문제이지만, 민법 제398조 제4항에 의하여 위약금은 손해배상액의 예정으로 추정되므로 특별한 약정이 없다면 일단 손해배상액의 예정으로 보아야 할 것이다. 따라서 도급인이 계약보증금이 위약벌이라고 주장하는 경우에는 이에 관한 입증책임을 부담한다.[68]

---

67) 대법원 1999. 1. 26. 선고 96다6158 판결; 대법원 1999. 3. 26. 선고 96다23306 판결; 대법원 1999. 10. 12. 선고 99다14846 판결.

68) 이와 관련하여 "계약보증금에 대해 손해배상액의 예정과 위약벌의 구분론을 동원하여 법적

(2) 위약벌과 손해배상액의 예정은 전자가 금전적 제재를 통하여 채무이행을 확보하고, 이와 별도로 손해배상을 구할 수 있으며, 위약벌약정이 공서양속에 반하여 무효가 되지 않는 한 이를 감액할 수 없음에 반하여, 후자는 손해액에 대한 입증곤란 및 다툼을 예방함과 동시에 채무자에게 심리적 경고를 주어 채무이행을 확보하려는 것으로 예정액 이상의 손해배상을 구할 수 없고, 액수가 부당한 경우에는 감액이 허용된다는 점에서 큰 차이가 난다. 즉 양자를 구별하는 실익은 위약금 이외에 별도의 손해배상을 구할 수 있는가와 손해배상에 대하여 감액이 가능한가에 있으므로 일응 계약보증금의 귀속과 별도로 손해배상책임약정이 있거나, 계약 불이행시 별도의 제재가 부과될 정도로 계약의 이행이 특별히 강조되는 사정이 있다면 이 경우는 위약벌로 볼 가능성이 높다.[69]

따라서 위 ②의 경우는 특별한 사정이 없으면 손해배상액의 예정으로 볼 수 있고, ④의 경우는 계약보증금과 별도로 실제 발생한 손해 전부에 대하여 배상을 청구할 수 있다고 해석될 경우에는 계약보증금은 손해배상과 관련이 없는 순수한 제재금이므로 위약벌로 보는 것이 타당하다.[70] 다만 ④의 경우와 달리 계약보증금을 몰수하는 외에 손해배상을 청구할 수 있다고만 되어 있고, 그 범위가 불분명한

판단을 내리는 것은 계약보증금의 실질에 비추어 적절치 않은 점이 많다고 사료된다. 양자의 구별은 장차 지급하기로 한 본래의 의미의 위약금의 경우에 의미가 있다고 할 것이고 일단 현실적으로 교부되는 계약보증금의 처리에는 그것이 단순한 대가의 선지금(part-payment)이냐 보증금(deposit)이냐가 핵심적인 기준이 되어야 할 것이다. 그리고 몰취 내지 귀속약정과 결부된 경우에는 보증금의 의미를 갖는 것이 원칙이며 보증금이 갖는 요물성이라는 특성이 그 해석과 운용에 있어 반영되어야 한다"는 이견이 있다. 김동훈, "계약이행보증금,"「계약법의 주요문제」, 255면.

69) (1) 당사자 사이에 채무불이행이 있으면 위약금을 지급하기로 약정한 경우 그 위약금 약정이 손해배상액의 예정인지 위약벌인지는, 계약서 등 처분문서의 내용과 계약의 체결 경위, 당사자가 위약금을 약정한 주된 목적 등을 종합하여 구체적인 사건에서 개별적으로 판단해야 할 의사해석의 문제이다. 위약금은 민법 제398조 제4항에 따라 손해배상액의 예정으로 추정되지만, 당사자 사이의 위약금 약정이 채무불이행으로 인한 손해의 배상이나 전보를 위한 것이라고 보기 어려운 특별한 사정, 특히 하나의 계약에 채무불이행으로 인한 손해의 배상에 관하여 손해배상예정에 관한 조항이 따로 있다거나 실손해의 배상을 전제로 하는 조항이 있고 그와 별도로 위약금 조항을 두고 있어서 그 위약금 조항을 손해배상액의 예정으로 해석하게 되면 이중배상이 이루어지는 등의 사정이 있을 때에는 그 위약금은 위약벌로 보아야 한다. (2) 위약벌의 약정은 채무의 이행을 확보하기 위하여 정하는 것으로서 손해배상액의 예정과 그 내용이 다르므로 손해배상액의 예정에 관한 민법 제398조 제2항을 유추적용하여 그 액을 감액할 수 없다(다수설). [이에 대하여, 위약벌은 손해배상액의 예정과 함께 위약금의 일종으로서 손해배상액의 예정에 관한 민법 제398조 제2항을 유추하여 감액할 수 있다는 소수설이 제기되었다]: 대법원 2022. 7. 21. 선고 2018다248855, 248862 전원합의체 판결.

70) 대법원 1995. 12. 12. 선고 95다28526 판결 참조. 이 판결에 대한 평석은 김영태, "공사도급계약에 있어서 공사이행보증금의 성질,"『대법원판례해설』 24호(1995년 하반기), 68면 이하가 있다.

경우가 있는데, 이런 경우에는 특별한 사정이 없는 한 손해배상의 예정으로 보아 야 할 것이다.[71]

위 ③과 같은 경우가 가장 흔하게 보이는데 민간건설공사 표준도급계약서 일 반조건 제5조는 수급인의 귀책사유로 인하여 계약이 해제되면 계약보증금은 도 급인에게 귀속되고 해제에 따른 손해배상액이 계약보증금을 초과한 경우에는 그 초과분에 대한 손해배상을 청구할 수 있다고 규정하고 있다.

(3) 이러한 사안에 관하여 대법원은 1999. 8. 20. 선고 98다28886사건에서 아래 와 같이 판결하였다. "이와 같은 내용의 계약보증금약정을 한 목적은 수급인에게 심리적인 압박을 가하여 간접적으로 채무이행을 강제하는 것 외에 수급인의 계약 불이행으로 인하여 도급계약관계를 청산하게 될 때를 대비하여 수급인이 도급인 에게 배상하여야 할 최소한의 손해액을 계약보증금으로 예정하여 도급인으로 하 여금 손해발생 및 그 수액을 증명하지 않고서 계약보증금을 자신에게 귀속시킬 수 있도록 하는 한편, 만약 도급인이 손해액이 계약보증금을 초과하는 것을 증명 하여 이를 청구하는 경우에는 그 손해배상액의 일부에 충당하기 위하여 계약체결 시에 계약보증금을 미리 도급인에게 교부하게 한 데 있다고 할 것이다. 따라서 이 사건 계약보증금은 손해배상의 예정으로서의 성질을 가지되, 다만 수급인이 배상 할 손해액이 이를 초과하는 경우에는 단순한 손해담보로서의 성질을 가지는 것으 로 봄이 상당하다."[72]

즉 도급인으로서는 손해발생 및 수액의 입증 없이 계약보증금의 귀속을 구하 거나, 계약보증금을 초과한 손해를 입증한 경우에는 계약보증금을 귀속시켜 손해

---

71) 계약조항에 위약금 조항과 손해배상에 관한 조항이 함께 있고 손해배상의 범위가 (위약금 초과 부분인지) 불분명한 경우에 위약금조항을 위약벌로 보는 입장도 있지만, 채무자의 위약으로 인한 채권자의 손해는 위약금을 몰수함으로써 그만큼 전보되는 것이므로 위약금 범위 내의 손해는 위 약금 몰수로써 그 배상에 갈음하고 그 범위를 초과하는 손해가 있으면 그에 한하여 따로 배상을 청구할 수 있다는 취지일 뿐이지, 위약금으로 충당되는 손해에 대하여까지 이중으로 배상을 청구 할 수 있다는 취지는 아니라고 해석하는 것이 합리적이다. 따라서 계약조항에 위약금 조항과 함 께 손해배상에 관한 조항이 있는 경우 손해배상의 약정은 위약금과는 무관하게 전 손해에 대한 배상약정이라는 취지로 해석할 만한 특별한 사정이 없는 한 위약금으로 전보되지 않는 추가적인 손해에 대한 배상약정일 뿐이라고 해석함이 더 합당하다고 할 것이다. 김창보, "채무자의 귀책사 유로 매매계약이 해제되었을 때 채무자는 계약보증금을 채권자에게 귀속시키고 손해배상책임도 지기로 약정한 경우, 계약보증금 귀속의 약정을 위약벌이 아닌 일종의 손해배상의 예정이라고 해 석한 사례," 『대법원판례해설』 32호(1999년), 70면.
72) 이 판결에 대한 평석으로 이경철, "하도급계약이행보증금귀속조항이 위약벌로 규정한 것인지 아니 면 손해배상예정을 규정한 것인지 여부," 『대법원판례해설』 33호(99년 하반기), 102면 이하 및 박홍대, "공사도급계약에 있어서 계약보증금의 법적 성질," 『판례연구』 11집(2000. 1.), 203면 이하가 있다.

배상액의 일부에 충당할 수 있다.

또한 "계약보증금의 귀속은 해제로 인하여 도급인이 입은 손해에 대한 수급인의 배상의무를 면제하는 것이 아니다"라는 약정이 있는 경우에도 계약보증금범위 내의 손해는 보증금의 귀속으로 배상에 갈음하고 이를 초과하는 손해가 있으면 그에 대하여 수급인이 배상책임을 진다는 취지로 보아 계약보증금은 손해배상의 예정으로 보아야 한다.[73][74][75]

판례

계약보증금 귀속규정이 있는 경우의 해석례

1. 대법원 2005. 11. 10. 선고 2004다40597 판결

도급계약서 및 그 계약내용에 편입된 약관에 수급인의 귀책사유로 인하여 계약이 해제된 경우에는 계약보증금이 도급인에게 귀속한다는 조항이 있는 경우, 그 계약보증금이 손해배상액의 예정인지 위약벌인지는 도급계약서 및 위 약관 등을 종합하여 개별적으로 결정할 의사해석의 문제이고, 위약금은 민법 제398조 제4항에 의하여 손해배상액의 예정으로 추정되므로 위약금이 위약벌로 해석되기 위하여는 특별한 사정이 주장·입증되어야 하는바, 도급계약서에 계약보증금 외에 지체상금도 규정되어 있다는 점만을 이유로 하여 계약보증금을 위약벌이라고 보기는 어렵다 할 것이다.

2. 대법원 1995. 12. 12. 선고 95다28526 판결

도급계약서에 의하면, 수급인의 귀책사유로 계약이 해제 또는 해지된 때에는 공사이행보증금은 도급인에게 속한다고 규정되어 있을 뿐, 위 이행보증금과는 별도로 실제 발생한 손해 전부에 대하여도 손해배상을 청구할 수 있다거나 또는 실제 발생한 손해와 이행보증금의 차액에 대하여 손해배상을 청구할 수 있다는 약정이 없고, 수급인의 채무불이행으로 인하여 발생한 지체상금이 계약보증금 상당액에 달할 때

---

73) 대법원 2000. 12. 12. 선고 99다4634 판결.

74) 상세한 해설은 이충상, "계약보증금에 관한 몇가지 고찰: 손해배상액의 예정인지 위약벌인지 및 감액여부 등" 『사법논집』 32권(2001. 12.), 339면 이하 참조.

75) 이와 관련하여 "판례는 원칙적으로 계약보증금을 손해배상액의 예정으로 보아 실손해가 더 적은 경우라도 반환 청구는 안되지만, 실손해가 예정액을 초과하는 경우에는 초과손해의 배상을 가능케 하기 위하여 이 경우에는 이른바 '단순한 손해담보'라는 새로운 개념을 도입하여 쓰고 있다. 이러한 이론에 따르면 초과손해배상약정을 동반하는 배상액의 예정의 법적 성질은 미리 정해질 수 없고 실손해가 예정액을 초과하는가의 여부에 개별적으로 정해진다는, 매우 편의적이고 결론을 합리화하기 위한 목적론적 성질 결정이 되어버린다. 이 점에서 계약보증금을 위약벌과 손해배상액의 예정의 법리로 설명하는 데에 한계가 드러나고 있는 것이다"라는 비판이 있다. 김동훈, "계약이행보증금의 성질—대상판결: 대법원 2001. 1. 19. 선고 2000다42632 판결," 「판례월보」 제368호(2001).

에는 도급인은 특별한 사유가 없는 한 당해 계약을 해제하고 계약보증금을 도급인에게 귀속시키기로 약정하고 있음을 알 수 있으므로, 도급인과 수급인이 공사이행보증금약정을 한 목적에는 수급인에게 심리적인 압박을 가하여 채무이행을 강제한다는 목적 외에 수급인와 계약불이행으로 인하여 도급관계를 청산하게 될 때를 대비하여 수급인이 도급인에게 배상하여야 할 손해액을 위 공사이행보증금으로 예정함과 동시에 그 지급을 확보하기 위하여 계약체결시에 공사이행보증금을 미리 도급인에게 교부하게 한 데 있다고 할 것이므로, 이행보증금의 성질은 손해배상액의 예정이다.

Ⅲ. 계약보증금 청구 또는 몰취의 요건

1. 증명책임

계약보증금의 법적 성격에 관계없이 어느 경우나 도급인이 수급인 또는 보증인 등을 상대로 계약보증금을 청구 또는 몰취하기 위해서는 수급인이 공사도급계약상의 의무를 이행하지 아니하였다는 사실을 증명하여야 한다. 도급인이 수급인의 귀책사유를 입증할 필요는 없으며, 수급인이 자신에게 귀책사유가 없음을 입증해야 한다(민법 제390조 단서).

계약보증금의 성격이 손해담보에 해당한다면 수급인의 구체적인 채무불이행으로 인한 손해액에 대한 입증을 해야 계약보증금을 청구할 수 있다.[76] 계약보증금의 성격이 위약벌 또는 손해배상액의 예정에 해당한다면 손해발생 및 손해액에 대한 입증은 필요하지 아니하고 그 예정액이 과다하여 감액될 사정이 없는 한 채무불이행 사실만으로 도급인은 수급인 또는 금융기관 등에 대하여 계약보증금을 지급할 것을 청구할 수 있다.[77]

2. 도급계약의 해제 여부

계약보증금약정이 있는 경우에 이를 청구하기 위하여 도급계약의 해제가 필요한지가 문제된다. 표준도급계약서 일반조건 제5조는 도급인이 계약보증금을 청구하기 위해서는 수급인의 채무불이행을 이유로 당해 공사도급계약을 해제·해지할 것을 요건으로 규정하고 있으므로 도급인의 계약보증금채권은 계약해제·해

---

76) 대법원 1999. 3. 26. 선고 96다23306 판결 등.
77) 대법원 2000. 12. 8. 선고 2000다50350 판결; 대법원 1991. 1. 11. 선고 90다8053 판결.

지시에 그 이행기가 도래하는 것으로 보는 것이 보통이다.

Ⅳ. 계약보증금이 담보하는 손해의 범위

1. 원　칙

계약보증금이 위약벌인 경우에는 정해진 사유가 발생하면 특별한 사정이 없는 한 계약보증금 전부가 도급인에게 귀속되어야 한다. 계약보증금이 손해배상의 예정인 경우에는 수급인의 공사도급계약상 채무불이행으로 인하여 도급인이 입게 되는 모든 손해를 담보하는 것이 원칙이다.

2. 지체상금

공사도급계약에서 손해배상의 예정으로서의 계약보증금과 지체상금이 함께 규정된 경우에는 수급인의 동일한 채무불이행에 대하여 계약보증금과 이중으로 지체상금을 인정하여서는 안 된다. 다만 계약보증금을 초과한 지체상금을 배상한다는 규정이 있는 경우에는 그 초과된 부분에 대하여 계약보증금과 별도로 지체상금을 인정할 수 있을 것이다.[78]

3. 선급금 반환채무 및 수급인의 원상회복의무

계약보증금이 담보하는 채무에는 수급인의 선급금 반환의무[79] 및 수급인의 귀책사유로 인한 도급계약의 해제에 따른 수급인의 원상회복의무가[80] 포함된다. 수급인의 채무불이행으로 계약이 해지됨으로써 선급금반환의무나 원상회복의무가 발생한 이상 이는 계약보증금의 대상에 포함됨이 당연하다.

그런데 2000년 10월 14일 신설된 건설공제조합의 계약보증약관 제1조 제2항

---

78) 이 부분은 제2편 제5장 제5절 '지체상금약정의 적용범위' 참조.
79) 구 건설공제조합법(1993. 12. 10. 법률 제4600호로 개정되기 전의 것) 하의 계약보증은 수급인이 계약이행과정에서 그 귀책사유로 인하여 도급인에게 채무를 부담하게 될 경우 그 채무의 이행을 보증하는 것이고, 이에는 수급인의 선급금 반환의무가 포함된다: 대법원 2000. 6. 13. 선고 2000다13016 판결; 대법원 1996. 3. 22. 선고 94다54702 판결.
80) 구 건설공제조합법(1993. 12. 10. 법률 제4600호로 개정되기 전의 것) 제2조 제6호는, 계약보증이라 함은 조합이 발주자에 대하여 조합원이 도급받은 공사에 대한 계약의 이행을 보증함을 말한다고 규정하고 있으므로, 계약보증이란 수급인이 공사도급계약상 부담하는 모든 채무의 이행을 보증하는 것으로서 그 보증책임은 특별한 사정이 없는 한 수급인의 귀책사유로 인한 도급계약의 해제에 따른 수급인의 원상회복의무에도 미친다: 대법원 1999. 3. 26. 선고 96다23306 판결.

(현행 계약보증약관 기
준 제1조 제3항 참조)에서 계약보증의 대상에서 선급은 제외한다고 규정함으로써 위 조
합이 계약보증금으로 담보하는 채무에는 선급금반환의무가 포함되지 않는다고
볼 여지가 있다. 선급금반환은 그 성질이 원상회복으로 부당이득반환에 가까운데,
이를 손해배상예정 또는 손해배상 한도의 성질을 가지는 계약보증금에 포함시키
는 것은 맞지 않는 면이 있다. 반면에 서울보증보험의 보증보험약관 제1조에는 이
와 같은 규정이 없으므로 선급금이 당연히 포함된다고 볼 것이다.

4. 공사대금의 변경이 있는 경우

도급인과 수급인 사이에서 계약상 공사대금의 10% 해당 금액을 계약보증금
으로 정하였으나 실제는 공사대금을 이보다 낮은 금액으로 정하였다면 보증인이
부담하는 보증금은 계약상 이행보증금이 아니라 실제의 공사대금을 기준으로 한
10% 상당의 대금이 되어야 한다.[81]

5. 소멸시효

계약보증금이 선지급되지 않고 약정만 있는 경우에 계약보증금청구권의 소
멸시효는 권리를 행사할 수 있는 때로부터 진행하는바, 계약보증금의 지급시기
는 도급인이 당해 공사도급계약을 해제·해지한 날이므로 소멸시효기간도 그때
부터 진행하는 것으로 보아야 한다. 다만 도급인이 계약을 해제·해지할 수 있는
날로부터 상당한 기간이 경과하여 계약을 해제·해지한 경우에는 신의칙상 계
약을 해제·해지할 수 있는 시점부터 소멸시효기간이 진행하는 것으로 보아야
할 것이다.[82]

---

81) 대법원 1996. 6. 28. 선고 96다2453 판결.
82) 전문건설공제조합의 조합원에 대한 보증금채무에 대하여 적용되는 구 전문건설공제조합법(1995.
12. 29. 법률 제5106호로 개정되기 전의 것) 제48조 제1항은 조합은 그가 보증한 사항에 관하여 법
령, 입찰유의서, 하도급입찰유의서, 도급계약서, 하도급계약서 기타 계약서의 정하는 바에 따라
보증금을 납입할 사유가 발생한 때에는 그 보증한 금액을 보증채권자에게 납입하여야 한다고 하
고, 제3항은 제1항의 규정에 의하여 보증채권자가 조합에 대하여 가지는 보증금에 관한 권리는
보증기간 만료일로부터 2년간 행사하지 아니하면 시효로 인하여 소멸한다고 규정하고 있으므로,
보증서에 기재된 보증기간 내에 보증금의 지급사유가 발생한 경우에는 그 발생일에 불구하고 보
증기간의 만료일이 소멸시효기간의 기산일이 됨이 명백하나, 한편 공사계약 당사자 간의 공사기
간 연장 등으로 보증서에 기재된 보증기간을 넘긴 후 보증금 지급사유가 발생하는 때에는 보증
금에 대한 권리행사는 공사계약을 해제하고 보증금을 청구할 수 있는 공사업자의 귀책사유가 발
생한 때, 즉 이 사건의 경우 우성강건이 공사를 계약대로 이행할 수 없게 된 것이 명백하여 그 해
제권을 행사할 수 있음이 인정되는 때로부터 기산하여야 할 것이다: 대법원 1997. 8. 26. 선고 97다

다만 건설산업기본법에 따른 공제조합의 보증채무는 보증기간만료일부터 2년간 권리를 행사하지 아니하면 시효로 인하여 소멸됨을 주의하여야 한다(건설산업기본법 제67조 제4항).

선급금의 정산방식에 관한 공사도급계약의 해석 [대법원 2020. 5. 14. 선고 2016다218379 판결]

도급인인 갑 법인은 수급인인 을 주식회사와 체결한 공사도급계약에 따라 을 회사에 선급금을 지급하였고, 을 회사는 병 공제조합으로부터 위 선급금에 관한 선급금보증서를 발급받아 갑 법인에 교부하였다. 도급계약의 일부로 포함된 공사계약특수조건의 조항 및 이에 의하여 준용되는 정부 입찰·계약 집행기준(2011. 5. 13. 기획재정부 계약예규 제2200.04−159−18호로 개정되기 전의 것)에 의하면, 선급금은 기성부분 또는 기납부분의 대가 지급 시마다 '선급금정산액 = 선급금액 × (기성부분의 대가상당액 / 계약금액)'의 방식에 의하여 산출한 선급금정산액 이상을 정산하여야 한다고 정하고 있다. 갑 법인이 제1회 선급금정산을 완료한 후 도급계약금액이 증액되자, 제2회 선급금을 정산하면서 위 산식의 '기성부분의 대가상당액'에 제2회 기성검사액과 제1회 기성검사액을 합한 금액을 적용하고 '계약금액'에는 증액된 도급계약금액을 적용하여 선급금정산액을 계산한 다음, 그 계산 결과에서 제1회 선급금정산액을 공제한 나머지 금액을 선급금에서 정산하고, 제2회 기성검사액에서 위 정산액을 공제한 돈을 제2회 기성액으로 을 회사에 지급하였다. 그후 보증사고가 발생하자, 갑 법인은 병 공제조합을 상대로 선급금잔액에 대한 보증책임을 구하는 소송을 제기하였다.

원심법원은 계약금액이 증액된 경우 정산규정의 '기성부분의 대가상당액'을 누적 기성액으로, '계약금액'을 증액된 계약금액으로 풀이하여 선급금정산액을 산정하는 것이 타당하다고 보아, 갑 법인의 청구를 모두 인용하였다. 그러나 대법원은 위 정산규정의 모두에 위치한 '기성부분 또는 기납부분의 대가 지급 시마다'라는 문구는 위 규정 중 마지막의 '정산하여야 한다' 부분 뿐만 아니라 중간 부분의 해당 산식 부분도 수식하는 것으로 해석하는 것이 문언의 통상적인 의미와 구조에 부합하는 점 등 제반 사정에 비추어 보면, 정산규정에서 정한 산식 중 '기성부분의 대가상당액' 및 '계약금액'은 모두 당해 기성부분 대가 지급 시를 기준으로 한 금액만을 의미하고, 이전 기성부분의 대가상당액을 누적하여 합산할 수 없다고 해석하는 것이 타당하므로, 갑 법인은 제2회 기성검사액만을 증액된 도급계약금액으로 나누어 선급금정산액을

13153 판결.

산정하였어야 한다고 판단하여 원심판결을 파기하였다.

특히 대법원은 공사도급계약의 종료에 따른 정산관계에 있어서는 각 미정산 선급금반환채권 및 기성공사대금채권에 대한 상호 대립하는 이해관계인들이 다수 존재하는 것이 보통이므로, 위와 같은 선급금의 정산방식에 관한 공사도급계약을 해석함에 있어 그들의 이해관계를 고려하여 신중을 기하여야 한다고 해석의 원칙을 제시하였다.

제4절   연대보증인

Ⅰ. 의   의

2010. 7. 21. 개정되기 전의 국가를 당사자로 하는 계약에 관한 법률 시행령 제52조 제1항, 제2항에 의하면, 중앙관서의 장 또는 계약담당 공무원은 공사계약을 체결하고자 하는 경우 계약상대자로 하여금 당해 계약상의 의무이행을 보증하는 1인 이상의 연대보증인을 세워야 하고, 연대보증인은 입찰공고 등에서 요구한 자격과 동등 이상의 자격을 갖춘 자이어야 하도록 되어 있었다. 주택법 제49조 및 같은 법 시행령 제55조에도 주택건설사업자가 파산 등으로 주택건설사업을 계속할 수 없을 때에는 시공을 보증한 자가 시공하도록 규정하고 있다.

이와 같이 공사도급계약시 수급인의 의무에 관하여 이를 보증할 연대보증인과 보증계약을 체결하는 경우가 흔하다. 보통 이러한 보증인은 책임의 성질에 따라 두 가지로 나눌 수 있다.[83] 첫째, 건설사업자의 채무불이행으로 인한 지연이자, 위약금, 기타 손해배상금 지급채무에 관한 금전배상 보증인, 둘째, 손해배상책임이 아니라 당초의 수급인 대신에 공사의 완성이나 하자보수공사 등을 이행할 것을 보증하는 시공보증인이 그것이다. 전자는 보통 최고 등 항변권이 없는 연대보증인으로 해석된다.

그러나 공사가 중단된 경우 공사의 기성부분을 둘러싸고 복잡한 문제가 발생할 가능성이 높아서 다른 공사업자에게 잔여공사의 완성을 요구하는 것이 더 편리하기 때문에 후자가 보편적이다. 수급인과 보증인과의 관계에 대하여는 지위승

83) 遠藤 浩,『建築請負(註解不動産法 2)』, 靑林書院(1989), 923면.

계설, 계약경개설, 면책적 채무인수설, 연대보증인설 등이 있다. 그러나 실무상 이러한 구별이 없이 연대보증계약이 체결되고 있는 실정이다.

보증서가 보증기관이 발부한 서류로서 공사도급계약시 첨부서류로 제출됨에 반하여 연대보증인은 도급계약상 수급인의 의무에 대한 보증의무를 부담하는 당사자로서 도급인과 계약을 체결하게 되고 이는 민법상 보증에 해당된다.

Ⅱ. 보증책임의 범위

연대보증인의 보증책임의 범위는 공사목적물의 완성 및 하자보수의무에 미치는데, 나아가 시공의무 이외에 선급금반환채무나 계약보증금 지급채무 등 금전지급의무에까지 미치는가?

긍정설은 연대보증인의 의사는 도급계약상 피보증인의 모든 채무를 보증한다는 취지로 보아야 하고, 손해배상의무와 시공의무를 구분할 근거가 없으므로 보증계약에서 계약보증금 지급채무 등 금전배상의무를 배제한다는 특약이 없는 한 모든 채무에 미친다고 본다.

부정설은 보증계약상 연대보증의 규정과 선급금책임, 계약이행보증금책임의 취지에 비추어 볼 때 공사도급계약 연대보증인의 보증책임범위는 수급인의 공사시행에 관한 의무의 보증에 한정되고 수급인의 선급금반환채무나 계약이행보증금의 지급채무는 부담하지 않는다고 본다. 관급공사에 관하여 대법원 1999. 10. 8. 선고 99다20773 판결; 대법원 2000. 6. 13. 선고 2000다13016 판결은 이 입장을 택한 것으로 보인다.

민간공사도급계약에 대하여는 종전까지 혼란이 있었으나 대법원 2005. 3. 25. 선고 2003다55134 판결은 민간공사도급계약에서는 관급공사와 달리 연대보증인이 금전채무까지 보증한다고 판시하였다. 관급공사의 경우는 회계예규인 관급공사표준도급계약서 제48조 및 정부계약유권해석상 내부적으로 연대보증인의 책임범위에 금전책임 부분은 제외하는 것으로 지침을 정하고 있어서 부정설이 타당하지만 민간계약에서는 이러한 지침이 없고, 또한 연대보증의 내용이 "도급계약상 수급인의 채무를 연대보증한다"고 명시적으로 되어 있는 이상 긍정설이 타당하다. 다만 각종 보증서의 구비 여부, 도급계약의 내용, 보증의 경위 등을 참작하여

계약해석을 하여 개별적 사정에 따라 부정될 경우도 있음을 주의하여야 한다.[84]

공동수급체의 구성원은 발주자에 대한 계약상의 의무이행에 대하여 연대하여 책임을 지는바, 도급계약의 내용에 선급금 반환채무 등에 관한 다른 구성원의 의무에 관하여는 명시적인 규정이 없고, 선급금에 관하여는 별도의 규정을 두어 그 반환채무의 담보방법으로 수급인이 제출하여야 할 문서로서 보험사업자의 보증보험증권이나 건설공제조합의 지급보증서 등 그 담보력이 충분한 것으로 제한하고 있다면, 공동수급체의 각 구성원의 연대책임의 범위는 선급금 반환채무에까지는 미치지 아니한다고 봄이 상당하다는 판결도 위와 같은 입장에 선 것으로 보인다.[85]

건설실무상 연대보증인과 함께 신용보증기금의 보증을 받는 경우가 많다. 전문 보증기관인 신용보증기금이 주채무자의 위탁을 받아 보증료를 받고 채권자와 보증계약을 체결하는 구조로 이루어지므로 민법상 보증과 동일한 성격을 갖는다. 따라서 신용보증기금이 채권자에게 보증채무를 이행하면 기금은 주계약상의 연대보증인에 대하여 민법 제448조의 공동보증인 상호 간 구상권 규정에 근거하여 구상권을 행사할 수 있다.

또한 앞서 본 바와 같이 대법원 2008. 6. 19. 선고 2005다37154 판결은 건설공제조합의 보증의 경우도 민법상 보증과 동일한 성격을 가지므로 건설공제조합은 채권자에게 보증채무를 이행하면 주계약상의 연대보증인에 대하여 구상권을 행사할 수 있으며, 이와 같은 법리는 보증보험회사의 보증보험의 경우도 동일하다고 판시하였다.

---

84) 대법원 2012. 5. 24. 선고 2011다109586 판결: 선급금 반환의무는 수급인의 채무불이행에 따른 계약해제로 인하여 발생하는 원상회복의무의 일종이고, 보증인은 특별한 사정이 없는 한 채무자가 채무불이행으로 인하여 부담하여야 할 손해배상채무와 원상회복의무에 관하여도 보증책임을 지므로, 민간공사 도급계약에서 수급인의 보증인은 특별한 사정이 없다면 선급금 반환의무에 대하여도 보증책임을 진다. 그리고 민간공사 도급계약 연대보증인의 보증책임은 각종 보증서의 구비 여부, 도급계약의 내용, 보증 경위 등을 참작하여 개별적으로 구체적인 사안에 따라 법률행위의 해석에 의하여 판단되어야 하지만, 특별한 약정이 없다면 수급인의 책임과 마찬가지로 금전채무 보증과 시공보증을 포함한다고 보아야 한다.

85) 대법원 2004. 11. 26. 선고 2002다68362 판결; 대법원 2002. 1. 25. 선고 2001다61623 판결.

1. 연대보증인의 책임범위 [대법원 1999. 10. 8. 선고 99다20773 판결]

'갑'회사가 지방자치단체와 공사계약을 체결하면서 피고회사가 도급계약상 의무이행을 연대보증하였고, 이때 원고(보증보험회사)는 '갑'회사를 위하여 선급금보증보험계약과 계약보증보험계약을 각 체결하였다. '갑'회사가 부도가 나서 공사가 중단되자 도급인이 도급계약을 해지하였고 원고는 도급인의 청구에 따라 선급금과 계약이행보증금을 보험금으로 지급하였다. 원고는 피고가 도급계약의 연대보증인으로 자신과 공동보증인 지위에 있는데 자신이 위 금원의 지급으로 피고의 부담 부분까지 면책시켰으므로 위 부담 부분(2분의 1)을 구상할 의무가 있다고 소를 제기하였다. 대법원의 판시사항은 아래와 같다.

1. 국가를 당사자로 하는 계약에 관한 법률 시행령 및 시행규칙의 관계 규정이 연대보증의 자격을 당해 공사에 관하여 입찰참가 자격이 있는 자로 제한하고 있고, 보증의무를 이행한 연대보증인에게 대금청구권이 있음을 전제로 하고 있으며, 공사도급계약과 그에 관한 연대보증계약 내용의 일부로 된 공사계약 일반조건 및 공사계약 특수조건도 계약상대자가 불이행한 공사의 완성을 연대보증인에게 청구할 수 있고 연대보증인은 그에 대한 대금을 청구할 수 있다고 규정하고 있을 뿐 선급금 반환 채무 등에 관한 연대보증인의 의무에 관하여는 아무런 규정이 없고, 선급금에 관하여는 별도의 규정을 두어 그 반환채무의 담보방법으로서 금융기관의 보증 등 그 담보력이 충분한 것으로 제한하고 있는 점 등에 비추어 볼 때, 지방자치단체와 건설업체 사이에 체결된 공사도급계약에 관하여 수급인과 연대하여 도급계약상의 의무를 이행하기로 한 연대보증인의 보증책임의 범위는 수급인의 공사 시행에 관한 의무의 보증에 한정되고, 수급인의 선급금 반환채무에까지는 미치지 아니한다고 봄이 상당하다.

2. 공사도급계약 체결시 수급인이 도급인에게 계약이행보증금을 현금으로 납부하거나 동액 상당의 보증보험증권을 교부할 것을 약정한 경우, 이와 같이 특정한 담보방법인 보증보험증권을 계약이행보증금의 지급방법으로서 현금과 선택적으로 규정한 점에 비추어 볼 때, 당사자의 의사는 보증보험증권의 교부를 계약이행보증금의 현금 지급과 동등하게 보아 그로써 계약이행보증금은 확실하게 담보된 것으로 취급하고자 하는 취지로 봄이 상당하므로, 그 공사도급계약에 관한 연대보증계약의 체결에 앞서 수급인이 보증보험증권을 도급인에게 교부한 이상, 그 공사도급계약에 관하여 수급인과 연대하여 도급계약상의 의무를 이행하기로 한 연대보증인으로서는 더 이상 계약이행보증금에 관하여는 보증채무를 부담하지 않는다고 봄이 상당하다.

2. 연대보증인의 하자보수이행과 도급인의 보험금청구권 [대법원 2003. 9. 26. 선고 2001다68914 판결]

하자보수이행보증보험은 보험계약자가 하자담보 책임기간 안에 하자보수요구를 받고 도급계약에 따라 이를 이행하지 아니하는 경우에 생기는 도급인의 손해를 보상하는 것인바, 공사도급계약상의 연대보증인의 보증책임 범위에 하자보수의무가 포함되어 있음이 명백하므로 보험계약자는 피보험자로부터 하자보수이행청구를 받은 경우 자신이 직접 하자보수를 이행하거나 연대보증인으로 하여금 하자보수를 이행하도록 할 수 있고 또한 피보험자도 직접 연대보증인에게 하자보수의 이행을 청구할 수 있으며, 이처럼 보험계약자 또는 연대보증인이 도급계약에 따라 피보험자로부터 하자보수의 요청을 받고 이를 이행하는 경우에 이는 모두 도급계약에 따라 이행한 것이므로 도급인은 하자보수의무의 불이행으로 인한 손해를 입지 아니하게 된다고 할 것이고, 그 결과 보증보험계약에 기한 보험금청구권은 발생하지 아니한다.

3. 민간공사도급계약의 연대보증인의 책임의 성질 [대법원 2005. 3. 25. 선고 2003다55134 판결]

1. 관청공사도급계약의 연대보증인의 보증책임은 특별한 사정이 없는한 시공보증에 한정되지만 민간공사도급계약의 연대보증인의 보증책임은 각종 보증서의 구비 여부, 도급계약의 내용, 보증경위 등을 참작하여 개별적으로 구체적인 사안에 따라 법률행위의 해석에 의하여 판단되어야 하는 것이지만, 특별한 약정이 없다면 수급인의 책임과 마찬가지로 금전채무보증과 시공보증을 포함한다고 보아야 한다.

2. 위와 같은 연대보증인과 별도로 신용보증기금도 수급인의 도급인에 대한 계약이행보증금을 담보하기 위하여 신용보증위탁계약을 체결한 경우, 신용보증기금과 연대보증인은 도급인에 대한 관계에서 수급인의 도급인에 대한 공사도급계약으로 인한 금전채무에 관하여 공동보증인의 지위에 있고, 따라서 신용보증기금이 신용보증계약에 따라 도급인에게 계약이행보증으로 인한 손해배상채무를 이행하는 경우에는 민법 제448조에 의하여 연대보증인에 대하여 구상권을 행사할 수 있다.

Ⅲ. 보증인의 시공의무

피보증인이 공사를 중단한 경우 연대보증인이 공사의 이행과 관련하여 피보증인과 동일한 권리의무를 가지며, 이 경우 도급인과 별도로 계약을 체결할 필요는 없다. 보증인은 시공의무를 이행함과 동시에 도급인에 대하여 잔여 공사대금을 청구할 수 있다. 그러나 실무상은 도급인과 보증인이 전 수급인의 시공 부분에 대한 기성고를 확정한 후에 잔여 공사에 관하여 별도의 새로운 공사계약을 체결하는 일이 흔하다.

Ⅳ. 도급인의 손해확대방지의무와 연대보증인의 항변권

도급인의 과실에 대하여 연대보증인이 책임감면을 주장할 수 있을까? 대법원 2005. 8. 19. 선고 2002다59764 판결은 "도급인에게 수급인의 연대보증인과의 관계에서 손해배상채무의 발생이나 확대를 방지하는 도급계약상 각종 장치를 적절히 가동하여 예상 밖으로 손해배상의 범위가 확대되는 것을 방지할 신의칙상 의무가 있고, 도급인이 고의 또는 과실로 그러한 장치의 가동을 불가능하게 하여 손해배상의무가 확대된 경우 연대보증인의 책임이 감면되어야 한다"고 판시하였다.

이 사건에서 도급계약상 기성금은 매 3개월마다 지급하되 확정기성의 50%만 지급하고, 나머지는 준공시까지 유보할 수 있도록 되어 있었는데 도급인은 위 약정과 달리 수급인에게 기성금의 전액을 지급하였고, 그 후 수급인이 도산되어 도급계약이 해지되었다. 이에 도급인이 연대보증인을 상대로 지체상금청구를 하였는데 연대보증인은 도급인이 기성고를 약정보다 과다하게 지급함으로써 도급인의 손해가 늘어났으므로 연대보증인은 그 과다지급 부분 만큼은 책임을 면한다고 항변하였다. 원심법원은 기성고 과다지급이 연대보증인에게 채무불이행 또는 불법행위가 될 수 없다는 이유로 위 항변을 배척하였다.

그러나 대법원은 "공사도급계약상 손해배상채무를 연대보증한 경우에 그 도급계약에 손해배상채무의 발생이나 확대를 방지하는 장치가 마련되어 있다면 그러한 장치는 일종의 담보적 기능을 하는 극히 중요한 사항으로서 연대보증계약을 체결함에 있어 당사자들은 그 장치가 도급계약상의 취지대로 가동될 것을 당연한 전제로 하여 예후를 가늠하게 될 것인데 일반적으로 그러한 장치는 도급계약의 직접 당사자인 도급인에게만 이를 가동할 권한이 있을 뿐 연대보증인에게는 아무런 권한이 없는 경우가 대부분이므로 위와 같은 거래상의 신뢰관계에 비추어 도급인으로서는 연대보증인과의 관계에서 손해배상채무의 발생이나 확대를 방지할 도급계약상의 각종 장치가 그 취지대로 가동되도록 적절히 권한을 행사함으로써 예상 밖으로 손해배상의 범위가 확대되는 것을 방지할 신의칙상 의무가 있다고 할 것이고, 만일 도급인이 고의 또는 과실로 그러한 장치의 가동을 불가능하게 하여 손해배상채무가 확대되었다면 그 한도 안에서 연대보증인은 책임을 면한다고 해석함이 상당하다"고 판시하였다.

기성고의 제한지급규정을 손해방지의 담보적 장치로 본 점, 이 장치의 활용에 관하여 도급인에게 신의칙상 의무가 있다고 본 점은 분쟁의 실질적인 면을 파악한 것이라고 생각된다. 그러나 기성고의 제한적 지급약정이 이런 담보적 취지에서 이루어지는 것이 아니라 건축주의 열악한 자금사정, 수급인의 실질적 공사주도 등의 사정에서 이루어지는 현실에서 보면 과연 기성고대금을 약정보다 많이 지급하였다는 사유가 반드시 도급인의 잘못이라고 볼 수 있을지 의문이 없지 않다. 이런 신의칙 적용 법리를 참고로 하되 개별 계약상 형평성에 비추어 해석하여야 할 것이다. 대법원 2004. 8. 20. 선고 2001다70337 판결도 같은 취지로 보인다.

제5절 주택분양보증

I. 개   념

공동주택의 특수한 보증으로 주택분양보증이 있다. 분양보증계약은 주택도시기금법(구 주택법)에 근거해 설립된 주택도시보증공사(구 대한주택보증주식회사)로[86] 하여금 사업주체인 시공사가 파산 등으로 인하여 그 신축중인 주택(주로 아파트 등의 경우가 많다)을 완공하지 못하여 분양계약을 체결한 수분양자들에 대하여 분양계약상의 주택공급의무를 이행할 수 없게 된 경우 수분양자들이 납입한 계약금과 중도금을 수분양자들에게 환급하거나 그 아파트의 완공을 대신 이행하여 수분양자들에게 주택공급의무를 이행할 것을 내용으로 하는 보증계약이다(주택도시기금법 시행령 제21조 제1항 제1호).

통상적인 분양이행보증약관에 의하면, 보증인의 이행보증방법은 환급이행과 보증이행으로 명확히 구분되고 각각의 성립요건도 구분되어 있다. 그에 따라 보증채무이행방법이 결정된 이후에는 보증채권자는 다른 방법으로 보증채무의 이

---

86) 주택도시보증공사는 주택도시기금법이 2015. 1. 6. 제정되어 주택법으로부터 분리되면서, 주택법상의 대한주택보증 주식회사가 변경된 것이다.

행을 청구할 수 없다.[87]

　실제로 주택분양을 받을 목적이 아니라, 금융기관에게서 분양대금 대출을 받아 이를 납부하는 등의 방법으로 주택건설 사업주체에 대하여 사업자금을 지원하여 주는 것을 주된 목적으로 하여 분양계약을 체결하는 경우가 있다. 이런 자나 그에게 분양계약 명의를 대여한 자는 특별한 사정이 없는 한 주택분양보증제도의 보호대상이 되는 선의의 수분양자에 해당한다고 할 수 없다.[88]

Ⅱ. 지연손해금 책임의 부담 여부

　주택도시보증공사가 시공이행방식을 선택하여 주택을 완공하는 경우에 공사의 완공이 지연됨에 따라 지연손해금 책임까지 부담하는 것인가? 주택도시보증공사의 전신인 대한주택보증주식회사의 분양보증에 대해서, ① 주택분양보증제도가 주택법 및 같은 법 시행령에 기하여 주택공급에 관한 규칙 소정의 절차와 방법에 따라 분양계약을 체결하고 분양대금을 납부한 선의의 수분양자들을 보호하는 데 그 취지가 있는 점, ② 대한주택보증은 분양보증계약에 의하여 총 분양대금에서 잔금을 공제한 보증금액을 한도로 하여 보증채무의 이행책임을 부담하는 점, ③ 만약 대한주택보증이 환급이행을 할 경우 이미 납부한 분양대금 중 계약금 및 중도금의 원금만 환급할 의무를 부담하는 점, ④ 대한주택보증의 수분양자들에 대한 분양대금의 잔금채권에서 그들의 원시공사에 대한 지체상금채권에 상당하는 금액의 공제를 허용한다면, 대한주택보증에 대하여 보증한도를 넘는 보증채무의 이행을 요구하는 것과 마찬가지의 결과에 이르게 된다는 점에 비추어 보아 대한주택보증은 이 사건 아파트를 완공하여 이를 수분양자 등에게 분양할 의무를 부담할 뿐이고, 원시공사의 신축공사 지연으로 인한 수분양자들의 원시공사에 대한 지체상금채권은 대한주택보증의 이 사건 보증계약에 기한 보증채무의 범위에 포함되지 않는다고 할 것이므로 대한주택보증은 원고들에게 지체상금 책임을 부

---

87) 대법원 2024. 2. 29. 선고 2023다295213 판결.
88) 대법원 2011. 6. 24. 선고 2011다4162 판결; 대법원 2011. 4. 28. 선고 2010다106337 판결. 주택분양보증약관에서 '입주자모집공고 전에 주택분양계약을 체결한 자가 납부한 입주금'을 보증채무 대상에서 제외하고 있는 경우에 위 제외되는 입주금은 입주자모집공고 전에 주택분양계약을 체결한 자가 납부한 입주금 전체를 의미하는 것으로 해석하여야 하고, 입주자모집공고 전에 주택분양계약을 체결한 자가 입주자모집공고 전에 납부한 입주금으로 제한하여 해석할 수 없다고 한 대법원 2011. 4. 28. 선고 2010다106337 판결도 같은 입장에 있는 것이라고 하겠다.

담하지 않는다는 취지의 다수 하급심 판결들이 있다.[89]

Ⅲ. 잔금지급청구권의 유무

주택도시보증공사(구 대한주택보증주식회사)이 시공이행을 하여 완공한 경우에 수분양자들에 대하여 시공사와 동일한 권리를 갖게 되므로 미지급 중도금이나 잔금의 지급을 청구하고 승계시공자가 되어 분양업무 및 사용검사 등 제반 조치를 취할 수 있음은 당연하다.

한편 수분양자들이 중도금 이외에 잔금까지 미리 지급하였다가 시공사가 도산함으로써 주택도시보증공사(구 대한주택보증주식회사)이 승계시공자가 되어 분양을 완료한 경우에 주택도시보증공사(구 대한주택보증주식회사)는 수분양자들에 대하여 잔금의 지급을 청구할 수 없다.[90]

판례

1. 주택분양보증의 법적 성질 등 [대법원 2006. 5. 25. 선고 2003다45267 판결]
　가. 주택분양보증은 사업계획승인을 얻은 자가 분양계약상의 주택공급의무를 이행할 수 없게 되는 경우 주택사업공제조합이 수분양자가 이미 납부한 계약금 및 중도금의 환급 또는 주택의 분양에 대하여 이행책임을 부담하기로 하는 조건부 제3자를 위한 계약인데, 제3자 지위에 있는 수분양자는 수익의 의사표시에 의하여 권리를 취득함과 동시에 의무를 부담할 수 있고, 제3자를 위한 계약의 수익의 의사표시는 명시적으로뿐만 아니라 묵시적으로도 할 수 있다.
　나. 주택분양보증약관에 의해 승계시공자가 수분양자에게 미지급 분양대금채권을 갖게 된다고 하더라도 그중 분양자의 기성고에 상응하는 분양대금채권은 원래 분양자가 이미 취득한 채권으로서 수분양자의 수익의 의사표시에 의하여 승계시공자에게 양도되는 실질을 갖는 것이므로, 분양자·수분양자·승계시공자가 그 채권의 양도를 제3자에 대한 관계에서 대항하기 위해서는 민법 제450조 제2항을 준용하여 확정일자 있는 증서에 의한 수익의 의사표시 또는 승낙이 있어야 한다.
　다. 아파트 분양계약에 따라 분양자가 수분양자에게 완전한 아파트 대지 지분 및

---

89) 대전지방법원 2000. 8. 30. 선고 99가합11490 판결; 서울지방법원 남부지원 2001. 3. 15. 선고 2000가합3218 판결; 서울지방법원 북부지원 2001. 5. 24. 선고 2000가합4665 판결; 부산지방법원 2002. 6. 28. 선고 2001가합14095 판결 등 참조.
90) 대법원 2002. 12. 26. 선고 2000다46160 판결.

아파트 특정 호수의 아파트 건물 부분을 모두 이전하고 분양대금을 지급받는 관계에 있는 경우, 분양계약이 묵시적으로 해제된 시점에 분양자의 수분양자들에 대한 분양대금채권액을 산정하기 위해서는 대지 지분의 잔존가치나 등기이전의무의 이행가능성, 아파트 건물의 완성도, 대지와 건물의 아파트 전체 가치에 대한 상대적 비율 등을 종합 평가하여 분양계약의 이행정도를 도출하고 전체 분양대금 중 그 이행정도에 비례한 분양대금 부분을 산출하여 분양대금채권액을 특정한 후 수분양자가 이미 지급한 분양대금이 이에 달하는지 비교하여 그 미지급 차액이 있을 경우만 수분양자의 분양자에 대한 분양대금채무가 존재한다.

2. 분양이행을 한 주택분양보증인의 하자담보책임 유무 [대법원 2016. 6. 23. 선고 2013다66287 판결]

구 집합건물의 소유 및 관리에 관한 법률(2003. 7. 18. 법률 제6925호로 개정되기 전의 것) 제9조 제1항은 집합건물 분양자의 담보책임에 관하여 민법상 도급인의 담보책임에 관한 규정을 준용함으로써 집합건물을 건축하여 분양한 자가 집합건물의 하자로 인한 담보책임을 부담하도록 하고 있다. 그런데 주택분양보증인은 사업주체가 파산 등의 사유로 분양계약을 이행할 수 없게 되는 경우 해당 주택의 분양의 이행 또는 납부한 계약금 및 중도금의 환급을 책임져야 하고, 보증채무의 이행방법이 분양이행으로 결정된 때에는 해당 주택의 건축공사를 완료한 다음 사용검사 또는 사용승인을 받고 소유권보존등기를 마친 후 수분양자 앞으로 소유권이전등기를 마쳐주게 된다. 이와 같이 분양이행을 한 집합건물의 주택분양보증인은 비록 분양계약을 체결한 당사자는 아니지만 분양보증계약의 내용에 따라 주택 건축공사를 완료하고 사용검사 또는 사용승인, 등기 등 분양계약의 기본적인 사항을 이행하게 되므로, 집합건물을 건축하여 분양한 자에 해당한다고 할 수 있다.

또한 사업주체는 해당 주택의 건축공사를 완료할 능력을 상실하여 분양계약상의 주택공급의무를 이행하지 못한 이상 건물을 건축하였다거나 그 분양을 완료하였다고 볼 수 없으므로, 실제로 건축공사를 맡는 주택분양보증인으로 하여금 하자가 없는 안전하고 견고한 건물을 짓도록 유도하고 집합건물이 부실하게 건축된 경우 수분양자와 그로부터 건물을 양수한 구분소유자를 두텁게 보호하기 위해서 주택분양보증인을 하자담보책임을 부담하는 분양자로 보는 것이 타당하다. 따라서 주택분양보증인이 분양이행을 한 경우에는 구 집합건물법 제9조 제1항의 분양자로서 하자담보책임을 부담한다고 할 것이다.

제6절 책임준공약정

책임준공약정은 시공사나 신탁사가 사업자금을 지원하는 채권자나 투자자들에게 약정 기간 내에 공사를 완료하고 사용승인이나 준공 받을 것을 보장하는 약속이다. 천재지변, 전쟁 등의 불가항력 사유를 제외하고는 어떤 사유로도 공사를 중단하지 않고 약정 기간 내에 공사를 이행하는 의무를 부담한다. 이는 부동산 프로젝트 파이낸싱(PF)에서 시행사의 도산이나 공사 중단 시 위험을 방지함으로써 실질적으로 '대출채무에 대한 보증'의 기능을 한다.[91]

시공사가 책임준공약정을 하는 경우 시공사가 부담하는 의무의 구체적인 내용은 당사자 간의 약정에 따라 달라질 수 있다. 통상적으로는 책임준공의무 미이행과 상당인과관계 있는 손해의 배상을 의미한다고 하겠다. 책임준공의무 미이행 시 시공사가 중첩적 채무인수를 하도록 약정하는 경우도 있어서 시공사는 준공의무 미이행시 대출채무의 기한이익상실로 즉시 변제기가 도래하여 시행사의 대출원리금 상당액을 변제할 의무를 부담하게 된다.

신탁사가 책임준공의무를 부담하는 경우도 있다. 신탁사가 직접 자금을 조달하지 않는 관리형 토지신탁에서, 시공사가 일차적인 책임준공의무를 부담하되 그 준공기한 내에 책임준공의무를 이행하지 못할 경우 신탁사가 기존 준공기한에 일정기간을 더한 기간 내에 추가적으로 책임준공의무를 부담하기도 한다. 시공사와 함께 신탁사도 책임준공의무를 부담하는 이와 같은 책임준공형 관리형 토지신탁은 2016년부터 도입되어 최근까지 지속적으로 확대되어 왔다. 사업 규모가 크지 않아 도급순위 상위권 건설사가 참여하기 어렵거나, 시공비 절감 등을 위하여 도급순위가 상대적으로 낮은 시공사를 선정한 사업에서 주로 활용되고 있다. 신탁사가 부담하는 책임준공의무의 구체적인 내용도 당사자 간의 약정에 따라 달라질

---

91) 이 사건 책임준공약정에 따른 의무는 비록 그 법적 형식이 향후 이 사건 대출의 물적 담보가 될 이 사건 시설을 준공하겠다는 내용의 '하는 채무'이지만, 이러한 책임준공의무 위반으로 공사완성 여부에 관한 위험이 현실화되면 프로젝트 파이낸스 대출을 한 금융기관이 그 책임준공의무의 이행을 강제하여 완성된 물적 담보로부터 대출원리금을 회수하기보다는 시공사로 하여금 책임준공의무 위반으로 금융기관이 입은 손해를 배상하게 함으로써 그 한도 내에서 대출원리금 상당액을 직접 회수하는 것이 일반적이다. (중략) 이 사건 책임준공약정은 적어도 시공사가 그 약정을 위반하는 경우에는 사실상 시행사의 대출채무에 대한 보증으로서의 기능이나 경제적 실질을 가지는 것이고, 나아가 대주단과 시공사 사이에서 이러한 기능이나 경제적 실질을 고려하여 체결된 것이라고 봄이 타당하다: 대법원 2015. 10. 29. 선고 2014다75349 판결.

수 있으나, 통상 책임준공의무를 미이행한 신탁사로 하여금 책임준공의무 위반으로 인하여 대주가 입은 손해를 배상하도록 한다. 책임준공의무 미이행으로 인한 손해의 범위에 관련하여서 아직 명시적인 선례가 부족하여 논란이 적지 않다.

제7절   각종 보증(보험)약관 [자료]

1. 계약보증약관(건설공제조합)

제1조(보증책임) ① 건설공제조합(이하 "조합"이라 한다)은 계약자(이하 "채무자"라 한다)가 보증서에 기재된 공사등의 계약의무를 이행하지 아니함으로써(이하 "보증사고"라 한다) 그 상대방(이하 "보증채권자"라 한다)에게 부담하는 채무를 이 보증서에 기재된 사항과 약관에 따라 지급하여 드립니다.

② 조합은 보증서에 기재된 계약이 공동계약인 경우 주계약 내용에 따라 제1항의 의무를 공동수급체 구성원 모두가 이행하지 아니함으로써(보증사고) 채무자가 보증채권자에게 부담하는 채무를 이 보증서에 기재된 사항과 약관에 따라 지급하여 드립니다.(2016.12.29 신설)

③ 이 보증은 계약금·착수금 등의 명칭에 상관없이 보증채권자가 채무자에게 지급한 선금에 대한 채무 는보증하지 아니합니다.

제2조(보증채무를 이행하지 아니하는 사유) 조합은 다음 각 호의 1에 해당하는 때에는 보증금을 지급하여 드리지 아니합니다.

1. 천재지변, 전쟁, 내란, 그 밖에 이와 비슷한 변란으로 인하여 보증사고가 발생한 때
2. 보증채권자의 책임있는 사유로 인하여 보증사고가 발생한 때
3. 보증서를 보증목적(주계약내용) 이외의 용도로 사용한 때
4. 제5조, 제7조 제2항 또는 제8조 제4항에 해당하는 사유가 있는 때
5. 보증서발급일 이전에 이미 보증사고가 발생한 때

제3조(보증채무의 이행한도) ① 조합이 지급할 보증금은 이 보증서에 기재된 보증금액을 한도로 하여 주계약 또는 관계법령이 정하는 바에 따라 보증채권자가 몰수 또는 귀속시켜야 할 금액으로 합니다. 다만, 주계약등에 보증금의 몰수 또는 귀속조항이 없는 경우에는 보증금액을 한도로 하여 보증채권자가 청구하는 금액중 실제 손해액으로 합니다.

② 제1항에 규정한 실제 손해액에는 지체상금약정액은 포함되지 아니합니다.

제4조(손해의 방지 및 경감의무) ① 보증채권자는 보증기간중 보증사고의 방지에 힘써야 하며, 보증사고가 발생한 때에는 손해의 방지와 경감에 힘써야 합니다.

② 보증채권자가 보증사고 발생후 손해의 방지 또는 경감을 위하여 조합의 동의를 얻어 지출한 필요하고도 유익한 비용은 보증금액을 초과하지 않는 범위에서 조합이 이를 보상하여 드립니다.

제5조(주계약의 해지) 보증채권자는 보증금을 청구하기 전에 주계약을 해제 또는 해지하여야 하며, 이를 이행하지 아니한 때에는 조합은 보증금을 지급하지 아니합니다.

제6조(보증서의 효력상실) 이 보증서의 보증채권자가 변경되거나, 주계약의 내용에 중대한 변경이 있었을 때에는 그때부터 이 보증서의 효력은 상실됩니다. 다만, 서면으로 조합의 승인을 받은 경우에는 그러하지 아니합니다.

제7조(보증사고의 통지 및 보증채무의 이행청구) ① 보증채권자는 보증사고가 생긴 경우 이를 지체없이 조합에 알리고, 보증금청구시에는 보증금청구서와 함께 아래의 서류를 제출하여야 합니다.

1. 보증서(또는 그 사본) 및 계약서 사본
2. 공사포기나 계약해제(해지)등 보증사고의 발생을 입증하는 서류와 그 책임이 채무자에게 있음을 증명하는 서류
3. 보증사고로 인한 손해액을 입증하는 서류
4. 무통장입금증·영수증 등 공사 기성금의 지급에 관한 서류
5. 공사 타절기성검사서 및 내역서
6. 그 밖에 보증사고심사에 필요하여 조합이 요청하는 서류

② 보증채권자가 정당한 사유없이 보증사고의 통지나 보증채무의 이행청구를 게을리함으로써 증가된 채무는 지급하지 아니합니다.

제8조(시공상황 및 보증채무의 확인조사) ① 조합은 건설산업기본법 제64조에 따라 이 보증서에 기재된 공사현장에 출입하여 시공상황을 조사할 수 있습니다.

② 조합은 시공상황조사를 위하여 필요한 때에는 보증채권자 또 는감리자에게 시공방법·공정·자재·대가지급 등에 관한 자료의 제공을 요청할 수 있습니다.

③ 조합은 보증사고의 통지나 보증금청구를 받은 경우 채무자 또는 보증채권자에 대하여 손해의 조사에 필요한 협조를 요구할 수 있습니다.

④ 보증채권자가 정당한 사유없이 제2항 또는 제3항의 규정에 의한 조사에 협조하지 아니함으로써 증가된 채무는 지급하지 아니합니다.

제9조(보증금 지급시기) 조합은 보증금청구를 받은 경우 보증채권자로부터 손해사정과 관련한 서류를 받아 보증금지급에 필요한 조사를 마친 후 지체없이 지급할 보증금을 결정하고, 보증금이 결정되면 7일 이내에 이를 지급하여 드립니다. 다만, 조합의 보증책임범위가 확정된 부분은 심사서류 접수일로부터 15일 이내에 우선 지급할 수 있습

니다.

제10조(대위 및 구상) ① 조합이 보증금을 지급한 때에는 채무자에 대하여 구상권을 가지며, 보증채권자의 이익을 해치지 아니하는 범위에서 보증채권자가 채무자에 대하여 가지는 권리를 대위하여 가집니다.

② 보증채권자는 제1항의 권리를 보전하거나 행사하는 데 필요한 모든 서류를 조합에 제출하고 조합의 구상권행사에 적극 협조하여야 하며, 조합이 요구하는 필요한 조치를 취하여야 합니다.

③ 조합은 보증채권자가 정당한 사유없이 제2항의 규정을 위반한 때에는 제1항의 대위권에 의한 권리행사로 취득할 수 있었을 금액중 그 위반으로 취득하지 못한 금액을 보증채권자에게 청구할 수 있습니다.

제11조(관할법원 및 준거법) 이 보증에 관한 소송은 보증서를 발급한 조합의 영업점 또는 조합 주사무소를 관할하는 법원중에서 보증채권자가 선택하는 법원을 합의에 따른 관할법원으로 하며, 이 약관에 정하지 아니하는 사항은 대한민국 법령에 따릅니다.

2. 하자보수보증약관(공동주택용, 건설공제조합)

제1조(보증책임) ① 건설공제조합(이하 "조합"이라 한다)은 계약자(이하 "채무자"라 한다)가 보증서에 기재된 공사등의 사용검사 또는 검수를 받은 후 하자담보책임기간내에 사용검사(준공)시의 설계도서를 기준으로 발생한 하자에 대하여 하자담보책임기간내에 그 보수이행청구를 받았음에도 이를 이행하지 아니함으로써(이하 "보증사고"라 한다) 그 상대방(이하 "보증채권자"라 한다)에게 부담하는 채무를 조합이 대신 이행하거나 해당 보증금의 지급을 이 보증서에 기재된 사항과 약관에 따라 지급하여 드립니다.

② 조합은 보증서에 기재된 공사등이 공동계약인 경우 주계약 내용에 따라 공동수급체가 제1항의 하자에 대하여 그 보수이행청구를 받았음에도 공동수급체구성원 모두가 이를 이행하지 아니함으로써(보증사고) 채무자가 보증채권자에게 부담하는 채무를 조합이 대신 이행하거나 해당 보증금의 지급을 이 보증서에 기재된 사항과 약관에 따라 지급하여 드립니다.

제2조(보증채무를 이행하지 아니하는 사유) 조합은 다음 각 호의 1에 해당하는 때에는 보증금을 지급하여 드리지 아니합니다.

1. 천재지변, 전쟁, 내란, 그 밖에 이와 비슷한 변란으로 인하여 보증사고가 발생한 때
2. 보증채권자의 책임있는 사유로 인하여 보증사고가 발생한 때
3. 보증서를 보증목적(주계약내용) 이외의 용도로 사용한 때

4. 제6조 제2항 또는 제7조 제2항에 해당하는 사유가 있는 때

5. 미시공 또는 설계상 잘못으로 인하여 보증사고가 발생한 때

6. 사용상 부주의 또는 제3자에 의하여 보증사고가 발생한 때

7. 각 공종별 하자담보책임기간내에 채무자 등에게 하자보수를 청구한 사실이 없을 때

8. 보증서발급일 이전에 이미 보증사고가 발생한 때

제3조(보증채무의 이행방법) ① 조합은 채무자의 귀책사유로 보증사고가 발생하였을 경우 민법 제380조에 따라 제3자(이하 "하자보수업체"라 한다)를 지정하여 하자보수의무를 이행하게 하거나 보증금을 지급합니다.

② 조합이 제1항의 보증금을 지급할 때에는 이 보증서에 기재된 보증금액을 한도로 하여 해당공사등의 하자보수에 실제로 드는 비용으로써 일반적으로 타당하다고 인정되는 금액으로 합니다. 다만, 관계법령등에 보증금 귀속조항이 있는 경우에는 실제비용과 관계없이 보증금액 범위에서 보증채권자가 귀속시켜야 할 금액을 지급합니다.

제4조(손해의 방지 및 경감의무) ① 보증채권자는 보증기간중 보증사고의 방지에 힘써야 하며, 보증사고가 발생한 때에는 손해의 방지와 경감에 힘써야 합니다.

② 보증채권자가 보증사고 발생후 손해의 방지 또는 경감을 위하여 조합의 동의를 얻어 지출한 필요하고도 유익한 비용은 보증금액을 초과하지 않는 범위에서 조합이 이를 보상하여 드립니다.

제5조(보증서의 효력상실) 이 보증서의 보증채권자가 변경되거나, 주계약의 내용에 중대한 변경이 있었을 때에는 그때부터 이 보증서의 효력은 상실됩니다. 다만, 서면으로 조합의 승인을 받은 경우에는 그러하지 아니합니다.

제6조(보증사고의 통지 및 보증채무의 이행청구) ① 보증채권자는 보증사고가 생긴 경우 이를 지체없이 조합에 알리고, 보증금청구시에는 보증금청구서와 함께 아래의 서류를 제출하여야 합니다.

1. 보증서 또는 그 사본

2. 보증사고 사유 및 그 사유를 증명할 수 있는 서류

3. 보증사고 손해액을 입증하는 서류

4. 그 밖에 조합내규에서 정한 서류 등

② 보증채권자가 정당한 사유없이 보증사고의 통지나 보증채무의 이행청구를 게을리 함으로써 증가된 채무는 지급하지 아니합니다.

제7조(보증채무의 확인조사) ① 조합은 보증사고의 통지나 보증금청구를 받은 경우 채무자 또는 보증채권자에 대하여 손해의 조사에 필요한 협조를 요구할 수 있습니다.

② 보증채권자가 정당한 사유없이 조사에 협조하지 아니함으로써 증가된 채무는 지급하지 아니합니다.

제8조(보증금 지급시기) 조합은 보증금청구를 받은 경우 보증채권자로부터 손해사정과

관련한 서류를 받아 보증금 지급에 필요한 조사를 마친 후 지체없이 지급할 보증금을 결정하고, 보증금이 결정되면 7일 이내에 이를 지급하여 드립니다.

제9조(대위 및 구상) ① 조합이 보증금을 지급한 때에는 채무자에 대하여 구상권을 가지며, 보증채권자의 이익을 해치지 아니하는 범위에서 보증채권자가 채무자에 대하여 가지는 권리를 대위하여 가집니다.

② 보증채권자는 제1항의 권리를 보전하거나 행사하는데 필요한 모든 서류를 조합에 제출하고 조합의 구상권행사에 적극 협조하여야 하며, 조합이 요구하는 필요한 조치를 취하여야 합니다.

③ 조합은 보증채권자가 정당한 사유없이 제2항을 위반한 때에는 제1항의 대위권에 의한 권리행사로 취득할 수 있었을 금액중 그 위반으로 취득하지 못한 금액을 보증채권자에게 청구할 수 있습니다.

제10조(분쟁시 조정) 조합과 보증채권자간에 하자담보의 책임범위에 관하여 분쟁이 있는 경우 조합은 건설산업기본법에 의하여 설치된 "건설분쟁조정위원회" 또는 공동주택관리법에 따라 설치된 "공동주택하자심사분쟁조정위원회"에 조정신청을 할 수 있습니다.

제11조(관할법원 및 준거법) 이 보증에 관한 소송은 보증서를 발급한 조합의 영업점 또는 조합 주사무소를 관할하는 법원중에서 보증채권자가 선택하는 법원을 합의에 따른 관할법원으로 하며, 이 약관에 정하지 아니하는 사항은 대한민국 법령에 따릅니다.

3. 하자보수보증약관(주택도시보증공사)

제1장 보증채무의 내용

제1조(보증채무의 내용)

보증회사는 보증사고가 발생한 경우에 하자보수비용을 지급하는 채무를 부담합니다. 이 경우 본 보증서의 보증기간(하자담보책임기간)에 해당하는 공종별 하자보수대상시설공사에서 발생한 하자에 한정하여 보증서의 보증금액 한도내에서 보증책임을 부담합니다.

> 【보증회사】주택도시보증공사를 의미합니다. 이하 같습니다.
> 【하자(瑕疵)】공동주택관리법시행령 제36조 제1항의 "공동주택의 내력구조부별 및 같은 령 별표 4의 시설공사(이하 "하자보수대상시설공사"라 한다)별 하자담보책임기간"과 공동주택관리법시행령 제37조의 "하자의 범위"에 따른 하자를 말합니다. 이하 같습니다.

제2조(보증이행 대상이 아닌 하자)

1. 천재지변, 전쟁, 내란 그 밖에 이와 비슷한 사정으로 발생한 하자
2. 보증채권자가 공동주택 공유부분과 부대시설을 유지·보수·관리해야 하는 선량한 관리자의 주의의무를 게을리하여 발생한 하자
3. 그 밖의 법령·관리규약·관리계약상의 의무를 위반하여 발생한 하자
4. 설계도면과 달리 시공되거나 미시공된 부분, 설계상의 하자, 주택건설기준 등에 관한 규정을 위반한 시공, 건축법상의 허용 오차, 임시사용승인서에 적힌 하자 및 그 밖에 사용검사 이전에 발생한 하자
5. 「공동주택관리법시행령」 제36조 제1항에서 정한 하자보수대상시설공사의 공종별 하자담보책임기간내에 발생한 하자에 대하여 하자담보책임기간 내에 청구하지 않은 하자 및 공종별 하자담보책임기간이 종료한 후에 발생한 하자
6. 입주자 또는 사용자가 구조·기능등을 변경하여 발생한 하자
7. 사용성, 안전성 또는 구조적인 사항에 영향이 없는 하자
8. 하자의 원인이 관계법령을 위반한 건설자재사용, 위법·부당한 감리 또는 사용검사에 따른 것으로 통상적으로 판별가능한 하자
9. 공동주택에 부착된 부속품 및 기계장치의 손괴·도난·망실 등으로 인한 하자
10. 풍화작용, 녹, 곰팡이, 동파, 지하수오염, 갈수, 탈색, 정원수의 자연적 또는 관리상의 잘못으로 인한 고사, 그 밖에 자연적 소모 및 천연적 성질에 기인한 하자와 자재 부품상의 성질상 통상적으로 발생하는 하자
11. 화재발생으로 인한 하자 또는 제3자에 의하여 발생한 하자(해당 공동주택 인근의 다른 공사로 인한 하자, 가스폭발 등으로 인한 하자 포함)
12. 보증회사의 동의 없이 보증채권자가 임의로 수선한 하자보수비용
13. 공동주택상 하자외의 신체적 손해 및 주택 이외의 재산 피해
14. 가구 그 밖의 물품을 반입 및 반출하는 과정에서 발생한 하자, 마이너스옵션 부위에 발생한 하자 등 그 밖에 보증채권자가 책임질 사유로 발생한 하자

【보증채권자】 보증서에 적힌 사용검사권자 또는 입주자대표회의를 말합니다. 이하 같습니다.

【해태(懈怠)】 어떤 법률행위를 할 기일을 이유없이 넘겨 책임을 다하지 않는 일을 말합니다. 이하 같습니다.

【마이너스옵션 부위】 마감재 공사등을 수분양자가 시공하는 조건으로 분양가를 사전에 할인받고 수분양자가 자기 책임하에 시공한 공사부위를 말합니다. 이하 같습니다.

제3조(보증채권자의 협력의무)

① 보증회사는 보증사고 시 해당주택을 현장실사하며, 또한 주채무자 또는 보증채권 자에게도 필요한 조사 및 관련서류사본 제출을 요청할 수 있습니다. 보증채권자(또는 주채무자)는 정당한 사유가 없으면 이 요청에 따라야 합니다.

② 보증회사는 보증채권자가 정당한 사유 없이 제1항의 조사를 방해하여 확인이 곤 란하거나 그에 따라 증가된 채무에 대해서는 보증채무를 부담하지 않습니다.

> 【주채무자】해당사업의 사업주체 또는 시공자로서 보증서에 쓰여진 주채무자를 말합니다. 이하 같습니다.

제2장 보증채무의 청구와 이행절차

제4조(보증사고)

「공동주택관리법시행령」 제36조 제1항에서 정한 하자보수대상시설공사의 하자담보 책임기간내에 발생한 하자에 대하여 같은 령 제38조 제1항에 따라 보증채권자가 각 공종별 하자담보책임기간 내에 주채무자에게 하자보수를 청구하였음에도 불구하고 주채무자가 정당한 사유없이 하자보수를 이행하지 않는 경우를 말합니다.

> 【정당한 사유】주채무자가 하자보수의 착수 또는 이행계획 등을 제공하였음에 도 보증채권자의 수령거부 또는 방해 등 책임질 사유로 하자보수에 협조하지 않 는 경우를 의미합니다.

제5조(보증사고 통지 및 보증채무 이행청구)

① 보증채권자는 보증사고가 발생한 경우에 지체 없이 이를 보증회사에 알려야 하며, 이행청구 시에는 다음의 서류를 제출하여야 합니다.

1. 보증채무이행청구서(공동주택관리법시행령 제44조 제1항 각 호의 서류 첨부(하자 보수비용 및 산출명세서 포함))
2. 보증서 또는 그 사본
3. 하자발생사실 증명서류(칼라사진 및 설명서)
4. 입주자대표회의 구성원 명단 및 그 구성관련 증빙서류(회의록 등)
5. 보증채권자가 주채무자에게 하자보수청구한 문서
6. 보증채권자의 하자보수청구에 대한 사업주체의 하자보수 이행사항 및 관련 문서
7. 하자현황도 등 보증회사가 필요하여 요구하는 서류

② 보증회사는 보증채권자가 정당한 사유없이 제1항의 통지 및 청구를 게을리하여 증가된 채무는 부담하지 않습니다.

제6조(보증채무 이행방법)

① 보증회사는 보증사고로 인하여 보증이행청구를 접수한 때에는 지체 없이 주채무자에게 30일 이내의 기간을 정하여 하자보수를 마치거나 하자보수이행계획서를 제출하도록 하자보수 이행을 최고합니다. 다만, 보증사고 전 보증채권자와 주채무자 간에 하자범위 등에 대하여 이견이 발생하여 보증채권자가 보증회사에 보증이행 청구를 하는 경우, 보증회사는 이에 대한 정당성 판단을 위한 사전조사를 실시할 수 있습니다. 이 경우 보증채권자 및 주채무자는 성실히 사전조사 및 조율에 협조하여야 하며, 합의가 성립되지 않은 경우 보증채권자, 주채무자 및 보증회사는 공동주택관리법에 따라 설치된 「하자심사·분쟁조정위원회」(이하 하자분쟁조정위원회라 한다)에 조정을 신청할 수 있습니다.

② 보증회사는 제1항의 최고에도 불구하고 주채무자가 정당한 사유없이 제1항의 기간내에 하자보수를 마치지 않거나, 보증채권자가 동의한 하자보수이행계획서를 제출하지 않는 경우에는 제1항의 기간 만료일로부터 15일(단, 부득이 지연될 경우에는 30일, 사전조사에 소요된 기간 제외)이내에 보증이행청구 내용에 대하여 제3조에 따른 현장조사를 실시합니다. 이 경우, 공동주택관리법시행령 제44조 제1항 각 호의 서류를 첨부하여 이행청구한 경우에도 동일하게 적용할 수 있습니다.

③ 보증회사는 제2항의 현장조사 종료(현장조사 결과보고 포함)일로부터 15일 이내에 현장조사 결과와 제3조에 따른 관련자료 및 본 약관을 토대로 하여 보증이행청구 내용에 대하여 항목별 보증대상 여부를 보증채권자에게 알립니다.

④ 보증채권자는 제3항에 따른 보증회사가 판정한 보증대상여부에 대하여 이의가 있을 경우에는 보증대상여부 통지공문 접수일로부터 15일(보증회사가 동의 시에는 연장가능)이내에 타당한 이의사유 및 관련 증빙서류를 첨부하여 보증회사에 이의를 제기할 수 있습니다.

⑤ 보증회사는 제4항에 따른 이의문서를 접수한 경우에는 그 접수일로부터 15일(보증채권자가 동의 시에는 연장가능)이내에 이의에 대하여 정당성 여부를 조사·확인하여 보증대상여부를 알립니다.

⑥ 제5항에 따른 절차를 종료하였음에도 불구하고 보증대상에 대하여 상호 이견이 있을 경우에는 이견부분에 대해서는 분쟁조정위원회 또는 보증채권자와 보증회사가 합의한 하자여부를 판정할 수 있는 제3자에 판정을 의뢰할 수 있으며, 그 결과에 따라 보증대상여부를 결정하게됩니다. 이때 의뢰비용은 당사자가 우선적으로 각각 1/2씩 부담하되, 추후 판정결과의 비율(건수기준)에 따라 정산 후 초과부담금 상환을 상대방에게 청구할 수 있습니다

⑦ 보증회사는 제3항 또는 제5항에 따른 절차를 종료한 경우에 그때까지 확정된 보증대상에 대하여 우선적으로 보증책임을 이행합니다. 이때 보증채권자는 제6항의 보

증대상에 관하여 이견이 있음을 사유로 보증회사의 우선적 보증책임이행을 거부 또는 방해할 수 없습니다. 만일, 보증채권자의 보증이행 수령거부 또는 방해로 보증책임이행이 불가할 경우에는 보증회사는 보증이행을 중지할 수 있으며, 또한 그로 인해 증가된 채무에 대해서는 보증채무를 부담하지 않습니다.

⑧ 보증회사가 보증채무를 이행하는 경우 보증채권자는 다음 각호의 서류를 보증회사에 제출하여야 합니다.

1. 대위변제증서

2. 보증책임완료확인서(보증회사 소정양식)

3. 그 밖에 보증회사가 필요하다고 요구하는 서류

⑨ 보증회사가 하자보수비용을 지급할 경우의 비용 산정은 시중의 공신력있는 자료에 따른 노임·자재단가와 필요시 보증회사가 인정하는 그 밖의 비용(기술료, 안전진단비, 설계, 조사비용 및 그 밖의 부대비용 포함)을 기초로 하여 계산한 금액에 최초 보증이행청구일 현재 보증회사 내규에서 정한 현금변제율을 적용하여 산정합니다.

⑩ 보증회사가 하자보수비용을 지급하였을 경우 보증채권자는 같은 하자를 이유로 보증채무이행을 재청구할 수 없습니다.

제7조(보증채권자의 입증책임)

① 보증채권자는 청구한 하자가 「공동주택관리법시행령」 제36조 제1항에서 정한 하자보수대상시설공사의 하자담보책임기간내에 발생한 사실과 주채무자에게 그 하자보수를 청구한 사실에 대하여 관련증빙 자료를 근거로 입증하여야 합니다.

② 보증채권자가 제1항의 사실을 입증하지 못한 하자부분에 대해서는 보증회사가 보증채무를 부담하지 않습니다.

제8조(대위 및 구상)

① 보증회사가 보증채무를 이행한 때에는 주채무자에게 구상권을 가지며, 보증채권자가 주채무자에게 가지는 권리를 대위하여 가집니다.

② 보증채권자는 제1항의 권리를 보전하거나 행사하는데 필요한 서류를 보증회사에 제출하고 보증회사가 요구하는 조치를 취하여야 합니다.

③ 보증회사는 보증채권자가 정당한 사유없이 제2항을 위반한 때에는 그 위반으로 취득하지 못한 금액을 보증채권자에게 청구할 수 있습니다.

【구상권】 타인을 대신하여 채무를 변제한 경우 그 타인에 대하여 가지는 상환청구권을 의미합니다. 이하 같습니다.

【대위(代位)】 권리의 주체 또는 객체인 지위를 대신한다는 의미로서 보증회사가 보증채권자인 분양계약자의 지위를 이어받아 채무자인 주채무자 등에게 권리를 행사함을 말합니다. 이하 같습니다.

(이하 생략)

4. 이행(계약)보증보험약관(서울보증보험)

제1장 보험금의 지급

제1조(보상하는 손해) 보험회사(이하 "회사"라 합니다)는 채무자인 보험계약자(이하 "계약자"라 합니다)가 보험증권에 기재된 계약(이하 "주계약"이라 합니다)에서 정한 채무를 이행하지 않음으로써 채권자인 피보험자가 입은 손해를 보험증권에 기재된 내용과 이 약관에 따라 보상하여 드립니다.

제2조(보상하지 않는 손해) ① 회사는 아래의 사유를 원인으로 하여 생긴 손해는 보상하지 않습니다.

1. 피보험자의 책임 있는 사유

2. 전쟁, 혁명, 내란, 사변, 테러, 폭동, 소요 기타 이들과 유사한 사태로 채무를 이행하지 못한 사유

3. 지진, 분화, 홍수, 해일 또는 이와 비슷한 천재지변으로 채무를 이행하지 못한 사유

4. 핵연료물질(사용된 연료를 포함합니다. 이하 같습니다) 또는 핵연료 물질에 의하여 오염된 물질(원자핵 분열 생성물을 포함합니다)의 방사성, 폭발성 그 밖의 유해한 특성 또는 이들의 특성에 의한 사고로 채무를 이행하지 못한 사유

② 「하도급거래 공정화에 관한 법률」에서 정한 바에 따라 피보험자가 계약자에게 주계약상 공사대금 지급을 보증하지 않아 이 보험계약에 대한 보험금 청구권을 행사할 수 없는 경우에는 제1조(보상하는 손해)에도 불구하고 보상하지 않습니다.

제3조(손해의 통지 및 조사) ① 계약자 또는 피보험자는 보험사고가 생긴 것을 안 때에는 지체 없이 그 사실을 회사에 알리고 회사가 요청할 경우 손해의 조사에 협조하여야 합니다.

② 피보험자가 정당한 이유 없이 제1항의 통지를 게을리 하거나 손해 조사에 협조하지 않아 손해가 증가된 때에는 회사는 그 증가된 손해를 보상하지 않습니다.

제4조(손해의 방지와 경감의무) ① 보험사고가 생긴 때에는 계약자 또는 피보험자는 손해의 방지와 경감에 힘써야 합니다.

② 피보험자가 고의 또는 중대한 과실로 제1항의 의무를 게을리한 경우 그렇지 않았다면 방지 또는 경감할 수 있었을 손해액을 보상액에서 뺍니다.

③ 피보험자가 제1항에 따라 손해의 방지 또는 경감을 위하여 회사의 동의를 얻어 지출한 필요하고도 유익한 비용은 보험가입금액을 초과한 경우라도 회사가 보상하여 드립니다.

제5조(보험금의 청구) ① 피보험자가 보험금을 청구할 때에는 다음의 서류를 회사에 제출하여야 합니다.

1. 보험금 청구서
2. 신분증(주민등록증 또는 운전면허증 등 사진이 부착된 정부기관발행 신분증, 본인이 아닌 경우에는 본인의 인감증명서 또는 본인서명사실확인서 포함)
3. 손해액을 증명하는 서류
4. 회사가 요구하는 그 밖의 서류

② 회사는 제1항에 따른 보험금 청구를 받은 후 지체 없이 지급할 보험금을 결정하고 지급할 보험금이 결정되면 7일 이내에 이를 지급하여 드립니다.

③ 회사는 보험금 지급에 필요한 조사를 단시일 내에 마치지 못할 경우에는 피보험자의 청구에 따라 회사가 추정하는 보험금의 50%를 한도로 하여 가지급보험금을 결정하고 가지급보험금이 결정되면 7일 이내에 가지급보험금을 지급합니다. 이 경우 피보험자는 제1항에서 정한 서류를 갖추어 회사에 청구하여야 합니다.

④ 회사는 제3항의 피보험자의 청구가 있더라도 아래에서 정한 경우에는 보험금을 가지급하지 않습니다.

1. 계약자가 피보험자의 보험금 청구에 대하여 서면(전자적 방식 포함)에 의한 이의제기, 분쟁조정신청 또는 소송제기 등을 통해 다투는 경우
2. 피보험자의 책임 있는 사유로 회사가 보험금 지급에 필요한 조사를 진행할 수 없는 경우

⑤ 제3항에 따라 지급한 가지급보험금의 금액은 장래 지급될 보험금액에서 공제되나 최종 보험금의 결정에 영향을 미치지 않습니다.

⑥ 회사는 보험금 청구에 관한 서류를 받은 때부터 30일 이내에 피보험자에게 보험금을 지급하는 것을 거절하는 이유 또는 그 지급을 연기하는 이유(추가 조사가 필요한 때에는 확인이 필요한 사항과 확인이 종료되는 예상시기를 포함)를 서면(전자우편 등 서면에 갈음할 수 있는 통신수단을 포함)으로 통지하여 드립니다.

⑦ 회사가 제2항의 지급보험금 및 제3항의 가지급보험금이 결정된 후 7일(이하 '지급기일'이라 합니다)이 지나도록 보험금을 지급하지 않았을 때에는 지급기일의 다음날부터 지급일까지의 기간에 대하여 <부표> '보험금을 지급할 때의 적립이율'에 따라 연단위 복리로 계산한 금액을 보험금에 더하여 지급합니다. 그러나 피보험자의 책임 있는 사유로 지체된 경우에는 그 해당기간에 대한 이자를 더하여 지급하지 않습니다.

> "가지급보험금"이란 회사가 보험금 지급에 필요한 조사를 단시일 내에 마치지 못할 것으로 예상되는 경우 회사가 추정하는 보험금의 50%의 범위 내에서 미리 지급하는 보험금을 말합니다.

"연단위 복리"란 회사가 지급할 금전에 이자를 줄 때 1년마다 마지막 날에 그 이자를 원금에 더한 금액을 다음 1년의 원금으로 하는 이자 계산방법을 말합니다.

제6조(보험금 지급액) ① 회사가 지급할 보험금은 주계약에서 정한 바에 따라 피보험자가 몰수 또는 귀속시켜야 할 금액으로 합니다. 다만, 주계약에 계약보증금의 몰수 또는 귀속조항이 없는 경우에는 계약보증금액을 한도로 피보험자가 청구하는 금액 중 실손해액으로 합니다.

② 제1항의 실손해액에는 지체상금약정액은 포함되지 않습니다.

③ 제1항의 지급보험금은 보험가입금액을 한도로 합니다.

제7조(구상 및 대위) ① 회사가 피보험자에게 보험금을 지급할 때(현물보상하는 경우를 포함합니다)에는 다른 약정이 없는 한 회사는 계약자에 대하여 구상권을 가지며, 피보험자의 이익을 해치지 아니하는 범위 안에서 피보험자가 계약자에 대하여 가지는 권리를 대위하여 가집니다.

② 계약자가 제1항에 따라 부담하는 채무의 상환을 지연할 경우에는 지연손해금과 아래 각 호의 비용을 갚아야 합니다.

1. 구상채권, 대위채권의 보전·이전 및 행사에 소요된 비용
2. 담보목적물의 조사·추심·처분에 소요된 비용
3. 소송비용, 채권의 집행보전(해지 포함)·실행 등에 소요된 법적 제비용 및 민사집행법에 의한 재산조회 비용 등
4. 기타 법률상 또는 약정상 계약자가 부담하여야 할 비용

③ 제2항의 지연손해금은 보험금 지급일 다음날부터 완제일까지 지체일수에 따라 지급보험금에 회사가 공시하는 지연손해금 적용이율을 곱하여 산정합니다.

④ 피보험자는 회사가 제1항의 권리를 보전하거나 행사하는데 필요한 서류를 회사에 제출하고 회사가 요청하는 필요한 조치를 취하여야 합니다. 피보험자가 정당한 이유 없이 이를 위반할 경우 회사는 구상권, 대위권을 행사함에 있어 피보험자의 협조의무 위반으로 취득하지 못한 금액을 피보험자에게 청구할 수 있습니다.

"구상권"이란 타인을 대신하여 채무를 변제한 경우 그 타인에 대하여 가지는 상환청구권을 의미합니다. 이하 같습니다.
"대위"란 권리의 주체 또는 객체인 지위에 대신한다는 의미로서 회사가 채권자인 피보험자의 지위를 이어받아 채무자인 계약자에 대한 법률상 권리를 당연히 취득하는 것을 말합니다. 이하 같습니다.

제8조(변제 등의 충당순서) ① 계약자(계약자의 채무를 변제하는 제3자를 포함합니다)

가 변제한 금액 또는 회사의 담보권 행사·상계 또는 채권추심을 통하여 회수한 금액이 계약자의 진체 채무금액보다 적은 경우에는 비용, 지급보험금(원금), 이자의 순서로 충당하기로 합니다.

② 변제하여야 할 채무가 수개인 경우로서 전체 채무금액보다 적은 경우에는 강제집행 또는 담보권 실행 등에 의한 회수금에 대하여는 민법 기타 법률이 정하는 바에 따릅니다.

③ 변제하여야 할 채무가 수개인 경우로서 기타 제2항에 해당되지 않는 경우에는 채무를 변제하는 자가 지정하는 순서에 따라 충당하기로 합니다. 다만 회사의 채권보전에 지장이 생길 염려가 있는 때에는 회사는 지체 없이 이의를 표시하고, 물적담보나 보증의 유무, 소멸시효의 도래 순서 등을 고려하여 회사가 변제에 충당할 채무를 바꾸어 지정할 수 있습니다.

제9조(담보의 처분) ① 회사가 보험금을 지급하는 경우에는 담보제공자가 제공한 담보는 법정 절차에 따라 처분합니다. 다만 담보물이 거래소의 시세 있는 물건이거나 유리한 조건이 기대될 경우에 한하여 회사가 일반적으로 적당하다고 인정되는 방법·시기·가격 등에 의하여 처분할 수 있으며, 그 취득금에서 제비용을 뺀 잔액을 채무자의 변제에 충당할 수 있습니다.

② 회사는 제1항에 따라 담보물을 처분하기로 한 때에는 처분하기 10일전까지 담보제공자에게 그 사실을 통지 하여야 합니다. 다만, 채무자 회생 및 파산에 관한 법률에 의한 법원의 개시결정이 있기전 채권회수에 중대한 지장이 예견되는 경우에는 처분후 지체 없이 그 사실을 통지합니다.

제2장 계약자의 알릴의무

제10조(계약전 알릴 의무) 계약자 또는 그 대리인은 청약시 청약서(질문서를 포함합니다)에서 질문한 사항에 대하여 알고 있는 사실을 반드시 사실대로 알려야 합니다.

제11조(계약후 알릴 의무) ① 이 보험계약(이하 "계약"이라 합니다)을 체결한 후 아래와 같은 사실이 생긴 경우 계약자 또는 피보험자는 지체 없이 서면으로 회사에 알리고 보험증권(보험가입증서)에 확인을 받아야 합니다.

1. 청약서의 기재사항을 변경하고자 할 때 또는 변경이 생겼음을 알았을 때
2. 계약자의 변경
3. 피보험자의 변경
4. 주계약 또는 법령상 의무의 금액, 기간 등 회사의 보험금 지급의무 발생에 중대한 영향을 미치는 사항

② 회사는 제1항에 따라 계약자 또는 피보험자가 변경사실을 통보한 경우에는 1개월 이내에 승인 여부를 결정하여 보험료를 더 받거나, 돌려드릴 수 있습니다.

③ 계약자 또는 피보험자가 제1항에 따라 변경사실을 알리지 아니하거나 회사의 승인을 받지 못한 경우에 회사는 주계약 또는 법령상의 의무를 변경시킴으로써 증가된 손해는 보상하지 않습니다.

④ 계약자는 주소 또는 연락처가 변경된 경우에는 지체 없이 이를 회사에 알려야 합니다. 계약자가 이를 알리지 않은 경우 회사가 알고 있는 최종의 주소 또는 연락처로 등기우편 방법에 의해 계약자에게 알린 사항은 일반적으로 도달에 필요한 시일이 지난 때에는 계약자에게 도달한 것으로 봅니다.

제12조(양도) 보험의 목적의 양도는 회사의 서면동의 없이는 회사에 대하여 효력이 없으며, 회사가 서면 동의한 경우 계약으로 인하여 생긴 권리와 의무를 함께 양도한 것으로 합니다.

제13조(사기에 의한 계약) ① 계약자, 피보험자 또는 이들의 대리인의 사기에 의하여 계약이 성립되었음을 회사가 증명하는 경우에는 사기사실을 안 날부터 1개월 이내에, 계약체결일부터 5년 이내에 한하여 계약을 취소할 수 있습니다.

② 회사는 피보험자가 사기행위에 대한 책임 있는 사유가 없는 경우에는 제1항의 취소로써 대항할 수 없습니다.

(이하 생략)

5. 이행(하자)보증보험약관(서울보증보험)

제1장 보험금의 지급

제1조(보상하는 손해) 보험회사(이하 "회사"라 합니다)는 채무자인 보험계약자(이하 "계약자"라 합니다)가 도급계약 또는 매매계약에 대하여 준공검사 또는 검수를 받은 후 하자담보 책임기간 안에 발생한 하자에 대하여 그 보수 또는 보완청구를 받았음에도 불구하고 보험증권에 기재된 계약(이하 "주계약"이라 합니다)에 따라 이를 이행하지 않음으로써 채권자인 피보험자가 입은 손해를 보험증권에 기재된 내용과 이 약관에 따라 보상하여 드립니다.

제2조(보상하지 않는 손해) 회사는 아래의 사유를 원인으로 하여 생긴 손해는 보상하지 않습니다.

1. 피보험자의 책임 있는 사유

2. 전쟁, 혁명, 내란, 사변, 테러, 폭동, 소요 기타 이들과 유사한 사태로 채무를 이행하지 못한 사유

3. 지진, 분화, 홍수, 해일 또는 이와 비슷한 천재지변으로 채무를 이행하지 못한 사유

4. 핵연료물질 (사용된 연료를 포함합니다. 이하 같습니다) 또는 핵연료 물질에 의하

여 오염된 물질(원자핵 분열 생성물을 포함합니다)의 방사성, 폭발성 그 밖의 유해
한 특성 또는 이들의 특성에 의한 사고로 채무를 이행하지 못한 사유

제3조(손해의 통지 및 조사) ① 계약자 또는 피보험자는 보험사고가 생긴 것을 안 때에는
지체 없이 그 사실을 회사에 알리고 회사가 요청할 경우 손해의 조사에 협조하여야
합니다.

② 피보험자가 정당한 이유 없이 제1항의 통지를 게을리 하거나 손해 조사에 협조하
지 않아 손해가 증가된 때에는 회사는 그 증가된 손해를 보상하지 않습니다.

제4조(손해의 방지와 경감의무) ① 보험사고가 생긴 때에는 계약자 또는 피보험자는 손
해의 방지와 경감에 힘써야 합니다.

② 피보험자가 고의 또는 중대한 과실로 제1항의 의무를 게을리한 경우 그렇지 않았
다면 방지 또는 경감할 수 있었을 손해액을 보상액에서 뺍니다.

③ 피보험자가 제1항에 따라 손해의 방지 또는 경감을 위하여 회사의 동의를 얻어 지
출한 필요하고도 유익한 비용은 보험가입금액을 초과한 경우라도 회사가 보상하여
드립니다.

제5조(보험금의 청구) ① 피보험자가 보험금을 청구할 때에는 다음의 서류를 회사에 제
출하여야 합니다.

1. 보험금 청구서

2. 신분증(주민등록증 또는 운전면허증 등 사진이 부착된 정부기관발행 신분증, 본인
   이 아닌 경우에는 본인의 인감증명서 또는 본인서명사실확인서 포함)

3. 손해액을 증명하는 서류

4. 회사가 요구하는 그 밖의 서류

② 회사는 제1항에 따른 보험금 청구를 받은 후 지체 없이 지급할 보험금을 결정하고
지급할 보험금이 결정되면 7일 이내에 이를 지급하여 드립니다.

③ 회사는 보험금 지급에 필요한 조사를 단시일 내에 마치지 못할 경우에는 피보험자
의 청구에 따라 회사가 추정하는 보험금의 50%를 한도로 하여 가지급보험금을 결정
하고 가지급보험금이 결정되면 7일 이내에 가지급보험금을 지급합니다. 이 경우 피보
험자는 제1항에서 정한 서류를 갖추어 회사에 청구하여야 합니다.

④ 회사는 제3항의 피보험자의 청구가 있더라도 아래에서 정한 경우에는 보험금을
가지급하지 않습니다.

1. 계약자가 피보험자의 보험금 청구에 대하여 서면(전자적 방식 포함)에 의한 이의제
   기, 분쟁조정신청 또는 소송제기 등을 통해 다투는 경우

2. 피보험자의 책임 있는 사유로 회사가 보험금 지급에 필요한 조사를 진행할 수 없는
   경우

⑤ 제3항에 따라 지급한 가지급보험금의 금액은 장래 지급될 보험금액에서 공제되나

최종 보험금의 결정에 영향을 미치지 않습니다.

⑥ 회사는 보험금 청구에 관한 서류를 받은 때부터 30일 이내에 피보험자에게 보험금을 지급하는 것을 거절하는 이유 또는 그 지급을 연기하는 이유(추가 조사가 필요한 때에는 확인이 필요한 사항과 확인이 종료되는 예상시기를 포함)를 서면(전자우편 등 서면에 갈음할 수 있는 통신수단을 포함)으로 통지하여 드립니다.

⑦ 회사가 제2항의 지급보험금 및 제3항의 가지급보험금이 결정된 후 7일(이하 '지급기일'이라 합니다)이 지나도록 보험금을 지급하지 않았을 때에는 지급기일의 다음날부터 지급일까지의 기간에 대하여 <부표> '보험금을 지급할 때의 적립이율'에 따라 연단위 복리로 계산한 금액을 보험금에 더하여 지급합니다. 그러나 피보험자의 책임 있는 사유로 지체된 경우에는 그 해당기간에 대한 이자를 더하여 지급하지 않습니다.

> "가지급보험금"이란 회사가 보험금 지급에 필요한 조사를 단시일 내에 마치지 못할 것으로 예상되는 경우 회사가 추정하는 보험금의 50%의 범위 내에서 미리 지급하는 보험금을 말합니다.
> "연단위 복리"란 회사가 지급할 금전에 이자를 줄 때 1년마다 마지막 날에 그 이자를 원금에 더한 금액을 다음 1년의 원금으로 하는 이자 계산방법을 말합니다.

제6조(보험금 지급액) ① 회사가 지급할 보험금은 보험증권에 기재된 계약의 하자보수에 실제로 소요되는 비용으로서 일반적으로 타당하다고 인정되는 금액으로 합니다.

② 제1항의 지급보험금은 보험가입금액을 한도로 합니다.

③ 회사가 제1항에 따라 손해를 보상한 경우, 보험가입금액에서 이미 지급한 보험금을 뺀 잔액을 잔여보험기간에 대한 보험가입금액으로 합니다.

제7조(구상 및 대위) ① 회사가 피보험자에게 보험금을 지급할 때(현물보상하는 경우를 포함합니다)에는 다른 약정이 없는 한 회사는 계약자에 대하여 구상권을 가지며, 피보험자의 이익을 해치지 아니하는 범위 안에서 피보험자가 계약자에 대하여 가지는 권리를 대위하여 가집니다.

② 계약자가 제1항에 따라 부담하는 채무의 상환을 지연할 경우에는 지연손해금과 아래 각 호의 비용을 갚아야 합니다.

1. 구상채권, 대위채권의 보전·이전 및 행사에 소요된 비용

2. 담보목적물의 조사·추심·처분에 소요된 비용

3. 소송비용, 채권의 집행보전(해지 포함)·실행 등에 소요된 법적 제비용 및 민사집행법에 의한 재산조회 비용 등

4. 기타 법률상 또는 약정상 계약자가 부담하여야 할 비용

③ 제2항의 지연손해금은 보험금 지급일 다음날부터 완제일까지 지체일수에 따라 지

급보험금에 회사가 공시하는 지연손해금 적용이율을 곱하여 산정합니다.

④ 피보험자는 회사가 제1항의 권리를 보전하거나 행사하는데 필요한 서류를 회사에 제출하고 회사가 요청하는 필요한 조치를 취하여야 합니다. 피보험자가 정당한 이유 없이 이를 위반할 경우 회사는 구상권, 대위권을 행사함에 있어 피보험자의 협조의무 위반으로 취득하지 못한 금액을 피보험자에게 청구할 수 있습니다.

> "구상권"이란 타인을 대신하여 채무를 변제한 경우 그 타인에 대하여 가지는 상환청구권을 의미합니다. 이하 같습니다.
> "대위"란 권리의 주체 또는 객체인 지위에 대신한다는 의미로서 회사가 채권자인 피보험자의 지위를 이어받아 채무자인 계약자에 대한 법률상 권리를 당연히 취득하는 것을 말합니다. 이하 같습니다.

제8조(변제 등의 충당순서) ① 계약자(계약자의 채무를 변제하는 제3자를 포함합니다)가 변제한 금액 또는 회사의 담보권 행사·상계 또는 채권추심을 통하여 회수한 금액이 계약자의 전체 채무금액보다 적은 경우에는 비용, 지급보험금(원금), 이자의 순서로 충당하기로 합니다.

② 변제하여야 할 채무가 수개인 경우로서 전체 채무금액보다 적은 경우에는 강제집행 또는 담보권 실행 등에 의한 회수금에 대하여는 민법 기타 법률이 정하는 바에 따릅니다.

③ 변제하여야 할 채무가 수개인 경우로서 기타 제2항에 해당되지 않는 경우에는 채무를 변제하는 자가 지정하는 순서에 따라 충당하기로 합니다. 다만 회사의 채권보전에 지장이 생길 염려가 있는 때에는 회사는 지체 없이 이의를 표시하고, 물적담보나 보증의 유무, 소멸시효의 도래 순서 등을 고려하여 회사가 변제에 충당할 채무를 바꾸어 지정할 수 있습니다.

제9조(담보의 처분) ① 회사가 보험금을 지급하는 경우에는 담보제공자가 제공한 담보는 법정 절차에 따라 처분합니다. 다만 담보물이 거래소의 시세 있는 물건이거나 유리한 조건이 기대될 경우에 한하여 회사가 일반적으로 적당하다고 인정되는 방법·시기·가격 등에 의하여 처분할 수 있으며, 그 취득금에서 제비용을 뺀 잔액을 채무자의 변제에 충당할 수 있습니다.

② 회사는 제1항에 따라 담보물을 처분하기로 한 때에는 처분하기 10일전까지 담보제공자에게 그 사실을 통지 하여야 합니다. 다만, 채무자 회생 및 파산에 관한 법률에 의한 법원의 개시결정이 있기전 채권회수에 중대한 지장이 예견되는 경우에는 처분후 지체 없이 그 사실을 통지합니다.

제2장 계약자의 알릴의무

제10조(계약전 알릴 의무) 계약자 또는 그 대리인은 청약시 청약서(질문서를 포함합니다)에서 질문한 사항에 대하여 알고 있는 사실을 반드시 사실대로 알려야 합니다.

제11조(계약후 알릴 의무) ① 이 보험계약(이하 "계약"이라 합니다)을 체결한 후 아래와 같은 사실이 생긴 경우 계약자 또는 피보험자는 지체 없이 서면으로 회사에 알리고 보험증권(보험가입증서)에 확인을 받아야 합니다.

1. 청약서의 기재사항을 변경하고자 할 때 또는 변경이 생겼음을 알았을 때
2. 계약자의 변경
3. 피보험자의 변경
4. 주계약 또는 법령상 의무의 금액, 기간 등 회사의 보험금 지급의무 발생에 중대한 영향을 미치는 사항

② 회사는 제1항에 따라 계약자 또는 피보험자가 변경사실을 통보한 경우에는 1개월 이내에 승인 여부를 결정하여 보험료를 더 받거나, 돌려드릴 수 있습니다.

③ 계약자 또는 피보험자가 제1항에 따라 변경사실을 알리지 아니하거나 회사의 승인을 받지 못한 경우에 회사는 주계약 또는 법령상의 의무를 변경시킴으로써 증가된 손해는 보상하지 않습니다.

④ 계약자는 주소 또는 연락처가 변경된 경우에는 지체 없이 이를 회사에 알려야 합니다. 계약자가 이를 알리지 않은 경우 회사가 알고 있는 최종의 주소 또는 연락처로 등기우편 방법에 의해 계약자에게 알린 사항은 일반적으로 도달에 필요한 시일이 지난 때에는 계약자에게 도달한 것으로 봅니다.

제12조(양도) 보험의 목적의 양도는 회사의 서면동의 없이는 회사에 대하여 효력이 없으며, 회사가 서면 동의한 경우 계약으로 인하여 생긴 권리와 의무를 함께 양도한 것으로 합니다.

제13조(사기에 의한 계약) ① 계약자, 피보험자 또는 이들의 대리인의 사기에 의하여 계약이 성립되었음을 회사가 증명하는 경우에는 사기사실을 안 날부터 1개월 이내에, 계약체결일부터 5년 이내에 한하여 계약을 취소할 수 있습니다.

② 회사는 피보험자가 사기행위에 대한 책임 있는 사유가 없는 경우에는 제1항의 취소로써 대항할 수 없습니다.

(중간 부분 생략)

공동주택하자특별약관

제1조(적용범위) 이 특별약관은 공동주택관리법이 적용되는 공동주택에서 발생한 하자에 대한 보험금 청구, 보험금 지급, 그리고 그 절차에 대하여 적용됩니다.

제2조(보상하는 손해) ① 회사는 준공검사 또는 검수를 받은 후 보험기간 내에 발생한 하

자에 대하여 피보험자가 보험기간 내에 보험계약자에게 하자보수를 청구하고, 보험계약자가 청구를 받은 날부디 15일 이내에 그 하자를 보수하지 않기나 공동주택관리에 관한 법령의 요건을 갖춘 하자보수계획을 피보험자에게 통보하고 그 계획에 따라 하자를 보수하지 않아 피보험자가 입은 손해를 보험증권에 기재된 내용과 이 약관에 따라 보상하여 드립니다.

② 제1항의 하자보수 청구가 보험기간 중에 있으면 비록 보험계약자의 하자보수의무 불이행이 보험기간을 도과한 경우에도 우리회사는 보험금지급책임을 부담합니다. 다만, 피보험자의 보험금청구권이 시효로 소멸하는 경우에는 그러하지 아니합니다.

제3조(보험금지급책임의 소멸) 보험기간이 만료되기 전까지 피보험자의 보험계약자에 대한 하자보수청구가 없는 경우에 우리회사는 보험금지급책임을 부담하지 않습니다.

제4조(준용규정) 이 특별약관에 정하지 아니한 사항은 보통약관을 따릅니다.

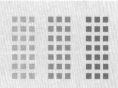

제12장 건설공사의 설계와 감리

제1절 서 론

건설공사는 설계로 시작하여 감리로 끝을 맺는다. 건설시공이 눈에 보이는 유형적 부분이라면 설계와 감리는 눈에 보이지 않는 무형적 구성 부분이지만, 건축물의 구성과 품질을 결정짓는 중요한 절차이다. 설계·감리비는 보통 총 공사비의 5 내지 8% 정도를 차지하는데, 건축실무상 건축주들이 비용을 아끼려고 이를 부실하게 처리하는 경향이 있다. 또한 설계의도를 최대한 살리기 위하여는 설계자가 직접 감리하는 것이 바람직한 면이 있지만, 건축물의 품질향상을 위하여는 전문감리업자에게 맡기는 것도 필요하다. 공사의 중단이나 설계자의 변경으로 설계나 감리업무가 중단된 경우 보수의 지급 문제, 부실공사로 도급인이 손해를 입었을 때 감리자의 책임 등이 자주 일어나고 있는 분쟁이다.

제2절 건축 설계의 법률관계

I. 건축 설계의 의의

1. 설계의 의의

설계란 "건축사가 자기 책임 하에(보조자의 조력을 받는 경우 포함) 건축물의 건축, 대수선, 용도변경, 리모델링 건축설비의 설치 또는 공작물의 축조를 위한 건축물, 건축설비, 공작물 및 공간환경을 조사하고 건축 등을 기획하는 행위, 도면, 구조계획서, 공사 설계설명서 그 밖에 국토교통부령이 정하는 공사에 필요한 서류를 작성하고, 그 설계도서에 의도한 바를 해설·조언하는 행위"를 뜻한다($\substack{건축사법 \\ 제2조 제3호}$). 건축허가를 받아야 하는 모든 건축물의 설계는 건축사만이 할 수 있고, 다만 신고로서 건축이 가능한 건축물의 설계는 건축사가 아니어도 설계가 가능하다. 일정 규모 이상 되거나 특별한 종류의 건축물 설계에 대하여는 건축사가 반드시 관계전문기술자 혹은 건축구조기술자의 협력을 받아야 할 경우가 있다($\substack{건축법 시행령 \\ 제91조의3}$).

2. 설계계약의 체결 현황

건물건축(증개축을 포함한다)을 계획한 자가 이것을 타인에게 의뢰할 경우 그 의뢰의 방법은, ① 설계 및 감리를 설계사무소에, 건축공사를 건축업자에 각각 의뢰하는 방법과, ② 설계와 건축공사 모두를 건축업자에 의뢰하는 방법(소위 설계시공일괄계약)으로 나뉘어 진다. ②의 방법(설계시공일괄계약)은, 견본설계가 있는 등 비교적 정형적인 설계에 의한 건축을 의뢰하는 경우, 또는 건축주가 신뢰하는 건축업자에게 건축을 의뢰하는 경우에 채택되고 있고, 이 경우 건축업자의 설계부문 담당자나 건축업자로부터 하청을 받은 설계사무소가 설계·감리업무를 수행하게 된다.

이 방법은 건축업자로부터 독립한 제3자에 의한 공사감리가 행하여지지 않기 때문에 날림공사에 의한 하자발생의 위험이 있는 반면, ①의 방법에서 요구되는 예산과 견적의 조정, 설계변경에 수반하는 조정 등 건축주, 설계자, 건축업자 3자 간의 연락조정에 수반하는 코스트(비용과 시간)를 절감할 수 있는 이점이 있다.

그러나 건축주가 주도적으로 하자발생의 위험을 최소로 하여 희망한 대로 건물을 완성시키고 싶다면 미리 건축사에게 맡겨 작성한 설계도서를 건축업자에게 제시하고 시공을 주문함과 동시에 공사의 감리를 행할 필요가 있다. 이 경우 건축에 문외한인 건축주는 스스로 설계·감리를 행할 자격과 능력이 없기 때문에 그 자격과 능력을 갖춘 설계자를 선임할 필요가 있어, ①의 방법을 채용하게 된다.

또 ①의 방법에 의하면, 자기가 희망하는 설계에 기하여 복수의 건축업자에게 도급금액을 경쟁시키는 것이 가능하게 되고, 건축업자의 선정이나 건축업자와의 교섭에 관하여 설계자로부터 적절한 충고를 받을 수도 있다.

다만, 감리업무의 중요성을 인식해서 건축주의 사정에 따라서는, ①의 방법에 의하면서도 설계와 감리를 각각 별개의 설계사무소에 의뢰하는 경우도 있을 수 있고, ②의 방법에 의하면서도 감리만을 다른 설계사무소에 의뢰하는 경우도 있을 수 있다. 그러나 ①의 방법에 의할 경우에는, 설계·감리계약으로서 설계와 감리 모두를 하나의 계약에 의해서 하나의 설계사무소에 의뢰하는 경우가 비교적 많은 것 같다. 공사감리의 본질상 설계를 한 자에게 감리를 수행하게 하는 것이 편리하기 때문이다. 그러나 이하에서는 설계와 감리를 구분하여 별도로 살핀다.

Ⅱ. 설계자의 업무

1. 건축물의 설계도서 작성업무

⑴ 일반적으로 설계업무는 기본설계와 실시설계로 나뉘어진다. 다만 기본설계에 앞서 조사·기획업무가 존재할 수도 있다. 기본설계와 실시설계는 본래 연속한 설계업무에 의도적인 단계를 설정한 것이어서, 명확하게 구분할 수 있는 것은 아니다.[1]

⑵ 국토교통부 2016. 12. 30. 고시 제2016 – 1025호로 된 '건축물의 설계도서 작성기준'이 있는데 이는 건축법 제23조 제2항에 따라 설계자가 건축물을 설계함에 있어 필요한 설계도서의 작성기준을 정한 것이다.[2] 이에 따르면 설계도서에 관한

---

1) 자세한 내용은 제1편 제5장 건설관련설계도서 부분 참조.
2) 이 기준은 건축사가 타인의 위탁을 받아 건축물에 관한 설계도서를 작성하는 데 적용하며, 주택법 제15조 제1항에 의하여 사업계획의 승인을 받아 건설하는 주택을 설계하는 경우, 공공건축물·대규모산업시설 등 국토교통부장관이 별도로 정하여 설계도서 작성기준을 고시한 경우에는 적용하지 않는다. 이 기준의 주요 부분은 뒤의 제4절 설계도서 작성기준 참조.

건축사의 업무는 다음과 같다.[3]

(개) **기획업무** 건축물의 규모검토, 현장조사, 설계지침 능 건축설계 발주에 필요하여 건축주가 사전에 요구하는 설계업무를 말한다.

(내) **계획설계** 건축사가 건축주로부터 제공된 자료와 기획업무 내용을 참작하여 건축물의 규모, 예산, 기능, 질, 미관적 측면에서 설계목표를 정하고 가능한 해법을 제시하는 단계로서, 디자인 개념의 설정 및 연관분야(구조, 기계, 전기, 토목, 조경 등을 말한다)의 기본시스템이 검토된 계획안을 건축주에게 제안하여 승인을 받는 단계이다.

(대) **중간설계** 계획설계 내용을 구체화하여 발전된 안을 정하고, 실시설계단계에서의 변경 가능성을 최소화하기 위해 다각적인 검토가 이루어지는 단계로서, 연관분야의 시스템 확정에 따른 각종 자재, 장비의 규모, 용량이 구체화된 설계도서를 작성하여 건축주로부터 승인을 받는 단계이다.

(라) **실시설계** 중간설계를 바탕으로 하여 입찰, 계약 및 공사에 필요한 설계도서를 작성하는 단계로서, 공사의 범위, 양, 질, 치수, 위치, 재질, 질감, 색상 등을 결정하여 설계도서를 작성하며, 시공 중 조정에 대해서는 사후설계관리업무 단계에서 수행방법 등을 명시한다(통상적으로 건축설계업무는 위의 계획설계, 중간설계, 실시설계만 포함한다).

(마) **사후설계관리업무** 건축설계가 완료된 후 공사시공 과정에서 건축사의 설계의도가 충분히 반영되도록 설계도서의 해석, 자문, 현장여건 변화 및 업체 선정에 따른 자재와 장비의 치수·위치·재질·질감·색상 등의 선정 및 변경에 대한 검토·보완 등을 위하여 수행하는 설계업무를 말한다.

(3) 위에서 설명한 설계업무의 단계별 작업 내용을 요약하면 아래와 같다.[4]

---

3) 각 단계에 따른 설계도서의 내용은 위 설계도서 작성기준의 별표 참조.
4) 이 도표는 CM전문가인 문창희 건축사가 작성한 것을 저자가 일부 수정한 것이다.

[설계업무의 단계별 작업]

구분	기획업무 PROGRAMMING	계획설계 SCHEMATIC DESIGN	중간설계(기본설계) DESIGN DEVELOPMENT	실시설계 CONSTRUCTION DOCUMENTS / CONTRACT DOCUMENTS	사후설계관리 CONSTRUCTION ADMINISTRATION
목표	예산 및 설계기준 설정	공간(실)배치 결정	건축, 구조 및 설비시스템 결정	상세 결정 및 공사수량 확인	시공기준 구현
	Wants & Needs	Design drawings	Design drawings + Calculations	Technical Drawings + Specifications	+ Shop drawings = Building
건축사 업무	대지분석 건축주 요구사항 시설기준 확인	평면, 단면, 입면 도면을 통하여 건물의 전체 규모를 확정 주요 마감 결정 건물의 이미지를 결정	평면, 단면, 입면의 벽, 바닥, 천장, 개구부의 일반적인 재료, 품질, 형태/위치(치수)결정(단열, 방호, 방수, 방음 등 환경적 성능 반영)	외벽, 내벽, 바닥, 품질, 천장의 특이 부분의 재료, 품질, 형태/위치 결정 기타 부위의 사용재료, 품질, 형태 및 위치 결정(청호, 난간, 사다리, 트랜치 등 벽/바닥/천장 고정등)	설계변경 도서작성(추가업무) 설계도서의 해석, 자문, 현장 상황에 따른 적용 검토 등
관계기술자 업무			구조: 건물규모와 실의 배치에 따른 구조계산에 의해 레이아웃, 부재의 크기 등을 결정	구조: 구조 단면 이형부위 상세구조 접합방식 등 결정	설계변경 도서작성(추가업무) 설계도서의 해석, 자문, 현장 상황에 따른 적용 검토 등
		구조/설비 시스템 검토	설비: 전등/전기공급/냉난방공급/급수/오배수 처리 등 레이아웃을 계획하고, 그에 따른 전기용량, 냉난방용량, 급수, 오배수용량 등을 계산하여 필요 장비 및 배관 사이즈 등을 결정	설비: 장비 설치, 배관 설치 상세도 작성	
설계 관련 결과물	시설 프로그램 설계 지침서	배치도 작성 평면, 입면, 단면 실내재료마감 일람표 시스템검토서	건물 외벽, 천장 기준 상세도 내벽, 천장, 방호, 방음 구조/기계/전기 계산도 기계/전기 계통도 구조 부재 일람표 기계/전기 장비 일람표 구조/기계/전기 평면도	건축 상세도면 구조 상세도면 설비 설치 상세도	시공도 상세도 설계변경 도서 준공도서
인허가	도시계획(허)가 도시관리계획 결정 지구단위계획 결정 정비사업 재개발/재건축	경관심의 교통심의 건축심의	건축허가 성능 위주의 설계 친환경 관련 예비인증	착공신고 구조심의 지하안전성평가	소방준공 건축(변경)준공 친환경 관련 본인증 사용승인

2. 설계자의 기타업무

설계자에게 설계도서 작성업무 이외에 건축주를 충실하게 보조할 업무상 주의의무가 있는가? 설계자의 업무는 계약자유의 원칙에 의해서 당사자의 합의에 맡겨져 있으나, 건축주가 설계자의 전문적 지식경험을 활용할 필요성이 있다는 점을 감안하면 설계자에게 위탁된 업무는 본래적 의미의 설계 업무에 한정되지 않고, 건축주가 건축 중 판단할 사항에 관하여 지도·조언을 한다든가, 건축주를 대신하여 그와 같은 사무를 처리하는 것도 포함될 수 있다.

특히 통상적인 건축업무에 관련하여 설계 및 감리 업무를 함께 맡은 건축사에 대하여는 이러한 의무가 인정될 가능성이 높다.

건축사는 건축전문가로서 문외한인 건축주의 희망에 따라 기술적으로 합목적적인 건축을 하기 위하여 설계·감리 업무를 맡은 자인바, 건축주에게 건축 전반에 관하여 조언, 충고할 의무를 부담함은 당연하다. 즉 토지의 측량, 지질검사(지반, 지하수, 표층수의 상황을 포함한다), 기타 전문적 지식을 요하는 기술적 조사, 시험 등이 행하여져 있지 않은 경우에는 그것을 전문가에게 위탁하도록 건축주에게 권고할 의무가 있고, 그 권고를 게을리하여 건축사의 설계상의 하자가 공작물에 영향을 준 때에는 건축사가 설계에 관한 과오의 책임을 부담하는 경우가 생긴다.

또 건축주의 지시가 적절하지 않은 경우에는 주의의무의 하나로서 전문적 직업인으로서 그 취지를 조언해서 건축주에게 지시의 재고를 구하는 등의 조언의무가 있다. 구체적으로 어떠한 내용 및 어떠한 정도의 조언의무를 과할 것인가 하는 점은 조언의 상대방인 의뢰자의 당해 건축에 관한 지식의 정도에 따라서 달라진다. 전문가로서 의뢰자로 하여금 적절한 자기결정을 할 수 있을 만큼 정보를 충분히 제공하고 있는가가 문제로 되는 경우가 적지 않다. 전문가가 충분한 정보를 제공하기만 하면 그 후에는 의뢰자의 자기책임의 문제로 끝나는 것이라고 할 수는 없다. 전문가는 의뢰자의 의사결정과정에 전문가로서의 적절한 어드바이스를 행할 필요가 있다 할 것이다.

따라서 설계·감리자가 특히 공사도급계약의 체결에 관하여 기술적으로 협력할 사항은 다음과 같은 것이 있다.[5] ① 시공자 선정에 관한 조언, ② 견적용 도서의 작성, ③ 공사도급계약 준비에 대한 기술적 조언, ④ 견적징수사무 협력, ⑤ 견적

---

5) 齊藤 隆 編著, 『建築關係訴訟の實務』, 新日本法規(2002), 86면.

서 내용의 검토, ⑥ 대체제안의 평가 등이 이에 해당한다.

Ⅲ. 설계계약의 법적 성질

설계에 관한 건축주와 설계자 간의 계약의 법적 성질에 관하여 학설상으로는 도급계약으로 보는 견해와 준위임계약으로 보는 견해가 대립하고 있다.[6]

도급계약설은 계약의 내용이 설계도서의 작성이라고 하는 일정한 일의 완성을 목적으로 하고, 건축가는 일의 완성에 의해서 미리 정해진 보수를 받는 것이라는 점을 근거로 한다. 건축사는 건축시공자와 밀접한 관계에 있는 것이 보통이고 또 설계업무는 전문적·기술적 분야로서 일반인이 쉽게 알기 어렵기 때문에 건축주와 건축사 사이에서 설계계약으로 인한 분쟁이 생기면 입증 등에 있어 건축주에게 매우 불리하기 마련이므로 수급인인 건축사에게 무과실책임인 하자담보책임을 인정함으로써 도급인인 건축주를 보호하여야 한다는 취지이다.[7]

이에 반하여 준위임계약설은 설계자는 주문자의 의도를 실현하기 위하여 자기의 가치관이나 사상에 기초하여 건축물의 설계를 행하는 것이고, 어떠한 설계를 할 것인가는 설계자에게 위임되어 있는 것이기 때문에 계약시에 어떠한 상태가 일의 완성으로 되는가가 정하여져 있는 것은 아니고, 건축주로부터 부여된 조건하에서 가장 합리적인 해답을 찾는 과정에 설계자의 창조성이 발현되는 것이므로, 건축설계계약은 설계도서의 완성과 인도 그 자체가 목적이 아니라 설계자 자신에 의한 설계도서의 완성, 즉 특정 채무자에 의한 계속적인 노무의 공급이 더 본질적이라는 점에서 위임으로 보아야 한다고 한다.[8]

설계계약을 도급계약으로 볼 경우 설계자는 무과실책임인 수급인의 하자담보책임을 져야 하고(민법 제667조 제1항), 하자의 보수에 갈음하여 또는 보수와 함께 손해배상책임을 지게 되며(민법 제667조 제2항), 건축주는 완성된 목적물의 하자로 인하여 도급의 목적을 달성할 수 없을 때 계약을 해제할 수 있게 되지만(민법 제668조),[9][10] 한편 하자담보책임

---

6) 주로 일본에서의 학설 대립이다.

7) 日向野弘毅, "建築家の民事責任," 『判例タイムズ』 42巻 8號(No.748), 22면 이하.

8) 大森文彦, "建築設計契約·工事監理契約の法的性質," 『判例タイムズ』 43巻 4號(No.772), 35-39면.

9) 민법 제668조 단서는 건물 기타 토지의 공작물에 대하여는 위 조항의 적용을 배제하고 있지만, 설계자의 업무가 건물 자체와 밀접한 관계가 있다고 해도 건물을 건축하는 것은 건축수급인의 업무일 뿐이어서 설계에 있어서 위 단서의 적용은 없다고 보인다.

10) 서울고등법원 2001. 6. 29. 선고 2000나29556 판결은, 원고가 감리업무를 제대로 수행하지 않았으

의 존속기간은 특별한 사정이 없는 한 설계계약이 종료된 때로부터 1년 이내로 한 정되게 된다(민법 제670 조 제2항).[11]

반면 설계계약을 준위임계약으로 볼 경우 설계자는 전문가로서의 주의의무 위반의 과실이 있을 경우 이에 대한 채무불이행에 의한 손해배상책임을 지게 되 고, 이때 건축주는 설계계약종료시부터 5년까지 손해배상청구가 가능하지만 (상법 제64조), 한편 민법 제668조는 적용이 없게 된다. 그러나 실제에 있어서는 건축설계 계약을 도급계약으로 보든, 위임계약으로 보든 그 내용에 비추어 순수한 의미에 서의 도급계약이나 위임계약으로 보아야 할 경우는 드물다고 할 것이다.[12]

설계자가 설계계약을 해제한 후에 건축주가 그 설계도서에 따라 건축공사를 계속하는 것이 설계자의 저작권 침해인지 여부가 문제된 사안에서 설계계약의 법 적 성질이 하나의 쟁점이 되었는데, 원심인 고등법원은 설계계약의 법적 성질을 위임계약으로 파악하여 해제의 소급효를 부인하였고, 우리 대법원은 설계계약의 법적 성질에 대하여는 정면으로 판단하지 않은 채 여러 가지 사정을 고려하여 해 제의 소급효를 제한한 바 있는데,[13] 이는 문제가 된 사건의 설계계약의 성질을 도 급계약에 가깝게 보는 전제에서 해제의 소급효를 제한한 것으로 보인다.[14]

므로 피고와의 책임감리용역계약을 해제하고 원상회복으로서 피고에게 지급하였던 감리비의 반 환을 구하는 청구원인에 대하여 "약정 감리기간이 이미 도과하였고 … 계약기간의 만료에 의하 여 일이 일응 완료된 경우에 있어서 그 감리계약을 해제하려면, 계약에서 정한 약정해제사유가 있거나 피고의 이행지체가 있거나 피고의 채무가 이행불능에 이르게 되었거나 또는 피고가 수행 한 일에 중대한 하자가 있어 계약의 목적을 달성할 수 없다는 등의 사유가 있어야만 한다고 할 것 인데 … 달리 공사의 진행에 관한 감리과정에서 피고가 잘못하여 공사 전체를 재시공하여야 한다 는 점에 관한 아무런 주장·입증이 없으므로, 피고의 위와 같은 잘못만으로는 이 사건 책임감리용 역계약의 목적을 달성할 수 없게 되었다고는 할 수 없다"고 하여 일반적인 계약 해제의 요건을 설 시하면서 민법 제668조도 그 사유의 하나로 열거하고 있다.

11) 만약 감리자가 설계 및 감리 업무를 함께 수행하고 있고, 이를 도급계약이라고 본다면, 설계에 대 해서는 설계도서의 인도시부터, 감리에 대해서는 감리계약 종료시부터 위 제척기간이 적용될 것 이다.

12) 강동세, "건축설계계약의 법적 성질과 건축설계도서의 양도에 따른 저작권법상의 문제," 『대법 원판례해설』 제34호(2000. 6), 798면; 이영애, "건축저작권과 건축설계계약," 『민사판례연구』 23권 (2000), 610면. 일본에서의 하급심 판결 중에서 설계계약을 도급계약과 준위임의 성질을 아울러 가지는 특수한 계약으로 해석하는 견해가 있다: 東京地方裁判所 1977. 1. 28. 判決(無體裁集 9卷 1 號, 29면).

13) 대법원 2000. 6. 13.자 99마7466 결정, 원심은 서울고등법원 1999. 11. 3.자 99라208 결정. 이에 관하 여는 뒤의 설계계약 해제의 소급효 부분에서 보다 자세히 살펴보기로 한다.

14) 원심인 고등법원처럼 위임계약으로 보았다면 계속적 계약관계의 해지로서 당연히 소급효가 없 다고 하였을 것이다. 위 판결에 대한 평석들도 이 사건 건축설계계약의 법적 성질을 도급계약에 가까운 무명계약으로 해석하고 있다. 강동세, 앞의 글, 798면; 이영애, 앞의 글, 611-612면.

우리나라 학설은 대체로, 건축설계계약이 도급인지 위임인지 여부는 기본적으로 그 계약에서 건축사에게 맡겨진 업무가 어떠한 내용의 것이냐 등 구체적인 계약의 내용을 실질적으로 검토하여 결정되어야 할 문제이지 일률적으로 결정할 것은 아니라고 한다.[15)16)]

Ⅳ. 설계자의 자격

1. 자 격

건축사법은 건축사, 건축사보의 자격을 규정하고 있고, 건축법 제23조 제1항의 규정에 의한 건축물의 건축 등을 위한 설계는 건축사가 아니면 이를 할 수 없도록 규정하고 있다(건축사법 제4조 제1항). 또한 건축사는 업으로 설계·감리 등을 행하기 위하여는 건축사사무소를 개설하여 국토교통부장관에게 신고하여야 한다(건축사법 제23조 제1항). 건물은 소유자에게 가장 중요한 재산이고 거주자, 이용자 및 근린생활자의 생명·신체의 안전 및 건강에 직접 관련되며, 주위의 환경에도 큰 영향을 미치는 존재이기 때문에, 설계·감리하는 자의 전문성을 위하여 건축법 등 법령에 관한 지식을 포함한 건축에 관한 전문기술적 지식을 갖출 것이 요구되는 것이다.

2. 건축사법에 위반한 경우 설계계약의 효력

건축사법에 위반하여 무자격자가 설계를 한 경우 이는 사회·공공에의 위험성에 비추어 공서양속 위반에 의해 무효이며, 따라서 설계자의 보수 청구를 부정하는 견해가 있다. 그러나 일률적으로 무효라고 할 것인가는 검토를 요한다. 일본 판례로서 건축사사무소로서 등록을 하지 않은 건축업자가 설계시공일괄계약을 수주해서 등록을 하고 있는 1급 건축사사무소에 설계업무의 하청을 주었는데 건축주의 해제에 의해서 시공에 이르지 않은 경우에는, 건축업자로부터 건축주에

15) 강동세, 앞의 글, 795-798면; 이영애, 앞의 글, 609-612면.
16) 현실적으로 설계와 감리가 1개의 계약으로 동일한 건축사사무소에 의뢰되는 경우가 비교적 많은바, 1개의 계약으로 설계와 감리 모두를 의뢰하는 설계·감리계약에 대하여도 본문과 같은 도급계약설, 준위임계약설 이외에도 설계부문의 경우에는 도급계약으로, 감리 부분에는 준위임으로 보는 결합계약설, 전체로서 도급계약과 준위임의 성질을 병유한다고 보는 혼합계약설, 준위임계약 유사의 무명계약이라는 무명계약설이 있다. 齊藤隆, 『建築關係訴訟の實務』, 新日本法規社 (2002), 88면.

대한 설계보수비의 청구는 인정된다는 입장도 있다.[17] 자격을 가진 설계자가 설계한 것이라면 위험한 설계라고는 할 수 없기 때문이다.[18]

V. 설계계약의 성립

1. 설계계약의 체결

건축주는 건축을 위한 첫 단계로서 설계자와 사이에 건축설계계약을 체결하고 계약서를 작성한다. 이를 위하여 국토해양부는 2003년경 건축물의 설계표준계약서를 제정하였다가 2009. 11. 23. 및 2019. 12. 31. 개정하였다.

2. 묵시적인 설계계약의 성립

설계자가 설계의 보수를 청구하는 데 대하여, 건축주가 설계계약의 성립을 다투는 경우가 있다. 건설관행상 설계계약을 체결하면서 서면을 작성하지 않는 등 명시적인 계약체결의 의사표시가 행하여지지 않은 채로 설계업무가 착수, 수행된 경우가 이에 해당한다. 건축경험이 없는 건축주가 계약체결의 의사를 결정하지 않은 채 건축에 관하여 건축사와 자문을 구하여 도면이 작성되었다가 설계료의 청구를 받는 경우나, 건축주가 이것 저것 주문을 붙여서 설계자에게 설계업무의 대부분을 시켰으면서도 계약의 성립을 부인하여 보수 지급을 거부하는 경우도 있다. 부동산 종합컨설팅전문업체인 설계회사가 재건축사업의 시행인가 준비용역업무를 처리하면서 설계작업까지 하였다가, 후에 재건축사업이 중단된 경우에 설계용역계약의 성립 여부를 둘러싸고 분쟁이 생기는 경우도 종종 있다. 아래에서는 묵시적 계약성립 여부의 판단시 고려하여야 할 점에 관하여 검토한다.

첫째, 설계자가 실제로 수행한 업무의 정도, 즉 작성한 설계도서의 수량 및 내용, 설계도서 작성의 준비에 요한 시간과 경비 등을 기준으로 삼아야 한다. 또한 설계자와의 접촉상황, 의뢰한 사무의 내용, 교부한 도서의 수량 및 내용 등도 검토하여야 한다.

둘째, 건축주로서 설계 내지 건축을 의뢰할지 여부를 검토하기 위한 단계로서 오로지 솜씨를 보기 위하여 설계자에게 도면 등 제안을 구하는 경우, 유리한 설

---

17) 東京地方裁判所 昭和 41. 9. 11. 判決.『判例時報』465호, 49면.
18) 무자격자의 감리업무에 대하여도 마찬가지이다.

계시공을 얻기 위하여 복수의 설계자(특히 건축업자의 설계부문)로부터 견적을 얻으려고 하는 건축주도 있다. 반면에 설계사무소나 건축업자는 설계 내지 건축공사를 수주할 목적으로 계약체결을 촉진하는 영업활동으로서, 즉 무상 제공의 의사로 기본설계의 일부라고 할 수 있는 도면 등을 작성해 주는 경우도 있다. 따라서 건축주가 상세한 도면이나 견적서의 작성을 요구하는 때에는, 설계자로서는 설계계약서의 작성까지 구하지 않는다 하더라도, 최소한 "지금부터 앞으로의 업무는 유상입니다"라는 점을 설명하여야 할 것이다. 문외한인 건축주는 무상의 범위가 어디까지인지 모르기 때문이다. 이 점을 애매한 채로 남기고 설계업무를 행하는 것으로부터 발생하는 위험은 원칙적으로 설계자가 부담하여야 한다.

셋째, 설계자가 설계를 전업으로 하는 건축사사무소인 경우, 쌍방 모두 설계사무의 상당 부분이 무상으로 행하여진다고 인식하고 있다고는 생각하기 어렵고, 따라서 설계업무의 상당 부분이 행하여지고 그것에 관하여 건축주가 용인하는 태도였다면 설계계약은 성립되었다고 인정할 수 있을 것이다.

3. 설계계약이 부정된 경우의 보수상당액청구권

설계자가 상당한 설계작업을 하였음에도 불구하고 설계계약의 성립이 부정될 경우에(특히 묵시적 계약의 성립) 설계자는 건축주에 대하여 설계에 관한 보수청구를 할 수 있는가? 설계자가 행한 설계업무는 건축주를 위한 사무관리라고 보는 견해, 계약체결상의 과실로서 건축주가 설계자에게 손해배상의무를 부담한다는 견해, 설계자가 계약성립을 신뢰해서 설계에 착수한 것에 상당한 이유가 있는 경우에는(건축주인 회사의 담당자일 뿐 계약체결의 권한이 없는 직원이 "본사의 결재는 틀림 없으니까 빨리 설계에 착수해 주세요"라고 말하여 설계에 착수한 경우) 불법행위가 성립한다는 견해 등이 있다.

4. 건축설계 우수현상광고의 경우

건축설계에 대하여 현상광고에 응모하여 최우수작으로 선정된 자와 광고주 사이에서 건축설계계약이 체결되지 못하는 경우가 종종 있다. 주로 설계대금의 액수 결정 때문에 이러한 일이 발생한다. 이 경우에 당선과 건축설계계약의 성립 여부, 당선자의 광고주에 대한 설계보수청구의 가부 등이 문제된다.

현상광고의 당선자는 기본 및 실시설계 실시권을 취득하였고 이는 다른 사람에 우선하여 계약을 체결할 수 있는 권리인바, 당선자가 이에 기하여 별도의 계약을 체결하고 자신의 계약상 의무를 이행하여야 보수청구권이 발생한다고 할 것이다. 또한 설계계약이 체결되었다고 보기 위해서는 계약에서의 중요내용, 즉 본질적 요소로서 설계대가 및 그 지급시기에 관하여 합의가 이루어져야 할 것이다.[19] 따라서 당선된 것만으로는 아직 설계계약이 체결되었다고 보기 어렵고 다만 당선자가 독점적인 계약체결을 청구할 수 있는 권리를 취득한 상태라고 하겠다.

광고주로서는 설계계약의 체결을 위하여 성실하게 협력하여야 할 채무를 부담한다고 할 것인바, 광고주의 귀책사유로 계약체결이 이루어지지 않은 경우에 당선자로서는 건축설계계약에 기한 보수 청구는 할 수 없지만, 위 채무불이행 또는 불법행위로 인한 손해배상청구를 할 수 있을 것이다.

이때 채무불이행으로 인한 손해배상청구의 소멸시효기간은 3년으로서 단기 소멸시효기간이 적용된다.[20]

대법원은 최우수작으로 선정된 자에게 기본 및 실시 설계권을 부여하는 건축설계 우수현상광고에서 최우작으로 당선되었는데 이후 광고자와 협의가 이루어지지 못한 사안에서, "건축설계 우수현상광고에서 당선자가 보수로서 받는 '기본 및 실시설계권'이란 당선자가 광고자에게 우수작으로 판정된 계획설계에 기초하여 기본 및 실시설계계약의 체결을 청구할 수 있는 권리를 말하는 것이므로, 광고자로서는 특별한 사정이 없는 한 이에 응할 의무를 지게 되어 당선자 이외의 제3자와 설계계약을 체결하여서는 아니 됨은 물론이고, 당사자 모두 계약의 체결을 위하여 성실하게 협의하여야 할 의무가 있다고 할 것이며, 만약 광고자가 일반

---

19) 윤경, "건축설계 우수현상광고의 당선보수인 '기본 및 실시설계권'의 의미,"『대법원판례해설』, 40호(2002. 1), 77-83면.

20) 우수현상광고의 광고자로서 당선자에게 일정한 계약을 체결할 의무가 있는 자가 그 의무를 위반함으로써 계약의 종국적인 체결에 이르지 않게 되어 상대방이 그러한 계약체결의무의 채무불이행을 원인으로 하는 손해배상을 청구한 경우 그 손해배상청구권은 계약이 체결되었을 경우에 취득하게 될 계약상의 이행청구권과 실질적이고 경제적으로 밀접한 관계가 형성되어 있기 때문에, 그 손해배상청구권의 소멸시효기간은 계약이 체결되었을 때 취득하게 될 이행청구권에 적용되는 소멸시효기간에 따른다. 따라서 우수현상광고의 당선자가 광고주에 대하여 우수작으로 판정된 계획설계에 기초하여 기본 및 실시설계계약의 체결을 청구할 수 있는 권리를 가지고 있는 경우, 이러한 청구권에 기하여 계약이 체결되었을 경우에 취득하게 될 계약상의 이행청구권은 "설계에 종사하는 자의 공사에 관한 채권"으로서 이에 관하여는 민법 제163조 제3호 소정의 3년의 단기소멸시효가 적용되므로, 위의 기본 및 실시설계계약의 체결의무의 불이행으로 인한 손해배상청구권의 소멸시효 역시 3년의 단기소멸시효가 적용된다: 대법원 2005. 1. 14. 선고 2002다57119 판결.

거래실정이나 사회통념에 비추어 현저히 부당하다고 보여지는 사항을 계약내용으로 주장하거나 경제적 어려움으로 공사를 추진할 수 없는 등으로 인하여 계약이 체결되지 못하였다면 당선자는 이를 이유로 한 손해배상책임을 물을 수 있다"고 판시하였다.[21)]

5. 설계계약의 입찰에서 탈락한 경우

설계계약의 입찰을 할 경우 입찰공고내용에 '낙찰자로 결정되지 아니한 자는 설계비의 일부를 보상받을 수 있다.'고 정하는 경우가 많다. 설계계약 입찰시에 제출하는 설계안은 상당한 시간과 노력을 투입해야 하기 때문에 설계수준의 유지 및 형평의 원칙상 이러한 투입비용에 대한 보상이 필요하다. 입찰공고에 이런 내용이 있고, 입찰자가 위 공고에 따라 입찰에 참여하였다면 특별한 사정이 없는 한 입찰실시자와 낙찰 탈락자 사이에는 미리 공고에서 정한 바에 따른 설계보상비 지급에 관한 계약이 체결되었다고 볼 수 있다. 구체적인 내용은 입찰공고, 입찰안내서 등 입찰 당시에 입찰자에게 제시된 문서들 중 설계보상비 지급과 관련된 부분에 의하여 정해진다. 다만 낙찰에 탈락한 입찰자가 입찰 담합에 관여하는 등 위법한 사실이 밝혀지면 위와 같이 수령하였던 설계보상비는 반환해야 한다.[22)]

Ⅵ. 설계계약의 중도 종료

1. 설계계약의 해제 · 해지

앞에서 본 바와 같이 설계계약을 준위임계약으로 본다면, 계약 당사자는 상호 간에 언제라도 해지할 수 있고, 다만 상대방에게 불리한 시기에 해지한 때에는 그 손해를 배상하여야 한다(민법 제689조). 도급계약설에 의하더라도, 도급인에게는 자유로운 해제권이 인정되고, 다만 손해배상을 하여야 한다(민법 제673조). 이와 별개로, 건축

---

21) 대법원 2002. 1. 25. 선고 99다63169 판결.

22) 대법원 2024. 1. 25. 선고 2020다206472 판결: 다수의 설계자들이 다수의 시공사와 함께 분담이행 방식의 공동수급체를 구성하여 입찰하였다가 낙찰에서 탈락하여 입찰실시자로부터 설계보상비를 수령하였는데, 나중에 담합이 밝혀져서 수령한 설계보상비를 입찰실시자에게 반환해야 하는 상황에서 반환할 금액이 문제된 사건이다. 공동수급체 구성원인 시공사들은 연대하여 설계보상 금을 반환할 의무가 있음에 반하여, 설계자들은 자신이 설계한 설계분야의 의무이행에 관한 책임만 부담한다는 것이 판결 취지이다. 다만 공동이행방식이었거나, 설계보상금반환에 관한 특약이 있다면 결론이 달라질 수도 있어서 이 판결의 해석에 주의를 요한다.

주는 상대방에게 채무불이행이 있으면 이것을 이유로 법정해제를 할 수 있고, 상대방에게 손해배상을 구할 수 있다.

그러나 건축주의 해제, 해지 의사표시가 있을 때 민법 제689조 또는 제673조에 의한 것인지, 채무불이행으로 인한 법정 해제인지가 불분명할 때가 많다. 건축주가 설계자의 채무불이행을 이유로 해제한 경우에, 설계자의 채무불이행이 인정되지 않는다면, 예비적으로 민법 제689조 또는 제673조에 의한 해지, 해제를 한 것이라고 해석할 수 있을 경우가 많을 것이다.

또 준위임계약설에 의하면, 민법 제690조에 의하여 건축주 또는 설계자의 사망 또는 파산에 의해서도 계약은 종료하는 것으로 되지만, 건축주의 사망에 의한 종료의 경우에는 상속인 기타 제3자가 계약관계를 승계하는 것이 검토되어야 할 것이고, 설계자의 파산에 의해 종료한 계약도 관련자 간에 계속 또는 승계가 검토되어야 할 것이다.[23]

2. 중도 종료시 설계자의 보수청구권

어떠한 경우라도, 계약이 중도에서 종료한 경우, 설계자는 이미 한 일에 대한 보수를 청구할 수 있다.[24]

준위임계약설에 의할 때 설계자가 청구할 수 있는 보수액은, ① 설계자의 책임으로 돌릴 수 없는 사유에 의해서 중도에 계약이 종료한 때(건축주가 민법 제689조에 의하여 해지한 때 등)는 민법 제686조 제3항에 의하여 이미 처리한 사무의 비율에 응한 금액이 된다.[25] 건축주가 민법 제689조에 의하여 해지한 경우에는, 설계자

---

23) 감리계약에 관한 것이지만, 최근 대법원 판결 중 감리계약의 당사자인 공동사업주체 중 1인이 파산선고를 받은 사안에서 감리계약이 당연종료하는 것은 아니라고 판단한 것이 있다: 대법원 2003. 1. 10. 선고 2002다11236 판결(뒤의 감리 부분 참조).

24) 감리계약을 준위임계약으로 본다면 위임 무상의 원칙에 따라(민법 제686조 제1항) 보수 내지 대가지급청구권은 발생하지 않는 것이 아닌가 하는 의문이 있을 수 있다. 그러나 위임이나 준위임이 무상으로 되는 것은 사회의 실정에 맞지 않고, 상인의 영업행위는 상법 제61조에 의하여 보수청구를 할 수 있으므로 설계계약은 보수 내지 대가지급에 관한 명시의 합의가 없더라도 그것을 유상으로 하기로 하는 당사자 간의 묵시적 합의가 있는 것으로 봄이 상당하다. 설계계약이 명시적으로 성립한 경우에도 보수 약속에 관하여 서면이 작성되어 있지 않고, 건축주가 보수 약속을 부인하는 경우에도 보수 약속은 인정해야 할 때가 많다.

25) 설계자의 책임에 돌릴 수 없는 계약의 중도종료의 경우에 있어서, 설계자가 이미 처리한 사무의 비율을 어떻게 인정할 것인지가 문제된다. 재판 실무상 감정을 하는 것이 보통이지만, 감정을 하는 것이 불가능하거나, 특별한 전문적 지식에 의하지 않고서도 판단할 수 있는 사안일 때도 있으므로 감정시행에 앞서서 당사자로서는 구체적 사실관계에 기해서 스스로가 상당하다고 생각하는 비율을 주장하여 판단 가능 여부를 먼저 검토하는 것이 바람직할 것 같다.

에게 불리한 시기에 해지한 것이라면 앞서 본 바와 같이 설계자는 그 보수와는 별개로 손해배상을 청구할 수 있는데, 그 손해라 함은 '해지의 시기가 부당하다는 것으로부터 생긴 손해'라고 할 것이고, 설계계약의 경우 이에 해당하는 손해를 구체적으로 정하는 것은 어려운 문제이다. 아직 이행되지 않은 업무의 준비에 소요되었으나 해지에 의하여 불필요하게 된 비용이 이에 해당하고, 미이행 업무에 대한 순이익은 이에 해당하지 않는다. 또 설계자에게 불리한 시기에 해지한 경우라 하더라도 그것이 불가피한 사유에 의한 때에는 건축주의 손해배상의무는 생기지 않는다. ①의 경우 민법 제689조 제2항에 기하여 설계자가 손해배상까지 청구한 사례는 거의 없는 것 같다.

이에 반하여, ② 설계자가 민법 제689조 제1항에 의해서 해지한 경우나 설계자의 채무불이행에 의해서 건축주가 해제한 경우에는, 설계자가 보수로서 청구할 수 있는 금액은 건축주에 대하여 현실적으로 급부한 서비스에 대응한 금액이라고 해석하여야 할 것이다. 이 경우 건축주가 다른 설계자에게 설계업무의 속행을 의뢰함으로써 증가한 설계비용 및 건축공사의 지연에 의한 손해가 있으면 설계자가 건축주에게 이를 배상하여야 한다. 다만 건축주의 비협력적 태도가 민법 제689조 제2항의 '부득이한 사유'에 해당한다고 해석되어 손해배상책임이 부정되는 경우도 있다.

3. 설계자의 채무불이행으로 인한 해지 · 해제사유

설계계약에 있어서 설계자의 채무불이행으로 인한 건축주의 해지, 해제사유는 ① 설계내용에 기한 견적액이 당초의 예산액을 초과하고 있는 경우(예산초과 설계의 경우), ② 설계내용이 건축주의 희망사항과 다른 경우(희망과 다른 설계)로 나뉜다.

①의 예산초과의 설계에 관하여는, 설계자는 지시된 예산액을 초과하지 않도록 설계를 하여야 하지만, 예산초과의 원인은 건축주의 설계건물에 관한 과대한 희망 · 요구에 있는 경우가 많을 것이고, 이것과 예산에 의한 제약 중 어느 것을 우선시킬 것인가에 관하여 건축주로부터의 지시설명이 불충분한 경우도 적지 않은 점, 설계자의 견적액이 약간 예산초과하고 있어도 대개 건축업자에 의한 견적액은 예산 내에서 수습할 가능성이 있는 점, 결국 건축업자의 견적액이 예산을 초과하고 있다 하여도 건축주, 설계자, 건축업자 3자 간에 예산 내에 수습할 수 있도록

설계변경을 검토하는 것이 가능한 점 등에 비추어 채무불이행으로 인한 해제는 인정되지 않는 경우가 많을 것이다.

②의 희망과 다른 설계에 관하여는, 방의 배치나 외관이 건축주의 이미지에 맞지 않는다 하더라도, 건축주는 그 차이를 없애기 위하여 수정방안을 충분히 설명하여야 할 것이고, 설계자가 건축주의 희망대로 이행하더라도 주문자의 이미지대로 완전히 설계되지 않는 경우도 있기 때문에, 설계자가 불성실한 대응을 하였다고 인정되지 않는 한, 채무불이행으로 인한 해제는 인정되기 어렵다고 할 것이다.

그런데 ②의 희망과 다른 설계의 경우, 건축주의 주장이 보수지급을 거부하는 구실이 아닌 한, 설계업무는 미완료 상태이므로 완료한 경우의 보수액으로부터 상당한 감액을 행하여야 할 것이다. 또 ①의 예산초과의 설계에 관하여도, 예산액이 건축주에 있어서 중요한 설계조건이라는 점에 비추어 보면, 그 초과의 정도에 따라서는 설계업무가 아직 완료하지 않은 것이라 보아 상당한 감액을 하여야 할 것이다.

4. 설계계약 해제의 소급효 인정 여부

설계계약의 법적 성질을 위임계약으로 본다면, 설계계약의 중도 종료는 법률상 소급효가 없는 계속적 계약관계의 해지로서 장래에 향하여만 효력이 있으므로, 이미 설계자가 건축주에게 설계도면의 이용을 허락하거나 저작재산권을 양도한 것은 여전히 유효하다고 할 것이다.[26]

그런데 설계계약의 법적 성질을 도급으로 본다면 설계계약의 해제가 소급효를 갖는지 여부가 문제된다.

대법원은 건축도급계약의 중도 해제의 효력에 관하여, "건축도급계약에 있어서 미완성 부분이 있는 경우라도 공사가 상당한 정도로 진척되어 그 원상회복이 중대한 사회적·경제적 손실을 초래하게 되고 완성된 부분이 도급인에게 이익이 되는 경우에, 수급인의 채무불이행을 이유로 도급인이 그 도급계약을 해제한 때에는 그 미완성 부분에 대하여서만 도급계약이 실효된다고 보아야 할 것이고, 따라서 이 경우 수급인은 해제한 때의 상태 그대로 상당한 보수를 지급하여야 할 의

---

26) 강동세, 앞의 글, 797면.

무가 있다"고 하고 있는데,[27] 최근 설계사가 건축주의 채무불이행을 이유로 건축설계계약을 해제한 사안에서 "가분적인 내용들로 이루어진 건축설계계약에 있어서, 설계도서 등이 완성되어 건축주에게 교부되고 그에 따라 설계비 중 상당 부분이 지급되었으며, 그 설계도서 등에 따른 건축공사가 상당한 정도로 진척되어 이를 중단할 경우 중대한 사회적·경제적 손실을 초래하게 되고 완성된 부분이 건축주에게 이익이 되는 경우에는 건축사와 건축주와의 사이에 건축설계관계가 해소되더라도 일단 건축주에게 허여된 설계도서 등에 관한 이용권은 의연 건축주에게 유보된다고 할 것이다. 위와 같은 취지에서 이 사건 건축설계계약이 피신청인의 귀책사유로 해제되었다 하더라도 신청인이 위 설계도서에 관한 저작재산권(복제권)자로서의 지위를 회복하는 것은 아니라고 판단하여 원결정을 유지한 원심의 조치는 정당하고 … 이 사건 건축설계계약이 위임계약인지 아니면 도급계약인지의 여부에 관한 법리오해의 유무는 이 사건의 결론에 직접적인 영향을 가져 오는 것은 아니라고 할 것이다"라고 하여, 건축도급계약에서 도급인이 계약을 해제한 경우와 유사한 취지의 판시를 하였다.[28]

독일에서도, 건축설계계약체결시 건축주에게 설계도서의 이용권이 부여되고 이후 계약이 해소되더라도 이용권과 관련하여서는 소급효가 없고 다만 장래에 있어서 청산의 문제만을 남긴다는 견해와[29] 애당초 설계도서의 이용권이 건축주에게 부여되지 않다가 계약관계가 해소될 때 신의성실의 원칙에 따라 이용권이 부여된다고 보는 견해가 대립하고 있을 뿐, 건축설계계약이 해소되었을 때 건축주에게 설계도서 이용권이 없다고 보는 견해는 보이지 않는다고 한다.[30]

Ⅶ. 설계자의 손해배상책임

1. 설계자의 책임

건물이 완성된 후에도 건물이 건축주의 희망대로 되지 않았다든가 통상 갖추어야 할 성능을 갖추지 못하고, 이것이 설계자의 설계상 과실에서 기인하였다고

---

27) 대법원 1986. 9. 9. 선고 85다카1751 판결; 대법원 1997. 2. 25. 선고 96다43454 판결.
28) 대법원 2000. 6. 13.자 99마7466 결정.
29) 뉘렌베르크 상급지방법원 1989. 1. 10. 판결; 日向野弘毅, 『建築家の著作權』, 成文堂, 1997, 115－116면에서 재인용.
30) 日向野弘毅, 앞의 책, 115－116면; 강동세, 앞의 글, 800면; 이영애, 앞의 글, 612－613면.

인정되는 경우에는, 설계자는 건축주에 대하여 채무불이행책임 또는 불법행위책임을 지게 된다.[31]

또한 설계상의 과실로 인한 건물의 하자에 의해서 제3자가 손해를 입은 경우에는, 설계자는 그 제3자에 대해서 불법행위책임을 지게 된다.

설계도서는 국토교통부장관이 정한 건축물의 설계도서 작성기준, 기본설계 등에 관한 세부시행기준(국토교통부 2016. 12. 30. 고시 제2016-1025호, 건 설기술진흥법 제44조, 같은 법 시행령 제65조 참조) 등 법령이 정한 기준에 따라 작성되어야 한다. 그러나 설계자가 설계시에 단순히 법령상의 사항을 준수하는 것만으로는 부족하고, 경험칙상 또는 그 당시의 기술수준에 비추어 필요한 주의를 하지 않으면 안 되며 단순히 행정담당관의 지도에 따랐다는 것만으로 면책되지 않는다.

손해배상책임 외에 설계업무에 있어서 과실이 있는 경우에는 설계업무 자체가 불완전한 것이므로 설계자는 이미 작성·교부한 설계도서를 완전한 것으로 보완하여 다시 교부할 의무도 있다고 할 것이다. 설계도서의 추완(수정)은 건물이 완성한 후에는 의미가 없지만, 건물을 보수하기 위한 참고자료로서 유익한 경우가 있을 것이다.

2. 설계업무상 과실

설계상 과실에는 ① 설계의 내용이 건축주가 지시한 내용에 반하는 경우(지시위반의 설계)와, ② 건축주의 명시적인 지시에는 반하지 않지만 완성한 건물에 설계에서 유래하는 하자가 있는 경우(하자 있는 설계)로 나눌 수 있다.

건축주가 ①의 '지시위반의 설계'를 주장하는 경우, 건축주의 지시 내용이 어떠한 것이었는지가 다투어지는 외에도, 그 지시와 다르다고 인정되는 경우, 그 지시의 합리적 해석으로 허용할 수 있는 차이인지 여부가 문제로 된다. 그러나 건축주의 지시와 다른 설계라면 특별한 사정이 없는 한 채무불이행이 될 것이다. 설계변경의 필요가 있으면 건축주의 충분한 이해를 받아야 하는 것이기 때문이다.[32]

건축주가 ②의 '하자 있는 설계'를 주장하는 경우에는 그것이 하자라고 할 만한 것인지, 하자에 해당한다면 그것이 설계에서 유래하는 것인지 여부가 다투어

---

31) 이 경우 시공사의 부실시공 등도 경합하여 손해를 발생시켰다면, 설계용역계약상의 채무불이행으로 인한 손해배상채무와 공사도급계약상의 채무불이행으로 인한 손해배상채무는 부진정연대의 관계에 있게 된다: 대법원 2015. 2. 26. 선고 2012다89320 판결.
32) 앞의 Ⅵ.의 3항 설계자의 채무불이행으로 인한 해지, 해제사유 부분 참조.

진다. 그러나 건물에 하자가 존재하는 경우에는, 대개의 건축주는 우선 건축업자에게 이의를 제기하고, 이에 대하여 건축업자는 스스로의 신용을 지키기 위해 또 설계자와의 좋은 관계를 유지하기 위해 그것이 설계에서 유래한 것인지 여부를 묻지 않고 보수에 응하는 경우가 많고, 그 때문에 설계자에 대한 정당한 법적 책임 추급이 행하여지는 경우는 적다고 하겠다.

경량철골의 두께가 일반적으로 용인된 기준에 달하지 못하여 안전성을 결여한 경우, 건축예정지의 지내력의 조사 부족에 의해서 건물에 부등침하를 생기게 한 경우 등 기초공사에 관련된 사례가 비교적 설계상 과실로 인정하기가 용이하다. 반면에 건축예정지의 경계에 관하여 착오가 있는 상태에서 설계가 이루어진 경우에는 설계자의 조사의무를 부정하여 과실을 인정하지 아니한 일본 판결이 있다.[33]

건축예정지의 지내력은 건물의 기초공사를 어느 정도로 하여야 할 것인가 하는 설계의 요점에 관한 것이고 또 문외한인 건축주로서는 판단하기 어려운 것이기 때문에, 설계자가 지내력에 관하여 일응의 조사를 행하고 지반연약의 의심이 있으면 건축주에 대해서 전문가에 의한 토질조사 내지 침하·붕괴대책의 필요성을 조언하여야 할 것이다. 건축주가 조언에 따르지 않는 경우에는, 그 위험성의 정도에 따라 설계자가 계약을 해제하는 것도 고려하여야 한다. 이에 반하여 건축예정지와 인접지 사이의 경계에 관해서는, 건축주 측이 풍부한 판단자료를 가지고 있을 것이므로 설계건물이 인접지를 침범할 가능성이 없는 한, 설계자는 경계에 관한 조사의무는 지지 않는다고 하여도 좋을 것이다.

3. 손해배상책임의 존속기간

건물의 하자에 관하여 건축업자가 부담하는 담보책임의 존속기간은, 민법상 건물의 재질에 따라 5년 또는 10년(하자를 원인으로 하여 멸실·훼손된 때에는 그 멸실·훼손으로부터 1년)임에 반하여, 설계자가 설계에 관하여 부담하는 채무불이행책임의 존속기간은, 준위임계약설에 의하면 민법상 10년 또는 상법상 5년이다. 그렇

---

33) 설계자가 건축예정지에 경계분쟁이 있는 것을 모르고, 건축주가 제공한 토지실측도에 의해서 6동의 아파트의 건축설계를 하였는데 건축업자가 6동 째의 건축에 착수할 즈음에 인근 토지권리자로부터 이의가 있어 이것을 건축하는 것이 불가능하게 된 사안에 관하여, 설계자가 통상 가져야 할 주의에 의해서는 경계분쟁이 일어날 가능성을 알 수 없었다고 해서 설계자의 채무불이행책임을 부정하였다. 東京地方裁判所 昭和 50. 2. 20. 判決.

다면 건물의 하자에 관하여 설계자와 건축업자가 모두 책임을 지는 경우에는, 책임의 소멸기간에 불일치가 생길 수 있다. 그러나 예컨대, 건축업자의 하자담보책임이 소멸한 후에 설계자가 설계상 채무불이행책임을 진다고 한다면, 설계자는 주된 책임이 없음에도 단독으로 전 손해를 부담하여야 하는 등의 불합리가 생긴다. 이 불합리를 해소하기 위하여, 건축업자의 하자담보책임이 제척기간 경과에 의하여 소멸한 경우에는 설계자의 책임도 소멸한다는 견해가 있다.[34]

Ⅷ. 설계도서의 저작권

1. 저작권의 보호대상

저작권법 제4조 제1항은 건축저작물을 "건축물·건축을 위한 모형 및 설계도서 그 밖의 건축저작물(제5호)"과 "지도·도표·설계도·약도·모형 그 밖의 도형저작물(제8호)"이라고 규정하고 있다.[35] 건축물을 저작물로서 보호하는 취지는 저작물성을 갖는 건축물에 의해 표현된 심미적 외관이 모방건축에 의하여 남용되는 것을 막기 위한 것이다. 그러나 유사한 건축물을 모방하는 것보다 설계도서의 저작권을 침해하는 일이 더 자주 문제가 된다. 설계도서에는 건축설계도면, 구조계산서, 시방서, 기계설비 등 설비도면, 나아가 수량산출서 등 설계에 관련된 모든 서류를 포함하는 것으로 보는 것이 타당하다. 어느 정도의 설계도서가 저작권의 보호 대상이 되는지는 창작성의 유무에 달렸다고 할 것이다.[36] 단순한 안내도나 기술적 차원의 도서는 창작성이 없어서 보호대상이 되기 어렵다.

2. 저작권자

저작권은 저작한 때부터 발생하며 어떠한 절차나 형식의 이행을 필요로 하지 않는다(저작권법 제10조 제2항). 따라서 건축저작물인 설계도를 완성한 때에 저작권은 발생한다. 건축저작물인 건축설계는 건축주의 의뢰를 받아 건축사사무소에서 건축사의 창

---

34) 東京地方裁判所 平成 4. 12. 21. 判決. 『判例時報』1485호, 41면.

35) 따라서 건축설계도는 제5호와 제8호 모두에 속할 수 있는 것처럼 규정되어 있다. 참고로 일본 저작권법 제10조 저작물의 예시규정에 따르면, 같은 조 제5호의 건축저작물에는 건축물만이 해당되고, 설계도면 등은 같은 조 제6호에서 건축저작물과 독립하여 규정하고 있다. 반면에 미국 저작권법 제101조는 건축설계도면은 건축저작물과 미술저작물 양쪽에 해당하는 것으로 정의하고 있다. 오승종, "건축저작물과 저작권," 『저스티스』제33권 제4호(2000. 12), 261면.

36) 창작성의 정도에 대하여는 논란이 있다. 오승종, 앞의 글, 261–264면.

의력을 바탕으로 소속 직원의 도움을 받아 설계를 하는 것이 통상적이다. 별다른 사정이 없는 한 건축사가 저작권자가 되어야 할 것이다. 법인에 소속된 건축사가 설계를 한 경우에도 그 건축사가 원시적으로 저작권을 갖는다고 할 것이다. 그러나 법인, 단체, 그 밖의 사용자의 기획 아래 법인 등의 업무에 종사하는 자가 업무상 작성하는 저작물로서 법인 등의 명의로 공표된 것(단체명의 저작물이라 한다)에 관하여는 계약 또는 근무규칙 등에 따로 정한 바가 없을 때에는 그 법인이 저작권자가 된다. 그리고 건축주가 설계사무소에 의뢰하여 설계한 경우에도 저작권은 설계를 수행한 설계사무소 또는 건축사에게 있다.

대개 설계계약서에 저작권을 건축주나 의뢰자에게 귀속되도록 계약조항을 마련해 두고 있다. 별도로 저작권의 귀속에 관한 계약조항이 있다면 그 내용에 따라 저작권이 귀속되고, 별다른 규정이 없다면 일반 법리에 따라 설계자에게 건축저작권이 귀속된다고 해석해야 한다.[37] 건축물의 설계표준계약서 제18조(저작권보호)는 설계도서의 저작권을 설계자에게 귀속시키는 것으로 정하고 있다.

3. 건축저작권의 내용

건축저작권에는 저작재산권과 저작인격권이 있다. 저작재산권은 복제권과 2차적 저작물 작성권으로 구성되는데, 이 중 중요한 것이 복제권이다. 일반적으로 복제라고 함은 '인쇄, 복사, 녹음, 녹화 그 밖의 방법에 의하여 유형물을 다시 제작하는 것'을 일컫지만, 건축저작물의 경우는 특수성이 있어, 건축저작물에서 복제라고 함은 ① 건축설계도서 자체의 복제, ② 기존의 건축물을 모방한 건축물 축조, ③ 아직 건축되지 아니한 건축물을 설계도에 따라 건축하는 것 등으로 생각해 볼 수 있다.[38] 저작권법이 건축저작권의 복제 개념을 '모형 또는 설계도서에 따라 건축물을 시공하는 것'으로 정의한 것($\binom{저작권법}{제2조 제22호}$)은 이 중 ③을 규정한 것이라고 하겠다.

저작인격권에는 공표권, 성명표시권 및 동일성유지권이 있는데, 이 중 중요한 것은 공표권이다. 공표권은 저작자가 자신이 창작한 저작물을 공표하거나 공표하지 아니할 것을 결정할 수 있는 권리를 말하고($\binom{저작권}{법 제11조}$), 여기서 공표라고 함은 저작물을 공연·공중송신 또는 전시 그 밖의 방법으로 일반공중에게 공개하는 경우와

---

37) 고영회, "건축설계도서의 저작권보호," 계간 『저작권』 59호(2002. 가을호), 저작권심의조정위원회.
38) 오승종, 앞의 글, 265면; 이영애, 앞의 글, 604면 등.

저작물을 일반공중의 수요를 위하여 복제·배포하는 것을 말한다($^{저작권법 제2조}_{제23호, 제25호}$). 건축저작물에 있어서는 건축물의 건축 그 자체가 공표라고 할 수 있다. 저작자가 공표되지 아니한 저작물의 저작재산권을 양도 또는 이용허락을 한 경우에는 그 상대방에게 저작물의 공표를 동의한 것으로 추정한다($^{저작권법 제}_{11조 제2항}$). 저작권양도와 이용허락의 차이는 이용허락에 의하여 이용자가 가지게 되는 권리는 채권에 불과하여 제3자에 대하여 그 권한을 주장할 수 없는 반면, 저작권양도에 의하여 가지게 되는 권리는 제3자에 대하여도 주장할 수 있는 점에 있다.[39]

그런데 저작자가 일단 저작물의 공표에 동의하거나 동의한 것으로 추정되는 이상 이를 철회할 수는 없다고 보아야 한다.[40] 대법원도 2000. 6. 13.자 99마7466 결정에서 "저작자가 일단 저작물의 공표에 동의하였거나 동의한 것으로 추정되는 이상 비록 그 저작물이 완전히 공표되지 않았다 하더라도 그 동의를 철회할 수 없다 할 것"이라고 하여 설계계약 해제 이후에 건축주가 설계도면에 따라 건축물을 건축하는 것이 저작인격권 침해라는 주장을 배척하였다. 양수인 등의 법적 지위 안정성을 위하여 위와 같은 동의추정 규정을 둔 입법취지 및 앞에서 살펴 본 설계계약 해제의 소급효 제한법리의 취지에 비추어 볼 때, 위와 같은 대법원 결정은 불가피한 것으로 보인다.

설계계약의 해제와 설계도서의 이용권 유보 [대법원 2000. 6. 13.자 99마7466 결정(저작권침해금지가처분)]

신청인은, 피신청인이 신축하는 아파트의 인허가 설계도서, 준공도서, 시공도면의 작성, 사업승인, 건축허가신청 등을 이행하기로 하여 건축설계계약을 체결하고, 보수는 사전결정심의결과 통보시, 사업계획승인 완료시, 공사착공신고시, 준공검사 완료시 등으로 나누어 변제받기로 하였다. 그런데 설계도면상 하자 여부 및 설계보수비의 지급을 둘러싸고 분쟁이 발생하여 피신청인이 신청인의 채무불이행을 이유로 계약해제를 통고하였다. … 이 사건과 같이 가분적인 내용들로 이루어진 건축설계계약에 있어서, 설계도서 등이 완성되어 건축주에게 교부되고 그에 따라 설계비 중 상당 부분이 지급되었으며, 그 설계도서 등에 따른 건축공사가 상당한 정도로 진척되어 이를 중단할 경우 중대한 사회적·경제적 손실을 초래하게 되고 완성된 부분

---

39) 강동세, 앞의 글, 802-803면; 이영애, 앞의 글, 607-608면.
40) 강동세, 앞의 글, 804면; 이영애, 앞의 글, 614-615면.

이 건축주에게 이익이 되는 경우에는 건축사와 건축주와의 사이에 건축설계관계가 해소되더라도 일단 건축주에게 허여된 설계도서 등에 관한 이용권은 의연 건축주에게 유보된다고 할 것이다. … 저작권법 제11조 제2항에는 저작자가 미공표 저작물의 저작재산권을 양도하거나 저작물의 이용 허락을 한 경우에는 그 상대방에게 저작물의 공표를 동의한 것으로 추정한다고 규정하고 있고, 저작자가 일단 저작물의 공표에 동의하였거나 동의한 것으로 추정되는 이상 비록 그 저작물이 완전히 공표되지 않았다 하더라도 그 동의를 철회할 수는 없다 할 것이다.

제3절 건설 감리의 법률관계

I. 건설 감리의 의의 및 변천과정

1. 감리의 의의

감리란 일반적으로 허가 혹은 신고된 건축공사의 시공과정에서 공사감리자로 지정된 자가 자신의 책임 하에 건축법 등이 정하는 바에 의하여 건축물·건축설비 또는 건축물이 설계도서의 내용대로 시공되는지의 여부를 확인하고, 품질관리·공사관리 및 안전관리 등에 대하여 지도·감독하는 행위(건축법 제2조 제15호, 건축사법 제2조 제4호)를 말한다.

감리제도는 건축물의 건축이 통상 공공의 안녕, 또는 질서에 영향을 줄 수 있다는 전제 하에 그 위험을 방지하기 위한 건축규제법의 일환으로 발전되어 온 제도라고 할 것이고, 현실적으로 공사감리자는 건축주에 대해서는 법적·기술적 측면에서 건축공사를 보조하는 위치에, 건축 허가권 혹은 신고수리권을 가진 행정청에 대해서는 그 행정청을 대신하여 건축공사가 허가 혹은 신고된 내용대로 이행되고 있는지 여부를 감시·감독하는 위치에 있는 것으로 해석된다.[41]

2. 감리제도의 변천

건설감리제도는 1963년 건축사법에 건축공사에 대한 감리업무를 처음으로

---

41) 손우태, "건축규제법리에 관한 연구," 1면, 57면 등, 단국대학교 박사학위 논문(1992. 8).

규정한 이래 지속적인 변화를 거듭해 왔다.[42]

① 1963년 건축사법에 처음으로 감리업무가 도입되었을 때에는 공공 및 민간이 발주하는 건축공사의 시공이 설계도서대로 이행되고 있는지를 확인하는 것이 감리자의 주 업무였으며 건설공사의 부실 및 품질확보여부 등에 대한 감시는 주로 발주자의 감독관이 수행하였다. 감리자의 역할은 감독관의 업무를 보조하는 데 국한되었고 건축공사와 전기공사, 소방공사 등의 감리업무도 분리수행되지 않았다. 1980년대 들어 부실시공문제가 사회문제로 대두되면서 1984년 감리자에 의한 대형공공공사에 대한 시공의 적정성 확인과 품질관리를 주 내용으로 하는 건설공사시공감리규정을 대통령령으로 제정하게 되었다.

② 그런데 1984년에 건설공사시공감리규정을 제정하여 감리기능을 확대하였음에도 여전히 감리자가 발주자의 감독관의 보조자 역할에 머물자 감리자와 감독관과의 업무를 구분하고 감리업무에 대한 감독관의 불필요한 간섭을 최소화하려는 노력이 시도되었으며 이에 1987년 건설기술관리법이 제정되어 시공감리 규정이 법제화되었다. 한편 감리의 전문성과 감독업무의 투명성 제고를 위해 1990년부터는 민간 감리전문회사의 감리자로 하여금 시공감리를 수행하도록 하였다.

③ 감리의 역할을 개선하였음에도 여전히 부실시공이 끊임없이 발생하고 문제되자 1994년 감리자의 권한을 대폭 강화하고 그에 따른 책임을 부과함으로써 감독관의 역할까지 수행하게 하는 전면책임감리제도를 도입하였다.

④ 1996년에는 건설산업기본법에 건설사업관리제도가 도입되었다.

⑤ 2013년 건설기술관리법이 건설기술진흥법으로 전부 개정되면서 감리제도는 건설사업관리제도 하에 흡수되면서 감리제도 및 용어에 큰 변화가 생겼다. 건설기술진흥법에 의하여 책임감리는 감독권한 대행 등 건설사업관리자, 시공감리와 검측관리는 시공단계의 건설사업관리자 등으로 변경되었다.

이와 같이 우리나라는 감리자 및 감리전문회사 등에 관하여 다양하고 중첩적인 규정들이 존재하는 독특한 감리제도를 형성하였고, 이는 외국 대부분이 설계자에 의한 감리 단일체계로 되어 있는 점과 대비된다.[43]

---

42) 이하는 박홍태, 『건설시공학』(구미서관, 제2판), 6−11면 내용을 정리하였다.
43) 박준기, 『신건설계약론』, 대한건설협회 일간건설사(2001. 5), 165면.

Ⅱ. 현행 감리제도의 내용

1. 개   관

현재 우리나라에서는 건축법에 의하여 일정한 지역·용도·규모 및 구조의 건축물에 따라 건축사 또는 건설기술진흥법에 따른 건설기술용역업자를 공사감리자로 지정하여 공사감리를 하고, 건설기술관리법에 의하여 발주청이 시행하는 공공공사 중 규모에 따라 설계감리, 책임감리 등이 강제되어 있으며, 건설기술진흥법, 건설산업기본법에 의하여 공사 발주자가 감리를 포함한 건설사업관리업무의 전부 또는 일부를 건설사업관리에 관한 전문지식과 기술능력을 갖춘 자에게 위탁할 수 있는 건설사업관리제도가 운영되고 있다.

감리 주체는 뒤에서 보는 바와 같이 건축사와 건설기술용역업자의 두 종류로 나뉘는데, 다중이용건축물, 300세대 이상의 주택건설공사, 일정 규모 이상의 관급공사(정부투자기관공사 포함)는 건설기술용역업자가, 그 이외의 통상적 건축공사는 건축사가 담당하도록 되어 있다.

즉 우리나라의 현행 감리제도는 ① 민간인이 행하는 중·소규모 건축공사에 적용되는 건축사법에 의한 감리와 ② 공공건설공사 및 대규모 주택공사·다중이용건축물에 적용되는 건설기술진흥법이나 주택법에 의한 건설기술용역업자로 구분되어 있는 셈이다.

2. 건축법상 감리제도

(1) 감리 대상과 감리자의 자격

건축법 제25조 제1항은 "건축주는 대통령령으로 정하는 용도·규모 및 구조의 건축물을 건축하는 경우 건축사나 대통령령으로 정하는 자를 공사감리자(공사시공자 본인 및 독점규제 및 공정거래에 관한 법률 제2조에 따른 계열회사는 제외한다)로 지정하여 공사감리를 하게 하여야 한다"고 규정하고 있고, 시행령 제19조 제1항은 "건축사가 건축하는 경우에는 건축사를 공사감리자로 지정하되, 다중이용건축물인 경우에는 건설기술진흥법에 의한 건설기술용역업자(공사시공자 본인이거나 독점규제 및 공정거래에 관한 법률 제2조에 따른 계열회사인 건설기술용역업자는 제외) 또는 건축사(건설기술진흥법 시행령 제60조에 따라 건설사업관리기술자를 배치하는 경우)로 지정"하도록 규정하고 있다.

그리고 건축법 제25조 제2항은 "건설산업기본법 제41조 제1항 각호에 해당하지 아니하는 소규모 건축물로서 건축주가 직접 시공하는 건축물 및 분양을 목적으로 하는 건축물 중 대통령령으로 정하는 건축물의 경우에는 대통령령으로 정하는 바에 따라 허가권자가 해당 건축물의 설계에 참여하지 아니한 자 중에서 공사감리자를 지정하여야 한다"고 규정하고, 시행령 제19조의2 제2항은 "시·도지사는 법 제25조 제2항 각 호 외의 부분 본문에 따라 공사감리자를 지정하기 위하여 다음 각 호의 구분에 따른 자를 대상으로 모집공고를 거쳐 공사감리자의 명부를 작성하고 관리해야 한다"라고 규정하여, 감리가 요구되는 소규모 건축물의 경우 원칙적으로 건축사 중 설계에 참여하지 아니한 자를 허가권자가 지정하도록 하고 있다. 다만 건축법 제25조 제2항 단서는 "다만, 다음 각호의 어느 하나에 해당하는 건축물의 건축주가 국토교통부령으로 정하는 바에 따라 허가권자에게 신청하는 경우에는 해당 건축물을 설계한 자를 공사감리자로 지정할 수 있다"고 규정하고 있고, 같은 항 각호에는 건설기술진흥법 제14조에 따른 신기술을 적용하여 설계한 건축물, 건축서비스산업 진흥법 제13조 제4항에 따른 역량 있는 건축사가 설계한 건축물, 설계공모를 통하여 설계한 건축물이 규정되어 있으므로 예외적인 경우에는 설계자가 공사감리자가 될 수도 있다.

건축법에 의한 감리제도는 감리자가 발주자(건축주)를 대신하여 수시 또는 필요한 때에 공사현장에서 관계법령에 적합하도록 시공지도, 공사의 지도, 확인 등을 하는 감리로서 설계감리의 성격을 가진다. 다만 일정규모 이상의 건축공사 및 아파트의 건축공사에는 건축분야의 건축사보 1인 이상을 해당 공사기간 동안 공사현장에서 상주하며 공사감리를 하도록 규정하고 있다(건축법 시행령 제19조 제5항).

또한 건축사법 제4조 제2항은 "건축법 제25조 제1항에 따라 건축사를 공사감리자로 지정하는 건축물의 건축 등에 대한 공사감리는 제23조 제1항 또는 제9항 단서에 따라 신고를 한 건축사 또는 같은 조 제4항에 따라 건축사사무소에 소속된 건축사가 아니면 할 수 없다"고 하여 공사감리자의 자격을 건축사로 제한하고 있다.

한편 건축법 시행령 제91조의3은 건축사의 감리상 일정한 규격 이상의 건축에 관하여는 토목분야 기술사, 건축구조기술사, 건축설비기술사 등 전문분야 기술자의 협력을 받아 행할 것을 규정하고 있다. 이들 협력자는 감리자와 함께 감리보고서에 서명·날인하여야 한다.

(2) 감리업무의 내용

건축법에 의한 공사감리업무는 ① 공사시공자가 설계도서에 따라 적합하게 시공하는 여부의 확인($\substack{건축법 시행령 제 \\ 19조 제7항 제1호}$), ② 공사시공자가 사용하는 건축자재가 관계법령에 의한 기준에 적합한 건축자재인지 여부의 확인($\substack{같은 항 \\ 제2호}$), ③ 건축물 및 대지가 관계법령에 적합하도록 공사시공자와 건축주를 지도($\substack{건축법 시행규칙 \\ 제19조의2 제1항 제1호}$), ④ 시공계획 및 공사관리의 적정 여부의 확인($\substack{같은 조 \\ 제2호}$), ⑤ 공사현장에서의 안전관리의 지도($\substack{같은 조 \\ 제3호}$), ⑥ 공정표의 검토($\substack{같은 조 \\ 제4호}$), ⑦ 상세시공도면의 검토·확인($\substack{같은 조 \\ 제5호}$), ⑧ 구조물의 위치와 규격의 적정 여부의 검토·확인($\substack{같은 조 \\ 제6호}$), ⑨ 품질시험의 실시 여부 및 시험성과의 검토·확인($\substack{같은 조 \\ 제7호}$), ⑩ 설계변경의 적정 여부의 검토·확인($\substack{같은 조 \\ 제8호}$), ⑪ 기타 공사감리계약으로 정하는 사항($\substack{같은 조 \\ 제9호}$), ⑫ 건축법 위반 사항 건축주에 통지 및 시공자에게 시정 요청, 건축공사 중지 요청 등으로 규정하고 있고, 그 외 건축법은 공사감리자에게 감리일지의 기록·유지 의무 및 건축주에 대한 감리중간보고서, 감리완료보고서 등 제출 의무 등을 부과하고 있다.[44]

또한 건축법은 공사감리자의 업무 수행을 위하여 공사감리자에게, 관계법령의 위반 사항 발견시 건축주에 대한 통지권, 공사시공자에 대한 시정 또는 재시공 요청권, 공사중지 요청권($\substack{건축법 제 \\ 25조 제3항}$), 공사시공자가 위 시정 요청을 따르지 않을 경우 허가권자에 대한 보고권($\substack{같은 조 \\ 제4항}$), 일정한 용도 또는 규모의 공사에 대한 상세시공도면 작성 요청권($\substack{같은 조 \\ 제5항}$) 등의 권한을 부여하고 있다.

---

44) 종전에는 허가기관이 공사 도중에 건축공사가 제대로 이루어지고 있는지를 확인하는 '중간검사 제도'가 있었으나 이를 둘러싼 부작용이 많아지자 1996년 이를 폐지하였다. 대신에 전문가인 공사감리자가 일정한 공정에 다다를 때마다 현장을 확인하고 그 결과를 검사한 중간감리보고서를 작성하여 두었다가 사용승인신청시에 감리완료보고서와 함께 제출하도록 하였다. 중간감리가 필요한 공정은 구조마다 다른데, 철근콘크리트 구조 건물의 경우 기초공사시 철근배치를 완료한 때, 지붕슬래브 배근을 완료한 때, 5층 이상 건물인 경우 5개층마다 상부슬래브를 배근완료한 때 이다(건축법 시행령 제19조 제3항). 따라서 철근콘크리트 구조의 2층 건물은 최소한 2번, 21층 아파트는 6번(기초철근, 5개층마다 4회, 지붕슬래브)의 중간감리보고서를 작성하여야 한다. 그러나 실제 공사현장에서는 위 제도의 취지와 달리 사용승인신청 즈음에 감리중간보고서가 일괄적으로 소급작성되고 있으며, 책임감리를 하고 있는 대규모 공사의 경우에는 공사중지사태를 방지하기 위하여 오히려 이면약정까지 하여 설계변경허가 전에 감리자로부터 먼저 '적법'의 감리중간보고서를 받아내고 공사를 계속하고 있는 실정이다. 이때 감리자의 허위 보고서에 대한 책임문제가 제기되고 있다.

(3) 감리업무의 종료

일반적으로 공사감리업무는 공사를 착공한 때 시작되며, 사용승인시가 교부된 때 종료한다.[45] 그러나 사용승인서 교부 전이라도 공사감리계약이 해지되거나 공사감리자가 사임한 때 공사감리업무가 종료됨은 물론이다.[46] 따라서 건축허가를 받기 전에 공사에 착수하거나 사용승인서를 교부받기 전에 입주하는 행위는 공사감리 업무 속에 그러한 행위의 시정촉구의무가 없으므로 공사감리자에게 책임이 없으나, 반면 공사감리 지정 전에 공사감리업무에 속하는 위법사실이 있었을 때 공사감리를 지정받은 후 그 위법사실을 알았으면 시정을 촉구할 의무가 있다.[47]

3. 주택법상 감리제도

주택법 제43조는 주택건설사업계획을 승인하였을 때와 리모델링의 허가를 하였을 때에는 건축사법 또는 건설기술진흥법에 따른 감리자격이 있는 자를 대통령령으로 정하는 바에 따라 해당 주택건설공사의 감리자로 지정하여야 한다고 규정하고 있고, 같은 법 시행령 제47조 제1항은 300세대 미만의 주택건설공사에는 건축사법에 따라 건축사사무소 개설을 신고한 자 또는 건설기술진흥법에 따라 등록한 건설기술용역업자를, 300세대 이상의 주택건설공사에는 건설기술진흥법에 따라 등록한 건설기술용역업자를 각 감리자로 지정하여야 한다고 규정하고 있다.

감리자의 업무내용은 건축법상 감리자의 업무와 큰 차이가 없다.[48]

4. 건설기술진흥법상 건설사업관리 제도

건설기술관리법이 건설기술진흥법으로 개정되면서 기존의 감리제도는 통합

---

45) 건축주가 당국에 착공신고를 한 때가 아니라 사실상 공사를 착수한 때를 의미하고 건축주가 공사감리자 몰래 공사를 착공한 때에는 공사감리자가 그 착공사실을 안 때를 의미한다. 『건축법규 질의·회신』(세진사, 1989), 81면.
46) 앞의 책, 84면.
47) 앞의 책, 84면.
48) 주택법 제44조 및 시행령 제49조상 감리자의 감리업무는 ① 시공사가 설계도서에 따라 적합하게 시공하는지 여부의 확인, ② 시공자가 사용하는 건축재료가 관계법령에 의한 기준에 적합한 건축재료인지 여부의 확인, ③ 주택건설공사에 대한 건설기술진흥법 제55조의 규정에 의한 품질시험의 실시 여부의 확인, ④ 설계도서가 당해 지형 등에 적합한지의 확인, ⑤ 설계변경에 관한 적정성의 확인, ⑥ 시공계획·예정공정표 및 시공도면 등의 검토·확인, ⑦ 방수·방음·단열시공의 적정성 확보, 재해의 예방, 시공상의 안전관리 기타 건축공사의 질적 향상을 위하여 국토교통부장관이 정하는 사항에 대한 검토·확인으로 규정되어 있다.

적으로 건설사업을 관리하는 건설사업관리제도로 변경되었다.[49][50][51] 건설기술진흥법은 설계·시공관리의 난이도가 높아 특별한 관리가 필요한 건설공사, 발주청의 기술인력이 부족하여 원활한 공사관리가 어려운 건설공사 등에 대해 발주청은 건설기술용역업자로 하여금 건설사업관리를 하도록 할 수 있다고 규정하고 있고 ($\binom{건설기술진흥}{법 제39조 제1항}$), 국가, 지방자치단체 등 발주청이 발주하는 일정 규모 이상의 공사에 대하여는 건설공사의 품질 확보 및 향상을 위하여 법인인 건설기술용역업자로 하여금 건설사업관리(시공단계에서 품질 및 안전관리 실태의 확인, 설계변경에 관한 사항의 확인, 준공검사 등 발주청의 감독 권한대행 업무를 포함한다)를 하게 하여야 한다고 규정하고 있다($\binom{건설기술진흥}{법 제39조 제2항}$).[52] 한편 건설기술진흥법은 일정 규모 이상의 설계용역에 대하여 건설기술용역업자로 하여금 건설사업관리를 하게 하여야 한다고 규정하고 있다($\binom{건설기술진흥}{법 제39조 제3항}$). 위 법에 의한 건설사업관리는 건설기술용역업자에 의하여 수행된다.

건설사업관리업무는 설계 전 단계, 기본설계단계, 실시설계단계, 구매조달단계, 시공단계, 시공 후 단계로 구분되고($\binom{건설기술진흥법 시}{행령 제59조 제1항}$), ① 건설공사의 계획, 운영 및 조정 등 사업관리 일반, ② 건설공사의 계약관리, ③ 건설공사의 사업비관리, ④ 건설공사의 공정관리, ⑤ 건설공사의 품질관리, ⑥ 건설공사의 안전관리, ⑦ 건설공사의 환경관리, ⑧ 건설공사의 사업정보관리, ⑨ 건설공사의 사업비, 공정, 품질, 안전 등에 관련되는 위험요소관리, ⑩ 그 밖에 건설공사의 원활한 관리를 위하여 필요한 사항을 그 업무내용으로 한다($\binom{건설기술진흥법 시}{행령 제59조 제2항}$).[53]

시공단계의 건설사업관리를 수행하는 건설사업관리용역업자는 해당 건설공

---

49) 건설산업기본법 제2조 제8호는 "건설사업관리는 건설공사에 관한 기획, 타당성 조사, 분석, 설계, 조달, 계약, 시공관리, 감리, 평가 또는 사후관리 등에 관한 관리를 수행하는 것을 말한다"라고 규정하고 있다.

50) 앞서 살펴본 것처럼, 이에 따라 기존의 책임감리 제도 등도 폐지되었다.

51) 위 법은 국가 등이 발주하는 대규모 건설공사의 감리에 대해 특별법적 성격인 것으로 해석된다. 건설기술진흥법 제42조는 "제39조 제2항에 따른 건설사업관리를 시행하거나 건설사업관리 중 대통령령으로 정하는 업무를 수행한 경우에는 건축법 제25조에 따른 공사감리 또는 주택법 제43조 및 제44조에 따른 감리를 한 것으로 본다"고 규정하고 있다.

52) 발주청이라 함은 "건설공사 또는 건설기술용역을 발주하는 국가, 지방자치단체, 공공기관의 운영에 관한 법률 제5조에 따른 공기업·준정부기관, 지방공기업법에 따른 지방공사·지방공단, 그 밖에 대통령령으로 정하는 기관의 장을 말한다"(건설기술진흥법 제2조 제6호).

53) 건설기술진흥법 제42조는 "제39조 제2항에 따른 건설사업관리를 시행하거나 건설사업관리 중 대통령령으로 정하는 업무를 수행한 경우에는 건축법 제25조에 따른 공사감리 또는 주택법 제43조 및 제44조에 따른 감리를 한 것으로 본다"고 규정하고 있다.

사의 규모 및 공종에 적합하다고 인정하는 건설기술인을 건설사업관리 업무에 배치하여야 하며, 건설공사의 규모 등을 고려하여 책임건설사업관리기술자를 배치하여야 한다(건설기술진흥법 시행령 제60조 제1항).

필요적으로 건설사업관리를 해야 하는 일정 규모 이상의 공사는 총공사비 200억 원 이상의 건설공사로서 길이 100미터 이상의 교량공사를 포함하는 건설공사, 공항 건설공사, 댐 축조공사, 고속도로공사, 에너지저장시설공사, 간척공사, 항만공사, 철도공사, 지하철공사, 터널공사가 포함된 공사, 발전소 건설공사, 폐기물처리시설 건설공사, 공공폐수처리시설, 공공하수처리시설공사, 상수도(급수설비는 제외한다) 건설공사, 하수관로 건설공사, 관람집회시설공사, 전시시설공사, 연면적 5천제곱미터 이상인 공용청사 건설공사, 송전공사, 변전공사, 300세대 이상의 공동주택 건설공사 등이고(건설기술진흥법 시행령 제55조 제1항), 위와 같은 건설공사의 건설기술용역업자는 건설사업자가 건설공사의 설계도서·시방서, 그 밖의 관계 서류의 내용과 맞지 아니하게 그 건설공사를 시공하는 경우에는 재시공·공사중지명령이나 그 밖에 필요한 조치를 할 수 있다(건설기술진흥법 제40조 제1항).

발주청이 발주하는 일정 규모 이상의 공사에 대한 건설사업관리 업무에는 시공계획의 검토, 공정표의 검토, 건설사업자나 주택건설등록업자가 작성한 시공상세도면의 검토 및 확인, 시공이 설계도면 및 시방서의 내용에 적합하게 이루어지고 있는지에 대한 확인, 구조물 규격에 관한 검토, 사용자재의 적합성 검토, 건설사업자나 주택건설등록업자가 수립한 품질관리계획 또는 품질시험계획의 검토·확인·지도 및 이행상태의 확인, 품질시험 및 검사 성과에 관한 검토·확인, 재해예방대책의 확인, 안전관리계획에 대한 검토·확인, 그 밖에 안전관리 및 환경관리의 지도, 설계 변경에 관한 사항의 검토, 공사 진척 부분에 대한 조사 및 검사, 완공도면의 검토 및 완공사실의 확인, 하도급에 대한 타당성 검토, 설계내용의 현장조건 부합성 및 실제 시공 가능성 등의 사전검토, 품질·안전 및 환경관리 실태의 확인, 설계변경에 관한 사항의 확인, 준공검사, 건설사업자나 주택건설등록업자가 작성한 시공상세도면의 확인, 구조물 규격 및 사용자재의 적합성에 대한 확인 등이 포함된다(건설기술진흥법 시행령 제59조 제3항).

일정 규모 이상의 설계용역은 시설물의 안전관리에 관한 특별법 제2조 제2호 및 제3호에 따른 1종 시설물 및 2종 시설물 건설공사의 기본설계(발주청이 건설사업관리가 필요하다고 인정하는 경우만 해당한다) 및 실시설계용역, 시설물의 안전관리에 관한 특별법 제2조 제2호 및 제3호에 따른 1종 시설물 및 2종 시설물이 포함되는 건설공사의 기본설계(발주청이 건설사업관리가 필요하다고 인정하는 경우만 해당한다) 및 실시설계용역, 신공법 또는 특수 공법에 따라 시공되는 구조물이 포함되는 건설공사로서 발주청이 건설사업관리가 필요하다고 인정하는 공사의 기본설계 및 실시설계용역, 총공사비가 300억 원 이상인 건설공사의 기본설계(발주청이 건설사업관리가 필요하다고 인정하는 경우만 해당한다) 및 실시설계용역이다(건설기술진흥법 시행령 제57조).

한편 설계용역에 대한 건설사업관리[54]업무에는 건설공사 관련 법령, 건설공사 설계기준 및 건설공사 시공기준에의 적합성 검토, 구조물의 설치 형태 및 건설공법 선정의 적정성 검토, 사용재료 선정의 적정성 검토, 설계내용의 시공 가능성에 대한 사전검토, 구조계산의 적정성 검토, 측량 및 지반조사의 적정성 검토, 설계공정의 관리, 공사기간 및 공사비의 적정성 검토, 설계의 경제성, 적정성, 설계도면 및 공사시방서 작성의 적정성 검토 등이 포함된다.

5. 건설산업기본법 등에 의한 건설사업관리제도(CM)

건설사업관리는 건설공사에 관한 기획·타당성 조사·분석·설계·조달·계약·시공관리·감리·평가·사후관리 등에 관한 관리업무의 전부 또는 일부를 수행하는 업무를 뜻한다. 발주자가 필요한 경우 건설사업관리업무의 전부 또는 일부를 이에 관한 전문지식과 기술능력을 갖춘 자에게 위탁할 수 있다(건설산업기본법 제26조). 대규모 복합공사나 건설공사에 경험과 지식이 부족한 발주자로서는 사업계획부터 사후관리에 이르기까지 건설관리업무를 효율적으로 수행하기 어려우므로 이에 관하여 전문적인 지식과 기술을 가진 전문업체에게 이를 위탁하여 수행하는 것이 필요한 것이다. 건설시장 개방으로 시공 중심의 우리 건설산업구조로서는 선진기업체와 경쟁할 수 없으므로 관리위주, 기술중심의 건설사업관리제도를 도입하여 건설산업의 경쟁력 강화를 도모하자는 것으로 1996년 건설산업기본법 제정시 도입되었다.

이러한 건설사업관리제도는 개념상 감리 업무까지 그 안에 포괄되는바, 건

---

54) 이는 구 건설기술관리법상 설계감리와 유사한 것이다.

설산업기본법 제26조 제2항 단서는 "대규모 복합공사로서 공항, 고속철도, 발전소, 댐 또는 플랜트공사의 건설사업관리자가 건축사·기술사 등 관계 법령에 따른 설계 또는 감리 업무를 할 수 있는 기술인력을 갖춘 경우에는 건축사법 제23조 제1항 또는 건설기술진흥법 제26조 제1항에도 불구하고 설계 또는 감리 업무를 함께 위탁받아 수행할 수 있다"고 규정하여 위 법에 의한 건설사업관리자 신고·등록만 이루어지면 건축사·기술사 등 기술인력이 갖추어지는 조건에서 곧바로 감리업무 수행이 가능해지도록 하였다.

그런데 흔히 CM(Construction Management)으로 불리는 건설사업관리제도는 일반적으로 발주자에 대한 조언자의 위치인 '대리인형 CM'과 건설사업관리자가 시공자를 겸하는 '도급형 CM'으로 나뉘어지는데, 건설산업기본법 및 건설기술진흥법이 예정하고 있는 건설사업관리제도는 대리인형 CM에 해당한다고 할 수 있다.[55] [56]

6. 현행 감리방법의 정리

이상의 내용을 감리방법에 따라 정리한 도표 두 가지를 소개한다.[57]

---

55) 건설기술진흥법 시행령 제59조 제2항은 ① 건설공사의 계획, 운영 및 조정 등 사업관리 일반, ② 건설공사의 계약관리, ③ 건설공사의 사업비관리, ④ 건설공사의 공정관리, ⑤ 건설공사의 품질관리, ⑥ 건설공사의 안전관리, ⑦ 건설공사의 환경관리, ⑧ 건설공사의 사업정보관리, ⑨ 건설공사의 사업비, 공정, 품질, 안전 등에 관련되는 위험요소관리, ⑩ 그 밖에 건설공사의 원활한 관리를 위하여 필요한 사항으로 규정하여 대리인형 CM임을 분명히 하고 있고, 또한 건설산업기본법 제26조 제4항도 "건설사업관리자는 자기 또는 자기의 계열회사가 당해 건설공사를 도급받도록 조언하여서는 아니된다"고 규정하여 건설사업관리자의 위치가 발주자에 대한 조언자임을 확인하고 있다.
56) 반면 공공공사에 대한 입찰 및 계약이 이루어지는 근거법인 국가를 당사자로 하는 계약에 관한 법률이 예상하고 있는 건설사업관리제도는 도급형 CM에 해당하므로 건설산업기본법과 국가계약법상의 상충문제를 해소하여야 한다는 지적도 있으나[박준기, 『신건설계약론』, 대한건설협회 일간신문사(2001. 5), 165면], 같은 법 시행령 제91조의2 제1항은 "공사에 관한 기획·타당성 조사·설계·시공·감독·유지관리 등에 관하여 그 전부 또는 일부를 종합관리하는 업무를 수행하는 자와 건설사업관리업무에 관한 계약을 체결할 수 있다"고 규정하고 있으므로 반드시 도급형 CM을 예상하고 있다고만은 볼 수 없을 것이다.
57) 김성일, 『건축법해설』(시공문화사 2000), 45면(공사감리 주체에 의한 구분) 및 137면(공사감리 대상 건축물에 의한 구분)의 각 도표를 현행법령에 맞게 수정한 것임.

[감리 주체에 따른 감리의 유형]

구 분	대 상	방 법	범 위
1. 건설기술용역업자	·다중이용 건축물 ·공동주택 300세대 이상 ·16층 이상 건축물 ·총공사비 200억 이상의 공사 중 댐, 고속도로공사 등	건설기술진흥법상 건설기술용역업자 건축사: 건설기술진흥법 제60조에 따라 건설사업관리기술자 배치 시 감리 가능	㉮ 설계도서가 해당 지형에 적합한지의 확인 ㉯ 설계변경에 관한 적정성의 확인 ㉰ 시공계획, 예정공정표 및 시공도면 등의 검토확인 ㉱ 건설기술진흥법 제55조에 의거 품질시험 실시 여부 확인 ㉲ 건축자재가 법령에 의한 기준에 적합한 건축자재인지 여부 확인
2. 상주공사감리	·아파트 ·연속된 5계층 이상으로서 바닥면적의 합계 3,000㎡ 이상 ·바닥면적의 합계 5,000㎡ 이상 ·준다중이용건축물	분야별 건축사보가 해당 공사기간 동안 공사감리(건축분야 건축사보는 전체 공사기간, 토목·전기·기계분야 건축사보는 해당 공사기간)	㉮ 건축물이 관계법령에 적합하도록 시공지도 ㉯ 시공지도의 검토, 자재선정 및 공사의 지도확인
3. 일반공사감리	제1호 및 제2호에 해당하지 않는 건축물	수시 또는 필요한 때 현장감리	건축물이 관계법령에 적합하도록 시공지도

* 건축법 제25조, 같은 법 시행령 제19조, 주택법 제44조, 같은 법 시행령 제47조, 건설기술진흥법 제39조, 같은 법 시행령 제35조.

[감리대상 건축물에 의한 감리의 유형]

대 상	감리자	감리방법	관련법규
■ 일반건축물(소규모) 아래 감리대상 이외의 소규모 건축물로 허가대상 건축물	* 건축사	수시 또는 필요한 때 공사현장에서 감리업무 수행 ■ 공통사항(모든 건축물) * 공사시공자가 설계도서에 따라 적합하게 시공하는지 여부의 확인 ■ 공통사항(모든 건축물) * 공사시공자가 사용하는 건축자재가 관계법령에 의한 기준에 적합한 건축자재인지 여부의 확인 ■ 감리보고(모든 건축물의 건축주에게 보고) 1. 감리중간보고 - RC조, SRC조, 조적조, 보강콘크리트블록조일 경우 ·기초공사 시 철근배치를 완료한 경우 ·지붕슬래브배근을 완료한 경우 ·지상 5개 층마다 상부 슬래브배근을 완료한 경우 - 철골조일 경우 ·기초공사 시 철근배치를 완료한 경우 ·지붕철골 조립을 완료한 경우 ·지상 3개 층마다 또는 높이 20미터마다 주요구조부의 조립을 완료한 경우 - 위 구조 이외인 경우 ·기초공사에서 거푸집 또는 주춧돌의 설치를 완료한 경우 2. 감리완료보고 - 건축물의 공사완료시	* 건축법 제11조 제1항, 제25조, 같은 법 시행령 제8조, 제19조 제3항
■ 다중이용건축물 * 문화 및 집회시설, 판매 및 영업시설, 의료시설 중 종합병원 또는 숙박시설 중 관광숙박시설의 용도에 쓰이는 바닥면적의 합계가 5,000㎡ 이상인 건축물 * 16층 이상인 건축물	* 건설기술진흥법에 의한 건설기술용역업자 * 건축사(단, 건설기술진흥법 시행령 제60조에 따라 건설사업관리기술자를 배치한 경우)	■ 책임건설사업관리기술자의 자격 500억 원 이상: (300억 원 이상 공사) 시공단계 건설사업관리 경력 1년 이상인 특급기술자 300억 원 이상 500억 원 미만: (200억 원 이상 공사) 시공단계 건설사업관리 경력 1년 이상인 특급기술자 100억 원 이상 300억 원 미만: (100억 원 이상 공사) 시공단계 건설사업관리 경력 1년 이상인 고급기술자	* 건축법 시행령 제19조 제1 항, 제4항 * 건설기술진흥법 시행규칙 제35조

		■ 감리원 최소배치기준 단순공정, 보통의 공정, 복잡한 공정 여부 및 공사비를 기준하되 현장 상주감리원은 최소 1-2인 이상 배치함	
■ 중대형 건축물 * 바닥면적 합계가 5,000㎡ 이상인 건축물 * 연속된 5개층으로서 바닥면적의 합계가 3,000㎡ 이상인 건축물 * 아파트(20세대 미만)	* 건축사	* 건축사보 1인 이상은 전체 공사기간 동안 공사현장 상주 * 토목전기기계분야 건축사보 1인 이상(해당 공정기간 동안 각각 공사현장 상주)	* 건축법 제21조, 같은 법 시행령 제19조
■ 사업승인대상건축물 * 20세대 이상의 공동주택 * 20호 이상의 단독주택	* 300세대 이상: 건설기술진흥법에 의한 건설기술용역업자 * 300세대 미만: 건축사·책임감리원		* 주택법 제24조, 같은 법 시행령 제26조
■ 건설기술진흥법 제39조 제2항의 건설사업관리대상 건축물(종전의 건설기술관리법 제27조의 전면책임감리대상 건축물) * 국가·지자체와 출연기관이 공사하는 총공사비 200억 원 이상 공사중 공항·철도·지하철공사 등	* 건설기술진흥법에 의한 건설기술용역업자	– 공사의 설계도서 기타 관례서류의 내용대로 시공 여부 확인 – 품질·공사·안전관리에 대한 기술지도 – 발주자로서의 감독권한대행	* 건설기술진흥법 제39조, 같은 법 시행령 제55조

Ⅲ. 건설감리계약의 법적 성질

공사감리계약은 도급인과 감리인 사이에 공사감리계약을 체결함으로써 성립되는데, 국토해양부장관은 표준감리계약서를 1996년 제정하였다가 2009년 개정하였다.[58]

---

58) 주된 개정내용은 다음과 같다. 건축주가 공사를 일시 중지할 경우 감리자에게 감리업무의 중지를 통보할 수 있고, 이때 감리자는 해당 기간 동안 감리비용을 청구하지 못하도록 하고(제2조 제2항), 계약서에서 공사감리의 구체적 업무범위를 명시하였고(제4조), 공사기간이 변경된 경우,

감리계약의 법적 성질에 관하여는 설계계약과 동일하게 도급계약설과 준위임계약설로 나뉘어 있다. 도급계약설은 감리계약 역시 감리라고 하는 업무의 결과를 수급하는 계약이라는 데 그 근거를 찾고 있고, 준위임계약설은 건축법에 의한 감리자의 직무가 법률행위가 아닌 사무의 위탁을 요소로 하는 데 그 근거를 두고 있다.

감리계약을 도급계약으로 해석하려는 견해들은 주로 감리계약의 한쪽 당사자인 건축주를 두텁게 보호하려는 입장인 것으로 보인다. 즉 감리계약을 도급계약으로 해석하게 되면, 물건으로서의 건축물의 하자가 증명되는 경우 곧바로 감리의 하자, 나아가 감리자의 주의의무위반이 강하게 추인되어 건축주의 증명 책임이 경감되고, 이에 대해 감리자는 무과실책임의 면책사유로서 불가항력 또는 그에 준하는 사유인 건축주의 행위 또는 제3자의 행위에 기인한 것이라는 점 등을 증명하여 그 책임을 면할 수 있다는 것이다. 감리자가 단순히 선관주의의무를 충족하여 감리업무를 수행하는 것으로는 족하지 않으며, 감리자는 건축물을 설계대로 하자 없이 건축하는 데 책임을 진다고 해석하는 것이 건축물의 안전성 혹은 사회 안전의 확보 차원에서도 타당하다는 주장이다.[59]

그러나 감리업무의 방법·정도에 관하여도 계약에 구체적으로 정하여져 있는 경우는 적고, 설계자의 전문적 지식·경험을 신뢰해서 재량의 여지가 상당히 광범하게 인정되어 있는 것이 통례이고 따라서 감리계약은 도급계약의 본질인 '일정한 일의 완성'이라는 색채는 적은 반면에 준위임계약에 전형적인 '전문적 지식·능력에 의한 재량적 사무처리'라는 색채가 강한 점, 감리자는 신뢰관계를 바탕으로 하여 건축주로부터 의뢰받은 단계부터 공사종료시까지 건축주를 대신하여 그 목적실현에 기여하기 위한 시공을 감리하는 계속적·통일적 업무의 수행을 의뢰받고 있다고 할 수 있는 점,[60] 실무에서도 감리자가 그의 책임 없는 사유로 감리업무의 수행을 중단하였을 경우에는 공사감리업무의 수행 비율에 따른 보수를 지급받

공사금액뿐 아니라 공사기간을 고려하여 감리대가를 정산하도록 하였다(제3조 제2항).

59) 日向野弘毅, 앞의 글, 27－28면. 위 논문에서는 감리자의 업무 대상이 건물로서의 건축물은 아닌 것이 틀림 없지만, 그러나 그 업무 대상은 물건으로서의 건축물이라고는 해석할 수 있다는 전제에서 물건인 건축물의 하자가 발생하면 곧바로 감리자의 업무의 하자가 추인된다고 설명하고 있다.

60) 이에 대하여는 타인의 경험·지식·재능 등을 신뢰하여 사무의 처리를 의뢰한 관계는 모두 위임적 색채를 가지고 있다고 할 수 있고, 따라서 건축주와 감리자 사이의 이러한 신뢰관계만으로는 다른 전형계약의 존재를 배척하는 정도의 독자성을 가지고 있지 않다는 비판이 있다. 日向野弘毅, 앞의 글, 26면.

고 있고 이는 타당하다고 할 것인데, 이는 위임에 따른 수임인의 보수청구권에 관한 민법 제686조 제3항에 부합하는 관행인 점,[61] 실제 잘못된 감리로 인하여 그 결과가 현실화되기까지는 상당한 시일이 걸리는데, 만약 감리계약을 도급계약이라고 보아 하자담보책임에 관한 1년의 제척기간을 적용한다면 오히려 건축주의 권리를 침해하게 되는 점[62] 등을 종합하여 보면, 감리계약은 그 법적 성질을 준위임계약이라고 함이 타당하다고 보인다.

대법원 2000. 8. 22. 선고 2000다19342 판결은 "건설공사의 감리자는 감리의 대상이 된 공사의 진행 정도와 수행할 감리업무의 내용이 반드시 비례하여 일치할 수 없는 것은 그 업무의 속성상 당연하다 할 것이고, 따라서 주택 등 건설공사감리계약의 성격은 그 감리의 대상이 된 공사의 완성 여부, 진척 정도와는 독립된 별도의 용역을 제공하는 것을 본질적 내용으로 하는 위임계약의 성격을 갖고 있다고 봄이 상당하다"고 판시하여 준위임계약설에 가까운 입장을 보이고 있다.[63]

그러나 그 후 대법원은 "민법 제690조가 위임계약의 일방 당사자의 파산을 위임계약 종료사유로 하고 있는 것은 위임계약이 당사자 사이의 신뢰관계를 바탕으로 하고 있으므로 당사자의 일방이 파산한 경우에는 그 신뢰관계를 유지하기 어렵게 된다는 데 그 기초를 두고 있다고 할 것인데, 건축공사 감리계약은 그 법률적 성질이 기본적으로 민법상의 위임계약이라고 하더라도 감리계약의 특수성에 비추어 위임계약에 관한 민법 규정을 그대로 적용할 수는 없는 것이라 할 것이다"라고 하면서,[64] 구체적 사안에 있어 민법상 위임계약과 다른 감리계약의 특수성을 고려하여 판단하여야 함을 밝혔다.

61) 이에 대하여도 보수청구권의 문제는 당사자 사이의 특약으로서 해결할 수 있다는 비판이 있다. 日向野弘毅, 앞의 글, 26면.
62) 이에 대하여도 건축물에 생긴 하자에 관하여는 적극적 채권침해에 기인한 일반적인 채무불이행책임의 범주로 파악하여 10년의 시효기간이 적용되는 것으로 해석하여 건축주를 보호할 수 있다는 반론이 가능하다. 日向野弘毅, 앞의 글, 26면.
63) 대전고등법원 2000. 6. 22. 선고 99나2278 판결; 대법원 2001. 5. 29. 선고 2000다40001 판결; 대법원 2001. 9. 7. 선고 99다70365 판결도 마찬가지의 입장을 보이고 있고, 서울고등법원 2001. 7. 28. 선고 2000나6584 판결은 나아가 "감리계약은 민법상의 위임계약이므로 민법 제689조 제1항에 의하여 각 당사자는 원칙적으로 언제든지 이를 해지할 수 있다"고 판시하고 있다.
64) 대법원 2003. 1. 10. 선고 2002다11236 판결.

Ⅳ. 감리계약의 중도 종료

1. 감리계약의 중도 종료와 해제

감리계약의 중단으로 인한 법률관계는 그 법적 성질을 준위임계약 또는 도급계약인가에 따라 앞서 본 바와 같이 설계계약의 중도 종료가 일어난 경우와 마찬가지로 처리하여야 한다.[65]

그런데 대법원 2003. 1. 10. 선고 2002다11236 판결은, 감리계약의 당사자인 공동사업주체 중 1인이 파산선고를 받은 경우 감리계약의 당연종료 여부가 다퉈진 사안에서, 민법상 위임계약과 다른 감리계약의 특수성을 고려하고 주택건설촉진법의 해당 규정 및 민법 제690조에 대한 해석을 통하여, "주택건설촉진법 제33조의6 제1항, 제8항, 같은 법 시행령 제34조의9의 규정에 의하여 주택건설촉진법에 따른 공동주택건설사업계획 승인을 얻은 사업주체는 사업계획 승인권자가 지정한 감리자와 감리계약을 체결하도록 되어 있고, 그 지정된 감리자에게 업무상 부정행위 등이 있는 경우에 한하여 사업계획 승인권자가 감리자를 교체할 수 있을 뿐 사업주체가 함부로 감리자를 교체할 수도 없도록 되어 있는 점 등에 비추어 보면, 위 법령에 따라 체결된 감리계약은 당사자 사이의 신뢰관계를 기초로 하는 것이라기보다는 공동주택건설사업의 원활하고도 확실한 시공을 고려한 사업계획 승인권자의 감리자 지정에 기초하고 있는 것이어서 사업주체가 파산하였다고 하여 당연히 감리계약이 종료하는 것으로 볼 이유는 없는 것이며, 또한 민법 제690조의 위임계약 종료사유는 계약 당사자 중 일방이 그 파산 등으로 신뢰를 상실하게 된 경우에 그 계약이 종료되는 것으로 한 것이어서 위임계약의 일방 당사자가 수인인 경우에 그중 1인에게 파산 등 위 법조가 정하는 사유가 있다고 하여 위임계약이 당연히 종료되는 것이라 할 수도 없으므로, 주택건설촉진법상의 공동사업주체가 사업계획 승인권자의 감리자 지정에 따라 공동으로 감리계약을 체결한 경우, 그 공동사업주체의 1인이 파산선고를 받은 것만으로 민법 제690조에 따라 감리계약이 당연히 종료된다고 볼 수 없다"라고 판시하였다.

---

65) 앞의 제2절 Ⅳ. 설계계약의 중도 종료 부분 참조.

2. 중도 종료시 감리자의 보수청구권

(1) 감리자의 보수청구권

건축사가 건축주로부터 감리업무 용역을 위탁받은 경우에는 기본적으로 건축사와 건축주 간의 협의에 의하여 그 대가를 약정하게 된다. 건축사법 제19조의 3은 건축물의 공사감리에 있어 부실과 분쟁을 예방할 수 있도록 건축사와 용역의 뢰자 간에 협의에 의하여 약정할 수 있는 용역대가의 기준에 관하여 국토교통부장관으로 하여금 공고하도록 규정하고 있는바, 이에 따라 국토교통부장관이 고시한 '공공발주사업에 대한 건축사의 업무범위와 대가기준'(국토교통부 2020. 9. 14. 고시 제2020-635호) 제14조에 의하면 해당 공사를 그 복잡도에 따라 제1종(단순), 제2종(보통), 제3종(복잡) 등 3가지 종류로 구분하고 여기에 공사비의 총규모에 따라 17단계별로 나누어 공사비의 0.84%~2.46% 사이에서 일정요율을 차등 적용하여 산출하는 방식을 도입하고 있다. 또한 감리회사의 감리용역보수는 한국건설감리협회가 국토교통부장관의 인가를 받아 공표한 건설공사감리대가기준에 의하는데, 감리전문회사의 건설공사 감리용역에 대한 대가는 원칙적으로 정액적산방식(직접인건비, 직접경비, 추가업무비용, 제경비와 기술료의 합계액으로 대가를 산출하는 방식)에 의하는 것으로서 통상 총공사비에 따라 투입될 감리인의 등급별 인원수를 산정한 다음 거기에 1인당 소요되는 직접인건비와 간접비용, 보상비를 곱하여 계산하도록 되어 있다.

(2) 감리 중단시의 보수청구권

감리계약이 감리인의 귀책사유 없이 도중에 종료한 경우, 그때까지의 감리비는 공정률에 비례하여 산정할 것이 아니라, 감리자가 이미 처리한 감리사무의 비율에 따라 산정하여야 한다. 감리계약을 준위임계약, 또는 위임계약이라고 보는 한 민법 제686조 제3항의[66] 규정에 따라 이미 처리한 감리사무의 비율에 따라 정하여야 한다. 이 경우 감리사무의 처리비율은 관련 법규상의 감리업무에 관한 규정 내용, 전체 감리기간 중 실제 감리업무가 수행된 기간이 차지하는 비율, 실제 감리업무에 투여된 감리인의 등급별 인원수 및 투여기간, 감리비를 산정한 기준,

---

66) 민법 제686조(수임인의 보수청구권) ③ 수임인이 위임사무를 처리하는 중에 수임인의 책임 없는 사유로 인하여 위임이 종료된 때에는 수임인은 이미 처리한 사무의 비율에 따른 보수를 청구할 수 있다.

업계의 관행 및 감리의 대상이 된 공사의 진척 정도 등을 종합적으로 고려하여 이를 정하는 것이 타당하다.[67][68]

먼저 사무처리 비율을 정함에 있어 감리중단시까지의 건축공정률에 따르는 방법이 있다. 대법원은 다음과 같은 이유로 이를 배척하였다. "건설기술관리법 제2조 제9호 등 제반 공사관계 법규의 규정들에 의하면 건설공사의 감리자는 제3자적인 독립된 지위에서 부실공사를 방지할 목적으로 장기적으로 당해 공사의 품질검사, 안전검사를 실시하여 만일 부적합한 공사가 시행되고 있는 경우라면 당해 공사에 대한 시정, 재시공, 중지 요청까지도 하여야 하는 등 공사의 진행에 제동을 걸어야 할 필요도 있고, 공정이 계획대로 진행되고 있는가를 면밀히 살펴 예정된 공기를 준수하지 못할 우려가 있는 경우에는 그 원인을 분석하고 그 결과를 보고하는 사무도 담당하고 있는 것이기 때문에 공사의 진척이 부진하거나 공정이 예정대로 진행되지 않는다고 하여 그에 병행하여 아무런 감리업무를 수행하지 아니한 채 이를 그대로 방치하거나 나아가 적법한 절차를 거치지 아니한 채 함부로 감리원을 공사현장에서 철수시켜서는 아니 되는 것을 그 기본적 사무의 내용으로 하고 있으므로, 감리의 대상이 된 공사의 진행 정도와 수행할 감리업무의 내용이 반드시 비례하여 일치할 수는 없는 것이 그 업무의 속성상 당연하다고 할 것이고, 따라서 주택 등 건설감리계약의 성격은 그 감리의 대상이 된 공사의 완공 여부, 진척 정도와는 독립된 별개의 용역을 제공하는 것을 본질적 내용으로 하는 위임계약의 성격을 갖고 있다고 봄이 상당하다."[69] 결국 건축공정률에 따른 사무처리 비율확정방식은 타당하지 못하다고 하겠다.

다음으로 실제 감리 수행기간을 기준으로 하여 보수를 정하자는 입장이 있다. 건축실무상 총 감리기간 중 감리자가 실질적인 감리를 시작한 날로부터 감리를 중단한 날까지의 감리일수의 비율에 따라 감리비를 정산하는 것이 건축업계

---

67) 대법원 2006. 11. 23. 선고 2004다3925 판결; 대법원 2000. 8. 22. 선고 2000다19342 판결.

68) 주택건설촉진법 시행령 제34조의9 제4항이 감리 중단에 관하여 "감리자의 교체에 따른 감리비의 정산은 건축공정에 따른 비율에 의한다"라고 규정하고 있어서 이를 어떻게 해석할 것인가 논란이 있었다. 그러나 같은 조 제1항의 취지를 보면 이는 감리자측의 사정으로 인하여 감리자가 교체될 경우 감리비의 정산문제에 대비하여 둔 규정임을 알 수 있으므로, 결국 감리자측의 사정에 의하여 감리가 중단된 경우라면 위 규정이 적용될 것이지만 그렇지 않은 경우, 즉 감리자측의 사정이 아닌 공사시행자의 사정으로 인하여 공사기간이 연장되고 또 공사가 중단된 경우에까지 위 규정을 적용할 수는 없게 된다: 대전지방법원 1999. 2. 4. 선고 98가합11059 판결 참조.

69) 대법원 2000. 8. 22. 선고 2000다19342 판결; 대법원 2001. 5. 29. 선고 2000다40001 판결.

의 관행이고,[70] 일부 하급심 판례도 감리수행기간을 기준으로 하여 감리비 정산을 인정하고 있다.[71] 그러나 감리계약상 특약으로 감리일수에 따라 보수를 지급하기로 약정하였으면 이에 따르는 것이 타당하지만, 이러한 특약이 없을 때에는 일률적으로 감리수행기간만을 기준으로 하여 사무처리 비율을 산정하는 것도 민법 제686조 제3항의 취지에 부합하지 않는다고 보인다.

감리계약의 성질(위임계약)과 감리보수비에 관한 제반 규정을 종합할 때, 감리계약이 도중에 종료된 경우 이미 처리한 감리업무에 대한 보수의 범위는 위와 같은 감리업무의 사무처리 내용을 중심으로 정하여야 함이 원칙이다.

따라서 기간으로 보수가 정해진 경우에는 감리업무가 실제 수행되어 온 시점에 이르기까지 그 이행기가 도래한 부분에 해당하는 약정 보수금을 청구할 수 있을 것이다($_{제2항\ 단서,\ 제3항}^{민법\ 제686조}$). 또한 후불의 일시불 보수약정을 하였거나, 또는 기간보수를 정한 경우에도 아직 이행기가 도래하지 아니한 부분에 관하여는 감리인에게 귀책사유 없이 감리가 종료한 경우에 한하여 이미 처리한 사무의 비율에 따른 보수를 청구할 수 있다.

이때 감리업무의 처리비율을 정함에 있어서는 이러한 경우에 대비한 당사자의 특약이 있으면 그에 따르되, 그러하지 않다면 관련 법규상의 감리업무에 관한 규정 내용, 전체 감리기간 중 실제 감리업무가 수행된 기간이 차지하는 비율, 실제 감리업무에 투여된 감리인의 등급별 인원수 및 투여기간, 감리비를 산정한 기준, 업계의 관행 및 감리의 대상이 된 공사의 진척 정도 등을 종합적으로 고려하여 처리비율을 정하는 것이 타당하다고 하겠다.[72]

(3) 감리비의 감액

공사가 도중에 중단된 경우 그때까지의 공사기성고는 미미한 데 비하여 이미 지급한 감리비 총액이 상당한 액수에 이르고 감리비를 받지 못한 기간 동안 실제 감리업무를 한 내용도 미약한 경우, 그것이 감리회사가 책임질 것이 아니라 하더라도, 그 금액이 제반사정에 비추어 지나치게 과다하여 신의성실의 원칙이나 형평의 원칙에 반한다고 볼 만한 특별한 사정이 있는 경우에는 예외적으로 상당하

---

70) 반면 감리인의 귀책사유로 감리자가 교체된 경우에는 주택건설촉진법 시행령 제34조의9 제4항의 규정과 같이 건축공사의 공정률에 따라 감리비를 정산하는 것이 관행이라고 한다.
71) 대전고등법원 2000. 6. 22. 선고 99나2278 판결; 서울고등법원 2001. 7. 28. 선고 2000나6584 판결 등.
72) 대법원 2000. 8. 22. 선고 2000다19342 판결; 대법원 2006. 11. 23. 선고 2004다3925 판결.

다고 인정되는 범위 내의 보수액으로 감액을 할 수 있는지가 문제된다.

감리계약의 본실이 위임 내지 준위임계약이라면 신의칙 또는 형평의 원칙을 끌어들여 감액할 수 있다고 할 것이다.[73] 대법원은 변호사의 소송위임사무처리에 대한 보수에 관하여 의뢰인과의 사이에 약정이 있는 경우에 위임사무를 완료한 변호사는 특별한 사정이 없는 한 약정된 보수액을 전부 청구할 수 있는 것이 원칙이지만, 의뢰인과의 관계, 사건 수임의 경위, 착수금의 액수, 사건처리의 경과와 난이도, 노력의 정도, 소송물 가액, 의뢰인이 승소로 인하여 얻게 된 구체적 이익과 소속 변호사회의 보수규정, 기타 변론에 나타난 제반 사정을 고려하여 약정된 보수액이 부당하게 과다하여 신의성실의 원칙이나 형평의 원칙에 반한다고 볼 만한 특별한 사정이 있는 경우에는 예외적으로 상당하다고 인정되는 범위 내의 보수액만을 청구할 수 있다고 보아야 한다고 하였다.[74]

대법원 2000. 7. 4. 선고 2000다16824 판결도 위임계약에 대한 위 대법원 판례의 취지를 전제로 당초 약정된 감리비 미지급액 114,750,000원은 부당하게 과다하여 신의칙이나 형평의 원칙에 반하므로 5,500만 원으로 감액한 원심법원의 조치는 수긍이 간다고 판시하였다.[75]

감리가 중단된 경우 보수의 산정방법 [대법원 2000. 8. 22. 선고 2000다19342 판결]
감리자의 감리가 중단된 후 감리자가 감리보수비를 청구하였는데, 원심은 공사착공 전 서류 검토나 도면 검토 등의 업무는 부수업무여서 감리의 업무 내용이 아니라고 전제한 후 위 기간은 제외한 채 실제 공사착공일로부터 공사중단시까지의 감리일 수 비율만을 기준으로 하여 중단된 감리보수비를 인정하였다.
이에 대하여 대법원은 "감리계약이 도중에 종료된 경우 그 사무에 대한 보수의 범위는 수행한 감리업무의 사무처리 내용을 중심으로 정하여야 할 것이고, 그 보수를 정함에 있어서는 민법 제686조 제2항 단서, 제3항의 규정에 따라 기간으로 보수가

---

73) 고영한, "건축공사 감리계약의 제문제," 서울지방법원 건설소송실무연구회에서 발표한 미공간 논문임.
74) 대법원 1995. 4. 25. 선고 94다57626 판결.
75) 당초 예정한 공사기간(2년)에서 1년 3개월이 지날 무렵 공사가 중단되었고, 그때까지 공사기성고가 10.10%밖에 되지 않은 상태에서 이미 223,125,500원의 감리비용을 지급한 경우, 약정한 나머지 감리비의 미지급액인 114,750,000원을 전부 지급하게 하는 것은 신의칙이나 형평의 원칙에 반하므로 55,000,000원으로 감액한 사안이다.

정해진 경우에는 감리업무가 실제 수행되어 온 시점에 이르기까지 그 이행기가 도래한 부분에 해당하는 약정 보수금을 청구할 수 있고, 후불의 일시불 보수약정을 하였거나 또는 기간보수를 정한 경우에도 아직 이행기가 도래하지 아니한 부분에 대하여는 감리인에게 귀책사유 없이 감리가 종료한 경우에 한하여 이미 처리한 사무의 비율에 따른 보수를 청구할 수 있으며, 이때 감리사무의 처리비율을 정함에 있어서는 이러한 경우에 대비한 당사자의 특약이 적용될 수 있으면 그에 따르되, 그러하지 아니한 경우라면 관련 법규상의 감리업무에 관한 규정 내용, 전체 감리기간 중 실제 감리업무가 수행된 기간이 차지하는 비율, 실제 감리업무에 투여된 감리인의 등급별 인원수 및 투여기간, 감리비를 산정한 기준, 업계의 관행 및 감리의 대상이 된 공사의 진척 정도 등을 종합적으로 고려하여 이를 정하는 것이 타당하다"고 전제한 후 "이 사건 공사가 실질적으로 착공된 이후인 1997. 10. 7. 감리자와 이 사건 감리계약을 체결하면서 그 감리의 시기를 실질적인 공사 착공 이전인 1997. 6. 10.로 소급하여 정한 점에 비추어 당사자는 적어도 1997. 6. 10.부터 실질적 공사 착공 전인 1997. 9. 2.까지의 기간(84일)에 대한 감리비도 당연히 지급될 것을 예상한 계약이었다고 봄이 상당함에도 원심이 실질적 공사기간을 제외한 나머지 기간 동안에 원고가 한 감리사무의 내용과 그 처리비율에 대한 심리를 하지 아니한 채 그 기간의 감리비를 전혀 인정하지 않은 것은 부당하다"고 판시하면서 원심 판결을 파기하였다.

Ⅴ. 감리자의 책임

1. 감리자의 손해배상책임

(1) 감리자는 감리계약에 기해서 감리업무를 성실히 행하여야 하는 의무가 있는데 그 업무가 종료되어 건물을 완성한 후에도 건물이 건축주의 희망대로 되지 않았다든가 통상 갖추어야 할 성능을 갖추고 있지 않고(하자나 미완성 부분), 이들이 감리상 과실에서 유래한다고 인정되는 경우에는, 감리자는 건축주에 대하여 채무불이행책임 또는 불법행위책임을 진다. 다만 건축물에 하자가 발생하였다고 하여 곧바로 감리자에게 하자로 인한 손해배상책임이 인정되는 것은 아니며, 별도의 감리상 주의의무 위반 사실에 대한 증명이 필요하다.

또한 건축주 이외의 제3자에 대하여 자신의 주의의무 위반으로 인한 부실한 감리로 손해를 입혔다면 불법행위에 의한 손해배상책임을 부담함이 당연하다.

(2) 공사감리자는 감리계약을 체결한 건축주에 대하여 공사시공자가 설계도

서대로 시공하는지 여부를 확인하고 그 과정에서 공사시공자가 설계도서대로 시공 자체를 하지 아니한 하자 또는 임의로 설계도서의 내용을 변경하여 시공한 하자를 발견한 경우 건축주가 그러한 하자로 인하여 손해를 입지 않도록 건축주에게 이를 통지하고 공사시공자에게 시정 또는 재시공을 요청하여야 할 의무를 부담한다.[76] 공사감리자가 위와 같은 감리계약상의 채무를 이행하였는지는 당시 일반적인 공사감리자의 기술수준과 경험, 미시공 또는 변경시공 하자의 위치와 내용, 공사의 규모 등에 비추어 그러한 하자의 발견을 기대할 수 있었는지 여부에 따라 판단하여야 한다.[77]

(3) 이와 같이 동일한 공사에서 공사감리자의 감리계약에 따른 채무불이행으로 인한 손해배상채무와 공사시공자의 도급계약에 따른 채무불이행으로 인한 손해배상채무는 서로 별개의 원인으로 발생한 독립된 채무이나 동일한 경제적 목적을 가진 채무이므로 서로 중첩되는 부분에 관하여 부진정연대채무의 관계에 있다.[78]

2. 설계상의 오류와 감리자의 책임

감리자가 설계상의 오류를 발견하지 못하고 간과한 경우 감리상의 책임을 물을 수 있는지 문제된다. 이에 관하여 독일 함부르크 상급 지방법원 1991년 7월 8일 판결을 소개한다.[79]

독일 함부르크 상급 지방법원 1991년 7월 8일 판결은, 포장시공방법의 잘못으로 인하여 차량 출입구의 포장하자가 문제된 사안에서, 감리계약상의 의무는 설계를 점검하고 손해가 회피될 수 있을 때까지 설계미스를 수정하든가 또는 이러한 미스를 시공자에게 지적하는 것이라고 판시하면서 당초 설계의 포장시공방법에 하자가 있지만 감리자는 거기에 구속되는 것이 아니므로 감리자는 건축시공이 당초 설계상의 방법에 일치하고 있다는 점을 내세울 수 없다고 판시하였다.

건축법에 의한 감리자의 업무내용을 규정한 건축법 시행령 제19조 제5항, 제6항을 살펴보면 감리자에게 설계하자를 점검하여 이를 시정할 의무를 부과하고 있지는 않지만, 건설기술진흥법 시행령 제59조 제3항 제15호, 시행규칙 제34조

76) 건축법 제25조 ③ 이 경우에 공사시공자가 시정이나 재시공 요청에 따르지 아니하면 공사감리자는 서면으로 그 건축공사를 중지하도록 요청할 수 있다. 공사중지를 요청받은 공사시공자는 정당한 사유가 없으면 즉시 공사를 중지하여야 한다.
77) 대법원 2017. 12. 28. 선고 2014다229023 판결.
78) 위 판결 및 대법원 2015. 2. 26. 선고 2012다89320 판결.
79) 고영한, 앞의 글에서 인용.

는 감독 권한대행 등 건설사업관리[80]의 경우 기술지원기술자의 업무내용으로 설계도서의 검토를 포함하고 있다. 이는 설계도서를 감리자의 안목으로 검열하여 기술적인 문제가 있다면 설계자와 협의하여 해결하라는 취지라고 보인다.

공사가 설계도면대로 시공하고 있는지 여부를 확인한다고 하는 감리의 본질적 성격상 감리자의 설계의 오류 존부의 점검이 일반적으로 감리업무에 포함된다고 해석하는 것은 무리일 것이나, 감독 권한대행 등 건설사업관리의 경우에는 설계도서의 검토를 업무의 한 내용으로 포함하고 있는 위 규정에 비추어 통상의 감리원의 수준으로 설계도서를 점검하였더라면 발견할 수 있을 정도의 설계상의 오류라면 이를 간과하고 시공케 한 감리자의 경우에는 손해배상책임을 면할 수 없을 것이다. 대법원도 같은 입장을 취하고 있다.[81]

3. 감리자의 책임을 인정한 사례

법원은 다음과 같은 경우에 감리자의 책임을 인정하였다.

(1) 감리자가 시공자에게 전문토목건설업체로 하여금 토목공사를 시공하도록 권유한 후 선정된 토목공사 시공자가 적합한 전문토목건설업체인지 여부를 확인하여 토목공사의 시공자를 바꾸도록 통지하는 조치를 취하지 않고 공사설명회에서 아파트 주민들로부터 아파트 옹벽 기초 및 벽체가 연약하므로 시공시 주의하라는 요구를 받고도 2개의 어스앵커를 박은 후 균열이 진행될 것으로 판단하였음에도 5번째 어스앵커 작업까지 빨리 진행하여 완료하도록 지시하여 공사를 강행하게 한 경우.[82]

(2) 매립지 지반굴착이 원래 CIP 공법으로 설계되어 있었으나 시공자가 비용절감을 위하여 감리자와 협의를 거쳐 설계도서와 달리 목재토류벽 흙막이 공법으로 시공함으로써 지반침하가 급격히 진행되었는데 감리자는 공사 중지 민원을 제기받고서야 처음으로 공사현장에 나가 본 후 비로소 시공자에게 터파기작업의 공법을 변경할 것을 요구한 경우.[83]

80) 이는 구 건설기술관리법의 책임감리와 유사한 것으로, 건설공사의 품질 확보 및 향상을 위하여 대통령령으로 정하는 일정한 공사에 대해, 시공단계에서 품질 및 안전관리 실태의 확인, 설계변경에 관한 사항의 확인, 준공검사 등 발주청의 감독 권한대행 업무를 포함한 건설사업관리를 수행하는 경우를 의미한다(건설기술진흥법 제39조 제2항).
81) 대법원 2015. 2. 26. 선고 2012다89320 판결.
82) 대법원 2001. 9. 7. 선고 99다70365 판결.
83) 대법원 1997. 8. 22. 선고 97다19670 판결.

(3) 감리자 또는 보조자가 현장을 제대로 확인하지 아니하여 설계도와는 달리 굴뚝 1개가 설치되지 아니한 채 벽 사이에 굴뚝대용의 파이프가 설치된 사실을 공사 도중이나 완공 후에도 이를 발견하지 못하고 건물현황과 달리 건축물 준공조서 및 검사조서를 작성하여 관할구청에 제출하게 한 경우.[84]

(4) 서울특별시 지하철 6호선 공사 중 시공사가 중랑천 우안 현장의 콘크리트 토류벽을 수직 연장시공하지 않은 것에 대하여 책임감리원이 5차례에 걸쳐 설계대로 시공할 것을 지시하였으나 시공사가 이를 이행하지 않고 있었으므로 책임감리원으로서는 시공자에게 재시공 내지 공사중지명령을 발하여 신속히 위 시정조치가 이행되도록 하였어야 함에도 이를 게을리하여 수해 피해를 입게 된 경우.[85]

(5) 한편 도급인의 수급인에 대한 사용자책임을 규정한 민법 제757조와 관련하여 공사와 관련하여 불법행위로 인한 손해배상책임이 다투어지는 경우 감리자에 관하여도 사용자책임이 인정될 수 있는지 문제되는데,[86] 사용자 및 피용자 관계 인정의 기초가 되는 도급인의 수급인에 대한 지휘·감독은 건설공사의 경우에는 현장에서 구체적인 공사의 운영 및 시행을 직접 지시·지도하고 감시·독려함으로써 시공 자체를 관리함을 말하며, 단순히 공사의 운영 및 시행의 정도가 설계도 또는 시방서대로 시행되고 있는가를 확인하고 공정을 감독하는 데 불과한 경우는 여기에 해당하지 않는다고 할 것이다.[87]

4. 손해배상청구권의 존속기간

감리계약의 성격을 위와 같이 준위임계약 혹은 위임계약으로 보게 되면 그 채무불이행에 대한 건축주의 손해배상청구권은 원칙적으로는 감리 종료시로부터 10년, 또는 5년(상법 적용시)이 지나면 시효로 인하여 소멸하게 된다. 그러나 수급인의 하자담보책임이 소멸한 후까지도 감리자의 책임이 존속하게 되면 형평을 잃게 된다는 점에서 소멸시효가 완성되기 전에 수급인의 하자담보책임이 제척기간의 경과로 인하여 소멸한 경우는 그 공사 하자에 기인한 감리자의 책임도 동시에 소멸한다고 해석하는 견해도 있다.

---

84) 대법원 1989. 3. 14. 선고 86다카2237 판결.
85) 서울고등법원 2003. 1. 22. 선고 2001나66866 판결.
86) 주로 감리자의 직접적인 주의의무 위반 사실이 인정되기 어려운 경우에 문제된다.
87) 대법원 1989. 8. 8. 선고 88다카27249 판결.

5. 책임감리와 발주자의 손해배상책임

발주자(도급인)는 도급 또는 지시에 관하여 중대한 과실이 있는 때에는 제3자에게 손해배상책임을 부담한다(민법 제757조). 그런데 건설기술진흥법에 의한 감독 권한 대행 등 건설사업관리(구 건설기술관리법에 의한 책임감리와 유사)의 경우 감리자가 '발주자로서의 감독 권한을 대행'하게 되어 있으므로 이 경우에도 여전히 발주자가 지시·감독상의 책임을 져야 하는지 문제되고, 구 건설기술관리법상 책임감리에 대한 하급심의 판례는 엇갈리고 있다.

서울고등법원 2003. 1. 22. 선고 2001나66866 판결은 "이 사건 공사는 계약 총감리비가 50억 원 이상인 토목공사로서 이 사건 공사 당시 시행되던 건설기술관리법령상의 전면책임감리대상이고, 위와 같이 전면책임감리가 이루어지는 경우 감리전문회사가 당해 공사의 설계도서 기타 관계서류의 내용대로 시공되는지의 여부를 확인하고, 품질관리·공사관리 및 안전관리 등에 대한 기술지도를 하며, 발주자의 위탁에 의하여 관계법령에 따라 발주자로서의 감독권한을 대행하게 되고(건설기술관리법 제2조 제9호, 제27조 제4항, 시행령 제50조, 제52조, 시설공사계약 일반조건 제2조 제3호), 특히 상주감리원의 경우 시행규칙 제43조에 따른 건설공사감독자의 업무를 담당하는바(시행규칙 제34조 제1항), 이 경우 별도의 건설공사감독자가 있다고 하여도 그는 전면책임감리대상 건설공사 이외의 건설공사에 대하여만 감독업무를 수행하여야 하며(영 제56조 제2항), 다만 이와 같이 책임감리를 시행하는 공사에 있어서 감리원이 공사감독자로서의 업무를 담당하는 대신 발주기관의 장은 감리가 성실히 수행되고 있는지에 대한 지도·점검을 실시하는 등 감리용역계약문서에 규정된 바에 따라 감리원을 지도·감독하는 한편, 발주청의 소속 직원 중 지정된 업무담당자는 원칙적으로 비상주하면서 근태사항 등 감리원에 대한 지도·점검, 건설공사 시행에 따른 업무연락 및 문제점 파악, 감리원이 수행할 수 없는 공사 관련 각종 민원사항 해결, 발주기관의 장의 지시에 따른 현지 확인 및 검토, 공사관계자 회의에 참석하여 지시사항을 전달하는 등의 업무를 수행하여야 하고(영 제52조의3), 감리원이 책임감리를 성실하게 수행하지 아니함으로써 건설공사가 부실하게 될 우려가 있는 경우에는 발주청은 건설교통부령이 정하는 바에 따라 당해 감리원에 대하여 시정지시 등 필요한 조치를 하여야 하는데(법 제33조 제2항), 책임감리를 성실하게 수행하지 아니하는 경우의 예로 시행규칙 제41조의2는 감리원이 시공상태확인 및 검토사항 등을 소홀히 한 경우 또는 기록유지 및 보고사항을 소홀히 한 경우 등을 들고 있는바, 위 각 제반 규정의 취지를 종합하여 보면, 책임감리가 시행되는 공사에 있어서 시공을 감독하는 것은 원칙적으로 감리원의 책임에 속하고, 발주처에게는 감리원에 대한 지도·감독의 책임이 있다 할 것이나 이 경우에 있어서도 건설공사가 설계도서 등에 적합하게 시공되고 있는지를 감리원이 제대로 감독하고 있는지 여부를 다시 점검하는 등과 같은 실질적인 공사의 감독책임이 아닌, 단순히 감리원의 근태상황 점검 및 업무연락과 같은 형식적인 감독책임에 국한된다고 보아야 할 것이다"고 판시하였다.[88]

1. 책임감리자의 주의의무와 판단기준 [대법원 2015. 2. 26. 선고 2012다89320 판결]
　　구 건설기술관리법(2009. 12. 29. 법률 제9848호로 개정되기 전의 것, 이하 같다) 제27조 제4항, 구 건설기술관리법 시행령(2010. 12. 13. 대통령령 제22525호로 개정되기 전의 것) 제52조 제1항 제14호, 구 건설기술관리법 시행규칙(2010. 12. 20. 국토해양부령 제315호로 개정되기 전의 것) 제34조 제1항 제4호에 의하면, 책임감리업무를 수행하는 비상주감리원의 업무에 '설계도서의 검토'가 포함되어 있고, 구 건설기술관리법 제23조의2 제2항은 감리전문회사로 하여금 당해 건설공사를 시공하기 전에 설계 등 용역업자가 작성하여 제출한 설계도서를 사전에 검토하고 그 결과를 설계 등 용역을 발주한 발주청에 보고하여야 한다고 규정하고 있다. 이러한 규정 내용에 비추어 보면, 책임감리업무를 수행하는 감리자는 시공 전에 설계도서에 기술적인 문제가 있는지 검토하여 문제가 있다고 판단되면 발주청에 이를 보고하고 설계자와 협의함으로써 이러한 기술적인 문제가 있는 설계로 인하여 발주청이 손해를 입지 않도록 하여야 할 주의의무가 있다.
　　책임감리업무를 수행하는 감리자가 위와 같은 주의의무를 위반하였는지는 당시의 일반적인 감리자의 기술 수준과 경험에 비추어 설계도서의 검토에 의해 설계상의 기술적인 문제를 발견하는 것이 기대 가능한 것이었는지에 따라 판단되어야 한다(분뇨 및 음식물쓰레기 처리시설공사를 발주한 지방자치단체가 설계 오류 등으로 그중 음식물쓰레기 처리시설이 정상 가동되지 않자 책임감리계약을 체결한 감리회사를 상대로 설계 오류에 대한 감리업무 태만을 이유로 손해배상을 구하였는데, 위 분뇨 및 음식물쓰레기 처리시설과 같이 인분과 음식물쓰레기를 병합하여 처리하는 시설이 설치된 전례가 없었던 당시 상황과 일반적인 감리자의 기술 수준 및 경험에 비추

---

88) 서울고등법원 2003. 3. 13. 선고 2001나63560 판결도 같은 취지로 판시하고 있다. 이상의 두 판결은 원고가 이 부분을 상고하지 아니하여 그대로 확정되었다.

어 감리회사가 신공법에 따라 작성된 설계도서를 검토하여 핵심공정과 노하우가 누락되어 있음을 발견하고 설계 오류를 구체적으로 지적할 수 있었다고 단정하기 어렵다는 이유로 감리회사의 설계 오류에 대한 감리책임을 부정한 사안임).

2. 감리자의 감리계약상 의무 이행 여부를 판단하는 기준 [대법원 2017. 12. 28. 선고 2014다229023 판결]

(이 사건 공사는 기존의 지상 5층 건물에 접하여 그 옆에 같은 높이의 지상 5층 건물을 증축한 후 두 건물을 연결하는 공사인바, 감리자는 위 공사의 설계와 감리를 겸하였다. 위 공사에 아래와 같은 하자가 발생하였다. ① 기존 건물과 증축 건물의 5층 옥상 바닥 연결이음 부분을 덮는 시공에 관한 것으로, 설계도면에는 두께 0.8mm의 동판으로 시공하도록 되어 있으나, 시공자는 임의로 자재의 규격과 재질을 변경하여 두께 0.6mm의 칼라강판으로 시공하였고, ② 증축 건물의 바닥 아래 분뇨하수관이 설계도면에는 지름 150mm의 PVC관으로 시공하도록 되어 있으나, 시공자는 임의로 자재의 규격을 변경하여 지름 100mm의 PVC관으로 시공하였다. 분뇨하수관으로 시공된 자재의 규격은 오수맨홀을 열어 확인할 수 있다.)

피고(감리자)는 이 사건 건물 증축공사에 관한 감리계약에 따라 원고들(건축주)에 대하여 시공자가 설계도면대로 적합하게 시공하는지 여부를 확인하고 그 과정에서 미시공 또는 변경시공 하자를 발견한 경우 원고들이 그러한 하자로 인하여 손해를 입지 않도록 원고들에게 이를 통지하고 시공자에게 시정 또는 재시공을 요청하여야 할 채무를 부담한다. 피고는 이 사건 건물 증축공사의 설계도면을 작성하였으므로 그 내용을 잘 알고 있었다고 보아야 한다. 위의 ① 하자는 이 사건 건물 옥상에 올라가 확인할 수 있는 자재의 재질과 규격에 관한 변경시공 하자이고, ② 하자는 오수맨홀을 열어 확인할 수 있는 자재의 규격에 관한 변경시공 하자이다. 이 사건 건물 증축공사가 비교적 소규모의 공사인 점 등에 비추어 보면, 피고는 이 사건 건물 증축공사를 감리하는 과정에서 위 하자를 쉽게 발견할 수 있었다고 봄이 옳다. 그런데 피고는 원고들에게 이 사건 건물 증축공사에 관하여 적합 의견으로 감리보고를 하였으므로 위 하자에 관하여 감리계약상의 채무를 제대로 이행하지 아니하였다고 보아야 한다.

3. 감리자의 제3자에 대한 손해배상책임이 인정된 경우 [대법원 2001. 9. 7. 선고 99다70365 판결]

공사장 옆의 아파트 주민들이 원고로서 공사의 감리자인 피고를 상대로 손해배상청구소송을 제기하였다. 피고는 이 사건 건축공사의 시공자에게 인접한 아파트 옹벽에 위험이 예상되므로 전문토목건설업체로 하여금 토목공사를 시공하도록 권유하였는데, 그 후 토목공사의 시공자가 A라는 사실을 통지받았음에도 그가 이 사건 토목공사를 수행하는 데 적합한 전문토목건설업체인지 여부를 확인하여 토목공사의 시공자를 바꾸도록 통지하는 등 공사감리자로서 필요한 조치를 취하지 않았다. 또한 당시 원고 등 아파트 주민들이 참석한 가운데 개최된 공사설명회에서 피고의 감리보조자가 토목공사의 시공방법 및 순서에 관하여 에이취빔을 박은 다음 토류판을 설치하고 어스앵커를 박아 넣는다고 설명하였을 때 위 아파트 주민들이 아파트 옹벽 기초 및 벽체가 연약하므로 시공시 논의하도록 요구하였는데, 그 후 위 아파트 옹벽 아래에 2개의 어스앵커를 박아 넣은 후 피고가 공사현장을 확인한 결과 균열을 발견하였으며, 그 원인이 어스앵커 천공시 진동과 에어콤프레샤의 영향인 것 같다고 판단하였을 뿐만 아니라 5번째 어스앵커 작업을 완료할 때까지는 균열이 진행될 것으로 판단하였음에도 불구하고 5번째 어스앵커 작업까지 빨리 진행하여 완료하도록 지시하였다.

원고들이 피고를 상대로 한 손해배상청구에 대하여 대법원은 "감리자인 피고에게 관계 법령에 따라 발주자로서의 감독권한을 대행하여야 할 책임과 의무가 있으므로 만약 이에 위반하여 제3자에게 손해를 입혔다면 이를 배상할 책임이 있다"고 전제한 후 "피고는 이 사건 공사현장의 지형에 비추어 보아 그 설계나 시공 과정에서 뒤편 옹벽 위에 건설된 아파트의 기초에 영향을 미쳐 위험을 초래할 염려는 없는지 여부를 검토하여 설계 또는 시공방법을 변경할 필요는 없는지 여부를 판단하고 이를 시공자와 발주자에게 통지할 책임과 의무가 있었다고 할 것인데, 피고는 이에 위반하여 그 위험발생 가능성을 예견하였음에도 불구하고 시공을 강행하도록 조치한 잘못이 있다"고 판시하여 감리자인 피고의 책임을 인정하였다.

Ⅵ. 여 론

감리자의 자격(건축사), 무자격자와 체결한 감리계약의 효력, 감리계약의 묵시적 성립, 그 효력 등에 관하여는 설계계약과 법리가 동일하므로 설계계약 중 관련 부분 참조.

제4절   건축물의 설계도서 작성기준 [자료]

[국토교통부고시 제2016－1025호, 2016. 12. 30, 일부개정] [시행 2016. 12. 30]

설계도서 작성기준

1. 목   적

이 기준은 건축법 제23조 제2항에 따라 설계자가 건축물을 설계함에 있어 이에 필요한 설계도서의 작성기준 등을 정하여 양질의 건축물을 건축하도록 함을 목적으로 한다.

2. 용어의 정의

2.1. "설계도서"라 함은 건축물의 건축 등에 관한 공사용의 도면과 구조계산서 및 시방서 기타 다음 각호의 서류를 말한다.

　　가. 건축설비계산 관계서류

　　나. 토질 및 지질 관계서류

　　다. 기타 공사에 필요한 서류

2.2. "설계"라 함은 건축사가 자기책임하에(보조자의 조력을 받는 경우를 포함한다) 건축물의 건축·대수선, 용도변경, 리모델링, 건축설비의 설치 또는 공작물의 축조를 위한 설계도서를 작성하고 그 설계도서에서 의도한 바를 설명하며 지도·자문하는 행위를 말한다.

2.3. "기획업무"라 함은 건축물의 규모검토, 현장조사, 설계지침 등 건축설계 발주에 필요하여 건축주가 사전에 요구하는 설계업무를 말한다.

2.4. "건축설계업무"라 함은 건축주의 요구를 받아 수행하는 건축물의 계획(설계목표, 디자인 개념의 설정), 연관분야의 다각적 검토(인,허가 관련 사항 포함), 계약 및 공사에 필요한 도서의 작성 등의 업무를 말하며, "계획설계", "중간설계", "실시설계"로 구분된다.

2.5. "계획설계"라 함은 건축사가 건축주로부터 제공된 자료와 기획업무 내용을 참작하여 건축물의 규모, 예산, 기능, 질, 미관 및 경관적 측면에서 설계목표를 정하고 그에 대한 가능한 계획을 제시하는 단계로서, 디자인 개념의 설정 및 연관분야(구조, 기계, 전기, 토목, 조경 등을 말한다. 이하 같다)의 기본시스템이 검토된 계획안을 건축주에게 제안하여 승인을 받는 단계이다.

2.6. "중간설계(건축법 제8조 제3항에 의한 기본설계도서를 포함한다. 이하 같다)"라 함은 계획설계 내용을 구체화하여 발전된 안을 정하고, 실시설계단계에서의 변경

가능성을 최소화하기 위해 다각적인 검토가 이루어지는 단계로서, 연관분야의 시스템 확정에 따른 각종 자재, 장비의 규모, 용량이 구체화된 설계도서를 작성하여 건축주로부터 승인을 받는 단계이다.

2.7. "실시설계"라 함은 중간설계를 바탕으로 하여 입찰, 계약 및 공사에 필요한 설계도서를 작성하는 단계로서, 공사의 범위, 양, 질, 치수, 위치, 재질, 질감, 색상 등을 결정하여 설계도서를 작성하며, 시공 중 조정에 대해서는 사후설계관리업무단계에서 수행방법 등을 명시한다.

2.8. "사후설계관리업무"라 함은 건축설계가 완료된 후 공사시공 과정에서 건축사의 설계의도가 충분히 반영되도록 설계도서의 해석, 자문, 현장여건 변화 및 업체선정에 따른 자재와 장비의 치수·위치·재질·질감·색상·규격 등의 선정 및 변경에 대한 검토·보완 등을 위하여 수행하는 설계업무를 말한다.

2.9. "설계자"란 자기의 책임(보조자의 도움을 받는 경우를 포함한다)으로 설계도서를 작성하고 그 설계도서에서 의도하는 바를 해설하며, 지도하고 자문에 응하는 자를 말한다.

3.0. "건축주"란 건축물의 건축·대수선·용도변경, 건축설비의 설치 또는 공작물의 축조에 관한 공사를 발주하거나 현장관리인을 두어 스스로 그 공사를 하는 자를 말한다.

3. 적용범위

3.1. 이 기준은 설계자가 건축주의 위탁을 받아 건축물에 관한 설계도서를 작성하는 데 적용한다.

3.2. 공사계획의 변경으로 인하여 설계도서를 변경하는 경우에도 이 기준을 적용한다.

3.3. 주택법 제15조 제1항에 따라 사업승인을 받아 건설하는 주택을 설계하는 경우에는 동법에 따른다.

3.4. 공공건축물, 대규모 산업시설 등 국토교통부장관이 별도로 정하여 설계도서 작성기준을 고시한 경우에는 그에 따른다.

4. 설계도서의 작성

설계도서는 별표에서 정하는 설계도서 작성방법에 의하여 작성하되, 건축법 제15조에 따른 설계자와 건축주 간의 설계계약서에서 정하는 바에 따라 그 범위를 조정한다.

5. 설계도서의 제출

5.1. 건축법 제11조 제3항의 규정에 의하여 건축물을 건축하거나 대수선하려는 자가 허가를 받고자 할 때에는 허가신청서에 중간설계 도서내용 중 건축법 시행규칙

제6조 제1항 별표 2에서 정하는 "허가신청에 필요한 설계도서"와 기타 관련 구비서류 등을 첨부하여 시장·군수·구청장에게 제출한다.

5.2. 건축법 제21조 제1항에 따라 건축주가 착공신고를 할 때에는 착공신고서에 실시설계 도서내용 중 건축법 시행규칙 제14조 제1항에 따른 설계도서와 건축주와 설계자, 건축주와 공사시공자 및 건축주와 공사감리자 상호 간의 계약서 사본, 기타 관련 구비서류 등을 첨부하여 시장·군수·구청장에게 제출한다.

6. 흙막이 구조도면의 작성

지하 2층 이상의 지하층을 설치하는 경우 또는 지하 1층을 설치하는 경우로서 건축법 제27조에 따른 건축허가 현장조사·검사 또는 확인시 굴착으로 인하여 인접대지 석축 및 건축물 등에 영향이 있어 조치가 필요하다고 인정되는 경우에는 건축법에서 정하는 바에 의거 흙막이 구조도면을 작성하여 착공신고시에 제출한다.

7. 재료의 표기

7.1. 건축물에 사용하는 건축재료는 성능 및 품명, 규격, 재질, 질감, 색상 등을 설계도면에 구체적으로 표기함을 원칙으로 한다.

7.2. 설계도면에 표기할 수 없는 재료의 성능 및 재질 등에 관한 사항은 공사시방서에 표기한다.

8. 공사시방서의 작성

8.1. 공사시방서에는 중간설계 및 실시설계도면에 구체적으로 표시할 수 없는 내용과 공사수행을 위한 시공방법, 자재의 성능·규격 및 공법, 품질시험 및 검사 등 품질관리, 안전관리, 환경관리 등에 관한 사항을 기술한다.

8.2. 공사시방서는 표준시방서 및 전문시방서를 기본으로 하여 작성하되, 공사의 특수성·지역여건·공사방법 등을 고려하여 작성한다.

9. 설계도서 해석의 우선순위

설계도서·법령해석·감리자의 지시 등이 서로 일치하지 아니하는 경우에 있어 계약으로 그 적용의 우선 순위를 정하지 아니한 때에는 다음의 순서를 원칙으로 한다.

　　가. 공사시방서
　　나. 설계도면
　　다. 전문시방서
　　라. 표준시방서
　　마. 산출내역서
　　바. 승인된 상세시공도면
　　사. 관계법령의 유권해석
　　아. 감리자의 지시사항

10. 구조계산서의 작성

10.1. 다음 각호의 어느 하나에 해당하는 건축물을 건축하거나 대수선하는 경우에는 구조안전을 확인할 수 있도록 구조계산서(지진에 대한 안전을 포함한다)를 작성한다.

> 가. 층수가 3층(대지가 연약(軟弱)하여 건축물의 구조 안전을 확보할 필요가 있는 지역으로서 건축조례로 정하는 지역에서는 2층) 이상인 건축물
>
> 나. 연면적이 500제곱미터 이상인 건축물(창고, 축사, 작물 재배사 및 표준설계도서에 따라 건축하는 건축물은 제외)
>
> 다. 높이가 13미터 이상인 건축물
>
> 라. 처마높이가 9미터 이상인 건축물
>
> 마. 기둥과 기둥 사이의 거리가 10미터 이상인 건축물
>
> 바. 건축물의 구조기준 등에 관한 규칙 별표 10에 따른 "지진구역 Ⅰ"의 지역에 건축하는 건축물로서 같은 규칙 별표 11에 따른 중요도(특) 또는 중요도(1)에 해당하는 건축물
>
> 사. 국가적 문화유산으로 보존할 가치가 있는 건축물로서 박물관·기념관 그 밖에 이와 유사한 것으로서 연면적의 합계가 5천제곱미터 이상인 건축물
>
> 아. 건축법 시행령 제2조 제18호 가목 및 다목의 건축물

10.2. <삭 제>

10.3. 구조내력의 기준 및 구조계산의 방법 등은 건축물의 구조기준 등에 관한 규칙이 정하는 바에 따르며, 이에 필요한 세부기준 등은 국토교통부장관이 작성 또는 승인한 기준이 정하는 바에 따른다.

11. 관계전문기술자의 협력

11.1. 설계자는 건축법 시행령 제32조 제1항에 따라 다음 각호의 어느 하나에 해당하는 건축물에 대한 구조의 안전을 확인하는 경우에는 건축구조기술사의 협력을 받아야 하며, 구조 안전의 확인서류를 건축주에게 제출하여야 한다.

> 가. 6층 이상인 건축물
>
> 나. 건축법 시행령 제2조 제18의 특수구조 건축물
>
> 다. 건축법 시행령 제2조 제18의 다중이용 건축물
>
> 라. 건축법 시행령 제2조 제17조의2의 준다중이용 건축물
>
> 마. 건축법 시행령 제32조 제2항 제6호에 해당하는 건축물 중 건축물의 구조기준 등에 관한 규칙 별표 10에 따른 "지진구역Ⅰ"의 지역에 건축하는 건축물로서 같은 규칙 별표 11에 따른 중요도 (특)에 해당하는 건축물

11.2. 건축법 시행령 제91조의3 제2항에 따라 연면적이 1만제곱미터 이상인 건축물(창고시설은 제외한다) 또는 에너지를 대량으로 소비하는 건축물로서 건축물의 설비

기준 등에 관한 규칙 제2조의 규정에서 정하는 건축물은 다음 각 호의 구분에 따른 관계전문기술자의 협력을 받아야 한다.

　　　가. 전기, 승강기(전기분야만 해당한다) 및 피뢰침: 기술사법에 따라 등록한 건축 전기설비기술사 또는 발송배전기술사

　　　나. 가스(제3호에 따른 가스설비는 제외한다)·급수·배수(配水)·배수(排水)·환 기·난방·소화·배연·오물처리설비 및 승강기(기계분야만 해당한다): 기술사 법에 따라 등록한 건축기계설비기술사 또는 공조냉동기계기술사

　　　다. 국토교통부령으로 정하는 범위 및 방법에 따라 바닥이나 벽 등에 매립 또는 매몰하여 설치하는 가스설비 : 기술사법에 따라 등록한 가스기술사

　11.3. 건축법 시행령 제91조의3 제3항에 따라 깊이 10미터 이상의 토지굴착공사 또 는 높이 5미터 이상의 옹벽 등의 공사를 수반하는 건축물의 설계자는 토지 굴착 등에 관한 다음 각호의 어느 하나에 해당하는 사항에 대하여 기술사법에 따라 등록한 토목 분야 기술사 또는 국토개발분야 지질 및 기반 기술사의 협력을 받아야 한다.

　　　가. 지질조사

　　　나. 토공사의 설계 및 감리

　　　다. 흙막이벽·옹벽설치 등에 관한 위해방지 및 기타 필요한 사항

12. 수량산출조서의 작성

　설계도면을 작성·완료한 후에는 공종별로 재료의 수량산출내역서를 작성할 수 있다.

13. 건축제도 통칙의 적용

　13.1. 이 기준에서 규정한 사항 이외에 설계도서의 작성에 필요한 사항은 한국산업 규격 KS F 1501 건축제도 통칙이 정하는 바에 의한다.

　13.2. BIM(Building Information Modeling)을 활용한 설계의 경우 이 기준과 한국산업 규격 KS F 1501 건축제도 통칙에서 규정한 사항 이외에 설계도서의 작성에 필요한 사 항은 국토교통부에서 별도로 정하여 공고하는 지침에 따라 작성할 수 있다.

14. 설계도서 작성자의 서명날인

　설계도서를 작성하는데 참여한 자 및 협력한 관계전문기술자는 관계법령 및 그 규 정에 의한 명령이나 처분 등에 적합하게 작성되었는지를 확인한 후 당해 도서에 서 명·날인한다.

15. 적용의 예외

　건축법 제23조 제4항에 따라 표준설계도서 등의 운영에 관한 규칙에 의한 표준설 계도서 또는 특수한 공법을 적용한 설계도서에 따라 건축물을 건축하는 경우에는 이 기준을 적용하지 아니한다.

16. 재검토 기한

국토교통부장관은 훈령·예규 등의 발령 및 관리에 관한 규정에 따라 이 고시에 내하여 2016년 7월 1일 기준으로 매3년이 되는 시점(매 3년째의 6월 30일까지를 말한다)마다 그 타당성을 검토하여 개선 등의 조치를 하여야 한다.

부칙 <제2016-1025호, 2016.12.30.>
제1조(시행일) 이 기준은 고시한 날부터 시행한다.

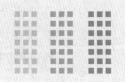

제13장　당사자 도산 시의 법률관계

제1절　서　　론

　　건설공사계약의 이행은 장기간에 걸쳐 이루어지고 건설업의 특성상 도급공사이행 도중에 한 당사자가 경제적 어려움에 빠져 공사가 중단되는 일이 자주 생긴다. 건설면허제도의 폐지와 하도급관행의 보편화로 자본이 영세한 군소업체가 난립함으로써 건설업체의 도산은 어느 산업분야보다 더 자주 일어난다. 그러나 도산법리는 여러 이해관계인의 이해를 조율하려는 것이다 보니 매우 복잡하여 이해하기가 쉽지 않고 또한 건설법률관계 자체도 다른 법률관계보다 복잡하여, 도산한 당사자가 있는 건설소송은 종종 까다로운 법리적 문제를 수반하곤 한다. 건설공사에 관련된 다수의 이행관계인의 우선순위 조정, 공사의 계속 여부, 기성고 산정 등 도산으로 인하여 발생하는 소송 실무상 어려움은 더욱 크다.

　　도산이라는 경제적 상황에서 이해관계인들의 법률관계를 규율하는 가장 기본이 되는 법으로는 채무자 회생 및 파산에 관한 법률(이하 '채무자회생법'이라 한다)[1]이 있고 채무자회생법에 따른 대표적인 도산절차로는 회생절차, 파산절차가

---

1)　2005. 3. 31. 공포되어 2006. 4. 1.부터 시행되고 있다. 채무자회생법이 시행되기 전에는 도산절차를 규율하는 법으로는 도산절차별로, 회사정리법, 화의법, 파산법, 개인채무자회생법이 있었는데, 위 법들을 통합한 채무자회생법이 시행됨과 동시에 위 법들은 폐지되었다. 그러나 채무자회생법 시행 이전에 종전의 법에 따른 도산절차 개시 신청이 있었던 사건에 대하여는 구 법이 계속 적용된

있다.[2] 이하에서는 각 절차별로 공사의 시행 도중에 당사자 일방이 도산한 경우의 법률관계, 건설공사가 종료된 상태에서 분쟁이 생겨 소송을 하는 도중이나 강제 집행 등을 하는 도중에 당사자 일방이 도산한 경우의 법률관계, 이해관계인이 회생채권·회생담보권이나 파산채권을 가지는 경우 그 신고 및 조사절차에 대하여 차례로 살펴보기로 한다.

제2절 도산절차의 기본개념

Ⅰ. 도산절차의 유형

1. 회생절차[3]

회생절차는 재정적 어려움으로 인하여 파탄에 직면해 있는 채무자에 대하여 채권자·주주·지분권자 등 이해관계인의 법률관계를 조정하여 채무자 또는 채무자의 사업의 효율적인 회생을 도모하는 절차이다. 회생절차는 기업을 계속 경영할 경우를 가정하여 현금 흐름을 토대로 산정한 기업의 가치(계속기업가치)가 기업을 해체·청산할 때의 가치(청산가치)에 비하여 클 경우에만 진행할 수 있다.

회생채권은, 채무자에 대하여 회생절차개시 전의 원인으로 생긴 재산상의 청구권과 회생절차 개시 이후에 발생한 것이지만 채무자회생법 제118조에서 회생채권으로 정한 것(회생절차개시 후의 이자, 회생절차개시 후의 불이행으로 인한 손해배상금 및 위약금, 회생절차참가의 비용)을 말한다. 회생채권은 회생절차를 통해서만 변제받을 수 있고 개별적인 강제집행 등을 통해 변제받을 수 없다.

공익채권은, 회생채권자·회생담보권자와 주주·지분권자 공동의 이익을 위하여 한 재판상 비용청구권, 회생절차개시 후의 채무자의 업무 및 재산의 관리와 처분에 관한 비용청구권 등 회생절차의 진행에 필요한 비용과 정책적인 고려에서

다(채무자회생법 부칙 제3조). 이 장에서는 채무자회생법에 따라 도산절차가 개시된 경우의 법률 관계에 대하여 설명하겠지만, 이하에서 서술하는 부분은 구 법과 채무자회생법 사이에 큰 차이가 없으므로 대부분은 구 법에 대한 설명으로도 타당하다.

2) 그 밖에도 개인회생절차가 있으나 이 절차에서는 건설관계분쟁이 문제되는 경우가 많지 않으므로 설명을 생략한다.

3) 일반적으로 '법정관리'라고 부르고 있으나 법률상 용어는 아니다.

우선 지급을 허용한 채권으로서 원칙적으로 채무자회생법 제179조에서 열거하고
있는 것과 채무자회생법이 특별히 인정하고 있는 것으로 한정된다. 그 대부분은
회생절차개시 후의 원인에 의하여 생긴 청구권이다. 공익채권은 회생절차에 의하
지 않고서도 수시로 변제받을 수 있다.

회생절차의 일반적인 진행과정을 순서대로 설명하면 대략 다음과 같다.

회생절차는 신청에 의하여 시작된다. 채무자는 ㉠ 사업의 계속에 현저한 지
장을 초래하지 아니하고는 변제기에 있는 채무를 변제할 수 없는 경우, ㉡ 채무자
에게 파산의 원인인 사실이 생길 염려가 있는 경우에 신청할 수 있다. ㉡의 경우에
는 일정액 이상의 채권을 가진 채권자, 일정 비율 이상의 주식을 가진 주주도 신청
할 수 있다.

회생절차개시 신청을 한 때부터 회생절차개시결정을 할 때까지 채무자의 재
산이 흩어지지 않도록 하는 것이 중요하다. 이를 위하여 법원은 신청이나 직권에
의하여 채무자에 대하여는 일정한 행위를 할 수 없도록 하는 보전처분을, 채권자
에 대하여는 권리의 개별적인 만족을 금지하는 중지명령, 포괄적 금지명령 등을
한다.

법원은 회생절차를 개시할 원인이 있다고 인정하는 때에는 회생절차개시결
정을 한다. 법원은 회생절차개시결정과 동시에 관리인을 선임하고 채권자와 주주
의 권리신고기간, 제1회 관계인집회의 기일 등을 정한다. 회생절차개시결정이 있
으면 채권자의 권리행사가 제한되고 진행 중인 소송도 중단된다. 회생채권자·회
생담보권자는 회생절차에서만 권리를 행사할 수 있을 뿐 개별적으로 권리를 행사
할 수 없다. 관리인도 회생절차에 의하지 않고 임의로 변제할 수 없다.

회생절차개시결정이 있으면 관리인은 채권자목록과 주주목록을 작성·제출
한다. 채권자와 주주는 법원이 정한 기간 안에 자신의 권리를 법원에 신고한다.[4]
그 사이 법원은 조사위원을 선임하여 채무자의 재산상태, 계속기업가치와 청산가
치 등을 조사하여 법원에 보고하게 한다.

조사위원의 조사가 끝나면 제1회 관계인집회를 열어 관리인과 조사위원이
조사결과를 회생채권자 등 이해관계인에게 보고한다.

관리인은 신고된 회생채권·회생담보권의 내용에 대하여 조사기간 동안 조사

---

4) 자신의 권리가 관리인이 제출한 목록과 일치하면 별도로 신고하지 않아도 신고한 것으로 간주된
다(채무자회생법 제151조).

하여 이를 시인 또는 부인한다. 신고한 다른 회생채권자·회생담보권자도 다른 사람의 회생채권·회생담보권에 대하여 이의를 할 수 있다. 관리인은 통상 제1회 관계인집회에 이어 회생채권 및 회생담보권에 대한 조사결과를 보고한다.

회생채권·회생담보권에 대한 조사과정에서 이의가 있는 경우에, 이의를 당한 회생채권·회생담보권의 보유자는 채권조사확정재판을 신청한다. 채권조사확정재판의 결과에 불복하는 사람은 이의의 소를 제기할 수 있다.

채권조사가 끝나면 관리인은 조사위원의 조사보고와 채무자의 재산에 대한 자신의 조사결과를 토대로 회생계획안을 작성하여 법원에 제출한다.[5] 회생계획은 향후 사업에 따른 현금흐름에 대한 추정을 토대로 회생채권자·회생담보권자 등의 권리를 변경하여 회생채무를 변제하고 회사의 자본구조 등 조직을 변경하는 것을 주된 내용으로 한다.

회생계획안이 제출되면 관계인집회에서 이를 심리하고 의결한다. 의결은 조별로 하는데, 각 조에 속하는 의결권의 총액 중 채무자회생법이 정하는 각 조별 비율(회생채권자조에서는 2/3, 회생담보권자조에서는 3/4) 이상에 해당하는 의결권을 가진 자의 동의가 있어야 가결된다.[6] 가결된 회생계획안은 법원으로부터 심사와 인가를 받아야 효력이 발생한다.

채무자는 회생계획에 따라 변경된 채무를 변제하게 되는데, 회생계획에 따른 변제가 차질 없이 이행되고 있고, 회사의 재무현황이나 영업현황 등에 비추어 향후 회생계획이 순조롭게 이행될 것으로 예상되는 경우에는 회생계획 수행기간 중이라도 법원은 이해관계인의 신청이나 직권에 의하여 회생절차종결결정을 할 수 있다. 회생계획을 이행하던 중에 M&A를 진행하여 회생회사를 제3자에게 인수시키고 회생절차를 종결하는 경우도 있다.

채무자의 청산가치가 계속기업가치보다 명백히 큰 경우, 회생계획안이 기한 내에 제출되지 못한 경우, 회생계획안이 관계인집회에서 부결된 경우, 회생계획이 인가된 후 제대로 수행되지 못하는 경우에는 회생절차를 폐지한다.

회생절차의 대략적인 진행과정을 그림으로 표현하면 다음과 같다.

---

5) 신고한 회생채권자·회생담보권자, 주주 등도 회생계획안을 제출할 수 있으나 실제로 제출하는 경우는 드물다.

6) 채무자의 자산이 부채보다 많은 경우에는 주주도 의결권이 있는데 주주조에서는 실제로 결의에 참가하여 의결권을 행사하는 주주의 의결권 총수의 1/2 이상이 동의하면 가결된다.

[회생절차]

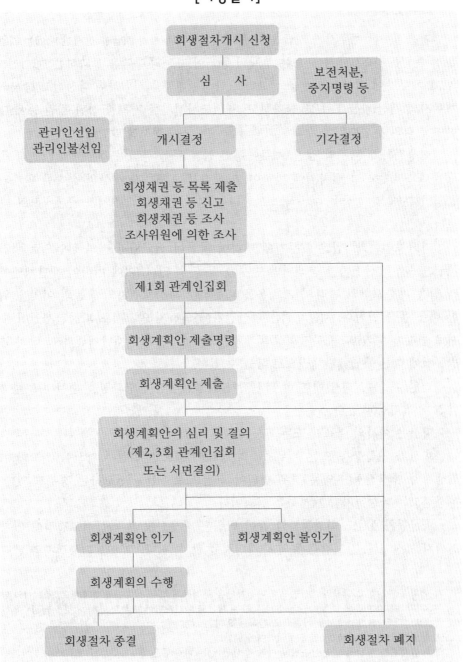

2. 파산절차

파산절차는 채무자가 지급을 할 수 없는 때(채무자가 지급을 정지한 때에는 지급을 할 수 없는 것으로 추정함) 또는 부채의 총액이 자산의 총액을 초과하는 때(법인의 경우), 채무자에 대하여 파산을 선고하고 파산관재인을 선임하여 파산선고 당시의 채무자의 재산(파산재단)을[7] 환가하고, 채권조사절차를 거쳐 확정된 채권 등에 대하여 권리의 우선순위에 따라 환가대금을 분배하는 절차를 말한다.

회생절차가 채무의 감면, 채무이행의 연기 등을 통하여 채무자의 재건과 회생을 도모하는 도산절차임에 반하여, 파산절차는 채무자 재산의 신속한 환가와 공평한 분배 및 청산을 주목적으로 한다는 점에서 제도의 취지가 근본적으로 다르다.

파산채권이라[8] 함은 채무자에 대하여 파산이 선고되기 전의 원인으로 생긴 채권으로서 파산절차를 통해서만 변제를 받을 수 있다. 이에 반하여 재단채권이라 함은 파산재단의 관리·환가비용을 비롯하여 파산채권자의 공동의 이익을 위한 비용 등을 말한다. 재단채권은 파산절차에 의하지 않고서도 파산관재인이 수시로 변제할 수 있다. 채무자회생법 제473조에 열거된 일반재단채권과 그 밖의 특별규정에 따른 특별재단채권으로 나눌 수 있다.

법인(주로 주식회사)에 대한 파산절차의 일반적인 진행과정을 순서대로 설명하면 대략 다음과 같다.

파산은 회사의 대표자 또는 회사의 채권자가 신청할 수 있다.

회사가 지급불능 또는 채무초과의 상태에 있으면 법원은 파산을 선고한다. 회생절차 폐지결정이 있는 경우 법원이 직권으로 파산을 선고하는 경우도 있다. 파산선고는 파산절차를 개시하는 결정이다.

파산절차에서도 회생절차와 같이 법원은 파산신청 후 파산선고결정이 있기 전까지 보전처분, 강제집행 등의 중지명령을 할 수 있다. 그러나 회생절차와 달리

---

7) 이처럼 파산선고 당시의 재산만으로 파산재단을 구성하게 하는 것을 고정주의라고 하고, 이와 달리 파산선고 이후에 채무자가 새로 취득하는 재산도 파산재단에 속하도록 하는 것을 팽창주의라 한다. 다만, 파산선고시를 기준으로 한다는 의미는 당해 재산의 취득원인이 파산선고 전인지 여부에 의하여 결정되는 것임을 주의하여야 한다.

8) 파산채권은 배당시의 우선순위에 따라 우선권 있는 파산채권(채무자회생법 제441조), 일반파산채권, 후순위파산채권(채무자회생법 제446조)으로 구분된다.

파산채권에 기한 강제집행 등의 포괄적 금지명령은 할 수 없다.

법원은 파산선고를 하면서 파산관재인을 선임하고 채권신고기간, 채권조사기일, 제1회 채권자집회의 기일을 정한다.

파산이 선고되면 그 당시를 기준으로 회사가 가진 모든 재산으로 파산재단이 구성된다. 파산선고를 받은 채무자의 재산 중 파산재단에 속하지 않는 것이 있는데, 이를 자유재산이라고 한다. 자유재산에는 압류금지재산, 법원이 파산재단으로부터 면제해 준 재산, 파산선고 후 새로 취득한 재산이 포함된다.

법원은 파산선고일로부터 4개월 이내에 제1회 채권자집회를 개최하여 파산관재인으로부터 업무보고를 받고, 영업의 폐지 또는 계속 여부 등을 결정한다.

파산선고를 받은 회사에 대하여 파산채권을 가지고 있는 사람은 법원에 채권을 신고하여야만 채권자집회에서의 의결권, 배당청구권, 이의권, 동의권 등을 가진다. 파산관재인은 신고된 파산채권에 대하여 시인 또는 부인을 결정하여 채권조사기일에 보고한다. 파산관재인 또는 다른 파산채권자로부터 이의가 없으면 그 파산채권은 신고한대로 확정된다. 만약에 이의가 있을 경우에는 이의를 받은 파산채권자는 이의자 전원을 상대로 파산채권조사확정재판을 신청할 수 있다. 채권조사확정재판에 불복하는 경우에는 이의의 소를 제기할 수 있다.

파산관재인은 파산선고 직후 파산재단의 환가에 착수한다. 채권조사를 마치고 환가를 통해 재원이 마련되면 배당을 실시한다. 파산절차 진행 중에 실시하는 배당에는 중간배당과 최후배당이 있다.

최후배당을 마치면 채권자집회를 열어 계산보고를 하고 이 집회에서 채권자의 이의가 없으면 법원은 파산종결결정을 한다. 파산선고를 받은 회사는 파산종결에 의하여 법인격이 소멸한다.

파산재단이 파산절차비용을 충족하기에도 부족한 경우와 채권자의 동의가 있는 경우에는 법원은 파산폐지결정을 한다.

법인에 대한 파산절차의 대략적인 진행과정을 그림으로 표현하면 다음과 같다.

[파산절차]

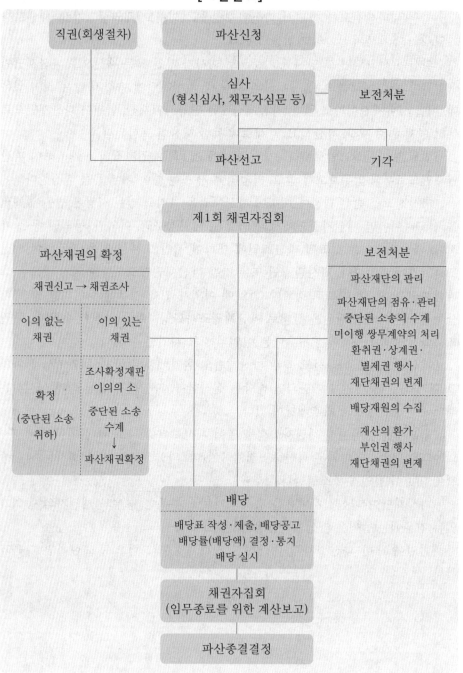

제3절   공사 도중 당사자가 도산하는 경우

Ⅰ. 절차의 선택

건설공사계약을 체결하고 공사를 진행하던 도중에 도급인이나 수급인이 도산하는 경우 도산자 본인은 물론 그 상대방도 매우 곤혹스러운 처지에 빠지게 된다. 이 경우 이해관계인들은 도산자의 현황을 파악하여 앞서 본 각 절차의 목적, 청산가치와 계속기업가치의 비교 등과 같은 기준에 비추어 과연 파산절차와 회생절차 중 어느 것이 더 이득이 될 것인지를 판단하여야 한다.[9] 파산절차와 회생절차가 서로 중복하여 신청된 경우에는 회생절차가 우선하여 진행된다(채무자회생법 제44조 제1항).

채무자 또는 채권자, 주주 등의 판단에 따라서 어떤 절차를 선택하였든지 간에 도산절차가 개시된 이후 건설공사와 관련해서 처음으로 직면하게 되는 가장 중요한 문제 중의 하나는 기존 건설공사계약의 효력이 계속 유지될 것인지 여부일 것이다.

Ⅱ. 건설공사계약의 운명

1. 일 반 론

건설공사계약은 거의 다 쌍무계약이므로 쌍무계약에 관한 채무자회생법의 규정이 건설공사계약에도 적용된다. 쌍무계약의 당사자[10] 중 일방이 도산한 경우 회생절차개시 또는 파산선고 일시를[11] 기준으로, ① 쌍무계약의 양 당사자 모두가 이미 채무를 완전히 이행하였다면 각 채권·채무는 소멸하고 쌍무계약 혹은 그 이행행위가 부인권의 행사에 의하여 부인되지 않는 한 쌍무계약의 효력은 회생절차개시결정 또는 파산선고에 의하여 아무런 영향을 받지 않고, ② 회생회사나 파

---

9) 주식회사(가령 건설회사)의 경우, 그 회사에게 파산의 원인인 사실이 생길 염려가 있는 때에는, 해당회사 자본의 1/10 이상의 채권액을 가진 채권자 및 발행 주식 총수의 1/10 이상의 주식을 보유한 주주는 회생절차를 신청할 수 있고(채무자회생법 제34조 제1항, 제2항), 주식회사의 이사 외에 채권자도 파산신청을 할 수 있다(채무자회생법 제294조 제1항, 제295조 제1항).
10) 이하 설명의 편의상 도산한 채무자가 주로 주식회사인 것을 전제로 한다.
11) 법원은 회생절차개시결정 또는 파산선고를 할 때 모두 그 결정서에 연월일시를 기재하여야 한다.

산회사는 쌍무계약상의 채무의 이행을 완료하였는데 상대방이 그 이행을 일부라도 완료하지 아니한 경우에는 관리인이나 파산관재인이 회사재산관리의 일환으로 그 상대방에 대하여 그 이행을 청구하면 되며, ③ 상대방은 쌍무계약상의 채무의 이행을 모두 완료하였는데, 회생회사 또는 파산회사가 그 이행을 완료하지 않은 경우에는 상대방의 회생회사 또는 파산회사에 대한 채권은 회생채권(회생담보권) 혹은 파산채권이 되어 회생절차 또는 파산절차에 따라 변제를 받게 된다.

건설공사도급계약과 같은 쌍무계약의 경우, 당사자는 동시이행의 항변권을 통하여 서로 대가적 관계에 있는 의무의 이행을 동시에 마치려고 하는 것이 보통이기 때문에, 회생절차개시결정 또는 파산선고 일시를 기준으로 회생회사·파산회사와 상대방 쌍방이 모두 그 채무의 이행을 일부라도 완료하지 않은 경우가 가장 많다. 이 경우에 관하여 채무자회생법은 별도의 규정을 두고 있다. 이하에서 본다.

2. 쌍방 미이행 쌍무계약의 운명

(1) 법률 규정

채무자회생법

제119조(쌍방미이행 쌍무계약에 관한 선택) ① 쌍무계약에 관하여 채무자와 그 상대방이 모두 회생절차개시 당시에 아직 그 이행을 완료하지 아니한 때에는 관리인은 계약을 해제 또는 해지하거나 채무자의 채무를 이행하고 상대방의 채무이행을 청구할 수 있다. 다만, 관리인은 회생계획안 심리를 위한 관계인집회가 끝난 후 또는 제240조의 규정에 의한 서면결의에 부치는 결정이 있은 후에는 계약을 해제 또는 해지할 수 없다.

② 제1항의 경우 상대방은 관리인에 대하여 계약의 해제나 해지 또는 그 이행의 여부를 확답할 것을 최고할 수 있다. 이 경우 관리인이 그 최고를 받은 후 30일 이내에 확답을 하지 아니하는 때에는 관리인은 제1항의 규정에 의한 해제권 또는 해지권을 포기한 것으로 본다.

③ 법원은 관리인 또는 상대방의 신청에 의하거나 직권으로 제2항의 규정에 의한 기간을 늘이거나 줄일 수 있다.

④ 제1항 내지 제3항의 규정은 단체협약에 관하여는 적용하지 아니한다.

제121조(쌍방미이행 쌍무계약의 해제 또는 해지) ① 제119조의 규정에 의하여 계약이 해제 또는 해지된 때에는 상대방은 손해배상에 관하여 회생채권자로서 그 권리를 행사할 수 있다.

② 제1항의 규정에 의한 해제 또는 해지의 경우 채무자가 받은 반대급부가 채무자의 재산 중에 현존하는 때에는 상대방은 그 반환을 청구할 수 있으며, 현존하지 아니하

는 때에는 상대방은 그 가액의 상환에 관하여 공익채권자로서 그 권리를 행사할 수 있다.

제122조(계속적 급부를 목적으로 하는 쌍무계약) ① 채무자에 대하여 계속적 공급의무를 부담하는 쌍무계약의 상대방은 회생절차개시신청 전의 공급으로 발생한 회생채권 또는 회생담보권을 변제하지 아니함을 이유로 회생절차개시신청 후 그 의무의 이행을 거부할 수 없다.

② 제1항의 규정은 단체협약에 관하여는 적용하지 아니한다.

제335조(쌍방미이행 쌍무계약에 관한 선택) ① 쌍무계약에 관하여 채무자 및 그 상대방이 모두 파산선고 당시 아직 이행을 완료하지 아니한 때에는 파산관재인은 계약을 해제 또는 해지하거나 채무자의 채무를 이행하고 상대방의 채무이행을 청구할 수 있다.

② 제1항의 경우 상대방은 파산관재인에 대하여 상당한 기간을 정하여 그 기간 안에 계약의 해제 또는 해지나 이행 여부를 확답할 것을 최고할 수 있다. 이 경우 파산관재인이 그 기간 안에 확답을 하지 아니한 때에는 계약을 해제 또는 해지한 것으로 본다.

제337조(파산관재인의 해제 또는 해지와 상대방의 권리) ① 제335조의 규정에 의한 계약의 해제 또는 해지가 있는 때에는 상대방은 손해배상에 관하여 파산채권자로서 권리를 행사할 수 있다.

② 제1항의 규정에 의한 계약의 해제 또는 해지의 경우 채무자가 받은 반대급부가 파산재단 중에 현존하는 때에는 상대방은 그 반환을 청구하고, 현존하지 아니하는 때에는 그 가액에 관하여 재단채권자로서 권리를 행사할 수 있다.

제339조(민법상의 해지 또는 해제권이 있는 경우) 제335조 제2항의 규정은 민법 제637조(임차인의 파산과 해지통고), 제663조(사용자파산과 해지통고) 또는 제674조(도급인의 파산과 해제권) 제1항의 규정에 의하여 상대방 또는 파산관재인이 갖는 해지권 또는 해제권의 행사에 관하여 준용한다.

제341조(도급계약) ① 채무자가 도급계약에 의하여 일을 하여야 하는 의무가 있는 때에는 파산관재인은 필요한 재료를 제공하여 채무자로 하여금 그 일을 하게 할 수 있다. 이 경우 그 일이 채무자 자신이 함을 필요로 하지 아니하는 때에는 제3자로 하여금 이를 하게 할 수 있다.

② 제1항의 경우 채무자가 그 상대방으로부터 받을 보수는 파산재단에 속한다.

민법

제674조(도급인의 파산과 해제권) ① 도급인이 파산선고를 받은 때에는 수급인 또는 파산관재인은 계약을 해제할 수 있다. 이 경우에는 수급인은 일의 완성된 부분에 대한 보수 및 보수에 포함되지 아니한 비용에 대하여 파산재단의 배당에 가입할 수 있다.

② 전항의 경우에는 각 당사자는 상대방에 대하여 계약해제로 인한 손해의 배상을 청구하지 못한다.

⑵ 쌍방 미이행 쌍무계약의 처리

⑺ **미이행 쌍무계약**   앞서 본 채무자회생법 제119조와 제335조가 적용되려면, 쌍방 당사자가 서로 대가관계에 있는 채무를 부담하는 계약으로서, 본래적으로 쌍방의 채무 사이에 성립·이행·존속상 법률적·경제적으로 견련성을 갖고 있어서 서로 담보로서 기능하는 쌍무계약이어야 하고, 이러한 쌍무계약에서 서로 대가관계에 있는 계약상 채무의 전부 또는 일부가 이행되지 아니한 경우여야 한다.[12] 따라서 본래적으로는 법률적·경제적인 견련성이 없음에도 불구하고 당사자 사이의 특약으로 쌍방의 채무를 상환으로 이행하기로 약정한 경우에는 여기서 말하는 쌍무계약이라고 할 수 없다.[13] 그러나 대가관계에 있는 채무가 서로 동등한 경제적 가치가 있을 필요는 없다.[14]

쌍무계약의 당사자 모두가 이행을 완료하지 않는 한, 그 미이행의 정도나 미이행의 원인은 문제되지 않는다.[15] 즉, 전혀 이행하지 않은 경우뿐만 아니라 일부만 이행된 경우도 포함되고, 일부만 이행된 경우 그 비율은 문제되지 않고 종된 급부만의 불이행이어도 위 쌍무계약의 처리에 관한 원칙이 적용된다. 또한 미이행의 원인은 묻지 않으므로 기한 미도래 또는 이행지체에 의한 경우는 물론 동시이

---

12) 대법원 2007. 9. 6. 선고 2005다38263 판결 참조.
13) ① 대법원 2000. 4. 11. 선고 99다60559 판결은, 공동수급업체 사이에 대표사가 먼저 공사자금을 조달하여 지급한 후 회원사가 분담금을 상환하는 내용의 공동도급현장 경리약정에서, 그 경리약정에 따라 원고가 공사자금을 먼저 지출할 의무와 유원건설 등 회원사가 그 분담금을 원고에게 상환할 의무는 서로 대가적인 의미를 갖는 채무라고 보기 어렵다는 이유로 그 경리약정은 구 회사정리법 제103조 제1항 소정의 쌍무계약에 해당하지 않는다고 판단한 바 있고, ② 대법원 2007. 3. 29. 선고 2005다35851 판결은, "이 사건 대리점계약에 따른 피고의 물품공급의무와 원고의 물품대금지급의무, 그리고 이 사건 공사하도급계약에 따른 원고의 섀시공사의무와 피고의 공사대금지급의무는 각각 서로 대등한 대가관계에 있어 본래적으로 법률적·경제적 견련성을 갖고 있다 할 것이나, 원고의 시공비 등 대위변제에 따른 피고의 구상금지급의무와 이 사건 대리점계약에 기한 원고의 물품대금지급의무는 성질상 서로 대가적이거나 본래적으로 상환으로 이행되어야 할 성질의 채무라고 할 수 없고, 따라서 원·피고가 이 사건 약정에 의하여 구상금채권과 물품대금채권을 상계처리하기로 합의하였다고 하더라도 그러한 약정은 법 제103조 제1항 소정의 쌍무계약이라고 보기 어렵다"고 판시하였으며, ③ 대법원 2007. 9. 7. 선고 2005다28884 판결은 "이 사건 신탁계약의 당사자는 위탁자인 C주식회사와 수탁자인 K주식회사이고, 이 사건 공사도급계약의 당사자는 도급인인 K와 수급인인 피고로서 서로 당사자가 다르고, 피고는 K의 요구에 따라 이 사건 신탁계약의 특약사항으로서 C가 K에게 부담하는 신탁비용 및 차입금 상환채무 등을 포괄적으로 보증하기로 약정한 것에 불과하므로, 그와 같이 신탁계약에 부가된 특약에 의하여 피고가 부담하는 신탁비용 등의 상환채무와 이 사건 공사도급계약에 의하여 원고가 부담하는 공사대금지급채무 상호 간에는 구 회사정리법 제103조가 규정하는 쌍무계약상의 대가적 견련관계가 있다고 볼 수 없다"고 판시한 바 있다.
14) 대법원 2003. 6. 13. 선고 2002다59771 판결 참조.
15) 대법원 2003. 5. 16. 선고 2000다54659 판결.

행의 항변권이 행사된 경우도 포함되고, 나아가 이행불능인 경우도 포함된다고 해석된다.

    (나) **관리인 등의 선택권**   미이행 쌍무계약의 경우, 채무자회생법은 회생절차 및 파산절차의 원활한 진행을 위하여 관리인 또는 파산관재인(이하 둘을 함께 지칭할 때에는 '관리인 등'이라 한다)에게 민법의 규정이나 도급계약조항 등에서 정한 계약해제사유가 없더라도 계약의 해제·해지와 이행 중 유리한 쪽을 선택하여[16][17] 쌍무계약의 계속적인 존속 여부를 결정할 수 있는 권리를 부여하고 있다.

---

16) 회사의 회생을 목적으로 하는 회생절차에서는 관리인이 해제 또는 해지를 선택하는 경우에 법원의 허가를 받아야 하지만(채무자회생법 제61조 제1항 제4호, 이행을 선택하는 경우에는 허가를 받을 필요는 없으나 그 계약의 이행에 일정규모이상의 자금지출이 수반되는 경우는 허가를 받아야 한다), 청산을 목적으로 하는 파산절차에서는 그와 반대로 이행을 선택하는 경우에 법원의 허가(감사위원이 설치되어 있는 경우에는 감사위원의 동의)를 받아야 한다(채무자회생법 제492조 제9호, 해제 또는 해지를 선택하는 경우에는 채무자회생법에서 법원의 허가 또는 감사위원의 동의 사항으로 규정하고 있지는 않지만, 해제 또는 해지의 효과로서 환취권 또는 재단채권의 승인 허가가 수반되게 되므로, 사전에 법원과 상의할 필요가 있다).

17) 관리인의 선택권과 관련하여서는 이른바 도산해제(해지)조항, 즉, 당사자의 일방에 대하여 회생절차개시신청, 파산신청 등 일정한 사유가 발생한 경우에는 상대방에 대하여 계약의 계약을 해제(해지)할 수 있다거나 계약이 당연히 해제(해지)된다는 특약의 효력이 문제된다. 이에 관하여는 도산해지조항의 효력을 긍정하는 견해와 부정하는 견해가 대립되어 있다. 대법원 2007. 9. 6. 선고 2005다38263 판결은, "계약의 당사자들 사이에 채무자인 회사의 재산상태가 장래 악화될 때에 대비하여 지급정지, 회사정리절차의 개시신청, 회사정리절차의 개시와 같이 도산에 이르는 과정상의 일정한 사실이 그 회사에 발생하는 것을 당해 계약의 해지권의 발생원인으로 정하거나 또는 계약의 당연 해지사유로 정하는 특약(이하 '도산해지조항'이라고 한다)을 두는 경우가 있는데, 도산해지조항의 적용 결과가 정리절차개시 후 정리회사에 미치는 영향이라는 것은 당해 계약의 성질, 그 내용 및 이행 정도, 해지사유로 정한 사건의 내용 등의 여러 사정에 따라 달라질 수밖에 없으므로 도산해지조항을 일반적으로 금지하는 법률이 존재하지 않는 상태에서 그와 같은 구체적인 사정을 도외시한 채 도산해지조항은 어느 경우에나 회사정리절차의 목적과 취지에 반한다고 하여 일률적으로 무효로 보는 것은 계약자유의 원칙을 심각하게 침해하는 결과를 낳을 수 있을 뿐만 아니라, 상대방 당사자가 채권자의 입장에서 채무자의 도산으로 초래될 법적 불안정에 대비할 보호가치 있는 정당한 이익을 무시하는 것이 될 수 있다. 이와 같은 사정과 아울러 구 회사정리법(2005. 3. 31. 법률 제7428호 채무자 회생 및 파산에 관한 법률 부칙 제2조로 폐지)상 관리인은 정리절차개시 당시에 존재하는 회사 재산에 대한 관리처분권을 취득하는 데 불과하므로 채무자인 회사가 사전에 지급정지 등을 정지조건으로 하여 처분한 재산에 대하여는 처음부터 관리처분권이 미치지 아니한다는 점을 생각해 보면, 도산해지조항이 구 회사정리법에서 규정한 부인권의 대상이 되거나 공서양속에 위배된다는 등의 이유로 효력이 부정되어야 할 경우를 제외하고, 도산해지조항으로 인하여 정리절차개시 후 정리회사에 영향을 미칠 수 있다는 사정만으로는 그 조항이 무효라고 할 수 없다"고 판시하여 원칙적으로 효력 긍정설의 입장을 취하였다. 그러면서도 "쌍방 미이행의 쌍무계약의 경우에는 계약의 이행 또는 해제에 관한 관리인의 선택권을 부여한 회사정리법 제103조의 취지에 비추어 도산해지조항의 효력을 무효로 보아야 한다거나 아니면 적어도 정리절차개시 이후 종료시까지의 기간 동안에는 도산해지조항의 적용 내지는 그에 따른 해지권의 행사가 제한된다는 등으로 해석할 여지가 없지는 않을 것이다"라고 하여 그 효력이 부정되고 관리인의 선택권이 인정될 수 있는 여지를 남겨두었다.

관리인이 선택권을 가지고 있기 때문에, 관리인이 선택권을 행사하기 전에는 상대방은 임의로 자신의 계약상 의무를 이행하거나 관리인에 대하여 계약상 의무의 이행을 청구할 수 없다.[18]

이와 같이 계약을 해제·해지할 것인지 아니면 계약의 이행을 청구할 것인지는 기본적으로 관리인 등이 경영상의 판단에 따라(파산절차의 경우에는 파산재단의 확충이라는 목적 달성에 어느 것이 유리한지에 따라) 재량으로 결정할 사항이다. 따라서 계약 상대방은 매우 불안정한 지위에[19] 있게 된다. 채무자회생법은 이를 고려하여 상대방에게 최고권을 인정하고 있다. 즉, 상대방은 관리인 등에 대하여 계약의 해제·해지 또는 그 이행의 여부를 확답할 것을 최고할 수 있다. 상대방의 최고에도 불구하고 관리인 등이 아무런 답을 하지 아니할 경우의 효과는 절차에 따라 다르다. 영업의 계속을 통해 채무자의 회생을 도모하는 회생절차의 경우에는 관리인이 최고를 받은 때로부터 30일 이내에 확답을 하지 않으면 관리인은 해제권·해지권을 포기한 것으로(즉, 이행을 선택한 것으로) 보게 된다(채무자회생법 제119조 제2항). 반면 영업의 폐지와 청산을 목적으로 하는 파산절차에서는 상대방이 최고시 정한 상당한 기간 내에 파산관재인이 확답을 하지 아니한 때에는 계약을 해제·해지한 것으로 본다(채무자회생법 제335조 제2항).

관리인 등은 상대방의 최고가 없는 한 아무런 시간상의 제약 없이 선택권을 행사할 수 있다. 그러나 회생절차의 경우에는 관리인은 늦어도 회생계획안 심리를 위한 관계인집회가 끝나기 전까지 또는 서면결의에 부치는 결정이 있기 전까지 선택권을 행사하여야 하고 이 시점이 지나면 계약의 해제·해지를 선택할 수 없다.

(다) **해제·해지를 선택한 경우**   채무자회생법은 앞서 본 관리인 등의 선택권에 대응하여 상대방을 보호하기 위하여 관리인 등이 계약의 해제·해지를 선택한 경우에 상대방의 채권에 대하여 특별한 지위를 부여하고 있다. 즉, 관리인 등

---

18) 회사정리법 제103조 제1, 2항의 규정에 의하면 매수인이 매도인인 정리회사에 대한 회사정리절차의 개시결정 당시 매매계약상의 대금지급의무를 완전히 이행하지 아니한 경우 정리회사의 관리인에게 위 매매계약에 관하여 그 계약의 해제나 그 이행의 청구를 선택할 권리가 있다 할 것이므로 위 매매계약의 운명은 관리인의 선택권 행사에 관한 재량에 따르게 되어 있고, 그 상대방은 관리인이 계약의 이행을 선택하거나 계약의 해제권이 포기된 것으로 간주되기까지는 임의로 변제를 하는 등 계약을 이행하거나 관리인에게 계약의 이행을 청구할 수 없다: 대법원 1992. 2. 28. 선고 91다30149 판결.

19) 상대방은 회생절차개시 후의 회사의 채무불이행을 이유로 계약을 해제·해지할 수 없다. 서울중앙지방법원 파산부, 회생사건실무(상), 제2판(2008), 434면.

이 해제·해지를 선택한 경우, 상대방은 자신이 한 급부가 회생회사·파산회사의 재산 중에 그대로 있는 경우에는 그것의 반환을 바로 청구할 수 있고, 만약 그대로 있지 않는 경우에는 그 가액의 상환을 청구할 수 있는데, 그 상환청구권은 공익채권 또는 재단채권이어서 회생절차 또는 파산절차의 제한을 받지 않고 행사할 수 있다(채무자회생법 제121조 제2항, 제337조 제2항). 관리인 등의 해제·해지로 인하여 상대방이 손해를 입은 경우에는 그 손해의 배상을 청구할 수 있다. 하지만 이 손해배상청구권은 회생채권 또는 파산채권으로서 회생절차 또는 파산절차에 참가하여서만 행사할 수 있다(채무자회생법 제121조 제1항, 제337조 제1항).

⒟ **이행을 선택한 경우**　　관리인 등이 계약의 이행을 선택한 경우에는 상대방의 채권은 공익채권 또는 재단채권이 되므로(채무자회생법 제179조 제7호, 제473조 제7호), 상대방은 자신의 채권을 회생절차·파산절차에 의하지 않고 변제받을 수 있다.[20] 계약에 따른 주된 채권이 공익채권이 되므로 그 부수채권인 손해배상채권, 위약금채권도 공익채권이 된다.[21]

관리인 등이 이행을 선택하였다는 의사표시를 상대방에게 하거나 직접 이행을 청구하거나 쌍무계약상의 권리를 행사하는 경우에는 이행을 선택하였다고 볼 수 있을 것이다. 가령, 관리인이 회생절차개시결정 이전에 아파트 분양계약을 체결한 수분양자들로부터 나머지 분양대금을 받고 그들을 입주시킨 경우에는 이행을 선택하였다고 볼 것이다. 따라서 이 경우에 수분양자들의 소유권이전등기청구권은 공익채권이 되고 그 이행지체로 인한 손해배상청구권 역시 공익채권이 된다.[22]

---

20) 위와 같은 입법이 형평에 반한다는 지적이 제기된 바 있다. 즉, 예컨대 갑회사(주택건설회사)가 아파트를 신축하여 을과 병에게 분양한 후 소유권이전등기절차를 이행하기 전에 도산하여 회사정리절차가 개시되었는데, 당시 을은 분양대금을 완납한 반면에 병은 분양대금을 미납하였다면 갑회사를 위하여 성실하게 분양대금을 완납한 을의 소유권이전등기청구권은 정리채권으로 분류되어 불이익을 받게되고, 갑회사의 재정악화에 일조한 병은 쌍방 미이행 상태가 되어 소유권이전등기청구권(관리인이 계약이행 선택시)이나 분양대금반환청구권(관리인이 계약해제 선택시)을 공익채권으로 행사할 수 있기 때문이라는 것이다[서경환, "회사정리절차가 계약관계에 미치는 영향," 회사정리법·화의법의 제문제(2000. 7, 법원도서관), 644면]. 그러나 일견 부당해 보이는 위와 같은 결과는 을, 병이 자신의 동시이행항변권을 주장하지 않고 대금을 선지급함으로써 쌍무계약의 담보적기능에 대한 신뢰를 포기하였거나 아니면 자신 명의로의 등기를 게을리 한 데 따른 결과일 뿐이다. 이를 이유로 위와 같은 입법이 형평에 반한다고 보기는 어렵다.

21) 대법원 2004. 11. 12. 선고 2002다53865 판결.

22) 대법원 2004. 11. 12. 선고 2002다53865 판결.

3. 건설공사도급계약에 관한 구체적 적용례

⑴ 도급인이 도산한 경우

⑺ 파산절차에서 채무자회생법 제335조 제1항의 적용 여부　　도급인에 대하여 파산이 선고된 경우, 쌍방 미이행 도급계약의 처리에 적용될 수 있는 법률 규정으로는 파산절차에서 미이행 쌍무계약의 처리에 관한 채무자회생법 제335조와 도급계약에서 도급인 파산한 경우 해제권에 관한 민법 제674조가 있다. 위 두 규정은 해제권자는 물론이고 해제의 효과면에서도 상당한 차이가 있다. 따라서 도급인에 대하여 파산이 선고된 경우 위 두 규정 중 어느 것을 적용할 것인지가 문제된다. 이에 관하여는 민법 제674조가 우선 적용된다는 견해, 채무자회생법 제335조가 우선 적용된다는 견해, 수급인이 개인인 경우에는 민법 제674조가 적용되고 법인인 경우에는 채무자회생법 제335조가 적용된다는 견해 등이 있다.[23]

채무자회생법 제335조는 미이행 쌍무계약 전반을 그 적용대상으로 하는 일반 규정인 반면, 민법 제674조는 도급계약에서 도급인이 파산한 경우에만 적용되는 것으로서 채무자회생법 제335조에 대한 관계에서 특칙이라고 볼 수 있는 점, 채무자회생법 제339조가 민법 제674조가 적용됨을 전제로 하여 그 규정에 따른 해제권·해지권의 행사에 관하여 채무자회생법 제335조 제2항이 준용된다는 점을 정하고 있는 점에 비추어 보면, 도급계약에서 도급인이 파산한 경우 계약의 해제·해지에 관하여는 민법 제674조가 적용되고 채무자회생법 제335조 제1항은 적용되지 않는다. 따라서 도급인이 파산선고를 받으면 파산관재인은 물론이고 수급인도 도급계약을 해제할 수 있다. 이와 같은 도급계약의 해제는 그 조문의 해석상 장래에 향하여 도급의 효력을 소멸시키는 것을 의미한다.[24]

민법 제674조는 파산관재인이나 수급인이 계약의 해제를 하고자 하는 경우에 적용되는 것에 불과하기 때문에, 파산관재인이 채무자회생법 제335조 제1항에 따라 이행을 선택할 수 있음은 물론이다. 다만, 파산관재인이 이행을 선택하였다고 하더라도 수급인은 민법 제674조에 따라 도급계약을 해제할 수 있다.

회생절차에서도 민법 제674조가 적용되는가? 종전에는 부정설이 다수설이었

---

23) 박병대, "파산절차가 계약관계에 미치는 영향,"『파산법의 제문제』(상)(1999. 6, 법원도서관), 474-475면.
24) 대법원 2002. 8. 27. 선고 2001다13624 판결; 대법원 2017. 6. 29. 선고 2016다221887 판결.

으나 대법원은 긍정설을 취하였다. 즉 회생절차와 파산절차는 목적을 달성하기 위하여 절차개시 전부터 채무자의 법률관계를 합리적으로 조정·처리하여야 한다는 점에서 공통되고, 미이행계약의 해제와 이행에 관한 규정인 채무자회생법 제121조와 제337조의 규율 내용도 동일하므로, 파산절차에 관한 특칙인 민법 제674조는 공사도급계약의 도급인에 대하여 회생절차가 개시된 경우에도 유추 적용할 수 있다.[25]

(나) 해제를 선택한 경우의 법률관계

① 회생절차의 경우   관리인이 해제를 선택한 경우 그 해제는 장래를 향하여 도급계약의 효력을 소멸시키는 것을 의미하므로 공사 중 이미 완성된 부분은 회생회사(회생채무자)에게 귀속된다.

수급인이 회생절차개시 전까지 시공한 기성고대금은 회생절차개시 전의 원인으로 발생한 채권이므로 회생채권이 되고, 그 결과 수급인은 일부밖에 변제받지 못하게 된다.[26] 한편, 수급인은 계약의 해제에 따라 발생한 손해의 배상을 청구할 수 있는데, 이는 회생채권으로서 회생절차에 따라 변제받게 된다(채무자회생법 제121조 제1항).

② 파산절차의 경우   앞서 본 바와 같이 파산절차의 경우에는, 민법 제674조가 적용되어 파산관재인(도급인측)과 수급인 모두 해제권을 가지고 있다(민법 제674조 제1항 전문). 파산관재인은 잔여공사를 완성하였을 경우의 공사대금보다 더 많은 액수의 건물환가대금이 보장되지 않는다면 계약의 해제를 택하게 될 것이다.

해제권이 행사된 경우, 해제 시까지 이미 시공된 부분은 도급인 즉 파산재단에 귀속한다. 해제 시까지의 기성부분에 대한 수급인의 공사대금청구권은 파산채

---

25) 회생절차는 재정적 어려움으로 파탄에 직면해 있는 채무자에 대하여 채권자 등 이해관계인의 법률관계를 조정하여 채무자 또는 사업의 효율적인 회생을 도모하는 것을 목적으로 하는 반면, 파산절차는 회생이 어려운 채무자의 재산을 공정하게 환가·배당하는 것을 목적으로 한다는 점에서 차이가 있기는 하다. 그러나 이러한 목적을 달성하기 위하여 절차개시 전부터 채무자의 법률관계를 합리적으로 조정·처리하여야 한다는 점에서는 공통되고, 미이행계약의 해제와 이행에 관한 규정인 채무자회생법 제121조와 제337조의 규율 내용도 동일하므로, 파산절차에 관한 특칙인 민법 제674조 제1항은 공사도급계약의 도급인에 대하여 회생절차가 개시된 경우에도 유추 적용할 수 있다. 따라서 도급인의 관리인이 도급계약을 미이행쌍무계약으로 해제한 경우 그때까지 일의 완성된 부분은 도급인에게 귀속되고, 수급인은 채무자회생법 제121조 제2항에 따른 급부의 반환 또는 그 가액의 상환을 구할 수 없고 일의 완성된 부분에 대한 보수 청구만 할 수 있다: 대법원 2017. 6. 29. 선고 2016다221887 판결.

26) 기성부분의 소유권은 회생회사에 귀속되는 반면 수급인은 회생채권자로서 기성고대금의 일부밖에 변제받지 못하는 결과가 된다. 관리인이 이러한 점을 이용하여, 종전 도급계약을 해제하고 새로운 수급인에게 잔존공사를 맡기는 것이 경우에 따라 권리남용에 해당할 수도 있음은 아래 파산절차에 관한 부분과 같다.

권이 되므로($\binom{\text{민법 제674조}}{\text{제1항 후문}}$) 수급인은 파산절차에 참가하여 일부밖에 변제받지 못하게 된다. 파산관재인과 수급인 중 누가 해제권을 행사하였든지 간에 각 당사자는 상대방에 대하여 계약해제로 인한 손해배상을 청구할 수 없다($\binom{\text{민법 제674}}{\text{조 제2항}}$).

다만, 파산관재인이 종전 도급계약을 해제하고 새로운 수급인에게 잔존공사를 맡기는 것이 경우에 따라 권리남용에 해당할 수도 있음을 주의하여야 한다. 예컨대, 파산선고전의 기성부분이 이미 지급한 공사대금을 크게 상회하는 경우, 파산관재인이 민법 제674조 제1항에 따라 도급계약을 해제하고 잔여공사를 제3자에게 마무리하도록 해 버린다면, 앞서 본 바와 같이 수급인은 파산채권이 되버린 기성고에 따른 공사대금채권을 일부밖에 변제받지 못하게 되고 도급인의 계약해제에 대하여 손해배상청구도 못하게 된다($\binom{\text{민법 제674}}{\text{조 제2항}}$). 이러한 효과에 비추어 볼 때 만일 파산관재인이 합리적인 이유 없이 오로지 종전 수급인에 대한 공사대금채권을 파산채권으로 만들 목적으로 도급계약을 해제한 것으로 인정된다면 권리남용으로 될 가능성이 크다는 것이다.

수급인은 파산선고 전에 행하여진 기성부분이 이미 받은 공사대금을 상회하고, 파산재단이 공사대금총액을 재단채권으로 지급할 여유가 있을 것으로 보이는 경우에는 도급계약을 해제를 하지 않고 파산관재인과의 교섭을 통하여 공사의 계속하여 완공하도록 하는 것이 좋을 것이다.

⒟ **이행을 선택한 경우의 법률관계**

① 회생절차의 경우   관리인이 이행을 선택한 경우 이행선택 이후의 공사부분에 대한 공사대금채권이 공익채권이 됨은($\binom{\text{채무자회생법}}{\text{제179조 제7호}}$) 이론의 여지가 없다. 문제는 수급인이 공사의 일부를 시공하였으나 그에 상응하는 공사대금(기성고대금)을 아직 지급받지 못한 상태에서 도급인에 대하여 회생절차가 개시되었는데, 관리인이 계약의 이행을 선택한 경우, 그 기성고대금을 회생채권으로 취급할 것인가 아니면 공익채권으로 취급할 것인가에 있다. 일반적으로 도급계약에서 수급인이 완성하여야 하는 일은 불가분이라고 보아야 하는 점, 관리인이 계약 중 일부만을 골라 이행을 선택하고 나머지 부분은 해제를 선택하는 것은 허용되지 않으므로 관리인이 이행을 선택하였다는 것은 도급계약에 기한 모든 권리의무를 이행할 것을 선택하였다고 볼 수 있는 점에 비추어 보면, 관리인이 이행을 선택한 도급계약에 따른 수급인의 보수청구권과 비용청구권, 즉, 공사대금채권은 장래에 공사를 할 부분과 기존에 공사를 한 부분이 일체로서 공익채권이 된다고 보아야 할 것이

다$\binom{\text{채무자회생법}}{\text{제179조 제7호 참조}}$.

대법원도 "공사도급계약에 있어서 기성고에 따라 대금을 지급받기로 하는 약정이 있다고 하더라도 수급인이 완성하여야 하는 공사는 원칙적으로 불가분이므로 도급계약에서 정한 공사가 일부 이루어졌고 그 기성공사 부분에 대하여 수급인에게 대금청구권이 발생한 경우에도 전체 공사가 끝나지 않았다면 그 기성공사 부분을 따로 떼어내 그 부분에 대한 수급인의 채무가 이행 완료되었다고 할 수 없는 것인바, 기성공사 부분에 대한 대금을 지급하지 못한 상태에서 도급인인 회사에 대하여 회사정리절차가[27] 개시되고, 상대방이 정리회사의 관리인에 대하여 회사정리법 제103조 제2항에[28] 따라 계약의 해제나 해지 또는 그 이행의 여부를 확답할 것을 최고했는데 그 관리인이 그 최고를 받은 후 30일 내에 확답을 하지 아니하여 해제권 또는 해지권을 포기하고 채무의 이행을 선택한 것으로 간주될 때에는 상대방의 기성공사 부분에 대한 대금청구권은 같은 법 제208조 제7호에[29] 서 규정한 '제103조 제1항의 규정에 의하여 관리인이 채무의 이행을 하는 경우에 상대방이 가진 청구권'에 해당하게 되어 공익채권으로 된다"고 판시한 바 있다.[30] 이러한 판례에 따르면 정기적으로 기성고를 판정하여 그에 따라 공사대금을 지급하기로 한 경우라도 관리인이 계약의 이행을 선택하면 공사대금채권 전부가 공익채권이 된다고 할 수 있겠다.[31]

서울중앙지방법원 파산부의 종래 회사정리실무는, 공사도급계약상 중간공정마다 기성고를 확정하고 그에 대한 공사대금을 지급하는 형태로 계약되어 있는

---

27) 채무자회생법상의 회생절차와 거의 같고, 회사정리법 당시의 판례의 법리는 현행 회생절차에도 동일하게 적용될 수 있다.
28) 채무자회생법 제119조 제2항과 같다.
29) 채무자회생법 제179조 제7호와 같다.
30) 대법원 2004. 8. 20. 선고 2004다3512, 3529 판결.
31) 대법원 2003. 2. 11. 선고 2002다65691 판결은 매월 1회씩 그 기성고에 따라 공사대금을 지급하기로 하는 공사도급계약을 체결하고 공사를 진행하던 중 도급인에 대하여 회사정리절차개시결정이 있었던 사안에 관하여, "(1) 일반적으로 도급계약에 있어서 수급인이 완성하여야 하는 일은 불가분이므로 그 대금채권이 회사정리절차개시 전의 원인으로 발생한 것과 그러하지 아니한 것으로 분리될 수 없는 것이 원칙이고, (2) 이 사건의 경우에도 공사대금의 지급방법에 관하여 매월 1회씩 그 기성고에 따라 지급하기로 한 것일 뿐이어서 중간공정마다 기성고를 확정하고 그에 대한 공사대금을 지급하기로 한 것과는 다를 뿐 아니라, (3) 정리회사의 관리인들이 단순히 원고에 대하여 위 도급계약에 따른 채무이행의 청구를 한 것을 넘어서서 1999. 3. 15.(개시결정 이후임. 필자주) 원고와 사이에 당초의 도급계약의 내용을 변경하기로 하는 새로운 계약을 체결하기까지 한 이상, 정리개시결정 이전에 완성된 공사 부분에 관한 대금채권이라는 이유로 이 사건 채권이 공익채권이 아니라 일반 정리채권에 불과한 것으로 취급될 수 없다"고 판시한 바 있다.

때에는 공사대금청구권과 대가관계에 있는 공사이행청구권 역시 분할되는 급부라는 점을 중시하여 개시결정 이후 완성된 공사분에 한하여 공사대금청구권을 공익채권으로 취급하여 왔으나, 현재의 회생사건실무는, 위 대법원 판례에 따라 건설회사의 관리인이 쌍방 미이행의 공사계약의 이행을 선택하는 경우 회생절차개시 이전의 기성고에 대한 공사대금채권을 포함하여 공사대금채권 전액을 공익채권으로 취급하고 있다.[32]

그러나 위 판례에 따르더라도 전체 공사를 독립적 가치를 가진 공정(터파기공사, 골조공사, 설비공사, 마무리공사)별로 지급될 공사대금을 따로 정한 경우 등 수급인의 일을 가분적으로 보아서 일정 시점 이전에 독립된 단위의 채무이행이 완료되었다고 볼 만한 특별한 사정이 있는 경우에는 각 공정별로 독립된 채무의 이행이 완료되었다고 보아 회생채권에 해당될 수도 있음을 유의하여야 한다.[33]

② 파산절차의 경우   쌍방이 이행을 선택하여 수급인이 공사를 완료한 경우 그 공사의 결과물은 파산재단에 귀속한다. 공사도급계약에서 기성고에 따라 대금을 지급받기로 하는 약정이 있더라도 수급인이 완성하여야 하는 공사는 원칙적으로 불가분이므로 수급인이 일을 완성한 경우 수급인의 보수청구권은 파산선고 전의 공사분을 포함하여 모두 재단채권(채무자회생법 제473조 제7호)이 된다. 이 경우 수급인은 상사유치권을 행사하여 미지급 공사대금채권을 확보할 수 있을 것이다.

(2) 수급인이 도산한 경우

(가) **파산절차에서 채무자회생법 제335조 제1항의 적용 여부**   수급인이 파산한 경우에 관하여는 민법에 별다른 규정이 없지만 일의 완성을 목적으로 하는 도급계약의 특성으로 인하여, 수급인이 파산한 경우에 채무자회생법 제335조가 적용될 수 있는지에 관하여 3가지의 견해가 있다.[34]

첫째는, 공사는 수급인의 노무 제공 등에 의하여 이루어져야 하는 것이므로

---

32) 서울중앙지방법원 파산부, 회생사건실무(상), 제2판(2008), 381−382면. 다만, 회생절차개시 전의 기성고에 대한 공사대금채권을 회생절차에 의하지 아니하고 수시로 변제하는 것은 자금사정상 곤란한 경우가 대부분이고 이러한 수시변제를 전제로 하여서는 회생계획안을 작성하는 것이 사실상 불가능하므로 관리인으로 하여금 수급인과 개별적으로 접촉하여 공사대금채권의 감면 내지 유예에 관한 합의를 도출하도록 한 후 이를 토대로 회생계획안을 작성하도록 지도하고 있다고 한다(서울중앙지방법원 파산부는 2017. 3. 서울회생법원으로 승격하였다).
33) 최종길, "도급공사의 기성공사 부분에 대한 대금청구채권이 회사정리법상 공익채권에 해당하는 경우,"『대법원판례해설』제52호(2004 하반기), 200면.
34) 박병대, 앞의 책, 476−478면.

고용계약에서 피용자가 파산한 경우와 마찬가지로 채무자회생법 제335조가 적용되지 않고, 따라서 도급계약에는 아무런 영향이 없으며, 파산선고 후의 공사완성에 의한 보수는 수급인이 새로이 취득한 재산이 되어 파산재단에 속하지 않고 파산선고를 받은 채무자가 자유롭게 처분할 수 있다는 견해이다. 다만, 일을 완성시켜 그 보수를 파산재단에 귀속시키는 것이 파산재단에 이익이 되는 경우 파산관재인은 채무자회생법 제341조에 따라 개입권을 행사할 수 있는데, 파산관재인이 이 개입권을 행사하면 일의 완성에 따른 보수청구권은 파산재단에 속하게 되고 노무를 제공한 파산채무자[35] 또는 제3자의 보수채권은 재단채권이 된다는 것이다. 요컨대, 수급인이 파산한 경우 파산관재인은 채무자회생법 제335조에 따른 계약해제를 할 수는 없고 채무자회생법 제341조에 따른 개입권만을 행사할 수 있다는 견해이다. 둘째는, 수급인이 파산한 경우에도 통상의 미이행 쌍무계약의 경우와 마찬가지로 채무자회생법 제335조가 전면적으로 적용되고, 채무자회생법 제341조는 파산관재인이 이행을 선택한 경우에 이행방법을 정한 것이라는 견해이다. 셋째는, 수급인에 따라서 채무자회생법 제335조가 적용되기도 하고 적용되지 않기도 한다는 견해이다. 즉, 고용의 경우처럼 수급인 개인의 특유한 노무제공을 목적으로 하는 도급계약의 경우에는 채무자회생법 제335조가 적용되지 않고, 반면 수급인이 건설회사와 같은 법인인 경우에는 수급인 개인의 특유한 노무제공이라는 것이 없고 일의 완성의 주체가 누구인가는 별다른 의미가 없으므로 이러한 경우에는 채무자회생법 제335조가 적용된다고 보는 견해이다.

도급계약에 관하여 민법에 아무런 특칙을 두고 있지 아니하므로 도급계약에도 원칙적으로 채무자회생법 제335조가 적용되고, 다만 수급인 개인의 특유한 노무제공이 도급계약의 목적달성에 필수적인 경우, 즉 도급계약의 내용이 수급인 본인만이 할 수 있는 비대체적인 일의 완성을 목적으로 하는 경우에는 채무자회생법 제335조가 적용되지 않는다고 할 것이다. 대부분의 건설공사 도급계약은 수급인 본인만이 할 수 있는 비대체적인 일의 완성을 목적으로 하는 계약이 아니므로 건설공사 도급계약에는 원칙적으로 채무자회생법 제335조가 적용된다고 할 것이다. 대법원 판례도 이와 같은 입장으로 보인다. 즉, 대법원은, "파산법 제50

---

35) 종전의 파산법에서는 파산자라는 용어를 사용하였으나 채무자회생법에서는 이를 사용하지 않고 채무자라는 용어를 사용하고 있다. 이하 파산선고를 받은 채무자라는 의미로 구별하여 쓸 필요가 있을 때에는 파산채무자라는 용어를 사용하기로 한다.

조[36] 제1항은 쌍무계약에 관하여 파산자 및 그 상대방이 모두 파산선고 당시에 아직 그 이행을 완료하지 아니한 때에는 파산관재인은 그 선택에 따라 계약을 해제하거나 파산자의 채무를 이행하고 상대방의 채무이행을 청구할 수 있다고 규정하고 있는데, 이 규정은 쌍무계약에서 쌍방의 채무가 법률적·경제적으로 상호 관련성을 가지고, 원칙적으로 서로 담보의 기능을 하고 있는 데 비추어 쌍방 미이행의 쌍무계약의 당사자의 일방이 파산한 경우에 파산법 제51조와[37] 함께 파산관재인에게 그 계약을 해제하거나 또는 상대방의 채무의 이행을 청구하는 선택권을 인정함으로써 파산재단의 이익을 지키고 동시에 파산관재인이 한 선택에 대응한 상대방을 보호하기 위한 취지에서 만들어진 쌍무계약의 통칙인바, 수급인이 파산선고를 받은 경우에 도급계약에 관하여 파산법 제50조의 적용을 제외하는 취지의 규정이 없는 이상, 당해 도급계약의 목적인 일의 성질상 파산관재인이 파산자의 채무의 이행을 선택할 여지가 없는 때가 아닌 한 파산법 제50조의 적용을 제외하여야 할 실질적인 이유가 없다. 따라서 파산법 제50조는 수급인이 파산선고를 받은 경우에도 당해 도급계약의 목적인 일이 파산자 이외의 사람이 완성할 수 없는 성질의 것이기 때문에 파산관재인이 파산자의 채무이행을 선택할 여지가 없는 때가 아닌 한 도급계약에도 적용된다고 할 것이다"라고 판시한 바 있다.[38] 도급계약의 목적인 일이 파산자 이외의 사람이 완성할 수 없는 성질의 것인 경우를 제외하고는 원칙적으로 채무자회생법 제335조가 적용되는데, 대부분의 건설공사 도급계약은 위와 같은 예외적인 경우에 속하지 않을 것이다.

요컨대, 건설공사의 수급인이 파산한 경우 파산관재인은 도급계약을 해제할 수도 있고 이행을 선택할 수도 있다. 파산관재인은 공사의 진행상황, 공사속행의 현실적 가능성, 공사의 중단과 지연이 이해관계인들에게 미치는 영향은 물론 이행을 선택한 경우 요구되는 비용과 얻을 수 있는 이익 및 해제를 선택한 경우 부담을 비교하여 선택하여야 할 것이다.

한편, 도산한 수급인이 일을 완성하기 전이라면, 도급인은 수급인의 손해를 배상하고 공사도급계약을 해제할 수 있다(민법 제673조). 이 조항은 도급계약에 관한 특칙으로서 채무자회생법 제335조에 우선하여 적용된다고 보아야 하므로 이 범위 내

---

36) 채무자회생법 제335조와 같다.
37) 채무자회생법 제337조와 같다.
38) 대법원 2001. 10. 9. 선고 2001다24174, 24181 판결.

에서는 파산관재인의 이행선택권이 제한된다고 볼 수 있다.

㈏ **해제를 선택한 경우의 법률관계**

① 회생절차의 경우　　관리인은 채무자회생법 제119조에 따라 건설공사 도급계약을 해제할 수 있다. 관리인이 해제를 한 경우, 그 해제는 장래를 향하여 도급계약의 효력을 소멸시키는 것을 의미하므로 공사 중 이미 완성된 기성고 부분은 도급인에게 귀속되고 도급인은 관리인에게 그에 상응하는 보수를 지급하여야 한다. 도급인이 선급금이나 기타 이미 제공한 공사자재 등이 있을 경우에는 그것의 반환을 청구할 수 있고, 그것이 회생회사에게 현존하지 않는 경우에는 그 가액 상당의 반환청구권을 공익채권으로 행사할 수 있다(채무자회생법 제121조 제2항). 선급금의 경우에는 돈의 성격상 그 자체의 반환이라는 것은 상정하기 어렵고 그와 같은 액수의 반환을 청구할 수 있을 것이다. 관리인에게도 기성고에 따른 공사대금채권이 있는 것이 보통이므로 선급금의 반환을 청구할 경우에는 대개 선급금에서 기성부분에 대한 공사대금을 제외한 나머지의 반환을 청구하게 될 것이다. 이 반환청구권은 공익채권이다.[39] 도급인은 그 밖의 손해에 관하여는 손해배상청구권을 행사할 수 있는데 이 손해배상청구권은 회생채권이 된다(같은 조 제1항).

기성부분의 공사대금이 선급금이나 이미 수령한 공사대금보다 큰 경우에는 그 차액은 회생회사의 재산으로서 관리인이 이를 추심하게 된다.

한편, 도급인도 민법 제673조에 따라 건설공사 도급계약을 해제할 수 있다. 이 경우 관리인은 도급인에 대하여 손해배상을 청구할 수 있다.

② 파산절차의 경우　　파산관재인은 채무자회생법 제335조에 따라 해제를 선택할 수 있다. 파산관재인이 건설공사 도급계약을 해제하면, 회생절차의 경우와 마찬가지로 이미 완성된 기성고 부분은 도급인에게 귀속되고 도급인은 파산관재인에게 그에 상응하는 보수를 지급하여야 하므로 이에 따른 정산절차를 거치게 된다.

도급인이 선급금이나 기타 이미 제공한 공사자재 등이 있을 경우에는 그것의 반환을 청구할 수 있고, 그것이 파산재단에 현존하지 않는 경우에는 그 가액상당의 반환을 청구할 수 있는데 이는 재단채권이 된다(채무자회생법 제337조 제2항). 선급금의 경우에는 돈의 성격상 그 자체의 반환이라는 것은 상정하기 어렵고 그와 같은 액수의 반환

[39] 동시이행항변권은 포기하고 선지급한 것이므로 회생채권이라고 보는 견해도 있을 수 있으나, 계약해제에 따른 원상회복청구권의 변형으로서 공익채권이라고 할 것이다.

을 청구할 수 있을 것이다. 이 반환채권은 재단채권이다.[40] 파산관재인에게도 기
성고에 따른 공사대금채권이 있는 것이 보통이므로 도급인이 선급금의 반환을 청
구할 경우에는 대개 선급금에서 기성부분에 대한 공사대금을 제외한 나머지의 반
환을 청구하게 될 것이다.

기성부분의 공사대금이 선급금이나 이미 수령한 공사대금보다 큰 경우에는
그 차액이 파산재단에 속하게 되므로 파산관재인은 도급인에 대하여 그 지급을
청구할 수 있다.

파산관재인이 계약을 해제함으로 인하여 도급인이 손해를 입은 때에는 도급
인은 그 손해의 배상을 청구할 수 있는데, 그 손해배상청구권은 파산채권이 된다
$\binom{\text{채무자회생법}}{\text{제337조 제1항}}$.

한편, 도급인은 민법 제673조에 따라 건설공사 도급계약을 해제할 수 있으나
이 경우에는 그로 인한 손해를 파산재단에 배상하여야 한다. 도급인이 적극적으
로 계약을 해제하는 경우가 아니라도 파산관재인이 해제할 수 있으므로, 도급인
은 내용증명우편 등으로 상당한 정도의 답변기간을 정하여 파산관재인에게 이행
이나 해제 중 어느 것을 선택할지 확답을 요구하는 것이 바람직하다. 파산관재인
이 위 기간 내에 답변을 하지 않으면 도급계약을 해제한 것으로 본다$\binom{\text{채무자회생법}}{\text{제335조 제2항}}$.

(다) **이행을 선택한 경우의 법률관계**

① 회생절차의 경우   관리인이 이행을 선택하면 도급인의 공사이행청구
권은 공익채권의 성질을 가지는 것이므로, 관리인은 사업경영의 일환으로 나머지
공사를 완료한 후 도급인인 상대방에 대하여 공사대금을 청구하게 될 것이다. 회
생절차가 개시되지 않은 경우와 별반 다를 게 없다.

수급인이 도산하여 공사가 지체되었는데 회생절차개시 후 관리인이 이행을
선택한 경우 회생절차개시결정 이후의 지체상금채권은 어떻게 되는가가 문제될
수 있다. 도급계약에 관한 것은 아니지만 이에 관한 판례가 있다. 즉, 회생회사가
회생절차개시 전에 아파트를 분양하고 그 공사를 지체하던 중 회생절차개시결정
을 받았는데, 관리인이 쌍방 미이행의 분양계약에 관하여 이행을 선택하여 아파
트를 준공하였으나 원래 약속하였던 입주 시기를 맞추지 못하고 지체한 경우, 아
파트 수분양자가 회생회사에 대하여 갖는 개시결정 이후의 지체기간에 따른 지
체상금청구권은 공익채권이 되고, 이 채권으로 수분양자의 분양대금과 상계할 수

---

40) 파산채권으로 보아야 한다는 견해가 있을 수 있음은 회생절차의 경우와 같다.

있다는 것이다.[41]

② 파산절차의 경우　　파산관재인이 이행을 선택한 경우, 파산관재인은 원래의 수급인에 갈음하여 자신이 직접 공사를 이행하게 된다. 그 외에도 파산관재인은 수급인인 파산채무자에게 필요한 재료를 제공하여 나머지 공사를 하게 하거나 제3자로 하여금 이를 하게 할 수 있다(채무자회생법 제341조 제1항). 대부분의 건설공사는 일의 성질상 반드시 파산채무자 본인이 하여야 하는 경우는 많지 않을 것이므로(법인의 경우에는 채무자 본인이 꼭 하여야 하는 일신전속적인 것이라고 보기 어려울 것이다) 파산관재인이 파산재단의 재원으로 직접 하거나 제3자로 하여금 하게 할 것이다. 이와 같이 하여 완성된 공사에 따른 공사대금채권은 파산재단에 귀속한다(채무자회생법 제341조 제2항). 파산관재인의 요청에 따라 공사를 한 파산채무자나 제3자의 임금청구권이나 보수청구권은 재단채권이 된다(채무자회생법 제473조 제4호).

파산관재인이 이행을 선택한 경우, 근로자들에 대한 산업재해보상, 완성된 건물에 대한 하자담보책임 등의 문제가 생길 수 있다는 점을 염두에 두고 이를 사전에 꼼꼼히 살펴야 할 것이다.

파산관재인이 이행을 선택한 경우에도 공기의 지연 또는 공사내용의 계약과 상이 등의 문제가 발생하면 도급인은 파산관재인의 채무불이행을 이유로 계약을 해제할 수 있는데 이에 수반하는 손해배상청구권은 파산관재인의 이행선택에 기초한 것이므로 재단채권으로 된다고 보아야 한다.

파산관재인이 채무자회생법 제335조에 따라 이행을 선택한 경우라도 도급인은 민법 제673조에 의한 해제권을 상실하는 것이 아니므로 공사가 완성되기 전이라면 손해를 배상하고 계약을 해제할 수 있다.

㈑ **하도급대금의 직접 지급**　　수급인이 파산하여 그가 하도급을 준 하수급인에 대하여 하도급대금을 지급할 수 없게 된 경우, 하수급인이 도급인에 대하여 하도급대금의 직접지급을 요청한 때에는 도급인이 하도급대금을 하수급인에게 직접지급하여야 하며, 하도급대금 직접지급사유가 발생한 경우 도급인의 수급인에 대한 공사대금지급채무와 수급인의 하수급인에 대한 하도급공사대금지급채무는 그 범위 안에서 소멸한 것으로 간주하는 특별규정이 있다. 이에 관하여는 뒤의 제7절에서 상세히 본다.

---

41) 대법원 2002. 5. 28. 선고 2001다68068 판결. 파산절차의 경우에도 마찬가지의 법리가 적용될 것이다.

Ⅲ. 수급인의 도산과 도급인의 하자보수에 갈음하는 손해배상청구권

일반적으로 수급인이 부담하는 하자보수의무는 도급계약의 목적인 공사가 일단 완성된 것을 전제로 하는 것이므로 공사가 미완성인 경우 발생할 여지가 없다.[42] 공사가 미완성인 한 수급인이 도산한 때에도 쌍방 미이행 쌍무계약에 관한 법률규정이 적용되므로 앞에서 본 바와 같이 처리하면 된다.

그런데 건설공사도급계약에서 공사가 이미 완성되었다면, 특별한 사정이 있는 경우를 제외하고는 당사자로서는 공사도급계약을 해제할 수 없을 것이고, 이와 같이 도급계약을 해제할 수 없게 된 때에는 수급인이 도급계약상의 채무를 전부 이행한 것으로 보아야 한다.

따라서 수급인이 공사를 완료하여 도급인에게 인도한 후 파산선고를 받았다면 쌍방 미이행의 쌍무계약에 관한 채무자회생법 제335조는 적용될 여지가 없으므로,[43] 파산채무자인 수급인이 도급인에 대하여 공사대금(추가공사대금 또는 잔여 공사대금)을 청구하는 경우에도 도급인이 수급인에 대하여 가지는 하자보수에 갈음하는 손해배상청구권은 재단채권이 아니라 파산채권이 된다. 다만, 도급인이 파산관재인에게 지급하여야 할 공사대금이 남아 있다면 이 파산채권으로 상계할 수 있을 것이다($\binom{채무자회생}{법 제416조}$).[44]

하자보수에 갈음하는 손해배상청구권의 회생채권 해당 여부 [대법원 2015. 4. 23. 선고 2011다109388 판결]

민법 제667조 제2항의 하자보수에 갈음한 손해배상청구권은 보수청구권과 병존하여 처음부터 도급인에게 존재하는 권리이고, 일반적으로 손해배상청구권은 사회통념상 현실적으로 손해가 발생한 때에 성립하는 것이므로, 하자보수에 갈음한 손해배상청구권은 하자가 발생하여 보수가 필요하게 된 시점에 구체적으로 성립한다(대법원 2014. 9. 4. 선고 2013다29448 판결 등 참조). 그러나 건축공사의 도급계약에 있어

---

42) 다만, 공사가 미완성인 경우에도 이미 시공된 부분에 대하여서는 하자보수의무가 문제될 수 있다.
43) 대법원 2001. 10. 9. 선고 2001다24174, 24181 판결; 대법원 2015. 4. 23. 선고 2011다109388 판결.
44) 회생절차의 경우에도 같은 법리가 적용될 것이다.

서는 이미 그 공사가 완성되었다면 특별한 사정이 있는 경우를 제외하고는 이제 더이상 공사도급계약을 해제할 수는 없다고 할 것이고, 회생절차개시 전에 이미 건물을 완공하여 인도하는 등으로 건축공사 도급계약을 해제할 수 없게 되었다면 수급인은 회생절차개시 전에 도급계약에 관하여 그 이행을 완료한 것으로 보아야 하는바, 이러한 경우 수급인에 대한 회생절차개시 후에 완성된 목적물의 하자로 인한 손해가 현실적으로 발생하였더라도, 특별한 사정이 없는 한 하자보수에 갈음하는 손해배상청구권의 주요한 발생원인은 회생절차개시 전에 갖추어져 있다고 봄이 타당하므로, 위와 같은 도급인의 하자보수에 갈음하는 손해배상청구권은 회생채권에 해당한다고 보아야 한다.

제4절 소송 도중 당사자가 도산한 경우

소송 도중 건설공사의 도급인 또는 수급인이 도산한 경우는 건설공사만의 특유한 문제가 아니어서 일반적인 경우의 소송수계의 문제와 같다.

I. 회생절차의 경우

1. 채무자의[45] 재산에 관한 소송의 당사자적격과 소송절차의 중단

회생절차개시결정이 있는 경우에 채무자의 업무수행권과 재산의 관리처분권은 관리인에게[46] 전속하므로($^{채무자회생}_{법 제56조}$) 채무자의 재산에 관한 소에서는 관리인이 당사자적격을 가진다. 한편, 관리인이 여러 명인 때에는 공동으로 직무를 수행하여야 하므로 관리인 전원을 원고 또는 피고로 한 고유필수적 공동소송에 해당함을 주의하여야 한다.

따라서 회생절차개시결정 후 채무자의 재산에 관하여 소송을 제기하는 때에는 관리인을 원고 또는 피고로 하여야 한다. 한편, 회생채권·회생담보권에 관한

---

45) 회생절차개시결정을 받은 채무자로 건설소송의 경우에는 회사인 경우가 많을 것이다. 채무자회생법에 따라 채무자라고 한다.
46) 보전처분의 일환으로 보전관리인에 의한 관리명령이 있는 경우, 보전관리인에 대하여도 마찬가지이지만(채무자회생법 제43조 제3항, 제85조, 제86조), 실무상 보전관리인에 의한 관리명령이 내려지는 경우는 거의 없으므로 이하에서는 관리인에 대해서만 설명한다.

소송은 먼저 채권신고에 의한 확정절차(조사확정재판 포함)를 거친 후 조사확정재판에 대한 이의의 소를 제기하여야 하므로 이러한 절차를 거치지 아니한 경우에는 소의 이익이 없는 것으로서 부적법하다.[47]

　앞서 본 바와 같이 회생절차의 개시결정과 동시에 채무자의 재산에 대한 관리처분권이 관리인에게로 이전하므로 기존에 계속되어 있던 채무자의 재산관계의 소송절차는 회생절차개시결정과 동시에 중단된다(채무자회생법 제59조).[48] 회생채권·회생담보권에 관한 소송은 물론이고 환취권·공익채권에 관한 소송도 채무자의 재산에 관한 소송이므로 모두 중단된다.

　한편 채무자회생법 제74조 제3항에 따라 관리인을 선임하지 아니하는 결정을 하고, 제74조 제4항에 따라 개인 채무자나 법인 채무자의 대표자를 관리인으로 보게 되는 경우에도 소송절차의 중단과 수계가 있는지 여부가 문제되는데, 이 경우에도 관리인이 선임된 경우와 마찬가지로 소송절차가 중단되고 수계가 이루어져야 한다고 본다.[49]

2. 중단의 효력

　소송절차의 중단은 회생절차개시결정에 의하여 즉시(개시결정의 확정을 기다리지 아니하고) 발생한다. 수계가 이루어질 때까지 중단의 효력이 지속된다. 회생절차개시결정이 항고 등에 의하여 사후에 취소되더라도 일단 중단한 효력이 소급하여 소멸하는 것은 아니다.

　소송절차의 중단은 법률상 당연히 발생한다. 회생채무자로부터 회생절차개시 전에 위임을 받은 소송대리인이 존재하여 그가 소송을 수행하고 있는 경우라도 소송절차가 중단된다. 소송절차가 중단되면 판결의 선고를 제외하고(민사소송법 제247조 제1항) 당사자든 법원이든 모든 소송행위를 행할 수 없다. 따라서 법원은 중단된 것이 판명된 즉시 그 사건에 관한 모든 소송행위를 보류하고 기일이 이미 지정되어

---

47) 채무자회생법 제173조 참조. 또한 대법원 2003. 5. 16. 선고 2000다54659 판결 등도 "정리채권확정의 소는 회사정리절차에서 정리채권으로 신고하여 정리채권자표에 기재되고 조사의 대상으로 되었던 채권을 대상으로 하여서만 허용되는 것이고, 신고하지 아니한 정리채권에 대한 확정을 구하는 것은 부적법하다"고 판시한 바 있다. 구 회사정리법에 관한 판례이기는 하나, 현행 채무자회생법하에서도 타당하다.
48) 회생절차개시 전에 보전관리인에 의한 관리명령이 내려진 경우, 보전관리인의 권한은 정리절차 개시 후의 관리인의 그것과 대체로 같으므로 채무자의 재산에 관한 소송에 있어서는 보전관리인이 원고 또는 피고가 된다(채무자회생법 제86조).
49) 서울중앙지방법원 파산부 실무연구회, 회생사건실무(상), 제2판(2008), 164면.

있더라도 변론절차를 열어서는 안 되며 상소기간 등 기간의 진행도 정지된다. 소송절차가 중단되었음에도 불구하고 그 사실을 간과하고 변론을 종결하여 판결을 선고하였다고 하여도 그 판결은 당연무효가 아니라 단지 상소나 재심에 의하여 취소될 수 있을 뿐이다.[50)]

회생절차개시결정에 의하여 소송절차가 중단된 경우 종전의 채무자에 의하여 선임된 소송대리인의 대리권은 소멸하므로 종전의 대리인이 수계신청과 함께 소송대리를 하려면 관리인으로부터 별도의 수권을 얻어야 한다. 다만, 관리인(관리인 불선임결정에 의하여 관리인으로 보게 되는 채무자 포함)이 대리권수여의 기초가 되는 위임계약의 이행을 선택한 경우에는 그 이행에 필요한 소송대리권을 부여하였다고 볼 수 있을 것이다.

3. 개시결정에 의하여 중단되지 아니하는 소송

채무자의 재산에 관한 소송이 아니라 채무자의 인격(법인격)에 관한 소송인 경우, 예컨대, 회사의 경우 회사해산소송, 회사설립무효소송, 합병무효소송, 주주총회결의취소·무효소송, 주주가 회사에 대하여 제기한 주주지위확인소송, 명의개서 청구소송 등은 회생절차개시결정 등에 의하여 중단되지 아니한다. 채무자의 인격적 활동에 관한 권한은 회생절차개시결정에 불구하고 여전히 채무자에게 귀속되기 때문이다.

이러한 소송에서는 회생절차개시 후에도 관리인이 아니라 채무자가 소송 당사자가 되고 채무자의 대표자가 소송을 수행하여야 한다.

4. 중단되는 소송의 유형에 따른 수계절차

(1) 회생채권·회생담보권과 관계없는 소송(채무자회생법 제59조 제2항)

회생절차개시결정에 의하여 중단된 소송 중 회생채권·회생담보권과 관계없는 소송은 관리인 또는 상대방이 수계한다(채무자회생법 제59조 제2항). 가령, 회생채무자가 원고가 되어 그가 가지는 재산권에 기하여 제기한 이행소송 또는 적극적 확인소송, 제3자가 회생채무자를 피고로 하여 제기한 환취권(소유권에 기한 특정물의 인도 청구소송)에 관한 소송 또는 기타 물권적 청구권에 기한 소송, 공익채권(가령 개시결정전부터 계속 중이던 임금 또는 퇴직금지급 청구소송)에 관한 소송 등은 관리인 또는 상대방이

---

50) 대법원 1995. 5. 24. 선고 94다28444 전원합의체 판결.

바로 이를 수계한다. 이 경우 채무자에 대한 소송비용청구권은 공익채권이 된다($\frac{채무자회생법 제}{59조 제2항 제2문}$). 상대방이 승소한 경우, 관리인이 수계한 이후의 소송비용뿐만 아니라 그 이전의 소송비용까지 전체로 공익채권이 된다고 본다.

한편, 회생채무자를 당사자로 하지 아니하는 소송이지만 채권자취소소송, 파산절차에 의한 부인소송은 중단된다고 규정하고 있고($\frac{채무자회생법}{제113조 제1항}$), 명문의 규정은 없지만 위 조항을 유추적용하여 주주의 대표소송($\frac{상법}{제403조}$)이나[51] 채권자대위소송도 중단된다고 해석된다. 이러한 소송은 회생절차개시결정 등에 의하여 일단 중단되지만 관리인이 선임된 다음에 바로 관리인 또는 상대방이 수계신청을 할 수 있고, 수계에 의하여 관리인이 회생채무자의 소송상의 지위를 승계한다.

⑵ 회생채권·회생담보권에 관한 소송(채무자회생법 제172조)

회생채권 또는 회생담보권에 관한 소송절차는 중단 즉시 수계를 하는 것이 아니라 먼저 회생채권·회생담보권의 조사절차를 거친 후 그 절차에서 이의가 있는 경우에 한하여 회생채권자 또는 회생담보권자가 권리확정을 구하는 것으로 청구취지를 변경하고 이의자를 상대방으로 하여 소송절차를 수계한다($\frac{채무자회생법}{제172조 제1항}$).

⑺ 의   의   "회생채권에 관한 소송"이라 함은 회생채권으로 신고된 실체법상 청구권을 소송물로 하는 이행소송 또는 확인소송을 말한다.

"회생담보권에 관한 소송"이라 함은 일정 범위의 담보물권에 의하여 담보된 금전채권을 소송물로 하는 소송 또는 그 담보물권을 소송물로 하는 소송을 말한다.

⑷ 수계절차   이러한 소송은 관리인 등이 바로 수계하는 것이 아니라, 채무자회생법이 마련하고 있는 회생채권 등의 조사절차를 먼저 거치고 그 조사절차에서 이의가 있는 경우에 한하여 이의자를 상대로 하여 그 소송을 수계한다. 즉, 회생채권자·회생담보권자는 개시결정시 정하여진 신고기간 내에 소송으로 청구하고 있는 권리를 회생채권 또는 회생담보권으로 신고하여야 하며, 신고된 채권에 대하여 채권조사기일에 관리인 또는 이해관계인으로부터 이의가 진술된 경우, 그 회생채권자·회생담보권자는 그 채권의 조사가 있었던 날(조사기일)로부터 1월 이내에 이의를 진술한 자 전원을 상대로 소송절차를 수계하고 회생채권 또는 회생담보권의 확정을 구하는 것으로 청구취지를 변경하여야 한다($\frac{채무자회생법 제}{172조 제1항, 제170}$

---

51) 주주의 대표소송에 관하여는 대법원 2002. 7. 12. 선고 2001다2617 판결 참조.

$\binom{조}{제2항}$.[52] 채권자가 채무자를 상대로 공사대금의 지급을 구하는 소를 제기하여 제1심에서 가집행부 승소판결을 받고 그에 기해 판결원리금을 지급받았다가, 항소심에 이르러 채무자에 대한 회생절차개시로 인해 당초의 소가 회생채권확정의 소로 교환적으로 변경되어 취하된 것으로 되는 경우에 소송을 수계한 관리인은 항소심 절차에서 가지급물의 반환을 구할 수 있다.[53] 한편, 이의의 대상이 된 회생채권 또는 회생담보권이 집행력 있는 집행권원[54] 또는 종국판결이 있는 것인 때에는 이의를 한 사람이 이의의 대상인 권리를 보유한 회생채권자 또는 회생담보권자를 상대방으로 하여 소송절차를 수계하여야 한다$\binom{채무자회생법 제}{174조 제1항, 제2항}$.

수계신청을 할 법원은 중단중인 소송이 계속하고 있던 법원이고, 이후의 심리·판결도 그 법원에서 행하며, 당연히 회생법원으로 이송하여야 하는 것은 아니다.

수계신청을 받은 법원은 과연 회생절차개시결정 이후 적법한 회생채권·회생담보권 신고가 있었는지, 그 신고가 있었다면 이에 대한 이의가 있었는지, 그 이의가 있었다면 수계신청이 이의가 진술된 조사기일로부터 적법한 기간 내에 제기된 것인지 등을 살펴보아 소송수계가 적법한 것인지 여부를 확인하여야 한다.[55]

신청이 부적법(예컨대 기간경과 후의 신청 등)하거나 이유 없다고 인정되는 경우에는 결정으로 신청을 각하하며, 신청을 받아들이는 경우에는 명시적 결정을 하지 않고 그대로 소송을 진행하여 종국판결의 이유 중에 판단하면 된다.

신고한 회생채권자 등이 수계기간을 준수하지 못한 경우 당장 그 권리가 실체상으로 소멸하는 것은 아니지만 그 권리에 관하여 회생절차에 참가할 수 없게 되고 회생계획의 확정에 의하여 실권되게 된다. 채권확정소송의 결과는 관리인 등의 신청에 의하여 회생채권자표·회생담보권자표에 기재된다.

(다) **수계 후의 소송절차**   중단중인 소송이 수계된 경우에는 이의를 진술

---

52) 만약 수계를 하지 아니하고 별도로 채권조사확정재판을 신청하더라도 이는 권리보호의 이익이 없어 부적법하다.

53) 대법원 2011. 8. 25. 선고 2011다25145 판결: 항소심 절차에서 가지급물의 반환을 구할 수 있고 별소의 형식으로 청구하여 반환받아야만 하는 것은 아니며, 한편 채권자가 회생채권확정의 소에서 확정받은 채권액 부분이 있다 하더라도 그 부분을 가지급물 반환 대상에서 제외할 것은 아니다.

54) 이때의 집행력 있는 집행권원이라 함은 집행력 있는 정본과 동일한 효력을 가지고 곧 집행할 수 있는 것으로서 집행문을 요하는 경우에는 집행문의 부여를 받았어야 한다. 파산절차의 경우에도 마찬가지이다.

55) 대법원 1995. 10. 12. 선고 95다32402 판결.

한 자(주로 관리인)가 새로이 소송의 당사자로 된다.

이의자는 종전의 소송상태를 승계하는 것으로 되지만 관리인이 수계 후 부인의 항변을 제출한 때에는 부인권행사의 효과와 저촉하는 한도에서 회생채무자가 행한 소송수행의 결과에 구속받지 아니한다.

회생채권의 확정을 구하는 소의 계속 중 회생절차가 종결되는 경우, 회생채권의 확정을 구하는 청구취지를 회생채권의 이행을 구하는 청구취지로 변경할 필요는 없고 회생절차가 종결된 후에 회생채권의 확정소송을 통해 채권자의 권리가 확정되면 소송의 결과를 회생채권자표 등에 기재하여($\binom{채무자회생}{법 제175조}$) 미확정 회생채권에 대한 회생계획의 규정에 따라 처리하면 된다.[56]

Ⅱ. 파산절차의 경우

1. 파산재단에 관한 소송의 당사자적격과 소송절차의 중단

파산선고에 의하여 파산채무자는 파산재단에[57] 관한 관리처분권을 상실하고 이 관리처분권은 파산관재인에게 속하게 되므로($\binom{채무자회생}{법 제384조}$), 파산재단에 속하게 될 재산에 관하여 소송이 계속 중에 소송의 당사자가 파산선고를 받으면 그 당사자가 원고이든 피고이든, 그 소송이 파산재단을 구성하는 적극재산에 관한 것이든 소극재산(파산채권)에 관한 것이든 구별하지 아니하고, 그 당사자는 소송수행권을 상실하며 파산관재인이 당사자적격을 가진다.

따라서 파산선고 당시 계속 중이던 파산재단에 관한 소송에 관하여 당사자를 파산채무자에서 파산관재인으로 교체시킬 필요가 발생하므로 소송절차는 중단된다($\binom{민사소송법 제}{239조 제1문}$). 설령 파산선고를 받은 채무자를 위하여 소송대리인이 있는 경우라도 마찬가지다($\binom{민사소송}{법 제238조}$).

---

56) 대법원 2014. 1. 23. 선고 2012다84417, 2012다84424, 2012다84431 판결: 회생계획인가의 결정이 있으면 회생채권자 등의 권리는 회생계획에 따라 변경되고 회생계획이나 채무자회생법의 규정에 의하여 인정된 권리를 제외하고는 모든 회생채권과 회생담보권에 관하여 면책의 효력이 발생하며(채무자회생법 제251조, 252조), 회생계획인가 결정 후 회생절차 종결결정이 있더라도 채무자는 회생계획에서 정한 대로 채무를 변제하는 등 회생계획을 계속 수행할 의무를 부담하게 된다. 대법원은 회생채권의 확정을 구하던 채권자가 회생절차 종결결정 후 회생채권의 이행을 구하는 청구취지로 변경하고 법원이 그 이행을 명하는 판결을 선고하였다면 이는 회생계획 인가결정과 회생절차 종결결정의 효력에 반하여 위법하다고 판시하였다.

57) 파산재단이라 함은 채무자가 파산선고 당시에 가진 모든 재산을 말한다(채무자회생법 제382조 제1항). 다만 압류금지재산과 면제재산은 제외된다(채무자회생법 제383조).

반대로 파산관재인으로의 소송수계가 이루어지기 전에 파산절차가 종료된다면 파산선고를 받았던 채무자가 당연히 소송절차를 수계하게 되며($^{민사소송법\ 제}_{239조\ 제2문}$), 파산재단에 관한 소송의 수계가 이루어진 뒤 파산절차가 종료된 경우에도 파산선고를 받았던 채무자의 수계를 위하여 소송절차가 중단된다($^{민사소송}_{법\ 제240조}$).

이와는 달리 파산선고 후에 파산재단에 관하여 소송이 새로 제기되는 때에는 처음부터 파산관재인을 원고 또는 피고로 하여 소송을 제기하여야 한다.

한편, 채권자취소소송은 채무자가 당사자인 소송은 아니지만 파산재단의 확충에 관한 소송이어서 파산관재인이 이를 부인소송으로 변경하여 수행할 필요가 있으므로 중단되며($^{채무자회생법}_{제406조\ 제1항}$). 채권자대위소송, 주주대표소송도 사해행위취소소송에 관한 규정을 유추적용하여 중단된다고 본다.[58] 채권자취소소송을 제기하기 위한 전 단계로 파산채권자가 하여 둔 보전처분에 관한 소송 역시 중단된다.

2. 중단의 효력

회생절차개시결정의 경우와 같다.

3. 파산선고가 있어도 중단되지 아니하는 소송

회생절차의 경우와 유사하다. 즉, 파산선고가 있더라도 파산채무자가 소송능력을 절대적으로 상실하는 것은 아니며 파산선고에 의하여 중단되는 소송은 "파산재단에 관한 소송"에 한정된다. 따라서 파산선고에도 불구하고 파산채무자가 여전히 관리처분권을 가지고 있는 자유재산(예컨대 파산채무자가 파산선고 후에 새로 취득한 재산, 압류금지재산, 면제재산)에 관한 소송은 중단되지 아니하고 파산채무자 개인의 이혼소송 등 신분에 관한 소송, 법인이 파산한 경우 회사설립무효소송, 주주총회결의의 효력에 관한 소송 등 파산재단과 관계없는 소송은 파산선고에 의하여 중단되지 아니한다.

4. 중단되는 소송의 유형에 따른 수계절차

⑴ 파산재단에 속하는 재산에 관한 소송(채무자회생법 제347조)

파산선고를 받은 채무자가 원고로서 그 재산권에 기하여 제기한 이행소송 또

---

58) 주주의 대표소송에 관하여는 대법원 2002. 7. 12. 선고 2001다2617 판결 참조.

는 적극적 확인소송, 근저당권[59]부존재확인소송, 제3자가 파산채무자를 피고로 하여 제기한 현유재단에[60] 속하는 재산권의 귀속을 다투는 소송(예컨대 소유권에 기한 인도 청구소송 등 환취권에 관한 소송), 재단채권에 관한 소송이 이에 해당한다.

이러한 소송은 파산선고에 의하여 일단 중단되지만, 중단된 소송은 파산관재인이 선임된 다음에 바로 파산관재인 또는 상대방이 수계신청을 할 수 있고, 수계에 의하여 파산관재인이 당사자가 되고 채무자의 소송상 지위를 승계한다(채무자회생법 제347조 제1항 전문). 이 경우 파산관재인에 대한 상대방의 소송비용청구권은 재단채권이 된다(채무자회생법 제347조 제2항). 상대방이 승소한 경우, 파산관재인이 수계한 이후의 소송비용뿐만 아니라 그 이전의 소송비용까지 전체가 재단채권이 된다고 본다.

(2) 파산채권에 관한 소송

파산채무자를 상대로 한 이행의 소, 채권확인의 소, 또는 파산채무자로부터 제기된 채무부존재확인의 소 등(청구이의의 소도 포함된다고 해석된다)이 이에 해당한다. 이러한 소송은 파산재단에 속하는 재산에 관한 소송과는 달리 소송중단 후 파산관재인이 바로 수계하는 것이 아니라, 파산채권의 조사절차를 먼저 거친 후 이의가 있는 경우에 한하여 이의자를 상대방으로 하여 소송절차를 수계한다(채무자회생법 제464조).

즉, 권리자는 파산선고시 정하여진 신고기간 내에 파산채권으로 신고하여야 하고, 신고된 채권에 대하여 채권조사기일에 조사가 행하여진다.

권리자가 신고한 파산채권에 관하여 채권조사기일에 파산관재인 또는 다른 파산채권자로부터 이의가 진술되지 아니한 경우에는 파산채권이 확정되고 파산채권자표에 기재된다. 확정된 파산채권에 관하여 파산채권자표에 기재한 때에는 그 기재는 파산채권자 전원에 대하여 확정판결과 동일한 효력이 있다(채무자회생법 제460조). 따라서 확정된 파산채권에 관한 소송은 더 이상 유지할 필요가 없어지므로 수계의 문제는 발생하지 않는다. 실무상으로는 종전의 소송을 취하하는 것으로 해결하고 있는데 만약 취하하지 않으면 소의 이익이 없어 각하하여야 할 것이다.

신고한 파산채권에 관하여 채권조사기일에 파산관재인 또는 다른 파산채권자로부터 이의가 진술된 경우에는 중단되어 있던 종전의 소송은 파산채권확정소

---

59) 파산절차와 관계없이 행사할 수 있는 별제권이다.
60) 파산선고 후 파산관재인이 파산재단에 본래 속하는 것으로 인정하여 현실적으로 점유·관리하고 있는 재단을 말한다.

송으로 청구취지 등이 변경되어 속행된다. 보통은 신고한 파산채권자가 이의를 진술한 파산관재인이나 다른 파산채권자를 상대방으로 하여 수계한다. 그러나 이의의 대상이 된 파산채권이 집행력 있는 집행권원 또는 종국판결 있는 파산채권인 때에는 이의를 진술한 파산관재인 또는 파산채권자가 신고한 파산채권자를 상대로 소송수계신청을 하여야 한다(^{채무자회생법} 제466조 제2항). 회생절차와 달리 수계를 하여야 하는 기간에는 제한이 없으나 파산채권이 확정되기 전에는 파산절차에 참가하여 배당을 받을 수 없다.

파산채권확정소송에서 채권신고 여부는 소송요건으로서 법원의 직권조사사항이다.[61]

⑶ 재단채권에 관한 소송

재단채권은 본래의 성질상 절차비용, 파산재단의 환가비용 등 파산선고 후에 성립하는 채권이기 때문에 소송중단·수계의 문제는 생기지 않는다.

그러나 예외적으로 파산선고 전에 생긴 채권도 재단채권으로 인정되는 경우가 있다. 가령 쌍방 미이행 쌍무계약에 관하여 파산관재인이 채무자회생법 제335조 제1항에 의하여 이행을 선택한 경우에 상대방이 가지는 청구권, 근로자의 임금·퇴직금·재해보상금 채권이 이에 해당된다. 이러한 재단채권에 관한 소송이 파산선고 당시 계속중인 경우에는 그 소송은 파산선고에 의하여 중단되고, 위 "파산재단에 속하는 재산에 관한 소송"의 경우에 준하여 수계절차를 밟아야 한다. 즉, 회사를 상대로 하여 임금청구소를 제기하여 소송절차가 진행되던 도중에 그 회사가 파산선고를 받으면, 그 임금 청구소송은 중단되고 파산관재인이 이를 수계하여야 한다.

⑷ 채권자취소권 및 채권자대위권에 기한 소송

채권자가 민법 제406조에 의한 채권자취소의 소(사해행위취소의 소)를 제기하여 그 소송이 계속하던 중에 채무자가 파산한 경우, 위 소송절차는 수계 또는 파산절차종료시까지 중단된다(^{채무자회생법} 제406조 제1항). 채권자취소소송의 피고는 수익자 또는 전득자로서 파산선고를 받은 채무자를 피고로 하는 것은 아니지만 그 소송은 원래 모든 채권자를 위한 것으로서 소송결과에 따라 확보되는 재산은 모든 채권자들의 채권에 대한 책임재산이 되기 때문에, 채무자가 파산한 경우에는 모든 채권자를

---

61) 대법원 2000. 11. 24. 선고 2000다1327 판결. 채무자회생법 제465조 참조.

위하여 파산채무자의 재산을 관리하는 파산관재인이 이를 수계할 필요가 있기 때문이다. 채권자취소소송은 파산선고로 인하여 중단되고 파산관재인이 이를 수계하여 부인소송으로 청구취지를 변경하여 진행하게 된다(채권자취소소송의 경우 파산관재인은 원고를 수계한다). 만약 종전의 채권자(원고)가 소송대리인을 선임한 경우라도 그 위임의 효력이 파산관재인이 원고가 되는 새로운 소송에 미친다고 볼 수 없으므로 파산관재인은 자신이 직접 소송을 수행하거나 필요한 경우 새로 소송대리인을 선임하여야 한다. 파산관재인이 채권자취소소송을 수계하여 부인의 소로 변경되더라도 기존 원고가 지출한 소송비용은 재단채권이 되지 아니하고 파산채권이 된다(채무자회생법 제406조 제2항이 제347조 제1항의 준용만을 규정하고 있기 때문임).

채권자취소소송의 피고도 파산관재인이 원고를 수계하도록 수계신청을 할 수 있다(_{채무자회생법 제347조}
제1항, 민사소송법 제241조). 그러나 채권자취소소송의 경우 파산관재인은 상대방의 수계신청이 있더라도 이를 거절하고 새로운 부인소송을 제기할 수 있다. 채권자취소소송의 원고패소판결이 채무자에 대하여 기판력이 없음에도 불구하고 파산관재인으로 하여금 불리한 소송상태를 수계하도록 강제하는 것은 부당하고 파산관재인은 파산재단의 확충에 도움이 되는 경우에만 소송을 수계하여야 할 것이므로 불리한 경우까지 수계하도록 강제할 수는 없기 때문이다.

민법 제404조에 의한 채권자대위소송에 관하여는 명문의 규정이 없지만 채무자의 일반재산의 보전이라는 제도취지는 채권자취소소송과 마찬가지이므로 계속 중이던 채권자대위소송도 중단되고 파산관재인이 이를 수계한다(채권자대위소송의 경우도 파산관재인은 원고를 수계한다).[62] 채권자대위소송의 피고 역시 파산관재인이 원고를 수계하도록 수계신청을 할 수 있을 것이지만, 채권자취소소송과 마찬가지의 이유로 파산관재인은 상대방의 수계신청이 있더라도 이를 거절할 수 있다.[63]

---

62) 대법원 2013. 3. 28. 선고 2012다100746 판결: 파산채권자가 제기한 채권자대위소송이 채무자에 대한 파산선고 당시 법원에 계속되어 있는 때에는 다른 특별한 사정이 없는 한 민사소송법 제239조, 채무자회생법 제406조, 제347조 제1항을 유추 적용하여 그 소송절차는 중단되고 파산관재인이 이를 수계할 수 있다.

63) 이에 관하여는, 채권자취소소송의 판결과는 달리 현재 판례는 채권자가 채권자대위권을 행사하는 방법으로 제3채무자를 상대로 소송을 제기하고 판단을 받은 경우에는 채권자가 채무자에 대하여 민법 제405조 제1항에 의한 보존행위 이외의 권리행사의 통지 또는 민사소송법 제84조에 의한 소송고지 혹은 비송사건절차법 제49조 제1항에 의한 재판상대위의 허가를 고지하는 방법 등을 위시하여 어떠한 사유로 인하였던 적어도 채권자대위권에 의한 소송이 제기된 사실을 채무자가 알았을 경우에는 그 판결의 효력이 채무자에게 미친다고 보고 있는 점, 채무자는 채권자대

채권자취소소송이나 채권자대위소송을 제기하기 위한 전 단계로 채권자가 하여 둔 보전처분에 관한 소송도 파산관재인이 수계한다.

한편, 채권자취소소송이나 채권자대위소송 모두 채무자의 책임재산을 확보하기 위한 제도인바, 채무자에 대하여 파산선고가 있게 되면 파산채권자의 채권 만족을 위한 파산재단의 확충에 필요한 조치를 할 권한은 파산관재인에게 있다고 할 것이므로, 채무자가 파산선고를 받은 다음에는 파산채권자가 새로운 채권자취소소송이나 채권자대위소송을 제기할 수 없다.

⑸ 수계신청의 방식

수계신청의 방식에 관하여는 특별한 규정이 없으므로 신청을 하여야 할 법원에 서면 또는 구두로 할 수 있다. 그러나 소송수계신청이 있으면 상대방에게 이를 통지하여야 하므로(민사소송법 제242조) 서면으로 하는 것이 보통인데 대개는 기일지정신청과 함께 수계신청을 하게 될 것이다.

수계신청이 있으면 법원이 직권으로 정당한지 여부를 조사하므로(민사소송법 제243조 제1항 참조) 수계신청을 할 때에는 새로 소송을 수계하는 파산관재인이나 그 대리인은 직권조사에 대비하여 그 자격을 증명하는 자료(파산선고 결정 또는 파산관재인 선임증, 법인등기부등본 등)도 함께 제출하는 것이 바람직하다.

제5절   집행단계에서 당사자가 도산하는 경우

강제집행절차가 진행하던 도중에 도급인 또는 수급인이 도산하는 경우에도 역시 건설공사만의 특유한 문제가 아니라 집행절차가 진행 중에 회생절차개시결정 또는 파산선고가 있었던 일반적인 경우와 같다.

위소송의 당사자는 아니지만 대위소송의 목적은 채무자의 책임재산을 보전하기 위하여 파산재단에 속하는 권리를 채권자로서 행사하는 것인 점, 파산채권자의 개별적인 권리행사가 금지되는 점, 파산선고로 인하여 재산보전의 책임은 파산재단에 대한 관리처분권을 가지는 파산관재인에게 이전되는 점 등을 이유로 채권자대위소송의 경우에는 파산관재인이 기존 소송의 수계를 거절할 수 없다고 보아야 한다는 견해도 있을 수 있다.

I. 회생절차의 경우

1. 회생채권·회생담보권에 관한 강제집행·보전처분의 금지, 중지 등

(1) 개   설

회생절차개시결정이 있으면 회생채권 또는 회생담보권에 기하여 회생채무자의 재산에 대하여 강제집행, 가압류, 가처분, 담보권실행을 위한 경매 등을 신청할 수 없고($\substack{채무자회생법 제\\58조 제1항 제2호}$), 채무자의 재산에 대하여 이미 행한 위와 같은 절차는 중지된다($\substack{채무자회생법 제\\58조 제2항 제2호}$).

한편 회생절차개시신청이 있게 되면 회생절차가 개시되기 전이라도, 법원은 이해관계인의 신청에 따라 또는 직권으로, 회생채권 또는 회생담보권에 기하여, 회생채무자의 재산에 대하여 이미 진행 중인 강제집행, 가압류, 가처분, 담보권실행을 위한 경매절차의 중지를 명령할 수 있다($\substack{채무자회생법\\제44조 제1항}$). 위와 같은 경매절차 등의 중지를 명령한 경우에는 그 절차는 그 상태에서 중지되지만, 이미 진행된 절차가 소급하여 무효로 되는 것은 아니고 이미 진행된 절차(가령 압류 등)의 효력은 그대로 유지된다.

더 나아가 법원은 회생절차개시신청 이후 개시결정 전까지 사이에 위와 같은 중지명령만으로는 회생절차의 목적을 충분히 달성하지 못할 우려가 있다고 인정할 만한 특별한 사정이 있는 때에는 모든 회생채권자·회생담보권자에 대하여 회생채권·회생담보권에 기한 강제집행, 가압류, 가처분, 담보권실행을 위한 경매절차를 금지하는 명령을 할 수 있다. 이를 포괄적 금지명령이라고 하는데, 이러한 포괄적 금지명령이 있으면 모든 회생채권자·회생담보권자는 강제집행 절차 등을 신청할 수 없으며, 이미 신청하여 진행 중인 절차는 모두 중지된다($\substack{채무자회생법 제\\45조 제1항,제3항}$).

강제집행 등을 담당하는 법원과 회생사건을 담당하는 법원이 서로 다른 경우가 보통이어서, 강제집행 등의 절차를 담당하는 법원으로서는 회생절차의 개시결정이 있었는지 또는 위와 같은 강제집행 등의 절차의 정지를 명하는 결정, 포괄적 금지명령, 강제집행의 취소결정 등이 있었는지를 알 수가 없으므로, 위와 같은 결정이 있었다고 하여도 진행되고 있던 강제집행절차 등이 실제로는 정지되지 않고 진행되는 경우가 있을 수 있다. 그러므로 위와 같은 결정을 받은 채무자는 그 결정의 정본을 집행법원에 제출하여 절차의 정지 또는 취소를 신청하여야 한다($\substack{민사\\집행}$

법 제
49조).

이하 나누어 설명한다.

(2) "회생채권 또는 회생담보권에 기한"

회생절차개시결정으로 인하여 금지 또는 중지되거나 또는 취소할 수 있는 것은 '회생채권 또는 회생담보권에 기한' 강제집행절차 등이다. 따라서 환취권에 기한 강제집행이나 환취권에 따른 반환청구권을 피보전권리로 하는 가처분은 금지 또는 중지의 대상이 아니다. 또한 공익채권을 변제받기 위한 강제집행이나 경매절차는 금지되지 아니하고, 이미 행하여진 것 역시 중지되지 않는다. 다만, 공익채권에 기한 강제집행 또는 가압류가 회생에 현저하게 지장을 초래하고 채무자에게 환가하기 쉬운 다른 재산이 있는 때, 채무자의 재산이 공익채권의 총액을 변제하기에 부족한 것이 명백하게 된 때에는, 법원은 공익채권에 기하여 채무자의 재산에 대하여 한 강제집행 또는 가압류를 중지 또는 취소할 수 있다(채무자회생법
제180조 제3항).

(3) "중지된다"

중지명령, 포괄적 금지명령 또는 회생절차개시결정에 의하여 계속중인 절차는 그 현상대로 동결되고 더 이상 당해 절차를 진행할 수 없게 된다. 그러나 위 결정들에 소급적 효력이 있는 것은 아니므로 이미 행하여진 절차가 소급하여 무효로 되거나 취소되는 것은 아니다. 따라서 이미 발생한 압류의 효력은 계속 유지되고 채무자는 그 압류의 대상이 된 재산을 이용할 수 없다. 가령 가압류된 매출채권을 회수하거나 가압류된 원자재를 이용할 수 없다. 이로 인해 채무자의 정상적 운영이나 회생에 지장을 초래하는 경우도 있을 수 있는데 이러할 때에는 아래에서 보는 바와 같이 법원에 강제집행, 가압류, 가처분, 담보권실행을 위한 경매절차 등의 취소를 신청하여 법원의 결정으로 이미 진행된 절차의 취소를 받을 수 있다.

회생절차개시결정으로 인한 중지는 법률의 규정에 의한 중지로서 집행장애사유가 되므로 강제집행절차 등을 중지한다는 취지의 별도의 재판을 필요로 하지 않고 법률상 당연히 절차가 중지된다. 따라서 진행중인 강제집행절차는 직권으로 정지하여야 하지만 집행기관(집행법원 또는 집행관)이 회생절차개시결정이 있었던 사실을 모르고 강제집행절차를 계속하여 진행할 위험이 있으므로, 직권발동을 촉구하는 의미에서 회생절차개시결정 등본을 집행기관에 제출하는 것이 바람직하

다. 실무상으로도 결정등본이 제출되는 것이 일반적이다.

집행기관은 강제집행개시 전에 회생절차가 개시된 경우에는 집행신청을 각하 또는 기각하여야 하고, 만일 회생절차개시결정 등 집행장애사유가 존재함에도 간과하고 강제집행을 개시한 다음 이를 발견한 때에는 이미 한 집행절차를 직권으로 취소하여야 한다.[64] 회생절차개시결정이 있었음에도 불구하고 집행기관이 집행처분을 한 경우에는 관리인 등은 이의신청, 즉시항고, 가압류·가처분이의 등으로 그 취소를 구할 수 있다.

(4) 중지된 절차의 운명

회생절차개시결정으로 인하여 중지된 강제집행, 가압류, 가처분, 담보권실행을 위한 경매절차 등은 회생계획인가결정이 있는 때에 그 효력을 상실한다(채무자회생법제256조). 이 경우 회생계획인가결정이 확정될 필요 없이 강제집행 등이 소급하여 효력을 상실하게 되는 것으로 본다.[65]

(5) 중지중인 절차의 속행

법원은 회생절차개시결정에 의하여 중지된 강제집행절차 등을 속행하여도 채무자의 회생에 지장이 없다고 판단하는 때에는 관리인의 신청에 따라 또는 직권으로 중지된 절차의 속행을 명령할 수도 있다. 이러한 명령에 따라 속행된 절차에 관한, 채무자에 대한 비용청구권은 공익채권이 된다(채무자회생법 제58조 제5항, 제6항).

2. 진행중인 절차의 취소

(1) 회생절차개시 전의 채무자의 재산에 대한 강제집행 등의 취소(채무자회생법 제44조 제4항, 제45조 제5항)

앞서 본 바와 같이 법원은 회생절차개시신청이 있는 경우에는 개시결정 전이라도 채무자의 재산에 대하여 이미 진행 중인 강제집행, 가압류, 가처분, 담보권실행을 위한 경매절차의 중지를 명령할 수 있고, 위와 같은 절차의 포괄적인 금지를 명할 수 있다. 더 나아가 법원은 채무자의 회생이나 사업의 계속을 위하여 특히 필요하다고 인정하는 때에는, 이미 발령한 중지명령이나 포괄적 금지명령에 의하여

---

[64] 대법원 2000. 10. 2.자 2000마5221 결정.
[65] 이 경우 가령 강제경매개시결정의 집행 등의 등기의 말소를 촉탁하여야 하는 것과 별도로 집행법원이 집행취소결정을 하여야 하는가가 문제될 수 있는데, 실무상 별도의 집행취소결정은 하지 않는다고 한다.

중지되어 있는 강제집행, 가압류, 가처분, 담보권실행을 위한 경매절차 등을 취소할 수도 있다(채무자회생법 제44조 제4항, 제45조 제5항). 이러한 강제집행 등의 취소는 채무자(보전관리인이 선임되어 있을 때에는 보전관리인)의 신청에 따라 할 수도 있고 직권으로 할 수도 있다. 강제집행을 취소할 때에는 채무자에게 채권자를 위한 담보를 제공할 것을 명할 수 있다.

⑵ 회생절차의 개시로 중단된 강제집행, 가압류, 가처분, 담보권실행을 위한 경매절차의 취소(채무자회생법 제58조 제5항)

앞서 본 바와 같이 회생절차개시결정이 있게 되면 회생채권 · 회생담보권에 기한 강제집행, 가압류, 가처분, 담보권실행을 위한 경매 절차는 모두 중지된다. 이와 같이 절차가 중지되더라도 종전에 했던 압류, 가압류 등의 효력이 소급하여 없어지거나 그 절차가 취소되는 것은 아니다. 이미 행하여진 압류, 가압류 등의 효력으로 인해 채무자의 정상적 운영이나 회생에 지장을 초래하는 경우도 있을 수 있는데, 이러한 문제를 해결하기 위하여 채무자회생법은 법원이 회생을 위하여 필요하다고 인정하는 때에는 위와 같이 중지된 절차를 취소할 수 있도록 하고 있다(채무자회생법 제58조 제5항). 이러한 절차의 취소는 관리인의 신청에 의하거나 또는 직권으로 명할 수 있다.

법원의 취소명령이 있으면 취소명령의 대상인 절차는 소급하여 효력을 잃게 되므로 압류 등의 효력도 소멸한다. 따라서 관리인은 그 절차의 대상이 된 재산을 환가하여 운영자금으로 사용하거나 영업을 계속할 수 있게 된다. 이러한 취소명령에 대하여는 불복이 허용되지 않는다.

II. 파산절차의 경우

1. 파산채권에 관한 강제집행 · 보전처분의 실효

채무자에 대하여 파산이 선고되면, 파산채권에 기하여 파산재단에 속하는 재산에 대하여 행해진 강제집행, 가압류 또는 가처분은 파산재단에 대하여는 그 효력을 잃게 된다(채무자회생법 제348조 제1항). 파산절차는 채권자의 공평한 만족을 위한 집단적인 강제집행절차로서의 성격을 띠고 있으므로 파산절차가 개시되면 개별적인 강제집행절차를 허용할 필요가 없을 뿐만 아니라 허용해서도 안 되기 때문에 개별절차의 효력을 소멸시키는 것이다.

주의할 점은, 회생절차와 달리, 파산선고가 있더라도 담보권실행을 위한 경매절차는, 채무자의 지위가 파산관재인에게로 승계되는 것 외에는 별다른 영향을 받지 않는다는 점이다.

(1) "파산채권에 기하여"

파산채권에 기한 것인지 여부는, 강제집행의 경우에는 당해 집행권원에 기재된 청구권의 내용이 파산채권에 해당되는지 여부에 의하여, 보전처분의 경우에는 피보전권리로 된 청구권이 파산채권에 해당하는지 여부에 의하여 결정한다.

따라서 파산선고 당시 환취권(가령 파산채무자를 상대로 소유권에 기한 인도 청구를 본안으로 하여 처분금지가처분을 한 경우), 별제권(가령 담보권실행을 위한 경매절차)에 기한 강제집행·보전처분이 진행 중인 경우에는 파산선고가 있더라도 위 절차는 실효되지 않는다. 이러한 절차는 파산관재인에 대한 승계집행문을 부여받아 파산관재인을 절차의 상대방으로 하여 계속된다.

한편, 파산선고 전에 이루어진 재단채권에 기한 강제집행은 파산선고로 인하여 그 효력을 잃는다.[66] 조세채권 등에 관한 채무자회생법 제349조 제1항의 규정을 제외하고는 재단채권에 기하여 파산선고 전에 이루어진 강제집행 등의 효력에 관하여는 채무자회생법에 아무런 규정이 없다. 그러나 파산관재인의 파산재단에 관한 관리처분권이 개별집행에 의해 제약을 받는 것을 방지함으로써 파산절차의 원만한 진행을 확보함과 동시에, 재단채권 간의 우선순위에 따른 변제 및 동순위 재단채권 간의 평등한 변제를 확보할 필요성이 있는 점, 파산선고 후 재단채권에 기하여 파산재단에 속하는 재산에 대한 별도의 강제집행은 허용되지 않는 점, 강제집행의 속행을 허용한다고 하더라도 재단채권에 대한 배당액에 관하여는 재단채권자가 직접 수령하지 못하고 파산관재인이 수령하여 이를 재단채권자들에 대한 변제자원 등으로 사용하게 되므로 재단채권자로서는 단지 강제집행의 대상이 된 파산재산의 신속한 처분을 도모한다는 측면 외에는 강제집행을 유지할 실익이 없을 뿐 아니라, 파산관재인이 강제경매절차에 의한 파산재산의 처분을 선택하지 아니하는 한 강제집행절차에 의한 파산재산의 처분은 매매 등의 통상적인 환가방법에 비하여 그 환가액의 측면에서 일반적으로 파산재단이나 재단채권자에

---

66) 파산선고 이후에는 재단채권에 기하여 파산재단에 속하는 재산에 대하여 강제집행을 할 수 없다 (대법원 2007. 7. 12.자 2006마1277 결정 등 참조).

게 모두 불리한 결과를 낳게 되므로, 강제집행을 불허하고 다른 파산재산과 마찬가지로 파산관재인이 환가하도록 함이 상당하다고 인정되는 점 등을 고려한다면, 임금채권 등 재단채권에 기하여 파산선고 전에 강제집행이 이루어진 경우에도 그 강제집행은 파산선고로 인하여 그 효력을 잃는다고 봄이 상당하다.[67]

(2) "파산재단에 속하는 재산에 대하여"

파산재단이라 함은 이른바 현유파산재단을 지칭하고 법정파산재단을[68] 의미하는 것은 아니다. 따라서 나중에 파산재단에 속하지 않는 것으로 판명될 물건이라 할지라도 현재 파산재단에 속하는 것으로서 파산관재인이 점유, 관리하고 있는 이상 이에 대한 강제집행 등은 효력을 잃는다. 파산재단에 속하지 아니하는 재산, 가령 자유재산, 파산선고 후 새로 취득한 재산 등에 대한 강제집행 등은 효력을 잃지 않는다.

(3) "강제집행"

여기서의 강제집행은 집행권원에 기한 강제집행을 의미한다. 실효되는 강제집행은 진행 중인 강제집행만을 의미하고 파산선고 당시에 이미 강제집행이 종료되어 있는 경우에는 파산선고가 있더라도 그 강제집행이 소급하여 실효되지는 않는다. 다만, 이미 강제집행이 완료된 경우라도 파산관재인이 채무자회생법상 부인권을 행사하여 재산의 회복을 도모할 수 있는 것은 별개의 문제이다.

(4) "가압류 · 가처분"

보전처분은 일반적으로 명령절차와 집행절차의 2가지 단계를 포함하는데, 이 조항에서 말하는 가압류·가처분에는 그 명령절차와 집행절차 모두를 포함하는 것이다. 따라서 보전처분이 발령되었지만 집행되기 전 단계에 있는 경우에는 그 단계에서 바로 실효되고 집행이 되어 있다면 그 집행이 효력을 잃는다.

(5) "파산재단에 대하여는 그 효력을 잃는다"

파산선고가 있으면 강제집행, 가압류, 가처분 등의 속행이 허용되지 않을 뿐만 아니라 이미 행하여진 명령이나 집행처분이 당연히 효력을 잃는다.

강제집행 등이 실효됨에 따라 파산관재인으로서는 기존의 강제집행, 가압류,

---

67) 구 파산법에 관한 것으로서 대법원 2008. 6. 27.자 2006마260 결정 참조.

68) 현유파산재단에서 법률상 파산재단에 속하지 않는 것으로 인정되는 환취권의 목적물 등을 제외하고 파산관재인의 부인권의 행사 등으로 추가로 확보한 재산을 더한 재단을 말한다.

가처분 등을 무시하고 강제집행 등의 대상이 된 재산을 자유로이 관리·처분할 수 있게 된다. 가령 부동산 가압류, 처분금지가처분 또는 부동산경매개시결정 등의 기입등기가 마쳐진 후라도 파산관재인은 보전처분에 따른 처분금지나 집행을 위한 압류 등을 무시하고 당해 부동산을 자유로이 환가할 수 있고, 유체동산에 대한 가압류, 집행관보관가처분이 있더라도 마찬가지이며, 채권에 대한 가압류나 압류명령이 있더라도 제3채무자로부터 위 채권을 추심할 수 있고, 제3채무자로서는 파산관재인에게 지급하지 아니하면 면책되지 않는다. 주의할 점은 파산선고에 따른 강제집행절차 등의 실효는 별도의 취소행위를 필요로 하지 않고 파산선고에 의하여 당연히 발생한다는 점이다.[69]

파산관재인은 법률상으로는 보전처분 또는 강제집행 등의 집행처분을 무시하고 관리·처분을 행할 수 있고 그 행위로 인한 효력은 온전히 발생한다. 하지만 보전처분 또는 강제집행의 집행처분의 외관(가령 부동산 등기부에의 기입등기)이 여전히 남아 있어 그 재산을 환가하거나 파산절차를 진행하는 데 장애가 될 수 있고 집행기관의 입장에서도 절차처리를 명확히 하는 것이 바람직하므로 파산관재인이 파산선고를 이유로 집행기관(집행기관 또는 집행관)에 대하여 경매개시결정, 채권압류명령 등의 집행처분의 취소를 신청할 수 있고, 이에 따라 집행기관이 취소결정을 할 수 있다고 보는 것이 타당하다.

2. 강제집행절차 등의 속행

파산절차는 집단적인 강제집행절차로서 파산재단에 속하는 재산을 환가하여 이를 채권자들에게 공평하게 배당하는 것을 요체로 하는 절차이다. 따라서 파산재단에 속하는 재산이라도 원칙적으로 어차피 환가될 재산이기 때문에 그 재산에 대하여 이미 진행 중인 강제집행절차를 이용할 필요가 있다. 파산선고 전의 강제집행절차가 이미 상당한 정도 진행된 상태여서 그 강제집행절차를 계속 진행하게 되면 신속한 환가가 가능한 경우 또는 파산절차에 의한 매각보다 종전의 강제집행을 이용하여 환가하는 편이 파산재단에 유리한 경우 등이 있을 수 있다. 또한 파산채권자에 의하여 파산선고 전에 가압류·가처분의 집행이 된 이후에 파산채무자의 처분행위가 있어 그 가압류·가처분의 효력을 유지할 필요가 있을 수 있다.

---

69) 실무상 외관을 없애기 위한 경우 등 필요한 경우 외에는 집행법원이 별도의 집행취소결정을 하지 않는다.

이러한 필요에 따라 채무자회생법은 파산선고가 있더라도 파산관재인이 기존의 강제집행절차나 가압류·가처분절차를 속행할 수 있도록 하고 있다($\binom{\text{채무자회생법 제}}{\text{348조 제1항 단서}}$). 이와 같이 속행된 절차에서의 비용은 속행 전에 원래의 집행채권자가 지출한 비용을 포함하여 모두 재단채권이 되고, 속행된 절차에서 제3자가 집행 목적물이 자신의 소유임을 내세워 제3자 이의의 소를 제기할 경우에는 원래의 강제집행 등을 신청했던 파산채권자가 아니라 파산관재인을 피고로 하여 제소하여야 한다($\binom{\text{채무자}}{\substack{\text{회생법}\\\text{제348조}\\\text{제2항}}}$). 이미 제3자 이의의 소가 제기되어 있는 경우에는 파산관재인이 수계한다($\binom{\text{채무자회생법 제}}{\text{347조 제1항 참조}}$).

제6절 회생채권·회생담보권, 파산채권의 처리

건설공사의 도급인 또는 수급인 중 어느 쪽이 도산한 경우이든 간에 회생절차나 파산절차가 개시되었다면 채권자 등으로서는 자신의 권리를 행사하기 위하여 그 절차에 참여하여야 한다. 파산절차의 경우 채권자 등이 도산절차에 참여하려면 자신의 채권을 신고하여야 한다. 회생절차의 경우에는 관리인이 제출한 회생채권·회생담보권 목록에 기재되어 있지 않거나 기재되어 있더라도 자신이 주장하는 권리의 내용과 상이한 경우에는 자신의 권리를 회생채권·회생담보권으로 신고를 하여야 하고, 파산절차의 경우에는 파산채권으로 신고를 하여야 한다. 이하 그 절차를 간략히 살펴본다.

Ⅰ. 회생채권·회생담보권의 신고와 확정

1. 개   요

회생절차는 채권자와 주주 등 이해관계인의 법률관계를 조정하여 재정적인 어려움을 겪고 있는 채무자 또는 그 사업의 효율적인 회생을 도모하는 제도인데, 그 회생이라는 목표는 이해관계인의 권리변경, 변제방법의 변경, 채무자 회사의 조직변경 등을 그 내용으로 하는 회생계획을 수단으로 하여 추구된다.

채무자의 회생에 필요한 회생계획안을 수립하기 위해서는 회사가 부담하고 있는 채무의 정확한 내역을 알아야 하므로 회생채권·회생담보권을 확정할 필요가 있다. 회생절차에서의 회생채권·회생담보권의 확정은 다음과 같은 순서로 이루어진다. 즉, 관리인의 채권자목록 제출 → 채권자의 채권신고 → 관리인의 조사 → 관리인 또는 이해관계인의 이의 → 조사확정재판 → 조사확정재판에 대한 이의의 소 등의 순서로 진행된다. 이러한 절차를 거쳐 확정된 채권만이 회생절차에 참가할 수 있고 그렇지 않은 채권은 실권된다.

2. 회생채권·회생담보권자 목록제출 및 신고

관리인은 회생채권자의 목록, 회생담보권자의 목록과 주주의[70] 목록을 작성하여 법원이 개시결정을 하면서 정한 기간 안에 이를 법원에 제출하여야 한다.[71] 목록제출기간은 회생절차개시결정일부터 2주 이상 2월 이하의 범위 내에서 법원이 정한다(채무자회생법 제147조, 제50조 제1항 제1호).

회생채권자 목록에는, 회생채권자의 성명과 주소, 회생채권의 내용과 발생원인, 의결권의 액수, 일반 우선권 있는 채권이 있는 때에는 그 내용, 회생채권의 내용이 회생절차개시 후의 이자, 손해배상금 및 위약금, 회생절차 참가비용 등인 경우에는 그 취지 및 액수, 집행력 있는 집행권원 또는 종국판결이 있는 때에는 그 뜻, 회생절차 개시 당시 소송이 계속되어 있는 때에는 법원·당사자·사건명 및 사건번호를 기재하여야 한다. 회생담보권자의 목록에는, 회생담보권자의 성명 및 주소, 회생담보권의 내용 및 발생원인, 담보권의 목적 및 그 가액, 회생절차가 개시된 채무자 외의 자가 채무자인 때에는 그 성명 및 주소, 의결권의 액수, 집행력 있는 집행권원 또는 종국판결이 있는 때에는 그 뜻, 회생절차개시 당시 소송이 계속되어 있는 때에는 법원·당사자·사건명 및 사건번호를 기재하여야 한다(채무자회생법 제147조 제2항, 채무자회생규칙 제52조).[72] 이 회생채권자·회생담보권자 목록은 채권신고기간 동안 이해관계인이 열람할 수 있도록 하여야 한다.

관리인이 제출한 회생채권자목록 등에 기재된 회생채권자, 회생담보권자, 주

---

70) 채무자가 주식회사가 아닌 다른 형태의 회사인 경우 지분권도 마찬가지로 신고의 대상이다. 이하 주식회사인 경우로 한정하여 설명한다.

71) 종전의 회사정리법에 의하면 정리채권자·정리담보권자는 일정한 채권신고기간 안에 자신의 권리를 법원에 신고하여야 하고 그 기간 내에 신고하지 아니한 경우에는 실권하도록 되어 있었다. 채무자회생법은 회생채권자·회생담보권자의 미신고로 인한 실권을 방지하고 채무자가 알고 수많은 회생채권자·회생담보권자들이 모두 다 자신의 채권을 신고하여야 하는 불편과 부담을 없애기 위하여 관리인에 의한 목록제출제도를 신설하였다.

72) 주주 목록에는 주주의 성명 및 주소, 주식의 종류 및 수를 기재하여야 한다.

주 등은 신고기간 안에 신고된 것으로 간주된다(채무자회생 법 제151조). 따라서 회생채권자 등이 별도로 신고를 하지 않더라도 회생채권자목록 등에 기재되어 있는 한 회생계획인 가결정으로 인하여 실권되지 않고, 목록에 기재되어 확정된 액수와 의결권에 따라 변제를 받을 수 있고 회생절차에 참가할 수 있다.

회생절차에 참가하고자 하는 회생채권자·회생담보권자는 법원이 정한 신고기간 내에 자신의 권리를 법원에 신고하고 증거서류 또는 그 등본이나 초본을 제출하여야 한다. 회생절차에 참가하여 권리를 행사하고자 하는 주주도 마찬가지이다. 관리인이 제출한 회생채권목록 등에 기재되어 있는 회생채권자, 회생담보권자, 주주 등은 신고기간 안에 신고한 것으로 간주되므로 별도로 신고할 필요가 없지만 회생채권목록 등을 열람한 결과 회생채권목록 등에 기재된 자신의 권리의 내용 또는 액수가 다른 경우에는 신고기간 안에 반드시 신고하여야만 자신이 주장하는 대로 권리를 행사할 수 있다. 이 경우에는 관리인이 제출한 목록에 기재되어 있는 것과는 상관없이 자신이 가지고 있는 권리 전부를 신고하여야 한다. 채권 등의 신고기간은 관리인의 회생채권자 등의 목록제출기간 말일부터 1주 이상 1월 이하의 기간 내에서 법원이 결정하여 공고한다.

회생채권자는, 성명 및 주소, 회생채권의 내용과 발생원인, 의결권의 액수, 일반의 우선권 있는 채권인 때에는 그 뜻을 신고하여야 하고 회생채권 중에서 일반의 우선권 있는 부분은 따로 신고하여야 하며, 회생채권에 관하여 회생절차개시 당시 소송이 계속하는 때에는 위 사항 외에도 법원·당사자·사건명 및 사건번호를 신고하여야 한다(채무자회생 법 제148조). 회생채권자 목록에 기재된 회생채권을 보유하고 있는 사람은 신고할 때 목록상의 번호를 기재하여야 한다.

회생담보권자는, 성명 및 주소, 회생담보권의 내용과 발생원인, 회생담보권의 목적 및 그 가액, 의결권의 액수, 회생절차가 개시된 채무자 외의 자가 채무자인 때에는 그 성명 및 주소를 신고하여야 하고, 회생담보권에 관하여 회생절차개시 당시 소송이 계속하는 때에는 위 사항 외에도 법원·당사자·사건명 및 사건번호를 신고하여야 한다(채무자회생 법 제149조). 회생담보권자 목록에 기재된 회생담보권을 보유하고 있는 사람은 신고할 때 목록상의 번호를 기재하여야 한다.

주주는, 성명 및 주소, 주식의 종류 및 수를 신고하여야 하고, 주주권에 관하여 회생절차개시 당시 소송이 계속하는 때에는 위 사항 외에도 법원·당사자·사건명 및 사건번호를 신고하여야 한다(채무자회생 법 제150조).

회생채권 등의 신고는 반드시 법원에 대하여 하여야 한다. 관리인이나 채무자에 대하여 한 것은 효력이 없다. 조사위원이나 관리인이 조사하거나 재산상황을 파악하는 과정에서 자신의 채권을 조사위원이나 관리인에게 이미 밝혔다고 하더라도 이는 신고로서의 효력이 없는 것이므로 법원에 제대로 신고를 하여야 한다. 또한 신고는 서면으로 하여야 하는데 법원에서 마련한 서식이 있으므로 이를 이용하면 될 것이고, 신고할 때 신고서 및 첨부서면의 부본을 제출하여야 한다.

회생채권자·회생담보권자가 자신이 책임을 질 수 없는 사유로 신고기간 안에 신고를 하지 못한 때에는 그 사유가 끝난 후 1월 이내에 그 신고를 보완할 수 있다(채무자회생법 제152조 제1항). 여기서 '책임을 질 수 없는 사유'는 실무상 이를 비교적 넓게 해석하는 경향이 있는데, 이는 신고기간에 대한 고지가 공고의 방식으로 행하여지기 때문에 권리자가 신고기간을 알지 못하는 경우가 많은 반면 권리자가 신고를 게을리하는 경우에는 실권되는 등 불이익이 크기 때문이다.[73] 또한 신고기간이 경과한 후에 생긴 회생채권·회생담보권은 그 권리가 발생한 후 1월 이내에 신고하여야 한다(채무자회생법 제153조 제1항). 관리인이 미이행 쌍무계약을 해제한 경우 상대방이 취득하는 손해배상청구권은 회생채권이 되는데, 만일 관리인이 신고기간이 이미 경과한 이후에 미이행 쌍무계약을 해지한 경우에는 채권자는 권리발생 후 1개월 내에 채권신고를 하여야 한다. 이와 같은 신고기간 이후의 신고를 실무상 추완신고라고 부르는데, 추완신고된 채권에 대하여는 별도의 특별조사기일을 정하여 조사를 하게 된다.

이 추완신고도 회생계획안심리를 위한 관계인집회가 끝난 후 또는 회생계획안을 서면결의에 부친다는 결정이 있은 후에는 더 이상 할 수 없다. 회생계획을 확정하여 심리하기 위해서는 채권액을 확정해야 하는데, 추완신고를 계속하여 허용하면 심리 및 결의를 하여야 할 회생계획안을 확정할 수 없게 되기 때문이다. 다만, 예외적으로 위 기간 이후에 신고할 수 있는 특별한 경우가 있다. 가령 채무자의 회생채권·회생담보권에 대한 변제행위가 부인되어 회생채권자·회생담보권자가 자신이 받은 급부 또는 그 가액을 반환한 경우에는 그 회생채권자·회생담보권자의 권리가 되살아나게 되는데, 이 경우 회생채권자·회생담보권자는 회생계획안심리를 위한 관계인집회가 끝난 후 또는 회생계획안을 서면결의에 부친다는 결정이 있은 후라도 부인된 날부터 1개월 내에 추완신고를 할 수 있다(채무자회생법 제109조 제2항). 채

---

73) 대법원 1999. 11. 7.자 99그53 결정; 대법원 1999. 7. 26.자 99마2081 결정 참조.

무자회생법이 제정되면서 부인당한 채권자의 권리를 보호하기 위하여 위와 같은 규정이 신설되었다.

3. 회생채권·회생담보권의 조사

관리인에 의한 채권자 등 목록의 제출과 권리자에 의한 회생채권·회생담보권 등의 신고기간이 끝나면 회생채권·회생담보권 등에 대한 조사를 하게 된다. 이 조사는 목록에 기재되어 있거나 신고된 회생채권·회생담보권 등에 관하여 그 존부, 내용과 발생원인, 의결권액 등의 진실 여부를 검토하여 확정하는 절차이다. 실무상으로는 관리인이나 이해관계인이 목록에 기재된 내용이나 신고된 내용을 시인하거나 부인하는 방법으로 이루어지므로 '시·부인'이라고 부르기도 한다. 이러한 채권의 조사·확정절차를 통하여 채무자가 변제하여야 할 채무의 규모를 파악하고 이를 전제로 회생계획안을 작성하게 된다.

조사방법은 두 가지가 있다. 관리인이 제출한 채권자 등 목록에 기재되어 있거나 신고기간 내에 신고된 회생채권·회생담보권에 대하여는 채권조사기일을 열지 않고 법원이 미리 정한 조사기간 내에 관리인이나 이해관계인이 이의를 하는 방식으로 조사한다.[74] 조사기간은 신고기간의 말일부터 1주 이상 1월 이하의 사이에서 법원이 회생절차개시결정을 하면서 정한다. 신고기간이 경과한 이후 추완신고된 회생채권 등에 대하여는 별도의 특별조사기일을 열어 조사를 한다.

관리인에 의한 회생채권 등 목록의 제출과 권리자에 의한 회생채권·회생담보권 등의 신고가 있게 되면 법원사무관등은 목록에 기재되거나 신고된 회생채권·회생담보권, 주식에 대하여 회생채권자표·회생담보권자표와 주주표를 작성하고, 조사기간 동안 이를 법원에 비치하여 이해관계인이 열람할 수 있도록 한다. 회생채권자표 등 외에도 관리인이 제출한 회생채권 등 목록, 회생채권·회생담보권의 신고 및 이의에 관한 서류를 비치하여야 한다(채무자회생법 제158조, 제160조).

회생채권 등 조사절차에 참가하는 자는, 관리인, 채무자, 목록에 기재되거나 신고한 회생채권자·회생담보권자 및 주주이다. 이들은 조사기간 안에, 목록에 기재되어 있거나 신고된 회생채권 및 회생담보권에 관하여 서면으로 법원에 이의를

---

74) 종전의 회사정리법에 의한 회사정리절차에서는 채권조사기일을 열어(실무상 제1회 관계인집회와 같은 날 열었다) 그 날에 채권조사를 하였다. 이러한 방식에 대하여는 정리채권자 등이 다른 정리채권자 등의 채권의 존부 등을 검토할 시간이 없어 조사가 실질적으로 이루어지지 못한다는 비판이 있었고 이러한 비판을 반영하여 채무자회생법에서는 조사기간 제도를 도입하였다.

제출할 수 있다(채무자회생 법 제161조).

신고기간이 경과한 이후 추완신고된 회생채권 등에 대하여는 별도의 특별조사기일을 열어 조사를 한다(채무자회생 법 제162조). 종전의 회사정리법하에서는 추완신고된 채권에 대하여도 일반조사기일에 조사할 수 있었으나 채무자회생법 하에서는 조사기간 제도가 도입됨으로써 특별조사기일에서만 조사할 수 있게 되었다. 이 특별조사기일은 제1회 관계인집회나 회생계획안 심리를 위한 관계인집회(제2회 관계인집회)와 병합하여 실시할 수 있는데(채무자회생 법 제186조), 실무상으로는 제2회 관계인집회와 병합하여 실시하는 것이 보통이다.

4. 회생채권 · 회생담보권의 확정

관리인이 제출한 목록에 기재되어 있거나 권리자가 신고한 회생채권 · 회생담보권에 대하여 조사기간 내에 또는 특별조사기일에 이의가 없는 경우에는, 그 회생채권 · 회생담보권은 목록에 기재되거나 신고한 대로 그 회생채권 · 회생담보권의 내용이 확정된다(채무자회생 법 제166조). 만약 이의가 있는 때에는 이의를 당한 회생채권 · 회생담보권의 보유자는 이의를 한 사람 전원을 상대로 하여 채권조사확정재판을 신청할 수 있다(채무자회생법 제170조 제1항). 이의를 한 사람 전원을 상대로 채권조사확정재판을 신청하여야 하므로 관리인과 다른 회생채권자 등이 이의를 한 경우에는 관리인과 이의한 모든 회생재권자 등을 공동의 상대방으로 하여야 하고, 관리인 외 여러 명의 회생채권자 등이 이의를 한 경우에는 그들 모두를 피신청인으로 하여 신청하여야 한다. 채권조사확정재판은 조사기간의 말일 또는 특별조사기일부터 1월 이내에 하여야 한다. 이 기간을 놓치게 되면 더 이상 권리를 확정할 수단이 없게 되어 회생절차에 참가할 수 없게 되므로 주의하여야 한다. 채권조사확정재판에서는 이의자를 심문한 후 결정으로 이의채권의 존부 또는 그 내용을 정한다(채무자회생법 제 170조 제2항,제3항).

채권조사확정재판에 대하여 불복하는 사람은 채권조사확정재판에 대한 이의의 소를 제기할 수 있다.[75] 회생사건 담당 재판부의 결정에 대하여 즉시항고를 하는 것이 아니라 이의의 소를 제기하여야 한다는 점을 주의하여야 한다. 이의의 소를 제기할 수 있는 기간은 채권조사확정사건의 결정등본을 송달받은 때로부터 1

---

75) 종전의 회사정리법에서는 이의가 있는 경우 바로 정리채권 · 정리담보권 확정의 소를 제기하도록 하였으나 이 소송절차에 지나치게 많은 비용과 시간이 든다는 문제가 있어 채무자회생법에서는 1차적으로 간이 · 신속한 결정절차인 채권조사확정재판절차를 거친 후 그 결정에 대하여 불복하는 경우에 비로소 소를 제기할 수 있도록 바꾸었다.

개월이다. 채권조사확정재판에 대하여 불복하는 사람(원고)이 이의의 대상이 된 채권을 보유하는 권리자인 때에는 이의자 전원을 피고로 하여 제기한다(즉, 필수적 공동소송이다). 이의를 한 사람이 원고가 되는 때에는 그 회생채권자 또는 회생담보권자를 피고로 하여야 한다(채무자회생법 제171조). 만약 채권조사과정에서 이의를 한 사람이 여러 명이어서 회생채권자 등이 그 여러 명을 상대로 하여 채권조사확정재판을 신청하여 자신의 채권을 인정받는 결정을 받은 경우, 그 채권조사확정재판결과에 대하여 이의자 일부가 불복하는 경우에는 결정에 이의가 있는 사람만이 원고가 되어 이의의 소를 제기하면 족하다.

이의의 소를 관할하는 법원은 회생사건 담당 재판부가 속한 '기관으로서의 법원'을 의미한다. 가령 어느 지방법원 파산부가 한 채권조사확정재판에 대하여 불복하는 경우에는 그 지방법원에 이의의 소를 제기하면 된다. 이의의 소의 심리는 법원의 사무분담에 따라 파산부(회생사건 담당 재판부) 이외의 재판부가 담당할 수 있다.

채권조사과정에서 이의의 대상이 된 채권에 관하여 회생절차개시 당시 이미 소송이 계속되어 있는 경우에는 이의를 당한 회생채권자·회생담보권자는 채권조사확정재판을 신청하여서는 안 되고(채무자회생법 제170조 제1항 단서),[76] 이의를 한 사람 전원을 그 소송의 상대방으로 하여 소송을 수계하여야 한다(채무자회생법 제172조). 이미 회생채권·회생담보권에 관하여 소송이 계속 중인 때에는 굳이 채권조사확정재판을 신청하게 하기보다는 종래의 소송의 진행 경과를 이용하도록 하는 것이 더 경제적이기 때문에 위와 같은 규정을 둔 것이다.

한편 집행력 있는 집행권원이나 종국판결 있는 회생채권·회생담보권에 관하여 이의가 있는 사람은 채무자가 할 수 있는 소송절차에 의하여만 이의를 주장할 수 있으므로(채무자회생법 제174조 제1항), 이러한 회생채권·회생담보권에 대하여 이의가 있더라도 그 회생채권자·회생담보권자가 조사확정재판을 청구할 것이 아니라 오히려 그 이의를 한 사람이 소 또는 상소를 제기하여야 한다. 즉, 집행력 있는 집행권원에 대하여 재심의 소를 제기하거나 청구이의의 소를 제기하여야 하고 확정되지 않는 종국판결에 대하여는 상소를 하는 방법으로 이의를 하여야 한다. 집행력 있는 집

---

76) 수계신청을 하지 않고 별도의 채권조사확정재판을 신청하는 것은 권리보호의 이익이 없어 부적법하다(대법원 1991. 12. 24. 선고 91다22698, 22704 판결 참조; 대법원 2001. 6. 29. 선고 2001다 22765 판결의 취지도 참조).

행권원이나 종국판결 있는 회생채권·회생담보권에 관하여 회생절차개시 당시 이미 법원에 소송이 계속되어 있는 경우에는 이의를 하고자 하는 사람이 이의의 대상인 회생채권·회생담보권을 보유한 권리자를 상대방으로 하여 소송절차를 수계하여야 한다(^{채무자회생법} _{제174조 제2항}). 이 경우에는 채권조사확정재판을 신청하는 것이 아님을 유의하여야 한다. 집행력 있는 집행권원이나 종국판결 있는 회생채권·회생담보권에 관하여 이의를 하거나 소송을 수계하는 경우에는 조사기간의 말일 또는 특별조사기일부터 1월 내에 하여야 한다(^{채무자회생법 제174조} _{제3항, 제170조 제2항}).

법원사무관등은 조사기간이 경과하거나 특별조사기일을 마친 경우에는 회생채권 및 회생담보권에 대한 조사결과를 회생채권자표 및 회생담보권자표에 기재하여야 한다(^{채무자회생법} _{제167조 제1항}). 또한 법원사무관등은 회생채권·회생담보권의 확정에 관한 소송결과(채권조사확정재판에 대한 이의의 소가 1월의 기간 안에 제기되지 아니하거나 각하된 때에는 채권조사확정재판의 내용)를[77] 회생채권자표 및 회생담보권자표에 기재하여야 한다(^{채무자회생} _{법 제175조}). 확정된[78] 회생채권·회생담보권을 회생채권자표·회생담보권자표에 기재한 때에는 그 기재는 회생채권자·회생담보권자·주주 전원에 대하여 확정판결과 동일한 효력이 있다(^{채무자회생} _{법 제168조}). 여기서 확정판결과 동일한 효력은 기판력을 의미하는 것은 아니고 회생절차 내부에서 불가쟁의 효력이 있다는 의미이다.[79]

Ⅱ. 파산채권의 신고와 확정

1. 개 요

파산선고를 받은 채무자에 대하여 채권을 가지고 있다고 하여 당연히 파산채권자로서 파산절차에 참여할 수 있고 배당을 받을 수 있는 것이 아니라 파산채권으로 신고를 하고 파산채권자로 시인되어야 비로소 파산절차에 참가하여 의결권, 이의권, 동의권 등의 권리를 행사할 수 있고 배당받을 수 있는 기회가 부여된다.

---

77) 회생채권·회생담보권의 확정에 관한 소송에 대한 판결은 회생채권자·회생담보권자·주주·지분권자 전원에 대하여 그 효력이 있고, 채권조사확정재판에 대한 이의의 소가 1월 안에 제기되지 아니하거나 각하된 경우 채권조사확정재판도 마찬가지의 효력이 있다(채무자회생법 제176조).

78) 채무자회생법 제140조 제1항에 열거되어 있지 않은 과징금 청구권은 회생계획에서 인정되지 않은 경우에 회생계획인가의 결정이 있으면 면책된다: 대법원 2018. 6. 15. 선고 2016두65688 판결.

79) 대법원 1991. 12. 10. 선고 91다4096 판결.

즉, 파산채권자라도 신고하지 아니하면 개별적으로는 권리를 행사할 수 없고(채무자 회생법 제424조) 시효도 중단되지 않는다(채무자회생법 제32조 제2호).

2. 파산채권의 신고

법원은 파산선고와 동시에 채권신고기간을 정하여야 한다(채무자회생법 제312조 제1항 제1호). 이 채권신고기간은 파산선고를 한 날부터 2주 이상 3월 이하의 기간에서 정하여야 하는데, 실무상으로는 대략 파산선고일로부터 4주 전후로 정하고 있다.[80]

파산채권자는 이 기간 내에 파산채권액과 그 발생원인, 일반의 우선권이 있는 때에는 그 권리, 후순위파산채권이 포함되어 있는 때에는 그 내용 등을 적은 채권신고서를 법원에 제출함으로써 법원에 채권을 신고하여야 하고, 증거서류 또는 그 등본이나 초본을 제출하여야 한다(채무자회생법 제447조 제1항).[81] 실무상 첨부서류는 2부를 제출하도록 하고 있다. 별제권자의 경우에는 위의 내용 외에도 별제권의 목적, 별제권의 행사로 변제받을 수 있는 금액을 넘는 채권액(예정부족액이라 부른다)을 신고하여야 한다(같은 조 제2항).[82] 또한 파산채권에 관하여 파산선고 당시 소송이 진행 중인 경우에는 파산채권자는 앞서 본 사항 외에 그 법원·당사자·사건명 및 사건번호를 신고하여야 한다(같은 조 제3항). 신고방식과 관련하여 실무상으로는 정형화된 채권신고서 서식을 사용하고 있으므로 그에 따르면 될 것이고, 법원이 알고 있는 채무자에 대하여는 파산선고 통지를 하면서 채권신고서 양식을 보내주기도 한다.

주의할 것은 채권신고는 파산관재인에게 하는 것이 아니라 법원에 하여야 한다는 점이다. 파산관재인에게 한 신고는 적법하지 않지만 파산관재인이 법원에 신고서를 송부하면 그때 비로소 채권신고가 된 것으로 본다.

파산채권의 신고가 있으면, 법원사무관등은 채권자의 성명 및 주소, 채권액 및 원인, 일반의 우선권이 있는 때에는 그 권리, 후순위파산채권이 포함되어 있는 때에는 그 내용 등을 적은 파산채권자표를 작성하고 그 등본을 파산관재인에게 교부한다(채무자회생법 제448조).

---

80) 서울중앙지방법원 파산부 실무연구회, 법인파산실무, 제2판(2008), 290면.

81) 실무상으로는 사본을 제출하도록 하는 경우가 많다. 어음, 수표 등의 경우에는 그 원본의 소지가 권리행사의 요건이므로 그 원본을 이의권이 있는 파산관재인에게 제출하여 원본확인을 받은 다음 사본을 증거서류로 첨부한다.

82) 별제권자가 별제권을 행사하여(가령 근저당권을 실행하여), 자신의 채권 전액의 만족을 얻을 수 있는 경우에는 그 별제권자는 채권신고를 하지 않아도 무방하다.

파산채권의 신고기간 내에 신고를 하지 않았다고 하여 실권되는 것은 아니지만 파산채권으로 확정되기 전에는 배당에 참가할 수 없으므로 나중에라도 배당에 참가하려면 반드시 채권신고를 하여야 한다. 채권신고기간이 지났더라도 일반조사기일 전까지 신고한 채권은 파산관재인과 파산채권자의 이의가 없으면 일반조사기일에 조사를 할 수 있고, 이의가 있거나 일반조사기일 후에 신고된 채권은 특별기일을 열어 조사할 수 있다.

파산채권신고가 있은 후에 채권양도, 변제자에 의한 대위 등이 있거나 상속, 법인의 합병 등이 있는 경우에는 법원에 신고명의의 변경신고를 하여야 한다. 다만, 여러 사람이 각각 전부의 이행을 할 의무를 지는 경우(가령 연대채무)에 그중 한 사람에 관하여 파산절차가 개시되고 채권자가 채권의 전액에 관하여 파산채권자로서 권리를 행사한 후 채권의 일부에 대하여 대위변제가 있는 경우, 원래의 채권자만이 파산선고 당시 가진 채권의 전액에 관하여 파산채권자로서 권리를 행사할 수 있을 뿐, 채권의 일부에 대하여 대위변제를 한 구상권자가 자신이 변제한 가액에 비례하여 원래의 채권자와 함께 파산채권자로서 권리를 행사하게 되는 것은 아님을 주의하여야 한다.[83]

3. 파산채권의 조사 및 확정

신고된 파산채권은 조사기일에 그에 대한 조사를 거쳐 확정된다. 법원은 파산선고와 동시에 채권신고기간의 말일부터 1주 이상 1월 이하의 기간을 두고 채권조사기일을 정한다(채무자회생법 제312조 제1항 제3호).

채권조사기일에는 파산선고시를 기준으로 한 채권액, 우선권의 유무, 후순위 파산채권 여부, 별제권자가 신고한 피담보채권의 존부와 수액, 예정부족액의 당부 등에 관하여 조사한다(채무자회생법 제450조). 파산관재인, 신고한 다른 파산채권자 및 파산채무자는 채권조사기일에 신고된 파산채권에 대하여 이의를 할 수 있다. 통상 파산관재인은 신고한 파산채권에 대하여 이의가 있는지 여부를 기재한 채권인부표를 작성하여 이를 토대로 이의 여부를 진술한다. 이의가 없는 채권은 그 신고한 내용대로 파산채권으로서 확정되고 그 사실이 파산채권자표에 기재되면 파산채권자 전원에 대하여 확정판결과 동일한 효력(불가쟁력)이[84] 있다(채무자회생법 제458조, 제460조). 확정된 파산

---

83) 대법원 2006. 4. 13. 선고 2005다34643 판결 참조.
84) 확정판결과 동일한 효력이라 함은 기판력이 있다는 것을 의미하는 것이 아니라 확인적 효력을 가

채권자는 확정된 채권액에 따라 채권자집회에서 의결권을 행사할 수 있고($\substack{채무자회 \\ 생법 제373 \\ 조 \\ 제1항}$) 그에 비례하여 배당을 받을 수 있다.

신고한 파산채권의 내용에 대하여 파산관재인이나 다른 파산채권자가 이의를 한 때에는 그 이의를 받은 파산채권을 보유한 파산채권자는 파산채권의 내용을 확정하기 위하여 이의자 전원을 상대방으로 하여 법원에 채권조사확정재판을 신청할 수 있다. 이 채권조사확정재판의 신청은 이의 있는 파산채권에 관한 조사를 한 일반조사기일 또는 특별조사기일로부터 1월 이내에 하여야 한다($\substack{채무자회생 \\ 법 제462조 \\ 제1항, \\ 제5항}$). 아래와 같은 특별한 경우를 제외하고는 원칙적으로, 바로 파산채권확정의 소를 제기해서는 안 되고 파산사건 담당 재판부에 채권조사확정재판을 신청하여야 함을 특히 유의하여야 한다.

이의의 대상이 된 채권에 관하여 파산선고 당시 이미 소송이 계속되어 있는 경우에는 이의를 당한 파산채권자는 채권조사확정재판을 신청하여서는 안 되고, 이의를 한 사람 전원을 그 소송의 상대방으로 하여 소송을 수계하여야 한다($\substack{채무자 \\ 회생 \\ 법 제 \\ 464조}$). 한편 집행력 있는 집행권원이나 종국판결 있는 파산채권에 관하여 이의가 있는 사람은 파산채무자가 할 수 있는 소송절차에 의하여만 이의를 주장할 수 있으므로($\substack{채무자회생법 \\ 제466조 제1항}$) 그 이의를 한 사람이 소를 제기하여야 하고, 소가 제기되면 그 채권자에 대한 배당은 유보된다. 집행력 있는 집행권원이나 종국판결 있는 파산채권에 관하여 파산선고 당시 이미 법원에 소송이 계속되어 있는 경우에는 이의를 하고자 하는 사람이 이의의 대상이 파산채권을 보유한 파산채권자를 상대방으로 하여 소송절차를 수계하여야 한다($\substack{채무자회생법 \\ 제466조 제2항}$). 이 경우에는 채권조사확정재판을 신청하는 것이 아님을 유의하여야 한다.

채권조사확정재판신청이 있으면 법원은 이의자를 심문한 후 이의가 있는 파산채권의 존부 또는 그 내용을 정한다.

채권조사확정재판에 불복하는 사람은, 그 결정서의 정본을 송달받은 날부터 1월 이내에, 파산사건을 담당하는 법원(파산사건이 계속 중인 재판부를 포함하는 법원 조직법상 법원)에 이의의 소를 제기할 수 있다. 채권조사확정재판에서 조사기일에 이의를 당한 채권의 전부 또는 일부가 인정되지 않아 이에 불복하여 그 파산채권자가 채권조사확정재판에 대한 이의의 소를 제기하는 경우에는 이의자 전원을 피

지고 파산절차 내부에서 불가쟁의 효력이 있다는 의미이다. 회사정리절차에 관한 대법원 2003. 5. 30. 선고 2003다18685 판결 등 참조.

고로 하고, 채권조사확정재판에서 이의가 받아들여지지 않아서 그 이의자가 조사확정재판에 불복하는 경우에는 그 파산채권자를 피고로 하여야 한다.

채권조사확정재판에 대한 이의의 소가 1월 이내에 제기되지 아니하거나 각하된 때에는 채권조사확정재판은 파산채권자 전원에 대하여 확정판결과 동일한 효력이 있다(채무자회생법 제468조 제2항). 채권조사확정재판에 대한 이의의 소에 대한 판결도 마찬가지로 파산채권자 전원에 대하여 효력이 있다. 이의의 대상이 된 채권에 관하여 파산선고 당시 이미 소송이 계속되어 있거나 그 채권이 집행력 있는 집행권원이나 종국판결 있는 파산채권이어서 채권조사확정재판절차를 거치지 않고 곧바로 파산채권의 확정에 관한 소송이 진행된 경우, 거기서 선고된 판결 역시 파산채권자 전원에 대하여 효력이 있다(채무자회생법 제468조 제1항). 이러한 채권조사확정재판의 결정 또는 이의의 소 등에서의 판결은 파산관재인에 대하여도 효력이 있다.

제7절   건설사업자의 도산과 관련된 기타 문제

Ⅰ. 건설공사 수급인이 도산한 경우 하수급인에 대한 공사대금 직접 지급

건설공사 도급계약이 체결되고 이어 건설공사의 전부 또는 부분에 관하여 수급인과 하수급인 사이에 하도급계약이 체결되었는데, 수급인이 도산한 경우 도급인은 일정한 범위 내에서 자신이 지급할 공사대금을 실제로 공사를 한 하수급인에게 직접 지급하여야 할 경우가 있다.[85]

1. 하도급거래 공정화에 관한 법률(이하 '하도급법'이라고 함) 제14조에 따른 직접지급청구권

발주자(도급인)가 원사업자(수급인)에게 건설공사를 도급주고 원사업자는 그 공사의 일부를 수급사업자(하수급인)에게 다시 하도급 주어 시행하게 한 경우, 발주자와 수급사업자 사이에는 직접적인 계약관계가 없으므로, 원칙적으로 그 둘 사이에는 아무런 권리의무가 없다. 그러나 하도급법 제14조 제1항은 일정한 요건

---

[85] 이하 하도급법 및 건설산업기본법상의 하도급대금직접지급에 관하여는 제2편 제10장 제5절 부분 참조.

하에 수급사업자의 발주자에 대한 공사대금 직접청구권과 이에 대응한 발주자의 직접지급의무를 규정하고 있다. 즉, 발주자와 원사업자 사이의 건설공사도급계약과 원사업자와 수급사업자 사이의 건설공사하도급계약이 있었고 이에 따른 건설공사가 행하여졌는데, 원사업자에게 지급정지[86]·파산, 그 밖에 이와 유사한 사유가 있어 하도급대금을 지급할 수 없게 된 경우[87] 수급사업자는 발주자에게 하도급대금의 직접지급을 청구할 수 있다($\substack{같은 항 \\ 제1호}$). 따라서 원사업자에 대하여 회생절차가 개시되거나[88] 파산선고가 있는 경우 수급사업자는 발주자에 대하여 하도급공사대금의 직접지급을 구할 수 있다. 위 규정은 원사업자의 지급정지나 파산 등으로 인해 영세한 수급사업자가 하도급대금을 지급받지 못함으로써 연쇄부도에 이르는 것을 방지하기 위한 취지에서 두게 된 것이다.[89]

수급사업자의 발주자에 대한 공사대금 직접지급요청은 그 의사표시가 발주자에게 도달한 때에 효력이 발생한다($\substack{하도급법 시행 \\ 령 제9조 제1항}$). 따라서 수급사업자의 발주자에 대한 하도급대금 직접지급청구권의 발생요건, 즉, 원사업자가 지급정지·파산 등으로 하도급대금을 지급할 수 없게 되었는지 여부 등에 관한 판단의 기준시점은 수급사업자의 직접지급요청의 의사표시가 발주자에게 도달한 시점이 된다.[90] 공사대금 직접지급의 의사표시가 발주자에게 도달하였다는 사실은 수급사업자가 증명하여야 한다($\substack{하도급법 시행 \\ 령 제9조 제1항}$).

이와 같이 수급사업자가 발주자에게 공사대금의 직접지급을 요청한 경우에는 원사업자에 대한 발주자의 공사대금 지급채무와 수급사업자에 대한 원사업자의 하도급공사대금지급채무는 그 범위에서 소멸한 것으로 보게 된다($\substack{하도급법 제 \\ 14조 제2항}$).[91]

---

86) 회생절차개시신청과 파산선고 신청의 사유가 된다. 부도는 그 대표적인 예이다.

87) '지급할 수 없게 된 경우' 즉 지급불능이라 함은 채무자가 변제능력이 부족하여 즉시 변제하여야 할 채무를 일반적·계속적으로 변제할 수 없는 객관적 상태를 말한다(대법원 2009. 3. 12. 선고 2008다65839 판결 참조). 회생절차개시신청과 파산선고 신청의 사유가 된다.

88) 회생절차가 개시된 경우에 관하여 명시적으로 직접청구권을 인정한 판례로는 대법원 2007. 6. 28. 선고 2007다17758 판결이 있다. 위 판결에 의하면, 수급사업자가 발주자에 대하여 하도급공사대금을 직접 청구하여 직접지급받는다고 하여, 회생채권에 대하여는 회생절차에 의하지 아니하고는 변제받을 수 없다는 규정에 저촉되는 것도 아니고, 위 직접지급청구가 회생절차개시에 의하여 금지되는, 회생채무자에 대한 강제집행에 해당하는 것도 아니다.

89) 대법원 2007. 6. 28. 선고 2007다17758 판결.

90) 대법원 2009. 3. 12. 선고 2008다65839 판결 참조.

91) 이와 같이 채무소멸의 효과가 생긴다고 하여, 그 사유발생 전에 이루어진 강제집행 또는 보전집행의 효력을 배제하는 규정은 없으므로 하도급법 관련 규정들에 의한 하도급대금 직접지급사유가 발생하기 전에 원사업자의 제3채권자가 원사업자의 발주자에 대한 채권에 대하여 압류 또는 가압류 등으로 채권의 집행보전이 된 경우에는 그 이후에 발생한 하도급공사대금의 직접지급사

각 채무소멸의 효과는 직접지급요청의 의사표시가 발주자에게 도달한 때에 발생한다.

직접지급의무가 있다고 하여 발주자가 원래 부담하여야 할 공사대금지급의무를 이중으로 부담할 수는 없는 것이므로 발주자는 원사업자에게 지급할 공사대금채무가 남아있는 한도 내에서만 직접지급의무를 부담한다(하도급법 시행령 제9조 제3항). 따라서 발주자가 원사업자에게 이미 공사대금을 전부 지급하였거나 다른 사유로 원사업자의 공사대금채권이 소멸해 버린 경우에는 발주자에게 수급사업자에 대한 직접지급의무가 없다.[92] 또한 발주자가 원사업자에게 공사대금 중 일부를 이미 지급한 경우에는 수급사업자의 요청에 따라 발주자가 그 수급사업자에게 하도급대금을 직접 지급함에 있어 발주자가 원사업자에게 이미 지급한 공사대금액을 빼고 지급한다(하도급법 제14조 제4항). 뿐만 아니라 공사대금의 지급시기 등에 관하여도 원도급계약에 따라 수급사업자에게 하도급대금을 지급한다(하도급법 시행령 제9조 제4항).

수급사업자가 여러 사람이 있는데 그 여러 사람이 동시에 발주자에게 하도급 공사대금의 직접지급을 요청하고 발주자가 지급하여야 할 남은 공사대금의 액수가 수급사업자들이 직접지급을 요청하는 금액에 미달하는 경우에는 발주자는 직접지급을 요청한 수급사업자를 피공탁자로 하여 집행공탁을 할 수 있다(하도급법 시행령 제9조 제2항, 민사집행법 제248조). 발주자가 이러한 이유로 공탁을 하는 경우에는 법원에 사유신고를 하여야 하고, 법원에 의한 배당절차에 따라 수급사업자들이 공탁된 금원에서 공사대금을 변제받게 된다. 수급사업자의 직접지급청구와 원사업자의 채권자들의 압류·가압류가 경합하는 경우에도 발주자는 잔여공사대금을 공탁하고 법원에 그 사유를 신고할 수 있다.

반대로 수급사업자도 자신이 공사한 대금 이상을 지급받을 수는 없는 것이므로 발주자에 대하여 직접지급청구를 함에 있어 자신의 공사대금채권액을 증명하여야 할 것이다. 이를 위해 원사업자의 기성부분의 확인이 필요할 수 있는데 이 경우 원사업자는 지체 없이 확인에 필요한 조치를 취하여야 한다(하도급법 제14조 제5항).

한편, 원사업자가 발주자에게 해당 하도급계약과 관련된 수급사업자의 임금, 자재대금 등의 지급 지체 사실(원사업자의 귀책사유로 그 지급 지체가 발생한 경우는

유에도 불구하고 그 집행보전된 권리는 소멸하지 않는다(대법원 2003. 9. 5. 선고 2001다64769 판결): 대법원 2003. 4. 22. 선고 2001다20363 판결도 참조.

[92] 대법원 2009. 7. 9. 선고 2008다21303 판결; 대법원 2005. 7. 28. 선고 2004다64050 판결 등 참조.

제외한다)을 입증할 수 있는 서류를 첨부하여 해당 하도급대금의 직접 지급 중지를 요청한 경우, 발주자는 그 하도급대금을 직접 지급하여서는 아니 된다(하도급법 제14조 제3항).

2. 건설산업기본법 제35조에 따른 직접지급청구권

건설산업기본법 제35조는, 당초에는, 수급인의 파산 등 일정한 사유가 있을 때 발주자가 임의로 하도급공사대금을 하수급인에게 지급하고 그 액수에 해당하는 자신의 수급인에 대한 채무를 면할 수 있는 권리를 인정하고 있을 뿐이었다 (제1항).[93] 그러다가 2007. 5. 17.의 개정(법률 제8477호)으로 제35조 제2항, 제3항, 제5항, 제6항이 신설되면서 하수급인의 직접지급청구권과 이에 대응하는 발주자의 직접지급의무가 인정되게 되었다. 건설산업 제35조 제2항에 따른 직접지급청구권 및 직접지급의무는 하도급법 제14조에 따른 직접지급청구권 및 직접지급의무와 상당 부분 유사하므로 하도급법 제14조에 관한 앞서 본 설명은 대체로 건설산업기본법 제35조 제2항에 따른 직접지급의 경우에도 타당하다.[94] 다만, 2019년 개정된 하도급법 제14조 제3항과 달리 건설산업기본법 제35조 제5항은 개정 전 하도급법과 마찬가지로, 수급인이 발주자에게 하수급인이 임금, 자재대금 등의 지급 지체 사실을 증명할 수 있는 서류를 첨부하여 직접지급중지를 요청하면 발주자가 하도급대금을 직접지급하지 않을 수 있다고 규정함으로써 발주자에게 강제적인 의무를 부과하고 있지는 않다.

건설산업기본법 제35조 제1항의 경우에는, 발주자는 하수급인의 청구가 없더라도 하수급인에게 직접 하도급공사대금을 지급할 수 있고, '실제로 지급한 때'에 비로소 그 한도 내에서 발주자의 수급인에 대한 공사대금지급채무가 소멸한다. 제2항의 경우에도 마찬가지이다. 구법과 달리[95] '실제로 지급한 때'에 비로소

---

93) 대법원 1997. 10. 28. 선고 97다34716 판결 참조. 수급인의 파산 등으로 발주자가 하도급대금을 직접지급하는 경우의 지급방법 및 절차에 관하여 규정한 건설산업기본법 시행규칙 제29조 제2항 제3호에 의하면, 하수급인의 청구가 있어야 발주자가 지급할 수 있는 것으로 볼 여지가 있으나 위 규정은 직접지급절차에 관하여 규정한 것일 뿐이고 위 시행규칙의 규정에 의하여 건설산업기본법 제35조 제1항에 따른 직접지급의 성격이 달라지지는 않는다고 생각된다.

94) 수급인의 파산 등으로 하도급대금을 직접지급하는 경우의 지급방법 및 절차에 관하여 규정한 건설산업기본법 시행규칙 제29조 제4항은 하도급법 시행령 제9조의 규정을 준용하도록 정하고 있다.

95) 2011. 5. 24. 개정 이전에는 제1항과 달리 일정한 요건이 있는 경우 하수급인이 발주자에게 하도급공사대금의 직접 지급을 요청할 권리가 있고 '직접지급을 요청한 때'에 곧바로 발주자에게 하도급공사대금지급의무가 발생과 동시에 발주자의 수급인에 대한 공사대금지급채무와 수급인의 하수급인에 대한 하도급공사대금채무는 그 범위 안에서 소멸한 것으로 보았다.

그 한도 내에서 발주자의 공사대금지급채무가가 소멸된 것으로 볼 것이다.[96]

한편, 발주자가 수급인에 대하여 공사대금지급채무를 부담하지 않고 있음에도 이를 부담하고 있는 것으로 잘못 알고 건설산업기본법 제35조의 규정들에 의하여 하도급대금을 직접 하수급인에게 지급하였다고 하더라도, 하수급인이 발주자로부터 하도급대금을 지급받은 것은 수급인과의 하도급계약에 의한 것이어서 이를 법률상 원인 없이 하도급대금을 수령한 것이라고 볼 수 없으므로 하수급인을 상대로 부당이득반환청구를 할 수는 없고, 수급인에 대하여 부당이득반환청구를 할 수 있을 뿐이다.[97]

Ⅱ. 주택임대사업자가 도산한 경우의 특별규정

건설사업자가 건설한 주택이 모두 분양되지 않는 경우 건설사업자가 임대주택법상의 임대사업자로 등록을 하고 주택임대업을 하는 경우도 있고, 건설사업자가 처음부터 임대용주택을 건설하여 임대사업자로 등록하고 주택임대업을 하는 경우도 있다. 이러한 임대사업자가 파산한 경우 임차인의 보호를 위한 특별규정이 있는바, 민간임대주택에 관한 특별법 제43조 제4항은 임대기간 중 임대사업자가 부도, 파산, 그 밖의 대통령령으로 정하는 경제적 사정 등으로 임대를 계속할 수 없는 경우에는 임대의무기간 중에도 대통령령으로 정하는 바에 따라 시장·군수·구청장에게 허가를 받아 임대사업자가 아닌 자에게 민간임대주택을 양도할 수 있다고 규정하고 있다.[98]

Ⅲ. 공동수급체와 도산

여러 개의 건설업체가 하나의 건설공사를 공동으로 수주하여 공동으로 시공

---

96) 이 부분에 있어서도 수급사업자의 직접지급요청의 의사표시가 발주자에게 도달한 때에 채무소멸 효과가 발생하는 하도급법 제14조 제2항과 차이가 있다.

97) 대법원 2008. 6. 26. 선고 2006다63884 판결.

98) 구 임대주택법에는 임대사업자가 파산한 경우 등에 임차인의 우선분양전환권(제21조), 해당 임대주택에 대한 경매제한 및 특례(제21조의2, 제22조) 등이 있었으나, 구 임대주택법이 2015. 8. 28. 민간임대주택에 관한 특별법으로 전부 개정되면서 해당 규정 등은 삭제되었다. 다만 민간임대주택에 관한 특별법 부칙(법률 제13499호, 2015. 8. 28.) 제2조는 위 신법이 시행된 이후 사업계획을 승인신청하였거나 민간매입임대주택으로 등록한 분부터 위 신법을 적용한다고 규정하고 있다.

하는 공동도급계약의 경우 수급인인 건설공동수급체는 건설공사를 위하여 결성된 공동기업체라고 할 수 있다. 공동수급체에는 공동이행방식의 공동수급체와 분담이행방식의 공동수급체가 있다.[99] 분담이행방식의 공동도급계약은 각 분담부분에 관한 여러 개의 도급계약을 형식상 하나의 계약형태로 체결한 것이라고 보는 것이 타당하고, 탈퇴구성원의 시공 부분에 대하여 잔존 구성원이 2차적 책임을 지는 것은 공동수급계약의 목적상 특별히 계약 이행보증의 의미로 한 특약이라고 할 것이므로 도급인이나 공동수급체 구성원 중 일부가 도산한 경우라도 보통의 경우와 특별히 달리 취급할 필요가 없고 일반원칙에 따라 법률관계를 정리하면 된다. 따라서 이하에서는 공동수급체가 조합체로서의 성격을 가지고 있는[100] 공동이행방식의 공동도급계약의 경우, 계약 당사자의 도산과 관련된 문제만 서술한다.

1. 도급인이 도산한 경우

공동도급계약상의 도급인이 도산한 경우에는, 공동수급체의 공사대금채권에 관하여 공동수급체가 합수적으로[101] 회생채권 등을 신고하여 회생절차에 참가한다는 점, 파산절차의 경우에도 합수적으로 파산채권을 신고하여 파산절차에 참가한다는 점 외에는 일반 건설도급계약에서 도급인이 도산한 경우와 차이가 없다.

채권신고는 통상 대표자인 주간사 회사(업무집행조합원)로 선임된 건설회사가 하게 될 것이다. 조합의 채권을 회생채권으로 신고함으로써 실권을 방지하는 행위나 파산채권으로 신고함으로써 파산절차에서 배당받을 지위를 확보하는 것은 합유재산의 보존행위라고 볼 수 있으므로 대표자가 아닌 공동수급체의 다른 구성원(조합원)도 채권신고를 할 수 있을 것이다(민법 제272조 후문). 다만, 실무상으로는 법원에서 채권신고를 받을 때 대표자의 자격 등을 증명하는 서면을 내도록 하고 있으므로 공동수급체의 대표자가 신고하도록 하는 것이 바람직하다.

---

99) 공동수급체에 관한 자세한 내용은 제2편 제9장 참조.

100) 대법원 2000. 12. 12. 선고 99다49620 판결은 "공동수급체는 기본적으로 민법상의 조합의 성질을 가지는 것이므로 그 구성원의 일방이 공동수급체의 대표자로서 업무집행자의 지위에 있었다고 한다면 그 구성원들 사이에는 민법상의 조합에 있어서 조합의 업무집행자와 조합원의 관계에 있었다고 할 것이다"라고 판시하고 있다.

101) 물론 공동수급체의 대표자인 주간사 회사(업무집행조합원)가 공동수급체의 명의로 신고하면 되고 반드시 구성원 모두가 함께 신고하여야 한다는 의미는 아니다.

2. 공동수급체의 구성원이 도산한 경우

⑴ 파산선고가 있는 경우

㈎ 일 반 론　　　공동수급체의 구성원에 대하여 파산선고가 있게 되면 그 구성원은 공동수급체에서 당연히 탈퇴된다(민법 제717조 제2호). 공동수급체 구성원이 파산하면 그 구성원의 채권자의 입장에서 볼 때 그 조합원의 지분을 환급받아 채권의 변제에 충당하지 않으면 파산의 목적을 달성할 수 없기 때문이다.

공동수급협정에서 공동수급체 구성원에 대하여 파산이 선고되더라도 탈퇴되지 아니한다고 정하고 있더라도 이는 장래 불특정 채권자의 권리를 침해하는 것으로서 원칙적으로 무효라고 보아야 할 것이다. 다만, 탈퇴하지 않는 것이 파산한 구성원의 채권자들에게 유리하여 파산관재인이 채권자들의 동의를 얻어 조합에 잔류하기로 한 경우까지 탈퇴금지약정을 무효라고 볼 필요는 없을 것이다.[102]

공동수급체 구성원의 파산으로 그가 탈퇴한 경우에는, 파산으로 탈퇴된 조합원이 조합재산에 관하여 가지고 있던 그의 합유지분을 계산하여 환급하여야 한다(민법 제719조). 환급할 합유지분의 계산과 관련하여서 특히 문제가 될 만한 것은, 이른바 관급공사에서 공동수급체의 구성원 중 1인이 기성금을 받은 후에 파산한 경우이다.

㈏ 관급공사의 경우　　　관급공사 중 공동도급계약이 체결되는 경우에는, 국가를 당사자로 하는 계약에 관한 법률 제25조, 같은 법 시행령 제72조에 근거하여 제정된 기획재정부 계약예규인 공동계약운용요령(기획재정부 계약예규 제490호, 2020. 4. 7.)이 적용된다. 이 공동계약운용요령 제11조에 의하면, 관급공사의 도급인인 발주자는, 선금·대가 등을 지급함에 있어 공동수급체의 대표자로 하여금 담당

---

102) 대법원 2004. 9. 13. 선고 2003다26020 판결도, "조합원들이 조합계약 당시 민법 제717조의 규정과 달리 차후 조합원 중에 파산하는 자가 발생하더라도 조합에서 탈퇴하지 않기로 약정한다면 이는 장래의 불특정 다수의 파산채권자의 이해에 관련된 것을 임의로 위 법 규정과 달리 정하는 것이어서 원칙적으로는 허용되지 않는다 할 것이지만, 파산한 조합원이 제3자와의 공동사업을 계속하기 위하여 그 조합에 잔류하는 것이 파산한 조합원의 채권자들에게 불리하지 아니하여 파산한 조합원의 채권자들의 동의를 얻어 파산관재인이 조합에 잔류할 것을 선택한 경우까지 조합원이 파산하여도 조합으로부터 탈퇴하지 않는다고 하는 조합원들 사이의 탈퇴금지의 약정이 무효라고 할 것은 아니다"라고 판시하면서, "공동수급체의 구성원 중 1인이 파산하였으나 파산관재인이 법원의 허가와 파산채권자의 동의를 얻어 파산 이후에도 계속적으로 공동사업을 수행하여 왔다면, 입찰참가자격제한조치를 받기 전까지는 탈퇴할 수 없다고 한 탈퇴금지의 약정은 파산한 조합원의 채권자의 이익을 해하지 아니하므로 유효하다"고 판시한 바 있다.

공무원에게 공동수급체 구성원별로 구분 기재된 공사대금신청서를 제출하게 하고, 신청된 금액을 '공동수급체 구성원 각자'에게 지급하여야 한다. 종전에 공동수급체 대표자가 발주자로부터 기성부분에 대한 공사대금을 수령하였음에도 공동수급체 구성원에게 그의 몫에 해당하는 공사대금을 지급하는 것을 지체하거나 이를 유용하는 일이 많아 분쟁이 잦아지자 이를 막기 위한 방편으로 1997. 1. 1. 공동도급계약운용요령(공동계약운용요령의 전신)을 개정하여 위와 같이 규정한 것이다. 위 공동계약운용요령 제11조의 규율과 이에 따른 기성공사대금지급실무는 공동수급체의 법적 성질인 조합의 법리와는 들어맞지 않는 면이 있다.

구성원 각자에 대한 공사대금지급의 확보라는 현실적인 필요에 따라 위와 같은 대금지급에 관한 규정을 두고 있다고 하더라도, 위 규정에 의하여 관급공사에서 공동수급체의 법적 성질이 바뀐다고 할 수는 없다.[103] 따라서 공동수급체의 구성원에게 직접 지급된 공사대금도 조합의 재산이라고 할 것이다.[104]

앞서 본 바와 같이 건설공사 공동수급체의 구성원이 파산하게 되면, 그 구성원은 조합체인 공동수급체에서 당연히 탈퇴되게 되므로 그 구성원의 지분을 계산하여 환급하여야 하는 문제가 있다. 또 환급할 지분액을 정하기 위해서는, 파산한 공동수급체 구성원이 그 지분에 따라 발주자로부터 지급받은 공사대금의[105] 반환 내지는 정산이 전제되어야 한다.

---

[103] 공동수급표준협정서와 공동도급계약운용요령이 적용된 사안에서 대법원도 같은 취지로 판시한 바 있다(2000. 11. 24. 선고 2000다32482 판결). 즉, 위 사건에서 대법원은, "이 사건 공사계약에 의한 선금·대가 등을 지급함에 있어서는 공동수급체 구성원별로 구분 기재된 신청서를 공동수급체 대표자가 제출하도록 하여야 하고 신청된 금액을 공동수급체 구성원 각자에게 지급하도록 규정한 공동도급계약운용요령(회계예규 2200.04-136-5, '97. 10. 1.)이 적용되게 되어 있어, 이에 따라 공동수급체 구성원 간에 '선금 및 대가 등은 공동수급체의 대표자 또는 각 구성원의 다음 계좌로 지급받는다'고 약정하여 결국 공사대금이 출자지분비율에 따라 공동수급체 구성원 각자의 계좌로 입금되게 된 점, 발주자와 체결한 공사도급표준계약서에 계약금액이 구성원별로 특정되어 있지도 않은 점 및 공동수급표준협정서에 규정된 출자비율, 손익분배, 권리의무의 양도제한, 탈퇴제한 등의 약정내용을 아울러 검토하여 볼 때, 발주자가 공동도급계약운용요령에 따라 공사대금채권을 공동수급체 구성원 각자에게 지급하고 공동수급체가 그와 같은 지급방식에 응하여 그 대금을 수령한 사정만으로 조합 구성원 사이에 조합에 관한 민법 규정의 적용을 배제하려는 의사가 표시되어 있다는 등 특별한 사정이 있었다고 할 수는 없으므로 이 사건 공사대금채권은 조합원에게 합유적으로 귀속되는 조합채권으로써 조합원 중 1인이 임의로 조합의 채무자에 대하여 출자지분의 비율에 따른 급부를 청구할 수는 없다"고 판시하였다.
[104] 물론, 조합에 관한 민법규정은 임의규정이므로 관급공사에서의 건설공사 공동수급체는, 조합원 사이의 특약에 따라 통상의 조합이 아니라 지분적 조합(Gesellschaft nach Bruchteilen)으로 보아야 한다는 주장이 있을 수 있으나, 공동수급표준협정서의 내용에 비추어 관급공사에서의 건설공사 공동수급체를 지분적 조합으로 볼 수 있을지는 의문이 있다.
[105] 여전히 조합인 공동수급체의 재산이라는 점은 앞서 본 바와 같다.

파산한 공동수급체 구성원이 지급받은 공사대금이 어떤 형태로든 특정되어 있을 경우에는, 그 특정된 금전 또는 채권은 여전히 조합재산이므로 조합체인 공동수급체는 환취권을 행사하여 그 반환을 청구할 수 있을 것이다. 그러나 금전인 경우에는 원칙적으로 점유자가 소유권을 취득하므로 특정되어 있는 경우란 상정하기 어렵다. 현실적으로는 관급공사에서 공사대금은 공동수급체 구성원의 예금계좌로 이체되는 형태로 지급되는 경우가 많을 것이다. 자금이체방식에 의한 지급의 경우, 공동수급체 구성원의 예금원장에 기입된 때에 그 구성원이 은행에 대하여 예금채권을 취득하게 된다. 구성원이 관급공사를 지급받을 예금계좌(통장)를 별도로 개설하여 그 예금계좌를 오로지 관급공사의 공사대금을 이체받는 용도로만 사용하였다면 그 예금채권은 특정되어 있다고 할 것이다. 이 경우에는 조합체인 공동수급체는 환취권을 행사하여 그 예금채권의 이전을 청구할 수 있을 것이다. 필요에 따라서는 예금채권의 특정을 위해 공동수급체가 처분금지가처분을 하여둘 수도 있을 것이다.

파산한 공동수급체 구성원이 지급받은 공사대금이 특정되어 있지 아니한 경우(즉, 파산한 구성원의 재산에 혼입된 경우)에는, 결국 조합체인 공동수급체는 파산한 구성원에 대하여 그가 지급받은 액수만큼의 반환채권을 취득하게 된다고 할 것이다. 이 반환채권은 발주자의 공사대금지급 및 그 대금이 파산한 구성원의 재산에 혼입됨으로써 생긴다고 볼 것인데, 그 시기는 대개 파산선고 전일 것이므로 공동수급체의 반환채권은 대개 파산채권이 된다. 그러나 공동수급체는 파산선고와 '동시에' 파산선고를 받은 구성원에게 지분환급채무를 부담하므로 이 지분환급채무와 파산선고를 받은 구성원에 대한 공사대금반환채권을 상계할 수 있다고 본다.

(2) 회생절차가 개시된 경우

공동수급체의 구성원에 대하여 파산선고가 있은 경우와는 달리, 그에 대하여 회생절차가 개시되더라도 그 구성원은 공동수급체에서 당연히 탈퇴되지는 않는다. 다만, 그 구성원이 회생절차개시 전후의 경제적인 어려움 등으로 인하여 계약을 이행하지 못한 경우에는 공동수급체협정에 따라서[106] 그에 대하여 탈퇴조치를

---

106) 공동이행방식의 공동수급표준협정서 제12조 제1항은 공동수급체 구성원이 파산, 해산, 부도 기타 정당한 이유 없이 당해 계약을 이행하지 아니하여 해당 구성원 외의 공동수급체의 구성원이 발주자의 동의를 얻은 경우에는 탈퇴조치를 할 수 있도록 규정하고 있다.

할 수 있을 것이다.

앞서 본 바와 같이, 관급공사에서 공동도급계약이 체결되는 경우에는, 공동계약운용요령 적용되고, 이에 따라 관급공사의 도급인인 발주자는 선금·공사대금 등을 공동수급체 대표자에게 지급하지 아니하고 그 구성원별로 나누어 '공동수급체 구성원 각자'에게 지급하게 된다. 그러나 구성원 각자에 대한 공사대금지급의 확보라는 현실적인 필요에 따라 위와 같은 방식으로 대금을 지급하더라도, 공동수급체의 구성원 각자에게 직접 지급된 공사대금은 여전히 조합인 공동수급체의 재산이다. 이 점은 공동수급체 구성원에 대하여 파산이 선고된 경우와 마찬가지이다. 따라서 이에 따른 법률관계도 공동수급체 구성원에 대하여 파산이 선고된 경우와 같다.

즉, 공동수급체 구성원 중 1인에 대하여 회생절차가 개시된 경우, 조합체인 공동수급체의 대표자(주간사 회사)는 회생절차가 개시된 그 구성원에 대하여 그가 받은 공사대금을 반환할 것을 청구할 수 있다. 회생절차가 개시된 공동수급체 구성원이 지급받은 공사대금이 어떤 형태로든 특정되어 있을 경우에는, 조합체인 공동수급체는 환취권을 행사하여 그 특정된 금전 또는 채권의 반환을 청구할 수 있다. 관급공사에서 공사대금은 공동수급체 구성원의 예금계좌로 이체되는 형태로 지급되는 경우가 많을 것인데, 자금이체방식에 의한 지급의 경우 공동수급체 구성원의 예금원장에 기입된 때에 그 구성원이 은행에 대하여 예금채권을 취득하게 되므로, 공동수급체 구성원이 관급공사대금을 지급받을 예금계좌(통장)를 별도로 개설하여 그 예금계좌를 오로지 관급공사의 공사대금을 이체받는 용도로만 사용하였다면 그 예금채권은 특정되어 있다고 할 것이다. 필요에 따라서는 예금채권의 특정을 위해 공동수급체가 처분금지가처분을 하여둘 수도 있을 것이다.

회생절차가 개시된 공동수급체 구성원이 지급받은 공사대금이 특정되어 있지 아니한 경우(즉, 그 구성원의 재산에 혼입된 경우)에는, 결국 조합체인 공동수급체는 회생절차가 개시된 구성원에 대하여 그가 지급받은 액수만큼의 반환채권을 취득하게 된다. 이 반환채권은 발주자의 공사대금지급 및 그 대금이 회생절차가 개시된 구성원의 재산에 혼입됨으로써 생긴다고 볼 것인데, 그 시기는 대개 회생절차개시 전일 것이므로 공동수급체의 반환채권은 원칙적으로 회생채권이 된다. 따라서 공동수급체의 대표자는 이를 기한 내에 신고하여야 할 것이다.[107] 공동수급

---

107) 다만 회생채권의 신고 기한에 대하여 대법원은 공동불법행위자 사이의 구상금채권이 문제된 사

체가 회생절차개시 당시 회생절차가 개시된 구성원에 대하여 채무(가령 이익분배금 또는 중간 정산금 지급채무 등)를 부담하고 있었던 경우에는 그 채무와 회생절차가 개시된 공동수급체 구성원에 대한 공사대금반환채권을 상계할 수 있을 것이다(채무자회생 법 제144조). 하지만 공동수급체가 회생절차가 개시된 구성원의 지급정지 또는 회생절차개시신청이 있음을 알고서 그에 대하여 채무를 부담한 경우나 회생절차개시 결정 이후에 그에 대하여 채무를 부담하게 된 경우 등 일정한 경우에는 그 채무로는 회생절차가 개시된 공동수급체 구성원에 대한 공사대금반환채권과 상계할 수 없다(채무자회생 법 제145조).

한편 공동수급체 내부적으로 공제의 특약이 있는 경우에는 상계할 필요가 없다. 공동수급협정서 등에 상계적상 여부나 상계의 의사표시와 관계없이 당연히 이익분배금에서 미지급 공사대금반환채무 등을 공제할 수 있도록 특약이 있다면 이는 양 채권에 관한 공제약정이 있었던 것으로 볼 수 있다.[108] 따라서 공사대금을 반환하지 아니한(즉 출자의무를 이행하지 않은) 구성원에 대하여 회생절차가 개시된 경우에 위와 같은 공제약정에 따라 상계의 의사표시 없이 공제의 효과가 발생한다.[109] 공제는 상계와 달리 공제약정과 공제의 요건이 갖추어지면 당연히 법률상 그 효과 발생하는 것이어서 상계에 관한 법률규정이 적용되지 않는다.[110]

공동수급체협정은 성질상 조합계약이라고 할 것인데 조합계약에 따른 구성원들의 출자의무, 해산 또는 탈퇴시의 지분환급금 또는 청산금의 지급의무 등은

안에서, 추후보완신고기간까지도 경과한 상태의 회생채권은 실권됨이 원칙이나 회생채권의 신고기간이나 추후보완신고기간까지도 손해배상책임의 부담 여부가 확정되지 않은 경우에는 여러 사정을 고려하여 회생절차에 참가할 것을 기대할 수 없는 사유가 있는 때에는 그 사유가 끝난 후 1개월이 될 때까지 회생채권 신고를 보완하는 것이 허용되어야 한다고 판시한 바 있다(대법원 2016. 11. 25. 선고 2014다82439 판결). 이러한 법리는 회생절차가 개시된 공동수급체 구성원에 대한 회생채권 행사에 있어서도 회생채권의 종류 및 성격에 따라 유추 적용될 여지가 있다고 보인다. 위 판결은 설계자의 설계상 과실과 시공자의 시공상 과실 및 감리자의 감리상 과실이 경합되어 공사 완료 후 하자가 발생하였는데, 설계자가 하자 발생 사실을 알기도 전에 이미 시공자에 대한 회생절차가 개시되어 회생계획안까지 인가된 사안에 관한 것으로, 대법원은 설계자가 장래에 행사할 가능성이 있는 구상권을 주장하면서 회생절차에 참가하기를 기대하기 어려웠다고 볼 여지가 상당하다고 설시하였다.

108) 제9장 제7절 Ⅲ. 공동원가분담금채무와 기성공사대금청구권의 관계 부분 참조.
109) 대법원 2018. 1. 24. 선고 2015다69990 판결.
110) 공사도급계약에 대한 이행 또는 해제의 선택은 보통 신고기간 만료 이후에 이루어지기 때문에 공동수급체 내부관계에서 상계권의 행사를 하지 못하여 상계기한을 놓치는 경우도 적지 않다. 공제특약을 통하여 회생채권에 해당하는 원가분담금채권을 공익채권에 준하여 회수하는 경제적 이익을 얻게 될 수 있을 것으로 보인다.

그 쌍방의 채무가 '성립·이행·존속상 법률적·경제적으로 견련성을 갖고 있어서 서로 담보로서 기능하는 경우'에 해당한다고 보기 어려우므로 채무자회생법 제119조에서 정하는 쌍무계약이라고 보기 어렵다.[111] 따라서 관리인에게 공동수급체협정의 해제 또는 이행의 선택권이 있다고 볼 수는 없고, 관리인과 공동수급체 사이에 새로운 약정에 의하여 공동수급체 구성원에 대한 회생절차개시에 따른 법률문제를 해결할 수밖에 없을 것이다. 현실적으로는, 관리인으로서는 채무자인 건설회사의 회생을 위하여 건설공사의 수주가 절대적으로 필요하고, 설령 회생절차가 개시된 공동수급체 구성원이 공동수급체에서 탈퇴하더라도 공동수급체협약상 공사를 완공한 이후에야 비로소 정산하여 탈퇴한 구성원에게 손익을 분배할 수 있으므로,[112] 관리인은 가능한 한 공동수급체에서 존속하기를 원하고 이를 위해 별도의 약정을 체결하는 것이 바람직할 것이다. 하지만 현실적으로는 회생회사의 자금사정상 공동수급체로서의 분담금을 부담하기 어려운 경우가 많아 구성원들 간의 별도의 약정을 통해 공동수급체에서 탈퇴하고 정산을 하는 경우가 많을 것이다.

---

111) 대법원 2004. 2. 27. 선고 2001다52759 판결의 취지 참조.
112) 공동이행방식의 공동수급표준협정서 제12조 제4항은 탈퇴한 구성원에 대한 출자금 반환과 관련하여, 계약을 모두 이행한 후 정산을 거쳐 손실 또는 이익이 발생하였는지 여부에 따라 배당 또는 분담한다고 정하고 있다.

제14장　건설공사와 제3자의 손해

제1절　서　　론

　　건물이 인접해 있는 도시지역에서 건설공사를 시행하면 공사로 인한 진동, 지반 침하 등으로 인근 건물에 균열이나 붕괴 등 직접적인 피해를 주는 경우가 자주 생긴다. 그 밖에도 인근 주민이 입는 손해는 여러 가지 유형으로 나뉜다. 공사장의 작업으로 인한 소음, 진동, 분진 등 생활방해를 입는 경우, 자재의 낙하나 붕괴로 인한 상해나 재물의 손괴를 입는 경우, 기존의 주거환경이 악화되어 일조권 및 조망권의 침해가 발생하는 경우 등이다.

　　이러한 피해에 관하여 주로 불법행위를 원인으로 한 손해배상소송이 제기되는데, 건설시공의 특성상 일반적인 불법행위이론상의 귀책사유와 인과관계를 그대로 적용할 수 있는지 문제된다. 피해자가 건설과정에 문외한이고 특별한 정보가 없기 때문에 입증책임을 모두 부담할 경우에 극히 불리한 입장에 서게 된다.

　　또한 불법행위가 성립할 때에도 누가 법적 책임을 질 것인지가 문제된다. 건설공사에 도급인·수급인·수급인의 피용인·하수급인·설계자·감리자 등 많은 사람이 관여하고 있기 때문에 과연 누가, 어떠한 범위 내에서 책임져야 하는지 불분명한 경우가 많다. 특히 손해배상을 할 수 있는 자력(資力)의 문제로 인하여 주로 도급인과 수급인에게 그 책임이 집중되는 경향이 있다.

나아가 공사가 진행중이며 피해가 회복하기 어려울 경우에는 피해자는 공사금지청구를 할 수 있다. 공사금지청구는 본안소송으로도 제기될 수 있지만, 대개 가처분신청을 먼저 제기함이 보통이다.

이하에서는 이러한 분쟁 중 대표적인 불법행위책임을 중심으로 살피고, 요사이 급증하고 있는 환경적 이익의 침해분쟁에 대하여 별도로 살펴본다.

제2절 건설공사로 인한 직접적 손해의 발생

I. 불법행위책임의 성립요건

1. 고의 · 과실

공사의 시공을 담당하는 자가 고의 또는 과실로 시공상 주의의무를 해태하여 제3자에게 손해를 가한 경우에는 불법행위가 성립한다. 이러한 주의의무는 일반적인 의무와 시공상 전문적 의무로 나눌 수 있다.

첫째, 시공자는 각 공사과정에서 인접한 제3자의 안전, 생활의 평온 등 정당한 이익을 침해하지 않도록 유해 및 위험방지조치를 취할 주의의무를 부담하는데 구체적인 내용은 공사의 내용과 현장상황에 따라 다르다. 시공자는 공사현장의 소음이나 진동을 최소화할 수 있는 공사방법을 선택하고, 비산 먼지를 막을 수 있는 분진망 등을 설치하여야 하는 등 기본적인 제반 안전조치를 취하여야 한다.[1] 이와 같은 유해 및 위험방지조치 이행의무 위반으로 인한 불법행위는 그 판단에 별다른 어려움이 없다.

둘째, 전문적인 시공 과정상에서의 주의의무는 이와 달리 고도의 전문적인 조사와 판단을 필요로 하는데, 주의의무의 내용은 예견가능성과 결과회피의무로

---

[1] 건축법 시행령 제21조는 "건축물의 시공 또는 철거에 따른 유해·위험의 방지에 관한 사항은 산업안전보건에 관한 법령이 정하는 바에 따른다"라고 규정하고, 산업안전보건법 제38조는 "사업주는 사업을 행함에 있어서 발생하는 기계·기구 기타 설비에 의한 위험, 폭발성·발화성 및 인화성물질 등에 의한 위험, 전기·열 기타 에너지에 의한 위험을 예방하기 위하여 필요한 조치를 하여야 하고, 작업 중 근로자가 추락할 위험이 있는 장소, 토사·구축물 등이 붕괴할 우려가 있는 장소, 물체가 낙하·비래할 위험이 있는 장소 기타 천재지변으로 인하여 작업수행상 위험 발생이 예상되는 장소에는 그 위험을 방지하기 위하여 필요한 조치를 하여야 한다"고 규정하고 있다.

구성된다. 시공중인 건물의 기초공사로 인한 인근 건물의 지반 침하가 다투어지는 사건을 예로 들어 보자. 시공자는 시공의 전문성을 가진 자로서 공사현장의 시질과 환경 등을 충분히 검토하여 인근토지의 지반 침하 가능성을 예견하여야 하고, 나아가 공사과정에서 토사나 지하수가 유출되어 지반 침하가 발생하지 않도록 조치를 취하여야 하고, 부득이 지반 침하가 생길 경우에는 인접건물에 손상이 가지 않도록 충분한 보강조치를 취하여야 할 주의의무가 있다.

예견가능성은 시공자가 전문 건설사업자라는 점에서 특별한 사정이 없는 한 당연히 요구된다고 할 것이고, 결과회피의무는 자기의 이익을 위하여 시공함으로써 평정상태를 유지하던 인접건물에 피해를 주었다는 점에서 역시 그 범위를 폭넓게 인정하여야 할 것이다. 현재의 토목기술상 더 이상 안전한 방법이 없다면 이론상 불법행위성립의 요건인 고의나 과실이 성립되지 않는다고 볼 수도 있지만, 지근 거리에서 피해가 예상되는 공사를 한 것 자체가 귀책의 근거가 된다고 할 것이다.

소송실무상 건설 비전문가인 피해자가 이러한 과실을 구체적으로 입증하는 것은 상당히 어렵다고 할 것이므로 입증책임의 전환까지는 가지 않더라도 시공자의 시공으로 지반 침하가 생겼다고 인정되면 구체적 원인이 불명하더라도 여러 관련 사정을 종합하여 광범위하게 결과회피의무를 인정하는 정도로 처리함이 상당하다고 하겠다. 지반 침하와 같이 손해 원인판단이 어려운 사건에서는 시공과 손해 사이에 인과관계만 인정되면 피해에 대한 시공자의 결과회피의무를 인정하는 방식으로 처리할 수밖에 없다고 본다.[2]

2. 인과관계

시공자의 시공행위와 건물의 피해발생 사이에 인과관계가 있어야 불법행위가 성립한다. 그런데 피해자가 구체적인 입증을 어느 정도까지 하여야 하는가가 문제되는데, 전체적인 과정을 모두 증명할 필요는 없다고 본다. 지반 침하로 인한 건물의 손상의 경우에, ① 지반이 연약하거나 지하수 등의 유출가능성이 있었다는 점, ② 굴착공사의 시공 무렵부터 건물의 손상이 발생하였다는 점, ③ 굴착공사의 공법상 인접 지반에 피해를 줄 가능성이 있는 점, ④ 건물의 손상이 공사를 하

2) 홍광식, "판례에 나타난 건축공사로 인한 지반침하에 따른 손해,"『판례연구』7집(1997), 132면.

는 쪽에 가깝다는 점[3] 정도를 증명하면 인과관계의 입증이 되었다고 할 것이다.

소송실무상 ①, ③, ④요건은 감정 등에 의하여 입증에 어려움이 없으나 ②요건의 판단은 신중을 요한다. 특히 오래된 건물에는 노후화로 인한 균열이나 상당한 정도의 결함이 있는데, 이러한 기왕의 하자를 인접 건물의 공사로 인한 것이라고 주장하는 예가 많아서 과잉배상의 문제가 발생한다. 원래 철근콘크리트 건물은 평균 수명이 50년 이상이므로 피해를 입었다는 건물이 축조 후 20년 정도임에도 공사 이전에 이미 상당한 정도의 균열을 보이고 있었다면 이는 그 자체의 문제가 있었다고 볼 수밖에 없다. 정상적인 건물은 기본적인 구조내력(構造耐力)을 가져야 하는데, 이를 유지하지 못하는 건물은 약한 충격에도 취약한 반응을 보이기 때문이다. 따라서 시공자가 착공 전에 촬영한 기존 건물의 하자를 확인하거나, 기존 건물의 설계도 등 건축자료 등을 검토하여야 하며, 감정을 시행할 때에는 감정인이 이러한 자료를 충분히 활용하여 피해건물 자체의 구조내력을 확인하고 이를 감안하여 손상의 원인을 정확히 판정하여야 한다.[4]

지하철공사 중 굴착공사로 인하여 건축된 지 17년이 지난 인접 빌딩이 붕괴의 위험이 있다는 이유로 균열 등 하자보수를 위한 건물 자체 보수비 1억 여 원, 건물의 안전을 위한 구조 보강비 5억 여 원, 건물 부지의 지반 보강비 5억 여 원을 청구한 사건에서, 지하철공사와 인과관계가 있는 손해는 주로 이 건물에 존재하였던 하자의 확대 등에 그치고, 건물구조약화나 지반 침하에는 직접 관계가 없다고 보아 건물보수비 1억 원만 인정한 사례가 있다.

일본 판례에는 원래 원고의 건물은 2층 건물로 설계되었던 건물기초 위에서 별다른 보강조치 없이 5층 건물로 축조된 것인데 피고가 인접토지의 기초공사를 하는 과정에서 원고의 건물이 부지침하로 손상을 입은 경우에 "피고가 원고의 건물에 구조상 결함이 있는 것까지 상정하여 경사나 손상을 방지할 의무는 없다"고 하여 원고의 청구를 기각한 사례가 있다.[5]

---

3) 구조안전공학적으로 볼 때 지반침하로 인하여 인접건물에 나타나는 균열현상은 그 방향, 정도, 부위가 정형화되어 있어서 이를 종합하여 균열원인의 추적이 충분히 가능하다.

4) 대상 건물의 내용연수(耐用年數, service life)를 가능한 한 정확히 확인하는 것이 필요하다. 건축 등의 고정자산은 노후되어 마지막에는 폐물이 되는바, 이 기간의 유효연한(효용지속연수라고도 한다)을 내용연수라 한다. 그 내용연수 산정에 있어서는 자산의 용도·자산 자체의 구조·자산의 환경·기업의 성질·관리방법·기후와 풍토·종업원의 설비사용법·부적응 혹은 폐화 가능성 등을 참작해야 한다.

5) 홍광식, 앞의 글 135면에서 재인용, 大阪地方裁判所 昭和 55. 2. 20. 判決.

Ⅱ. 불법행위의 주체

1. 직접 행위자

가해행위의 직접 행위자가 공사 도중의 불법행위로 인하여 제3자에게 손해를 가한 경우에는 민법 제750조를 적용하여 그가 도급인이든 수급인이든, 그 피용자이든 가릴 것 없이 언제나 손해배상책임을 부담하여야 함은 당연하다.

2. 수 급 인

수급인은 자신이 직접 가해행위를 한 경우뿐만 아니라, 자신의 실질적인 지휘·감독 하에 있는 피용자나 하수급인이 업무집행에 관하여 제3자에게 손해를 가하였다면 직접 행위자와 함께 그 손해에 대한 배상책임을 부담한다.

그런데 뒤에서 보는 바와 같이 민법 제757조에서 수급인의 불법행위가 있을 경우에 도급인이 도급 또는 지시에 관하여 중대한 과실이 없으면 책임을 지지 않는바, 수급인이 하도급한 경우에도 제757조를 적용하여 수급인의 면책을 주장할 수 있는지가 문제된다.

대법원은 수급인과 하수급인의 하도급관계도 본질적으로 도급계약에 해당한다고 보아[6] 민법 제757조의 적용을 긍정하는 것으로 보이고 따라서 수급인은 중과실이 없으면 면책될 수도 있게 된다. 그러나 이에 대하여 하도급계약은 도급계약과 달리 보아 민법 제757조를 적용할 수 없다는 주장이 있다.[7] 수급인인 건설회사의 제3자에 대한 책임은 수급인이 건설공사의 총책임을 맡은 기업으로서 1차적인 책임을 져야 한다는 점, 민법 제757조는 도급인이 건설에 관여하지 않는 것을 전제로 하여 입법되었으므로 수급인이 공사를 하는 하도급에는 적용할 수 없는 점, 하도급관계는 업무수행상 하도급인의 설계와 기획 아래 이루어지는 것으로 제3자에 대한 관계에서는 수급인과 하수급인이 하나의 공사주체로 다루어져

---

[6] 도급인은 도급 또는 지시에 관하여 중대한 과실이 없는 한 수급인이 그 일에 관하여 제3자에게 가한 손해를 배상할 책임이 없으나, 도급인이 수급인의 일의 진행 및 방법에 관하여 구체적인 지휘·감독권을 유보한 경우에는 도급인과 수급인의 관계는 실질적으로 사용자 및 피용자의 관계와 다를 바 없으므로 수급인이 고용한 제3자의 불법행위로 인한 손해에 대하여 도급인은 민법 제756조에 의한 사용자책임을 면할 수 없고, 이러한 이치는 하도급의 경우에도 마찬가지이다: 대법원 1993. 5. 27. 선고 92다48109 판결.

[7] 이은영, "하도급에 대한 책임," 법률신문, 2371호(1994. 12), 14면.

야 하는 점, 민법 제757조가 자칫 건설회사의 면책용으로 악용될 가능성이 있는 점 등을 그 근거로 한다.[8]

3. 도 급 인

(1) 민법 제750조의 불법행위책임

도급인이 자신의 고유한 주의의무를 위반하여 손해가 발생하면 민법 제750조에 의한 불법행위책임을 진다. 민법 제750조는 자기책임의 원칙을 선언한 불법행위의 일반 조항으로서 도급인이 도급관계에서 업무 내지 행위의 주체로서 위법한 행위를 하였으면 손해배상책임을 부담함이 당연하다. 도급인은 일을 처리하지 않으므로 통상적으로 고유한 주의의무가 없지만, 법령이나 약정, 신의칙상 도급인에게 특정한 주의의무가 인정되는 경우가 있다. 도급인이 비용 절감을 위하여 당해 공사에 전혀 적합하지 않고, 필요한 자격이 없는 건설사업자를 선정하거나, 공사장의 안전에 필수적인 사항을 갖추지 않아 피해가 발생하였다면 도급인은 자신의 고유한 주의의무 해태로 불법행위책임을 부담하게 된다.[9] 실무상 도급인의 불법행위책임에 관하여 도급인은 민법 제757조 단서를 적용하여 예외적으로만 책임을 지는 것으로 이해하는 경우가 있는데 이는 잘못이다. 도급관계에서 도급인에게 민법 제750조의 적용이 배제되는 것이 아니다.[10]

(2) 민법 제757조 단서의 도급인 책임

수급인이 시공상 불법행위를 하였을 경우에 도급인은 원칙적으로 책임을 지지 않는다. 도급이란 '일의 완성'을 계약 이행의무로 하는 것이고, 수급인이 일에 관하여 업무 일체를 자기 책임으로 처리하기 때문이다. 즉 도급인은 수급인에게 모든 업무를 넘겼기 때문에 특별한 사정이 없는 한 자기 고유의 업무가 없고 그에 따른 주의의무를 부담하지 않는다. 그러나 도급인이 수급인의 고유한 위 업무에 직접 관여할 경우에는 책임이 발생한다. 이에 관하여 민법 제757조는 "도급인은 수급인이 그 일에 관하여 제3자에게 가한 손해를 배상할 책임이 없다. 그러나 도급 또는 지시에 관하여 도급인에게 중대한 과실이 있는 때에는 그러하지 아니하

---

8) 제2편 제9장 제4절 하수급인의 행위로 인한 책임 부분 참조.

9) 건설산업기본법 제7조(건설 관련 주체의 책무) ② 건설공사의 발주자는 시설물이 공공의 안전과 복리에 적합하게 건설되도록 공정한 기준과 절차에 따라 능력 있는 건설사업자를 선정하여야 하고, 건설공사가 적정하게 시공되도록 노력하여야 한다.

10) 민법주석, 채권각칙(8), 제4판(2016. 6), 한국사법행정학회, 제551, 552면.

다"라고 규정하고 있다. 민법 제757조 단서의 책임에 대한 법률적 성질에 관하여 사용자책임이라고 하는 견해와 수급인의 불법행위로 인한 도급의 특수책임이라기보다는 오히려 도급인 자신의 행위로 인하여 손해를 발생시킨 데 대한 일반적인 불법행위책임이라고 보는 견해로 나뉘고 있으나, 어떤 견해를 취하든지 실무상 차이는 없고 민법 제756조 또는 제750조의 주의적 규정으로 보는 것이다.

그러나 소송실무상 "도급 또는 지시에 중대한 과실이 있는지" 여부에 관하여는 판단이 쉽지 않다. 아래에서 보는 바와 같이 대법원 판결들이 미묘한 차이가 보인다. 또한 대규모 공사에 관하여 책임감리제가 도입된 후에는 도급인의 수급인에 대한 관여가 줄어들어 민법 제757조의 적용이 부정되는 경향이 있다.[11]

(3) 민법 제756조의 사용자책임

도급인에 대하여 민법 제756조에 의한 사용자책임을 청구하는 예도 적지 않다. 일반적으로 도급인과 수급인 사이에는 지휘·감독의 관계가 없으므로 도급인은 수급인이나 수급인의 피용자의 불법행위에 대하여 사용자로서의 배상책임이 없는 것이라 하겠으나, 도급인이 수급인에 대하여 특정한 행위를 지휘·감독하거나 나아가 수급인을 사실상 자기 지배 하에 두고 그 활동영역을 확장하고 이익을 확대하는 경우에는 보상책임의 원리에 따라 사용자책임을 져야 한다.[12]

사용자책임의 전제가 되는 고용관계인지 도급관계인지의 여부는 노무의 성과가 계약의 요소로 되는 것인지, 노무 급부에 노무 공급자측이 독립성을 가지는 것인지에 따라 구별된다. 특정 행위를 지시하거나 특정한 사업을 도급시켜 도급인과 수급인 사이에 지시·감독 또는 이에 준한 관계가 성립되는 이른바 노무도급 관계가 성립된 경우에는 도급인은 사용자책임을 부담한다.

(4) 민법 제758조의 공작물 점유자책임

공작물 등의 설치 또는 보존의 하자로 인하여 타인에게 손해를 가한 때에는, 공작물의 점유자가 1차적인 배상책임을 지고, 점유자가 손해의 방지에 필요한 주의의무를 다한 것을 입증한 때에는 소유자가 2차적으로 배상책임을 진다($\binom{민법}{제758조}$).

공작물 등의 설치 또는 보존의 하자라 함은 공작물의 구조 및 보존에 불완전한 점이 있어 이 때문에 그 공작물이 통상 갖추어야 할 안전성을 갖추지 못한 상태

---

11) 제2편 제11장 제3절 Ⅴ. 감리자의 책임 부분 참조.
12) 대법원 1965. 10. 19. 선고 65다1688 판결; 대법원 1983. 2. 8. 선고 81다428 판결; 대법원 1998. 6. 26. 선고 97다58170 판결; 대법원 2005. 11. 10. 선고 2004다37676 판결.

에 있는 것을 말하고, 여기의 공작물에 건물이 당연히 포함된다.

건물의 설치 또는 보존의 하자로 인하여 타인에게 손해를 가한 때에는 건물의 점유자나 소유자가 그 배상책임을 부담하고, 그 손해가 건물의 설치상의 하자로 인한 것이었다면 건물의 점유자나 소유자는 건물의 시공자에게 구상권을 행사할 수 있게 된다.

민법 제757조에 의한 도급인의 책임과 민법 제758조 제1항에 의한 공작물 점유자의 책임은 법률요건과 효과를 달리하는 것이어서 공작물의 점유자가 그 공작물의 설치 또는 보존의 하자로 인하여 타인에게 손해를 가한 경우 민법 제758조 제1항에 의한 손해배상책임을 인정하는 데 있어 위 민법 제757조 본문이 장애가 되는 것은 아니다.[13]

⑸ 민법 제760조의 공동불법행위책임

수급인의 불법행위와 도급인의 불법행위가 손해발생이나 손해의 확대에 공동으로 원인이 되는 경우에는 양자는 공동불법행위책임을 부담하게 된다.[14]

 판례

1. 도급인의 책임을 인정한 사례 [대법원 1992. 6. 23. 선고 92다2615 판결]

타인의 건물에 인접한 대지 위에서 빌딩 신축을 위한 지하굴착공사를 하다가 위 건물 전체에 균열이 생기게 하는 등 손해를 가한 경우에 있어 위 공사의 도급계약 체결 당시 수급인의 현장대리인이 공사현장에서 도급인의 현장감독관의 감독 또는 지시에 따라 공사에 관한 모든 사항을 처리하고, 위 현장감독관은 공사의 대행을 지휘·감독하고 공사에 사용될 재료 또는 공작물을 검사, 시험하며, 수급인은 재해 방지를 위하여 필요하다고 인정할 때에는 미리 도급인의 현장감독관의 의견을 들어 임시의 조치를 취하기로 하는 등의 약정을 하였고, 위 약정에 따라 도급인의 현장감독관이 공사현장에 상주하면서 구체적인 공사를 직접 지휘·감독하였다면, 도급인은 단순히 감리의 권한만을 유보한 취지라고는 보기 어렵고, 더구나 기존건물에 인접하여 지하굴착공사를 하는 경우 그 공사과정에서 생기는 진동이나 토압 붕괴로 인하여 인접건물에 피해를 줄 우려가 많음은 도급인으로서는 능히 예견할 수 있는 일이므로 그 사고 방지를 위한 조치는 당연히 도급인이 지정한 현장감독관의 지휘·감독업무에 속한다고 할 것이며, 위와 같은 도급계약에서 정한 도급인의 수급인에 대한 지

---

13) 대법원 2006. 4. 27. 선고 2006다4564 판결.
14) 대법원 1983. 5. 24. 선고 83다카208 판결.

휘·감독권한을 특별한 사정이 없는 한 그 하수급인이나 노무수급인에게도 미치기로 한 것이라고 봄이 타당하므로, 이들의 불법행위로 사고가 발생한 것이라면 도급인에게 사용자책임을 물을 수 있다.

2. 도급인의 책임을 부정한 사례(1) [대법원 1989. 8. 8. 선고 88다카27249 판결]

공사도급계약서에 비록 도급인이 지명한 감독기사는 일체의 계약된 서류에 기초하여 위 공사의 수행을 지휘·감독하며 수급인은 위 감독기사의 시공상의 감독지시에 따라야 하는 것으로 되어 있고, 또 수급인이 위 감독기사의 감독 및 지시에 불응할 때는 도급인은 언제든지 수급인에 대한 서면통지로 위 공사도급계약의 전부 또는 일부를 중지 또는 해제할 수 있는 것으로 되어 있으나, 위 도급공사계약서에 의하여 알 수 있는 이 사건 공사의 규모, 도급인과 수급인과의 관계 등 여러 사정에 비추어 도급공사계약에 위에 든 조항이 있다 하여 이것만으로 도급인이 수급인의 공사의 진행 및 방법에 관하여 구체적인 지휘·감독권을 유보하고 있다고 볼 수 없고, 또 도급인이 그 직원을 위 공사현장에 상주시켜 수급인의 공사수행을 감독하게 하여 감리적인 감독을 함을 넘어 시공 자체를 구체적으로 관리하였다고 인정할 자료가 없다.

3. 도급인의 책임을 부정한 사례(2) [대법원 1988. 6. 14. 선고 88다카102 판결]

도급인이 현장감독 직원을 두어 도급공사의 수행을 지휘·감독하며, 공사에 사용될 자재 또는 공작물을 검사 또는 시험하고, 수급인은 현장대리인을 지명하여 도급인에게 통지하고, 수급인의 현장대리인은 도급인의 현장감독 직원의 지시에 따라 공사현장의 공사에 관한 사항을 처리하기로 약정한 경우에 수급인의 전주이설 작업 중 사고가 난 경우에 … 사용자 및 피용자 관계 인정의 기초가 되는 도급인의 수급인에 대한 지휘·감독은 건설공사의 경우에는 현장에서 구체적인 공사의 운영 및 시행을 직접 지시·지도하고 감시·독려함으로써 시공 자체를 관리함을 말하며, 단순히 공사의 운영 및 시공의 정도가 설계도 또는 시방서대로 시행되고 있는가를 확인하여 공정을 감독하는 데에 불과한 이른바 감리는 여기에 해당하지 않는다고 할 것이므로 도급인이 수급인의 공사에 대하여 감리적인 감독을 함에 지나지 않을 때에는 양자의 관계를 사용자 및 피용자의 관계와 같이 볼 수 없다.

4. 도급인의 책임을 부정한 사례(3) [서울고등법원 2002. 10. 10. 선고 2001나 62529 판결]

서울시는 건설 1부 부장 등 2-3명으로 하여금 지하철 6-5공구 지하철 건설공사의 책임감리원으로부터 업무수행 결과를 보고받는 등 감리업무에 대하여 지도·점검을 하고, 이 사건 공사에 대한 예산을 지원하는 등의 업무를 담당하게 한 것은 사실이나, 나아가 서울시가 위 건설 1부 부장 등으로 하여금 시공사가 담당하고 있는 위 공사의 진행 및 방법 등에 관하여 구체적으로 지시·감독하였다고 인정할 증거가 없으며, 서울시가 이 사건 공사로 피해를 입은 건물의 보수비 산출의 적정성 여부를 심사한 다음 그 보수비 중 65%를 분담하는 등 위 공사로 발생하는 민원을 해결해 온 사실을 인정할 수 있으나, 이는 피해건물의 보수비가 한 공구당 30－50억 원에 이르는 데 반하여 지하철 건설공사를 시행하면서 도산하거나 파산한 수급인 회사들이 많아 이를 보전해 주는 차원에서 시공사에게 지원해 준 것일 뿐 서울시가 수급인이 시공하는 위 공사를 구체적으로 지시·감독한 것이라고 할 수 없고, 또한 서울시가 책임감리업체와 이 사건 공사에 대한 감리용역계약을 체결하고 공사의 운영 및 시공의 정도가 설계도 또는 시방서대로 시행되고 있는가를 확인하여 공정을 감독하는 감리를 맡긴 사실은 앞서 본 바와 같으나, 더 나아가 위와 같은 감리업무 이외에 시공사가 담당하고 있는 위 공사의 진행 및 방법에 대한 구체적인 지휘·감독권까지 맡겼다고 인정할 증거가 없고, 발주청인 서울시와 책임감리업체가 실질적으로 사용자와 피용자의 관계에 있다고 할 수 없으므로 도급인에 불과한 서울시에게 수급인인 시공사가 시공한 위 공사로 인하여 원고들이 입은 손해를 배상할 책임이 있다고 볼 수 없다.

Ⅲ. 손해배상의 범위

1. 원 칙

손해배상의 범위에는 채무불이행의 경우와 마찬가지로 가해행위와 상당인과관계에 있는 모든 손해가 포함되고(민법 제393조, 제763조), 재산적 손해뿐 아니라 정신적 손해도 포함된다.

2. 직접적 손해

(1) 손해배상의 대상

(가) 지반의 침하나 건물의 균열 등의 경우   침하나 균열 등에 대한 보수공사비

(나) 건축자재·기구의 낙하 등으로 인한 안전사고의 경우   사고로 인하여 사상자가 입은 손해

(2) 배상범위

(가) 하자보수비의 산정건물의 침하나 균열 등 하자가 발생한 경우에는 보수가 가능하다면 하자보수비 상당액, 보수가 불가능하다면 당시의 교환가치(시가)가 통

상의 손해가 된다.[15] 따라서 건물의 보수가 가능한 경우에 건물이 파손, 균열됨에 따른 재산상 손해로 보수 등 공사비와 아울러 구하는 그 보수 후 건물의 교환가치 감소액 상당의 손해는 특별사정으로 인한 손해에 해당하므로[16] 이를 구하기 위하여는 특별사정에 대한 입증이 필요하다.

한편 훼손된 건물의 보수가 가능하기는 하지만 이에 소요되는 하자보수비가 건물의 교환가치를 초과하는 경우에는 그 손해액은 형평의 원칙상 그 건물의 교환가치 범위 내로 제한되어야 할 것이다.[17] 이와 같이 보면 건물의 재건축에 소요되는 기간 동안 소유자가 건물을 사용하지 못하게 되어 입는 손해를 반영하지 못하는 면이 있지만, 소유자가 새 건물을 취득한다는 사실상의 이익을 고려하면 반드시 불합리하다고는 볼 수 없다.

이 경우 하자보수비 상당액을 산정함에 있어서 피해건물의 균열 등으로 인한 붕괴를 방지하기 위하여 지출한 응급조치비용은 건물을 원상으로 회복시키는 데 드는 하자보수비와는 성질을 달리하는 것이므로 별도로 처리하여야 함을 주의하여야 한다.[18] 법원으로서는 하자보수비 감정시에 하자보수비가 건물의 시가를 초과할 가능성이 있으면 건물의 시가에 대한 감정을 별도로 명할 필요가 있는지 결정하여야 한다.

하자보수비의 산정시점은 불법행위 당시가 원칙이므로 그때의 건설물가를 기준으로 하여야 하는데, 사고 후에 건설물가가 등귀하였다면 증대된 수리비는 특별사정에 의한 손해라고 할 것이므로 예견가능성이 있었던 경우에 한하여 배상책임이 있다.[19]

(나) 기존 하자의 기여도 산정   하자보수비를 감정함에 있어서 피해건물이 건축한 지 상당 기간이 경과하였거나 원래 하자가 있는 경우에는 건물의 기존의 하자 정도 및 노후화로 인한 보수비용의 기여도를 산정할 것을 명하여야 한다. 감정인이 감정을 할 때 이러한 고려 없이 현재의 하자상태만 감정을 하는 경향이 있는데, 이는 기존 하자의 기여도 산정에 관한 법원의 지시가 없을 뿐 아니라 감정

---

15) 대법원 1991. 12. 10. 선고 91다25628 판결.
16) 대법원 1991. 6. 11. 선고 90다20206 판결.
17) 대법원 1999. 1. 26. 선고 97다39520 판결; 대법원 1994. 10. 14. 선고 94다3964 판결; 대법원 1994. 3. 22. 선고 92다52726 판결; 대법원 1987. 11. 24. 선고 87다카1926 판결; 대법원 1970. 9. 22. 선고 70다649 판결.
18) 대법원 1999. 1. 26. 선고 97다39520 판결.
19) 대법원 1994. 3. 22. 선고 92다52726 판결.

인으로서도 스스로 이러한 면을 판단하는 것이 어렵기 때문이다. 따라서 손해배상책임을 부담하는 수급인으로서는 이 부분의 감정을 명확히 요구하여야 하고 기존 하자에 관하여 필요한 자료를 제공하여야 한다. 공사 착공 전에 찍은 사진, 안전진단결과, 협의내용서류 등이 그러한 증빙이 되는데, 기존하자의 기여도 산정에 관한 과학적이며 체계적인 기준의 확립이 시급하다.

3. 간접적 손해

(1) 대체주거비 등

보수공사기간 동안 임시로 주거지를 옮겨야 될 상황이라면 대체주거비와 이사비 역시 가해행위와 상당인과관계에 있는 손해에 해당된다.

대체주거비와 이사비를 청구하는 경우 법원으로서는 보수공사를 위하여 주거지를 옮겨야만 하는지 여부, 그 보수공사기간, 대체주거비와 이사비의 액수 등을 심리·확정하여야 한다. 특히 감정시에 이 부분에 관하여 정확한 감정의견을 제시하도록 하여야 한다. 건물의 전부를 비울 필요가 없고 지하층 일부만 비우거나 순차적으로 일부분씩 비워도 될 경우가 많기 때문이다.

(2) 영업손해

피해건물이 상점일 경우 공사로 인하여 영업이 불가능하였는지 아니면 상당한 정도 방해를 받았는지를 먼저 심리하고, 그러한 사정이 인정되면 다음으로 영업손해의 범위에 관해 심리하여야 한다. 건물의 손상으로 고객이 감소한 경우에 발생한 수익과 이전의 통상의 수익과의 차액이 입증되면 이를 손해로 인정할 수 있다. 가해자는 건물 손상 이외의 감소원인을 반증으로 밝혀야 면책된다. 휴업으로 인하여 발생한 수익상실손해, 그 기간 동안 종업원에게 지불한 휴업보상도 손해가 될 수 있다.

(3) 차임상당손해

인접지 공사로 인해 입은 피해로 건물의 임대가 불가능해지는 경우 그 차임상당의 손해를 구하는 경우가 많다. 임차인이 건물의 손상으로 인해 임대차계약을 해지하고 퇴거하여 건물이 공실로 남아 있는 경우에 피해건물주가 보수를 직접 하지 아니하고 발생한 균열, 침수 등의 보수비를 청구하는 과정에서 그 액수와 관련하여 분쟁이 장기화되면 피해건물주로서는 보수상당액 뿐 아니라 그 기간 전체의 일실 수익(차임 상당액)까지 청구하게 된다.

우선 그 책임이 인정되기 위하여는 과연 공사로 인하여 임차인들이 피해건물에서 퇴거한 것인지 여부, 즉 가해건물공사와 사용수익 손해 사이의 인과관계가 먼저 입증되어야 한다. 침수가 있는 경우는 비교적 쉽게 인과관계가 인정될 것이나 건물의 균열 소음, 진동의 경우 그 인과관계를 정밀히 입증하기는 사실상 불가능하므로 감정·검증 결과에 비추어 보아 합리적인 범위에서 인과관계를 인정하여야 할 것이다.

다음으로 그 손해의 범위와 관련하여 법원이 감정을 명함에 있어서 단순히 보수비 액수만을 감정시킬 뿐 아니라, 그 보수에 소요되는 기간까지 산정하도록 하여 피해건물주가 보수공사에 착수할 수 있었다고 보이는 합리적인 시기로부터 보수에 소요되는 기간까지 발생한 일실수익(차임 상당액)만을 통상손해로 보아야 할 것이고, 그 기간 이후에 발생한 일실수익은 특별손해로 보아야 할 것이다.[20]

(4) 안전진단비용

피해건물주가 소송을 준비하는 과정에서 먼저 자신의 비용으로 안전진단을 받는 경우에 그 안전진단비용을 손해배상으로 구할 수 있는가? 가해건물주와 사이에 사전에 그 비용에 대한 특약이 있는 경우에는 그 약정 내용에 따라 판단하면 될 것이다. 사전 약정이 없이 피해건물주가 단독으로 안전진단을 실시한 경우에는 안전진단의 필요성 여부, 안전진단의 의뢰경위, 안전진단비용의 적정성 등을 종합하여 당시 안전진단이 필요하였다고 인정되면 이를 통상손해로 볼 수 있을 것이다.[21] 그러나 시급한 필요성이 없고, 안전진단이 일방적 내용이거나(소송결과

---

20) 원고는 피고들의 위 굴착공사로 인한 방바닥 균열 및 침수 때문에 원고가 종전에 제3자에게 임대하고 있던 이 사건 건물 중 지하층의 방 2개와 주방, 거실을 1991. 4.경부터 임대할 수 없었으므로 같은 해 4. 1.부터 1996. 3. 31.까지의 위 건물 부분에 대한 임대료 금 44,352,000원 상당의 손해를 입었다고 주장하므로 살피건대, … 원고가 위 건물 부분을 제3자에게 임대하고 있던 중 위 굴착공사로 인한 방바닥 균열 및 침수 때문에 원고 주장 시기경부터 위 건물 부분을 제3자에게 임대하지 못하게 된 사실을 인정할 수 있으나, 비록 피고들의 공사로 인하여 원고가 위 건물 부분을 임대하지 못하게 되었다고 하더라도 원고가 이를 보수하면 다시 그 건물 부분을 스스로 사용하거나 제3자에게 임대할 수 있는 것이므로 이 경우 그 보수공사에 소요되는 기간 중의 사용수익 상실만을 통상의 손해라 할 것이고 원고가 보수공사를 지연함으로 말미암아 위 기간 내에 실제로 보수가 되지 아니하여 발생하는 사용수익상실손해는 통상손해의 범위를 벗어나는 이른바 특별사정으로 인한 손해이거나 원고 자신의 책임영역에서 발생하는 손해로 볼 것이다: 서울고등법원 1996. 5. 14. 선고 95나44155 판결.

21) 서울고등법원 1998. 9. 10. 선고 97나48694 판결(확정) 및 서울지방법원 2002. 7. 25. 선고 2001가합 28065 판결(확정) 등에서는 별다른 설시 없이 안전진단비를 손해배상의 범위에 포함하였다.

상 나타난 감정결과에 크게 반하는 경우), 비용이 과다한 경우에는 통상손해로 볼 수 없다.

4. 위 자 료

인근 건물의 공사로 입은 건물의 피해와 관련하여 건물주가 재산적 손해와 더불어 정신적 손해를 입었음을 이유로 위자료를 청구하는 경우가 많다. 일반적으로 타인의 불법행위로 인하여 재산권이 침해된 경우에는 그 재산적 손해의 배상에 의하여 정신적 고통도 회복된다고 보아야 할 것이나, 재산적 손해의 배상만으로는 회복할 수 없는 정신적 손해가 있다면 이는 특별한 사정으로 인한 손해로서 그로 인한 위자료를 인정할 수 있다.[22]

일반 재산권에 관한 불법행위와 달리 건축공사로 인하여 거주하던 주택이 훼손되어 충격과 주거생활의 불안을 초래하였다면, 거주자가 정신적 고통을 받았을 것임이 경험칙상 인정되므로 재산적 손해로 인한 정신적 고통과 별도로(이는 재산전보로 회복된다) 정신적 고통 자체에 관한 위자료가 인정될 경우가 많다.[23] 특히 수급인에게 고의나 중과실이 인정된다면 한국적 정서상 징벌적 제재와 심리적 보상관념에 따라 위자료를 지급하는 것이 정당하다는 의견도 있다.[24]

이러한 정신적 고통 자체를 인정받기 위하여는 단순한 재산적 손해와 별도

---

22) 대법원 1991. 6. 11. 선고 90다20206 판결.

23) 원심의 판단은 원고의 이 사건 위자료 청구를 단순히 피고의 불법행위로 원고의 재산권이 침해됨으로써 입은 정신적 고통에 대한 위자료 청구라고 보고 그 재산상 손해의 배상으로 정신적 고통도 치유되었다고 판단한 취지이나, 이는 원고의 청구와 이 사건 불법행위의 실체를 정확히 파악하지 못한 것이라고 하지 않을 수 없다. 피고가 원고의 주택에 인접하여 5층 건물을 신축하면서 지하굴착공사에 따른 인근토지의 지반붕괴에 대비한 예방조치나 공사 중 벽돌 등 낙하물에 대비한 안전망설치 등을 함이 없이 공사를 강행함으로써 공사장에서 돌이 떨어져 원고 주택의 유리창이 깨지고, 지하굴착공사로 원고 주택의 지반이 일부 붕괴되어 담장이 넘어지고 건물벽에 균열이 생겼으며, 또 공사중인 5층 옥탑이 무너져 그 벽돌 등이 원고 주택을 덮쳐 기와지붕과 거실 천정 등을 파손하는 등의 사실이 있었다면, 원고로서는 이러한 피고의 무법자와 같은 방자한 공사행위로 말미암아 일상생활의 안온상태가 파괴되고 사고에 대한 무방비상태에서 언제 어떠한 손해가 발생할지 모르는 불안에 떨어야 하는 정신적 고통을 입었을 것은 경험칙상 명백한 것이고, 이러한 정신적 고통은 원고가 위 불법공사로 입은 재산상손해를 전보받는다 하여 치유될 성질의 것이 아니다. 원고의 이 사건 위자료 청구는 이러한 정신적 고통에 대한 위자료 청구도 포함한 취지라고 보아야 할 것임에도 불구하고 원심이 이를 간과한 채 위와 같이 판단하고 말았음은 심리미진과 판단유탈 및 위자료에 관한 법리오해로 판결에 영향을 미친 위법을 저지른 것이다: 대법원 1992. 12. 8. 선고 92다34162 판결.

24) 조규창, "수급인의 중과실 책임: 서울지방법원 위자료 판결의 법리구성,"『법실천의 제문제』(동천 김인섭 변호사 화갑기념논문집), 박영사(1996), 361면.

로, 원고가 정신적으로 고통받았음을 인정할 수 있는 합리적인 증거를 제출하여야 한다.[25]

한편 건설소송에서 위자료는 건설사건의 특성상 중요한 기능을 발휘하는 측면이 있다. 손해의 증명이 어려운 부분에서 형평과 정의의 원칙상 손해배상의 조정적 기능을 행하는 것이다. 건설시공의 복잡성과 증거확보의 어려움 등으로 피해자가 충분한 입증을 하지 못하여 재산적 손해배상청구권이 인정되기 어렵거나, 반대로 형식적 증거가 있으나 반증을 제시하지 못하여 가해자가 지나친 손해배상책임을 지게 되는 경우에 위자료 액수의 조정을 통하여 상당 부분 불균형을 해소할 수 있다.

증거내용의 전반적인 취지상 합리적인 근거와 상당성이 인정되면, 형식적 증거에 얽매이지 않고 위자료심리를 통하여 보다 균형적인 결론을 도출할 경우가 적지 않은 것 같다. 소송실무상 원고가 위자료 청구를 하지 않거나(위자료를 인정할 수 있는 근거가 충분함에도 위자료 청구를 하지 않아서 권리보호를 받지 못하는 경우가 있다), 법원이 그 인정에 지나치게 엄격한 태도를 취하는 것은 재고해 보아야 한다.

5. 과실상계

인접지에서 공사를 시작할 때, 피해건물의 소유자가 피해건물에 관하여 관련 건축자료를 갖고 있음에도 제시요청을 거부하거나, 착공 전 건물상태의 촬영 거부, 피해방지를 위한 출입요청 거부, 보강공사의 거부 등 피해방지를 위하여 필요한 조치를 하지 아니한 것은 손해액을 산정함에 있어서 피해자측의 과실로 참작

---

25) (갑 마을 주민들을 구성원으로 하는 마을회가 총회 결의를 통해 개발사업에 반대하는 입장을 정하였는데, 위 마을회 이장인 을이 개발업자로부터 부정한 청탁을 받아 개발업자와 위 개발사업에 찬성하는 내용의 상호협약서를 작성하고, 관계기관에 위 개발사업에 관한 위 마을회의 공식적인 반대 입장을 철회한다는 내용의 공문을 보내는 등 위 마을회의 입장에 정면으로 반하는 행위를 하였다) 을의 행위들은 마을회의 총회에서 개발사업에 반대하는 내용의 결의가 이루어진 후에 한 행위들이므로, 을이 위 결의와 상충되는 행위를 하였다는 것만으로 마을회 구성원들의 의결권을 침해하였다고 보기 어려운 점, 을이 관계기관에 개발사업에 대한 반대 입장을 철회한다는 공문을 보내고 개발업자와 상호협약서를 작성한 행위는 법적 효력이 없거나 불분명한 행위일 뿐만 아니라, 그로 인하여 위 마을회나 마을회 구성원들이 위 개발사업의 추진과 관련하여 법적 의무를 부담하게 되었다고 단정하기 어려우므로, 을의 위와 같은 행위로 말미암아 마을회 구성원들의 권리 또는 이익이 침해되었다고 보기 어려운 점, 을의 위와 같은 행위로 인하여 위 개발사업을 둘러싸고 혼란이 발생하였다고 하더라도, 을의 행위에 힘입어 위 개발사업이 실제로 추진되거나 성사되는 데까지 나아가지 아니한 점에 비추어 마을회 구성원들이 위자료로 배상할 만한 정신적 고통을 입었다고 보기 어렵다: 대법원 2024. 7. 11. 선고 2023다314022 판결.

하여야 한다.

제3절 건설공사로 인한 생활환경의 침해

Ⅰ. 환경침해분쟁의 증가

　　인구집중과 도시개발이 본격화되면서 건축관계에서 환경침해에 대한 분쟁이 날로 늘어가고 있다. 새로운 건축으로 인한 일조권, 조망권, 소음 등 생활방해의 문제가 심각해지고 이러한 침해에 대하여는 종래의 불법행위 이론만으로는 합리적인 해결을 할 수 없기 때문에 다양한 연구가 이루어지고 있다.

　　근거법으로는 공해방지법, 환경보전법을 거쳐 1991년 환경정책기본법의 제정으로 환경에 대한 규제가 강화되었고, 건축법 등 각종 건축관계 법령과 소음·진동규제법, 자연환경보전법 등 공법과 민법 제214조 이하의 생활방해 및 상린관계 규정이 환경 침해 구제에 관한 근거법을 이룬다.

Ⅱ. 환경침해분쟁의 당사자

1. 피 해 자

　　피해건물에 거주하고 있는 건물의 소유자와 가족, 임차인 등이 피해자에 해당한다. 병원의 입원자, 유치원아 등 장기적으로 피해건물을 이용하는 자도 피해자로 볼 수 있지만 위자료액를 달리 정해야 할 것이다.

　　가해건물이 완공되어 침해가 현실화된 후에 피해건물의 소유권을 취득한 자는 취득시 이러한 사정을 알고 이를 고려하여 매매가격 등을 정하여 취득하였다고 할 것이므로 원칙적으로 환경침해의 피해자라고 볼 수 없다. 피해건물의 전 소유자는 신소유자에게 이미 발생한 자신의 손해배상청구권을 양도할 수도 있다. 아파트의 수분양자는 뒤에 보는 바와 같이 분양회사를 상대로 일조방해를 원인으로 한 불법행위책임을 물을 수 없다.[26]

　　피해건물의 소유자가 소 제기 이후 변론종결 전에 타에 건물을 처분하고 소

---

26) 대법원 2001. 6. 26. 선고 2000다44928, 44935 판결.

유권이전등기까지 마쳤다고 하더라도 자신의 손해배상청구권을 직접 행사할 수 있다.

2. 가 해 자

(1) 일조권, 조망권 등의 생활환경 침해는 동적인 건설공사 과정에서 발생하는 것이 아니라, 공사가 완료된 후 건물들의 정적인 상호 위치관계에 따라 발생하게 되므로 가해건물의 소유자가 1차적인 책임주체가 된다. 그러나 집합건물을 분양받아 소유권을 취득한 구분소유자들은 가해건물의 건축행위에 관여한 바가 없고 구분소유 부분과 침해결과 사이에 인과관계를 알 수 없기 때문에 불법행위책임을 질 가능성이 거의 없다.

(2) 가해건물 건축을 주도한 사업시행자(재건축조합, 정비사업조합)도 생활환경 침해행위의 근본 원인이 된 건축기본계획 등의 작성에 관여하였다면 가해자에 해당할 수 있다. 사업자에게 법령상 무과실책임이 인정되는 경우도 있다. 구 환경정책기본법(2011. 7. 21. 법률 제10893호로 전부 개정되기 전의 것, 이하 같다) 제31조 제1항에 의하면, 사업장 등에서 발생되는 환경오염으로 인하여 피해가 발생한 경우 당해 사업자는 귀책사유가 없더라도 그 피해를 배상하여야 하는바, 공사현장에서 환경오염 피해가 발생한 경우에 그 공사의 도급인인 사업자는 피해자에게 책임을 부담해야 한다.[27]

(3) 건축을 직접 담당한 시공사 혹은 수급인은 경우에 따라 다르다. 일조권 등 건축계획에 관련된 침해의 경우에 시공사가 단순히 수급인으로서 공사시공만 하였다면 생활환경 침해에 대하여 책임을 지지 않을 것이다. 그러나 계획 및 인허가 단계부터 관여하고 분양대금 관리 등 분양업무를 처리하였거나, 이웃 주민들의 민원에 적극적으로 개입하는 등의 사정이 인정되는 경우에는 주도적으로 건축에 참여하였다고 보아 그 책임을 인정할 여지가 있다.[28]

---

27) 대법원 2001. 2. 9. 선고 99다55434 판결; 2003. 6. 27. 선고 2001다734 판결 ; 2007. 10. 11. 선고 2006다14455 판결 ; 2014. 8. 20. 선고 2012다60466 판결. 2016. 1.부터 시행된 환경오염피해 배상책임 및 구제에 관한 법률 제6조 제1항에 같은 내용의 규정이 있다.

28) 재건축 아파트를 신축함에 있어 수급인인 시공사가 단순한 수급인으로서 이를 시공한 것이 아니라 신축자금의 비용부담과 그 투입자금의 회수방법 등에 비추어 재건축조합과 사실상 공동 사업주체로서 그 이해관계를 같이하면서 재건축 아파트를 신축하였다면, 건축주가 아닌 시공사도 재건축아파트 신축으로 인한 손해를 배상할 책임이 있다: 대법원 2004. 9. 13. 선고 2003다64602 판결.

　실무상 시공사의 책임문제가 중요하게 다루어지는 이유는 재건축조합 또는 재개발조합이 도급인으로서 아파트 등을 건설하는 경우에 완공 후에는 도급인인 재건축조합 또는 재개발조합이 사실상 유명무실한 법인격이 되는 경우가 많으므로 자력 있는 실체인 시공사를 상대로 하여야만 실제 손해배상을 받을 수 있기 때문이다.

　(4) 국가나 지방자치단체의 건축담당 공무원이 일조권 침해를 방지할 수 있도록 건축조례를 만들어야 하는데 이를 잘못하였다거나, 건축허가시 일조권 침해 여부를 검토하지 않았다는 이유로 손해배상청구를 하는 예가 있으나 이러한 사유만으로 불법행위가 성립한다고 볼 수 없다.

3. 분양자의 수분양자에 대한 책임

　이 장에서 논하는 일조권, 조망권 등의 환경분쟁법리는 건물신축행위로 인하여 기존의 환경 이익 향유자가 피해를 입을 때 적용되는 것이 원칙이다. 아파트의 수분양자가 아파트 분양자를 상대로 하여 일조권이나 소음 등이 수인한도를 넘었다는 이유로 채무불이행이나 하자담보책임을 구하는 분쟁이 늘고 있다. 그러나 분양계약상의 권리만 가진 수분양자는 기존의 일조 상태를 침해받는 일조권자와는 법률상 지위와 권리보호의 범위가 다르므로 분양회사를 상대로 수인한도론을 내세울 수 없다. 따라서 이 경우에는 일반적인 일조기준을 적용할 수 없다.

　다만 분양회사는 주택의 공급 당시에 주택법상의 주택건설기준 등 그 주택이 거래상 통상 갖추어야 할 시설이나 품질을 갖추지 못한 경우에 집합건물의 소유 및 관리에 관한 법률 제9조 또는 민법 제580조의 담보책임을 부담하거나, 수분양자와의 분양계약에서 특약이 있는 경우에 이를 지키지 못하여 그에 따른 책임을 부담하거나, 또는 분양회사가 수분양자에게 분양하는 주택의 상황 등에 관한 정보를 은폐하거나 부정확한 정보를 제공하는 등 신의칙상의 부수의무를 게을리한 경우에 그 책임을 부담할 뿐이다.[29]

　위층 세대에서 나는 소음이 심하다는 이유로 임차인이 임대인에게 생활이익 침해로 인한 손해배상을 구하거나 임대차계약을 해지할 수 있을까? 위의 분양계약관계와 마찬가지로 임대차계약에 관하여 환경침해 법리를 적용할 수는 없고,

---

29) 대법원 2001. 6. 26. 선고 2000다44928, 44935 판결; 대법원 2008. 8. 21. 선고 2008다9358, 9365 판결.

대신에 건물의 기능 흠결을 이유로 한 채무불이행책임을 물어야 할 것이다.[30] 공동주택 층간소음의 범위와 기준에 관한 규칙 등은 임대차계약상 임대인의 의무에 직접 적용되지는 않더라도, 위의 기준을 넘는 층간소음이 지속적으로 발생한다면 이는 주거 기능에 중대한 장애가 되므로 위 기준을 유추·강화하여 임대인의 책임을 판단해야 할 것이다.

판례

일조권에 관한 아파트 분양자의 채무불이행책임 또는 하자담보책임의 인정기준
[대법원 2010. 4. 29. 선고 2007다9139 판결]

분양계약을 체결하는 과정에서 일조나 조망, 사생활의 노출 차단 등에 관한 상황에 대하여 일정한 기준에 이르도록 하기로 약정이 이루어졌다거나, 수분양자가 일조나 조망, 사생활의 노출 차단 등이 일정한 기준에 미치지 아니하는 사정을 알았더라면 그 분양계약을 체결하지 않았을 것임이 경험칙상 명백하여 분양자가 신의성실의 원칙상 사전에 수분양자에게 그와 같은 사정을 설명하거나 고지할 의무가 있음에도 이를 설명·고지하지 아니함에 따라 일조나 조망, 사생활의 노출 차단 등이 일정한 기준에 이를 것이라는 신뢰를 부여하였다고 인정할 만한 특별한 사정이 없는 한, 아파트 각 동·세대의 배치 및 구조, 아파트의 층수, 아파트 각 동·세대 사이의 거리 등에 관한 기본적인 계획(이하 '기본적인 건축계획'이라 한다)에 의하여 결정되는 일조나 조망, 사생활의 노출 등에 관한 상황에 대하여 수분양자가 이를 예상하고 받아들여 분양계약에 이르렀다고 봄이 상당하다. 따라서 분양된 아파트가 건축관계법령 및 주택법상의 주택건설기준 등에 적합할 뿐만 아니라, 분양계약 체결 당시 수분양자에게 알려진 기본적인 건축계획대로 건축된 경우에는 아파트 각 동·세대의 방위나 높

---

30) (아파트의 임차인이 위층에서 지속적으로 '공동주택 층간소음의 범위와 기준에 관한 규칙'이 정한 기준을 초과하는 층간소음이 발생하여 정신적 고통을 받고 있는데도 임대인이 아무런 조치를 취하지 않아 계약 존속 중 사용·수익에 필요한 상태를 유지하게 할 의무와 수선의무를 위반하였다며 임대차계약의 해지 통보를 하였다) 법원은 층간소음과 같은 외부적 요인과 관련된 장해는 임차목적물의 성능과 관련된 것이므로 관련 법령에서 정한 기준이 있다면 이를 기준으로 사용·수익의 장해 여부나 수선 필요성을 판단하여야 하는데, 구 주택건설촉진법(2003. 5. 29. 법률 제6916호 주택법으로 전부 개정되기 전의 것) 제31조에 근거하여 시행된 구 '주택건설기준 등에 관한 규정'(2005. 6. 30. 대통령령 제18929호로 개정되기 전의 것) 제14조 제3항에서 정한 층간소음 관련 기준은 공동주택을 건설·공급하는 사업주체에 부과된 건축기준으로서 공동주택 소유자에게 부과되는 의무가 아니고, 공동주택관리법 제20조 제5항에 따라 제정된 '공동주택 층간소음의 범위와 기준에 관한 규칙' 제3조 [별표]에서 정한 기준은 공동주택 사용자 사이에 준수하여야 행위기준이지 공동주택이 준수하여야 할 물적 기준이라고 볼 수 없으므로, 임대인이 임차목적물을 사용·수익하게 할 의무나 수선의무를 위반하였다고 볼 수 없다(임차인의 청구를 기각한 이 판결은 임차인의 항소포기로 확정되었다): 서울북부지방법원 2024. 5. 21. 선고 2023가단124967 판결.

이, 구조 또는 다른 동과의 인접 거리 등으로 인하여 일정 시간 이상의 일조가 확보되지 아니하고 조망이 가려지며 사생활이 노출된다고 하더라도, 위에서 본 바와 같은 특별한 사정이 있지 않는 한, 이를 가지고 위 아파트가 그 분양계약 당시 수분양자에게 제공된 기본적인 건축 계획에 관한 정보에 의하여 예상할 수 있었던 범위를 벗어나 분양계약의 목적물로서 거래상 통상 갖추어야 하거나 당사자의 특약에 의하여 보유하여야 할 품질이나 성질을 갖추지 못한 경우에 해당된다고 할 수 없다(원심은 분양계약상 명시적 약정이 없더라도 신의칙상 사회통념상 용인될 수 있는 수인한도 내의 일조량이 보장되는 아파트를 공급할 의무가 있다고 전제하고 수인한도를 넘는 경우로 인정하였다).

Ⅲ. 일조권 침해

1. 일조권의 법적 성격

일조권이란 북쪽 가옥의 거주자가 남쪽에 인접한 타인의 토지 위를 가로질러서 태양의 직사광선을 받고 있는데, 남쪽 토지에 그 사용권자가 건물 기타 공작물을 세움으로써 이를 방해받는 경우에 북쪽 거주자가 법적으로 그 보호를 요구할 수 있는 권리를 말한다.

일조권의 법적 성격에 관하여는 일조방해를 소유권침해로 보는 물권적 청구권설, 인격권 침해로 보는 인격권설, 불법행위설, 환경권 침해로 보는 환경권설, 생활이익 향수설, 일조권설 등이 대립하고 있지만, 그 어느 입장도 명쾌하게 독립적 권리성의 근거를 제시하지 못하고 있다.[31] 대법원은 일조권을 "이웃 토지상의 건물로 인하여 직사광선이 차단되는 불이익"이라고만 판시하였고, 법적 성질에 대하여는 명시적인 판단을 하지 않고 있다.[32]

우리 판례는 환경권은 명문의 법률규정이나 관계 법령의 규정 취지 및 조리에 비추어 권리의 주체, 대상, 내용, 행사방법 등이 구체적으로 정립될 수 있어야만 인정되는 것이므로, 사법상의 권리로서의 환경권을 인정하는 명문의 규정

---

31) 전경훈, "일조권과 전망권의 법적 타당성에 대한 검토," 『사법행정』 455호(1998. 11), 한국사법행정학회, 26-36면; 김종률, "환경권의 사권성," 『판례연구』 13집(2000. 1), 서울지방변호사회, 202면 이하; 조홍식, "유지청구허용 여부에 관한 소고," 『민사판례연구』 22권(2000. 2), 박영사, 29면 이하.

32) 대법원 2002. 12. 10. 선고 2000다72213 판결; 대법원 1989. 5. 9. 선고 88다카4697 판결.

이 없는 이상 원칙적으로 환경권에 기하여 직접 권리행사를 인정할 수 없다고 하고,[33] 다만 어느 토지나 건물의 소유자가 종전부터 향유하고 있던 경관이나 조망, 조용하고 쾌적한 종교적 환경 등이 그에게 하나의 생활이익으로서의 가치를 가지고 있다고 객관적으로 인정된다면 법적인 보호의 대상이 될 수 있으므로, 인접 대지에 건물을 신축함으로써 그와 같은 생활이익이 침해되고 그 침해가 사회통념상 일반적으로 수인할 정도를 넘어선다고 인정되는 경우에는 토지 등의 소유자는 소유권에 기하여 방해의 제거나 예방을 위하여 필요한 청구를 할 수 있다고 하여 소유권에 기한 방해배제·예방 청구를 인용하여, 일조권이나 전망권 등 환경적 권리의 근거를 물권적 청구권설에 두고 있다.[34]

2. 일조이익의 귀속주체

일조권 침해에 있어 객관적인 생활이익으로서 일조이익을 향유하는 자는 토지의 소유자, 건물소유자, 지상권자, 전세권자 또는 임차인 등의 거주자가 해당한다. 따라서 당해 토지·건물을 일시적으로 이용하는 것에 불과한 사람은 이러한 일조이익을 향유하는 주체가 될 수 없다. 예컨대 초등학교 학생들은 공공시설인 학교시설을 방학기간이나 휴일을 제외한 개학기간 중, 그것도 학교에 머무르는 시간 동안 일시적으로 이용하는 지위에 있을 뿐이고, 학교를 점유하면서 지속적으로 거주하고 있다고 할 수 없어 생활이익으로서의 일조권을 법적으로 보호받을 수 없는 지위에 있지 않다.[35]

3. 손해배상청구

(1) 위법성의 기준: 수인한도론

일조방해행위가 불법행위를 구성하기 위하여서는 일반 불법행위와 마찬가지로 위법성을 띠어야 하는데, 그 판단기준으로 대법원은 수인한도론을 명시하고 있다.[36]

적법한 건축허가를 받아 행한 건축행위로 인하여 일조침해가 된 경우에 종전

---

33) 대법원 1997. 7. 22. 선고 96다56153 판결; 대법원 1995. 5. 23.자 94마2218 결정.
34) 대법원 1999. 7. 27. 선고 98다47528 판결; 대법원 1995. 9. 15. 선고 95다23378 판결.
35) 대법원 2008. 12. 24. 선고 2008다41499 판결.
36) 이승녕, "일조권의 침해가 불법행위를 구성하기 위한 요건," 『법조』 528호(2000. 9), 법조협회, 188면 이하.

의 위법성이론으로는 판단이 어렵다. 수인한도론은 일조·채광·통풍의 저해가 사회통념상 일반적으로 수인할 정도를 넘었느냐의 여부에 의하여 그 위법 여부가 결정된다고 보는 것이다. 이러한 수인한도론의 이론적 기초는 권리행사가 사회생활상 감내할 수 없을 정도의 과도한 손해를 야기시킬 경우에는 권리의 사회성·공공성에 반하는 것이므로 권리남용에 해당한다는 데에 있다.

　수인한도 초과 여부에 대한 판단은 두 단계로 구성되는바, 1단계는 침해가 위법한지 여부에 대한 판단이고, 2단계는 침해가 방해배제청구를 인용할 정도로 위법한지, 아니면 손해배상으로도 족한 위법성인지에 대한 판단, 즉 위법성 정도에 대한 판단이다. 이를 소위 위법성 단계설이라 하는데 대법원도 뒤에 기재한 봉은사 사건에서 묵시적으로 위법성 단계설에 입각하여 금지청구를 판단한 것으로 보인다.[37]

⑵ 수인한도의 구체적 기준

　㈎ **구체적 기준**　　종래 일조권 침해와 소음·진동 등의 생활이익이 침해된 사건의 경우 수인한도를 넘어섰는가에 대하여 판단한 몇몇 대법원 판결이 있었으나 수인한도의 구체적 기준을 처음 제시한 것은 부산대사건 판결이라 할 것이고, 그 이후로 일조권사건이 상당히 늘어나서 판례가 많이 축적되었다.[38]

　이러한 수인한도의 기준으로는 피해자측의 사정으로서 피해의 성질 및 정도, 피침해 이익의 공공성, 피해자에 있어서 피해 회피의 기대가능성 여부, 피해자의 과실이 논의되고, 가해자측의 사정으로서 가해행위의 태양, 가해행위의 공공성, 가해자에 대한 방지조치 또는 손해회피의 기대가능성, 법령, 조례 등 공법상의 기준, 환경영향의 조사 및 그 공개, 설명의무의 이행 여부가 논의되고 있으며, 쌍방의 사정으로는 지역성, 선주성(先住性) 등이 거론된다. 가장 중요한 요소는 피해의 정도와 지역성이며 나머지는 부차적이라고 하겠다.

　㈏ **피해의 정도**　　일조권 수인한도의 기준은 객관적이라기보다는 정책적·의제적인 것이 될 수밖에 없다. 일조권에 대하여는 서울고등법원 1996. 3. 29. 선고 94나11806 판결에서 수인한도를 공동주택의 경우 동지일을 기준으로 09:00−

---

37) 따라서 손해배상청구가 가능한 위법성 정도와 유지청구까지 가능한 위법성 정도가 다르므로, 동일한 피해에 대하여 손해배상청구와 유지청구를 병합한 경우에 법원은 전자만 받아 들이고 후자는 기각할 수도 있을 것이다.

38) 대법원 1995. 9. 15. 선고 95다23378 판결(부산대사건); 대법원 1997. 7. 22. 선고 96다56153 판결(봉은사사건, 제14장 뒷부분에 수록).

15:00 사이의 6시간 중 일조시간이 연속하여 2시간 이상 확보되는 경우 또는 동지일을 기준으로 08:00-16:00 사이의 8시간 중 일조시간이 통틀어서 최소한 4시간 정도 확보되는 것으로 판시한 이래 이 기준이 일반적으로 통용되고 있다.[39] 동지일을 기준으로 한 이유는 태양의 고도가 가장 낮고 일조시간이 가장 짧아서 일조침해가 가장 커지기 때문이다.

그러나 현재 실무상 통용되고 있는 위 수인한도 기준은 일본에서 개발된 이론인바, 우리나라에 보편 타당하게 적용할 수 있는 일조권침해의 기준을 정립할 필요가 있다. 일본 동경지방재판소에서는 동지를 기준으로 오전 9시부터 오후 3시까지의 유효일조시간 내에 피해건물의 거실 개구부를 측정장소로 하여 일조투영면적의 1/2 이상이 일영으로 되는 시간을 기준으로 삼고 있다고 한다.

또한 위 수인한도의 기준은 공동주택의 경우를 기준으로 하고 있으므로 피해건물이 단독주택에 해당하는 경우나 피해를 주장하는 부동산이 건물이 아니라 농경지(농경지의 경우도 일조권의 침해시 산출량이 감소되는 등 피해가 발생할 수 있다) 또는 나대지인 경우에는 위 기준을 그대로 사용할 수 없다.

일조침해의 정도는 감정에 의하여 정하는데 대학의 전문감정기관과 한국감정원이 이를 수행한다. 후자는 일조침해의 피해정도와 피해건물의 가치하락액까지 감정을 하여 법원으로서는 간편한 점이 있지만, 한국감정원이 전부를 자체적으로 행하는 것이 아니라 일조피해 정도의 측정은 전문감정기관에게 용역을 준다고 하므로 일조피해 정도 감정에 문제가 있을 경우에 처리가 번거로워지는 단점이 있다.

㈐ 지 역 성   일조권의 수인한도는 분쟁지의 지역성이 주거지역인지 아니면 상업지역인지에 따라 그 기준이 달라져야 할 것이다. 도시계획상 도시지역은 전용주거지역, 일반주거지역, 준주거지역, 근린상업지역, 일반상업지역, 중심상업지역, 준공업지역, 일반공업지역, 전용공업지역으로 용도지역을 나눌 수 있는데, 전용주거지역에 가까울수록 일조보호의 정도가 두터울 것이고, 전용공업지역에 가까울수록 일조보호의 정도가 덜할 것이다. 그러나 그 실제적인 상황도 물론 고려해야 할 것인바, 상업지역이라 하더라도 실상이 주거지역으로서 건물의 고도화 경향이 없다면 주거지역으로서의 일조보호의 기준을 적용해야 할 것이다.

대법원도 가해건물과 피해건물이 모두 일반상업지역 내에 있는 경우 ① 일

---

39) 대법원 1999. 1. 26. 선고 98다23850 판결; 대법원 2000. 5. 16. 선고 98다56997 판결.

반상업지역은 도시계획법에 의하여 일반적인 상업 및 업무기능을 담당하게 하기 위하여 마련된 지역으로서 원칙적으로는 주거를 위한 지역이 아닌 점, ② 건축 당시 관계 법령의 규정에 의하면, 상업지역에서의 건축물의 경우 다른 대지상의 건축물을 위하여 보장되어야 할 일조시간에 관하여는 규정이 없고, 공동주택에 한하여 일조권 확보를 위한 건축물 사이의 이격거리에 관한 규제가 있었으나, 가해건물은 위 건축 당시의 건축관계 법령이 정하는 용적률, 건폐율, 건축물 간의 이격거리 등 간접적으로 다른 인접 건축물의 일조권 등 확보에 도움을 줄 수 있는 각종 기준에 위반된 사실이 없는 점, ③ 피해건물 수분양자들이 피해건물을 분양받은 시기는 가해건물의 사업계획승인 시점을 전후한 시점으로서 피해건물 부지가 일반상업지역으로서 고층건물의 건축이 예상되던 곳이었으므로 피해건물 수반양자들은 자신들의 피해건물을 분양받을 당시나 소유권이전등기를 경료할 당시 인접 대지에 들어서는 건축물로 인하여 일조권 등의 침해가 있을 것이라는 것을 어느 정도 예상한 것으로 보이는 점 등 제반 사정을 종합하여 일조권침해를 부정한 바,[40] 이는 일조권침해와 관련하여 그 건물부지의 도시계획상 지역 분류에 따라 일조권침해의 수인한도 적용을 달리하겠다는 견해를 표명한 것이라 할 것이다.

하급심판결 중에는 법규상 지정된 것과 지역의 실태가 다른 경우에 실태를 기준으로 판단하여야 할 것이고, 인접 토지에 건물이 건축되어 있지 않았다 하더라도 개발 중인 상업용지여서 가까운 시일에 건물이 건축되리라고 예상할 수 있다면 수인한도의 판단에 있어서 나대지를 기준으로 할 수 없다는 판결,[41] 15층 신축허가를 받아 건축하고 있는 가해건물의 부지의 도시계획 용도지역이 중심상업지역이긴 하지만 약 20미터의 폭의 도로를 사이에 두고 주거지역 위에 건축된 피해건물과 인접해 있는 점 등을 감안하여, 건물신축이 건축법령상 관계규정을 준수하였으므로 일조권침해가 수인한도 내로서 위법하지 아니하다는 등의 피신청인들의 주장을 배척하고, 건축가능한 범위를 수인한도 내의 일조시간을 확보할 수 있는 고도인 9층으로 제한한 건축공사금지가처분결정의 판단을 인용한 가처분이의 판결이 있다.[42]

　　�라) **회피가능성과 건물의 용도**　　　　가해자측에서 가해건물이 인접토지나

---

40) 대법원 2002. 12. 10. 선고 2000다72213 판결.
41) 부산고등법원 1999. 4. 29. 선고 98나10656 판결.
42) 서울지방법원 의정부지원 2000. 9. 19. 선고 2000카합297, 298 판결.

건물에 대하여 일조권침해를 가하지 않도록 구조나 배치에 관하여 경제적, 기술적으로 어느 정도 배려를 하였는지도 고려하여야 한다.

피해자측에서도 피해건물이 당해 지역의 특성이나 토지의 활용상 적합하지 않다면 이를 고려하여야 한다. 예컨대 피해건물이 남측 경계선에 너무 근접하여 건축되었거나 그 지반이 너무 낮다면 이를 감안하여 수인한도를 정하여야 한다.

건물의 용도도 학교, 병원 등 공공시설(공공적 필요성이 높은 점), 상업용 건물(건축주의 일방적 이익이 강한 점), 창고나 공장(일조 확보 필요성이 낮은 점) 등을 종합적으로 고려한다.

㈐ **토지 이용의 선후관계**　　가해건물이 피해건물보다 먼저 건축되었다면 피해건물을 축조하는 사람은 일조권의 침해를 미리 예측할 수 있었으므로 이를 회피할 수 있고, 매매가격도 이미 이를 반영하였을 것이므로 수인한도가 낮아진다. 가해건물이 완성되지 않았더라도 골조가 완공되었거나 건축계획이 알려졌다면 피해건물의 취득자는 이를 예상하고 있었으므로 역시 수인한도 판단에서 불리한 입장에 서게 된다.

㈑ **복수의 건물에 의한 일조권 침해**　　가해건물들이 비슷한 시기에 건축되거나, 기존 건물이 있던 곳에 새로운 가해건물이 건축되어 피해건물이 일조침해가 수인한도를 넘게 되거나 넘는 정도가 확대된 경우 최종적인 일조 침해결과(複合日影)에 대한 책임을 가해건물들 및 피해건물에 적정하게 배분할 필요가 있다.

가해건물이 동시에 또는 비슷한 시기에 건축된 경우에는 가해건물의 건축주들은 그 건물들이 함께 일조침해를 야기한다는 사정을 예견할 수 있었으므로 피해건물이 입은 손해 전부에 대하여 공동불법행위자로서 책임을 진다.

기존 건물이 이미 상당한 시간 존속하고 있는 상태에서 신 건물이 축조되어 피해건물의 일조권 침해를 심화시킨 경우에는 기존 건물과 신 건물의 책임이 달라진다. 기존 건물은 자신의 일조권 침해에 대한 책임만을 진다. 기존 건물의 과거 일조권 침해가 수인한도를 초과하지 않았다면 신 건물에 의하여 수인한도를 초과하여도 아무런 책임이 없고, 반대로 기존에 이미 수인한도를 넘었었다면 기존 건물의 소유자는 그 범위에서만 책임을 진다고 할 것이다. 기존 건물의 건축 이후에 일어난 우연한 사정에 의하여 일어난 피해에 대하여 책임을 물을 수는 없기 때문이다.

신 건물의 건축자는 자신의 건축으로 인하여 발생한 피해 부분에 한하여 책임을 진다. 신 건물이 야기하는 일조권침해 부분은 기존 건물에 의한 일조방해의 정도와 신축건물에 의한 일조방해의 관련성 등을 고려하여 판단하여야 하며,[43] 신 건물이 책임지지 않는 나머지 부분은 피해건물이 부담할 수밖에 없다.[44][45]

(사) **건축관계 법규와의 관계**   건축법 제61조는 전용주거지역 및 일반주거지역 안에서 건축하는 건축물과 공동주택(일반상업지역과 중심상업지역에 건축하는 것을 제외)에 대하여 일조 등의 확보를 위한 건축물의 높이제한에 관한 규정을 두고 있고, 같은 법 시행령 제86조는 높이제한에 관한 세부사항은 건축조례에서 정하도록 하고 있다. 서울특별시건축조례 제35조는 이를 세분한 규정을 두고 있다. 이와 같이 일조방해는 인접한 건축물 사이의 거리를 멀게 하거나 높이를 제한하는 방법에 의하여 방지할 수 있으므로, 건축법 등 관계법령에서 건폐율의 제한, 대지면적의 최소한도, 공지지구에 의한 제한, 높이의 제한, 도로사선의 제한, 용도지구의 제한 및 고도지구 내의 제한 등에 관한 규정을 둠으로써 간접적으로 일조권이 보호되는 경우가 있어 건축관계법규의 위반 여부가 일조방해의 위법 여부와 어떠한 관계를 가지는가를 두고 논의가 있다. 공법상의 건축제한에 대한 규정을 위반한 경우에는 일조침해가 수인한도를 넘었는가를 판단함에 있어서 중요한 요소로 작용할 수 있으나, 규정에 적합하더라도 별도로 수인한도 침해를 인정할 수 있다.

대법원은 "위법성을 판단하는데 있어 건축법 등 관계 법령에 일조방해에 관

43) 대법원 2007. 6. 28. 선고 2004다54282 판결; 이응세, "일조권침해와 환경소송," "환경법의 제문제(하),"『재판자료』95집(2002. 7), 법원도서관, 310면.
44) 일조피해를 받는 건물이 이미 다른 기존 건물에 의하여 일조방해를 받고 있는 경우에는 그 일조방해의 정도와 신축건물에 의한 일조방해와의 관련성 등도 고려하여 신축 건물에 의한 일조방해가 수인한도를 넘었는지 여부를 판단하여야 한다: 대법원 2004. 10. 28. 선고 2002다63565 판결.
45) 가해건물의 신축으로 인하여 일조피해를 받게 되는 건물이 이미 다른 기존 건물에 의하여 일조방해를 받고 있는 경우나 피해건물의 구조 자체가 충분한 일조를 확보하기 어렵게 되어 있는 경우에는, 가해건물 신축 결과 피해건물이 동짓날 08시부터 16시 사이에 합계 4시간 이상 그리고 동짓날 09시부터 15시 사이에 연속하여 2시간 이상의 일조를 확보하지 못하게 되더라도 언제나 수인한도를 초과하는 일조피해가 있다고 단정할 수는 없고, 가해건물이 신축되기 전부터 있었던 일조방해의 정도, 신축건물에 의하여 발생하는 일조방해의 정도, 가해건물 신축 후 위 두 개의 원인이 결합하여 피해건물에 끼치는 전체 일조방해의 정도, 종전의 원인에 의한 일조방해와 신축건물에 의한 일조방해가 겹치는 정도, 신축건물에 의하여 발생하는 일조방해시간이 전체 일조방해시간 중 차지하는 비율, 종전의 원인만으로 발생하는 일조방해시간과 신축건물만에 의하여 발생하는 일조방해시간 중 어느 것이 더 긴 것인지 등을 종합적으로 고려하여 신축건물에 의한 일조방해가 수인한도를 넘었는지 여부를 판단하여야 한다: 대법원 2010. 6. 24. 선고 2008다23729 판결.

한 직접적인 단속법규가 있다면 동 법규에 적합한지 여부가 사법상 위법성을 판단함에 있어서 중요한 판단자료가 될 것이지만, 이러한 공법적 규제에 의하여 확보하고자 하는 일조는 원래 사법상 보호되는 일조권을 공법적인 면에서도 가능한 한 보증하려는 것으로서 특별한 사정이 없는 한 일조권 보호를 위한 최소한도의 기준으로 봄이 상당하고, 구체적인 경우에 있어서는 어떠한 건물신축이 건축 당시의 공법적 규제에 형식적으로 적합하다고 하더라도 현실적인 일조방해의 정도가 현저하게 커 사회통념상 수인한도를 넘은 경우에는 위법행위로 평가될 수 있다"고 판시하였다.[46]

그러나 일조권 침해는 새로운 건축행위시에 새롭게 발생하는 것이므로 건축관계법령에 지역별, 용도별 건축물에 관하여 최소한도의 일조시간을 설정하여 놓고 이를 확보할 수 있도록 신축건물의 위치, 규모를 결정하도록 한다면 근본적인 해결책이 될 수 있을 것이다.

(3) 건축공사 수급인의 손해배상책임

건축공사 수급인은 도급계약에 기한 의무이행으로서 건물을 건축하는 것이므로 원칙적으로 일조방해에 대하여 손해배상책임이 없다고 할 것이지만, 수급인이 스스로 또는 도급인과 서로 의사를 같이하여 타인이 향수하는 일조를 방해하려는 목적으로 건물을 건축한 경우에 책임을 질 것인가. 종래 학설은 시공사는 수급인으로서 공사시공만 하였다면 생활환경 침해에 대하여 책임을 지지 않는 것이 원칙이지만 계획 및 인허가단계부터 관여하고 분양대금 관리 등 분양업무를 처리하는 등의 밀접한 관여 사실이 인정되는 경우에는 주도적으로 건축에 참여하였다고 보아 그 책임을 인정할 여지가 있다는 책임제한설과 수급인이 건물 신축으로 인한 일조 방해를 알 수 있다면 건축업자로서 불법행위책임을 면할 수 없다는 책임인정설이 나누어져 있었다. 대법원은 당해 건물이 건축법규에 위반되었고 그로 인하여 타인이 향수하는 일조를 방해하게 된다는 것을 알거나 알 수 있었는데도 과실로 이를 모른 채 건물을 건축한 경우, 도급인과 사실상 공동 사업주체로서 이해관계를 같이하면서 건물을 건축한 경우 등 특별한 사정이 있는 때에는 일조방해에 대하여 손해배상책임을 진다고 판시하였다.[47]

이 사건은 피해자들이 재개발조합과 시공사를 공동피고로 하여 제기한 것이

46) 대법원 1999. 1. 26. 선고 98다23850 판결; 대법원 2004. 9. 13. 선고 2003다64602 판결.
47) 대법원 2005. 3. 24. 선고 2004다38792 판결.

었는데 이 판결은 건축책임제한설을 취하고 있음을 명백히 하면서 손해배상책임이 성립되는 기준을 건설회사가 '단순한 수급인'인가 아니면 '사실상 공동사업주체'로 볼 수 있는 지위에 있는가로 보고 있다. 이 사건에서 도급계약서상 피고회사의 공동시행자로서의 지위, 사업계획 및 관리처분계획 등의 확정·변경시 사전에 피고조합과 피고회사가 협의하도록 되어 있는 점, 피고회사가 설계변경의 요구 및 협의의 주체로 되어 있는 점, 분양대금 등 수입금의 공동관리, 피고회사의 분양대행, 모델하우스 자비 건립, 기부채납 도로 공사비의 반분 등 사유를 종합하여 피고회사가 단순한 수급인의 지위에 있는 것이 아니라, 재개발 사업을 사실상 공동으로 시행하는 것으로 볼 수 있다고 하였다. 즉 사업비용의 부담과 관리, 관리처분계획, 설계변경 등 각종 절차의 관여 정도 등을 종합하여 실질적으로 공동사업주체로서 조합과 이해관계를 같이 하였다고 볼 경우에는 책임을 인정할 수 있다는 것이다. 따라서 기본설계가 완전히 끝난 후에 건설회사가 수급받고(재건축사업의 중단 등으로 시공사가 변경되는 경우가 흔하다) 그 후 시공과정에서 설계변경이 없는 경우에는 건설회사가 책임을 부담하지 않을 수도 있다.[48]

⑷ 손해배상의 범위

㈎ 재산적 손해

① 토지·가옥의 가치 하락액   일조권침해가 있기 전의 피해건물의 시가와 피해가 확정된 후의 시가 차액이 손해가 된다. 그러나 일조침해가 발생한 후의 피해건물 시가가 당초 분양받은 금액에 물가상승이나 예금금리를 감안한 금액보다 높게 유지된다고 하여 일조방해로 인한 가치하락 손해가 발생하지 않았다고 볼 수 없다.[49]

---

[48] 이 판결은 일조권에 대한 것이지만 판결의 취지상 재개발, 재건축사업에 관여한 건설회사의 일반적인 책임범위에도 공동사업주체성을 판정하는 법리를 적용할 가능성이 높다고 본다. 재건축사업 등이 지분제 사업일 경우에 시공사가 단순한 수급인의 범위를 벗어나 실질적인 사업주체로서 기능하는 현실을 볼 때 그 관여정도가 높고, 더구나 재건축조합 등이 사실상 재산이 없는 점등을 고려할 때 책임을 인정할 필요성이 더 높기 때문이다. 판결 이유에 나타난 자금관계, 절차의 참여 정도 등이 그 기준이 될 것이다.

[49] 일조장해, 사생활 침해, 시야차단으로 인한 압박감, 소음, 분진, 진동 등과 같은 생활이익의 침해로 인하여 발생한 재산적 손해의 항목 중 토지·가옥의 가격저하에 의한 손해를 산정함에 있어서는 광열비·건조비 등의 지출 증대와는 별도로 일조장해 등과 상당인과관계가 있는 정상가격의 감소액을 부동산감정 등의 방법으로 평가하여야 할 것이고, 분양된 아파트가 일조피해를 입고 있는 경우 그 아파트의 시세가 분양대금에 물가상승률이나 예금금리를 감안한 금액보다 높게 유지된다고 하여 그 소유자에게 당해 아파트의 가격저하로 인한 손해가 발생하지 아니하였다고 볼 수 없다: 대법원 1999. 1. 26. 선고 98다23850 판결.

가액의 저하액 전부를 손해로 볼 수도 없다. 원고에게도 일정한 한도의 수인한도가 있기 때문에 이를 감안하여 피고에게 일부를 부담시키는 것이 형평의 원칙에 부합하기 때문이다. 재판실무에서는 감정결과상 산출된 가액에 대하여 일정 비율을 감하는 방식으로 정하는 경우가 많다.

대법원 2005. 3. 24. 선고 2004다38792 판결은 일조권침해로 인한 손해액은 일조방해가 없는 정상가격을 기준으로 한 가치하락액 전부가 아니라 수인한도를 고려하여 피해자와 가해자가 일정 비율로 분담하여야 한다고 판시하였다. 일조침해로 인하여 어느 정도 가격하락이 발생하였더라도 그 침해가 수인한도를 넘지 않으면 이를 배상할 책임이 없는 점에 비추어 보면, 일조방해가 전혀 없는 경우를 상정한 정상가격을 기준으로 산정한 가치하락액 전부를 가해자에게만 부담시키는 것은 부당하고, 이를 피해자와 가해자가 어느 정도 분담하는 것이 형평의 원칙에 부합하므로 일조 시간, 조망 및 프라이버시 침해 정도와 아파트 건축행위에 법규위반이 없는 점 등을 종합적으로 고려하여 배상하여야 할 손해액을 가격하락분의 일정 비율로 제한함이 상당하다고 보았다. 앞서의 대법원 1999. 1. 26. 선고 98다23850 판결에서 이러한 취지로 판시하였으나 그 이론적 근거가 다소 모호하였고 그 후에도 가격하락분 전액을 손해로 인정한 경우, 정상적인 주택가격의 일정비율을 환경성능 상실분으로 보아 가격하락분으로 인정한 경우 등 하급심 판결례가 통일되어 있지 않았다.

② 일실 영업수익　　일조권 침해로 인하여 임대료가 감소한 경우에 배상이 가능하나 입증이 어려워 실무상 이를 구하는 경우는 많지 않다.

③ 광열비 · 건조비의 지출 증대　　광열비 및 세탁물의 건조비의 지출이 증대는 일조피해의 발생 전의 광열비 등과 발생 후의 광열비 등의 차액을 구하거나 일조피해로 인하여 어쩔 수 없이 구입하게 된 설비 · 기구의 구입비용도 손해로 인정될 수 있다. 다만 장래 예상되는 광열비, 건조비 손해를 어느 시기까지 인정할 것인지가 문제인데 건물소유자의 경우에는 당해 건물의 내용연수, 임차인의 경우에는 임대차계약 등의 존속기간이 일단 그 기준이 된다고 볼 수 있다.

(나) 위 자 료　　일조침해가 있으면 피해건물의 주거자는 정신적 고통을 입게 됨은 명백하다. 또한 재산적 손해 중 손해액의 입증이 어려운 손해 및 금전적으로 산출이 곤란한 일상생활상의 불이익도 있으므로 이러한 손해에 대한 보완적 전보기능을 담당하는 위자료의 역할은 더 커진다. 실제로 재산적 손해가 발생한

점을 인정하면서도 그 손해액의 입증이 곤란함을 이유로 재산적 손해배상을 인정하지 않고 이러한 사정을 위자료 참작사유로 처리한 하급심판결들이 종종 있다.

(5) 소멸시효

가해행위로 인한 손해가 1회적으로 발생하여 즉시 성립하는 불법행위는 가해행위의 종료시가 손해발생시로 되어 그때부터 소멸시효가 진행함이 당연하다. 그런데 가해행위는 종료되었으나, 손해는 계속되는 불법행위의 경우에는 소멸시효 진행에 대하여 즉시발생설과 계속적 발생설이 대립된다.

일조권 침해행위를 계속적 침해행위로 보면, 손해가 매일 계속적으로 발생하므로 날마다 손해가 각 발생하여 소멸시효도 별개로 진행되게 된다고 볼 수 있다.[50] 그러나 대법원은 일조권침해가 건물의 사용면에서는 계속적 불법행위이지만, 일조침해로 인한 부동산 가액의 하락 등 손해는 가해건물이 철거되지 않는 한 가해건물의 골조 완성시에 손해가 확정되었다고 할 것이므로 그때부터 소멸시효가 진행된다고 판시하였다.[51]

4. 방해제거 및 방해예방청구(유지청구)

(1) 의   미

어느 토지나 건물의 소유자가 종전부터 향유하고 있던 일조의 생활이익이 인접건물의 건축 등으로 인하여 침해되고, 그 침해가 사회통념상 일반적으로 수인할 정도를 넘어선다고 인정되는 경우에는 위 토지 등의 소유자는 그 소유권에 기하여 민법 제214조 및 제217조에 근거하여 건물의 건축 금지 등을 구하는 방해의 예방(공사 금지)이나 제거(건축물 철거)를 위하여 필요한 청구를 할 수 있다. 이를 유지청구(留止請求)라고 하기도 한다.

그 법적 성질은 앞서 본 바와 같이 물권적 청구권으로 본다. 공사금지청구가 인용되기 위하여 요구되는 위법성은 불법행위를 이유로 한 손해배상청구의 경우에 요구되는 위법성보다 그 정도가 높아야 한다(위법성 단계설). 이 권리의 행사에는 가해자의 행위와의 인과관계만 있으면 족하고 고의, 과실을 요건으로 하지 않는다.

행사방법은 건물철거 등의 본안소송과 공사금지 가처분신청으로 이루어지는

---

50) 대법원 1999. 3. 23. 선고 98다30285 판결.
51) 대법원 2008. 4. 17. 선고 2006다35865 전원합의체 판결.

데 보통 가처분신청이 많이 이용된다.

(2) 공사금지 가처분[52]

법적 성질이 물권적 청구권인 이상 피해건물의 소유자만이 신청인이 될 수 있고, 소유권을 상실하면 더 이상 청구권을 행사할 수 없다. 가해건물의 신축 도중에 피해건물을 취득한 자는 청구권을 행사할 수 있다.

가해건물의 건축주가 피신청인이 되며, 실제 시공하는 수급인도 공동으로 피신청인으로 삼을 수 있다.

감정을 명할 때에는 기존의 건물로 인한 기왕의 일조상태, 가해건물의 완공으로 인하여 발생할 일조 침해상태를 구분하도록 하고 감정결과에 따라 공사 중 일부의 중지를 명할 수도 있으므로 수인한도를 넘지 않는 범위 내에서 건축이 가능한 층수, 높이, 구조 등도 함께 밝히도록 하는 것이 바람직하다.

가처분의 주문은 수인한도를 기준으로 하여 일정 층수 또는 높이 이상의 공사를 금지하거나, 건물의 일정한 구조 부분에 대한 공사금지를 명할 수 있다.

일조침해가 명백한 경우에는 가처분결정을 서두를 것이 아니라 양자 사이에 화해를 시도하여 적정한 해결을 하는 경우가 많다. 가처분 실무상 화해성공률이 비교적 높은 것 같다.

가처분결정에 위반하여 공사를 진행하면 이미 건축된 부분은 건물철거를 위한 대체집행을 하여야 하고($\binom{민사집행법}{제260조}$), 신청인의 신청에 의하여 가처분법원이 상당한 기간을 정하고 피신청인이 그 기간 내에 이행을 하지 않을 때에는 그 지체기간에 따라 일정한 금원배상을 할 것을 명하거나 또는 즉시 배상을 명하는 결정을 하여 이에 의하여 금전집행을 하는 간접강제방법에 의한다($\binom{민사집행법}{제261조}$).

(3) 건물철거 등 민사소송

본안소송으로서 공사금지 청구소송 또는 건물철거소송을 제기할 수 있다. 건물철거소송이 제기된 경우 완공된 건물의 철거를 명하는 것이 가해자에게 매우 중대한 손실을 입히고 공익적 측면에서도 바람직하지 않으므로 수인한도의 기준이 더 높아지게 된다. 특히 당사자 사이에 특약이 있거나 가해자의 해의가 명백한 경우, 공사금지가처분결정이 내려진 이후에도 공사를 계속한 경우 등의 사유가 있으면 수인한도에서 이를 참작하여야 한다.

---

52) 상세한 해설은 제3편 제4장 보전처분 부분 참조.

판례

1. 복수의 건물에 의한 일조권침해시 수인한도의 판단기준 [대법원 2007. 6. 28. 선고 2004다54282 판결]

가해건물의 신축으로 인하여 일조피해를 받게 되는 건물이 이미 다른 기존 건물에 의하여 일조방해를 받고 있는 경우 또는 피해건물이 남향이 아니거나 처마가 돌출되어 있는 등 그 구조 자체가 충분한 일조를 확보하기 어렵게 되어 있는 경우에는, 가해건물 신축 결과 피해건물이 동짓날 08시부터 16시 사이에 합계 4시간 이상 그리고 동짓날 09시부터 15시 사이에 연속하여 2시간 이상의 일조를 확보하지 못하게 되더라도 언제나 수인한도를 초과하는 일조피해가 있다고 단정할 수는 없고(한편, 피해건물이 종전부터 위와 같은 정도의 일조를 확보하지 못하고 있었던 경우라도 그 일조의 이익이 항상 보호의 대상에서 제외되는 것은 아니다), 가해건물이 신축되기 전부터 있었던 일조방해의 정도, 신축 건물에 의하여 발생하는 일조방해의 정도, 가해건물 신축 후 위 두 개의 원인이 결합하여 피해건물에 끼치는 전체 일조방해의 정도, 종전의 원인에 의한 일조방해와 신축 건물에 의한 일조방해가 겹치는 정도, 신축 건물에 의하여 발생하는 일조방해시간이 전체 일조방해시간 중 차지하는 비율, 종전의 원인만으로 발생하는 일조방해시간과 신축 건물만에 의하여 발생하는 일조방해시간 중 어느 것이 더 긴 것인지 등을 종합적으로 고려하여 신축 건물에 의한 일조방해가 수인한도를 넘었는지 여부를 판단하여야 한다(피해건물이 서향인데다가 종전부터 다른 기존 건물로 인하여 일조를 방해받아 온 관계로 종전부터 확보하고 있던 일조시간이 동짓날 08시부터 16시까지의 8시간 중 127.5분 내지 131.7분에 그쳤고, 가해건물의 신축으로 인하여 추가된 일조방해시간은 60분 내지 97.5분으로서 전체 일조방해시간의 1/4에 미달하고, 종전부터 있던 일조방해시간의 1/3에도 미달한다).

2. 일조권침해로 인한 손해배상청구권의 소멸시효 기산일 [대법원 2008. 4. 17. 선고 2006다35865 전원합의체 판결]

[다수의견] 일반적으로 위법한 건축행위에 의하여 건물 등이 준공되거나 외부골조공사가 완료되면 그 건축행위에 따른 일영의 증가는 더 이상 발생하지 않게 되고 해당 토지의 소유자는 그 시점에 이러한 일조방해행위로 인하여 현재 또는 장래에 발생 가능한 재산상 손해나 정신적 손해 등을 예견할 수 있다고 할 것이므로, 이러한 손해배상청구권에 관한 민법 제766조 제1항 소정의 소멸시효는 원칙적으로 그때부터 진행한다. 다만, 위와 같은 일조방해로 인하여 건물 등의 소유자 내지 실질적 처분권자가 피해자에 대하여 건물 등의 전부 또는 일부에 대한 철거의무를 부담하는 경우가 있다면, 이러한 철거의무를 계속적으로 이행하지 않는 부작위는 새로운 불법행위가 되고 그 손해는 날마다 새로운 불법행위에 기하여 발생하는 것이므로 피해자가

그 각 손해를 안 때로부터 각별로 소멸시효가 진행한다.

(반대의견) 헌법 제35조 제1항에 비추어 볼 때, 위법한 일조방해는 단순한 재산권의 침해에 그치는 것이 아니라 건강하고 쾌적한 환경에서 생활할 개인의 인격권을 침해하는 성격도 지니고 있다고 하며 위법한 일조방해행위로 인한 피해 부동산의 시세 하락 등 재산상의 손해는 특별한 사정이 없는 한 가해건물이 완성될 때 일회적으로 발생한다고 볼 수 있으나, 위법한 일조방해로 직사광선이 차단되는 등 생활환경이 악화됨으로써 피해건물의 거주자가 입게 되는 정신적 손해는 가해건물이 존속하는 한 날마다 계속적으로 발생한다고 보아야 하므로, 그 위자료청구권의 소멸시효는 가해건물이 피해 부동산의 일조를 방해하는 상태로 존속하는 한 날마다 개별적으로 진행한다.

Ⅳ. 조망권(眺望權, 전망권) 침해

1. 법적 성질

조망권이란 아름다운 자연적·역사적·문화적 풍물, 즉 경관을 조망하여 미적 만족감이나 정신적 휴식을 향수할 수 있는 조망적 이익 내지 환경적 이익을 말한다. 주로 주거지 인근에 새로운 건물이 들어섬으로 인하여 기존에 누리고 있던 조망을 할 수 없게 되거나 제한 받게 된 경우 이를 법적으로 보호할 수 있는가가 문제되는데 이는 생활관계나 성질상 생활에 절실한 정도가 덜하므로 일조권보다도 권리성이 더 취약하다고 하겠다.

2. 법적 요건

조망권을 법적으로 보호할 가치가 있는 이익으로 인정하기 위하여는 다음과 같은 사실을 요건으로 한다.[53]

(1) 지역적 특수성

조망하는 곳이나 조망되는 곳 모두 지역적으로 특수한 위치를 가진 곳이어야 한다. 자연경관이 아름다운 곳이어야 하고 경관이라고 할 수 없는 전망의 이익은 조망권을 구성하지 않는다. 보통의 지역에 인공적으로 특별한 시설(고층건물 등)을

---

53) 김종률, "조망권의 법적 구성론," 『법조』 통권 559호(2003. 4), 112면 이하.

갖추어 조망의 이익을 인위적으로 향수하더라도 이는 보호대상이 될 수 없다. 나아가 건물건축 당시에는 전망이 확보되었다 하더라도 인접 토지가 상업용지로 언제든지 조망을 방해하는 건물이 건축되리라고 예상되면 지역성은 부정된다. 인접토지에 대한 행정규제로 인하여 반사적 이익으로 전망이 확보된 경우도 보호대상이 될 수 없다.

(2) 시설의 소유

조망하는 곳에서 거주 또는 활동할 수 있는 시설을 소유하는 자에 대하여만 조망권이 인정된다. 시설을 소유하지 않는 토지 소유자는 잠재적 가능성을 가진 자에 그치므로 보호되지 않는다. 소유권 아닌 물권적 이용권자, 대항력 있는 임차인 등에게도 조망권이 인정될 수 있다는 입장이 있다.[54]

(3) 조망의 차단

새로운 건물로 인하여 기존의 조망이 차단되어야 한다. 어느 정도로 조망이 차단될 때 조망권의 침해를 인정할 것인지에 관하여는 아직 뚜렷한 기준이 없다. 조망률(눈을 움직이지 않는 상태에서 시야가 다른 건물에 의하여 가려지는 비율)을 제시하는 감정결과도 있지만 근거가 약하다.

(4) 시간적 선주(先住)

선주자가 누리던 기존의 조망권이 침해될 때 문제되는 것이므로 뒤에 건물을 지은 자는 선주자의 건물에 대하여 조망권 침해를 주장할 수 없다.

(5) 조망목적성과 주변토지이용과의 조화성

조망의 향수를 목적으로 하여 건물이 축조되었고, 건물의 가치가 이에 상당히 의존하며 이러한 조망의 이익을 향수하는 것이 주변토지의 이용과 조화될 경우에 조망권이 인정된다. 관광지의 호텔, 음식점 등 풍광이 수려한 곳의 조망을 선전재료로 사용하여 영업을 하고 있는 경우와 같이 조망이 영업상의 중요한 하나의 이익으로서 재산적 가치를 가지고 있는 경우, 한강변의 아파트나 별장 등 조망권이 가격 형성과 사용이익에 결정적인 원인이 되어 있는 경우가 이에 해당한다.

---

54) 김종률, 앞의 글, 113면.

3. 법적 구제방법

대법원은 부산대학교사건($^{1995.\ 9.\ 15.\ 선고}_{95다23378\ 판결}$)에서 대학교로서의 경관과 조망의 보호, 봉은사사건($^{1999.\ 7.\ 27.\ 선고}_{98다47528\ 판결}$)에서 사찰로서의 조망과 종교적 환경의 보호를 위하여 소유권에 기한 방해배제청구를 인용하고 있으나 조망권만으로 물권적 청구권을 인정하고 있지는 않는 것이 대개의 실무례였다. 통상의 경우 일조권의 침해가 수인한도를 넘는 경우에 조망권을 합하여 일련의 침해로 보아 불법행위의 구성요소로 추가하여 위자료에 참작함이 보통이었다. 일조권침해가 수인한도를 넘지 않더라도 조망권이나 사생활 침해가 수인한도를 넘는다고 보아 전체적으로 생활환경의 침해가 수인한도를 넘는다고 본 판결도 있었다.[55]

그런데 대법원 2004. 9. 13. 선고 2003다64602 판결은 "조망이익이 법적인 보호의 대상이 되는 경우에 이를 침해하는 행위가 그 수인한도를 넘었는지 여부는 조망의 대상이 되는 경관의 내용과 피해건물이 입지하고 있는 지역에 있어서 건조물의 전체적 상황 등의 사정을 포함한 넓은 의미에서의 지역성, 피해건물의 위치 및 구조와 조망상황, 특히 조망과의 관계에서의 건물의 건축·사용목적 등 피해건물의 상황, 주관적 성격이 강한 것인지 여부와 여관·식당 등의 영업과 같이 경제적 이익과 밀접하게 결부되어 있는지 여부 등 당해 조망이익의 내용, 가해건물의 위치 및 구조와 조망방해의 상황 및 건축·사용목적 등 가해건물의 상황, 가해건물 건축의 경위, 조망방해를 회피할 수 있는 가능성의 유무, 조망방해에 관하여 가해자측이 해의(害意)를 가졌는지의 유무, 조망이익이 피해이익으로서 보호가 필요한 정도 등 모든 사정을 종합적으로 고려하여 판단하여야 한다"고 판시함으로써 조망이익이 사회통념상 독자적 이익으로 승인될 정도가 될 때 법적 이익이 됨을 전제로 그 침해의 수인한도 기준을 밝혔다.[56]

나아가 대법원은 기존 아파트 소유자들이 인접 토지에 신축된 아파트에 대해 개방감 상실에 따른 조망침해를 이유로 손해배상을 구한 사건에서, "인접 토지

---

55) 일조시간이 동지에 2시간 이상인 경우에도, 조망권의 침해가 가장 심한 상태인 조망침해율이 0.4인 경우이거나 프라이버시권의 침해가 가장 심한 상태인 프라이버시 침해 등급이 1인 경우에도 수인한도를 넘는다고 봄이 상당하다: 대전지방법원 1998. 1. 8. 선고 96가합10960 판결.

56) 위 판결에서는 주택의 소유자인 원고들은 피고의 건축으로 인하여 경관과 특별한 관계가 없고, 단순히 주택가에서 새로운 건물이 건축되어 기존 건물에서 바라다 보이는 전망이 나빠지는 경우에 해당되어, 법적인 보호의 대상이 될 수 없다고 하였다.

에 건물 등이 건축되어 발생하는 시야 차단으로 인한 폐쇄감이나 압박감 등의 생활이익의 침해를 이유로 하는 소송에서 그 침해가 사회통념상 일반적으로 수인할 정도를 넘어서서 위법하다고 할 것인지 여부는, 피해건물의 거실이나 창문의 안쪽으로 일정 거리 떨어져서 그 거실 등의 창문을 통하여 외부를 보았을 때 창문의 전체 면적 중 가해건물 외에 하늘이 보이는 면적비율을 나타내는 이른바 천공율이나 그중 가해건물이 외부 조망을 차단하는 면적비율을 나타내는 이른바 조망침해율 뿐만 아니라, 피해건물과 가해건물 사이의 이격거리와 가해건물의 높이 및 그 이격거리와 높이 사이의 비율 등으로 나타나는 침해의 정도와 성질, 창과 거실 등의 위치와 크기 및 방향 등 건물 개구부 현황을 포함한 피해건물의 전반적인 구조, 건축법령상의 이격거리 제한 규정 등 공법상 규제의 위반 여부, 나아가 피해건물이 입지하고 있는 지역에 있어서 건조물의 전체적 상황 등의 사정을 포함한 넓은 의미의 지역성, 가해건물 건축의 경위 및 공공성, 가해자의 방지조치와 손해회피의 가능성, 가해자 측이 해의를 가졌는지 유무 및 토지 이용의 선후관계 등 모든 사정을 종합적으로 고려하여 판단하여야 한다"라고 판시하였다.[57]

별다른 조망이 없던 지역에 인공적으로 특별한 시설을 갖춤으로써 누릴 수 있게 된 조망의 이익은 법적으로 보호받을 수 없다.

조망권 침해를 이유로 방해배제청구나 손해배상을 받아들일 경우에도 상업시설의 경우는 영업이익 내지 영업권의 침해로서 손해배상 내지 방해배제청구의 대상이 될 수도 있으나, 일반 주택 등 거주를 목적으로 하는 경우에는 상업시설보다 보호필요성이 낮으므로 방해배제청구는 받아들이지 않고 손해배상청구만 받아들여야 할 것이다.

판례

조망이익의 수인한도 [대법원 2007. 6. 28. 선고 2004다54282 판결]

조망의 대상(한강)과 그에 대한 조망의 이익을 누리는 건물 사이에 타인 소유의 토지가 있지만 그 토지 위에 건물이 건축되어 있지 않거나 저층의 건물만이 건축되어 있어 그 결과 타인의 토지를 통한 조망의 향수가 가능하였던 경우, 그 타인은 자신의 토지에 대한 소유권을 자유롭게 행사하여 그 토지 위에 건물을 건축할 수 있고, 그 건물 신축이 국토의 계획 및 이용에 관한 법률에 의하여 정해진 지역의 용도에 부합

57) 대법원 2014. 2. 27. 선고 2009다40462 판결.

하고 건물의 높이나 이격거리에 관한 건축관계 법규에 어긋나지 않으며 조망 향수자가 누리던 조망의 이익을 부당하게 침해하려는 해의(害意)에 의한 것으로서 권리의 남용에 이를 정도가 아닌 한 인접한 토지에서 조망의 이익을 누리던 자라도 이를 함부로 막을 수는 없으며, 따라서 조망의 이익은 주변에 있는 객관적 상황의 변화에 의하여 저절로 변용 내지 제약을 받을 수밖에 없고, 그 이익의 향수자가 이러한 변화를 당연히 제약할 수 있는 것도 아니다.

   (원고들의 아파트는 1974년경 건축된 10층 아파트인데, 한강 쪽으로 향한 북쪽 부분에 5층짜리 아파트 단지가 있었고, 원고들은 위 5층 아파트단지를 넘어서 한강을 조망할 수 있었다. 그런데 위 5층 아파트 단지 주민들이 2000년경 이 아파트를 철거하여 19층으로 재건축하는 공사가 시작되었다. 이로 인하여 원고들은 종전에 누리던 한강 조망권이 침해되었다는 이유로 손해배상청구를 하였다. 원심은 원고들의 조망 이익이 수인한도를 넘을 정도로 침해받았다고 하였으나 대법원은 이를 파기하였다. 이 판결은 조망이익의 보호기준의 구체적인 요소를 상세히 설명하고 있다. 그 일대가 고층아파트의 건축이 허용되는 지역으로서 고층아파트의 재건축을 통상적으로 예상할 수 있었던 점, 보통의 지역에 인공적으로 특별한 시설을 갖춤으로써 누릴 수 있게 된 조망의 이익은 법적으로 보호받을 수 없다는 점, 원고들의 조망의 이익이 피고들의 재건축 사업의 필요성과 상당성 보다 크다고 볼 수 없는 점, 피고들의 재건축 공사에서 원고들의 조망의 이익 침해를 최소화할 방법이 없다는 점 등이 그것이다.)

V. 사생활 침해

   건물의 건축으로 인하여 사생활의 비밀이 침해될 경우에도 수인한도를 벗어나다면 손해배상이나 공사중단을 청구할 수 있다.[58] 대법원은 공사중지가처분 신청사건에서 "신청인들의 주택 내부를 관망할 수 없도록 피신청인의 학원건물 4층 남·북단에 각 1교실을 떼어 놓고 건축할 것을 약정한 이상 약정을 어기어 건물 골조를 하고 신청인들의 주택 내부를 관망할 수 없도록 벽을 변경 내지 개조할 사정이 완전히 배제된 것이 아니고, 4층 북단교실 중간에 설치된 복도와 서북쪽에 신청인들의 주택 내부를 관망할 수 있는 유리창이 설치되어 있는 이상 신청인들의

---

58) 이 사건의 경우 이미 가해건물이 완공되었기 때문에 공사중지가처분사건이 제기되지 아니한 것으로 보이나, 사생활 침해와 관련하여 수인한도론을 도입하여 손해배상을 인정하고 있는바, 그 판시에 비추어 보면 가해건물이 완공이 되지 않았다면 수인한도 초과의 정도에 따라 공사금지가처분도 얼마든지 가능하다고 새길 수 있다: 대법원 1999. 1. 26. 선고 98다23850 판결.

사생활이 침해될 염려가 배제된 것으로 단정할 수 없으므로 공사중지가처분에 대한 보전의 필요성이 있다"라고 하면서 사생활의 은밀성 침해를 이유로 한 건축공사의 일부중지를 명한 사례가 있다.[59]

Ⅵ. 기타 생활이익의 침해

이전에 문제되지 않았던 아파트의 세대 간 방음장치 미비로 인한 생활방해, 공사로 인한 소음, 분진 등을 원인으로 한 권리침해 분쟁이 상당히 늘고 있다. 도시 밀집화로 인한 인접 건물 사이의 태양반사광 피해도 새로운 생활이익침해로 문제가 되고 있다. 인근 건물의 외벽 유리면이 햇빛을 반사하여 빛반사 밝기가 빛반사 시각장애를 일으킬 수 있는 정도를 넘어선 경우에는 생활방해를 인정할 수 있다.[60]

초등학교 인근에 36층 규모의 공동주택 및 업무시설 용도의 건물을 건축하기 위한 건축허가 신청에 대하여 관할 구청이 위 건물이 신축될 경우 초등학교의 일조환경 및 통학안전이 침해된다는 이유로 이를 반려한 것이 적법하다는 하급심 판결이 있다.[61] 통상적인 일조권 수인한도 기준을 적용하는 대신에 초등학생들이

---

59) 대법원 1979. 11. 13. 선고 79다484 판결(경흥학원사건).

60) 빛반사 밝기[Luminance, 휘도(輝度), 단위면적(㎡) 당 반사되는 빛의 밝기(양)]가 25,000cd/㎡를 초과하게 되면, 인체는 포화효과(飽和效果)로 인해 시각정보에 대한 지각 능력이 순간적으로 손상되는 빛반사 시각장애[disability glare, 불능현휘(不能眩揮)] 상태에 놓이게 되고, 그와 같이 빛반사 시각장애를 일으킬 수 있는 정도의 빛이 실내로 유입되는 경우에는 실내 밝기가 극대화 되어 안정과 휴식을 취해야 할 공간인 주거에서 거주자가 심리적으로 불안감을 느끼게 될 뿐만 아니라 실내에서 외부 경관을 바라보기 어렵게 되는 등 일시적으로 주거로서의 기능을 잃게 되어 기본적인 주거생활에 불편을 느끼게 된다. 이 사건 건물의 외벽 유리에 반사된 태양반사광으로 인해 참을 한도를 넘는 생활방해가 있다고 볼 수 있다: 대법원 2021. 3. 11. 선고 2013다59142 판결.

61) 갑 주식회사가 지상 36층 규모의 공동주택 및 업무시설, 근린생활시설 용도의 건물을 신축하기 위해 건축허가신청을 하였으나 위 건물이 신축될 경우 인근에 있는 을 초등학교의 일조환경 및 통학안전이 침해된다는 등의 이유로 관할 구청장이 건축허가신청을 반려한 사안에서, 일조는 성장기에 있는 어린이들의 학교생활에서 학습환경에 중대한 영향을 미치는 요소로서 법적 보호이익이 되고, 국가 및 학교 운영자는 학생들에게 쾌적한 교육환경을 제공·유지해 줄 법률상 의무가 있는 점, 일조환경평가 결과에 따르면 초등학생들이 학교에서 집중적으로 머무르는 장소와 시간대에 위 건물이 초등학교의 일조에 영향을 끼쳐 일조시간이 상당한 정도로 감소되는 점, 위 건물 신축부지에 접한 도로는 을 초등학교의 주통학로인데 차량의 교행이 겨우 가능할 정도로 좁은 도로인 데다 막다른 도로로서 회차 차량 및 불법주차 차량 때문에 차량과 보행자가 혼재된 상태에서 지나다닐 수밖에 없어 원래 교통사고가 발생할 가능성이 높은 곳인 점, 위 도로를 통하여 등하교하는 학생들의 수가 적지 않을 뿐만 아니라 도로변에 있는 학원을 다니거나 그 밖의 사유로 위 도로를 통행하는 학생들도 많은데, 인지능력 및 판단능력이 미숙한 데다가 예측 밖의 돌발행동을

학교에 머무는 장소와 시간대에 일조에 영향을 미친다는 점과 초등학생들의 인지능력 미숙 등을 통학안전 보장을 건축허가 기준으로 본 것이 특이하다. 법령상 건축허가 기준이 정해져 있는데 과연 이렇게까지 넓게 재량을 인정할 수 있는지 검토할 필요가 있다.

　　공장이나 주유소 등에서 나오는 오염물질로 인한 토양오염도 문제가 되고 있다. 인접 토지에 토양오염을 발생시킨 자는 토양환경보전법 제10조의3 제1항에 따른 오염토양 정화의무를 부담하고, 그가 이러한 의무를 이행하지 않으면 인접 토지의 소유자는 토지 소유권을 완전하게 행사하기 위하여 자신들의 비용으로 오염토양을 정화할 수밖에 없으므로, 사회통념상 오염토양 정화비용 상당의 손해가 현실적으로 발생한 것으로 볼 수 있다.[62]

Ⅶ. 수인한도의 종합적 고찰론

　　손해배상청구를 함에 있어 일조권, 전망권, 사생활 침해를 묶어서 청구원인을 구성하는 경우가 많은바, 현재 하급심 실무에서는 일조권을 중시하여 일조권 침

할 가능성이 있는 초등학생의 경우 보행안전이 확보되지 않은 도로에서 교통사고를 당할 확률이 높아질 수밖에 없는 점 등에 비추어, 위 건물의 신축으로 을 초등학교의 일조환경 및 초등학교 학생들의 통학안전이 침해되고 이는 위 건물에 대한 건축허가를 불허할 만한 중대한 공익상의 필요에 해당한다는 이유로 갑회사의 건축허가신청을 반려한 처분이 적법하다: 부산지방법원 2017. 11. 3. 선고 2017구합20515 판결.

62) 대법원 2021. 3. 16. 선고 2017다179, 186 판결; 갑 토지의 소유자인 원고가 인접한 을 토지(피고 소유)에서 오염물질이 나와 토양오염이 발생하였다는 이유로 피고에게 손해배상을 청구하였다. 원심은 ① 원고가 갑 토지를 정상적으로 사용하고 있고, ② 관청으로부터 정화명령 등 행정조치를 받은 사실은 없으며, ③ 갑 토지의 가격이 하락한 바도 없다는 이유로 사회통념상 손해가 현실적으로 발생하였다고 볼 수 없다고 하였다. 이는 "토지소유자가 오염토양 정화비용을 지출하였거나 지출해야만 하는 상황에 이르렀다거나, 행정관청으로부터 조치명령 등을 받은 경우에는 오염토양 정화비용 상당의 손해가 발생하였다"고 판시한 대법원 2016. 5. 19. 선고 2009다66549 전원합의체 판결을 엄격하게 적용한 것으로 보인다. 그러나 대법원은 피고가 소유권 취득 이후 오염을 유발한 사실이 있으면 토양환경보전법 제10조의3 제1항에 기한 오염토양 정화의무를 부담하고, 피고가 이 의무를 이행하지 않으면 원고로서는 토지 소유권을 완전하게 행사하기 위하여 원고의 비용으로 오염토양을 정화할 수밖에 없고, 이런 상황이라면 사회통념상 오염토양 정화비용 상당의 손해가 원고에게 현실적으로 발생한 것으로 보아야 한다고 판시했다. 대법원의 판시가 환경보호 책임을 더 강조한 해석이라고 보이지만, 자칫 오염사실만 있으면 오염정화의무가 생기고 이에 따라 당연히 손해가 발생한다고 해석될 수 있어서 위 전원합의체 판결상 손해발생의 법리를 너무 넓힌 것 아닌지 염려된다. 특히 원고는 피고의 을 토지 취득 이전에 발생한 갑 토지의 오염도 자료는 제출하였으나 그 이후에는 오염도를 조사한 바가 없었고, 대법원은 이 부분을 더 조사하라는 취지로 보이는바, 이는 원심 파기사유가 아니라 원고의 증명책임불이행에 불과한 것 아닌지 의문이 든다.

해가 수인한도 이내인 경우 조망권, 사생활 침해가 수인한도를 벗어나는지 여부
와 관련 없이 불법행위가 성립하지 않는다는 수인한도의 종합적 고찰론을 취하기
도 한다.[63]

  그러나 조망권의 경제적 가치가 높아지고 있는 사회경제적 현상 및 사생활
자유는 헌법 제17조에서 정면으로 규정하고 보호하고 있는 점 등에 비추어 보아
조망권과 사생활의 침해의 판단을 일조권과 독립하여 판단하여야 할 것이다.

Ⅷ. 수인한도에 대한 증명책임의 완화

  환경침해가 수인한도를 초과하였다는 점은 원칙적으로 피해자가 증명해야
한다. 그러나 환경소송, 공해소송, 제조물책임소송 등 현대형 소송에 있어서는 증
거가 기업, 관청 등 전문성을 가진 일방에게 편재되어 있어 피해를 입은 일반인과
사이에 입증상 불평등을 초래할 수밖에 없다. 이를 시정하기 위하여 대법원은 공
해소송,[64] 의료소송에서[65] 인과관계의 추정이나 간접반증이론을 통하여 전통적인
입증책임을 완화하여 왔는데, 공사소음 등 환경소송에 있어서도 이와 같이 증명
책임을 완화하여야 할 필요가 크다.

  아파트공사로 인한 소음으로 피해를 입었다고 인근 주민들이 건설회사를 상
대로 손해배상을 청구한 사건에서, 소음이 수인한도를 초과하였는지를 정확하게
측정하지 못한 경우라 하더라도 다른 방법에 의해 수인한도 초과의 점을 합리적
으로 추정할 수 있으며, 오히려 건설회사가 소음이 수인한도 범위 내이었음을 증
명하여야 한다는 취지의 하급심 판결이 있다.[66]

---

63) 주거환경을 좌우하는 영향요소로서는 일조가 가장 중요하고, 그 다음이 조망, 프라이버시의 순서
   라 할 것인데, 일조 저해율이 수인한도 범위 내인 경우에는 조망 및 압박감의 저해나 프라이버시
   의 침해가 개별적으로 수인한도를 넘는다 하여도 전체적으로는 수인한도의 범위를 초과하지 않
   는다고 보아야 할 것이고, 반면 일조 저해율이 수인한도의 범위를 초과하는 경우에는 조망 및 압
   박감의 저해나 프라이버시의 침해가 개별적으로 수인한도를 넘지 않는다 하여도 전체적으로는
   수인한도의 범위를 초과한다고 봄이 상당하다: 서울고등법원 2001. 10. 26. 선고 2001나33002 판결.
64) 대법원 1974. 12. 10. 선고 72다1774 판결; 대법원 1981. 9. 22. 선고 81다588 판결.
65) 대법원 1995. 2. 10. 선고 93다52402 판결; 대법원 1999. 9. 23. 선고 99다10479 판결; 대법원 2000. 7.
   7. 선고 99다66328 판결.
66) 원칙적으로 불법행위를 이유로 한 손해배상을 청구하는 자는 각 요건을 주장·입증하여야 한다.
   생활이익의 침해로 인한 수인한도의 구체적인 내용은 특별한 사정이 없는 한 실제 소음도에 대
   한 측정이 전제되어야 정확히 말할 수 있는 것이므로, 위와 같은 입증이 없는 경우 수인한도 자체
   의 설정도 곤란하게 된다. 그러나 이는 일반인에게 기대하기 어려운 일이며, 구체적인 수인한도

IX. 환경 관련 개발행위에 대한 행정청의 재량권

환경의 훼손이나 오염을 발생시킬 우려가 있는 개발행위의 허가에 관하여 행정청은 폭넓은 재량권을 갖는다. 특히 '환경오염 발생 우려'와 같이 장래에 발생할 불확실한 상황과 파급효과에 대한 행정청의 재량적 판단은 내용이 현저히 합리성을 결여하였다거나 상반되는 이익이나 가치를 대비해 볼 때 형평이나 비례의 원칙에 뚜렷하게 배치되는 등의 사정이 없는 한 폭넓게 존중될 필요가 있다. 환경침해 우려를 이유로 한 행정청의 건축허가 거부처분에 대하여 대법원 2017. 3. 15. 선고 2016두55490 판결[67] 이후로 행정청의 재량행위를 폭넓게 인정하는 대법원 판결이 계속 선고되고 있어서 주목된다.[68] 위 판결들은 원심법원이 행정청의 개발행위

초과 여부만이 문제될 뿐 그 점만 입증된다면 손해배상의 인정을 위한 다른 요건의 인정은 아무런 문제도 되지 않는 유형의 사건에서는 수인한도 초과여부를 인정함에 있어 원래의 소음을 정확하게 측정하지 못한 경우라 하더라도 다른 방법에 의해 수인한도 초과의 점을 합리적으로 추정할 수 있다면 그 결과를 인정할 수 있다. 따라서 피해자가 공사현장에서 상당한 크기의 소음이 일정기간 이상 빈번하게 발생하였다는 사정 및 당해 공사현장으로부터 상당한 거리 이내에 거주하고 있어 거리에 따른 소음 감쇠를 고려하더라도 상당한 소음이 측정 가능할 것으로 예측된다는 사정 등을 입증하면 수인한도를 초과하는 피해가 발생하였다고 인정할 수 있고, 건설회사측에서 그 위법성을 제거하려면, 당해 공사현장에서 발생한 소음이 상당한 정도가 아니었다는 점이나 거리감쇠 이외에도 소음저감장치를 사용하여 수음자의 위치에서의 소음이 상당한 크기 이내가 되었다는 점 또는 기타의 사정으로 위에서 본 추정을 저지할 만한 사정을 주장·입증하여야 한다: 서울중앙지방법원 2009. 8. 26. 선고 2008가합72566 판결(항소심에서 강제조정으로 확정).

67) 환경의 훼손이나 오염을 발생시킬 우려가 있는 개발행위에 대한 행정청의 허가와 관련하여 재량권의 일탈·남용 여부를 심사할 때에는, 해당 지역 주민들의 토지이용실태와 생활환경 등 구체적 지역 상황과 상반되는 이익을 가진 이해관계자들 사이의 권익 균형 및 환경권의 보호에 관한 각종 규정의 입법 취지 등을 종합하여 신중하게 판단하여야 한다. 그러므로 그 심사 및 판단에는, 우리 헌법이 "모든 국민은 건강하고 쾌적한 환경에서 생활할 권리를 가지며, 국가와 국민은 환경보전을 위하여 노력하여야 한다"라고 규정하여(제35조 제1항) 환경권을 헌법상 기본권으로 명시함과 동시에 국가와 국민에게 환경보전을 위하여 노력할 의무를 부과하고 있는 점, 환경정책기본법은 환경권에 관한 헌법이념에 근거하여, 환경보전을 위하여 노력하여야 할 국민의 권리·의무와 국가 및 지방자치단체, 사업자의 책무를 구체적으로 정하는 한편(제1조, 제4조, 제5조, 제6조), 국가·지방자치단체·사업자 및 국민은 환경을 이용하는 모든 행위를 할 때에는 환경보전을 우선적으로 고려하여야 한다고 규정하고 있는 점(제2조), '환경오염 발생 우려'와 같이 장래에 발생할 불확실한 상황과 파급효과에 대한 예측이 필요한 요건에 관한 행정청의 재량적 판단은 내용이 현저히 합리성을 결여하였다거나 상반되는 이익이나 가치를 대비해 볼 때 형평이나 비례의 원칙에 뚜렷하게 배치되는 등의 사정이 없는 한 폭넓게 존중될 필요가 있는 점 등을 함께 고려하여야 한다. 이 경우 행정청의 당초 예측이나 평가와 일부 다른 내용의 감정의견이 제시되었다는 등의 사정만으로 쉽게 행정청의 판단이 위법하다고 단정할 것은 아니다: 대법원 2017. 3. 15. 선고 2016두55490 판결.

68) 대법원 2017. 6. 19. 선고 2016두30866 판결; 대법원 2017. 10. 12. 선고 2017두48956 판결; 대법원

거부처분이 근거가 부족하다는 이유로 거부처분취소판결을 하였던 것인데, 대법원은 위와 같은 이유로 이를 모두 파기하였다. 환경권 관련문제에 관하여 행정청의 권한이 더 강화될 것으로 보인다.

1. 청담공원사건 [대법원 1995. 5. 23.자 94마2218 결정]

서울 강남구 청담동 소재 청담공원 내의 토지 소유자가 위 토지 상에 골프연습장 건축허가를 받았는데 주민들이 골프연습장 출입차량 증가, 소음, 연습장 내 조명 등으로 생활환경을 침해받게 된다는 이유로 위 토지 소유자를 상대로 공사금지가처분을 제기하였다.

대법원은 헌법상의 기본권으로서의 환경권에 관한 헌법 제35조 제1항의 규정만으로서는 그 보호대상인 환경의 내용과 범위, 권리의 주체가 되는 권리자의 범위 등이 명확하지 못하여 이 규정이 개개의 국민에게 직접으로 구체적인 사법상의 권리를 부여한 것이라고 보기는 어렵고, 또 사법적 권리인 환경권을 인정하면 그 상대방의 활동의 자유와 권리를 불가피하게 제약할 수밖에 없는 것이므로, 사법상의 권리로서의 환경권이 인정되려면 그에 관한 명문의 법률규정이 있거나 관계법령의 규정취지나 조리에 비추어 권리의 주체, 대상, 내용, 행사방법 등이 구체적으로 정립될 수 있어야 할 것임을 이유로 사법상 권리로서 환경권이 인정될 수 없다고 판시하였다.

또한 토지 소유자가 강남구청장으로부터 도시공원법상의 근린공원인 청담공원 내의 위 토지상에 이 사건 골프연습장을 설치할 수 있다는 인가처분을 받은 데 하자가 있다고 하더라도, 그러한 하자가 있다는 점만으로 바로 인근 주민들에게 토지 소유자에 대하여 위 골프연습장 건설의 금지를 구할 사법상의 권리가 생기는 것이라고는 할 수 없다고 하였다. 즉 위와 같은 인가처분의 하자 유무는 공사금지를 청구할 수 있는가 여부와는 원칙적으로 아무 관계가 없고, 위 토지 소유자의 행위가 인근 주민들의 재산권 등을 침해한다고 볼 수 있는 경우에 한하여 그 금지를 구하기 위한 요건의 하나로서(수인한도 여부의 판단기준의 하나로서) 위 인가처분에 하자가 있는지 여부를 따져 볼 필요가 있다는 판시로 이해된다.

2. 부산대사건 [대법원 1995. 9. 15. 선고 95다23378 판결]

원고회사가 부산대학교에 인접한 토지 위에 24층의 아파트 건설사업계획 허가를 받았는데 피고 대한민국(부산대학교)은 위 아파트가 완공되는 경우 부산대학교의 경관 및 일반적인 교육환경을 침해하고 직접적으로는 위 아파트 부지 옆에 기완공된

2017. 10. 31. 선고 2017두46783 판결.

첨단과학관에 설치될 과학장비가 제대로 작동되지 못하게 된다는 이유로 16층 이상의 공사중지를 구하는 가처분을 신청하였다.

1심 법원은 위 신청을 기각하였고, 2심 법원은 일부인용결정을 하면서 그 이유로 교육환경은 자연환경뿐만 아니라 사회적·문화적 환경에 속하는 것으로서, 신청인은 헌법상의 환경권 보전을 위한 '환경이익부당침해방지권,' 민법 제217조의 규정에 의한 '생활방해금지청구권,' 인격권에 기한 침해금지청구권을 가진다고 하면서, 수인한도를 초과하는 18층 초과 부분의 공사를 중지시키는 것이 상당하다는 결정을 하였다.

대법원은 원심이 환경권, 불법행위, 인격권에 기한 방해배제청구권을 이 사건 피보전권리의 하나로 들고 있음은 잘못이라고 지적하면서, 위 부산대학교의 부지 및 건물을 교육 및 연구시설로서 활용하는 것을 방해받게 되는 그 소유자인 대한민국으로서는 위와 같은 방해가 사회통념상 일반적으로 수인할 정도를 넘어선다고 인정되는 한 그것이 민법 제217조 제1항 소정의 매연, 열기체, 액체, 음향, 진동 기타 이에 유사한 것에 해당하는지 여부를 떠나 그 소유권에 기하여 그 방해의 제거나 예방을 청구할 수 있다 할 것이므로, 적어도 원심이 소유권에 기한 방해배제청구권을 이 사건 가처분의 피보전권리로 삼은 부분 만큼은 정당하다고 하여 결국 그 상고를 기각하였다(그 후 대한민국은 제소명령에 따라 18층 초과 부분의 공사중지를 구하는 본안소송을 제기하였는데 1심 법원은 원고 승소판결을 하였고, 2심에서 원고가 기완공된 19, 20층 골조공사 부분을 철거한 후 쌍방이 소취하, 항소취하를 하여 이 사건 소송이 종료되었다).

위 판결은 그 판시 내용에 비추어 볼 때 유지청구의 근거를 민법 제214조에서 구하고 있으므로 물권적청구권설에 입각하고 있다고 보이며(나아가 인격권설까지도 긍정한 것인지 여부는 판단이 어렵다), 민법 제217조를 방해배제청구에 관한 민법 제214조를 제한하는 규정에 지나지 않는 것으로 보는 것 같다.[69]

---

69) 위 판결을 둘러싸고 여러 가지 해석이 시도되어 흥미롭다. ① 교육환경권을 간접적으로나마 인정한 것이라는 해석{진순석, "교육환경권침해와 유지청구,"『형평과 정의』10집(95. 12.), 109면}, 원심판결에 대하여는 문화적 환경권을 인정한 것이라는 해석{김철수, "환경권 고,"『헌법논총』6집 (1995), 헌법재판소, 74면, 105면}, ② 신청인은 유사환경, 즉 환경이란 슬로건을 내걸고 있지만 공공자원으로서의 환경을 보호하기 위한 것이라기보다는 본질적으로 자신의 재산권을 만끽하기 위하여 타방의 재산권 행사를 제한하여 달라는 이기적 주장으로서 재산권 대 재산권의 충돌이라는 분쟁구조를 가지고 있다고 파악하여 민법에서 발전된 순수한 재산권 법리에 의하여 해결하고 있는 타당한 태도라는 해석{조홍식, 앞의 글, 39면}이 있다. ②의 견해에 의하면 앞서 본 청담공원 사건은 인근주민을 포함한 공원이용자 대 토지소유자의 대결로서 진정환경권 주장으로 해석하여야 하며 그에 따라 신청인들이 입은 피해를 사유재산권에 대한 침해로 구성할 수는 없고 다만 공익의 원리, 즉 생활이익에 관련된 상린관계 규정(민법 제217조와 같은)이 적용될 여지가 있을 뿐이라 한다. 그 밖에 ③ 원심이 피보전권리로 삼은 것은 환경권이 아니라 환경이익의 부당침해방지권으로서 오히려 불법행위를 구성할 여지가 많다는 해석도 있다.

3. 봉은사사건 [대법원 1997. 7. 22. 선고 96다56153 판결(가처분이의사건); 대법원 1999. 7. 27. 선고 98다47528 판결(본안사건)]

봉은사와 인접한 토지의 소유자들이 봉은사로부터 6미터의 이격거리를 둔 채 19층 고층빌딩의 건축허가를 받았다. 봉은사가 가처분을 신청하자 법원은 위 공사 전부에 대한 공사금지가처분 결정을 하였고, 이어진 가처분이의소송에서 법원은 15층 초과 부분에 대한 건축공사를 금지하는 판결을 선고하였고, 2심 법원을 거쳐 대법원에서 위 내용대로 확정되었다. 대법원은 환경권은 명문의 법률규정이나 관계법령의 규정 취지 및 조리에 비추어 권리의 주체, 대상, 내용, 행사방법 등이 구체적으로 정립될 수 있어야만 인정되는 것이고, 인접대지에 어떤 건물을 신축함으로써 그와 같은 이익이 침해되고 그 침해가 사회통념상 일반적으로 수인할 정도를 넘어선다고 인정되는 경우에는 위 토지 등의 소유자는 그 소유권에 기하여 그 방해의 제거나 예방을 위하여 필요한 청구를 할 수 있으며, 위 빌딩이 봉은사와 불과 6m의 거리를 둔 채 사찰 경내 전체를 내려 볼 수 있도록 고층으로 신축하게 되면 신청인 사찰의 일조가 침해되는 외에도 위 건물이 신청인 사찰의 전체 경관과 조화되지 아니하여 신청인 사찰의 경관이 훼손되는 결과로 될 뿐만 아니라 사찰 경내의 시계 차단으로 조망이 침해되고, 그 한편으로 위 사찰에서 수행하는 승려나 불공 등을 위하여 출입하는 신도들에게도 그들의 일상생활이나 종교활동 등이 감시되는 듯한 불쾌감과 위압감을 불러일으킴으로써 결국 신청인 사찰이 종래 유지하여 온 조용하고 쾌적한 종교적 환경이 크게 침해될 우려가 있고, 그 침해의 정도가 사회통념상 일반적으로 수인할 정도를 넘어선다고 판시하였다.

그 후 이에 대한 본안 사건도 동일한 취지로 판시하였다. 대법원은 이 사건에서 신청인이 종전부터 향유하고 있던 경관, 조망, 조용하고 쾌적한 종교적 환경 등을 생활이익으로 파악하고 있고, 이것은 이웃 거주자의 생활이익을 토지의 사용이익과 구별되는 별개의 개념으로 인정하려는 것으로 볼 수 있다.[70]

---

70) 대법원은 수인한도론의 입장에서 묵시적으로 위법성 단계설에 입각하여 금지청구를 심사한 것으로 보이며, 그 수인한도 초과 여부를 검토함에 있어서 주로 피해자가 입은 총피해와 가해자가 얻은 총이익을 비교형량한 것으로 보인다. 즉, 대법원이 형량요소를 유형화하여 제시한 범주를 살펴보면, 피해의 성질 및 정도, 피해이익의 공공성과 사회적 가치, 지역성, 토지이용의 선후관계는 피해자의 피해를, 가해행위의 태양, 가해행위의 공공성과 사회적 가치, 방지조치 또는 손해회피의 가능성은 가해자의 이익을 각 주목한 것이라 할 수 있다. 따라서 대상판결은 운봉빌딩의 신축으로 인한 환경침해에 대한 책임의 부과방식을 정함에 있어서 위 신축으로 인한 결과에 치중하였고, 운봉빌딩의 건축과 관련된 이해관계인 사이에 있을 수 있는 협상가능성, 그와 같은 자발적 거래 및 협상이 가져오는 경제적 효율과 같이 건축과 관련된 과정에 대하여는 그다지 큰 관심을 두지 않은 듯하다. 이 판결에 대하여는 봉은사가 일반 대중의 이용에 제공되어 있는 점, 위 빌딩의 건축으로 인하여 봉은사의 사찰로서의 가치가 영향을 받는다는 것은 일반인도 예견할 수 있는 점 등에 비추어 볼 때 부산대사건과 달리 재산권 대 재산권의 분쟁구조가 아니라 불특정 다수가 향유하는 공공자원 대 사유재산의 대결로서 순수한 재산권 법리에 의하여 처리할 수 없다고 하면서

4. 롯데아파트사건 [대법원 1999. 1. 26. 선고 98다23850 판결]

피고회사는 이 사건 토지상에 20층 규모의 아파트 3동을 신축한 자이고, 한편 소외 롯데건설은 이 사건 토지의 북쪽 방향으로 인접하여 10m 가량 낮은 토지 위에 15층 규모의 롯데아파트 4동을 신축하였는데, 원고들은 위 롯데아파트 3동 또는 5동에 속하는 아파트 1채씩을 분양받아 그 소유권을 취득하였다.

피고가 건축한 위 아파트 101동 및 102동은 그 높이가 모두 일조권의 확보를 위한 건축물의 높이 제한에 관한 구건축법 및 동시행령의 규정에 위반되지 아니한 적법한 건축물이었으나, 아파트 101동과 102동의 건축으로 인하여 원고들이 거주하고 있는 롯데아파트 3동 및 5동의 각 1 내지 3층, 5동의 4층은 위치에 따라 다소간의 차이는 있지만 춘분에서 동지를 거쳐 춘분에 이르기까지의 기간 동안 세대에 따라서는 대낮에도 전등을 켜 놓아야 할 정도의 일조침해를 받게 되어 동지일을 기준으로 볼 때 하루 종일 일조방해를 받는 경우가 있는 등 오전 9시부터 오후 3시까지 사이의 6시간 중 일조시간이 연속하여 2시간 이상 확보되지 아니 하는 세대가 많았다. 이에 원고들은 피고의 잘못된 아파트 건축으로 인하여 인근의 롯데아파트에 입주하고 있는 원고들은 모두 수인한도를 넘어서 일조장해, 사생활 침해, 시야차단으로 인한 압박감, 소음, 분진, 진동 등과 같은 생활이익의 침해를 받고 있으므로 피고의 위 아파트 건축행위가 비록 건축관계 법령에 위반된 점이 없다 하더라도 그 건축행위는 인근거주자인 원고들에게 쾌적하고 건강한 주거생활을 영위할 권리를 침해한 불법행위를 구성한다고 주장하며 그 손해배상을 구하는 소를 제기하였다.

대법원은 건물의 신축으로 인하여 그 이웃 토지상의 거주자가 직사광선이 차단되는 불이익을 받은 경우에 그 신축행위가 정당한 권리행사로서의 범위를 벗어나 사법상 위법한 가해행위로 평가되기 위하여는 그 일조방해의 정도가 사회통념상 일반적으로 인용하는 수인한도를 넘어야 하고, 건축법 등 관계 법령에 일조방해에 관한 직접적인 단속법규가 있다면 동 법규에 적합한지 여부가 사법상 위법성을 판단함에 있어서 중요한 판단자료가 될 것이지만, 이러한 공법적 규제에 의하여 확보하고자 하는 일조는 원래 사법상 보호되는 일조권을 공법적인 면에서도 가능한 한 보증하려는 것으로서 특별한 사정이 없는 한 일조권 보호를 위한 최소한도의 기준으로 봄이 상당하고, 구체적인 경우에 있어서는 어떠한 건물신축이 건축 당시의 공법적 규제에 형식적으로 적합하다고 하더라도 현실적인 일조방해의 정도가 현저하게 커 사회통념상 수인한도를 넘은 경우에는 위법행위로 평가될 수 있으며, 사회통념상 수인한도를 넘었는지 여부는 피해의 정도, 피해이익의 성질 및 그에 대한 사회적 평가, 가해건물의 용도, 지역성, 토지이용의 선후관계, 가해방지 및 피해회피의 가능성, 공법적

대법원이 수인한도 초과 여부를 판단하면서 봉은사가 가지는 공공성 내지 사회적 가치를 무게 있게 고려하고 있는 것은 타당한 태도라고 해석하는 견해가 있다(조홍식, 앞의 글, 44면).

규제의 위반 여부, 교섭 경과 등 모든 사정을 종합적으로 고려하여 판단하여야 하고, 건축 후에 신설된 일조권에 관한 새로운 공법적 규제 역시 이러한 위법성의 평가에 있어서 중요한 자료가 될 수 있다고 판시하여 피고의 행위는 불법행위가 된다고 한 원심판결을 유지하고 상고를 기각하였다.

위 판결은 종래 대법원의 태도와 같이 일조권침해로 인한 위법성의 인정에 관하여 수인한도론을 채택하고 있고, 일조권의 법적 성격에 관해서는 위법성의 판단에 있어서 수인한도론을 취하고 있는 점에 비추어 물권적 청구권설에 입각하고 있음을 나타낸 것으로 보이고, 특히 가해건물이 일조권확보에 관한 건축관계법규에 적합하여도 이것만으로는 사법상 수인한도를 넘지 않는다고 할 수 없다는 견해를 명시적으로 나타냄으로써 공법적, 사법적 권리관계의 상호 연관성에 대하여 소위 부적합설을 명시적으로 나타낸 최초의 판례이다.

건 · 설 · 분 · 쟁 · 관 · 계 · 법

제 3 편

건설분쟁의 소송실무

제01장 건설소송의 심리방법

제1절 건설소송의 특징

건설분쟁은 복잡성, 증거부족, 시간경과에 따른 변화, 주관적 판단과 감정대립 등의 특징을 갖고 있다.[1] 건설소송은 이러한 양상의 건설분쟁이 발생하여 당사자 사이에서 상당 기간 협의가 이루어지다가 협의 가망성이 없다고 판단될 때 제기되는 것이 보통이다. 따라서 건설소송은 건설분쟁 중에서도 다툼이 가장 심한 사건이라고 볼 수 있다. 이러한 건설소송은 위와 같은 건설분쟁의 특징이 반영되어 일반적으로 다음과 같은 특징을 갖고 있다.

Ⅰ. 사건의 복잡성

건설소송의 가장 큰 특징은 소송상 쟁점이 많고 복잡하다는 점이다. 그 이유는 첫째, 건설공사의 공정이 복잡·다기한 데에 있다. 아무리 작은 공사라도 여러 단계의 공정을 거쳐야 하는데, 각 공정마다 문제가 발생할 수 있다. 둘째, 모든 공사는 도급인과 수급인 사이의 협력관계가 전제되어야 하므로 분쟁의 원인이 양자 사이에 복합적으로 연결되어 있다는 점에 있다. 공정의 지체나 부실에 관하여 그

---

[1] 제1편 제6장 제3절 건설분쟁의 원인과 특징 부분 참조.

책임 소재를 가리기가 매우 어렵고, 특별한 증거가 없어서 나타난 자료에 의하여 추정할 수밖에 없다. 하자관계소송에서도 공정별로 사유가 다양하므로 쟁점이 많아지게 된다. 여기에 공사계약상 해석의 충돌까지 생기면 더욱 복잡해진다. 따라서 건설소송의 심리는 검토해야 할 항목이 많고 복잡하며 쟁점이 많아서 일반 사건보다 훨씬 많은 시간과 노력이 든다.

Ⅱ. 소송관계자의 전문성 필요

건설소송의 변론과 감정, 판단을 하기 위하여는 법관은 물론 변호사도 상당한 전문성을 가져야 한다. 건설시공상 용어와 공법에 대한 이해는 물론 실무관행에도 상당한 이해가 있어야 옳은 판단을 할 수 있다. 건설전문부에서는 흔히 보는 사건도 일반 재판부에서 경험이 없는 법관이 이를 처리할 때에는 상당한 시간이 걸리며, 건설소송의 경험이 없는 소송대리인은 비효율적인 변론을 하거나 중요한 쟁점을 그르치는 중대한 잘못을 하게되는 경우도 있다.

Ⅲ. 소송의 장기화 경향

건설소송은 쟁점이 많은 데다가 감정 등 입증이 어려워 소송기간이 장기화된다. 소송까지 이르는 경우는 대개가 소송물 가액이 수 억 원 이상 수십 억 원에 이르는 고액인 경우가 많아서 신중히 처리해야 하고, 이러다 보니 감정 한 가지만 갖고서도 감정채택 결정, 감정시행, 감정인의 감정업무수행, 감정서 제출 후 보완조회 등을 통한 공방 등 1년 이상이 걸리는 경우도 있다. 현재 건설전문 재판부에 2년 이상이 된 사건도 적지 않은 실정이다.[2] 또한 소송의 장기화로 인한 시간경과에 따라 새로운 쟁점이 확대되는 경우가 생긴다. 소송 중에 건축물에 대하여 적절한 유지관리가 이루어지지 아니하여 하자의 범위가 확대되거나, 아예 사용할 수 없게 되는 경우 등이 이에 해당한다.

---

2) 일본의 경우 동경지방재판소의 보고서에 의하면 건설사건의 평균 재판기간은 판결로 종결된 경우 43.7개월, 화해종결의 경우 28개월, 조정종결의 경우 21.3개월이 걸렸다고 한다.

Ⅳ. 증거의 부족과 모호성

다툼이 있는 부분에 관하여 증거가 부족한 경우가 많다. 소규모 건축공사는 계약서가 없고 견적서 정도만 있는 경우가 많고, 공사 중 설계변경시에도 구두합의만 하고 서면은 전혀 없는 때가 많다. 쌍방의 주장이 다를 때에는 계약의 기본적인 내용조차 확인이 어렵다.

또한 증거가 있더라도 그 증거의 수집경위, 관련부위 등이 불분명한 경우가 많아서 증거가치의 신뢰성에 의문이 들고 내용 자체가 모호하다. 예컨대 사건의 쟁점이 기성고 산정에 있을 때 시공자측에서 공사일보와 세금계산서를 수십 장 제출하였는데, 공사일보는 시공자 직원이 작성하였고 세금계산서는 본 공사와 관련이 있는 것인지 불분명하다면, 그 증거가치의 평가는 상당히 어렵게 된다. 재판부로서는 이를 전부 인정하기는 어렵고, 그렇다고 전부 배척하기도 어렵기 때문이다. 따라서 당사자와 소송대리인은 증거수집과 그 신빙성 확보 및 제시에 각별한 주의를 하여야 하고, 재판부는 이에 관한 판단에서 건설실무를 고려한 합리적인 처리를 하여야 한다.

Ⅴ. 감정의 중요성

전문적인 감정결과가 결론에 큰 비중을 차지한다. 공정 진행상 하자의 정도, 기성고, 문제의 발생원인 등을 일반인이 판정하기가 불가능하므로 감정을 거치게 된다. 일단 감정결과가 나오면 대부분 이것에 의존하게 되므로 결정적인 의미를 갖는다. 감정결과에 대하여 사실조회나 감정인 신문을 통하여 검토하지만 그 정확성에 대하여는 신뢰가 그다지 높지 않은 것 같다. 더구나 감정서상의 비용산출액이 현실가보다 다소 높은 경향이 있어서 문제가 된다. 재판부에서는 여러 가지 요소를 감안하여 조절을 하지만 여전히 감정이 절대적이므로 합리적인 감정의 실시가 필요하다.

Ⅵ. 조정·화해의 필요성

이러한 사정을 종합하면 소송이 어느 정도 진행되어 기본 자료가 현출되면 적극적으로 조정이나 화해에 임할 필요가 있다. 막대한 소송비용, 복잡한 쟁점, 증거가치의 모호성, 분쟁의 장기화, 무엇보다도 감정결과의 합리적 적용 필요성 등을 감안할 때 적정한 기준에 따른 쌍방 이해관계의 조절로서 조기 종결함이 필요하다. 실제로 저자의 전문재판부에서는 감정을 시행하기 전에 1차로 조정을 권고하며, 조정이 이루어지지 않아서 건설소송의 심리가 진행되어 결심되면 당사자의 명시적인 반대가 없는 한 판결 선고 전에 반드시 조정기일을 열어 당사자가 마지막으로 협의하도록 조정의 기회를 갖도록 하였는데 상당수의 사건이 조정으로 처리되어 만족도가 비교적 높은 것 같았다.

제2절 건설소송의 심리원칙

Ⅰ. 민사사건 심리방식의 개선

우리 민사소송법은 2002년 7월 1일 전면 개정, 시행됨으로써 큰 변화를 맞았다. 종전의 소송심리형태는 소가 제기되면 2, 3개월 내에 변론기일이 지정되고, 소송대리인이나 당사자는 법정의 변론기일에서 2, 3분 이내에 소장 등 준비서면을 진술하고, 간단히 증거 등 신청을 하고 3, 4주 뒤에 속행되는 변론기일을 지정받는 것이었다. 소송대리인은 집중적인 변론준비를 할 필요 없이 다음 변론기일의 준비만 하였고, 재판부도 한 변론기일에 수십 건 이상의 많은 사건을 처리하느라고 쟁점을 제대로 파악하지 못한 채 속행을 계속하는 등 변론기일 진행이 형식적으로 이루어져 왔다. 신민사소송법의 시행으로 수십 년간 이어오던 이와 같은 비효율적인 변론방식을 철폐하고 새로운 민사사건 심리방식을 도입한 것이다.

대법원은 이에 맞추어 새로운 민사사건 관리방식을 도입하였는데 원칙적인 절차는 아래와 같다.

① 원고의 소장 제출 후 피고의 실질적인 답변서가 제출되면,[3] 법원이 사건을 분류하여 사안에 따라 변론기일 지정, 변론준비기일 지정, 소성회부 등을 선택하고, 기일 진행 준비를 위하여 석명준비명령이나 보정명령을 내린다. 특별한 사정이 없는 한 1회 변론기일을 조기에 지정하는 것이 원칙이다. 법원은 필요하면 위 지정된 1회 기일에 본인 출석을 명할 수 있다.

② 1회 변론기일, 또는 변론준비기일에는 양 당사자 사이에서 쟁점정리를 하고, 입증계획을 수립하며 증거결정을 한다. 이때 본인이 출석하여 사건에 관하여 의견을 진술하도록 한다.

③ 쟁점정리가 끝나면 그 다음 변론기일은 증거조사기일로 하며, 증인조사는 한 기일에 집중하여 실시하는 것이 원칙이다. 각종 조회나 검증 감정신청도 일괄하여 신청하여야 한다.

④ 증거조사가 끝나면 변론을 종결하고, 선고기일을 지정한다.

II. 건설소송의 심리방식상 특징

앞서 본 건설소송의 복잡성, 장기화, 전문성, 감정의 중요성으로 인하여 건설소송의 심리방식은 일반 민사소송과 상당히 다른 면을 보인다.

① 1회 기일이 집중적인 심리기일로 진행되어야 한다는 점이 가장 큰 특징이다. 쟁점이 복잡하여 정리할 것이 많으므로 1회 기일에 중요쟁점이 실질적으로 정리되는 것이 효과적이다.

② 합의가 이루어지지 않는 한 감정을 해야 하는데 그 시기가 문제된다. 대개는 변론준비기일에서 감정사항을 정리한 후에 감정을 하고 그 결과가 나온 후에 변론기일을 지정하게 된다. 감정을 먼저 한 후에 변론기일이나 변론준비기기일을 정하는 경우도 있다.

③ 조정을 행하는 시기도 감정 전에 하는 경우, 감정 후에 하는 경우로 나뉜다. 이와 같이 건설소송은 재판부의 소송지휘권 행사 및 사안에 따라 다양한 모습을 보이므로 당사자로서는 당해 재판부의 소송지휘가 어느 방식을 택할 것인지에 관하여 주의를 기울이고 준비할 필요가 있다.[4]

---

3) 답변서를 제출하지 않거나 형식적인 답변서를 제출하는 경우에는 무변론 판결을 하거나, 보정절차를 거쳐 곧바로 변론기일을 지정하기도 한다.
4) 사안이 간단하거나 정형화된 경우에는 준비서면을 통한 쟁점정리만으로 곧바로 감정을 시행하는

Ⅲ. 건설전문재판부 현황

서울중앙지방법원은 1996. 3. 건설소송 시범재판부 1개를 설치하였다가 1998. 3.부터 전문재판부를 설치하였고, 2003. 3.부터는 건설사건의 범위를 확대함과 아울러 건설전문부를 종전의 4개부에서 6개부로 늘리는 등 건설전문재판부가 계속 늘고 있다. 2024년 기준 민사합의부 40개부 중 건설전문재판부는 7개이다. 서울고등법원도 민사재판부 중 건설전문재판부가 8개이다. 서울중앙지방법원의 경우 사건 배당시의 가중치도 종전 50%에서 100%로 상향조정하여 건설사건 1건을 일반민사사건 2건과 같은 비중으로 처리하고 있다.

제3절 심리개시 전의 준비사항

Ⅰ. 사전 점검사항

건설분쟁이 해결되지 않아서 소송을 제기하게 되면 당사자 사이에서 협의할 때와는 국면이 완전히 달라진다. 당사자 사이의 비공식적 협상시에는 쌍방이 서로 분쟁관계를 잘 알고 있어서 사실관계에 대하여 특별한 논증을 할 필요가 없었지만, 소송이 제기되면 이를 객관화시켜야 하므로 분쟁의 실체에 대한 객관적 조형화작업이 필요하게 된다.

당사자나 소송대리인은 우선 분쟁발생에 관한 정확한 실정을 파악하여야 한다. 건물종류, 구조, 규모, 계약종류, 설계도서의 유무, 견적서, 건축허가서, 금융관련 자료를 하나씩 확인하여야 한다. 필요하면 현장조사, 파괴검사나 특별한 검사기구를 동원한 검사를 하고, 이때 건축사 등 전문가의 자문을 받는 것이 좋다. 일반적 공사관계 서류 이외에도 회의록이나 사진도 검토할 필요가 있다.

아울러 소송을 제기하기 전에 하자담보기간 등 제척기간, 계약서나 보증서상의 약정기간, 보증기간 등 법률상 기본사항을 반드시 확인하여야 한다.

재판부도 있다. 이러한 경우에 당사자로서는 쟁점정리기일을 거치지 않았더라도 서면으로 감정에 대한 의견 개진을 충분히 하여야 할 것이다.

Ⅱ. 증거보전절차

건물의 완성 전에 분쟁이 일어나 공사가 중단되었거나, 설계변경, 추가공사 등으로 공사의 내용에 다툼이 생길 가능성이 있으면 증거보전절차를 신청하여 자신의 관여한 공사 부분을 구분하도록 조치를 취해야 한다. 다만 증거보전절차로서 감정신청을 하는 것은 뒤에서 보는 바와 같이 감정의 전제조건이 잘못될 경우에는 감정의 효력이 부정될 수 있으므로 신중하게 처리하여야 한다.[5] 법원이나 소송대리인은 증거보전절차로서 감정을 하더라도 감정의 전제조건의 변경에 관한 변수를 참작하여 감정의 전제조건을 복수로 하거나, 감정대상을 명확히 함으로써 후에 감정의 결과가 유효하도록 주의하여야 한다.

증거보전으로서 감정은 비용도 많이 들고 사후에 효력이 부정되는 수도 있으므로 이것 대신에 증거보전으로서의 검증을 행하거나, 전문가의 도움을 받아서 공사 부분의 상세한 비디오 촬영을 하고, 부분별로 사진을 찍는 것도 좋을 것이다. 가능한 한 당사자 쌍방이 참여하거나 감리인 등 객관적인 전문가의 현장확인을 받는 것이 좋다.

Ⅲ. 보전처분

공사금지가처분 또는 공사방해금지가처분 등 가처분사유가 있으면 이를 적극적으로 활용하여야 하고, 공사대금청구나 손해배상 청구소송을 하였을 때에는 그 채권의 보전을 위하여 가압류신청을 할 필요가 있다.

---

5) 거액의 감정료를 들여서 감정을 하였는데 그 후 본안재판에서 심리한 결과, 피고(시공자)의 시공 부분으로 감정된 부분에 제3자의 시공 부분이 포함되었다거나, 일부 하자가 원고(도급인)의 지시에 따라 시행된 것으로 밝혀진 경우에 이를 구분하기 어렵다면 감정결과 전체를 사용할 수 없게 된다. 증거보전으로서의 감정은 이를 신청하는 소송대리인의 철저한 연구가 필요하다.

제4절 준비서면 공방과 증거제출

I. 준비서면 공방 절차

통상적으로 원고의 소장, 피고의 답변서, 원고의 반박 준비서면, 피고의 재반박 준비서면, 원고의 재재반박 준비서면이 순차적으로 교환되게 된다. 이로써 쟁점이 명확해지면 법원은 변론준비기일(쟁점이 단순하면 변론기일)을 열어서 당사자의 주장과 입증에 관한 쟁점을 정리한다.

보정명령에도 불구하고 피고의 답변서가 제출되지 않으면 법원은 무변론 선고기일을 지정하거나, 변론기일을 즉시 지정한다.

II. 제출기한 준수

서면 공방 절차가 시작되면 준비서면 제출기한이 고지되는데 이 기간을 정확히 지켜야 한다. 기한을 도과하고도 준비서면이 제출되지 아니하면 법원의 문서 프로그램에서 자동적으로 독촉문이 출력되어 송달하게 되어 있다. 그래도 준비서면을 내지 않으면 기일을 지정할 수밖에 없는데, 이렇게 기일지정이 되어서야 겨우 준비서면을 제출하는 소송대리인들도 가끔씩 보인다. 이런 경우에는 기일을 연기하고 다시 서면 공방으로 돌아가야 하는데, 시간이 그만큼 지체될 뿐 아니라 재판부나 상대방으로서는 여간 번거로운 일이 아니다.

III. 증거제출의 조기화 원칙

증거조사에 관한 원칙은 ① 당사자가 증거를 조기에 제출하고, ② 이를 첫 기일에 집중적으로 조사한다는 것이다. 이렇게 함으로써 심리를 신속하고 또한 충실하게 하자는 것이다. 당사자는 준비서면 공방에 따라 두드러진 쟁점의 입증에 필요한 서증을 쟁점정리기일이 열리기 전에 모두 내야 하고, 검증, 감정, 문서송부촉탁, 문서제출명령 등의 신청을 함으로써 쟁점정리기일 이전에 그 결과가 수집될 수 있도록 하여야 한다.

이런 시스템은 종전에 소장에는 기본적인 서증만 붙여 내고 변론기일에 이르러서야 추가로 서증을 제출하던 관행과는 그 발상이 완전히 다른 것이다. 심지어는 상대방의 반응을 보기 위하여 일부 증거를 숨기는 전략도 종종 구사되었는데 이는 용납되지 않는다. 이런 원칙에 입각하여 재정제출기간제도($^{민사소송법}_{제147조}$), 변론준비기일 종결에 따른 실권효($^{민사소송법}_{제285조}$), 실기한 공격방어방법의 각하($^{민사소송법}_{제149조}$) 등의 장치도 새롭게 운영될 것으로 생각된다.[6]

Ⅳ. 준비서면의 작성상 주의사항

준비서면의 내용상 명확하고 합리적인 서술을 하여야 한다. 쟁점에 대한 고려 없이 막연히 자기 주장만 장황하게 설시하거나 상대방의 주장에 대한 명확한 답변이 없이 두루뭉실하게 넘어가는 것은 곤란하다. 다툼이 예상되는 쟁점을 중심으로 주장하되, 특히 ① 상대방의 직전 준비서면(소장, 답변서 포함)상 주장에 대하여 인정하는 점, ② 다투는 점, ③ 이번 준비서면으로 새롭게 주장하는 점, ④ 상대방에 대하여 석명을 구하는 점, ⑤ 상대방의 구석명에 대한 답변 등을 구체적으로 특정하는 방식이 필요하다. 건설소송은 다투는 항목이 많고 복잡하여 이러한 필요가 더 크므로 더 주의를 요한다.

Ⅴ. 서증의 처리요령

건설관련 서증은 견적서, 내역서, 주문서, 영수증, 계약서, 설계도서, 의장도, 구조도, 공정표, 공정사진, 감리보고서, 검사증, 각서, 전문기관조사보고서 등이 있다.

이러한 서류를 제출할 때 하자일람표나 쟁점이 되는 건축부위일람표가 있다면 이에 맞추어 서증번호를 붙이는 것이 편리하고, 증거가 복잡한 경우에는 증거설명서를 작성하거나, 관련사진이나 도면에 마커 등을 사용하여 표시하고, 간단히 설명을 붙이는 것이 효과적이다. 트레이싱 페이퍼 등을 사용하여 공사 전·후의 상

---

6) 현재의 재판실무상 이 점에 대하여 소송대리인들의 이해가 매우 부족하다고 보인다. 쟁점정리기일에 출석하여 비로소 서증을 제출하거나 사실조회를 신청하는 경우, 그렇지 않더라도 기일에 임박하여 준비서면을 내면서 문서송부촉탁신청을 하는 경우, 심지어는 아무런 문제의식 없이 다음 기일에 서증을 내겠다고 하는 경우 등이 실무상 자주 보이는 예이다.

태 변화, 설계도와 현재 시공상태의 차이, 자기 증거와 상대방 제출 증거와 비교점 표시를 하면 이해하기가 쉽다. 건물 기초공사에 관한 분쟁에서 도면 분석을 위하여 공사 전, 공사 중간, 공사 완공시로 구분된 3중의 도면구조도를 겹치게 붙여서 제출한 소송대리인을 보았다. 몇 장의 준비서면 설명보다 훨씬 효과적이었음은 말할 나위도 없다.

중요한 도면을 제출하면서 특별한 설명을 하지 않거나, 설명을 하더라도 이해하기가 어렵다면 불이익을 입게 된다. 건설분쟁은 특성상 증거에 대한 입체적·구조적 이해를 필요로 하는바, 이러한 증거의 효과적인 현출(presentation)에 대한 각별한 연구와 주의가 요망되는데, 상당수의 대리인들이 이에 대하여 소홀한 것 같다.

제5절 쟁점정리기일

Ⅰ. 쟁점정리기일의 진행

준비서면에 의한 공방을 마치면 쟁점정리를 위한 변론준비기일 또는 변론기일을 열게 된다. 양 당사자가 법관의 면전에서 서면 공방상 나타난 사건의 쟁점을 정리하고 증인신문을 제외한 대부분의 증거조사를 완료하는 절차이다. 쟁점정리기일을 변론기일로 하는 경우도 있지만 건설소송실무상 대부분은 변론준비기일로 하여 합의부에서는 재판장이나 수명법관이 쟁점정리기일을 주재한다. 서면공방은 쟁점정리기일을 향하여 진행되고, 증거조사는 쟁점정리기일의 결과범위 내에서 진행된다는 점에서 쟁점정리기일은 민사소송절차의 링크(link)기일로서 핵심적 부분이라고 하겠다.

건설소송에서는 앞서 본 바와 같이 그 특성상, 쟁점정리기일을 변론기일보다는 변론준비기일로 진행하는 경우가 많다. 준비절차기일을 진행하면서 그 사이에 감정도 실시되는 경우가 많아서 통상적으로 변론준비기일이 2, 3회 이상 열리게 된다.

대부분의 재판부에서 쟁점정리기일은 준비절차실이나 소법정에서 시행하고, 그 시간도 보통 10분 내지 30분 정도씩을 배정하고 있는 실정이다. 사실확인 및 조정을 위하여 원칙적으로 당사자의 출석이 필요하다.

건설소송은 다른 사건에 비하여 쟁점정리에 어려움이 많고 장기화되는 경우가 많은데 그 이유는 건설사건의 본질상 다툴 항목이 매우 많다는 점에 있다. 따라서 건설사건의 쟁점 정리는 두 가지 목표를 가져야 한다. ① 쟁점을 명확히 해야 한다. 당사자 사이에 다툼이 있는 부분과 다툼 없는 부분을 구분하여야 하고 각 주장의 모호한 부분은 명백히 정리하여야 한다. ② 쟁점을 간명히 정리해야 한다. 특히 건물의 구조상 문제 등 중요한 부분과 도배, 난간 등 경미한 부분의 문제를 구별하지 않고 같은 비중으로 처리하다 보면 매우 비효율적 심리를 하게 된다. 법원은 건물에 대한 중요한 점만 쟁점으로 삼고, 사소한 문제는 청구를 포기하거나, 인정하도록 당사자를 이해시켜서 쟁점의 종류를 간명히 해야 한다. 당사자 입장에서도 소송이 장기화될수록 쌍방의 피해가 커지게 되므로 큰 의미가 없는 쟁점은 과감히 정리해 버리는 것이 좋다.

Ⅱ. 하자일람표와 주장정리표의 활용

쟁점정리기일에는 건설에 관한 '하자일람표'와 '주장정리표'를 작성하여 활용할 필요가 있다.[7] 다투는 항목이 많으므로 이러한 표의 사용은 매우 효과적이다. 이러한 표를 사용하여 당사자의 주장과 반대주장을 대비함으로써 당사자나 법원 모두가 공통 인식을 갖게 되어 쟁점이 명백해지고, 누락 부분을 방지하는 효과가 있다. 구체적인 표의 작성은 재판부에서 작성할 수도 있고 재판부가 정리할 항목만 당사자에게 정해 주고 당사자가 그 순서대로 작성할 것을 명할 수도 있다. 원고가 먼저 하자일람표를 만들면 피고가 응답할 때 위 일람표에 대응하여 내용을 기재하도록 하면 효율적일 것이다. 하자일람표는 쟁점정리가 끝난 후에 변론준비기일조서에 편철하는 것도 좋다.

---

7) 齊藤 隆 編著, 建築關係訴訟の實務, 新日本法規(2002), 314면. 일본 평성 10년에 발간한 사법연구 보고개요서인 '전문적인 지식을 필요로 하는 민사소송의 운영'에 소개된 것이다. 저자도 비슷한 형태의 주장대비표를 만들어 조정기일에 사용하여 왔으나 위 책에 소개된 것이 더 정교하고 쟁점정리기일에 사용하는 것이어서 이를 소개한다.

[하자일람표(2018가합253348 사건)]

번호	항목	하자의 내용		보수공사, 비용 등		비 고
		원 고	피 고	원 고	피 고	
1	지하실 누수	지하실 천정, 벽균열되어 물이 스며듦	누수현상 인정. 그러나, 원고의 내부 공사 부실이 원인	누수 부분 석고벽 제거 및 에폭시공법(500만 원)	누수 부분 제거 석고별 불필요 (200만 원)	(피고)하자 보수기간 도과
2	2층 난간 변색	2층 베란다 의 난간이 녹슬고 변색됨	2층 난간은 당초 설계상 피고의 시공 책임 아니다	교환 (100만 원)	교환 (70만 원)	
3						

* 증거가 있으면 관련 부분에 기재하도록 한다.

[주장정리표]

번호	항목	원 고			피 고			비 고
		내용	금액	증거	내용	금액	증거	
1	2층 베란다 난간 추가	2018. 5. 10. 피고 지시로 추가설치함	100 만 원	갑10호증	인정	70 만원	을5호증	
2	외벽 자재 변경	2018. 4. 말경 피고와 함께 포천석 구입, 설치	2,000 만 원	갑15호증	함께 구입 사실 없다. 포천 석 이 오 히 려 싼 것이다.	1,000 만 원	추후 제출	
3								

Ⅲ. 쟁점정리기일 진행상 주의사항

첫째, 당사자는 기일변경신청과 소송복대리인 선임을 피하여야 한다. 법원이나 소송상대방으로서는 쟁점정리기일의 진행을 위하여 서면 공방내용을 검토하고 석명준비를 하는 등 수고를 들이고 있는데, 일부 대리인들은 쟁점정리기일 직전에 기일변경신청을 하는가 하면, 복대리인을 선임하여 형식적 답변만 하는 경우가 적지 않다. 기일변경이 불가피한 경우에는 반드시 10일이나 1주일 이전에 상대방의 동의를 얻어 기일변경신청을 하도록 하여야 한다.

둘째, 원칙적으로 당사자 본인 또는 이해 관계 있는 제3자가 출석할 수 있도록 적극 노력하여야 할 것이다. 쟁점정리기일은 양 당사자가 법관 면전에서 사건의 쟁점을 확인하고 하고 싶은 이야기를 토로하게 하여 구술주의 정신을 실현하는 절차이고, 한편 분쟁에 직접적인 중요한 이해관계를 가지고 있는 제3자를 참여시킴으로써 분쟁의 실체를 조기에 파악하고 화해적 해결가능성을 넓힐 수도 있으므로, 민사소송법은 재판장 등은 쟁점의 정리를 위해서 필요한 때에는 당사자로 하여금 출석할 수 있도록 하고(민사소송법 제282조 제1항), 재판장의 허가를 받은 때에는 당사자가 변론준비기일에 제3자와 함께 출석할 수 있도록 하고 있다(민사소송법 제282조 제3항).

셋째, 쟁점정리기일에 대비한 준비가 보다 철저하게 이루어져야 한다. 일부 대리인들은 쟁점에 관한 준비서면을 기일 전날, 심지어는 법정에서 제출하거나 기일에 구두 석명을 하지 못한 채 다음 기일로 미루는 경우가 있는데, 이러한 준비 부족은 용인될 수 없다. 대리인으로서는 과거와 달리 사건에 대하여 집중적이고 철저한 준비를 함으로써 석명에 대한 응답이 즉시 이루어질 수 있도록 하여야 한다.

넷째, 쟁점정리기일 진행 후에 복잡한 사건에 대해서는 쟁점정리사항을 확인하여 볼 필요가 있다. 새로운 심리방식에서는 실권효가 강화되기 때문에 일부 사항에 이의가 있으면 즉시 재판부에 그 수정을 요구해야 한다.[8]

---

8) 민사소송법 제285조는 변론준비기일 종결의 효과로서 변론준비기일에 제출하지 아니한 공격방어방법은 ① 그 제출로 인하여 소송을 현저히 지연시키지 않는 때, ② 중대한 과실 없이 변론준비절차에서 제출하지 못하였다는 것을 소명한 때, ③ 법원이 직권으로 조사할 사항인 때를 제외하고는 변론에서 제출할 수 없다고 규정하였다. 지금까지는 변론준비기일의 실권효가 별로 문제되지 않았지만 앞으로는 상대방이 변론에서 이를 주장하며 공격방어방법의 제출을 막을 경우에는 재판부도 위 법조를 적용하게 될 가능성이 높으므로 변론준비기일의 철저한 수행을 할 필요가 있다.

제6절 변론기일

쟁점정리가 끝나면 변론기일을 지정하고 법정에서 변론기일을 열고 증인신문 등 증거조사를 하게 된다. 변론기일의 진행에 앞서 재판장이 당사자나 소송대리인에게 쟁점정리사항을 고지하여 변론의 쟁점을 확인시킨다. 다만 민사소송법 제287조 제1항은 첫 변론기일을 거친 후 변론을 종결할 수 있도록 규정하고 있으나 현 실무상은 이러한 예가 많지 않고 특히 건설소송의 경우에는 거의 이를 지키기 어렵다. 변론기일에 진행되는 증인신문은 따로 살핀다.

제7절 증인신문

건설소송상 증인은 어느 경우보다도 중요한 역할을 한다. 서증이나 다른 자료로 사실관계의 인정이 어려운 때, 예컨대 계약내용에 다툼이 있는 경우에는 계약에 관여한 사람을 조사하여야 하고, 설계도에 따라 시공하였는지 여부가 다투어질 때 시공작업한 사람 등의 증언이 필수적이다. 가능하면 동시에 집중적으로 증인신문을 할 필요가 있고, 감정을 할 필요가 있는 사건에서는 감정 전에 하거나, 미리 감정인을 지정하여 증인의 증언을 직접 들어보게 하는 것도 효과적이다.

다만 건설소송실무상 증언의 증거가치에 관하여 두 가지 문제를 지적한다. 첫째, 각 당사자가 신청한 증인은 자기 쪽 당사자에 일방적으로 유리한 진술만 하는 경향이 농후하여 증언의 신빙성이 상당히 떨어진다는 점이다. 당사자의 피용자나 하수급인, 거래처 등은 증인으로서의 중립성에 의문이 많으므로 가급적 피하는 것이 좋다. 채택할 경우에는 주신문보다 반대신문에 중점을 둘 필요가 있다.

둘째, 건설관계의 복잡한 세부내용에 대하여 충분한 인식이나 경험이 없이 증언을 하는 경우가 적지 않다. 증인 채택 결정시에 신청된 증인이 증언을 할 만큼 충분한 실제 경험과 능력을 가졌는지를 미리 검토하여야 하고, 채택된 증인은 공사관계 자료를 미리 검토하는 등 충분한 준비를 하여야 한다. 특히 증언시에 필요한 도면, 서면 등을 준비하는 것도 좋을 것이다.

증인조사는 관련 증인 전원을 한 기일에 집중하여 신문하는 것을 원칙으로 하며, 민사소송법 제293조도 "증인신문은 당사자의 주장과 증거를 정리한 뒤 집중적으로 할 것"을 선언하고 있다.

따라서 집중증거조사에는 증인의 출석확보가 전제되어야 하므로 이를 위한 소송대리인들의 노력이 중요하다. 소송대리인은 채택된 증인이 기일에 출석할 수 있도록 노력하여야 하고, 증인도 출석요구를 받고 기일에 출석할 수 없을 경우에는 바로 그 사유를 밝혀 신고하여야 한다(민사소송규칙 제82조, 제83조). 특히 새로운 심리방식에서의 증인신문은 일괄신청 및 일괄 채부결정에 따른 입증계획에 의하여 이루어지므로 증인조사기일의 연기는 종전과 그 의미가 완전히 다른 것이다. 신민사소송법은 불출석 증인에 대한 과태료의 상한을 500만 원으로 높였고 과태료의 재판을 받고도 출석하지 아니한 증인은 7일 이내의 감치에 처하도록 하여 불출석 증인에 대한 제재를 대폭 강화하였다(민사소송법 제311조).

또한 건설소송의 특성상 증인진술서 제출에 의한 증인조사방식도 충분히 활용하여야 한다. 증인조사방식으로는 ① 증인진술서 제출방식, ② 증인신문사항 제출방식, ③ 서면에 의한 증언방식이 있다.

① 방식은 종래의 상호신문방식이 가지는 비효율성을 극복하고 증인신문제도 개혁에 관한 세계적인 경향을 고려하여 새로 도입된 제도이다. 따라서 당사자 본인이나 당사자의 지배영역 내에 있는 증인에 대하여는 증인진술서 제출방식이 적극 활용되어야 한다.

이 방식은 당사자의 지휘를 받으면 건설을 실제로 담당하여 세부사정을 잘 아는 현장소장이나 실무자 등에 대한 증인신문에 적합하다. 증인진술서가 제출된 경우에는 이를 서증으로 제출하고, 법정 증언에서는 경위나 정황사실은 진술서 기재로 대체하되 주신문은 핵심사항 4, 5개 정도로 한정하며 상대방의 반대신문을 중심으로 하도록 한다. 증인진술서를 제출한 증인이 불출석하면 법원은 상대방이 이의하는 한, 증인진술서도 서증으로 채택하지 않아야 한다.

제8절 그 밖의 증거조사

I. 현장검증

건설소송상 현장검증의 효과는 매우 크다. 재판부가 건축분쟁의 세부적인 모든 문제를 살피지는 못하더라도 건축현장의 생생한 모습, 주변관계 등을 직접 보는 것은 나중에 종합적인 판단을 할 때 큰 도움이 된다. 다만 현장검증은 최소한 반나절 내지 하루 종일 시간이 걸리므로 시간부족 때문에 현장검증은 하지 않은 채 감정만 채택하는 재판부가 많은데 이는 안타까운 현상이다. 현장검증을 하는 것을 원칙으로 하는 것이 좋다고 본다. 소송대리인로서도 현장검증의 필요성과 실행방법을 효과적으로 정리하여 주의 깊게 현장검증신청을 하는 것이 필요하다.

다만 대단위 아파트의 하자검증 등 관련사항이 방대한 것은 역설적으로 현장검증이 불필요할 때도 있다. 워낙 살펴 볼 곳이 많기 때문에 재판부의 인식보다도 감정인의 전문적인 감정에 의하여서만 판단이 가능하기 때문이다. 현장에 나가기 전에 재판부는 미리 검증할 사항과 질문할 사항 등을 충분히 연구하여야 하고 소송대리인 역시 검증시에 효과적으로 강조할 사항을 준비하여야 한다.

현장검증이 어렵거나 현장검증을 하더라도 확인이 어려울 경우에는 현장검증에 갈음하여 양 당사자가 함께 현장에 나가 촬영하고 재판부는 후에 화면을 보면서 양 당사자의 설명을 듣는 방법도 가능하다. 보이지 않는 건축물의 기초나 지하 부분에 대하여는 특수한 촬영(마이크로 카메라 등)을 명하여도 된다.

II. 감   정

다음 장에서 별도로 다룬다.

III. 문서제출명령제도의 활용

민사소송법은 구법상의 문서제출명령제도를 보완 및 확대하였다. 즉 문서소지자의 문서제출의무의 범위를 확대하여 프라이버시의 침해 또는 증언거부사유와 같은 일정한 사유(형사소추, 치욕, 직무비밀, 직업비밀 등)가 있는 문서와 공무원이 직무상 보관하고 있는 문서를 제외하고는 모든 문서를 제출하도록 함으로써 일반적인 문서제출의무를 부과하였고$\binom{민사소송법}{제344조}$, 그에 불응하는 경우의 제재로서 과태료를 현행 50만 원 이하에서 500만 원 이하로 대폭 인상하였다$\binom{민사소송법 제351조, 제}{318조, 제311조 제1항}$. 문서의 일부에 대한 제출제도를 신설하였고$\binom{민사소송법}{제347조 제2항}$, 제3자에 대하여 문서의 제출을 명하는 경우에는 의견진술의 기회를 주기 위하여 제3자 또는 그가 지정하는 자를 반드시 심문하도록 하였다$\binom{민사소송법}{제347조 제3항}$. 법원은 그 신청대상이 되는 문서의 취지나 그 문서로 증명할 사실을 개괄적으로 표시한 당사자의 신청에 따라, 상대방 당사자에게 신청내용과 관련하여 가지고 있는 문서 또는 신청내용과 관련하여 서증으로 제출할 문서에 관하여 그 표시와 취지 등을 적어 내도록 명할 수 있다$\binom{민사소송법}{제346조}$.

따라서 건축의 시공관계에 관한 자료를 갖고 있지 못한 건축주로서는 이를 활용하여 건축시공의 실제상황을 알 수 있는 공사일지, 하도급계약서, 자재구입에 관한 세금계산서, 노임지급대장 등을 제출할 것을 요구할 수 있다. 건축시공자는 건축주가 당초 제3자와 체결하였던 설계계약서나 구조안전진단자료 등 공사 이전의 상태에 관한 자료를 구할 수 있다.

그렇지만 불필요한 문서까지 제출을 요구하면 시간이 지체되고, 소송자료가 방대해져서 오히려 소송의 진행만 복잡해지므로 꼭 필요한 부분에 한정하여야 한다. 재판부도 그 채택에 있어서 쟁점과의 관련성 및 소지 여부를 확인하여야 한다. 문서제출명령이 신청되면 법원은 이를 상대방에게 보내어 문서의 소지 여부, 제출 필요성에 대한 의견을 제시하도록 하고, 그 의견을 검토하여 채택 여부 결정을 하는 것이 좋다.

Ⅳ. 당사자 본인신문의 활용

민사소송법은 당사자신문의 보충성을 폐지하여 소송의 어느 단계에서도 당사자신문을 할 수 있고 당사자도 신문 전에 선서하도록 의무화하였으며$\binom{민사소송법}{제367조}$, 당사자의 허위진술에 대한 제재를 강화하여 허위진술시의 과태료 상한을 현행 50만 원 이하에서 500만 원 이하로 대폭 인상하였다. 건설소송에서는 당사자신문의 필요성이 다른 소송보다 훨씬 크다. 세부적인 공사사항, 변경사항 등 분쟁항목이 많은 경우에 이를 일일이 알고 있는 사람은 당사자뿐일 때가 많기 때문이다. 상대방 당사자에 대한 본인신문에서 중요한 진술이 나올 때가 많으므로 이를 적극 활용할 필요가 있다.

V. 새로운 증거조사방법의 도입

민사소송법은 도면·사진·녹음테이프·비디오테이프·컴퓨터용 자기디스크, 그 밖에 정보를 담기 위하여 만들어진 물건으로서 문서가 아닌 증거의 조사에 관한 사항은 검증, 감정, 서증 등 기존의 증거조사방법에 준하여 대법원규칙으로 정하도록 하였다(^{민사소송법}_{제374조}). 대법원규칙 제129조, 제121조에서는 '자기디스크 등에 기억된 문자정보 등에 대한 증거조사'와 '음성·영상자료 등에 대한 증거조사'로 구별하여 각각의 조사방법을 정하는 한편, 특별한 규정이 없으면 감정, 서증, 검증에 관한 규정을 준용하도록 하였다(^{민사소송규칙}_{제122조}). 건설소송상 이러한 증거방법을 적극적으로 활용할 필요가 있다.

저자가 직접 경험한 바로는 강구조 교량에 관한 사건에서는 교량 전체의 입체모형도와 연결 부분의 모형을 제출한 경우도 있었다. 이러한 모형을 보면서 각 당사자의 주장을 정리하는 방법으로 교량 모형에 대한 검증을 실시하였는데 그 소송에서는 이러한 검증이 제일 중요한 핵심절차에 해당한다고 하겠다.

제9절 전문심리위원의 활용

전문심리위원제도는 전문적인 지식이 요구되는 사건에서 법원 외부의 관련 분야 전문가를 소송절차에 참여하게 하여 전문적인 지식과 경험에 기초한 설명이나 의견을 들음으로써 충실한 심리와 신속한 분쟁 해결에 도움을 받는 제도이다(^{민사소송법 제}_{164조의2 내지 8}). 민사소송법이 개정되어 2007. 8. 14.부터 시행되어 오고 있는데 앞으로 활용이 기대되고 있다. 전문심리위원은 소송절차(증거조사·화해 등을 포함한다)에서 공평하고 중립적인 조언자의 역할을 하게 된다. 기일에서 재판장의 허가를 받아 당사자, 증인 또는 감정인 등 소송관계인에게 직접 질문할 수 있다. 다만, 재판의 합의에는 참여할 수 없다.

특히 건설소송에서 사실관계가 복잡한 경우에 당사자의 주장이 분명하지 아니한 경우, 전문직인 용어, 도면 등이 기재된 많은 서증이 제출되어 당사자의 청구 내용을 쉽게 이해하기 어려운 경우 등 큰 도움이 될 것이다. 또한 감정의 필요성, 적정성, 감정사항의 정리 등과 관련하여 신속한 감정 절차 진행을 위하여 전문심리위원의 설명이나 의견이 결정적인 도움이 될 수 있다.[9][10]

---

9) 이전에는 건설전문조정위원들이 재판부의 요청에 대하여 구체적인 자문역할을 맡았으나, 이 제도의 도입으로 이러한 자문기능이 보다 공식적, 명시적으로 될 수 있게 되었다.

10) 통상적으로 전문적인 지식이 필요할 경우에는 감정인을 지정하였으나, 전문심리위원은 감정인 선서나 감정사항의 명확한 확정 등 엄격한 절차를 거침이 없이 간이하고 신속하게 도움을 받을 수 있는 장점이 있다. 다만 감정은 증거자료가 되지만, 전문심리위원의 설명 등은 증거자료가 되지 아니한다.

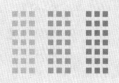

제02장　건설감정

제1절　건설소송상 감정의 중요성

Ⅰ. 감정의 의의

　　감정이란 법관의 지식과 경험을 보충시켜 주기 위하여 특별한 학식경험을 가진 제3자로부터 학문적 지식에 기하여 법규, 관습, 경험법칙의 존부 및 그것들을 적용하여 얻은 판단의 결과를 보고하게 하는 증거방법이다.[1] 법관이 재판에 필요한 모든 지식을 갖출 수 없으므로 민사소송상 전문가의 지식적 보조를 받는 감정은 중요한 증거방법으로 기능하여 왔다.

　　소송상 행하여지는 감정은 전제사실과 관련하여 세 가지 형태로 나눌 수 있다.[2] ① 감정인이 법원에 대하여 어떤 사실관계에 적용할 수 있는 추상적 지식만을 제공하고 구체적인 사실에 대한 적용은 하지 않는 경우이다(특정 질병이나 체질에 관한 의료적 지식의 자문을 구하는 경우). 법관은 이런 지식을 사실관계에 적용하여 결론을 얻는다. ② 감정인이 전문지식을 적용할 전제사실이 법원에서 주어지고, 감정인은 이러한 사실에 대하여 전문적 분석을 행하여 구체적인 감정의견을 산출하는 경우이다(사망 당시의 사실관계가 확정된 상태에서 사망원인을 감정하는 경

---

1) 『주석 민사소송법』 제4권(제5판, 1996), 한국사법행정학회, 377면.
2) 木川統一郎, "鑑定の前提事實について," 『判例タイムズ』 723호(1990. 6), 4면.

우). ③ 감정의 전제사실이 주어지지 아니한 상태에서 감정인이 주도적으로 사실을 인식, 수집하고 이를 기초로 감정의견을 산출하여 법원에 보고하는 경우이다. 사실인정 자체에 전문적 지식이 필요한 경우에 행하여지는데, 법원의 증거조사가 불가능하므로 증거조사 직접주의의 예외로 볼 수밖에 없다.

Ⅱ. 건설감정의 특수성

일반사건에서 흔히 시행되는 측량감정, 시가감정, 문서감정 등 일반감정은 위의 ②에 해당하는 경우가 많으나, 건설소송에서의 감정은 위의 ③에 해당할 경우가 많다. 감정인은 법관의 보조자에 불과하므로 감정인이 사실인정에 개입하는 것을 최소한으로 막아야 한다는 감정제도 본래의 기능에서 보면[3] ③은 감정인에게 실질적으로 사실인정 권한을 넘겨준 셈이 되어 법원의 특별한 관여가 필요하게 된다.

실제로도 일반감정은 감정구조가 단선적이고 간단하며 감정료도 일반적으로 낮고, 산출된 감정결과에 대한 검토와 오류지적이 용이하며, 감정결과에 대한 불복이 별로 없고, 추가적 보충이나 정정이 용이하다. 이에 반하여 건설감정은 감정의 전제조건설정부터 까다롭고, 감정사항이 복잡하며 감정료가 고액이고, 무엇보다도 감정결과에 대한 검토와 오류지적이 매우 어려워서 일단 내려진 감정결과를 수정하는 일은 매우 어렵다.

이와 같이 건설소송상 감정은 사건의 결론을 좌우하는 가장 중요한 요소로서 일반감정과 판이한 입장에 있음을 잊지 말아야 한다.[4]

---

3) 앞의 『주석 민사소송법』 4권, 378면.
4) 조정에 회부된 사건에서 건축사 자격을 가진 조정위원에게 감정을 명하여 사실조사보고서를 내게 하는 간이감정제도는 정식감정은 아니지만 비용이 적게 들면서도 신뢰성이 높아서 활용도가 높아지고 있다. 자세한 사항은 제3편 제3장 제3절 Ⅲ. 2. 부분 참조.

제2절 감정인의 지위와 기본요건

Ⅰ. 감정인의 지위: 법관의 보조자

감정인은 특별한 학식경험을 가지고 이를 적용하여 얻은 판단의 결과를 법관에게 보고하는 지위에 있으므로 법관의 보조자의 지위를 갖는 것이며 준사법적 기능을 행하게 된다. 그러므로 감정인이 행하는 감정은 그 개시부터 감정서 작성 과정까지 감정사항 확정, 감정방법 결정, 전제사실 정리, 자료 정리 등 모든 사항이 판결을 선고하는 법관의 보조자라는 차원에서, 법원의 지휘와 감독하에서 이루어져야 한다. 감정결과가 적법한 증거방법이 되기 위하여는 법원의 감독이 필요하고, 그렇지 않으면 감정결과가 재판의 증거로 사용되지 못하게 되는 수가 있기 때문이다.

Ⅱ. 감정인의 기본요건

1. 전 문 성

감정에 필요한 학식, 경험이 있는 자는 감정인이 될 수 있는데$\binom{\text{민사소송법}}{\text{제334조 제1항}}$, 일반적으로 건설감정인은 건축사, 기술사 등의 전문면허를 가진 자 중에서 선임된다. 감정인은 무엇보다도 전문적 지식과 경험을 갖고 사건을 해결할 능력을 가져야 하고 감정서의 내용이나 양식, 기준이 일정한 전문성 수준을 유지하도록 하여야 한다. 감정대상에 관하여 중요 부분에 관하여 전문성이 결여된 경우에는 이를 맡으면 안 된다. 다만 중요 부분이 아닌 사항에 대하여는 감정인이 다른 전문가의 도움을 받아도 되는데, 이때에도 자기 책임으로 그 부분 감정의 전문성이 확보되도록 그 선임 및 감정과정에 주의하여야 한다.

2. 공 정 성

감정인의 공정성이 확보되어야 감정결과도 신뢰받게 된다. 공정성이 감정인에게 절대적으로 요구되기 때문에 민사소송법은 감정에 관한 10개 조문$\binom{\text{제333조 내}}{\text{지 제342조}}$ 중 4개 조문을 공정성에 관하여 할애하고 있다. 감정인은 감정명령을 받은 감정기일부터 감정 종료시까지 시종일관하여 공정한 중립자로서 당사자를 대하여야 한다. 이를 위하여 민사소송법은 "감정인이 공정성을 의심받을 사유가 있는 경우, 즉 당사자와 친족관계가 있거나, 자기 자신 또는 자기의 친족에게 이해관계가 있는 사건에 관하여는 감정을 할 수 없다($^{제334조}_{제2항}$)", "당사자는 감정인이 성실히 감정할 수 없는 사정이 있을 때에는 감정인에 대하여 기피신청을 할 수 있다($^{제336조,}_{337조}$)"고 규정하고 있다. 당사자와 친구관계, 거래관계, 동일 사건에 관하여 종전에 감정한 일이 있었던 경우, 감정인이 한쪽 당사자와 만나서 관련서류를 받고 상대방에게는 같은 기회를 주지 않았다면 기피사유가 된다. 즉 감정인의 일방 당사자에게 편향된 만남, 자료수집, 진술청취 등은 허용되지 않는다. 실무상 감정인이 이러한 의식 없이 일방 당사자로부터 주장을 듣거나 자료를 건네받고 이를 기초로 감정하는 예가 있는데 이는 절대로 허용될 수 없는 것이다.

나아가 감정인은 감정의 명을 받기 전에 법관 앞에서 "양심에 따라 성실히 감정하고 만일 거짓이 있으면 거짓감정의 벌을 받기로 맹세합니다"라고 선서한다($^{민사소송}_{법 제338조}$). 선서를 하지 않고 이루어진 감정은 증거능력이 없다. 선서한 감정인이 허위의 감정을 하면 5년 이하의 징역이나 1,000만 원 이하의 벌금형에 처한다($^{형법}_{제154조}$). 절차상이나 내용상 공정성이 감정인의 생명이다. 항상 감정인이 법관의 보조자라는 점을 기억하여야 한다.

3. 능 동 성

감정인은 자신의 책임과 권한으로 감정을 실시하여 최종적으로 감정결과를 산출한다. 법관의 보조자라 하더라도 전문적 판단에 관한 한 감정인 자신이 주재자이며 최종 책임자가 된다. 이를 위하여는 감정인이 자료수집부터 분석, 판단까지 가장 효율적이고 합리적인 감정이 될 수 있도록 능동적으로 감정절차를 주재할 필요가 있다. 우선 감정에 필요한 자료를 확보하고 분석하는 것은 모두 감정인의 역량에 달려 있다. 건설감정은 전제사실이나 자료가 다양하고 복잡하기 때문에 특히 당사자의 자료와 경험이 중요하므로 감정인은 능동적으로 당사자의 협력을 요구하여야 한다. 당사자에게만 자료제출을 맡길 것이 아니라, 감정인 스스로 사안을 분석하여 필요한 자료를 먼저 요구하여야 한다.[5] 분석도 가장 합리적이고

---

5) "감정인은 감정에 관하여 필요한 때에는 법원의 허가를 받아 타인의 토지, 주거, 간수하는 가옥, 건조물 기타 시설물에 들어갈 수 있다. 감정인이 저항을 받을 때에는 경찰 공무원에게 원조를 청

최신 과학기술에 기초할 수 있도록 관련지식을 적극적으로 수집하여야 한다.

제3절 건설감정 표준절차의 필요성

Ⅰ. 건설감정의 유형과 특성

건설감정은 세 가지 유형으로 나눌 수 있다. ① 공사가 중단된 경우의 기성고나 미완성 부분의 공사비를 산정하는 공사비 적산감정, ② 하자의 발생과 보수공사비를 산정하는 하자감정, ③ 건축물의 손상에 대한 원인 또는 상태의 감정 등이 그것이다. 이러한 세 유형을 복합적으로 시행하는 경우도 종종 있다. 따라서 감정신청시에 감정의 목적이 위 세 유형 중 어디에 해당하는지를 분명히 할 필요가 있다.

이러한 건설감정의 특성으로 세 가지를 들 수 있다. 첫째, 감정내용이 매우 복잡하고 감정할 사항이 양적으로 많다. 예컨대 외부에서 볼 수 없는 벽체의 내부구조에 대해서는 특수한 방법을 동원하여야 하며, 설계·기초공사·각종 본 공사 등 순차적 공정에 따른 시공내용과 책임을 판별하기가 어려워서 감정사항 및 감정내용이 복잡하게 된다. 둘째, 감정의 전제조건, 즉 계약내용이나 변경사항 등의 중요성이 절대적이다. 계약이나 설계변경 등 전제조건에 따라 감정결과가 결정되기 때문에 전제조건이 변하면 감정결과는 변할 수밖에 없다. 셋째, 감정비용이 수천만 원 이상의 상당한 고액인 경우가 많고 감정기간도 수개월 이상 걸린다. 재감정이나 감정결과에 대한 실증적 검증은 사실상 어려운 형편이다.

Ⅱ. 건설감정 문제점의 원인

건설감정결과에 대하여 감정인에 대한 조회나 심지어는 재감정신청이 계속 제기되는 것이 보통이고 감정결과를 그대로 수용하는 예가 오히려 적은 실정이다. 이처럼 건설감정에 불만이 많은 이유는 어디에 있는가?

첫째, 건설감정의 본질적 한계를 들 수 있다. 건축물인 관계상 감정할 사항이

할 수 있다"(민사소송법 제342조)는 법규정은 감정인의 적극적인 자료 수집을 전제로 한 것이다.

양적으로 많을 뿐 아니라, 외벽체에 둘러싸인 부분에 대해서는 특수한 방법을 동원하여 세세한 부분까지 점검을 하여야 하므로 복잡하다. 또한 설계, 기초공사, 각종 본 공사 등 순차적으로 이루어지는 공정별 시공내용과 책임을 판별하기가 어렵다. 더구나 건설감정은 감정인의 주관적 판단을 피할 수 없기 때문에[6] 건설감정은 단선적 구조를 가진 다른 감정과는 비교할 수 없을 만큼 문제될 소지가 많은 것이다. 여기에 감정료가 일반적으로 수천만 원 이상인 경우도 많아서 감정에 대한 불신의 원인이 된다.

둘째, 소송관계자들의 전문지식 부족으로 인한 감정기일의 준비 불충분이 또한가지 원인이다. 소송대리인들이 건설관행과 기법에 대한 이해가 부족하기 때문에 감정단계에서 정확한 감정사항이 제대로 도출되지 않는다. 유효한 감정을 위하여는 감정의 전제가 되는 공사현상의 기초자료 확보, 건축행위조건의 특정 등이 전제되어야 하는데 이러한 점에 대한 인식이 부족하다. 재판부도 전문성이 부족하기는 마찬가지인데다가 감정단계에서부터 실질적인 심리를 시작할 만한 여유가 없기 때문에 감정은 대부분 감정인에게 포괄 위임되고 있는 셈이다. 그런데 감정인 역시 그 수준과 정확도가 천차만별이다. 우수하고 성실한 감정인도 있지만 전문성과 소송상 감정제도에 대한 이해가 부족한 감정인이 적지 않다. 이와 같이 건설감정의 난맥상은 감정실무에 대한 관계자들의 전문성 부족이 가장 큰 원인이라고 하겠다.[7]

Ⅲ. 건설감정 표준절차의 필요성

건설감정 문제점의 근본 원인은 위에서 본 바와 같이 해당 사건에 전제가 되는 까다로운 사실조건이나 자료를 확정짓지 않은 채 별다른 조치 없이 (백지식으로) 감정인에게 감정을 먼저 명하는 데 있다. 이는 재판부나 대리인이 전문적인 지식이 부족하고 시간적인 여유도 없어서 감정시행단계에서 개별 사건의 구체적

---

6) 예컨대 시공량 적산에 있어서 설계도상 특정되지 않은 창틀이나 모서리 부분의 평가, 노동력 소요량 평가 등 세부적인 사항의 판단은 주관적일 수밖에 없다는 것이 감정인들의 솔직한 고백이다. 더구나 하자보수비용도 감정인의 평소 건축물에 대한 관념에 따라 충분한 보수비냐, 최소한의 보수비냐가 결정되기도 한다.
7) 서울중앙지방법원은 이와 같은 필요성에서 2002. 11. 사법사상 최초로 감정인 세미나를 개최하여 감정의 의의, 중요성, 절차, 주의사항 등에 관하여 토의를 하였다. 350여 명의 감정인, 변호사 등이 참석하였다. 계속적으로 법조인과 건설전문가 사이에 공동 연구가 이루어져야 할 것이다.

인 감정조건을 일일이 분석하는 것이 어렵기 때문이다. 또한 증거조사 등이 이루어지지 않은 상태라서 자칫 감정조건이 다시 바뀔 여지도 있기 때문에 사실상 충분한 감정준비는 불가능에 가깝다. 그렇다고 감정을 위하여 판결문을 작성하듯이 사건을 철저히 검토하는 것도 재판 실무상 어려운 실정이다.

따라서 감정사항의 백지식 위임을 막고, 아울러 자세한 감정준비를 위한 지나친 노고를 피할 수 있는 방안으로서 건설감정표준절차를 시행할 필요가 있다. 감정에 필요한 최소한의 일반적인 기본사항을 정해 놓고 감정 시행시에 각 기본항목별로 당사자 사이에서 감정조건 등을 최대한으로 정리하는 것이다. 감정에 필요한 기본사항의 내용과 절차를 표준절차로 정형화함으로써 사건의 검토는 기본항목에 필요한 한도에서만 하면 되므로 법관이나 대리인에게 별로 큰 부담이 되지 않는다. 아울러 백지식 위임의 경우에 나타나는 상당수의 오류를 최소한의 전제조건 정리를 통하여 막을 수 있을 것이다. 이하에서는 이러한 필요성에 따라 감정의 표준적인 절차를 시간순으로 정리해 본다.

제4절 건설감정 표준절차의 내용

I. 감정의 채부 결정

1. 감정 채부 결정의 기준

건설감정은 신청 또는 직권에 의하여 결정되지만 후자는 그 예가 매우 드물고 당사자에 의한 감정신청이 있으면 감정의 채부 결정을 하여 감정이 시작됨이 보통이다. 당사자의 감정신청은 감정인을 특정하지 않은 채 이루어지므로 법원은 일단 감정의 시행 여부만 먼저 결정한다.

감정도 증거신청이므로 법원의 재량에 의하여(민사소송 법 제290조) 감정시행의 필요성 여부를 검토하여야 한다. 건설감정은 감정료가 고액이고 감정결과가 복잡하기 때문에 자칫 감정의 시행으로 인하여 분쟁이 더 심화되거나(당사자가 예상하였던 것과 감정결과가 크게 다를 경우에 불만을 가진 당사자측에서 재감정을 신청하는 일이 종종 있다), 수천만 원이나 되는 감정료 부담문제로 조정 가능성이 더 줄어들 수도 있다.

따라서 법원은 감정결과 없이 종국적 판결이나 조정이 가능할지를 먼저 살펴

신중히 결정해야 한다. 사실관계조사나 법리적 문제로 승소가능성이 없는 경우에
는 이 부분을 먼저 확정한 다음에 감성 여부를 결징하여야 한다. 실제로 원고청구
적격이 없는 자가 제기한 소송에서 막대한 비용을 들여서 감정을 하였으나 판결
시에 원고적격이 문제되어 청구를 기각 또는 각하당하는 경우가 있다. 감정료가
클 경우에는 조정기일을 미리 열어서 당사자에게 사정을 설명하고 감정료를 기준
으로 한 금액을 덧붙여 조정을 권고하는 것이 바람직할 때도 있다. 아니면 조정위
원에 의한 간이감정으로 해결이 가능할지도 검토할 필요가 있다.

특히 한 당사자로부터 사적 감정서가 제출되거나, 쌍방에게서 사적 감정서가
제출되고 내용이 다를 경우에 이를 무조건 배척할 것이 아니라 작성자에 대한 서
면심문 또는 증인신문을 거쳐 명백하거나, 합리적이라고 판단되는 부분은 증거로
사용할 수도 있다.

재판에 현출된 다른 자료로 판단이 가능하다면 감정을 할 필요가 없다. 감
정 결정이 재판부의 재량이지만 감정 보다 더 신빙성이 높은 증거가 있는 경우에
이를 무시하고 감정을 하는 것은 자유심증주의의 한계를 벗어난 것이다. 대법원
2020. 8. 27. 선고 2017다211481 판결은 분양전환을 하는 임대아파트의 분양전환가
격을 산정하면서 '건설원가'의 한 요소인 '실제 건축비'를 인정함에 있어, 아파트
에 관하여 신고·확정된 취득세 과세표준이 제출되었는데도 이를 배척하고 사용
승인도면과 통계자료를 기초로 공사비를 추정한 감정 결과를 인정한 것은 위법하
다고 판시하였다.[8] 판단 기준에 가장 적합한 증거가 있는 경우에는 이를 적용하여
야 하고, 이를 배제한 채 다른 기준에 의하여 감정을 하는 것은 허용되지 않는다.

---

[8] 이 사건에서는 임대아파트 분양전환가격의 산정 기초가 되는 '실제 건축비'를 ① 취득세 과세표
준으로 할 것인지, ② 건축비 감정결과로 할 것인지가 문제되었다. 원심은 취득세 과세표준과 임
대주택법상 분양전환가격으로서의 건축비가 별개의 개념인 점, 실제로 취득세를 과소신고하는
경우가 많아 과세표준에 누락된 건축비가 존재할 개연성이 높은 점에 근거하여 ② 입장을 취했
다. 그러나 대법원은 법인이 신고한 취득세 과세표준은 법인장부인 공사원가명세서를 기초로 한
것으로 실제 지출한 공사비를 반영한 것으로 볼 수 있는 점, 건축비 감정 결과는 자재의 사양과
단가 기재가 없는 사용승인도면과 통계자료만을 기초로 공사비를 추정한 것인 점, 취득세 과세표
준에서 누락된 비용은 이 부분만 추가하여 건축비를 산정할 수 있는 점을 근거로 ① 입장을 취했
다. 두 입장의 논거가 나름대로 이유가 있는데, 공사비 산정을 함에 있어서 신고된 과세자료가 있
을 경우에 감정을 어디까지 허용할 지에 관하여 선례가 될 것이다. 다만 과세자료가 있다고 하여
이를 항상 감정보다 우선할 수 있는 것은 아님을 주의할 필요가 있다. 과세자료의 내용과 증명 대
상의 근본취지에 관하여 충분히 검토를 해야 할 것이다.

2. 건설감정 시행시기 선택

증거보전으로서의 감정신청이나 건설소송 초기의 쟁점정리기일에 감정신청이 제기될 때가 있다. 건설소송의 특성상 일반 감정과 달리 조기 감정시행은 신중해야 한다. 감정의 전제조건에 대한 파악이 전혀 안 되어 감정신청인측의 일방적인 주장을 그대로 받아들이거나(특히 증거보전의 경우), 잘못된 사실을 전제로 감정하게 될 위험성이 높기 때문이다. 이러한 전제가 바뀌면 위 감정결과는 효력이 없으므로 감정료만 낭비한 셈이 된다. 어느 정도 사실관계가 밝혀진 후에 감정을 시행함이 바람직하고 조기 감정이 필요한 경우라면 감정의 대상을 감정 당시 건축물에 나타난 현상에 집중하는 등 주의하여야 한다.

Ⅱ. 감정인 지정 결정

1. 감정인 명단의 등재

대법원예규인 감정인 등 선정과 감정료 산정 기준 등에 관한 예규는[9] 각 법원이 매년 12월 20일까지 건축사·건축구조기술사·건축시공기술사 등의 국가기술자격을 가진 자로서 소속단체가 추천한 자 또는 본인이 신청한 자 중에서 적절한 자를 감정인 명단에 등재할 감정인으로 지정하도록 규정하고 있다. 특별한 사건의 경우에는 감정인 명단에 등재되지 않더라도 재판부에서 감정인을 지정할 수 있지만 통상적으로는 감정인 명부에서 감정인을 지정한다. 전국 각 법원의 감정인 명단에의 등재방법은 통일되어 있지 않다.

서울중앙지방법원은 1997년부터 개방형 방식을 취하여 감정인으로 지정받기 원하는 자에 대하여는 제한 없이 받아들여 와서 건설감정인이 수백명에 이르렀다. 그러나 뒤에서 보는 바와 같은 문제점이 지적되어 2003년부터는 감정인 종류를 건축시공분야, 건축구조분야, 토목시공분야, 토목구조분야, 토목 기타 등으로 세분화하는 한편, 건축시공과 건축구조분야는 등급을 둘로 나누어 인력, 실적, 자본규모 등 전문적인 감정에 적합하다고 생각되는 감정인 군을 A군으로, 나머지를

---

9) 뒤의 제7절 참조.

B군으로 분류하였다.[10]

2. 감정인 지정 결정의 표준절차

감정인은 수소법원, 수명법관, 수탁판사가 이를 지정하는데($\binom{민사소송}{법 제335조}$) 그 절차를 대법원예규가 상세히 규정하고 있다.

법원은 사건에 가장 적합한 감정인의 선정이 매우 중요하면서도 사실상 매우 어렵다는 점을 충분히 인식하고[11] 보다 적극적으로 감정인 선임에 관여하여야 한다. 표준적인 지정절차를 살펴본다.

(1) 감정인의 선정은 감정인 등 선정과 감정료 산정기준 등에 관한 예규($\binom{재판예규}{제1402호}$)에 따라 이루어진다. 감정인은 미리 작성되어 있는 감정인 명단 중에서 법원행정처에서 작성한『감정인선정전산프로그램』에 의하여 선정함이 원칙이다($\binom{위 예규}{제4조 제1항}$).

(2) 당사자들이 합의하여 특정 감정인 등에 대한 감정인 선정 신청을 하는 경우에는 합의에 따른다($\binom{위 예규 제4조}{제1항 단서}$).

(3) 감정하기에 적합한 자격을 갖춘 자가『감정인 명단』에 등재되어 있지 않은 것으로 인정되는 경우에는 외부의 공공단체, 교육기관, 연구기관 등에 후보자 추천을 의뢰하는 등 적절한 방법으로 적격자를 선정하여 감정인을 지정한다($\binom{위 예규 제25}{조 제1항제2호}$). 재판부가 적정한 감정인을 조사하기가 어려울 경우에는 법원행정처에 감정인에 관한 조사를 요청하면 담당관이 직접 조사하여 알려주고 있어서 효율적이다.

(4) 재판장이『감정인선정전산프로그램』을 이용하여 감정인명단 중에서 1인을 무작위로 추출·선정하는 것이 적절하지 아니하다고 인정하여『복수 후보자 선정 후 감정인 지정』을 명하는 경우에 적합한 자격을 갖춘 자가 위 예규 제5조에 따른『감정인 명단』에 등재되어 있을 때에는『감정인선정전산프로그램』에 의하여 2인 또는 3인의 감정인 후보자를 선정한 다음 감정인 후보자의 전문분야, 경력, 예상감정료 및 당사자의 의견 등을 종합하여 감정인을 지정한다($\binom{위 예규 제25조}{제1항 제1호 단서}$).

(5) 감정인에 대한 감정인 신문결과 감정사항에 전문분야가 아닌 사항이 포함

---

10)

건 축				토 목			
시 공		구 조		시 공	구 조	도로·공항	
A	B	A	B				
57명	72명	25명	21명	5명	8명	1명	

11) 加藤新太郎 編著,『民事訴訟審理』, 判例 タイムズ(2002), 258면.

되어 있어서 감정할 수 없는 부분이 있는 경우나 대규모 건조물 감정시 시간 및 작업효율에 비추어 다른 감정인과 감정대상을 나누는 것이 바람직하다는 의견이 제시되는 경우에는 해당 감정인과 협의하여 복수의 감정인을 지정하는 것이 효율적이다.

서울중앙지방법원 건설전문재판부의 현재 실무에 의하면,[12] 전산프로그램에 의하여 감정인 후보자 3인을 선정한 다음, 당사자에게 그 선정에 관한 의견을 물어 이를 반영하여 최종 선정하고 있다. 이 과정에서도 일부 소송대리인들이 하자 인정에 까다롭다고 평이 난 감정인을 고의로 배제하는 신청을 하기 때문에 계속적으로 감정 업무를 맡기 원하는 감정인들은 이들의 눈치를 보게 되어 위축된다는 불만이 일부에서 제기되고 있다.

3. 문제점과 개선방안[13]

감정인은 본질적으로 '법관의 보조자' 지위에 있으며 준사법적 기능을 수행하는 자로서 전문성과 공정성이 담보되어야 하는데 이러한 중요한 직무를 처리하는 자를 무작위로 선정한다는 것은 매우 불합리하다. 서울중앙지방법원을 비롯한 개방형 감정인 등재의 경우에 건축사나 기술사 자격을 가졌다는 것만으로 구체적인 전문성, 경력, 적정 감정능력 등의 차별 없이 균등하게 감정인 명부에 등재됨으로써 감정인의 차별화가 전혀 이루어지고 있지 않았다. 이러다 보니 각 사건에 알맞은 적정한 감정인의 선임이 불가능하게 되는 수가 적지 않았다. 대규모 건축사무실을 운영하는 건축사에게 소형주택의 감정을 명하거나, 반대로 건축사 경력이

---

12) 서울중앙지방법원의 감정절차 진행과정은 다음과 같다. 감정신청이 들어와 채택결정이 나면 즉시 감정인 3인 선정절차를 진행 ― 감정인 후보로 된 3인에 대하여 감정인 후보 선정 통지하면서 감정료의 개괄적인 산정액과 산정에 관한 자료를 1개월 내에 제출하라고 통지 ― 선정된 감정인 후보들로부터 개괄적인 산정 자료 등을 제출받으면 이를 쌍방 대리인에게 송부하고 감정인 선정에 관한 의견을 2주 이내에 제출하라고 통지 ― 피고 대리인에게는 하자감정에 관한 의견과 자료를 제출할 것을 아울러 통지 ― 쌍방 대리인으로부터 감정인 선정에 관한 의견을 제출받으면 즉시 기록을 재판장에게 인계 ― . 재판부의 감정인 선정 결정과 감정기일 지정 ― 감정료 예납(원고 대리인 등) ― 감정기일 실시(감정기일에는 감정인에게 감정서 제출기한을 지정) ― 감정서 도착 즉시 재판장에게 감정서와 기록 인계 ― 변론준비절차기일 혹은 변론기일의 지정(재판장).

13) 감정인 지정에 관한 현재의 문제점과 개선방안에 대하여는 저자의 글, "건설소송상 감정의 문제점과 개선방안(상)," 법률신문, 2002. 3. 7.자(3056호) 참조. 감정인명부상 등재에 엄격한 심사를 거치게 하고 소정의 교육을 하여 감정인의 자질을 관리할 것, 감정인 자격과 전문성의 세분화, 재판부의 임의적 선정 및 유능한 감정인의 집중적 활용, 재판부의 감정에 대한 평가 및 감정인 정지제도가 필요하다는 것이 요지이다.

짧은 건축사에게 몇백 세대 아파트의 하자감정을 명하게 되는 경우도 생겼다. 이러한 감정인 지정제도는 그 초점이 감정인 지정의 적정성보다 감정인 지정의 신속성 및 감정 기회의 균등성 확보에 놓여져 있다. 감정인 선정과정에 부작용이나 잡음이 있었던 전례에 비추어 컴퓨터를 통한 무작위 선정을 하여 이를 막고자 하는 데 중점이 있는 것이다. 이러다 보니 실무상 감정인으로 선정된 감정인이 전문분야가 아니라는 이유로 사임신청을 하여 감정이 지체되는 일이 자주 있다.

잡음을 막기 위한 무작위 선정방법을 버리고 이제는 가장 적정한 감정인을 선정하는 전문적 시스템이 갖추어져야 한다. 감정인이 1년에 1, 2건씩 감정을 해서는 감정기법이 축적될 수 없으므로 유능하다고 평가된 감정인에게 사건을 집중화함으로써 해당 사건의 정확한 감정결과 도출은 물론이고, 장기적으로 건설감정의 전반적 발전과 경험 축적이 가능해질 것이다. 현재 우리 법원의 감정 수준에서는 감정인의 소수 정예화만이 최선의 방법이라고 생각한다.

일본에서는 건축관계소송위원회규칙을 제정·공포하였는데, 이에 의하면 최고재판소에 건축관계소송위원회를 설치하고, 위 위원회로 하여금 건축분쟁사건이 계속된 재판소나 조정위원회의 의뢰에 의하여 최고재판소가 요청할 경우 그 사건에 필요한 감정인 후보자를 선정하는 사무를 담당하게 한다고 한다. 이런 의뢰가 있으면 실제는 일본건축학회에 있는 사법지원건축회의가 감정인 추천 업무를 담당하는데, 감정인 의뢰시에 의뢰자는 사건의 개요서, 감정사항 등을 설명한 문서를 첨부하도록 되어 있다.[14] 이와 같은 사법지원건축회의의 활동은 매우 효과가 좋아서 높은 평가를 받고 있다.[15] 법조계와 전문가의 연합적인 활동태양으로서 우리도 향후 감정절차의 모델로 연구할 필요가 있다고 본다.

4. 감정촉탁

민사소송법 제341조는 감정촉탁제도를 규정하고 있는바, 건축관련법규에는

---

14) 齊藤 隆 編著,『建築關係訴訟の實務』, 新日本法規(2002), 334면.

15) 일본 건축학회가 법원과 협의하여 건축소송에 관하여 중립적 입장에서 법원에 대한 지원, 건축판례 등 건축분쟁정보의 조사 등을 목적으로 설치한 사법지원건축회의가 전국에 9개 지부를 두고 법원에 감정인 및 조정위원후보자를 추천하고 있다. 사법지원건축회의는 건축학회의 이사 등의 추천을 통하여 지역 건축사 및 대학 연구자 중에서 적정한 건축사를 사법지원건축회의 회원으로 등록시키고(등록된 회원은 사적 감정을 금지하여 공정한 중립적 입장을 지킨다) 법원으로부터 감정인후보자 추천의뢰가 오면 등록 회원 중에서 감정사항에 맞는 전문분야 건축사를 추천한다. 이런 추천시스템은 획기적인 평가를 받고 있고 다른 전문분야에서도 이를 연구하고 있다고 한다. 前田順司, "鑑定人選任,"『不動産鑑定訴訟法1』, 靑林書院(2002), 62면 이하.

엄격한 요건 하에 설비나 인적 구성 등에서 신뢰할 만한 건축관련 전문단체를 등록하도록 하고 있다. 건축감정에 적합하다고 인정되는 단체로는 품질검사전문기관($^{건설기술관}_{리법 제25조}$),[16] 감리전문회사($^{같은법}_{제28조}$),[17] 안전진단전문기관($^{시설물의 안전관리}_{에 관한 특별법 제9조}$)[18] 등이 있다. 현재 법원 감정인의 많은 수가 법인 등 단체에 소속되어 있으면서 개인의 자격으로 감정인등록을 하여 감정을 하고 있고, 이에 따라 실질적으로는 법인 등이 감정을 하면서 소송법상으로는 법인 등 소속 구성원 개인이 감정을 한 것으로 되어 그 실질과 절차가 상이하다는 문제가 있는데 감정촉탁제도는 이를 방지할 수 있다.

다만 개별 재판부에서 적합한 감정촉탁기관을 찾기가 어려울 것이므로, 법원장 등은 감정촉탁기관 지정 신청을[19] 받아 재판부에서 활용할 수 있게 미리 감정촉탁기관을 지정할 필요가 있다.

Ⅲ. 감정료의 결정과 예납 및 교부

1. 감정료의 산정기준

공사비, 유익비, 건축물의 구조, 공정 그 밖에 이에 준하는 건설감정의 감정료는 감정인의 자격에 따라 『건축사용역의 범위와 대가기준』 중 감정에 관한 업무의 대가규정 또는 『엔지니어링사업대가의 기준』이 정한 실비정액 가산식으로 산출된 금액으로 한다. 다만, 제경비는 직접인건비의 80%, 기술료는 직접인건비와 제경비를 합한 금액의 15% 이내로 한다($^{위 예규}_{제40조}$).

2001. 8. 14. 건축물의 설계 및 공사감리에 있어 부실과 분쟁을 예방할 수 있도록 한다는 이유로 건축사법 제19조의3이 신설되었고,[20] 이를 근거로 2002. 6. 5. 건설교통부장관은 『건축사용역의 범위와 대가기준』을 공고하였다.[21] 위 공고가 있

---

16) 전국적으로 113개소(서울 14개소)가 등록되어 있음.
17) 전국적으로 555개소(서울 220개소)가 등록되어 있음.
18) 전국적으로 362개소(서울 167개소)가 등록되어 있음.
19) 신체감정의 경우 매년 감정촉탁 병원을 지정하고 있다.
20) 건축사법 제19조의3(용역의 범위 및 대가기준) 건설교통부장관은 건축물의 설계 및 공사감리에 있어 부실과 분쟁을 예방할 수 있도록 건축사와 용역의뢰자 간에 협의에 의하여 약정할 수 있는 용역의 범위와 그 대가에 관한 기준을 정하여 공고하여야 한다.
21) 건설교통부공고 제2002−152호. 그 공고에 의하면 건축물의 조사 또는 감정에 관한 업무의 대가는 실비정액가산식에 의하여 산정하도록 하고 있는바(제15조), 실비정액가산식에 의할 경우 업무대가는 "직접인건비 × 일수 + 직접경비 + 제경비 + 기술료"로 산정된다(제18조). 위 식에서 직접인

은 후 감정인 중에는 위 공고에 따라 감정료를 산정하는 예도 있고, 종전과 마찬가
지로 직접비, 간접비, 보상비로 나누어 산정하여 오는 예도 있다. 건설감정의 감정
료는 감정인의 자격에 따라 『건축사용역의 범위와 대가기준』 중 감정에 관한 업
무의 대가규정 또는 『엔지니어링사업대가의 기준』이 정한 실비정액 가산식으로
산출된 금액으로 한다. 다만, 제경비는 직접인건비의 80%, 기술료는 직접인건비와
제경비를 합한 금액의 15% 이내로 한다(위 예규 제40조).

　　보통 직접비로 특급기술자로부터 초급기술자까지 필요한 인원수를 산정한
후 한국엔지니어링진흥협회가 조사 공표한 가격을 곱하여 산정하고, 간접비나 보
상비(제경비와 기술료)는 직접비에 일정한 비율을 곱하여 산정하고 있다.

　　감정인에 따라 감정에 투입되는 인원이 차이가 발생하여 필요 이상의 고액으
로 감정료가 책정되는 경우와 비슷한 감정에서 한쪽이 턱없이 높은 감정료를 요
구하는 경우도 있다.[22] 감정료 산출근거의 모호성과 감정료의 고액화가 건설소송
에 대한 대표적인 불만사항이므로 재판부에서는 적절한 기준을 가지고 통제하도
록 노력해야 한다.

2. 감정료 결정 및 납부의 표준절차

　　(1) 재판장은 필요한 경우에 감정인 또는 감정인 후보자에게 개략적인 감정사
항 및 감정목적물을 알려주고 감정인 등 또는 감정인 후보자로 하여금 감정목적
물에 대한 감정료의 예상액과 그 산출근거를 기재한 예상감정료산정서를 제출하
게 한다(위 예규 제42조 제1항). 감정인은 감정을 시행하기 전에 법원에 항목별, 투입인원별로
자세한 직접인건비 산출내역서를 제출하여야 한다(위 예규 제42조 제2항).

　　(2) 감정인 또는 감정인 후보자들이 예상감정료산정서 등을 제출한 경우에,
법원은 이를 감정신청인에게 보여주어 그 적절성에 관한 의견을 제시할 기회를
부여하여야 한다(위 예규 제42조 제3항). 감정료가 소액이거나 적정하다고 판단되면 이를 생략
할 경우도 있다. 과다하다는 의견서가 나오면 감정인에게 이를 보내고 의견을 제
시하도록 한다. 신청인의 감정료 내역서에 대한 비판적 의견이 매우 효과적일 때

건비라 함은 당해 업무에 직접 종사하는 건축사 등의 인건비로서 투입된 인원수에 노임단가를 곱
하여 계산한다.

22) 재판실무상 유사한 규모의 하자감정에 관하여 감정인에 따라 감정료가 배 이상 차이가 나는 경우
가 있고, 법원이나 당사자가 감정료의 감액을 요구하면 별 근거도 없이 대폭 낮추는 경우도 있어
서 감정에 대한 불신의 원인이 되고 있다.

가 많다. 감정인과의 연락은 전화나 팩스를 이용하는 것이 훨씬 효율적이다. 전화를 통하여 자유롭게 의견을 나눔으로써 시간 절약은 물론 감정인의 사건 이해를 돕고 감정인의 입장을 알게 되어 그 후의 감정시행에도 도움이 되기 때문이다.

(3) 재판장은 감정의 대상, 방법, 감정인 등이 제출한 예상감정료산정서, 감정신청인이 제시한 의견 등을 종합하여 감정료의 예납액을 정한다(위 예규제43조). 당사자가 합의에 의하여 감정인을 선정하였을 경우에는 당사자에게 감정료결정까지 맡기는 것이 바람직하다.

(4) 감정을 마치고 감정서를 제출할 때 감정인은 법원에 구체적인 산출근거를 상세하게 기재한 감정료산정서 및 감정료청구서를 함께 제출하여야 하고, 재판장은 감정서가 제출되고 감정결과에 대한 검토 절차가 모두 마쳐진 다음, 감정서 내용의 충실도, 감정서 제출의 지연 여부, 감정인 등의 감정절차 협조 정도, 감정인 등이 제출한 감정료산정서의 근거, 감정료에 대한 당사자의 의견, 제2항에 따라 제출된 내역서의 금액 및 그 밖의 구체적 사정을 참작하여 감정료를 결정한다(위 예규 제44조 제1, 3, 4항).

이때 감정의 범위가 당초 예상과 달라졌으면 다시 한번 감정료 사정을 하여 감액 또는 추가납부를 명해야 한다. 다만 이러한 것은 감정인이나 당사자로부터 명시적인 요구가 있을 때에만 처리함이 보통이다.

(5) 재판장은 감정서가 제출된 직후에 예납액의 2분의 1 범위 내에서 제1차 감정료를 결정하여 지급하고, 감정결과에 대한 검토 절차가 모두 마쳐진 다음 결정된 감정료에서 제1차 감정료를 공제한 나머지 감정료를 지급할 수 있다(위 예규 제44조 제5항).[23]

3. 감정료 미납시의 조치

감정료가 결정되면 감정신청인에게 적당한 방법으로 고지하나(보관금규칙 제9조 제1항), 감정신청인이 이를 예납하지 아니하는 경우에는 재판부는 법원보관금 납부명령서에 따라 이를 예납하도록 명한다. 당사자가 이러한 납부명령을 받고서도 응하지 아니하는 경우에는 법원은 소송행위를 하지 않을 수 있으나(민사소송법 제116조 제2항), 미납기간이 장기화될 때에는 감정채택을 취소하고, 감정신청을 각하한 다음 소송을 진행

---

23) 감정료가 고액인 경우와 감정을 위한 기간이 장기인 경우에 있어서 감정에 소요되는 실비용 중 즉시 현금으로 지급하여야 할 필요성이 있는 비용(예를 들면 임시 용역 노무자를 고용하여 감정 조사를 하는 경우)이 있는 경우에는 감정비용 중 일부분을 감정보고서 제출 이전에 선납하는 것도 고려할 필요가 있다.

할 수밖에 없다.

Ⅳ. 감정의 준비와 감정기일의 진행

1. 사후검증식 감정방식의 개선

현재의 감정기일은 감정신청인이 제출한 감정신청서를 중심으로 하여 형식적으로 진행되고 있다. 법원은 감정신청인이 제출한 감정신청서 내용대로 감정을 명하며 상대방도 별다른 논의 없이 형식적으로 임한다. 감정결과가 나온 후에야 실질적인 검토를 시작하는 것이 대부분의 실무관행이다. 현재 건설감정의 난맥상은 근본적으로 감정의 대상과 조건, 기준이 명확하게 정리되지 아니한 채 감정절차가 진행되는 사후검증식 실무 구조에서 비롯된다고 하겠다.[24] 표준절차의 기능은 이러한 사후검증식 감정을 최소의 노력으로 중요항목에 한하여 사전점검식으로 바꾸는 데 있다.

2. 감정준비명령의 송달

감정채택 결정이 나면 법원은 양 당사자에게 감정신청인이 제출한 감정신청서에 관하여 감정준비명령을 송달한다. 건설소송에 대한 경험부족으로 감정사항에 대하여 효율적인 준비를 하지 못하는 대리인들이 적지 않기 때문에 감정준비명령을 내려 감정준비서면을 제출하도록 하는 것이다. 정리사항에 다툼이 있으면 민사소송 신모델에서의 서면 공방절차를 진행하는 것과 마찬가지 방법으로 상호 준비서면을 교환하도록 한다. 그 양식은 뒤에 게재한다.

3. 감정기일의 실질화

감정료가 예납되고 감정준비명령을 통한 감정사항의 정리가 대강 이루어지면 재판부는 감정인신문기일을 지정하여 당사자와 감정인을 소환하게 된다. 법원

---

24) 사후검증식 감정실무의 문제점을 직접 지적한 대법원 판결로 인영감정에 대하여 판시한 것이 있다. "법원이 증거조사의 일환으로 인영의 동일성에 관한 감정을 실시함에 있어서는 감정을 명하기에 앞서 당해 인영이 찍힌 문서 등이 감정 대상으로 적절한지 여부를 따져 보아야 할 뿐만 아니라 석명권의 행사 등을 통하여 대조 인영의 증거가치를 미리 확정하여야 하므로, 법원이 이를 소홀히 한 채 감정을 마친 후 감정 대상이 사본이고 대조 인영의 증거가치를 확인할 수 없다는 이유로 위 감정 결과의 증명력을 배척하여 버린 경우에는 절차상의 잘못이 있다." 대법원 1997. 7. 25. 선고 97다15470 판결.

은 이러한 감정기일을 건설소송절차 중 가장 중요한 부분으로 삼을 수 있도록 실질화하여야 한다. 당사자가 사전에 충분한 준비를 해야 하고 법원도 감정기일에 시간을 충분히 확보하고 세부적인 사항의 정리를 해야 한다. 감정준비서면의 기재 내용을 중심으로 감정상 쟁점 정리를 하고 관련서류의 진정성, 관련성에 대한 의견 제기가 이루어지도록 한다. 이 과정에서는 뒤에 첨부한 감정점검사항표를 활용하여 정리해 나가도록 한다.

4. 조서 작성의 문제

실무상 감정기일의 조서는 변론기일조서에 감정인신문조서를 첨부하거나, 변론기일이 아닌 경우에는 단순히 기일조서를 작성하고 감정인신문조서를 첨부하도록 되어 있다. 그런데 위와 같은 세부적인 감정사항의 정리를 하는 경우에 그 조서를 어떻게 할 지가 문제되는데 정리사항이 사건의 실체에 관련이 있는 경우에는 이를 변론조서에 기재하는 것이 좋을 것이고, 단순히 감정에만 국한된다면 기일조서에 기재하여도 무방하다고 생각된다. 그러나 대부분의 경우 변론조서에 기재하는 것이 안전하리라고 생각되므로 감정인신문기일과 변론기일 또는 변론준비절차기일을 동시에 지정하는 것이 좋을 것 같다.

신민사소송법상 변론준비절차는 재판장이 담당하도록 되어 있으므로(민사소송법 제280조 제2항) 이 경우에는 감정에 관하여 재판장을 수명법관으로 미리 지정하는 것이 편리할 것이다. 감정사항의 정리가 이루어지면 이를 변론조서에 기재하고 감정인신문조서를 첨부하도록 한다.

V. 감정시행시 정리할 기본사항

1. 감정사항점검표

건설감정은 전제사실과 감정조건에 따라 그 내용이 달라지므로 감정 시행 전에 전제조건이 가능한 한 명백히 정리되어야 한다. 감정의 전제조건에 관하여 당사자 사이에 다툼이 없는 부분을 정하고, 다툼 있는 부분은 감정의 조건을 협의하여 조건부 감정을 행하도록 한다. 미리 정리할 감정의 기본사항은 ① 감정대상, ② 감정자료, ③ 감정기준의 세 가지 요건을 들 수 있다.[25] 이를 감정점검사항표로 일

---

[25] 저자의 글, "건설소송상 감정의 문제점과 개선방안(하)," 법률신문, 2002. 3. 11.자(3057호).

괄 정리하여 두고 감정시행시에 이 표에 따라 협의하는 것이 편리하다.

또한 당사자가 제출한 감정신청사항이 부적당한 경우가 많은데 이 경우에는 이를 그대로 감정사항으로 하면 안 되고, 전문가의 조언을 들어서 쟁점에 적합한 감정사항을 새로 만들어야 한다. 감정인 지정시에 감정인 후보자에게 사안의 개요를 설명하고 감정사항에 대한 과학적 견지에서 검토하도록 하는 방법도 좋을 것이다.[26]

2. 감정대상의 명확화

(1) 문제 사례

㈎ 공사중단으로 인한 기성고 감정을 하였는데 기성부분에 수급인의 착공 이전에 수급인 이외의 자가 일부 시공한 부분이 있었고, 공사중단 이후에는 도급인이 자비로 시공한 부분이 있었다. 그러나 수급인이 감정신청시에 이전의 시공자 시공 부분이 있었음을 알면서도 이를 특정하지 않았고, 도급인은 공사중단 이후 자기 시공분이 있다는 명확한 주장을 하지 않아서 감정인은 현상대로 전체 기성고를 산정하였다. 감정결과에 이러한 부분의 공사분을 포함한 것은 부당하므로 사실상 새로운 감정을 요한다.

㈏ 하자 감정결과가 나온 후에 수급인이 시공상 과실이 아닌 설계자의 설계상 과실 및 완공 후에 도급인의 사용상 과실로 인하여 하자가 발생하였거나 확대되었다고 주장하였다. 수급인은 감정 이전에 이미 준비서면상 이러한 주장을 하였는데 감정절차상 아무도 이런 주장을 하지 않아서 감정상 전혀 고려되지 않았다. 설계상 과실과 사용상 과실에 대하여 추가감정을 요한다. 감정시에 이러한 주장에 관련된 부분을 동시에 감정하였다면 훨씬 효율적이었을 것이다.

㈐ 건설공사로 인한 인접 건물의 피해상태 감정에서 피해건물에 이미 존재하였던 기존 손상 및 구조적 취약점에 대한 기여도까지 감정해야 하는데 이를 간과하거나 형식적으로 이루어지는 경우가 종종 있다.

(2) 기성고 감정

공사중단으로 기성고를 감정할 경우에 기성고 산정의 대상이 되는 부분이 전체 공사 부분 중 어디까지인지를 명확히 해야 한다. 공사중단 이후에 공사가 추가

---

26) 『註解 民事訴訟法』(제2판, 1993), 第一法規出版株式會社, 18면.

로 이루어지거나, 공사착수 이전에 수급인 이외의 자가 행한 부분이 있는 경우가 많기 때문이다. 특히 공사중단 후 타인에 의하여 완공된 경우에는 구체적 시공부분에 관하여 의견 대립이 있을 때가 많으므로 주의하여야 한다. 공사타절에 관한 합의서가 있는지를 꼭 확인하도록 한다.

시공 부분에 다툼이 있으면 다툼 있는 부분을 명시하여 각 부분별로 공사기성고를 감정함으로써 판결시에 종합적으로 판단할 수 있도록 해야 한다.

특히 기성고 감정시에 기성고 비율의 산정방법에 관하여 종종 오류가 발생한다. 기성고 비율은 약정된 공사내역을 기준으로 하여 완성된 부분의 공사비와 미완성 부분을 완성하는 데에 드는 공사비를 평가하여 그 전체 공사비 가운데 이미 완성된 부분의 공사비가 차지하는 비율을 산정하는 방식으로 정해지는데,[27] 감정인들 중 이를 알지 못한 채 완성된 부분의 공사비만 산출하여 공사대금 중 그 비율을 기성고율로 제시하는 예가 적지 않다. 기성고 산정방법에 관하여 이 방법 이외에 다른 방법으로 하는 데 합의가 가능한지도 살펴야 한다(경우에 따라서는 기성공사비나 잔여 공사비 한쪽만 산정하는 방법이 훨씬 효율적일 수도 있다).

(3) 하자감정

하자발생의 원인은 대부분 수급인의 시공상 과실임을 전제로 하고 있으나 만약 하자 발생 및 확대에 시공 이외에 설계상 과실이나 건축주의 사용상 과실 등 다른 요인이 있는지를 양 당사자에게 확인하여야 한다. 만약 다른 주장이 있다면 이 부분에 대하여도 명시적인 감정을 명한다.

특히 대상건축물 자체에 원래 구조상 문제나 노후화 문제가 있으면 이것도 그 기여도를 별도로 산정할 것을 명한다. 특히 건설공사로 인한 인접 건물의 피해상태 감정에서 피해건물에 이미 존재하였던 기존 손상 및 구조적 취약점에 대한 기여도까지 감정해야 하는데, 이를 간과하는 감정인이 적지 않다.

또한 하자보수비용에 관하여도 하자보수가 불가능하거나 하자가 중요하지 않은데 그 보수에 과다한 비용을 요하는 경우에는 하자보수비가 아니라 현 상태와 하자 없는 상태와의 교환가치 차액이 손해배상액의 기준이 되는 것인바, 감정을 명할 때 이런 가능성이 있으면 위 차액도 감정의 대상으로 삼아야 한다.

하자감정의 경우에 자주 문제가 되는 것은 하자보수기간이다. 특히 하자보증

---

27) 대법원 1996. 1. 23. 선고 94다31631, 31648 판결 등.

인(보험자)을 상대로 한 사건에서는 하자보수의 대상이 되는 하자의 발생기간을 명백히 하여야 한다. 대한주택보증주식회사가 보증한 경우에는 그 약관에 의하여 주택법 시행령상 하자보수책임기간에 발생한 하자만 대상이 되고, 그 기간 전이 거나(통상적으로 사용검사승인일 이전) 기간 이후에 발생한 하자는 제외되므로[28] 감정인에게 반드시 이러한 구분을 주지시켜서 감정이 이루어지도록 명하여야 한다.

반면에 건설공제조합의 경우는 약관에 주택법 시행령상의 기간을 적용한다는 기재가 없어서 보증서상 기재된 하자보증기간이 하자의 발생기간에 해당하게 될 가능성이 높으므로 감정시에 하자가 그 기간 내에 발생하였는지를 감정하도록 하여야 한다. 이러한 사항을 명하였음에도 감정결과 하자의 발생시점을 확정할 수 없다면 감정인으로서는 그런 기재를 하면 족하다. 재판부가 후에 모든 사정을 종합하여 하자의 발생시기를 결정하게 된다.

3. 감정자료의 충실화

(1) 문제 사례

(가) 공사중단으로 인한 기성고 감정에서 건축주가 감정인을 불신하여 감정인에게 시공도면의 일부를 제출하지 아니하였다. 감정인은 제출된 도면만으로 감정하였으나 건축주는 감정결과가 나온 후에야 제출도면이 실제 사용한 것이 아니라고 주장하면서 건축설계변경도면을 제출하였다. 이 감정은 설계변경 이전 도면만을 기준으로 함으로써 쓸모가 없게 되었다.

(나) 도급인이 유흥업소의 무대 벽이 변색되는 하자가 발생하자 이를 비디오와 사진으로 정밀 촬영한 후 긴급철거하고 수리를 하였다. 그는 감정인에게 이런 자료를 제출하지 않았다가 감정결과상 이 주장이 배척된 후에야 감정의 반대증거로서 이를 제시하였다. 영상자료로 밝혀진 하자 부분에 대하여는 재감정을 할 수밖에 없다.

(2) 관련자료의 제출

감정인에게 교부할 자료로 ① 소장, 준비서면 등 주장서면,[29] ② 계약서, 설계

---

28) 대법원 2002. 2. 8. 선고 99다69662 판결.
29) 이러한 주장서면을 감정인에게 교부할 필요가 있는지에 대하여 의견이 갈리므로 사전에 감정인과 당사자 쌍방이 이 부분에 의견을 모아야 한다는 주장도 있다. 앞의 『建築關係訴訟の實務』, 335면.

도, 시방서, 내역서, 현장설명서, 구조계산서, 시공상세도면 등 시공관련 서류, ③ 현장사진, 기타 참고자료 등이 있다. 재판부는 감정준비명령을 보내어 공사에 관련된 설계도서 등 제출 가능한 일체의 서면을 쌍방이 명시적으로 밝히도록 하고 감정기일에 이를 제출하도록 한다. 상대방에 대하여 소지한 서류의 제출을 요구할 수도 있다. 기성고 감정의 경우 상대방이 동의하면 자재구입표, 작업일보도 감정인에게 제출할 필요가 있다. 정확한 감정을 위하여는 가능한 한 공사에 사용된 서면이 빠짐없이 제시될 필요가 있다.

소송상 다툼이 많은 부분은 시공중에 설계변경이 있었을 경우에 증가비용청구 또는 미시공으로 인한 감액청구를 하는 경우이다. 이때에는 설계변경에 관한 자료를 유의하여 확인하여야 한다. 특히 전문가인 감정인과 충분히 협의를 하여야 하며, 감정기일에 자료의 범위가 확정되지 않더라도 대강의 자료범위는 정하여야 한다.

주의할 것은 이때 제출하지 아니한 서면은 추후 주장하지 않기로 당사자 사이에 약정하여 이를 조서에 기재하도록 하여야 한다. 감정인에게는 위 자료 이외의 것은 법원의 허가가 없는 한 감정에 사용하지 않을 것을 명하여야 한다.

일방 당사자가 사적으로 의뢰한 사감정서를 제출하는 경우에 이를 서증으로 처리하고 있는데 그 증거가치가 문제된다. 정식 감정인이 되는 것을 꺼리는 전문가의 협력을 얻을 수 있고 신속하며 당사자가 자기 주장입증의 구성에 효율적으로 원용할 수 있다는 점에서 무조건 배척할 필요는 없다.[30]

(3) 관련자료에 대한 의견표명

각 당사자는 상대방이 제출한 서면에 대하여 진정성, 유효성, 공사 관련성에 대한 의견을 밝힌다. 적합성에 다툼이 있는 경우에는 감정자료에서 제외하거나, 감정인이 이를 감안하여 조건부 감정을 하도록 한다. 감정기일 당일에 적합성 여

---

[30] 특히 감정결과 중 주문만이 아니라 이유 부분을 포함하여 감정전체가 감정결과로 되어 증거가 된다는 요즈음의 유력설 입장에서 보아도 사감정서를 무조건 배척할 것은 아니고 감정인의 적격성, 감정내용의 자체적인 합리성, 다른 증거와의 관련상 정합성 등을 종합하여 증거가치를 판단할 필요가 있다. 다만 중립성, 선서를 거치지 않은 점 등에 비추어 법원의 감정결과에 비하여 증거가치가 낮으므로 법원의 감정결과에 배치되는 감정서를 인정할 경우에는 극히 신중해야 할 것이다. 판결시에는 이를 증거로 삼아도 문제가 없으나 감정시에 감정인에게 교부할 필요는 없다고 주장하는 입장도 있다. 다만 하자감정시에 건물의 기초를 이루는 토질에 관한 사감정서 등은 교부할 수도 있을 것이다. 加藤新太郞, "鑑定結果の 證據價値," 앞의 『不動産鑑定訴訟法 1』, 26면 이하.

부가 밝혀지지 아니하면 일정 기간 내에 적합성에 관해 소명하도록 하고 감정인이 이를 기초로 자체 판단하도록 한다. 감정자료의 명세와 공사관련성이 변론기일에 준하여 구체적·개별적으로 검토되어야 감정의 기초에 관한 다툼이 없게 된다.

(4) 관련 예규의 개정 필요성

개정 전의 '공사비 등의 감정을 요하는 사건에 있어서 조정의 활성화 및 감정인 건축전문위원의 선정 활용 등에 관한 예규'[31] 제4조 제2항 및 제5조 제4항에 의하면 "법원은 당사자 등에게 대상 건축물에 관한 설계도, 시방서, 내역서, 공사계약서 등을 제출할 것을 명하고, 감정인에게 위의 각종 서류를 사전에 송부하도록" 되어 있었다. 그런데 감정실무상 관련서류의 중요 부분이 법원에 모두 제출되지 않는 경우가 많다. 일부만 제출되고 나머지 필요한 서류는 오히려 당사자, 특히 감정신청인이 법원을 통하지 않고 개별적으로 감정인에게 각종 서류를 교부하거나 현장설명을 하는 경우가 더 많다. 상대방은 아예 감정인을 만나거나 자료를 제출하는 노력을 하지 않는 경우도 있다. 따라서 법원은 위 예규의 내용과 같이 각종 자료 전부를 반드시 법원에 제출할 것을 명할 필요가 있다. 당사자는 법원에 제출된 서면 이외의 것을 개별적으로 감정인에게 교부하지 못하도록 하고, 법원에 제출된 서면에 대하여는 반드시 상대방의 의견 제시를 받도록 하여야 한다. 이러한 내용으로 감정시행에 관한 예규를 새로 제정하여야 할 것이다.

4. 감정기준의 명확화

(1) 문제 사례

(가) 기성고 감정을 하면서 기성부분의 공사대금은 공사 중단 당시의 건설물가에 의하였으나 미시공 부분의 대금은 감정 당시의 건설물가에 의하여 산출하여 기성률을 계산하였다. 양 물가의 기준시기가 다르므로 위 기성률은 부당함이 명백하다.

(나) 아파트의 하자감정에서 하자판정을 하면서 설계도와 시방서에 기재된 구조와 품질내용을 기준으로 하지 않고 일반적인 유사 아파트의 구조와 중급품질의 자재를 기준으로 삼았다. 도급인이 이의를 하였고 감정인은 설계내역서상의 품질

---

31) 위 예규는 2001. 9. 20. '공사비 등 감정인의 선정 등에 관한 예규'로 전면 개정되었다.

기준을 무시하였음을 인정하였다. 결국 감정보완을 통하여 이를 수정할 수밖에 없다.

㈐ 감정인이 하자보수비를 산정하면서 하자보수청구일과 상당한 차이가 나는 감정일을 기준으로 공사비를 산출하였다. 당사자는 이에 동의한 바가 없었으므로 부당하다.

⑵ 공사내용의 기준

기성고나 하자보수의 판단기준은 1차적으로 공사계약 및 그 부속도서에 기재된 시설내용 및 자재 종류에 따라야 한다. 건설소송상 설계도서는 그 종류가 다양한데다가 각종 도서상 내용이 차이가 나는 경우가 많아서 구체적으로 어느 것을 기준으로 삼아야 하는지 혼란스러울 때가 적지 않다.

공동주택 하자의 판단 기준에 대하여는 분양계약 당시 분양자가 사업승인도면이나 착공도면에 기재된 특정한 시공내역과 시공방법대로 시공할 것을 수분양자에게 제시 내지 설명하거나 분양안내서 등 분양광고나 견본주택 등을 통하여 그러한 내용을 별도로 표시하여 분양계약의 내용으로 편입하였다고 볼 수 있는 등 특별한 사정이 없는 한 아파트에 하자가 발생하였는지는 원칙적으로 준공도면을 기준으로 판단함이 타당하다.[32]

또한 도면과 시방서에 차이가 있으면 시방서가 우선하고, 어느 한 쪽에만 나타난 것은 모두 인정하도록 한다.

감정기일에 이러한 우선순위가 문제가 되면 명시적으로 이를 논의하여 결정하여야 하고, 그렇지 않으면 설계도서에 관한 일반적인 우선순위에 따라야 한다. 이러한 기준을 찾을 수 없을 경우에는 감정인이 동급의 건축물을 시공할 경우에 적용되는 통상적인 시설을 기준으로 할 수밖에 없다.

⑶ 기준시점

감정시에 금액 산정의 시점을 어디로 할 것인가에 따라 공사금액의 차이가 상당히 날 수 있으므로 매우 중요하다. 공사비 산정의 기준시점은 공사계약상 정해진 공사비 지급 시점이 기준이 됨이 원칙이다. 그러나 이러한 약정이 없는 경우에는 공사의 완공 및 인도시(공사잔대금 청구), 공사계약의 해제시(기성고 청구), 추

---

32) 대법원 2014. 10. 15. 선고 2012다18762 판결 참조, 상세한 내용은 제7장 제1절 3. 집합건물상 하자의 판단기준 참조.

가공사의 완료시(추가공사비 청구), 하자보수청구시(하자보수비 청구) 등 청구의 내용에 따라 기준시점이 달라진다.

당사자 합의에 의하여 추가공사를 시행하면서도 그 비용에 대한 합의는 하지 않은 경우가 있다. 양적인 추가공사는 기존 자료에 의하여 산정이 가능하지만, 다른 공정의 공사를 추가 시공하거나 재료 등급을 바꾼다면 새로운 기준이 필요하다. 이런 경우에는 민법 제665조에 비추어 추가공사대금의 지급시기는 특별한 사정이 없는 한 추가공사를 완료한 때라고 할 것이므로 추가공사대금 산정의 기준이 되는 공사단가는 추가공사완료시의 공사단가라고 할 것이다. 다만 추가공사가 설계변경을 거치고 당사자 사이에서 민간건설공사표준도급계약서가 작성되었거나 관급공사인 경우에는 추가공사대금은 위 표준계약서 일반조건 제19조나 국가를 당사자로 하는 계약에 관한 법률 시행령 제65조[33] 및 공사계약 일반조건 제20조 등에 따라 설계변경 당시의 공사단가에 낙찰률을 곱한 금액으로 산정하여야 한다.

따라서 감정기일에 기준시점의 확정을 명확히 하여야 한다. 공사시점과 감정시점 사이에 큰 차이가 없다면 일정한 시점으로 하는데 양자가 합의하여(통상은 상계나 일부 변제 등 복잡한 관계를 감안하여 제소시나 감정시점이 좋을 것이다) 조서에 "쌍방, 감정시점의 하자보수금액이 하자보수청구시와 차이가 없어서 이를 하자보수액으로 정하는 데 이의가 없다"라고 기재함으로써 산정시점의 불일치로 인한 불필요한 분쟁을 막을 필요가 있다.

(4) 기준에 관한 합의

감정기준을 세우기가 어렵거나 합의가 안 되면 법원이 가장 공정하다고 보이

---

33) 제65조(설계변경으로 인한 계약금액의 조정) ① 각 중앙관서의 장 또는 계약담당 공무원은 공사계약에 있어서 설계변경으로 인하여 공사량의 증감이 발생한 때에는 법 제19조의 규정에 의하여 당해 계약금액을 조정한다. … 중략 … ③ 제1항의 규정에 의하여 계약금액을 조정함에 있어서는 다음 각호의 기준에 의한다. 1. 증감된 공사량의 단가는 제14조 제6항 또는 제7항의 규정에 의하여 제출한 산출내역서상의 단가(이하 "계약단가"라 한다)로 한다. 다만, 계약단가가 제9조의 규정에 의한 예정가격의 단가(이하 "예정가격단가"라 한다)보다 높은 경우로서 물량이 증가하게 되는 경우 그 증가된 물량에 대한 적용단가는 예정가격단가로 한다. 2. 계약단가가 없는 신규비목의 단가는 설계변경 당시를 기준으로 하여 산정한 단가에 낙찰률을 곱한 금액으로 한다. 3. 정부에서 설계변경을 요구한 경우에는 제1호 및 제2호의 규정에 불구하고 증가된 물량 또는 신규비목의 단가는 설계변경 당시를 기준으로 하여 산정한 단가와 동단가에 낙찰률을 곱한 금액의 범위안에서 계약 당사자 간에 협의하여 결정한다. … 중략 … ⑥ 계약금액의 증감분에 대한 일반관리비 및 이윤등은 제14조 제6항 또는 제7항의 규정에 의하여 제출한 산출내역서상의 일반관리비율 및 이윤율등에 의하되 재정경제부령이 정하는 율을 초과할 수 없다(개정 1996. 12. 31, 1999. 9. 9).

는 기준을 찾아 양자의 합의를 유도하여 이를 조서에 남기도록 하는 것이 바람직하다.

5. 법원이 감정인에게 명할 사항

(1) 감정서의 표준화

현재 감정서는 그 구성양식이 다양하고 표준적인 형태가 없는데 위에서 지적한 기본적 사항이 결여된 경우가 많다. 이러한 사유로 감정 후에 감정기준이 불명확하거나 근거 서면에 관하여 다툼이 일어나는 경우가 많다. 따라서 감정을 명할때 미리 위의 기본적 사항을 명시한 감정서 표준양식을 교부하고 가능한 한 이에맞추도록 권고할 필요가 있다.

(2) 공정의무 고지

감정인은 법관의 판단을 보충하는 자로서 절대적인 공정의무를 가지므로 상당한 주의를 하여야 한다. 감정기일에 이를 다시 한번 고지할 필요가 있다. 특히충실한 감정을 위하여는 감정인과 당사자 사이에서 충분한 의견 교환과 협력이필수적인데 일방 당사자, 특히 감정신청인과의 잦은 접촉은 자칫 공정성을 해할위험도 있다.

당사자 일방으로부터만 자료의 제공을 받고 다른 당사자에게서는 자료를 제공할 기회를 주지 않는 경우에는 기피사유가 되므로[34] 당사자 일방만 만나고 다른당사자는 만나지 않는 경우도 기피사유가 될 수 있다. 따라서 당사자의 접촉 일시와 목적을 감정서에 모두 기재하도록 하여 공정성을 유지하도록 할 필요가 있다.현재 대리인들의 일관된 지적은 감정이 신청인에게 유리한 결과가 나온다는 점인바, 이러한 기재는 불필요한 오해를 막을 수 있다.

(3) 감정인에 대한 설명사항

재판장은 감정기일에 감정인에 대하여 ① 감정절차 전반, ② 감정서의 제출기한(지체시 처리할 방법), ③ 감정중에 의문이 생길 경우에 대처방법, ④ 감정서 송부 후에 기록의 보관 또는 처분시기, ⑤ 보충감정서의 제출 및 감정인 신문의 실시가능성과 그 이유 등을 설명하여 줌으로써 감정인이 감정업무에 대하여 충분한

---

34) 앞의 『주석 민사소송법』 제4권, 388면.

이해를 하도록 하여야 한다.[35]

　　이때 재판부는 감정인이 필요한 경우 재판부와 협의할 수 있는 방법을 제시하여야 한다. 감정인이 감정절차를 진행하면서 의문이 발생하거나 예상하지 못했던 문제가 발생하는 경우에는 반드시 재판부에 전화나 팩스 등을 통하여 재판부에 그 상황을 알리고 지침을 받도록 하는 것이다. 또한 감정인이 부득이하게 제출기한을 지키지 못하는 경우에는 재판부와 재판 당사자에게 사전 고지하도록 한다.

VI. 감정인의 감정시행 및 감정서 표준양식

1. 감정시행 중 협의 필요성

　　감정인의 감정작업 중에 감정사항의 전제조건이 바뀌거나, 다른 사항에 관하여 정밀감정이나 조사가 필요하고, 감정사항의 변경 또는 보정이 필요한 경우가 생길 수 있다. 이 경우에는 적정한 시기에 감정진행협의를 위하여 재판부, 당사자, 감정인이 모여 대책을 세워야 한다.

　　현재 우리 재판 실무상 일단 감정을 명하면 전제조건이나 감정대상의 변경이 있어도 감정인은 이를 재판부에 알리지 않고 무리하게 감정을 진행하는 예를 많이 볼 수 있다. 재판부에 알려도 적극적으로 이를 처리하지 않고 감정인에게 일임하는 것이 보통이다. 이를 위하여 협의 필요성이 있으면 감정인이나 당사자는 협의 필요성에 관한 소명자료를 첨부하여 재판부에 감정업무에 관한 협의를 요청하는 것이 필요하다.

2. 감정서 표준양식의 활용

　　건설감정서의 표준적인 양식을 정리해 본다. 감정의 종류에 따라 일부씩 가감하여도 좋을 것이다. 뒤에 게재한다. 감정의 수준을 높이기 위하여 통일적 방식의 활용이 필수적이다. 저자가 고안한 감정서 표준양식은 뒤의 제6절에 수록하였다.

---

35) 일본의 동경지방재판소건축소송대책위원회는 감정인에게 필요한 정보를 제공하기 위한 자료로서 '건축감정의 안내'라는 책자를 만들어(『判例時報』 1777호, 3면 이하) 감정인에 대한 기본자료로 활용하고 있다.

3. 감정서 작성시 유의사항

첫째, 내용을 평이하게 작성하여야 한다. 건축전문용어의 과다한 사용이나 전문적이고 기술적인 내용을 장황하게 서술하는 것은 피하여야 한다. 특수한 용어는 설명을 붙이는 것이 좋다.

둘째, 추측판단, 가정판단은 피하여야 한다. 전문기술적 자료분석을 통하여 취득한 판단만을 제시하여야 하고 확실한 근거 없이 추측성 판단을 하거나 가정적 사실을 전제로 한 가정판단을 하면 안 된다. 감정서 중에는 감정의견에 붙여서 추정적 판단을 덧붙이는 예가 있는데 이는 공연히 감정의견을 모호하게 하여 새로운 분쟁을 일으키는 경우가 있다.

셋째, 객관성을 담보할 수 있는 기준을 기재함이 좋다. 객관적인 기준으로서는 각종 건축법령, 고시, 건축학회의 표준시방서, 기술적 통계표 등이다.

넷째, 하자감정시에 하자 여부의 판단을 기재함에는 신중하여야 한다. 하자 여부의 판단은 법적 판단으로서 건축사가 할 수 있는 것이 아니므로 하자에 대한 최종판단을 하면 안 된다.[36] 감정서에는 흠결의 현상과 부위, 원인, 객관적 기술수준 등의 위반 여부, 상당한 보수방법 등을 기재하면 족하다. 이를 종합하여 법관이 하자 여부를 최종 판단하는 것이다. 그러나 현재의 감정실무상 이러한 의식이 없이 감정인이 하자 여부의 판단을 항목별로 기재하는 예가 많고 법원에서도 이러한 의식없이 이를 받아들이고 있으나 시급히 개선하여야 한다.

Ⅶ. 감정서의 제출과 심리

1. 감정서의 효력

감정결과를 어떻게 평가할 것인가는 감정의 이유 및 기타 증거자료를 종합하여 검토한 법원의 자유로운 심증에 맡겨져 있다. 복수의 감정결과 중 어떤 것을 채택할 것인지도 법원의 심증에 의하여 결정되며,[37] 여러 감정결과 중 일부 사항씩

---

36) 앞의 『建築關係訴訟의 實務』, 275면.
37) 감정은 법원이 어떤 사항을 판단함에 있어 특별한 지식과 경험칙을 필요로 하는 경우에 그 판단의 보조수단으로서 그러한 지식경험을 이용하는 데 지나지 아니하므로 동일한 사실에 관하여 상반되는 감정 결과가 있을 때 법관이 그 하나에 의거하여 사실을 인정하였으면 그것이 경험칙이나 논리법칙에 위배되지 않는 한 위법이라고 할 수 없다: 대법원 2006. 11. 23. 선고 2004다60447 판결;

을 부분적으로 채택하여 사실인정하는 것도 가능하다.[38] 그러나 감정결과가 법원
의 합리적인 의심을 제거할 수 없는 정도일 경우에는 이를 채택할 수 없다.[39]

또한 감정결과 중 법원으로부터 감정을 요구받은 사항에 대한 결론 부분이
감정주문으로 되고 그 결론에 이른 판단의 과정의 설명은 감정이유로 표시되어
법률상 감정의견이 되는 부분은 주문뿐이라는 것이 종래의 통설이다.[40] 감정의견
은 주문의 증명력을 음미하는 자료의 의미밖에 없고 감정의 채택 여부는 순전히
법원의 자유심증에 속한다는 것이 근거이다. 따라서 이유가 불충분하거나 없는
감정을 채용하여도 위법이 아니라고 한다.[41]

그러나 감정이유도 감정결과에 포함되는 것으로 보는 것이 상당하다는 유력
설이 제기되고 있다. 법원이 감정주문을 배척하고 대신에 감정서의 이유 중 일부
분만을 채용하여 다른 결론을 내는 것도 가능하다는 것이다.[42] 감정이 법관판단의
지식적, 기술적 보조자료이며 판결과 같이 최종 확정성을 갖는 것이 아니란 점에
비추어 볼 때 감정이유 부분의 합리성만 보장된다면 감정이유를 배척할 이유가
없다고 보아 후자의 견해가 타당하다고 본다.

결국 감정결과는 합리성이 인정되는 범위 내에서 법원에 의하여 받아들여지
게 되므로 감정결과의 합리성 여부를 둘러싸고 감정의 조건이나 이유 등에 관하
여 계속적인 심리가 필요하게 된다.

한편 선서하지 아니한 감정인이 작성한 감정서는 증거능력이 없지만, 내용이
합리적일 경우에는 사실인정의 자료로 삼을 수 있다는 판결이 있다.[43]

대법원 1989. 3. 8. 선고 87다카1354 판결도 같은 취지임.
[38] 신체상해에 따른 후유증이 남아 있는 경우 그 향후치료비의 액수와 여명단축의 정도 사이에 의
학적으로 어떠한 상관관계가 있다고 단정할 수는 없으므로 수 개의 신체감정결과가 피해자에 대
한 향후치료비의 액수와 여명단축정도에 관하여 각각 의견을 달리하고 있는 경우에 그중 한 개의
신체감정결과에 의하여 향후 치료비의 액수를 인정하고 다른 신체감정결과에 의하여 여명단축
정도를 인정하였다 한들 이를 두고 논리와 경험칙에 반한 채증방법으로서 위법하다고는 할 수 없
다: 대법원 1988. 1. 19. 선고 86다카2626 판결.
[39] 대법원 1987. 5. 26. 선고 86도2293 판결.
[40] 앞의 『주석 민사소송법』 4권, 401면.
[41] 『註解 民事訴訟法』(제2판, 1993), 第一法規出版株式會社, 71면.
[42] 野田宏, "鑑定をめぐる諸問題," 『新實務民事訴訟法講座2』, 日本評論社(1981), 165면.
[43] 선서하지 아니한 감정인에 의한 감정 결과는 증거능력이 없으므로, 이를 사실인정의 자료로 삼을
수 없다 할 것이나, 한편 소송법상 감정인 신문이나 감정의 촉탁방법에 의한 것이 아니고 소송 외
에서 전문적인 학식 경험이 있는 자가 작성한 감정의견을 기재한 서면이라 하더라도 그 서면이
서증으로 제출되었을 때 법원이 이를 합리적이라고 인정하면 이를 사실인정의 자료로 할 수 있다
는 것인바, 법원이 감정인을 지정하고 그에게 감정을 명하면서 착오로 감정인으로부터 선서를 받

2. 감정보완 신청

감정인이 감정을 시행한 후에 감정서를 법원에 제출하면 일응 감정인의 임무는 종료된다. 그러나 대부분의 사건의 경우에 감정결과에 대한 이의를 제기하면서 감정인에게 사실조회를 신청하여 감정내용을 다투게 된다. 이러한 조회를 위하여 몇 달씩 기일이 공전되는 경우도 많기 때문에 이에 대한 신속한 처리가 필요하다. 그런데 이러한 탄핵성 조회는 감정인에게 적지 않은 부담을 주는 것이 보통이어서 답변이 지연되거나 아예 형식적인 답변으로 일관하는 감정인들도 있다. 서면조회와 더불어 판사실에서 전화나 팩스를 이용하여 특별한 관심을 표명하는 것이 훨씬 효율적이다.

흔히 당사자가 감정인에 대한 사실조회를 신청하고 이를 채택하는 것이 관행화되어 있는데, 감정인은 사실조회의 대상이 될 수 없으므로 사실조회신청을 하더라도 이는 감정보완신청서로 보아야 하고 사실조회회보서는 감정보완설명서로 보아 처리하여야 한다. 사실조회라는 용어의 사용을 피해야 한다.

3. 제2차 감정인 신문

(1) 제2차 신문을 행할 경우

재판장은 감정인에게 구술로 의견을 진술하게 할 수 있으므로(민사소송법 제339조 제1항) 감정보완조회를 하는 대신에 직접 감정인을 출석시켜 신문을 할 수도 있다. 이는 감정을 명할 때 행한 감정인 신문이 제1차 신문이었으므로 제2차 신문기일이 된다.

그러나 이 증거결정은 신중히 해야 한다. 감정인에 대한 신문은 심적 부담이 크고 불쾌 체험, 불신감 등을 줄 수 있으며, 특히 일본에서는 전문소송의 발전을 위하여 감정인 신문은 원칙적으로 실시하지 않는다는 소송운영원칙이 세워져야 한다는 제언이 있음을 유념할 필요가 있다.[44] 자주 이러한 신문을 행하면 능력 있는 감정인의 감정기피현상이 일어날 수 있다. 감정인은 법관의 보조자란 점에서 가급적 서면에 의한 신문을 이용하는 것이 좋을 것이다.

는 것을 누락함으로 말미암아 그 감정인에 의한 감정 결과가 증거능력이 없게 된 경우라도, 그 감정인이 작성한 감정 결과를 기재한 서면이 당사자에 의하여 서증으로 제출되고, 법원이 그 내용을 합리적이라고 인정하는 때에는, 이를 사실인정의 자료로 삼을 수 있다: 대법원 2006. 5. 25. 선고 2005다77848 판결.

44) 小磯武男, "鑑定人の 證人調べ," 앞의 『不動産鑑定訴訟法1』, 44면.

(2) 신문의 방법

신문기일 이전에 당사자의 질문서 등을 미리 송부하여 충분한 준비를 하도록 하여야 한다. 가급적 판사실에서 신문을 하거나 특정 시간을 지정하여 감정인에 대한 배려를 충분히 하여야 한다. 관계자 전원이 함께 앉고 감정인이 기록을 충분히 검토하면서 답하도록 감정인의 설명을 쉽게 하는 환경을 만들어야 한다. 감정인선서를 다시 할 필요는 없다.

상호신문이 가능하고(민사소송법 제327조), 감정인이 전문가라는 점에서 유도신문도 허용된다. 그러나 당사자보다 재판장이 중립적 입장에서 먼저 질문하는 등 감정인이 자기 견해를 충분히 밝히도록 신문순서를 바꾸는 것이 필요하다는 견해도 있는데[45] 감정은 법관의 판단을 돕는 보조적인 증거방법으로서 법원의 적극적인 관여가 필요하다는 점에서 타당하다고 본다. 재판장은 필요하다고 인정하면 어느 때나 신문할 수 있으므로(민사소송법제 327조 제3항) 원칙적으로는 상호신문방식으로 진행하되, 특별한 경우에 한하여 재판장이 먼저 신문하는 방식으로 운영함이 바람직할 것이다. 특히 불리한 감정결과를 받은 당사자측에서 신문할 경우에 중복되거나 집요한 질문, 인격적 모욕을 가하는 질문을 하는 경우가 많으므로 적절히 제지하여야 한다.

(3) 감정증인의 문제

감정인에 대하여 감정증인(민사소송법 제340조)으로서 증인신청을 하는 대리인이 많은데 감정인에 대하여 감정결과에 관하여 보충신문하는 경우는 감정증인 신문이 아니라 감정인 신문임을 주의하여야 한다.[46] 전문지식에 기한 의견을 제시하는 것이기 때문에 건설감정의 경우에는 감정인이 증인이 될 경우는 거의 없다.

필요한 경우에는 감정인 자신이 아니라 감정인의 보조자를 조사하는 것도 가능한데 이때는 보조자는 감정인이 아니고 과거에 경험한 사실을 진술하는 것이므로 증인으로 조사하여야 한다.[47]

---

45) 鹽崎勤, "鑑定結果は裁判所の職責," 앞의 『不動産鑑定訴訟法1』, 15면.
46) 증거조사의 방식은 강행적인 것이 아니므로 감정인으로 신문하는 것이 타당한 경우에 증인으로 신문하였다 하더라도 이 방식위배에 대하여 상대방이 지체없이 이의를 진술하지 않았다면 그 자유심증에 의하여 증인의 증언으로 손해액을 인정하였다 하여 위법이라고 할 수 없다: 대법원 1960. 12. 20. 선고 4293민상163 판결.
47) 앞의 『주석 민사소송법』 제4권, 402면.

⑷ 감정촉탁관련 증인

감정촉탁결과에 대하여 필요한 때에는 촉탁기관이 지정한 자가 감정서의 설명을 할 수 있는바(민사소송법 제341조 제2항), 이 경우 감정촉탁의견 중 전문지식에 관한 설명을 구하면 감정인에 준하고 감정시 지득한 사실에 관한 설명을 구하면 증인에 준하여 선서하여야 할 것이지만, 실무상으로는 증인신문방식을 취하여 전문적 지식과 사실 모두를 자유롭게 신문하는 것이 바람직하다.

4. 재감정 여부

감정결과에 대하여 감정보충서, 감정인 2차 신문결과로도 그 내용이 불충분하거나, 감정절차가 아예 위법한 경우에는 동일 감정인 또는 다른 감정인에게 재감정을 명하여야 한다. 재감정의 채택 여부는 법원이 직권으로 결정하는 것이므로 감정결과상 보충 및 수정이 가능한 경우에는 감정보충서 등에 의하여 해결하여야 하고, 종전 감정결과를 수용하기 어려운 경우에만 허용함이 바람직하다.[48]

이전 감정상 흠결 부분을 감정할 경우에는 종전 감정인을 지정하는 것이 일반적이다.

다른 감정인에 의한 재감정시에 이전의 감정서를 이용하는 것을 허용할 것인가가 문제인데 예단을 막기 위하여 백지상태에서 감정을 해야 한다는 입장도 있으나, 이전 감정서의 모순점을 충분히 설명하고 문제점을 해결하도록 감정을 명하는 것이 바람직하므로 긍정함이 타당하다.

5. 사감정서의 제출

불리한 감정결과를 받은 당사자가 다른 전문가에게 감정서를 검토하게 한 후에 긍정적인 답변을 얻으면 아예 새로이 감정을 하게 하여 이를 서증으로 제출하는 경우도 있다. 이를 작성한 전문가를 증인으로 채택하여 반대 당사자로 하여금 그 자격과 감정내용에 관하여 충분한 반대신문 기회를 준다면 증거가치가 담보되므로 무조건 배척할 이유는 없다고 본다. 그러나 감정체계가 달리 구성되어 불필

---

48) 감정은 법원의 특별한 지식과 경험을 보조하는데 불과함으로 당사자가 재감정 신청을 하였다 할지라도 이의 채택 여부는 법원의 직권에 전속하는 사항이므로 재감정 신청을 각하하여도 심리미진의 위법이 있다 할 수 없다: 대법원 1960. 2. 25. 선고 4292민상52 판결.

요한 혼란을 줄 수도 있으므로 이러한 사감정인의 증인채택 여부는 신중하게 결정해야 한다.

6. 감정인에 대한 종국결과 통지

자신이 행한 감정결과가 소송에 어떻게 반영되었는지를 알고 싶어하는 감정인이 많다. 이러한 결과를 통하여 감정인 입장에서 장래 자신이 감정할 때 참고가 될 수 있는 경험을 하게 될 것이다. 법원사무관이 판결 후에 감정인에게 판결이나 조정조서등본을 송부하는 방식으로 처리함이 좋을 것이다. 이렇게 하면 감정인은 감정에 관련한 자료의 처리를 할 수 있게 된다.

7. 감정인 평가제도

대법원 예규는 감정인으로 지정되기에 부적합하다고 인정할 사유가 있는 때에는 재판장이 이를 법원장에게 보고하여 그 감정인을 명단에서 삭제함으로써 향후 감정인으로 선정되는 일이 없게 하고 있다. 그러나 이와 같은 절차는 시행이 쉽지 않아서 재판부나 소송 당사자들의 의견을 반영할 수 없었다.

이에 따라 향후 감정을 맡기기가 곤란하다고 판단되는 감정인을 다른 사건의 감정에서 배제하고, 다음 번 감정인 명단 작성시 감정인의 자격을 심사할 자료를 마련하기 위하여 서울지방법원은 2003년부터 감정인 평가제도를 도입하여 시행 중에 있다. 재판장은 감정서를 검토한 다음에 소정 양식의 감정인 평가서에 우수(A), 평균(B), 평균 이하(C), 감정인 정지(F)를 기재하여 주무부서의 과장에게 송부하고 주무부서의 과장은 다음 해의 감정인 지정에 활용하기 위하여 위 자료를 관리하고, 정지(F)의 평가를 받은 감정인은 즉시 이후의 감정인 지정 명단에서 제외하고 전산프로그램을 수정하도록 하고 있다. 이러한 자료가 축적되면 감정인에 대한 객관적인 평가기준이 성립되어 매우 효율적이리라고 생각된다.

Ⅷ. 건설감정 표준절차 요약

이상에서 살핀 감정표준절차를 요약하면 아래와 같다. 사건내용과 쟁점에 따라 가감하여 절차를 진행하면 좋을 것이다.

┌─────────────────────┐
건설감정 표준절차
└─────────────────────┘

1. 건설감정인의 지정
① 통상적인 사건은 대법원예규에 따라 컴퓨터에 의한 선정절차를 거친다.
② 당사자 사이에 감정인 선정에 관한 합의가 가능하다면 이러한 합의를 하도록 유도한다.
③ 당사자 일방이 감정인을 추천하는 경우에 합리적이라고 보이면 상대방에게 추천된 감정인 지정에 관한 의견을 제시하도록 하여 이의가 없으면 지정한다.
④ 규모가 큰 사건의 경우에는 감정인 명단 중에서 3, 4명 정도를 제시하여 이들 중에서 당사자들이 검토한 후 협의, 선정하도록 유도하는 것도 가능하다.
⑤ 마땅한 감정인을 알 수 없으면 대학, 관련업계단체 등에 추천의뢰서를 보내어 추천하도록 한다. 가능하면 추천의뢰서 송달과 별도로 재판부가 단체의 관계자와 전화로 감정의 성격과 적정한 감정인 자격에 대하여 의견을 나누는 것이 효과적이다.
《주의사항》조정, 간이감정으로 해결할 가능성이 있으면 정식 감정은 당분간 보류하는 것이 좋음

2. 감정료의 결정
① 법원은 감정인을 지정한 다음 감정인에게 감정신청서를 기준으로 하여 감정료 산출내역서를 제출하도록 한다.
② 감정료산출내역서가 제출되면 법원은 이를 감정신청인에게 보내어 1주일 이내에 적정성에 관한 의견을 제시할 기회를 부여한다. 감정료가 소액이거나 적정하다고 판단되면 이를 생략하여도 무방하다. 과다하다는 의견서가 나오면 감정인에게 이를 보내고 의견을 제시하도록 한다.
③ 재판부는 감정인에게 감액을 요구하거나 직권으로 감정료를 결정하여 감정신청인에게 예납을 명한다. 재판부별로 건설감정료에 대한 결정(사정결과)표를 한 부씩 복사해 두는 것이 유용하다. 비슷한 사건의 경우에 상호 대조함으로써 훨씬 쉽게 일을 처리할 수 있다.
④ 당사자가 합의에 의하여 감정인을 선정하였을 경우에는 당사자에게 감정료 결정까지 맡기는 것이 바람직하다.
⑤ 감정서가 제출되면 예납된 감정료를 찾아가도록 한다. 감정의 범위가 당초 예상과 상당히 달라졌으면 다시 한번 감정료 사정을 하여 감액 또는 추가납부를 명해야 한다. 다만 이러한 것은 감정인이나 당사자로부터 명시적인 요구가 있을 때에만 처리함이 보통이다.

3. 감정의 준비와 감정기일의 진행
가. 감정준비명령의 송달

감정채택 결정이 나면 법원은 양 당사자에게 감정신청인이 제출한 감정신청서에 관하여 감정준비명령(별첨)을 송달한다. 건설소송에 경험이 부족한 대리인이 있을 경우에 매우 효과적이다.

나. 감정기일의 실질화

감정기일은 건설소송절차 중 가장 중요한 부분으로 시간을 충분히 확보하고 세부적인 사항의 정리를 해야 한다. 감정준비서면의 기재 내용을 중심으로 신모델상 쟁점정리기일과 동일하게 감정상 쟁점정리를 하고, 관련서류의 진정성, 관련성에 대한 의견 제기가 이루어지도록 한다. 이 과정에서는 감정점검사항표(별첨)를 활용하여 정리해 나가도록 한다.

다. 조서 작성

감정사항의 정리를 하는 경우에 사건의 실체에 관련이 있는 경우에는 이를 변론조서에 기재하는 것이 좋을 것이고 단순히 감정에만 국한된다면 기일조서에 기재하여도 무방하다. 감정인신문기일과 변론기일 또는 변론준비절차기일을 동시에 지정하는 것이 좋은 방법이다. 변론준비절차는 재판장이 담당하도록 되어 있으므로 감정에 관하여 재판장을 수명법관으로 미리 지정하는 것이 편리할 것이다.

라. 감정인에게 공정의무 고지

4. 감정의 기본조건 확정

감정의 전제조건에 관하여 당사자 사이에 다툼이 없는 부분을 정하고, 다툼 있는 부분은 감정의 조건을 협의하여 조건부 감정을 행하도록 한다. 미리 정리할 감정의 기본사항은 ① 감정대상, ② 감정자료, ③ 감정기준의 세 가지 요건을 들 수 있다. 이를 감정점검사항표로 일괄 정리하여 두고 감정시행시에 이 표에 따라 협의하는 것이 편리하다.

《주의사항》당사자가 제출한 감정신청사항이 부적당한 경우에는 쟁점에 적합한 감정사항을 재판부가 새로 만들어야 한다. 감정인과 미리 협의할 수도 있다.

5. 감정서 제출 이후의 절차

가. 감정보완신청

감정결과는 사실조회의 대상이 될 수 없으므로 감정보완신청으로 처리하여야 한다.

나. 제2차 감정인 신문

감정인에게 감정결과에 대하여 구술로 의견을 진술하게 할 경우 이는 감정을 명할 때 행한 감정인 신문이 1차 신문이었으므로 제2차 신문기일이 된다. 그러나 이 증거결정은 가급적 신중히 해야 하며 판사실에서 진행하는 등 증인과 차별화된 절차를 시행할 필요가 있다. 재판장이 중립적 입장에서 먼저 질문하는 등 감정인이 자기 견해를 충분히 밝히도록 신문순서를 바꾸는 것이 필요하다는 견해도 있다.

다. 재감정

재감정의 채택 여부는 법원이 직권으로 결정하는 것이므로 감정결과상 보충 및 수
정이 가능한 경우에는 감정보충서 등에 의하여 해결하여야 하고, 종전 감정결과를
수용하기 어려운 경우에만 허용함이 바람직하다. 이전 감정상 흠결 부분을 감정할
경우에는 종전 감정인을 지정하는 것이 일반적이다.

Ⅸ. 감정절차에 관한 입법론: 독일의 경우

입법상 참고자료로서 감정 부분에 관한 독일의 민사소송법 규정을 소개하고
자 한다.[49] 감정에 관한 기본적 원칙을 명확히 규정하고 있다는 점에서 우리에게
시사하는 바가 적지 않은 것 같다.

(1) 독일 민사소송법전 404조 a [감정인 활동의 지휘]

① 법원은 감정인의 활동을 지휘하여야 하고, 또한 감정인의 활동의 종류 및
범위에 관하여 지시할 수 있다.

② 해당 사건에 관하여 특별한 사정이 있으면 법원은 입증할 문제의 작성 전
에 감정인의 의견을 듣고, 감정인에게 해야 할 과제를 지시하고, 감정인의 요구가
있으면 위임내용을 설명해야 한다.

③ 사실관계에 관하여 다툼이 있는 경우에는 법원은 어떤 사실을 감정인이
감정할 때 기초로 해야 하는가를 정한다.

④ 법원은 필요가 있는 경우에는 감정인이 어떤 범위까지 입증문제에 대하여
해명할 권한을 가지고 있는가, 어떤 정도까지 감정인은 당사자와 관계를 갖는 것
이 허용되는가, 또한 감정인이 조사시에 쌍방 당사자들에게 언제 참여를 허용해
야 하는지를 정한다.

⑤ 감정인에의 지시는 당사자에게 통지해야 한다. 감정인에의 지시에 관하여
특별기일이 열린 경우에는 당사자에게 그 기일의 출석이 허용되어야 한다.

---

49) Buch 2−Verfahren im ersten Rechtszug (§§ 253−510b).
　　Abschnitt 1−Verfahren vor den Landgerichten (§§ 253−494a).
　　Titel 8−Beweis durch Sachverst ndige (§§ 402−414).

(2) 407조 a [감정인의 부가적 의무]

① 감정인은 위탁받은 사항이 자기 전문분야에 해당하는가 아닌가, 또는 다른 감정인의 의견을 들을 필요없이 해결이 가능한가를 지체없이 검토하여야 한다. 위탁받은 사항이 자기의 전문분야에 해당하지 않거나 또는 다른 감정인의 의견이 필요한 경우에는 감정인은 지체없이 법원에 이를 알려야 한다.

② 감정인은 위탁받은 사항을 타인에게 위탁할 권한이 없다. 타인의 협력을 받은 경우에 있어서 그것이 부차적인 의미를 가진 것으로 중요한 것이 아닌 경우에는 감정인은 그 타인의 이름을 거시하고 아울러 그의 협력의 범위를 밝혀야 한다.

③ 감정인이 위탁받은 사항의 내용과 범위에 관하여 의문을 가진 경우에는 감정인은 지체없이 법원에 의한 해명을 구해야 한다. 감정에 예상된 비용이 소송물의 가액에 비하여 명백히 과대한 경우, 또는 요구되었던 예납비용을 현저히 초과하는 경우에는 감정인은 적시에 이것을 지적하여야 한다.

④ 감정인은 법원의 요구가 있는 경우에는 서류 기타 감정에 원용되었던 자료와 조사결과를 지체없이 인도하거나 또는 통지하여야 한다. 감정인이 이 의무를 이행하지 않는 경우에는 법원은 인도를 명한다.

⑤ 법원은 감정인에게 그의 의무에 관하여 알려 주어야 한다.

제5절 구체적 감정 사례

I. 콘크리트 균열의 감정

(1) 균열의 허용 폭 인정 여부

하자담보책임소송에서 빼놓지 않고 제기되는 부분이 콘크리트 균열로 인한 하자의 인정문제이다.[50] 재판부나 감정인 사이에서 뚜렷한 기준이 없어서 혼란이 큰 실정이다. 원래 콘크리트는 경화되면서 입자 사이에 채워져 있던 물이 증발하면서 건조수축 응력이 발생하여 건조수축균열(콘크리트가 경화할 때 용적이 작아져

---

50) 콘크리트에 관한 논의는 강재철, "건설사건의 검증, 감정" 2011년 법관연수자료(사법연수원), 김호석, "하자보수가 필요한 균열의 범위"(서울중앙지방법원 건설전문재판부 토의자료, 미공간) 참조.

틈이 생기는 현상)이 일어나게 된다. 또한 콘크리트는 시멘트 물의 수화작용(水化作用), 소성수축(塑性收縮), 재료들의 서로 다른 특성으로 인해 제조단계부터 미세균열이 발생하여 커지게 된다. 균열이 없는 콘크리트를 만드는 것은 불가능하며, 구조물의 안정성과 사용성을 확보하기 위하여 균열 폭을 허용 값 이내로 제한하고 있다.[51] 건설교통부 보수보강 전문시방서에서는 '허용균열 폭보다 적은 경우에는 보수할 필요가 없고, 허용균열 폭보다 큰 경우에는 보수가 필요하다'라고 규정하고 있다. 건설교통부 2003제정 콘크리트 구조설계기준 76면 표4.2.2. 허용균열 폭에서는 건조환경의 경우 0.4mm, 습윤 환경의 경우 0.3mm로 규정하고 있다.

그런데 하급심 판결은 콘크리트 균열에 대하여 허용균열 폭을 인정하지 않고 모든 균열을 하자로 보는 균열 전부 인정설,[52] 허용균열폭 내 균열은 하자가 아니라는 설,[53] 모든 조건을 종합적으로 고려하여 개별적으로 판단해야 한다는 설[53] 등으로 나뉘어지고 있다.

대전고등법원 2007. 11. 2. 선고 2007나628 판결은 "허용균열폭 이내의 균열이라 하더라도 빗물의 침투 등으로 철근이 부식되고 균열이 확산됨에 따라 구조체의 내구력이 감소하는 등 건물의 기능상, 안전상 지장을 초래할 뿐 아니라 균열이 발생한 콘크리트 외벽이 노출되는 경우 미관상으로도 좋지 않으므로 균열이 발생하는 환경조건을 고려하지 않은 채 일률적으로 일정 기준 이하의 균열을 하자보수대상에서 제외하는 것은 타당하지 않다"고 하면서 아파트의 외벽 등에 발생한 균열에 대하여 시공상의 하자인 사실을 인정하였다. 이에 대하여 대법원은 2009. 2. 26. 선고 2007다83908 판결에서 허용균열폭 내에 있는 콘크리트 균열을 하자로 인정할 것인가의 여부는 사실인정의 문제로서 원심이 제반 증거에 의하여 하자로 인정한 것에 대하여 수긍할 수 있다는 취지로 판단하였다. 위의 개별적 판단설 입

---

51) 허성회, "공동주택 콘크리트 균열의 미관상 하자판정기준에 관한 연구," 중앙대학교 건설대학원 석사학위논문, 10면.

52) 서울고등법원 2008. 6. 12. 선고 2007나49085 판결; 서울고등법원 2008. 3. 25. 선고 2007나56625 판결; 서울고등법원 2008. 3. 26. 선고 2007나77608 판결; 서울고등법원 2008. 5. 27. 선고 2007나105725 판결; 서울중앙지방법원 2008. 1. 30. 선고 2005가합97960 판결; 수원지방법원성남지원 2008. 2. 13. 선고 2005가합3485 판결; 대전고등법원 2007. 11. 2. 선고 2007나628 판결.

53) 서울중앙지방법원 2002. 9. 10. 선고 2000가합29160 판결; 서울중앙지방법원 2008. 7. 9. 선고 2006가합1621 판결; 창원지방법원 2005. 9. 30. 선고 2001가합2822, 4736(병합) 판결; 서울중앙지방법원 2008. 8. 28. 선고 2007가합28241 판결; 서울남부지방법원 2007. 1. 19. 선고 2005가합7369 판결.

54) 서울고등법원 2007. 8. 28. 선고 2006나13492 판결; 서울중앙지방법원 2004. 2. 17. 선고 2001가합34527 판결; 서울중앙지방법원 2003. 5. 21. 선고 2001가합51867 판결; 서울중앙지방법원 2003. 7. 8. 선고 2000가합92090 판결; 서울중앙지방법원 2004. 10. 6. 선고 2003가합398974 판결.

장에 선 듯한데, 확실하지는 않다.

요즈음의 하급심의 대체적인 경향은 균열전부 인정설 입장이라는 분석이 있으나,[55] 오히려 콘크리트 균열의 불가피성을 근거로 허용균열폭 내 균열은 하자가 아니라고 보는 입장도 유력하다.[56] 법원이 감정을 명할 때 이에 관하여 감정인에게 명확한 기준을 제시할 필요가 있다. 콘크리트 균열이 건물의 기능, 안전, 미관에 명백한 영향을 끼칠 경우에 한하여 하자를 인정하도록 주의를 촉구할 필요가 있다.

(2) 책임의 제한에 대하여

콘크리트 균열전부를 하자로 인정하고, 전면도장비용을 하자보수비용으로 인정하는 경우에 보수비용을 시공자 내지 분양자에게 모두 부담하게 하게 하는 것이 신의칙 또는 공평의 원칙에 부당할 경우에는 시공자의 책임을 제한할 수 있다. 발생한 하자에 자연적인 노후화현상이 포함되고, 사용자 측의 부실관리가 일부 원인이 될 수 있기 때문이다. 위의 대전고등법원 2007. 11. 2. 선고 2007나628 판결에서도 분양자들의 책임을 발생한 손해배상액의 85%로 제한하였다.

(3) 하자보수방법

균열에 대한 보수방법으로 표면처리, 메꿈식, 에폭시 주입, 망상균열보수 등이 있는바, 보수방법에 따라 그 비용이 달라진다. 보수방법을 선택하는 기준이 감정인마다 차이가 나므로 객관적이고 합리적인 기준을 마련하여야 할 것이다.

먼저 도색의 범위와 관련하여 하급심판결들은 다양한 양상을 보인다. 전면도장 인정설(부분도장을 한다면 시공시 전체의 질감 및 색감을 동일하게 시공하기에는 어려움이 따르고, 그로 인하여 아파트 전체의 미관상 문제가 발생할 수 있다), 부분도장인정설(균열 부위에 대한 도장만으로 하자의 보수 효과가 발생한다), 도장비용불인정설, 개별적 판단설에 입각한 판결이 나오고 있다. 나아가 도장횟수에 대하여도 2회 도장 인정설, 1회 도장인정설 등으로 나뉜다. 이러다보니 감정인이 어떻게 평가하는가가 중요하게 된다.

---

55) 그 주요 논거는 습윤한 우리 기후 특성상 작은 균열이라도 철근 부식에까지 이를 수 있으므로 간이한 보수방법이라도 택할 필요가 있다는 점이다. 김호석, 앞의 글.
56) 강재철, 앞의 글.

Ⅱ. 지반침하로 인한 인접건물의 균열에 대한 감정

토지를 굴착하면서 인근 토지의 지반이 침하되어 인접건물에 균열이 생기는 경우에는 토지굴착과 인접건물의 균열과 사이의 상당인과관계와 피해의 확대가 능성, 이로 인하여 건물의 피해 가능성의 여부에 대하여 감정을 명하여야 할 것이다. 특히 정상적인 건물은 기본적인 구조내력을 가져야 하는데 이를 유지하지 못하는 건물은 약한 충격에도 취약한 반응을 보이므로 그 건물의 기존 상태에 대하여 유의하여야 한다. 피해를 입었다는 건물이 건축 후 상당기간이 경과하고 상당한 정도의 균열이 있는 경우에 시공자가 착공 전에 촬영한 기존 건물의 상태를 확인하거나, 기존건물의 설계도 등 건축자료를 검토하여 피해건물 자체의 구조내력을 감안하여 손상의 원인을 판정하여야 하고, 그 피해상태의 감정에서는 그 기여도까지 감정하여야 할 것이다.

건물의 침하나 균열 등 하자가 발생한 경우에는 보수가 가능하다면 하자보수비 상당액, 보수가 불가능하다면 당시의 교환가치가 통상의 손해가 된다.[57] 훼손된 건물의 보수가 가능하기는 하지만 이에 소요되는 하자보수비가 건물의 교환가치를 초과하는 경우에는 형평의 원칙상 그 손해액은 그 건물의 교환가치 범위 내로 제한되어야 한다.[58] 하자보수비 상당액을 산정함에 있어서 피해건물의 균열 등으로 인한 붕괴를 방지하기 위하여 지출한 응급조치비용은 건물을 원상으로 회복시키는 데 드는 하자보수비와는 성질을 달리하는 것이므로 별도로 처리하여야 한다.[59] 법원으로서는 보수비 감정시에 보수비가 건물의 시가를 초과할 가능성이 있으면 건물의 시가에 대한 감정을 별도로 명할 필요성이 있다. 감정을 명할 때에 보수비와 함께 보수에 소요되는 기간까지 산정하도록 명하여야 할 것이다.

보수공사기간 동안의 대체주거비 주장에 대하여는 그 필요성과 보수공사기간, 대체주거비와 이사비의 액수를 심리하여 확정하여야 한다. 피해건물이 상점일 경우 공사로 인하여 영업이 불가능하였는지, 어느 정도 방해를 받았는지를 먼저 심리하고, 그 다음에는 영업손해의 범위에 관하여 심리하여야 한다. 피해건물

---

57) 대법원 1991. 12. 10. 선고 91다25628 판결.
58) 대법원 1999. 1. 26. 선고 97다39520 판결 참조.
59) 대법원 1999. 1. 26. 선고 97다39520 판결.

의 임대가 불가능하였으므로 차임상당의 손해를 주장하는 경우에는 그 손해의 범위를 조사하여야 한다.

피해건물주가 소송을 준비하는 과정에서 자신의 비용으로 안전진단을 받은 경우 그 비용은 당사자 사이에 약정이 있으면 그에 따르고, 없다면 안전진단의 필요성 여부, 의뢰경위, 그 비용의 적정성 등을 종합하여 안전진단에 필요하였다고 인정이 되면 이를 통상의 손해로 인정할 수 있다.[60]

제6절 감정절차관련 문서양식

저자가 실제 재판상 건설감정과정에서 사용해 오고 있는 문서양식 세 가지를 첨부한다. 재판실무상 매우 효율적인 것 같다.

① 재판부에서 감정에 관하여 소송대리인에게 준비를 명할 때 쓰는 감정준비명령(건설감정의 특성상 재판부와 소송대리인, 감정인 사이에서 긴밀한 협조가 필요하므로 이러한 준비명령이 효율적이다), ② 감정시행시에 재판부나 소송대리인이 기본적으로 점검하여야 할 점검사항표(사안에 따라 적절히 감안하면 편리하다), ③ 감정인이 감정서 작성시에 사용할 표준양식 등 세 가지 서면이다.

①은 팩스로 대리인에게 송달하여 즉시 보완을 시키는 데 효율적이며, ②는 재판장이 감정기일 진행중에 참고하기 위한 것이고, ③은 감정기일에 재판장이 감정인에게 교부하여 감정서를 이에 맞추도록 명하는 것이다. 소송대리인들도 ②와 ③문서의 내용에 맞추어 감정신청서를 작성하고 감정결과를 분석하면 효과적일 것이다.

---

60) 서울고등법원 1998. 9. 10. 선고 97나48694 판결 참조.

서 울 중 앙 지 방 법 원
제 24 민 사 부

감정준비명령

사   건   2024 가합

원고대리인   변호사

피고대리인   변호사

감정을 시행함에 있어서 다음의 사항을 명백히 하여 주시기 바랍니다.

1. 감정의 대상을 가능한 한 구체적으로 명시하십시오.
   (예시; 수급인이 시공한 부분 / 그 이외의 자가 시공한 부분 / 본 공사 이외의 사유로 발생한 하자 / 하자에 미친 다른 요인의 기여도 등)
2. 공사에 관련된 서면 등 자료를 모두 제출하고, 아울러 상대방이 제출한 자료에 대하여 진정성, 공사관련성 등에 이의가 있으면 그 이유를 정확히 밝히십시오.
3. 공정판단의 기준, 공사비의 산정시기 등 감정의 기준을 명확히 하십시오.
   (예시; 계약상 설계내용을 하자판단이나 공사완성의 기준으로 하는지, 감정당시의 건설물가를 단가의 기준으로 하는지 등)

2024.   ○.   ○.

재 판 장   판 사   ○○○

이 명령서를 받는 즉시 아래에 수령인을 날인하여 팩스로
반송하시기 바랍니다. 팩스 ○○○－○○○○

수 령 자   (인)

감정사항점검표

1. 감정의 목적물
(1) 감정목적물의 표시: 위치, 면적, 용도, 구조
(2) 건축관련 행정사항: 건축허가, 설계변경, 사용검사, 등기 일자 등

2. 감정의 대상 확정
(1) 기성고 감정: 공사중단시 공사타절 합의 유무, 기성부분의 범위 확인, 시
공자 이외의 타인이 시공한 부분 유무
(*기성고 감정에 관한 대법원 판례 이외의 방법 여부 확인)
(2) 하자감정: 시공상 과실 이외의 하자발생사유 유무, 건축물 자체의 문제
유무(노후, 부실공사), 하자보수기간 내 발생 여부
(*하자보증의 경우: 주택법 시행령상 기간 주의)

3. 감정자료 정리
(1) 기본자료: 건축계약서, 시방서, 설계도, 내역서, 설계변경서, 준공도면, 구
조계산서, 시공상세도면
(2) 기본자료에 대한 쌍방 의견 제시
(3) 감정인의 자료에 대한 의견 제시: 제3자 소지자료 및 확보방법
(4) 이외의 자료에 대하여는 상대방의 동의가 없는 한 추가 제출 불가 합의

4. 감정기준 확정
(1) 공사내용의 기준: 각 서면 중 우선순위 확정
(2) 기준 시점: 계약상 시점, 약정이 없는 경우 공사의 완공 및 인도시(공사잔
대금 청구), 공사계약의 해제시(기성고 청구), 추가공사의 완료시(추가공사
비 청구), 하자보수청구시(하자보수비 청구)
(3) 기준에 관한 합의: 양자 합의하여 조서 기재

5. 기타사항
(1) 감정서 제출예상기한
(2) 당사자의 접촉사항 주의
(3) 감정인의 공정의무 고지

> ### 감정서 표준양식

I. 감정의 일반사항

　가. 감정목적물에 관한 사항

　　① 감정목적물의 표시: 위치, 면적, 용도, 구조

　　② 건축관련 행정사항: 건축허가, 설계변경, 사용검사 일자 등

　　③ 전경사진과 조감도면

　나. 감정의 목적

　　① 감정의 목적

　　② 감정신청사항내역

　다. 감정의 진행상황

　　① 감정준비상황

　　② 감정기일의 주요정리사항

　　③ 당사자와의 접촉사항; 날짜, 주요 내용, 기타 특기사항[61]

　라. 감정의 기본자료

　　① 감정기일에 확인된 자료

　　② 원고 제출자료(감정자료로 사용 여부 표시)

　　③ 피고 제출자료(감정자료로 사용 여부 표시)

　　④ 기타 감정인이 취득한 자료 등

　　⑤ 감정자료의 특기사항

　마. 감정의 기준

　　① 감정 대상 범위(요약); 특히 타인이나 건축주가 시공한 부분 있다면 그러한 부분의 제외취지임을 명기

　　② 감정시점

　　③ 감정가격의 기준

　　④ 다른 요인의 기여도

　바. 감정 결론

　　항목별로 결론 / 이유

II. 항목별 구체적 감정사항

　가. 원고와 피고의 주장 대비(또는 각 항목에서 정리해도 가함)

　　[주의사항: 각 구체적 항목에 대하여 당사자 사이에 의견이 대립이 있을 경우에는

---

61) 감정시에 감정인이 당사자의 의견을 청취하는 것은 정확한 판단을 위하여 필요하다. 그러나 일방의 주장을 그대로 받아들이면 편파적이고 왜곡될 가능성이 있으므로 당사자의 접촉사항을 정리하여 기재함으로써 공정성을 담보할 필요가 있다.

구체적 대립사항을 정리하면 쟁점이 명확해져서 감정 및 판결에 매우 효율적이므로 이를 간단히 정리한다].

나. 각 항목별 분석

[주의사항: ① 감정자료상 또는 기준상 불명확한 경우, 예컨대 기성고 감정에서 중요부분의 설계변경시공에 당사자 간 합의가 있었는지에 다툼이 있는 경우에는 이러한 합의가 있을 경우와 아닌 경우로 나누어 보아야 한다. 즉 감정전제조건이 가변적인 경우에는 각 경우에 응하여 추정적인 감정을 하여야 하고 항목별로 복수의 감정의견을 내어야 한다.

② 감정결과 산출시에 감정결과 중 일부분이 배척되고 일부만 사용되는 경우가 많으므로 배척될 경우에 대비하여 공사비를 개별적으로 정리할 수 있도록 하여야 한다. 공사비는 재료비, 노무비(직접 노무비 및 간접 노무비), 경비(산재보험료, 고용보험료, 안전관리비, 환경보전비 등) 등으로 구성되는(즉 공사량 산출하여 일위대가표 적용함으로써 산출) 직접 공사비(순공사비), 일반관리비(대개 직접 공사비의 3 내지 6% 정도), 이윤(대개 10 내지 15% 정도), 부가가치세 등으로 구성되는데 감정인이 이를 산정하면서 개별항목을 재료비와 노무비만으로 산정하고 나머지는 다른 항목의 재료비와 노무비를 산정하여 이를 전부 합친 뒤에 경비와 관리비등을 일률적으로 내는 일이 많은바, 이런 경우에 재판부가 감정결과중 일부만 인정할 경우에 계산이 매우 복잡해지거나 계산 자체가 불가능한 경우가 생긴다].

다. 기본 산출수식표

공사량 산출서, 일위대가표, 자재 단가표 등

Ⅲ. 첨부자료: 명세서, 관련도서, 기타 참고 자료 등

전문업체 견적서, 감정 중 당사자가 제출한 자료(소송자료로 이미 소송기록에 현출된 것은 첨부할 필요가 없고, 서류의 분량이 많은 것은 서류제목만 표시하고 첨부는 생략하여도 무방하다).

제7절 감정인 등 선정과 감정료 산정기준 등에 관한 예규 [자료]

개정 2017. 4. 12. [재판예규 제1651호, 시행 2017. 5. 1.]

제1조(목적) 이 예규는 감정인과 감정촉탁기관 및 감정과목별 담당의사(다음부터 '감정인 등'이라 한다)의 선정과 지정, 감정절차 및 감정료 산정 등에 관한 사항을 규정함으로써 감정의 공정성 및 적정성을 높이고 감정평가에 대한 신뢰성을 확보함을 목적으로 한다.

제4조(감정인 등 선정의 원칙) ① 감정인 등은 법원행정처에서 운영하는『감정인선정전산프로그램』에 의하여 선정하여야 한다. 다만, 양쪽 당사자가 합의하여 특정 감정인 등에 대한 감정인 선정 신청을 하거나『감정인선정전산프로그램』에 의하여 선정할 수 없는 경우에는 그러하지 아니하다.

② 『감정인선정전산프로그램』은 제5조 및 제6조에 따라 매년 작성되는『감정인 명단』및『감정촉탁기관 및 감정과목별 담당의사 명단』(다음부터 두 명단을 합쳐서 부를 때는『감정인 명단 등』이라고 한다) 중에서 일정한 수를 무작위적으로 추출, 선정하는 것으로서『감정인 명단 등』에 등재된 자 전원에게 균등하게 선정될 기회를 부여하는 것이어야 한다.

③ 『감정인선정전산프로그램』을 운용하는 각급 법원 및 지원의 법원장 또는 지원장(다음부터 '각급 법원 및 지원의 법원장 또는 지원장'은 '법원장 또는 지원장'이라고 한다)은 소속 직원 중에서『감정인선정전산프로그램』의 관리책임자 및 전산선정업무 수행자를 지정하여야 한다.

제5조(감정인 명단) ① 법원행정처장은 매년 12월 다음 각호에 정한 자격을 갖춘 사람 중에서 적절하다고 판단되는 사람을『감정인 명단』에 등재한다.

4. 공사비등의 감정: 건축사·건축구조기술사·건축시공기술사 등의 국가기술자격을 가진 사람으로서 소속단체가 추천한 사람 또는 본인이 신청한 사람

제25조(감정인 지정의 원칙) ① 공사비 등의 감정의 감정인은 다음 각호의 방법으로 지정한다.

1. 재판장이『감정인선정전산프로그램』을 이용하여『감정인 명단』중에서 1인을 무작위로 추출·선정하는 것이 적절하지 아니하다고 인정하여『복수 후보자 선정 후 감정인 지정』을 명하는 경우, 감정사항에 비추어 적합한 자격을 갖춘 사람이 제5조에 따른『감정인 명단』에 등재되어 있을 때에는『감정인선정전산프로그램』에 의하여 2인 또는 3인의 감정인 후보자를 선정한 다음 감정인 후보자의 전문분야, 경력, 예상감정료 및 당사자의 의견 등을 종합하여 감정인을 지정한다. 다만, 이와 같은

방식으로 감정인을 지정하는 경우에도 『감정인 명단』에 등재된 사람 전원에게 균등한 기회가 부여되도록 하되, 후보자로 선정되었으나 감정인으로 지정되지 아니한 것이 3회에 이르면 1회 지정된 것으로 본다.

2. 감정사항을 감정하기에 적합한 자격을 갖춘 사람이 『감정인 명단』에 등재되어 있지 않은 것으로 인정되는 경우에는 외부의 공공단체, 교육기관, 연구기관 등에 후보자 추천을 의뢰하는 등 적절한 방법으로 적격자를 선정하여 감정인을 지정한다.

② 조정사건이 소송절차로 이행된 경우 조정위원으로 조정절차에 관여한 사람은 그 사건에서 감정인으로 선정될 수 없다.

제26조(감정료의 증액 요청) 감정인 등은 이 예규가 정하는 감정료만으로는 감정하기 어려운 경우에는, 감정하기 전에 그 사유를 구체적으로 적시하여 법원에 감정료의 증액을 요청하여야 한다.

제27조(재판장의 재량) 재판장은 지정한 회신기간이 경과하거나 감정인 신문기일 또는 감정촉탁서 도달일로부터 6개월이 경과하였음에도 감정인 등이 정당한 사유 없이 감정결과를 제출하지 아니하는 경우에는 10분의 2 이내에서 감정료를 감액할 수 있고, 그 밖에 구체적 사정을 고려하여 감정료를 적절히 가감할 수 있다.

제40조(공사비 등의 감정료) 공사비, 유익비, 건축물의 구조, 공정 그 밖에 이에 준하는 공사비등의 감정료는 감정인의 자격에 따라 『공공발주사업에 대한 건축사의 업무범위와 대가기준』중 감정에 관한 업무의 대가규정 또는 『엔지니어링사업대가의 기준』이 정한 실비정액 가산식으로 산출된 금액으로 한다. 다만, 제경비는 직접인건비의 80%, 기술료는 직접인건비와 제경비를 합한 금액의 15% 이내로 한다.

제42조(예상감정료산정서 등의 제출) ① 재판장은 필요한 경우에 감정 인등 또는 감정인 후보자에게 개략적인 감정사항 및 감정목적물을 알려주고 감정인 등 또는 감정인 후보자로 하여금 감정목적물에 대한 감정료의 예상액과 그 산출근거를 기재한 예상감정료산정서를 제출하게 할 수 있다.

② 공사비 등의 감정인은 감정을 시행하기 전에 항목별, 투입인원별로 자세한 직접인건비 산출내역서를 제출하여야 한다.

③ 감정인 등 또는 감정인 후보자들이 예상감정료산정서 등을 제출한 경우에, 법원은 이를 감정신청인에게 보여주어 그 적절성에 관한 의견을 제시할 기회를 부여하여야 한다.

제43조(감정료의 예납) 재판장은 감정의 대상, 방법, 감정인 등이 제출한 예상감정료산정서, 감정신청인이 제시한 의견 등을 종합하여 감정료의 예납액을 정한다.

제44조(감정료의 결정) ① 감정인 등은 법원에 감정서를 제출할 때 감정료산정서 및 감정료청구서를 함께 제출하여야 한다.

② 신체감정의 감정인 등은 감정서를 제출할 때에 입원비·진찰비·검사비 등 감정과

관련하여 당사자에게 지급받은 금액에 대한 내역서를 첨부하여야 한다.

③ 감정인 등은 감정료산정서에 이 예규에 따른 구체적인 산출근거를 상세히 기재하여야 한다.

④ 재판장은 감정서가 제출되고 감정결과에 대한 검토 절차가 모두 마쳐진 다음, 감정서 내용의 충실도, 감정서 제출의 지연 여부, 감정인 등의 감정절차 협조 정도, 감정인 등이 제출한 감정료산정서의 근거, 감정료에 대한 당사자의 의견, 제2항에 따라 제출된 내역서의 금액 및 그 밖의 구체적 사정을 참작하여 감정료를 결정한다.

⑤ 재판장은 제4항에 불구하고 감정서가 제출된 직후에 예납액의 2분의 1 범위 내에서 제1차 감정료를 결정하여 지급하고, 감정결과에 대한 검토 절차가 모두 마쳐진 다음 제4항에 따라 결정된 감정료에서 제1차 감정료를 공제한 나머지 감정료를 지급할 수 있다.

제47조(특수분야 전문가 명단) 법원행정처장은 각급 법원 및 지원에서 특수분야 전문가(제2조 제1항 각호에 정한 감정을 제외한 나머지 분야의 감정업무를 수행할 수 있는 사람을 말한다. 이하 "특수분야 전문가"라고 한다.)를 감정인으로 선정하는 업무를 지원하기 위하여 『특수분야 전문가 명단』을 전산으로 작성·관리한다.

제48조(특수분야 전문가 명단의 관리) ① 각급 법원 및 지원의 재판장은 『특수분야 전문가 명단』에 감정업무 수행을 위해 필요한 전문가가 등재되어 있지 아니한 경우에 소장 부본 등을 첨부하여 법원행정처장에게 해당 특수분야 전문가를 찾아 명단에 등재하여 줄 것을 요청할 수 있다.

② 제1항의 요청을 받은 법원행정처장은 해당 분야에 관한 전문적인 지식과 경험을 가진 사람을 『특수분야 전문가 명단』에 등재하기 위하여 다른 국가기관, 공공단체, 교육기관, 연구기관 등에 추천을 의뢰할 수 있다.

③ 법원행정처장은 『특수분야 전문가 명단』에 등재할 후보자의 동의를 받아 관련기관에 범죄경력조회를 실시한다.

④ 각급 법원 및 지원의 재판장이 담당 사건의 감정업무 수행을 위해 필요한 해당 특수분야 전문가를 직접 찾은 경우에는 제3항의 동의를 위한 범죄경력조회에 대한 동의서 [전산양식 A1805]와 특수분야 전문가 후보자 경력카드 [전산양식 A1804]를 첨부하여 법원행정처장에게 해당자를 『특수분야 전문가 명단』에 등재하여 줄 것을 요청할 수 있다.

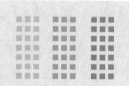

건·설·분·쟁·관·계·법

제03장 조정과 화해

제1절 조정과 화해의 의의

Ⅰ. 조정 · 화해제도의 의의

전통적 재판절차를 보완 혹은 대체하여 사건의 신속, 저렴, 효율적, 합리적인 분쟁해결을 모색하는 움직임(ADR movement)이 세계적으로 본격화되고 있다. 우리나라에서도 재판상 화해와 조정절차의 비중이 날로 높아지고 있다.

조정은 조정기관이 간이한 절차에 따라 분쟁 당사자들로부터 각자의 주장을 듣고 관계자료를 검토한 후 당사자 사이의 상호 양보 내지 합의를 통하여 분쟁을 해결하는 제도를 말한다.

재판상 화해는 일반 소송절차에서 분쟁에 관한 합의가 이루어져 화해조서를 작성하는 제도로서 화해조서가 판결과, 법원의 화해권고결정이 강제조정결정과 동일한 효력이 있다는 점 이외에 특기할 점이 없다. 따라서 이 장에서는 조정절차에 관하여 주로 살피기로 한다.

Ⅱ. 조정 · 화해의 장 · 단점

조정제도는 ① 절차가 간이하고, 비용도 소송의 5분의 1에 불과하며, 분쟁을 타협과 양보에 의하여 해결함으로써 인적 관계를 파괴함이 없이 신속하고 원만하게 종국적으로 해결할 수 있는 점, ② 소송절차의 경우에는 당사자 처분권주의 및 변론주의의 제한을 받지만, 조정절차에서는 신청인 또는 원고의 청구 범위를 넘어서지 않는 한 소송물로 되어 있지 않은 별개의 분쟁을 포함하거나, 재판의 당사자가 아닌 제3자를 참가시키는 등 분쟁에 관계된 여러 가지 사항을 포괄적으로 처리할 수 있고, 장래의 영향도 고려한 조정조항의 수립도 가능하여 분쟁의 1회적·포괄적 해결이 가능한 점, ③ 당사자 사이의 상호 타협과 양보에 의한 해결이 많은 만큼 임의이행의 비율이 상당히 높아 별도의 집행절차가 필요 없는 점 등이 장점으로 인정된다.

조정제도의 단점으로는 ① 고집 센 당사자, 억지 쓰는 당사자가 이득을 볼 경우가 있는 점, ② 조정불성립의 경우에는 오히려 분쟁해결이 늦어지는 점 등이 지적되지만 장점에 비하여 문제점은 미미한 실정이라고 하겠다.

Ⅲ. 건설분쟁과 조정 · 화해

건설사건의 경우에 조정의 필요성은 앞서 본 바와 같다. 특히 장기간에 걸친 소송진행으로 인한 소송비용 증가, 심적 부담감, 분쟁의 확대, 증거의 모호성 등 건설사건의 특성을 감안하면 건설사건이야말로 조정의 필요성이 가장 큰 사건유형에 해당한다. 서울지방법원의 경우 건설전문부의 전문성이 제고되면서 조정회부율과 조정성공률이 상당히 높아졌다. 특히 감정료 등 소송비용이 후에 당사자의 부담이 된다는 점과 장기간 불안정한 상태에 있는 점 등이 조정을 촉진시키는 요인이 되는데, 이에 따라 감정의 시행 여부를 결정함에 신중해야 할 필요가 있는 것이다.

예컨대 하자소송의 경우에 원고인 건축주에게는 하자의 존재와 귀책에 관한 입증의 부담과 조속한 하자보수 필요성이 긴요한 문제이고, 피고인 수급인에게는 하자보수비 부담의 위험성과 지연이자, 건설업체의 평가 등이 긴요한 문제가 된다. 변호사 선임료, 감정료 등 소송비용의 증가와 지리한 소송관여 과정의 피로감 역시 큰 부담이 된다. 쌍방이 이러한 위험성을 인식한 상태에서 하자보수비 액수에 대한 의견이 어느 정도 접근하게 되고, 구체적인 금액 차이와 각자의 위험부담 상태를 비교하여 일정한 양보를 통한 조정이 이익이 된다는 점을 이해하면 조정의 성립가능성이 높아진다. 합리적인 책임범위를 인식하면 아무리 복잡한 사건도 조정이 성립될 수 있는 것이며, 따라서 조정의 전 단계로서의 소송심리에서는 합리적이고 공정한 증거조사를 통하여 귀책의 범위를 밝히는 것이 중요하다.

제2절 조정담당기관

법원에서 조정을 담당하는 기관은 3가지 종류가 있다.

I. 조정담당판사

원칙적으로는 각 법원장이 지정한 조정담당판사가 조정기관이 된다. 그는 조정신청사건과 수소법원에서 조정에 회부한 사건에 대하여 조정기관이 된다(민사조정법 제7조 제1항). 조정담당판사는 사안의 성질에 따라 단독으로 조정하거나 조정위원회에서 조정하게 한다(민사조정법 제7조 제2항). 현재 서울지방법원의 경우에는 부장판사 1인과 단독판사 1인이 조정담당판사로 지정되어 있다.

II. 조정위원회

조정위원회는 조정장으로 지정된 판사 1인과 조정위원 2인 이상으로 구성되는데 현재 서울지방법원은 조정전담재판부가 회부한 조정위원회의 경우에는 조정담당판사가, 수소법원 직속의 조정위원회의 경우에는 조정을 회부한 재판부의 재판장이 조정장이 되도록 지정되어 있다. 조정위원은 법원장이 미리 위촉하며 임기는 2년이다. 공무원에 준하는 지위를 가진다.

Ⅲ. 수소법원

소송절차를 진행중인 법원이 조정에 적합하다고 인정하여 사건을 조정에 회부한 후 그 재판부에서 직접 조정절차를 진행하는 경우에 그 재판부가 조정기관이 된다(민사조정법 제7조 제3항). 합의부는 판사 전원이 함께 조정에 참여할 수도 있으나 대개는 합의부원 중 1인을 수명법관으로 지정하여 조정을 담당하게 하거나, 재판장이 조정장이 되어 조정위원들과 조정위원회를 구성하여 처리하기도 한다.

Ⅳ. 건설소송의 경우

건설전문사건에 관하여 각 법원별로 건설분야의 전문가 조정위원이 다수 위촉되어 있다. 건축사, 기술사, 관련 전공학과의 대학교수 등이 상당한 활약을 하고 있다. 특히 서울지방법원의 경우에 건축전문가들을 별도로 지정하여 건설전문재판부에 배치하고 있다. 조정위원들이 조정위원회에서 조정에 관여할 뿐 아니라 사실조사도 함으로써 건설소송에 관한 기여도가 크다고 평가된다. 조정위원의 사실조사는 비교적 저렴한 비용으로 전문적 지식을 활용할 수 있다는 점에서 매우 기대가 되는 제도이다. 쟁점과 필요한 확인사항을 중점적으로 조사하여 재판부에 약식의 보고서를 제출함으로써 시간과 비용면에서 효율적이다.

제3절 조정의 절차

Ⅰ. 조정의 개시

1. 조정신청

조정은 당사자가 관할 법원에 조정을 신청함으로써 개시되는데, 민사소송의 경우 소가에 관계없이 신청할 수 있고, 조정신청시 소 제기시에 첨부할 인지액의 5분의 1에 해당하는 수수료를 납부한다. 이는 재판부가 아닌 조정담당판사가 처리하며, 필요하다고 생각하는 경우 또는 당사자의 신청이 있는 경우에는 조정위원회로 하여금 처리하게 한다.

2. 조정회부

소송을 진행 중인 수소법원은 필요하다고 생각하는 경우에 직권으로 조정에 회부하여, 직접 조정을 할 수도 있고, 조정담당판사에게 회부하여 조정하게 할 수도 있다(민사조정 법 제6조). 합의부사건 등 대형사건의 경우에는 조정신청보다 조정회부에 의한 조정개시가 훨씬 많은 실정이다. 소송사건이 조정에 회부된 때에는 그 조정절차가 종료될 때까지 소송절차는 중지되고, 조정이 성립하거나 조정에 갈음하는 결정이 확정된 때에는 소의 취하가 있는 것으로 본다(민사조정규칙 제4조 제2항, 제3항).

Ⅱ. 조정의 유형

현재 법원에서 이루어지는 건설사건의 조정실무는 감정 전후를 나누어 2단계로 구분할 수 있다.

① 감정절차를 시행하기 이전: 전문심리위원 또는 조정위원회 조정

감정 시행 이전의 변론준비기일 등에서 재판부가 당사자에게 감정절차를 시행하려면 시간과 비용과 많이 걸린다는 사실을 주지시키고 사실상 감정인과 그 전문적 지식과 객관성에서 아무런 차이가 없는 전문심리위원 또는 조정위원에 의한 조정을 받아볼 것을 권유한다. 쟁점이 비교적 단순하고 쌍방 간에 다투는 금액의 차이가 그다지 크지 않은 사건의 경우 조정이 성립할 확률이 높다.

② 감정절차를 시행한 이후: 수소법원 조정

감정인으로부터 감정서가 제출되고 필요한 경우 증인신문이 이루어지고 나면 쟁점은 모두 마무리되고 변론종결단계에 이르게 된다. 이 단계에서 변론을 종결하고 판결을 선고하기 전에 수소법원 조정을 거치는 것이 상당히 효과적인 경우가 많다. 감정결과가 유리하게 나온 당사자에 대하여는 조금 양보하여 소송을 지금 종결하는 것이 유리하다는 점, 감정결과가 불리하게 나온 당사자에 대하여는 조정에 불복하더라도 감정결과에 따라 판결에서 불리해진다는 점을 이해시키면 적절한 선에서 조정이 성립될 경우가 많다.

Ⅲ. 조정절차의 진행

1. 당사자의 출석

조정절차에서는 당사자의 쌍방의 의견을 조정하여 합의를 유도하는 절차이므로, 원칙적으로 당사자 본인이 직접 출석하여야 한다. 신청인이나 조정대리인이 2회 이상 불출석하면 조정신청을 취하한 것으로 본다. 피신청인이 불출석한 경우 직권으로 조정에 갈음하는 결정을 할 수도 있다.

2. 조정위원의 사실조사

법원은 조정을 위하여 건축사 조정위원에게 감정할 사항에 대하여 기본조사를 할 것을 명할 수 있다. 이를 간이감정이라고 부르는데 하자가 비교적 가볍거나 하자보수비용이 많지 않다고 보이는 사건에서 쌍방대리인이나 당사자가 간이감정인에 의한 감정절차의 진행을 원할 경우에 행한다. 재판부가 간이감정인과 함께 현장검증에 임하여 현장을 둘러보면서 감정할 사항에 대하여 기본조사를 한후, 추후 조사보고서를 제출하게 하여 이를 토대로 조정을 하는 방식이다. 비용이 적게 들고, 감정절차가 간이·신속하며, 그 조사보고서가 정식 감정보고서에 비해 크게 손색이 없기 때문에 매우 유용한 제도이다. 뒤에서 보는 바와 같이 조정이 성립되지 않더라도 이를 판결절차에서 서증으로 사용할 경우도 있다.

법원은 조정위원에게 지급할 사실조사비용을 당사자 쌍방이 균분하여 예납할 것을 명하여야 하며, 다만 사정에 따라 예납할 금액의 비율을 다르게 정하거나 사실조사를 신청한 당사자 일방에게 전액을 예납할 것을 명할 수 있다.

사실조사보고서는 당사자들이 작성한 하자일람표, 쟁점정리표의 비고란에 전문가 조정위원의 의견을 기입하게 하는 방법도 사용될 수 있다. 조정기관은 전문가 조정위원이 작성한 사실조사보고서를 당사자들에게 교부한 후 당사자들이 사실조사보고서의 내용에 대하여 질문과 반론을 할 수 있는 의견청취의 기회를 제공하여야 한다. 전문가 조정위원은 당사자들이 의문을 가지는 사항에 대하여 자세히 설명하고, 당사자 쌍방의 의견을 듣고서 수정하여야 할 점이 있는 경우에는 사실조사보고서를 수정하여야 할 것이다.

Ⅳ. 조정절차의 종결

1. 각하와 취하 등

조정기관은 당사자에 대하여 기일을 통지할 수 없는 때에는 조정신청을 각하할 수 있고 사건이 성질상 조정을 함에 적당하지 아니하다고 인정하거나, 당사자가 부당한 목적으로 조정을 신청한 것임을 인정하는 경우에는 "조정을 하지 아니하는 결정"(불조정결정)으로 사건을 종결시킬 수 있다. 이 경우 조정신청을 한 때에 소가 제기된 것으로 본다.

조정신청은 사건이 종결되기 전까지 피신청인의 동의를 받을 필요 없이 자유롭게 취하할 수 있으므로 조정기일에 구술로 취하하여도 된다.[1]

2. 조정의 성립

조정이 성립되면 당사자 사이에 합의된 사항을 조서에 기재하고 조정조서정본을 당사자에게 송달한다. 조정조항을 조서에 기재하면 재판상 화해와 동일한 효력이 있으므로 확정력, 기판력, 집행력 등이 발생한다. 따라서 조정이 성립된 경우에는 항고 등의 방법으로 상급심에 불복할 수 없고, 그 분쟁의 대상이 된 권리관계에 관하여는 향후 조정의 내용과 달리 조정 이전의 권리관계를 기초로 한 주장을 할 수 없다.

3. 조정의 불성립

(1) 강제조정

조정이 성립되지 아니한 사건에 대하여는 당사자가 이의신청할 것임이 명백한 경우를 제외하고는 조정에 갈음하는 결정을 함이 원칙이다. 당사자의 이익 기타 제반사정을 참작하여 신청인의 신청취지에 반하지 아니하는 한도 내에서 직권으로 사건의 공평한 해결을 위한 조정에 갈음하는 결정을 하여야 한다. 법원은 강제조정결정 이외에 화해권고결정을 하기도 하는데 양자 사이에는 법적 효과상 실

---

1) 수소법원에서 조정에 회부한 사건은 조정신청의 취하는 있을 수 없고, 소취하(또는 항소취하)만이 가능한데 이는 반드시 소취하서와 같은 서면을 작성하여야 하고 조정기일에 구술로 취하할 수 없다.

질적인 차이가 없다.

당사자가 조정안을 수락하지 않는 이유가 오로지 감정적인 대립에 기인한 경우, 당사자가 사건의 중요한 점에 관하여는 합의에 이르고 있으면서도 지엽적인 의견의 차이로 최종 합의에 이르지 못하는 경우, 당사자가 조정안을 수락하고 있지 않지만 법원의 결정이 있으면 분쟁이 해결될 가능성이 있는 경우 등에 필요하다.

조정에 갈음하는 결정을 조정기일에 고지할 수도 있고, 조정기일 외에 강제조정조항을 결정하여 결정서로 고지할 수도 있다. 조정에 갈음하는 결정을 한 경우, 조서의 등본(또는 정본) 또는 결정서를 송달하여야 하며, 그 송달일로부터 2주일 이내에 이의신청이 없으면 조정에 갈음하는 결정은 재판상 화해와 같은 효력을 가지게 된다. 조정에 갈음하는 결정에 대하여 이의신청을 하면 소송절차로 이행된다.

그러나 이의신청이 취하되거나 이의신청에 대한 각하결정이 확정된 때에는 소송절차는 종료되고, 조정에 갈음하는 결정은 재판상 화해와 같은 효력을 가진다.

(2) 조정불성립 종결결정

당사자 사이에 합의가 성립되지 아니하거나 성립된 합의의 내용이 상당하지 아니하다고 인정하는 경우에 "조정에 갈음하는 결정"을 아니할 때에는 조정불성립 결정으로 사건을 종결시켜야 한다. 이 경우 조정신청을 한 때에 소가 제기된 것으로 본다.

(3) 조정 성과의 소송자료화

장기간의 조정절차 진행에도 불구하고 조정이 불성립되면, 그동안 조정절차에서 행하여진 쟁점정리의 결과나 그에 관한 조정위원회의 의견을 소송절차에 반영할 수 있는 소송법상의 절차가 없기 때문에 자칫 분쟁해결의 지체만을 초래할 우려가 있다. 민사조정법 제23조는 '조정절차에서의 당사자 또는 이해관계인의 진술은 민사소송에서 원용하지 못한다'라고 규정하고 있지만, 이는 소송절차와 조정절차가 그 성질을 달리하므로 조정절차에서의 진술을 소송절차에서 그대로 원용할 수 없고 다시 진술하여야 한다는 취지로 볼 수 있다. 따라서 조정절차에서 행하여진 쟁점정리의 결과를 쌍방 당사자가 확인한 후에 변론기일에 동일하게 진술하거나 조정과정에서 이루어진 하자일람표와 쟁점정리결과를 다시 주장하거나 제출할 필요가 있다.

특히 건축사 조정위원이 작성한 간이감정서를 서증으로 제출하게 하여 판결에서 증거로 활용하는 것이 효과적이다. 그러나 간이감정결과에 불만을 가신 일방 당사자가 적극적으로 증거자료로 삼는 것을 반대하면 그 조사방식이 약식이며 내용이 간이할 경우에는 증거로 사용할 수는 없을 것이다.

V. 소송이행

조정신청된 사건에 관하여 조정을 하지 아니하는 결정을 하거나, 조정불성립된 경우 또는 강제조정에 대하여 이의신청이 있는 경우에 사건은 소송으로 이행된다.

조정회부된 사건은 다시 재판부로 회부되어 원래의 소송절차를 속행하게 되며, 조정신청사건의 경우에는 조정신청을 한 때에 소가 제기된 것으로 보게 되어, 신청인은 소장에 붙여야 할 인지액에서 조정신청서에 첨부한 인지액을 뺀 금액 상당의 인지를 보정하여야 한다.

VI. 조정절차의 처리 과정도

조정절차의 개시부터 종결까지의 절차적 흐름은 다음의 도표와 같다.

[민사조정절차]

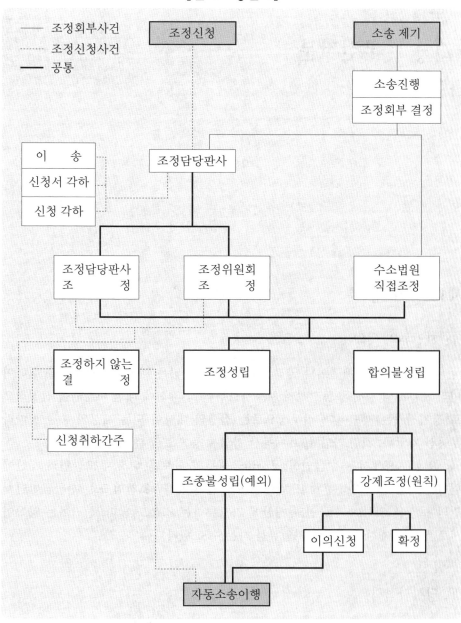

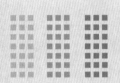

제**04**장 　보전처분

제1절　가 압 류

Ⅰ. 가압류의 의의

　　가압류는 금전채권이나 금전으로 환산할 수 있는 채권의 집행보전을 위하여 미리 채무자의 재산을 동결시켜 채무자로부터 그 재산에 대한 처분권을 잠정적으로 정지시키는 제도이다. 실무상으로는 집행의 대상이 되는 재산의 종류에 따라 부동산 가압류, 채권 가압류, 유체동산 가압류 등으로 구분된다.

　　건설분쟁에서는 수급인이 공사대금채무의 확보를 위하여 도급인의 재산에 행하는 가압류가 가장 흔하고, 반대로 도급인이 하자담보책임 또는 선급금반환채권의 보전을 위하여 수급인의 재산에 가압류하는 경우도 많다. 심지어는 양쪽이 서로 상대방 재산에 대하여 가압류를 하는 수도 있다.

Ⅱ. 당사자적격

　　가압류재판의 당사자는 가압류로 보전되는 금전채권 등에 관한 본안소송에서의 정당한 당사자와 일치한다. 그러한 청구권의 주체라고 주장하는 자가 정당한 채권자가 되고, 그에 대한 의무자라고 주장되는 자가 채무자가 됨이 원칙이다. 그가 실체적으로 그러한 권리를 가졌는지, 또는 의무를 부담하고 있는지는 본안 심리에서 판단한 것이고 당사자적격과 관계가 없다.

Ⅲ. 요   건

1. 피보전권리

⑴ 금전채권이나 금전으로 환산할 수 있는 채권일 것

가압류는 금전채권의 강제집행을 보전하기 위한 제도이므로 피보전권리는 반드시 금전채권이나 금전으로 환산할 수 있는 채권이어야 한다. 금전채권이라 함은 일정액의 금전의 지급을 목적으로 하는 채권을 의미하고, 그 채권액 전부의 보전을 위해서 뿐만 아니라 일부의 보전을 위하여도 가압류할 수 있다.

⑵ 청구권이 성립하여 있을 것

청구권이 생기게 될지 여부가 전혀 불확정적인 채권은 피보전권리가 될 수 없다. 그러나 보전될 청구권은 조건이 붙어 있는 것이거나 기한이 도래하지 아니한 것이라도 무방하다.

나아가 가압류 피보전권리는 가압류 신청 당시 확정적으로 발생되어 있어야 하는 것은 아니고, 이미 그 발생의 기초가 존재하는 한 조건부 채권이나 장래에 발생할 채권도 가압류의 피보전권리가 될 수 있다.[1] 수급인의 보수청구권의 경우 도급계약의 성립과 동시에 발생하고 단지 그 행사의 시기가 특약이 없는 한 일을 완성한 후에 도래하는 것에 불과하므로 이러한 채권을 위해서도 가압류가 가능하다.

⑶ 통상의 강제집행에 적합한 권리일 것

보전처분은 민사집행법상의 강제집행을 보전하기 위한 제도이므로 그 피보전권리는 통상의 강제집행방법에 따라 집행이 가능한 권리이어야 한다. 따라서 특수한 절차에 따라 집행되는 청구권,[2] 또 통상은 강제집행이 가능하나 특별한 사유로 인하여 집행할 수 없는 청구권[3] 등은 가압류의 피보전권리가 될 수 없다.

---

[1] 대법원 1993. 2. 12. 선고 92다29801 판결.
[2] 국세징수절차에 의하여 집행할 수 있는 조세채권 그 밖의 공법상의 청구권 등이 해당한다.
[3] 불집행의 특약이 있거나 파산절차에 의하여 면책된 채권 등이 해당한다.

2. 보전필요성

가압류를 하지 않으면 판결 기타 집행권원에 기한 집행을 할 수 없거나 현저히 곤란할 염려가 있을 때에 보전의 필요성이 인정된다(민사집행법 제277조). 채무자의 신분, 직업, 자산상태 등 여러 가지 사정을 종합하여 보전필요성을 판단한다. 1개의 금전채권을 보전하기 위하여 부동산, 유체동산, 제3자에 대한 채권 등에 대하여 각각 가압류를 신청하는 경우에 과잉 가압류가 종종 문제된다. 법원은 여러 대상에 대한 가압류 필요성의 소명을 하거나, 범위를 합리적인 범위 내로 축소하도록 보정명령을 발하고 있다. 필요한 경우에는 동일한 채권에 기하여 어떠한 가압류를 신청하였는지 밝히도록 하는 가압류신청진술서를 제출하도록 하기도 한다.

Ⅳ. 가압류 재판 및 집행상 유의사항

1. 서면심리

가압류 신청의 경우 서면심리에 의해서만 재판할 수도 있고 변론을 거쳐 재판할 수도 있으며(민사집행법 제280조), 서면심리에 의하는 경우에도 순전히 서면만에 의하여 심리하기도 하고 심문절차를 거치기도 한다.

2. 소명방법

가압류 처분의 경우 잠정성과 신속성이 요구되므로 소명자료는 즉시 조사할 수 있는 증거에 의하여야 한다(민사소송법 제299조). '즉시 조사할 수 있는 증거'라 함은 그 증거방법이 시간적으로 즉시 조사할 수 있는 상태에 있고 장소적으로 심리가 행해지는 그 장소에 현재하여 조사를 위하여 사전에 또는 새삼스럽게 법원의 준비행위를 필요로 하지 아니하여 그 심리기간 내에 조사를 마칠 수 있는 증거를 의미한다. 따라서 서증과 인증에 한함이 원칙이고 감정과 검증은 허용되지 않는다고 볼 것이다. 한편 법원이 소명규정에 위배하여 즉시성이 없는 증거방법을 조사한 경우 그 절차위배는 책문권의 포기·상실의 대상이 된다.

다만 소명이 없거나 부족할 때에 법원은 당사자 또는 법정대리인으로 하여금 보증금을 공탁하게 하거나 그 주장이 진실하다는 것을 선서하게 하여 소명에 갈음할 수 있다(민사소송법 제299조).

3. 담   보

가압류 처분은 비교적 간이한 절차에 따라 채권자에 채권보전수단을 마련해 주는 대신 나중에 그 보전처분이 잘못된 것으로 밝혀질 경우 채무자가 그 손해를 쉽게 회복할 수 있도록 담보를 마련해 두는 것이 형평에 적합하다. 이에 민사집행법 제280조 제2항, 제3항은 가압류에 관하여 청구채권이나 가압류의 이유가 소명되지 아니한 때에도 법원은 보전처분이 필요하다고 판단되면 채무자의 손해에 대한 담보를 제공하게 하고 가압류를 명할 수 있으며, 소명이 있는 때에도 법원은 필요에 따라 담보를 제공하게 하고 가압류를 명할 수 있다고 규정하고 있다.

4. 가압류 결정

(1) 가압류 결정시 주의할 사항

피보전권리는 중복신청의 유무, 가압류의 효력 범위, 본안소송의 적법성, 본집행으로의 이행 유무를 판단하는 기준이 되므로, 어떤 금전채권의 집행을 보전하기 위한 것인지를 본안소송과 관련지어 식별·특정될 수 있도록 기재되어야 한다.

또한 청구금액은 가압류 해방금액 산정의 기준이 되고, 가압류 집행의 한도가 되며, 가압류할 채권에 대하여 배당을 하게 될 때 그 기준금액이 되기도 하므로 명확하게 기재되어야 한다.

(2) 해방공탁금의 표시

가압류는 금전적 청구권을 보전하기 위한 수단이므로 가압류명령에는 가압류의 집행을 정지시키거나 집행한 가압류를 취소시키기 위하여 채무자가 공탁할 금액을 적어야 하고($^{민사집행법}_{제282조}$), 채무자가 그 전액을 공탁하였을 때에는 반드시 집행한 가압류를 취소하여야 한다($^{민사집행법}_{제299조}$). 그런데 이 해방공탁금은 가압류의 집행정지나 취소로 인한 채권자의 손해를 담보하는 것이 아니고 가압류의 목적재산에 갈음하는 것이므로 소송비용의 담보에 관한 규정이 준용되지 않고, 채권자는 여기에 대하여 우선변제권이 없다.[4]

---

4) 가압류 집행의 목적물에 갈음하여 가압류해방금이 공탁된 경우에 그 가압류의 효력은 공탁금 자체가 아니라 공탁자인 채무자의 공탁금회수청구권에 대하여 미치는 것이므로 채무자의 다른 채권자가 해방공탁금 회수청구권에 대하여 압류(가압류)명령을 받은 경우에는 가압류채권자의 가

5. 가압류 결정의 집행

(1) 가압류의 집행에 관하여는 민사집행법 제292조 이하 몇 개 조문의 특칙이 있는 것을 제외하고는 강제집행에 관한 규정을 준용한다(민사집행법 제291조). 다만 청구에 관한 이의 소의 규정 및 집행문부여에 대한 이의의 소의 규정은 원칙적으로 준용되지 않는다.

(2) 민사집행법 제292조 제2항은 가압류 재판의 집행은 채권자에게 재판을 고지한 날로부터 2주를 넘긴 때에는 하지 못한다고 규정하고 있어 집행기간이 지나면 가압류는 집행력을 잃는다. 따라서 집행기간이 지났음에도 집행을 하면 위법한 집행으로서 채무자는 집행에 관한 이의로 구제받을 수 있다. 또한 집행기간의 공익적 성질에[5] 비추어 법원이 임의로 신장할 수 없고, 채무자도 그 기간도과의 이익을 포기할 수 없다.

(3) 부동산가압류는 가압류재판에 관한 사항을 등기부에 기입하는 방법으로 집행하는데, 부동산가압류의 집행법원은 가압류재판을 한 법원이 되나 가압류등기는 법원사무관 등이 촉탁한다(민사집행법 제293조).

미등기 부동산의 경우에는 민사집행법 제81조 제1항 제2호에 의하여, 즉시 채무자 명의로 등기할 수 있다는 것을 증명할 서류, 즉 채무자의 소유임을 증명하는 서류(부동산등기법 제65조)와 미등기부동산이 건물인 경우에는 그 건물의 지번·구조·면적을 증명할 서류(부동산등기법 제40조, 제66조) 및 그 건물에 관한 건축허가 또는 건축신고를 증명할 서류를 첨부하여야 하며, 등기관은 직권으로 채무자 명의의 소유권보존등기를 한 후 가압류등기의 기입을 한다. 만일 위 서면을 제출하지 못하는 경우에는 가압류 대상이 될 수 없으므로 각하하여야 할 것이다.[6]

6. 가압류 절차에서의 조정 · 화해

가압류 절차에서 가압류소송의 소송물에 관한 조정·화해가 가능함에는 이견

압류와 다른 채권자의 압류(가압류)는 그 집행대상이 같아 서로 경합하게 된다: 대법원 1996. 11. 11.자 95마252 결정.

5) 이처럼 집행기간을 둔 취지는 보전처분은 발령 당시의 사정만을 고려하여 임시적, 잠정적으로 집행하게 하는 것인데, 발령 후 오랜 시일이 경과함으로써 여러 가지 사정이 변경되었음에도 불구하고 언제까지라도 집행할 수 있도록 하는 것은 부당하기 때문이다.

6) 대법원 2005. 9. 9.자 2004마696 결정.

이 없는 것으로 보이며, 이 경우 조정·화해가 본안소송의 확정시까지 잠정적인 합의임을 명시하여 두면, 본안청구권의 존부 판단에 영향을 미치지 않을 수 있을 것이다.

가압류 절차에서 본안소송의 소송물에 관한 조정·화해가 가능한지 여부에 대하여는, 논의의 여지가 있으나, 현재의 실무는 이를 긍정하는 것으로 보이고, 나아가 화해권고결정 및 조정에 갈음하는 결정에 관한 규정도 준용된다고 보고 있다. 다만, 이 경우 본안소송의 소송물에 관한 서면 또는 구술에 의한 화해·조정의 신청 및 인지의 첨부가[7] 있어야 할 것이다. 가압류 절차에서 본안소송에 관한 조정·화해가 성립하였을 경우에 본안소송이 당연히 종료되지는 아니하고, 원고가 본안소송을 취하하여야 할 것이며, 만약 소를 취하하지 않는다면 권리보호의 이익이 없음을 이유로 소를 각하하여야 할 것이다.

7. 가압류 결정에 대한 구제방법

(1) 즉시항고

가압류 신청이 각하 또는 기각된 경우, 채권자는 즉시항고를 제기할 수 있다($\binom{민사집행법}{제281조 제2항}$). 항고권자는 재판을 고지받은 날로부터 1주의 불변기간 내에 항고장을 제출해야 한다($\binom{민사집행법 제23조,}{민사소송법 제444조}$). 실무상 위 기간을 도과하여 제출된 항고에 대하여 항고장각하명령을 발령하는 예가 적지 않다.

(2) 가압류 이의 · 취소

(가) 가압류 신청이 인용된 경우, 채무자는 가압류가 유효하게 존재하고 취소·변경을 구할 이익이 있는 한 언제든지 가압류 이의·취소신청을 제기할 수 있다.

가압류 이의는 가압류 결정의 당부를 재심사하는 것으로 그 심리에 있어서 가압류를 신청한 채권자가 적극적 당사자가 되고 채무자는 방어자의 입장에서 소극적 당사자가 된다.

이에 반하여, 가압류 취소는 가압류 결정의 당부가 아니라, 현재 가압류를 유지할 필요가 있는지 여부를 심사하는 것이다. 이러한 취소사유로는 ① 채권자가 본안의 제소명령을 기간 내에 이행하지 않은 경우($\binom{민사집행법}{제287조}$), ② 가압류 결정 후 가압류이유가 소멸되거나 그 밖의 사정이 바뀐 때, ③ 채무자가 법원이 정한 담보를

---

7) 소장에 납부할 인지액의 5분의 1에 해당하는 인지액을 납부하여야 한다(민사소송등인지법 제7조 제1항, 민사조정법 제5조 제4항, 민사조정규칙 제3조 제1항).

제공한 때,⁸⁾ ④ 가압류 집행 후 3년간 본안의 소를 제기하지 않은 때$\left(\begin{smallmatrix}제288조\\제1항\end{smallmatrix}\right)$ 등이 규정되어 있다. 취소신청은 가압류신청에 대한 심리와는 별도로 독립의 재판을 구하는 것이므로 적극적 당사자는 취소사유를 주장하는 채무자이고, 채권자는 소극적 당사자가 된다.

가압류 이의와 가압류 취소는 심판대상이 다르고 실제로 가압류 처분의 유지 여부를 결정하는 것이므로 채무자가 중복하여 제기할 수 있다.

㈐ 가압류 이의 및 취소신청에 관해서는 즉시항고와 달리 가압류 결정을 한 당해 법원의 담당 재판부가 다시 심리·결정하게 된다. 그 심리는 변론 또는 당사자쌍방이 참여할 수 있는 심문기일을 열어서 행한다. 이에 대하여는 변론 또는 심문 여부와 관계없이 결정으로 재판하도록 규정하고 있다$\left(\begin{smallmatrix}민사집행법 제286조 제3항, 제\\287조 제3항, 제288조 제3항\end{smallmatrix}\right)$.

제2절 가 처 분

I. 의 의

가처분은 분쟁에 대한 판결확정시까지 기다린다면 현저한 손해를 입게 되거나 소송의 목적을 달성하기 어려운 염려가 있을 경우에 신속하게 잠정적으로 임시의 조치를 취하는 보전처분을 뜻한다. 건물의 공사로 인하여 인근 주민에게 급박한 피해가 발생한 때(인근 지반의 침하 및 주택의 균열·붕괴, 일조, 조망, 경관, 교육·문화적 환경 등 생활이익의 침해 등), 반대로 시공자의 공사를 방해하는 급박한 사태가 발생한 때(인근 주민의 공사장 점거 등)에 이를 단기간에 해결할 수 있는 가장 유효한 수단으로 활용되고 있다.

건설분쟁에서의 가처분은 건설공사가 장기간에 걸쳐 계속적으로 이루어지는 특성상 신청인이나 피신청인에게 결정적인 영향을 끼칠 수 있는 반면에, 가처분

---

8) 채무자는 가압류결정상의 해방공탁금액(민사집행법 제282조)을 공탁하고 가압류 집행의 취소나 정지를 구할 수도 있으나(민사집행법 제299조) 해방금액이 통상적으로는 가압류 피보전금액과 동일하므로 채무자로서는 이를 이용하기가 사실상 어렵다. 그러나 이러한 해방공탁과 달리, 담보 제공에 의한 가압류취소제도는 채무자가 법원이 재량으로 정한 담보를 제공하고 그 가압류 자체의 취소를 신청할 수 있으므로 훨씬 유리할 수 있다. 이러한 담보는 직접 피보전권리를 담보하는 것으로 채권자는 여기에 일종의 질권을 갖게 된다고 본다.

결정 자체는 신속하게 이루어져야 하기 때문에 재판 실무상 판단이 가장 어려운 분야 중 하나다. 가처분 결정 여부에 따라 본안판단에 나가지 않고 분쟁이 종결되는 경우가 적지 않아서 신중하고 정확한 판단을 해야 한다.

Ⅱ. 가처분의 종류

가처분은 두 가지로 나눌 수 있다. 첫째, '다툼의 대상에 관한 가처분'으로서 채권자가 금전 이외의 물건이나 권리를 대상을 하는 청구권을 가지고 있을 때 그 강제집행시까지 다툼의 대상이 처분·멸실되는 등 법률적·사실적 변경이 생기는 것을 방지하고자 다툼의 대상의 현상을 동결시키는 가처분$\left(\substack{\text{민사집행법} \\ \text{제300조 제1항}}\right)$을 뜻한다.

둘째, '임시의 지위를 정하는 가처분'으로서 당사자 간에 현재 다툼이 있는 권리 또는 법률관계가 존재하고 그에 대한 확정판결이 있기까지 현상의 진행을 그대로 방치한다면 권리자가 현저한 손해를 입거나 급박한 위험에 처하는 등 소송의 목적을 달성하기 어려운 경우에 그로 인한 위험을 방지하기 위해 잠정적으로 권리 또는 법률관계에 관하여 임지의 지위를 정하는 가처분$\left(\substack{\text{민사집행법} \\ \text{제300조 제2항}}\right)$을 뜻한다. 건설관련 가처분 중 주로 문제가 되는 것은 후자의 유형이다.

임시의 지위를 정하는 가처분은 주로 건축공사를 금지하는 가처분과 건축공사에 대한 방해행위를 금지하는 가처분으로 나뉘어지는데, 전자의 가처분은 인용률이 매우 낮은 반면에, 후자의 가처분은 인용률이 높은 편이다.[9]

---

9) 서울중앙지방법원의 경우 2009년부터 2010년까지 공사금지가처분의 인용률은 7.9%, 공사방해금지가처분의 인용률은 42.8%였다. 전자의 인용률이 낮은 이유는 ① 공사금지가처분은 가처분이 발령될 경우 건축주 내지 시공자로서는 헌법상 보장된 재산권의 행사가 전면적으로 불가능하게 되는 점에 비추어 그러한 공사가 수인한도를 넘는지 여부와 보전의 필요성이 있는지 여부에 대하여 본안에 비하여 더욱 엄격한 심사가 이루어지며, 손해배상을 명할 수 있을 것으로 보이는 사안에 있어서도 공사금지 자체에 대한 수인한도는 더욱 높은 기준으로 판단하는 점, ② 피보전권리가 인정되더라도 이미 침해행위가 종료되었다거나 침해의 확대가 없을 것으로 보인다는 등의 이유로 보전의 필요성을 인정하지 아니하는 사례가 많은 점, ③ 본안에서 손해배상을 받기조차 어려울 것으로 보임에도 불구하고 공사금지가처분 신청을 제기하여 분쟁 상태를 만든 다음 합의금을 받을 목적의 부당한 신청 또는 이른바 '민원성 신청'(예: 국가나 지자체를 상대로 한 고가도로 철거금지 신청)도 적지 아니한 점 등에 기인한다. 이에 비해 후자는 다른 유형의 가처분사건에 비하여 인용률이 상당히 높은 편에 속한다. 그 이유는 ① 일반적으로 타인의 공사를 방해하는 행위는 건축주나 시공자의 소유권, 점유권 등을 침해하게 되므로, 건축주 등이 물권적, 대세적 보호를 받을 수 있는 점, ② 공사방해행위의 태양은 형법상 업무방해죄, 건조물침입죄, 재물손괴죄 등에 해당하는 경우가 많아 위법성이 크고, 실력으로 타인의 공사의 진행을 방해함으로써 재산권의 행사를 전면적으로 불가능하게 하여 그 사회적, 경제적 손실도 크기 때문에 보전의 필요성을 배제할 사유가 거의 없는 점, ③ 공사방해행위 자체를 종국적으로 중단시키지 아니하는 이상 손해배상만

이하에서는 임시의 지위를 정하는 가처분에 관하여 주로 살핀다.

Ⅲ. 당사자적격

1. 신청인적격

현재 다툼이 있는 권리관계에서 권리자라고 주장하는 자가 신청인이 된다. 환경이익 또는 생활이익 관련 분쟁의 경우에 신청인적격이 종종 문제된다. 가처분의 피보전권리를 어떻게 보느냐에 따라 신청인적격의 범위가 달라질 수 있는바, 인접 피해 토지상의 건물에 수인의 가족이 동거하는 경우 그 건물에 관한 소유권 기타 이용권을 가지고 있는 가장이 권리행사를 포기하였다면 물권적 청구권설에 따르는 한 다른 가족들은 점유보조자로서 피보전권리가 없어 가처분신청인이 될 수 없으나, 다른 학설들에 따르면 가능하다고 할 것이다.

물권적 청구권설에 따르면 인접 피해 토지 소유자가 가처분을 신청하여 그 심리 중에 소유권을 상실한 경우 더 이상 피보전권리를 인정할 수 없고, 위 토지의 소유권을 양수받은 자는 승계참가를 할 수 있을 것이다. 나대지의 소유자는 그 상태에서의 일조나 조망 등의 생활이익이 특별히 보호되어야 할 사정이 없는 한 피보전권리를 인정받기 어려울 것이다.[10]

한편 환경권설을 취하는 견해 중에서 방해배제청구권을 자연인만이 가질 수 있다는 견해가 있으나, 행정소송의 당사자적격과 관련한 대법원 판례의 적극적 태도나 환경이익 침해의 심각성에 대한 인식의 변화 등을 감안할 때 환경분쟁에 관한 가처분에 있어서 법인도 당사자적격을 갖는다고 보아야 한다.

건물 임차인의 경우 임차권에 기한 방해배제청구권 또는 인격권에 기하여 신청인적격이 인정될 여지가 많고, 이는 상린관계에 기한 가처분의 경우 특히 더 그렇다. 다만, 임차인은 피해회피의 가능성이 크다고 할 수 있으므로 건물 소유자보다는 수인한도의 기준이 높을 것이다.[11]

물권적 청구권설을 취하는 견해 중에는 신청인적격을 기본적으로 토지관련성을 가지는 자에게 인정한다는 전제에서 소유자나 점유자처럼 비슷한 방법으로

으로 완전한 권리구제가 불가능한 점 등에 기인한다. 이국현, "건설관련 임시의 지위을 정하기 위한 가처분소송의 실무상 문제," 서울지방변호사회 2010년 제15차 의무연수자료.

10) 법원행정처, 『법원실무제요』(민사집행 Ⅳ), 265면.

11) 박영현, "일조권 침해로 인한 공사중지가처분," 『판례연구』 7집(1997. 1).

토지에 대한 침해에 노출된 물권적인 비권리자, 즉 피고용인이나 교육장소로 방문해야 하는 피교육자에게도 신청인적격이 조심스럽게 확장되어야 한다는 견해도 있다.

공사중지가처분의 경우 피해건물이 아파트인 경우와 같이 인근 주민 다수가 신청인이 되는 경우가 점점 늘어나고 있는데, 이 경우 각 신청인별로 수인한도를 판단해야 하고 개개 피해 정도가 낮아도 그 피해의 총합이 무시 못할 경우에는 수인한도가 전체적으로 낮아질 수 있을 것이다.[12]

2. 피신청인적격

피신청인은 현재의 침해를 일으킨 원인 행위나 상대의 주체가 될 수 있는 자이어야 하는바, ① 그 행위를 통하여 직접적 또는 간접적으로 침해를 일으키는 행위방해자와 ② 자신이 보유하고 있거나 운영하고 있는 물건이나 시설의 상태에 의하여 침해를 일으키는 상태방해자로 나누어 볼 수 있다.

통상 공사방해금지가처분의 경우에는 공사방해행위를 하는 자들이 채무자가 될 것이다. 실무상 실제 건축행위나 방해행위의 주체가 누구인지 확정하는 것도 쉽지 아니하여 채무자를 잘못 지정했다는 이유로 기각되는 경우가 종종 있다.[13]

Ⅳ. 요   건

1. 피보전권리

공사관련 가처분은 대부분이 임시의 지위를 정하는 가처분의 성격을 띠고 있으므로 그 피보전권리로서는 가압류나 계쟁물에 관한 가처분처럼 반드시 집행에 적합하지 않아도 상관 없고, 권리관계의 종류에는 제한이 없으며, 1회의 이행에 의하여 소멸하는 권리관계 및 조건이 붙어 있는 채권이나 기한이 도래하지 않은 채권도 포함될 뿐만 아니라, 그 본안소송은 성질상 다툼 있는 권리관계에 관하여 확인을 구하는 것이라도 무방하고 반드시 가처분과 목적을 같이하지 아니하여도 된다고 해석된다. 원칙적으로 민사소송에 의하여 보호를 받을 권리에 관하여

---

12) 박영현, 앞의 글.
13) 서울중앙지방법원 2008. 4. 4.자 2008카합786 결정; 서울중앙지방법원 2009. 7. 9.자 2009카합2412 결정 등.

현존하는 위험이 있다면 이는 임시의 지위를 정하기 위한 가처분의 피보전권리가 될 수 있다.

또한 가처분의 특성상 신청인에게 현재 소유권 등의 확정적인 권리가 없다고 하더라도 구체화되어 가면서 잠정적으로 존재하는 기대적 권리가 있다면 이를 피보전권리로 폭넓게 인정하는 것이 바람직하다.[14]

또한 임시의 지위를 정하기 위한 가처분은 현재의 위험을 방지할 것을 목적으로 하기 때문에, 그 본질상 권리관계에 다툼이 있는 것을 요건으로 한다. '다툼'이라 함은 권리관계에 관하여 당사자의 주장이 대립되기 때문에 소송에 의한 권리보호가 요구되는 것을 말하므로, 권리관계가 부인되는 것, 의무를 인정하더라도 이행하지 아니하는 것 등이 이에 속한다. 그러나 재판이 계속 중임을 필요로 하지 아니함은 물론 당사자가 적극적으로 분쟁을 벌이고 있는 상태에 있을 필요도 없고, 권리에 대한 위법한 침해의 위험이 가까워진 것도 다툼이 있는 경우에 포함된다고 보는 것이 일반적이다.

다만 상대방이 단순히 다툰다는 태도 이상의 구체적인 방해행위에 나아가지 아니한 경우에는 적어도 구체적 침해금지청구권은 발생하지 아니한 경우이거나 보전의 필요성이 없다고 보아야 하는 경우가 적지 않을 것이다.[15]

2. 보전의 필요성

민사집행법 제300조 제2항은 임시의 지위를 정하기 위한 가처분의 필요성에 관하여 "현저한 손해를 피하거나 급박한 위험을 막기 위하여, 또는 그 밖의 필요

---

14) 이 사건 토지상의 공사중인 건물에 대한 적법한 공사시행권자이며, 그 공사가 유일한 목적이고 자산인 신청외 회사의 대표이사직을 불법적으로 박탈당한 신청인으로서는 그 공사시행권(또는 그 공사와 관련한 신청외 회사의 적법한 실질적인 대표이사로서의 지위나 그 지위에 기초한 신청외 회사의 건축중인 호텔의 완공과 경영 등에 관련한 신분적·지위적·영업적 이익이나 권리가 구체화되어 가면서 잠정적으로 존재하는 기대적 권리)에 근거하여 피신청인이 아무런 근거 없이 시행하고 있는 이 사건 토지상의 호텔신축공사를 금지시킬 수 있는 피보전권리를 갖고 있다: 대전지방법원 1993. 3. 23. 선고 92카합559 판결.

15) 서울중앙지방법원의 가처분결정에는 이와 같은 사정을 들어 보전의 필요성이 없다는 이유로 기각한 사례와 피보전권리를 인정할 수 없다는 이유로 기각한 사례가 모두 보이는데, 구체적인 침해행위의 개연성이 없다고 인정된 경우에는 전자를 이유로, 본안소송이 확정될 때까지 사이에 급박한 손해가 발생할 여지가 있다고 보기 어렵거나 그 손해가 금전으로 전보될 정도에 불과한데다가 가처분결정의 발령으로 인하여 채무자에게 발생하는 손실에 비하여 채권자가 부담하게 될 급박한 손해의 위험성이 현저하게 적다고 인정된 경우에는 후자를 이유로 기각한 것으로 생각된다(이효제, "지적재산권 관련 임시의 지위를 정하기 위한 가처분의 실무상 제 문제," 사법연수원 지적재산권 실무법관 연수자료, 9면).

한 이유가 있을 경우에 하여야 한다"라고 규정하여, 가압류나 다툼의 대상에 관한 가처분과 달리 임시의 지위를 정하기 위한 가처분은 현재의 위험방지가 주목적임을 밝히고 있다. "현저한 손해를 피하거나 급박한 위험을 막기 위하여"라는 사유는 예시규정이므로 "그 밖의 필요한 이유가 있을 경우에"라고 하는 일반조항의 해석이 문제된다. 가처분의 필요성은 법원의 재량적 판단에 따를 문제인데, 특히 임시의 지위를 정하기 위한 가처분은 본안판결 전에 채권자에게 만족을 주는 경우가 있는 반면, 채무자의 고통 또한 크다고 할 것이므로, 그 필요성의 인정에 신중을 기하여야 한다.[16]

공사금지가처분에 있어서는 피보전권리가 인정되더라도 보전의 필요성이 없음을 이유로 신청이 기각되는 경우가 많다. 소음, 진동, 균열 등을 원인으로 한 공사금지가처분에서 소음, 진동, 균열의 가장 큰 원인이 된 토지굴착공사가 종료되었다면 보전의 필요성이 없고, 일조침해를 원인으로 한 공사금지가처분에서 골조공사가 완료되면 보전의 필요성이 없다고 보는 등, 공사가 진행될수록 보전의 필요성이 없음을 이유로 기각할 가능성이 높아진다.

반면, 공사방해금지가처분에 있어서는 피보전권리가 인정되면 공사의 진행 자체가 위법성이 크다는 등의 특별한 사정이 없는 한 보전의 필요성을 인정하여 공사금지가처분과는 반대의 양상을 보인다.

V. 가처분 재판 및 집행상 유의사항

1. 심문절차

공사금지가처분은 일종의 만족적 가처분으로서 가처분결정이 잘못되었을 경우에 피신청인이 입는 손해는 다른 가처분의 경우보다 상당히 커서 담보금에 의한 손해의 전보로도 충분하지 않은 경우가 많은 반면, 이러한 가처분이 신청되었음을 피신청인이 알더라도 신청인의 권리가 침해될 우려가 매우 적다. 따라서 기일을 열어 심리하면 가처분의 목적을 달성할 수 없는 사정이 있는 때를 제외하고는 변론기일 또는 피신청인이 참석할 수 있는 심문기일을 열어야 한다(민사집행법 제304조). 실

---

16) 통상 가압류나 다툼의 대상에 관한 가처분에서는 채무불이행 그 밖의 필요성을 엿볼 수 있는 소명이 있으면 별다른 사정이 없는 한 보전처분의 필요성이 있다고 보는데 반하여, 임시의 지위를 정하기 위한 가처분에 있어서는 반대로 그 필요성을 인정할 만한 사정의 소명이 없는 한 가처분 신청을 배척하게 된다.

무상으로도 붕괴 위험이 있는 굴착공사를 금지하는 것과 같이 특히 신속을 요하는 경우가 아니면 심문을 거치는 것이 보통이다.

2. 소명방법

통상적인 보전소송에 있어서는 그 처분의 잠정성과 신속성이 요구되므로 소명자료는 즉시 조사할 수 있는 것, 즉 서증과 인증에 한함이 원칙이고 감정과 검증은 허용되지 않는다고 볼 것이다. 그러나 건축공사에 관한 가처분은 발령이 되면 그로 인하여 건축주에게 막대한 경제적인 부담을 주게 되는 반면, 건축공사가 완공되면 인근 주민들은 그 피해 회복이 쉽지 않게 되는 등 쌍방에게 치명적인 결과를 초래할 가능성이 많다. 또한 그 판단에 전문적 의견이 필요한 경우가 많아 피보전권리 및 보전의 필요성에 대하여 일반의 가처분보다 고도의 소명이 요구되므로 건축공사에 관한 가처분의 경우 감정과 검증이 필수적인 경우가 많다.

다만 감정과 검증을 넓게 허용할 경우 가처분의 본질인 신속성을 저해할 우려가 있는 것도 사실이다. 감정과 검증신청의 채택을 신중히 허용하되, 채택하는 경우에도 감정기간 및 감정사항을 최소한으로 제한하고, 구체적인 사안에 따라 그 대체적인 방안을 사용하거나 심리의 집중화를 통하여 신속성을 도모할 필요가 있다.

실무상으로는 제출된 소명자료에 의하여 어느 정도 권리침해 사실이 소명되어 검증이나 감정이 필요하다고 판단되고, 공사의 진행 정도에 비추어 검증이나 감정을 거쳐도 보전의 필요성 유지에 장애가 없으며, 검증이나 감정 외에는 결정적인 소명자료가 없을 경우에 한하여 검증이나 감정을 채택한다. 인접 토지의 공사로 인한 균열이 문제되는 경우에 현장검증을, 일조권의 침해가 문제되는 경우에 일조감정을 채택하는 사례가 많다.[17]

한편, 공사방해금지가처분에 있어서 방해행위의 소명을 위하여 현장을 촬영한 영상물에 대한 검증을 하거나, 이를 참고자료로 제출받아 재판부에서 그 내용을 확인하는 경우도 많다.

통상 감정사항으로는 피해건물에 발생한 하자의 내용과 그 보수방법 및 비용, 인접지 신축공사와 피해건물에 발생한 하자와의 인과관계, 인접지 신축공사에

---

17) 검증·감정이 채택될 경우 그 실시방법은 본안의 경우와 동일하다. 다만, 서울중앙지방법원의 경우 검증·감정기일은 모두 수명법관에 의하여 진행하고 있다.

있어서 하자발생방지를 위한 조치가 있었는지 여부와 있었다면 그 조치의 내용과 적합 여부, 부적합하였다면 적합한 조치는 어떠한 것이어야 하는지, 공사를 계속 실시할 경우 피해 건물에 더 이상의 손해를 입힐 가능성이 있는지 여부와, 있다면 그 피해의 내용과 그 방지 및 복구를 위한 어떤 조치가 필요한지 여부 등을 들 수 있겠다.

특히 일조 등의 침해를 이유로 한 공사금지가처분의 경우 신청인이 소명자료로 사적인 의뢰에 의하여 작성된 감정보고서를 제출하는 경우에 피신청인도 사적으로 감정을 의뢰하여 감정보고서를 제출하는 경우가 있는데, 이때에는 법원이 별도로 감정을 명하지 않는 경우가 많다.

한편 환경분쟁사건에 있어서의 가처분은 그 권리가 명확히 인정되기 어려운 반면, 피해결과의 심대성·광범성이 존재하므로 가처분단계에서는 피보전권리의 존재와 보전필요성의 소명 정도를 경감하여야 할 필요가 있다. 참고로 독일의 부정경쟁방지법은 가처분의 요건을 완화하고 있다.

3. 담 보

공사금지를 명하는 경우에는 대상이 되는 건물의 가치가 하나의 기준이 되므로 건물 가치에 따라 담보금액도 달라진다. 건축방해금지를 명하는 경우에는 사인 간에 실력에 의한 방해가 허용될 수 없으므로 보전필요성이 인정되는 이상 담보금액이 적은 경우가 보통일 것이나, 피신청인에게 특별히 큰 손해를 주게 되는 등 특별한 사정이 있는 경우에는 그것을 담보하기에 족한 담보금이 요구된다.

한편 가압류해방공탁금액을 규정한 민사집행법 제282조를 가처분에 준용할 수 있는가? 금전채권이나 금전으로 환산할 수 있는 채권의 보전을 목적으로 하는 가압류와 달리 가처분은 금전채권을 제외한 특정물에 대한 이행청구권 또는 다툼이 있는 권리관계의 보전에 그 본래의 목적이 있다는 점과 민사집행법 제307조에서 특별사정으로 인한 가처분의 취소를 별도로 규정한 취지 등에 비추어 볼 때, 해방공탁금에 관한 민사집행법 제282조의 규정은 가처분에는 준용할 수 없다고 해석함이 타당하다.[18][19]

---

18) 대법원 2002. 9. 25.자 2000마282 결정.
19) 일본 판례는 가처분에서의 해방공탁금 기재를 긍정하고 있고[大審院 大正 10年 5月 11日 判決(民錄 27집 902항); 大審院 昭和 13年 7月 11日 판결], 학설은 피보전권리가 금전적 보상에 의하여 종국적인 목적을 달성할 수 있는 가처분의 경우에 한하여 긍정하는 입장이었는데, 그 실무례가 분

그러나 임시의 지위를 정하는 가처분이라 하더라도 종국적으로는 건물소유자가 금전에 의한 손해배상을 받는 것으로 분쟁이 해결될 수밖에 없는바, 공사중지가처분이 그와 같은 손해배상을 위한 예비단계의 성질을 갖는 경우에는 해방공탁금을 정하는 것도 가능하다는 주장이 있다.[20]

4. 가처분 결정

(1) 결정시 주의할 사항

공사금지가처분의 경우 특히 전문성·기술성이 요구되는 경우가 많으므로 주문의 기재는 구체적이고 한정적인 범위 안에서 명확하게 표시할 것이 요청되며, 방지시설의 설치를 명하는 경우 그 구체적 방법을 특정하여야 한다.

단순히 피신청인의 공사를 금지시키거나 중지시키는 결정 외에도 "피신청인은 별지 목록 기재 토지에 관하여 별지 도면 표시 … 부분 위에 높이 5미터, 길이 20미터 이상의 철근콘크리트조 옹벽을 설치하지 않고서는 지표면으로부터 8미터 이상 굴착하는 공사를 하여서는 아니 된다"와 같이 피해예방공사를 공사속행의 조건으로 하여 가처분결정을 하는 경우, "피신청인은 신청인 소유의 건물에 발생한 피해의 보수공사를 시행하라. 피신청인은 위 보수공사를 마칠 때까지 피신청인 소유의 별지 목록 기재 토지상에 건축중인 공사를 속행하여서는 아니 된다"와 같이 피해보수공사를 공사속행의 조건으로 하여 가처분결정을 하는 경우도 있다.

일조권침해를 이유로 하는 가처분에서는 공사속행금지명령에는 당연히 공사중지의 명령이 포함되어 있지만, 실무상 "건물에 대하여 건축공사를 중지하고 이를 속행하여서는 아니 된다"라는 식으로 함께 기재하여 주는 것이 보통이다.

가처분명령의 내용으로 되는 부작위의무의 형태에 따라 1회의 부작위를 명하는 가처분과 반복적·계속적 부작위를 명하는 가처분으로 나눌 수 있는데, 후자는 "일정기간 매일 밤 10시 이후에는 공사를 하여 소음을 내서는 아니 된다"는 등으로 주문에 표시된다. 이 구별은 가처분의 집행과 관련하여 실익이 있다.

분하던 중 민사보전법을 제정하면서 가처분해방공탁금에 관한 규정이 신설되었다. 즉 동법 제25조 제1항은 보전할 권리가 금전의 지불을 받음으로써 그 행사의 목적을 달성할 수 있는 때에 한하여 채권자의 의견을 들은 후 가처분해방금액을 가처분명령에 정할 수 있다고 규정하고 있는데, 그 적용범위에 관하여 학설은 계쟁물에 관한 가처분에 한정되는 것이고 임시의 지위를 정하는 가처분은 여기에서 제외된다고 해석하고 있다. 栗原壯太, "民事保全の 解放金額,"『裁判實務大系4』, 靑林書院(平成 10).
20) 권성, 앞의 책, 474면 이하.

부작위의무의 범위를 정함에 있어서 신청인의 권익보호에 필요한 최소한에 그치도록 노력하여야 한다. 한편 현재 피신청인이 점유·사용중인 건물·토지에 대하여 피신청인의 진입을 금지해 버리면 명도단행을 명하는 것과 같은 효과를 얻게 되므로 신중을 기하여야 한다.

(2) 대체집행명령 병기의 허부

주문에 공사중지의 부작위명령과 아울러 집행명령, 즉 "피신청인이 위 명령을 위반할 때에는 집행관은 위 명령의 집행에 필요한 조치를 취하여야 한다"는 취지의 대체집행명령($\binom{\text{민사집행법 제260조,}}{\text{이하 수권명령이라 한다}}$)을 부가하는 경우가 있다. 원래 가처분위반상태의 제거를 위하여 강제집행절차인 대체집행을 위한 수권명령을 얻으려면 수권명령을 발하기 위한 요건의 구비와 절차의 이행이 재판절차 외에서 따로 있어야 하는데, 이를 무시하고 바로 가처분 재판의 주문에서 수권명령을 할 수 있는지 여부에 관하여는 견해가 대립된다.

우리나라와 일본의 다수설 및 실무는 가처분의 긴급성 및 가처분 심문절차에서 수권명령을 위한 피신청인의 심문을 겸하여 할 수 있고, 수권명령의 동시발령의 필요성에 관한 심리가 가능하여 피신청인의 이익을 부당하게 침해하는 것은 아니라는 점에 비추어 재판절차에서 위와 같은 수권명령을 동시에 할 수 있다고 한다.

그러나 이에 대하여는 통상 수권명령은 위반사실의 존재가 명백하지 않고 집행의 대상과 범위가 명백히 특정되지 않은 포괄적 무제한적 형태를 취할 수밖에 없는데, 이는 집행피신청인에게 그 의무 이상의 부담을 줄 우려가 있어 위법하다는 견해가 있다.[21]

(3) 공시명령의 허부

주문에 부작위명령 외에 "집행관은 위 명령의 취지를 적당한 방법으로 공시하여야 한다"는 공시명령이 기재되는 경우가 있다. 공사관련가처분은 목적물의 집행관 보관을 수반하지 않는 가처분이 대부분인데, 이러한 가처분의 주문에 공시명령을 붙이는 것이 적법한지 여부에 관하여 일본의 다수설과 실무의 대세는 가처분의 목적 내지 필요성을 초과하는 것이라 하여 위법하다는 입장을 취하고 있다.

---

21) 권성, 앞의 책, 480면 이하.

그러나 공시가 당사자 사이의 분쟁 해결을 촉진하고 제3자의 연계를 막는 데 유용하다는 점에서 가처분의 목적을 달성하는 데 필요하고, 건축방해금지가처분은 주로 실력행사로 공사를 저지하려는 사람들의 방해를 금지하려는 데 목적이 있으므로 그것이 인용되는 경우에는 결정 주문을 공사현장 주변 중 적당한 곳에 게시하도록 함으로써 그 실효성을 확보할 수 있도록 조치할 필요가 있어 가처분에 공시명령을 붙이는 것이 다수의 실무례이다.[22]

5. 가처분 재판의 집행

공사금지 또는 공사방해금지를 명하는 가처분을 하였으나 피신청인이 그 의무를 위반하였다면, 피신청인의 위반행위가 물적 상태를 남기는 경우에는 신청인이 가처분법원으로부터 대체집행에 관한 수권결정을 얻어 위반행위로 인하여 생긴 공작물의 철거를 집행관에게 위임하는 방법에 의하고($\frac{민사집행법}{제260조}$), 그 위반행위가 물적 상태를 남기지 않는 경우에는 간접강제의 방법, 즉 신청인의 신청에 의하여 가처분법원이 상당한 기간을 정하고, 피신청인이 그 기간 내에 이행을 하지 않을 때에는 그 지체기간에 따라 일정한 금원배상을 할 것을 명하거나 또는 즉시 배상을 명하는 결정을 하여 이에 의하여 금전집행을 하는 방법에 의한다($\frac{민사집행법}{제261조}$). 이러한 경우에는 피신청인의 심문이 필요하다($\frac{민사집행법}{제262조}$).

가처분은 소급효가 없으므로 신청인이 이러한 종류의 가처분명령을 얻을 때까지 사이에 피신청인이 가처분에 의하여 금지시키려는 행위를 하여 이미 발생한 물적 상태(건축공사금지가처분 전에 이미 완료된 공사 부분)를 제거할 수는 없고, 그 제거를 위해서는 새로운 가처분을 얻어야 한다.

가압류에 대한 재판의 집행은 채권자에게 재판을 고지하거나 송달한 날로부터 2주를 넘긴 때에는 하지 못하는데($\frac{민사집행법 제}{292조 제2항}$), 이러한 규정이 공사금지가처분과 같은 부작위를 명하는 가처분의 경우에도 준용되는지 여부가 문제된다. 통상 부작위를 명하는 가처분의 경우에는 피신청인이 그 명령위반행위를 한 때에 비로소 대체집행 또는 간접강제의 방법에 의하여 부작위 상태를 실현시킬 필요가 생기므로 가압류에 관한 위 규정이 준용되지 아니하는바,[23] 공사금지가처분의 경우도 예외는 아니라고 할 것이다.

---

22) 법원행정처, 『법원실무제요』(민사집행 Ⅳ), 269면.
23) 대법원 1982. 7. 16.자 82마카50 결정.

이에 대하여 신청인이 피신청인의 위반행위를 알면서도 대체집행이나 간접강제를 하지 아니하고 장기간 방치하거나 또는 장기간 방치한 후 갑자기 대체집행이나 간접강제를 하는 경우 피신청인이 불측의 손해를 입게 될 수 있다는 반론이 있으나, 이러한 경우 피신청인은 신청인이 위와 같이 가처분의 집행을 장기간 방치하여 둠으로써 보전의 필요성이 없어졌다는 이유로 사정변경에 의한 가처분 취소신청을 하거나, 신청인이 수권결정을 신청할 때 심문과정에서 위와 같은 사유를 주장하여 보호를 받을 수 있을 것이다.[24]

대법원은 2010. 12. 30.자 2010마985 결정에서 부작위를 명하는 가처분의 집행기간에 대하여 다음과 같이 결정하였다. 채무자에 대하여 단순한 부작위를 명하는 가처분은 그 가처분 재판이 채무자에게 고지됨으로써 효력이 발생하는 것이지만, ① 채무자가 그 명령위반의 행위를 한 때에 비로소 간접강제의 방법에 의하여 부작위 상태를 실현시킬 필요가 생기는 것이므로 그때부터 2주 이내에 간접강제를 신청하여야 함이 원칙이라고 하여, 종래 82마카50 결정이 제한적 적극설 내지는 위반행위시설을 취한 것이라는 점을 명시적으로 밝히는 한편, ② 채무자가 가처분 재판이 고지되기 전부터 가처분 재판에서 명한 부작위에 위반되는 행위를 계속하고 있는 경우라면, 그 가처분 결정이 채권자에게 고지된 날부터 2주 이내에 간접강제를 신청하여야 하고, 그 집행기간이 지난 후의 간접강제 신청은 부적법하다고 함으로써, 부작위를 명하는 가처분의 경우에도 가처분 재판이 고지되기 전부터 부작위 가처분에 위반되는 행위가 계속되고 있었던 경우에는 가압류와 동일하게 고지된 날로부터 2주 이내에 강제집행 즉 간접강제 신청을 하여야 한다고 판시하였다.

한편 위 가처분에 공시명령이나 집행관 보관명령이 부가되어 있는 경우, 그 부분의 집행에 관하여는 즉시 집행이 가능하므로 집행기간 제한에 관한 규정이 준용된다.[25]

---

24) 법원행정처, 『법원실무제요』(민사집행 Ⅳ), 272면.
25) 대법원 1982. 7. 16.자 82마카50 결정. 위 결정은 나아가 "그 재판이 변론을 거쳐 선고된 경우에는 그보다 뒤에 재판서가 송달되었다고 하여도 선고일로부터 위 집행기간을 기산하여야 하고 송달일로부터 기산할 것이 아니다"라고 판시하였다.

6. 가처분 절차에서의 조정 · 화해

가압류 절차에서의 조정 화해와 마찬가지로 가처분소송의 소송물에 관한 조정 · 화해가 가능하고, 본안소송의 소송물에 관한 조정 · 화해도 가능하다고 보는 것이 실무상 대세이다.[26]

7. 가처분 결정에 대한 구제방법

(1) 즉시항고

가압류 결정에 대한 즉시항고와 성질 및 절차가 동일하다.

(2) 가처분 이의 · 취소

(가) 기본적으로 가압류 이의 · 취소와 성질 및 절차가 동일하다. 가처분 이의 사유에는 아무런 제한이 없으므로, 가처분 이의절차에서 가처분 취소사유에 해당하는 사유, 즉 사정변경, 특별사정, 제소기간의 도과 등을 이의사유로 주장할 수 있다.

가처분 취소사유로는 ① 채권자가 본안의 제소명령을 기간 내에 이행하지 않은 경우($\binom{민사집행법 제}{287조, 301조}$), ② 가처분 결정 후 가처분이유가 소멸되거나 그 밖에 사정이 바뀐 때, ③ 가압류 집행 후 3년간 본안의 소를 제기하지 않은 때($\binom{민사집행법 제288}{조 제1항, 제301조}$), ④ 특별한 사정이 있는 때에 담보를 제공한 경우($\binom{민사집행}{법 제307조}$) 등이 규정되어 있다. 특별사정에 의한 가처분 취소가 인정되는 점에서 가압류 취소와 차이가 난다.

(나) 가처분은 특별한 사정이 있는 때에는 담보를 제공하게 하고 취소할 수 있다($\binom{민사집행법}{제307조}$). 가처분은 가압류와 달리 금전채권의 집행보전을 위한 것이 아니므로 원칙적으로 담보의 제공으로 인한 가처분 취소는 허용될 수 없다. 그러나 피보전권리가 금전적인 보상으로 종국적인 목적을 달성할 수 있거나, 가처분집행으로 인하여 가처분 채무자가 통상 입는 손해보다 특히 현저한 손해를 입고 있는 사정이 있는 때에는 담보를 제공하게 하고 가처분을 취소함으로써 채권자와 채무자 사이의 공평을 도모하기 위하여 이를 인정한 것이다.

따라서 '특별한 사정'은 '피보전권리가 금전적 보상에 의하여 그 종국의 목적을 달성할 수 있는 사정' 또는 '채무자가 가처분에 의하여 통상 입는 손해보다 훨씬 큰 손해를 입게 될 사정' 중 하나라고 할 것이다. 대개는 가처분 당시에 예상하

---

26) 이하 6. 및 7.항의 상세한 내용은 가압류 부분 참조.

였던 것보다 가처분에 의한 손해가 훨씬 더 커져서 가처분을 유지하는 것이 채무자에게 가혹하고 공평의 이념에 반하게 된다는 후자의 사유를 제기하는 것이 실무례이다.

그러나 환경분쟁가처분에 있어서는 환경오염피해로서 인격적 이익의 침해가 발생하므로 환경오염으로 인하여 생명 또는 신체의 위험이 있음을 이유로 가처분명령을 발한 경우에는 이러한 특별한 사정을 인정하지 않는 것이 좋다는 견해도 있다.

⑶ 집행정지

민사집행법 제309조는 구 민사소송법과 달리 소송물인 권리 또는 법률관계가 이행되는 것과 같은 내용의 이행적 가처분에 대하여 이의신청, 취소신청 또는 상소가 있는 경우에, 이의신청 또는 상소의 이유로 주장한 사유가 법률상 정당한 이유가 있다고 인정되고 주장사실에 대한 소명이 있으며, 그 집행에 의하여 회복할 수 없는 손해가 생길 위험이 있다는 사정에 대한 소명이 있는 때에는, 당사자의 신청에 의하여 집행의 정지 또는 취소를 할 수 있도록 하였다.[27]

그러나 건축공사금지 가처분이나 건축공사 방해행위금지 가처분과 같이 부작위를 명하는 가처분의 집행정지도 위 규정에 의하여 가능한가에 관하여는 여전히 해석상의 문제가 남아 있다.

공사금지가처분 등 부작위를 명하는 가처분에 대하여는 그 본안소송이 이행소송이고, 본안소송으로 피고에게 명하는 부작위의무나 가처분으로 명하는 채무자의 부작위의무에 아무런 차이가 없음을 이유로 집행정지가 가능하다는 주장이 유력하다. 일본 민사보전법 제27조에서는 집행정지의 요건으로 보전명령의 취소원인으로 되는 명백한 사정 및 보전집행으로 인하여 변상받을 수 없는 손해가 생길 우려에 대한 소명만을 요구하고, 우리 민사집행법과 같이 소송물인 권리 또는 법률관계가 이행되는 것과 같은 내용의 가처분임을 요건으로 규정하지 아니하여 부작위를 명하는 가처분에서도 집행정지가 가능한 것으로 보고 있다.

---

27) 가처분 채무자가 가처분이의신청 또는 상소를 제기함과 동시에 민사소송법 제500조, 제501조를 준용하여 집행정지를 구할 수 있는가에 관하여는 종래 적극설, 소극설, 절충설 등으로 나뉘었으나, 판례는 "가처분의 내용이 권리보전의 범위에 그치지 아니하고 소송물인 권리 또는 법률관계의 내용이 이행된 것과 같은 종국적인 만족을 얻게 하는 것으로서 그 집행에 의하여 채무자에게 회복할 수 없는 손해를 생기게 할 우려가 있는 때에는 예외적으로 민사소송법 제500조, 제501조를 유추 적용하여 집행정지를 할 수 있다"고 하여 제한적으로 인정하는 입장이었다: 대법원 1997. 3. 19.자 97그7 결정; 대법원 1996. 4. 24.자 96그5 결정 등.

그러나 우리의 경우 집행정지는 이행적 가처분, 즉 이행소송을 본안으로 하는 단행가처분에만 허용됨을 명시하고 있으므로, 이 문제는 부작위를 명하는 가처분이 권리보전의 범위에 그치는 가처분에 해당한다고 보느냐, 그렇지 않으면 권리보전의 범위에 그치지 아니하고 소송물인 권리 또는 법률관계가 이행되는 것과 같은 종국적 만족을 얻게 하는 내용의 가처분에 해당한다고 보느냐에 따라 결정될 것이다.[28]

실무상 위 규정에 기한 집행정지나 취소를 인용하는 사례는 거의 없고, 이를 인용하더라도 상당한 현금공탁을 조건으로 명하고 있다.

Ⅵ. 건설관련 가처분의 유형[29]

1. 건축공사 등을 금지하는 가처분

〈주문례〉

1. (공사 금지) 피신청인은 별지 기재의 토지 위에 건물의 축조 등 일체의 공사를 하여서는 아니 된다.
   (공사 금지) 피신청인은 서울 성북구 돈암동 ○○○ 외 10 필지에서 진행하고 있는 주상복합 아파트 신축공사와 관련하여 지상구조물(환·배기구), 가설울타리의 위치를 신청인의 건물 측 도로 경계선으로부터 4m 이상의 거리를 확보하지 아니한 상태에서는 위 공사를 진행하여서는 아니 된다.
2. 집행관은 위 명령의 취지를 적당한 방법으로 공시하여야 한다.

1. (공사 금지) 피신청인은 별지 기재 토지에 관하여 서울중앙지방법원 2011가단000호 소유권이전등기말소등기 청구사건의 확정판결시까지 벌목, 굴착, 성토 및 옹벽 쌓기를 포함한 토목공사 및 기타 건설공사 등 일체의 현상변경 행위를 하여서는 아니 된다.
2. (건축 속행 금지) 피신청인은 별지 기재 1의 토지 위에 건축 중인 별지 기재 2의 건물에 관하여 건축공사를 속행하여서는 아니 된다.
3. (증·개축 금지) 피신청인은 별지 기재의 건물에 관하여 증축, 개축, 구조변경 등 일체의 공사를 하여서는 아니 된다.
4. 집행관은 위 명령의 취지를 적당한 방법으로 공시하여야 한다.

---

28) 법원행정처, 『법원실무제요』(민사집행 Ⅳ), 122면 이하.
29) 각종 가처분사례는 이국현, "건설관련 임시의 지위를 정하기 위한 가처분소송의 실무상 문제," 서울지방변호사회 2010년 제15차 의무연수자료에서 주로 인용하였다.

⑴ 물권적 청구권에 기한 가처분

㈎ **소유권·점유권에 기한 처분**　　건물을 건축하기 위하여 지하굴착공사를 시행함으로써 인접지의 지반이 붕괴·침하하거나 인접 건물에 균열이 발생한 경우 또는 그러한 염려가 있는 경우에 그 인접 토지나 건물의 소유자는 민법 제214조에 기하여 자기의 소유권에 기한 물권적 청구권으로써 건축주나 시공자를 상대로 하여 공사금지가처분을 구할 수 있다.[30]

　　한편 건물 균열의 원인이 된 지하굴착공사가 종료된 시점에서 잔여공사의 금지를 구하는 가처분이 가능한가가 문제된다. 판례는 장래를 향하여 공사중지를 명하더라도 이미 발생한 손해가 전보되거나 경감되는 것이 아니고, 또한 더 이상의 손해발생의 가능성도 없는 이상, 신청인에게 방해제거 또는 방해예방청구권은 존재하지 않으므로 피보전권리가 존재하지 않는다고 보아 가처분을 허용하지 않는다.[31]

　　그러나 이에 대하여는, 현실적으로 피해를 입은 신청인은 굴착공사가 거의 끝나갈 무렵에야 비로소 자신의 피해를 발견할 수 있다는 점, 신청인의 건물에 발생한 피해에 대한 보수공사의 지연은 사람의 생명, 신체나 재산에 커다란 위험과 손해를 가져올 수 있다는 점, 피해가 발생하였음에도 불구하고 신청인의 손해를 전보함이 없이 신청인의 공사만 계속하도록 놓아 두는 것은 '평화의 교란'을 방치

---

30) 대법원 1995. 9. 15. 선고 95다23378 판결; 서울고등법원 1996. 11. 21. 선고 95나41804 판결.

31) 건축주인 피신청인이 인근의 신청인 소유의 대지의 상태와 그 지상건물의 구조체 등을 정확하게 조사하지 않은 채 지반굴착공사를 시행하여 그 결과 신청인 토지의 침하 및 지상 건물 균열 등의 피해가 발생하였다. 이에 신청인이 피신청인을 상대로 공사금지가처분신청을 하였다. 원심은 공사를 계속한다면 이러한 손해는 계속 확대될 염려가 있으며 그 지상건물이 도괴될지도 모르는 위험까지 예견된다는 사실을 확정한 후 이로 인한 현저한 손해를 피하기 위하여 신청인 소유의 건물 및 토지의 도괴 기타 침하에 영향을 주는 범위 안에서 토지의 심굴굴착 및 건축공사를 중지케 함이 상당하다고 판시하였다. 그러나 대법원은 "피신청인이 충분한 예방공사를 아니한 채 토지의 심굴굴착공사를 함으로써 신청인 소유인 인접대지의 일부 침하와 건물의 균열 등의 위험이 생긴 것은 사실이나 원심 변론종결 무렵의 이 사건 건물의 건축공사는 이미 신청인 소유 건물의 남쪽 부분은 원래의 지면보다 높게 완료되어 있고 서쪽 부분은 지하 3층과 2층의 슬라브공사까지 완료되어 있음이 분명하여, 남아 있는 건축공사의 대부분은 지상건물의 축조인바, 이와 같은 건축공사의 진척도에 비추어 볼 때 더 이상의 토지의 심굴굴착공사를 하여야 할 필요성이 있다고는 보여지지 아니함은 물론 이러한 토지의 심굴굴착공사로 인하여 생긴다고 보여지는 원심 판시와 같은 건물의 균열이 더 이상 확대된다고도 볼 아무런 사정도 엿보이지 아니함에도 불구하고 원심이 위에서 본 바와 같은 지상 건물의 축조 등 나머지 공사를 계속하는 경우에 있어서도 토지의 심굴을 계속할 필요가 있는지의 여부나, 신청인 소유의 대지의 침하나 건물에 더 이상의 균열이 생기게 할 위험이 있는지의 여부 등에 관하여는 아무런 심리도 하지 않은 채 이 사건 가처분을 인용하였다"고 판시하면서 원심 판결을 파기, 환송하였다: 대법원 1981. 3. 10. 선고 80다2832 판결.

하는 것으로서 정의와 형평의 관념에 반하는 점, 현실적으로 분쟁해결의 대안이 될 손해배상청구소송의 경우 실질적인 피해의 적시전보를 기대하기 어려운 점 등을 이유로 반대하면서, 나아가 신청인의 피해가 보수됨이 없이 방치되고 있는 한 방해결과는 현존·계속되고 '공사'의 특수성상 이는 상호 유기적인 불가분의 복합체로서의 일련의 과정임을 근거로 하여 피보전권리로서 방해중지청구권이 여전히 존재한다고 주장하는 견해가 있다.[32]

이러한 문제는 획일적으로 해결될 문제가 아니고 구체적 사안에 따라 그 기준을 달리 해야 할 것인바, 피신청인의 공사가 지하굴착공사가 아직 끝나지 않은 단계에 있거나 지상공사가 장차 상당한 정도 남아 있음에 반하여 신청인에게 발생한 손해가 현저히 클 때는 가처분신청을 인용할 것이고, 이미 지하굴착공사는 끝나고 지상공사의 시행이 남아 있는 경우는 보수공사를 해제조건으로 공사중지를 명하는 가처분을 발령하는 것이 바람직할 것이며, 피신청인의 공사가 지상공사까지 거의 완공될 시점에 있는 경우 또는 신청인의 손해가 극히 경미한 경우에는 종래의 관행에 따라 가처분신청을 기각하는 것이 타당할 것이다.

이미 발령된 공사금지가처분의 취소를 구하는 사안에서 대법원은 다음과 같이 판시하였다. "공사금지가처분이 발령되었더라도, 그 이후 채무자가 채권자에 대한 피해를 줄이기 위하여 설계를 변경하고 가처분의 대상이 된 지역의 지하굴착시에는 폭약으로 발파하지 아니하고 팽창력에 의하여 바위를 갈라지게 하는 무진동 파쇄제를 사용하여 굴착하기로 계획하고 있고, 채권자 소유의 건물 자체는 지하층이 지하의 암반 위에 기초되어 있는 한편 채무자가 건축하고자 하는 건물은 지하 6층 지상 18층의 오피스텔로서 50%가 이미 분양되어 있으며, 가처분결정의 대상 지역을 제외한 나머지 부분은 지하굴착공사가 거의 완료되어 있다면 가처분결정이 취소되어 공사가 속행될 경우 채권자 소유의 건물이 입게 될 추가피해가 그다지 크지 않으리라고 보여지나, 가처분결정이 유지될 경우 채무자는 더 이상 공사를 진행할 수 없어 막대한 손해를 입게 될 우려가 있는 점을 인정할 수 있어 위와 같은 제반 사정을 종합하여 보면 민사집행법 제307조 제1항(구 민사소송법 제720조)이 규정하는 가처분을 취소할 특별한 사정이 있는 때에 해당한다."[33]

---

32) 권성 등 5인 공저, "지하굴착 완료 후의 지상공사중지가처분," 『사례해설 가처분의 연구』 개정판, 박영사(2002), 468면 이하.
33) 대법원 1992. 4. 14. 선고 91다31210 판결.

㈏ **유치권에 기한 공사금지가처분**　　　공사대금채권을 가지고 있는 유치권자라고 주장하는 자가 유치권을 주장하며 건축주 또는 새로운 시공자를 상대로 공사금지를 구하는 사례가 종종 발생한다. 이러한 경우에는 공사대금채권의 존재 및 적법한 점유의 계속 여부에 관하여 유치권자라고 주장하는 자가 소명하여야 할 것인데, 법원은 이에 대하여 고도의 소명을 요구하고 있어 실무상 인용되는 사례가 많지 않다.

㈐ **저당권에 기한 공사금지가처분**　　　저당권자의 경우, 저당권설정자는 목적토지에 대한 이용권을 상실하는 것이 아니기 때문에 저당권자의 가처분신청은 허용될 수 없음이 원칙이다.

다만 저당권자는 저당권 설정 이후 환가에 이르기까지 저당물의 교환가치에 대한 지배권능을 보유하고 있으므로 저당목적물의 소유자 또는 제3자가 저당목적물을 물리적으로 멸실·훼손하는 경우는 물론 그 밖의 행위로 저당부동산의 교환가치가 하락할 우려가 있는 등 저당권자의 우선변제청구권의 행사가 방해되는 결과가 발생한다면 저당권자는 저당권에 기한 방해배제청구권을 행사하여 방해행위의 제거를 청구할 수 있다고 할 것이다. 따라서 대지의 소유자가 나대지 상태에서 저당권을 설정한 다음 대지상에 건물을 신축하기 시작하였으나 피담보채무를 변제하지 못함으로써 저당권이 실행에 이르렀거나 실행이 예상되는 상황인데도 소유자 또는 제3자가 신축공사를 계속한다면 경매절차에서 매수희망자를 감소시키거나 매각가격을 저감시켜 결국 저당권자가 지배하는 교환가치의 실현을 방해할 염려가 있는 사정이 있는 경우라면, 위와 같은 방해배제청구권에 기하여 저당목적물인 토지상의 공사금지를 청구할 수 있을 것이다.[34]

⑵ 상린관계에 기한 가처분

민법 제215조 내지 제244조에서는 인접하고 있는 부동산 소유자 상호 간의 이용을 조절하기 위한 권리관계를 규정하고 있다. 이러한 상린관계규정은 강행규정으로서 소유권의 내용이 이 규정에 따라 확장되거나 제한되고 이를 침해당하는 경우에는 인접지 소유자는 침해자를 상대로 건축금지가처분을 구할 수 있다.[35]

---

34) 대법원 2006. 1. 27. 선고 2003다58454 판결. 이 판결에 반대하는 견해로는, 양창수, "토지저당권에 기한 방해배제와 건물신축행위의 중지청구," 법률신문(2006. 8. 7.자 제3479호) 참조.

35) 토지의 소유권은 정당한 이익이 있는 범위 내에서 토지의 상하에 미치고(민법 제212조), 지하수는 토지의 구성 부분이므로, 토지소유자는 그 소유의 토지에서 개발하여 취수한 지하수를 독점적으로 이용할 수 있다 할 것이나, 어느 한 토지소유자에게 지하에 부존된 지하수 원천에 대한 전용

경계선 부근의 건축에 관하여 민법 제242조 제1항은 특별한 관습이 없는 한 토지의 경계로부터 50cm 이상의 거리를 두고 건축하여야 하므로 인접시 소유자는 이에 위반한 자에 대하여 건물의 변경이나 철거를 청구할 수 있고(같은 조 제2항 본문), 이러한 규정의 위반을 이유로 건축금지가처분을 구할 수 있다. 위 청구권은 소유권에 기한 방해배체청구권 내지 예방청구권과는 달리 방해의 우려나 방해의 사실을 주장·입증할 필요가 없으며, 그 대신 경계선으로부터 적법한 거리를 두고 있지 않은 사실을 주장·입증하는 것으로 족하다. 다만 건축에 착수한 후 1년이 경과하거나 건물이 완성된 후에는 손해배상청구만 가능하므로(같은 조 제2항 단서), 이때에는 건축금지가처분을 구할 수 없다. 위 1년의 제척기간은 반드시 소를 제기하여야 하는 제소기간이 아니고 건축허가처분에 대한 이의를 하면 족한 권리행사기간으로 본다.[36]

이들 중 소음, 진동 등을 이유로 하는 공사금지가처분은 소음·진동규제법에서 각종 소음이나 진동에 관한 공법적 규제를 하고 있으므로, 이를 준수하고 있는지 여부를 확인하여야 하고, 실무상 소음·진동규제법에 따른 공법적 규제를 준수하고 있거나, 가사 이에 몇 차례 위반하여 과태료 등의 처분을 받은 바 있더라도 그러한 위반이 상시적이지 아니한 경우에는 대체로 수인한도를 넘지 아니하는 것으로 판단하는 경향이다.[37]

관련법상의 규정을 위배하여 건축공사가 시행되고 있다는 점만으로는 곧바로 인접지 토지 소유자에게 건축금지가처분을 구할 사법상의 권리가 발생하지는 않는다. 대법원 1995. 5. 23.자 94마2218 결정은 "관할행정청으로부터 도시공원법상의 근린공원 내의 개인 소유 토지상에 골프연습장을 설치할 수 있다는 인가처

권이 없는 한 인근 토지소유자들도 이 지하수 원천을 평등하게 이용할 지하수 이용권이 있다 할 것이고 … 상린자가 지하수 원천을 공동으로 이용하는 경우 각 용수권자는 각자의 수요에 응하여 타인의 용수를 방해하지 않는 범위 내에서만 용수할 수 있을 뿐이고 만일 그 정도를 넘어 취수하는 시설을 함으로써 타인의 용수권을 침해하는 경우에는 토지소유자 아닌 지하수 원천 이용자 역시 가해자인 지하수 이용자에 대하여 위 각 규정에 기해 지하수 개발, 이용 금지 등에 의하여 그 방해의 배제 또는 그 예방을 구할 수 있다: 부산고등법원 1997. 9. 25. 선고 97나2597 판결.

36) 대법원 1982. 9. 14. 선고 80다2859 판결.

37) 모텔 영업을 하고 있는 채권자가 그 인접지에서 시행되고 있는 공사로 인하여 발생하는 소음, 진동, 분진 등으로 영업의 피해 등을 입고 있다고 주장하며 공사금지를 구한 사안에서, 채무자의 공사로 인하여 소음·진동규제법이 정하고 있는 기준치를 넘는 소음이 발생한 바 있는 사실이 소명되기는 하나, 그러한 소음이 상시적으로 기준치를 상회하였음이 소명되지 아니하고, 가처분 발령 당시에는 주된 소음과 분진의 원인이었던 철거공사가 완료되었으며, 채무자가 방음벽과 분진 비산방지벽을 설치하고 있는 점 등을 고려하여, 손해배상을 청구함은 별론으로 하고, 공사 자체를 금지시킬 피보전권리는 인정되지 아니한다고 판단한 사례가 있다: 서울중앙지방법원 2008. 4. 15.자 2008카합560 결정.

분을 받은 데 하자가 있다는 점만으로 바로 그 근린공원 인근 주민들에게 토지소유자에 대하여 골프연습장 건설의 금지를 구할 사법상의 권리가 생기는 것이라고는 할 수 없다"고 판시하였고, 또한 서울고등법원 1996. 11. 21. 선고 95나41804 판결은 신청인 사찰 경내에 선불당 등 서울특별시 지정 유형문화재 4점이 건립 혹은 보존되어 있으므로 문화재보호법 제58조, 제20조의 규정에 의한 서울특별시장의 허가를 얻어야 함에도 위와 같은 허가가 없는 가운데 시행되고 있는 신축공사 중지하굴착공사금지 가처분신청에 대하여 "건축허가에 신청인 주장과 같은 위법사유가 있다 하더라도 이 점만으로 바로 토지 소유자인 신청인에게 위 각 건물 신축공사의 금지를 구할 사법상의 권리가 생기는 것이라고는 할 수 없다"고 판시하였다.

(3) 개별계약상 권리에 기한 가처분

도급계약이 적법하게 해제 또는 해지되었거나, 그렇지 않다 하더라도 수급인이 설계도 등에 반하여 공사를 진행함으로써 도급인에게 현저한 손해를 입힐 우려가 있는 경우 도급인은 도급계약상 권리에 기하여 건축공사중지가처분을 구할 수 있다.[38]

특히 도급계약에 있어서 수급인이 신축했거나 신축하고 있는 건물이 구조적으로 극히 불안정하게 시공되어 있어 이미 시공된 부분을 바탕으로 잔여공사를 진행하는 것이 곤란하고, 이를 보수하기 위해서는 기시공 부분의 대부분을 철거해야 하거나 보수공사비용이 기성공사대금을 초과하는 등 과다한 보수공사비가 필요하거나 예상되는 경우, 당해 건물의 존속이 도급인에게는 물론 사회적·경제적으로도 이익이 된다고 할 수 없기 때문에 도급인은 이러한 수급인의 의무불이행을 이유로 공사도급계약을 해제할 수 있다. 이러한 경우, 건물의 존속이 도급인의 이익을 침해하는 이상 도급인은 수급인에게 도급계약에 기하여 건축공사중지가처분을 구하거나 도급계약해제에 의한 원상회복으로서 당해 건물의 철거가처분을 구할 수 있다.

---

38) 도급인이 수급인의 부실공사 등을 이유로 계약해제의 의사를 표시하고, 수급인을 상대로 공사금지를 구한 사안에서, 도급인의 계약해제 의사표시는 최소한 민법 제673조에 기한 해제 의사표시로 볼 수 있으므로, 실제로 수급인이 부실공사를 하였는지 여부와 관계없이 수급인은 공사를 중지하여야 한다는 결정을 하였다(서울중앙지방법원 2007. 6. 21.자 2007카합1603 결정). 한편, 유사한 사안에서 채무자는 사실상 새로운 공사의 진행을 중단하고 기성대금채권에 기한 유치권을 주장하고 있는 상황이어서 제출된 자료만으로는 특별히 채무자가 공사를 재개할 것이라는 점을 인정하기에 부족하므로 보전의 필요성이 없다는 이유로 기각한 사례가 있다: 서울중앙지방법원 2010. 1. 18.자 2009카합3928 결정.

임대차계약의 종료 여부가 다투어지는 상황에서 임대인이 임차인을 퇴거시키기 위하여 공사를 개시하는 경우에 임차인이 임대인을 상대로 임대차계약상 권리에 기하여 공사금지를 구하는 사례도 있다. 임대차계약이 부존재하거나 또는 종료하였고, 반환받을 보증금도 남아있지 아니함이 명백한 사안에서, 채무자가 법원의 판결 등에 의하지 아니한 채로 임의로 채권자의 점유를 침해하고 채권자 소유 물건을 옮긴 행위가 위법하다거나, 그로 인해 발생한 손해에 대한 배상을 구할 수 있을지 여부는 별론으로 하고, 채권자가 이 사건 각 점포의 임차권에 기하여 위 각 점포에서 계속 영업할 권리가 있음을 전제로 신청취지와 같은 가처분을 구할 수는 없고, 또한 가사 채무자의 행위가 이 사건 각 점포에 관한 채권자의 점유를 침탈한 것으로 평가되어 채권자가 민법 제204조에 의하여 그 점유를 회복할 권리가 있다고 하더라도, 채권자가 채무자에게 점포를 인도할 의무가 있음이 명백한 이상 이 사건 신청은 보전의 필요성을 인정할 수 없다는 이유로 신청을 기각한 사례가 있다.[39]

또한 채권자가 채무자에 대한 채권의 집행보전을 위하여 채무자 소유 토지 및 그 지상 건물에 가압류등기를 하였는데, 채무자가 위 건물을 철거하고 새로운 건물을 지으려고 하자, 채무자가 그 신축공사의 금지를 구한 사안에서, 법원은 채권자로서는 집행력 있는 정본에 기하여 집행법원에 배당요구를 한 후 민사집행법 제83조 제3항에 따른 부동산의 침해방지를 위한 조치를 구함으로써 권리의 구제를 받는 것이 상당하고,[40] 공사금지를 구할 피보전권리가 없음을 이유로 신청을 기각하였다.[41]

⑷ 일조권, 조망권 등 환경침해 관련 가처분

일조권, 조망권 등의 침해를 이유로 하는 공사금지가처분의 피보전권리에 관하여는 물권적 청구권설, 인격권설, 불법행위설, 환경권설, 상린관계설 등의 견해가 대립하고 있으나, 환경권은 명문의 법률규정이나 관계법령의 규정 취지 및 조리에 비추어 권리의 주체, 대상, 내용, 행사방법 등이 구체적으로 정립될 수 있어야만 인정되는 것이므로, 사법상의 권리로서의 환경권을 인정하는 명문의 규정이

---

39) 서울중앙지방법원 2009. 7. 27.자 2009카합1279 결정.
40) 이 사건에서는 다른 채권자의 신청에 따라 토지 및 건물에 대한 경매절차가 진행중이었고, 채권자는 채무자에 대하여 조정조서 정본을 가지고 있었다.
41) 서울중앙지방법원 2007. 3. 19.자 2007카합508 결정.

없는 이상 원칙적으로 환경권에 기하여 직접 방해배제청구권을 인정할 수 없다는 것이 확립된 판례이다.[42]

다만 판례는 어느 토지나 건물의 소유자가 종전부터 향유하고 있던 경관이나 조망, 조용하고 쾌적한 종교적 환경 등이 그에게 하나의 생활이익으로서의 가치를 가지고 있다고 객관적으로 인정된다면 법적인 보호의 대상이 될 수 있으므로, 인접 대지에 건물을 신축함으로써 그와 같은 생활이익이 침해되고 그 침해가 사회통념상 일반적으로 수인할 정도를 넘어선다고 인정되는 경우에는 토지 등의 소유자는 소유권에 기하여 방해의 제거나 예방을 위하여 필요한 청구를 할 수 있다고 하여 소유권에 기한 방해배제·예방청구권을 피보전권리로 보고 있다.[43]

이 경우 일조방해나 조망, 경관 등의 생활이익에 대한 침해 정도가 사회통념상 수인한도를 넘은 경우에 한하여 침해금지가처분이 허용된다고 하는 견해가 일반적인데, 대법원 판례는 수인한도를 넘는지 여부는 피해의 성질 및 정도, 피해이익의 공공성, 가해행위의 태양, 가해행위의 공공성, 가해자의 방지조치 또는 손해회피의 가능성, 인·허가관계 등 공법상 기준에의 적합 여부, 지역성, 토지이용의 선후관계 등 모든 사정을 종합적으로 고려하여 판단하여야 한다고 판시하고 있다.[44]

(5) 집합건물 내에서의 공사금지가처분

집합건물 내에서의 공사 분쟁의 본질은 공용부분 사용에 관한 일방 구분소유자의 개별 이익과 타방 구분소유자들의 공동 이익 사이의 충돌로 요약될 수 있다. 집합건물의 공용부분은 원칙적으로 구분소유자 전원의 공유에 속하고(집합건물의 소유 및 관리에 관한 법률 제10조 제1항), 각 공유자는 공용부분을 그 용도에 따라 사용할 수 있으며(같은 법 제11조), 각 공유자의 지분은 그가 가지는 전유부분의 면적 비율에 따르고(같은 법 제12조 제1항), 공용부분의 변경에 관한 사항은 원칙적으로 관리단집회에서 구분소유자의 4분의 3 이상 및 의결권의 4분의 3 이상의 결의로써 결정하되(같은 법 제15조 제1항), 이 경우 공용부분의 변경이 다른 구분소유자의 권리에 특별한 영향을 미칠 때에는 그 구분소유자의 승낙을 받아야 한다(같은 조 제2항).

주로 상권 활성화 등을 이유로 관리단집회 차원의 결의를 거쳐 수 개의 전유부분을 통폐합하거나 공용부분을 변경하는 공사를 진행하는 데 대하여 특정 구분

---

42) 대법원 1997. 7. 22. 선고 96다56153 판결; 대법원 1995. 5. 23.자 94마2218 결정 등.
43) 대법원 1999. 7. 27. 선고 98다47528 판결; 대법원 1995. 9. 15. 선고 95다23378 판결 등.
44) 대법원 2000. 5. 16. 선고 98다56997 판결; 대법원 1999. 1. 26. 선고 98다23850 판결 등.

소유자가 반대하여 그 금지를 구하는 경우 또는 위와 같은 관리단집회 결의에도 특정 구분소유자가 그 취지에 반하는 용도변경공사 등을 단독으로 강행하여 관리단 측이 그 금지를 구하는 경우 등으로 분쟁 양상이 구체화되는데, 공용부분 변경을 포함하는 관리단집회 결의가 정족수를 충족하여 유효한지, 해당 결의 내용이 다른 구분소유자의 권리에 특별한 영향을 미치는 것인지 여부가 주로 문제된다.

⑥ 비전형적인 공사금지가처분

㈎ 채권자가 건축주인 채무자와 설계용역계약을 체결한 후 건축허가를 위한 설계도서를 제공하고, 그 후 시공을 위한 설계를 진행하고 있었는데, 채무자가 설계용역계약을 해제하자, 위 설계도서의 저작권에 기하여 공사금지를 신청하는 사례가 있다. 그러나 이러한 경우 채무자가 건축허가시 제출한 설계도서와 동일한 내용으로 공사를 시행한다는 점이 통상 소명되지 아니할 뿐만 아니라, 가분적인 내용들로 이루어진 건축설계계약에 있어서 설계도서 등이 완성되어 건축주에게 교부되고 설계비 중 상당 부분이 지급되었으며 그 설계도서 등에 따른 건축공사가 상당한 정도로 진척된 후 건축사와 건축주 사이에 건축설계계약관계가 해소되었더라도, 일단 건축주에게 허여된 설계도서 등에 관한 이용권은 건축주에게 유보된다고 봄이 상당하여, 설계도서의 저작권에 기한 공사금지를 구할 수는 없다고 보는 것이 타당할 것이다.[45]

㈏ 아파트 외벽에 경미한 하자가 있는데 채무자가 이를 도색하면 하자보수에 갈음하는 손해배상청구권을 행사하기 위한 입증이 어렵다고 주장하며 도색공사의 금지를 구하거나, 수급인이 자신이 공사한 부분의 기성고 산정을 위하여 추가적인 공사의 중지를 구하는 등과 같이 본안소송의 증거보전을 목적으로 하는 공사금지가처분 신청도 간혹 있는데, 이러한 신청은 모두 피보전권리가 인정되지 아니하여 이유 없다고 할 것이다.[46]

㈐ 채권자가 채권자 인근 건축주의 공사금지를 구하는 취지로 행정청을 상대로 건축물 사용승인의 금지 등 행정행위의 금지를 구하는 신청도 있으나, 민사집행법의 보전처분은 민사판결절차에 의하여 보호받을 수 있는 권리의 보전을 위하여 신청할 수 있다고 할 것이므로, 민사집행법상의 가처분으로 행정청의 행정행위의 금지를 구하는 신청은 허용될 수 없다고 할 것이어서, 이러한 경우에는 신청

---

45) 서울중앙지방법원 2007. 5. 4.자 2007카합916 결정.
46) 서울중앙지방법원 2007. 12. 10.자 2007카합3508 결정 등.

을 각하함이 타당하다.[47]

2. 건축공사 방해행위를 금지하는 가처분

〈주문례〉

(유형 1) 피신청인은 신청인이 별지 기재 1의 토지 위에 건축중인 별지 기재 2의 건물을 건축하는 것을 방해하여서는 아니 된다.

(유형 2) 피신청인은 신청인이 별지 목록 기재 부동산 중 별지 제1도면 표시 ㄱ, ㄴ, ㄷ, ㄹ, ㅁ, ㅂ, ㅅ, ㄱ의 각 점을 순차 연결한 선내 ㉮ 부분 150.55m²에서 별지 제2도면 표시 ①, ②, ③의 각 전기 및 도장공사와 이와 관련된 부수 공사를 실시할 수 있도록, 신청인 또는 신청인이 지정하는 자(작업인부 포함)의 ㉮ 부분의 출입 및 그 천정 개폐를 허용하여야 하며, 이를 방해하여서는 아니 된다.

집행관은 위 취지를 적당한 방법으로 공시하여야 한다.

(1) 일 반 론

공사방해금지가처분은 건축주나 시공자가 공사를 방해하는 자를 상대로 그 금지를 구하는 가처분으로, 공사금지가처분과 반대당사자에 의해 제기되는 경우가 많다. 공사방해의 행위태양은 사람 또는 물건 등을 통하여 공사현장을 점거하거나, 공사현장에 진입하려는 장비나 인부의 출입을 저지하거나, 단전, 단수 등을 하는 것이다. 공사방해는 공사금지가처분을 제기할 입장에 있는 자들에 의하여 자력구제의 방법으로 이루어지는 경우가 대부분이므로, 그 주요 쟁점은 공사금지가처분과 같다.

실무상 토지의 이용권을 둘러싼 분쟁과 관련하여 청구하는 경우가 대부분으로서 건축금지가처분의 반대 당사자로부터 선행적으로 또는 건축금지가처분신청에 대한 대항수단으로서 행하여지고 있다. 공사현장에서 물리적으로 공사를 저지하려는 사람들에 대하여 발령하는 것이 목적이므로 주문은 "피신청인은 신청인이 별지 목록 제1기재 토지상에 건축중인 별지 목록 제2기재 건물을 건축하는 것을 방해하여서는 아니 된다"는 식으로 보통 발령된다.

다만 공사방해금지가처분사건에서는 방해행위 자체가 형사처벌의 대상이 되는 위법한 행위인 경우가 대부분이므로, 방해행위가 인정되면 피보전권리는 일응 인정된다고 할 것이다. 그러나 공사 자체가 가처분으로 금지를 명할 정도로 위법

---

47) 서울중앙지방법원 2007. 4. 9.자 2007카합816 결정.

한 경우에 그에 대한 방해행위가 위법하다고 하여 공사방해금지가처분을 인용하게 되면, 일반인들로서는 그 공사가 적법한 것으로 인식하게 될 것인 점, 공사방해금지가처분이 공사금지가처분에 대한 대항수단으로 제기되는 경우도 다수 있는 점 등에 비추어 볼 때, 공사금지가처분과 공사방해금지가처분이 동시에 제기된다면 그중 하나만을 인용하는 것이 상당하며, 공사방해금지가처분만이 제기되었을 경우에는 그 공사의 속행이 정당한지 여부에 대해서도 심리를 하여 이를 보전의 필요성으로 고려할 필요가 있다고 할 것이다.

(2) 구체적 사례

(가) 상가건물 5, 6층 소유자인 채권자가 6층을 87개의 점포로 나누어 분양한 후 구분된 점포가 전유부분으로서의 독립성을 갖추도록 인테리어공사를 하는 것에 대해, 건물 관리인과 관리회사인 채무자들이 채권자가 허위의 수분양자들을 앞세워 이 사건 건물의 관리권을 차지하려는 의도로 위 공사를 진행하고 있어 이 사건 건물의 나머지 구분소유자들의 공동이익에 반한다거나 관리인의 사전 승인을 받지 아니하였다는 이유를 들어 현장 출입을 통제하는 방법으로 공사진행을 방해한 사안에서, 법원은 건물을 구조상·이용상 독립성을 갖춘 수 개의 전유부분으로 나누어 그 각각을 구분소유권의 목적으로 만들 것인지 여부는 원칙적으로 건물 소유자의 의사에 의하여 결정되는 것으로서 건물 소유자의 권리에 속하는 것이라는 이유로 채무자들의 주장을 배척하고 공사방해금지를 명하였다.[48]

(나) 주택조합이 채무자와의 기존 공사계약을 해지하고 채권자와 새로 공사계약을 체결한 상태에서, 채권자가 위 조합으로부터 공사부지를 인도받아 점유하면서 공사를 시작하였는데 채무자 측이 신청인의 공사진행과 점유권 행사를 방해하고 있다고 주장하며 점유권 및 시공권을 피보전권리로 하여 채무자를 상대로 공사방해금지를 구한 사안에서, 법원은 채무자가 유치권에 기하여 여전히 위 공사현장을 점유하고 있는 상태에서 채권자가 위 조합과의 공사계약 체결 후 채무자의 의사에 반하여 현장에서의 공사를 강행하고 있는 것으로 보이고(점유권 주장 배척), 채권자가 위 조합과 체결한 공사계약에 기하여 채무자 측을 상대로 직접 방해배제로써 위 공사계약에 기한 공사진행의 방해금지를 구할 수는 없다고 보아(시공권 주장 배척), 신청을 기각하였다.[49]

---

48) 서울중앙지방법원 2010. 7. 9.자 2010카합1732 결정.
49) 서울중앙지방법원 2010. 4. 8.자 2010카합333 결정.

건 • 설 • 분 • 쟁 • 관 • 계 • 법

제 4 편

각종 표준계약서

I. 표준계약서의 기능

　건설공사는 공정이 복잡하고 그 시공이 수 개월 내지 수 년에 걸쳐 이루어지기 때문에 공사계약서의 내용이 충실하고 빈틈없이 작성되어야 한다. 그러나 일반인으로서는 공사 자체나 계약법에 관하여 전문적인 지식이 부족하기 때문에 스스로 도급계약의 내용을 충실히 작성하기는 어려운 일이다. 따라서 정부는 공사도급계약이나 설계계약 등 건축에 관하여 표준적인 내용으로 정형적인 계약문안을 작성하여 이를 사용하도록 권고하고 있다.

　공사를 발주하는 정부기관은 기획재정부 계약예규인 '(계약예규) 공사계약 일반조건' 및 조달청 등 개별 수요기관이 작성한 '공사계약 특수조건'에 따라 공사도급계약을 체결하며, 공기업이나 지방자치단체도 동일한 내용으로 된 표준계약서를 사용하고 있다.

　민간공사는 대한건설협회에서 작성한 '민간건설공사 표준도급계약서'가 사용되었는데 건설산업기본법 시행령 제25조 제2항이 신설됨에 따라 국토교통부가 국토교통부고시로서 발주자와 건설사업자 간에 상호 대등한 입장에서 계약체결을 권장하고, 건설공사계약의 표준 모델을 보급하기 위하여 '민간건설공사 표준도급계약서'를 제정·고시하였다. 국토교통부는 그 외에도 '건축물의 설계표준계약서,' '공사감리계약서'를 제정·고시하였다. 공정거래위원회도 '건설공사표준하도급계약서'를 제정·고시하여 사용하도록 권하고 있다.

　이러한 표준계약서는 비교적 내용이 충실하고, 계약 당사자들이 이를 일부 변형하여 손쉽게 사용할 수 있기 때문에 널리 사용되고 있는 실정이다. 그러나 당사자들이 복잡한 내용에 대한 이해가 부족하고 계약 문언상 비현실적인 규정도 일부 섞여 있기 때문에 분쟁이 생길 경우에 해석상 어려움이 적지 않다.

　이하에서는 표준계약서의 계약문안에 대한 구체적 분석을 위하여 현재 사용 중인 각종 표준계약서를 원문 그대로 수록하였다.

Ⅱ. 민간건설공사 표준도급계약서

국토교통부 2019. 5. 7. 고시 제2019-220호

민간건설공사 표준도급계약서

1. 공 사 명 :

2. 공사장소 :

3. 착공년월일　 :　　　 년　　　 월　　　 일

4. 준공예정년월일 :　　　 년　　　 월　　　 일

5. 계약금액 : 일금　　　　　　 원정 (부가가치세 포함)

　 (노무비[1]) : 일금　　　　　　 원정, 부가가치세 일금　　　　　　 원정)

　　　 1) 건설산업기본법 제88조 제2항, 동시행령 제84조 제1항 규정에 의하여 산출한 노임

6. 계약보증금 : 일금　　　　　　 원정

7. 선　　 금 : 일금　　　　　　 원정(계약 체결 후 ○○일 이내 지급)

8. 기성부분금 : (　)월에 1회

9. 지급자재의 품목 및 수량

10. 하자담보책임(복합공종인 경우 공종별로 구분 기재)

공종	공종별계약금액	하자보수보증금율(%) 및 금액		하자담보책임기간
		(　) %	원정	
		(　) %	원정	
		(　) %	원정	

11. 지체상금율 :

12. 대가지급 지연 이자율 :

13. 기타사항 :

　　"도급인"과 "수급인"은 합의에 따라 붙임의 계약문서에 의하여 계약을 체결하고, 신의에 따라 성실히 계약상의 의무를 이행할 것을 확약하며, 이 계약의 증거로서 계약문서를 2통 작성하여 각 1통씩 보관한다.

붙임서류 : 1. 민간건설공사 도급계약 일반조건 1부
　　　　　 2. 공사계약특수조건 1부
　　　　　 3. 설계서 및 산출내역서 1부

　　　　　　　　　　　　　　　　　　　　　　　　　　 년　　　 월　　　 일

도 급 인　　　　　　　　　　　 수 급 인

　주소　　　　　　　　　　　　　 주소

　성명　　　　　 (인)　　　　　 성명　　　　　　 (인)

민간건설공사 표준도급계약 일반조건

제1조(총칙) "도급인"과 "수급인"은 대등한 입장에서 서로 협력하여 신의에 따라 성실히 계약을 이행한다.

제2조(정의) 이 조건에서 사용하는 용어의 정의는 다음과 같다

1. "도급인"이라 함은 건설공사를 건설업자에게 도급하는 자를 말한다.

2. "도급"이라 함은 당사자 일방이 건설공사를 완성할 것으로 약정하고, 상대방이 그 일의 결과에 대하여 대가를 지급할 것을 약정하는 계약을 말한다.

3. "수급인"이라 함은 "도급인"으로부터 건설공사를 도급받는 건설업자를 말한다.

4. "하도급"이라 함은 도급받은 건설공사의 전부 또는 일부를 다시 도급하기 위하여 "수급인"이 제3자와 체결하는 계약을 말한다.

5. "하수급인"이라 함은 "수급인"으로부터 건설공사를 하도급받은 자를 말한다.

6. "설계서"라 함은 공사시방서, 설계도면(물량내역서를 작성한 경우 이를 포함한다) 및 현장설명서를 말한다.

7. "물량내역서"라 함은 공종별 목적물을 구성하는 품목 또는 비목과 동 품목 또는 비목의 규격·수량·단위 등이 표시된 내역서를 말한다.

8. "산출내역서"라 함은 물량내역서에 "수급인"이 단가를 기재하여 "도급인"에게 제출한 내역서를 말한다

제3조(계약문서) ① 계약문서는 민간건설공사 도급계약서, 민간건설공사 도급계약 일반조건, 공사계약특수조건, 설계서 및 산출내역서로 구성되며, 상호 보완의 효력을 가진다.

② 이 조건이 정하는 바에 의하여 계약당사자간에 행한 통지문서 등은 계약문서로서의 효력을 가진다.

③ 이 계약조건 외에 당사자 일방에게 현저하게 불공정한 경우로서 다음 각 호의 어느 하나에 해당하는 특약은 그 부분에 한하여 무효로 한다.

1. 계약체결 이후 설계변경, 경제상황의 변동에 따라 발생하는 계약금액의 변경을 상당한 이유 없이 인정하지 아니하거나 그 부담을 상대방에게 전가하는 특약

2. 계약체결 이후 공사내용의 변경에 따른 계약기간의 변경을 상당한 이유 없이 인정하지 아니하거나 그 부담을 상대방에게 전가하는 특약

3. 본 계약의 형태와 공사내용 등 제반사정에 비추어 계약체결 당시 예상하기 어려운 내용에 대하여 상대방에게 책임을 전가하는 특약

4. 계약내용에 대하여 구체적인 정함이 없거나 당사자 간 이견이 있을 경우 그 처리방법 등을 일방의 의사에 따르도록 함으로써 상대방의 정당한 이익을 침해하는 특약

5. 계약불이행에 따른 당사자의 손해배상책임을 과도하게 경감하거나 가중하여 정함

으로써 상대방의 정당한 이익을 침해하는 특약

6. 「민법」 등 관계 법령에서 인정하고 있는 상대방의 권리를 상당한 이유 없이 배제하거나 제한하는 특약

제4조(계약보증금 등) ① "수급인"은 계약상의 의무이행을 보증하기 위해 계약서에서 정한 계약보증금을 계약체결전까지 "도급인"에게 현금 등으로 납부하여야 한다. 다만, "도급인"과 "수급인"이 합의에 의하여 계약보증금을 납부하지 아니하기로 약정한 경우에는 그러하지 아니하다

② 제1항의 계약보증금은 다음 각 호의 기관이 발행한 보증서로 납부할 수 있다.

1. 건설산업기본법 제54조 제1항의 규정에 의한 각 공제조합 발행 보증서

2. 보증보험회사, 신용보증기금 등 이와 동등한 기관이 발행하는 보증서

3. 금융기관의 지급보증서 또는 예금증서

4. 국채 또는 지방채

③ "수급인"은 제21조부터 제23조의 규정에 의하여 계약금액이 증액된 경우에는 이에 상응하는 금액의 보증금을 제1항 및 제2항의 규정에 따라 추가 납부하여야 하며, 계약금액이 감액된 경우에는 "도급인"은 이에 상응하는 금액의 계약보증금을 "수급인"에게 반환하여야 한다.

④ 제3항에 따라 "수급인"이 계약의 이행을 보증하는 때에는 "도급인"에게 공사대금 지급의 보증 또는 담보를 요구할 수 있으며, "도급인"이 "수급인"의 요구에 따르지 아니한 때에는 "수급인"은 15일 이내 "도급인"에게 그 이행을 최고하고 공사의 시공을 중지할 수 있다.

제5조(계약보증금의 처리) ① 제34조 제1항 각 호의 사유로 계약이 해제 또는 해지된 경우 제4조의 규정에 의하여 납부된 계약보증금은 "도급인"에게 귀속한다. 이 경우 계약의 해제 또는 해지에 따른 손해배상액이 계약보증금을 초과한 경우에는 그 초과분에 대한 손해배상을 청구할 수 있다.

② "도급인"은 제35조 제1항 각 호의 사유로 계약이 해제 또는 해지되거나 계약의 이행이 완료된 때에는 제4조의 규정에 의하여 납부된 계약보증금을 지체없이 "수급인"에게 반환하여야 한다.

제6조(공사감독원) ① "도급인"은 계약의 적정한 이행을 확보하기 위하여 스스로 이를 감독하거나 자신을 대리하여 다음 각 호의 사항을 행하는 자(이하 '공사감독원'이라 한다)를 선임할 수 있다.

1. 시공일반에 대하여 감독하고 입회하는 일

2. 계약이행에 있어서 "수급인"에 대한 지시·승낙 또는 협의하는 일

3. 공사의 재료와 시공에 대한 검사 또는 시험에 입회하는 일

4. 공사의 기성부분 검사, 준공검사 또는 공사목적물의 인도에 입회하는 일

5. 기타 공사감독에 관하여 "도급인"이 위임하는 일

② "도급인"은 제1항의 규정에 의하여 공사감독원을 선임한 때에는 그 사실을 즉시 "수급인"에게 통지하여야 한다.

③ "수급인"은 공사감독원의 감독 또는 지시사항이 공사수행에 현저히 부당하다고 인정할 때에는 "도급인"에게 그 사유를 명시하여 필요한 조치를 요구할 수 있다.

제7조(현장대리인의 배치) ① "수급인"은 착공전에 건설산업기본법령에서 정한 바에 따라 당해공사의 주된 공종에 상응하는 건설기술자를 현장에 배치하고, 그중 1인을 현장대리인으로 선임한 후 "도급인"에게 통지하여야 한다.

② 제1항의 현장대리인은 법령의 규정 또는 "도급인"이 동의한 경우를 제외하고는 현장에 상주하여 시공에 관한 일체의 사항에 대하여 "수급인"을 대리하며, 도급받은 공사의 시공관리 기타 기술상의 관리를 담당한다.

제8조(공사현장 근로자) ① "수급인"은 해당 공사의 시공 또는 관리에 필요한 기술과 인력을 가진 근로자를 채용하여야 하며 근로자의 행위에 대하여 사용자로서의 모든 책임을 진다.

② "수급인"이 채용한 근로자에 대하여 "도급인"이 해당 계약의 시공 또는 관리상 현저히 부적당하다고 인정하여 교체를 요구한 때에는 정당한 사유가 없는 한 즉시 교체하여야 한다.

③ "수급인"은 제2항에 의하여 교체된 근로자를 "도급인"의 동의 없이 해당 공사를 위해 다시 채용할 수 없다.

제9조(착공신고 및 공정보고) ① "수급인"은 계약서에서 정한 바에 따라 착공하여야 하며, 착공 시에는 다음 각 호의 서류가 포함된 착공신고서를 "도급인"에게 제출하여야 한다.

1. 건설산업기본법령에 의하여 배치하는 건설기술자 지정서

2. 공사예정공정표

3. 공사비 산출내역서(단, 계약체결시 산출내역서를 제출하고 계약금액을 정한 경우를 제외한다)

4. 공정별 인력 및 장비 투입 계획서

5. 기타 "도급인"이 지정한 사항

② "수급인"은 계약의 이행중에 제1항의 규정에 의하여 제출한 서류의 변경이 필요한 때에는 관련서류를 변경하여 제출하여야 한다.

③ "도급인"은 제1항 및 제2항의 규정에 의하여 제출된 서류의 내용을 조정할 필요가 있다고 인정하는 때에는 "수급인"에게 이의 조정을 요구할 수 있다.

④ "도급인"은 "수급인"이 월별로 수행한 공사에 대하여 다음 각 호의 사항을 명백히 하여 익월 14일까지 제출하도록 요청할 수 있으며, "수급인"은 이에 응하여야 한다.

1. 월별 공정률 및 수행공사금액

2. 인력·장비 및 자재현황

3. 계약사항의 변경 및 계약금액의 조정내용

제10조(공사기간) ① 공사착공일과 준공일은 계약서에 명시된 일자로 한다.

② "수급인"의 귀책사유 없이 공사착공일에 착공할 수 없는 경우에는 "수급인"의 현장인수일자를 착공일로 하며, 이 경우 "수급인"은 공사기간의 연장을 요구할 수 있다.

③ 준공일은 "수급인"이 건설공사를 완성하고 "도급인"에게 서면으로 준공검사를 요청한 날을 말한다. 다만, 제27조의 규정에 의하여 준공검사에 합격한 경우에 한 한다.

제11조(선금) ① "도급인"은 계약서에서 정한 바에 따라 "수급인"에게 선금을 지급하여야 하며, "도급인"이 선금 지급시 보증서 제출을 요구하는 경우 "수급인"은 제4조 제2항 각 호의 보증기관이 발행한 보증서를 제출하여야 한다.

② 제1항에 의한 선금지급은 "수급인"의 청구를 받은 날부터 14일이내에 지급하여야 한다. 다만, 자금사정등 불가피한 사유로 인하여 지급이 불가능한 경우 그 사유 및 지급시기를 "수급인"에게 서면으로 통지한 때에는 그러하지 아니하다.

③ "수급인"은 선금을 계약목적달성을 위한 용도이외의 타 목적에 사용할 수 없으며, 노임지급 및 자재확보에 우선 사용하여야 한다.

④ 선금은 기성부분에 대한 대가를 지급할 때마다 다음 방식에 의하여 산출한 금액을 정산한다.

$$\text{선금정산액} = \text{선금액} \times \frac{\text{기성부분의 대가}}{\text{계약금액}}$$

⑤ "도급인"은 선금을 지급한 경우 다음 각 호의 1에 해당하는 경우에는 당해 선금잔액에 대하여 반환을 청구할 수 있다.

1. 계약을 해제 또는 해지하는 경우

2. 선금지급조건을 위반한 경우

⑥ "도급인"은 제5항의 규정에 의한 반환청구시 기성부분에 대한 미지급금액이 있는 경우에는 선금잔액을 그 미지급금액에 우선적으로 충당하여야 한다.

제12조(자재의 검사 등) ① 공사에 사용할 재료는 신품이어야 하며, 품질·품명 등은 설계도서와 일치하여야 한다. 다만, 설계도서에 품질·품명 등이 명확히 규정되지 아니한 것은 표준품 또는 표준품에 상당하는 재료로서 계약의 목적을 달성하는데 가장 적합한 것이어야 한다.

② 공사에 사용할 자재중에서 "도급인"이 품목을 지정하여 검사를 요구하는 경우에는 "수급인"은 사용전에 "도급인"의 검사를 받아야 하며, 설계도서와 상이하거나 품질이 현저히 저하되어 불합격된 자재는 즉시 대체하여 다시 검사를 받아야 한다.

③ 제2항의 검사에 이의가 있을 경우 "수급인"은 "도급인"에게 재검사를 요구할 수 있으며, 재검사가 필요하다고 인정되는 경우 "도급인"은 지체없이 재검사하도록 조치하여야 한다.

④ "수급인"은 자재의 검사에 소요되는 비용을 부담하여야 하며, 검사 또는 재검사 등을 이유로 계약기간의 연장을 요구할 수 없다. 다만, 제3항의 규정에 의하여 재검사 결과 적합한 자재인 것으로 판명될 경우에는 재검사에 소요된 기간에 대하여는 계약기간을 연장할 수 있다.

⑤ 공사에 사용하는 자재중 조립 또는 시험을 요하는 것은 "도급인"의 입회하에 그 조립 또는 시험을 하여야 한다.

⑥ 수중 또는 지하에서 행하여지는 공사나 준공후 외부에서 확인할 수 없는 공사는 "도급인"의 참여없이 시행할 수 없다. 다만, 사전에 "도급인"의 서면승인을 받고 사진, 비디오 등으로 시공방법을 확인할 수 있는 경우에는 시행할 수 있다.

⑦ "수급인"은 공사수행과 관련하여 필요한 경우 "도급인"에게 입회를 요구할 수 있으며, "도급인"은 이에 응하여야 한다.

제13조(지급자재와 대여품) ① 계약에 의하여 "도급인"이 지급하는 자재와 대여품은 공사 예정공정표에 의한 공사일정에 지장이 없도록 적기에 인도되어야 하며, 그 인도장소는 시방서 등에 따로 정한 바가 없으면 공사현장으로 한다.

② 제1항의 규정에 의하여 지급된 자재의 소유권은 "도급인"에게 있으며, "수급인"은 "도급인"의 서면승낙없이 현장 외부로 반출하여서는 아니된다.

③ 제1항의 규정에 의하여 인도된 지급자재와 대여품에 대한 관리상의 책임은 "수급인"에게 있으며, "수급인"이 이를 멸실 또는 훼손하였을 경우에는 "도급인"에게 변상하여야 한다.

④ "수급인"은 지급자재 및 대여품의 품질 또는 규격이 시공에 적당하지 아니하다고 인정할 때에는 즉시 "도급인"에게 이를 통지하고 그 대체를 요구할 수 있다.

⑤ 자재 등의 지급지연으로 공사가 지연될 우려가 있을 때에는 "수급인"은 "도급인"의 서면승낙을 얻어 자기가 보유한 자재를 대체 사용할 수 있다. 이 경우 "도급인"은 대체 사용한 자재 등을 "수급인"과 합의된 일시 및 장소에서 현품으로 반환하거나 대체사용당시의 가격을 지체없이 "수급인"에게 지급하여야 한다.

⑥ "수급인"은 "도급인"이 지급한 자재와 기계·기구 등 대여품을 선량한 관리자의 주의로 관리하여야 하며, 계약의 목적을 수행하는 데에만 사용하여야 한다.

⑦ "수급인"은 공사내용의 변경으로 인하여 필요없게 된 지급자재 또는 사용완료된 대여품을 지체없이 "도급인"에게 반환하여야 한다.

제14조(안전관리 및 재해보상) ① "수급인"은 산업재해를 예방하기 위하여 안전시설의 설치 및 보험의 가입 등 적정한 조치를 하여야 하며, 이를 위해 "도급인"은 계약금액에 「건설기술진흥법」에 따른 안전관리비와 「산업안전보건법」에 따른 산업안전보건관리비 및 산업재해보상 보험료 등 관계 법령에서 규정하는 법정경비의 상당액을 계상하여야 한다.

② 공사현장에서 발생한 산업재해에 대한 책임은 "수급인"에게 있다. 다만, 설계상의

하자 또는 "도급인"의 요구에 의한 작업으로 재해가 발생한 경우에는 "도급인"에 대하여 구상권을 행사할 수 있다.

제15조(건설근로자의 보호) ① "수급인"은 도급받은 공사가 건설산업기본법, 임금채권보장법, 고용보험법, 국민연금법, 국민건강보험법 및 노인장기요양보험법에 의하여 의무가입대상인 경우에는 퇴직공제, 임금채권보장제도, 고용보험, 국민연금, 건강보험 및 노인장기요양보험에 가입하여야 한다. 다만, "수급인"이 도급받은 공사를 하도급한 경우로서 하수급인이 고용한 근로자에 대하여 고용보험, 국민연금, 건강보험 및 노인장기요양보험에 가입한 경우에는 그러하지 아니하다.

② "도급인"은 제1항의 건설근로자퇴직공제부금, 임금채권보장제도에 따른 사업주부담금, 고용보험료, 국민연금보험료, 국민건강보험료 및 노인장기요양보험료를 계약금액에 계상하여야 한다.

제16조(응급조치) ① "수급인"은 재해방지를 위하여 특히 필요하다고 인정될 때에는 미리 긴급조치를 취하고 즉시 이를 "도급인"에게 통지하여야 한다.

② "도급인"은 재해방지 기타 공사의 시공상 부득이하다고 인정할 때에는 "수급인"에게 긴급조치를 요구할 수 있다. 이 경우 "수급인"은 즉시 이에 응하여야 하며, "수급인"이 "도급인"의 요구에 응하지 않는 경우 "도급인"은 제3자로 하여금 필요한 조치를 하게 할 수 있다.

③ 제1항 및 제2항의 응급조치에 소요된 경비는 실비를 기준으로 "도급인"과 "수급인"이 협의하여 부담한다.

제17조(공사기간의 연장) ① "수급인"은 다음 각 호의 사유로 인해 계약이행이 현저히 어려운 경우 등 "수급인"의 책임이 아닌 사유로 공사수행이 지연되는 경우 서면으로 공사기간의 연장을 "도급인"에게 요구할 수 있다.

1. "도급인"의 책임있는 사유
2. 태풍·홍수·폭염·한파·악천후·미세먼지 발현·전쟁·사변·지진·전염병·폭동 등 불가항력의 사태(이하 "불가항력"이라고 한다.)
3. 원자재 수급불균형
4. 근로시간단축 등 법령의 제·개정

② "도급인"은 제1항의 규정에 의한 계약기간 연장의 요구가 있는 경우 즉시 그 사실을 조사·확인하고 공사가 적절히 이행될 수 있도록 계약기간의 연장 등 필요한 조치를 하여야 한다.

③ 제1항의 규정에 의거 공사기간이 연장되는 경우 이에 따르는 현장관리비 등 추가경비는 제23조의 규정을 적용하여 조정한다.

④ "도급인"은 제1항의 계약기간의 연장을 승인하였을 경우 동 연장기간에 대하여는 지체상금을 부과하여서는 아니된다.

제18조(부적합한 공사) ① "도급인"은 "수급인"이 시공한 공사중 설계서에 적합하지 아니

한 부분이 있을 때에는 이의 시정을 요구할 수 있으며, "수급인"은 지체없이 이에 응하여야 한다. 이 경우 "수급인"은 계약금액의 증액 또는 공기의 연장을 요청할 수 없다.

② 제1항의 경우 설계서에 적합하지 아니한 공사가 "도급인"의 요구 또는 지시에 의하거나 기타 "수급인"의 책임으로 돌릴 수 없는 사유로 인한 때에는 "수급인"은 그 책임을 지지 아니한다.

제19조(불가항력에 의한 손해) ① "수급인"은 검사를 마친 기성부분 또는 지급자재와 대여품에 대하여 불가항력에 의한 손해가 발생한 때에는 즉시 그 사실을 "도급인"에게 통지하여야 한다.

② "도급인"은 제1항의 통지를 받은 경우 즉시 그 사실을 조사·확인하고 그 손해의 부담에 있어서 기성검사를 필한 부분 및 검사를 필하지 아니한 부분 중 객관적인 자료(감독일지, 사진 또는 비디오테잎 등)에 의하여 이미 수행되었음이 판명된 부분은 "도급인"이 부담하고, 기타 부분은 "도급인"과 "수급인"이 협의하여 결정한다.

③ 제2항의 협의가 성립되지 않은 때에는 제41조의 규정에 의한다.

제20조(공사의 변경·중지) ① "도급인"이 설계변경 등에 의하여 공사내용을 변경·추가하거나 공사의 전부 또는 일부에 대한 시공을 일시 중지할 경우에는 변경계약서 등을 사전에 "수급인"에게 교부하여야 한다.

② "도급인"이 제1항에 따른 공사내용의 변경·추가 관련 서류를 교부하지 아니한 때에는 "수급인"은 "도급인"에게 도급받은 공사 내용의 변경·추가에 관한 사항을 서면으로 통지하여 확인을 요청할 수 있다. 이 경우 "수급인"의 요청에 대하여 "도급인"은 15일 이내에 그 내용에 대한 인정 또는 부인의 의사를 서면으로 회신하여야 하며, 이 기간내에 회신하지 아니한 경우에는 원래 "수급인"이 통지한 내용대로 공사내용의 변경·추가된 것으로 본다. 다만, 불가항력으로 인하여 회신이 불가능한 경우에는 제외한다.

③ "도급인"의 지시에 의하여 "수급인"이 추가로 시공한 공사물량에 대하여서는 공사비를 증액하여 지급하여야 한다.

④ "수급인"은 동 계약서에 규정된 계약금액의 조정사유 이외의 계약체결 후 계약조건의 미숙지, 덤핑수주 등을 이유로 계약금액의 변경을 요구하거나 시공을 거부할 수 없다.

제21조(설계변경으로 인한 계약금액의 조정) ① 설계서의 내용이 공사현장의 상태와 일치하지 않거나 불분명, 누락, 오류가 있을 때 또는 시공에 관하여 예기하지 못한 상태가 발생되거나 안전사고의 우려, 사업계획의 변경 등으로 인하여 추가 시설물(가설구조물을 포함)의 설치가 필요한 때에는 "도급인"은 설계를 변경하여야 한다.

② 제1항의 설계변경으로 인하여 공사량의 증감이 발생한 때에는 다음 각 호의 기준에 의하여 계약금액을 조정하며, 필요한 경우 공사기간을 연장하거나 단축한다.

1. 증감된 공사의 단가는 제9조의 규정에 의한 산출내역서상의 단가를 기준으로 상호

협의하여 결정한다.

2. 산출내역서에 포함되어 있지 아니한 신규비목의 단가는 설계변경 당시를 기준으로 산정한 단가로 한다.

3. 증감된 공사에 대한 일반관리비 및 이윤 등은 산출내역서상의 율을 적용한다.

제22조(물가변동으로 인한 계약금액의 조정) ① 계약체결후 90일이상 경과한 경우에 잔여 공사에 대하여 산출내역서에 포함되어 있는 품목 또는 비목의 가격 등의 변동으로 인한 등락액이 잔여공사에 해당하는 계약금액의 100분의3 이상인 때에는 계약금액을 조정한다. 다만, 제17조 제1항의 규정에 의한 사유로 계약이행이 곤란하다고 인정되는 경우에는 계약체결일(계약체결후 계약금액을 조정한 경우 그 조정일)부터 90일이내에도 계약금액을 조정할 수 있다.

② 제1항의 규정에 불구하고 계약금액에서 차지하는 비중이 100분의 1을 초과하는 자재의 가격이 계약체결일(계약체결후 계약금액을 조정한 경우 그 조정일)부터 90일이내에 100분의 15 이상 증감된 경우에는 "도급인"과 "수급인"이 합의하여 계약금액을 조정할 수 있다.

③ 제1항 및 제2항의 규정에 의한 계약금액의 조정에 있어서 그 조정금액은 계약금액 중 물가변동기준일 이후에 이행되는 부분의 대가에 적용하되, 물가변동이 있는 날 이전에 이미 계약이행이 완료되어야 할 부분에 대하여는 적용하지 아니한다. 다만, 제17조 제1항의 규정에 의한 사유로 계약이행이 지연된 경우에는 그러하지 아니하다.

④ 제1항의 규정에 의하여 조정된 계약금액은 직전의 물가변동으로 인하여 계약금액 조정기준일(조정 사유가 발생한 날을 말한다)부터 60일이내에는 이를 다시 조정할 수 없다.

⑤ 제1항의 규정에 의하여 계약금액 조정을 청구하는 경우에는 조정내역서를 첨부하여야 하며, 청구를 받은 날부터 30일 이내에 계약금액을 조정하여야 한다

⑥ 제5항의 규정에 의한 계약금액조정 청구내용이 부당함을 발견한 때에는 지체없이 필요한 보완요구 등의 조치를 하여야 한다. 이 경우 보완요구 등의 조치를 통보받은 날부터 그 보완을 완료한 사실을 상대방에게 통지한 날까지의 기간은 제4항의 규정에 의한 기간에 산입하지 아니한다.

제23조(기타 계약내용의 변동으로 인한 계약금액의 조정) ① 제21조 및 제22조에 의한 경우 이외에 다음 각 호에 의해 계약금액을 조정하여야 할 필요가 있는 경우에는 그 변경된 내용에 따라 계약금액을 조정하며, 이 경우 증감된 공사에 대한 일발관리비 및 이율 등은 산출내역서상의 율을 적용한다.

1. 계약내용의 변경

2. 불가항력에 따른 공사기간의 연장

3. 근로시간 단축, 근로자 사회보험료 적용범위 확대 등 공사비, 공사기간에 영향을 미치는 법령의 제·개정

② 제1항과 관련하여 "수급인"은 제21조 및 제22조에 규정된 계약금액 조정사유 이외에 계약체결후 계약조건의 미숙지 등을 이유로 계약금액의 변경을 요구하거나 시공을 거부할 수 없다.

제24조(기성부분금) ① 계약서에 기성부분금에 관하여 명시한 때에는 "수급인"은 이에 따라 기성부분에 대한 검사를 요청할 수 있으며, 이때 "도급인"은 지체없이 검사를 하고 그 결과를 "수급인"에게 통지하여야 하며, 14일이내에 통지가 없는 경우에는 검사에 합격한 것으로 본다.

② 기성부분은 제2조 제8호의 산출내역서의 단가에 의하여 산정한다. 다만, 산출내역서가 없는 경우에는 공사진척율에 따라 "도급인"과 "수급인"이 합의하여 산정한다.

③ "도급인"은 검사완료일로부터 14일이내에 검사된 내용에 따라 기성부분금을 "수급인"에게 지급하여야 한다.

④ "도급인"이 제3항의 규정에 의한 기성부분금의 지급을 지연하는 경우에는 제28조 제3항의 규정을 준용한다.

제25조(손해의 부담) "도급인" · "수급인" 쌍방의 책임 없는 사유로 공사의 목적물이나 제3자에게 손해가 생긴 경우 다음 각 호의 자가 손해를 부담한다.

1. 목적물이 "도급인"에게 인도되기 전에 발생된 손해: "수급인"
2. 목적물이 "도급인"에게 인도된 후에 발생된 손해: "도급인"
3. 목적물에 대한 "도급인"의 인수지연 중 발생된 손해: "도급인"
4. 목적물 검사기간 중 발생된 손해: "도급인" · "수급인"이 협의하여 결정

제26조(부분사용) ① "도급인"은 공사목적물의 인도전이라 하더라도 "수급인"의 동의를 얻어 공사목적물의 전부 또는 일부를 사용할 수 있다.

② 제1항의 경우 "도급인"은 그 사용부분에 대하여 선량한 관리자의 주의 의무를 다하여야 한다.

③ "도급인"은 제1항에 의한 사용으로 "수급인"에게 손해를 끼치거나 "수급인"의 비용을 증가하게 한 때는 그 손해를 배상하거나 증가된 비용을 부담한다.

제27조(준공검사) ① "수급인"은 공사를 완성한 때에는 "도급인"에게 통지하여야 하며 "도급인"은 통지를 받은 후 지체없이 "수급인"의 입회하에 검사를 하여야 하며, "도급인"이 "수급인"의 통지를 받은 후 10일 이내에 검사결과를 통지하지 아니한 경우에는 10일이 경과한 날에 검사에 합격한 것으로 본다. 다만, 불가항력으로 인하여 검사를 완료하지 못한 경우에는 당해 사유가 존속되는 기간과 당해 사유가 소멸된 날로부터 3일까지는 이를 연장할 수 있다.

② "수급인"은 제1항의 검사에 합격하지 못한 때에는 지체없이 이를 보수 또는 개조하여 다시 준공검사를 받아야 한다.

③ "수급인"은 검사의 결과에 이의가 있을 때에는 재검사를 요구할 수 있으며, "도급인"은 이에 응하여야 한다.

④ "도급인"은 제1항의 규정에 의한 검사에 합격한 후 "수급인"이 공사목적물의 인수를 요청하면 인수증명서를 발급하고 공사목적물을 인수하여야 한다.

제28조(대금지급) ① "수급인"은 "도급인"의 준공검사에 합격한 후 즉시 잉여자재, 폐기물, 가설물 등을 철거, 반출하는 등 공사현장을 정리하고 공사대금의 지급을 "도급인"에게 청구할 수 있다.

② "도급인"은 특약이 없는 한 계약의 목적물을 인도 받음과 동시에 "수급인"에게 공사 대금을 지급하여야 한다.

③ "도급인"이 공사대금을 지급기한내에 지급하지 못하는 경우에는 그 미지급금액에 대하여 지급기한의 다음날부터 지급하는 날까지의 일수에 계약서 상에서 정한 대가 지급 지연이자율(시중은행의 일반대출시 적용되는 연체이자율 수준을 감안 하여 상향 적용할 수 있다)을 적용하여 산출한 이자를 가산하여 지급하여야 한다.

제29조(폐기물의 처리 등) "수급인"은 공사현장에서 발생한 폐기물을 관계법령에 의거 처리하여야 하며, "도급인"은 폐기물처리에 소요되는 비용을 계약금액에 반영하여야 한다.

제30조(지체상금) ① "수급인"은 준공기한내에 공사를 완성하지 아니한 때에는 매 지체 일수마다 계약서상의 지체상금율을 계약금액에 곱하여 산출한 금액(이하 '지체상금'이라 한다)을 "도급인"에게 납부하여야 한다. 다만, "도급인"의 귀책사유로 준공검사가 지체된 경우와 다음 각 호의 1에 해당하는 사유로 공사가 지체된 경우에는 그 해당 일수에 상당하는 지체상금을 지급하지 아니하여도 된다.

1. 불가항력의 사유에 의한 경우
2. "수급인"이 대체하여 사용할 수 없는 중요한 자재의 공급이 "도급인"의 책임있는 사유로 인해 지연되어 공사진행이 불가능하게 된 경우
3. "도급인"의 귀책사유로 착공이 지연되거나 시공이 중단된 경우
4. 기타 "수급인"의 책임에 속하지 아니하는 사유로 공사가 지체된 경우

② 제1항을 적용함에 있어 제26조의 규정에 의하여 "도급인"이 공사목적물의 전부 또는 일부를 사용한 경우에는 그 부분에 상당하는 금액을 계약금액에서 공제한다. 이 경우 "도급인"이 인허가기관으로부터 공사목적물의 전부 또는 일부에 대하여 사용승인을 받은 경우에는 사용승인을 받은 공사목적물의 해당부분은 사용한 것으로 본다.

③ "도급인"은 제1항 및 제2항의 규정에 의하여 산출된 지체상금은 제28조의 규정에 의하여 "수급인"에게 지급되는 공사대금과 상계할 수 있다.

④제1항의 지체상금율은 계약 당사자간에 별도로 정한 바가 없는 경우에는 국가를 당사자로 하는 계약에 관한 법령 등에 따라 공공공사 계약체결시 적용되는 지체상금율을 따른다.

제31조(하자담보) ① "수급인"은 공사의 하자보수를 보증하기 위하여 계약서에 정한 하자보수보증금율을 계약금액에 곱하여 산출한 금액(이하 '하자보수보증금'이라 한다)

을 준공검사후 그 공사의 대가를 지급할 때까지 현금 또는 제4조 제2항 각 호의 보증기관이 발행한 보증시로서 "도급인"에게 납부하여야 한다.

② "수급인"은 "도급인"이 전체목적물을 인수한 날과 준공검사를 완료한 날 중에서 먼저 도래한 날부터 계약서에 정한 하자담보 책임기간중 당해공사에 발생하는 일체의 하자를 보수하여야 한다. 다만, 다음 각 호의 사유로 발생한 하자에 대해서는 그러하지 아니하다.

1. 공사목적물의 인도 후에 천재지변 등 불가항력이 "수급인"의 책임이 아닌 사유로 인한 경우

2. "도급인"이 제공한 재료의 품질이나 규격 등의 기준미달로 인한 경우

3. "도급인"의 지시에 따라 시공한 경우

4. "도급인"이 건설공사의 목적물을 관계 법령에 따른 내구연한 또는 설계상의 구조내력을 초과하여 사용한 경우

③ "수급인"이 "도급인"으로 부터 제2항의 규정에 의한 하자보수의 요구를 받고 이에 응하지 아니하는 경우 제1항의 규정에 의한 하자보수보증금은 "도급인"에게 귀속한다.

④ "도급인"은 하자담보책임기간이 종료한 때에는 제1항의 규정에 의한 하자보수 보증금을 "수급인"의 청구에 의하여 반환하여야 한다. 다만, 하자담보책임기간이 서로 다른 공종이 복합된 공사에 있어서는 공종별 하자담보 책임기간이 만료된 공종의 하자보수보증금은 "수급인"의 청구가 있는 경우 즉시 반환하여야 한다.

제32조(건설공사의 하도급 등) ①"수급인"이 도급받은 공사를 제3자에게 하도급하고자 하는 경우에는 건설산업기본법 및 하도급거래공정화에관한법률에서 정한 바에 따라 하도급하여야 하며, 하수급인의 선정, 하도급계약의 체결 및 이행, 하도급 대가의 지급에 있어 관계 법령의 제규정을 준수하여야 한다.

② "도급인"은 건설공사의 시공에 있어 현저히 부적당하다고 인정하는 하수급인이 있는 경우에는 하도급의 통보를 받은 날 또는 그 사유가 있음을 안 날부터 30일이내에 서면으로 그 사유를 명시하여 하수급인의 변경 또는 하도급 계약내용의 변경을 요구할 수 있다. 이 경우 "수급인"은 정당한 사유가 없는 한 이에 응하여야 한다.

③ "도급인"은 제2항의 규정에 의하여 건설공사의 시공에 있어 현저히 부적당한 하수급인이 있는지 여부를 판단하기 위하여 하수급인의 시공능력, 하도급 계약 금액의 적정성 등을 심사할 수 있다.

제33조(하도급대금의 직접 지급) ① "도급인"은 "수급인"이 제32조의 규정에 의하여 체결한 하도급계약중 하도급거래공정화에 관한법률과 건설산업기본법에서 정한 바에 따라 하도급대금의 직접 지급사유가 발생하는 경우에는 그 법에 따라 하수급인이 시공한 부분에 해당하는 하도급대금을 하수급인에게 지급한다.

② "도급인"이 제1항의 규정에 의하여 하도급대금을 직접 지급한 경우에는 "도급인"

의 "수급인"에 대한 대금지급채무는 하수급인에게 지급한 한도안에서 소멸한 것으로 본다.

제34조("도급인"의 계약해제 등) ① "도급인"은 다음 각 호의 1에 해당하는 경우에는 계약의 전부 또는 일부를 해제 또는 해지할 수 있다.

1. "수급인"이 정당한 이유없이 약정한 착공기일을 경과하고도 공사에 착수하지 아니한 경우

2. "수급인"의 책임있는 사유로 인하여 준공기일내에 공사를 완성할 가능성이 없음이 명백한 경우

3. 제30조 제1항의 규정에 의한 지체상금이 계약보증금 상당액에 도달한 경우로서 계약기간을 연장하여도 공사를 완공할 가능성이 없다고 판단되는 경우

4. 기타 "수급인"의 계약조건 위반으로 인하여 계약의 목적을 달성할 수 없다고 인정되는 경우

② 제1항의 규정에 의한 계약의 해제 또는 해지는 "도급인"이 "수급인"에게 서면으로 계약의 이행기한을 정하여 통보한 후 기한내에 이행되지 아니한 때 계약의 해제 또는 해지를 "수급인"에게 통지함으로써 효력이 발생한다.

③ "수급인"은 제2항의 규정에 의한 계약의 해제 또는 해지 통지를 받은 때에는 다음 각 호의 사항을 이행하여야 한다.

1. 당해 공사를 지체없이 중지하고 모든 공사용 시설·장비 등을 공사현장으로부터 철거하여야 한다.

2. 제13조의 규정에 의한 지급재료의 잔여분과 대여품은 "도급인"에게 반환하여야 한다.

제35조("수급인"의 계약해제 등) ① "수급인"은 다음 각 호의 어느 하나에 해당하는 경우에는 계약의 전부 또는 일부를 해제 또는 해지할 수 있다.

1. 공사내용을 변경함으로써 계약금액이 100분의 40이상 감소된 때

2. "도급인"의 책임있는 사유에 의한 공사의 정지기간이 계약서상의 공사기간의 100분의 50을 초과한 때

3. "도급인"이 정당한 이유없이 계약내용을 이행하지 아니함으로써 공사의 적정이행이 불가능하다고 명백히 인정되는 때

4. 제4조 제4항에 따른 기간 내에 공사대금 지급의 보증 또는 담보 제공을 이행하지 아니한 때

② 제1항의 규정에 의하여 계약을 해제 또는 해지하는 경우에는 제34조 제2항 및 제3항의 규정을 준용한다.

제36조(계약해지시의 처리) ① 제34조 및 제35조의 규정에 의하여 계약이 해지된 때에는 "도급인"과 "수급인"은 지체없이 기성부분의 공사금액을 정산하여야 한다.

② 제34조 및 제35조의 규정에 의한 계약의 해제 또는 해지로 인하여 손해가 발생한

때에는 상대방에게 그에 대한 배상을 청구할 수 있다. 다만, 제35조 제1항 제4호에 해당하여 해지한 경우에는 해지에 따라 발생한 손해에 대하여 청구할 수 없다.

제37조("수급인"의 동시이행 항변권) ① "도급인"이 계약조건에 의한 선금과 기성부분금의 지급을 지연할 경우 "수급인"이 상당한 기한을 정하여 그 지급을 독촉하였음에도 불구하고 "도급인"이 이를 지급치 않을 때에는 "수급인"은 공사중지기간을 정하여 "도급인"에게 통보하고 공사의 일부 또는 전부를 일시 중지할 수 있다.

② 제1항의 공사중지에 따른 기간은 지체상금 산정시 공사기간에서 제외된다.

③ "도급인"은 제1항의 공사중지에 따른 비용을 "수급인"에게 지급하여야 하며, 공사중지에 따라 발생하는 손해에 대해 "수급인"에게 청구하지 못한다.

제38조(채권양도) ① "수급인"은 이 공사의 이행을 위한 목적이외에는 이 계약에 의하여 발생한 채권(공사대금 청구권)을 제3자에게 양도하지 못한다.

② "수급인"이 채권양도를 하고자 하는 경우에는 미리 보증기관(연대보증인이 있는 경우 연대보증인을 포함한다)의 동의를 얻어 "도급인"의 서면승인을 받아야 한다.

③ "도급인"은 제2항의 규정에 의한 "수급인"의 채권양도 승인요청에 대하여 승인 여부를 서면으로 "수급인"과 그 채권을 양수하고자 하는 자에게 통지하여야 한다.

제39조(손해배상책임) ① "수급인"이 고의 또는 과실로 인하여 도급받은 건설공사의 시공관리를 조잡하게 하여 타인에게 손해를 가한 때에는 그 손해를 배상할 책임이 있다.

② "수급인"은 제1항의 규정에 의한 손해가 "도급인"의 고의 또는 과실에 의하여 발생한 것인 때에는 "도급인"에 대하여 구상권을 행사할 수 있다.

③ "수급인"은 하수급인이 고의 또는 과실로 인하여 하도급 받은 공사를 조잡하게 하여 타인에게 손해를 가한 때는 하수급인과 연대하여 그 손해를 배상할 책임이 있다.

제40조(법령의 준수) "도급인"과 "수급인"은 이 공사의 시공 및 계약의 이행에 있어서 건설산업기본법 등 관계법령의 제규정을 준수하여야 한다.

제41조(분쟁의 해결) ① 계약에 별도로 규정된 것을 제외하고는 계약에서 발생하는 문제에 관한 분쟁은 계약당사자가 쌍방의 합의에 의하여 해결한다.

② 제1항의 합의가 성립되지 못할 때에는 당사자는 건설산업기본법에 따른 건설분쟁조정위원회에 조정을 신청하거나 중재법에 따른 상사중재기관 또는 다른 법령에 의하여 설치된 중재기관에 중재를 신청할 수 있다.

③제2항에 따라 건설분쟁조정위원회에 조정이 신청된 경우, 상대방은 그 조정 절차에 응하여야 한다.

제42조(특약사항) 기타 이 계약에서 정하지 아니한 사항에 대하여는 "도급인"과 "수급인"이 합의하여 별도의 특약을 정할 수 있다.

Ⅲ. 공사도급 표준계약서(국가계약법)

[기획재정부계약예규 제540호, 2020. 12. 28., 일부개정.] [시행 2021. 3. 28.]

국가를 당사자로 하는 계약에 관한 법률 시행규칙 [별지 제7호서식]

<table>
<tr>
<td colspan="2" rowspan="2">공사도급표준계약서</td>
<td>계약번호 제　　호</td>
</tr>
<tr>
<td>공고번호 제　　호</td>
</tr>
<tr>
<td rowspan="3">계
약
자</td>
<td>발주처</td>
<td colspan="2">○○부(처, 청)중앙관서의 장 또는 계약담당공무원 성명</td>
</tr>
<tr>
<td>계약상대자</td>
<td colspan="2">· 상호 또는 법인명칭　　· 법인등록번호
· 주소　　　　　　　　· 전화번호
· 대표자</td>
</tr>
<tr>
<td>연대보증인</td>
<td colspan="2">· 상호 또는 법인명칭　　· 법인등록번호
· 주소　　　　　　　　· 전화번호
· 대표자</td>
</tr>
<tr>
<td rowspan="11">계
약
내
용</td>
<td>공사명</td>
<td colspan="2"></td>
</tr>
<tr>
<td>계약금액</td>
<td colspan="2">금　　　　　　원정(₩　　　　　)</td>
</tr>
<tr>
<td>총공사부기금액</td>
<td colspan="2">금　　　　　　원정(₩　　　　　)</td>
</tr>
<tr>
<td>계약보증금</td>
<td colspan="2">금　　　　　　원정(₩　　　　　)</td>
</tr>
<tr>
<td>현장</td>
<td colspan="2"></td>
</tr>
<tr>
<td>지체상금율</td>
<td colspan="2">　　　　　　　　　　%</td>
</tr>
<tr>
<td>물가변동계약
금액조정방법</td>
<td colspan="2">　　　　.　　　.</td>
</tr>
<tr>
<td>착공연월일</td>
<td colspan="2">　　　　.　　　.</td>
</tr>
<tr>
<td>준공연월일</td>
<td colspan="2"></td>
</tr>
<tr>
<td>기타사항</td>
<td colspan="2"></td>
</tr>
<tr>
<td colspan="3">하자담보책임(복합공종의 경우 공종별 구분 기재)</td>
</tr>
<tr>
<td>공종</td>
<td>공종별 계약 금액</td>
<td>하자보수보증금율(%) 및 금액</td>
<td>하자담보책임기간</td>
</tr>
<tr>
<td></td>
<td></td>
<td>(　　)%　금　　　원정</td>
<td></td>
</tr>
<tr>
<td></td>
<td></td>
<td>(　　)%　금　　　원정</td>
<td></td>
</tr>
<tr>
<td></td>
<td></td>
<td>(　　)%　금　　　원정</td>
<td></td>
</tr>
</table>

　중앙관서의 장(계약담당공무원)과 계약상대자는 상호 대등한 입장에서 붙임의 계약문서에 의하여 위의 공사에 대한 도급계약을 체결하고 신의에 따라 성실히 계약상의 의무를 이행할 것을 확약하며, 연대보증인은 계약자와 연대하여 계약상의 의무를 이행할 것을 확약한다. 이 계약의 증거로서 계약서를 작성하여 당사자가 기명날인한 후 각각 1통씩 보관한다.

　붙임서류 : 1. 공사입찰유의서 1부
　　　　　　 2. 공사계약일반조건 1부
　　　　　　 3. 공사계약특수조건 1부
　　　　　　 4. 설계서 1부
　　　　　　 5. 산출내역서 1부

　　　　　　　　　.　　　.　　.

중앙관서의 장 또는
계약담당공무원　　　　　(인)

계약상대자　　　　(인)
연대보증인　　　　(인)

22221－20711보
95.6.30 승인

257mm×297mm
(신문용지 54g/㎡)

(계약예규) 공사계약 일반조건

제1조(총칙) 계약담당공무원과 계약상대자는 공사도급표준계약서(이하 "계약서"라 한다)에 기재한 공사의 도급계약에 관하여 제3조에 의한 계약문서에서 정하는 바에 따라 신의와 성실의 원칙에 입각하여 이를 이행한다.

제2조(정의) 이 조건에서 사용하는 용어의 정의는 다음과 같다.

1. "계약담당공무원"이라 함은 「국가를 당사자로 하는 계약에 관한 법률 시행규칙」(이하 "시행규칙"이라 한다) 제2조에 의한 공무원을 말한다. 이 경우에 각 중앙관서의 장이 계약에 관한 사무를 그 소속공무원에게 위임하지 아니하고 직접 처리하는 경우에는 이를 계약담당공무원으로 본다.

2. "계약상대자"라 함은 정부와 공사계약을 체결한 자연인 또는 법인을 말한다.

3. "공사감독관"이라 함은 제16조에 규정된 임무를 수행하기 위하여 정부가 임명한 기술담당공무원 또는 그의 대리인을 말한다. 다만, 「건설기술 진흥법」 제39조 제2항 또는 「전력기술관리법」 제12조 및 그 밖에 공사 관련 법령에 의하여 건설사업관리 또는 감리를 하는 공사에 있어서는 해당공사의 감리를 수행하는 건설산업관리기술자 또는 감리원을 말한다. <개정 2014. 4. 1., 2016. 1. 1., 2016. 12. 30.>

4. "설계서"라 함은 공사시방서, 설계도면, 현장설명서, 공사기간의 산정근거(「국가를 당사자로 하는 계약에 관한 법률 시행령」(이하 "시행령"이라 한다) 제6장 및 제8장의 계약 및 현장설명서를 작성하는 공사는 제외한다) 및 공종별 목적물 물량내역서(가설물의 설치에 소요되는 물량 포함하며, 이하 "물량내역서"라 한다)를 말하며, 다음 각 목의 내역서는 설계서에 포함하지 아니한다. <개정 2020. 9. 24.>

   가. 삭제 <2010. 9. 8.>

   나. 시행령 제78조에 따라 일괄입찰을 실시하여 체결된 공사와 대안입찰을 실시하여 체결된 공사(대안이 채택된 부분에 한함)의 산출내역서

   다. 시행령 제98조에 따라 실시설계 기술제안 입찰을 실시하여 체결된 공사와 기본설계 기술제안입찰을 실시하여 체결된 공사의 산출내역서 <개정 2010. 9. 8.>

   라. 수의계약으로 체결된 공사의 산출내역서. 다만, 시행령 제30조 제2항 본문에 따라 체결된 수의계약 공사의 물량내역서는 제외

5. "공사시방서"라 함은 공사에 쓰이는 재료, 설비, 시공체계, 시공기준 및 시공기술에 대한 기술설명서와 이에 적용되는 행정명세서로서, 설계도면에 대한 설명 또는 설계도면에 기재하기 어려운 기술적인 사항을 표시해 놓은 도서를 말한다.

6. "설계도면"이라 함은 시공될 공사의 성격과 범위를 표시하고 설계자의 의사를 일정한 약속에 근거하여 그림으로 표현한 도서로서 공사목적물의 내용을 구체적인 그림으로 표시해 놓은 도서를 말한다.

7. "현장설명서"라 함은 시행령 제14조의2에 의한 현장설명 시 교부하는 도서로서 시공에 필요한 현장상태 등에 관한 정보 또는 단가에 관한 설명서 등을 포함한 입찰가격 결정에 필요한 사항을 제공하는 도서를 말한다.

8. "물량내역서"라 함은 공종별 목적물을 구성하는 품목 또는 비목과 동 품목 또는 비목의 규격·수량·단위 등이 표시된 다음 각 목의 내역서를 말한다.

　　가. 시행령 제14조 제1항에 따라 계약담당공무원 또는 입찰에 참가하려는 자가 작성한 내역서 <개정 2010. 9. 8.>

　　나. 시행령 제30조 제2항 및 계약예규 「정부입찰·계약 집행기준」 제10조 제3항에 따라 견적서제출 안내공고 후 견적서를 제출하려는 자에게 교부된 내역서

9. "산출내역서"라 함은 입찰금액 또는 계약금액을 구성하는 물량, 규격, 단위, 단가 등을 기재한 다음 각 목의 내역서를 말한다.

　　가. 시행령 제14조 제6항과 제7항에 따라 제출한 내역서

　　나. 시행령 제85조 제2항과 제3항에 따라 제출한 내역서

　　다. 시행령 제103조 제1항과 제105조 제3항에 따라 제출한 내역서

　　라. 수의계약으로 체결된 공사의 경우에는 착공신고서 제출 시까지 제출한 내역서

10. 이 조건에서 따로 정하는 경우를 제외하고는 「국가를 당사자로 하는 계약에 관한 법률 시행령」, 「특정조달을 위한 국가를 당사자로 하는 계약에 관한 법률 시행령 특례규정」(이하 각각 "시행령", "특례규정"이라 한다), 시행규칙 및 계약예규 공사입찰유의서(이하 "유의서"라 한다)에 정하는 바에 의한다.

제3조(계약문서) ① 계약문서는 계약서, 설계서, 유의서, 공사계약일반조건, 공사계약특수조건 및 산출내역서로 구성되며 상호보완의 효력을 가진다. 다만, 산출내역서는 이 조건에서 규정하는 계약금액의 조정 및 기성부분에 대한 대가의 지급시에 적용할 기준으로서 계약문서의 효력을 가진다. <개정 2008. 12. 29.>

② <신설 2011. 5. 13., 삭제 2016. 1. 1.>

③ 계약담당공무원은 「국가를 당사자로 하는 계약에 관한 법령」, 공사관계 법령 및 이 조건에 정한 계약일반사항 외에 해당 계약의 적정한 이행을 위하여 필요한 경우 공사계약특수조건을 정하여 계약을 체결할 수 있다.

④ 제3항에 의하여 정한 공사계약특수조건에 「국가를 당사자로 하는 계약에 관한 법령」, 공사 관계법령 및 이 조건에 의한 계약상대자의 계약상 이익을 제한하는 내용이 있는 경우에 특수조건의 해당 내용은 효력이 인정되지 아니한다.

⑤ 이 조건이 정하는 바에 의하여 계약당사자간에 행한 통지문서등은 계약문서로서의 효력을 가진다.

제4조(사용언어) ① 계약을 이행함에 있어서 사용하는 언어는 한국어로 함을 원칙으로 한다.

② 계약담당공무원은 계약체결시 제1항에도 불구하고 필요하다고 인정하는 경우에

는 계약이행과 관련하여 계약상대자가 외국어를 사용하거나 외국어와 한국어를 병행하여 사용할 수 있도록 필요한 조치를 할 수 있다.

③ 제2항에 의하여 외국어와 한국어를 병행하여 사용한 경우에 외국어로 기재된 사항이 한국어와 상이할 때에는 한국어로 기재한 사항이 우선한다.

제5조(통지 등) ① 구두에 의한 통지·신청·청구·요구·회신·승인 또는 지시(이하 "통지 등"이라 한다)는 문서로 보완되어야 효력이 있다.

② 통지 등의 장소는 계약서에 기재된 주소로 하며, 주소를 변경하는 경우에는 이를 즉시 계약당사자에게 통지하여야 한다.

③ 통지 등의 효력은 계약문서에서 따로 정하는 경우를 제외하고는 계약당사자에게 도달한 날부터 발생한다. 이 경우 도달일이 공휴일인 경우에는 그 익일부터 효력이 발생한다.

④ 계약당사자는 계약이행중 이 조건 및 관계법령 등에서 정한 바에 따라 서면으로 정당한 요구를 받은 경우에는 이를 성실히 검토하여 회신하여야 한다.

제6조(채권양도) ① 계약상대자는 이 계약에 의하여 발생한 채권(공사대금 청구권)을 제3자(공동수급체 구성원 포함)에게 양도할 수 있다.

② 계약담당공무원은 제1항에 의한 채권양도와 관련하여 적정한 공사이행목적 등 필요한 경우에는 채권양도를 제한하는 특약을 정하여 운용할 수 있다.

제7조(계약보증금) ① 계약상대자는 이 조건에 의하여 계약금액이 증액된 경우에는 이에 상응하는 금액의 계약보증금을 시행령 제50조 및 제52조에 정한 바에 따라 추가로 납부하여야 하며 계약담당공무원은 계약금액이 감액된 경우에는 이에 상응하는 금액의 계약보증금을 반환해야 한다. <개정 2009. 6. 29.>

② 계약담당공무원은 시행령 제52조 제1항 본문에 의하여 계약이행을 보증한 경우로서 계약상대자가 계약이행보증방법의 변경을 요청하는 경우에는 1회에 한하여 변경하게 할 수 있다. <개정 2010. 9. 8.>

1. 삭제 <2010. 9. 8.>

2. 삭제 <2010. 9. 8.>

3. 삭제 <2010. 9. 8.>

③ 계약담당공무원은 시행령 제37조 제2항 제2호에 의한 유가증권이나 현금으로 납부된 계약보증금을 계약상대자가 특별한 사유로 시행령 제37조 제2항 제1호 내지 제5호에 규정된 보증서 등으로 대체납부할 것을 요청한 때에는 동가치 상당액 이상으로 대체 납부하게 할 수 있다.

제8조(계약보증금의 처리) ① 계약담당공무원은 계약상대자가 정당한 이유없이 계약상의 의무를 이행하지 아니할 때에는 계약보증금을 국고에 귀속한다.

② 시행령 제69조에 의한 장기계속공사계약에 있어서 계약상대자가 2차 이후의 공사계약을 체결하지 아니한 경우에는 제1항을 준용한다.

③ 시행령 제50조 제10항에 의하여 계약보증금지급각서를 제출한 경우로서 계약보증금의 국고귀속사유가 발생하여 계약담당공무원의 납입요청이 있을 때에는 계약상대자는 해당 계약보증금을 지체없이 현금으로 납부하여야 한다.

④ 제1항 및 제2항에 의하여 계약보증금을 국고에 귀속함에 있어서 그 계약보증금은 이를 기성부분에 대한 미지급액과 상계 처리할 수 없다. 다만, 계약보증금의 전부 또는 일부를 면제받은 자의 경우에는 국고에 귀속되는 계약보증금과 기성부분에 대한 미지급액을 상계 처리할 수 있다.

⑤ 계약담당공무원은 계약상대자가 납부한 계약보증금을 계약이 이행된 후에 계약상대자에게 지체없이 반환한다.

제9조(보증이행업체의 자격) ① 시행령 제52조에 의한 보증이행업체는 다음 각호에 해당하는 자격을 갖추고 있어야 하며, 계약담당공무원은 보증이행업체의 적격여부를 심사하기 위하여 계약상대자에게 관련자료의 제출을 요구할 수 있다. <개정 2010. 9. 8.>

1. 「독점규제 및 공정거래에 관한 법률」에 의한 계열회사가 아닌 자

2. 시행령 제76조에 의한 입찰참가자격제한을 받고 그 제한기간 중에 있지 아니한 자

3. 시행령 제36조에 의한 입찰공고 등에서 정한 입찰참가자격과 동등이상의 자격을 갖춘 자

4. 시행령 제13조에 의한 입찰의 경우에는 입찰참가자격사전심사기준에 따른 입찰참가에 필요한 종합평점 이상이 되는 자

② 계약담당공무원은 제1항에 의하여 보증이행업체로된 자가 부적격하다고 인정되는 때에는 계약상대자에게 보증이행업체의 변경을 요구할 수 있다. <개정 2010. 9. 8.>

③ 시행령 제52조 제1항 제3호에 의한 공사이행보증서의 제출 등에 대하여는 제1항 및 제2항외에 계약예규 「정부 입찰·계약 집행기준」 제11장(공사의 이행보증제도 운용)에 정한 바에 의한다.

제10조(손해보험) ① 계약상대자는 해당 계약의 목적물 등에 대하여 손해보험(「건설산업기본법」 제56조 제1항 제5호에 따른 손해공제를 포함한다. 이하 이 조에서 같다)에 가입할 수 있으며, 시행령 제78조, 제97조 및 추정가격이 200억원이상인 공사로서 계약예규 「입찰참가자격사전심사요령」 제6조 제5항 제1호에 규정된 공사에 대하여는 특별한 사유가 없는 한 계약목적물 및 제3자 배상책임을 담보할 수 있는 손해보험에 가입하여야 한다. <개정 2010. 9. 8., 2014. 1. 10.>

② 계약상대자는 제1항에 의한 보험가입시에 발주기관, 계약상대자, 하수급인 및 해당공사의 이해관계인을 피보험자로 하여야 하며, 보험사고 발생으로 발주기관이외의 자가 보험금을 수령하게 될 경우에는 발주기관의 장의 사전 동의를 받아야 한다.

③ 계약목적물에 대한 보험가입금액은 공사의 보험가입 대상부분의 순계약금액(계

약금액에서 부가가치세와 손해보험료를 제외한 금액을 말하며, 관급자재가 있을 경우에는 이를 포함한다. 이하 같다)을 기준으로 한다.

④ 계약상대자는 제1항에 의한 보험가입을 공사착공일(손해보험가입 비대상공사가 포함된 공사의 경우에는 손해보험가입대상공사 착공일을 말함) 이전까지 하고 그 증서를 착공신고서 제출시(손해보험가입 비대상공사가 포함된 공사의 경우에는 손해보험가입대상공사 착공시) 발주기관에 제출하여야 하며, 보험기간은 해당공사 착공시부터 발주기관의 인수시(시운전이 필요한 공사인 경우에는 시운전 시기까지 포함한다)까지로 하여야 한다.

⑤ 계약상대자는 손해보험가입시 제48조에 의하여 보증기관이 시공하게 될 경우에 계약상대자의 보험계약상의 권리와 의무가 보증기관에 승계되도록 하는 것을 포함하여야 하며, 제44조 내지 제46조에 의하여 계약이 해제 또는 해지된 후에 새로운 계약상대자가 선정될 경우에도 계약상대자의 보험계약상의 권리와 의무가 새로운 계약상대자에게 승계되는 내용이 포함되도록 하여야 한다. <개정 2010. 9. 8.>

⑥ 계약상대자는 발주기관이 작성한 예정가격조서상의 보험료 또는 계약상대자가 제출한 입찰금액 산출내역서상의 보험료와 계약상대자가 손해보험회사에 실제 납입한 보험료간의 차액발생을 이유로 보험가입을 거절하거나 동 차액의 정산을 요구하여서는 아니된다.

⑦ 계약상대자는 보험가입 목적물의 보험사고로 보험금이 지급되는 경우에는 동 보험금을 해당공사의 복구에 우선 사용하여야 하며, 보험금 지급이 지연되거나 부족하게 지급되는 경우에도 이를 이유로 피해복구를 지연하거나 거절하여서는 아니된다.

⑧ 제1항 내지 제7항의 사항이외에 손해보험과 관련된 기타 계약조건은 계약예규 「정부 입찰·계약 집행기준」 제12장(공사의 손해보험가입 업무집행)에 정한 바에 의한다.

제11조(공사용지의 확보) ① 발주기관은 계약문서에 따로 정한 경우를 제외하고는 계약상대자가 공사의 수행에 필요로 하는 날까지 공사용지를 확보하여 계약상대자에게 인도하여야 한다.

② 계약상대자는 현장에 인력, 장비 또는 자재를 투입하기 전에 공사용지의 확보여부를 계약담당공무원으로부터 확인을 받아야 한다.

③ 발주기관은 공사용지 확보 및 민원 대응 등 공사용지 확보와 직접 관련되는 업무를 계약상대자에게 전가하여서는 아니된다. <신설 2019. 12. 18.>

제12조(공사자재의 검사) ① 공사에 사용할 자재는 신품이어야 하며 품질·규격 등은 반드시 설계서와 일치되어야 한다. 다만, 설계서에 명확히 규정되지 아니한 자재는 표준품 이상으로서 계약의 목적을 달성하는 데에 가장 적합한 것이어야 한다.

② 계약상대자는 공사자재를 사용하기 전에 공사감독관의 검사를 받아야 하며, 불합격된 자재는 즉시 대체하여 다시 검사를 받아야 한다.

③ 제2항에 의한 검사에 이의가 있을 경우에 계약상대자는 계약담당공무원에 대하여 재검사를 요청할 수 있으며, 재검사가 필요하다고 인정되는 경우에 계약담당공무원은 지체없이 재검사하도록 조치하여야 한다.

④ 계약담당공무원은 계약상대자로부터 공사에 사용할 자재의 검사를 요청받거나 제3항에 의한 재검사의 요청을 받은 때에는 정당한 이유없이 검사를 지체할 수 없다.

⑤ 계약상대자가 불합격된 자재를 즉시 이송하지 않거나 대체하지 아니하는 경우에는 계약담당공무원이 일방적으로 불합격 자재를 제거하거나 대체시킬 수 있다.

⑥ 계약상대자는 시험 또는 조합이 필요한 자재가 있는 경우 공사감독관의 참여하에 그 시험 또는 조합을 하여야 한다.

⑦ 수중 또는 지하에 매몰하는 공작물 기타 준공후 외부로부터 검사할 수 없는 공작물의 공사는 공사감독관의 참여하에 시공하여야 한다.

⑧ 계약상대자가 제1항 내지 제7항이 정한 조건에 위배하거나 또는 설계서에 합치되지 않는 시공을 하였을 때에는 계약담당공무원은 공작물의 대체 또는 개조를 명할 수 있다.

⑨ 제2항 내지 제8항의 경우에 계약금액을 증감하거나 계약기간을 연장할 수 없다. 다만, 제3항에 의하여 재검사 결과에서 적합한 자재인 것으로 판명될 경우에는 재검사에 소요된 기간에 대하여는 계약기간을 연장할 수 있다.

제13조(관급자재 및 대여품) ① 발주기관은 공사의 수행에 필요한 특정자재 또는 기계·기구 등을 계약상대자에게 공급하거나 대여할 수 있으며, 이 경우에 관급자재 등(관급자재 및 대여품을 말한다. 이하 같다)은 설계서에 명시되어 있어야 한다.

② 관급자재 등은 제17조 제1항 제2호의 공사공정예정표에 따라 적기에 공급되어야 하며, 인도일시 및 장소는 계약당사자간에 협의하여 결정한다.

③ 관급자재 등의 소유권은 발주기관에 있으며, 잉여분이 있을 경우에는 계약상대자는 이를 발주기관에 통지하여 계약담당공무원의 지시에 따라 이를 반환하여야 한다.

④ 제2항에 의한 인도후의 관급자재 등에 대한 관리상의 책임은 계약상대자에게 있으며, 계약상대자가 이를 멸실 또는 훼손하였을 경우에는 발주기관에 변상하여야 한다.

⑤ 계약상대자는 관급자재 등을 계약의 수행외의 목적으로 사용할 수 없으며, 공사감독관의 서면승인 없이는 현장외부로 반출하여서는 아니된다.

⑥ 계약상대자는 관급자재 등을 인수할 때에는 이를 검수하여야 하며 그 품질 또는 규격이 시공에 적당하지 아니하다고 인정될 경우에는 즉시 계약담당공무원에게 이를 통지하여 대체를 요구하여야 한다.

⑦ 계약담당공무원은 필요하다고 인정할 경우에는 관급자재 등의 수량·품질·규격·인도시기·인도장소 등을 변경할 수 있다. 이 경우에는 제20조 및 제23조를 적용한다.

제14조(공사현장대리인) ① 계약상대자는 계약된 공사에 적격한 공사현장대리인(건설산업기본법시행령 제35조 [별표5] 등 공사관련 법령에 따른 기술자 배치기준에 적합한 자를 말한다. 이하 같다)을 지명하여 계약담당공무원에게 통지하여야 한다. <개정 2012. 7. 4.>

② 공사현장대리인은 공사현장에 상주하여 계약문서와 공사감독관의 지시에 따라 공사현장의 관리 및 공사에 관한 모든 사항을 처리하여야 한다. 다만, 공사가 일정기간 중단된 경우로서 발주기관의 승인을 얻은 경우에는 그러하지 아니한다. <단서신설 2012. 7. 4.>

제15조(공사현장 근로자) ① 계약상대자는 해당계약의 시공 또는 관리에 필요한 기술과 경험을 가진 근로자를 채용하여야 하며 근로자의 행위에 대하여 책임을 져야 한다. 다만, 계약상대자가 근로자의 관리·감독에 상당한 주의와 의무를 다한 경우에는 그러하지 아니하다. <개정 2020. 9. 24.>

② 계약상대자는 계약담당공무원이 계약상대자가 채용한 근로자에 대하여 해당계약의 시공 또는 관리상 적당하지 아니하다고 인정하여 이의 교체를 요구한 때에는 즉시 교체하여야 하며 계약담당공무원의 승인없이는 교체된 근로자를 해당계약의 시공 또는 관리를 위하여 다시 채용할 수 없다.

제16조(공사감독관) ① 공사감독관은 계약된 공사의 수행과 품질의 확보 및 향상을 위하여「건설기술 진흥법」제39조 제6항 및 동법 시행령 제59조,「전력기술관리법」제12조, 그 밖에 공사관련법령에 따른 건설사업관리기술자 또는 감리원의 업무범위에서 정한 내용 및 이 조건에서 규정한 업무를 수행한다. <개정 2016. 1. 1. 2016. 12. 30.>

② 공사감독관은 계약담당공무원의 승인없이 계약상대자의 의무와 책임을 면제시키거나 증감시킬 수 없다.

③ 계약상대자는 공사감독관의 지시 또는 결정이 이 조건에서 정한 사항에 위반되거나 계약의 이행에 적합하지 아니하다고 인정될 경우에는 즉시 계약담당공무원에게 이의 시정을 요구하여야 한다.

④ 계약담당공무원은 제3항에 의한 시정요구를 받은 날부터 7일이내에 필요한 조치를 하여야 한다.

⑤ 계약상대자는 발주기관에 제출하는 모든 문서에 대하여 그 사본을 공사감독관에게 제출하여야 한다.

⑥ 공사감독관은 계약상대자로부터 제43조의2 제1항에 따른 통보를 받은 경우에는 하수급인 및 계약상대자와 직접 계약을 체결한 건설공사용부품제작납품업자, 건설기계대여업자(이하 "하수급인 및 자재·장비업자"라 한다)로부터 대금 수령내역 및 증빙서류를 제출받아 대금 지급내역 및 수령내역의 일치 여부를 확인하여야 한다. <신설 2010. 9. 8.>

제17조(착공 및 공정보고) ① 계약상대자는 계약문서에서 정하는 바에 따라 공사를 착공

하여야 하며 착공시에는 다음 각호의 서류가 포함된 착공신고서를 발주기관에 제출하여야 한다. 다만, 계약담당공무원은 공사기간이 30일 미만인 경우 등에는 착공신고서를 제출하지 아니하도록 할 수 있다. <단서 신설 2019. 12. 18.>

1.「건설기술 진흥법령」 등 관련법령에 의한 현장기술자지정신고서 <개정 2016. 1.
   1.>

2. 공사공정예정표

3. 안전·환경 및 품질관리계획서

4. 공정별 인력 및 장비투입계획서

5. 착공전 현장사진

6. 기타 계약담당공무원이 지정한 사항

② 계약담당공무원은 공사의 규모·난이도·성격을 고려하여 착공일을 결정하되, 다음 각 호에서 정한 일자 이전의 날짜로 정하여서는 아니된다. 다만, 재해복구 등 긴급하게 착공하여야 할 필요가 있는 공사계약 및 장기계속공사의 1차 계약 이후 연차계약의 경우에는 계약상대자와의 협의를 거쳐 다음 각호에서 정한 일자 이전의 시점으로 착공일을 결정할 수 있다. <신설 2019. 12. 18.>

1. 추정가격이 10억원 미만인 경우: 계약체결일로부터 10일

2. 추정가격이 10억원 이상인 경우: 계약체결일로부터 20일

③ 계약상대자는 계약의 이행중에 설계변경 또는 기타 계약내용의 변경으로 인하여 제1항에 의하여 제출한 서류의 변경이 필요한 때에는 관련서류를 변경하여 제출하여야 한다. <제2항에서 이동 2019. 12. 18.>

④ 계약담당공무원은 제1항 및 제3항에 의하여 제출된 서류의 내용을 조정할 필요가 있다고 인정하는 경우에는 계약상대자에게 이의 조정을 요구할 수 있다. <개정 2019. 12. 18.>

⑤ 계약담당공무원은 제1항에 따라 착공신고서를 제출한 공사인 경우 계약상대자로 하여금 월별로 수행한 공사에 대하여 다음 각호의 사항을 명백히 하여 익월 14일까지 발주기관에 제출(「전자조달의 이용에 및 촉진에 관한 법률」 제2조 제4호 또는 동법 제14조에 의한 시스템을 통한 제출 포함)하게 할 수 있으며, 이 경우 계약상대자는 이에 응하여야 한다. <개정 2019. 12. 18.>

1. 월별 공정율 및 수행공사금액

2. 인력·장비 및 자재현황

3. 계약사항의 변경 및 계약금액의 조정내용

4. 공정상황을 나타내는 현장사진

⑥ 계약담당공무원은 공정이 지체되어 소정기한내에 공사가 준공될 수 없다고 인정할 경우에는 제5항에 의한 월별 현황과는 별도로 주간공정현황의 제출 등 공사추진에 필요한 조치를 계약상대자에게 지시할 수 있다. <개정 2019. 12. 18.>

제18조(휴일 및 야간작업) ① 계약상대자는 계약담당공무원의 공기단축지시 및 발주기관의 부득이한 사유로 인하여 휴일 또는 야간작업을 지시받았을 때에는 계약담당공무원에게 추가비용을 청구할 수 있다. <개정 2009. 6. 29.>

② 제1항의 경우에는 제23조를 준용한다. <개정 2009. 6. 29.>

제19조(설계변경 등) ① 설계변경은 다음 각호의 어느 하나에 해당하는 경우에 한다.

1. 설계서의 내용이 불분명하거나 누락·오류 또는 상호 모순되는 점이 있을 경우

2. 지질, 용수등 공사현장의 상태가 설계서와 다를 경우

3. 새로운 기술·공법사용으로 공사비의 절감 및 시공기간의 단축 등의 효과가 현저할 경우

4. 기타 발주기관이 설계서를 변경할 필요가 있다고 인정할 경우 등

② 삭제 <2007. 10. 10.>

③ 제1항에 의한 설계변경은 그 설계변경이 필요한 부분의 시공전에 완료하여야 한다. 다만, 계약담당공무원은 공정이행의 지연으로 품질저하가 우려되는 등 긴급하게 공사를 수행할 필요가 있는 때에는 계약상대자와 협의하여 설계변경의 시기 등을 명확히 정하고, 설계변경을 완료하기 전에 우선시공을 하게 할 수 있다.

제19조의2(설계서의 불분명·누락·오류 및 설계서간의 상호모순 등에 의한 설계변경) ① 계약상대자는 공사계약의 이행중에 설계서의 내용이 불분명하거나 설계서에 누락·오류 및 설계서간에 상호모순 등이 있는 사실을 발견하였을 때에는 설계변경이 필요한 부분의 이행전에 해당사항을 분명히 한 서류를 작성하여 계약담당공무원과 공사감독관에게 동시에 이를 통지하여야 한다.

② 계약담당공무원은 제1항에 의한 통지를 받은 즉시 공사가 적절히 이행될 수 있도록 다음 각호의 어느 하나의 방법으로 설계변경 등 필요한 조치를 하여야 한다.

1. 설계서의 내용이 불분명한 경우(설계서만으로는 시공방법, 투입자재 등을 확정할 수 없는 경우)에는 설계자의 의견 및 발주기관이 작성한 단가산출서 또는 수량산출서 등의 검토를 통하여 당초 설계서에 의한 시공방법·투입자재 등을 확인한 후에 확인된 사항대로 시공하여야 하는 경우에는 설계서를 보완하되 제20조에 의한 계약금액조정은 하지 아니하며, 확인된 사항과 다르게 시공하여야 하는 경우에는 설계서를 보완하고 제20조에 의하여 계약금액을 조정하여야 함

2. 설계서에 누락·오류가 있는 경우에는 그 사실을 조사 확인하고 계약목적물의 기능 및 안전을 확보할 수 있도록 설계서를 보완

3. 설계도면과 공사시방서는 서로 일치하나 물량내역서와 상이한 경우에는 설계도면 및 공사시방서에 물량내역서를 일치

4. 설계도면과 공사시방서가 상이한 경우로서 물량내역서가 설계도면과 상이하거나 공사시방서와 상이한 경우에는 설계도면과 공사시방서중 최선의 공사시공을 위하여 우선되어야 할 내용으로 설계도면 또는 공사시방서를 확정한 후 그 확정된 내용

에 따라 물량내역서를 일치

③ 제2항 제3호 및 제4호는 제2조 제4호에서 정한 공사의 경우에는 적용되지 아니한다. 다만, 제2조 제4호에서 정한 공사의 경우로서 설계도면과 공사시방서가 상호 모순되는 경우에는 관련 법령 및 입찰에 관한 서류 등에 정한 내용에 따라 우선 여부를 결정하여야 한다. <개정 2008. 12. 29.>

제19조의3(현장상태와 설계서의 상이로 인한 설계변경) ① 계약상대자는 공사의 이행 중에 지질, 용수, 지하매설물 등 공사현장의 상태가 설계서와 다른 사실을 발견하였을 때에는 지체없이 설계서에 명시된 현장상태와 상이하게 나타난 현장상태를 기재한 서류를 작성하여 계약담당공무원과 공사감독관에게 동시에 이를 통지하여야 한다.

② 계약담당공무원은 제1항에 의한 통지를 받은 즉시 현장을 확인하고 현장상태에 따라 설계서를 변경하여야 한다.

제19조의4(신기술 및 신공법에 의한 설계변경) ① 계약상대자는 새로운 기술·공법(발주기관의 설계와 동등이상의 기능·효과를 가진 기술·공법 및 기자재 등을 포함한다. 이하 같다)을 사용함으로써 공사비의 절감 및 시공기간의 단축 등에 효과가 현저할 것으로 인정하는 경우에는 다음 각호의 서류를 첨부하여 공사감독관을 경유하여 계약담당공무원에게 서면으로 설계변경을 요청할 수 있다.

1. 제안사항에 대한 구체적인 설명서
2. 제안사항에 대한 산출내역서
3. 제17조 제1항 제2호에 대한 수정공정예정표
4. 공사비의 절감 및 시공기간의 단축효과
5. 기타 참고사항

② 계약담당공무원은 제1항에 의하여 설계변경을 요청받은 경우에는 이를 검토하여 그 결과를 계약상대자에게 통지하여야 한다. 이 경우에 계약담당공무원은 설계변경 요청에 대하여 이의가 있을 때에는 「건설기술 진흥법 시행령」제19조에 따른 기술자문위원회(이하 "기술자문위원회"라 한다)에 청구하여 심의를 받아야 한다. 다만, 기술자문위원회가 설치되어 있지 아니한 경우에는 「건설기술 진흥법」제5조에 의한 건설기술심의위원회의 심의를 받아야 한다. <개정 2009. 9. 21., 2016. 1. 1.>

③ 계약상대자는 제1항에 의한 요청이 승인되었을 경우에는 지체없이 새로운 기술·공법으로 수행할 공사에 대한 시공상세도면을 공사감독관을 경유하여 계약담당공무원에게 제출하여야 한다.

④ 계약상대자는 제2항에 의한 심의를 거친 계약담당공무원의 결정에 대하여 이의를 제기할 수 없으며, 또한 새로운 기술·공법의 개발에 소요된 비용 및 새로운 기술·공법에 의한 설계변경 후에 해당 기술·공법에 의한 시공이 불가능한 것으로 판명된 경우에는 시공에 소요된 비용을 발주기관에 청구할 수 없다. <개정 2009. 9. 21.>

제19조의5(발주기관의 필요에 의한 설계변경) ① 계약담당공무원은 다음 각호의 어느 하

나의 사유로 인하여 설계서를 변경할 필요가 있다고 인정할 경우에는 계약상대자에게 이를 서면으로 통보할 수 있다.

1. 해당공사의 일부변경이 수반되는 추가공사의 발생
2. 특정공종의 삭제
3. 공정계획의 변경
4. 시공방법의 변경
5. 기타 공사의 적정한 이행을 위한 변경

② 계약담당공무원은 제1항에 의한 설계변경을 통보할 경우에는 다음 각호의 서류를 첨부하여야 한다. 다만, 발주기관이 설계서를 변경 작성할 수 없을 때에는 설계변경개요서만을 첨부하여 설계변경을 통보할 수 있다.

1. 설계변경개요서
2. 수정설계도면 및 공사시방서
3. 기타 필요한 서류

③ 계약상대자는 제1항에 의한 통보를 받은 즉시 공사이행상황 및 자재수급 상황 등을 검토하여 설계변경 통보내용의 이행가능 여부(이행이 불가능하다고 판단될 경우에는 그 사유와 근거자료를 첨부)를 계약담당공무원과 공사감독관에게 동시에 이를 서면으로 통지하여야 한다.

제19조의6(소요자재의 수급방법 변경) ① 계약담당공무원은 발주기관의 사정으로 인하여 당초 관급자재로 정한 품목을 계약상대자와 협의하여 계약상대자가 직접 구입하여 투입하는 자재(이하 "사급자재"라 한다)로 변경하고자 하는 경우 또는 관급자재 등의 공급지체로 공사가 상당기간 지연될 것이 예상되어 계약상대자가 대체사용 승인을 신청한 경우로서 이를 승인한 경우에는 이를 서면으로 계약상대자에게 통보하여야 한다. 이때 계약담당공무원은 계약상대자와 협의하여 변경된 방법으로 일괄하여 자재를 구입할 수 없는 경우에는 분할하여 구입하게 할 수 있으며, 분할 구입하게 할 경우에는 구입시기별로 이를 서면으로 계약상대자에게 통보하여야 한다.

② 계약담당공무원은 공사의 이행 중에 설계변경 등으로 인하여 당초 관급자재의 수량이 증가되는 경우로서 증가되는 수량을 적기에 지급할 수 없어 공사의 이행이 지연될 것으로 예상되는 등 필요하다고 인정되는 때에는 계약상대자와 협의한 후에 증가되는 수량을 계약상대자가 직접 구입하여 투입하도록 서면으로 계약상대자에게 통보할 수 있다.

③ 제1항에 의하여 자재의 수급방법을 변경한 경우에는 계약담당공무원은 통보당시의 가격에 의하여 그 대가(기성부분에 실제 투입된 자재에 대한 대가)를 제39조 내지 제40조에 의한 기성대가 또는 준공대가에 합산하여 지급하여야 한다. 다만, 계약상대자의 대체사용 승인신청에 따라 자재가 대체사용된 경우에는 계약상대자와 합의된 장소 및 일시에 현품으로 반환할 수도 있다.

④ 계약담당공무원은 당초계약시의 사급자재를 관급자재로 변경할 수 없다. 다만, 원자재의 수급 불균형에 따른 원자재가격 급등 등 사급자재를 관급자재로 변경하지 않으면 계약목적을 이행할 수 없다고 인정될 때에는 계약당사자간의 협의에 의하여 변경할 수 있다.

⑤ 제2항 및 제4항에 의하여 추가되는 관급자재를 사급자재로 변경하거나 사급자재를 관급자재로 변경한 경우에는 제20조에 정한 바에 따라 계약금액을 조정하여야 하며, 제3항 본문에 의하여 대가를 지급하는 경우에는 제20조 제5항을 준용한다.

제19조의7(설계변경에 따른 추가조치 등) ① 계약담당공무원은 제19조 제1항에 의하여 설계변경을 하는 경우에 그 변경사항이 목적물의 구조변경 등으로 인하여 안전과 관련이 있는 때에는 하자발생시 책임한계를 명확하게 하기 위하여 당초 설계자의 의견을 들어야 한다.

② 계약담당공무원은 제19조의2, 제19조의3 및 제19조의5에 의하여 설계변경을 하는 경우에 계약상대자로 하여금 다음 각호의 사항을 계약담당공무원과 공사감독관에게 동시에 제출하게 할 수 있으며, 계약상대자는 이에 응하여야 한다.

1. 해당공종의 수정공정예정표
2. 해당공종의 수정도면 및 수정상세도면
3. 조정이 요구되는 계약금액 및 기간
4. 여타의 공정에 미치는 영향

③ 계약담당공무원은 제2항 제2호에 의하여 당초의 설계도면 및 시공상세도면을 계약상대자가 수정하여 제출하는 경우에는 그 수정에 소요된 비용을 제23조에 의하여 계약상대자에게 지급하여야 한다.

제20조(설계변경으로 인한 계약금액의 조정) ① 계약담당공무원은 설계변경으로 시공방법의 변경, 투입자재의 변경 등 공사량의 증감이 발생하는 경우에는 다음 각호의 어느 하나의 기준에 의하여 계약금액을 조정하여야 한다.

1. 증감된 공사량의 단가는 계약단가로 한다. 다만 계약단가가 예정가격단가보다 높은 경우로서 물량이 증가하게 되는 때에는 그 증가된 물량에 대한 적용단가는 예정가격단가로 한다.
2. 산출내역서에 없는 품목 또는 비목(동일한 품목이라도 성능, 규격 등이 다른 경우를 포함한다. 이하 "신규비목"이라 한다)의 단가는 설계변경당시(설계도면의 변경을 요하는 경우에는 변경도면을 발주기관이 확정한 때, 설계도면의 변경을 요하지 않는 경우에는 계약당사자간에 설계변경을 문서에 의하여 합의한 때, 제19조 제3항에 의하여 우선시공을 한 경우에는 그 우선시공을 하게 한 때를 말한다. 이하 같다)를 기준으로 산정한 단가에 낙찰율(예정가격에 대한 낙찰금액 또는 계약금액의 비율을 말한다. 이하 같다)을 곱한 금액으로 한다.

② 발주기관이 설계변경을 요구한 경우(계약상대자의 책임없는 사유로 인한 경우를

포함한다. 이하 같다)에는 제1항에도 불구하고 증가된 물량 또는 신규비목의 단가는 설계변경당시를 기준으로 하여 산정한 단가와 동 단가에 낙찰율을 곱한 금액의 범위 안에서 발주기관과 계약상대자가 서로 주장하는 각각의 단가기준에 대한 근거자료 제시 등을 통하여 성실히 협의(이하 "협의"라 한다) 하여 결정한다. 다만, 계약당사자 간에 협의가 이루어지지 아니하는 경우에는 설계변경당시를 기준으로 하여 산정한 단가와 동 단가에 낙찰율을 곱한 금액을 합한 금액의 100분의 50으로 한다.

③ 제2항에도 불구하고 표준시장단가가 적용된 공사의 경우에는 다음 각호의 어느 하나의 기준에 의하여 계약금액을 조정하여야 한다. <신설 2012. 7. 4., 개정 2014. 1. 10., 2015. 3. 1.>

1. 증가된 공사량의 단가는 예정가격 산정시 표준시장단가가 적용된 경우에 설계변경 당시를 기준으로 하여 산정한 표준시장단가로 한다.

2. 신규비목의 단가는 표준시장단가를 기준으로 산정하고자 하는 경우에 설계변경 당 시를 기준으로 산정한 표준시장단가로 한다.

④ 제19조의4에 의한 설계변경의 경우에는 해당 절감액의 100분의 30에 해당하는 금 액을 감액한다. <제3항에서 이동 2012. 7. 4.>

⑤ 제1항 및 제2항에 의한 계약금액의 증감분에 대한 간접노무비, 산재보험료 및 산 업안전보건관리비 등의 승율비용과 일반관리비 및 이윤은 산출내역서상의 간접노무 비율, 산재보험료율 및 산업안전보건관리비율 등의 승율비용과 일반관리비율 및 이 윤율에 의하되 설계변경당시의 관계법령 및 기획재정부장관 등이 정한 율을 초과할 수 없다. <개정 2008. 12. 29., 제4항에서 이동 2012. 7. 4.>

⑥ 계약담당공무원은 예정가격의 100분의 86미만으로 낙찰된 공사계약의 계약금액 을 제1항에 따라 증액조정하고자 하는 경우로서 해당 증액조정금액(2차 이후의 계약 금액 조정에 있어서는 그 전에 설계변경으로 인하여 감액 또는 증액조정된 금액과 증 액조정하려는 금액을 모두 합한 금액을 말한다)이 당초 계약서의 계약금액(장기계속 공사의 경우에는 시행령 제69조 제2항에 따라 부기된 총공사금액)의 100분의 10 이상 인 경우에는 시행령 제94조에 따른 계약심의회, 「국가재정법 시행령」 제49조에 따른 예산집행심의회 또는 「건설기술 진흥법 시행령」 제19조에 따른 기술자문위원회의 심 의를 거쳐 소속중앙관서의 장의 승인을 얻어야 한다. <제5항에서 이동 2012. 7. 4., 개 정 2016. 1. 1.>

⑦ 일부 공종의 단가가 세부공종별로 분류되어 작성되지 아니하고 총계방식으로 작 성(이하 "1식단가"라 한다)되어 있는 경우에도 설계도면 또는 공사시방서가 변경되 어 1식단가의 구성내용이 변경되는 때에는 제1항 내지 제5항에 의하여 계약금액을 조정하여야 한다. <제6항에서 이동 2012. 7. 4.>

⑧ 발주기관은 제1항 내지 제7항에 의하여 계약금액을 조정하는 경우에는 계약상대 자의 계약금액조정 청구를 받은 날부터 30일이내에 계약금액을 조정하여야 한다. 이

경우에 예산배정의 지연 등 불가피한 경우에는 계약상대자와 협의하여 그 조정기한을 연장할 수 있으며, 계약금액을 조정할 수 있는 예산이 없는 때에는 공사량 등을 조정하여 그 대가를 지급할 수 있다. <제7항에서 이동 2012. 7. 4.>

⑨ 계약담당공무원은 제8항에 의한 계약상대자의 계약금액조정 청구 내용이 부당함을 발견한 때에는 지체없이 필요한 보완요구 등의 조치를 하여야 한다. 이 경우 계약상대자가 보완요구 등의 조치를 통보받은 날부터 발주기관이 그 보완을 완료한 사실을 통지받은 날까지의 기간은 제8항에 의한 기간에 산입하지 아니한다. <제8항에서 이동 2012. 7. 4.>

⑩ 제8항 전단에 의한 계약상대자의 계약금액조정 청구는 제40조에 의한 준공대가(장기계속계약의 경우에는 각 차수별 준공대가) 수령전까지 조정신청을 하여야 한다. <제9항에서 이동 2012. 7. 4.>

제21조(설계변경으로 인한 계약금액조정의 제한 등) ① 다음 각 호의 어느 하나의 방법으로 체결된 공사계약에 있어서는 설계변경으로 계약내용을 변경하는 경우에도 정부에 책임있는 사유 또는 천재·지변 등 불가항력의 사유로 인한 경우를 제외하고는 그 계약금액을 증액할 수 없다.

1. <신설 2011. 5. 13., 삭제 2016. 1. 1.>
2. 시행령 제78조에 따른 일괄입찰 및 대안입찰(대안이 채택된 부분에 한함)을 실시하여 체결된 공사계약
3. 시행령 제98조에 따른 기본설계 기술제안입찰 및 실시설계 기술제안입찰(기술제안이 채택된 부분에 한함)을 실시하여 체결된 공사계약 <개정 2010. 9. 8.>

② 계약담당공무원은 시행령 제14조 제1항 각 호 외의 부분 단서에 따라 물량내역서를 작성하는 경우에는 물량내역서의 누락사항이나 오류 등으로 설계를 변경하는 경우에도 그 계약금액을 변경할 수 없다. 다만, 입찰참가자가 교부받은 물량내역서의 물량을 수정하고 단가를 적은 산출내역서를 제출하는 경우에는 입찰참가자의 물량수정이 허용되지 않은 공종에 대하여는 그러하지 아니하다. <신설 2010. 9. 8. 개정 2016. 1. 1.>

③ 각 중앙관서의 장 또는 계약담당공무원은 시행령 제78조에 따른 일괄입찰과 제98조에 따른 기본설계 기술제안입찰의 경우 계약체결 이전에 실시설계적격자에게 책임이 없는 다음 각 호의 어느 하나에 해당하는 사유로 실시설계를 변경한 경우에는 계약체결 이후에 즉시 설계변경에 의한 계약금액 조정을 하여야 한다. <개정 2010. 9. 8.>

1. 민원이나 환경·교통영향평가 또는 관련 법령에 따른 인허가 조건 등과 관련하여 실시설계의 변경이 필요한 경우
2. 발주기관이 제시한 기본계획서·입찰안내서 또는 기본설계서에 명시 또는 반영되어 있지 아니한 사항에 대하여 해당 발주기관이 변경을 요구한 경우

3. 중앙건설기술심의위원회 또는 기술자문위원회가 실시설계 심의과정에서 변경을 요구한 경우 <개정 2016. 1. 1.>

④ 제1항 또는 제3항의 경우에서 계약금액을 조정하고자 할 때에는 다음 각호의 기준에 의한다. <제3항에서 이동 2010. 9. 8.>

1. 실시설계 기술제안입찰은 시행령 제65조 제3항에 의한다. <개정 2008. 12. 29., 2010. 9. 8.>

2. 제1항 제2호의 경우와 기본설계 기술제안입찰은 시행령 제91조 제3항에 의한다. <개정 2008. 12. 29., 2010. 9. 8.>

⑤ 제1항에 정한 정부의 책임있는 사유 또는 불가항력의 사유란 다음 각호의 어느 하나의 경우를 말한다. 다만, 설계시 공사관련법령 등에 정한 바에 따라 설계서가 작성된 경우에 한한다. <제4항에서 이동 2010. 9. 8.>

1. 사업계획 변경 등 발주기관의 필요에 의한 경우

2. 발주기관 외에 해당공사와 관련된 인허가기관 등의 요구가 있어 이를 발주기관이 수용하는 경우

3. 공사관련법령(표준시방서, 전문시방서, 설계기준 및 지침 등 포함)의 제·개정으로 인한 경우

4. 공사관련법령에 정한 바에 따라 시공하였음에도 불구하고 발생되는 민원에 의한 경우

5. 발주기관 또는 공사 관련기관이 교부한 지하매설 지장물 도면과 현장 상태가 상이하거나 계약이후 신규로 매설된 지장물에 의한 경우

6. 토지·건물소유자의 반대, 지장물의 존치, 관련기관의 인허가 불허 등으로 지질조사가 불가능했던 부분의 경우

7. 제32조에 정한 사항 등 계약당사자 누구의 책임에도 속하지 않는 사유에 의한 경우

⑥ 제4항에 따라 계약금액을 증감조정하고자 하는 경우에 증감되는 공사물량은 수정전의 설계도면과 수정후의 설계도면을 비교하여 산출한다. <개정 2010. 9. 8.>

⑦ 제3항 각호의 사유 및 제5항 각호의 사유에 해당되지 않는 경우로서 현장상태와 설계서의 상이 등으로 인하여 설계변경을 하는 경우에는 전체공사에 대하여 증·감되는 금액을 합산하여 계약금액을 조정하되, 계약금액을 증액할 수는 없다. <개정 2010. 9. 8. 2016. 12. 30.>

⑧ 계약담당공무원은 제7항에 따른 계약금액 조정과 관련하여 연차계약별로 준공되는 장기계속공사의 경우에는 계약체결시 전체공사에 대한 증·감 금액의 합산처리 방법, 합산잔액의 다음 연차계약으로의 이월 등 필요한 사항을 정하여 운영하여야 한다. <개정 2010. 9. 8.>

⑨ 제1항 내지 제8항에 따른 계약금액조정의 경우에는 제20조 제5항 및 제8항 내지 제10항을 준용한다. <개정 2010. 9. 8.>

제22조(물가변동으로 인한 계약금액의 조정) ① 물가변동으로 인한 계약금액의 조정은 시행령 제64조 및 시행규칙 제74조에 정한 바에 의한다.

② 계약담당공무원이 동일한 계약에 대한 계약금액을 조정할 때에는 품목조정율 및 지수조정율을 동시에 적용하여서는 아니되며, 계약을 체결할 때에 계약상대자가 지수조정율 방법을 원하는 경우외에는 품목조정율 방법으로 계약금액을 조정하도록 계약서에 명시하여야 한다. 이 경우 계약이행중 계약서에 명시된 계약금액 조정방법을 임의로 변경하여서는 아니된다. 다만, 시행령 제64조 제6항에 따라 특정규격의 자재별 가격변동으로 계약금액을 조정할 경우에는 본문에도 불구하고 품목조정율에 의한다.

③ 제1항에 의하여 계약금액을 증액하는 경우에는 계약상대자의 청구에 의하여야 하고, 계약상대자는 제40조에 의한 준공대가(장기계속계약의 경우에는 각 차수별 준공대가) 수령전까지 조정신청을 하여야 조정금액을 지급받을 수 있으며, 조정된 계약금액은 직전의 물가변동으로 인한 계약금액조정기준일부터 90일이내에 이를 다시 조정할 수 없다. 다만, 천재·지변 또는 원자재의 가격급등으로 해당 기간내에 계약금액을 조정하지 아니하고는 계약이행이 곤란하다고 인정되는 경우에는 계약을 체결한 날 또는 직전 조정기준일로부터 90일이내에도 계약금액을 조정할 수 있다.

④ 계약상대자는 제3항에 의하여 계약금액의 증액을 청구하는 경우에 계약금액조정 내역서를 첨부하여야 한다.

⑤ 발주기관은 제1항 내지 제4항에 의하여 계약금액을 증액하는 경우에는 계약상대자의 청구를 받은 날부터 30일 이내에 계약금액을 조정하여야 한다. 이 때 예산배정의 지연 등 불가피한 경우에는 계약상대자와 협의하여 그 조정기한을 연장할 수 있으며, 계약금액을 증액할 수 있는 예산이 없는 때에는 공사량 등을 조정하여 그 대가를 지급할 수 있다.

⑥ 계약담당공무원은 제4항 및 제5항에 의한 계약상대자의 계약금액조정 청구 내용이 일부 미비하거나 분명하지 아니한 경우에는 지체없이 필요한 보완요구를 하여야 하며, 이 경우 계약상대자가 보완요구를 통보받은 날부터 발주기관이 그 보완을 완료한 사실을 통지받은 날까지의 기간은 제5항에 의한 기간에 산입하지 아니한다. 다만, 계약상대자의 계약금액조정 청구내용이 계약금액 조정요건을 충족하지 않았거나 관련 증빙서류가 첨부되지 아니한 경우에는 그 사유를 명시하여 계약상대자에게 해당 청구서를 반송하여야 하며, 이 경우에 계약상대자는 그 반송사유를 충족하여 계약금액조정을 다시 청구하여야 한다.

⑦ 시행령 제64조 제6항에 따른 계약금액 조정요건을 충족하였으나 계약상대자가 계약금액 조정신청을 하지 않을 경우에 하수급인은 이러한 사실을 계약담당공무원에게 통보할 수 있으며, 통보받은 계약담당공무원은 이를 확인한 후에 계약상대자에게 계약금액 조정신청과 관련된 필요한 조치 등을 하도록 하여야 한다.

제23조(기타 계약내용의 변경으로 인한 계약금액의 조정) ① 계약담당공무원은 공사계약에

있어서 제20조 및 제22조에 의한 경우 외에 공사기간·운반거리의 변경 등 계약내용의 변경으로 계약금액을 조정하여야 할 필요가 있는 경우에는 그 변경된 내용에 따라 실비를 초과하지 아니하는 범위안에서 이를 조정(하도급업체가 지출한 비용을 포함한다)하며, 계약예규 「정부입찰·계약 집행기준」 제16장(실비의 산정)을 적용한다. <개정 2014. 1. 10., 2018. 12. 31., 2019. 12. 18.>

② 제1항에 의한 계약내용의 변경은 변경되는 부분의 이행에 착수하기 전에 완료하여야 한다. 다만, 계약담당공무원은 계약이행의 지연으로 품질저하가 우려되는 등 긴급하게 계약을 이행하게 할 필요가 있는 때에는 계약상대자와 협의하여 계약내용 변경의 시기 등을 명확히 정하고, 계약내용을 변경하기 전에 계약을 이행하게 할 수 있다.

③ 제1항의 경우에는 제20조 제5항을 준용한다.

④ 제1항에 의하여 계약금액이 증액될 때에는 계약상대자의 신청에 따라 조정하여야 한다.

⑤ 제1항 내지 제4항에 의한 계약금액조정의 경우에는 제20조 제8항 내지 제10항을 준용한다.

제23조의2(설계변경 등에 따른 통보) 제20조 내지 제23조에 따라 계약금액을 조정한 경우에는 계약담당공무원은 건설산업기본법 관련 규정에 따라 계약금액의 조정사유와 내용을 하수급인에게 통보하여야 한다.

[본조 신설 2008. 12. 29.]

제23조의3(건설폐기물량의 초과발생에 따른 계약금액의 조정) 시행령 제78조에 따라 체결된 계약에 있어서 「건설폐기물의 재활용 촉진에 관한 법률」 제15조에 따라 건설공사와 건설폐기물처리용역을 분리발주한 경우로서 공사수행과정에서 건설폐기물이 계약상대자가 설계시 산출한 물량을 초과하여 발생한 때에는 해당 초과물량에 대하여 발주기관이 실제 폐기물처리업체에 지급한 처리비용만큼 계약금액에서 감액조정한다.

[본조 신설 2010. 11. 30.]

제24조(응급조치) ① 계약상대자는 시공기간중 재해방지를 위하여 필요하다고 인정할 때에는 미리 공사감독관의 의견을 들어 필요한 조치를 취하여야 한다.

② 공사감독관은 재해방지 기타 시공상 부득이할 때에는 계약상대자에게 필요한 응급조치를 취할 것을 구두 또는 서면으로 요구할 수 있다. 이 경우에 구두로 응급조치를 요구한 때에는 추후 서면으로 보완하여야 한다.

③ 계약상대자는 제2항에 의한 요구를 받은 때에는 즉시 이에 응하여야 한다. 다만 계약상대자가 요구에 응하지 아니할 때에는 계약담당공무원은 일방적으로 계약상대자 부담으로 제3자로 하여금 응급조치하게 할 수 있다.

④ 제1항 내지 제3항의 조치에 소요된 경비중에서 계약상대자가 계약금액의 범위내에서 부담하는 것이 부당하다고 인정되는 때에는 제23조에 의하여 실비의 범위안에

서 계약금액을 조정할 수 있다.

제25조(지체상금) ① 계약상대자는 계약서에 정한 준공기한(계약서상 준공신고서 제출 기일을 말한다. 이하 같다)내에 공사를 완성하지 아니한 때에는 매 지체일수마다 계약서에 정한 지체상금률을 계약금액(장기계속공사계약의 경우에는 연차별 계약금액)에 곱하여 산출한 금액(이하 "지체상금"이라 한다)을 현금으로 납부하여야 한다. 다만, 납부할 금액이 계약금액(제2항에 따라 기성부분 또는 기납부분에 대하여 검사를 거쳐 이를 인수한 경우에는 그 부분에 상당하는 금액을 계약금액에서 공제한 금액을 말한다)의 100분의 30을 초과하는 경우에는 100분의 30으로 한다. <단서신설 2018. 12. 31.>

② 계약담당공무원은 제1항의 경우에 제29조에 의하여 기성부분에 대하여 검사를 거쳐 이를 인수(인수하지 아니하고 관리·사용하고 있는 경우를 포함한다. 이하 이 조에서 같다)한 때에는 그 부분에 상당하는 금액을 계약금액에서 공제한다. 이 경우에 기성부분의 인수는 그 성질상 분할할 수 있는 공사에 대한 완성부분으로 인수하는 것에 한한다.

③ 계약담당공무원은 다음 각호의 어느 하나에 해당되어 공사가 지체되었다고 인정할 때에는 그 해당일수를 제1항의 지체일수에 산입하지 아니한다.

1. 제32조에서 규정한 불가항력의 사유에 의한 경우

2. 계약상대자가 대체 사용할 수 없는 중요 관급자재 등의 공급이 지연되어 공사의 진행이 불가능하였을 경우

3. 발주기관의 책임으로 착공이 지연되거나 시공이 중단되었을 경우

4. 삭제 <2010. 9. 8.>

5. 계약상대자의 부도 등으로 보증기관이 보증이행업체를 지정하여 보증시공할 경우

6. 제19조에 의한 설계변경(계약상대자의 책임없는 사유인 경우에 한한다)으로 인하여 준공기한내에 계약을 이행할 수 없을 경우 <개정 2015. 9. 21.>

7. 발주기관이「조달사업에 관한 법률」제27조 제1항에 따른 혁신제품을 자재로 사용토록 한 경우로서 혁신제품의 하자가 직접적인 원인이 되어 준공기한내에 계약을 이행할 수 없을 경우 <신설 2020. 12. 28.>

8. 원자재의 수급 불균형으로 인하여 해당 관급자재의 조달지연 또는 사급자재(관급자재에서 전환된 사급자재를 포함한다)의 구입곤란 등 기타 계약상대자의 책임에 속하지 아니하는 사유로 인하여 지체된 경우

④ 삭제 <2014. 1. 10.>

⑤ 제3항 제5호에 의하여 지체일수에 산입하지 아니하는 기간은 발주기관으로부터 보증채무 이행청구서를 접수한 날부터 보증이행개시일 전일까지(단, 30일 이내에 한한다)로 한다.

⑥ 계약담당공무원은 제1항에 의한 지체일수를 다음 각호에 따라 산정하여야 한다.

1. 준공기한내에 준공신고서를 제출한 때에는 제27조에 의한 준공검사에 소요된 기간은 지체일수에 산입하지 아니한다. 다만, 준공기한 이후에 제27조 제3항에 의한 시정조치를 한 때에는 시정조치를 한 날부터 최종 준공검사에 합격한 날까지의 기간(검사기간이 제27조에 정한 기간을 초과한 경우에는 동조에 정한 기간에 한한다. 이하 같다)을 지체일수에 산입한다.

2. 준공기한을 경과하여 준공신고서를 제출한 때에는 준공기한 익일부터 준공검사(시정조치를 한 때에는 최종 준공검사)에 합격한 날까지의 기간을 지체일수에 산입한다.

3. 준공기한의 말일이 공휴일(관련 법령에 의하여 발주기관의 휴무일이거나 「근로자의 날 제정에 관한 법률」에 따른 근로자의 날(계약상대자가 실제 업무를 하지 아니한 경우에 한함)인 경우를 포함한다)인 경우에 지체일수는 공휴일의 익일 다음날부터 기산한다. <개정 2018. 12. 31.>

⑦ 계약담당공무원은 제1항 내지 제3항에 의한 지체상금은 계약상대자에게 지급될 대가, 대가지급지연에 대한 이자 또는 기타 예치금 등과 상계할 수 있다.

제26조(계약기간의 연장) ① 계약상대자는 제25조 제3항 각호의 어느 하나의 사유가 계약기간(장기계속공사의 경우에는 연차별 계약기간을 말한다. 이하 이 조에서 같다.)내에 발생한 경우에는 계약기간 종료전에 지체없이 제17조 제1항 제2호의 수정공정표를 첨부하여 계약담당공무원과 공사감독관에게 서면으로 계약기간의 연장신청을 하여야 한다. 다만, 연장사유가 계약기간내에 발생하여 계약기간 경과후 종료된 경우에는 동 사유가 종료된 후 즉시 계약기간의 연장신청을 하여야 한다. <개정 2010. 11. 30., 2020. 6. 19.>

② 계약담당공무원은 제1항에 의한 계약기간연장 신청이 접수된 때에는 즉시 그 사실을 조사 확인하고 공사가 적절히 이행될 수 있도록 계약기간의 연장 등 필요한 조치를 하여야 한다.

③ 계약담당공무원은 제1항에 의한 연장청구를 승인하였을 경우에는 동 연장기간에 대하여는 제25조에 의한 지체상금을 부과하여서는 아니된다.

④ 제2항에 의하여 계약기간을 연장한 경우에는 제23조에 의하여 그 변경된 내용에 따라 실비를 초과하지 아니하는 범위안에서 계약금액을 조정한다. 다만, 제25조 제3항 제5호의 사유에 의한 경우에는 그러하지 아니하다. <개정 2016. 12. 30.>

⑤ 계약상대자는 제40조에 의한 준공대가(장기계속계약의 경우에는 각 차수별 준공대가) 수령전까지 제4항에 의한 계약금액 조정신청을 하여야 한다. <개정 2010. 11. 30.>

⑥ 계약담당공무원은 제1항 내지 제5항에도 불구하고 계약상대자의 의무불이행으로 인하여 발생한 지체상금이 시행령 제50조 제1항에 의한 계약보증금상당액에 달한 경우로서 계약목적물이 국가정책사업 대상이거나 계약의 이행이 노사분규 등 불가피한

사유로 인하여 지연된 때에는 계약기간을 연장할 수 있다.

⑦ 제6항에 의한 계약기간의 연장은 지체상금이 계약보증금상당액에 달한 때에 하여야 하며, 연장된 계약기간에 대하여는 제25조에도 불구하고 지체상금을 부과하여서는 아니된다.

⑧ 계약담당공무원은 장기계속공사의 연차별 계약기간 중 제1항에 의한 계약기간 연장신청(제25조 제3항 제1호부터 제3호까지 및 제6호·제7호에 따른 사유로 인한 경우에 한한다)이 있는 경우, 당해 연차별 계약기간의 연장을 회피하기 위한 목적으로 당해 차수계약을 해지하여서는 아니된다. <신설 2020. 6. 19.>

제27조(검사) ① 계약상대자는 공사를 완성하였을 때에는 그 사실을 준공신고서 등 서면으로 계약담당공무원(「건설기술 진흥법」 제39조 제2항에 의하여 건설사업관리 또는 감리를 하는 공사에 있어서는 건설기술용역업자를 말한다. 이하 이조 제2항, 제3항 및 제6항에서 같다)에게 통지하고 필요한 검사를 받아야 한다. <개정 2016. 1. 1.>

② 계약담당공무원은 제1항의 통지를 받은 날로부터 14일 이내에 계약서, 설계서, 준공신고서 기타 관계 서류에 의하여 계약상대자의 입회하에 그 이행을 확인하기 위한 검사를 하여야 한다. 다만, 천재·지변 등 불가항력적인 사유로 인하여 검사를 완료하지 못한 경우에는 해당사유가 존속되는 기간과 해당사유가 소멸된 날로부터 3일까지는 이를 연장할 수 있으며, 공사계약금액(관급자재가 있는 경우에는 관급자재 대가를 포함한다)이 100억원이상이거나 기술적 특수성 등으로 인하여 14일이내에 검사를 완료할 수 없는 특별한 사유가 있는 경우에는 7일 범위내에서 검사기간을 연장할 수 있다.

③ 계약담당공무원은 제2항의 검사에서 계약상대자의 계약이행내용의 전부 또는 일부가 계약에 위반되거나 부당함을 발견한 때에는 계약상대자에게 필요한 시정조치를 요구하여야 한다. 이 경우에는 계약상대자로부터 그 시정을 완료한 사실을 통지받은 날로부터 제2항의 기간을 계산한다.

④ 제3항에 의하여 계약이행기간이 연장될 때에는 계약담당공무원은 제25조에 의한 지체상금을 부과하여야 한다.

⑤ 계약상대자는 제2항에 의한 검사에 입회·협력하여야 한다. 계약상대자가 입회를 거부하거나 검사에 협력하지 아니함으로써 발생하는 지체에 대하여는 제3항 및 제4항을 준용한다.

⑥ 계약담당공무원은 검사를 완료한 때에는 그 결과를 지체없이 계약상대자에게 통지하여야 한다. 이 경우에 계약상대자는 검사에 대한 이의가 있을 때에는 재검사를 요청할 수 있으며, 계약담당공무원은 필요한 조치를 하여야 한다.

⑦ 계약상대자는 제6항에 의한 검사완료통지를 받은 때에는 모든 공사시설, 잉여자재, 폐기물 및 가설물을 공사장으로부터 즉시 철거반출하여야 하며 공사장을 정돈하여야 한다.

⑧ 제39조에 의한 기성대가지급시의 기성검사는 공사감독관이 작성한 감독조서의 확인으로 갈음할 수 있다. 다만, 기성 검사 3회마다 1회는 제1항에 의한 검사를 실시하여야 한다.

⑨ 제8항에 의한 기성검사 시에 검사에 합격된 자재라도 단순히 공사현장에 반입된 것만으로는 기성부분으로 인정되지 아니한다. 다만, 다음 각 호의 경우에는 해당 자재의 특성, 용도 및 시장거래상황 등을 고려하여 반입(해당 자재를 계약목적물에 투입하는 과정의 특수성으로 인하여 가공·조립 또는 제작하는 공장에서 기성검사를 실시, 동 검사에 합격한 경우를 포함)된 자재를 기성부분으로 인정할 수 있다. <개정 2018. 12. 31.>

1. 강교 등 해당공사의 기술적·구조적 특성을 고려하여 가공·조립·제작된 자재로서, 다른 공사에 그대로 사용하기 곤란하다고 인정되는 자재: 자재의 100분의 100 범위 내에서 기성부분으로 인정 가능 <신설 2018. 12. 31.>

2. 기타 계약상대자가 직접 또는 제3자에게 위탁하여 가공·조립 또는 제작된 자재: 자재의 100분의 50 범위내에서 기성부분으로 인정 가능 <신설 2018. 12. 31.>

제2항에도 불구하고 「재난 및 안전관리 기본법」 제3조 제1호의 재난이나 경기침체, 대량실업 등으로 인한 국가의 경제위기를 극복하기 위해 기획재정부장관이 기간을 정하여 고시한 경우에는 제2항의 14일을 7일로 본다.

<신설 2020. 4. 20.>

제28조(인수) ① 계약담당공무원은 제27조 제6항에 의하여 검사완료통지를 한 후에 계약상대자가 서면으로 인수를 요청하였을 때에는 즉시 현장인수증명서를 발급하고 해당 공사목적물을 인수하여야 한다.

② 계약담당공무원은 제1항에 의하여 인수를 요청받은 경우에 공사규모 등을 고려하여 필요하다고 인정할 때에는 계약상대자로 하여금 다음 각호의 사항이 첨부된 준공명세서를 제출하게 하여야 한다.

1. 완성된 공사목적물의 전면·후면·측면사진(10"×15") 각 5매 및 사진원본파일

2. 제27조의 주요검사과정을 촬영한 동영상물(CD 등) 5본

3. 착공에서 준공까지의 행정처리과정, 참여기술자, 관련참여업체 등의 내용을 포함하는 「건설기술 진흥법 시행령」 제78조에 의한 준공보고서 <개정 2016. 1. 1.>

③ 계약담당공무원은 계약상대자가 검사완료통지를 받은 날부터 7일이내에 제1항에 의한 인수요청을 아니할 때에는 계약상대자에게 현장인수증명서를 발급하고 해당 공사목적물을 인수할 수 있다. 이 경우 계약상대자는 지체없이 제2항에 의한 준공명세서를 제출하여야 한다.

④ 계약담당공무원은 공사목적물을 인수한 때에는 다음 사항을 기재한 표찰을 부착하여 공시하여야 한다.

1. 공사명 및 발주기관(관리청)

2. 착공 및 준공년월일

3. 공사금액

4. 계약상대자

5. 공사감독관 및 검사관

6. 하자발생시 신고처

7. 기타 필요한 사항

⑤ 발주관서는 제3항에 의하여 인수된 공사목적물을 계약상대자에게 유지관리를 요구하는 경우에는 이에 필요한 비용을 지급하여야 한다.

제29조(기성부분의 인수) ① 계약담당공무원은 전체 공사목적물이 아닌 기성부분(성질상 분할할 수 있는 공사에 대한 완성부분에 한한다)에 대하여 이를 인수할 수 있다.

② 제1항의 경우에는 제28조를 준용한다.

제30조(부분사용 및 부가공사) ① 발주기관은 계약목적물의 인수전에 기성부분이나 미완성부분을 사용할 수 있으며, 이 경우에 사용부분에 대해서는 해당 구조물 안전에 지장을 주지 아니하는 부가공사를 할 수 있다.

② 제1항의 경우 계약상대자와 부가공사에 대한 계약상대자는 계약담당공무원의 지시에 따라 공사를 진행하여야 한다.

③ 계약담당공무원은 제1항에 의한 부분사용 또는 부가공사로 인하여 계약상대자에게 손해가 발생한 경우 또는 추가공사비가 필요한 경우로서 계약상대자의 청구가 있는 때에는 제23조에 의하여 실비의 범위안에서 보상하거나 계약금액을 조정하여야 한다.

제31조(일반적 손해) ① 계약상대자는 계약의 이행중 공사목적물, 관급자재, 대여품 및 제3자에 대한 손해를 부담하여야 한다. 다만, 계약상대자의 책임없는 사유로 인하여 발생한 손해는 발주기관의 부담으로 한다.

② 제10조에 의하여 손해보험에 가입한 공사계약의 경우에는 제1항에 의한 계약상대자 및 발주기관의 부담은 보험에 의하여 보전되는 금액을 초과하는 부분으로 한다.

③ 제28조 및 제29조에 의하여 인수한 공사목적물에 대한 손해는 발주기관이 부담하여야 한다.

제32조(불가항력) ① 불가항력이라 함은 태풍·홍수 기타 악천후, 전쟁 또는 사변, 지진, 화재, 전염병, 폭동 기타 계약당사자의 통제범위를 벗어난 사태의 발생 등의 사유(이하 "불가항력의 사유"라 한다)로 인하여 공사이행에 직접적인 영향을 미친 경우로서 계약당사자 누구의 책임에도 속하지 아니하는 경우를 말한다. <개정 2019. 12. 18.>

② 불가항력의 사유로 인하여 다음 각호에 발생한 손해는 발주기관이 부담하여야 한다.

1. 제27조에 의하여 검사를 필한 기성부분

2. 검사를 필하지 아니한 부분중 객관적인 자료(감독일지, 사진 또는 동영상 등)에 의

하여 이미 수행되었음이 판명된 부분

3. 제31조 제1항 단서 및 동조 제3항에 의한 손해

③ 계약상대자는 계약이행 기간 중에 제2항의 손해가 발생하였을 때에는 지체없이 그 사실을 계약담당공무원에게 통지하여야 하며, 계약담당공무원은 통지를 받았을 때에는 즉시 그 사실을 조사하고 그 손해의 상황을 확인한 후에 그 결과를 계약상대자에게 통지하여야 한다. 이 경우에 공사감독관의 의견을 고려할 수 있다.

④ 계약담당공무원은 제3항에 의하여 손해의 상황을 확인하였을 때에는 별도의 약정이 없는 한 공사금액의 변경 또는 손해액의 부담 등 필요한 조치에 대하여 계약상대자와 협의하여 이를 결정한다. 다만, 협의가 성립되지 않을 때에는 제51조에 의해서 처리한다.

제33조(하자보수) ① 계약상대자는 전체목적물을 인수한 날과 준공검사를 완료한 날 중에서 먼저 도래한 날(공사계약의 부분 완료로 관리·사용이 이루어지고 있는 경우에는 부분 목적물을 인수한 날과 공고에 따라 관리·사용을 개시한 날 중에서 먼저 도래한 날을 말한다)부터 시행령 제60조에 의하여 계약서에 정한 기간(이하 "하자담보책임기간"이라 한다)동안에 공사목적물의 하자(계약상대자의 시공상의 잘못으로 인하여 발생한 하자에 한함)에 대한 보수책임이 있다. <개정 2019. 12. 18.>

② 하자담보책임기간은 시행규칙 제70조에 정해진 바에 따라 공종을 구분(하자책임을 구분할 수 없는 복합공사의 경우에는 주된 공종)하여 설정하여야 한다. <개정 2016. 12. 30.>

③ 제2항에도 불구하고 하자담보책임기간을 공종 구분없이 일률적으로 정하였거나 시행규칙 제70조 제1항각호에 정해진 기간과 다르게 정하여 계약이행중인 경우에는 시행규칙에서 정한 대로 계약서상 하자담보책임기간을 조정하여야 한다. <개정 2019. 12. 18.>

④ 계약상대자는 하자보수통지를 받은 때에는 즉시 보수작업을 하여야 하며 해당 하자의 발생원인 및 기타 조치사항을 명시하여 발주기관에 제출하여야 한다.

제34조(하자보수보증금) ① 계약상대자는 공사의 하자보수를 보증하기 위하여 계약서에서 정한 하자보수보증금율을 계약금액(당초 계약금액이 조정된 경우에는 조정된 계약금액을 말한다)에 곱하여 산출한 금액(이하 "하자보수보증금"이라 한다)을 시행령 제62조 및 시행규칙 제72조에서 정한 바에 따라 납부하여야 한다.

② 계약상대자가 제33조 제1항에 의한 하자담보책임기간중 계약담당공무원으로부터 하자보수요구를 받고 이에 불응한 경우에 계약담당공무원은 제1항에 의한 하자보수보증금을 국고에 귀속한다.

③ 계약담당공무원은 제35조 제2항에 의한 하자보수완료확인서의 발급일까지 하자보수보증금을 계약상대자에게 반환하여야 한다. 다만, 하자담보책임기간이 서로 다른 공종이 복합된 건설공사에 있어서는 시행규칙 제70조에 의한 공종별 하자담보책

임기간이 만료되어 보증목적이 달성된 공종의 하자보수보증금은 계약상대자의 요청이 있을 경우 즉시 반환하여야 한다.

제35조(하자검사) ① 계약담당공무원은 제33조 제1항의 하자담보책임기간중 연2회이상 정기적으로 하자발생 여부를 검사하여야 한다.

② 계약담당공무원은 하자담보책임기간이 만료되기 14일 전부터 만료일까지의 기간 중에 따로 최종검사를 하여야 하며, 최종검사를 완료하였을 때에는 즉시 하자보수완료확인서를 계약상대자에게 발급하여야 한다. 이 경우에 최종검사에서 발견되는 하자사항은 하자보수완료확인서가 발급되기 전까지 계약상대자가 자신의 부담으로 보수하여야 한다. <개정 2018. 12. 31.>

③ 계약상대자는 제1항 및 제2항의 검사에 입회하여야 한다. 다만, 계약상대자가 입회를 거부하는 경우에 계약담당공무원은 일방적으로 검사를 할 수 있으며 검사결과에 대하여 계약상대자가 동의한 것으로 간주한다.

④ 계약상대자의 책임과 의무는 제2항에 의한 하자보수완료확인서의 발급일부터 소멸한다.

제36조(특별책임) ① 계약담당공무원은 제35조 제2항에 의한 하자보수완료확인서의 발급에도 불구하고 해당공사의 특성 및 관련법령에서 정한 바에 따라 건축물의 구조적 안정성 확보, 이용자 안전 제고 등을 위해 필요하다고 인정하는 경우에는 계약상대자와 협의하여 제27조 및 제35조에 의한 검사과정에서 발견되지 아니한 시공상의 하자에 대하여는 계약상대자의 책임으로 하는 특약을 정할 수 있다. 이 경우 계약상대자의 책임기간은 해당계약에 대한 하자담보책임의 2배를 초과하여서는 아니된다. <개정 2020. 9. 24.>

② 계약담당공무원은 제1항에 따른 특약을 설정하려는 경우, 특약 설정의 필요성 및 계약상대자의 책임기간 등에 대하여 시행령 제94조에 따른 계약심의위원회의 심의를 거쳐야 한다. <신설 2020. 9. 24.>

제37조(특허권 등의 사용) 공사의 이행에 특허권 기타 제3자의 권리의 대상으로 되어 있는 시공방법을 사용할 때에는 계약상대자는 그 사용에 관한 일체의 책임을 져야 한다. 그러나 발주기관이 제3조의 계약문서에 시공방법을 지정하지 아니하고 그 시공을 요구할 때에는 계약상대자에 대하여 제반편의를 제공·알선하거나 소요된 비용을 지급할 수 있다.

제38조(발굴물의 처리) ① 공사현장에서 발견한 모든 가치있는 화석·금전·보물 기타 지질학 및 고고학상의 유물 또는 물품은 관계법규에서 정하는 바에 의하여 처리한다.

② 계약상대자는 제1항의 물품이나 유물을 발견하였을 때에는 즉시 계약담당공무원에게 통지하고 그 지시에 따라야 하며 이를 취급할 때에는 파손이 없도록 적절한 예방조치를 하여야 한다.

제39조(기성대가의 지급) ① 계약상대자는 최소한 30일마다 제27조 제8항에 의한 검사를

완료하는 날까지 기성부분에 대한 대가지급청구서[[(하수급인 및 자재·장비업자에 대한 대금지급 계획과 하수급인과 직접 계약을 체결한 자재·장비업자(이하 '하수급인의 자재·장비업자'라 한다)에 대한 대금지급계획을 첨부하여야 한다)]를 계약담당공무원과 공사감독관에게 동시에 제출할 수 있다. <개정 2010. 9. 8., 2012. 7. 4.>

② 계약담당공무원은 검사완료일부터 5일이내에 검사된 내용에 따라 기성대가를 확정하여 계약상대자에게 지급(「전자조달의 이용 및 촉진에 관한 법률」 제9조의2 제1항에 따른 시스템을 통한 지급 포함. 이하 이 조에서 같다.)하여야 한다. 다만, 계약상대자가 검사완료일후에 대가의 지급을 청구한 때에는 그 청구를 받은 날부터 5일이내에 지급하여야 한다. <개정 2009. 7. 3., 2019. 12. 18.>

③ 계약담당공무원은 제2항에 따른 기성대가지급시에 제1항의 대금 지급 계획상의 하수급인, 자재·장비업자 및 하수급인의 자재·장비업자에게 기성대가지급 사실을 통보하고, 이들로 하여금 대금 수령내역(수령자, 수령액, 수령일 등) 및 증빙서류를 제출(「전자서명법」 제2조에 따른 전자문서에 의한 제출을 포함한다. 이하 제40조 제3항 및 제43조의2제1항에 따른 제출 및 통보에 있어 같다)하게 하여야 한다. <신설 2010. 9. 8., 2012. 7. 4.>

④ 계약담당공무원은 제27조 제9항 단서에 의한 자재에 대하여 기성대가를 지급하는 경우에는 계약상대자로 하여금 그 지급대가에 상당하는 보증서(시행령 제37조 제2항에 규정된 증권 또는 보증서 등을 말한다)를 제출하게 하여야 한다. <제3항에서 이동 2010. 9. 8.>

⑤ 계약담당공무원은 제1항에 의한 청구서의 기재사항이 검사된 내용과 일치하지 아니할 때에는 그 사유를 명시하여 계약상대자에게 이의 시정을 요구하여야 한다. 이 경우에 시정에 소요되는 기간은 제2항에서 규정한 기간에 산입하지 아니한다. <제4항에서 이동 2010. 9. 8.>

⑥ 기성대가는 계약단가에 의하여 산정·지급한다. 다만, 계약단가가 없을 경우에는 제20조 제1항 제2호 및 동조 제2항에 의하여 산정된 단가에 의한다. <제5항에서 이동 2010. 9. 8.>

⑦ 기성대가 지급의 경우에는 제40조 제5항을 준용한다. <제6항에서 이동 2010. 9. 8.>

⑧ 제2항에도 불구하고 「재난 및 안전관리 기본법」 제3조 제1호의 재난이나 경기침체, 대량실업 등으로 인한 국가의 경제위기를 극복하기 위해 기획재정부장관이 기간을 정하여 고시한 경우에는 제2항의 5일을 3일로 본다. <신설 2020. 4. 20.>

제39조의2(계약금액조정전의 기성대가지급) ① 계약담당공무원은 물가변동, 설계변경 및 기타계약내용의 변경으로 인하여 계약금액이 당초 계약금액보다 증감될 것이 예상되는 경우로서 기성대가를 지급하고자 하는 경우에는 「국고금관리법 시행규칙」 제72조에 의하여 당초 산출내역서를 기준으로 산출한 기성대가를 개산급으로 지급할 수 있

다. 다만, 감액이 예상되는 경우에는 예상되는 감액금액을 제외하고 지급하여야 한다.

② 계약상대자는 제1항에 의하여 기성대가를 개산급으로 지급받고자 하는 경우에는 기성대가신청시 개산급신청사유를 서면으로 작성하여 첨부하여야 한다.

제40조(준공대가의 지급) ① 계약상대자는 공사를 완성한 후 제27조에 의한 검사에 합격한 때에는 대가지급청구서(하수급인, 자재·장비업자 및 하수급인의 자재·장비업자에 대한 대금지급계획을 첨부하여야 한다)를 제출하는 등 소정절차에 따라 대가지급을 청구할 수 있다. <개정 2010. 9. 8., 2012. 7. 4.>

② 계약담당공무원은 제1항의 청구를 받은 때에는 그 청구를 받은 날로부터 5일(공휴일 및 토요일은 제외한다. 이하 이조에서 같다)이내에 그 대가를 지급(「전자조달의 이용 및 촉진에 관한 법률」 제9조의2제1항에 따른 시스템을 통한 지급 포함. 이하 이조에서 같다)하여야 하며, 동 대가지급기한에도 불구하고 자금사정 등 불가피한 사유가 없는 한 최대한 신속히 대가를 지급하여야 한다. 다만, 계약당사자와의 합의에 의하여 5일을 초과하지 아니하는 범위안에서 대가의 지급기간을 연장할 수 있는 특약을 정할 수 있다. <개정 2009. 7. 3., 2019. 12. 18.>

③ 계약담당공무원은 제2항에 따른 대가지급시에 제1항의 대금 지급 계획상의 하수급인, 자재·장비업자 및 하수급인의 자재·장비업자에게 대가지급 사실을 통보하고, 이들로 하여금 대금 수령내역(수령자, 수령액, 수령일 등) 및 증빙서류를 제출하게 하여야 한다. <신설 2010. 9. 8., 2012. 7. 4.>

④ 천재·지변 등 불가항력의 사유로 인하여 대가를 지급할 수 없게 된 경우에는 계약담당공무원은 해당사유가 존속되는 기간과 해당사유가 소멸된 날로부터 3일까지는 대가의 지급을 연장할 수 있다. <제3항에서 이동 2010. 9. 8.>

⑤ 계약담당공무원은 제1항의 청구를 받은 후 그 청구내용의 전부 또는 일부가 부당함을 발견한 때에는 그 사유를 명시하여 계약상대자에게 해당 청구서를 반송할 수 있다. 이 경우에는 반송한 날로부터 재청구를 받은 날까지의 기간은 제2항의 지급기간에 산입하지 아니한다. <제4항에서 이동 2010. 9. 8.>

⑥ 제2항에도 불구하고 「재난 및 안전관리 기본법」 제3조 제1호의 재난이나 경기침체, 대량실업 등으로 인한 국가의 경제위기를 극복하기 위해 기획재정부장관이 기간을 정하여 고시한 경우에는 제2항의 5일을 3일로 본다. <신설 2020. 4. 20.>

제40조의2(국민건강보험료, 노인장기요양보험료 및 국민연금보험료의 사후정산) 계약담당공무원은 「정부 입찰·계약 집행기준」 제93조에 의하여 국민건강보험료, 노인장기요양보험료 및 국민연금보험료를 사후정산 하기로 한 계약에 대하여는 제39조 및 제40조에 의한 대가지급시 계약예규 「정부 입찰·계약 집행기준」 제94조에 정한 바에 따라 정산하여야 한다. <개정 2016. 12. 30.>

제41조(대가지급지연에 대한 이자) ① 계약담당공무원은 대가지급청구를 받은 경우에 제39조 및 제40조에 의한 대가지급기한(국고채무부담행위에 의한 계약의 경우에는 다

음 회계년도 개시후 「국가재정법」에 의하여 해당 예산이 배정된 날부터 20일)까지 대가를 지급하지 못하는 경우에는 지급기한의 다음날부터 지급하는 날까지의 일수(이하 "대가지급지연일수"라 한다)에 해당 미지급금액에 대하여 지연발생 시점의 금융기관 대출평균금리(한국은행 통계월보상의 금융기관 대출평균금리를 말한다)를 곱하여 산출한 금액을 이자로 지급하여야 한다.

② 불가항력의 사유로 인하여 검사 또는 대가지급이 지연된 경우에 제27조 제2항 단서 및 제40조 제4항에 의한 연장기간은 대가지급 지연일수에 산입하지 아니한다.

제42조(하도급의 승인 등) ① 계약상대자가 계약된 공사의 일부를 제3자에게 하도급 하고자 하는 경우에는 「건설산업기본법」 등 관련법령에 정한 바에 의하여야 한다.

② 계약담당공무원은 제1항에 의하여 계약상대자로부터 하도급계약을 통보받은 때에는 국토교통부장관이 고시한 건설공사하도급심사기준에 정한 바에 따라 하도급금액의 적정성을 심사하여야 한다. <개정 2015. 9. 21.>

제43조(하도급대가의 직접지급 등) ① 계약담당공무원은 계약상대자가 다음 각호의 어느 하나에 해당하는 경우에 「건설산업기본법」 등 관련법령에 의하여 체결한 하도급계약 중 하수급인이 시공한 부분에 상당하는 금액에 대하여는 계약상대자가 하수급인에게 제39조 및 제40조에 의한 대가지급을 의뢰한 것으로 보아 해당 하수급인에게 직접 지급하여야 한다.

1. 하수급인이 계약상대자를 상대로 하여 받은 판결로서 그가 시공한 분에 대한 하도급대금지급을 명하는 확정판결이 있는 경우

2. 계약상대자가 파산, 부도, 영업정지 및 면허취소 등으로 하도급대금을 하수급인에게 지급할 수 없게 된 경우

3. 「하도급거래 공정화에 관한 법률」 또는 「건설산업기본법」에 규정한 내용에 따라 계약상대자가 하수급인에 대한 하도급대금 지급보증서를 제출하여야 할 대상 중 그 지급보증서를 제출하지 아니한 경우

② 계약담당공무원은 제1항에도 불구하고 하수급인이 해당 하도급계약과 관련하여 노임, 중기사용료, 자재대 등을 체불한 사실을 계약상대자가 객관적으로 입증할 수 있는 서류를 첨부하여 해당 하도급대가의 직접지급 중지를 요청한 때에는 해당 하도급대가를 직접 지급하지 아니할 수 있다.

③ 계약상대자는 제27조 제1항에 의한 준공신고 또는 제39조에 의한 기성대가의 지급청구를 위한 검사를 신청하고자 할 경우에는 하수급인이 시공한 부분에 대한 내역을 구분하여 신청하여야 하며, 제39조 및 제40조에 의하여 제1항의 하도급대가가 포함된 대가지급을 청구할 때에는 해당 하도급대가를 분리하여 청구하여야 한다.

제43조의2(하도급대금 등 지급 확인) ① 계약상대자는 제39조 및 제40조에 의한 대가를 지급받은 경우에 15일 이내에 하수급인 및 자재·장비업자가 시공·제작·대여한 분에 상당한 금액(이하 "하도급대금 등"이라 한다)을 하수급인 및 자재·장비업자에게 현

금으로 지급(「전자조달의 이용 및 촉진에 관한 법률」 제9조의2제1항에 따른 시스템을 통한 지급 포함. 이하 이 조에서 같다.)하여야 하며, 하도급대금 등의 지급 내역(수령자, 지급액, 지급일 등)을 5일(공휴일 및 토요일은 제외한다) 이내에 발주기관 및 공사감독관에게 통보하여야 한다. <신설 2010. 9. 8., 개정 2019. 12. 18.>

② 계약상대자는 제1항에 따라 하수급인에게 하도급대금 등을 지급한 경우에 하수급인으로 하여금 제1항을 준용하여 하수급인의 자재·장비업자가 제작·대여한 분에 상당한 금액을 하수급인의 자재·장비업자에게 지급하고, 이들로 하여금 그 내역(수령자, 지급액, 지급일 등)을 발주기관 및 공사감독관에게 통보하도록 하여야 한다. <신설 2010. 9. 8., 개정 2012. 7. 4.>

③ 계약담당공무원은 제1항 및 제2항에 의한 대금 지급내역을 제39조 제3항 또는 제40조 제3항에 따라 하수급인, 자재·장비업자 및 하수급인의 자재·장비업자로부터 제출받은 대금 수령내역과 비교·확인하여야 하며, 하수급인이 하수급인의 자재·장비업자에게 대금을 지급하지 않은 경우에는 계약상대자에게 즉시 통보하여야 한다. <신설 2012. 7. 4.>

제43조의3(노무비의 구분관리 및 지급확인) ① 계약상대자는 발주기관과 협의하여 정한 노무비 지급기일에 맞추어 매월 모든 근로자(직접노무비 대상에 한하며, 하수급인이 고용한 근로자를 포함)의 노무비 청구내역(근로자 개인별 성명, 임금 및 연락처 등)을 제출하여야 한다.

② 계약담당공무원은 현장인 명부 등을 통해 제1항에 따른 노무비 청구내역을 확인하고 청구를 받은 날부터 5일 이내에 계약상대자의 노무비 전용계좌로 해당 노무비를 지급(「전자조달의 이용 및 촉진에 관한 법률」 제9조의2제1항에 따른 시스템을 통한 지급 포함. 이하 이 조에서 같다.)하여야 한다. <개정 2019. 12. 18.>

③ 계약상대자는 제2항에 따라 노무비를 지급받은 날부터 2일(공휴일 및 토요일은 제외한다) 이내에 노무비 전용계좌에서 이체하는 방식으로 근로자에게 노무비를 지급하여야 하며, 동일한 방식으로 하수급인의 노무비 전용계좌로 노무비를 지급하여야 한다. 다만, 근로자가 계좌를 개설할 수 없거나 다른 방식으로 지급을 원하는 경우 또는 계약상대자(하수급인 포함)가 근로자에게 노무비를 미리 지급하는 경우에는 그에 대한 발주기관의 승인을 받아 그러하지 아니할 수 있다.

④ 계약상대자는 제1항에 따라 노무비 지급을 청구할 때에 전월 노무비 지급내역(계약상대자 및 하수급인의 노무비 전용계좌 이체내역 등 증빙서류)을 제출하여야 하며, 계약담당공무원은 동 지급내역과 계약상대자가 이미 제출한 같은 달의 청구내역을 비교하여 임금 미지급이 확인된 경우에는 해당 사실을 지방 고용노동(지)청에 통보하여야 한다.

[본조신설 2012. 1. 1.]

제44조(계약상대자의 책임있는 사유로 인한 계약의 해제 및 해지) ① 계약담당공무원은 계

약상대자가 다음 각호의 어느 하나에 해당하는 경우에는 해당 계약의 전부 또는 일부를 해제 또는 해지할 수 있다. 다만, 제3호의 경우에 계약상대자의 계약이행 가능성이 있고 계약을 유지할 필요가 있다고 인정되는 경우로서 계약상대자가 계약이행이 완료되지 아니한 부분에 상당하는 계약보증금(당초 계약보증금에 제25조 제1항에 따른 지체상금의 최대금액을 더한 금액을 한도로 한다)을 추가납부하는 때에는 계약을 유지한다. <개정 2010. 9. 8., 2014. 1. 10., 2018. 12. 31.>

1. 정당한 이유없이 약정한 착공시일을 경과하고도 공사에 착수하지 아니할 경우
2. 계약상대자의 책임있는 사유로 인하여 준공기한까지 공사를 완공하지 못하거나 완성할 가능성이 없다고 인정될 경우
3. 제25조 제1항에 의한 지체상금이 시행령 제50조 제1항에 의한 해당 계약(장기계속공사계약인 경우에는 차수별 계약)의 계약보증금상당액에 달한 경우
4. 장기계속공사의 계약에 있어서 제2차공사 이후의 계약을 체결하지 아니하는 경우
5. 계약의 수행중 뇌물수수 또는 정상적인 계약관리를 방해하는 불법·부정행위가 있는 경우
6. 제47조의3에 따른 시공계획서를 제출 또는 보완하지 않거나 정당한 이유 없이 계획서대로 이행하지 않을 경우 <신설 2012. 4. 2.>
7. 입찰에 관한 서류 등을 허위 또는 부정한 방법으로 제출하여 계약이 체결된 경우 <신설 2014. 1. 10.>
8. 기타 계약조건을 위반하고 그 위반으로 인하여 계약의 목적을 달성할 수 없다고 인정될 경우

② 계약담당공무원은 제1항에 의하여 계약을 해제 또는 해지한 때에는 그 사실을 계약상대자 및 제42조에 의한 하수급자에게 통지하여야 한다.

③ 제2항에 의한 통지를 받은 계약상대자는 다음 각호의 사항을 준수하여야 한다.

1. 해당 공사를 즉시 중지하고 모든 공사자재 및 기구 등을 공사장으로부터 철거하여야 한다.
2. 제13조에 의한 대여품이 있을 때에는 지체없이 발주기관에 반환하여야 한다. 이 경우에 해당 대여품이 계약상대자의 고의 또는 과실로 인하여 멸실 또는 파손되었을 때에는 원상회복 또는 그 손해를 배상하여야 한다.
3. 제13조에 의한 관급재료중 공사의 기성부분으로서 인수된 부분에 사용한 것을 제외한 잔여재료는 발주기관에 반환하여야 한다. 이 경우에 해당 재료가 계약상대자의 고의 또는 과실로 인하여 멸실 또는 파손되었을 때, 또는 공사의 기성부분으로서 인수되지 아니하는 부분에 사용된 때에는 원상회복 하거나 그 손해를 배상하여야 한다.
4. 발주기관이 요구하는 공사장의 모든 재료, 정보 및 편의를 발주기관에 제공하여야 한다.

④ 계약담당공무원은 제1항에 의하여 계약을 해제 또는 해지한 경우 및 제48조에 의하여 보증기관이 보증이행을 하는 경우에 기성부분을 검사하여 인수한 때에는 해당부분에 상당하는 대가를 계약상대자에게 지급하여야 한다. <개정 2010. 9. 8.>

⑤ 제1항에 의하여 계약이 해제 또는 해지된 경우에 계약상대자는 지급받은 선금에 대하여 미정산잔액이 있는 경우에는 그 잔액에 대한 약정이자상당액[사유발생 시점의 금융기관 대출평균금리(한국은행 통계월보상의 대출평균금리를 말한다)에 의하여 산출한 금액을 가산하여 발주기관에 상환하여야 한다.

⑥ 제5항의 경우에 계약담당공무원은 선금잔액과 기성부분에 대한 미지급액을 상계하여야 한다. 다만, 「건설산업기본법」 및 「하도급 거래공정화에 관한 법률」에 의하여 하도급대금 지급보증이 되어 있지 않은 경우로서 제43조 제1항에 의하여 하도급대가를 직접 지급하여야 하는 때에는 우선적으로 하도급대가를 지급한 후에 기성부분에 대한 미지급액의 잔액이 있으면 선금잔액과 상계할 수 있다.

제45조(사정변경에 의한 계약의 해제 또는 해지) ① 발주기관은 제44조 제1항 각호의 경우 외에 객관적으로 명백한 발주기관의 불가피한 사정이 발생한 때에는 계약을 해제 또는 해지할 수 있다.

② 제1항에 의하여 계약을 해제 또는 해지하는 경우에는 제44조 제2항 본문 및 제3항을 준용한다.

③ 발주기관은 제1항에 의하여 계약을 해제 또는 해지하는 경우에는 다음 각호에 해당하는 금액을 제44조 제3항 각호의 수행을 완료한 날부터 14일이내에 계약상대자에게 지급하여야 한다. 이 경우에 제7조에 의한 계약보증금을 동시에 반환하여야 한다.

1. 제32조 제2항 제1호 및 제2호에 해당하는 시공부분의 대가중 지급하지 아니한 금액
2. 전체공사의 완성을 위하여 계약의 해제 또는 해지일 이전에 투입된 계약상대자의 인력·자재 및 장비의 철수비용

④ 계약상대자는 선금에 대한 미정산잔액이 있는 경우에는 이를 발주기관에 상환하여야 한다. 이 경우에 미정산잔액에 대한 이자는 가산하지 아니한다.

제46조(계약상대자에 의한 계약해제 또는 해지) ① 계약상대자는 다음 각호의 어느 하나에 해당하는 사유가 발생한 경우에는 해당계약을 해제 또는 해지할 수 있다.

1. 제19조에 의하여 공사내용을 변경함으로써 계약금액이 100분의 40이상 감소되었을 때
2. 제47조에 의한 공사정지기간이 공기의 100분의 50을 초과하였을 경우

② 제1항에 의하여 계약이 해제 또는 해지되었을 경우에는 제45조 제2항 내지 제4항을 준용한다.

제47조(공사의 일시정지) ① 공사감독관은 다음 각호의 경우에는 공사의 전부 또는 일부의 이행을 정지시킬 수 있다. 이 경우에 계약상대자는 정지기간중 선량한 관리자의 주의의무를 게을리 하여서는 아니된다.

1. 공사의 이행이 계약내용과 일치하지 아니하는 경우

2. 공사의 전부 또는 일부의 안전을 위하여 공사의 정지가 필요한 경우

3. 제24조에 의한 응급조치의 경우

4. 기타 발주기관의 필요에 의하여 계약담당공무원이 지시한 경우

② 공사감독관은 제1항에 의하여 공사를 정지시킨 경우에는 지체없이 계약상대자 및 계약담당공무원에게 정지사유 및 정지기간을 통지하여야 한다.

③ 제1항 각호의 사유가 발생한 경우로서 공사감독관이 제2항에 따른 통지를 하지 않는 경우 계약상대자는 서면으로 공사감독관 또는 계약담당공무원에게 공사 일시정지 여부에 대한 확인을 요청할 수 있다. <신설 2019. 12. 18.>

④ 공사감독관 또는 계약담당공무원은 제3항의 요청을 받은 날부터 10일 이내에 공사계약상대자에게 서면으로 회신을 발송하여야 한다. <신설 2019. 12. 18.>

⑤ 제1항 및 제4항에 의하여 공사가 정지된 경우에 계약상대자는 계약기간의 연장 또는 추가금액을 청구할 수 없다. 다만, 계약상대자의 책임있는 사유로 인한 정지가 아닌 때에는 그러하지 아니한다. <개정 2019. 12. 18.>

⑥ 발주기관의 책임있는 사유에 의한 공사정지기간(각각의 사유로 인한 정지기간을 합산하며, 장기계속계약의 경우에는 해당 차수내의 정지기간을 말함)이 60일을 초과한 경우에 발주기관은 그 초과된 기간에 대하여 잔여계약금액(공사중지기간이 60일을 초과하는 날 현재의 잔여계약금액을 말하며, 장기계속공사계약의 경우에는 차수별 계약금액을 기준으로 함)에 초과일수 매 1일마다 지연발생 시점의 금융기관 대출평균금리(한국은행 통계월보상의 금융기관 대출평균금리를 말한다)를 곱하여 산출한 금액을 준공대가 지급시 계약상대자에게 지급하여야 한다. <제4항에서 이동 2019. 12. 18.>

제47조의2(계약상대자의 공사정지 등) ① 계약상대자는 발주기관이 「국가를 당사자로 하는 계약에 관한 법률」과 계약문서 등에서 정하고 있는 계약상의 의무를 이행하지 아니하는 때에는 발주기관에 계약상의 의무이행을 서면으로 요청할 수 있다.

② 계약담당공무원은 계약상대자로부터 제1항에 의한 요청을 받은 날부터 14일이내에 이행계획을 서면으로 계약상대자에게 통지하여야 한다.

③ 계약상대자는 계약담당공무원이 제2항에 규정한 기한내에 통지를 하지 아니하거나 계약상의 의무이행을 거부하는 때에는 해당 기간이 경과한 날 또는 의무이행을 거부한 날부터 공사의 전부 또는 일부의 시공을 정지할 수 있다.

④ 계약담당공무원은 제3항에 의하여 정지된 기간에 대하여는 제26조에 의하여 공사기간을 연장하여야 한다.

제47조의3(공정지연에 대한 관리) ① 계약상대자는 자신의 책임 있는 사유로 다음 각호의 사례가 발생한 경우에는 즉시 이를 해소하기 위한 시공계획서를 제출하여야 한다.

1. 실행공정률이 계획공정률에 비해 10%p 이상 지연된 경우

2. 골조공사 등 주된 공사의 시공이 1개월 이상 중단된 경우

② 발주기관과 계약상대자는 상호 협의하여 공사의 규모나 종류·특성 등에 따라 제1항 각호의 내용을 조정하거나 새로운 내용을 추가할 수 있다.

③ 계약담당공무원은 제1항에 따라 계약상대방이 제출한 계획서를 검토하고 필요한 경우에 보완을 요구할 수 있다.

[본조신설 2012. 4. 2.]

제48조(공사계약의 이행보증) ① 계약담당공무원은 계약상대자가 제44조 제1항 각호의 어느 하나에 해당하는 경우로서 시행령 제52조 제1항 제3호에 의한 공사이행보증서가 제출되어 있는 경우에는 계약을 해제 또는 해지하지 아니하고 제9조에 의한 보증기관에 대하여 공사를 완성할 것을 청구하여야 한다. <개정 2010. 9. 8.>

② 제1항의 청구가 있을 때에는 보증기관은 지체없이 그 보증의무를 이행하여야 한다. 이 경우에 보증의무를 이행한 보증기관은 계속공사에 있어서 계약상대자가 가지는 계약체결상의 이익을 가진다. 다만, 보증기관은 보증이행업체를 지정하여 보증의무를 이행하는 대신 공사이행보증서에 정한 금액을 현금으로 발주기관에 납부함으로써 보증의무이행에 갈음할 수 있다. <개정 2010. 9. 8.>

③ 제2항에 의하여 해당 계약을 이행하는 보증기관은 계약금액중 보증이행부분에 상당하는 금액을 발주기관에 직접 청구할 수 있는 권리를 가지며 계약상대자는 보증기관의 보증이행부분에 상당하는 금액을 청구할 수 있는 권리를 상실한다. <개정 2010. 9. 8.>

④ 삭제 <2010. 9. 8.>

⑤ 보증기관은 공사진행 상황 및 계약상대자의 이행능력 등을 조사할 수 있으며, 제44조 제1항 각호의 사유가 발생하는 경우 계약담당공무원에게 보증이행의 청구를 건의할 수 있다. <신설 2012. 4. 2.>

⑥ 제1항 내지 제3항 외에 공사이행보증서 제출에 따른 보증의무이행에 대하여는 계약예규 「정부 입찰·계약 집행기준」 제11장(공사의 이행보증제도 운용)에 정한 바에 의한다.

제49조(부정당업자의 입찰참가자격 제한) ① 계약상대자가 시행령 제76조에 해당하는 경우에는 1월 이상 2년 이하의 범위내에서 입찰참가자격 제한조치를 받게 된다. <개정 2010. 9. 8.>

② 삭제 <2014. 1. 10.>

제50조(기술지식의 이용 및 비밀엄수의무) ① 계약담당공무원은 사업목적 달성 또는 공공의 이익 등을 위해 필요하다고 인정되는 경우, 계약내용에 따라 계약상대자가 제출하는 각종 보고서, 정보 기타 자료 및 이에 의하여 얻은 기술지식(계약목적물의 내용에 포함되는 경우는 제외한다. 이하 이 조에서 "기술지식 등"이라 한다)의 전부 또는 일부를 계약상대자의 승인을 얻어 복사·이용 또는 공개할 수 있다. <개정 2020. 6. 19.>

② 계약상대자는 해당 계약을 통하여 얻은 정보 또는 국가의 비밀사항을 계약이행의 전후를 막론하고 외부에 누설할 수 없다.

③ 계약담당공무원은 시장에서 거래되는 등 재산적 가치가 있는 기술지식 등을 제1항에 따라 복사·이용 또는 공개하려는 경우에는 계약상대자에게 정당한 이용대가를 지급하여야 한다. 이 경우 기술지식 등의 이용대가는 시장거래가격 등을 기초로 계약상대자와 협의하여 결정한다. <신설 2020. 6. 19.>

제51조(분쟁의 해결) ① 계약의 수행중 계약당사자간에 발생하는 분쟁은 협의에 의하여 해결한다.

② 제1항에 의한 협의가 이루어지지 아니할 때에는 법원의 판결 또는 「중재법」에 의한 중재에 의하여 해결한다. 다만 「국가를 당사자로 하는 계약에 관한 법률」 제28조에서 정한 이의신청 대상에 해당하는 경우 국가계약분쟁조정위원회 조정결정에 따라 분쟁을 해결할 수 있다. <개정 2015. 9. 21.>

③ 제2항에도 불구하고 계약을 체결하는 때에 「국가를 당사자로 하는 계약에 관한 법률」 제28조의2에 따라 분쟁해결방법을 정한 경우에는 그에 따른다. <신설 2018. 3. 20.>

④ 계약상대자는 제1항부터 제3항까지의 분쟁처리절차 수행기간중 공사의 수행을 중지하여서는 아니된다. <신설 2018. 3. 20.>

제52조(공사관련자료의 제출) 계약담당공무원은 필요하다고 인정할 경우에 계약상대자에게 산출내역서의 기초가 되는 단가산출서 또는 일위대가표의 제출을 요구할 수 있으며 이 경우에 계약상대자는 이에 응하여야 한다.

제53조(적격·PQ심사·종합심사낙찰제 관련사항 이행) ① 계약상대자는 계약예규 「입찰참가자격사전심사요령」, 「적격심사기준」 및 「종합심사낙찰제 심사기준」 별표의 심사항목에 규정된 사항에 대하여 심사당시 제출한 내용대로 철저하게 이행하여야 한다. <개정 2012. 1. 1., 2016. 1. 1.>

② 계약담당공무원(「조달사업에 관한 법률」 제3조에 따라 조달청에 의뢰하여 계약한 공사로서 수요기관이 공사관리를 하는 경우에는 수요기관)은 제1항에 규정한 이행상황을 수시로 확인하여야 하며, 제출된 내용대로 이행이 되지 않고 있을 때에는 즉시 시정토록 조치하여야 한다. <개정 2008. 12. 29., 2015. 9. 21.>

③ 계약상대자는 제40조에 따른 대가지급을 청구할 때에 계약예규 「입찰참가자격사전심사요령」 제4조에 따른 표준계약서 사용계획의 이행결과로서 하도급 및 건설기계임대차 계약서를 제출하여야 한다. <신설 2012. 1. 1.>

④ 계약상대자가 제3항에 따른 계약서를 제출하지 않거나 하수급인 등의 계약상 이익을 제한하는 내용으로 표준계약서의 일부를 수정·삭제한 경우 또는 이면계약을 체결한 경우에는 표준계약서를 사용하지 않은 것으로 본다. <신설 2012. 1. 1.>

⑤ 계약담당공무원은 계약상대자가 표준계약서를 사용하지 않은 경우에 해당 업체

명, 부여한 가점과 그에 따른 감점, 표준계약서 사용계획 대비 미사용 비율(계약금액 기준)을 전자조달시스템에 게재하고 동 사실을 계약상대자에게 통보하여야 한다. <신설 2012. 1. 1.>

제54조(재검토기한) 「훈령·예규 등의 발령 및 관리에 관한 규정」에 따라 이 예규에 대하여 2016년 1월 1일 기준으로 매3년이 되는 시점(매 3년째의 12월 31일까지를 말한다)마다 그 타당성을 검토하여 개선 등의 조치를 하여야 한다. <개정 2015. 9. 21.>

부칙 <제540호, 2020. 12. 28.>

제1조(시행일) 이 계약예규는 2021년 3월 28일부터 시행한다.

제2조(적용례) 이 계약예규는 부칙 제1조에 따른 시행일 이후 입찰공고를 하거나 수의계약을 체결하는 경우부터 적용한다.

Ⅳ. 건설업종 표준하도급계약서

공정거래위원회 2020. 12. 17. 개정

이 표준하도급계약서는 『하도급거래 공정화에 관한 법률』제3조의2의 규정에 의거 공정거래위원회가 사용 및 보급을 권장하고 있는 표준하도급계약서입니다

이 표준하도급계약서에서는 건설업종 하도급계약에 있어 표준이 될 계약의 기본적 공통사항만을 제시하였는바, 실제 하도급계약을 체결하려는 계약당사자는 이 표준하도급계약서의 기본 틀과 내용을 유지하는 범위에서 이 표준하도급계약서보다 더 상세한 사항을 계약서에 규정할 수 있습니다.

또한 이 표준하도급계약서의 내용은 현행 「하도급법」 및 그 시행령을 비롯하여 건설업종 관련 법령을 기준으로 한 것이므로 계약당사자는 계약체결시점에 관련 법령이 개정된 경우에는 개정규정에 부합되도록 이 표준계약서의 내용을 수정 또는 변경하여야 하며, 특히 개정된 법령에 강행규정이 추가되는 경우에는 반드시 그 개정규정에 따라 계약내용을 수정하여야 합니다.

건설업종 표준하도급계약서(표지)

1. 발 주 자 :
   ○ 도급공사명 :

2. 하도급공사명 :
   ○ 하도급공사 등록업종 :

3. 공 사 장 소 :

4. 공 사 기 간 : 착공   년   월   일
                   준공   년   월   일

5. 계 약 금 액 : 일금   원정 (₩   )

   ○ 공급가액 : 일금   원정 (₩   )
      노 무 비 : 일금   원정 (₩   )
      * 건설산업기본법 시행령 제84조 규정에 의한 노무비
   ○ 부가가치세 : 일금   원정 (₩   )
   ※ 변경 전 계약금액 : 일금 원정 (₩   )

6. 대금의 지급
   가. 선급금
      ○ 계약체결 후 (   )일 이내에 일금   원정 (₩   )
      ※ 발주자로부터 선급금을 지급받은 날 또는 계약일로부터 15일 이내 그 내용과
         비율에 따름
   나. 기성금
      (1) (   )월 (   )회
      (2) 목적물 인수일로부터 (   )일 이내
      (3) 지급방법 : 현금   %, 어음   %, 어음대체결제수단   %
      ※ 발주자로부터 지급받은 현금비율 이상 지급. 지급 받은 어음 등의 지급기간을
         초과하지 않는 어음 등을 교부
   다. 설계변경, 경제상황변동 등에 따른 하도급대금 조정 및 지급
      (1) 발주자로부터 조정 받은 날부터 30일 이내 그 내용과 비율에 따라 조정
      (2) 발주자로부터 지급받은 날부터 15일 이내 지급

7. 지급자재의 품목 및 수량 : 별도첨부

8. 계약이행보증금
　○ 계약금액의 (　)%, 일금　　　　원정 (₩　　　　)

9. 하도급대금 지급보증금
　○ 계약금액의 (　)%, 일금　　　　원정 (₩　　　　)

10. 하자담보책임
　가. 하자보수보증금율 : 계약금액의 (　　)%
　나. 하자보수보증금 : 일금　　　　원정 (₩　　　　)
　다. 하자담보책임기간 :　　년

11. 지체상금요율 : 연 (　　)%

12. 지연이자율 : 연 (　　)% (대금 지급·반환 지연) / 연 (　　)% (손해배상 지연)
※ 하도급법령상 지급기일이 지난 경우에는 공정위 고시 지연이자율이 우선 적용

양 당사자는 위 내용과 별첨 건설공사 표준하도급계약서(본문), 설계도(　)장, 시방서 (　)책에 따라 이 건설공사 하도급 계약을 체결하고 계약서 2통을 작성하여 기명날인 후 각각 1통씩 보관한다.

년　　월　　일

원사업자	수급사업자
상호 또는 명칭 :	상호 또는 명칭 :
전화번호 :	전화번호 :
주　　소 :	주　　소 :
대표자 성명 :　　(인)	대표자 성명 :　　(인)
사업자(법인)번호 :	사업자(법인)번호 :

건설업종 표준하도급계약서(본문)

제1장　총칙

제1조(목적) 이 계약은 원사업자가 수급사업자에게 위탁하는 건설공사에 관한 원사업자와 수급사업자간의 권리와 의무를 정하는 것을 목적으로 한다.

제2조(정의) 이 계약에서 사용하는 용어의 정의는 다음과 같다.

1. "하도급"이라 함은 원사업자가 도급받은 건설공사의 일부를 수급사업자에게 위탁하는 것을 말한다.

2. "발주자"라 함은 건설공사를 원사업자에게 도급하는 자를 말한다.

3. "설계서"라 함은 공사시방서, 설계도면(물량내역서를 작성한 경우 이를 포함한다) 및 현장설명서를 말한다.

4. "산출내역서"라 함은 물량내역서에 수급사업자가 단가를 기재하여 원사업자에게 제출한 내역서를 말한다.

5. "선급금"이라 함은 하도급 공사를 완료하기 전에 원사업자가 수급사업자에게 지급하는 하도급대금의 일부 또는 원사업자가 발주자로부터 공사의 완료 전에 지급받은 도급대금의 일부를 말한다.

6. "지연이자"라 함은 대금 또는 손해배상금 등을 지급하여야 할 자가 지급시기에 지급하지 않을 경우 상대방에게 지급해야 할 손해배상금을 말한다.

7. "지체상금"이라 함은 수급사업자가 계약의 이행을 지체한 경우 원사업자에게 지급해야 할 손해배상금을 말한다.

8. "기술자료"라 함은 합리적인 노력에 의하여 비밀로 유지된 제조·수리·시공 또는 용역수행 방법에 관한 자료, 그 밖에 영업활동에 유용하고 독립된 경제적 가치를 가지는 것으로서「하도급거래 공정화에 관한 법률」에서 정하는 자료를 말한다.

제3조(계약의 기본원칙) 원사업자와 수급사업자는 이 계약에 따라 건설공사를 완료하고, 하도급대금 등을 지급함에 있어 상호 대등한 입장에서 신의성실의 원칙에 따라 자신의 권리를 행사하며, 의무를 이행한다.

제2장　건설공사의 시공

제1절　건설공사의 시공 · 관리 등

제4조(시공협의 및 지시) ① 수급사업자는 계약체결 후 지체 없이 다음 각 호에 해당하는 서류를 원사업자에게 제출하고 승인을 받는다. 다만 계약체결 전 내역입찰을 통해서 제출한 서류는 제외한다.

1. 공사공정예정표

2. 현장대리인 등을 포함한 조직도

3. 관련법령에 따라 수급사업자가 부담하는 안전·환경 및 품질관리에 관한 계획서

4. 공정별 인력 및 장비투입계획서

5. 착공전 현장사진

6. 산출내역서

7. 기타 이 공사와 관련하여 필요하다고 원사업자와 수급사업자가 협의하여 정한 서류

② 원사업자는 공사공정예정표등이 하도급공사의 목적과 일치하지 않을 경우에 그 기간을 정하여 수정을 요구할 수 있다. 이 경우 수급사업자는 원사업자와 협의하여 공사공정예정표등을 수정하고, 그 사실을 통지한다.

③ 원사업자는 하도급공사가 준공되기 전까지 그 시공에 필요한 지시를 할 수 있으며, 수급사업자는 그 지시를 따른다. 다만, 수급사업자가 그 지시를 따르기에 부적합한 사유가 있다고 판단할 경우에는 협의하여 달리 정할 수 있다.

④ 원사업자가 공사공정예정표등을 마련하여 수급사업자에게 제시한 경우에는 제1항(제2호는 제외) 및 제2항을 적용하지 아니한다. 다만, 원사업자가 제시한 공사공정예정표등이 적합하지 않을 경우 수급사업자는 원사업자와 협의하여 공사공정예정표등을 수정할 수 있다.

제5조(공사의 시공 및 변경) ① 수급사업자는 「하도급거래 공정화에 관한 법률」, 「건설산업기본법」 등 관련 법령의 규정, 이 계약서의 내용과 설계서(총액단가계약의 경우는 산출내역서를 포함하며, 양식은 기획재정부 계약예규의 양식을 준용한다. 이하 같다) 및 공사공정예정표에서 정한 바에 따라 공사를 시공한다.

② 공사 착공일과 준공일은 이 계약에 따른다. 다만, 수급사업자의 책임 없는 사유로 착공일에 착공할 수 없는 때에는 수급사업자의 현장 인수일을 착공일로 한다.

③ 시공 품질의 유지·개선 등의 정당한 사유가 있는 경우를 제외하고, 원사업자는 특정한 자재·장비 또는 역무의 공급 등을 매입 또는 사용(이용을 포함한다. 이하 같다) 하게 하지 아니한다.

④ 제3항에서 정한 정당한 사유에 따라 원사업자가 지정한 자재나 장비 또는 역무의 공급 등이 품절 등의 사유로 조달할 수 없는 경우에 수급사업자는 원사업자와 협의하여 이를 변경할 수 있다.

제6조(하도급계약통보서의 제출) ① 원사업자는 이 계약을 체결한 날로부터 30일 이내에 하도급계약통보서(「건설산업기본법」 시행규칙 별지 제23호 서식)에 다음 각 호의 서류를 첨부하여 발주자에게 제출한다. 다만, 원사업자가 기한 내에 통지를 하지 아니한 경우에는 수급사업자가 발주자에게 이를 통지할 수 있다.

1. 하도급계약서(변경계약서를 포함한다) 사본

2. 공사량(규모)·공사단가 및 공사금액 등이 명시된 공사내역서

3. 예정공정표

4. 하도급대금지급보증서 사본(다만 하도급대금지급보증서 교부의무가 면제되는 경우에는 그 증빙서류)

5. 현장설명서(현장설명을 실시한 경우만 해당한다)

② 원사업자는 수급사업자가 이 계약 및 관련법령에 부합되게 시공할 수 있도록 공사목적물과 관련된 현황을 알려주는 등 수급사업자에게 이 공사 이행에 필요한 협조와 지원을 한다.

③ 원사업자는 하도급공사에 필요한 공정의 세부작업 방법 등을 정함에 있어 미리 수급사업자의 의견을 청취한다.

제7조(자재검사) ① 공사에 사용할 자재는 신품(가설기자재는 예외로 함)이어야 하며, 품질, 품명 등은 반드시 설계서와 일치하여야 한다. 다만, 설계서에 품질·품명 등이 명확히 규정되지 아니한 것은 표준품 또는 표준품에 상당하는 자재로서 계약의 목적을 달성하는 데 가장 적합한 것이어야 한다.

② 공사에 사용할 자재는 사용 전에 감독원의 검사를 받아야 하며 불합격된 자재는 즉시 대체하여 다시 검사를 받아야 한다. 이 경우에 수급사업자는 이를 이유로 계약기간의 연장을 청구할 수 없다.

③ 검사결과 불합격품으로 결정된 자재는 공사에 사용할 수 없다. 다만, 감독원의 검사에 이의가 있을 때에는 수급사업자는 원사업자에 대하여 재검사를 요청할 수 있으며, 재검사가 필요 할 때에는 원사업자는 지체 없이 재검사하도록 조치한다.

④ 원사업자는 수급사업자로부터 공사에 사용할 자재의 검사 또는 제3항에 따른 재검사의 요청을 받은 때에는 정당한 사유 없이 검사를 지체하지 아니한다.

⑤ 수급사업자가 불합격된 자재를 즉시 제거하지 않거나 대품으로 대체하지 않을 경우에는 원사업자는 이를 대신할 수 있으며, 그 비용은 수급사업자가 부담한다.

⑥ 수급사업자는 자재의 검사를 받을 때에는 감독원의 지시에 따라야 하며, 검사에 소요되는 비용은 별도로 정한 바가 없으면 자재를 조달하는 자가 부담한다. 다만, 검사에 소요되는 비용을 발주자로부터 지급받았을 경우에는 원사업자가 이를 부담한다.

⑦ 공사에 사용하는 자재 중 조합(調合) 또는 시험이 필요한 것은 감독원의 참여하에 그 조합 또는 시험을 한다.

⑧ 정당한 사유가 있는 경우를 제외하고, 수급사업자는 공사현장 내에 반입한 공사자재를 감독원의 승낙 없이 공사현장 밖으로 반출하지 못한다.

⑨ 수중 또는 지하에 설치하는 공작물과 기타 준공 후 외부로부터 검사할 수 없는 공작물의 검사는 감독원의 참여 없이 시공할 수 없다.

제8조(지급자재 등) ① 이 계약에 따라 원사업자가 지급하는 자재의 인도 시기는 공사공정예정표에 따르고, 그 인도 장소는 시방서에 따로 정한 바가 없으면 공사현장으로 한다.

② 제1항에 따라 인도된 자재의 소유권은 원사업자에게 속하며, 감독원의 서면 승낙

없이 수급사업자의 공사현장에 반입된 자재를 이동할 수 없다.

③ 수급사업자는 원사업자 또는 감독원이 지급자재가 비치된 장소에 출입하여 이를 검사하고자 할 때에는 이에 협조한다.

④ 원사업자는 건설공사의 품질유지·개선이나 기타 정당한 사유가 있는 경우 또는 수급사업자의 요청이 있는 때에 공사와 관련된 기계·기구(이하 "대여품"이라 한다) 등을 대여할 수 있다. 이 경우 원사업자는 대여품을 지정된 일시와 장소에서 인도하며 사용후 반송비용은 다음 각호에서 정한 바에 따른다.

1. 수급사업자가 요청한 경우 : 수급사업자

2. 수급사업자의 요청없이 원사업자가 대여한 경우 : 원사업자

⑤ 제1항의 지급자재 또는 제4항의 대여품이 인도된 후 수급사업자는 그 멸실 또는 훼손에 대하여 책임을 진다. 다만 선량한 관리자의 주의의무를 다한 경우에는 그러하지 아니하다.

⑥ 원사업자가 인도한 자재와 대여품 등은 이 계약의 목적을 수행하는 데에만 사용한다.

⑦ 원사업자가 자재 또는 대여품 등의 인도를 지연하여 이 공사가 지연될 우려가 있을 때에 수급사업자는 원사업자의 서면승낙을 얻어 자기가 보유한 자재를 대체 사용할 수 있다. 이 경우, 대체사용에 따른 경비는 원사업자가 부담한다.

⑧ 원사업자는 제7항에 따라 대체 사용한 자재를 그 사용 당시의 가격으로 산정한 대가를 공사 기성금에 포함하여 수급사업자에게 지급한다. 다만 현품 반환을 조건으로 자재의 대체사용을 승인한 경우에는 그러하지 아니하다.

⑨ 감독원은 지급자재 및 대여품을 수급사업자의 입회하에 검사하여 인도한다.

⑩ 수급사업자는 공사내용의 변경으로 인하여 필요 없게 된 지급자재 또는 대여품을 지체 없이 원사업자에게 반환한다. 이 경우, 반환에 소요되는 비용은 다음 각호에서 정한 바에 따른다.

1. 공사내용 변경이 수급사업자의 요청에 의한 경우 : 수급사업자

2. 공사내용 변경이 원사업자의 요청에 의한 경우 : 원사업자

⑪ 원사업자가 임차한 건설기계를 사용하여 수급사업자가 건설공사를 수행하는 경우 원사업자는 건설기계의 가동시간(초과작업시간 포함)·작업가능 여부 등을 수급사업자에게 명확히 제공하여 원활한 공사진행이 이루어질 수 있도록 조치한다.

⑫ 제11항의 건설기계조종사가 건설기계관리법·국가기술자격법 위반, 부당한 금품 요구 또는 고의로 작업 방해 등을 하여 수급사업자의 공사수행에 지장을 초래한 경우에 원사업자는 수급사업자로부터 해당 건설기계조종사의 교체 요구가 있을 때에는 지체없이 해당 건설기계임대인과 협의하여 원활한 공사수행이 이루어질 수 있도록 협조한다.

제9조(품질관리 등) ① 수급사업자는 시공 내용이 「건설산업기본법」 등의 관련 법령과 이 계약에서 정한 기준과 규격에 맞는지를 자체적으로 검사한다.

② 수급사업자는 공사의 품질유지를 위해 생산 공정에 관한 원사업자의 정당한 요구를 따르며, 품질 및 공정관리를 위해 원사업자의 직원을 상주시킬 경우에 적극 협조한다. 다만, 원사업자의 직원을 상주시킬 경우 이에 따른 비용은 원사업자가 부담한다.

③ 수급사업자는 건설공사의 품질에 영향을 미치는 주요 공정 및 공법, 주요자재 등의 변경에 대해 사전에 원사업자의 승인을 얻는다. 다만, 부득이한 경우에 한하여 사후 승인을 얻을 수 있다.

④ 원사업자는 제3항에 따라 수급사업자의 변경요청이 있는 날로부터 10일 이내에 승인여부를 결정하여 수급사업자에게 서면으로 통지하여야 하며, 이 기간 내에 통지하지 아니한 경우에는 변경요청을 승인한 것으로 본다. 다만, 변경사항에 대한 타당성 검토 등에 그 이상의 기간이 요구되는 경우 등 정당한 사유가 있는 경우 수급사업자에게 서면으로 통지한 후 그 기간을 연장할 수 있다.

제10조(관련공사와의 조정) ① 원사업자는 도급공사를 원활히 수행하기 위하여 도급공사와 관련이 있는 공사(이하 "관련공사"라 한다)와의 조정이 필요한 경우에 수급사업자와 상호 협의하여 이 공사의 공사기간, 공사내용, 계약금액 등을 변경할 수 있다.

② 수급사업자는 관련공사의 시공자와 긴밀히 연락 협조하여 이 공사와 도급공사의 원활한 완공에 협력한다.

제11조(추가·변경공사에 대한 서면 확인 등) ① 원사업자는 수급사업자와 협의하여 이 계약 외에 설계변경 또는 그 밖의 사유로 하도급계약의 산출 내역에 포함되어 있지 아니한 공사(이하"추가·변경공사"라 한다)에 관한 사항을 결정한다. 이 경우에 원사업자는 수급사업자가 추가·변경공사를 착공하기 전까지 추가·변경공사와 관련된 서면을 발급한다.

② 추가·변경공사와 관련된 서면에는 다음 각호의 사항 등을 기재한다. 다만, 착공 전까지 확정이 곤란한 사항에 대해서는 확정이 곤란한 사유 및 확정에 대한 예정기일을 기재하여 수급사업자에게 제공하고 해당 사항이 확정되는 때 지체 없이 새로운 사항을 포함한 서면을 발급한다.

1. 수급사업자가 원사업자로부터 위탁받은 추가·변경공사의 내용

2. 공사목적물을 원사업자에게 인도하는 시기 및 장소

3. 공사의 검사의 방법 및 시기

4. 대금(선급금, 기성금 및 하도급대금을 조정한 경우에는 그 조정된 금액을 포함한다. 이하 같다)과 그 지급방법 및 지급기일

5. 원사업자가 수급사업자에게 공사에 필요한 자재 등을 제공하려는 경우에는 그 자재 등의 품명·수량·제공일·대가 및 대가의 지급방법과 지급기일

6. 공사를 위탁한 후 공사의 공급원가 변동에 따른 하도급대금 조정의 요건, 방법 및 절차

7. 기타 추가·변경공사와 관련된 사항

③ 원사업자의 지시에 따라 수급사업자가 시공한 추가·변경공사에 대해 원사업자는 발주자로부터 증액을 받지 못하였다 하더라도 수급사업자에게 증액하여 지급한다.

제12조(추가·변경공사 추정) ① 원사업자가 추가·변경공사를 위탁하면서 서면을 발급하지 아니한 경우 수급사업자는 원사업자에게 위탁사실에 대한 확인을 요청할 수 있다. 이 경우 수급사업자는 서면에 다음 각 호의 사항을 적고 서명(「전자서명법」 제2조 제2호에 따른 전자서명을 포함한다. 이하 이 계약에서 같다) 또는 기명날인한 후에 해당 서면을 원사업자에게 송부하는 방법으로 확인을 요청한다.

1. 수급사업자가 원사업자로부터 위탁받은 추가·변경공사의 내용
2. 하도급대금
3. 원사업자로부터 위탁받은 일시
4. 원사업자와 수급사업자의 사업자명과 주소(법인 등기사항증명서상 주소와 사업장 주소를 포함한다)
5. 그 밖에 원사업자가 위탁한 내용

② 원사업자는 수급사업자로부터 제1항에서 정한 방법으로 위탁사실에 대한 확인 요청을 받은 날부터 15일 안에 그 내용에 대한 인정 또는 부인(否認)의 의사를 수급사업자에게 서명 또는 기명날인한 서면으로 회신하며, 이 기간 내에 회신을 발송하지 아니한 경우 수급사업자가 통지한 내용대로 위탁이 있는 것으로 추정한다. 다만, 자연재해 등 불가항력으로 인한 경우에는 그러하지 아니하다.

③ 위탁사실에 대한 확인 요청과 이에 대한 회신은 다음 각 호의 어느 하나에 해당하는 방법을 이용하여 상대방의 주소(전자우편주소 또는 공인전자주소를 포함한다)로 한다.

1. 내용증명우편
2. 「전자문서 및 전자거래 기본법」 제2조 제1호에 따른 전자문서로서 다음 각 목의 어느 하나에 해당하는 요건을 갖춘 것
   가. 「전자서명법」 제2조 제2호에 따른 전자서명이 있을 것
   나. 「전자문서 및 전자거래 기본법」 제2조 제8호에 따른 공인전자주소를 이용할 것
3. 그 밖에 통지와 회신의 내용 및 수신 여부를 객관적으로 확인할 수 있는 방법

④ 원사업자의 현장대리인·감독원 또는 현장소장이 서면을 발급하지 아니하고 추가·변경공사 등을 위탁한 경우에는 해당 현장대리인·감독원 또는 현장소장에게도 위탁사실에 대한 확인을 요청할 수 있다. 이 경우 현장대리인·감독원 또는 현장소장이 한 인정 또는 부인의 의사는 원사업자가 한 것으로 본다.

제13조(공사의 중지 또는 공사기간의 연장) ① 원사업자가 계약조건에 의한 선급금, 기성금 또는 추가공사 대금을 지급하지 않는 경우에 수급사업자가 상당한 기한을 정하여 그 지급을 독촉하였음에도 불구하고 원사업자가 이를 지급하지 아니하면 수급사업자는 공사중지 기간을 정하여 원사업자에게 통보하고 공사의 전부 또는 일부를 일시 중

지할 수 있다. 이 경우 중지된 공사기간은 표지에서 정한 공사기간에 포함되지 않으며, 지체상금 산정시 지체일수에서 제외한다.

② 원사업자에게 책임 있는 사유 또는 태풍·홍수·악천후·전쟁·사변·지진·전염병·폭동 등 불가항력(이하 "불가항력"이라고 한다)의 발생, 원자재 수급불균형 등으로 현저히 계약이행이 어려운 경우 등 수급사업자에게 책임 없는 사유로 공사수행이 지연되는 경우에 수급사업자는 서면으로 공사기간의 연장을 원사업자에게 요구할 수 있다.

③ 원사업자는 제2항에 따른 공사기간 연장의 요구가 있는 경우 즉시 그 사실을 조사·확인하고 공사가 적절히 이행될 수 있도록 공사기간의 연장 등 필요한 조치를 한다.

④ 원사업자는 제3항에 따라 공사기간의 연장을 승인하였을 경우 동 연장기간에 대하여는 지체상금을 부과하지 아니한다.

⑤ 제3항에 따라 공사기간을 연장하는 경우에 원사업자와 수급사업자는 협의하여 하도급대금을 조정한다. 다만, 원사업자가 이를 이유로 발주자로부터 대금을 증액받은 경우에는 그 증액된 금액에 전체 도급대금 중 하도급대금이 차지하는 비율을 곱한 금액 이상으로 조정한다.

제14조(감독원) ① 원사업자는 자기를 대리하는 감독원을 임명하였을 때에는 이를 서면으로 수급사업자에게 통지한다.

② 감독원은 다음 각 호의 직무를 수행한다.

1. 시공일반에 대하여 감독하고 입회하는 일
2. 계약이행에 있어서 수급사업자 또는 수급사업자의 현장대리인에 대한 지시, 승낙 또는 협의하는 일
3. 공사자재와 시공에 대한 검사 또는 시험에 입회하는 일
4. 공사의 기성부분검사, 준공검사 또는 목적물의 인도에 입회하는 일
5. 수급사업자로 하여금 「건설산업기본법」 등에서 금지하는 재하도급 등에 관한 규정을 준수하도록 관리하는 일
6. 이 계약 및 「산업안전보건법」 등에서 규정하는 안전조치를 취하는 일

③ 수급사업자가 원사업자 또는 감독원에 대하여 검사입회 등을 요구한 때에는 원사업자 또는 감독원은 지체 없이 이에 응한다.

④ 원사업자 또는 감독원이 수급사업자나 수급사업자의 현장대리인에게 제2항에 따른 직무를 수행하기 위해 수급사업자의 현장을 점검하거나 자료의 제출을 요청하는 경우에는 수급사업자 또는 수급사업자의 현장대리인은 특별한 사정이 없는 한 이에 협조한다.

⑤ 수급사업자는 감독원의 행위가 적절하지 않다고 인정될 때에는 원사업자에 대하여 그 사유를 명시한 서면으로써 그 시정을 요청할 수 있다.

제15조(현장대리인) ① 수급사업자는 이 계약의 책임·품질시공 및 안전·기술관리를 위

하여「건설산업기본법」등 관련 법령에서 정한 바에 따라 건설기술자를 배치하고, 그 중 1인을 현장대리인으로 선임한 후 이를 착공 전에 원사업자에게 서면으로 통지한다.

② 「건설산업기본법」등 관련 법령에 규정된 경우를 제외하고, 현장대리인은 공사현장에 상주하며 수급사업자를 대리하여 시공에 관한 일체의 사항을 처리한다.

③ 현장대리인이「건설산업기본법」등 관련 법령에 따른 건설기술자의 현장배치 기준에 적합한 기술자가 아닌 경우에는 수급사업자는 공사관리 및 기타 기술상의 관리를 위하여 적격한 건설기술자를 별도로 배치하고 원사업자에게 통지한다

제16조(근로자 등) ① 수급사업자가 공사를 시공함에 있어서 종업원 또는 근로자를 사용할 때에는 당해 그 공사의 시공 또는 관리에 관한 상당한 기술과 경험이 있는 자를 배치한다.

② 수급사업자는 그의 현장대리인, 안전관리자, 종업원 또는 근로자의 위법행위에 대하여 사용자로서의 책임을 지며, 원사업자가 수급사업자의 종업원 또는 근로자에 대하여 공사의 시공 또는 관리에 있어 매우 부적절하다고 인정하여 그 교체를 요구한 때에는 정당한 사유가 없는 한 지체 없이 이에 응한다.

③ 수급사업자는 제2항에 따라 교체된 현장대리인, 종업원 또는 근로자를 원사업자의 동의 없이 당해 공사를 위하여 다시 배치할 수 없다.

제17조(일요일 공사 시행의 제한) ① 긴급 보수·보강 공사 등에 해당하는 경우 등「건설기술진흥법」에서 정하는 사유에 해당하여 발주자가 사전에 승인한 경우를 제외하고, 원사업자는 수급사업자가 일요일에 공사를 시행하도록 지시하지 않는다. 다만, 재해가 발생하거나 발생할 것으로 예상되어 일요일에 긴급 공사 등이 필요한 경우에 원사업자는 먼저 수급사업자에게 공사의 시행을 지시하고, 사후에 발주자의 승인을 받을 수 있다.

② 수급사업자는 제1항에 따른 지시없이 일요일에 공사를 시행하지 않는다.

③ 제1항 및 제2항은 발주자가 건설기술진흥법상 발주청에 해당하는 경우로 한정한다.

제2절 건설공사의 안전 등

제18조(원사업자의 안전조치 의무) ① 원사업자는 수급사업자의 건설시공으로 인하여 안전사고가 발생하지 않도록 관리·감독한다.

② 원사업자는 원사업자의 근로자와 수급사업자의 근로자가 작업을 할 때에 생기는 산업재해를 예방하기 위한 다음 각 호의 조치를 한다.

1. 원사업자와 수급사업자를 구성원으로 하는 안전 및 보건에 관한 협의체의 구성 및 운영
2. 작업장 순회점검
3. 수급사업자가 근로자에게 하는 산업안전보건법에 따른 안전보건교육을 위한 장소

및 자료의 제공 등 지원

4. 수급사업자가 근로자에게 하는 산업안전보건법에 따른 안전보건교육의 실시 확인

5. 다음 각 목의 어느 하나의 경우에 대비한 경보체계 운영과 대피방법 등 훈련

　　가. 작업 장소에서 발파작업을 하는 경우

　　나. 작업 장소에서 화재·폭발, 토사·구축물 등의 붕괴 또는 지진 등이 발생한 경우

6. 위생시설 등 산업안전보건법 시행규칙으로 정하는 시설의 설치 등을 위하여 필요한 장소의 제공 또는 원사업자가 설치한 위생시설 이용의 협조

③ 원사업자는 수급사업자의 근로자가 원사업자의 사업장에서 작업을 하는 경우에 자신의 근로자와 수급사업자 근로자의 산업재해를 예방하기 위하여 안전 및 보건 시설의 설치 등 필요한 안전조치 및 보건조치를 하여야 한다. 다만, 보호구 착용의 지시 등 수급사업자 근로자의 작업행동에 관한 직접적인 조치는 제외한다.

④ 원사업자는 「산업안전보건법」 등에서 정하는 바에 따라 원사업자의 근로자, 수급사업자 및 수급사업자가 사용하는 근로자와 함께 정기적으로 또는 수시로 작업장에 대한 안전점검을 한다.

⑤ 원사업자는 수급사업자가 인화성 물질 또는 인화성 물질을 함유한 제제(製劑)를 제조·사용·운반 또는 저장하는 설비를 개조하는 등 안전상 유해하거나 위험한 작업을 수행하는 경우 「산업안전보건법」 등에서 정하는 바에 따라 안전에 관한 정보를 수급사업자에게 제공하는 등 필요한 조치를 한다.

⑥ 원사업자는 안전한 작업 수행을 위하여 다음 각 호의 사항을 준수한다.

1. 설계서 등에 따라 산정된 공사기간을 단축하지 아니할 것

2. 공사비를 줄이기 위하여 위험성이 있는 공법을 사용하거나 정당한 사유 없이 공법을 변경하지 아니할 것

제19조(수급사업자의 안전조치 의무) ① 수급사업자는 작업을 할 때 다음 각 호의 위험을 예방하기 위하여 필요한 조치를 한다.

1. 기계·기구, 그 밖의 설비에 의한 위험

2. 폭발성, 발화성 및 인화성 물질 등에 의한 위험

3. 전기, 열, 그 밖의 에너지에 의한 위험

② 수급사업자는 굴착, 채석, 하역, 벌목, 운송, 조작, 운반, 해체, 중량물 취급, 그 밖의 작업을 할 때 불량한 작업방법 등으로 인하여 발생하는 위험을 방지하기 위하여 필요한 조치를 한다.

③ 수급사업자는 작업 중 근로자가 추락할 위험이 있는 장소, 토사·구축물 등이 붕괴할 우려가 있는 장소, 물체가 떨어지거나 날아올 위험이 있는 장소, 그 밖에 작업 시 천재지변으로 인한 위험이 발생할 우려가 있는 장소에는 그 위험을 방지하기 위하여 필요한 조치를 한다.

④ 수급사업자는 제1항부터 제3항까지의 내용에 대해 「산업안전보건법」 등에서 정

하는 사항을 준수한다.

⑤ 수급사업자는 원사업자의 안선조치에 관한 지시에 따라야 한다. 다만, 정당한 사유가 있는 경우에 원사업자와 협의하여 안전조치를 취한다.

제20조(응급조치) ① 수급사업자는 화재방지 등을 위하여 필요하다고 인정될 때에는 미리 응급조치를 취하고 즉시 이를 원사업자에게 통지한다.

② 원사업자 또는 감독원은 화재방지, 기타 공사의 시공 상 긴급하고 부득이하다고 인정될 때에는 수급사업자에게 응급조치를 요구할 수 있다. 이 경우에 수급사업자는 즉시 이에 응한다. 다만, 수급사업자가 요구에 응하지 아니할 때에는 원사업자는 제3자로 하여금 필요한 조치를 하게 할 수 있다.

③ 제1항 및 제2항의 응급조치에 소요된 경비에 대하여는 원사업자와 수급사업자가 협의하여 정한다. 다만, 응급조치 원인에 대한 책임이 수급사업자에게 있는 경우 수급사업자의 부담으로 한다.

제21조(산업안전보건관리비) ① 원사업자는 「건설업의 산업안전보건관리비 계상 및 사용기준」(고용노동부 고시)에 따라 산업안전보건관리비를 책정한다.

② 원사업자는 제1항에 따라 책정된 산업안전보건관리비를 제3항에 따라 수급사업자가 산업안전보건관리비 사용계획 등을 제출한 때에 지체없이 지급하며, 그 사용에 대해 감독한다.

③ 수급사업자는 계약체결 후 지체 없이 산업안전보건관리비 사용기준, 하도급공사 특성에 적합한 안전관리계획 및 안전관리비 사용계획을 작성하여 원사업자에게 제출하고, 이에 따라 산업안전보건관리비를 사용한다.

④ 수급사업자는 기성부분의 지급신청 및 공사완료시 제3항에 따라 사용한 산업안전보건관리비 사용내역을 원사업자에게 제출하여야 하며, 원사업자가 수급사업자에게 지급한 산업안전보건관리비가 실제로 사용된 산업안전보건관리비보다 많거나 적은 경우에는 이를 정산한다.

제22조(보험료의 지급 및 정산) ① 원사업자 또는 수급사업자는 다음 각 호에서 정하는 바에 따라 이 공사와 관련된 수급사업자의 근로자에 대한 보험을 가입한다.

1. 원사업자 : 「고용보험 및 산업재해보상보험의 보험료징수 등에 관한 법률」에 따른 보험(단, 공단의 승인을 받은 경우에는 수급사업자가 가입) 등 관련법령에 따라 가입하여야 하는 보험

2. 수급사업자 : 「국민연금법」에 따른 국민연금, 「국민건강보험법」에 따른 건강보험, 「노인장기요양보험법」에 따른 노인장기요양보험 등 관련법령에 따라 가입하여야 하는 보험

② 원사업자는 제1항에 따라 수급사업자가 가입하여야 하는 보험의 보험료에 해당하는 금액(하도급대금산출내역서에 기재된 금액)을 수급사업자에게 지급한다. 이 경우 원사업자는 수급사업자에게 지급한 금액이 실제로 보험자(공단, 보험회사 등)에게 납

부된 금액보다 적거나 많은 경우에는 이를 정산한다.

③ 원사업자는 제1항에 의해 보험 등에 가입한 경우에는 당해 사업장의 근로자가 보험금 등을 지급받아야 할 사유가 발생한 때에는 관계법령에 의한 보험금 등의 혜택을 받을 수 있도록 한다.

④ 원사업자는 재해발생에 대비하여 수급사업자에게 다음 각 호의 보험(「건설산업기본법」에 따른 손해공제를 포함한다. 이하 같다)을 택일 또는 중복하여 가입하도록 요구할 수 있고, 수급사업자는 보험가입 후 원사업자에게 보험증권을 제출한다. 이 경우 원사업자는 그 보험료 상당액을 수급사업자에게 지급한다.

1. 근로자재해보장책임보험

2. 영업배상 책임보험

3. 건설공사보험

⑤ 원사업자가 산업재해보험에 일괄 가입하였을 경우에 수급사업자가 책임이 있는 경우를 제외하고 원사업자가 재해발생으로 인한 모든 책임을 진다.

제3절 공사목적물의 준공 및 검사

제23조(공사목적물의 인도) ① 수급사업자는 표지에서 정한 준공기일까지 공사목적물을 인도한다.

② 수급사업자가 준공기일 전에 공사목적물을 인도하고자 하는 경우에는 사전에 원사업자와 협의하여 그 인도시기를 변경할 수 있다.

③ 수급사업자는 공사목적물을 준공기일까지 인도할 수 없다고 판단될 경우 사전에 그 원인 및 실제 인도예정일을 원사업자에게 통보하고, 원사업자의 서면 승인이 있는 경우에만 연장된 준공기일에 따라 공사목적물을 인도할 수 있다.

④ 건설산업기본법 제34조 제9항에 따른 공사에 해당할 경우에 수급사업자는 공사를 완료하고, 인도할 때에 현장근로자·자재납품업자 또는 건설장비대여업자에게 임금·자재대금 또는 건설장비대여대금을 지급한 사실을 증명하는 서류를 원사업자에게 교부한다. 다만, 수급사업자가 「건설산업기본법」 등에 따라 건설기계 대여대금 지급보증서 등을 건설기계 대여업자 등에게 교부하고, 이를 원사업자에게 통지한 경우에는 그러하지 아니하며, 임금의 지급사실을 증명하는 서류의 제출은 모든 공사에 대해 적용한다.

제24조(공사목적물의 수령) ① 원사업자는 정당한 이유 없이 수급사업자가 인도하는 공사목적물에 대한 수령을 거부하거나 지연하지 아니한다.

② 제1항을 위반한 경우 그 효과는 다음 각 호에서 정한 바에 따른다.

1. 원사업자의 수령거부 또는 지연기간 중에 수급사업자의 고의 또는 중대한 과실에 의한 채무불이행에 따라 발생한 원사업자의 손해에 대하여는 수급사업자가 책임을 진다.

2. 목적물의 멸실·훼손이 원사업자가 목적물 수령을 부당하게 거부·지체하고 있는 기간 중에 발생한 경우 그 손실은 원사업자가 부담하고, 원사업자는 수급사업자에게 하도급대금 전부를 지급한다.

3. 수급사업자가 공사목적물을 다시 인도함에 있어서 소요되는 비용 및 관리비용은 원사업자가 부담한다.

③ 원사업자는 검사에 합격한 목적물을 인수하여야 한다.

제25조(검사 및 이의신청) ① 원사업자는 수급사업자로부터 기성 또는 준공의 통지를 받은 경우 통지 부분이 이 계약에서 정한 바에 따라 시공되었는지의 여부를 지체 없이 검사한다.

② 목적물에 대한 검사의 기준 및 방법은 원사업자와 수급사업자가 협의하여 정하며, 객관적이고 공정·타당한 기준 및 방법으로 정한다.

③ 원사업자는 목적물을 납품받은 날로부터 10일 이내에 검사결과를 수급사업자에게 서면(전자문서 포함)으로 통지하고, 만일 원사업자가 이 기간 내에 검사결과를 통지하지 않은 경우는 검사에 합격한 것으로 본다. 다만 원사업자에게 통지 지연에 대한 정당한 사유가 있는 경우에는 그러하지 아니하다.

④ 원사업자는 검사 기간 중 공사목적물을 선량한 관리자의 주의로 관리한다.

⑤ 원사업자가 기성 또는 준공 부분에 대해 불합격을 판정할 경우 그 구체적인 사유를 서면으로 기재하여 수급사업자에게 통지한다.

⑥ 수급사업자는 원사업자로부터 목적물에 대한 불합격 통지서를 받은 날로부터 10일 이내에 서면으로 이의를 신청할 수 있다. 이 경우에 원사업자는 정당한 이유가 있는 경우를 제외하고, 수급사업자의 이의신청을 받은 날로부터 10일 이내에 그 결과를 서면으로 통지한다.

제26조(부당한 위탁취소 및 부당반품 금지) ① 원사업자는 공사를 위탁한 후 수급사업자의 책임으로 돌릴 사유가 없는 경우에는 그 위탁을 임의로 취소하거나 변경하지 아니한다.

② 원사업자는 수급사업자로부터 목적물을 인수한 경우 수급사업자의 책임으로 돌릴 사유가 아니면 그 목적물을 반품하지 아니한다. 이 경우에 다음 각호의 어느 하나에 해당하는 원사업자의 행위는 부당반품으로 본다.

1. 발주자의 발주취소 또는 경제상황의 변동 등을 이유로 반품한 경우

2. 검사의 기준 및 방법을 불명확하게 정함으로써 부당하게 불합격으로 판정하여 이를 반품한 경우

3. 원사업자가 공급한 원재료의 품질불량 등으로 인하여 불합격으로 판정되었음에도 불구하고 반품하는 경우

4. 원사업자의 원재료 공급 지연으로 인하여 납기가 지연되었음에도 불구하고 이를 이유로 반품하는 경우

③ 제2항에 따른 부당반품의 경우에 제24조 제2항을 준용한다.

제27조(부적합한 공사) ① 원사업자는 수급사업자가 시공한 공사 중 설계도서에 적합하지 아니한 부분이 있으면 이에 대한 시정을 요청할 수 있으며, 수급사업자는 지체 없이 이에 응한다. 이 경우 수급사업자는 계약금액의 증액 또는 공기의 연장을 요청할 수 없다.

② 제1항의 경우에 그 부적합한 시공이 원사업자의 요청 또는 지시에 의하거나 기타 수급사업자의 책임으로 돌릴 수 없는 사유로 인한 때에는 수급사업자는 그 책임을 지지 아니한다.

제28조(부분사용) ① 원사업자는 준공 전이라도 수급사업자의 동의를 얻어 공사목적물의 전부 또는 일부를 사용할 수 있다.

② 제1항의 경우 원사업자는 그 사용부분에 대해 선량한 관리자의 주의의무를 다하여야 한다.

③ 원사업자는 제1항에 의한 사용으로 수급사업자에게 손해를 끼치거나 수급사업자의 비용을 증가하게 한 때는 그 손해를 배상하거나 증가된 비용을 부담한다.

제29조(기술자료 제공요구금지 등) ① 원사업자는 수급사업자의 기술자료를 자기 또는 제3자에게 제공하도록 요구하지 아니한다. 다만, 공사목적물로 인해 생명, 신체 등의 피해가 발생하여 그 원인을 규명하기 위한 경우 등 정당한 사유가 있는 경우에는 그러하지 아니하다.

② 원사업자가 제1항 단서에 따라 수급사업자에게 기술자료를 요구할 경우에는 그 목적 달성을 위해 필요최소한의 범위 내에서 기술자료를 요구한다. 이 경우에 원사업자는 다음 각 호의 사항을 수급사업자와 미리 협의하여 정한 후 이를 기재한 서면을 수급사업자에게 교부한다.

1. 기술자료 제공 요구목적

2. 비밀유지방법 등 요구대상 기술자료의 비밀유지에 관한 사항

3. 요구대상 기술자료와 관련된 권리귀속 관계

4. 요구대상 기술자료의 대가 및 대가의 지급방법

5. 요구대상 기술자료의 명칭 및 범위

6. 요구일, 제공일 및 제공방법

7. 요구대상 기술자료의 사용기간

8. 반환 또는 폐기방법

9. 반환일 또는 폐기일

10. 그 밖에 원사업자의 기술자료 제공 요구가 정당함을 입증할 수 있는 사항

③ 원사업자는 취득한 수급사업자의 기술자료에 관하여 부당하게 다음 각 호의 어느 하나에 해당하는 행위를 하여서는 아니 된다.

1. 자기 또는 제3자를 위하여 사용하는 행위

2. 제3자에게 제공하는 행위

제30조(기술자료 임치) ① 원사업자와 수급사업자는 합의하여 「대·중소기업 상생협력 촉진에 관한 법률」 등에 따른 임치기관에 기술자료를 임치할 수 있다.

② 다음 각호의 어느 하나에 해당하는 경우에 원사업자는 제1항에 따른 기술자료임 치기관에 대해 수급사업자가 임치한 기술자료를 내줄 것을 요청할 수 있다.

1. 수급사업자가 동의한 경우

2. 수급사업자가 파산선고 또는 해산결의로 그 권리가 소멸된 경우

3. 수급사업자가 사업장을 폐쇄하여 사업을 할 수 없는 경우

4. 원사업자와 수급사업자가 협의하여 정한 기술자료 교부조건에 부합하는 경우

③ 제1항에 의하여 기술자료를 임치한 경우에 수급사업자는 임치한 기술자료에 중요 한 변경사항이 발생한 때에는 그 변경사항이 발생한 날로부터 30일 이내에 추가 임치 한다.

④ 제1항 및 제3항에 따른 기술자료임치에 소요되는 비용은 원사업자가 부담한다. 다만, 수급사업자가 원사업자의 요구없이 기술자료를 임치할 경우에는 수급사업자가 부담한다.

제31조(지식재산권 등) ① 수급사업자는 목적물의 시공과 관련하여 원사업자로부터 사용 을 허락받은 특허권, 실용신안권, 디자인권, 의장권, 상표권, 저작권 기술, 노하우(이 하 "지식재산권 등"이라 한다)를 목적물 시공 외에는 사용하지 못하며, 원사업자의 서 면승낙 없이 제3자에게 지식재산권 등을 사용하게 할 수 없다.

② 원사업자와 수급사업자는 목적물 시공과 관련하여 원사업자 또는 수급사업자와 제3자 사이에 지식재산권 등과 관련한 분쟁이 발생하거나 발생할 우려가 있는 경우 지체 없이 상대방에게 문서로서 통지하여야 하며, 원사업자와 수급사업자가 상호 협 의하여 처리하되, 원사업자 또는 수급사업자 중 책임이 있는 자가 상대방의 손해를 배상한다.

③ 원사업자와 수급사업자가 공동 연구하여 개발한 지식재산권 등의 귀속은 상호 협 의하여 정하되, 다른 약정이 없는 한 공유로 한다.

④ 수급사업자는 이 계약기간 도중은 물론 계약의 만료 및 계약의 해제 또는 해지 후 에도 원사업자의 도면, 사양서, 지도내용 외에 자신의 기술을 추가하여 시공한 목적 물 및 그 시공방법(이하 "개량기술"이라 한다)에 관하여 사전에 원사업자에 문서로서 통지한 후 지식재산권 등을 획득할 수 있다. 다만, 원사업자의 요청이 있는 경우 수급 사업자는 원사업자의 원천기술의 기여분과 수급사업자의 개량기술의 가치를 고려하 여 합리적인 조건으로 원사업자에게 통상실시권을 허락한다.

제3장 하도급대금 조정 및 지급

제1절 하도급대금의 조정

제32조(부당한 하도급대금의 결정금지) ① 원사업자는 계약의 목적물과 같거나 유사한 것에 대해 통상 지급되는 대가보다 낮은 수준으로 대금이 결정되도록 수급사업자에게 부당하게 강요하지 아니 한다.

② 다음 각 호의 어느 하나에 해당하는 원사업자의 행위는 제1항에 따른 부당한 하도급대금의 결정으로 본다.

1. 정당한 사유 없이 일률적인 비율로 단가를 인하하여 하도급대금을 결정하는 행위

2. 협조요청 등 어떠한 명목으로든 일방적으로 일정 금액을 할당한 후 그 금액을 빼고 하도급대금을 결정하는 행위

3. 정당한 사유 없이 수급사업자를 차별 취급하여 하도급대금을 결정하는 행위

4. 수급사업자에게 발주량 등 거래조건에 대하여 착오를 일으키게 하거나 다른 사업자의 견적 또는 거짓 견적을 내보이는 등의 방법으로 수급사업자를 속이고 이를 이용하여 하도급대금을 결정하는 행위

5. 원사업자가 일방적으로 낮은 단가에 의하여 하도급대금을 결정하는 행위

> (수의계약인 경우 앞의 제6호가 적용되고, 경쟁입찰일 경우 뒤의 제6호가 적용됨)
>
> 6. 수의계약으로 이 계약을 체결할 때 정당한 사유 없이 원사업자의 도급내역서상의 재료비, 직접노무비 및 경비의 합계(다만, 경비 중 원사업자와 수급사업자가 합의하여 원사업자가 부담하기로 한 비목 및 원사업자가 부담해야 하는 법정경비는 제외한다)보다 낮은 금액으로 하도급대금이 결정되도록 하는 행위
>
> 6. 경쟁입찰에 의하여 이 계약을 체결할 때 정당한 사유 없이 최저가로 입찰한 금액보다 낮은 금액으로 하도급대금이 결정되도록 하는 행위

7. 계속적 거래계약에서 원사업자의 경영적자, 판매가격 인하 등 수급사업자의 책임으로 돌릴 수 없는 사유로 수급사업자에게 불리하게 하도급대금을 결정하는 행위

③ 제1항 또는 제2항에 해당할 경우 수급사업자는 원사업자에게 부당하게 감액된 하도급대금의 지급을 청구할 수 있다.

④ 제3항에 따라 원사업자가 부당하게 감액된 하도급대금을 지급하지 않고, 이로 인해 계약의 목적을 달성할 수 없는 경우에 수급사업자는 이 계약의 전부 또는 일부를 해제 또는 해지할 수 있다.

제33조(감액금지) ① 원사업자는 이 계약에서 정한 하도급대금을 감액하지 아니한다. 다만, 원사업자가 정당한 사유를 증명한 경우에는 하도급대금을 감액할 수 있다.

② 다음 각 호의 어느 하나에 해당하는 원사업자의 행위는 정당한 사유에 의한 감액행위로 보지 아니한다.

1. 위탁할 때 하도급대금을 감액할 조건 등을 명시하지 아니하고 위탁 후 협조요청 또는 거래 상대방으로부터의 발주취소, 경제상황의 변동 등 불합리한 이유를 들어 하도급대금을 감액하는 행위

2. 수급사업자와 단가 인하에 관한 합의가 성립된 경우 그 합의 성립 전에 위탁한 부분에 대하여도 합의 내용을 소급하여 적용하는 방법으로 하도급대금을 감액하는 행위

3. 하도급대금을 현금으로 지급하거나 지급기일 전에 지급하는 것을 이유로 하도급대금을 지나치게 감액하는 행위

4. 원사업자에 대한 손해발생에 실질적 영향을 미치지 아니하는 수급사업자의 책임을 이유로 하도급대금을 감액하는 행위

5. 목적물의 시공에 필요한 물품 등을 자기로부터 사게 하거나 자기의 장비 등을 사용하게 한 경우에 적정한 구매대금 또는 적정한 사용대가 이상의 금액을 하도급대금에서 공제하는 행위

6. 하도급대금 지급 시점의 물가나 자재가격 등이 납품등의 시점에 비하여 떨어진 것을 이유로 하도급대금을 감액하는 행위

7. 경영적자 또는 판매가격 인하 등 불합리한 이유로 부당하게 하도급대금을 감액하는 행위

8. 「고용보험 및 산업재해보상보험의 보험료징수 등에 관한 법률」, 「산업안전보건법」 등에 따라 원사업자가 부담하여야 하는 고용보험료, 산업안전보건관리비, 그 밖의 경비 등을 수급사업자에게 부담시키는 행위

9. 그 밖에 「하도급거래 공정화에 관한 법률」에서 정하는 행위

③ 원사업자가 제1항 단서에 따라 하도급대금을 감액할 경우에는 다음 각 호의 사항을 적은 서면을 수급사업자에게 미리 제시하거나 제공한다.

1. 감액의 사유와 기준

2. 감액의 대상이 되는 시공물량

3. 감액금액

4. 공제 등 감액방법

5. 그 밖에 감액이 정당함을 증명할 수 있는 사항

④ 원사업자가 정당한 사유 없이 하도급대금을 감액할 경우 그 해당 금액 역시 수급사업자에게 지급한다.

⑤ 원사업자가 제4항에 따라 지급해야 할 금액을 원사업자가 공사목적물의 인수일로부터 60일이 지난 후에 지급하는 경우 원사업자는 그 60일을 초과한 기간에 대하여 「하도급거래 공정화에 관한 법률」에 따라 공정거래위원회가 고시한 지연이자율을 곱하여 산정한 지연이자(이하 "지연배상금"이라 한다)를 지급한다.

제34조(설계변경 등에 따른 계약금액의 조정) ① 원사업자는 공사목적물의 시공을 위탁 후

다음 각 호에 모두 해당하는 때에는 그가 발주자로부터 증액 받은 계약금액의 내용과 비율에 따라 하도급대금을 증액하여야 한다. 다만, 원사업자는 발주자로부터 계약금액을 감액 받은 경우에는 그 내용과 비율에 따라 하도급대금을 감액할 수 있다.

1. 설계변경, 목적물등의 납품등 시기의 변동 또는 경제상황의 변동 등을 이유로 계약금액이 증액되는 경우

2. 제1호와 같은 이유로 공사목적물의 완성 또는 완료에 추가비용이 들 경우

② 제1항에 따라 하도급대금을 증액 또는 감액할 경우 원사업자는 발주자로부터 계약금액을 증액 또는 감액 받은 날부터 15일 이내에 발주자로부터 증액 또는 감액 받은 사유와 내용을 수급사업자에게 통지한다. 다만, 발주자가 그 사유와 내용을 수급사업자에게 직접 통지한 경우에는 그러하지 아니하다.

③ 제1항에 따른 하도급대금의 증액 또는 감액은 원사업자가 발주자로부터 계약금액을 증액 또는 감액 받은 날부터 30일 이내에 한다.

④ 제1항의 규정에 의한 계약금액의 조정은 다음 각 호의 기준에 의한다. 다만 발주자의 요청에 의한 설계변경의 경우 조정 받은 범위 내에서 그러하다.

1. 증감된 공사의 단가는 산출내역서상의 단가(이하 "계약단가"라 한다)로 한다.

2. 계약단가가 없는 신규 비목의 단가는 설계변경 당시를 기준으로 산정한 단가에 낙찰률을 곱한 금액으로 한다.

3. 발주자가 설계변경을 요구한 경우에는 제1호 및 제2호의 규정에 불구하고 증가된 물량 또는 신규비목의 단가는 설계변경당시를 기준으로 하여 산정한 단가와 동 단가에 낙찰률을 곱한 금액을 합한 금액의 100분의 50이내에서 계약 당사자간에 협의하여 결정한다.

⑤ 하도급대금의 증감분에 대한 일반관리비 및 이윤은 계약체결 당시의 비율에 따른다.

⑥ 원사업자의 지시에 따라 공사량이 증감되는 경우 원사업자와 수급사업자는 공사 시공 전에 증감되는 공사량에 대한 대금 및 공사기간 등을 확정한다. 다만, 긴급한 상황이나 사전에 하도급대금을 정하기가 불가능할 경우에는 원사업자와 수급사업자는 서로 합의하여 시공완료 후 즉시 하도급대금 및 적정 공사기간 등을 확정한다.

⑦ 원사업자는 발주자로부터 증액 받은 대금을 수령한 경우 수령한 날로부터 15일 안에 수급사업자에게 증액한 하도급대금을 지급한다. 발주자로부터 증액 받은 대금의 일부만 수령한 경우에는 증액 받은 대금 중 수령한 대금의 비율에 따라 증액한 하도급대금을 지급한다.

⑧ 원사업자가 제1항의 계약금액 증액에 따라 발주자로부터 추가금액을 지급받은 날부터 15일이 지난 후에 추가 대금을 지급하는 경우에 그 지연기간에 대해 지연배상금을 지급하며, 추가 대금을 어음 또는 어음대체결제수단을 이용하여 지급하는 경우의 어음할인료·수수료의 지급 및 어음할인율·수수료율에 관하여는 제38조를 준용한다.

이 경우 "공사목적물의 인수일로부터 60일"은 "추가금액을 받은 날부터 15일"로 본다.

제35조(공급원가 변동으로 인한 하도급대금의 조정) ① 수급사업자는 건설공사를 위탁받은 후 다음 각 호의 어느 하나에 해당하여 하도급대금의 조정이 불가피한 경우에는 원사업자에게 하도급대금의 조정을 신청할 수 있다.

1. 목적물등의 공급원가가 변동되는 경우
2. 수급사업자의 책임으로 돌릴 수 없는 사유로 목적물등의 납품등 시기가 지연되어 관리비 등 공급원가 외의 비용이 변동되는 경우

② 원사업자는 제1항에 따른 신청이 있은 날부터 10일 이내에 하도급대금 조정을 위한 협의를 개시하며, 정당한 사유 없이 협의를 거부하거나 게을리 하지 아니한다.

③ 원사업자 또는 수급사업자는 다음 각 호의 어느 하나에 해당하는 경우 하도급분쟁조정협의회에 조정을 신청할 수 있다.

1. 제1항에 따른 신청이 있은 날부터 10일이 지난 후에도 원사업자가 대금의 조정을 위한 협의를 개시하지 아니한 경우
2. 원사업자와 수급사업자가 제1항에 따른 신청이 있은 날부터 30일 안에 대금의 조정에 관한 합의에 도달하지 아니한 경우
3. 원사업자 또는 수급사업자가 협의 중단의 의사를 밝힌 경우
4. 원사업자와 수급사업자가 제시한 조정금액이 상호 간에 2배 이상 차이가 나는 경우
5. 합의가 지연되면 영업활동이 심각하게 곤란하게 되는 등 원사업자 또는 수급사업자에게 중대한 손해가 예상되는 경우
6. 그 밖에 이에 준하는 사유가 있는 경우

④ 계약금액의 조정은 원재료가격 변동 기준일 이후에 반입한 재료와 제공된 용역의 대가에 적용하되, 시공 전에 제출된 공사공정예정표상 원재료가격 변동기준일 이전에 이미 계약이행이 완료되었어야 할 부분을 제외한 잔여부분의 대가에 대하여만 적용한다. 다만, 원사업자의 책임 있는 사유 또는 천재지변 등 불가항력으로 인하여 지연된 경우에는 그러하지 아니하다.

⑤ 「하도급거래 공정화에 관한 법률」 제16조의2에서 정하는 요건을 충족한 경우 수급사업자는 중소기업협동조합에게 자신을 대신하여 원사업자와 하도급대금을 조정할 것을 요청할 수 있다. 이 경우에 제2항부터 제4항까지를 준용한다.

제2절 대금의 지급

제36조(선급금) ① 원사업자와 수급사업자는 협의하여 정한 선급금을 표지에서 정한 시기에 지급한다.

② 선급금은 계약목적 외에 사용할 수 없으며, 노임지급 및 자재확보에 우선 사용하도록 한다.

③ 수급사업자는 선급금 사용 완료 후 그 사용내역서를 원사업자에게 제출하며, 목적

외 사용시 당해 선급금 잔액에 대한 약정이자상당액[별도 약정이 없는 경우 사유발생 시점의 금융기관 대출평균금리(한국은행 통계월보상의 대출평균금리)에 따라 산출한 금액을 말한다.]을 가산하여 반환한다. 이 경우 이자상당액의 계산방법은 매일의 선급잔액에 대한 일변계산에 의하며, 계산기간은 반환 시까지로 한다. 다만, 원사업자는 선급금 통장 공동관리 약정 등 수급사업자의 선급금 인출 또는 사용을 제한하는 행위를 하지 아니한다.

제37조(발주자의 선급금) ① 원사업자가 발주자로부터 선급금을 받은 경우 그 선급금의 내용과 비율에 따라 이를 받은 날(공사를 위탁하기 전에 선급금을 받은 경우에는 공사를 위탁한 날)부터 15일 이내에 선급금을 수급사업자에게 지급한다.

② 원사업자가 발주자로부터 받은 선급금을 제1항에 따른 기한이 지난 후에 지급하는 경우에는 그 초과기간에 대해 지연배상금을 지급한다.

③ 원사업자가 제1항에 따른 선급금을 어음 또는 어음대체결제수단을 이용하여 지급하는 경우의 어음할인료·수수료의 지급 및 어음할인율·수수료율에 관하여는 제38조를 준용한다.

④ 선급금은 기성부분의 대가를 지급할 때마다 다음 산식에 따라 산출한 금액을 정산한다.

선급금 정산액 = 선급금액 × (기성부분의 대가상당액 ÷ 계약금액)

⑤ 원사업자는 수급사업자가 선급금에 대한 적절한 보증을 하지 않을 경우 선급금을 지급하지 아니할 수 있다.

⑥ 발주자의 선급금에 대해서는 제36조 제2항 및 제3항을 준용한다.

제38조(하도급대금의 지급 등) ① 원사업자는 이 계약에서 정한 하도급대금의 지급기일까지 수급사업자에게 하도급대금을 지급한다. 다만, 하도급대금의 지급기일은 목적물 인수일부터 60일을 초과하지 아니한다.

② 원사업자는 발주자로부터 공사의 완료에 따라 준공금 등을 받았을 때에는 하도급대금을, 공사의 진척에 따라 기성금 등을 받았을 때에는 수급사업자가 수행한 부분에 상당하는 금액을, 발주자로부터 그 준공금이나 기성금 등을 지급받은 날부터 15일(대금의 지급기일이 그 전에 도래하는 경우에는 그 지급기일) 이내에 수급사업자에게 지급한다.

③ 원사업자가 수급사업자에게 하도급대금을 지급할 때에는 원사업자가 발주자로부터 해당 공사와 관련하여 받은 현금비율 이상으로 지급한다.

④ 원사업자가 하도급대금을 어음으로 지급하는 경우에는 해당 공사와 관련하여 발주자로부터 원사업자가 받은 어음의 지급기간(발행일부터 만기일까지)을 초과하는 어음을 지급하지 아니한다.

⑤ 원사업자가 하도급대금을 어음으로 지급하는 경우에 그 어음은 법률에 근거하여 설립된 금융기관에서 할인이 가능한 것이어야 하며, 어음을 교부한 날부터 어음의 만

기일까지의 기간에 대한 할인료를 어음을 교부하는 날에 수급사업자에게 지급한다. 다만, 공사목적물의 인수일부터 60일(제1항에 따라 지급기일이 정하여진 경우에는 그 지급기일을, 발주자로부터 준공금이나 기성금 등을 받은 경우에는 제3항에서 정한 기일을 말한다. 이하 이 조에서 같다) 이내에 어음을 교부하는 경우에는 공사목적물의 인수일부터 60일이 지난 날 이후부터 어음의 만기일까지의 기간에 대한 할인료를 공사목적물의 인수일부터 60일 이내에 수급사업자에게 지급한다.

⑥ 원사업자는 하도급대금을 어음대체결제수단을 이용하여 지급하는 경우에는 지급일(기업구매전용카드의 경우는 카드결제 승인일을, 외상매출채권 담보대출의 경우는 납품등의 명세 전송일을, 구매론의 경우는 구매자금 결제일을 말한다. 이하 같다)부터 하도급대금 상환기일까지의 기간에 대한 수수료(대출이자를 포함한다. 이하 같다)를 지급일에 수급사업자에게 지급한다. 다만, 공사목적물의 인수일부터 60일 이내에 어음대체결제수단을 이용하여 지급하는 경우에는 공사목적물의 인수일부터 60일이 지난 날 이후부터 하도급대금 상환기일까지의 기간에 대한 수수료를 공사목적물의 인수일부터 60일 이내에 수급사업자에게 지급한다.

⑦ 제5항에서 적용하는 할인율은 연 100분의 40 이내에서 법률에 근거하여 설립된 금융기관에서 적용되는 상업어음할인율을 고려하여 공정거래위원회가 정하여 고시한 할인율을 적용한다.

⑧ 제6항에서 적용하는 수수료율은 원사업자가 금융기관(「여신전문금융업법」 제2조 제2호의2에 따른 신용카드업자를 포함한다)과 체결한 어음대체결제수단의 약정 수수료율로 한다.

⑨ 하도급법에서 정한 정당한 사유가 없는 한, 원사업자가 하도급대금을 하도급법령상 법정지급기일 이후에 지급하는 경우에는 그 초과기간에 대하여 지연배상금을 지급하여야 한다.

제39조(발주자에 대한 직접 지급 요청) ① 다음 각 호의 어느 하나에 해당하는 사유가 발생한 경우 수급사업자는 발주자에게 자신이 수행한 부분에 해당하는 하도급대금의 직접 지급을 청구할 수 있다.

1. 원사업자의 지급정지·파산, 그 밖에 이와 유사한 사유가 있거나 사업에 관한 허가·인가·면허·등록 등이 취소되어 원사업자가 하도급대금을 지급할 수 없게 된 경우로서 수급사업자가 하도급대금의 직접 지급을 요청한 때

2. 발주자가 하도급대금을 직접 수급사업자에게 지급하기로 발주자·원사업자 및 수급사업자 간에 합의한 때

3. 원사업자가 지급하여야 하는 하도급대금의 2회분 이상을 해당 수급사업자에게 지급하지 아니한 경우로서 수급사업자가 하도급대금의 직접 지급을 요청한 때

4. 원사업자가 하도급대금 지급보증 의무를 이행하지 아니한 경우로서 수급사업자가 하도급대금의 직접 지급을 요청한 때

② 제1항에 따른 사유가 발생한 경우 원사업자에 대한 발주자의 대금지급채무와 수급사업자에 대한 원사업자의 하도급대금 지급채무는 그 범위에서 소멸한 것으로 본다.

③ 원사업자가 발주자에게 해당 하도급 계약과 관련된 수급사업자의 임금, 자재대금 등의 지급 지체 사실(원사업자의 책임있는 사유로 그 지급 지체가 발생한 경우는 제외한다)을 입증할 수 있는 서류를 첨부하여 해당 하도급대금의 직접 지급 중지를 요청한 경우, 발주자는 제1항에도 불구하고 그 하도급대금을 직접 지급하여서는 아니된다.

④ 제1항에 따라 발주자가 해당 수급사업자에게 하도급대금을 직접 지급할 때에 발주자가 원사업자에게 이미 지급한 금액은 빼고 지급한다.

⑤ 제1항에 따라 수급사업자가 발주자로부터 하도급대금을 직접 받기 위하여 기성부분의 확인 등이 필요한 경우 원사업자는 지체 없이 이에 필요한 조치를 이행하여야 한다.

⑥ 발주자는 하도급대금을 직접 지급할 때에 「민사집행법」 제248조 제1항 등의 공탁 사유가 있는 경우에는 해당 법령에 따라 공탁(供託)할 수 있다.

⑦ 제1항이 적용되는 경우, 발주자는 원사업자에 대한 대금지급의무의 범위에서 하도급대금 직접 지급 의무를 부담한다.

⑧ 제1항이 적용되는 경우, 대금의 직접 지급 요건을 갖추고, 그 수급사업자가 시공한 분(分)에 대한 하도급대금이 확정된 경우, 발주자는 도급계약의 내용에 따라 수급사업자에게 하도급대금을 지급하여야 한다.

⑨ 발주자가 수급사업자에게 하도급대금을 직접 지급한 경우에 수급사업자는 발주자 및 원사업자에게 하도급대금의 사용내역(자재·장비대금 및 임금, 보험료 등 경비에 한함)을 하도급대금 수령일부터 20일 이내에 통보한다.

제40조(미지급 임금 등의 지급 요구) ① 수급사업자가 기성금을 받았음에도 당해 공사현장과 관련된 근로자등에게 임금등을 지급하지 않은 경우에 원사업자는 1회당 15일의 기간을 정하여 2회 이상 서면으로 그 지급을 요구할 수 있다. 이 경우 수급사업자는 원사업자의 요구사항에 대해 지체없이 응한다.

② 수급사업자가 원사업자의 제1항에 따른 요구에 응하지 아니하여 근로자등이 원사업자에게 임금등의 지급을 요청하는 경우 원사업자는 수급사업자에게 지급해야 할 차기 기성금 또는 준공금에서 근로자등에게 임금등을 직접 지급할 수 있다.

③ 제2항의 경우에 원사업자는 그 지급 전에 현장근로자등에게 임금등을 직접 지급할 것임을 수급사업자에게 통지하고, 그 진위 여부에 대해 이의가 있을 경우 수급사업자는 원사업자에게 이의를 제기할 수 있다. 원사업자는 임금등을 지급한 후 지체없이 그 지급내역을 서면으로 수급사업자에게 통지한다.

④ 수급사업자는 원사업자가 현장근로자등에게 임금등을 지급하기 전에 미지급 임금등을 현장근로자등에게 지급하고, 그 사실을 원사업자에게 통지할 수 있다. 이 경우

원사업자는 해당 하도급대금을 지체없이 수급사업자에게 지급한다.

⑤ 수급사업자가 현장근로자등의 채무불이행을 증명하는 서류를 첨부하여 임금등의 직접 지급을 중지하도록 요청한 경우에는 그 범위내의 임금등에 대해서 제1항 및 제2항을 적용하지 아니한다.

제41조(부당한 대물변제 금지) ① 원사업자는 하도급대금을 물품으로 지급하여서는 아니 된다. 다만, 다음 각 호의 어느 하나에 해당하는 사유가 있는 경우에는 그러하지 아니하다.

1. 원사업자가 발행한 어음 또는 수표가 부도로 되거나 은행과의 당좌거래가 정지 또는 금지된 경우

2. 원사업자에 대한 「채무자 회생 및 파산에 관한 법률」에 따른 파산신청, 회생절차개시 또는 간이회생절차개시의 신청이 있는 경우

3. 「기업구조조정 촉진법」에 따라 금융채권자협의회가 원사업자에 대하여 공동관리 절차 개시의 의결을 하고 그 절차가 진행중이며, 수급사업자의 요청이 있는 경우

② 제1항 단서의 경우에도 발주자로부터 대금의 일부를 물품으로 지급받은 경우에 원사업자는 수급사업자에게 물품으로 하도급대금을 지급할 때 발주자로부터 물품으로 지급받은 대금의 비율을 초과할 수 없다.

③ 원사업자는 제1항 단서에 따른 대물변제를 하기 전에 수급사업자에게 다음 각호의 구분에 따른 자료를 제시한다.

1. 대물변제의 용도로 지급하려는 물품이 관련 법령에 따라 권리·의무 관계에 관한 사항을 등기 등 공부(公簿)에 등록하여야 하는 물품인 경우: 해당 공부의 등본(사본을 포함한다)

2. 대물변제의 용도로 지급하려는 물품이 제1호 외의 물품인 경우: 해당 물품에 대한 권리·의무 관계를 적은 공정증서(「공증인법」에 따라 작성된 것을 말한다)

④ 제3항에 따른 자료를 제시하는 방법은 다음 각 호의 어느 하나에 해당하는 방법으로 한다. 이 경우 문서로 인쇄되지 아니한 형태로 자료를 제시하는 경우에는 문서의 형태로 인쇄가 가능하도록 하는 조치를 하여야 한다.

1. 문서로 인쇄된 자료 또는 그 자료를 전자적 파일 형태로 담은 자기디스크(자기테이프, 그 밖에 이와 비슷한 방법으로 그 내용을 기록·보관·출력할 수 있는 것을 포함한다)를 직접 또는 우편으로 전달하는 방법

2. 수급사업자의 전자우편 주소로 제3항에 따른 자료가 포함된 전자적 파일을 보내는 방법. 다만, 원사업자가 전자우편의 발송·도달 시간의 확인이 가능한 자동수신사실 통보장치를 갖춘 컴퓨터 등을 이용한 경우로 한정한다.

⑤ 원사업자는 제3항에 따른 자료를 제시한 후 대물변제를 하기 전에 그 물품의 권리·의무 관계가 변경된 경우에는 그 변경된 내용이 반영된 제3항에 따른 자료를 제4항에 따른 방법으로 수급사업자에게 지체 없이 다시 제시하여야 한다.

⑥ 원사업자는 제3항 및 제5항에 따라 자료를 제시한 후 지체 없이 다음 각 호의 사항을 적은 서면을 작성하여 수급사업자에게 내주고 원사업자와 수급사업자는 해당 서면을 보관하여야 한다.

1. 원사업자가 자료를 제시한 날

2. 자료의 주요 목차

3. 수급사업자가 자료를 제시받았다는 사실

4. 원사업자와 수급사업자의 상호명, 사업장 소재지 및 전화번호

5. 원사업자와 수급사업자의 서명 또는 기명날인

제42조(서류제출) 수급사업자는 이 계약과 관련된 공사의 임금, 자재·장비대금, 산업재해보상보험금의 지급, 요양 등에 관한 서류에 대하여 원사업자의 요청이 있을 때에는 이에 협조한다. 다만, 원사업자가 정당한 사유없이 이를 요구하였을 경우에 수급사업자는 이를 거부할 수 있다.

제4장 보칙

제43조(채권·채무의 양도금지) 원사업자와 수급사업자는 이 계약으로부터 발생하는 권리 또는 의무를 제3자에게 양도하거나 담보로 제공하지 아니한다. 다만 상대방의 서면에 의한 승낙(보증인이 있으면 그의 승낙도 필요하다)을 받았을 때에는 그러하지 아니하다.

제44조(비밀유지) ① 원사업자와 수급사업자는 이 계약에서 알게 된 상대방의 업무상 비밀을 상대방의 동의 없이 이용하거나 제3자에게 누설하지 아니한다.

② 법원 또는 수사기관 등이 법령에 따라 상대방의 업무상 비밀의 제공을 요청한 경우에 원사업자 또는 수급사업자는 지체 없이 상대방에게 그 내용을 통지한다. 다만, 상대방에게 통지할 수 없는 정당한 사유가 있는 경우에는 비밀을 제공한 후에 지체없이 통지한다.

③ 제1항에 따른 비밀유지에 관한 구체적인 내용은 【별첨】 비밀유지계약서에서 정한 바에 따른다.

제45조(기본계약 및 개별약정) ① 원사업자와 수급사업자는 이 계약에서 정하지 아니한 사항에 대하여 대등한 지위에서 상호 합의하여 서면으로 개별약정을 정할 수 있고, 이 경우 원사업자는 수급사업자의 이익을 부당하게 침해하거나 제한하는 조건을 요구하지 아니한다.

② 기본계약 및 개별약정에서 정하고 있는 내용 중 다음 각 호의 어느 하나에 해당하는 약정은 무효로 한다.

1. 원사업자가 기본계약 및 개별약정 등의 서면에 기재되지 아니한 사항을 요구함에 따라 발생된 비용을 수급사업자에게 부담시키는 약정

2. 원사업자가 부담하여야 할 민원처리, 산업재해 등과 관련된 비용을 수급사업자에게 부담시키는 약정

3. 원사업자가 입찰내역에 없는 사항을 요구함에 따라 발생된 비용을 수급사업자에게 부담시키는 약정

4. 다음 각 목의 어느 하나에 해당하는 비용이나 책임을 수급사업자에게 부담시키는 약정

　가. 관련 법령에 따라 원사업자의 의무사항으로 되어 있는 인·허가, 환경관리 또는 품질관리 등과 관련하여 발생하는 비용

　나. 원사업자(발주자를 포함한다)가 설계나 시공내용을 변경함에 따라 발생하는 비용

　다. 원사업자의 지시(요구, 요청 등 명칭과 관계없이 재작업, 추가작업 또는 보수작업에 대한 원사업자의 의사표시를 말한다)에 따른 재작업, 추가작업 또는 보수작업으로 인하여 발생한 비용 중 수급사업자의 책임 없는 사유로 발생한 비용

　라. 관련 법령, 발주자와 원사업자 사이의 계약 등에 따라 원사업자가 부담하여야 할 하자담보책임 또는 손해배상책임

5. 천재지변, 매장문화재의 발견, 해킹·컴퓨터바이러스 발생 등으로 인한 공사기간 연장 등 계약체결시점에 원사업자와 수급사업자가 예측할 수 없는 사항과 관련하여 수급사업자에게 불합리하게 책임을 부담시키는 약정

6. 해당 공사의 특성을 고려하지 아니한 채 간접비(하도급대금 중 재료비, 직접노무비 및 경비를 제외한 금액을 말한다)의 인정범위를 일률적으로 제한하는 약정. 다만, 발주자와 원사업자 사이의 계약에서 정한 간접비의 인정범위와 동일하게 정한 약정은 제외한다.

7. 계약기간 중 수급사업자가 「하도급거래 공정화에 관한 법률」 제16조의2에 따라 하도급대금 조정을 신청할 수 있는 권리를 제한하는 약정

8. 계약체결 이후 설계변경, 경제상황의 변동에 따라 발생하는 계약금액의 변경을 상당한 이유 없이 인정하지 아니하거나 그 부담을 상대방에게 떠넘기는 경우

9. 계약체결 이후 공사내용의 변경에 따른 계약기간의 변경을 상당한 이유 없이 인정하지 아니하거나 그 부담을 상대방에게 떠넘기는 경우

10. 하도급계약의 형태, 공사의 내용 등 관련된 모든 사정에 비추어 계약체결 당시 예상하기 어려운 내용에 대하여 상대방에게 책임을 떠넘기는 경우

11. 계약내용에 대하여 구체적인 정함이 없거나 당사자 간 이견이 있을 경우 계약내용을 일방의 의사에 따라 정함으로써 상대방의 정당한 이익을 침해한 경우

12. 계약불이행에 따른 당사자의 손해배상책임을 과도하게 경감하거나 가중하여 정함으로써 상대방의 정당한 이익을 침해한 경우

13. 「민법」 등 관계 법령에서 인정하고 있는 상대방의 권리를 상당한 이유 없이 배제

하거나 제한하는 경우

14. 그 밖에 법에 따라 인정되거나 법에서 보호하는 수급사업자의 권리·이익을 부당하게 제한하거나 박탈한다고 공정거래위원회가 정하여 고시하는 약정

③ 제2항에 따라 무효가 되는 약정에 근거하여 수급사업자가 비용을 부담한 경우 수급사업자는 이에 해당하는 금액의 지급을 원사업자에게 청구할 수 있다.

제46조(계약 이외의 사항) ① 기본계약 등에서 정한 것 이외의 사항에 대해서는 관련 법령의 강행법규에서 정한 바에 따르며, 그 이외의 사항에 대해서는 양당사자가 추후 합의하여 정한다. 다만, 합의가 없는 경우 이 계약과 관련된 법령 또는 상관습에 의한다.

② 원사업자와 수급사업자는 이 계약을 이행하는 과정에서 「건설산업기본법」, 「하도급거래 공정화에 관한 법률」, 「독점규제 및 공정거래에 관한 법률」 및 기타 관련 법령을 준수한다.

③ 원사업자는 이 계약에 따른 권리를 행사하는 경우 이외에는 수급사업자의 경영활동에 대한 지시·명령·요구 등의 간섭을 하지 아니한다.

④ 원사업자는 정당한 사유 없이 수급사업자에게 자기 또는 제3자를 위하여 금전, 물품, 용역, 그 밖의 경제적 이익을 제공하도록 요구하지 아니한다.

제47조(계약의 변경) ① 합리적이고 객관적인 사유가 발생하여 부득이하게 계약변경이 필요하다고 인정되는 경우 원사업자와 수급사업자는 상호 합의하여 기본계약 등의 내용을 서면으로 변경할 수 있다. 다만, 원사업자는 공사내용이 변경되기 전에 수급사업자가 이미 수행한 부분은 정산하여 지급한다.

② 당초의 계약내역에 없는 계약내용이 추가·변경되어 계약기간의 연장·대금의 증액이 필요한 경우 원사업자는 수급사업자와 협의하여 계약기간 연장·대금 증액에 관해 필요한 조치를 한다.

③ 원사업자는 계약내용의 변경에 따라 비용이 절감될 때에 한하여 대금을 감액할 수 있다. 이 경우에 원사업자는 제33조 제3항 각 호의 사항을 기재한 서면을 수급사업자에게 미리 제시하거나 제공한다.

④ 수급사업자가 정당한 사유를 제시하여 원사업자의 하도급공사 변경 요청을 거절한 경우 원사업자는 이를 이유로 수급사업자에게 불이익을 주는 행위를 하지 아니한다.

⑤ 수급사업자는 계약체결 후 계약조건의 미숙지, 덤핑 수주 등을 이유로 계약금액의 변경을 요구하거나 시공을 거부하지 아니 한다.

제48조(건설폐기물의 처리 등) ① 원사업자와 수급사업자는 「건설폐기물의 재활용촉진에 관한 법률」 등 관련법률에서 정하는 바에 따라 건설폐기물을 처리한다.

② 원사업자는 관련법령에서 정하는 바 또는 발주자와의 계약에 따라 수급사업자의 건설폐기물 처리에 소요되는 비용을 지급한다.

제49조(현장근로자의 편의시설 설치 등) ① 수급사업자는 「건설근로자의 고용개선 등에

관한 법률」 등 관련 법률에서 정하는 바에 따라 건설공사가 시행되는 현장에 화장실·식당·탈의실 등의 시설을 설치하거나 이용할 수 있도록 조치한다.

② 원사업자는 관련법령에서 정하는 바 또는 발주자와의 계약에 따라 수급사업자의 제1항에 따른 시설의 설치 또는 이용에 소요되는 비용을 지급한다.

제5장 피해구제 및 분쟁해결

제50조(계약이행 및 대금지급보증 등) ① 원사업자는 계약체결일부터 30일 이내에 수급사업자에게 다음 각 호의 구분에 따라 이 계약에서 정한 계약금액의 지급을 보증(지급수단이 어음인 경우에는 만기일까지를, 어음대체결제수단인 경우에는 하도급대금 상환기일까지를 보증기간으로 한다)하며, 수급사업자는 원사업자에게 계약금액의 100분의 10에 해당하는 금액으로 계약이행을 보증한다. 다만, 원사업자의 재무구조와 공사의 규모 등을 고려하여 보증이 필요하지 아니하거나 보증이 적합하지 아니하다고 인정되는 경우로서 「하도급거래 공정화에 관한 법률」 또는 「건설산업기본법」 등의 관련법령에서 규정한 경우에는 그러하지 아니한다.

1. 공사기간이 4개월 이하인 경우: 계약금액에서 선급금을 뺀 금액
2. 공사기간이 4개월을 초과하는 경우로서 기성부분에 대한 대가의 지급 주기가 2개월 이내인 경우: 다음의 계산식에 따라 산출한 금액

$$보증금액 = \frac{하도급계약금액 - 계약상\ 선급금}{공사기간(개월수)} \times 4$$

3. 공사기간이 4개월을 초과하는 경우로서 기성부분에 대한 대가의 지급 주기가 2개월을 초과하는 경우: 다음의 계산식에 따라 산출한 금액

$$보증금액 = \frac{하도급계약금액 - 계약상\ 선급금}{공사기간(개월수)} \times 기성부분에\ 대한\ 대가의\ 지급주기(개월\ 수) \times 2$$

② 원사업자는 제1항 단서에 따른 공사대금의 지급보증이 필요하지 아니하거나 적합하지 아니한 사유가 소멸한 경우에는 그 사유가 소멸한 날부터 30일 이내에 공사대금 지급보증을 이행한다. 다만, 계약의 잔여기간, 위탁사무의 기성률, 잔여대금의 금액 등을 고려하여 보증이 필요하지 아니하다고 인정되는 경우로서 「하도급거래 공정화에 관한 법률」로 정하는 경우에는 그러하지 아니하다.

③ 다음 각 호의 어느 하나에 해당하는 자와 건설공사에 관하여 장기계속계약(총액으로 입찰하여 각 회계연도 예산의 범위에서 낙찰된 금액의 일부에 대하여 연차별로 계약을 체결하는 계약으로서 「국가를 당사자로 하는 계약에 관한 법률」 제21조 또는 「지방자치단체를 당사자로 하는 계약에 관한 법률」 제24조에 따른 장기계속계약을 말한다. 이하 이 조에서 "장기계속건설계약"이라 한다)을 체결한 원사업자가 해당 건

설공사를 장기계속건설하도급계약을 통하여 건설위탁하는 경우 원사업자는 최초의 장기계속건설하도급계약 체결일부터 30일 이내에 수급사업자에게 제1항 각 호 외의 부분 본문에 따라 공사대금 지급을 보증하고, 수급사업자는 원사업자에게 최초 장기계속건설하도급계약 시 약정한 총 공사금액의 100분의 10에 해당하는 금액으로 계약이행을 보증하여야 한다.

1. 국가 또는 지방자치단체

2. 「공공기관의 운영에 관한 법률」에 따른 공기업, 준정부기관 또는 「지방공기업법」에 따른 지방공사, 지방공단

④ 제3항에 따라 수급사업자로부터 계약이행 보증을 받은 원사업자는 장기계속건설계약의 연차별 계약의 이행이 완료되어 이에 해당하는 계약이행보증금을 같은 항 각 호의 어느 하나에 해당하는 자로부터 반환받을 수 있는 날부터 30일 이내에 수급사업자에게 해당 수급사업자가 이행을 완료한 연차별 장기계속건설하도급계약에 해당하는 하도급 계약이행보증금을 반환하여야 한다. 이 경우 이행이 완료된 부분에 해당하는 계약이행 보증의 효력은 상실되는 것으로 본다.

⑤ 제1항부터 제3항까지의 규정에 따른 원사업자와 수급사업자 간의 보증은 현금(체신관서 또는 「은행법」에 따른 은행이 발행한 자기앞수표를 포함한다)의 지급 또는 다음 각 호의 어느 하나의 기관이 발행하는 보증서의 교부에 의하여 한다.

1. 「건설산업기본법」에 따른 각 공제조합

2. 「보험업법」에 따른 보험회사

3. 「신용보증기금법」에 따른 신용보증기금

4. 「은행법」에 따른 금융기관

5. 그 밖에 「하도급거래 공정화에 관한 법률」로 정하는 보증기관

⑥ 원사업자는 제5항에 따라 지급보증서를 교부할 때 그 공사기간 중에 건설위탁하는 모든 공사에 대한 공사대금의 지급보증이나 1회계연도에 건설위탁하는 모든 공사에 대한 공사대금의 지급보증을 하나의 지급보증서의 교부에 의하여 할 수 있다.

⑦ 원사업자가 제1항 각 호 외의 부분 본문, 제2항 본문 또는 제3항 각 호 외의 부분에 따른 공사대금 지급보증을 하지 아니하는 경우에는 수급사업자는 계약이행을 보증하지 아니할 수 있다.

⑧ 제1항 또는 제3항에 따른 수급사업자의 계약이행 보증에 대한 원사업자의 청구권은 해당 원사업자가 제1항부터 제3항까지의 규정에 따른 공사대금 지급을 보증한 후가 아니면 이를 행사할 수 없다. 다만, 제1항단서 또는 제2항단서에 따라 공사대금 지급을 보증하지 아니하는 경우에는 그러하지 아니하다.

⑨ 원사업자가 공사대금의 지급을 지체하여 수급사업자로부터 서면으로 지급독촉을 받고도 이를 지급하지 아니한 경우 수급사업자는 보증기관에 공사대금 중 미지급액에 해당하는 보증금의 지급을 청구할 수 있고, 원사업자가 현금을 지급한 경우에는

동 금액에서 공사대금 중 미지급액에 해당하는 금액은 수급사업자에게 귀속한다.

⑩ 수급사업자는 원사업자에게 이 계약 표지에서 정한 금액으로 계약이행을 보증하며, 계약이행보증금은 다음 각 호의 사항 등을 포함하여 계약불이행에 따른 손실에 해당하는 금액의 지급을 담보한다. 이 경우 계약이행보증금액이 「하도급거래 공정화에 관한 법률」 등 관련법령에서 정한 내용보다 수급사업자에게 불리한 때에는 「하도급거래 공정화에 관한 법률」 등에서 정한 바에 따른다.

1. 수급사업자의 교체에 따라 증가된 공사 금액. 다만, 그 금액이 과다한 경우에는 통상적인 금액으로 한다.

2. 이 계약의 해제·해지 이후 해당 공사를 완공하기 위해 후속 계약을 체결함에 있어서 소요되는 비용

3. 기존 수급사업자의 시공으로 인해 발생한 하자를 보수하기 위해 지출된 금액. 다만, 수급사업자가 제54조에 따라 하자보수보증금을 지급하거나 보증증권을 교부한 경우에는 그러하지 아니하다.

⑪ 원사업자의 공사대금 미지급액 또는 수급사업자의 계약불이행 등에 의한 손실액이 보증금을 초과하는 경우에는 원사업자와 수급사업자는 그 초과액에 대하여 상대방에게 청구할 수 있다.

⑫ 원사업자와 수급사업자가 납부한 보증금은 계약이 이행된 후 계약상대방에게 지체 없이 반환한다. 이 경우 원사업자가 수급사업자에게 공사대금을 어음 또는 상환청구권이 있는 어음대체결제수단으로 지급한 경우 각 어음만기일 또는 어음대체결제수단의 상환기일을 공사대금 지급보증에 있어서의 계약이행완료일로 본다.

⑬ 제3항에 따라 수급사업자로부터 계약이행보증을 받은 원사업자는 장기계속건설계약의 연차별 계약의 이행이 완료되어 이에 해당하는 계약보증금을 제3항 각호의 어느 하나에 해당하는 자로부터 반환받을 수 있는 날부터 30일 이내에 수급사업자에게 해당 수급사업자가 이행을 완료한 연차별 장기계속건설하도급계약에 해당하는 하도급 계약이행보증금을 반환한다. 이 경우 이행이 완료된 부분에 해당하는 계약이행보증의 효력은 상실되는 것으로 본다.

⑭ 제3항이 적용되지 않은 장기계속건설하도급계약의 경우 수급사업자가 제1항 본문에 따른 계약이행보증을 할 때에 제1차 계약 시 부기한 총 공사 금액의 10%에 해당하는 금액으로 계약이행보증을 하고, 원사업자는 연차별 계약의 이행이 완료된 때에는 당초의 계약보증금 중 이행이 완료된 부분의 계약이행보증 효력은 상실하는 것으로 하여 해당 하도급 계약보증금액을 수급사업자에게 반환한다. 이 경우에 제1항 단서, 제2항, 제5항부터 제12항까지를 준용한다.

⑮ 제9항 및 제10항의 규정은 장기계속건설하도급계약에 있어서 수급사업자가 2차 이후의 계약을 체결하지 아니한 경우에 이를 준용한다.

제51조(보복조치 금지) 원사업자는 수급사업자 또는 수급사업자가 소속된 조합이 다음

각호의 어느 하나에 해당하는 행위를 한 것을 이유로 그 수급사업자에 대하여 수주기회(受注機會)를 제한하거나 거래의 정지, 그 밖에 불이익을 주는 행위를 하지 않는다.

1. 원사업자가 관련법령(「하도급거래 공정화에 관한 법률」등)을 위반하였음을 관계기관 등에 신고한 행위
2. 원사업자에 대한 하도급대금의 조정신청 또는 하도급분쟁조정협의회에 대한 조정신청
3. 관계 기관의 조사에 협조한 행위
4. 하도급거래 서면실태조사를 위하여 관계기관(공정거래위원회 등)이 요구한 자료를 제출한 행위

제52조(손해배상) ① 원사업자 또는 수급사업자가 이 계약을 위반하여 상대방에게 손해를 입힌 경우 그 손해를 배상할 책임이 있다. 다만, 고의 또는 과실 없음을 증명한 경우에는 그러하지 아니하다.

② 원사업자는 수급사업자가 책임있는 사유로 하도급공사의 시공과 관련하여 제3자에게 손해를 입힌 경우에는 수급사업자와 연대하여 그 손해를 배상할 책임이 있다. 이 경우 원사업자가 제3자에게 배상하면 그 책임 비율에 따라 수급사업자에게 구상권을 행사할 수 있다.

③ 수급사업자는 이 계약에 따른 의무를 이행하기 위해 제3자를 사용한 경우 그 제3자의 행위로 인하여 원사업자에게 발생한 손해에 대해 제3자와 연대하여 책임을 진다. 다만, 수급사업자 및 제3자가 고의 또는 과실 없음을 증명한 경우에는 그러하지 아니하다.

④ 원사업자가 제24조 제1항, 제26조 제1항·제2항, 제29조 제3항, 제32조 제1항·제2항, 제33조 또는 제51조를 위반한 경우, 수급사업자는 이로 인해 발생한 손해의 3배를 넘지 아니하는 범위에서 배상을 청구할 수 있다. 다만, 원사업자가 고의 또는 과실이 없음을 증명한 경우에는 그러하지 않는다.

제53조(지체상금) ① 수급사업자가 정당한 사유없이 계약의 이행을 지체한 경우 원사업자는 해당 지체일수에 표지에서 정한 지체상금요율을 곱하여 산정한 지체상금을 수급사업자에게 청구할 수 있다.

② 제1항의 경우 기성부분 또는 완료부분을 원사업자가 검사를 거쳐 인수한 경우(인수하지 아니하고 관리·사용하고 있는 경우를 포함한다. 이하 이 조에서 같다)에는 그 부분에 상당하는 금액을 대금에서 공제한 금액을 기준으로 지체상금을 계산한다. 이 경우 기성부분 또는 완료부분은 성질상 분할할 수 있는 공사목적물에 대한 완성부분으로 인수한 것에 한한다.

③ 원사업자는 다음 각 호의 어느 하나에 해당한 경우 그 해당 일수를 제1항의 지체일수에 산입하지 아니한다.

1. 태풍, 홍수, 기타 악천후, 전쟁 또는 사변, 지진, 화재, 폭동, 항만봉쇄, 방역 및 보안

상 출입제한 등 불가항력의 사유에 의한 경우

2. 원사업자가 지급하기로 한 지급자재의 공급이 지연되는 사정으로 공사의 진행이 불가능하였을 경우

3. 원사업자의 책임있는 사유로 착공이 지연되거나 시공이 중단된 경우

4. 수급사업자의 부도 등으로 연대보증인이 보증이행을 할 경우(부도 등이 확정된 날 부터 원사업자가 보증이행을 지시한 날까지를 의미한다)

5. 수급사업자의 부도 등으로 보증기관이 보증이행업체를 지정하여 보증이행할 경우 (원사업자로부터 보증채무이행청구서를 접수한 날부터 보증이행개시일 전일까지 를 의미함, 다만 30일이내에 한한다)

6. 원사업자가 대금지급을 지체하고, 그 이행이 현저히 곤란한 것을 이유로 수급사업 자가 공사를 진행하지 않은 경우

7. 그 밖에 수급사업자에게 책임 없는 사유로 인하여 지체된 경우

④ 지체일수의 산정기준은 다음 각 호의 어느 하나에 의한다.

1. 준공기한 내에 공사목적물을 인도한 경우 : 검사에 소요된 기간은 지체일수에 산입 하지 아니한다. 다만, 검사결과(불합격판정에 한한다)에 따라 원사업자가 보수를 요구한 날로부터 최종검사에 합격한 날까지의 기간은 지체일수에 산입한다.

2. 준공기한을 도과하여 공사목적물을 인도한 경우 : 준공기한의 익일부터 실제인도 한 날까지의 기간 및 제1호 단서에 해당하는 기간은 지체일수에 산입한다.

⑤ 원사업자는 제1항의 지체상금을 수급사업자에게 지급하여야 할 하도급대금 또는 기타 예치금에서 합의 후 공제할 수 있다.

제54조(하자담보책임 등) ① 수급사업자는 이 계약에서 정한 하자보수보증금률을 계약금 액에 곱하여 산출한 금액(이하"하자보수보증금"이라 한다)을 준공검사 후 그 공사대 금을 지급 받을 때까지 현금 또는 증서로 원사업자에게 납부 또는 교부한다. 다만, 공 사의 성질상 하자보수보증금의 납부가 필요하지 아니한 경우로 규정한 경우에는 그 러하지 아니하다.

② 원사업자는 준공검사를 마친 날로부터 이 계약에서 정한 하자담보책임기간의 범 위에서 수급사업자의 공사로 인해 발생한 하자에 대해 상당한 기간을 정하여 그 하자 의 보수를 청구할 수 있다. 다만, 다음 각 호의 어느 하나의 사유로 발생한 하자에 대 하여는 그러하지 아니하다.

1. 원사업자가 제공한 재료의 품질이나 규격 등이 기준미달로 인한 경우

2. 원사업자의 지시에 따라 시공한 경우

3. 원사업자가 건설공사의 목적물을 관계 법령에 따른 내구연한(耐久年限) 또는 설계 상의 구조내력(構造耐力)을 초과하여 사용한 경우

③ 이 계약에서 정한 하자담보책임기간이 「건설산업기본법」 등 관련법령에서 정한 하자담보책임기간 보다 더 장기인 경우에는 「건설산업기본법」 등에서 정한 기간으로

한다.

④ 원사업자와 수급사업자는 하자발생에 대한 책임이 분명하지 아니한 경우 상호 협의하여 전문기관에 조사를 의뢰할 수 있다.

⑤ 수급사업자가 이 계약에서 정한 하자보수 의무기간 중 원사업자로부터 하자보수의 요구를 받고 이에 응하지 아니하면 제1항의 하자보수보증금은 원사업자에게 귀속한다.

⑥ 원사업자는 하자보수 의무기간이 종료한 후 수급사업자의 청구가 있는 날로부터 10일 이내에 수급사업자에게 제1항의 하자보수보증금을 반환한다.

⑦ 장기계속공사의 경우 수급사업자는 연차계약별로 준공 검사 후 그 공사의 대가를 지급받을 때까지 원사업자에게 하자보수보증금을 납부하며, 연차계약별로 하자담보책임을 구분할 수 없는 공사인 경우에는 총 공사의 준공검사 후에 이를 납부한다. 또 원사업자는 연차계약별로 하자보수 의무기간이 종료한 후 수급사업자의 청구가 있는 날로부터 10일 이내에 하자보수보증금을 반환한다.

제55조(계약의 해제 또는 해지) ① 원사업자 또는 수급사업자는 다음 각 호의 어느 하나에 해당하는 경우에는 서면으로 이 계약의 전부 또는 일부를 해제 또는 해지할 수 있다. 다만, 기성부분에 대해서는 해제하지 아니한다.

1. 원사업자 또는 수급사업자가 금융기관으로부터 거래정지처분을 받아 이 계약을 이행할 수 없다고 인정되는 경우

2. 원사업자 또는 수급사업자가 감독관청으로부터 인·허가의 취소, 영업취소·영업정지 등의 처분을 받아 이 계약을 이행할 수 없다고 인정되는 경우

3. 원사업자 또는 수급사업자가 어음·수표의 부도, 제3자에 의한 강제집행(가압류 및 가처분 포함), 파산·회생절차의 신청 등 영업상의 중대한 사유가 발생하여 이 계약을 이행할 수 없다고 인정되는 경우

4. 원사업자 또는 수급사업자가 해산, 영업의 양도 또는 타 회사로의 합병을 결의하여 이 계약을 이행할 수 없다고 인정되는 경우. 다만, 영업의 양수인 또는 합병된 회사가 그 권리와 의무를 승계함에 대해 상대방이 동의한 경우에는 그러하지 아니하다.

5. 원사업자 또는 수급사업자가 재해 기타 사유로 인하여 이 계약의 내용을 이행하기 곤란하다고 쌍방이 인정한 경우

② 원사업자 또는 수급사업자는 다음 각 호의 어느 하나에 해당하는 사유가 발생한 경우에는 상대방에게 상당한 기간을 정하여 서면으로 그 이행을 최고하고, 그 기간 내에 이를 이행하지 아니한 때에는 이 계약의 전부 또는 일부를 해제·해지할 수 있다. 다만, 원사업자 또는 수급사업자가 이행을 거절하거나 준공기한 내에 이행하여야 이 계약의 목적을 달성할 수 있는 경우에는 최고 없이 해제 또는 해지할 수 있다.

1. 원사업자 또는 수급사업자가 이 계약상의 중요한 의무를 이행하지 않은 경우

2. 원사업자가 수급사업자의 책임 없이 하도급공사 수행에 필요한 사항의 이행을 지

연하여 수급사업자의 하도급공사 수행에 지장을 초래한 경우

3. 수급사업자가 원사업자의 책임 없이 약정한 착공기간을 경과하고도 공사에 착공하지 아니한 경우

4. 수급사업자가 원사업자의 책임 없이 착공을 거부하거나 시공을 지연하여 인도일자 내에 공사목적물의 인도가 곤란하다고 객관적으로 인정되는 경우

5. 수급사업자의 인원·장비 및 품질관리능력이 현저히 부족하여 이 계약을 원만히 이행할 수 없다고 인정되는 등 수급사업자의 책임 있는 사유가 인정되는 경우

6. 원사업자가 공사내용을 변경함으로써 하도급대금이 100분의 40이상 감소한 경우

7. 수급사업자의 책임 없이 공사의 중지기간이 전체공사 기간의 100분의 50이상인 경우

8. 원사업자나 수급사업자가 대금지급보증이나 계약이행보증을 하지 아니한 경우

9. 발주기관의 불가피한 사정으로 도급계약이 해제 또는 해지된 경우

③ 제1항 또는 제2항에 따른 해제 또는 해지는 기성검사를 필한 부분과 기성검사를 필하지 않은 부분 중 객관적인 자료에 의해 시공사실이 확인된 부분(추후 검사결과 불합격으로 판정된 경우는 그러하지 아니하다)에 대해 적용하지 아니한다.

④ 제1항 또는 제2항에 따라 계약이 해제·해지된 때에는 각 당사자의 상대방에 대한 일체의 채무는 기한의 이익을 상실하고, 당사자는 상대방에 대한 채무를 지체 없이 이행한다.

⑤ 원사업자 및 수급사업자는 자신의 책임 있는 사유로 인하여 이 계약의 전부 또는 일부가 해제 또는 해지된 경우에 이로 인하여 발생한 상대방의 손해를 배상한다.

⑥ 제1항 또는 제2항에 따라 계약을 해제 또는 해지한 경우 원사업자는 기성검사를 필한 부분과 기성검사를 필하지 않은 부분 중 객관적인 자료에 의해 시공사실이 확인된 부분(추후 검사결과 불합격으로 판정된 경우는 그러하지 아니하다)에 대한 대금을 수급사업자에게 지급하고, 동시에 수급사업자는 하자보수보증금을 제54조 제1항의 규정에 따라 원사업자에게 납부한다.

⑦ 수급사업자는 제6항의 하자보수보증금을 현금으로 납부한 경우 공사 준공검사 후 하자보수보증서로 대체할 수 있다.

⑧ 제1항 및 제2항에 따라 이 계약이 해제된 경우 원사업자와 수급사업자는 다음 각 호에서 정한 의무를 동시에 이행한다. 다만, 일부 해제 또는 해지된 경우에 잔존계약의 이행과 관련된 범위내에서는 그러하지 않는다.

1. 원사업자 또는 수급사업자는 상대방으로부터 제공받은 공사와 관련한 모든 자료를 반환하고, 저장된 자료를 삭제한다.

2. 원사업자 또는 수급사업자는 상대방으로부터 제공받은 공사와 관련한 자료를 활용하지 않는다.

3. 수급사업자는 원사업자로부터 지급받은 대금과 그 이자를 더하여 반환한다.

4. 수급사업자 또는 원사업자는 상대방으로부터 이용허락받은 지식재산 등을 이용하지 않는다.

⑨ 원사업자가 제1항 또는 제2항에 따라 계약을 해제 또는 해지한 경우 수급사업자는 다음 각 호의 사항을 이행한다.

1. 해제 또는 해지의 통지를 받은 부분에 대한 공사를 지체 없이 중지하고 모든 공사 관련 시설 및 장비 등을 공사현장으로부터 철거한다.

2. 대여품이 있을 때에는 지체 없이 원사업자에게 반환한다. 이 경우 당해 대여품이 수급사업자의 고의 또는 과실로 인하여 멸실 또는 파손되었을 때에는 원상회복 또는 그 손해를 배상한다.

3. 지급자재 중 공사의 기성부분으로서 인수된 부분에 사용한 것을 제외한 잔여자재를 지체 없이 원사업자에게 반환한다. 이 경우 당해 자재가 수급사업자의 고의 또는 과실로 인하여 멸실 또는 파손되었거나 공사의 기성부분으로서 인수되지 아니한 부분에 사용된 때에는 원상으로 회복하거나 그 손해를 배상한다.

⑩ 손해배상금을 지급하거나 또는 대금을 반환해야 할 자가 이를 지연한 경우 그 지연기간에 대해 지연이자를 더하여 지급한다.

제56조(분쟁해결) ① 이 계약과 관련하여 분쟁이 발생한 경우 원사업자와 수급사업자는 상호 협의하여 분쟁을 해결하기 위해 노력한다.

② 제1항의 규정에도 불구하고 분쟁이 해결되지 않은 경우 원사업자 또는 수급사업자는 「독점규제 및 공정거래에 관한 법률」에 따른 한국공정거래조정원, 「건설산업기본법」에 따른 건설분쟁조정위원회 또는 「하도급거래 공정화에 관한 법률」에 따른 하도급분쟁조정협의회 등에 조정을 신청할 수 있다. 이 경우에 원사업자와 수급사업자는 조정절차에 성실하게 임하며, 원활한 분쟁해결을 위해 노력한다.

③ 제1항의 규정에도 불구하고, 분쟁이 해결되지 않은 경우에 원사업자 또는 수급사업자는 법원에 소송을 제기하거나 중재법에 따른 중재기관에 중재를 신청할 수 있다.

제57조(재판관할) 이 계약과 관련된 소송은 원사업자 또는 수급사업자의 주된 사무소를 관할하는 지방법원에 제기한다.

【별첨】

비밀유지계약서

원사업자와 수급사업자는 비밀정보의 제공과 관련하여 다음과 같이 비밀유지계약을 체결한다.

제1조(계약의 목적) 이 계약은 원사업자와 수급사업자가 하도급계약과 관련하여 각자 상대방에게 제공하는 비밀정보를 비밀로 유지하고 보호하기 위하여 필요한 제반 사항을 규정함을 목적으로 한다.

제2조(비밀정보의 정의) ① 이 계약에서 '비밀정보'라 함은 원사업자 또는 수급사업자가 이 업무 수행 과정에서 스스로 알게 되거나, 상대방 또는 그 직원(이하 '상대방'이라 함)으로부터 제공받아 알게 되는 상대방에 관한 일체의 기술상 혹은 경영상의 정보 및 이를 기초로 새롭게 발생한 일체의 기술상 혹은 경영상의 정보를 말한다.

② 제1항의 비밀정보는 서면(전자문서를 포함하며, 이하 같음), 구두 혹은 기타 방법으로 제공되는 모든 노하우, 공정, 도면, 설계, 실험결과, 샘플, 사양, 데이터, 공식, 제법, 프로그램, 가격표, 거래명세서, 생산단가, 아이디어 등 모든 기술상 혹은 경영상의 정보와 그러한 정보가 수록된 물건 또는 장비 등을 모두 포함한다.

제3조(비밀의 표시) ① 각 당사자가 상대방에게 서면으로 비밀정보를 제공하는 경우, 그 서면에 비밀임을 알리는 문구('비밀' 또는 '대외비' 등의 국문 또는 영문 표시)를 표시해야 한다.

② 각 당사자가 상대방에게 구두, 영상 또는 당사자의 시설, 장비 샘플 기타 품목들을 관찰·조사하게 하는 방법으로 비밀정보를 제공할 경우에는, 그 즉시 상대방에게 해당 정보가 비밀정보에 속한다는 사실을 고지하여야 한다. 이 경우에 비밀정보를 제공한 당사자는 비밀정보 제공일로부터 15일 이내에 상대방에게 해당 정보가 비밀정보에 속한다는 취지의 서면을 발송하여야 한다.

제4조(정보의 사용용도 및 정보취급자 제한) ① 각 당사자는 상대방의 비밀정보를 이 계약에서 정한 목적으로만 사용하여야 한다.

② 각 당사자가 이 계약에서 정한 업무의 수행을 위하여 상대방의 비밀정보를 제3자에게 제공하고자 할 때에는 사전에 상대방으로부터 서면에 의한 동의를 얻어야 하며, 그 제3자와 사이에 해당 비밀정보의 유지 및 보호를 목적으로 하는 별도의 비밀유지계약을 체결한 이후에 그 제3자에게 해당 비밀정보를 제공하여야 한다.

③ 각 당사자는 직접적, 간접적으로 하도급계약을 이행하는 임직원들에 한하여 상대방의 비밀정보를 취급할 수 있도록 필요한 조치를 취하여야 하며, 해당 임직원 각자에게 상대방의 비밀정보에 대한 비밀유지의무를 주지시켜야 한다. 이때 상대방은 반대 당사자에게 해당 임직원으로부터 비밀유지 서약서를 제출 받는 등의 방법으로 해당 정보의 비밀성을 유지하기 위하여 필요한 조치를 요구할 수 있다.

제5조(비밀유지의무) ① 각 당사자는 상대방의 사전 서면승낙 없이 비밀정보를 포함하여 이 계약의 체결사실이나 내용, 이 계약의 내용 등을 공표하거나 제3자에게 알려서는 아니 된다. 다만, 객관적인 증거를 통하여 다음 각 호에 해당함이 입증되는 정보는 비밀정보가 아니거나 비밀유지의무가 없는 것으로 간주한다.

1. 상대방의 비밀정보 제공 이전에 다른 당사자가 이미 알고 있거나 알 수 있는 정보

2. 비밀정보를 제공받은 당사자의 고의 또는 과실에 의하지 않고 공지의 사실로 된 정보

3. 비밀정보를 제공받은 당사자가 적법하게 제3자로부터 제공받은 정보

4. 비밀정보를 제공받은 당사자가 비밀정보와 관계없이 독자적으로 개발하거나 알게 된 정보

5. 제3조 제2항에 의하여 비밀정보임을 고지하지 아니하거나, 비밀정보에 속한다는 취지의 서면을 발송하지 아니한 정보

6. 법원 기타 공공기관의 판결, 명령 또는 관련법령에 따른 공개의무에 따라 공개한 정보

② 각 당사자가 제1항 제6호에 따라 정보를 공개할 경우에는 사전에 상대방에게 그 사실을 서면으로 통지하고, 상대방으로 하여금 적절한 보호 및 대응조치를 할 수 있도록 하여야 한다.

제6조(자료의 반환) ① 각 당사자는 상대방의 요청이 있으면 언제든지 상대방의 비밀 정보가 기재되어 있거나 이를 포함하고 있는 제반 자료, 장비, 서류, 샘플, 기타 유체물(복사본, 복사물, 모방물건, 모방장비 등을 포함)을 즉시 상대방에게 반환하거나, 상대방의 선택에 따라 이를 폐기하고 그 폐기를 증명하는 서류를 상대방에게 제공하여야 한다.

② 제1항의 자료의 반환 또는 폐기에 소요되는 비용은 각 당사자가 균등하게 부담하기로 한다. 다만, 자료의 반환 또는 폐기 의무자가 우선 그 비용을 지출한 이후 상대방에게 그 부담부분을 정산하여 청구한다.

제7조(권리의 부존재 등) ① 이 계약에 따라 제공되는 비밀정보에 관한 모든 권리는 이를 제공한 당사자에 속한다.

② 이 계약은 어떠한 경우에도 비밀정보를 제공받는 자에게 비밀정보에 관한 어떠한 권리나 사용권을 부여하는 것으로 해석되지 않는다.

③ 이 계약은 어떠한 경우에도 당사자 간에 향후 어떠한 확정적인 계약의 체결, 제조물의 판매나 구입, 실시권의 허락 등을 암시하거나 이를 강제하지 않으며, 기타 이 계약의 당사자가 비밀정보와 관련하여 다른 제3자와 어떠한 거래나 계약관계에 들어가는 것을 금지하거나 제한하지 않는다.

④ 비밀정보의 제공자는 상대방에게 비밀정보를 제공할 적법한 자격이 있음을 보증한다.

⑤ 각 당사자는 이 계약의 목적을 위하여 상대방의 시설을 방문하거나 이를 이용할

경우에는 상대방의 제반 규정 및 지시사항을 준수하여야 한다.

제8조(계약기간) ① 이 계약은 전문에서 정한 기간동안 효력을 가진다.

② 제1항에도 불구하고, 제4조, 제5조 및 제7조의 의무는 계약기간이 만료되거나, 이 계약이 해제·해지 등의 사유로 종료된 이후부터 계속하여 유효하게 존속하는 것으로 한다.

제9조(손해배상) 이 계약을 위반한 당사자는 이로 인하여 상대방이 입은 손해를 배상하여야 한다. 다만, 그 당사자가 고의 또는 과실없음을 증명한 경우에는 그러하지 않는다.

제10조(권리의무의 양도, 계약의 변경) ① 각 당사자는 상대방의 사전 서면동의 없이 이 계약상의 권리의무를 제3자에게 양도하거나 이전할 수 없다.

② 이 계약의 수정이나 변경은 양 당사자의 정당한 대표자가 기명날인 또는 서명한 서면합의로만 이루어질 수 있다.

제11조(일부무효의 특칙) 이 계약의 내용 중 일부가 무효인 경우에도 이 계약의 나머지 규정의 유효성에 영향을 미치지 않는다. 다만, 유효인 부분만으로 계약의 목적을 달성할 수 없는 경우에는 전부를 무효로 한다.

제12조(분쟁의 해결) 비밀유지계약과 관련하여 분쟁이 발생한 경우 당사자의 상호 협의에 의한 해결을 모색하되, 분쟁에 관한 합의가 이루어지지 아니한 경우에는 하도급계약의 관할법원에 소를 제기할 수 있다.

원사업자와 수급사업자는 이 계약의 성립을 증명하기 위하여 계약서 2부를 작성하여 각각 서명(또는 기명날인)한 후 각자 1부씩 보관한다.

20____년 ____월 ____일

원사업자	수급사업자
상호 또는 명칭 :	상호 또는 명칭 :
전화번호 :	전화번호 :
주 소 :	주 소 :
대표자 성명 : (인)	대표자 성명 : (인)
사업자(법인)번호 :	사업자(법인)번호 :

Ⅴ. 건축물의 설계표준계약서

[국토교통부고시 제2019－970호, 2019. 12. 31., 일부개정.] [시행 2019. 12. 31.]

건축물의 설계표준계약서

1. 건축물 명칭 :

2. 대 지 위 치 :

3. 설 계 내 용 : □신축 □증축 □개축 □재축 □이전 □대수선 □용도변경
  □기타

  1) 대지면적 : _____ ㎡

  2) 용   도 : _____

  3) 구   조 : _____

  4) 층   수 : 지하____층 지상____층

  5) 건축면적 : _____ ㎡

  6) 연면적의 합계 : _____ ㎡

4. 계 약 면 적 : _____ ㎡

5. 계 약 금 액 : 일금_____원정(_____) : 부가세 별도

200 년   월   일

"갑"과 "을"은 상호 신의와 성실을 원칙으로 이 계약서에 의하여 설계계약을 체결하고 각 1부씩 보관한다.

건축주 "갑"   설계자 "을"

상 호 / 성 명 :   (서명 또는 인)   상호/건축사 :   (서명 또는 인)

사업자등록번호/주민등록번호 :   사업자등록번호 :

주   소 :   주   소 :

전 화 / Fax :   전 화 / Fax :

$\boxed{\text{건축물의 설계표준계약서}}$

제1조(총 칙) 이 계약은 「건축법」 제15조에 따라 건축주(이하 "갑"이라 한다)가 「건축사법」 제23조 제1항에 따라 업무신고한 건축사(이하 "을"이라 한다)에게 위탁한 설계업무의 수행에 필요한 상호간의 권리와 의무 등을 정한다.

제2조(계약면적 및 기간)

① 계 약 면 적 ("을"이 총괄하여 작성한 전체 설계면적) :   m²

② 대 가 기 간 :   년   월   일 ~   년   월   일

제3조(계약의 범위 등)

① 계약의 범위 등은 [별표1]의 "건축설계업무의 범위 및 품질기준표"를 참고하여 결정한다.

② 공사완료도서 및 건축물관리대장 작성 등 설계업무를 위해 필요한 세부사항은 "갑"과 "을"이 협의하여 정한다.

제4조(대가의 산출 및 지불방법) ① 설계업무에 대한 대가의 산출기준 및 방법은 [별표2]를 참고하여 현장여건 및 설계조건에 따라 "갑"과 "을"이 협의하여 정한다.

② 설계업무의 대가는 일시불로 또는 분할하여 지불할 수 있다.

③ 대가를 분할하여 지불하는 경우에 그 지불시기 및 지불금액을 다음과 같이 정함을 원칙으로 하되, "갑"과 "을"이 협의하여 조정할 수 있다.

지불시기 및 기준비율(%)	조정비율(%)	지불금액	비 고
계약시(20)		일금 원 (\ )	
계획설계도서 제출시(20)		일금 원 (\ )	건축심의 해당시 심의도서포함
중간설계도서 제출시(30)		일금 원 (\ )	건축허가도서 포함
실시설계도서 제출시(30)		일금 원 (\ )	
계(100)		일금 원 (\ )	부가가치세별도

제5조(대가의 조정) ① 설계업무의 수행기간이 1년을 초과하는 경우에 이 기간 중 한국엔지니어링진흥협회가 「통계법」에 따라 조사공포한 "노임단가의 변경"이 있을 때에는 「국가를당사자로하는계약에관한법률시행규칙」 제74조에 따라 "갑"과 "을"이 협의

하여 대가를 조정할 수 있다.

② "갑"의 사유로 계약면적이 5%이상 증감되는 경우와 재료 및 시공방법의 변경 등으로 대가업무의 범위가 10%이상 증가된 경우에는 "갑"은 "을"에게 해당금액을 정산한다.

③ "을"의 사유로 계약면적이 5%이상 증감되는 경우, "을"은 "갑"에게 해당금액을 정산한다.

④ 대가의 증감분에 대한 정산은 최종지불 시 반영한다.

제6조(자료의 제공 및 성실의무) ① "갑"은 "을"이 설계업무를 수행하는데 필요한 다음 각 호의 자료를 요구할 때에는 지체 없이 제공하여야 하며 이때 "갑"은 제공해야할 자료의 수집을 "을"에게 위탁할 수 있다.

1. 건축물의 구체적 용도와 이에 관련된 요망 사항

2. 설계진행 및 건축허가에 필요한 제반서류(소유권 관계 등)

3. 토지이용에 관한 증빙서류(국토이용계획확인원, 지적도, 토지대장, 건축물 관리대장 등)

4. 대지측량도(현황 및 대지경계명시 측량도)

5. 지질조사서 및 지내력 검사서, 굴토설계도서, 그 밖에 토질구조 검토에 필요한 제반도서 등

6. 대지에 관한 급배수, 전기, 가스등 시설의 현황을 표시하는 자료

7. 교통영향평가서, 환경영향평가서, 재해영향평가서, 지하철영향평가서 등 각종평가서 및 검토서

8. 농지 및 임야 등의 형질변경 등에 관한 제반서류

9. 지구단위계획 제반도서

10. 그 밖의 업무수행에 필요한 자료

② "갑"이 제1항의 자료수집을 "을"에게 위탁한 경우에는 "갑"은 이에 소요되는 비용을 지불한다.

③ "갑"은 본인이 의도하는 바를 "을"에게 요구할 수 있으며, "을"은 "갑"의 요구내용을 반영하여 맡은바 업무를 성실히 수행하고, 설계도서에 대하여 "갑"에게 설명하며 자문하여야 한다.

제7조(건축재료의 선정 및 검사 등) ① "을"은 설계도서에 설계의도 및 품질확보를 위하여 건축재료의 품명 및 규격 등을 표기할 수 있다. 이 경우 "을"은 "갑"과 협의하여야 한다.

② "을"은 설계도서에서 표기한 건축재료를 선정하기 위하여 자재검사 및 품질시험을 관계전문기관에 의뢰할 수 있다.

③ "을"은 제1항의 검사 및 시험의뢰에 앞서 "갑"과 협의하여야 하며, "갑"은 협의된 검사 및 시험에 소요되는 비용을 지불한다.

제8조(설계도서의 작성제출) ① "을"이 설계도서를 작성함에 있어서는 「건축법」 제23조

제2항에 따라 국토교통부장관이 고시하는 설계도서 작성기준에 따른다.

② "을"은 완성된 설계도서(3부)를 "갑"에게 제출하여야 한다. 다만, "갑"이 결과물을 추가로 요청할 경우 "을"은 해당 비용을 "갑"에게 청구할 수 있다.

③ 제2항에 의한 설계도서의 제출형식에 대해서는 "갑"과 "을"이 협의하여 정하도록 하며, 수록내용을 임의로 수정할 수 없도록 작성한다.

④ "갑"은 "을"이 제출한 결과물을 검토하여 설계오류 등의 명확한 사유가 있는 경우에는 "을"에게 그 보완을 요구할 수 있다.

제9조(관계기술협력업무의 종합조정) ① "갑"이 「건축법」 제67조에 따른 관계전문기술자와의 협력을 분리 수행하도록 하는 경우에 "을"은 그 협력 업무를 종합 조정한다.

② "갑"은 제1항에 따라 협력을 분리 수행하는 자로 하여금 "을"이 종합조정업무를 수행할 수 있도록 필요한 조치를 하여야 한다.

③ "갑"은 "을"의 종합조정업무에 소요되는 경비를 제4조의 지불시기에 따라 "을"에게 지불하여야 하며, 그 금액은 별도 발주한 용역대가 금액에 비례하여 "갑"과 "을"이 협의하여 정한다.

제10조(계약의 양도 및 변경 등) ① "갑"과 "을"은 상대방의 승낙없이는 이 계약상의 권리의무를 제3자에게 양도, 대여, 담보제공 등 그 밖의 처분행위를 할 수 없다.

② "갑"의 계획변경, 관계법규의 개폐, 천재지변등 불가항력적인 사유의 발생으로 설계업무를 수정하거나 계약기간을 연장할 상당한 이유가 있는 때에는 "갑"과 "을"은 서로 협의하여 계약의 내용을 변경할 수 있다.

③ 제2항에 따라 이미 진행한 설계업무를 수정하거나 재설계를 할 때에는 이에 소요되는 비용은 [별표1]을 참고하여 산정하여 추가로 지불한다.

제11조(이행지체) ① "을"은 설계업무를 약정기간 안에 완료할 수 없음이 명백한 경우에는 이 사실을 지체없이 "갑"에게 통지한다.

② "을"이 약정기간 안에 업무를 완료하지 못한 경우에는 지체일수 매1일에 대하여 대가의 2.5/1000에 해당하는 지체상금을 "갑"에게 지불한다.

③ 천재지변 등 부득이한 사유 또는 "을"의 책임이 아닌 사유("갑"의 설계도서 검토, "갑"의 요구에 의한 설계도서 수정 등)로 인하여 이행이 지체된 경우에는 제2항의 규정에 따른 지체일수에서 제외한다.

④ "갑"은 "을"에게 지급하여야 할 대가에서 지체상금을 공제할 수 있다.

제12조(이행보증보험증서의 제출) ① "갑"과 "을"은 계약의 이행을 보증하기 위하여 계약체결시에 상대방에게 이행보증보험증서를 요구할 수 있다.

② 제1항의 규정에 의하여 이행보증보험증서를 제출받은 경우에는 이를 계약서에 첨부하여 보관한다.

제13조("갑"의 계약해제해지) ① "갑"은 다음 각 호의 경우에 계약의 전부 또는 일부를 해제해지할 수 있다.

1. "을"이 금융기관의 거래정지 처분, 어음 및 수표의 부도, 제3자에 따른 가압류가처분강제집행, 금치산한정치산파산선고 또는 회사정리의 신청 등으로 계약이행이 부가능한 경우

2. "을"이 상대방의 승낙없이 계약상의 권리 또는 의무를 양도한 경우

3. 사망, 실종, 질병, 기타 사유로 계약이행이 불가능한 경우

② 천재지변 등 부득이한 사유로 계약이행이 곤란하게 된 경우에는 상대방과 협의하여 계약을 해제해지할 수 있다.

③ "을"은 제1항 각 호의 해제해지 사유가 발생한 경우에는 "갑"에게 지체없이 통지한다.

④ "갑"은 제1항에 따라 계약을 해제해지하고자 할 때에는 그 뜻을 미리 "을"에게 13일전까지 통지한다.

제14조("을"의 계약의 해제해지) ① "을"은 다음 각 호의 경우에는 계약의 전부 또는 일부를 해제·해지할 수 있다.

1. "갑"이 "을"의 업무를 방해하거나 그 대가의 지불을 지연시켜 "을"의 업무가 중단되고 30일 이내에 이를 재개할 수 없다고 판단된 때

2. "갑"이 계약 당시 제시한 설계요구조건을 현저하게 변경하여 약정한 "을"의 업무수행이 객관적으로 불가능한 것이 명백할 때

3. "갑"이 상대방의 승낙없이 계약상의 권리 또는 의무를 양도한 경우

4. "갑"이 "을"의 업무수행상 필요한 자료를 제공하지 아니하여 "을"의 업무수행이 곤란하게 된 경우

5. 사망, 실종, 질병, 기타 사유로 계약이행이 불가능한 경우

② 천재지변 등 부득이한 사유로 계약이행이 곤란하게 된 경우에는 상대방과 협의하여 계약을 해제해지할 수 있다.

③ "갑"은 제1항 각호의 해제해지 사유가 발생한 경우에는 "을"에게 지체없이 통지한다.

④ "을"은 제1항에 따라 계약을 해제해지하고자 할 때에는 그 뜻을 미리 "갑"에게 14일전까지 통지한다.

제15조(손해배상) "갑"과 "을"은 상대방이 제10조 제2항에 따른 계약변경, 제13조 및 제14조에 따른 계약의 해제해지 또는 계약 위반으로 인하여 손해를 발생시킨 경우에는 상대방에게 손해배상을 청구할 수 있다.

제16조("을"의 면책사유) "을"은 다음 각 호의 사항에 대하여는 책임을 지지 아니한다.

1. "갑"이 임의로 설계업무 대가의 지불을 지연시키거나 요구사항을 변경함으로써 설계업무가 지체되어 손해가 발생한 경우

2. 설계도서가 완료된 후 건축관계법령등이 개폐되어 이미 작성된 설계도서 및 문서가 못쓰게 된 경우

3. 천재지변등 불가항력적인 사유로 인하여 업무를 계속적으로 진행할 수 없는 경우

제17조(설계업무 중단시의 대가지불) ① 제13조 및 제14조에 따라 설계업무의 전부 또는 일부가 중단된 경우에는 "갑"과 "을"은 이미 수행한 설계업무에 대하여 대가를 지불하여야 한다.

② "을"의 귀책사유로 인하여 설계업무의 전부 또는 일부가 중단된 경우에는 "갑"이 "을"에게 이미 지불한 대가에 대하여 이를 정산환불한다.

③ 제1항 및 제2항에 따른 대가 지불 및 정산·환불은 제15조의 손해배상과는 별도로 적용한다.

제18조(저작권 보호) 이 계약과 관련한 설계도서의 저작권은 "을"에게 귀속되며, "갑"은 "을"의 서면동의 없이 이의 일부 또는 전체를 다른 곳에 사용하거나 양도할 수 없다.

제19조(비밀보장) "갑"과 "을"은 업무수행중 알게 된 상대방의 비밀을 제3자에게 누설하여서는 아니 된다.

제20조(외주의 제한) "을"은 「건축법」 제67조 제1항에 따른 관계전문기술자의 협력을 받아야 하는 경우를 제외하고는 "갑"의 승낙없이 제3자에게 외주를 주어서는 아니 된다.

제21조(분쟁조정) ① 이 계약과 관련하여 업무상 분쟁이 발생한 경우에는 관계기관의 유권 해석이나 관례에 따라 "갑"과 "을"이 협의하여 정한다.

② "갑"과 "을"이 협의하여 정하지 못한 경우에는 「건축법」 제88조에 따른 "건축분쟁전문위원회"에 신청하여 이의 조정에 따른다.

③ 건축분쟁조정위원회의 결정에 불복이 있는 경우에는 "갑" 소재지의 관할법원의 판결에 따른다.

제22조(통지방법) ① "갑"과 "을"은 계약업무와 관련된 사항을 통지할 때에는 서면통지를 원칙으로 한다.

② 통지를 받은 날부터 7일 이내에 회신이 없는 경우에는 통지내용을 승낙한 것으로 본다.

③ 계약당사자의 주소나 연락방법의 변경시 지체 없이 서면으로 통지하여야 한다.

제23조(특약사항) 이 계약에서 정하는 사항 외에 "갑"과 "을"은 특약사항을 정할 수 있다.

제24조(재검토기한) 국토교통부장관은 「훈령·예규 등의 발령 및 관리에 관한 규정」(대통령 훈령 334호)에 따라 이 고시에 대하여 2020년 1월 1일 기준으로 매3년이 되는 시점(매 3년째의 12월 31일까지를 말한다)마다 그 타당성을 검토하여 개선 등의 조치를 하여야 한다.

Ⅵ. 건축물의 공사감리 표준계약서

[국토교통부고시 제2019−971호, 2019. 12. 31., 일부개정.] [시행 2019. 12. 31.]

건축물의 공사감리 표준계약서

1. 계 약 건 명 :

2. 대 지 위 치 :

3. 공 사 개 요 :

　1) 대 지 면 적 :　　　　　　㎡

　2) 건 축 면 적 :　　　　　　㎡

　3) 건 축 연 면 적 :　　　　　㎡

　4) 용　　　　도 :

　5) 층수 / 구조 : 지하　층, 지상　층 /

　6) 건 축 허 가 일 : 20　년　　월　　일(허가번호 제　　　호)

　7) 공 사 기 간 : 20　년　　월　　일(착공예정일)~20　년　　월　　일

4. 계 약 금 액 : 일금　　　　　　　　　　원정(\　　　　) : 부가세 별도

20　년　　월　　일

"갑"과 "을"은 상호 신의와 성실을 원칙으로 이 계약서에 의하여 공사감리계약을 체결하고 각1부씩 보관한다.

건축주 "갑"　　　　　　　　　　　　감리자 "을"

상호 / 성 명 :　　　　(서명 또는 인)　　상호 / 감리자명 :　　　(서명 또는 인)

사업자등록번호/주민등록번호 :　　　　　사업자등록번호 :

주　　　　소 :　　　　　　　　　　　　주　　　　소 :

전 화 / Fax :　　　　　　　　　　　　　전 화 / Fax :

┌─────────────────────────────┐
│ **건축물의 공사감리 표준계약서** │
└─────────────────────────────┘

제1조(총칙) 이 계약은 「건축법」 제15조에 따라 건축주(이하 "갑"이라 한다)가 공사감리
자(이하 "을"이라 한다)에게 위탁한 공사감리업무의 수행에 필요한 상호간의 권리와
의무 등을 정한다.

제2조(업무기간) ① 공사감리 업무의 수행기간은 년 월 일부터 년 월 일까지(착공일부터
완공일)로 한다.

② "갑"의 사정에 의하여 공사가 일시 중지될 때에는 "갑"의 공사중지 통지 또는 "을"
이 "갑"에게 서면확인 함으로서 공사 감리업무의 중지 효력이 발생하며 "을"은 이 기
간 동안의 감리비용을 청구할 수 없다.

제3조(공사감리비의 산출 및 지불방법) ① 공사감리비의 산출기준 및 방법은 [별표1]을 참
고하여 현장여건 및 공사감리조건에 따라 "갑"과 "을"이 협의하여 정하며, 다중이용
건축물의 감리대가는 건설기술 진흥법이 정하는 바에 의한다.

② 공사감리업무의 보수는 일시불로 또는 분할하여 지불할 수 있으며, 업무수행 중
업무기준이 변경된 기간의 감리비용은 공사금액 및 공사기간을 고려하여 정산한다.

③ 보수를 분할하여 지불하는 경우에 그 지불시기 및 지불금액은 다음과 같이 이행함
을 원칙으로 하되, "갑"과 "을"이 협의하여 조정할 수 있다.

지불시기	지불금액	비　　고
계약시	＼	20%
…	＼	
…	＼	
업무만료시	＼	100%
계	＼	부가가치세 별도

제4조(업무범위) ① 이 계약에서 정하는 업무범위는 「공사감리세부기준」의 업무범위에
따른다.

② 제1항의 업무범위 외에, "갑"과 "을"간의 특약이 있는 경우에는 이에 부수되는 개
별계약을 추가로 체결할 수 있으며, 이에 소요되는 비용은 [별표1]을 참고하여 별도로
산정한다. 단, 토목·소방·통신·전기설비등 타 법령에 의하여 감리를 지정하게 되어
있는 감리업무는 별도의 계약에 의한다.

제5조(보수의 조정) ① 공사감리업무의 수행기간이 1년을 초과하는 경우에 이 기간 중
한국엔지니어링진흥협회가 통계법에 의하여 조사·공포한 노임단가에 변경이 있
을 경우 「국가를 당사자로하는 계약에 관한 법률」시행규칙 제 74조의 규정에 의하여

"갑"과 "을"이 협의하여 보수를 조정하여야 한다.

제6조(자료의 제공 및 성실 의무) ① "갑"은 공사감리 업무를 수행하는데 필요한 다음 각호의 자료를 "을"이 요구할 때는 지체 없이 제공하여야 하며 이때 "갑"은 "을"에게 자료수집을 위탁할 수 있다.

1. 건축허가 설계도서 및 공사계획 신고서

2. 공사도급계약서 및 현장관리인의 인적사항 관련자료

3. 시공계획서, 시공도면 및 공정표

4. 지적공사의 대지경계명시측량도 및 건축물의 현황측량도

5. 사용자재납품서 및 시험성적표

6. 지반 및 지질조사서

7. 보험가입증서, 산재보험가입 증서

8. 기타 공사감리업무수행에 필요한 자료

② "갑"이 제1항의 자료수집을 "을"에게 위탁한 경우에는 "갑"은 이에 소요되는 비용을 지불한다.

③ "갑"과 "을"은 신의와 성실의 관계를 유지하고 관계 법령을 준수하며, "을"은 건축물의 품질 향상을 위하여 노력한다.

제7조(업무의 착수시기) ① "갑"은 착공 3일전까지 "을"에게 착공 일자를 통지하고, "을"은 착공 일부터 공사감리업무를 착수한다.

② "갑"은 공사시공자에게 "을"의 인적 사항을 착공 전까지 통지한다.

제8조(업무의 수행) ① "을"은 관계법령이 정하는 바에 의하여 건축물이 설계도서의 내용대로 시공되는지의 여부를 확인하고 건축공사 감리세부기준 및 [별표2]와 [별표3], [별표4]에 의하여 건축물의 규모에 따라 공사감리업무를 수행한다.

② "을"은 당해 공사가 설계도서대로 시행되지 아니하거나 관계 법령 및 이 규정에 의한 명령이나 처분에 위반된 사항을 발견한 경우에는 이를 "갑"에게 통보한 후 공사시공자에게 이를 시정 또는 재시공하도록 요청한다.

③ "을"은 제2항의 규정에 의한 요청에 대하여 공사시공자가 취한 조치의 결과를 확인한 후 이를 "갑"에게 통보한다.

④ "을"은 공사시공자가 제2항의 규정에 의한 요청에 응하지 아니하는 경우에는 당해 공사를 중지하도록 요청할 수 있다.

⑤ "을"은 공사시공자가 시정·재시공 또는 공사 중지 요청에 응하지 아니하는 경우에는 이를 시장·군수·구청장에게 보고한 후 "갑"에게 통보한다.

⑥ "갑"은 제2항·제4항 및 제5항의 규정에 의하여 위반사항에 대한 시정·재시공 또는 공사중지를 요청하거나 위반사항을 시장·군수·구청장에게 보고한 "을"에 대하여 이를 이유로 공사감리자의 지정을 취소하거나 보수의 지불을 거부 또는 지연시키는 등 불이익을 주어서는 아니된다.

⑦ "갑"은 공사시공자가 "을"의 시정·재시공 또는 공사중지 요청에 응하도록 협조한다.

제9조(현장지도확인) "을"은 다음 각호의 경우에 대하여는 현장에서 확인지도를 실시한 후에 공사 진행을 하게 한다.

1. 공사착공시
2. 건물의 배치, 수평보기, 기초 및 지하층 흙파기시
3. 기초 및 각층 철근배근과 거푸집 설치시
4. 외벽 등 주요구조부 공사시
5. 단열, 방수, 방습 및 주요취약부 공사시
6. 주요 설비 및 전기공사시
7. 기타 건축물의 규격 및 품질관리상 주요 부분의 공사시

제10조(주요 공정의 확인 점검) ① "을"은 공사의 주요 공정의 경우에는 그 적합성을 확인하고 서명한 후 "갑"에게 그 결과를 통보한다.

② 제1항의 규정에 의한 주요 공정은 설계도서에 따른 시공 여부의 확인과 건축물의 품질 향상을 위하여 필요한 공정으로서 건축물의 유형에 따라 "갑"과 "을"이 협의하여 다음과 같이 정한다.

1. _____
2. _____
3. _____
4. _____
5. _____
6. _____

제11조(상세시공도면의 작성 요청 등) ① "을"은 연면적의 합계가 5천제곱미터이상인 건축 공사의 경우에 공사시공자에게 상세시공도면을 작성하도록 요청할 수 있으며, 이 경우 "갑" 또는 공사시공자는 "을"에게 상세시공도면을 제출하여야 한다.

② "을"은 작성된 상세시공도면을 확인·검토하여 공사시공자에게 의견을 제시하고 "갑"에게 이를 통보한다.

제12조(공기 및 공법의 변경) ① "갑" 또는 공사시공자가 공기 및 공법을 변경할 때에는 7일 전까지 "을"에게 통보한다.

② "을"은 제1항의 규정에 의한 공법의 변경과 관련하여 공법의 안전성, 건축물의 품질 확보, 공사시공자의 기술력 확보 등에 대한 검토 의견을 제시할 수 있다.

제13조(감리보고서 등) ① "을"은 "갑"에게 감리결과를 매월 ( )일에 통보하되, 건축법시행령 제19조 제3항에서 정한 진도에 다다른 때에는 감리중간보고서를, 공사를 완료한 때에는 감리완료보고서를 각각 작성하여 "갑"에게 제출한다.

② "을"은 감리일지를 기록·유지한다.

제14조(감리보조자 등) ① "을"을 대리하여 감리보조자가 공사감리업무를 수행하는 경우

에는 "을"이 하는 것으로 본다.

② "을"은 감리보조자의 변경이 있는 경우에는 변경 후 3일 이내에 "갑"과 공사시공자에게 통지한다.

③ "을"은 공사감리업무에 참여하는 감리보조원의 신상명세, 자격 여부 등을 기록한 현황표를 공사 현장에 비치한다.

제15조(자재의 검사 등) ① "을"은 자재의 검사 및 품질시험을 "갑"과 협의하여 관련전문기관에 의뢰할 수 있으며, "갑"은 이에 소요되는 비용을 지불한다.

② "을"은 자재의 검사 및 품질시험의 결과를 확인·검토한다.

③ "갑" 또는 공사시공자가 자재의 검사 및 품질시험을 의뢰하는 경우에는 "갑"은 그 일시, 장소, 시험목록을 시험일 7일전까지 "을"에게 통지 한다.

④ "을"은 제3항의 규정에 의한 자재의 검사 및 품질시험에 입회할 수 있다.

제16조(계약의 양도 및 변경) ① "갑"과 "을"은 상대방의 승락없이는 이 계약상의 권리·의무를 제3자에게 양도, 대여, 담보 제공등 기타 처분행위를 할 수 없다.

② "갑"의 계획변경, 관계법규의 개·폐, 천재지변 등 불가항력적인 사유의 발생 기타 공사감리업무를 수정하거나 계약기간을 연장할 상당한 이유가 있는 때에는 "갑"과 "을"은 서로 협의하여 계약의 내용을 변경할 수 있다.

제17조(이행보증보험증서의 제출) ① "갑"과 "을"은 계약의 이행을 보증하기 위하여 계약체결시에 상대방에게 이행보증보험증서를 제출할 수 있다.

② 제1항의 규정에 의하여 이행보증보험증서를 제출받은 경우에는 이를 계약서에 첨부하여 보관한다.

제18조("갑"의 계약 해제·해지) ① "갑"은 다음 각 호의 경우에 계약의 전부 또는 일부를 해제·해지할 수 있다.

1. "을"이 관할 행정청으로부터 면허 또는 등록의 취소, 업무정지 등의 처분을 받은 경우

2. "을"이 금융기관의 거래정지 처분, 어음 및 수표의 부도, 제3자에 의한 가압류·가처분·강제집행, 금치산·한정치산·파산선고 또는 회사정리의 신청 등으로 계약이행이 곤란한 경우

3. "을"이 상대방의 승락없이 계약상의 권리 또는 의무를 양도한 경우

4. 사망, 실종, 질병, 기타 사유로 계약 이행이 불가능한 경우

② 천재지변등 부득이한 사유로 계약이행이 곤란하게 된 경우에는 상대방과 협의하여 계약을 해제·해지할 수 있다.

③ "을"은 제1항 각호의 해제·해지 사유가 발생한 경우에는 "갑"에게 지체없이 통지한다.

④ "갑"은 제1항의 규정에 의하여 계약을 해제·해지하고자 할 때에는 그 뜻을 미리 "을"에게 14일전까지 통지한다.

제19조("을"의 계약의 해제·해지) ① "을"은 다음 각 호의 경우에 계약의 전부 또는 일부

를 해제·해지할 수 있다.

1. "갑"이 "을"의 업무를 방해하거나 그 보수의 지불을 지연시켜 "을"의 업무가 중단 되고 30일 이내에 이를 재개할 수 없다고 판단된 때

2. "갑"이 계약 당시 제시한 설계요구조건을 현저하게 변경하여 그 실현이 객관적으 로 불가능한 것이 명백할 때

3. "갑"이 상대방의 승낙없이 계약상의 권리 또는 의무를 양도한 경우

4. "갑"이 "을"의 업무수행상 필요한 자료를 제공하지 아니하여 "을"의 업무 수행이 곤란하게 된 경우

5. 사망, 실종, 질병, 기타 사유로 계약이행이 불가능한 경우

② 천재지변등 부득이한 사유로 계약이행이 곤란하게 된 경우에는 상대방과 협의하 여 계약을 해제·해지할 수 있다.

③ "갑"은 제1항 각호의 해제·해지 사유가 발생한 경우에는 "을"에게 지체없이 통지 한다.

④ "을"은 제1항의 규정에 의하여 계약을 해제·해지하고자 할 때에는 그 뜻을 미리 "갑"에게 14일전까지 통지한다.

제20조(손해배상) "갑"과 "을"은 상대방이 제16조 제2항의 규정에 의한 계약변경, 제18 조 및 제19조의 규정에 의한 계약의 해제·해지 또는 계약 위반으로 인하여 손해를 발 생시킨 경우에는 상대방에게 손해배상을 청구할 수 있다.

제21조("을"의 면책사유) "을"은 다음 각 호의 경우에는 책임을 지지 아니한다.

1. "갑"이 임의로 공사감리업무에 대한 보수의 지불을 지연시켜 업무가 중단된 경우

2. 공사시공자의 공사 중단으로 인하여 손해가 발생한 경우

3. 공사시공자가 제8조의 규정에 의한 "을"의 요청에 응하지 아니하고 임의로 공사를 계속 진행하여 손해가 발생된 경우

4. 공사시공자가 제9조의 규정에 의한 현장 확인 지도를 받지 아니하고 공사를 진행 하여 손해가 발생한 경우

5. 제2조 제2항에 따라 공사 감리업무가 중지된 경우.

제22조(공사감리 업무 중단 시의 보수 지불) ① "갑"의 귀책사유로 인하여 공사감리 업무 의 전부 또는 일부가 중단된 경우에는 "갑"은 "을"이 이미 수행한 공사감리 업무에 대 하여 중단된 시점까지의 보수를 지불한다.

② 중단된 시점까지 수행한 업무에 대한 보수는 [별표1]을 참고하여 "갑"과 "을"이 협 의를 통해 산정한다.

③ "을"의 귀책사유로 인하여 공사감리 업무의 전부 또는 일부가 중단된 경우에는 "갑"이 "을"에게 이미 지불한 보수에 대하여 이를 정산·환불한다.

④ 제1항부터 제3항까지의 보수에 대한 정산은 제20조의 손해배상청구에 영향을 미 치지 아니한다.

제23조(기성공사비의 지불검토) ① "갑"은 "을"에게 공사시공자로부터 제출받은 기성공사비의 지불청구에 대한 검토·확인을 요구할 수 있다.

② "을"은 제1항의 규정에 의한 기성공사비의 지불청구에 대한 검토·확인결과를 "갑"에게 통보한다.

제24조(특정공사에 대한 확인점검) ① "갑"이 토목·소방·통신·전기설비 등의 특정공사에 대하여 제3자에게 도급을 준 경우에는 "을"이 그 특정공사에 대하여 확인·점검할 수 있도록 보장한다.

② "갑"은 "을"이 토목·소방·통신·전기설비 등의 특정공사의 시공자에게 공사감리에 필요한 자료를 제시 받을 수 있도록 보장한다.

제25조(비밀보장) "갑"과 "을"은 업무수행중 알게 된 상대방의 비밀을 제3자에게 누설하여서는 아니된다.

제26조(외주의 제한) ① "을"은 공사감리 업무의 전부를 "갑"의 승낙없이 제3자에게 외주를 주어서는 아니 된다. 단, 토목·소방·통신·전기설비 등 타 법령에 따른 감리는 "갑"과 협의하여 관계전문기술자에게 의뢰할 수 있다.

제27조(분쟁조정) ① 이 계약과 관련하여 업무상 분쟁이 발생한 경우에는 관계기관의 유권해석이나 관례에 따라 "갑"과 "을"이 협의하여 정한다.

② "갑"과 "을"이 협의하여 정하지 못한 경우에는 건축법 제88조의 규정에 의한 건축분쟁조정위원회에 신청하여 이의 조정에 따른다.

③건축분쟁조정위원회의 결정에 불복이 있는 경우에는 "갑"의 소재지 관할법원의 판결에 따른다.

제28조(통지방법) ① "갑"과 "을"은 계약업무와 관련된 사항을 통지할 때에는 서면으로 하는 것을 원칙으로 한다.

② 통지를 받은 날로부터 7일 이내에 회신이 없는 경우에는 통지내용을 승락한 것으로 본다.

③ 계약당사자의 주소나 연락방법의 변경시 지체없이 서면으로 통지하여야 한다.

제29조(재검토기한) 국토교통부장관은 「훈령·예규 등의 발령 및 관리에 관한 규정」(대통령 훈령 334호)에 따라 이 고시에 대하여 2020년 1월 1일 기준으로 매3년이 되는 시점(매 3년째의 12월 31일까지를 말한다)마다 그 타당성을 검토하여 개선 등의 조치를 하여야 한다.

판 례 색 인

[대법원]

[고등법원]

[지방법원]

[헌법재판소]

사 항 색 인

저자 약력

경기고등학교
서울대학교 법과대학, 대학원
서울지방법원, 서울가정법원, 서울고등법원 판사
법원행정처 조사심의관
미국 워싱턴대학(University of Washington) 객원연구원
서울중앙지방법원 부장판사(건설전문 재판부)
서울고등법원 부장판사(건설전문 재판부)
언론중재위원회 중재부장
중앙토지수용위원회 위원장(직무대리)
춘천지방법원장
강원도 선거관리위원회 위원장
헌법재판소 공직자 윤리위원
감정평가사 징계관리위원회 위원장(국토교통부)
한국건설법학회 회장
현 법무법인 세종 (전 대표) 변호사
　　대한상사중재원 중재인
대한변호사협회, 대한상사중재원, 광운대 건설법무대학원 출강
철우언론법상 수상(2006)

저 서
언론분쟁과 법(2005)
소소소(2019)
잊을 수 없는 증인(2021)
좋은 변론, 좋은 변호사(2024)

제 9 판
건설분쟁관계법

초판발행   2003년 11월 15일
제9판발행   2025년 1월 31일

지은이   윤재윤
펴낸이   안종만·안상준

편 집   윤혜경
기획/마케팅   조성호
표지디자인   BEN STORY
제 작   고철민·김원표

펴낸곳   (주) **박영사**
             서울특별시 금천구 가산디지털2로 53, 210호(가산동, 한라시그마밸리)
             등록 1959. 3. 11. 제300-1959-1호(倫)

전 화   02)733-6771
f a x   02)736-4818
e-mail   pys@pybook.co.kr
homepage   www.pybook.co.kr
ISBN   979-11-303-4852-0 93360

copyright©윤재윤, 2025, Printed in Korea

정 가   115,000원